中华人民共和国现行会计法律法规汇编

《中华人民共和国现行会计法律法规汇编》编委会 编

2024年版

立信会计出版社
LIXIN ACCOUNTING PUBLISHING HOUSE

图书在版编目（CIP）数据

中华人民共和国现行会计法律法规汇编：2024 年版 /
《中华人民共和国现行会计法律法规汇编》编委会编 . --
上海：立信会计出版社，2024.4
ISBN 978-7-5429-7605-5

Ⅰ. ①中… Ⅱ. ①中… Ⅲ. ①会计法—汇编—中国
Ⅳ. ① D922.269

中国国家版本馆 CIP 数据核字（2024）第 049981 号

责任编辑　蔡伟莉

中华人民共和国现行会计法律法规汇编（2024 年版）
ZHONGHUA RENMIN GONGHEGUO XIANXING KUAIJI FALÜ FAGUI HUIBIAN

出版发行	立信会计出版社		
地　　址	上海市中山西路 2230 号	邮政编码	200235
电　　话	（021）64411389	传　　真	（021）64411325
网　　址	www.lixinaph.com	电子邮箱	lixinaph2019@126.com
网上书店	http://lixin.jd.com		http://lxkjcbs.tmall.com
经　　销	各地新华书店		

印　　刷	三河市中晟雅豪印务有限公司
开　　本	787 毫米 ×1092 毫米　1/16
印　　张	68
字　　数	1827 千字
版　　次	2024 年 4 月第 1 版
印　　次	2024 年 4 月第 1 次
书　　号	ISBN 978-7-5429-7605-5 /D
定　　价	398.00 元

如有印订差错，请与本社联系调换

前　言

各类经营主体，包括企业和行政事业单位都要通过会计信息进行决策。监管部门需要通过会计信息提供服务、进行行业监管等，外部投资者同样需要通过会计信息了解各经营主体及其运行状况进而决定投资决策，社会公众等需要通过 ESG 报告了解各经营主体及其社会责任履行情况。即便大数据时代社会上对会计是否被替代的讨论非常激烈，但是在编者看来，会计信息的表现形式会随着社会需要进行升级改进，会计受到外部压力逐步提升，会计依然具有强大生命力。

在综合性会计法规方面，随着新技术和新模式的处出现，会计法正处于修订过程中，会计基础工作规范同样会随着会计法修订进行联动更新。代理记账为众多中小企业提供会计服务，国家出台代理记账基础工作规范性文件以提高中小企业会计信息质量。考虑到数电发票的广泛应用，电子签名等已经成为常态，因此本汇编把智能财务相关法规放到重要位置。此外，会计信息质量需要会计人员不断提升综合素质，会计人员职业道德规范的出台为会计人员划定了边界和行为准则。

我国准则与国际准则持续趋同的方向不变，企业合并准则以及可持续发展相关准则都在持续研究过程中，暂时没有纳入本汇编。数据资产如何纳入报表，是 2023 年度会计核算法规中的突出亮点，引起业界极大关注。本汇编还纳入了已经相对完备的指引体系、纳税政策、个人所得税法规。对于上市公司而言，证监会颁布的会计类监管指引发挥重要作用，本汇编还纳入了资本市场以及投资监管方面的财会法规。

在行政事业单位会计核算方面，我们有出版独立的法规汇编，因此本汇编根据其重要性有所删减。最新的变化主要表现在：政府部门和综合财务报告编制办法和指南在过去一年中进行的重大修订，新增的文物资产相关具体准则和指南。政府采购管理一直是行政事业单位财务管理的重点，本汇编根据最新文件进行了补充和完善。在行政事业单位财务管理法规方面，本汇编纳入了预算与绩效、经费开支、基本建设、资产管理等法规。

法规的落地实施，需要内部财会监督和外部审计来保障，本汇编除了纳入注册会计师审计、国家审计和中国内审协会颁布的内部审计准则，还增补了财会监督相关法规。

因篇幅有限，本书编者将部分法律法规制作成了电子文档，读者可扫描书后的二维码阅读，带来的不便还请您多多体谅和包涵。

本书由北京国家会计学院会计系主任聂兴凯教授统筹、定稿，编者具有多年实务经验和理论功底，对所有法规都进行了认真筛查，剔除了失效的法规，仅仅保留重要程度更高的法规，因此收录的法规具有一定的主观性，如果与您的工作匹配程度不够，希望您多提宝贵意见和建议，力争在下一版修订时优化，联系邮箱为 wengao6@126.com。

编　者

2024 年 3 月

目　　录

第一编　综合性会计法规

第一章　统驭性会计法规······003
1. 中华人民共和国会计法（2017年修正）······003
2. 会计改革与发展"十四五"规划纲要（2021年发布）······008

第二章　综合性会计基础工作管理法规······019
1. 会计档案管理办法（2015年发布）······019
2. 关于规范电子会计凭证报销入账归档的通知（2020年发布）······025
3. 代理记账管理办法（2019年修订）······026
4. 关于开展电子非税收入一般缴款书试点的通知（2021年发布）······029
5. 关于新时代加强和改进代理记账工作的意见（2023年发布）······033
6. 代理记账基础工作规范（试行）（2023年发布）······035

第三章　综合性会计电算化管理相关法规······048
1. 会计信息化发展规划（2021—2025年）（2021年发布）······048
2. 中华人民共和国密码法（2019年发布）······054
3. 中华人民共和国电子签名法（2019年修正）······058
4. 云计算服务安全评估办法（2019年发布）······062

第四章　会计人员管理法规······063
1. 会计人员管理办法（2018年发布）······063
2. 会计行业人才发展规划（2021—2025年）（2021年发布）······064
3. 关于深化会计人员职称制度改革的指导意见（2019年修订）······071
4. 会计专业技术人员继续教育规定（2018年发布）······075
5. 财政部专家工作室管理办法（试行）（2021年发布）······078
6. 关于印发《会计人员继续教育专业科目指南（2022年版）》的通知（2022年发布）······082
7. 关于加强新时代注册会计师行业人才工作的指导意见（2022年发布）······087
8. 关于印发《会计人员职业道德规范》的通知（2023年发布）······093

第二编　企业会计相关法规

第五章　企业会计准则······097
1. 企业会计准则——基本准则（2014年修订）······097

2. 企业会计准则第 1 号——存货（2006 年发布） …………………………… 100
3. 企业会计准则第 2 号——长期股权投资（2014 年修订） ………………… 102
4. 企业会计准则第 3 号——投资性房地产（2006 年发布） ………………… 105
5. 企业会计准则第 4 号——固定资产（2006 年发布） ……………………… 107
6. 企业会计准则第 5 号——生物资产（2006 年发布） ……………………… 109
7. 企业会计准则第 6 号——无形资产（2006 年发布） ……………………… 112
8. 企业会计准则第 7 号——非货币性资产交换（2019 年修订） …………… 115
9. 企业会计准则第 8 号——资产减值（2006 年发布） ……………………… 118
10. 企业会计准则第 9 号——职工薪酬（2014 年修订） …………………… 123
11. 企业会计准则第 10 号——企业年金基金（2006 年发布） ……………… 127
12. 企业会计准则第 11 号——股份支付（2006 年发布） …………………… 130
13. 企业会计准则第 12 号——债务重组（2019 年修订） …………………… 131
14. 企业会计准则第 13 号——或有事项（2006 年发布） …………………… 134
15. 企业会计准则第 14 号——收入（2017 年修订） ………………………… 135
16. 企业会计准则第 16 号——政府补助（2017 年修订） …………………… 144
17. 企业会计准则第 17 号——借款费用（2006 年发布） …………………… 146
18. 企业会计准则第 18 号——所得税（2006 年发布） ……………………… 147
19. 企业会计准则第 19 号——外币折算（2006 年发布） …………………… 150
20. 企业会计准则第 20 号——企业合并（2006 年发布） …………………… 152
21. 企业会计准则第 21 号——租赁（2018 年修订） ………………………… 155
22. 企业会计准则第 22 号——金融工具确认和计量（2017 年修订） ……… 164
23. 企业会计准则第 23 号——金融资产转移（2017 年修订） ……………… 179
24. 企业会计准则第 24 号——套期会计（2017 年修订） …………………… 185
25. 企业会计准则第 25 号——保险合同（2020 年发布） …………………… 193
26. 企业会计准则第 27 号——石油天然气开采（2006 年发布） …………… 210
27. 企业会计准则第 28 号——会计政策、会计估计变更和差错更正
（2006 年发布） ………………………………………………………………… 213
28. 企业会计准则第 29 号——资产负债表日后事项（2006 年发布） ……… 215
29. 企业会计准则第 30 号——财务报表列报（2014 年修订） ……………… 216
30. 企业会计准则第 31 号——现金流量表（2006 年发布） ………………… 223
31. 企业会计准则第 32 号——中期财务报告（2006 年发布） ……………… 225
32. 企业会计准则第 33 号——合并财务报表（2014 年修订） ……………… 227
33. 企业会计准则第 34 号——每股收益（2006 年发布） …………………… 235
34. 企业会计准则第 35 号——分部报告（2006 年发布） …………………… 236
35. 企业会计准则第 36 号——关联方披露（2006 年发布） ………………… 239
36. 企业会计准则第 37 号——金融工具列报（2017 年修订） ……………… 241
37. 企业会计准则第 38 号——首次执行企业会计准则（2006 年发布） …… 260
38. 企业会计准则第 39 号——公允价值计量（2014 年发布） ……………… 262
39. 企业会计准则第 40 号——合营安排（2014 年发布） …………………… 270
40. 企业会计准则第 41 号——在其他主体中权益的披露（2014 年发布） …… 272
41. 企业会计准则第 42 号——持有待售的非流动资产、处置组和终止经营
（2017 年发布） ………………………………………………………………… 276

第六章　企业会计准则解释 ·· 280
　1. 企业会计准则解释第 1 号（2007 年发布） ··· 280
　2. 企业会计准则解释第 2 号（2008 年发布） ··· 283
　3. 企业会计准则解释第 3 号（2009 年发布） ··· 285
　4. 企业会计准则解释第 4 号（2010 年发布） ··· 288
　5. 企业会计准则解释第 5 号（2012 年发布） ··· 290
　6. 企业会计准则解释第 6 号（2014 年发布） ··· 292
　7. 企业会计准则解释第 7 号（2015 年发布） ··· 293
　8. 企业会计准则解释第 8 号（2015 年发布） ··· 296
　9. 企业会计准则解释第 9 号——关于权益法下有关投资净损失的会计处理
　　（2017 年发布） ·· 298
　10. 企业会计准则解释第 10 号——关于以使用固定资产产生的收入为基础的
　　　折旧方法（2017 年发布） ··· 299
　11. 企业会计准则解释第 11 号——关于以使用无形资产产生的收入为基础的
　　　摊销方法（2017 年发布） ··· 300
　12. 企业会计准则解释第 12 号——关于关键管理人员服务的提供方与接受方
　　　是否为关联方（2017 年发布） ··· 301
　13. 企业会计准则解释第 13 号（2019 年发布） ··· 301
　14. 企业会计准则解释第 14 号（2021 年发布） ··· 303
　15. 企业会计准则解释第 15 号（2021 年发布） ··· 306
　16. 企业会计准则解释第 16 号（2022 年发布） ··· 308
　17. 企业会计准则解释第 17 号（2023 年发布） ··· 310

第七章　企业会计准则配套核算法规 ··· 312
　1. 企业财务会计报告条例（2000 年发布） ··· 312
　2. 监管规则适用指引——会计类第 1 号（2020 年发布） ····································· 317
　3. 监管规则适用指引——会计类第 2 号（2021 年发布） ····································· 333
　4. 监管规则适用指引——会计类第 3 号（2023 年发布） ····································· 337
　5. 监管规则适用指引——会计类第 4 号（2024 年发布） ····································· 341
　6. 企业数据资源相关会计处理暂行规定（2023 年发布） ····································· 344

第八章　企业税收政策通知 ··· 348
　1. 中华人民共和国企业所得税法（2018 年修订） ·· 348
　2. 中华人民共和国企业所得税法实施条例（2019 年修订） ·································· 354
　3. 国家税务总局关于企业所得税年度纳税申报有关事项的公告
　　（2022 年发布） ·· 368
　4. 国务院关税税则委员会关于发布《中华人民共和国进出口税则（2024）》的
　　公告（2023 年发布） ··· 368
　5. 关于从事污染防治的第三方企业所得税政策问题的公告（2023 年颁布） ··· 369
　6. 关于生产和装配伤残人员专门用品企业免征企业所得税的公告
　　（2023 年颁布） ·· 370

第九章　个人所得税法规 · 371

1. 中华人民共和国个人所得税法（2018年修订） · 371
2. 中华人民共和国个人所得税法实施条例（2018年修订） · 375
3. 国家税务总局关于修订发布《个人所得税专项附加扣除操作办法（试行）》的公告（2022年修订） · 380
4. 关于个人养老金有关个人所得税政策的公告（2022年发布） · 384
5. 关于延续实施远洋船员个人所得税政策的公告（2023年颁布） · 385
6. 关于延续实施外籍个人有关津补贴个人所得税政策的公告（2023年颁布） · 385
7. 关于延续实施个人所得税综合所得汇算清缴有关政策的公告（2023年颁布） · 386
8. 关于延续实施全年一次性奖金个人所得税政策的公告（2023年颁布） · 386
9. 关于延续实施粤港澳大湾区个人所得税优惠政策的通知（2023年颁布） · 387
10. 关于延续实施支持居民换购住房有关个人所得税政策的公告（2023年颁布） · 387
11. 关于延续实施支持原油等货物期货市场对外开放个人所得税政策的公告（2023年颁布） · 388
12. 关于延续实施沪港、深港股票市场交易互联互通机制和内地与香港基金互认有关个人所得税政策的公告（2023年颁布） · 388
13. 关于延续实施创业投资企业个人合伙人所得税政策的公告（2023年颁布） · 389
14. 关于延续实施上市公司股权激励有关个人所得税政策的公告（2023年颁布） · 390

第十章　税收违法查处相关法规 · 391

1. 税务稽查案件办理程序规定（2021年发布） · 391
2. 重大税务案件审理办法（2021年修订） · 399
3. 重大税收违法失信主体信息公布管理办法（2021年发布） · 404

第十一章　国资委颁布的中央企业合规与风险管理相关法规 · 408

1. 中央企业全面风险管理指引（2006年发布） · 408
2. 中央企业合规管理指引（试行）（2018年发布） · 421
3. 中央企业违规经营投资责任追究实施办法（试行）（2018年发布） · 425
4. 关于加强中央企业内部控制体系建设与监督工作的实施意见（2019年发布） · 434
5. 中央企业重大经营风险事件报告工作规则（2021年发布） · 437
6. 关于加强地方国有企业债务风险管控工作的指导意见（2021年发布） · 439
7. 国资监管责任约谈工作规则（2021年发布） · 441
8. 中央企业合规管理办法（2022年发布） · 444

第三编　行政事业单位法规汇编

第十二章　财政总预算会计相关法规 · 451

财政总会计制度（2022年发布） · 451

第十三章　政府会计基本准则与具体准则 ········· 525

1. 政府会计准则——基本准则（2015年发布）········· 525
2. 政府会计准则第1号——存货（2016年发布）········· 529
3. 政府会计准则第2号——投资（2016年发布）········· 531
4. 政府会计准则第3号——固定资产（2016年发布）········· 533
5. 政府会计准则第4号——无形资产（2016年发布）········· 536
6. 政府会计准则第5号——公共基础设施（2017年发布）········· 538
7. 政府会计准则第6号——政府储备物资（2017年发布）········· 542
8. 政府会计准则第7号——会计调整（2018年发布）········· 544
9. 政府会计准则第8号——负债（2018年发布）········· 547
10. 政府会计准则第9号——财务报表编制和列报（2018年发布）········· 551
11. 政府会计准则第11号——文物资源（2023年发布）········· 561

第十四章　行政事业单位预算与绩效管理相关法规 ········· 563

1. 中华人民共和国预算法（2018年修正）········· 563
2. 中华人民共和国预算法实施条例（2020年修订）········· 575
3. 中央财政预算管理一体化资金支付管理办法（试行）（2022年发布）········· 584
4. 预算指标核算管理办法（试行）（2022年发布）········· 589
5. 社会保险基金预算绩效管理办法（2022年发布）········· 654
6. 预算评审管理暂行办法（2023年发布）········· 657

第十五章　政府采购相关法规 ········· 661

1. 中华人民共和国政府采购法（2014年修订）········· 661
2. 中华人民共和国政府采购法实施条例（2015年发布）········· 670
3. 中华人民共和国招标投标法（2017年修订）········· 678
4. 中华人民共和国招标投标法实施条例（2019年修订）········· 684
5. 关于印发《政府采购品目分类目录》的通知（2022年发布）········· 694

第十六章　行政事业单位日常公用经费管理法规 ········· 876

1. 党政机关厉行节约反对浪费条例（2013年发布）········· 876
2. 因公临时出国经费管理办法（2013年发布）········· 884
3. 因公短期出国培训费用管理办法（2014年发布）········· 887
4. 中央和国家机关差旅费管理办法（2013年发布）········· 889
5. 中央和国家机关培训费管理办法（2016年修订）········· 894
6. 国务院办公厅关于改革完善中央财政科研经费管理的若干意见（2021年发布）········· 897

第十七章　行政事业单位内部控制相关法规 ········· 901

1. 行政事业单位内部控制规范（试行）（2012年发布）········· 901
2. 行政事业单位内部控制报告管理制度（试行）（2017年发布）········· 908
3. 关于进一步加强公立医院内部控制建设的指导意见（2023年发布）········· 911

第十八章　行政事业单位资产管理相关法规···915

1. 行政事业性国有资产管理条例（2021年发布）···915
2. 关于做好《行政事业性国有资产管理条例》贯彻实施工作的通知
（2021年发布）···920
3. 国有资产报告编报工作暂行办法（2021年发布）···921
4. 事业单位国有资产管理暂行办法（2019年修订）···922
5. 关于加强行政事业单位固定资产管理的通知（2020年发布）··························929
6. 罚没财物管理办法（2020年发布）··931
7. 国有文物资源资产管理暂行办法（2021年发布）···934

第十九章　基本建设财务相关法规···942

1. 基本建设财务规则（2016年发布）··942
2. 基本建设项目建设成本管理规定（2016年发布）···948
3. 中央基本建设项目竣工财务决算审核批复操作规程（2018年发布）················950

第二十章　农村集体及农民专业合作社会计相关法规···954

1. 农村集体经济组织会计制度（2023年修订）··954
2. 农村集体经济组织新旧会计制度有关衔接问题的处理规定（2023年发布）·······988

第四编　审计相关法规

第二十一章　国家审计综合性法规···997

1. 中华人民共和国审计法（2021年修正）···997
2. 中华人民共和国审计法实施条例（2010年修订）··1002
3. 审计署工作规则（2013年发布）··1009
4. 中华人民共和国国家审计准则（2010年修订）···1015
5. 党政主要领导干部和国有企事业单位主要领导人员经济责任审计规定
（2019年修订）···1036
6. 关于完善审计制度若干重大问题的框架意见（2015年发布）··························1042
7. 政府财务报告审计办法（试行）（2020年发布）···1045
8. 审计机关审计听证规定（2021年修订）··1047
9. 关于加快推进银行函证规范化、集约化、数字化建设的通知
（2022年发布）···1049
10. 审计署人民银行　银保监会　证监会关于审计机关查询单位和个人在
金融机构账户和存款有关问题的通知（2022年发布）································1054

第二十二章　财会监督与处罚相关法规···1056

1. 中华人民共和国刑法修正案（十二）（2023年发布）··································1056
2. 中央企业财务决算审核发现问题整改和责任追究工作规定
（2023年发布）···1057

电子附录目录

企业分册

第一章 统驭性会计法规 ·· 001
 1. 关于加强国家统一的会计制度贯彻实施工作的指导意见（2019年发布）··· 001
 2. 中华人民共和国外商投资法（2019年发布）······················ 003
 3. 中华人民共和国外商投资法实施条例（2019年发布）·············· 007

第二章 综合性会计基础工作管理法规 ······························ 013
 1. 会计基础工作规范（2019年修订）······························ 013
 2. 人民币银行结算账户管理办法（2020年修订）···················· 023
 3. 人民币银行结算账户管理办法实施细则（2005年发布）············ 032
 4. 发票管理办法（2023年修订）·································· 037
 5. 中华人民共和国发票管理办法实施细则（2024年修正）············ 042

第三章 综合性会计电算化管理相关法规 ···························· 046
 电子商业汇票业务管理办法（2009年发布）························· 046

第四章 会计人员管理法规 ·· 054
 1. 关于对会计领域违法失信相关责任主体实施联合惩戒的合作备忘录
  （2018年发布）·· 054
 2. 总会计师条例（2011年修订）·································· 073
 3. 代理记账行业协会管理办法（2018年发布）······················ 075

第五章 企业会计准则配套核算法规 ································ 078
 1. 金融负债与权益工具的区分及相关会计处理规定（2014年发布）···· 078
 2. 商品期货套期业务会计处理暂行规定（2015年发布）·············· 086
 3. 增值税会计处理规定（2016年发布）···························· 093
 4. 企业破产清算有关会计处理规定（2016年发布）·················· 098
 5. 永续债相关会计处理的规定（2019年发布）······················ 103
 6. 关于修订印发2019年度一般企业财务报表格式的通知（2019年发布）··· 105
 7. 关于修订印发合并财务报表格式（2019版）的通知（2019年发布）······ 125
 8. 关于修订印发2023年度保险公司财务报表格式的通知（2022年发布）··· 136
 9. 碳排放权交易有关会计处理暂行规定（2019年修订）·············· 146
 10. 财政部 银保监会关于进一步贯彻落实新金融工具相关会计准则的通知
  （2020年发布）·· 147

11. 住宅专项维修资金会计核算办法（2020年发布） ……………………… 150
12. 新冠肺炎疫情相关租金减让会计处理规定（2020年发布） …………… 162
13. 关于适用《新冠肺炎疫情相关租金减让会计处理规定》相关问题的通知
    （2022年发布） ………………………………………………………… 164
14. 律师事务所相关业务会计处理规定（2021年发布） …………………… 164
15. 财政部关于划转部分国有资本充实社保基金后企业增资财务处理有关
    事项的通知（2021年发布） …………………………………………… 167
16. 企业安全生产费用提取和使用管理办法（2022年发布） ……………… 167
17. 资产管理产品相关会计处理规定（2022年发布） ……………………… 180

第六章　企业成本核算会计法规 …………………………………………… 199
1. 企业产品成本核算制度（试行）（2013年发布） ………………………… 199
2. 企业产品成本核算制度——石油石化行业（2014年发布） …………… 205
3. 企业产品成本核算制度——钢铁行业（2015年发布） ………………… 214
4. 企业产品成本核算制度——煤炭行业（2016年发布） ………………… 218
5. 企业产品成本核算制度——电网经营行业（2018年发布） …………… 222
6. 企业产品成本核算制度——油气管网行业（2021年发布） …………… 225

第七章　管理会计指引体系 ………………………………………………… 229
1. 管理会计基本指引（2016年发布） ……………………………………… 229
2. 管理会计应用指引第100号——战略管理（2017年发布） …………… 231
3. 管理会计应用指引第101号——战略地图（2017年发布） …………… 233
4. 管理会计应用指引第200号——预算管理（2017年发布） …………… 236
5. 管理会计应用指引第201号——滚动预算（2017年发布） …………… 238
6. 管理会计应用指引第202号——零基预算（2018年发布） …………… 240
7. 管理会计应用指引第203号——弹性预算（2018年发布） …………… 241
8. 管理会计应用指引第204号——作业预算（2018年发布） …………… 242
9. 管理会计应用指引第300号——成本管理（2017年发布） …………… 244
10. 管理会计应用指引第301号——目标成本法（2017年发布） ………… 246
11. 管理会计应用指引第302号——标准成本法（2017年发布） ………… 248
12. 管理会计应用指引第303号——变动成本法（2017年发布） ………… 251
13. 管理会计应用指引第304号——作业成本法（2017年发布） ………… 254
14. 管理会计应用指引第400号——营运管理（2017年发布） …………… 258
15. 管理会计应用指引第401号——本量利分析（2017年发布） ………… 261
16. 管理会计应用指引第402号——敏感性分析（2017年发布） ………… 263
17. 管理会计应用指引第403号——边际分析（2017年发布） …………… 265
18. 管理会计应用指引第404号——内部转移定价（2018年发布） ……… 268
19. 管理会计应用指引第405号——多维度盈利能力分析（2018年发布） …… 270

20. 管理会计应用指引第 500 号——投融资管理（2017 年发布） ⋯⋯⋯⋯⋯⋯ 273
21. 管理会计应用指引第 501 号——贴现现金流法（2017 年发布） ⋯⋯⋯⋯ 275
22. 管理会计应用指引第 502 号——项目管理（2017 年发布） ⋯⋯⋯⋯⋯⋯ 278
23. 管理会计应用指引第 503 号——情景分析（2017 年发布） ⋯⋯⋯⋯⋯⋯ 282
24. 管理会计应用指引第 504 号——约束资源优化（2017 年发布） ⋯⋯⋯⋯ 283
25. 管理会计应用指引第 600 号——绩效管理（2017 年发布） ⋯⋯⋯⋯⋯⋯ 285
26. 管理会计应用指引第 601 号——关键绩效指标法（2017 年发布） ⋯⋯⋯ 288
27. 管理会计应用指引第 602 号——经济增加值法（2017 年发布） ⋯⋯⋯⋯ 292
28. 管理会计应用指引第 603 号——平衡计分卡（2017 年发布） ⋯⋯⋯⋯⋯ 295
29. 管理会计应用指引第 604 号——绩效棱柱模型（2018 年发布） ⋯⋯⋯⋯ 301
30. 管理会计应用指引第 700 号——风险管理（2018 年发布） ⋯⋯⋯⋯⋯⋯ 303
31. 管理会计应用指引第 701 号——风险矩阵（2018 年发布） ⋯⋯⋯⋯⋯⋯ 305
32. 管理会计应用指引第 702 号——风险清单（2018 年发布） ⋯⋯⋯⋯⋯⋯ 307
33. 管理会计应用指引第 801 号——企业管理会计报告（2017 年发布） ⋯⋯ 311
34. 管理会计应用指引第 802 号——管理会计信息系统（2017 年发布） ⋯⋯ 314
35. 管理会计应用指引第 803 号——行政事业单位（2018 年发布） ⋯⋯⋯⋯ 319
36. 财政部关于全面推进管理会计体系建设的指导意见（2014 年发布） ⋯⋯ 323

第八章 企业财务管理与绩效评价相关法规 ⋯⋯⋯⋯⋯⋯⋯⋯⋯⋯⋯⋯⋯⋯⋯⋯ 326

1. 关于中央企业加快建设世界一流财务管理体系的指导意见（2022 年发布） 326
2. 企业国有资本与财务管理暂行办法（2001 年发布） ⋯⋯⋯⋯⋯⋯⋯⋯⋯⋯ 331
3. 中央企业国有资本收益收取管理暂行办法（2007 年发布） ⋯⋯⋯⋯⋯⋯ 336
4. 企业财务通则（2006 年修订） ⋯⋯⋯⋯⋯⋯⋯⋯⋯⋯⋯⋯⋯⋯⋯⋯⋯⋯⋯ 338
5. 中央企业综合绩效评价实施细则（2006 年发布） ⋯⋯⋯⋯⋯⋯⋯⋯⋯⋯⋯ 346
6. 中央国有资本经营预算编报办法（2017 年修订） ⋯⋯⋯⋯⋯⋯⋯⋯⋯⋯⋯ 353
7. 中央企业财务预算管理暂行办法（2007 年发布） ⋯⋯⋯⋯⋯⋯⋯⋯⋯⋯⋯ 356
8. 中央国有资本经营预算管理暂行办法（2016 年发布） ⋯⋯⋯⋯⋯⋯⋯⋯⋯ 361
9. 中央企业负责人经营业绩考核办法（2019 年修订） ⋯⋯⋯⋯⋯⋯⋯⋯⋯⋯ 363
10. 关于加强中央企业商誉管理的通知（2022 年发布） ⋯⋯⋯⋯⋯⋯⋯⋯⋯⋯ 368
11. 关于进一步加强国有金融企业财务管理的通知（2022 年发布） ⋯⋯⋯⋯ 371
12. 金融机构国有股权董事议案审议操作指引（2023 年修订版）
（2023 年发布） ⋯⋯⋯⋯⋯⋯⋯⋯⋯⋯⋯⋯⋯⋯⋯⋯⋯⋯⋯⋯⋯⋯⋯⋯⋯⋯ 375
13. 金融企业绩效评价办法（2016 年发布） ⋯⋯⋯⋯⋯⋯⋯⋯⋯⋯⋯⋯⋯⋯⋯ 379
14. 商业银行绩效评价办法（2020 年发布） ⋯⋯⋯⋯⋯⋯⋯⋯⋯⋯⋯⋯⋯⋯⋯ 395
15. 商业保险公司绩效评价办法（2022 年发布） ⋯⋯⋯⋯⋯⋯⋯⋯⋯⋯⋯⋯⋯ 399
16. 国有科技型企业股权和分红激励暂行办法（2016 年发布） ⋯⋯⋯⋯⋯⋯ 404
17. 降低实体经济企业成本工作方案（2016 年发布） ⋯⋯⋯⋯⋯⋯⋯⋯⋯⋯⋯ 410

第九章　企业会计信息化相关法规 ············ 417
1. 企业会计信息化工作规范（2013年发布） ············ 417
2. 企业会计准则通用分类标准编报规则（2015年修订） ············ 420

第十章　企业投资及监管相关法规 ············ 433
1. 企业国有资产监督管理暂行条例（2019年修订） ············ 433
2. 企业投资项目事中事后监管办法（2018年发布） ············ 437
3. 企业境外投资管理办法（2017年发布） ············ 440
4. 国有金融资本出资人职责暂行规定（2019年发布） ············ 447

第十一章　企业税收政策通知 ············ 452
1. 国家税务总局关于优化若干税收征管服务事项的通知（2022年发布） ············ 452
2. 关于公益性捐赠税前扣除有关事项的公告（2020年发布） ············ 459
3. 口岸出境免税店管理暂行办法（2019年发布） ············ 461
4. 关于境外所得有关个人所得税政策的公告（2020年发布） ············ 463
5. 财政部　税务总局关于进一步实施小微企业所得税优惠政策的公告（2022年发布） ············ 466
6. 财政部　税务总局关于进一步实施小微企业"六税两费"减免政策的公告（2022年发布） ············ 467
7. 关于进一步加强代扣代收代征税款手续费管理的通知（2019年修订） ············ 467
8. 关于养老、托育、家政等社区家庭服务业税费优惠政策的公告（2019年发布） ············ 470
9. 关于罕见病药品增值税政策的通知（2019年发布） ············ 471
10. 关于扩大固定资产加速折旧优惠政策适用范围的公告（2019年发布） ············ 473
11. 关于集成电路设计和软件产业企业所得税政策的公告（2019年发布） ············ 473
12. 关于车辆购置税有关具体政策的公告（2019年发布） ············ 474
13. 关于明确部分先进制造业增值税期末留抵退税政策的公告（2019年发布） ············ 475
14. 关于保险企业手续费及佣金支出税前扣除政策的公告（2019年发布） ············ 476
15. 关于永续债企业所得税政策问题的公告（2019年发布） ············ 476
16. 关于创新企业境内发行存托凭证试点阶段有关税收政策的公告（2019年发布） ············ 477
17. 关于继续实施全国中小企业股份转让系统挂牌公司股息红利差别化个人所得税政策的公告（2019年发布） ············ 478
18. 关于资源综合利用增值税政策的公告（2019年发布） ············ 480
19. 关于进一步提高科技型中小企业研发费用税前加计扣除比例的公告（2022年发布） ············ 481

20. 关于调整铁路和航空运输企业汇总缴纳增值税总分机构名单的通知
（2019年发布） ··· 482
21. 国务院关税税则委员会关于调整进境物品进口税有关问题的通知
（2019年发布） ··· 485
22. 税务规范性文件制定管理办法（2021年修正） ·· 486
23. 财政部 税务总局关于契税法实施后有关优惠政策衔接问题的公告
（2021年发布） ··· 492
24. 财政部 税务总局关于城市维护建设税计税依据确定办法等事项的公告
（2021年发布） ··· 492
25. 财政部 税务总局关于继续执行的城市维护建设税优惠政策的公告
（2021年发布） ··· 493
26. 财政部 税务总局关于继续实施企业改制重组有关土地增值税政策的公告
（2021年发布） ··· 494
27. 网络直播营销管理办法（试行）（2021年发布） ··· 495
28. 企业注销指引（2023年修订） ·· 498
29. 加快培育新型消费实施方案（2021年发布） ··· 507
30. 国家税务总局关于小规模纳税人免征增值税征管问题的公告
（2021年发布） ··· 511
31. 国家税务总局 自然资源部关于进一步深化信息共享 便利不动产登记和
办税的通知（2022年发布） ·· 512
32. 财政部 税务总局关于基础设施领域不动产投资信托基金（REITs）试点
税收政策的公告（2022年发布） ··· 514
33. 关于扩大全额退还增值税留抵税额政策行业范围的公告（2022年发布） ············· 514
34. 关于企业投入基础研究税收优惠政策的公告（2022年发布） ·························· 515
35. 关于印花税法实施后有关优惠政策衔接问题的公告（2022年发布） ·················· 517
36. 关于印花税若干事项政策执行口径的公告（2022年发布） ···························· 522
37. 关于切实落实燃煤发电企业增值税留抵退税政策 做好电力保供
工作的通知（2022年发布） ·· 524
38. 支持绿色发展税费优惠政策指引（2022年发布） ······································· 525
39. 稳外贸稳外资税收政策指引（2022年发布） ·· 527
40. 关于延续实施支持文化企业发展增值税政策的公告（2023年发布） ·················· 529
41. 关于研发机构采购设备增值税政策的公告（2023年发布） ···························· 529
42. 关于设备、器具扣除有关企业所得税政策的公告（2023年发布） ···················· 534
43. 关于继续实施科技企业孵化器、大学科技园和众创空间有关税收政策的
公告（2023年发布） ·· 534
44. 关于延续实施跨境电子商务出口退运商品税收政策的公告
（2023年发布） ··· 535

第十二章 个人所得税法规 ……536
1. 关于在中国境内无住所的个人居住时间判定标准的公告（2019年发布）… 536
2. 关于非居民个人和无住所居民个人有关个人所得税政策的公告
（2019年发布）…… 536
3. 关于继续执行的车辆购置税优惠政策的公告（2019年发布）…… 542
4. 关于个人取得有关收入适用个人所得税应税所得项目的公告
（2019年发布）…… 543
5. 关于权益性投资经营所得个人所得税征收管理的公告（2021年发布）… 545
6. 关于进一步明确商业健康保险个人所得税优惠政策适用保险产品范围的
通知（2022年发布）…… 545

第十三章 财政部等五部委颁布的内部控制相关法规 …… 547
1. 企业内部控制基本规范（2008年发布）…… 547
2. 企业内部控制应用指引第1号——组织架构（2010年发布）…… 552
3. 企业内部控制应用指引第2号——发展战略（2010年发布）…… 554
4. 企业内部控制应用指引第3号——人力资源（2010年发布）…… 555
5. 企业内部控制应用指引第4号——社会责任（2010年发布）…… 556
6. 企业内部控制应用指引第5号——企业文化（2010年发布）…… 558
7. 企业内部控制应用指引第6号——资金活动（2010年发布）…… 559
8. 企业内部控制应用指引第7号——采购业务（2010年发布）…… 562
9. 企业内部控制应用指引第8号——资产管理（2010年发布）…… 564
10. 企业内部控制应用指引第9号——销售业务（2010年发布）…… 566
11. 企业内部控制应用指引第10号——研究与开发（2010年发布）…… 567
12. 企业内部控制应用指引第11号——工程项目（2010年发布）…… 569
13. 企业内部控制应用指引第12号——担保业务（2010年发布）…… 572
14. 企业内部控制应用指引第13号——业务外包（2010年发布）…… 574
15. 企业内部控制应用指引第14号——财务报告（2010年发布）…… 575
16. 企业内部控制应用指引第15号——全面预算（2010年发布）…… 577
17. 企业内部控制应用指引第16号——合同管理（2010年发布）…… 579
18. 企业内部控制应用指引第17号——内部信息传递（2010年发布）…… 581
19. 企业内部控制应用指引第18号——信息系统（2010年发布）…… 582
20. 企业内部控制评价指引（2010年发布）…… 584
21. 企业内部控制审计指引（2010年发布）…… 586
22. 关于进一步深化法治央企建设的意见（2021年发布）…… 591

第十四章 企业内部控制相关法规 …… 595
1. 企业内部控制规范体系实施中相关问题解释第1号（2012年发布）…… 595
2. 企业内部控制规范体系实施中相关问题解释第2号（2012年发布）…… 600

3. 关于加强中央企业内部控制体系建设与监督工作的实施意见
（2019年发布） …………………………………………………………… 603
4. 关于强化上市公司及拟上市企业内部控制建设推进内部控制评价和
审计的通知（2023年发布） …………………………………………… 606

第十五章　上市公司通用性会计法规 …………………………………… 608

1. 中华人民共和国证券法（2019年修订） ………………………………… 608
2. 上市公司章程指引（2023年修订） ……………………………………… 634
3. 上市公司股东大会规则（2022年修订） ………………………………… 657
4. 上市公司股份回购规则（2023年修订） ………………………………… 664
5. 上市公司分拆规则（试行）（2022年发布） …………………………… 670
6. 上市公司股票停复牌规则（2022年修订） ……………………………… 674
7. 创业板首次公开发行股票注册管理办法（试行）（2020年发布） …… 676
8. 创业板上市公司证券发行注册管理办法（试行）（2020年修订） …… 686
9. 创业板上市公司持续监管办法（试行）（2020年发布） ……………… 697
10. 科创板首次公开发行股票注册管理办法（试行）（2020年修订） …… 700
11. 科创板上市公司证券发行注册管理办法（试行）（2020年修订） …… 710
12. 证券投资基金托管业务管理办法（2020年修订） ……………………… 721
13. 深圳证券交易所债券交易实施细则（2020年修订） …………………… 726
14. 可转换公司债券管理办法（2020年发布） ……………………………… 732
15. 证券期货规章制定程序规定（2020年修订） …………………………… 734
16. 关于修改部分证券期货规章的决定（2021年发布） …………………… 739
17. 首次公开发行股票并上市管理办法（2020年修订） …………………… 761
18. 证券发行上市保荐业务管理办法（2020年修订） ……………………… 766
19. 合格境外机构投资者和人民币合格境外机构投资者境内证券期货投资
管理办法（2020年发布） ………………………………………………… 777
20. 公开募集证券投资基金销售机构监督管理办法（2020年发布） ……… 780
21. 期货公司监督管理办法（2019年修订） ………………………………… 790
22. 期货公司分类监管规定（2019年修订） ………………………………… 808

第十六章　证券期货法规 …………………………………………………… 817

1. 上市公司治理准则（2018年修订） ……………………………………… 817
2. 关于修改部分证券期货规章的决定（2020年发布） …………………… 825
3. 上市公司证券发行管理办法（2020年修订） …………………………… 924
4. 科创板首次公开发行股票注册管理办法（试行）（2020年修订） …… 933
5. 科创板上市公司持续监管办法（试行）（2019年发布） ……………… 942
6. 科创板上市公司重大资产重组特别规定（2019年发布） ……………… 946

7. 关于在上海证券交易所设立科创板并试点注册制的实施意见
（2019 年发布） ……………………………………………………… 947
8. 上海证券交易所上市公司重大资产重组审核规则（2023 年发布） ………… 950
9. 上海证券交易所证券发行与承销规则适用指引第 1 号——证券上市公告书
内容与格式（2023 年发布） ……………………………………………… 963
10. 公开募集证券投资基金投资信用衍生品指引（2019 年发布） ………… 983
11. 上市公司重大资产重组管理办法（2023 年修订） ……………………… 984
12. 关于上市公司内幕信息知情人登记管理制度的规定（2021 年发布） …… 996
13. 公开发行证券的公司信息披露内容与格式准则第 2 号——年度报告的
内容与格式（2021 年修订） ……………………………………………… 998
14. 公开发行证券的公司信息披露内容与格式准则第 3 号——半年度报告的
内容与格式（2021 年修订） ……………………………………………… 1020
15. 上市公司现场检查规则（2022 年发布） ………………………………… 1034
16. 上市公司监管指引第 3 号——上市公司现金分红（2023 年修订） ……… 1037
17. 上市公司独立董事管理办法（2023 年发布） …………………………… 1040

行政事业分册

第十七章　政府综合财务报告相关法规 …………………………………… 1048
1. 政府财务报告编制办法（2023 年修订） ………………………………… 1048
2. 政府部门财务报告编制操作指南（2023 年修订） ……………………… 1053
3. 政府综合财务报告编制操作指南（2023 年修订） ……………………… 1110
4 关于进一步明确政府部门财务报告编制合并范围的通知（2021 年发布） … 1190

第十八章　民间非营利组织会计相关法规 ………………………………… 1191
1. 事业单位成本核算具体指引——科学事业单位（2022 年发布） ………… 1191
2. 事业单位成本核算具体指引——高等学校（2022 年发布） …………… 1199
3. 事业单位成本核算具体指引——公立医院（2021 年发布） …………… 1206
4. 民间非营利组织会计制度（2004 年发布） ……………………………… 1219
5. 《民间非营利组织会计制度》若干问题的解释（2020 年发布） ………… 1232

第十九章　农村集体及农民专业合作社会计相关法规 …………………… 1236
1. 农村集体经济组织会计制度（2023 年修订） …………………………… 1236
2. 农村集体经济组织新旧会计制度有关衔接问题的处理规定（2023 年发布） … 1270
3. 农村集体经济组织财务制度（2021 年发布） …………………………… 1275
4. 关于印发《农民专业合作社财务制度》的通知（2022 年发布） ………… 1279
5. 关于印发《农民专业合作社会计制度》的通知（2021 年发布） ………… 1284

6. 关于印发《农民专业合作社新旧会计制度有关衔接问题的处理规定》的
通知（2021年发布） ····· 1322

第二十章　其他行政事业单位会计核算与管理制度 ····· 1328
1. 社会保险基金会计制度（2017年发布） ····· 1328
2. 关于印发《道路交通事故社会救助基金会计核算办法》的通知
（2022年发布） ····· 1366
3. 关于印发《中央专项彩票公益金支持大学生创新创业教育项目资金管理
办法》的通知（2022年发布） ····· 1378

第二十一章　政府采购相关法规 ····· 1382
1. 政府采购需求管理办法（2021年发布） ····· 1382
2. 关于在政府采购活动中落实平等对待内外资企业有关政策的通知
（2021年发布） ····· 1387
3. 关于做好政府采购框架协议采购工作有关问题的通知（2022年发布） ····· 1387

第二十二章　行政事业单位预算与绩效管理相关法规 ····· 1390
1. 关于印发《预算绩效评价共性指标体系框架》的通知（2013年发布） ····· 1390
2. 中央部门预算绩效目标管理办法（2015年修订） ····· 1401
3. 中央级科研事业单位绩效评价暂行办法（2017年发布） ····· 1420
4. 财政管理工作绩效考核与激励办法（2018年修订） ····· 1424
5. 地方财政预算执行支出进度考核办法（2018年发布） ····· 1427

第二十三章　行政事业单位日常公用经费管理法规 ····· 1429
1. 中央和国家机关会议费管理办法（2016年发布） ····· 1429
2. 财政部　国管局　中直管理局关于《中央和国家机关会议费管理办法》的
补充通知（2023发布） ····· 1433
3. 党政机关办公用房管理办法（2017年发布） ····· 1434
4. 党政机关公务用车管理办法（2017年发布） ····· 1440
5. 党政机关会议定点管理办法（2015年发布） ····· 1443
6. 关于调整中央和国家机关差旅住宿费标准等有关问题的通知
（2015年发布） ····· 1445
7. 关于规范差旅伙食费和市内交通费收交管理有关事项的通知
（2019年发布） ····· 1446

第二十四章　行政事业单位资产管理相关法规 ····· 1448
1. 行政单位国有资产管理暂行办法（2006年发布） ····· 1448
2. 中央行政事业单位国有资产配置管理办法（2018年发布） ····· 1452

3. 地方行政单位国有资产处置管理暂行办法（2014年发布） ········· 1455
4. 行政事业单位资产清查核实管理办法（2016年发布） ············ 1458

第二十五章 基本建设财务相关法规 ·························· 1471
基本建设项目竣工财务决算管理暂行办法（2016年发布） ············ 1471

第二十六章 国家审计综合性法规 ···························· 1474
1. 关于实行审计全覆盖的实施意见（2015年发布） ··············· 1474
2. 中央预算执行情况审计监督暂行办法（1995年发布） ············ 1476

第二十七章 政府会计制度 ································ 1478
政府会计制度——行政事业单位会计科目和报表（2017年发布） ········ 1478

第二十八章 政府会计准则指南与解释 ························ 1657
1. 《政府会计准则第3号——固定资产》应用指南（2017年发布） ······ 1657
2. 《政府会计准则第11号——文物资源》应用指南（2023年发布） ····· 1659
3. 政府会计准则制度解释第1号（2019年颁布） ·················· 1663
4. 政府会计准则制度解释第2号（2019年颁布） ·················· 1668
5. 政府会计准则制度解释第3号（2020年颁布） ·················· 1672
6. 政府会计准则制度解释第4号（2021年颁布） ·················· 1675
7. 政府会计准则制度解释第5号（2022年颁布） ·················· 1680
8. 政府会计准则制度解释第6号（2023年发布） ·················· 1682
9. 政府会计准则制度解释第7号（2024年发布） ·················· 1684
10. 关于进一步加强市政基础设施政府会计核算的通知（2022年颁布） ···· 1686

第二十九章 注册会计师审计相关法规 ························ 1703
1. 中国注册会计师鉴证业务基本准则（2022年修订） ··············· 1703
2. 中国注册会计师审计准则第1101号——注册会计师的总体目标和审计工作的
   基本要求（2022年修订） ··································· 1711
3. 中国注册会计师审计准则第1111号——就审计业务约定条款达成一致意见
   （2022年修订） ··· 1715
4. 中国注册会计师审计准则第1121号——对财务报表审计实施的质量控制
   （2020年修订） ··· 1717
5. 中国注册会计师审计准则第1131号——审计工作底稿（2022年修订） ······ 1723

6. 中国注册会计师审计准则第1141号——财务报表审计中与舞弊相关的责任
（2022年修订） ………………………………………………………………… 1726

7. 中国注册会计师审计准则第1142号——财务报表审计中对法律法规的考虑
（2022年修订） ………………………………………………………………… 1732

8. 中国注册会计师审计准则第1151号——与治理层的沟通
（2022年修订） ………………………………………………………………… 1736

9. 中国注册会计师审计准则第1152号——向治理层和管理层通报内部控制
缺陷（2022年修订） …………………………………………………………… 1739

10. 中国注册会计师审计准则第1153号——前任注册会计师和后任注册
会计师的沟通（2010年修订） ………………………………………………… 1741

11. 中国注册会计师审计准则第1201号——计划审计工作（2022年修订） … 1743

12. 中国注册会计师审计准则第1211号——重大错报风险的识别和评估
（2022年修订） ………………………………………………………………… 1744

13. 中国注册会计师审计准则第1221号——计划和执行审计工作时的重要性
（2019年修订） ………………………………………………………………… 1750

14. 中国注册会计师审计准则第1231号——针对评估的重大错报风险采取的
应对措施（2022年修订） ……………………………………………………… 1752

15. 中国注册会计师审计准则第1241号——对被审计单位使用服务机构的
考虑（2022年修订） …………………………………………………………… 1755

16. 中国注册会计师审计准则第1251号——评价审计过程中识别出的错报
（2022年修订） ………………………………………………………………… 1759

17. 中国注册会计师审计准则第1301号——审计证据（2022年修订） ……… 1761

18. 中国注册会计师审计准则第1311号——对存货、诉讼和索赔、分部信息等
特定项目获取审计证据的具体考虑（2019年修订） ………………………… 1763

19. 中国注册会计师审计准则第1312号——函证（2010年修订） …………… 1765

20. 中国注册会计师审计准则第1313号——分析程序（2022年修订） ……… 1768

21. 中国注册会计师审计准则第1314号——审计抽样（2010年修订） ……… 1769

22. 中国注册会计师审计准则第1321号——会计估计和相关披露的审计
（2022年修订） ………………………………………………………………… 1771

23. 中国注册会计师审计准则第1323号——关联方（2022年修订） ………… 1776

24. 中国注册会计师审计准则第1324号　持续经营（2022年修订） ……… 1780

25. 中国注册会计师审计准则第1311号——对存货、诉讼和索赔、分部信息等
特定项目获取审计证据的具体考虑（2019年修订） ………………………… 1784

26. 中国注册会计师审计准则第1331号——首次审计业务涉及的期初余额
（2022年修订） ………………………………………………………………… 1786

27. 中国注册会计师审计准则第1332号——期后事项（2016年修订） ……… 1787
28. 中国注册会计师审计准则第1341号——书面声明（2022年修订） ……… 1790
29. 中国注册会计师审计准则第1401号——对集团财务报表审计的特殊考虑
（2022年修订） …………………………………………………………… 1793
30. 中国注册会计师审计准则第1411号——利用内部审计人员的工作
（2022年修订） …………………………………………………………… 1800
31. 中国注册会计师审计准则第1421号——利用专家的工作
（2022年修订） …………………………………………………………… 1806
32. 中国注册会计师审计准则第1501号——对财务报表形成审计意见和出具
审计报告（2022年修订） ………………………………………………… 1808
33. 中国注册会计师审计准则第1502号——在审计报告中发表非无保留意见
（2019年修订） …………………………………………………………… 1814
34. 中国注册会计师审计准则第1503号——在审计报告中增加强调事项段和
其他事项段（2022年修订） ……………………………………………… 1817
35. 中国注册会计师审计准则第1504号——在审计报告中沟通关键审计事项
（2016年发布） …………………………………………………………… 1820
36. 中国注册会计师审计准则第1511号——比较信息：对应数据和比较财务
报表（2019年修订） ……………………………………………………… 1822
37. 中国注册会计师审计准则第1601号——审计特殊目的财务报表的特殊考虑
（2022年修订） …………………………………………………………… 1824
38. 中国注册会计师审计准则第1602号——验资（2006年发布） ………… 1826
39. 中国注册会计师审计准则第1603号——审计单一财务报表和财务报表特定
要素的特殊考虑（2021年修订） ………………………………………… 1829
40. 中国注册会计师审计准则第1604号——对简要财务报表出具报告的业务
（2021年修订） …………………………………………………………… 1832
41. 中国注册会计师审计准则第1611号——商业银行财务报表审计
（2006年发布） …………………………………………………………… 1837
42. 中国注册会计师审计准则第1612号——银行间函证程序
（2006年发布） …………………………………………………………… 1843
43. 中国注册会计师审计准则第1613号——与银行监管机构的关系
（2006年发布） …………………………………………………………… 1845
44. 中国注册会计师审计准则第1631号——财务报表审计中对环境事项的考虑
（2022年修订） …………………………………………………………… 1849
45. 中国注册会计师审计准则第1632号——衍生金融工具的审计
（2006年发布） …………………………………………………………… 1854

46. 中国注册会计师审计准则第 1633 号——电子商务对财务报表审计的影响
（2022 修订） ………………………………………………………… 1864

47. 中国注册会计师审阅准则第 2101 号——财务报表审阅（2006 年发布） … 1868

48. 中国注册会计师其他鉴证业务准则第 3101 号——历史财务信息审计或审阅
以外的鉴证业务（2006 年发布） …………………………………… 1873

49. 中国注册会计师其他鉴证业务准则第 3111 号——预测性财务信息的审核
（2006 年发布） ……………………………………………………… 1882

50. 中国注册会计师相关服务准则第 4101 号——对财务信息执行商定程序
（2006 年发布） ……………………………………………………… 1887

51. 中国注册会计师相关服务准则第 4111 号——代编财务信息
（2006 发布） ………………………………………………………… 1889

52. 会计师事务所质量管理准则第 5101 号——业务质量管理
（2020 年修订） ……………………………………………………… 1892

53. 会计师事务所质量管理准则第 5102 号——项目质量复核
（2020 年发布） ……………………………………………………… 1907

第三十章　注册会计师审计准则解答及最新相关法规 ……………………… 1912

1. 中国注册会计师审计准则问题解答第 1 号——职业怀疑（2019 年修订） … 1912
2. 中国注册会计师审计准则问题解答第 2 号——函证（2019 年修订） …… 1923
3. 中国注册会计师审计准则问题解答第 3 号——存货监盘（2013 年发布） … 1931
4. 中国注册会计师审计准则问题解答第 4 号——收入确认（2019 年修订） … 1936
5. 中国注册会计师审计准则问题解答第 5 号——重大非常规交易
（2013 年发布） ……………………………………………………… 1945

6. 中国注册会计师审计准则问题解答第 6 号——关联方（2019 年修订） …… 1949

7. 中国注册会计师审计准则问题解答第 7 号——会计分录测试
（2014 年发布） ……………………………………………………… 1957

8. 中国注册会计师审计准则问题解答第 8 号——重要性及评价错报报
（2014 年发布） ……………………………………………………… 1961

9. 中国注册会计师审计准则问题解答第 9 号——项目质量控制复核
（2014 年发布） ……………………………………………………… 1964

10. 中国注册会计师审计准则问题解答第 10 号——集团财务报表审计
（2014 年发布） ……………………………………………………… 1968

11. 中国注册会计师审计准则问题解答第 11 号——会计估计
（2014 年发布） ……………………………………………………… 1971

12. 中国注册会计师审计准则问题解答第 12 号——货币资金审计
（2019 年修订） ·· 1977

13. 中国注册会计师审计准则问题解答第 13 号——持续经营
（2014 年发布） ·· 1983

14. 中国注册会计师审计准则问题解答第 14 号——关键审计事项
（2018 年发布） ·· 1985

15. 中国注册会计师审计准则问题解答第 15 号——其他信息
（2018 年发布） ·· 1987

16. 中国注册会计师审计准则问题解答第 16 号——审计报告中的非无保留意见
（2021 年发布） ·· 1987

17. 中国注册会计师审计准则问题解答第 17 号——商誉减值的审计
（2024 年发布） ·· 1994

第三十一章　注册会计师职业道德守则·· 2005

1. 中国注册会计师职业道德守则第 1 号——职业道德基本原则
（2020 年修订） ·· 2005

2. 中国注册会计师职业道德守则第 2 号——职业道德概念框架
（2020 年修订） ·· 2010

3. 中国注册会计师职业道德守则第 3 号——提供专业服务的具体要求
（2020 年修订） ·· 2015

4. 中国注册会计师职业道德守则第 4 号——审计和审阅业务对独立性的要求
（2020 年修订） ·· 2033

5. 中国注册会计师职业道德守则第 5 号——其他鉴证业务对独立性的要求
（2020 年修订） ·· 2067

6. 中国注册会计师职业道德守则术语表（2020 年修订） ················ 2082

7. 中国注册会计师协会非执业会员职业道德守则（2020 年修订） ········ 2086

8. 中国注册会计师协会非执业会员职业道德守则术语表（2020 年修订）······ 2104

9. 关于印发《注册会计师行业诚信建设纲要》的通知（2023 年发布） ········ 2105

第三十二章　其他注册会计师管理法规·· 2110

1. 会计师事务所一体化管理办法（2022 年发布） ······················· 2110

2. 关于加强会计师事务所执业管理　切实提高审计质量的实施意见
（2020 年发布） ·· 2112

3. 会计师事务所从事证券服务业务备案管理办法（2020 年发布） ········ 2114

4. 银行函证及回函工作操作指引（2020 年发布） ······················· 2122

5. 关于推进会计师事务所函证数字化相关工作的指导意见（2020年发布）… 2143
6. 国务院办公厅关于进一步规范财务审计秩序 促进注册会计师行业健康发展的意见（2021发布） …………………………………………………………… 2146
7. 中国注册会计师协会会员执业违规行为惩戒办法（2021修订） ………… 2149
8. 中国注册会计师协会执业质量检查人员管理办法（2021年修订） ……… 2154
9. 中国注册会计师协会惩戒委员会工作规则（2021年修订） ……………… 2161
10. 中国注册会计师协会申诉委员会工作规则（2021年修订） ……………… 2162
11. 会计师事务所监督检查办法（2022年发布） …………………………… 2164
12. 上市公司年报审计监管工作规程（2021年修订） ……………………… 2168
13. 监管规则适用指引——审计类第1号（2021年发布） ………………… 2169
14. 关于地方注协开展会计师事务所综合评价工作的指导意见（2022年发布） ……………………………………………………………… 2173
15. 中国注册会计师继续教育制度（2021年修订） ………………………… 2174
16. 中国注册会计师协会非执业会员继续教育制度（2021年修订） ……… 2179
17. 中国注册会计师行业人才胜任能力指南（2022年修订） ……………… 2184
18. 注册会计师转所规定（2022年修订） …………………………………… 2227
19. 国有企业、上市公司选聘会计师事务所管理办法（2023年发布） …… 2232
20. 会计师事务所从事证券服务业务信息披露规定（2023年发布） ……… 2234
21. 关于严禁会计师事务所以或有收费方式提供审计服务的通知（2023年发布） …………………………………………………………… 2236

第三十三章　内部审计相关法规 ……………………………………………… 2237
1. 内部审计质量评估机构管理暂行办法（2012年发布） ………………… 2237
2. 内部审计质量评估办法（2023年布） …………………………………… 2238
3. 商业银行内部审计指引（2016年颁布） ………………………………… 2244

第一编

综合性会计法规

第一章 统驭性会计法规

1. 中华人民共和国会计法（2017年修正）

（1985年1月21日第六届全国人民代表大会常务委员会第九次会议通过 根据1993年12月29日第八届全国人民代表大会常务委员会第五次会议《关于修改〈中华人民共和国会计法〉的决定》第一次修正 根据1999年10月31日第九届全国人民代表大会常务委员会第十二次会议修订 根据2017年11月4日第十二届全国人民代表大会常务委员会第三十次会议《关于修改〈中华人民共和国会计法〉等十一部法律的决定》第二次修正）

第一章 总 则

第一条 为了规范会计行为，保证会计资料真实、完整，加强经济管理和财务管理，提高经济效益，维护社会主义市场经济秩序，制定本法。

第二条 国家机关、社会团体、公司、企业、事业单位和其他组织（以下统称单位）必须依照本法办理会计事务。

第三条 各单位必须依法设置会计账簿，并保证其真实、完整。

第四条 单位负责人对本单位的会计工作和会计资料的真实性、完整性负责。

第五条 会计机构、会计人员依照本法规定进行会计核算，实行会计监督。

任何单位或者个人不得以任何方式授意、指使、强令会计机构、会计人员伪造、变造会计凭证、会计账簿和其他会计资料，提供虚假财务会计报告。

任何单位或者个人不得对依法履行职责、抵制违反本法规定行为的会计人员实行打击报复。

第六条 对认真执行本法，忠于职守，坚持原则，做出显著成绩的会计人员，给予精神的或者物质的奖励。

第七条 国务院财政部门主管全国的会计工作。

县级以上地方各级人民政府财政部门管理本行政区域内的会计工作。

第八条 国家实行统一的会计制度。国家统一的会计制度由国务院财政部门根据本法制定并公布。

国务院有关部门可以依照本法和国家统一的会计制度制定对会计核算和会计监督有特殊要求的行业实施国家统一的会计制度的具体办法或者补充规定，报国务院财政部门审核批准。

中国人民解放军总后勤部可以依照本法和国家统一的会计制度制定军队实施国家统一的会计制度的具体办法，报国务院财政部门备案。

第二章 会 计 核 算

第九条 各单位必须根据实际发生的经济业务事项进行会计核算，填制会计凭证，登记会计账簿，编制财务会计报告。

任何单位不得以虚假的经济业务事项或者资料进行会计核算。

第十条 下列经济业务事项，应当办理会计手续，进行会计核算：

（一）款项和有价证券的收付；
（二）财物的收发、增减和使用；
（三）债权债务的发生和结算；
（四）资本、基金的增减；
（五）收入、支出、费用、成本的计算；
（六）财务成果的计算和处理；
（七）需要办理会计手续、进行会计核算的其他事项。

第十一条 会计年度自公历1月1日起至12月31日止。

第十二条 会计核算以人民币为记账本位币。

业务收支以人民币以外的货币为主的单位，可以选定其中一种货币作为记账本位币，但是编报的财务会计报告应当折算为人民币。

第十三条 会计凭证、会计账簿、财务会计报告和其他会计资料，必须符合国家统一的会计制度的规定。

使用电子计算机进行会计核算的，其软件及其生成的会计凭证、会计账簿、财务会计报告和其他会计资料，也必须符合国家统一的会计制度的规定。

任何单位和个人不得伪造、变造会计凭证、会计账簿及其他会计资料，不得提供虚假的财务会计报告。

第十四条 会计凭证包括原始凭证和记账凭证。

办理本法第十条所列的经济业务事项，必须填制或者取得原始凭证并及时送交会计机构。

会计机构、会计人员必须按照国家统一的会计制度的规定对原始凭证进行审核，对不真实、不合法的原始凭证有权不予接受，并向单位负责人报告；对记载不准确、不完整的原始凭证予以退回，并要求按照国家统一的会计制度的规定更正、补充。

原始凭证记载的各项内容均不得涂改；原始凭证有错误的，应当由出具单位重开或者更正，更正处应当加盖出具单位印章。原始凭证金额有错误的，应当由出具单位重开，不得在原始凭证上更正。

记账凭证应当根据经过审核的原始凭证及有关资料编制。

第十五条 会计账簿登记，必须以经过审核的会计凭证为依据，并符合有关法律、行政法规和国家统一的会计制度的规定。会计账簿包括总账、明细账、日记账和其他辅助性账簿。

会计账簿应当按照连续编号的页码顺序登记。会计账簿记录发生错误或者隔页、缺号、跳行的，应当按照国家统一的会计制度规定的方法更正，并由会计人员和会计机构负责人（会计主管人员）在更正处盖章。

使用电子计算机进行会计核算的，其会计账簿的登记、更正，应当符合国家统一的会计制度的规定。

第十六条 各单位发生的各项经济业务事项应当在依法设置的会计账簿上统一登记、核算，不得违反本法和国家统一的会计制度的规定私设会计账簿登记、核算。

第十七条 各单位应当定期将会计账簿记录与实物、款项及有关资料相互核对，保证会计账簿记录与实物及款项的实有数额相符、会计账簿记录与会计凭证的有关内容相符、会计账簿之间相对应的记录相符、会计账簿记录与会计报表的有关内容相符。

第十八条 各单位采用的会计处理方法，前后各期应当一致，不得随意变更；确有必要变更的，应当按照国家统一的会计制度的规定变更，并将变更的原因、情况及影响在财务会计报告中说明。

第十九条 单位提供的担保、未决诉讼等或有事项，应当按照国家统一的会计制度的规定，在财务会计报告中予以说明。

第二十条 财务会计报告应当根据经过审核的会计账簿记录和有关资料编制，并符合本法和国家统一的会计制度关于财务会计报告的编制要求、提供对象和提供期限的规定；其他法律、行政法规另有规定的，从其规定。

财务会计报告由会计报表、会计报表附注和财务情况说明书组成。向不同的会计资料使用者提供的财务会计报告，其编制依据应当一致。有关法律、行政法规规定会计报表、会计报表附注和财务情况说明书须经注册会计师审计的，注册会计师及其所在的会计师事务所出具的审计报告应当随同财务会计报告一并提供。

第二十一条 财务会计报告应当由单位负责人和主管会计工作的负责人、会计机构负责人（会计主管人员）签名并盖章；设置总会计师的单位，还须由总会计师签名并盖章。

单位负责人应当保证财务会计报告真实、完整。

第二十二条 会计记录的文字应当使用中文。在民族自治地方，会计记录可以同时使用当地通用的一种民族文字。在中华人民共和国境内的外商投资企业、外国企业和其他外国组织的会计记录可以同时使用一种外国文字。

第二十三条 各单位对会计凭证、会计账簿、财务会计报告和其他会计资料应当建立档案，妥善保管。会计档案的保管期限和销毁办法，由国务院财政部会同有关部门制定。

第三章 公司、企业会计核算的特别规定

第二十四条 公司、企业进行会计核算，除应当遵守本法第二章的规定外，还应当遵守本章规定。

第二十五条 公司、企业必须根据实际发生的经济业务事项，按照国家统一的会计制度的规定确认、计量和记录资产、负债、所有者权益、收入、费用、成本和利润。

第二十六条 公司、企业进行会计核算不得有下列行为：

（一）随意改变资产、负债、所有者权益的确认标准或者计量方法，虚列、多列、不列或者少列资产、负债、所有者权益；

（二）虚列或者隐瞒收入，推迟或者提前确认收入；

（三）随意改变费用、成本的确认标准或者计量方法，虚列、多列、不列或者少列费用、成本；

（四）随意调整利润的计算、分配方法，编造虚假利润或者隐瞒利润；

（五）违反国家统一的会计制度规定的其他行为。

第四章 会 计 监 督

第二十七条 各单位应当建立、健全本单位内部会计监督制度。单位内部会计监督制度应当符合下列要求：

（一）记账人员与经济业务事项和会计事项的审批人员、经办人员、财物保管人员的职责权限应当明确，并相互分离、相互制约；

（二）重大对外投资、资产处置、资金调度和其他重要经济业务事项的决策和执行的相互监督、相互制约程序应当明确；

（三）财产清查的范围、期限和组织程序应当明确；

（四）对会计资料定期进行内部审计的办法和程序应当明确。

第二十八条 单位负责人应当保证会计机构、会计人员依法履行职责，不得授意、指使、

强令会计机构、会计人员违法办理会计事项。

会计机构、会计人员对违反本法和国家统一的会计制度规定的会计事项，有权拒绝办理或者按照职权予以纠正。

第二十九条 会计机构、会计人员发现会计账簿记录与实物、款项及有关资料不相符的，按照国家统一的会计制度的规定有权自行处理的，应当及时处理；无权处理的，应当立即向单位负责人报告，请求查明原因，作出处理。

第三十条 任何单位和个人对违反本法和国家统一的会计制度规定的行为，有权检举。收到检举的部门有权处理的，应当依法按照职责分工及时处理；无权处理的，应当及时移送有权处理的部门处理。收到检举的部门、负责处理的部门应当为检举人保密，不得将检举人姓名和检举材料转给被检举单位和被检举人个人。

第三十一条 有关法律、行政法规规定，须经注册会计师进行审计的单位，应当向受委托的会计师事务所如实提供会计凭证、会计账簿、财务会计报告和他会计资料以及有关情况。

任何单位或者个人不得以任何方式要求或者示意注册会计师及其所在的会计师事务所出具不实或者不当的审计报告。

财政部门有权对会计师事务所出具审计报告的程序和内容进行监督。

第三十二条 财政部门对各单位的下列情况实施监督：

（一）是否依法设置会计账簿；

（二）会计凭证、会计账簿、财务会计报告和其他会计资料是否真实、完整；

（三）会计核算是否符合本法和国家统一的会计制度的规定；

（四）从事会计工作的人员是否具备专业能力、遵守职业道德。

在对前款第（二）项所列事项实施监督，发现重大违法嫌疑时，国务院财政部门及其派出机构可以向与被监督单位有经济业务往来的单位和被监督单位开立账户的金融机构查询有关情况，有关单位和金融机构应当给予支持。

第三十三条 财政、审计、税务、人民银行、证券监管、保险监管等部门应当依照有关法律、行政法规规定的职责，对有关单位的会计资料实施监督检查。

前款所列监督检查部门对有关单位的会计资料依法实施监督检查后，应当出具检查结论。有关监督检查部门已经作出的检查结论能够满足其他监督检查部门履行本部门职责需要的，其他监督检查部门应当加以利用，避免重复查账。

第三十四条 依法对有关单位的会计资料实施监督检查的部门及其工作人员对在监督检查中知悉的国家秘密和商业秘密负有保密义务。

第三十五条 各单位必须依照有关法律、行政法规的规定，接受有关监督检查部门依法实施的监督检查，如实提供会计凭证、会计账簿、财务会计报告和他会计资料以及有关情况，不得拒绝、隐匿、谎报。

第五章　会计机构和会计人员

第三十六条 各单位应当根据会计业务的需要，设置会计机构，或者在有关机构中设置会计人员并指定会计主管人员；不具备设置条件的，应当委托经批准设立从事会计代理记账业务的中介机构代理记账。

国有的和国有资产占控股地位或者主导地位的大、中型企业必须设置总会计师。总会计师的任职资格、任免程序、职责权限由国务院规定。

第三十七条 会计机构内部应当建立稽核制度。

出纳人员不得兼任稽核、会计档案保管和收入、支出、费用、债权债务账目的登记工作。

第三十八条 会计人员应当具备从事会计工作所需要的专业能力。

担任单位会计机构负责人（会计主管人员）的，应当具备会计师以上专业技术职务资格或者从事会计工作三年以上经历。

本法所称会计人员的范围由国务院财政部门规定。

第三十九条 会计人员应当遵守职业道德，提高业务素质。对会计人员的教育和培训工作应当加强。

第四十条 因有提供虚假财务会计报告，做假账，隐匿或者故意销毁会计凭证、会计账簿、财务会计报告，贪污，挪用公款，职务侵占等与会计职务的有关违法行为被依法追究刑事责任的人员，不得再从事会计工作。

第四十一条 会计人员调动工作或者离职，必须与接管人员办清交接手续。

一般会计人员办理交接手续，由会计机构负责人（会计主管人员）监交；会计机构负责人（会计主管人员）办理交接手续，由单位负责人监交，必要时主管单位可以派人会同监交。

第六章 法 律 责 任

第四十二条 违反本法规定，有下列行为之一的，由县级以上人民政府财政部门责令限期改正，可以对单位并处三千元以上五万元以下的罚款；对其直接负责的主管人员和其他直接责任人员，可以处二千元以上二万元以下的罚款；属于国家工作人员的，还应当由其所在单位或者有关单位依法给予行政处分：

（一）不依法设置会计账簿的；

（二）私设会计账簿的；

（三）未按照规定填制、取得原始凭证或者填制、取得的原始凭证不符合规定的；

（四）以未经审核的会计凭证为依据登记会计账簿或者登记会计账簿不符合规定的；

（五）随意变更会计处理方法的；

（六）向不同的会计资料使用者提供的财务会计报告编制依据不一致的；

（七）未按照规定使用会计记录文字或者记账本位币的；

（八）未按照规定保管会计资料，致使会计资料毁损、灭失的；

（九）未按照规定建立并实施单位内部会计监督制度或者拒绝依法实施的监督或者不如实提供有关会计资料及有关情况的；

（十）任用会计人员不符合本法规定的。

有前款所列行为之一，构成犯罪的，依法追究刑事责任。

会计人员有第一款所列行为之一，情节严重的，五年内不得从事会计工作。

有关法律对第一款所列行为的处罚另有规定的，依照有关法律的规定办理。

第四十三条 伪造、变造会计凭证、会计账簿，编制虚假财务会计报告，构成犯罪的，依法追究刑事责任。

有前款行为，尚不构成犯罪的，由县级以上人民政府财政部门予以通报，可以对单位并处五千元以上十万元以下的罚款；对其直接负责的主管人员和其他直接责任人员，可以处三千元以上五万元以下的罚款；属于国家工作人员的，还应当由其所在单位或者有关单位依法给予撤职直至开除的行政处分；其中的会计人员，五年内不得从事会计工作。

第四十四条 隐匿或者故意销毁依法应当保存的会计凭证、会计账簿、财务会计报告，构成犯罪的,依法追究刑事责任。

有前款行为,尚不构成犯罪的,由县级以上人民政府财政部门予以通报,可以对单位并处五千元以上十万元以下的罚款;对其直接负责的主管人员和其他直接责任人员,可以处三千元以上五万元以下的罚款;属于国家工作人员的,还应当由其所在单位或者有关单位依法给予撤职直至开除的行政处分;其中的会计人员,五年内不得从事会计工作。

第四十五条 授意、指使、强令会计机构、会计人员及其他人员伪造、变造会计凭证、会计账簿,编制虚假财务会计报告或者隐匿、故意销毁依法应当保存的会计凭证、会计账簿、财务会计报告,构成犯罪的,依法追究刑事责任;尚不构成犯罪的,可以处五千元以上五万元以下的罚款;属于国家工作人员的,还应当由其所在单位或者有关单位依法给予降级、撤职、开除的行政处分。

第四十六条 单位负责人对依法履行职责、抵制违反本法规定行为的会计人员以降级、撤职、调离工作岗位、解聘或者开除等方式实行打击报复,构成犯罪的,依法追究刑事责任;尚不构成犯罪的,由其所在单位或者有关单位依法给予行政处分。对受打击报复的会计人员,应当恢复其名誉和原有职务、级别。

第四十七条 财政部门及有关行政部门的工作人员在实施监督管理中滥用职权、玩忽职守、徇私舞弊或者泄露国家秘密、商业秘密,构成犯罪的,依法追究刑事责任;尚不构成犯罪的,依法给予行政处分。

第四十八条 违反本法第三十条规定,将检举人姓名和检举材料转给被检举单位和被检举人个人的,由所在单位或者有关单位依法给予行政处分。

第四十九条 违反本法规定,同时违反其他法律规定的,由有关部门在各自职权范围内依法进行处罚。

第七章 附　　则

第五十条 本法下列用语的含义:

单位负责人,是指单位法定代表人或者法律、行政法规规定代表单位行使职权的主要负责人。

国家统一的会计制度,是指国务院财政部门根据本法制定的关于会计核算、会计监督、会计机构和会计人员以及会计工作管理的制度。

第五十一条 个体工商户会计管理的具体办法,由国务院财政部门根据本法的原则另行规定。

第五十二条 本法自 2000 年 7 月 1 日起施行。

2. 会计改革与发展"十四五"规划纲要(2021 年发布)

(财会〔2021〕27 号印发)

为科学规划、全面指导"十四五"时期的会计改革与发展,根据《中共中央关于制定国民经济和社会发展第十四个五年规划和二〇三五年远景目标的建议》《中华人民共和国国民经济和社会发展第十四个五年规划和 2035 年远景目标纲要》《财政"十四五"规划》(财综〔2021〕38 号)和《国务院办公厅关于进一步规范财务审计秩序促进注册会计师行业健康发展的意见》(国办发〔2021〕30 号)有关精神,我们制定了本规划纲要。

一、面临的形势与挑战

（一）"十三五"时期会计改革与发展回顾。

"十三五"时期是会计改革与发展推陈出新、成果丰硕、具有重要意义的五年，《会计改革与发展"十三五"规划纲要》（财会〔2016〕19号）确定的各项任务基本完成，为会计工作进入新的高质量发展阶段打下坚实基础。

——会计法治建设成效显著。《中华人民共和国会计法》《中华人民共和国注册会计师法》修订取得阶段性进展，《会计档案管理办法》（财政部国家档案局令第79号）、《会计师事务所执业许可和监督管理办法》（财政部令第89号）等4项部门规章修订并有效实施，《财政部关于加强国家统一的会计制度贯彻实施工作的指导意见》（财会〔2019〕17号）等16项规范性文件相继出台，会计人员诚信建设扎实推进，良法促进发展保障善治的会计法治环境正在逐步形成。

——政府会计改革全面推进。从无到有，包括1项基本准则、10项具体准则及2项应用指南、1项统一的政府会计制度和3项解释在内的具有中国特色的政府会计准则制度体系基本建成并稳步实施，为深化权责发生制政府综合财务报告制度改革夯实制度基础，为开展政府信用评级、加强资产负债管理、改进政府绩效监督考核、防范财政风险等提供支撑。

——企业会计标准持续完善。坚持与国际财务报告准则持续趋同的总基调，收入、金融工具等11项具体准则及5项准则解释修订印发并得到有效实施，建立企业会计准则实施机制以积极回应并解决会计准则实施中的技术问题，为助力供给侧结构性改革、服务经济社会和资本市场健康发展提供高质量会计信息支持。

——社会审计标准更加健全。保持与国际审计准则、国际会计师职业道德守则的持续动态趋同，修订33项注册会计师审计准则以及会计师事务所质量管理准则、注册会计师职业道德守则，完成注册会计师审计报告改革，推动会计师事务所建立健全质量管理体系，大力提升注册会计师执业质量和职业道德水平。

——会计职能转型实现突破。着眼于服务各类单位提高内部管理水平和风险防范能力，管理会计指引体系基本建成并得到广泛应用，内部控制建设防风险、防舞弊的作用日益显现，电子会计凭证应用全面推开，统一的会计数据标准更加健全，会计职能实现从传统的算账、记账、核账、报账向价值管理、资本运营、战略决策辅助等职能持续转型升级。

——会计人才素质明显提升。会计人才培养方式持续创新，职称制度改革深入推进，人员队伍结构持续向好，具备初、中、高级资格会计人员分别达到670.20万人、242.02万人和20.57万人，重点人才培养工程陆续推出，高端人才培养力度持续加大，为行业改革与发展提供人才保障。

——会计服务市场更加繁荣。以无纸化、"零跑路"为重点，持续深化会计领域"放管服"改革，积极打造更友好的营商环境。大力倡导质量优先发展，狠抓服务质量整治，会计审计业监管不断加强，会计审计工作质量得到有效改善。注册会计师行业收入年均增长率超过10%，代理记账行业收入年均增长率达到31%，会计服务市场活力得到充分激发。

——对外交流合作不断深化。全面参与会计国际标准的制定和重要会计国际机构治理，不断增强我国在会计国际规则制定的话语权，会计合作写入金砖国家领导人厦门宣言，"一带一路"国家会计准则合作论坛成功举办，双边、多边会计合作进展显著，我国在会计领域的国际影响力得到显著提升。

在肯定会计改革与发展取得成绩的同时，应当正视会计工作中存在的问题和不足，主要表现在会计审计标准体系建设仍需加强、会计服务市场管理仍需创新、会计审计工作质量仍需提升、高端人才供给仍显不足、法治建设仍有差距、数字化转型仍需加快，这些问题需要在"十四五"时期通过制度创新、体制优化、机制变革切实加以解决。

（二）"十四五"时期会计改革与发展面临的形势与挑战。

"十四五"时期是会计工作实现高质量发展的关键时期，会计作为宏观经济管理和市场资源配置的基础性工作，在我国全面深化改革和深度融入经济全球化的进程中，面临难得的发展机遇，同时也面临着诸多挑战。

——从国际看，一方面，世界正经历百年未有之大变局，国际形势的不稳定性不确定性明显增加。新冠肺炎疫情大流行影响广泛深远，经济全球化遭遇逆流，外部环境面临深刻而复杂的变化，将会深刻影响现有国际会计秩序。另一方面，和平与发展仍然是时代主题，人类命运共同体深入人心，多边主义仍是国际关系主流，全球贸往来频繁，跨境资本流动规模增加，跨境会计、审计合作及监管面临新的挑战。

——从国内看，一方面，我国已开启了向第二个百年奋进的新征程，经济增长已由高速增长阶段转向高质量发展阶段，制度优势和治理优势不断凸显，市场配置资源的决定性作用显著增强，公平的营商环境持续优化，宏观经济政策不断完善，宏观治理手段不断丰富。会计信息在经济发展、营商环境优化和宏观经济决策方面发挥着越来越重要的作用。另一方面，随着新一轮科技革命和产业变革深入发展，经济转型升级和创新发展中新的商业模式层出不穷，将深刻影响会计政策的发展与走向，会计工作在职能职责、组织方式、处理流程、工具手段等方面发生着重大而深刻的变化，挑战与机遇并存。

面对这些新情况、新问题、新挑战、新机遇，要求会计法治、会计标准不断健全完善、有效实施，要求会计人员持续提升素质、加速转型，要求会计管理部门继续转变观念、创新管理、改进方法，在认真总结过去五年会计工作成绩经验基础上，准确把握新发展阶段、深入贯彻新发展理念、加快构建新发展格局，助推会计工作运用新技术、融入新时代、实现新突破，扎实推进会计改革与发展各项工作，助力国家治理体系和治理能力现代化。

二、总体要求

（一）指导思想。

"十四五"时期，会计改革与发展的指导思想是：深入学习贯彻习近平新时代中国特色社会主义思想和党的十九大以及十九届二中、三中、四中、五中、六中全会精神，增强"四个意识"、坚定"四个自信"、做到"两个维护"，紧紧围绕服务经济社会发展大局和财政管理工作全局，立足新发展阶段、贯彻新发展理念、构建新发展格局，以推动高质量发展为主题，以深化供给侧结构性改革为主线，以改革创新为根本动力，以维护市场经济秩序和公众利益为根本目的，统筹国内国际两个大局，牢牢把握会计审计标准制定和实施"两个重点"、切实抓好行业和人才队伍"两个管理"、持续强化法治化和数字化"两个支撑"、努力实现会计职能对内对外"两个拓展"，积极推动我国会计事业取得新成绩、实现新跨越，为推进国家治理体系和治理能力现代化，实现社会主义现代化和第二个百年奋斗目标作出新的更大贡献。

（二）基本原则。

——坚持党的领导。坚持党对会计改革与发展的全面领导，完善党领导下会计管理工作的制度机制，提高会计工作贯彻新发展理念、服务构建新发展格局的能力和水平，为实现会计改革与发展目标任务提供根本政治保证。

——坚持依法治理。坚持强化会计法治建设，按照科学立法、民主立法原则，持续推动会计立法、普法、执法工作，建立健全会计法律制度体系，加强会计监督、加大违法惩处力度、加快推进职业道德建设，有效发挥法治固根本、强根基、利长远的保障作用。

——坚持创新变革。贯彻新发展理念，不断推进会计管理制度创新，推动会计管理体制机制变革，破解会计管理工作中的重点难点问题，破除会计改革与发展中的制度性障碍，持续推动会计事业健康有序发展。

——坚持融合发展。坚持将会计工作摆到经济社会发展大局和财政管理工作全局中去布局、去谋划，以数字化技术为支撑，推动会计工作与国家宏观经济管理工作、单位经营管理活动深度融合，充分发挥会计工作基础性服务功能，不断提高会计工作服务经济社会发展的效能。

——坚持开放包容。坚持开放、包容、普惠、平衡、共赢的发展原则，践行习近平总书记"构建人类命运共同体"重要思想，统筹国内国际两个大局，深度参与会计领域国际治理和国际标准制定，持续加强会计领域国际交流与合作，不断提高我国在会计领域的国际话语权和影响力。

（三）总体目标。

"十四五"时期，会计改革与发展的总体目标是：主动适应我国经济社会发展客观需要，会计审计标准体系建设得到持续加强，会计审计业发展取得显著成效，会计人员素质得到全面提升，会计法治化、数字化进程取得实质性成果，会计基础性服务功能得到充分发挥，以实现更高质量、更加公平、更可持续的发展，更好服务我国经济社会发展大局和财政管理工作全局。

——会计审计标准更加科学。会计准则体系、管理会计指引体系、内部控制规范体系、会计信息化标准体系以及注册会计师职业准则体系等各类会计审计标准体系得到进一步完善，对基层会计实务工作的指导更加精准，对标准实施情况的跟踪反应机制更加及时高效，切实推动各类标准体系得到有效实施。

——会计审计业实现高质量发展。会计审计领域"放管服"改革进一步深化，会计审计秩序进一步规范，执业环境得到明显改善，服务能力和水平持续提升，行业信誉度不断增强，跨部门、多维度的行业监管体制机制进一步健全，监管合力进一步增强，国际化发展步伐进一步加快，培育出一批具有国际竞争力的会计服务机构，在持续推进更高水平的对外开放中发挥积极作用。

——人才队伍结构持续优化。以经济发展需求和行业发展趋势为导向，建立健全分层次、分类型的会计人才能力框架体系，持续创新会计人才培养方式方法，持续改进会计人才评价体系和评价手段，持续丰富会计人员继续教育内容，推动会计人员专业技能和职业道德素养全面提升，会计人才结构更加优化、会计人才队伍不断壮大。

——会计法治更具约束刚性。推动加快修订《中华人民共和国会计法》《中华人民共和国注册会计师法》，同步加强相关配套规章制度立法工作，切实提高立法工作质量和水平。贯彻实施国家统一的会计制度的刚性要求和法律约束得到强化，会计监督体系更加健全有效，会计监督执法力量得到充实，会计监督检查方式得到丰富，执法必严、违法必究的法治氛围不断浓厚，为经济平稳运行和市场健康发展提供有效法治保障。

——会计职能实现拓展升级。以数字化技术为支撑，以推动会计审计工作数字化转型为抓手，健全完善各种数据标准和安全使用规范，形成对内提升单位管理水平和风险管控能力、对外服务财政管理和宏观经济治理的会计职能拓展新格局。

三、主要任务

（一）持续推动会计审计标准体系高质量建设与实施。

1.持续完善企业会计准则体系的建设与实施。

全面梳理并修订我国企业会计准则体系，明晰体系内各层级准则制度的框架和内容。

加强企业会计准则前瞻性研究，主动应对新经济、新业态、新模式的影响，积极谋划会计准则未来发展方向。紧密跟踪国际财务报告准则项目进展和国内实务发展，找准企业会计准则国际趋同和解决我国实际问题之间的平衡点和结合点，更好地促进我国企业创新和经济高质量发展。根据国内实务发展和国际趋同需要，定期更新准则汇编、应用指南汇编，研究制定企业会计准则解释，研究修订会计科目和报表格式。整合社会多方力量参与企业会计准则制定的研究工作，加强企业会计准则与监管、税收等政策的协调，增强企业会计准则制定的针对性和适用性。健全完善适用于中小型企业的会计准则体系。加强会计准则委员会的建设，充分发挥会计准则委员会在企业会计准则制定中的作用。

完善企业会计准则制度执行的运行框架，加强企业会计准则实施前模拟测试，建立适合我国的企业会计准则实施评估机制，确保企业会计准则体系的有效运行。优化企业会计准则实施快速反应机制，及时跟踪企业会计准则实施情况，进一步建立健全企业会计准则实施问题收集渠道，做好上市公司财报分析工作，加强企业会计准则应用案例、实施问答等实务指导，及时回应市场关切。继续发挥由政府监管部门、企业、会计师事务所、理论学者等多方参与的企业会计准则实施机制的作用，探索建立常态化联合解决问题机制，加强信息共享与沟通，提高企业会计准则执行效果。

2. 继续深化政府及非营利组织会计改革。

根据政府会计改革与发展需要，继续健全完善政府会计准则制度体系并推进全面有效实施。全面系统梳理政府会计准则制度体系并确立体系维护机制。加强对自然资源资产、文物文化资产、政府收入等政府会计问题的研究，制定有关政府会计具体准则。研究制定公立医院、高等学校、科学事业单位成本核算具体指引，扎实推进事业单位开展成本核算，研究行政单位成本核算相关问题。按年度制定发布政府会计准则制度解释，进一步明确准则制度中的相关规定。适时出台有关实施通知，进一步加强公共基础设施政府会计核算。加强对政府会计准则制度的宣传和培训，强化政府会计准则制度应用案例、实施问答等实务指导，及时回应和解决政府会计准则制度实施中的问题。健全完善政府会计准则制度建设与实施机制，积极发挥相关机制作用，推进政府会计准则制度全面有效实施。

适应非营利组织改革发展需要，修订完善非营利组织会计制度。修订发布工会会计制度及相关新旧衔接规定。适时修订民间非营利组织会计制度。加强对非营利组织会计制度的宣传和培训，推进相关会计制度全面有效实施。

进一步建立健全基金（资金）类会计标准，更好地满足相关改革发展需要。研究制定机关事业单位职业年金基金相关业务会计处理规定。配合相关基金（资金）管理改革需要，研究修订或制定相关基金（资金）类会计核算办法。加强对基金（资金）会计制度的宣传和培训，推进相关会计制度全面有效实施。

3. 不断完善和有效实施注册会计师职业准则体系。

与时俱进完善注册会计师职业准则体系，充分发挥其对注册会计师专业服务的规范和引领作用。深入研究新技术对注册会计师行业服务手段、服务质量、服务效率和服务风险的影响，制定或修订风险评估、会计估计审计、集团审计、温室气体排放鉴证、特殊目的审计、服务机构鉴证、商定程序等注册会计师执业准则。

紧密跟踪注册会计师职业准则的实施情况，指导会计师事务所建立健全质量管理体系，积极发挥技术咨询作用，及时回应行业关切。做好注册会计师审计实务指南和问题解答工作，提高会计师事务所理解和执行注册会计师职业准则的能力。持续完善注册会计师职业道德守则，加强审计职业道德体系建设，强化注册会计师职业道德准则的贯彻实施，筑牢执业道德底线，稳固诚信执业生命线。

（二）全面推动会计审计业高质量发展。

1. 依法整治行业秩序。

坚持系统思维、点面结合、综合施策，加强会计师事务所审计秩序整顿规范，紧抓质量提升主线，守住诚信操守底线，筑牢法律法规红线。建立健全监管合作机制，实现财会监督与其他监督有机贯通、协同发力。加强对会计师事务所与企业串联违规造假行为的惩戒，对弄虚作假、配合企业蒙骗监管部门和投资者的会计师事务所和注册会计师严惩重罚。严肃查处违法违规行为并曝光典型案例，着力整肃会计师事务所无证经营、网络售卖审计报告、注册会计师挂名执业、注册会计师超出胜任能力执业等行业乱象。按照"双随机、一公开"原则，加强代理记账机构及其从事代理记账业务情况的监督检查，坚决依法惩处代理记账机构违法违规行为。

2. 强化行业日常管理。

全面深化"放管服"改革，推动简政放权纵深发展。贯彻落实行政审批制度改革和简政放权要求，积极推进会计师事务所及其分所和代理记账机构执业许可可行政审批制度改革，切实做好自贸区"证照分离"改革试点工作，进一步简化会计师事务所、注册会计师、代理记账机构审批业务流程、便利申请手续。探索建立审计报告数据单一来源制度，推动实现全国范围"一码通"。加强会计师事务所股东（合伙人）新增退出备案管理。调整完善市场禁入措施，积极推动改善执业环境，稳定会计师事务所发展预期。坚持问题导向，规范会计资料、审计底稿出境，保障会计审计数据安全。多措并举，进一步激发现代会计服务业市场主体活力。

充分发挥注册会计师协会、代理记账行业协会等社会组织自我服务、自律管理作用，加强行业协会管理，加强财政部门对行业协会的监督、指导，促进行业协会健康有序发展，做好相关行业的成长发展与监督约束。完善现代会计服务业政府行政管理、行业自律管理相互协调、相互配合、相互支撑的监管格局，加强行政监管队伍建设和能力建设，推动行政管理部门间的跨部门监管信息共享、共用，形成监管合力。

3. 优化行业执业环境。

推动建立质量导向的会计师事务所选聘机制，着力解决注册会计师行业恶性竞争问题。完善会计师事务所风险保障机制，采取建立风险保障基金和注册会计师执业责任保险等方式，督促会计师事务所提升风险防御能力。加强会计师事务所一体化管理，出台一体化管理办法，建立可衡量、可比较的指标体系，引导会计师事务所在人员调配、财务安排、业务承接、技术标准和信息化建设方面实行统一管理。推动注册会计师行业、代理记账行业电子证照的应用推广，实现电子证照跨地区、跨部门共享和全国范围内互信互认。继续推动解决合伙制会计师事务所取消地域名问题，促进会计师事务所跨地域发展。支持中西部经济欠发达地区会计审计业发展。

4. 提升行业服务能力。

结合大、中、小型会计师事务所特点，每年从一体化管理、信息化管理、"专精特"发展等方面树立典型示范，推广先进经验。着力培育一批国内领先、国际上有影响力的会计师事务所，助力更多自主品牌会计师事务所走向世界，积极打造注册会计师行业国际合作交流平台，服务中国经济参与和融入全球经济发展。创新继续教育方式，围绕专业胜任能力、职业技能、职业价值、职业道德等重点，丰富完善教育内容。充分利用信息技术手段，切实提高培训效果，持续保持和强化注册会计师专业胜任能力和职业道德操守，促进审计质量提升。

（三）培养造就高水平会计人才队伍。

1. 健全会计人才评价体系。

探索建立以诚信评价、专业评价、能力评价为维度的会计人才综合评价体系，引导和教育广大会计人员诚信执业、提升能力。完善会计专业技术资格考试评价制度，做好会计专业技术资格考试和评审工作，充分发挥会计人才评价的导向作用。推动会计专业技术资格考试与注册会计师等职业资格考试科目互认、与会计专业学位研究生教育相互衔接，畅通各类会计人员流动、提升的渠道。

2. 提高会计人员继续教育质量。

以经济发展需求和行业发展趋势为导向，以能力框架为指引，制定会计人员继续教育专业科目指南。修订中国注册会计师胜任能力指南。丰富继续教育内容和方式。积极推进继续教育信息化平台建设和应用。

3. 抓好会计人才培养重大工程。

重点做好企业总会计师、行政事业单位财务负责人、会计师事务所合伙人等高端财会人才培训培养工作。继续做好国际化高端会计人才培养工程、会计名家培养工程等长期人才培养项目。组织开展会计人才能力框架研究工作。健全会计人才使用机制，加强会计人才库建设，使高端会计人才更好服务于会计事业改革与经济社会发展。积极支持各地区、各部门因地制宜开展高端会计人才培养使用工作。

4. 推动学科发展和学历教育改革。

构建适应经济发展、产业结构调整、新技术革命和国家治理能力现代化等新形势的会计学科专业体系。配合教育部门深化会计学历教育改革，依托部分高校，聚焦直接影响会计学科专业建设的关键因素，从师资、课程、教材、教学内容与教学方式和实践基地等方面进行教改研究和探索。按照"产、学、研"一体化发展思路，优化会计学历教育人才培养结构，完善会计应用型人才培养机制。积极推进设立会计博士专业学位，完善会计专业学位体系，加强核心课程教材建设和会计专业学位教育质量认证，持续提升会计专业学位研究生培养质量。

5. 加强会计人才培养基地建设。

充分发挥国家会计学院、会计行业组织（团体）在会计人才培养上的重要作用。积极推动国家会计学院"国际一流、中国特色"学院建设，支持国家会计学院开展高端财会人才培养、会计专业研究生教育、新型财经智库建设、财经国际交流合作等。加强国家会计学院建设发展情况的定期评价工作。加强对会计行业组织（团体）的指导和监督，支持其加强会员管理，开展会员培训。鼓励和引导高校、科研院所、企业等参与会计人才培养，共同提高会计人员能力水平。

（四）全面推进会计法治建设。

1. 加快完善会计法治体系。

推动加快修订《中华人民共和国会计法》《中华人民共和国注册会计师法》及其配套规章制度，落实会计审计工作的主体责任，丰富行政监管手段，畅通单位内外部会计监督衔接渠道，加大对违法行为的惩处力度，完善民事责任承担机制，为持续推动会计审计工作法治化、规范化奠定制度基础。引导社会各方面广泛参与会计立法，在立法过程中同步推进释法宣法普法工作。创新运用多种方式开展会计普法教育，加强对新出台法律法规规章的解读，指导督促会计人员掌握法规制度、依法开展会计审计工作。通过立法普法，完善会计法治体系，构建科学立法、严格执法、公正司法、全民守法的会计法治体系。

2. 切实加强会计执法检查。

围绕深化财会监督的要求，依法加大对上市公司、国有企业、金融企业等实体及相关会计师事务所检查力度，加大对违法违规行为的行政处罚力度和公开曝光力度。优化执法检查机制，统一执法标准、统筹执法计划、统合执法力量，提升执法检查的专业性、权威性。

进一步强化部门协作机制，避免重复多头检查，切实做到有法必依、执法必严、违法必究。

3.持续推进会计诚信建设。

深入开展会计诚信教育，将会计职业道德作为会计人才培养、评价、继续教育的重要内容，推动财会类专业教育加强职业道德课程建设，不断提升会计人员诚信素养。加强会计诚信机制建设，依托会计管理信息平台，实现跨层级、跨部门、跨系统数据互联互通。加强会计诚信体系建设，全面建立会计行业信用记录，继续完善守信联合激励和失信联合惩戒机制。根据国家有关规定，加强对于诚实守信、忠于职守、坚持原则、作出显著成绩的会计人员的表彰奖励工作。加大会计诚信宣传力度，加强会计诚信文化建设，把法律规范和道德规范结合起来，以道德滋养法治精神，加强德治与法治的衔接与贯通，营造全行业守法、合规、诚信的向善向上氛围。

（五）切实加快会计审计数字化转型步伐。

1.积极推动会计工作数字化转型。

做好会计工作数字化转型顶层设计。修订《企业会计信息化工作规范》，将会计信息化工作规范的适用范围从企业扩展至行政事业单位，实现会计信息化对单位会计核算流程和管理的全面覆盖。加强会计数据标准体系建设，研究制定涵盖输入、处理和输出等会计核算和管理全流程、各阶段的统一的企业会计数据标准。进一步健全对企业业务全流程数据的收集、治理、分析和利用机制，推动统一的企业会计数据标准应用。探索建立跨平台、结构化的会计数据共享机制。制定、试点并逐步推广电子凭证会计数据标准，推动电子会计凭证开具、接收、入账和归档全程数字化和无纸化。推动企业将内控制度和流程嵌入信息系统，推动行政事业单位借助信息化手段确保内部控制制度有效实施，推动地方试点乡镇街道等基层行政单位借助信息化手段提升内部控制。研究信息化新技术应用于会计基础工作、管理会计实践、财务会计工作和单位财务会计信息系统建设。

2.积极推动审计工作数字化转型。

鼓励会计师事务所积极探索注册会计师审计工作数字化转型。大力推进函证数字化工作，加快推进函证集约化、规范化、数字化进程。积极推进函证数字化试点工作，制定、完善函证业务、数据等标准，加快函证电子化平台建设并规范、有序、安全运行，利用信息技术手段解决函证不实等问题，以提升审计效率效果、防范金融风险。研究制定注册会计师审计数字化转型相关指引，鼓励会计师事务所依法依规利用数字化审计技术。

3.积极推动会计管理工作数字化转型。

优化全国统一会计人员管理服务平台，持续采集更新会计人员信息，完善会计人员信用信息，有效发挥平台社会服务功能，提高会计人员管理效率。完善财政会计行业管理系统，加大会计师事务所信息披露力度，满足企事业单位选聘会计师事务所信息需求。升级全国代理记账机构管理系统，积极探索依托信息化手段，实现对行业发展状况的实时动态跟踪，完善对代理记账机构的信用信息公示，提升事中事后监管效能。稳步推进会计行业管理信息化建设，发挥会计数据标准的作用，打通不同平台之间的数据接口，运用会计管理大数据，为提升国家治理体系和治理能力现代化提供数据支撑。

（六）大力推动会计职能拓展。

1.推动会计职能对内拓展。

加强对企业管理会计应用的政策指导、经验总结和应用推广，推进管理会计在加速完善中国特色现代企业制度、促进企业有效实施经营战略、提高管理水平和经济效益等方面发挥积极作用。加强管理会计在行政事业单位的政策指导、经验总结和应用推广，为行政事业单位提升内部治理水平作出有益探索。全面修订完善内部控制规范体系，有针对性地加强内部控制规范的政策指导和监督检查，强化上市公司、国有企业、行政事业单位建立并有效实施内部控制的责任，为各类单位加强内部会计监督、有效开展风险防控、确保财务报告真实完整夯实基础。贯彻绿色发展理念，按照国家落实"碳达峰、碳中和"目标的政策方针和决策部署，加强可持续报告准则的研究，适时推动建立我国可持续报告制度。

2.推动会计职能对外拓展。

服务政府预算管理、资产管理、债务管理、绩效管理等需要，推动有关各方加强对政府会计信息的分析应用，为提升政府部门财务管理水平和财政可持续性提供信息支撑。服务宏观经济管理需要，推动企业财务数据的有效分析运用，为财政部门及相关方面评估国家宏观经济运行和财政税收政策效果、做好相关政策决策等提供信息支撑。服务政府监管需要，探索企业财务报表数据共享试点，以会计数据库为基础，开发分析模型，分阶段形成非现场监管能力，支持会计准则高质量实施、审计质量提升以及其他监管工作，为会计监管数字化提供支撑。服务企业可持续发展需要，探索、总结、推广现代会计服务业在推动社会价值创造中的实践经验，及时总结推广数据增信缓解中小微企业融资难、融资贵等会计改革创新成果，充分发挥会计职能在市场资源配置中的作用，为企业创新发展提供支撑。

（七）全面参与会计国际治理。

1.深度参与国际会计标准制定。

全面参与企业会计准则国际治理体系建设，实现在企业会计准则国际治理体系各个层级中有中方代表参与、在双边多边会计交流合作国际场合中反映中国声音、在支撑参与国际治理的各项基础能力建设工作中夯实制度基础，建立健全并严格执行准则项目研究报告制度、国际会计人才培养制度和涉外人员管理协同制度，有效提升参与企业会计准则国际治理能力。积极参与国际公共部门会计准则制定。

全面系统梳理会计国际治理层级，科学研究确立各层级参与策略，不断加大参与力度。全面参与国际财务报告准则基金会监督委员会、受托人、国际会计准则理事会、咨询委员会等治理层、核心技术层和战略层的各项事务，及时就会计国际治理体系改革重大问题加强协调沟通。加强国际会计技术前瞻性研究，广泛动员力量，积极发挥会计准则委员会作用，形成"目标统领、工作统筹、力量统合、口径统一"的整体工作格局。通过国际会计准则理事会解释委员会、会计准则咨询论坛、新兴经济体工作组及相关咨询工作组、全球主要会计学术组织等，多层次多渠道深度参与国际财务报告准则制定，密切跟踪国际可持续准则制定相关工作进展，充分发挥中方代表作用，在重大会计技术议题上阐明中方观点，影响国际准则制定。

2.持续深化多边双边会计交流合作。

积极发展全球会计领域伙伴关系，不断扩大会计国际交流合作范围。持续深化《"一带一路"国家关于加强会计准则合作的倡议》下的会计交流合作，提升"一带一路"国家准则建设和实施能力，定期召开合作论坛会议，相互宣传本国会计准则、法规和监管政策等，共同探索解决会计准则建设实施过程中面临的问题，更好地支持"一带一路"建设，实现互利共赢。充分利用亚洲——大洋洲会计准则制定机构组、世界准则制定机构会议、会计准则制定机构国际论坛、中日韩三国会计准则制定机构、国际会计师联合会、亚太会计师联合会等多边机制，协调立场，发挥参与技术研究、引领议题讨论等作用。继续推进与其他国家或地区会计准则制定机构的多边双边合作交流，争取支持，为我国企业会计准则建设和国际趋同创造有利环境。

3.稳妥推进会计服务市场双向开放。

秉持平等互利、合作共赢的原则，积极开展会计服务市场开放谈判，全面落实《关于建立更紧密经贸关系的安排》（CEPA）、《海峡两岸经济合作框架协议》（ECFA），积极参与自由贸易区、自由贸易港建设。继续加强与其他国家或地区的会计审计跨境监管合作，在互相尊重主权和法律尊严的前提下，寻求灵活务实的跨境监管合作途径和方式，降低监管成本，提高监管效率。

4. 研究资本市场开放相关会计审计政策。

适应资本市场开放要求，持续研究制定境外机构在华投融资会计审计标准适用政策。巩固与欧盟、英国、俄罗斯、中国香港会计准则等效成果。稳步推进中国—瑞士等会计审计准则等效互认磋商，加快推进中国—俄罗斯和中国—英国等审计准则等效互认磋商。

（八）加强会计理论和实务研究。

1. 组织会计理论攻关。

围绕会计改革与发展重点任务开展前瞻性、战略性研究。围绕会计法规制度建设、会计工作转型发展等主题开展重大项目、重点课题研究，加快推出系列成果，切实促进学术成果转化应用，为有关政策的制定完善和有效实施提供科学论证和决策参考。

2. 完善理论研究机制。

完善学术年会、专题研讨、专门论坛等学术活动机制，创新理论研究成果的转化应用机制，优化期刊选稿用稿、论文评选呈报、人才选拔推荐等学术评价机制，加强对政策导向和实务工作相关问题的研究，建立各级各类会计学会及其所属机构分工合作的学术工作机制，逐步形成以中国会计学会为引领、服务全国、协同高效的会计理论研究体系，结合会计改革发展进程组织开展案例研究，讲好中国故事。

3. 深化国际学术交流。

充分发挥中国会计学会、国家会计学院等在深化会计国际学术交流中的平台作用，有效运用"一带一路"财经发展研究中心等国际合作机制，配合国家对外开放发展战略开展学术交流合作，更好地服务于经贸往来和资本流动。

四、保障措施

（一）加强组织领导。

要结合本规划纲要的内容，重点抓好《会计信息化发展规划（2021—2025年）》《会计行业人才发展规划（2021—2025年）》和《注册会计师行业发展规划（2021—2025年）》三项子规划的编制实施，积极推动重点改革发展任务落地见效。各级财政部门和中央有关主管部门要重视和加强会计管理工作，统筹规划，组织协调，确保规划纲要的有效落实；指导、督促会计管理机构、会计行业组织、会计学会等加强协作、抓好落实，共同推进会计管理工作，促进本地区（部门）会计管理工作水平不断迈上新台阶。各地区（部门）应当积极推动规划纲要中重大的会计改革与发展举措与本地区（部门）的国民经济和社会发展"十四五"规划、财政"十四五"规划的有效衔接，充分发挥会计在推动经济社会发展中的基础性服务功能。有条件的地区（部门），可以结合实际研究制定本地区（部门）会计"十四五"规划或配套政策措施，确保有关重大会计改革任务如期完成、取得实效。

（二）健全会计管理机构。

各级财政部门要高度重视会计管理机构和队伍建设，进一步健全会计管理机构，充实会计管理队伍，落实会计管理经费，为会计改革与发展提供重要的组织、人力资源和资金保障。各级会计管理机构要增强服务意识，用好工作联系点制度，抓好窗口建设，进一步提升会计管理工作效能和服务质量。

（三）积极营造良好社会氛围。

各级财政部门和中央有关部门应当采取多种形式，广泛宣传规划纲要的基本内容，广泛宣传"十四五"时期会计改革与发展的目标任务,争取社会各界对会计改革与发展的理解、重视、支持,为全面深化会计改革与发展营造良好的社会氛围。

(四)建立健全考核检查机制。

各级财政部门和中央有关部门要对规划纲要确定的目标任务进行分解,并督促落实。要定期检查、评估纲要的落实情况,针对存在问题及时采取有效措施,确保规划纲要确定的各项目标任务落到实处、取得实效。

附录

"十四五"时期会计改革与发展指标

指标	2025年	属性
注册会计师行业规模		
(1)注册会计师行业从业人员数量	40万人	预期性
(2)有国际竞争力影响力的会计师事务所数量	10家	预期性
(3)注册会计师行业年收入规模	1 900亿元	预期性
代理记账行业规模		
(4)代理记账机构执业人数	30万人	预期性
(5)代理记账机构数量	7.5万家	预期性
(6)代理记账行业年收入规模	300亿元	预期性
会计人员队伍规模		
(7)具备初级资格会计人员数量	>900万人	预期性
(8)具备中级资格会计人员数量	>300万人	预期性
(9)具备高级资格会计人员数量	>25万人	预期性
高端人才培养数量		
(10)国际化高端人才数量	150人	预期性
(11)会计名家数量	15人	预期性
(12)大中型企业总会计师、行政事业单位财务负责人年均培训人数	3 600人	预期性
(13)会计师事务所合伙人年培训人数	1 000人	预期性

第二章 综合性会计基础工作管理法规

1. 会计档案管理办法（2015年发布）

（2015年12月14日中华人民共和国财政部 国家档案局令第79号公布）

第一条 为了加强会计档案管理，有效保护和利用会计档案，根据《中华人民共和国会计法》《中华人民共和国档案法》等有关法律和行政法规，制定本办法。

第二条 国家机关、社会团体、企业、事业单位和其他组织（以下统称单位）管理会计档案适用本办法。

第三条 本办法所称会计档案是指单位在进行会计核算等过程中接收或形成的，记录和反映单位经济业务事项的，具有保存价值的文字、图表等各种形式的会计资料，包括通过计算机等电子设备形成、传输和存储的电子会计档案。

第四条 财政部和国家档案局主管全国会计档案工作，共同制定全国统一的会计档案工作制度，对全国会计档案工作实行监督和指导。

县级以上地方人民政府财政部门和档案行政管理部门管理本行政区域内的会计档案工作，并对本行政区域内会计档案工作实行监督和指导。

第五条 单位应当加强会计档案管理工作，建立和完善会计档案的收集、整理、保管、利用和鉴定销毁等管理制度，采取可靠的安全防护技术和措施，保证会计档案的真实、完整、可用、安全。

单位的档案机构或者档案工作人员所属机构（以下统称单位档案管理机构）负责管理本单位的会计档案。单位也可以委托具备档案管理条件的机构代为管理会计档案。

第六条 下列会计资料应当进行归档：

（一）会计凭证，包括原始凭证、记账凭证；

（二）会计账簿，包括总账、明细账、日记账、固定资产卡片及其他辅助性账簿；

（三）财务会计报告，包括月度、季度、半年度、年度财务会计报告；

（四）其他会计资料，包括银行存款余额调节表、银行对账单、纳税申报表、会计档案移交清册、会计档案保管清册、会计档案销毁清册、会计档案鉴定意见书及其他具有保存价值的会计资料。

第七条 单位可以利用计算机、网络通信等信息技术手段管理会计档案。

第八条 同时满足下列条件的，单位内部形成的属于归档范围的电子会计资料可仅以电子形式保存，形成电子会计档案：

（一）形成的电子会计资料来源真实有效，由计算机等电子设备形成和传输；

（二）使用的会计核算系统能够准确、完整、有效接收和读取电子会计资料，能够输出符合国家标准归档格式的会计凭证、会计账簿、财务会计报表等会计资料，设定了经办、审核、审批等必要的审签程序；

（三）使用的电子档案管理系统能够有效接收、管理、利用电子会计档案，符合电子档案的长期保管要求，并建立了电子会计档案与相关联的其他纸质会计档案的检索关系；

（四）采取有效措施，防止电子会计档案被篡改；

（五）建立电子会计档案备份制度，能够有效防范自然灾害、意外事故和人为破坏的影响；

（六）形成的电子会计资料不属于具有永久保存价值或者其他重要保存价值的会计档案。

第九条 满足本办法第八条规定条件，单位从外部接收的电子会计资料附有符合《中华人民共和国电子签名法》规定的电子签名的，可仅以电子形式归档保存，形成电子会计档案。

第十条 单位的会计机构或会计人员所属机构（以下统称单位会计管理机构）按照归档范围和归档要求，负责定期将应当归档的会计资料整理立卷，编制会计档案保管清册。

第十一条 当年形成的会计档案，在会计年度终了后，可由单位会计管理机构临时保管一年，再移交单位档案管理机构保管。因工作需要确需推迟移交的，应当经单位档案管理机构同意。

单位会计管理机构临时保管会计档案最长不超过三年。临时保管期间，会计档案的保管应当符合国家档案管理的有关规定，且出纳人员不得兼管会计档案。

第十二条 单位会计管理机构在办理会计档案移交时，应当编制会计档案移交清册，并按照国家档案管理的有关规定办理移交手续。

纸质会计档案移交时应当保持原卷的封装。电子会计档案移交时应当将电子会计档案及其元数据一并移交，且文件格式应当符合国家档案管理的有关规定。特殊格式的电子会计档案应当与其读取平台一并移交。

单位档案管理机构接收电子会计档案时，应当对电子会计档案的准确性、完整性、可用性、安全性进行检测，符合要求的才能接收。

第十三条 单位应当严格按照相关制度利用会计档案，在进行会计档案查阅、复制、借出时履行登记手续，严禁篡改和损坏。

单位保存的会计档案一般不得对外借出。确因工作需要且根据国家有关规定必须借出的，应当严格按照规定办理相关手续。

会计档案借用单位应当妥善保管和利用借入的会计档案，确保借入会计档案的安全完整，并在规定时间内归还。

第十四条 会计档案的保管期限分为永久、定期两类。定期保管期限一般分为10年和30年。

会计档案的保管期限，从会计年度终了后的第一天算起。

第十五条 各类会计档案的保管期限原则上应当按照本办法附表执行，本办法规定的会计档案保管期限为最低保管期限。

单位会计档案的具体名称如有同本办法附表所列档案名称不相符的，应当比照类似档案的保管期限办理。

第十六条 单位应当定期对已到保管期限的会计档案进行鉴定，并形成会计档案鉴定意见书。经鉴定，仍需继续保存的会计档案，应当重新划定保管期限；对保管期满，确无保存价值的会计档案，可以销毁。

第十七条 会计档案鉴定工作应当由单位档案管理机构牵头，组织单位会计、审计、纪检监察等机构或人员共同进行。

第十八条 经鉴定可以销毁的会计档案，应当按照以下程序销毁：

（一）单位档案管理机构编制会计档案销毁清册，列明拟销毁会计档案的名称、卷号、册数、起止年度、档案编号、应保管期限、已保管期限和销毁时间等内容。

（二）单位负责人、档案管理机构负责人、会计管理机构负责人、档案管理机构经办人、会计管理机构经办人在会计档案销毁清册上签署意见。

（三）单位档案管理机构负责组织会计档案销毁工作，并与会计管理机构共同派员监销。监销人在会计档案销毁前，应当按照会计档案销毁清册所列内容进行清点核对；在会计档案销毁后，应当在会计档案销毁清册上签名或盖章。

电子会计档案的销毁还应当符合国家有关电子档案的规定，并由单位档案管理机构、会计管理机构和信息系统管理机构共同派员监销。

第十九条 保管期满但未结清的债权债务会计凭证和涉及其他未了事项的会计凭证不得销毁，纸质会计档案应当单独抽出立卷，电子会计档案单独转存，保管到未了事项完结时为止。

单独抽出立卷或转存的会计档案，应当在会计档案鉴定意见书、会计档案销毁清册和会计档案保管清册中列明。

第二十条 单位因撤销、解散、破产或其他原因而终止的，在终止或办理注销登记手续之前形成的会计档案，按照国家档案管理的有关规定处置。

第二十一条 单位分立后原单位存续的，其会计档案应当由分立后的存续方统一保管，其他方可以查阅、复制与其业务相关的会计档案。

单位分立后原单位解散的，其会计档案应当经各方协商后由其中一方代管或按照国家档案管理的有关规定处置，各方可以查阅、复制与其业务相关的会计档案。

单位分立中未结清的会计事项所涉及的会计凭证，应当单独抽出由业务相关方保存，并按照规定办理交接手续。

单位因业务移交其他单位办理所涉及的会计档案，应当由原单位保管，承接业务单位可以查阅、复制与其业务相关的会计档案。对其中未结清的会计事项所涉及的会计凭证，应当单独抽出由承接业务单位保存，并按照规定办理交接手续。

第二十二条 单位合并后原各单位解散或者一方存续其他方解散的，原各单位的会计档案应当由合并后的单位统一保管。单位合并后原各单位仍存续的，其会计档案仍应当由原各单位保管。

第二十三条 建设单位在项目建设期间形成的会计档案，需要移交给建设项目接受单位的，应当在办理竣工财务决算后及时移交，并按照规定办理交接手续。

第二十四条 单位之间交接会计档案时，交接双方应当办理会计档案交接手续。

移交会计档案的单位，应当编制会计档案移交清册，列明应当移交的会计档案名称、卷号、册数、起止年度、档案编号、应保管期限和已保管期限等内容。

交接会计档案时，交接双方应当按照会计档案移交清册所列内容逐项交接，并由交接双方的单位有关负责人负责监督。交接完毕后，交接双方经办人和监督人应当在会计档案移交清册上签名或盖章。

电子会计档案应当与其元数据一并移交，特殊格式的电子会计档案应当与其读取平台一并移交。档案接受单位应当对保存电子会计档案的载体及其技术环境进行检验，确保所接收电子会计档案的准确、完整、可用和安全。

第二十五条 单位的会计档案及其复制件需要携带、寄运或者传输至境外的，应当按照国家有关规定执行。

第二十六条 单位委托中介机构代理记账的，应当在签订的书面委托合同中，明确会计档案的管理要求及相应责任。

第二十七条 违反本办法规定的单位和个人,由县级以上人民政府财政部门、档案行政管理部门依据《中华人民共和国会计法》《中华人民共和国档案法》等法律法规处理处罚。

第二十八条 预算、计划、制度等文件材料,应当执行文书档案管理规定,不适用本办法。

第二十九条 不具备设立档案机构或配备档案工作人员条件的单位和依法建账的个体工商户,其会计档案的收集、整理、保管、利用和鉴定销毁等参照本办法执行。

第三十条 各省、自治区、直辖市、计划单列市人民政府财政部门、档案行政管理部门,新疆生产建设兵团财务局、档案局,国务院各业务主管部门,中国人民解放军总后勤部,可以根据本办法制定具体实施办法。

第三十一条 本办法由财政部、国家档案局负责解释,自 2016 年 1 月 1 日起施行。1998 年 8 月 21 日财政部、国家档案局发布的《会计档案管理办法》(财会字〔1998〕32 号)同时废止。

附表:
1. 企业和其他组织会计档案保管期限表
2. 财政总预算、行政单位、事业单位和税收会计档案保管期限表

附表 1

企业和其他组织会计档案保管期限表

序号	档案名称	保管期限	备注
一	会计凭证		
1	原始凭证	30 年	
2	记账凭证	30 年	
二	会计账簿		
3	总账	30 年	
4	明细账	30 年	
5	日记账	30 年	
6	固定资产卡片		固定资产报废清理后保管 5 年
7	其他辅助性账簿	30 年	
三	财务会计报告		
8	月度、季度、半年度财务会计报告	10 年	
9	年度财务会计报告	永久	

（续表）

序号	档案名称	保管期限	备注
四	其他会计资料		
10	银行存款余额调节表	10年	
11	银行对账单	10年	
12	纳税申报表	10年	
13	会计档案移交清册	30年	
14	会计档案保管清册	永久	
15	会计档案销毁清册	永久	
16	会计档案鉴定意见书	永久	

附表2

财政总预算、行政单位、事业单位和税收会计档案保管期限表

序号	档案名称	保管期限			备注
		财政总预算	行政单位事业单位	税收会计	
一	会计凭证				
1	国家金库编送的各种报表及缴库退库凭证	10年		10年	
2	各收入机关编送的报表	10年			
3	行政单位和事业单位的各种会计凭证		30年		包括原始凭证、记账凭证和传票汇总表
4	财政总预算拨款凭证和其他会计凭证	30年			包括拨款凭证和其他会计凭证
二	会计账簿				
5	日记账		30年	30年	
6	总账	30年	30年	30年	
7	税收日记账（总账）			30年	
8	明细分类、分户账或登记簿	30年	30年	30年	

（续表）

序号	档案名称	保管期限			备注
		财政总预算	行政单位事业单位	税收会计	
9	行政单位和事业单位固定资产卡片				固定资产报废清理后保管5年
三	财务会计报告				
10	政府综合财务报告	永久			下级财政、本级部门和单位报送的保管2年
11	部门财务报告		永久		所属单位报送的保管2年
12	财政总决算	永久			下级财政、本级部门和单位报送的保管2年
13	部门决算		永久		所属单位报送的保管2年
14	税收年报（决算）			永久	
15	国家金库年报（决算）	10年			
16	基本建设拨、贷款年报（决算）	10年			
17	行政单位和事业单位会计月、季度报表		10年		所属单位报送的保管2年
18	税收会计报表			10年	所属税务机关报送的保管2年
四	其他会计资料				
19	银行存款余额调节表	10年	10年		
20	银行对账单	10年	10年	10年	
21	会计档案移交清册	30年	30年	30年	
22	会计档案保管清册	永久	永久	永久	
23	会计档案销毁清册	永久	永久	永久	
24	会计档案鉴定意见书	永久	永久	永久	

注：税务机关的税务经费会计档案保管期限，按行政单位会计档案保管期限规定办理。

2. 关于规范电子会计凭证报销入账归档的通知
（2020年发布）

（财会〔2020〕6号）

党中央有关部门财务部门、档案部门，各省、自治区、直辖市、计划单列市财政厅（局）、档案局，新疆生产建设兵团财政局、档案局，国务院各部委财务部门、档案部门，财政部各地监管局，有关人民团体财务部门、档案部门，中央企业财务部门、档案部门：

为适应电子商务、电子政务发展，规范各类电子会计凭证的报销入账归档，根据国家有关法律、行政法规，现就有关事项通知如下。

一、本通知所称电子会计凭证，是指单位从外部接收的电子形式的各类会计凭证，包括电子发票、财政电子票据、电子客票、电子行程单、电子海关专用缴款书、银行电子回单等电子会计凭证。

二、来源合法、真实的电子会计凭证与纸质会计凭证具有同等法律效力。

三、除法律和行政法规另有规定外，同时满足下列条件的，单位可以仅使用电子会计凭证进行报销入账归档：

（一）接收的电子会计凭证经查验合法、真实；

（二）电子会计凭证的传输、存储安全、可靠，对电子会计凭证的任何篡改能够及时被发现；

（三）使用的会计核算系统能够准确、完整、有效接收和读取电子会计凭证及其元数据，能够按照国家统一的会计制度完成会计核算业务，能够按照国家档案行政管理部门规定格式输出电子会计凭证及其元数据，设定了经办、审核、审批等必要的审签程序，且能有效防止电子会计凭证重复入账；

（四）电子会计凭证的归档及管理符合《会计档案管理办法》（财政部、国家档案局令第79号）等要求。

四、单位以电子会计凭证的纸质打印件作为报销入账归档依据的，必须同时保存打印该纸质件的电子会计凭证。

五、符合档案管理要求的电子会计档案与纸质档案具有同等法律效力。除法律、行政法规另有规定外，电子会计档案可不再另以纸质形式保存。

六、单位和个人在电子会计凭证报销入账归档中存在违反本通知规定行为的，县级以上人民政府财政部门、档案行政管理部门应当依据《中华人民共和国会计法》《中华人民共和国档案法》等有关法律、行政法规处理处罚。

七、本通知由财政部、国家档案局负责解释，并自发布之日起施行。

财政部
国家档案局
2020年3月23日

3. 代理记账管理办法（2019年修订）

（2016年2月24日中华人民共和国财政部令第98号公布）

第一条 为了加强代理记账资格管理，规范代理记账活动，促进代理记账行业健康发展，根据《中华人民共和国会计法》等法律、行政法规，制定本办法。

第二条 代理记账资格的申请、取得和管理，以及代理记账机构从事代理记账业务，适用本办法。

本办法所称代理记账机构是指依法取得代理记账资格，从事代理记账业务的机构。

本办法所称代理记账是指代理记账机构接受委托办理会计业务。

第三条 除会计师事务所以外的机构从事代理记账业务，应当经县级以上地方人民政府财政部门（以下简称审批机关）批准，领取由财政部统一规定样式的代理记账许可证书。具体审批机关由省、自治区、直辖市、计划单列市人民政府财政部门确定。

会计师事务所及其分所可以依法从事代理记账业务。

第四条 申请代理记账资格的机构应当同时具备以下条件：

（一）为依法设立的企业；

（二）专职从业人员不少于3名；

（三）主管代理记账业务的负责人具有会计师以上专业技术职务资格或者从事会计工作不少于三年，且为专职从业人员；

（四）有健全的代理记账业务内部规范。

代理记账机构从业人员应当具有会计类专业基础知识和业务技能，能够独立处理基本会计业务，并由代理记账机构自主评价认定。

本条第一款所称专职从业人员是指仅在一个代理记账机构从事代理记账业务的人员。

第五条 申请代理记账资格的机构，应当向所在地的审批机关提交申请及下列材料，并对提交材料的真实性负责：

（一）统一社会信用代码；

（二）主管代理记账业务的负责人具备会计师以上专业技术职务资格或者从事会计工作不少于三年的书面承诺；

（三）专职从业人员在本机构专职从业的书面承诺；

（四）代理记账业务内部规范。

第六条 审批机关审批代理记账资格应当按照下列程序办理：

（一）申请人提交的申请材料不齐全或不符合规定形式的，应当在5日内一次告知申请人需要补正的全部内容，逾期不告知的，自收到申请材料之日起即视为受理；申请人提交的申请材料齐全、符合规定形式的，或者申请人按照要求提交全部补正申请材料的，应当受理申请。

（二）受理申请后应当按照规定对申请材料进行审核，并自受理申请之日起10日内作出批准或者不予批准的决定。10日内不能作出决定的，经本审批机关负责人批准可延长10日，并应当将延长期限的理由告知申请人。

（三）作出批准决定的，应当自作出决定之日起10日内向申请人发放代理记账许可证书，并向社会公示。审批机关进行全覆盖例行检查，发现实际情况与承诺内容不符的，依法撤销审批并给予处罚。

（四）作出不予批准决定的，应当自作出决定之日起10日内书面通知申请人。书面通知应当说明不予批准的理由，并告知申请人享有依法申请行政复议或者提起行政诉讼的权利。

第七条 申请人应当自取得代理记账许可证书之日起20日内通过企业信用信息公示系统向社会公示。

第八条 代理记账机构名称、主管代理记账业务的负责人发生变更，设立或撤销分支机构，跨原审批机关管辖地迁移办公地点的，应当自作出变更决定或变更之日起30日内依法向审批机关办理变更登记，并应当自变更登记完成之日起20日内通过企业信用信息公示系统向社会公示。

代理记账机构变更名称的，应当向审批机关领取新的代理记账许可证书，并同时交回原代理记账许可证书。

代理记账机构跨原审批机关管辖地迁移办公地点的，迁出地审批机关应当及时将代理记账机构的相关信息及材料移交迁入地审批机关。

第九条 代理记账机构设立分支机构的，分支机构应当及时向其所在地的审批机关办理备案登记。

分支机构名称、主管代理记账业务的负责人发生变更的，分支机构应当按照要求向其所在地的审批机关办理变更登记。

代理记账机构应当在人事、财务、业务、技术标准、信息管理等方面对其设立的分支机构进行实质性的统一管理，并对分支机构的业务活动、执业质量和债务承担法律责任。

第十条 未设置会计机构或配备会计人员的单位，应当委托代理记账机构办理会计业务。

第十一条 代理记账机构可以接受委托办理下列业务：

（一）根据委托人提供的原始凭证和其他相关资料，按照国家统一的会计制度的规定进行会计核算，包括审核原始凭证、填制记账凭证、登记会计账簿、编制财务会计报告等；

（二）对外提供财务会计报告；

（三）向税务机关提供税务资料；

（四）委托人委托的其他会计业务。

第十二条 委托人委托代理记账机构代理记账，应当在相互协商的基础上，订立书面委托合同。委托合同除应具备法律规定的基本条款外，应当明确下列内容：

（一）双方对会计资料真实性、完整性各自应当承担的责任；

（二）会计资料传递程序和签收手续；

（三）编制和提供财务会计报告的要求；

（四）会计档案的保管要求及相应的责任；

（五）终止委托合同应当办理的会计业务交接事宜。

第十三条 委托人应当履行下列义务：

（一）对本单位发生的经济业务事项，应当填制或者取得符合国家统一的会计制度规定的原始凭证；

（二）应当配备专人负责日常货币收支和保管；

（三）及时向代理记账机构提供真实、完整的原始凭证和其他相关资料；

（四）对于代理记账机构退回的，要求按照国家统一的会计制度的规定进行更正、补充的原始凭证，应当及时予以更正、补充。

第十四条 代理记账机构及其从业人员应当履行下列义务：

（一）遵守有关法律、法规和国家统一的会计制度的规定，按照委托合同办理代理记账业务；

（二）对在执行业务中知悉的商业秘密予以保密；

（三）对委托人要求其作出不当的会计处理，提供不实的会计资料，以及其他不符合法律、法规和国家统一的会计制度行为的，予以拒绝；

（四）对委托人提出的有关会计处理相关问题予以解释。

第十五条 代理记账机构为委托人编制的财务会计报告，经代理记账机构负责人和委托人负责人签名并盖章后，按照有关法律、法规和国家统一的会计制度的规定对外提供。

第十六条 代理记账机构应当于每年4月30日之前，向审批机关报送下列材料：

（一）代理记账机构基本情况表（附表，略）；

（二）专职从业人员变动情况。

代理记账机构设立分支机构的，分支机构应当于每年4月30日之前向其所在地的审批机关报送上述材料。

第十七条 县级以上人民政府财政部门对代理记账机构及其从事代理记账业务情况实施监督，随机抽取检查对象、随机选派执法检查人员，并将抽查情况及查处结果依法及时向社会公开。

对委托代理记账的企业因违反财税法律、法规受到处理处罚的，县级以上人民政府财政部门应当将其委托的代理记账机构列入重点检查对象。

对其他部门移交的代理记账违法行为线索，县级以上人民政府财政部门应当及时予以查处。

第十八条 公民、法人或者其他组织发现有违反本办法规定的代理记账行为，可以依法向县级以上人民政府财政部门进行举报，县级以上人民政府财政部门应当依法进行处理。

第十九条 代理记账机构采取欺骗、贿赂等不正当手段取得代理记账资格的，由审批机关撤销其资格，并对代理记账机构及其负责人给予警告，记入会计领域违法失信记录，根据有关规定实施联合惩戒，并向社会公告。

第二十条 代理记账机构在经营期间达不到本办法规定的资格条件的，审批机关发现后，应当责令其在60日内整改；逾期仍达不到规定条件的，由审批机关撤销其代理记账资格。

第二十一条 代理记账机构有下列情形之一的，审批机关应当办理注销手续，收回代理记账许可证书并予以公告：

（一）代理记账机构依法终止的；

（二）代理记账资格被依法撤销或撤回的；

（三）法律、法规规定的应当注销的其他情形。

第二十二条 代理记账机构违反本办法第七条、第八条、第九条、第十四条、第十六条规定，由县级以上人民政府财政部门责令其限期改正，拒不改正的，将代理记账机构及其负责人列入重点关注名单，并向社会公示，提醒其履行有关义务；情节严重的，由县级以上人民政府财政部门按照有关法律、法规给予行政处罚，并向社会公示。

第二十三条 代理记账机构及其负责人、主管代理记账业务负责人及其从业人员违反规定出具虚假申请材料或者备案材料的，由县级以上人民政府财政部门给予警告，记入会计领域违法失信记录，根据有关规定实施联合惩戒，并向社会公告。

第二十四条 代理记账机构从业人员在办理业务中违反会计法律、法规和国家统一的会计制度的规定，造成委托人会计核算混乱、损害国家和委托人利益的，由县级以上人民政府财政部门依据《中华人民共和国会计法》等有关法律、法规的规定处理。

代理记账机构有前款行为的，县级以上人民政府财政部门应当责令其限期改正，并给予警告；有违法所得的，可以处违法所得3倍以下罚款，但最高不得超过3万元；没有违法所得的，可以处1万元以下罚款。

第二十五条 委托人向代理记账机构隐瞒真实情况或者委托人会同代理记账机构共同提供虚假会计资料的，应当承担相应法律责任。

第二十六条 未经批准从事代理记账业务的单位或者个人，由县级以上人民政府财政部门按照《中华人民共和国行政许可法》及有关规定予以查处。

第二十七条 县级以上人民政府财政部门及其工作人员在代理记账资格管理过程中，滥用职权、玩忽职守、徇私舞弊的，依法给予行政处分；涉嫌犯罪的，移送司法机关处理。

第二十八条 代理记账机构依法成立的行业组织，应当维护会员合法权益，建立会员诚信档案，规范会员代理记账行为，推动代理记账信息化建设。

代理记账行业组织应当接受县级以上人民政府财政部门的指导和监督。

第二十九条 本办法规定的"5日""10日""20日""30日"均指工作日。

第三十条 省级人民政府财政部门可以根据本办法制定具体实施办法，报财政部备案。

第三十一条 外商投资企业申请代理记账资格，从事代理记账业务按照本办法和其他有关规定办理。

第三十二条 本办法自2016年5月1日起施行，财政部2005年1月22日发布的《代理记账管理办法》（财政部令第27号）同时废止。

4. 关于开展电子非税收入一般缴款书试点的通知（2021年发布）

（财库〔2021〕31号）

党中央有关部门，国务院各部委、各直属机构，全国人大常委会办公厅，全国政协办公厅，最高人民法院，最高人民检察院，有关人民团体，财政部各地监管局：

为进一步深化非税收入收缴领域"放管服"改革，提高非税收入一般缴款书（以下简称缴款书）监管水平和工作效率，充分利用现代信息化管理手段，推动企业和群众缴纳非税收入"一网、一门、一次"，财政部决定在中央部门和单位开展电子缴款书试点，现将有关事宜通知如下。

一、高度重视试点工作

电子缴款书是指由财政部监管、执收单位依法收缴政府非税收入时，运用计算机和信息网络技术开具、存储、传输和接收的数字电文形式的凭证,是以电子数据形式表现的财政票据,电子缴款书和纸质缴款书具有同等法律效力。

通过非税收入收缴管理系统开具的电子缴款书,以数字信息代替纸质缴款书,以电子签名代替手工签章,实现缴款书电子开票、自动核销、全程跟踪、源头控制,有利于节约社会资源和成本,方便缴款人保存使用,提高财政监管水平和效率,进一步规范单位财务管理。

财政部负责组织实施电子缴款书试点工作,确定电子缴款书试点单位和实施步骤,建立健全相关管理制度。执收单位要提高认识,高度重视,加强组织实施,确保试点工作稳步推进。

二、试点内容

电子缴款书由财政部制定技术规范,依托非税收入收缴管理系统进行管理,基本要素包括:缴款码、执收单位编码、执收单位名称、票据代码、票据号码、校验码、填制日期、付款人(全称、账号、开户银行)、收款人(全称、账号、开户银行)、项目编码、收入项目名称、单位、数量、收缴标准、金额、执收单位签章、财政部门监制签章等。

财政部负责发放电子缴款书;执收单位负责开具电子缴款书并发送至缴款人;缴款人可通过服务平台等查验电子缴款书真伪;执收单位和缴款人可使用真实有效的电子缴款书进行入账处理;电子缴款书可分别由财政部、执收单位和缴款人进行归档保存。基本管理流程如下:

(一)制样。财政部通过非税收入收缴管理系统财政端制作形成电子缴款书票据模板文件,实行全国统一的票据式样(附件1)、编码规则(附件2)和数据规范。电子缴款书数据规范包括数据要素、数据结构、数据格式和防伪方法等内容。电子缴款书应当套印全国统一式样的财政票据监制章。

(二)赋码。由财政部向执收单位发放电子缴款书票号,保证票号唯一性。赋码模式原则上为执收单位开票时系统按照财政部设定规则自动分配。对确有需要的执收单位,由执收单位向财政部申请后,财政部向执收单位预发票号,执收单位按顺序使用。

(三)生成。执收单位通过非税收入收缴管理系统开具电子缴款书(仅有缴款通知功能),包含单位电子签名。缴款人持电子缴款书上携带的缴款码,通过代理银行向财政缴纳款项后,财政端验证电子票号唯一性、执收单位签名有效性,追加财政监制电子签名,生成完整的电子缴款书。执收单位具有业务系统的,可与非税收入收缴管理系统对接,通过其业务系统开具电子缴款书。

(四)传输。执收单位可使用非税收入收缴管理系统,通过系统自带的通知方式(电子邮件)发送电子缴款书给缴款人;也可将电子缴款书下载后,通过短信、电子邮件等多种方式发送至缴款人。传输过程中发生的形式变化不得影响电子缴款书内容的真实性和完整性。

(五)查验。缴款人通过服务平台等查验电子缴款书的真伪。

(六)入账。执收单位和缴款人可凭电子缴款书进行入账、报销等财务处理。执收单位、缴款人及有记账需要的其他受票单位不得使用电子缴款书重复记账。

(七)核销。执收单位应按照票据管理规定,定期对已使用电子缴款书开票金额和实际执收金额进行核对,确保一致后申请核销,上传财政端自动审核。

(八)归档。财政部、执收单位、缴款人分别按照《会计档案管理办法》有关规定进行归档,形成符合长期保管要求的电子会计档案。执收单位以电子缴款书的纸质打印件作为报销入账归档依据的，必须同时保存打印该纸质件的电子会计凭证。财政部归档作为备查依据，执收单位归档可作为记账依据，缴款人归档可作为报销凭据。符合档案管理要求的电子会计档案与纸质档案具有同等法律效力。除法律、行政法规另有规定外，电子会计档案可不再另以纸质形式保存。

三、试点步骤

（一）筹备启动（2021年8月）。各试点中央部门和单位积极做好试点筹备工作，结合实际细化任务措施。完成非税收入收缴管理系统相关功能升级优化，满足试点工作需求。

（二）组织实施（2021年9月起）。各试点中央部门和单位正式启用电子缴款书，出现问题应及时向财政部反馈。财政部密切跟踪试点情况，履行电子缴款书的监督管理职责，根据试点工作情况，适时调整工作要求，完善配套措施，全力推进试点顺利开展。

（三）总结提升（2021年12月起）。各试点中央部门和单位总结梳理电子缴款书试点工作情况，包括主要做法和成效、存在的问题和工作建议等，于2021年12月15日前将试点工作总结报送财政部。财政部将全面总结、分析和提炼试点经验，及时调整完善，形成可推广可复制的经验和做法，逐步在中央部门和单位全面推广电子缴款书。

四、其他要求

各试点中央部门和单位（附件3）要加强系统用户数字证书（UKEY）的管理，不得转让、出借，业务人员变更后应及时回收并申请注销；要规范开具电子缴款书，确保信息真实、完整、可用和安全，保证开票信息与非税收入收缴信息内容一致。

在全面实施缴款书无纸化前，执收单位应按缴款人需求提供换开纸质缴款书服务，换开的纸质缴款书按照相关办法及规定管理。

各试点中央部门和单位应建立健全内部控制制度，强化电子缴款书使用管理，报销入账归档应严格执行《会计档案管理办法》（财政部 国家档案局令第79号）和《财政部 国家档案局关于规范电子会计凭证报销入账归档的通知》（财会〔2020〕6号）规定。

本通知自印发之日起实施。

附件：1.电子缴款书式样
   2.电子缴款书编码规则
   3.第一期电子缴款书管理试点单位情况表

财 政 部

2021年8月16日

附件1：

电子缴款书式样

非税收入一般缴款书（电子）

缴款码：							
执收单位编码：			票据代码：		校验码：		
执收单位名称：			票据号码：		填制日期：		

付款人	全 称		收款人	全 称	
	账 号			账 号	
	开户银行			开户银行	

币种：	金额（大写）			（小写）	
项目编码	收入项目名称	单位	数量	收缴标准	金 额

执行单位（盖章）	经办人（盖章）	备注：

说明

1. 票面要素。票面要素包括：电子《非税收入一般缴款书》名称、电子《非税收入一般缴款书》监制章、缴款码、执收单位编码、执收单位名称、票据代码、票据号码、校验码、填制日期、二维码、付款人信息（全称、账号、开户银行）、收款人信息（全称、账号、开户银行）、币种、金额（大写）/（小写）、项目编码、收入项目名称、单位、数量、收缴标准、金额、执收单位（盖章）、经办人（盖章）、备注等。

2. 字体字号。标题为华文中宋，居中；正文字体为华文中宋。

3. 颜色、套章等要求。文字和表格颜色：棕色；在标题正中位置套财政票据监制章（正红色）。

附件2：

电子缴款书编码规则

电子缴款书编码由票据代码和票据号码两部分组成，票据代码和票据号码组合，可以在全国范围内唯一识别某份电子缴款书。

（一）电子缴款书代码。

电子缴款书代码设计为8位，由电子缴款书监管机构行政区划编码、电子缴款书分类编码、电子缴款书种类编码、电子缴款书年度编码4部分组成。

编码序号	1	2	3	4	5	6	7	8
说明	电子缴款书监管机构行政区划编码2位		固定03		固定01		电子缴款书年度编码2位	

第一部分：电子缴款书监管机构行政区划编码（2位），中央用"00"。

第二部分：电子缴款书分类编码（2位），固定值03。

第三部分：电子缴款书种类编码（2位），固定值01。

第四部分：电子缴款书年度编码（2位），用于区分电子缴款书赋码年度，使用数字表示。如"21"表示2021年度。

（二）电子缴款书号码。

电子缴款书号码（10位）。采用顺序号，用于反映电子缴款书赋码顺序，使用数字表示。如"0000000001"表示第一份电子缴款书。

附件3：

第一期电子缴款书管理试点单位情况表

序号	中央部门	试点单位
1	人力资源社会保障部	职业技能鉴定中心
2	证监会	证监会本级
3	工业和信息化部	国家无线电监测中心
4	工业和信息化部	清算中心
5	工业和信息化部	北京市通信管理局

5. 关于新时代加强和改进代理记账工作的意见（2023年发布）

（财会〔2023〕26号印发）

为贯彻落实中央办公厅、国务院办公厅印发的《关于进一步加强财会监督工作的意见》精神，加强代理记账行业监督管理，提高代理记账工作水平，规范会计服务市场秩序，促进行业健康发展，现提出如下意见。

一、总体要求

以习近平新时代中国特色社会主义思想为指导，深入贯彻党的二十大精神，完整、准确、全面贯彻新发展理念，加快构建新发展格局，按照党中央、国务院关于加强财会监督、严肃财经纪律的决策部署，坚持问题导向和系统观念，坚持监管与服务并重，推进代理记账工作闭环管理，夯实法治基础，强化行业监管，打造法治化、规范化、市场化的营商环境，为提升会计信息质量、维护国家财经秩序提供有力保障，促进高质量发展。

二、进一步健全法治体系

（一）健全完善法律规章制度。加快推动会计法修改工作，完善国家统一的会计制度，强化从事代理记账业务法律责任。修改《代理记账管理办法》，强化代理记账管理有关要求，优化行政监管方式，细化违法违规情形，明确处理处罚标准。指导地方建立健全代理记账行业管理具体实施办法。加大行业法律法规宣传贯彻力度，营造依法依规执业的良好氛围。

（二）制定实施行业执业规范。制定代理记账基础工作规范，聚焦代理记账业务的主要工作流程与质量要求，形成全国统一的执业规范性文件。推动执业规范有效执行，督促和引导代理记账机构规范执业程序，加强内部管理与质量控制，严格按照国家统一的会计制度进行会计核算，保证会计信息质量。强化执业规范运用，将执业规范作为衡量代理记账机构执业质量、开展监督检查的重要依据。

三、加大监督管理力度

（三）进一步加强行政监督。完善全国代理记账行业监管服务平台，构建全生命周期管理闭环，建设行业标准信息库，实现分析预警功能，提升非现场监管能力，解决执法力量不足、监管存在盲区等问题。聚焦"无证经营""虚假承诺"等行业突出问题，持续开展专项整治。加强常态化监督检查，严格全覆盖核查、"双随机、一公开"日常检查、重点专项检查，健全完善工作机制，细化监督检查工作规范和要求。加大对典型案件的曝光力度，强化反面警示，形成有效震慑。督促代理记账机构做好年度备案、变更登记等工作，加强报送信息的真实性、完整性核查。

（四）发挥行业协会自律监督作用。完善代理记账行业协会管理机制，加强对行业协会的政策和业务指导，强化行业协会备案管理，建立健全工作联系机制。推动行业协会吸纳更多会员机构，建立会员机构综合评价体系。引导行业协会按照有关规定做好会员信用管理、内部控制建设、服务质量监督等方面的自律监督工作，规范运用信用记录、警示告诫、公开曝光等方法加大违法违规行为惩戒力度。鼓励行业协会定期开展行业分析工作，加强行业协会间业务交流。将行业协会的评价监督结果作为财政部门强化监管、优化服务的重要参考。

（五）提升信用监管效能。建立健全代理记账行业信用信息采集、使用和管理制度，利用信息化等手段掌握代理记账机构及其从业人员的执业情况和信用情况。制定实施行业信用评级评价制度和标准，建立健全信用分级分类监管机制。强化事前信用核查、事中信用评估分级和分类检查、事后奖惩和信用修复的全链条全领域监管，通过守信激励和失信惩戒措施持续加强行业诚信建设。

四、促进高质量发展

（六）提高数字化服务水平。鼓励地方基于代理记账服务，探索打造涵盖财税咨询、商事登记、金融服务等业务在内的全流程一体化中小微企业管理服务平台，推动支持中小微企业发展的政策直达快享机制落实。引导代理记账机构充分运用大数据、人工智能、区块链等技术手段，选用或打造数字化业务管理系统，对机构业务开展、合同管理、质量控制、人员管理、财务管理等方面进行规范管理，有效提升对内管理和对外服务水平。

（七）加大行业人才培养力度。建立完善"选、育、管、用"全链条机制，构建多层次、多渠道的人才培养体系，优化代理记账人才队伍结构，确保人才队伍持续稳定向好。实施代理记账行业人才专项培养计划，注重加强对行业协会负责人、代理记账机构负责人及业务骨干的培训。推动代理记账机构与大中专院校产教融合发展。丰富从业人员继续教育内容，注重职业道德教育，加强诚信建设。鼓励和支持行业协会围绕服务会员机构与推动行业发展，创新开展优秀人才培养。

（八）强化政策引导。鼓励地方结合实际情况为中小微企业购买代理记账服务，发挥代理记账机构在中小微企业成长发展历程中的专业支持作用，规范中小微企业会计行为，提升中小微企业会计信息质量。制定电子凭证会计数据标准，在试点基础上加快推广应用，推动会计数据增信，服务普惠金融政策落实。引导和鼓励在农村财务管理中引入代理记账服务，发挥代理记账机构在规范村级会计核算、服务提升乡村治理效能中的重要作用。行政事业单位、社会团体等单位在确保风险可控的前提下，可根据实际情况引入代理记账服务，提高会计管理能力与水平。

（九）加快转型升级。鼓励代理记账机构不断拓展财税相关业务的广度与深度，创新商业模式，通过优化业务流程、推动服务产品升级，提升核心竞争力。鼓励代理记账机构积极开展品牌建设，通过提升服务质量和扩大市场规模，提升机构知名度。积极打造行业交流平台，总结先进经验做法，持续提升业务水平和发展效能。鼓励发挥规模化优势，通过多维度合作，整合相关领域行业资源，推进行业平台化发展和一体化品牌打造。

五、保障措施

（十）加强组织领导。财政部加强对全国代理记账工作的统筹谋划，做好顶层设计，建立健全工作联动机制。地方财政部门要加强对本地区代理记账工作的组织领导和统筹协调，制定加强和改进代理记账工作的具体实施方案，健全工作落实机制，确保各项工作任务落地见效。

（十一）完善协同机制。建立健全财政部门与税务、市场监管等监管部门间的协同机制，积极推进跨部门联合监管，推动信息系统对接和数据共享，强化监管资源整合，加强政策衔接，形成工作合力。加强财政部门会计管理机构与监督检查机构的协作配合，明确职责分工，压实工作责任，统筹做好代理记账行业管理工作。

（十二）强化队伍建设。加强一线执法队伍建设，整合行政执法力量，推动执法力量下沉，分级分类分岗位组织专题培训和业务培训，提高行政执法人员的业务能力和综合素质，配齐配强与执法检查任务相适应的工作力量，为代理记账行业管理提供有力支撑。

（十三）做好宣传引导。各级财政部门及代理记账行业协会要加大代理记账行业政策法规宣传力度，广泛开展政策解读和舆论引导，及时总结推广典型经验，主动回应社会关切，提升行业发展信心与社会形象。

6. 代理记账基础工作规范（试行）（2023年发布）

（财会〔2023〕27号印发）

第一章　总　　则

第一条　为加强代理记账基础工作，规范代理记账机构开展代理记账业务，保障代理记账服务质量，根据《中华人民共和国会计法》《代理记账管理办法》《会计基础工作规范》《会计档案管理办法》等相关法律法规，制定本规范。

第二条　本规范适用于代理记账机构接受委托办理代理记账业务。

第三条　代理记账机构应当严格执行有关法律法规，提高代理记账业务规范水平，保证会计信息质量。

第四条　代理记账机构开展代理记账业务应当遵守本规范，至少履行下列基本程序：业务承接、工作计划、资料交接、会计核算、质量控制、档案管理等。

代理记账机构开展相关工作时，可以根据有关法律法规等规定，结合具体情况运用专业判断作出相应处理。

第二章　业　务　承　接

第五条　业务承接包括了解委托人基本情况和签订代理记账业务委托合同。

了解委托人基本情况，是指对委托人所处外部环境及所在行业的一般了解和对委托人内部情况的具体了解。

代理记账业务委托合同（以下简称委托合同），是指代理记账机构与委托人共同签订的，据以确认委托与受托关系，明确委托目的、委托范围及双方责任与义务等事项的书面协议。

第六条　代理记账机构应当了解委托人基本情况，初步调查委托人经营管理状况，查询市场监管和税务相关政务网站公开信息，并与委托人就约定事项进行商议，经充分评估业务风险后，结合自身专业胜任能力确定是否承接此项业务。

第七条　代理记账机构拟承接代理记账业务的，应当在开展工作前，与委托人就代理记账业务约定条款协商一致，并签订委托合同。

第八条　委托合同除应符合有关法律法规的一般性规定外，至少还应包括以下内容：

（一）委托业务范围及其他预期目标；

（二）会计资料传递程序和签收手续，终止委托合同应当办理的会计业务交接事宜，包括使用信息系统交付财务数据的约定；

（三）双方对会计资料真实性、完整性、合法性各自应当承担的责任，会计档案的保管要求及相应的责任；

（四）委托业务的收费；

（五）委托合同的有效期间；

（六）签约时间；

（七）违约责任；

（八）解决争议的方法；

（九）签约双方认为应约定的其他事项。

第九条　代理记账机构应当对委托合同统一编号，并及时归档。

第三章　工　作　计　划

第十条　代理记账机构为完成代理记账工作，达到预期目标，在具体开展代理记账业务前应当编制工作计划。

第十一条　代理记账机构应当根据自身业务规模和风险评估情况界定重大项目的判定标准，一般是代理记账业务的影响比较大或金额比较大。通常情况下，代理记账业务经分析判断可能会引起风险显著增加的，则视为影响比较大；业务金额预计占机构全年代理记账业务收入的2%及以上的，则视为金额比较大。代理记账机构可结合自身实际对上述比例作出合理调减，以控制经营风险。

第十二条　编制工作计划应当考虑以下因素：

（一）合同约定条款；

（二）委托业务是否为重大项目；

（三）委托人所属行业及特点，业务性质及复杂程度、组织结构、经营情况及经营风险；

（四）委托人执行的会计准则制度，以及以前年度的会计核算情况；

（五）委托人会计原始凭证及相关会计资料归集、整理、交接的环境及条件；

（六）委托人对会计信息的需求；

（七）代理记账机构从业人员（以下简称从业人员）及其技能的要求。

第十三条 工作计划一般应包括以下基本内容：

（一）委托人基本情况，包括委托人所属行业及特点、会计准则制度的选用、以前年度会计核算情况等；

（二）业务小组成员及职责分工；

（三）初次资料交接情况，包括初次资料交接的内容、参与人员、时间及地点等；

（四）初次建账情况及安排，包括初次建账的内容、人员安排及时间等；

（五）工作进度及时间安排，包括各阶段的执行人及执行日期，原始凭证等会计资料的交接方式及时间、记账完成时间、出具会计报表时间、会计档案移交时间等；

（六）根据委托人情况，其他应当考虑的事项。

非首次为委托人办理代理记账业务，工作计划无需包含初次资料交接情况、初次建账情况及安排等内容。对于简易业务，可以根据实际需要简化工作计划。

第十四条 工作计划应附委托合同及其他相关资料一并交由项目负责人员或质量控制人员审核批准。重大项目的工作计划，一般还应经业务负责人审核批准。

第十五条 工作计划应重点审核以下事项：

（一）时间安排是否合理；

（二）从业人员的选派与分工是否恰当；

（三）合同约定的预期目标能否实现。

第十六条 代理记账业务开展过程中，应当在必要时对工作计划作出调整。调整后的工作计划应按照第十四条规定的程序和权限审批。

第四章 资 料 交 接

第十七条 资料交接指代理记账机构初次接受委托、日常开展工作、终止委托关系后与委托人等有关单位，根据约定进行的会计资料交接工作。

第十八条 代理记账机构初次接受委托与终止委托关系时，移交人员应当整理需要移交的各项资料，编制移交清册，列明移交的会计凭证、会计账簿、会计报表、其他会计资料、相关文件及物品等内容。对未了事项应当予以书面说明。

移交人员应按移交清册逐项移交，接收人员应逐项核对点收，并由交接双方的有关负责人负责监督。交接完毕后，交接双方经办人和监交人应在移交清册上签名或者盖章。并应在移交清册上注明：单位名称；交接日期；交接双方经办人和监交人的职务、姓名；移交清册页数以及需要说明的问题和意见等。

移交清册一式两份，交接双方各执一份，代理记账机构留存的一份应当归档保管。

第十九条 初次接受委托时应重点关注以下方面：

（一）会计凭证、会计账簿、会计报表和其他会计资料必须完整无缺，如有短缺，应当查清原因，并明确相关责任；

（二）银行存款账户余额要与银行对账单核对，如不一致，应当编制银行存款余额调节表调节相符，各种财产物资和债权债务的明细账户余额应与总账及会计报表有关账户余额核对相符，纳税申报表数据应与账面数据核对相符，必要时可抽查个别账户的余额，确保账实核对一致；

（三）重大债权债务形成原因及未完结的税务事项；

（四）需要移交的票据、印章、密钥等实物，应书面列明，交接清楚；

（五）需要移交的相关系统、平台的登录方式以及对应的账号、口令等，应书面列明，交接清楚。

第二十条 代理记账机构应当按照约定，定期了解委托人的经营事项，并接收委托人移交的原始凭证等会计资料。

代理记账机构应当对收到的原始凭证进行审核和监督。对不真实、不合法的原始凭证，不予受理。对记载不准确、不完整的原始凭证，予以退回，要求委托人更正、补充。

第二十一条 日常交接时应当填写原始凭证交接表，列明原始凭证的种类、数量等内容，交接双方应当逐项清点核对，并履行必要的确认手续。交接表一式两份，交接双方各执一份，代理记账机构留存的一份应当归档保管。

通过信息化手段进行电子凭证交接的，应形成电子凭证交接单，并确保交接记录真实有效、交接内容有据可查。

第五章 会 计 核 算

第二十二条 代理记账机构应当根据委托人提供的原始凭证等会计资料，按照国家统一的会计制度进行会计核算，包括审核原始凭证、填制记账凭证、登记会计账簿、编制财务会计报告等。

第二十三条 代理记账机构记账凭证的编制及装订，会计账簿的登记及装订，以及财务会计报告的编制等应当遵循《会计基础工作规范》的规定。

第二十四条 代理记账机构采用信息化方式为委托人办理代理记账业务的，使用的会计软件及其生成的会计凭证、会计账簿、会计报表和其他会计资料，应当符合财政部对于会计信息化工作的有关规定。

第六章 质 量 控 制

第二十五条 代理记账机构应当建立并执行符合机构实际的内部控制制度，根据业务规模和内部机构设置情况，至少设置项目负责人员、质量控制人员、业务负责人等岗位。同一项目的项目负责人员和质量控制人员不得为同一人。

项目负责人员指具体负责代理记账业务的人员。

质量控制人员指对项目负责人员形成的工作成果进行审查复核的人员。

业务负责人指代理记账机构中主管代理记账业务的负责人。

第二十六条 代理记账机构应当根据业务性质及复杂程度，综合考虑从业人员的专业水平、会计工作年限和执业经历等，将工作委派给具有相应专业胜任能力的人员。

委派的人员应当符合回避制度，确保独立客观执业。

第二十七条 代理记账机构应当建立健全复核制度，至少执行一级复核程序，明确复核时间、方式及人员安排。对于重大项目，应当至少执行二级复核程序。

代理记账机构应当定期以抽查等形式，由质量控制人员或业务负责人对未经二级复核的业务进行审查。

第二十八条 代理记账机构应当及时对相关人员的工作成果进行复核，确保：

（一）代理记账业务按照工作计划进行；

（二）代理记账业务的过程及结果被适当记录；

（三）预期目标可实现；

（四）会计核算工作符合国家统一的会计制度等规定；

（五）会计档案按规定妥善保管，并顺利交接。

第二十九条 代理记账机构应当建立健全与委托人的沟通机制。

初次接受委托时，应当与委托人有关人员进行充分交流，并进行必要的指导和培训，以进一步明确双方的责任，确保各项工作顺利开展。至少包括以下方面：

（一）应当定期归集、整理、移交的会计资料的范围及要求；
（二）会计档案及其他有关资料的交接流程、时间节点、人员安排及要求；
（三）代理记账业务流程；
（四）会计政策等会计核算有关的重要事项；
（五）其他需要沟通的事项。

第三十条 代理记账机构应当建立健全内部信息与沟通机制，明确信息的收集、处理和传递程序，确保内部各部门、各不兼容岗位间的沟通和反馈，发现问题应及时报告并采取应对措施。

第三十一条 代理记账机构应当建立健全客户投诉管理制度，投诉受理人应对投诉及时处理，并反馈处理过程和结果。

第三十二条 委托人负责人与代理记账机构负责人应当对财务报告的真实性、合法性承担相应的法律责任。

第三十三条 从业人员工作调动或者离职，应当与指定接管人员按规定及时办清交接手续。从业人员办理交接手续，必须有监交人负责监交，不得出现自我监交的情形。业务负责人办理交接手续，由代理记账机构负责人监交。

第七章 人员管理

第三十四条 从业人员应当具备下列资格条件和专业胜任能力：
（一）具有会计类专业基础知识和业务技能，能够独立处理基本会计业务；
（二）熟悉国家财经、税收法律、法规、规章和方针、政策，掌握本行业业务管理的有关知识；
（三）恪守会计人员职业道德规范；
（四）《代理记账管理办法》等规定的其他执业要求。

第三十五条 从业人员开展代理记账业务时，应当遵循以下原则：
（一）遵守法律法规等有关规定，严格按照委托合同开展代理记账业务；
（二）对工作中知悉的商业秘密、个人信息予以保密；
（三）对委托人要求其作出不当的会计处理，提供不实的会计资料，以及其他违法违规行为的，应当拒绝办理；
（四）依法向财政部门报告委托人的违法违规行为。

第三十六条 代理记账机构应当通过提供专业培训、加强职业道德教育、支持督促参加会计人员继续教育、建立职业能力提升激励机制等方式，确保全体从业人员达到履行其职责所需要的专业胜任能力，以应有的职业态度开展代理记账业务。

第三十七条 从业人员应当自觉按照有关规定，及时完成会计人员继续教育。

第八章 档案管理

第三十八条 代理记账机构应当建立健全会计档案管理制度，对当年开展代理记账业务过程中具有保存价值的会计资料，应当按照归档要求，定期整理立卷，装订成册，编制会计档案保管清册，并指定专人保管。

开展会计信息化工作的代理记账机构，应当同时将具有保存价值的电子会计资料及其元数据作为会计档案进行管理。

第三十九条 委托人会计档案的查阅、复制、借出等应当经过授权和审批，履行登记手续。除法律授权外，未经委托人同意，代理记账机构不得将委托人会计档案交由其他单位及人员使用。

第四十条 会计年度终了，代理记账机构应当按照约定，将形成的会计档案移交给委托人。编制的会计档案移交清册中应当列明移交的会计档案名称、卷号、册数、起止年度、档案编号和保管期限等内容。

交接会计档案时，交接双方应当按照会计档案移交清册所列内容逐项交接，由交接双方有关负责人负责监督。交接完毕后，交接双方经办人和监交人应当在会计档案移交清册上签名或盖章。移交清册一式两份，交接双方各执一份，代理记账机构留存的一份应当归档保管。

电子会计档案应当与其元数据一并移交，特殊格式电子会计档案，应与其读取平台一并移交或转换为通用格式后移交。

第四十一条 受托继续保管会计档案的，代理记账机构应当按照《会计档案管理办法》等有关规定妥善保管，保证会计档案的真实、完整、可用、安全。

第九章 附 则

第四十二条 违反本规范中涉及《中华人民共和国会计法》《代理记账管理办法》《会计基础工作规范》《会计档案管理办法》等规定的单位和个人，由县级以上人民政府财政部门依据相关法律法规进行处理。

第四十三条 会计师事务所及分所从事代理记账业务应当遵守本规范。

第四十四条 本规范由财政部负责解释。

第四十五条 本规范自2024年1月1日起施行。

附：1. 代理记账业务委托合同（参考范例）
　　2. 代理记账业务工作计划（参考范例）
　　3. 资料交接手册（参考范例）
　　4. 原始凭证交接表（参考范例）
　　5. 会计档案移交清册（参考范例）

附1：

代理记账业务委托合同（参考范例）

委托方：　　　　　　　　　　　　　　　　（以下简称甲方）
受托方：　　　　　　　　　　　　　　　　（以下简称乙方）

一、委托业务范围

乙方接受甲方委托，对甲方＿＿＿年＿月＿日至＿＿＿年＿月＿日期间内的经济业务进行代理记账。

（同时为甲方提供代理纳税申报服务，包括：□月度或季度增值税申报；□月度或季度企业所得税预缴申报；□月度个人所得税申报；□年度企业所得税汇算清缴；□年度个人所得税申报；□财税咨询服务；□代开发票；□其他业务：＿＿＿＿＿＿＿＿。）

二、甲方的责任和义务

（一）甲方的每项经济业务，必须填制或者取得符合国家统一会计制度规定的原始凭证。

（二）甲方应归集和整理有关经济业务的原始凭证和其他资料，并于每月__日前提供给乙方。甲方对所提供资料的完整性、真实性、合法性负责，不得虚报、瞒报收入和支出。

（三）甲方应建立健全与本企业相适应的内部控制制度，保证资产的安全和完整。

（四）甲方应当配备专人负责日常货币资金的收支和保管。

（五）涉及存货核算的，甲方负责存货的管理与盘点，应建立存货的管理制度，定期清查盘点存货，编制存货的入库凭证、出库凭证、库存明细账及每月各类存货的收发存明细表，并及时提供给乙方。甲方对上述资料的真实性和完整性负责，并保证库存物资的安全和完整。

（六）甲方应在法律允许的范围内开展经济业务，遵守会计法、税法等法律法规的规定，不得授意和指使乙方违法办理会计事项。

（七）对于乙方退回的、要求甲方按照国家统一的会计制度规定进行更正、补充的原始凭证，甲方应当及时予以更正、补充。

（八）甲方应积极配合乙方开展代理记账业务，对乙方提出的合理建议应积极采纳。

（九）甲方应制定合理的会计资料传递程序，及时将原始凭证等会计资料交乙方，做好会计资料的签收工作。

（十）会计年度终了后，乙方将会计档案移交甲方，由甲方负责保管会计档案，保证会计档案的安全和完整。

（十一）甲方委托乙方开具销售发票的，应符合税收相关法律法规，不得要求乙方虚开发票。

（十二）甲方应按本协议书规定及时足额支付代理记账服务费。

（十三）甲方应保证在规定的纳税期，银行账户有足额的存款缴纳税费款。

三、乙方的责任和义务

（一）乙方根据甲方所提供的原始凭证和其他资料，按照国家统一会计制度的规定进行会计核算，包括审核原始凭证、填制记账凭证、登记会计账簿、按时编制和提供财务会计报告。

（二）乙方应严格按照税收相关法律法规，在规定的申报期内为甲方及时、准确地办理纳税申报业务。

（三）涉及存货核算的，根据甲方提供的存货入库凭证、出库凭证、每月各类存货的收发存明细表，乙方进行成本结转。

（四）乙方应协助甲方完善内部控制，加强内部管理，针对内部控制薄弱环节提出合理的建议。

（五）乙方应协助甲方制定合理的会计资料传递程序，积极配合甲方做好会计资料的签收手续。在代理记账过程中，应妥善保管会计资料。

（六）乙方应按时将当年应归档的会计资料整理、装订后形成会计档案，于会计年度终了后交甲方保管。未办理交接手续前，由乙方负责保管。

（七）委托协议终止时，乙方应与甲方办理会计业务交接事宜。

（八）乙方接受委托为甲方开具销售发票的，应按照税收法律法规要求为甲方提供代开发票服务，不得代为虚开发票。

（九）乙方对开展业务过程中知悉的商业秘密、个人信息负有保密义务。

（十）对甲方提出的有关会计处理的相关问题，乙方应当予以正确解释。

四、责任划分

（一）乙方是在甲方提供相关资料的基础上进行会计核算，因甲方提供的记账依据不实、未按协议约定及时提供记账依据或其他过错导致委托事项出现差错或未能按时完成委托事项，由此造成的后果，由甲方承担。

（二）因乙方的过错导致委托事项出现差错或未能按时完成委托事项，由此造成的后果，由乙方承担。

五、协议的终止

（一）协议期满，本协议自然终止，双方如欲续约，须另定协议。

（二）经双方协商一致后，可提前终止协议。

六、代理记账服务费

甲方应支付乙方：

代理记账服务费每月（人民币）_____元（¥_____），合计（人民币）_____元（¥_____）；

代理记账服务费支付方式：_____；乙方账号信息：_____；

其他费用：_____，（人民币）_____元（¥_____）；于合同生效日起____日内一次付清。

七、违约责任

（一）如一方未履行协议规定的责任和义务，另一方可提前终止协议，终止前须提前20天告知对方；如未履行责任和义务方给另一方造成损失的，应另支付赔偿费用。

（二）在另一方正常履行相关责任和义务的情况下，一方未征得另一方同意，单方面终止本协议的，须向另一方支付违约金，违约金的金额为_____，造成损失的，应另支付赔偿费用。

八、其他约定

（一）本协议的补充条款、附件及补充协议均为本协议不可分割的部分。本协议补充条款、补充协议与本协议不一致的，以补充条款、补充协议为准。

（二）本协议的未尽事宜及本协议在履行过程中需变更的事宜，双方应通过订立变更协议进行约定。

（三）甲乙双方在履行本协议过程中发生争议，应协商解决。协商不能解决的，向_____仲裁委员会申请仲裁/依法向人民法院起诉。

本协议自双方签字之日起生效。本协议一式两份，双方各执一份。

委托方：　　　　　　　　　　　　受托方：

（盖章）　　　　　　　　　　　　（盖章）

法定代表人：　　　　　　　　　　法定代表人：
联系人：　　　　　　　　　　　　联系人：
地址：　　　　　　　　　　　　　地址：
邮编：　　　　　　　　　　　　　邮编：
电话：　　　　　　　　　　　　　电话：
签约日期：　　年　月　日　　　　签约日期：　　年　月　日

附2：

代理记账业务工作计划（参考范例）

编制人：　　　　　　编制日期：　　年　月　日
编号：

客户基本情况			
客户名称			
经营地址		邮政编码	
统一社会信用代码			
行业分类	□建筑业；□房地产业；□货物运输业；□货运代理业； □制造业；□租赁和商务服务业；□社会服务业；□仓储业； □批发零售业；□计算机信息服务业； □其他行业（＿＿＿＿＿＿＿＿＿＿＿＿＿＿＿＿＿＿＿＿）		
主要税种及税率	□增值税一般纳税人（税率：　　%）；□增值税小规模纳税人（税率：　　%）； 企业所得税（□查账征收，□核定征收）；□城建税（税率：　　%）； 个人所得税（生产经营所得）（□查账征收，□核定征收）； □个人所得税（综合所得）；□消费税（税率：　　%）； □其他＿＿＿＿＿＿＿＿＿＿＿＿＿＿＿		
主管税务机关		税收管理员	电话
客户主要负责人		联系电话	
客户联系人	姓名		手机号码
	邮箱		固定电话
委托业务内容	□代理记账业务；□月度或季度增值税申报；□月度或季度企业所得税预缴申报； □月度个人所得税申报；□年度企业所得税汇算清缴；□年度个人所得税申报； □财税咨询服务；□其他业务：＿＿＿＿＿＿＿＿＿＿		
备注			
工作计划			
业务小组成员	项目负责人：		
	小组其他成员：		
	签约起始日期：　　　　年　　　月　　　日		
会计准则制度	□企业会计准则；□小企业会计准则；□其他＿＿＿＿＿＿＿＿＿＿		

（续表）

以前年度会计核算情况				
初次资料交接	交接内容			
	我方人员		客户方人员	
	计划交接时间			
初次建账	执行人		预计完成日期	
每月原始凭证交接	交接方式		计划交接时间	
	我方人员		客户方人员	
每月记账	执行人		计划完成日期	
每月出具会计报表	执行人		计划完成日期	
每月会计凭证整理装订	执行人		计划完成日期	
会计账册打印装订	执行人		计划完成日期	
会计凭证移交客户	执行人		计划完成日期	
会计账册移交客户	执行人		计划完成日期	
其他事项				
工作计划变更记录				

工作计划审核意见：

审核人： 审核日期：

附3：

资料交接手册（参考范例）

×××代理记账有限公司接受＿＿＿＿＿＿＿＿＿＿＿＿＿＿＿＿（委托人）委托，于＿＿＿年＿＿＿日＿＿＿日起为委托人办理代理记账业务，现对委托人的会计事项办理交接手续。

一、交接地点及日期
交接地点：
交接日期：　　　年　　　月　　　日

二、交接人员
移交人：＿＿＿＿＿＿，工作单位：＿＿＿＿＿＿＿，职位：＿＿＿＿＿＿；
接管人：＿＿＿＿＿＿，工作单位：＿＿＿＿＿＿＿，职位：＿＿＿＿＿＿；
监交人：＿＿＿＿＿＿，工作单位：＿＿＿＿＿＿＿，职位：＿＿＿＿＿＿。

三、交接内容
（一）核对及检查

项目	是否相符	备注
总账与明细账是否相符	□相符；□不相符	
账表是否相符	□相符；□不相符	
固定资产台账或明细表记载的固定资产原值及累计折旧与财务账表是否相符	□相符；□不相符	
银行账户与银行对账单是否调节相符	□相符；□不相符	
现金账实是否相符	□相符；□不相符	
纳税申报表与相关账户是否相符	□相符；□不相符	
其他（根据客户自身情况）	□相符；□不相符	

（二）资料交接清单

项目	数量	内容
记账凭证		
账册		
财务报表		
纳税申报表		
银行对账单及余额调节表		

四、交接前后工作责任的划分

____年___月___日前委托人会计核算的责任事项由 原会计人员（机构）_____负责，____年___月___日后委托人会计核算的责任事项由××××代理记账有限公司负责。以上交接事项均经交接双方确认无误。

五、其他说明事项

****

本交接手册一式两份，每份共___页，代理记账机构存档一份，委托人一份。

移交人：　　　　　　接管人：　　　　　　监交人：

附4：

原始凭证交接表（参考范例）

_____（委托人）：

在本次交接中，本公司收到贵单位如下原始凭证及相关会计资料。

原始凭证所属时间：　　年　　月

种类	份数	备注
开出的增值税发票记账联		
开出的普通发票记账联		
收到的增值税发票（发票联）		
收到的增值税发票（抵扣联）		
收到的其他发票（发票联）		
银行对账单		
银行进账凭证		
银行付款凭证		
工资单		
社保单据、公积金单据		
费用报销凭证		

（续表）

种类	份数	备注
其他类：		

移交人：　　　　　　　　　　　　接管人：

交接日期：　　　年　　　月　　　日

附5：

会计档案移交清册（参考范例）

_____（委托人）：

在本次交接中，本公司□将如下会计资料移交给贵单位\□收到贵单位移交的如下会计资料。（在选项中打"√"）

一、会计凭证	册数	凭证号码区间
年　　　月		
年　　　月		
年　　　月		
年　　　月		
年　　　月		
年　　　月		

二、账册	册数	所属期间
总账		
明细账		

三、会计报表	份数	所属期间
资产负债表		

（续表）

一、会计凭证	册数	凭证号码区间
利润表		
现金流量表		
四、纳税申报表	份数	所属期间
五、其他		

移交人：　　　　　　接管人：　　　　　　监交人：

交接日期：　　　年　　　月　　　日

第三章　综合性会计电算化管理相关法规

1. 会计信息化发展规划（2021—2025年）（2021年发布）

（财会〔2021〕36号印发）

为科学规划"十四五"时期会计信息化工作，指导国家机关、企业、事业单位、社会团体和其他组织（以下统称单位）应用会计数据标准，推进会计数字化转型，支撑会计职能拓展，推动会计信息化工作向更高水平迈进，根据《中华人民共和国国民经济和社会发展第十四个五年规划和2035年远景目标纲要》《财政"十四五"规划》和《会计改革与发展"十四五"规划纲要》有关精神，制定本规划。

一、面临的形势与挑战

（一）"十三五"时期会计信息化工作回顾。

——会计信息化建设有序推进，夯实了会计转型升级基础。各单位积极推进会计信息化建设，部分单位实现了会计核算的集中和共享处理，推动会计工作从传统核算型向现代管理型转变。单位内部控制嵌入信息系统的程度不断提升，为实施精准有效的内部会计监督奠定了基础。

——业财融合程度逐步加强，提升了单位经营管理水平。会计信息系统得到普遍推广应用，为单位会计核算工作提供了有力保障。企业资源计划（ERP）逐步普及，促进了会计信息系统与业务信息系统的初步融合，有效提升了单位服务管理效能和经营管理水平。

——新一代信息技术得到初步应用，推动了会计工作创新发展。大数据、人工智能、移动互联、云计算、物联网、区块链等新技术在会计工作中得到初步应用，智能财务、财务共享等理念以及财务机器人等自动化工具逐步推广，优化了会计机构组织形式，拓展了会计人员工作职能，提升了会计数据的获取和处理能力。

——电子会计资料逐步推广，促进了会计信息深度应用。企业会计准则通用分类标准持续修订完善，在国资监管、保险监管等领域有效实施；修订《会计档案管理办法》，出台电子会计凭证报销入账归档相关规定，推动电子会计资料普遍推广，促进了会计信息的深度应用。

在会计信息化工作取得一定成效的同时，还应当正视存在的问题和不足，主要表现在：会计信息化发展水平不均衡，部分单位会计信息系统仅满足传统会计核算需要，未能对业务和管理形成支撑和驱动，业财融合程度有待进一步加强；有些行业和单位仍存在"信息孤岛"现象，会计数据未能有效共享，无法充分发挥会计数据作用；会计数据标准尚未完全统一，制约了会计数字化转型进程，未能对会计、审计工作起到应有的支撑作用；对会计信息安全的实践和理论研究不够，会计信息化工作的创新发展受到制约；社会合力推进会计信息化的氛围不浓，会计信息化对会计职能拓展的支撑不够有力；会计信息化资金投入和人才培养不足。这些问题需要在"十四五"时期切实加以解决。

（二）"十四五"时期会计信息化工作面临的形势与挑战。

——经济社会数字化转型全面开启。随着大数据、人工智能等新技术创新迭代速度加快，经济社会数字化转型全面开启，对会计信息化实务和理论提出了新挑战，也提供了新机遇。运用新技术推动会计工作数字化转型，需要加快解决标准缺失、制度缺位、人才缺乏等问题。

——单位业财融合需求更加迫切。一方面，业务创新发展和新技术创新迭代不断提出新的业财融合需求；另一方面，多数单位业财融合仍处于起步或局部应用阶段，推动业财深度融合的需求较为迫切。

——会计数据要素日益重要。随着数字经济和数字社会发展，数据已经成为五大生产要素之一。会计数据要素是单位经营管理的重要资源。通过将零散的、非结构化的会计数据转变为聚合的、结构化的会计数据要素，发挥其服务单位价值创造功能，是会计工作实现数字化转型的重要途径。进一步提升会计数据要素服务单位价值创造的能力是会计数字化转型面临的主要挑战。

——会计数据安全风险不容忽视。随着基于网络环境的会计信息系统的广泛应用，会计数据在单位内部、各单位之间共享和使用，会计数据传输、存储等环节存在数据泄露、篡改及损毁的风险，会计信息系统和会计数据安全风险不断上升，需要采取有效的防范措施。

二、总体要求

（一）指导思想。

以习近平新时代中国特色社会主义思想为指导，全面贯彻党的十九大和十九届历次全会精神，立足新发展阶段，完整、准确、全面贯彻新发展理念，构建新发展格局，推动高质量发展，紧紧围绕服务经济社会发展大局和财政管理工作全局，积极支持加快数字化发展、建设数字中国，提升会计信息化水平，推动会计数字化转型，构建形成国家会计信息化发展体系，充分发挥会计信息在服务宏观经济管理、政府监管、会计行业管理、单位内部治理中的重要支撑作用。

（二）基本原则。

——立足大局、服务发展。准确把握全球信息化脉搏和趋势，贯彻落实国家有关信息化、数字化、智能化发展战略部署，服务我国经济社会发展、财政管理工作、会计管理工作和单位会计数字化转型。

——问题导向、精准发力。直面"十三五"期间会计信息化发展中的痛点难点问题,充分把握新时代会计数字化转型的新形势、新机遇,集中力量解决会计信息化进程中面临的重点难点问题。

——统筹谋划、分步实施。坚持系统化发展理念,注重统筹谋划、合理布局,坚持重点突破、分步实施,逐步建立会计信息化可持续协调发展的长效机制。

——鼓励创新、包容共享。以技术和管理创新为动力,鼓励社会各方在符合相关法律、法规和制度的前提下,利用新一代信息技术开展各种会计信息化应用探索,促进会计信息化工作创新发展。

——稳妥有序、确保安全。在全国会计信息化水平仍不均衡的条件下,推动各地区、各部门根据不同发展阶段实际需要,有序开展会计信息化建设。加强会计信息安全风险防范,确保我国会计信息系统总体安全。

(三)总体目标。

"十四五"时期,我国会计信息化工作的总体目标是:服务我国经济社会发展大局和财政管理工作全局,以信息化支撑会计职能拓展为主线,以标准化为基础,以数字化为突破口,引导和规范我国会计信息化数据标准、管理制度、信息系统、人才建设等持续健康发展,积极推动会计数字化转型,构建符合新时代要求的国家会计信息化发展体系。

——会计数据标准体系基本建立。结合国内外会计行业发展经验以及我国会计数字化转型需要,会同相关部门逐步建立健全覆盖会计信息系统输入、处理、输出等各环节的会计数据标准,形成较为完整的会计数据标准体系。

——会计信息化制度规范持续完善。落实《中华人民共和国会计法》等国家相关法律法规的新要求,顺应会计工作应用新技术的需要,完善会计信息化工作规范、软件功能规范等配套制度规范,健全会计信息化安全管理制度和安全技术标准。

——会计数字化转型升级加快推进。加快推动单位会计工作、注册会计师审计工作和会计管理工作数字化转型。鼓励各部门、各单位探索会计数字化转型的实现路径,运用社会力量和市场机制,逐步实现全社会会计信息化应用整体水平的提升。

——会计数据价值得到有效发挥。提升会计数据的质量、价值与可用性,探索形成服务价值创造的会计数据要素,有效发挥会计数据在经济资源配置和单位内部管理中的作用,支持会计职能对内对外拓展。

——会计监管信息实现互通共享。通过数据标准、信息共享机制和信息交换平台等方面的基础建设,在安全可控的前提下,初步实现监管部门间会计监管数据的互通和共享,提升监管效率,形成监管合力。

——会计信息化人才队伍不断壮大。完善会计人员信息化方面能力框架,丰富会计人员信息化继续教育内容,创新会计信息化人才培养方式,打造懂会计、懂业务、懂信息技术的复合型会计信息化人才队伍。

三、主要任务

(一)加快建立会计数据标准体系,推动会计数据治理能力建设。

统筹规划、制定和实施覆盖会计信息系统输入、处理和输出等环节的会计数据标准,为会计数字化转型奠定基础。

——在输入环节,加快制定、试点和推广电子凭证会计数据标准,统筹解决电子票据接收、入账和归档全流程的自动化、无纸化问题。到"十四五"时期末,实现电子凭证会计数据标准对主要电子票据类型的有效覆盖。

——在处理环节，探索制定财务会计软件底层会计数据标准，规范会计核算系统的业务规则和技术标准，并在一定范围进行试点，满足各单位对会计信息标准化的需求，提升相关监管部门获取会计数据生产系统底层数据的能力。

——在输出环节，推广实施企业财务报表会计数据标准，推动企业向不同监管部门报送的各种报表中的会计数据口径尽可能实现统一，降低编制及报送成本、提高报表信息质量，增强会计数据共享水平，提升监管效能。

（二）制定会计信息化工作规范和软件功能规范，进一步完善配套制度机制。

推动修订《中华人民共和国会计法》，为单位开展会计信息化建设、推动会计数字化转型提供法制保障。完善会计信息化工作规范和财务软件功能规范，规范信息化环境下的会计工作，提高财务软件质量，为会计数字化转型提供制度支撑。探索建立会计信息化工作分级分类评估制度和财务软件功能第三方认证制度，督促单位提升会计信息化水平，推动会计数据标准全面实施。

（三）深入推动单位业财融合和会计职能拓展，加快推进单位会计工作数字化转型。

通过会计信息的标准化和数字化建设，推动单位深入开展业财融合，充分运用各类信息技术，探索形成可扩展、可聚合、可比对的会计数据要素，提升数据治理水平。夯实单位应用管理会计的数据基础，助推单位开展个性化、有针对性的管理会计活动，加强绩效管理，增强价值创造力。完善内部控制制度的信息化配套建设，推动内部控制制度有效实施。推动乡镇街道等基层单位运用信息化手段，提升内部控制水平。发挥会计信息化在单位可持续报告编报中的作用，加强社会责任管理。

（四）加强函证数字化和注册会计师审计报告防伪等系统建设，积极推进审计工作数字化转型。

围绕注册会计师行业审计数据采集、审计报告电子化、行业管理服务数据、电子签章与证照等领域，构建注册会计师行业数据标准体系。鼓励会计师事务所积极探索全流程的智能审计作业平台及辅助工具，逐步实现远程审计、大数据审计和智能审计。大力推进审计函证数字化工作，制定、完善审计函证业务规范和数据标准，加快函证集中处理系统建设，鼓励函证数字平台发展和规范、有序、安全运行。探索建立审计报告单一来源制度，推动实现全国范围"一码通"，从源头上治理虚假审计报告问题。

（五）优化整合各类会计管理服务平台，切实推动会计管理工作数字化转型。

优化全国统一的会计人员管理服务平台，完善会计人员信用信息，有效发挥平台的监督管理和社会服务作用。构建注册会计师行业统一监管信息平台，加强日常监测，提升监管效率和水平，加大信息披露力度。升级全国代理记账机构管理系统，实现对行业发展状况的实时动态跟踪，完善对代理记账机构的奖惩信息公示，提升事中事后监管效能。系统重塑会计管理服务平台，稳步推进会计行业管理信息化建设，运用会计行业管理大数据，为国家治理体系和治理能力现代化提供数据支撑。

（六）加速会计数据要素流通和利用，有效发挥会计信息在服务资源配置和宏观经济管理中的作用。

以会计数据标准为抓手，支持各类票据电子化改革，推进企业财务报表数字化，推动企业会计信息系统数据架构趋于一致，制定实施小微企业会计数据增信标准，助力缓解融资难、融资贵问题，促进会计数据要素的流通和利用，发挥会计信息在资源配置中的支撑作用。利用大数据等技术手段，加强会计数据与相关数据的整合分析，及时反映宏观经济总体运行状况及发展趋势，为财政政策、产业发展政策以及宏观经济管理决策提供参考，发挥会计信息对宏观经济管理的服务作用。

（七）探索建立共享平台和协同机制，推动会计监管信息的互通共享。

积极推动会计数据标准实施，在安全可控的前提下，探索建立跨部门的会计信息交换机制和共享平台。到"十四五"时期末，初步实现各监管部门在财务报表数据层面和关键数据交换层面上的数据共享和互认，基本实现财务报表数据的标准化、结构化和单一来源，有效降低各监管部门间数据交换和比对核实的成本，提升监管效能。

（八）健全安全管理制度和安全技术标准，加强会计信息安全和跨境会计信息监管。

坚持积极防御、综合防范的方针，在全面提高单位会计信息安全防护能力的同时，重点保障各部门监管系统中会计信息的安全。针对不同类型的单位，建立健全会计信息分级分类安全管理制度、安全技术标准和监控体系，加强对会计信息系统的审计，建立信息安全的有效保障机制和应急处理机制。探索跨境会计信息监管标准、方法和路径，防止境内外有关机构和个人通过违法违规和不当手段获取、传输会计信息，切实保障国家信息安全。

（九）加强会计信息化人才培养，繁荣会计信息化理论研究。

各单位要加强复合型会计信息化人才培养，高等院校要适当增加会计信息化课程内容的比重，加大会计信息化人才培养力度。在会计人员能力框架、会计专业技术资格考试大纲、会计专业高等和职业教育大纲中增加对会计信息化和会计数字化转型的能力要求。推动理论界研究会计数字化转型的理论与实践、机遇与挑战、安全与伦理等基础问题，研究国家会计数据管理体系等重大课题，开展会计信息化应用案例交流，形成一批能引领时代发展的会计信息化研究成果。

四、实施保障

（一）强化组织领导，明确职责分工。

财政部要加强与中央有关主管部门的统筹协调，建立健全运行高效、职能明确、分工清晰的会计信息化工作机制，实现政策制定和政策实施的联动协调，形成推进合力。有条件的地区（部门）可以结合实际，制定本地区（部门）的会计信息化发展规划或实施方案，切实将规划各项任务落到实处。注册会计师协会要以行业信息化战略为引领，指导和推动会计师事务所数字化转型，推进行业高质量发展。充分发挥全国会计信息化标准化技术委员会的作用，加快制定会计信息化国家标准。

（二）精心推动实施，形成工作合力。

单位负责人是本单位会计信息化工作的第一责任人，总会计师（或分管财务会计工作负责人）和财务会计部门要落实分管责任和具体责任。各单位要结合实际需要，制定会计信息化工作方案，加强组织实施和经费保障，切实推动本单位会计信息化工作。代理记账机构要积极探索会计资源共享服务理念，探索打造以会计数据为核心的数据聚合平台，支持中小微企业会计数据价值创造。财务软件和相关咨询行业要切实加强对会计信息化系列软件产品的研发，探索新技术在会计信息化工作中的具体应用，积极助力会计数字化转型。中国会计学会等专业学会协会和理论界要加强会计信息化最新理论研究，为会计数字化转型提供智力支持。

（三）加强监督考核，确保落地见效。

各级财政部门和中央有关主管部门要对规划确定的目标任务进行细化分解，明确进度，落实责任，加强对会计信息化建设的指导、督促与落实。要定期检查、评估规划的落实情况，推广先进经验，针对存在问题及时采取有效措施，确保会计信息化规划确定的各项目标任务落到实处、取得实效。

附录1

国家会计信息化发展体系图

主要任务

左柱：安全管理制度和技术标准
右柱：加强会计信息化人才培养

应用层：

单位会计工作数字化转型	审计工作数字化转型	会计管理工作数字化转型	服务宏观政策与资源配置	会计数据共享和协同机制
绩效管理	注册会计师行业数据标准体系	统一的会计人员管理服务平台	服务政策制定	分布式国家会计数据管理模式
风险管理	注册会计师审计工作数字化转型	注册会计师行业统一监管信息平台	服务政府监管	跨部门会计信息交换机制和共享平台
可持续发展	审计函证数字化	全国代理记账机构管理系统	服务资源配置	各部门间有效的协同机制
	审计报告单一来源制度	整合各类会计管理服务平台		

数据层：

- 输入环节：电子凭证会计数据标准
- 处理环节：底层会计数据标准
- 输出环节：财务报表会计数据标准

建立健全会计数据标准，推动会计数据治理能力建设

标准规范层：

完善会计信息化配套制度规范和体制机制
- 推动修订《中华人民共和国会计法》
- 择机出台会计信息化工作规范和软件功能规范
- 会计信息化工作分级分类评估制度和财务软件功能第三方认证制度

附录2

会计数据标准体系图

建立健全会计数据标准，推动会计数据治理能力建设

输入环节 电子凭证数据标准	处理环节 底层会计数据标准	输出环节 报表数据标准	其他 会计数据标准
各类原始凭证数据	**记账凭证数据**	**各类报表数据**	**其他数据**
税务发票、财政票据、铁路客票、机票行程单、银行回单银行对账单、海关电子缴款书……	记账凭证、总账、分类账、各类外部监管所需的数据	按照会计准则制度编制的财务报表数据；按照监管要求向机构报送报表中的财务数据	小微企业融资会计数据增信数据标准；审计函证数据标准
发挥电子凭证会计数据标准在会计信息化中的基础性作用	满足穿透式监管和审计从企业数据生产系统中获取底层数据的需求，优化企业财务系统数据结构	加快制定和实施基于企业会计准则通用分类标准的各类财务报表会计数据标准	支持会计职能对外拓展，帮助会计数据在资源配置中发挥应有作用

附录3

"十四五"时期会计信息化发展指标表

指标	指标值	属性
1. 应用电子凭证会计数据标准的原始凭证类型占所有原始凭证类型的比例	50%	预期性
2. 应用电子凭证会计数据标准的单位数量占非手工会计核算单位数量的比例	50%	预期性
3. 数字化银行函证数量占所有银行函证数量的比例	60%	预期性
4. 纳入审计报告防伪系统的审计报告数量占所有审计报告数量的比例	100%	预期性

2. 中华人民共和国密码法（2019年发布）

（2019年10月26日第十三届全国人民代表大会常务委员会第十四次会议通过）

第一章 总 则

第一条　为了规范密码应用和管理，促进密码事业发展，保障网络与信息安全，维护国家安全和社会公共利益，保护公民、法人和其他组织的合法权益，制定本法。

第二条　本法所称密码，是指采用特定变换的方法对信息等进行加密保护、安全认证的技术、产品和服务。

第三条　密码工作坚持总体国家安全观，遵循统一领导、分级负责，创新发展、服务大局，依法管理、保障安全的原则。

第四条　坚持中国共产党对密码工作的领导。中央密码工作领导机构对全国密码工作实行统一领导，制定国家密码工作重大方针政策，统筹协调国家密码重大事项和重要工作，推进国家密码法治建设。

第五条　国家密码管理部门负责管理全国的密码工作。县级以上地方各级密码管理部门负责管理本行政区域的密码工作。

国家机关和涉及密码工作的单位在其职责范围内负责本机关、本单位或者本系统的密码工作。

第六条　国家对密码实行分类管理。

密码分为核心密码、普通密码和商用密码。

第七条　核心密码、普通密码用于保护国家秘密信息，核心密码保护信息的最高密级为绝密级，普通密码保护信息的最高密级为机密级。

核心密码、普通密码属于国家秘密。密码管理部门依照本法和有关法律、行政法规、国家有关规定对核心密码、普通密码实行严格统一管理。

第八条　商用密码用于保护不属于国家秘密的信息。

公民、法人和其他组织可以依法使用商用密码保护网络与信息安全。

第九条　国家鼓励和支持密码科学技术研究和应用，依法保护密码领域的知识产权，促进密码科学技术进步和创新。

国家加强密码人才培养和队伍建设，对在密码工作中作出突出贡献的组织和个人，按照国家有关规定给予表彰和奖励。

第十条 国家采取多种形式加强密码安全教育，将密码安全教育纳入国民教育体系和公务员教育培训体系，增强公民、法人和其他组织的密码安全意识。

第十一条 县级以上人民政府应当将密码工作纳入本级国民经济和社会发展规划，所需经费列入本级财政预算。

第十二条 任何组织或者个人不得窃取他人加密保护的信息或者非法侵入他人的密码保障系统。

任何组织或者个人不得利用密码从事危害国家安全、社会公共利益、他人合法权益等违法犯罪活动。

第二章 核心密码、普通密码

第十三条 国家加强核心密码、普通密码的科学规划、管理和使用，加强制度建设，完善管理措施，增强密码安全保障能力。

第十四条 在有线、无线通信中传递的国家秘密信息，以及存储、处理国家秘密信息的信息系统，应当依照法律、行政法规和国家有关规定使用核心密码、普通密码进行加密保护、安全认证。

第十五条 核心密码、普通密码科研、生产、服务、检测、装备、使用和销毁等工作的机构（以下统称密码工作机构）应当按照法律、行政法规、国家有关规定以及核心密码、普通密码标准的要求，建立健全安全管理制度，采取严格的保密措施和保密责任制，确保核心密码、普通密码的安全。

第十六条 密码管理部门依法对密码工作机构的核心密码、普通密码工作进行指导、监督和检查，密码工作机构应当配合。

第十七条 密码管理部门根据工作需要会同有关部门建立核心密码、普通密码的安全监测预警、安全风险评估、信息通报、重大事项会商和应急处置等协作机制，确保核心密码、普通密码安全管理的协同联动和有序高效。

密码工作机构发现核心密码、普通密码泄密或者影响核心密码、普通密码安全的重大问题、风险隐患的，应当立即采取应对措施，并及时向保密行政管理部门、密码管理部门报告，由保密行政管理部门、密码管理部门会同有关部门组织开展调查、处置，并指导有关密码工作机构及时消除安全隐患。

第十八条 国家加强密码工作机构建设，保障其履行工作职责。

国家建立适应核心密码、普通密码工作需要的人员录用、选调、保密、考核、培训、待遇、奖惩、交流、退出等管理制度。

第十九条 密码管理部门因工作需要，按照国家有关规定，可以提请公安、交通运输、海关等部门对核心密码、普通密码有关物品和人员提供免检等便利，有关部门应当予以协助。

第二十条 密码管理部门和密码工作机构应当建立健全严格的监督和安全审查制度，对其工作人员遵守法律和纪律等情况进行监督，并依法采取必要措施，定期或者不定期组织开展安全审查。

第三章 商 用 密 码

第二十一条 国家鼓励商用密码技术的研究开发、学术交流、成果转化和推广应用，健全统一、开放、竞争、有序的商用密码市场体系，鼓励和促进商用密码产业发展。

各级人民政府及其有关部门应当遵循非歧视原则，依法平等对待包括外商投资企业在内的商用密码科研、生产、销售、服务、进出口等单位（以下统称商用密码从业单位）。国家鼓励在外商投资过程中基于自愿原则和商业规则开展商用密码技术合作。行政机关及其工作人员不得利用行政手段强制转让商用密码技术。

商用密码的科研、生产、销售、服务和进出口，不得损害国家安全、社会公共利益或者他人合法权益。

第二十二条 国家建立和完善商用密码标准体系。

国务院标准化行政主管部门和国家密码管理部门依据各自职责，组织制定商用密码国家标准、行业标准。

国家支持社会团体、企业利用自主创新技术制定高于国家标准、行业标准相关技术要求的商用密码团体标准、企业标准。

第二十三条 国家推动参与商用密码国际标准化活动，参与制定商用密码国际标准，推进商用密码中国标准与国外标准之间的转化运用。

国家鼓励企业、社会团体和教育、科研机构等参与商用密码国际标准化活动。

第二十四条 商用密码从业单位开展商用密码活动，应当符合有关法律、行政法规、商用密码强制性国家标准以及该从业单位公开标准的技术要求。

国家鼓励商用密码从业单位采用商用密码推荐性国家标准、行业标准，提升商用密码的防护能力，维护用户的合法权益。

第二十五条 国家推进商用密码检测认证体系建设，制定商用密码检测认证技术规范、规则，鼓励商用密码从业单位自愿接受商用密码检测认证，提升市场竞争力。

商用密码检测、认证机构应当依法取得相关资质，并依照法律、行政法规的规定和商用密码检测认证技术规范、规则开展商用密码检测认证。

商用密码检测、认证机构应当对其在商用密码检测认证中所知悉的国家秘密和商业秘密承担保密义务。

第二十六条 涉及国家安全、国计民生、社会公共利益的商用密码产品，应当依法列入网络关键设备和网络安全专用产品目录，由具备资格的机构检测认证合格后，方可销售或者提供。商用密码产品检测认证适用《中华人民共和国网络安全法》的有关规定，避免重复检测认证。

商用密码服务使用网络关键设备和网络安全专用产品的，应当经商用密码认证机构对该商用密码服务认证合格。

第二十七条 法律、行政法规和国家有关规定要求使用商用密码进行保护的关键信息基础设施，其运营者应当使用商用密码进行保护，自行或者委托商用密码检测机构开展商用密码应用安全性评估。商用密码应用安全性评估应当与关键信息基础设施安全检测评估、网络安全等级测评制度相衔接，避免重复评估、测评。

关键信息基础设施的运营者采购涉及商用密码的网络产品和服务，可能影响国家安全的，应当按照《中华人民共和国网络安全法》的规定，通过国家网信部门会同国家密码管理部门等有关部门组织的国家安全审查。

第二十八条 国务院商务主管部门、国家密码管理部门依法对涉及国家安全、社会公共利益且具有加密保护功能的商用密码实施进口许可，对涉及国家安全、社会公共利益或者中国承担国际义务的商用密码实施出口管制。商用密码进口许可清单和出口管制清单由国务院商务主管部门会同国家密码管理部门和海关总署制定并公布。

大众消费类产品所采用的商用密码不实行进口许可和出口管制制度。

第二十九条 国家密码管理部门对采用商用密码技术从事电子政务电子认证服务的机构进行认定，会同有关部门负责政务活动中使用电子签名、数据电文的管理。

第三十条 商用密码领域的行业协会等组织依照法律、行政法规及其章程的规定，为商用密码从业单位提供信息、技术、培训等服务，引导和督促商用密码从业单位依法开展商用密码活动，加强行业自律，推动行业诚信建设，促进行业健康发展。

第三十一条 密码管理部门和有关部门建立日常监管和随机抽查相结合的商用密码事中事后监管制度，建立统一的商用密码监督管理信息平台，推进事中事后监管与社会信用体系相衔接，强化商用密码从业单位自律和社会监督。

密码管理部门和有关部门及其工作人员不得要求商用密码从业单位和商用密码检测、认证机构向其披露源代码等密码相关专有信息，并对其在履行职责中知悉的商业秘密和个人隐私严格保密，不得泄露或者非法向他人提供。

第四章 法律责任

第三十二条 违反本法第十二条规定，窃取他人加密保护的信息，非法侵入他人的密码保障系统，或者利用密码从事危害国家安全、社会公共利益、他人合法权益等违法活动的，由有关部门依照《中华人民共和国网络安全法》和其他有关法律、行政法规的规定追究法律责任。

第三十三条 违反本法第十四条规定，未按照要求使用核心密码、普通密码的，由密码管理部门责令改正或者停止违法行为，给予警告；情节严重的，由密码管理部门建议有关国家机关、单位对直接负责的主管人员和其他直接责任人员依法给予处分或者处理。

第三十四条 违反本法规定，发生核心密码、普通密码泄密案件的，由保密行政管理部门、密码管理部门建议有关国家机关、单位对直接负责的主管人员和其他直接责任人员依法给予处分或者处理。

违反本法第十七条第二款规定，发现核心密码、普通密码泄密或者影响核心密码、普通密码安全的重大问题、风险隐患，未立即采取应对措施，或者未及时报告的，由保密行政管理部门、密码管理部门建议有关国家机关、单位对直接负责的主管人员和其他直接责任人员依法给予处分或者处理。

第三十五条 商用密码检测、认证机构违反本法第二十五条第二款、第三款规定开展商用密码检测认证的，由市场监督管理部门会同密码管理部门责令改正或者停止违法行为，给予警告，没收违法所得；违法所得三十万元以上的，可以并处违法所得一倍以上三倍以下罚款；没有违法所得或者违法所得不足三十万元的，可以并处十万元以上三十万元以下罚款；情节严重的，依法吊销相关资质。

第三十六条 违反本法第二十六条规定，销售或者提供未经检测认证或者检测认证不合格的商用密码产品，或者提供未经认证或者认证不合格的商用密码服务的，由市场监督管理部门会同密码管理部门责令改正或者停止违法行为，给予警告，没收违法产品和违法所得；违法所得十万元以上的，可以并处违法所得一倍以上三倍以下罚款；没有违法所得或者违法所得不足十万元的，可以并处三万元以上十万元以下罚款。

第三十七条 关键信息基础设施的运营者违反本法第二十七条第一款规定，未按照要求使用商用密码，或者未按照要求开展商用密码应用安全性评估的，由密码管理部门责令改正，给予警告；拒不改正或者导致危害网络安全等后果的，处十万元以上一百万元以下罚款，对直接负责的主管人员处一万元以上十万元以下罚款。

关键信息基础设施的运营者违反本法第二十七条第二款规定，使用未经安全审查或者安全审查未通过的产品或者服务的，由有关主管部门责令停止使用，处采购金额一倍以上十倍以下罚款；对直接负责的主管人员和其他直接责任人员处一万元以上十万元以下罚款。

第三十八条 违反本法第二十八条实施进口许可、出口管制的规定，进出口商用密码的，由国务院商务主管部门或者海关依法予以处罚。

第三十九条 违反本法第二十九条规定，未经认定从事电子政务电子认证服务的，由密码管理部门责令改正或者停止违法行为，给予警告，没收违法产品和违法所得；违法所得三十万元以上的,可以并处违法所得一倍以上三倍以下罚款;没有违法所得或者违法所得不足三十万元的,可以并处十万元以上三十万元以下罚款。

第四十条 密码管理部门和有关部门、单位的工作人员在密码工作中滥用职权、玩忽职守、徇私舞弊,或者泄露、非法向他人提供在履行职责中知悉的商业秘密和个人隐私的,依法给予处分。

第四十一条 违反本法规定,构成犯罪的,依法追究刑事责任;给他人造成损害的,依法承担民事责任。

第五章 附 则

第四十二条 国家密码管理部门依照法律、行政法规的规定,制定密码管理规章。

第四十三条 中国人民解放军和中国人民武装警察部队的密码工作管理办法,由中央军事委员会根据本法制定。

第四十四条 本法自 2020 年 1 月 1 日起施行。

3. 中华人民共和国电子签名法(2019 年修正)

(2004 年 8 月 28 日第十届全国人民代表大会常务委员会第十一次会议通过 根据 2015 年 4 月 24 日第十二届全国人民代表大会常务委员会第十四次会议《关于修改〈中华人民共和国电力法〉等六部法律的决定》第一次修正 根据 2019 年 4 月 23 日第十三届全国人民代表大会常务委员会第十次会议《关于修改〈中华人民共和国建筑法〉等八部法律的决定》第二次修正)

第一章 总 则

第一条 为了规范电子签名行为,确立电子签名的法律效力,维护有关各方的合法权益,制定本法。

第二条 本法所称电子签名,是指数据电文中以电子形式所含、所附用于识别签名人身份并表明签名人认可其中内容的数据。

本法所称数据电文,是指以电子、光学、磁或者类似手段生成、发送、接收或者储存的信息。

第三条 民事活动中的合同或者其他文件、单证等文书,当事人可以约定使用或者不使用电子签名、数据电文。

当事人约定使用电子签名、数据电文的文书,不得仅因为其采用电子签名、数据电文的形式而否定其法律效力。

前款规定不适用下列文书:

(一)涉及婚姻、收养、继承等人身关系的;

(二)涉及停止供水、供热、供气等公用事业服务的;

(三)法律、行政法规规定的不适用电子文书的其他情形。

第二章 数 据 电 文

第四条 能够有形地表现所载内容,并可以随时调取查用的数据电文,视为符合法律、法规要求的书面形式。

第五条 符合下列条件的数据电文,视为满足法律、法规规定的原件形式要求:

(一)能够有效地表现所载内容并可供随时调取查用;

（二）能够可靠地保证自最终形成时起，内容保持完整、未被更改。但是，在数据电文上增加背书以及数据交换、储存和显示过程中发生的形式变化不影响数据电文的完整性。

第六条 符合下列条件的数据电文，视为满足法律、法规规定的文件保存要求：
（一）能够有效地表现所载内容并可供随时调取查用；
（二）数据电文的格式与其生成、发送或者接收时的格式相同，或者格式不相同但是能够准确表现原来生成、发送或者接收的内容；
（三）能够识别数据电文的发件人、收件人以及发送、接收的时间。

第七条 数据电文不得仅因为其是以电子、光学、磁或者类似手段生成、发送、接收或者储存的而被拒绝作为证据使用。

第八条 审查数据电文作为证据的真实性，应当考虑以下因素：
（一）生成、储存或者传递数据电文方法的可靠性；
（二）保持内容完整性方法的可靠性；
（三）用以鉴别发件人方法的可靠性；
（四）其他相关因素。

第九条 数据电文有下列情形之一的，视为发件人发送：
（一）经发件人授权发送的；
（二）发件人的信息系统自动发送的；
（三）收件人按照发件人认可的方法对数据电文进行验证后结果相符的。
当事人对前款规定的事项另有约定的，从其约定。

第十条 法律、行政法规规定或者当事人约定数据电文需要确认收讫的，应当确认收讫。发件人收到收件人的收讫确认时，数据电文视为已经收到。

第十一条 数据电文进入发件人控制之外的某个信息系统的时间，视为该数据电文的发送时间。
收件人指定特定系统接收数据电文的，数据电文进入该特定系统的时间，视为该数据电文的接收时间；未指定特定系统的，数据电文进入收件人的任何系统的首次时间，视为该数据电文的接收时间。
当事人对数据电文的发送时间、接收时间另有约定的，从其约定。

第十二条 发件人的主营业地为数据电文的发送地点，收件人的主营业地为数据电文的接收地点。没有主营业地的，其经常居住地为发送或者接收地点。
当事人对数据电文的发送地点、接收地点另有约定的，从其约定。

第三章　电子签名与认证

第十三条 电子签名同时符合下列条件的，视为可靠的电子签名：
（一）电子签名制作数据用于电子签名时，属于电子签名人专有；
（二）签署时电子签名制作数据仅由电子签名人控制；
（三）签署后对电子签名的任何改动能够被发现；
（四）签署后对数据电文内容和形式的任何改动能够被发现。
当事人也可以选择使用符合其约定的可靠条件的电子签名。

第十四条 可靠的电子签名与手写签名或者盖章具有同等的法律效力。

第十五条 电子签名人应当妥善保管电子签名制作数据。电子签名人知悉电子签名制作数据已经失密或者可能已经失密时，应当及时告知有关各方，并终止使用该电子签名制作数据。

第十六条 电子签名需要第三方认证的，由依法设立的电子认证服务提供者提供认证服务。

第十七条 提供电子认证服务,应当具备下列条件:
(一)取得企业法人资格;
(二)具有与提供电子认证服务相适应的专业技术人员和管理人员;
(三)具有与提供电子认证服务相适应的资金和经营场所;
(四)具有符合国家安全标准的技术和设备;
(五)具有国家密码管理机构同意使用密码的证明文件;
(六)法律、行政法规规定的其他条件。

第十八条 从事电子认证服务,应当向国务院信息产业主管部门提出申请,并提交符合本法第十七条规定条件的相关材料。国务院信息产业主管部门接到申请后经依法审查,征求国务院商务主管部门等有关部门的意见后,自接到申请之日起四十五日内作出许可或者不予许可的决定。予以许可的,颁发电子认证许可证书;不予许可的,应当书面通知申请人并告知理由。

取得认证资格的电子认证服务提供者,应当按照国务院信息产业主管部门的规定在互联网上公布其名称、许可证号等信息。

第十九条 电子认证服务提供者应当制定、公布符合国家有关规定的电子认证业务规则,并向国务院信息产业主管部门备案。

电子认证业务规则应当包括责任范围、作业操作规范、信息安全保障措施等事项。

第二十条 电子签名人向电子认证服务提供者申请电子签名认证证书,应当提供真实、完整和准确的信息。

电子认证服务提供者收到电子签名认证证书申请后,应当对申请人的身份进行查验,并对有关材料进行审查。

第二十一条 电子认证服务提供者签发的电子签名认证证书应当准确无误,并应当载明下列内容:
(一)电子认证服务提供者名称;
(二)证书持有人名称;
(三)证书序列号;
(四)证书有效期;
(五)证书持有人的电子签名验证数据;
(六)电子认证服务提供者的电子签名;
(七)国务院信息产业主管部门规定的其他内容。

第二十二条 电子认证服务提供者应当保证电子签名认证证书内容在有效期内完整、准确,并保证电子签名依赖方能够证实或者了解电子签名认证证书所载内容及其他有关事项。

第二十三条 电子认证服务提供者拟暂停或者终止电子认证服务的,应当在暂停或者终止服务九十日前,就业务承接及其他有关事项通知有关各方。

电子认证服务提供者拟暂停或者终止电子认证服务的,应当在暂停或者终止服务六十日前向国务院信息产业主管部门报告,并与其他电子认证服务提供者就业务承接进行协商,作出妥善安排。

电子认证服务提供者未能就业务承接事项与其他电子认证服务提供者达成协议的,应当申请国务院信息产业主管部门安排其他电子认证服务提供者承接其业务。

电子认证服务提供者被依法吊销电子认证许可证书的,其业务承接事项的处理按照国务院信息产业主管部门的规定执行。

第二十四条 电子认证服务提供者应当妥善保存与认证相关的信息,信息保存期限至少为电子签名认证证书失效后五年。

第二十五条　国务院信息产业主管部门依照本法制定电子认证服务业的具体管理办法，对电子认证服务提供者依法实施监督管理。

第二十六条　经国务院信息产业主管部门根据有关协议或者对等原则核准后，中华人民共和国境外的电子认证服务提供者在境外签发的电子签名认证证书与依照本法设立的电子认证服务提供者签发的电子签名认证证书具有同等的法律效力。

第四章　法　律　责　任

第二十七条　电子签名人知悉电子签名制作数据已经失密或者可能已经失密未及时告知有关各方、并终止使用电子签名制作数据，未向电子认证服务提供者提供真实、完整和准确的信息，或者有其他过错，给电子签名依赖方、电子认证服务提供者造成损失的，承担赔偿责任。

第二十八条　电子签名人或者电子签名依赖方因依据电子认证服务提供者提供的电子签名认证服务从事民事活动遭受损失，电子认证服务提供者不能证明自己无过错的，承担赔偿责任。

第二十九条　未经许可提供电子认证服务的，由国务院信息产业主管部门责令停止违法行为；有违法所得的，没收违法所得；违法所得三十万元以上的，处违法所得一倍以上三倍以下的罚款；没有违法所得或者违法所得不足三十万元的，处十万元以上三十万元以下的罚款。

第三十条　电子认证服务提供者暂停或者终止电子认证服务，未在暂停或者终止服务六十日前向国务院信息产业主管部门报告的，由国务院信息产业主管部门对其直接负责的主管人员处一万元以上五万元以下的罚款。

第三十一条　电子认证服务提供者不遵守认证业务规则、未妥善保存与认证相关的信息，或者有其他违法行为的，由国务院信息产业主管部门责令限期改正；逾期未改正的，吊销电子认证许可证书，其直接负责的主管人员和其他直接责任人员十年内不得从事电子认证服务。吊销电子认证许可证书的，应当予以公告并通知工商行政管理部门。

第三十二条　伪造、冒用、盗用他人的电子签名，构成犯罪的，依法追究刑事责任；给他人造成损失的，依法承担民事责任。

第三十三条　依照本法负责电子认证服务业监督管理工作的部门的工作人员，不依法履行行政许可、监督管理职责的，依法给予行政处分；构成犯罪的，依法追究刑事责任。

第五章　附　　　则

第三十四条　本法中下列用语的含义：

（一）电子签名人，是指持有电子签名制作数据并以本人身份或者以其所代表的人的名义实施电子签名的人；

（二）电子签名依赖方，是指基于对电子签名认证证书或者电子签名的信赖从事有关活动的人；

（三）电子签名认证证书，是指可证实电子签名人与电子签名制作数据有联系的数据电文或者其他电子记录；

（四）电子签名制作数据，是指在电子签名过程中使用的，将电子签名与电子签名人可靠地联系起来的字符、编码等数据；

（五）电子签名验证数据，是指用于验证电子签名的数据，包括代码、口令、算法或者公钥等。

第三十五条　国务院或者国务院规定的部门可以依据本法制定政务活动和其他社会活动中使用电子签名、数据电文的具体办法。

第三十六条 本法自 2005 年 4 月 1 日起施行。

4. 云计算服务安全评估办法（2019 年发布）

（国家互联网信息办公室　国家发展和改革委员会　工业和信息化部　财政部公告 2019 年第 2 号）

第一条　为提高党政机关、关键信息基础设施运营者采购使用云计算服务的安全可控水平，制定本办法。

第二条　云计算服务安全评估坚持事前评估与持续监督相结合，保障安全与促进应用相统一，依据有关法律法规和政策规定，参照国家有关网络安全标准，发挥专业技术机构、专家作用，客观评价、严格监督云计算服务平台（以下简称"云平台"）的安全性、可控性，为党政机关、关键信息基础设施运营者采购云计算服务提供参考。

本办法中的云平台包括云计算服务软硬件设施及其相关管理制度等。

第三条　云计算服务安全评估重点评估以下内容：

（一）云平台管理运营者（以下简称"云服务商"）的征信、经营状况等基本情况；

（二）云服务商人员背景及稳定性，特别是能够访问客户数据、能够收集相关元数据的人员；

（三）云平台技术、产品和服务供应链安全情况；

（四）云服务商安全管理能力及云平台安全防护情况；

（五）客户迁移数据的可行性和便捷性；

（六）云服务商的业务连续性；

（七）其他可能影响云服务安全的因素。

第四条　国家互联网信息办公室会同国家发展和改革委员会、工业和信息化部、财政部建立云计算服务安全评估工作协调机制（以下简称"协调机制"），审议云计算服务安全评估政策文件，批准云计算服务安全评估结果，协调处理云计算服务安全评估有关重要事项。

云计算服务安全评估工作协调机制办公室（以下简称"办公室"）设在国家互联网信息办公室网络安全协调局。

第五条　云服务商可申请对面向党政机关、关键信息基础设施提供云计算服务的云平台进行安全评估。

第六条　申请安全评估的云服务商应向办公室提交以下材料：

（一）申报书；

（二）云计算服务系统安全计划；

（三）业务连续性和供应链安全报告；

（四）客户数据可迁移性分析报告；

（五）安全评估工作需要的其他材料。

第七条　办公室受理云服务商申请后，组织专业技术机构参照国家有关标准对云平台进行安全评价。

第八条　专业技术机构应坚持客观、公正、公平的原则，按照国家有关规定，在办公室指导监督下，参照《云计算服务安全指南》《云计算服务安全能力要求》等国家标准，重点评价本办法第三条所述内容，形成评价报告，并对评价结果负责。

第九条　办公室在专业技术机构安全评价基础上，组织云计算服务安全评估专家组进行综合评价。

第十条 云计算服务安全评估专家组根据云服务商申报材料、评价报告等，综合评价云计算服务的安全性、可控性，提出是否通过安全评估的建议。

第十一条 云计算服务安全评估专家组的建议经协调机制审议通过后，办公室按程序报国家互联网信息办公室核准。

云计算服务安全评估结果由办公室发布。

第十二条 云计算服务安全评估结果有效期3年。有效期届满需要延续保持评估结果的，云服务商应在届满前至少6个月向办公室申请复评。

有效期内，云服务商因股权变更、企业重组等导致实控人或控股权发生变化的，应重新申请安全评估。

第十三条 办公室通过组织抽查、接受举报等形式，对通过评估的云平台开展持续监督，重点监督有关安全控制措施有效性、重大变更、应急响应、风险处置等内容。

通过评估的云平台已不再满足要求的，经协调机制审议、国家互联网信息办公室核准后撤销通过评估的结论。

第十四条 通过评估的云平台停止提供服务时，云服务商应至少提前6个月通知客户和办公室，并配合客户做好迁移工作。

第十五条 云服务商对所提供申报材料的真实性负责。在评估过程中拒绝按要求提供材料或故意提供虚假材料的，按评估不通过处理。

第十六条 未经云服务商同意，参与评估工作的相关机构和人员不得披露云服务商提交的未公开材料以及评估工作中获悉的其他非公开信息，不得将云服务商提供的信息用于评估以外的目的。

第十七条 本办法自2019年9月1日起施行。

第四章　会计人员管理法规

1. 会计人员管理办法（2018年发布）

（财会〔2018〕33号印发）

第一条 为加强会计人员管理，规范会计人员行为，根据《中华人民共和国会计法》及相关法律法规的规定，制定本办法。

第二条 会计人员，是指根据《中华人民共和国会计法》的规定，在国家机关、社会团体、企业、事业单位和其他组织（以下统称单位）中从事会计核算、实行会计监督等会计工作的人员。

会计人员包括从事下列具体会计工作的人员：

（一）出纳；

（二）稽核；

（三）资产、负债和所有者权益（净资产）的核算；

（四）收入、费用（支出）的核算；

（五）财务成果（政府预算执行结果）的核算；

（六）财务会计报告（决算报告）编制；

（七）会计监督；
（八）会计机构内会计档案管理；
（九）其他会计工作。
担任单位会计机构负责人（会计主管人员）、总会计师的人员，属于会计人员。

第三条 会计人员从事会计工作，应当符合下列要求：
（一）遵守《中华人民共和国会计法》和国家统一的会计制度等法律法规；
（二）具备良好的职业道德；
（三）按照国家有关规定参加继续教育；
（四）具备从事会计工作所需要的专业能力。

第四条 会计人员具有会计类专业知识，基本掌握会计基础知识和业务技能，能够独立处理基本会计业务，表明具备从事会计工作所需要的专业能力。
单位应当根据国家有关法律法规和本办法有关规定，判断会计人员是否具备从事会计工作所需要的专业能力。

第五条 单位应当根据《中华人民共和国会计法》等法律法规和本办法有关规定，结合会计工作需要，自主任用（聘用）会计人员。
单位任用（聘用）的会计机构负责人（会计主管人员）、总会计师，应当符合《中华人民共和国会计法》《总会计师条例》等法律法规和本办法有关规定。
单位应当对任用（聘用）的会计人员及其从业行为加强监督和管理。

第六条 因发生与会计职务有关的违法行为被依法追究刑事责任的人员，单位不得任用（聘用）其从事会计工作。
因违反《中华人民共和国会计法》有关规定受到行政处罚五年内不得从事会计工作的人员，处罚期届满前，单位不得任用（聘用）其从事会计工作。
本条第一款和第二款规定的违法人员行业禁入期限，自其违法行为被认定之日起计算。

第七条 单位应当根据有关法律法规、内部控制制度要求和会计业务需要设置会计岗位，明确会计人员职责权限。

第八条 县级以上地方人民政府财政部门、新疆生产建设兵团财政局、中央军委后勤保障部、中共中央直属机关事务管理局、国家机关事务管理局应当采用随机抽取检查对象、随机选派执法检查人员的方式，依法对单位任用（聘用）会计人员及其从业情况进行管理和监督检查，并将监督检查情况及结果及时向社会公开。

第九条 依法成立的会计人员自律组织，应当依据有关法律法规和其章程规定，指导督促会员依法从事会计工作，对违反有关法律法规、会计职业道德和其章程的会员进行惩戒。

第十条 各省、自治区、直辖市、计划单列市财政厅（局），新疆生产建设兵团财政局，中央军委后勤保障部、中共中央直属机关事务管理局、国家机关事务管理局可以根据本办法制定具体实施办法，报财政部备案。

第十一条 本办法自2019年1月1日起施行。

2. 会计行业人才发展规划（2021—2025年）（2021年发布）

（财会〔2021〕34号印发）

为深入实施新时代人才强国战略，培养造就高素质专业化会计人才队伍，为高质量发展提供人才支撑，根据《中华人民共和国国民经济和社会发展第十四个五年规划和2035年远景目标纲要》《财政"十四五"规划》和《会计改革与发展"十四五"规划纲要》有关精神，结合会计人才工作实际，制定本规划。

一、发展情况和面临形势

（一）会计人才发展情况。

会计人才是我国人才队伍的重要组成部分，是维护市场经济秩序、促进经济社会发展、推动会计改革发展的重要力量。《会计行业中长期人才发展规划（2010—2020年）》实施以来，财政部门会同相关部门加快完善会计人才各项制度，有效实施会计人才培养重大工程，积极营造会计人才发展良好环境，会计人才规模有序增长、人才结构不断优化、人才竞争力明显提升，会计人才在推动各单位提高现代化管理水平、引导社会资源合理配置、保障社会公众利益、维护国家经济安全和市场经济秩序中发挥了重要作用。一是会计人才建设各项制度不断健全。制定出台《会计人员管理办法》《会计专业技术人员继续教育规定》《中国注册会计师继续教育制度》《关于深化会计人员职称制度改革的指导意见》《关于加强会计人员诚信建设的指导意见》等，修订印发《全国会计专业技术资格无纸化考试考务规则》《全国会计专业技术资格考试评卷工作规则》等。二是会计人才队伍规模不断壮大。通过加强会计专业技术资格管理、注册会计师资格管理，有序推进会计人员、注册会计师继续教育和能力评价工作，加强会计学历教育和师资队伍建设，我国会计人才队伍规模稳步增长，整体素质明显提升。截至2020年底，我国共有670.20万人取得初级会计专业技术资格，242.02万人取得中级会计专业技术资格，20.57万人通过高级会计专业技术资格考试；我国注册会计师行业从业人员近40万人，会计师事务所合伙人（股东）3.6万人；在开设本科以上学历教育的高校及科研单位中从事会计教学科研工作的人员超过1.3万人。三是会计人才培养重大工程成效显著。实施一系列会计人才培养项目，加强对企业总会计师、行政事业单位财务负责人、会计师事务所合伙人、会计教学科研人才和国际化高端会计人才的培养，发挥高端会计人才的引领辐射作用，带动和推进各级各类会计人才队伍建设。截至2020年底，共有1 802人入选全国高端会计人才培养工程，毕业1 071人；实施大中型企事业单位总会计师素质提升工程，培训6.7万人次；实施国际化高端会计人才培养工程，招收90名学员；实施会计名家培养工程，70人入选，39人获得"会计名家"称号；全国会计硕士专业学位研究生培养单位从最初的24家发展到269家，已累计招生超过12万人，授予学位超过8万人。四是会计人才发展环境不断改善。会计职能作用得到有效发挥，国家级会计人才培养基地加快建设，区域重点会计人才支持政策相继推出，增设正高级会计师，会计职业发展空间进一步拓展。

（二）"十四五"时期会计人才发展面临的形势。

"十四五"时期是我国全面建成小康社会、实现第一个百年奋斗目标之后，乘势而上开启全面建设社会主义现代化国家新征程、向第二个百年奋斗目标进军的第一个五年，会计人才工作面临新的机遇和挑战。

从机遇看，一是我国已转入高质量发展阶段，加快构建以国内大循环为主体、国内国际双循环相互促进的新发展格局，推进国家治理体系和治理能力现代化，将促使广大会计人才在挖掘经济增长潜能、优化经济结构，加强财会监督、防范化解重大风险，提升会计服务业发展能级和竞争力，推动经济社会持续健康发展等方面发挥更大作用。二是我国将深入实施新时代人才强国战略，加快建设世界重要人才中心和创新高地，深化人才发展体制机制改革，加快建立以创新价值、能力、贡献为导向的人才评价体系，全方位培养、引进、用好人才，将为我国会计人才干事创业营造更加积极的政策环境。

从挑战看，一是以信息技术、数字技术、人工智能为代表的新一轮技术革命催生了新产业、新业态、新模式，对会计理论、会计职能、会计组织方式、会计工具手段等产生了重大而深远的影响,需要会计理论工作者加强会计基础理论研究,推动我国会计理论创新发展;需要会计实务工作者深入应用新技术,推动会计审计工作数字化转型;需要会计管理工作者加强会计数据相关标准建设,推动会计数据资源开发利用。二是我国会计人才队伍区域发展差异较大,结构性失衡问题仍然存在,中西部地区会计人才队伍整体素质有待提高,基层行政事业单位会计力量亟需增强,高端会计人才仍然缺乏,难以满足高质量发展对创新型、复合型、国际化人才的要求。

二、总体要求

（一）指导思想。

以习近平新时代中国特色社会主义思想为指导,深入贯彻党的十九大和十九届历次全会精神,增强"四个意识",坚定"四个自信",做到"两个维护",全面贯彻习近平总书记关于新时代人才工作新理念新战略新举措,立足新发展阶段,贯彻新发展理念,服务构建新发展格局,推动高质量发展,坚持党管人才,坚持正确政治方向,坚持人才引领发展,加大人才发展投入,构建科学规范、开放包容、运行高效的会计人才培养体系,建立以诚信评价、专业评价、能力评价为维度的会计人才综合评价体系,形成识才爱才敬才用才的良好环境和政策优势,推动我国会计人才战略思维提升、创新能力发展、数字智能转型,提升我国会计人才教育培养综合实力和会计人才资源竞争优势,为全面建设社会主义现代化国家提供有力人才保障。

（二）基本原则。

——坚持党管人才。坚持党对会计人才工作的全面领导,强化党组织领导和把关作用,全方位培养、引进、用好会计人才,突出会计人才政治能力建设,引导广大会计人才矢志爱国奉献、勇于创新创造。

——坚持立德树人。将立德树人作为会计人才教育培养的根本任务,弘扬社会主义核心价值观,加强会计法治教育、诚信自律教育、职业精神培育和专业能力建设,增强责任意识,提高担当本领,打造德才兼备、以德为先的会计人才队伍。

——强化顶层设计。围绕构建新发展格局和推动质量变革、效率变革、动力变革目标,有效整合会计人才政策措施,理顺政府、市场、社会、用人主体关系,明确各自功能定位,构建梯次分明、定位清晰、科学合理的会计人才发展工作体系。

——聚焦高端群体。面向经济主战场、面向国家重大战略需求,培养高层次会计人才,重点加强企业总会计师、行政事业单位财务负责人、会计师事务所合伙人、会计教学科研人才、国际化会计人才的培养,突出点上聚焦、以点带面、高端引领。

——注重整体提升。加大基层会计人才培养力度,重视青年人才培养,加强人才梯队建设,构建包括继续教育和学历教育等在内的终身学习培养体系,形成分层次、分类型、差异化的会计人才培养长效机制。

——加强协同推进。政府部门强化组织领导、政策支持、投入保障,激发高校、科研院所、企事业单位、社会团体和机构等参与会计人才建设工作的积极性和活力,构建政府、社会、市场协同推进的会计人才发展大格局。

（三）发展目标。

"十四五"时期,通过深化改革,会计人才发展体制机制改革取得突破性进展,会计人才培养、评价、使用体系更加健全,会计人才创新活力充分激发,会计职业发展环境更加优化,会计人才对我国经济社会发展的支撑作用明显增强。

——会计人才结构不断优化,人才布局与经济社会发展更加协调。会计人才资源总量稳步增长,会计人才分布、层次和类别等结构更趋合理,中西部地区会计人才素质明显提升,行政事业单位会计人才队伍不断充实,高端会计人才数量比"十三五"期末增长35%,建设一批高水平会计人才高地和高层次会计人才聚集平台,在会计理论前沿领域有一批开拓者,在主要会计国际组织有一批决策参与者和专家团队,在企业、行政事业单位、会计师事务所的关键岗位有一批核心骨干力量。

——会计教育培养体系不断健全，人才培养效能显著提升。以提升职业素养、创新能力为重点，完善会计专业技术资格考试和职称评审、注册会计师考试、继续教育、学历教育等；优化会计人员教育培养布局结构，基本形成各级财政部门、用人单位、高校和科研院所、行业协会等共同参与的开放、协同、联动的会计人员终身学习教育培训体系，不断提高会计人才队伍的能力素质和整体水平，促进各级各类会计人才认真履行岗位职责、规范执行财经法规、有效维护社会主义市场经济秩序。

——会计人才评价体系不断完善，人才评价作用有效发挥。围绕新时代推进高质量发展对会计工作的新要求，完善会计人才评价标准，突出评价职业道德、能力素质和工作业绩，充分发挥会计专业技术资格考试评价在会计人才评价方面的重要作用，促进评价结果与会计人才培养、使用相结合。

——会计人才使用机制不断创新，人才使用效能明显提升。加强与组织部门、人才主管部门、用人单位联动，推动会计人才信息整合、数据共享，积极为会计人才拓展事业和实现价值提供机会、条件和平台，促进会计人才有效流动和优化配置，充分发挥会计人才在经济业务、经营活动、监督管理等业务关口的作用。

三、主要任务

（一）加强会计诚信建设。

诚信是会计职业道德的重要内容，也是对会计行业的最基本要求。要加强会计法治建设，为会计诚信建设提供法律保障。通过修订会计法律制度、制定会计人员职业道德规范，修订完善注册会计师职业道德守则等，强化会计诚信意识，支持会计人员依法履职尽责，保护会计人员合法权益；完善会计法律责任体系，提高会计违法成本。要建立涵盖事前、事中和事后全过程的会计诚信体系，建立会计人员信用信息管理制度，规范信用信息归集、评价、利用，探索诚信积分管理机制，健全会计人员守信联合激励和失信联合惩戒机制，加强与有关部门合作，实现信用信息的互换、互通和共享，将会计人员信用信息作为会计人才选拔、培养、评价、使用的重要依据。支持会计相关行业协会建立健全信用承诺制度，加强行业自律。要加强会计法治教育、会计诚信教育和思政教育，将会计职业道德作为会计人才培养教育的重要内容，推动财会类专业教育加强职业道德和课程思政建设。要加大会计诚信宣传，组织开展先进会计工作者评选表彰，健全评选表彰机制，宣传先进事迹，鼓励会计人才主动担负起时代赋予的使命责任；加强对典型失信案例的警示教育。

（二）构建会计人才能力框架。

会计人才能力框架是从事会计工作或履行会计相关岗位职责应具备的能力和要求的组合，包括知识、技能、价值观等。以经济发展需求和行业发展趋势为导向，遵循人才成长规律，把握会计职业特点，针对不同层次、不同类别的会计人才分别构建能力框架，强化对会计信息化能力的要求，推动各级各类会计人才适应会计工作数字化转型。以能力框架为指引，制定会计人员继续教育科目指南，修订中国注册会计师胜任能力指南，构建高端会计人才培养核心课程体系，积极引导广大会计人员根据职业发展要求，持续加强能力建设，推动会计工作更好地服务高质量发展。

（三）健全会计人才评价体系。

会计人才评价是会计人才发展体制机制的重要部分，是会计人才资源开发管理和使用的前提。探索建立以诚信评价、专业评价、能力评价为维度的会计人才综合评价体系，充分发挥会计人才评价对会计人才教育培养的导向作用，促进广大会计人员提升能力、诚信执业。完善会计专业技术资格考试评价制度，修订会计专业技术资格考试大纲，加强会计专业技术资格考试组织实施管理，探索推进初级会计专业技术资格考试一年多考。加大对高级和正高级会计专业技术资格评审工作的指导力度，向艰苦边远地区适当放宽评审标准。研究会计专业技术资格考试、评审与注册会计师等职业资格考试科目互认、与会计专业学位研生教育衔接的机制、与高端会计人才培养衔接的机制,减少重复评价,畅通各类会计人才流动、提升的渠道。

(四)完善继续教育管理体制机制。

开展继续教育是建设高素质专业化会计人才队伍的基础性战略性工作。紧密结合经济社会和会计行业发展要求,以能力建设为核心,完善继续教育制度,丰富继续教育内容,创新继续教育方式,突出继续教育的针对性、差异化、实用性和前瞻性,持续提高继续教育质量。充分利用云计算、大数据、虚拟现实、人工智能等新技术,推进继续教育信息化平台建设和应用,提供标准统一、内容规范、质量优秀的会计人员继续教育课程和注册会计师胜任能力全要素模块课程,开展继续教育师资库建设。将继续教育完成情况作为参加会计人才评价、会计人才选拔、先进会计工作者评选的重要依据。加强对继续教育机构的指导和监督,鼓励继续教育机构提供优质继续教育课程资源。各地财政部门应加强对本地区基层会计人员继续教育的管理。各业务主管部门、用人单位应支持和保障会计人员、注册会计师参加继续教育。会计人员、注册会计师应主动适应岗位需要和职业发展要求完成继续教育,不断完善知识结构,增强创新能力,提高专业水平。

(五)加强高端会计人才培训培养。

健全高端会计人才培训培养的有关制度安排,重点对大中型企业总会计师、行政事业单位财务负责人、会计师事务所合伙人等高端财会群体及其后备人员进行培训培养。完善以职业需求为导向、以实践能力为重点的高端会计人才培训培养模式,课上讲授与课下研讨相结合,课堂教学与现场教学相结合,线上培训与线下培训相结合,增强培训的实践性和实用性。财政部重点对中央单位和省级单位开展培训,设置短期培训和长期培训两个类别,短期培训聚焦岗位能力培训,长期培训着重加强中青年人才培养,有关培训资源将适当向艰苦边远地区倾斜。鼓励和支持各地财政部门加强对本地区单位重点群体的培训,并注重加强对本地区中小企业、民营企业、基层行政事业单位财务负责人和财政总预算会计以及代理记账机构负责人的培训。财政部推动全国高端会计人才培养纳入国家高端人才培养体系,各地财政部门应推动本地区高端会计人才培养纳入本级政府高端人才培养体系。各业务主管部门和用人单位应根据行业发展需求,有针对性地培养本行业、本领域、本单位的高端会计人才和涉外会计人才。各用人单位应鼓励和支持会计人员参加培训,并提供必要保障。

(六)推进会计学科专业体系建设。

会计学科专业是会计人才培养的基础和载体。构建适应经济发展、产业结构调整、新技术革命、国家治理体系和治理能力现代化等新形势的会计学科专业体系,积极推进论证会计学一级学科申报和建设。把握数字化、网络化、智能化融合发展的契机,促进会计学科与其他学科的交叉融合。适当增加政府会计、管理会计、会计信息化相关课程内容的比重。财政部门配合教育部门深化会计学历教育改革,依托部分高校,聚焦直接影响会计学科专业体系建设的关键因素,从师资、课程、教材、教学内容、教学方式和实践基地等方面进行以战略思维、业财融合、数字智能为导向的教改研究和探索,推动产学研一体化发展。增强会计职业教育适应性,进一步完善培养机制。加强会计基础理论研究,争做国际学术前沿并行者乃至领跑者,开展战略性、全局性、前瞻性问题研究,创新科研组织模式,建立重点研究基地,打造一批新型高校智库,为重大会计政策制定提供支持。

(七)提升会计专业学位研究生教育质量。

会计专业学位研究生教育主要培养具有较强专业能力、职业素养和创新思维的应用型会计人才。财政部会同国家教育主管部门、人才主管部门,面向会计行业当前及未来人才重大需求,开展会计硕士专业学位核心课程建设、教材建设、教学案例库建设和教育质量认证等工作;积极推进会计硕士专业学位教育与会计专业技术中级资格的衔接;积极推进设立会计博士专业学位，完善会计专业学位体系；优化跨院校的教师、学生之间的交流沟通学习平台，推进培养单位与实务部门在课程建设、实习实践和科学研究方面的合作。各培养单位要加大教学投入，健全教学激励机制，加强国际合作，建立培养方案动态调整机制，着力增强研究生实践能力、创新能力；培养优秀师资，引入和配备具有丰富实务经验、大数据分析等学科背景的会计青年教师；丰富课堂形式，采用案例教学、沙盘模拟、情景模拟、翻转课堂、整合性学习、线上线下混合式教学等教学方法；规范实习实践基地管理，与实践基地深入合作，开展符合实务导向要求的课外综合素质活动。

（八）搭建会计人员管理服务平台。

搭建会计人员管理服务平台是贯彻落实"放管服"改革要求，加强会计人员事中事后管理的重要手段。财政部建设全国统一的会计人员管理服务平台，对会计人员的基础信息、信用信息、继续教育信息等进行采集、管理和维护，建设全国会计人才数据库，动态掌握会计人才发展状况。各省级财政部门建立本地区会计人员管理服务平台，为本地区会计人员提供特色服务。财政部门应充分利用信息化技术，加强会计人员信息的分析、查询、利用，推动会计人员信息互联与共享，为会计考试报名、证书办理、继续教育登记等提供便捷高效政务服务，注重保护会计人员信息安全；建立高端会计人才数据库，搭建高端会计人才交流平台，吸收优秀人才加入会计专业咨询委员会提供决策咨询、担任师资、开展课题研究，发挥会计人才专业力量。逐步建立起行业主管部门、组织部门、人才主管部门、用人单位、会计人才共同参与的会计人才服务体系。

（九）加大会计人才培养基地建设。

会计人才培养基地是对会计人才进行知识更新和能力提升的服务平台。财政部加强国家会计学院建设，推动国家会计学院坚守高端培训办学使命，开展高端会计人才培养、会计专业学位研究生教育，创新培养模式、提高师资水平，打造高端会计人才培养主阵地；坚定特色发展办学方向，在高端会计人才培养、学位教育、智库建设中突出优势领域，形成差异定位协同发展新格局；坚持整合资源办学策略，切实发挥学院董事会、战略咨询委员会的咨询和支持作用，加强高质量在线学习平台建设，共建携手共进合作共赢大平台。鼓励和支持在北京、上海、粤港澳大湾区建设高水平会计人才高地，在高端会计人才集中的中心城市建设吸引和集聚会计人才的平台。鼓励和支持各地区重点针对地区、行业中急需紧缺的会计人才开展培训，为社会各单位和会计人员提供精细化的业务培训、能力提升等服务。鼓励和引导企业、高校、科研院所等参与会计人才联合培养，注重发挥会计行业组织（团体）在会计人才培养方面的作用，支持会计行业组织（团体）搭建会计学术交流、实践交流平台。

四、重大工程

为培养各领域的高端会计人才，财政部实施一系列重大会计人才培养工程，着力培养符合新时代高质量发展要求的大中型企业高端会计人才，符合新时代行政事业单位管理要求的高端会计人才，符合国家建设要求的注册会计师，符合教育改革要求、贴近会计实务的会计教学科研人才和学术带头人，符合会计国际交流合作需要的国际化高端会计人才。

（一）大中型企业总会计师培养工程。

通过实施大中型企业总会计师培养工程，着力培养符合新时代高质量发展要求的大中型企业高端会计人才，即具有良好职业操守、新时代发展理念、管理创新能力、全球战略眼光、社会责任感，能够站在时代前沿和战略全局思考问题，为实现企业战略目标出谋划策；能够形成与企业发展相适应的财务管理模式，有效发挥财务工作对企业发展战略和经营决策的支撑作用，不断提升价值创造能力；能够充分利用国际国内两个市场、两种资源，为企业发展提出全球性解决方案；能够有效识别、研判和应对经营风险，为企业健康持续发展提供支持和保障；能够引领带动企业会计人才队伍发展。具体培养计划为：对中央企业一二三级企业、省级国有企业一二级企业、上市公司和地方重点企业总会计师开展轮训，提升总会计师岗位能力素质，每年培训约 2 900 人，五年共培训约 14 500 人；选拔一批大中型企业优秀中青年会计人才进行重点培养，培养周期三年，每两年选拔 1 次，五年共选拔培养约 240 人。

（二）行政事业单位财务负责人培养工程。

通过实施行政事业单位财务负责人培养工程，着力培养符合新时代行政事业单位管理要求的高端会计人才，即具有较高政治素养、专业水平、管理能力，能够有效实施政府会计准则制度体系，规范行政事业单位会计核算，提高会计信息质量；能够加强部门预算管理、资产负债管理和成本绩效管理，积极推进预算管理一体化，为进一步深化预算管理制度改革提供支持；能够加强单位内控建设、信息化建设和管理会计应用，推动单位会计人才队伍建设，有效提升单位规范化、科学化管理水平，提高公共服务的效率和效果。具体培养计划为：对国家和省级行政事业单位财务负责人开展轮训，提升财务负责人岗位能力素质，每年培训约 720 人，五年共培训约 3 600 人；选拔一批行政事业单位优秀中青年会计人才进行重点培养，培养周期三年，每两年选拔 1 次，五年共选拔培养约 120 人。

（三）会计师事务所合伙人培养工程。

通过实施会计师事务所合伙人培养工程，着力培养符合国家建设要求的注册会计师，即符合"政治型、职业型、专业型、复合型、国际型"要求，能够带头践行"独立、客观、公正"的职业精神，持续提升专业胜任能力，熟悉市场规则，具有国际视野，既"专"又"博"发挥辐射效应，推动价值提升；能够在规范会计服务市场，优化执业环境，提升会计师事务所治理水平、审计质量和服务国家建设能力，增强我国注册会计师行业国际竞争力等方面发挥重要作用。具体培养计划为：对会计师事务所合伙人开展轮训，提升会计师事务所合伙人执业能力和管理能力，每年培训约 1 000 人，五年共培训约 5 000 人；选拔一批会计师事务所优秀中青年人才进行重点培养，培养周期三年，每年选拔 1 次，五年共选拔培养约 180 人。

（四）会计教学科研人才培养工程。

通过实施会计教学科研人才培养工程，着力培养符合教育改革要求、贴近会计实务的会计教学科研人才和学术带头人，会计教学科研人才应当具有良好师德师风、科研成果或教学效果突出，能够在加强会计理论和实践应用研究，推动会计学术创新和理论成果转化，融入国际学术前沿，创新教育教学方法，培养优秀会计人才，优化会计学科体系，提升会计学科地位等方面发挥重要作用；学术带头人应当在会计学术领域造诣深、成就突出、享有较高声誉。具体培养计划为：选拔一批从事会计教学科研工作的优秀中青年人才进行重点培养，培养周期三年，每两年选拔 1 次，五年共选拔培养约 120 人；实施会计名家工程，发现、培养、举荐约 15 名造诣高深、成就突出、影响广泛的杰出会计理论与实务工作者。

（五）国际化高端会计人才培养工程。

通过实施国际化高端会计人才培养工程，着力培养符合会计国际交流合作需要的国际化高端会计人才，即具有开阔的国际视野、丰富的实务经验、突出的专业能力、娴熟的英语技能，能够运用综合战略思维，参与企业会计准则国际治理；能够利用开放的会计国际交流与合作机制，在多双边会计国际场合中踊跃"发声"，积极影响国际会计标准制定；能够凭借过硬的专业能力，深入研究国际财务报告准则项目，为我国会计准则建设贡献智慧和力量。具体培养计划为：选拔培养约 150 名国际化高端会计人才，通过参与国际会计标准制定和国际交流合作、发表会计专业意见、担任财政部企业会计准则咨询委员会委员等方式，为我国参与国际会计标准制定建言献策，提高我国在国际会计领域的话语权和影响力。

五、实施保障

（一）加强组织领导。

财政部负责本规划的统筹协调、宏观指导和组织实施工作，制定重点工程实施办法。各级财政部门和中央有关主管部门要重视会计人才工作，支持开展会计人才培养，加强政策协调，健全工作机制，切实抓好规划的贯彻落实。各地区（部门）可以结合实际，制定本地区（部门）的会计人才发展规划或制定支持本地区（部门）会计人才发展的政策措施。各用人单位要重视会计人才队伍建设，优化本单位会计人才发展环境，为会计人才成长提供必要的平台和经费支持，切实发挥会计人才作用。

（二）加大宣传引导。

各级财政部门和中央有关主管部门要通过各种渠道和形式大力宣传规划的重大意义、指导思想、基本原则、目标任务、重大工程，积极回应社会关切，及时宣传实施中的典型经验、做法和成效，引导社会各界关注会计人才，支持会计人才工作，营造全社会关心尊重会计人才、重视支持会计人才发展的良好氛围。

（三）强化管理队伍。

财政部加强对会计管理人才、财会监督检查人才的培训培养，通过组织承担重点专项任务、重大课题等，提升各级会计管理人才、财会监督检查人才的专业素质、管理能力和服务水平。各地财政部门和中央有关主管部门要加强本地区（部门）会计管理、财会监督队伍的建设，更好发挥会计管理人才、财会监督检查人才在推动会计法律法规和国家统一的会计制度的贯彻实施、加强财会监督检查、提升会计服务管理水平、营造良好会计环境等方面的作用。

（四）做好跟踪反馈。

各省级财政部门和中央有关主管部门要及时跟踪、总结规划实施情况，对于形成的先进经验、创新做法以及取得的成效等形成书面材料报财政部，财政部采取适当方式进行总结推广。各省级财政部门和中央有关主管部门要及时了解规划实施中出现的情况和问题，及时调整完善政策措施，确保各项任务和要求落实到位。

3. 关于深化会计人员职称制度改革的指导意见（2019年修订）

（人社部发〔2019〕8号）

各省、自治区、直辖市及新疆生产建设兵团人力资源社会保障厅（局）、财政厅（局），中央和国家机关各部委、各直属机构人事部门，中央军委政治工作部干部局、后勤保障部财务局，各中央企业人事部门：

会计人员是维护社会主义市场经济秩序的重要力量。深化会计人员职称制度改革，完善符合会计工作职业特点的评价机制，对于提高会计人员专业能力，加强会计人员队伍建设，更好地服务经济高质量发展具有重要意义。为贯彻落实中共中央办公厅、国务院办公厅印发的《关于深化职称制度改革的意见》，现就深化会计人员职称制度改革提出如下指导意见。

一、总体要求

（一）指导思想

以习近平新时代中国特色社会主义思想为指导，全面贯彻落实党的十九大和十九届二中、三中全会精神，认真落实党中央、国务院决策部署，围绕人才强国战略和创新驱动发展战略，遵循会计人员成长规律，健全完善符合会计工作职业特点的职称制度，为科学评价会计人员专业能力提供制度保障，为用人单位择优聘任会计人员提供重要依据，为促进经济社会持续健康发展提供会计人才支撑。

（二）基本原则

1.坚持服务发展。围绕新时代推进高质量发展对会计工作提出的新要求，充分发挥职称评价在会计人员能力评价方面的指挥棒和方向标作用，着力提升会计人员专业能力和职业素养，统筹推进会计人员队伍建设，为经济社会发展提供会计人才支撑。

2.坚持科学评价。完善会计人员评价标准，科学设置评价标准条件，突出评价会计人员职业道德、能力素质和工作业绩，创新评价机制，丰富评价方式，充分调动会计人员干事创业的积极性、创造性。

3.坚持以用为本。促进评价结果与会计人员培养、使用相结合，鼓励用人单位将选人用人制度与会计人员职称制度相衔接，引导用人单位根据工作需要择优聘任具有相应职称的会计人员。

二、主要内容

通过健全评价体系、完善评价标准、创新评价机制、促进职称制度与会计人员培养、使用相结合等措施，建立科学化、规范化、社会化的会计人员职称制度。

（一）健全评价体系

1.完善会计人员职称层级。初级职称只设助理级，高级职称分设副高级和正高级，形成初级、中级、高级层次清晰、相互衔接、体系完整的会计人员职称评价体系。初级、中级、副高级和正高级职称名称依次为助理会计师、会计师、高级会计师和正高级会计师。

2.会计人员各级别职称分别与事业单位专业技术岗位等级相对应。正高级对应专业技术岗位一至四级，副高级对应专业技术岗位五至七级，中级对应专业技术岗位八至十级，初级对应专业技术岗位十一至十三级。

（二）完善评价标准

1.突出评价会计人员职业道德。坚持把职业道德放在评价首位，引导会计人员遵纪守法、勤勉尽责、参与管理、强化服务，不断提高专业胜任能力；要求会计人员坚持客观公正、诚实守信、廉洁自律、不做假账，不断提高职业操守。完善守信联合激励和失信联合惩戒机制，违反《中华人民共和国会计法》第四十条有关规定，以及剽窃他人研究成果，存在学术不端行为的，在会计人员职称评价过程中实行"一票否决制"。对通过弄虚作假取得的职称一律撤销。

2.充分体现会计工作职业特点。注重对会计人员能力素质和实际贡献的评价，引导会计人员全面掌握经济与管理理论、财务会计理论，熟练运用会计业务技能，不断提高专业判断和分析能力，有效参与经营管理和决策。切实改变唯学历、唯资历、唯论文、唯奖项倾向。论文不作为会计人员职称评审的限制性条件。外语和计算机应用能力不作统一要求，由用人单位或评审机构根据需要自主确定。

3.实行国家标准、地区标准和单位标准相结合。人力资源社会保障部、财政部负责制定《会计人员职称评价基本标准条件》（附后）。各地区人力资源社会保障部门、财政部门可根据本地区经济社会发展情况，制定地区标准。具有自主评审权的用人单位可结合本单位实际，制定单位标准。地区标准、单位标准不得低于国家标准。

4.向优秀会计人员和艰苦边远地区会计人员倾斜。对在经济社会各项事业发展中作出重大贡献的优秀会计人员，可适当放宽学历、资历、年限等条件限制，建立职称评审绿色通道。对长期在艰苦边远地区工作的会计人员，重点考察其实际工作业绩，适当放宽学历和科研能力要求，引导会计人员扎根基层。

（三）创新评价机制

1.丰富评价方式。综合采用考试、评审、考评结合等多种评价方式，建立适应不同层级会计工作职业特点的评价机制。助理会计师、会计师实行全国统一的会计专业技术资格考试，不断提高考试的科学性、安全性、公平性和规范性。助理会计师的考试日期、考试频次等管理权限，根据报考人数增长趋势等因素逐步下放，探索实行常态化考试、一年多考。高级会计师采取考试与评审相结合方式，正高级会计师一般采取评审方式。

2.建立同行专家评审制度。完善评审专家遴选机制，加强评审委员会建设，积极吸纳高等院校、科研机构、大中型企业事业单位的高水平会计人员担任评审专家。建立评审专家责任制，实行动态管理。各省（自治区、直辖市）、国务院有关部门、中央企业可按规定成立高级职称评审委员会。国务院有关部门和中央企业成立的高级职称评审委员会报人力资源社会保障部核准备案，其他高级职称评审委员会报省级人力资源社会保障部门核准备案。健全评审委员会工作程序和评审规则，明确界定参加评审的人员范围，加强对评审委员会的组织管理。建立评审公开制度，实行政策公开、标准公开、程序公开、结果公开，确保会计人员职称评审客观公正。

3. 下放评审权限。科学界定、合理下放职称评审权限，逐步将副高级职称评审权限下放至符合条件的企事业单位、社会组织或市地。自主评审单位组建的高级职称评审委员会应当按照管理权限报送省级以上人力资源社会保障部门核准备案。对于自主评审的单位，评审结果应当报送人力资源社会保障部门和财政部门备案。加强对自主评审工作的监管，对于不能正确行使评审权、不能确保评审质量的，将暂停自主评审工作直至收回评审权。

（四）促进职称制度与会计人员培养、使用相结合

1. 促进职称制度与会计人员培养相结合。充分发挥职称制度对会计人员培养质量的导向作用，推动会计人员职称制度与高端会计人才培养、会计专业学位研究生教育等有机衔接。探索建立注册会计师、资产评估师等职业资格与会计专业技术资格考试相同或相近科目互认互免等衔接措施，减少重复评价，减轻会计人员负担，探索建立会计与审计、经济等属性相近职称系列（专业）的衔接措施。

2. 促进职称制度与会计人员使用相结合。用人单位应当结合用人需求，根据职称评价结果合理使用会计人员，实现职称评价结果与会计人员聘用、考核、晋升等用人制度相衔接。全面实行岗位管理的事业单位，一般应在岗位结构比例内，组织或推荐符合条件的会计人员参加职称评审，聘用具有相应职称的会计人员到相应会计岗位。不实行事业单位岗位管理的用人单位，可根据内部管理和会计工作需要，择优聘任具有相应职称的会计人员从事相关岗位会计工作。

3. 加强会计人员继续教育。继续教育是实现会计人员知识更新、能力提升的重要制度，用人单位应当保障本单位会计人员参加继续教育的权利。要按照《会计专业技术人员继续教育规定》（财会〔2018〕10号）有关要求，创新和丰富会计人员继续教育内容和手段，促进会计人员更新知识、拓展技能。

三、组织实施

会计人员职称制度改革政策性强，涉及面广，改革工作比较复杂，社会高度关注，必须按照国家统一部署要求开展工作，确保各项改革任务顺利实施。

（一）加强组织领导，抓好贯彻落实。要充分认识会计人员职称制度改革的重要意义，坚持党管人才原则，切实加强党委和政府对会计人员职称制度改革工作的统一领导。各级人力资源社会保障部门、财政部门具体负责会计人员职称制度改革的政策制定、组织实施和监督检查工作。各地、各有关部门和单位应当根据本指导意见要求，抓紧制定具体实施方案和配套办法。在推进改革过程中，要深入开展调查研究，细化工作措施，完善工作预案，确保改革顺利进行。

（二）加强政策衔接，稳妥有序推进。要抓紧清理与会计人员职称制度有关的政策文件，保证会计人员职称制度的协调统一。要妥善做好新老人员过渡和新旧政策衔接工作，确保改革顺利有序推进。国家增设正高级会计师之前，各地自行试点评审的会计系列正高级职称，要按照有关规定通过一定程序进行确认。在会计人员职称评审工作中，不得随意降低评价标准，不得擅自扩大评审范围。

（三）加强宣传引导，推动社会参与。各级人力资源社会保障部门、财政部门要加强宣传，搞好政策解读，引导会计人员积极参与会计人员职称制度改革，引导社会各有关方面支持会计人员职称制度改革，营造有利于推进改革的良好氛围。

本指导意见适用于国家机关、社会团体、公司、企业、事业单位和其他组织的会计人员。公务员符合条件的可以参加会计专业技术资格考试，但不得参加会计人员职称评审。

军队可结合自身实际制定会计人员职称评价的具体办法。

附件：会计人员职称评价基本标准条件

人力资源社会保障部　财政部
2019 年 1 月 11 日

附件：

会计人员职称评价基本标准条件

一、遵守《中华人民共和国会计法》和国家统一的会计制度等法律法规。

二、具备良好的职业道德，无严重违反财经纪律的行为。

三、热爱会计工作，具备相应的会计专业知识和业务技能。

四、按照要求参加继续教育。

五、会计人员参加各层级会计人员职称评价，除必须达到上述标准条件外，还应分别具备以下标准条件：

（一）助理会计师

1. 基本掌握会计基础知识和业务技能。
2. 能正确理解并执行财经政策、会计法律法规和规章制度。
3. 能独立处理一个方面或某个重要岗位的会计工作。
4. 具备国家教育部门认可的高中毕业（含高中、中专、职高、技校）以上学历。

（二）会计师

1. 系统掌握会计基础知识和业务技能。
2. 掌握并能正确执行财经政策、会计法律法规和规章制度。
3. 具有扎实的专业判断和分析能力，能独立负责某领域会计工作。
4. 具备博士学位；或具备硕士学位，从事会计工作满 1 年；或具备第二学士学位或研究生班毕业，从事会计工作满 2 年；或具备大学本科学历或学士学位，从事会计工作满 4 年；或具备大学专科学历，从事会计工作满 5 年。

（三）高级会计师

1. 系统掌握和应用经济与管理理论、财务会计理论与实务。
2. 具有较高的政策水平和丰富的会计工作经验，能独立负责某领域或一个单位的财务会计管理工作。
3. 工作业绩较为突出，有效提高了会计管理水平或经济效益。
4. 有较强的科研能力，取得一定的会计相关理论研究成果，或主持完成会计相关研究课题、调研报告、管理方法或制度创新等。
5. 具备博士学位，取得会计师职称后，从事与会计师职责相关工作满 2 年；或具备硕士学位，或第二学士学位或研究生班毕业，或大学本科学历或学士学位，取得会计师职称后，从事与会计师职责相关工作满 5 年；或具备大学专科学历，取得会计师职称后，从事与会计师职责相关工作满 10 年。

（四）正高级会计师

1. 系统掌握和应用经济与管理理论、财务会计理论与实务，把握工作规律。

2. 政策水平高，工作经验丰富，能积极参与一个单位的生产经营决策。

3. 工作业绩突出，主持完成会计相关领域重大项目，解决重大会计相关疑难问题或关键性业务问题，提高单位管理效率或经济效益。

4. 科研能力强，取得重大会计相关理论研究成果，或其他创造性会计相关研究成果，推动会计行业发展。

5. 一般应具有大学本科及以上学历或学士以上学位，取得高级会计师职称后，从事与高级会计师职责相关工作满5年。

省级高端会计人才培养工程毕业学员，视同具备前述第1至第4项标准条件，满足第5项条件，即可申报评审正高级会计师职称。全国高端会计人才培养工程毕业学员，按程序由正高级职称评审委员会认定取得正高级会计师职称。

4. 会计专业技术人员继续教育规定（2018年发布）

（财会〔2018〕10号印发）

第一章 总 则

第一条 为了规范会计专业技术人员继续教育，保障会计专业技术人员合法权益，不断提高会计专业技术人员素质，根据《中华人民共和国会计法》和《专业技术人员继续教育规定》（人力资源社会保障部令第25号），制定本规定。

第二条 国家机关、企业、事业单位以及社会团体等组织（以下称单位）具有会计专业技术资格的人员，或不具有会计专业技术资格但从事会计工作的人员（以下简称会计专业技术人员）继续教育，适用本规定。

第三条 会计专业技术人员继续教育应当紧密结合经济社会和会计行业发展要求，以能力建设为核心，突出针对性、实用性，兼顾系统性、前瞻性，为经济社会和会计行业发展提供人才保证和智力支持。

第四条 会计专业技术人员继续教育工作应当遵循下列基本原则：

（一）以人为本，按需施教。会计专业技术人员继续教育面向会计专业技术人员，引导会计专业技术人员更新知识、拓展技能，完善知识结构、全面提高素质。

（二）突出重点，提高能力。把握会计行业发展趋势和会计专业技术人员从业基本要求，引导会计专业技术人员树立诚信理念、提高职业道德和业务素质，全面提升专业胜任能力。

（三）加强指导，创新机制。统筹教育资源，引导社会力量参与继续教育，不断丰富继续教育内容，创新继续教育方式，提高继续教育质量，形成政府部门规划指导、社会力量积极参与、用人单位支持配合的会计专业技术人员继续教育新格局。

第五条 用人单位应当保障本单位会计专业技术人员参加继续教育的权利。

会计专业技术人员享有参加继续教育的权利和接受继续教育的义务。

第六条 具有会计专业技术资格的人员应当自取得会计专业技术资格的次年开始参加继续教育，并在规定时间内取得规定学分。

不具有会计专业技术资格但从事会计工作的人员应当自从事会计工作的次年开始参加继续教育，并在规定时间内取得规定学分。

第二章 管 理 体 制

第七条 财政部负责制定全国会计专业技术人员继续教育政策，会同人力资源社会保障部监督指导全国会计专业技术人员继续教育工作的组织实施，人力资源社会保障部负责对全国会计专业技术人员继续教育工作进行综合管理和统筹协调。

除本规定另有规定外，县级以上地方人民政府财政部门、人力资源社会保障部门共同负责本地区会计专业技术人员继续教育工作。

第八条 新疆生产建设兵团按照财政部、人力资源社会保障部有关规定，负责所属单位的会计专业技术人员继续教育工作。中共中央直属机关事务管理局、国家机关事务管理局（以下统称中央主管单位）按照财政部、人力资源社会保障部有关规定，分别负责中央在京单位的会计专业技术人员继续教育工作。

第三章 内容与形式

第九条 会计专业技术人员继续教育内容包括公需科目和专业科目。

公需科目包括专业技术人员应当普遍掌握的法律法规、政策理论、职业道德、技术信息等基本知识，专业科目包括会计专业技术人员从事会计工作应当掌握的财务会计、管理会计、财务管理、内部控制与风险管理、会计信息化、会计职业道德、财税金融、会计法律法规等相关专业知识。

财政部会同人力资源社会保障部根据会计专业技术人员能力框架，定期发布继续教育公需科目指南、专业科目指南，对会计专业技术人员继续教育内容进行指导。

第十条 会计专业技术人员可以自愿选择参加继续教育的形式。会计专业技术人员继续教育的形式有：

（一）参加县级以上地方人民政府财政部门、人力资源社会保障部门，新疆生产建设兵团财政局、人力资源社会保障局，中共中央直属机关事务管理局，国家机关事务管理局（以下统称继续教育管理部门）组织的会计专业技术人员继续教育培训、高端会计人才培训、全国会计专业技术资格考试等会计相关考试、会计类专业会议等；

（二）参加会计继续教育机构或用人单位组织的会计专业技术人员继续教育培训；

（三）参加国家教育行政主管部门承认的中专以上（含中专，下同）会计类专业学历（学位）教育；承担继续教育管理部门或行业组织（团体）的会计类研究课题，或在有国内统一刊号（CN）的经济、管理类报刊上发表会计类论文；公开出版会计类书籍；参加注册会计师、资产评估师、税务师等继续教育培训；

（四）继续教育管理部门认可的其他形式。

第十一条 会计专业技术人员继续教育采用的课程、教学方法，应当适应会计工作要求和特点。同时，积极推广网络教育等方式，提高继续教育教学和管理的信息化水平。

第四章 学分管理

第十二条 会计专业技术人员参加继续教育实行学分制管理，每年参加继续教育取得的学分不少于90学分。其中，专业科目一般不少于总学分的三分之二。

会计专业技术人员参加继续教育取得的学分，在全国范围内当年度有效，不得结转以后年度。

第十三条 参加本规定第十条规定形式的继续教育，其学分计量标准如下：

（一）参加全国会计专业技术资格考试等会计相关考试，每通过一科考试或被录取的，折算为90学分；

（二）参加会计类专业会议，每天折算为10学分；

（三）参加国家教育行政主管部门承认的中专以上会计类专业学历（学位）教育，通过当年度一门学习课程考试或考核的，折算为90学分；

（四）独立承担继续教育管理部门或行业组织（团体）的会计类研究课题，课题结项的，每项研究课题折算为90学分；与他人合作完成的，每项研究课题的课题主持人折算为90学分，其他参与人每人折算为60学分；

（五）独立在有国内统一刊号（CN）的经济、管理类报刊上发表会计类论文的，每篇论文折算为30学分；与他人合作发表的，每篇论文的第一作者折算为30学分，其他作者每人折算为10学分；

（六）独立公开出版会计类书籍的，每本会计类书籍折算为90学分；与他人合作出版的，每本会计类书籍的第一作者折算为90学分，其他作者每人折算为60学分；

（七）参加其他形式的继续教育，学分计量标准由各省、自治区、直辖市、计划单列市财政厅（局）（以下称省级财政部门）、新疆生产建设兵团财政局会同本地区人力资源社会保障部门、中央主管单位制定。

第十四条 对会计专业技术人员参加继续教育情况实行登记管理。

用人单位应当对会计专业技术人员参加继续教育的种类、内容、时间和考试考核结果等情况进行记录，并在培训结束后及时按照要求将有关情况报送所在地县级以上地方人民政府财政部门、新疆生产建设兵团财政局或中央主管单位。

省级财政部门、新疆生产建设兵团财政局、中央主管单位应当建立会计专业技术人员继续教育信息管理系统，对会计专业技术人员参加继续教育取得的学分进行登记，如实记载会计专业技术人员接受继续教育情况。

继续教育登记可以采用以下方式：

（一）会计专业技术人员参加继续教育管理部门组织的继续教育和会计相关考试，县级以上地方人民政府财政部门、新疆生产建设兵团财政局或中央主管单位应当直接为会计专业技术人员办理继续教育事项登记；

（二）会计专业技术人员参加会计继续教育机构或用人单位组织的继续教育，县级以上地方人民政府财政部门、新疆生产建设兵团财政局或中央主管单位应当根据会计继续教育机构或用人单位报送的会计专业技术人员继续教育信息，为会计专业技术人员办理继续教育事项登记；

（三）会计专业技术人员参加继续教育采取上述（一）（二）以外其他形式的，应当在年度内登录所属县级以上地方人民政府财政部门、新疆生产建设兵团财政局或中央主管单位指定网站，按要求上传相关证明材料，申请办理继续教育事项登记；也可持相关证明材料向所属继续教育管理部门申请办理继续教育事项登记。

第五章　会计继续教育机构管理

第十五条 会计继续教育机构必须同时符合下列条件：

（一）具备承担继续教育相适应的教学设施，面授教育机构还应有相应的教学场所；

（二）拥有与承担继续教育相适应的师资队伍和管理力量；

（三）制定完善的教学计划、管理制度和其他相关制度；

（四）能够完成所承担的继续教育任务，保证教学质量；

（五）符合有关法律法规的规定。

应当充分发挥国家会计学院、会计行业组织（团体）、各类继续教育培训基地（中心）等在开展会计专业技术人员继续教育方面的主渠道作用，鼓励、引导高等院校、科研院所等单位参与会计专业技术人员继续教育工作。

第十六条 会计继续教育机构应当认真实施继续教育教学计划，向社会公开继续教育的范围、内容、收费项目及标准等情况。

第十七条 会计继续教育机构应当按照专兼职结合的原则，聘请具有丰富实践经验、较高理论水平的业务骨干和专家学者，建立继续教育师资库。

第十八条 会计继续教育机构应当建立健全继续教育培训档案,根据考试或考核结果如实出具会计专业技术人员参加继续教育的证明,并在培训结束后及时按照要求将有关情况报送所在地县级以上地方人民政府财政部门、新疆生产建设兵团财政局或中央主管单位。

第十九条 会计继续教育机构不得有下列行为:
(一)采取虚假、欺诈等不正当手段招揽生源;
(二)以会计专业技术人员继续教育名义组织旅游或者进行其他高消费活动;
(三)以会计专业技术人员继续教育名义乱收费或者只收费不培训。

第六章 考核与评价

第二十条 用人单位应当建立本单位会计专业技术人员继续教育与使用、晋升相衔接的激励机制,将参加继续教育情况作为会计专业技术人员考核评价、岗位聘用的重要依据。

会计专业技术人员参加继续教育情况,应当作为聘任会计专业技术职务或者申报评定上一级资格的重要条件。

第二十一条 继续教育管理部门应当加强对会计专业技术人员参加继续教育情况的考核与评价,并将考核、评价结果作为参加会计专业技术资格考试或评审、先进会计工作者评选、高端会计人才选拔等的依据之一,并纳入其信用信息档案。

对未按规定参加继续教育或者参加继续教育未取得规定学分的会计专业技术人员,继续教育管理部门应当责令其限期改正。

第二十二条 继续教育管理部门应当依法对会计继续教育机构、用人单位执行本规定的情况进行监督。

第二十三条 继续教育管理部门应当定期组织或者委托第三方评估机构对所在地会计继续教育机构进行教学质量评估,评估结果作为承担下年度继续教育任务的重要参考。

第二十四条 会计继续教育机构发生本规定第十九条行为,继续教育管理部门应当责令其限期改正,并依法依规进行处理。

第七章 附 则

第二十五条 中央军委后勤保障部会计专业技术人员继续教育工作,参照本规定执行。

第二十六条 省级财政部门、新疆生产建设兵团财政局可会同本地区人力资源社会保障部门根据本规定制定具体实施办法,报财政部、人力资源社会保障部备案。

中央主管单位可根据本规定制定具体实施办法,报财政部、人力资源社会保障部备案。

第二十七条 本规定自2018年7月1日起施行。财政部2013年8月27日印发的《会计人员继续教育规定》(财会〔2013〕18号)同时废止。

5. 财政部专家工作室管理办法(试行)(2021年发布)

(财人〔2021〕47号印发)

第一章 总 则

第一条 为全面贯彻中央人才工作有关精神,落实新时代党的组织路线,规范财政部专家工作室管理,根据《财政部关于加强财政系统人才队伍建设的意见》等有关规定,结合工作实际,制定本办法。

第二条 财政部专家工作室(以下简称专家工作室)是经财政部党组批准组建,聚焦中央重大决策部署和财政中心工作，整合财政系统人才和系统外专家资源，承担财政全局性战略性前瞻性问题研究、培养财政系统优秀干部人才、服务党和国家事业发展、助力构建新发展格局的工作平台。

第三条 基本原则：

（一）坚持党的领导，把握正确方向。以习近平新时代中国特色社会主义思想为指导，强化部党组的领导和把关作用，始终坚持以人民为中心的发展思想，从国家整体利益和长远利益出发，积极为党和国家事业发展建言献策。

（二）坚持事业为上，服务中心大局。从战略和全局的高度把握新时代新形势新任务新要求，紧紧围绕中央重大决策部署和财政改革发展重大课题研究攻坚，鼓励探索创新，注重研究实效，全面提升服务党和国家事业发展的能力。

（三）坚持人才为本，强化人才培养。遵循人才成长规律，结合财政系统人才特点和需求，让政治过硬、本领高强、潜力较大的干部人才在攻坚克难中增长才干，源源不断为党和国家事业发展培养储备优秀干部和财经专业人才。

第四条 专家工作室的统一命名方式为"财政部＋相关领域＋专家工作室"。

第五条 专家工作室由财政部党组批准设立、调整或撤销。

第二章　专家工作室职责

第六条 专家工作室职责主要包括：

（一）研究攻坚。聚焦中央重大决策部署和财政中心工作，承担跨区域、跨领域、跨部门、跨司局财政重大改革发展问题和实践中迫切需要解决的前沿政策问题研究。

（二）人才培养。加强系统内外干部人才实践锻炼，及时发现人才，合理使用人才，培养储备优秀干部和财经专业人才。

第七条 专家工作室工作任务主要包括：

（一）研究确定并及时完成总体目标、阶段性目标和年度目标。

（二）组织专家工作室成员集中办公，深度嵌入财政业务工作，带领财政系统年轻干部跟班学习。

（三）每年提供不少于5篇与研究方向、工作目标等相关的研究报告或调研报告。

（四）每年举办不少于4次与研究方向、工作目标等相关的座谈会。

（五）每年举办不少于1次相关研讨会，鼓励不同领域专家工作室之间交流研讨。

（六）每年在适当范围内举办不少于2次的讲座讲课，专家牵头人、执行牵头人应优先参加。

（七）撰写与研究方向、工作目标等相关的论文、教材、专著等。

（八）参与与研究方向、工作目标等相关的改革、政策制定与解读等。

第三章　专家工作室组建程序

第八条 专家工作室挂靠牵头司局，实行双牵头人负责制。部内牵头人由牵头司局的主要负责同志担任，专家牵头人由专家担任。

第九条 专家工作室组建程序如下：

（一）提出初步建议研究方向。牵头司局研究提出专家工作室初步建议研究方向和子课题，工作层面商人事教育司后，报分管部领导同意。

（二）组织专家论证。牵头司局会同人事教育司组织召开论证会，请权威专家和相关司局负责同志对初步建议研究方向和子课题进行论证，并推荐专家牵头人。

（三）确定建议研究方向。牵头司局根据论证情况进一步修改完善并报分管部领导同意后，确定专家工作室建议研究方向。

（四）部党组会议审定。人事教育司按程序提请部党组会议审定专家工作室研究方向和双牵头人。

第十条 专家牵头人应当具备以下基本条件：

（一）政治立场坚定，具有爱国奉献精神。

（二）具有正高级职称，一般具有博士学位。

（三）长期从事财经相关领域研究工作，取得国内外同行公认的成就。

（四）具有较强的领导协调和创新研究能力，能够较好地组织研究团队开展跨单位、跨部门、跨学科研究活动。

第四章　专家工作室运行管理

第十一条 根据部党组审定的研究方向，专家工作室双牵头人会同参与司局研究提出工作方案，明确工作目标、任务分工、成员构成、工作形式等，报分管部领导审定。

第十二条 工作目标包括总体目标、阶段性目标以及年度目标。

第十三条 专家工作室任务分工主要包括：

（一）牵头人。专家工作室双牵头人负责把控方向、加强督导。部内牵头人负责协调部内有关单位和地方财政部门支持专家工作室深度嵌入业务工作；专家牵头人负责统筹提出年度研究选题建议，安排所在工作室专家参与研究工作、协调工作室以外的专家提供智力支持等。

（二）牵头司局。牵头司局负责组织协调，与人事教育司、参与司局、专家做好沟通联系，及时汇总报送和传达情况。牵头司局和参与司局负责具体协调部内有关单位和地方财政部门支持专家工作室全程参与研究方向相关重要会议和改革、政策制定，提供研究所需资料、配合开展调研等。

（三）参与司局。参与司局负责承担或配合牵头司局，支持专家工作室全程参与研究方向相关重要会议和改革、政策制定，提供研究所需资料、配合开展调研等。

（四）人事教育司。人事教育司负责专家工作室的统筹协调、管理制度体系建设、服务保障、信息交流和年度考核，指导省级财政部门专家工作室管理工作。

第十四条 专家工作室成员主要包括固定成员和培养锻炼人员。每个专家工作室成员人数上限为40人，其中培养锻炼人员人数上限为10人。

（一）固定成员。主要通过组织推荐、专家推荐、本人自荐等方式选派，由部内有关单位干部、地方财政部门业务骨干、系统外专家各占一定比例组成，并根据工作目标完成情况动态调整。

（二）培养锻炼人员。主要由牵头司局、参与司局和人事教育司从有关领域人才库中选调优秀干部进入专家工作室跟班学习。培养锻炼人员不占用相关司局借调人员名额。

每个专家工作室，人事教育司选派1-2名干部参与。

第十五条 专家工作室建立统分结合、线上与线下相结合等研究机制，在课题研究期间主要采取集中办公形式开展工作。财政系统固定成员和培养锻炼人员原则上集中办公，系统外专家定期参与集中办公。

第十六条 专家工作室激励机制主要包括：

（一）每年按规定安排一定规模的专项经费支持。

（二）积极推荐专家工作室专家参与国家重大项目和重点工程，以及国家高层次人才评选。

（三）对表现优秀的专家工作室专家，及时向所在单位或其主管部门通报研究成果及运用情况，必要时给予适当表彰，优先在其所在单位挂牌设立财政部有关研究基地。

（四）对参加专家工作室的财政部干部，有关经历记入个人档案，表现特别优秀、取得突出成绩的在年度考核、职级晋升等方面予以优先考虑；对参加专家工作室的地方财政干部，表现特别优秀、取得突出成绩的，及时向所在单位通报表彰。

（五）根据专家工作室年度考核结果，按照相关规定对相关成员给予适当奖励。

（六）对支持专家工作室工作的地方，在相关研究成果转化时，优先在当地开展政策试点。

第五章 监督管理

第十七条 专家工作室要严格有关保密要求，加强涉密设备和资料管理。

第十八条 专家工作室工作经费在"财政系统人才工作专项经费"中列支。

牵头司局会同参与司局按照过紧日子的要求，合理确定经费需求，编制年度经费预算，按有关规定安排使用经费，商人事教育司后报办公厅审批。

第十九条 专家工作室经费支出范围主要包括委托业务费、劳务费、培训费、会议费、差旅费、印刷费和其他费用支出。

第六章 考核评价与结果应用

第二十条 专家工作室实行年度考核评价制度，考核评价工作在财政部党组领导下组织实施。

第二十一条 牵头司局负责会同参与司局制定本领域专家工作室考核评价办法，每年对专家工作室全体成员开展考核评价，于2月底前将上年度考核评价结果反馈人事教育司。

第二十二条 人事教育司负责每年根据相关司局考核评价结果，组织对财政部各专家工作室开展年度考核。

第二十三条 年度考核坚持问题导向、目标导向、结果导向和正向激励，主要内容包括任务完成、成果产出、质量效果等指标。

牵头司局会同参与司局及时汇总任务完成、成果产出、质量效果等情况，按季度形成台账，报送人事教育司。

第二十四条 年度考核实行评分制，考核结果分为优秀、合格、不合格三个等次。得分90分以上（含）为优秀；得分60分以上（含）、90分以下为合格；得分60分以下为不合格。

第二十五条 根据专家工作室年度考核结果，每年评选优秀专家工作室、突出贡献专家和优秀干部：

（一）对于年度考核结果为优秀、评分排名为前2名的专家工作室，评为年度优秀专家工作室。

（二）从年度优秀专家工作室中各评选2名年度突出贡献专家。

（三）给予年度优秀专家工作室相关司局各1名干部年度考核优秀等次名额（不占所在司局优秀等次数量）。

第二十六条 评选优秀专家工作室、突出贡献专家和优秀干部的程序为：

（一）由人事教育司根据上述规定酝酿提名年度优秀专家工作室。

（二）年度优秀专家工作室相关司局提名年度突出贡献专家、年度考核优秀等次干部名单，征求人事教育司意见。

（三）人事教育司综合分析研判，报请部党组审定。

（四）人事教育司以适当方式通报表扬。

第二十七条 对于年度考核结果为不合格的，请相关司局加强督促指导并组织整改；连续两年考核结果为不合格的，予以摘牌撤销。

第七章 附　则

第二十八条 各省级财政部门应当结合实际，参照本办法制定本省（区、市）财政专家工作室制度规定。

第二十九条 本办法自印发之日起施行，由财政部人事教育司负责解释。

6. 关于印发《会计人员继续教育专业科目指南（2022年版）》的通知（2022年发布）

（财会〔2022〕35号）

各省、自治区、直辖市、计划单列市财政厅（局），新疆生产建设兵团财政局，中直管理局财务管理办公室，国管局财务管理司，中央军委后勤保障部财政局：

为深入实施科教兴国战略、人才强国战略，全面提升会计人员继续教育质量，不断提高会计人员能力素质和专业水平，根据《会计专业技术人员继续教育规定》（财会〔2018〕10号）、《会计改革与发展"十四五"规划纲要》（财会〔2021〕27号）等有关要求，财政部制定了《会计人员继续教育专业科目指南（2022年版）》，现予印发，自2023年1月1日起施行。本指南将根据会计改革发展情况和实务需要，适时调整更新。

附件：会计人员继续教育专业科目指南（2022年版）

财　政　部
2022年12月22日

附件：

会计人员继续教育专业科目指南（2022年版）

第一条 为深入实施科教兴国战略、人才强国战略，全面提升会计人员继续教育质量，不断提高会计人员能力素质和专业水平，根据《会计专业技术人员继续教育规定》（财会〔2018〕10号）、《会计改革与发展"十四五"规划纲要》（财会〔2021〕27号）等有关要求，制定本指南。

第二条 本指南主要用于指导县级以上地方人民政府财政部门，新疆生产建设兵团财政局，中直管理局，国管局（以下统称继续教育管理部门）组织开展会计人员继续教育工作。

中央军委后勤保障部组织开展会计人员继续教育工作，继续教育学习内容可以参照本指南执行。

用人单位自行组织会计人员继续教育培训的，学习内容参照本指南执行。

第三条 会计人员继续教育内容分为公需科目和专业科目。本指南主要明确会计人员继续教育专业科目及其重点学习内容。会计人员继续教育公需科目内容另行制定。

第四条 会计人员继续教育专业科目分为专业通识知识、专业核心知识和专业拓展知识三个类别。

第五条 专业通识知识包括会计职业道德、会计法治、会计改革与发展三个科目。

会计职业道德科目的重点学习内容主要是会计职业道德与诚信体系建设有关内容。会计法治科目的重点学习内容主要是会计法律法规、部门规章及会计管理、监督有关制度文件。会计改革与发展科目的重点学习内容主要是新时期会计改革与发展、新中国会计发展沿革有关内容。

第六条 专业核心知识包括企业财务会计、政府及非营利组织会计、农村会计、管理会计、内部控制、财务管理、税收实务、会计信息化八个科目。

企业财务会计科目的重点学习内容主要是企业会计准则、小企业会计准则有关内容。政府及非营利组织会计科目的重点学习内容主要是政府会计准则制度、非营利组织及基金类会计制度有关内容。农村会计科目的重点学习内容主要是农村会计制度有关内容。管理会计科目的重点学习内容主要是管理会计理论与应用有关内容。内部控制科目的重点学习内容主要是内部控制理论与应用有关内容。财务管理科目的重点学习内容主要是财务管理理论与应用有关内容。税收实务科目的重点学习内容主要是税收法律法规制度和实务应用有关内容。会计信息化科目的重点学习内容主要是会计数据标准应用、数字技术在会计与财务工作中的应用有关内容。

专业核心知识的重点学习内容中,应当包括当年新制定修订或实施的会计准则制度、管理会计指引、内部控制制度、税收法律法规制度等内容。

第七条 专业拓展知识包括可持续信息披露、审计基础、金融基础、财经相关法规、其他财会财经热点五个科目。

可持续信息披露科目的重点学习内容主要是可持续披露准则及相关热点问题有关内容。审计基础科目的重点学习内容主要是审计的基本理论、程序和方法有关内容。金融基础科目的重点学习内容主要是金融风险防范、金融科技与监管有关内容。财经相关法规科目的重点学习内容主要是与会计工作相关的财政金融领域、公司治理领域和其他领域的法律法规。其他财会财经热点科目的重点学习内容主要是会计与财务前沿问题和财税体制改革热点问题有关内容。

第八条 结合会计人员工作岗位和会计职称层级,会计人员继续教育专业科目重点学习内容分为初级学习内容、中级学习内容、高级学习内容。

初级学习内容主要适用于在一线从事会计基础工作的人员,或具有初级会计职称的人员。中级学习内容主要适用于管理单位会计工作的中层管理人员、会计主管人员,或具有中级会计职称的人员。高级学习内容主要适用于管理单位会计工作的高层管理人员,或具有副高级、正高级会计职称的人员。

会计人员结合自身工作岗位、会计职称层级等,选择相应层级的学习内容,也可以根据自身工作学习需要,拓展学习其他层级的学习内容。

第九条 继续教育管理部门应当根据继续教育工作的特点,不断优化组织方式和教学方法,强化实务指导,加大案例教学,鼓励区分继续教育对象所在单位类型和行业领域,设置具体课程,不断提高继续教育的针对性和实效性。

第十条 本指南自 2023 年 1 月 1 日起施行。

附:会计人员继续教育专业科目重点学习内容

会计人员继续教育专业科目重点学习内容

类型	科目	序号	子科目	初级学习内容	中级学习内容	高级学习内容
专业通识知识	会计职业道德	1	会计职业道德与诚信体系建设	商业伦理与会计职业道德、信用建设与会计诚信、严重会计失信行为、财务造假与会计舞弊典型案例分析等		
	会计法治	2	会计法律法规制度	会计法、注册会计师法、总会计师条例、企业财务会计报告条例等会计法律法规，会计人员管理、会计服务市场监管、财政监督等部门规章、制度文件		有关会计基础工作、会计行业人才
	会计改革与发展	3	新时代我国会计改革与发展	会计改革与发展"十四五"规划纲要及系列解读，会计信息化发展规划（2021—2025年），注册会计师行业发展规划（2021—2025年）等		
		4	新中国会计发展沿革	会计史、我国会计准则制度演进与经验启示等		
专业核心知识	企业财务会计	5	企业会计准则	我国企业会计准则体系概况，当年新制定修订实施的企业会计准则	企业会计准则具体准则、准则解释及会计准则规定的应用	具体企业会计政策的分析、判断及企业会计准则具体准则的综合运用
		6	小企业会计准则	企业会计准则基本准则、企业常见业务的会计处理，企业产品成本核算	当年新制定修订或实施的企业会计准则制度	
	政府及非营利组织会计	7	政府会计准则制度	我国政府会计准则制度体系概况，政府会计准则制度基本准则，行政事业单位常见业务的会计处理；事业单位成本核算基本指引	政府会计准则具体准则、准则制度解释及会计处理规定的应用，准则制度规定的应用指引	政府会计准则制度的综合运用
					政府综合财务报告编制，部门决算编制，行政事业单位预算编制，行政事业单位预算执行分析	

类别	序号	科目	内容			
专业核心知识	8	政府及非营利组织会计 — 非营利组织及基金类会计制度	民间非营利组织的会计核算，工会的会计核算，社会保险基金（资金）的会计核算			
	9	农村会计 — 农村会计制度	农民专业合作社的会计核算，农村集体经济组织的会计核算			
	10	管理会计 — 管理会计理论与应用	我国管理会计体系概况，业财融合实践，当年新制定或实施的管理会计指引	管理会计基本指引，管理会计指引体系概况	管理会计应用指引，管理会计典型案例分析	管理会计工具与方法的综合运用
	11	内部控制 — 内部控制理论与应用	我国内部控制体系概况，当年新制定或实施的内部控制有关制度	企业内部控制基本规范，小企业内部控制规范；行政事业单位内部控制基础知识	企业内部控制应用指引，评价指引；行政事业单位内部控制规范与报告管理制度	企业、行政事业单位内部控制体系建设、内部控制应用指引的综合运用
	12	财务管理 — 财务管理理论与应用	企业财务管理基础知识，行政事业单位财务制度和资产管理基础知识	企业筹资管理，资金运用；行政事业单位财务报表分析运用；行政事业单位财务制度和资产管理制度		财务管理知识在企业、行政事业单位的综合应用
	13	税收实务 — 税收法律法规制度与实务应用	我国税收法律体系概况，当年新制定或实施的税收法律法规制度	主要税种基本知识，税收征收管理	流转税，所得税等税种重点难点问题，税务与会计相关问题	税收知识运用及税收法律法规管理；国际税收法律法规及征管实践；税务违法失信典型案例分析
	14	会计信息化 — 会计数据标准应用	会计数据标准介绍及在企业、行政事业单位中的应用			
	15	数字技术在会计与财务工作中的应用	会计信息化，数字化相关制度，数字技术在会计与财务工作中的应用，预算管理一体化			

（续表）

类型	科目	序号	子科目	初级学习内容	中级学习内容	高级学习内容
专业拓展知识	可持续信息披露	16	可持续信息披露研究动态		可持续披露准则相关情况、环境、社会与公司治理（ESG）信息披露专题及相关热点问题	
	审计基础	17	审计基础知识	审计的基本理论、程序和方法等基础知识及相关热点问题		
	金融基础	18	金融基础知识	金融风险防范、金融科技与监管、数字金融、国际金融等基础知识及相关热点问题		
	财经相关法规	19	财政金融法律法规	国有资产管理、预算、证券、保险、政府采购等领域的法律制度		
		20	公司治理法律法规	公司、合伙企业、个人独资、外商投资企业等不同企业类别法律制度、票据法律制度、破产法律制度等		
		21	其他法律法规	民法典中与经济业务事项相关的法律知识等		
专业拓展知识	其他财会热点	22	会计与财务前沿问题		会计国际治理体系、国际会计准则最新发展、商业模式创新与会计变革、智能财务与共享中心建设、"双碳"政策与会计行业发展等热点会计与财务问题	
		23	财税体制改革热点问题		财税体制改革背景、历程与展望、财税体制改革相关理论、财税体制改革主要内容等	

注：本指南对专业科目的划分只作为指导继续教育管理部门组织开展会计人员继续教育时进行课程归类、确定课程内容。

7. 关于加强新时代注册会计师行业人才工作的指导意见（2022年发布）

（财会〔2022〕21号印发）

注册会计师是服务国家建设的一支重要专业力量，人才是行业的第一资源，是行业高质量发展的基础和支撑。在党中央、国务院的亲切关怀下，在财政部党组的坚强领导下，行业始终坚持党对人才工作的全面领导，坚持以人才战略引领行业发展，行业人才建设取得了显著成绩，基本建立涵盖人才"选、用、管、育、留"各环节的制度体系和工作体系，人才队伍规模快速扩大，人才素质不断提升。同时，面对新形势新任务，行业人才队伍还不能完全满足服务国家建设和行业高质量发展的客观需要。为进一步推动行业人才工作整体上台阶，更好服务国家建设，现就加强新时代注册会计师行业人才工作提出以下意见。

一、总体要求

（一）指导思想。

以习近平新时代中国特色社会主义思想为指导，全面贯彻习近平总书记关于做好新时代人才工作的重要思想和党中央、国务院关于新时代人才工作的重大决策部署，贯彻落实《国家"十四五"期间人才发展规划》，全面加强党对人才工作的领导，牢固确立人才引领发展的战略地位，深入实施新时代人才强国战略，紧紧围绕服务国家建设这个主题和诚信建设这条主线，充分运用"全生命周期"理论的闭环管理、精准施策思维，提高行业人才建设的战略性、系统性谋划，不断完善、提升行业人才工作制度建设和工作体系建设的各个方面，推动行业人才工作整体上台阶，形成育才、聚才、用才的良好环境，提升行业自律性、公正性和专业化水平，推动行业高质量发展，更好服务国家建设。

（二）基本原则。

坚持党管人才。坚持为党育人、为国育才，在财政部党组和财政部人才工作领导小组领导下，将政治标准放在行业人才工作的首要位置，将政治引领贯穿于行业人才工作的始终，确保行业人才队伍和各级注册会计师协会（以下简称各级注协）干部队伍"两支队伍"正确的政治方向。

坚持服务发展。把服务国家建设作为行业人才工作的根本宗旨，面向经济主战场、面向国家重大需求、面向未来，把行业"两支队伍"聚集到服务"五位一体"总体布局和"四个全面"战略布局的各环节、各领域，以行业的高质量发展服务国家经济社会的高质量发展。

坚持以人为本。遵循人才成长规律，立足行业职业特点，以实现行业人才职业道德和胜任能力全面提升为目标，形成有利于发现人才的选拔机制、助力成长的培养机制、人尽其才的使用机制、各展其能的激励机制，做到人才为本、信任人才、尊重人才、善待人才、包容人才。

坚持以德为先。始终把推动诚信建设作为行业人才工作的核心价值导向，坚持诚信为本、诚以力行、信以修身，将诚信建设贯穿行业人才工作的各环节，完善行业诚信建设体系，夯实行业诚信文化基础，加强常态化诚信教育和失信惩戒，全面提升行业职业道德水平。

坚持问题导向。在继承行业人才工作现有体制机制优势的基础上，系统梳理行业人才工作中的问题和不足，科学研判、找准病因、综合施策、守正创新，改进和完善行业人才工作体制机制，优化、创新行业人才工作管理和服务内容，建立健全基于闭环管理的制度体系和全流程系统性的工作体系，推动行业人才工作迈上新台阶。

坚持闭环管理。围绕行业人才"选、用、管、育、留"，统筹抓好学历教育、资格考试、注册管理、继续教育、人才留储、人才使用、人才监管各环节（以下简称行业人才工作各环节）的制度安排和工作安排，打造适应市场经济发展需求，被市场和公众普遍认可、专业倚重、道德信赖的行业人才队伍。

二、建立健全行业人才工作体制机制

行业人才工作体制机制是行业人才工作正常推进和各项任务有效落实的重要保障。建立健全行业人才工作体制机制，明确行业人才工作各主体的关系、职责，统筹推进行业人才各项工作，形成行业人才工作"全国一盘棋"的管理格局。

（一）建立健全各方支持、上下贯通、协调一致的行业人才工作管理体制。财政部是全国行业主管部门，财政部人才工作领导小组加强对行业人才工作的统筹与指导，增强与国家人才工作主管部门、国家教育主管部门及中央统战部门的沟通，确保行业人才工作的正确方向。省级财政部门是地方行业主管部门，要统筹本地区行业人才工作，积极争取各级人才工作主管部门、教育主管部门、统战部门等对行业人才工作的支持，大力营造行业人才发展的良好环境。要进一步完善行业人才工作实施体系，建立包括各级财政部门、各级注册会计师协会、国家会计学院、会计师事务所和注册会计师专业方向院校、社会职业培训机构在内的多层次、系统性的行业人才工作实施体系，合力确保行业人才工作各项政策措施落地见效。

（二）建立健全全流程、系统性的行业人才工作体系。结合行业特点和实际，围绕行业人才的"选、用、管、育、留"，健全完善"学历教育、资格考试、注册管理、继续教育、人才留储、人才使用、人才监管"的工作框架，梳理行业人才工作各环节以及各环节衔接的薄弱点，统筹实施，补短板、强弱项，保证行业人才工作规划和执行的有机衔接。要建立健全行业人才工作执行机制和责任承担机制，建立统一规划、统一部署、统一推进、统一考核"四统一"的工作执行机制，夯实"明责、履责、追责"的责任承担机制，畅通人才工作渠道、压实各方主体工作职责。

（三）建立健全闭环管理的行业人才制度体系。以建立健全涵盖人才"选、用、管、育、留"等各方面、全链条的行业人才工作制度体系为着眼点，持续完善"制定—实施—评估—完善"的制度体系闭环管理机制。制度的制定，要坚持开门问政，主动加强同有关部门的协调、与业内人士的沟通，切实提高制度制定的科学性、有效性和可行性；制度的实施，要加强对制度执行情况的指导与跟踪，确保各项政策措施得到不折不扣的落实；制度的评估和修订，要坚持定期对制度实施效果开展评估，及时发现制度存在的问题和短板，及时启动相关制度的修订工作，推动制度的建立与实施在闭环管理机制下良性有效运行。

三、健全完善行业人才工作体系和制度体系

行业人才工作体系和制度体系建设贯穿于行业人才工作的始终，是推动行业人才工作向上向好的根本保障。要健全完善行业人才工作体系和制度体系，进一步理顺行业人才各环节之间的关系，加强行业人才工作的系统性和前瞻性，促进行业人才工作各环节制度持续完善、工作有机衔接。

（一）建立行业人才工作前瞻性引导机制。做好行业人才供需发展指引，建立分析国内外政治经济、科学技术、社会发展形势对行业人才的供需影响的机制，定期发布行业人才供需影响分析报告，为行业及时调整人才工作相关政策提供参考。完善行业人才能力发展指引，面向未来经济社会发展对行业的需求，着眼于提升行业人才诚信道德水平和专业技能水平，适时更新我国注册会计师胜任能力指南，指导资格前教育、注册会计师资格考试、注册

会计师继续教育等环节的工作。做好行业人才职业发展指引，深入分析行业人才职业生涯发展阶段、发展目标、需要的能力、面临的困境，适时发布注册会计师职业发展指引，指导各级注协和会计师事务所针对处于准备、探索、成长、成熟、超越、退出等不同阶段的人才，制定针对性扶持政策，并提供必要的资源支持。

（二）加强注册会计师专业方向学历教育与行业需求的衔接。大力提升注册会计师专业方向人才培养质量，引导注册会计师专业方向院校参照注册会计师胜任能力指南，持续完善注册会计师专业方向的课程体系，筑牢行业后备人才的专业知识基础，强化信息化、数字化等方面的技能储备，提升沟通、协作、创新等方面的能力素养，使得行业后备人才的教育培养与行业高质量发展需求紧密衔接、相互促进，推动注册会计师专业方向学科建设向"产学研"深度融合发展。加强中国注册会计师协会、注册会计师专业方向院校、国家会计学院、会计师事务所在师资培训、共建实习基地等方面的合作，健全完善行业后备人才联合培养模式。探索推动行业后备人才本、硕、博各阶段学历教育有机衔接，畅通行业后备人才能力素质持续提升渠道。

（三）稳中求进深化注册会计师考试体制机制改革。紧扣国家对注册会计师人才的需求，对标国际一流水平，坚持职业导向、原理导向和考生友好导向，进一步完善考试基本制度、组织管理制度和质量保证制度。持续优化组织实施流程，明晰压实各级财政部门、注册会计师考试委员会、注册会计师考试委员会办公室的责任，不断完善考试组织管理工作机制，提升考试管理工作的科学化、精细化水平。持续推进考试题库建设工作，在抓好命题专家队伍建设的同时，不断完善试题开发、审核、修改、入库、更新与维护机制，到2025年建立初具规模、动态调整、安全便捷的题库管理系统。加强中国注册会计师资质的国际推介，大力提升中国注册会计师资质的国际影响力和认可度。

（四）严格行业准入与退出管理。推动修订《中华人民共和国注册会计师法》及其配套制度，严格行业准入和退出管理。以现行注册管理制度体系为基础，完善个人会员（包括注册会计师和非执业会员）注册（登记）、任职资格检查（会员年检）、转所（转会）等规定，增强制度衔接。探索建立任职资格检查日常审查制度，建立清理注册会计师兼职挂名情况的长效机制。完善行业退出管理手段，探索建立健全以执业质量检查结果为导向的执业人员强制退出机制，将违法违规人员依法依规清理出行业队伍。

（五）持续推动注册会计师继续教育体制机制创新。加强对全国注册会计师继续教育工作（含非执业会员继续教育工作，下同）的统筹，逐步实现行业继续教育工作统一谋划、分级部署、分类实施、各司其职的工作格局。深化注册会计师继续教育体制机制改革，持续完善注册会计师教育制度，构建网络化、数字化、个性化、终身化的继续教育体系，推动培训理念由规模化向个性化转变，切实提升培训的针对性；推动培训从"学时达标"的基本要求向"学有成效"的更高标准转变，切实提升培训的实效性；推动培训工作数字化转型，搭建远程继续教育平台，提供移动化、自主化培训支持，切实提升培训的便利性；推动培训供给侧改革，适时引入多方参与的职业培训机构市场竞争机制，切实提升培训的多样性。坚持重点布局、梯次推进，推动北京、上海、粤港澳大湾区等行业人才聚集地区采取有力措施，坚持高标准，努力打造行业人才高地示范区，持续加强对西部地区行业人才工作的支持，加快形成行业人才培养的战略支点和雁阵格局。聚焦行业发展短板，加快重点人才培养培训工作，推动合伙人和后备人才、国际化人才的培养工作，加强与港澳会计职业组织的合作，合作推动港澳青年会计师的培养。

（六）创新行业人才留储体制机制建设。加强对行业人才留储工作的统筹指导，在畅通行业人才落户绿色通道、纳入地方人才培养体系、争取人才扶持优惠政策等方面积极寻求人才工作主管部门、教育主管部门等相关部门的支持。在合理界定行业法律责任、营造良好执业环境等方面积极推动修订相关法律法规，探索建立职业责任鉴定委员会，切实保障行业人才合法权益。逐步完善会计师事务所选聘机制，遏制恶性低价竞争行为，让会计师事务所业务收入回归正常预期，真正体现行业专业服务的价值，大力改善行业营商环境。针对行业人才流失问题，坚持综合施策，研究出台专项工作方案。推动各级注协加强行业人才留储机制探索，强化行业人才服务功能，搭建行业人才服务平台、行业人才推介交流平台和行业人才知识汇集分享平台，不断提升服务质量，拓展服务的深度、广度和内涵，持续增强行业的凝聚力和归属感。推动行业人才工作数字化转型，完善行业管理相关系统建设，上线"注册会计师"App，打造"一站式"服务平台。加大对行业履行社会责任、服务国家建设的价值贡献的宣传力度，提升行业价值和社会声誉，增强行业的人才吸引力。引导会计师事务所切实担负留住人才的主体责任，深化内部治理，制定适应会计师事务所发展的人才发展战略，建立合理的人才培养制度、薪酬激励制度，形成科学的职务晋升体系，为搭建梯次化人才结构提供必要的资源保障，夯实行业留储人才的基石基础。

（七）持续优化行业人才使用机制建设。加强各级注协专门专业委员会建设，围绕服务行业发展需要，探索建立更加灵活的专门专业委员会增减机制；改革各专门专业委员会委员遴选机制和退出机制，完善专门专业委员会委员考核评价办法，把真正有能力、有热情的行业人才选出来、用起来，参与行业治理工作。充分借助现代化信息数字技术，建立健全行业人才档案，逐步形成行业人才大数据信息库，全方位记录人才专业背景信息、流动信息、执业信息、专业特长等，健全基于行业人才大数据信息、自荐与推荐相结合的人才遴选机制，为发现人才、推荐人才、使用人才奠定数据基础。加大对行业各类人才的使用力度，根据新时期财政工作需求，积极推荐优秀人才加入各级财政人才库。

（八）严格行业人才监管，优化行业人才发展环境。健全行业监管合作机制，深化各级财政部门间的协调配合，完善与立法机关、司法机关以及其他监管部门的沟通协调。加快行业统一监管平台和行业举报受理平台建设，推动监管协作与信息共享，强化对行业从业人员执业行为的日常监督。充分发挥各级注协贴近行业、身处一线的自律监管优势，建立健全全流程、全链条的行业自律监管体系，用好自律监管手段，坚持抓早抓小、防微杜渐，着力净化行业生态。坚持从严查处、惩教结合，对受到行政处罚、行业惩戒的注册会计师，强制增加继续教育学时，加大继续教育培训力度。加强行业诚信建设，研究修订行业诚信建设纲要，健全完善行业从业人员诚信档案，加大诚信教育在学历教育、职业教育中的比重，持续推动行业诚信文化建设，办好年度行业诚信论坛，积极引导广大行业人才坚持操守、诚信执业。

四、着力加强行业人才培养载体建设

人才培养载体担负着深化行业人才培养工作、推动行业人才能力素质持续提升的主渠道作用。要加强对行业人才培训资源的统筹，着力加强行业人才培训载体建设，充分调动各级各类行业人才培训载体的积极性和主动性，切实提升行业人才培训工作的针对性和有效性。

（一）抓好行业党校建设。各级行业党校是行业开展党支部书记、党务工作者、党员骨干教育培训工作的主要载体。要建立行业党校校委会章程、学员管理办法等制度，健全党校教学体系和课程体系，完善行业党校管理体制机制。要充分调动行业党校办学的积极性，依托各级党校（行政学院）和红色学院建立行业党员教育培训基地，举办各类示范培训班，提升行业党校办学水平。要着力提升各级行业党校办学的针对性，加强分类指导，建立分层级行业党校培训体系。

（二）抓细行业继续教育。国家会计学院和职业培训机构是行业针对广大注册会计师和非执业会员开展基础类继续教育的主要载体。要充分发挥国家会计学院在行业人才培养

中的主渠道作用,支持国家会计学院特色化发展。针对行业的"急需紧缺"打造继续教育"招牌"课程,针对行业重点人才培养打造"精品高端"课程。要加强对社会职业培训机构的引导,鼓励社会职业培训机构依法依规参与继续教育培训工作,拓宽行业继续教育培训渠道,合力办好行业继续教育培训。要做好行业继续教育培训规划,结合行业实际和国家社会发展需求,制定行业年度培训计划,统筹国家会计学院和职业培训机构的培训课程供给。要创新继续教育手段,利用互联网信息技术,建立全国统一的继续教育线上培训平台,实现继续教育"线上看""掌上学",逐步提高线上继续教育在继续教育中所占比重,切实提高继续教育的便利性。要持续改进继续教育质量考核制度,形成"能进能出"的继续教育培训机构动态调整机制,督促承担行业继续教育教学任务的培训机构持续加强教学管理、师资建设和课程开发。

(三)抓深会计师事务所培养载体建设。会计师事务所是行业人才职业发展、成长成才的基础阵地。要指导会计师事务所加强内部人才培养体制机制建设,按照一体化管理要求,建立符合自身发展的人力资源体系和梯次化的人才培养机制,建立健全内部培训制度,并将员工参加培训的情况纳入员工职务晋升考核评价体系,确保培训效率效果。要建立健全对具有培训资格的会计师事务所的认定、考核和评价机制,指导具有培训资格的会计师事务所提升培训能力、优化培训资源、改进培训方式、确保培训效果。要积极探索建立"人才培养示范所"经验交流机制,示范推动全国会计师事务所建立健全人才培养和评价体制机制。要推动会计师事务所优质培训资源的共享,指导和鼓励具备条件的会计师事务所创建人才培养学院。要健全完善会计师事务所综合评价制度,将会计师事务所人才培养、人才国际化情况,以及参与行业建设、服务国家建设的情况,纳入会计师事务所综合评价体系,引导会计师事务所加大对人才工作的投入。

(四)抓实注册会计师专业方向院校建设。注册会计师专业方向院校是行业后备人才的重要来源。要深化行业与注册会计师专业方向院校的务实合作,持续推动会计师事务所与注册会计师专业方向院校建立产学研联盟,开展多方位战略合作。要优化注册会计师专业方向境外实习项目形式,畅通学生到国内大中型会计师事务所实习的渠道。要强化注册会计师专业方向核心课程师资培训,提升核心课程师资的理论和实务经验。要鼓励行业高端人才在注册会计师专业方向院校担任校外导师,推动注册会计师专业方向院校教育与行业人才需求有效对接。

五、持续打造行业人才领头羊和生力军

深入开展会计师事务所合伙人、行业国际化人才、执业机构党组织书记、行业代表人士、行业青年人才等培养工程,不断完善培养工程的体制机制,不断提升培养工程的效率效果,持续打造行业发展的领头羊和生力军,引领行业高质量发展。

(一)着力推进会计师事务所合伙人培养工程。聚焦培养符合"政治型、职业型、专业型、复合型、国际型"要求的会计师事务所合伙人及后备人才,着力打造会计师事务所发展的领头羊。对会计师事务所合伙人开展轮训,计划每年培训约1 000人,五年共培训约5 000人,持续提升政治素养和职业道德,持续拓宽战略眼光和国际视野,持续提高综合管理能力。建立合伙人后备人才选拔机制,选拔政治素养高、执业能力强且具备一定管理能力的会计师事务所优秀中青年人才进行重点培养,每年选拔1次,培养周期三年,五年共计划选拔培养约180人,持续提升专业胜任能力,着重培养管理能力、提升战略眼光和国际视野,为会计师事务所合伙人选拔做好人才储备。坚持学用结合,打通人才培养和使用路径,为合伙人及后备人才搭建平台,调动其服务行业和服务国家建设的积极性。建立健全合伙人及后备人才的考核评价机制,全面评价考核其职业道德、专业胜任能力、国际视野、综合素质以及为行业建设和国家建设所作的贡献。

（二）着力推进行业国际化人才建设工程。聚焦培养符合"高素质、国际化、复合型"要求的行业国际化人才，着力打造行业国际交流合作和行业国际化发展的先行者。充分利用行业人才培养项目，提高全球化、国际化等宏观性、战略性课程的比重，提供包括英语技能、专业英语、宏观性战略性等定制化的培训内容，提升学员的战略眼光，延展学员的国际视野，为行业深入实施国际化战略储备人才。加强行业国际化人才的使用，积极支持其参与行业准则国际趋同研究、行业国际交流合作等相关工作，切实发挥好行业国际化人才智库作用。

（三）着力推进执业机构党组织书记培养工程。聚焦培养符合"守信念、讲奉献、有本领、重品行"要求的会计师事务所党支部书记、党务工作者、党员骨干，锻造一支政治上强、热爱党的工作、熟悉群众工作的行业党务工作人才队伍。依托各级行业党校开展行业党务工作者轮训，提升全国各级行业党委党务工作者的政治理论水平，指导实践、推动工作。依托各级行业党校开展对事务所党组织书记的轮训，充分发挥事务所党组织书记的基层引领、引导作用，推动党建和业务紧密结合。依托各级行业党校和红色学院开展党员骨干培训，教育引导行业党员从业人员用党的创新理论武装头脑，起到示范带头作用。

（四）着力推进行业党外代表人士培养工程。聚焦培养符合"政治坚定、业绩突出、群众认同"要求的行业党外代表人士，培养一支有贡献、有影响的行业党外代表人士队伍。拓宽选人渠道，完善推荐程序，建立行业党组织定期向统战部门推荐输送行业党外代表人士的机制，重点从会计师事务所合伙人、业务骨干及后备人才中，有组织有计划地物色、选拔行业党外代表人士。各级行业党组织要充分利用各类资源加强行业党外代表人士培训培养，紧扣行业特点制定行业党外代表人士培训规划和培训大纲，充分发挥行业党校在行业党外代表人士培训中主阵地作用，分级分类、科学施训，注重提高行业党外代表人士的政治理论素养和参政议政能力。建立科学规范的提名考察机制，根据有关规定提名推荐行业党外代表人士参选人大代表、担任政协委员和政府参事等，支持行业党外代表人士担任群团组织的兼职领导、代表大会代表、委员会委员，到有关国际组织担任职务。

（五）着力推进行业青年素质提升工程。聚焦培养符合"信念坚定、重实重干、与时俱进"要求的行业青年人才，打造一支道德品行优秀、专业能力过硬的行业建设生力军。利用团中央基层团干部培训班和行业党校各类培训班，对各级行业团委干部、综合排名前100家事务所团干部、受表彰行业青年等开展培训，指导地方协会利用省级行业党校、团省委培训班等开展青年培训。持续开展行业"优秀共青团员、五四红旗团支部""青年文明号"等评比表彰，选树先优典型、发挥榜样作用。

六、组织保障

（一）坚持党的全面领导。在财政部党组和财政部人才工作领导小组领导下，切实加强各级行业党委和行业协会党组织建设，发挥党总揽全局、协调各方的领导作用，切实履行管宏观、管政策、管协调、管服务职责，做好新时代"两支队伍"建设的宏观谋划和顶层设计。各级行业党委和行业协会党组织要强化主体责任，完善党管人才工作格局，充分认识加强行业人才工作的重要性，加强对行业人才工作的领导，统筹推进人才工作重大举措落地生效；要结合实际研究制定实施意见，加强政策解读和舆论引导，形成关心支持行业人才发展的良好氛围；要定期研究行业人才发展体制机制改革中遇到的新情况新问题，及时制定修订制度，及时解决重大问题。

（二）强化服务保障。要持续改革完善行业人才治理架构，加强行业人才工作的组织保障、人力保障、资金保障和制度保障。要重视行业人才工作者队伍建设，以构建政治强、专业精、视野宽、本领高的"通才+专才"干部队伍为目标，健全各级注协干部考核评价体系和培训培养体系，强化干部队伍梯队建设，推动人力资源优化，提高服务保障能力。

（三）做好考核评估反馈。建立健全行业人才工作跟踪问效机制，细化任务分工、明确时间节点，加强工作中的督查督导，对发现的问题要及时纠偏，对工作不力的部门和个人要严肃问责。建立健全对行业人才工作的考核机制，以考核传导压力，以压力推动落实，并将贯彻落实本指导意见各项政策情况列入财政部门对注协领导班子工作考核的重要内容，将会计师事务所人才培养情况纳入会计师事务所党组织工作考核的重要内容，确保目标任务落到实处、取得实效。

8. 关于印发《会计人员职业道德规范》的通知（2023年发布）

（财会〔2023〕1号）

各省、自治区、直辖市、计划单列市财政厅（局），新疆生产建设兵团财政局，中直管理局财务管理办公室，国管局财务管理司，中央军委后勤保障部财务局：

为贯彻落实党中央、国务院关于加强社会信用体系建设的决策部署，推进会计诚信体系建设，提高会计人员职业道德水平，根据《中华人民共和国会计法》《会计基础工作规范》，财政部研究制定了《会计人员职业道德规范》（以下简称《规范》），现予印发。

各地财政部门、中央有关主管单位应当组织开展形式多样的学习活动，充分利用各类媒体平台，大力宣传《规范》精神，帮助广大会计人员全面理解《规范》内容，准确把握《规范》提出的要求，将有关要求落实到具体会计工作中，使其成为广大会计人员普遍认同和自觉践行的行为准则；应当推动高校财会类专业加强职业道德教育，将《规范》要求有机融入教学内容；应当指导用人单位加强会计人员职业道德教育，将遵守职业道德情况作为评价、选用会计人员的重要标准。

附件：会计人员职业道德规范

财政部
2023年1月12日

附件：

会计人员职业道德规范

一、坚持诚信，守法奉公。牢固树立诚信理念，以诚立身、以信立业，严于律己、心存敬畏。学法知法守法，公私分明、克己奉公，树立良好职业形象，维护会计行业声誉。

二、坚持准则，守责敬业。严格执行准则制度，保证会计信息真实完整。勤勉尽责、爱岗敬业，忠于职守、敢于斗争，自觉抵制会计造假行为，维护国家财经纪律和经济秩序。

三、坚持学习，守正创新。始终秉持专业精神，勤于学习、锐意进取，持续提升会计专业能力。不断适应新形势新要求，与时俱进、开拓创新，努力推动会计事业高质量发展。

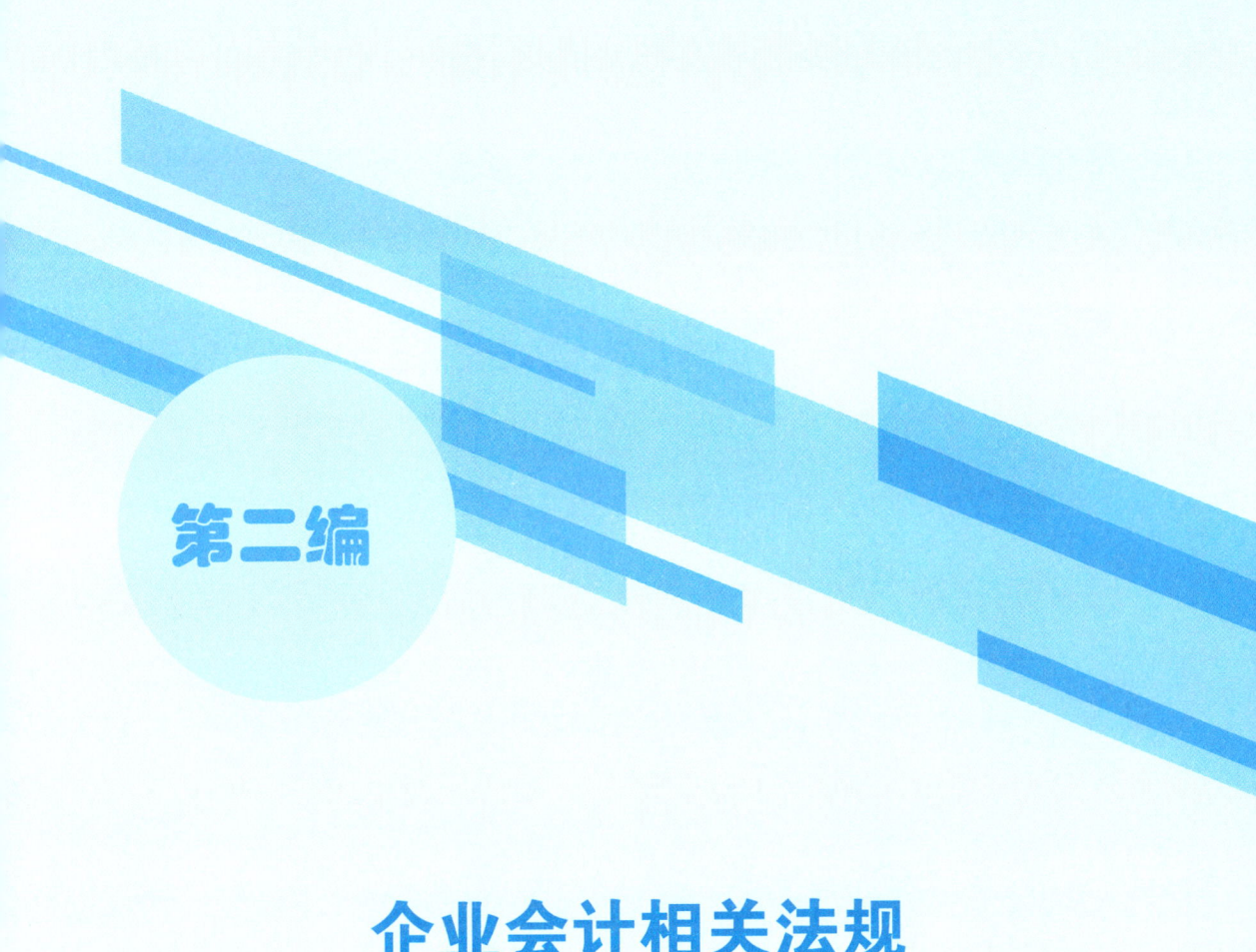

第二编

企业会计相关法规

第五章　企业会计准则

1. 企业会计准则——基本准则（2014年修订）

（2006年2月15日财政部令第33号公布　2014年7月23日根据《财政部关于修改〈企业会计准则——基本准则〉的决定》修改）

第一章　总　则

第一条　为了规范企业会计确认、计量和报告行为，保证会计信息质量，根据《中华人民共和国会计法》和其他有关法律、行政法规，制定本准则。

第二条　本准则适用于在中华人民共和国境内设立的企业（包括公司，下同）。

第三条　企业会计准则包括基本准则和具体准则，具体准则的制定应当遵循本准则。

第四条　企业应当编制财务会计报告（又称财务报告，下同）。财务会计报告的目标是向财务会计报告使用者提供与企业财务状况、经营成果和现金流量等有关的会计信息，反映企业管理层受托责任履行情况，有助于财务会计报告使用者作出经济决策。

财务会计报告使用者包括投资者、债权人、政府及其有关部门和社会公众等。

第五条　企业应当对其本身发生的交易或者事项进行会计确认、计量和报告。

第六条　企业会计确认、计量和报告应当以持续经营为前提。

第七条　企业应当划分会计期间，分期结算账目和编制财务会计报告。

会计期间分为年度和中期。中期是指短于一个完整的会计年度的报告期间。

第八条　企业会计应当以货币计量。

第九条　企业应当以权责发生制为基础进行会计确认、计量和报告。

第十条　企业应当按照交易或者事项的经济特征确定会计要素。会计要素包括资产、负债、所有者权益、收入、费用和利润。

第十一条　企业应当采用借贷记账法记账。

第二章　会计信息质量要求

第十二条　企业应当以实际发生的交易或者事项为依据进行会计确认、计量和报告，如实反映符合确认和计量要求的各项会计要素及其他相关信息，保证会计信息真实可靠、内容完整。

第十三条　企业提供的会计信息应当与财务会计报告使用者的经济决策需要相关，有助于财务会计报告使用者对企业过去、现在或者未来的情况作出评价或者预测。

第十四条　企业提供的会计信息应当清晰明了，便于财务会计报告使用者理解和使用。

第十五条　企业提供的会计信息应当具有可比性。

同一企业不同时期发生的相同或者相似的交易或者事项，应当采用一致的会计政策，不得随意变更。确需变更的，应当在附注中说明。

不同企业发生的相同或者相似的交易或者事项，应当采用规定的会计政策，确保会计信息口径一致、相互可比。

第十六条　企业应当按照交易或者事项的经济实质进行会计确认、计量和报告，不应仅以交易或者事项的法律形式为依据。

第十七条 企业提供的会计信息应当反映与企业财务状况、经营成果和现金流量等有关的所有重要交易或者事项。

第十八条 企业对交易或者事项进行会计确认、计量和报告应当保持应有的谨慎，不应高估资产或者收益、低估负债或者费用。

第十九条 企业对于已经发生的交易或者事项，应当及时进行会计确认、计量和报告，不得提前或者延后。

第三章 资　　产

第二十条 资产是指企业过去的交易或者事项形成的、由企业拥有或者控制的、预期会给企业带来经济利益的资源。

前款所指的企业过去的交易或者事项包括购买、生产、建造行为或其他交易或者事项。预期在未来发生的交易或者事项不形成资产。

由企业拥有或者控制，是指企业享有某项资源的所有权，或者虽然不享有某项资源的所有权，但该资源能被企业所控制。

预期会给企业带来经济利益，是指直接或者间接导致现金和现金等价物流入企业的潜力。

第二十一条 符合本准则第二十条规定的资产定义的资源，在同时满足以下条件时，确认为资产：

（一）与该资源有关的经济利益很可能流入企业；

（二）该资源的成本或者价值能够可靠地计量。

第二十二条 符合资产定义和资产确认条件的项目，应当列入资产负债表；符合资产定义、但不符合资产确认条件的项目，不应当列入资产负债表。

第四章 负　　债

第二十三条 负债是指企业过去的交易或者事项形成的、预期会导致经济利益流出企业的现时义务。

现时义务是指企业在现行条件下已承担的义务。未来发生的交易或者事项形成的义务，不属于现时义务，不应当确认为负债。

第二十四条 符合本准则第二十三条规定的负债定义的义务，在同时满足以下条件时，确认为负债：

（一）与该义务有关的经济利益很可能流出企业；

（二）未来流出的经济利益的金额能够可靠地计量。

第二十五条 符合负债定义和负债确认条件的项目，应当列入资产负债表；符合负债定义、但不符合负债确认条件的项目，不应当列入资产负债表。

第五章 所有者权益

第二十六条 所有者权益是指企业资产扣除负债后由所有者享有的剩余权益。

公司的所有者权益又称为股东权益。

第二十七条 所有者权益的来源包括所有者投入的资本、直接计入所有者权益的利得和损失、留存收益等。

直接计入所有者权益的利得和损失，是指不应计入当期损益、会导致所有者权益发生增减变动的、与所有者投入资本或者向所有者分配利润无关的利得或者损失。

利得是指由企业非日常活动所形成的、会导致所有者权益增加的、与所有者投入资本无关的经济利益的流入。

损失是指由企业非日常活动所发生的、会导致所有者权益减少的、与向所有者分配利润无关的经济利益的流出。

第二十八条　所有者权益金额取决于资产和负债的计量。

第二十九条　所有者权益项目应当列入资产负债表。

第六章　收　　入

第三十条　收入是指企业在日常活动中形成的、会导致所有者权益增加的、与所有者投入资本无关的经济利益的总流入。

第三十一条　收入只有在经济利益很可能流入从而导致企业资产增加或者负债减少，且经济利益的流入额能够可靠计量时才能予以确认。

第三十二条　符合收入定义和收入确认条件的项目，应当列入利润表。

第七章　费　　用

第三十三条　费用是指企业在日常活动中发生的、会导致所有者权益减少的、与向所有者分配利润无关的经济利益的总流出。

第三十四条　费用只有在经济利益很可能流出从而导致企业资产减少或者负债增加，且经济利益的流出额能够可靠计量时才能予以确认。

第三十五条　企业为生产产品、提供劳务等发生的可归属于产品成本、劳务成本等的费用，应当在确认产品销售收入、劳务收入等时，将已销售产品、已提供劳务的成本等计入当期损益。

企业发生的支出不产生经济利益的，或者即使能够产生经济利益但不符合或者不再符合资产确认条件的，应当在发生时确认为费用，计入当期损益。

企业发生的交易或者事项导致其承担了一项负债而又不确认为一项资产的，应当在发生时确认为费用，计入当期损益。

第三十六条　符合费用定义和费用确认条件的项目，应当列入利润表。

第八章　利　　润

第三十七条　利润是指企业在一定会计期间的经营成果。利润包括收入减去费用后的净额、直接计入当期利润的利得和损失等。

第三十八条　直接计入当期利润的利得和损失，是指应当计入当期损益、会导致所有者权益发生增减变动的、与所有者投入资本或者向所有者分配利润无关的利得或者损失。

第三十九条　利润金额取决于收入和费用、直接计入当期利润的利得和损失金额的计量。

第四十条　利润项目应当列入利润表。

第九章　会　计　计　量

第四十一条　企业在将符合确认条件的会计要素登记入账并列报于会计报表及其附注（又称财务报表，下同）时，应当按照规定的会计计量属性进行计量，确定其金额。

第四十二条　会计计量属性主要包括：

（一）历史成本。在历史成本计量下，资产按照购置时支付的现金或者现金等价物的金额，或者按照购置资产时所付出的对价的公允价值计量。负债按照因承担现时义务而实际收到的款项或者资产的金额，或者承担现时义务的合同金额，或者按照日常活动中为偿还负债预期需要支付的现金或者现金等价物的金额计量。

（二）重置成本。在重置成本计量下，资产按照现在购买相同或者相似资产所需支付的现金或者现金等价物的金额计量。负债按照现在偿付该项债务所需支付的现金或者现金等价物的金额计量。

（三）可变现净值。在可变现净值计量下，资产按照其正常对外销售所能收到现金或者现金等价物的金额扣减该资产至完工时估计将要发生的成本、估计的销售费用以及相关税费后的金额计量。

（四）现值。在现值计量下，资产按照预计从其持续使用和最终处置中所产生的未来净现金流入量的折现金额计量。负债按照预计期限内需要偿还的未来净现金流出量的折现金额计量。

（五）公允价值。在公允价值计量下，资产和负债按照市场参与者在计量日发生的有序交易中，出售资产所能收到或者转移负债所需支付的价格计量。

第四十三条 企业在对会计要素进行计量时，一般应当采用历史成本，采用重置成本、可变现净值、现值、公允价值计量的，应当保证所确定的会计要素金额能够取得并可靠计量。

第十章 财务会计报告

第四十四条 财务会计报告是指企业对外提供的反映企业某一特定日期的财务状况和某一会计期间的经营成果、现金流量等会计信息的文件。

财务会计报告包括会计报表及其附注和其他应当在财务会计报告中披露的相关信息和资料。会计报表至少应当包括资产负债表、利润表、现金流量表等报表。

小企业编制的会计报表可以不包括现金流量表。

第四十五条 资产负债表是指反映企业在某一特定日期的财务状况的会计报表。

第四十六条 利润表是指反映企业在一定会计期间的经营成果的会计报表。

第四十七条 现金流量表是指反映企业在一定会计期间的现金和现金等价物流入和流出的会计报表。

第四十八条 附注是指对在会计报表中列示项目所作的进一步说明，以及对未能在这些报表中列示项目的说明等。

第十一章 附　　则

第四十九条 本准则由财政部负责解释。

第五十条 本准则自 2007 年 1 月 1 日起施行。

2. 企业会计准则第 1 号——存货（2006 年发布）

（财会〔2006〕3 号印发）

第一章 总　　则

第一条 为了规范存货的确认、计量和相关信息的披露，根据《企业会计准则——基本准则》，制定本准则。

第二条 下列各项适用其他相关会计准则：

（一）消耗性生物资产，适用《企业会计准则第 5 号——生物资产》。

（二）通过建造合同归集的存货成本，适用《企业会计准则第 15 号——建造合同》。

第二章 确　　认

第三条 存货，是指企业在日常活动中持有以备出售的产成品或商品、处在生产过程中的在产品、在生产过程或提供劳务过程中耗用的材料和物料等。

第四条 存货同时满足下列条件的，才能予以确认：

（一）与该存货有关的经济利益很可能流入企业；

（二）该存货的成本能够可靠地计量。

第三章 计 量

第五条 存货应当按照成本进行初始计量。存货成本包括采购成本、加工成本和其他成本。

第六条 存货的采购成本，包括购买价款、相关税费、运输费、装卸费、保险费以及其他可归属于存货采购成本的费用。

第七条 存货的加工成本，包括直接人工以及按照一定方法分配的制造费用。

制造费用，是指企业为生产产品和提供劳务而发生的各项间接费用。企业应当根据制造费用的性质，合理地选择制造费用分配方法。

在同一生产过程中，同时生产两种或两种以上的产品，并且每种产品的加工成本不能直接区分的，其加工成本应当按照合理的方法在各种产品之间进行分配。

第八条 存货的其他成本，是指除采购成本、加工成本以外的，使存货达到目前场所和状态所发生的其他支出。

第九条 下列费用应当在发生时确认为当期损益，不计入存货成本：

（一）非正常消耗的直接材料、直接人工和制造费用。

（二）仓储费用（不包括在生产过程中为达到下一个生产阶段所必需的费用）。

（三）不能归属于使存货达到目前场所和状态的其他支出。

第十条 应计入存货成本的借款费用，按照《企业会计准则第17号——借款费用》处理。

第十一条 投资者投入存货的成本，应当按照投资合同或协议约定的价值确定，但合同或协议约定价值不公允的除外。

第十二条 收获时农产品的成本、非货币性资产交换、债务重组和企业合并取得的存货的成本，应当分别按照《企业会计准则第5号——生物资产》《企业会计准则第7号——非货币性资产交换》《企业会计准则第12号——债务重组》和《企业会计准则第20号——企业合并》确定。

第十三条 企业提供劳务的，所发生的从事劳务提供人员的直接人工和其他直接费用以及可归属的间接费用，计入存货成本。

第十四条 企业应当采用先进先出法、加权平均法或者个别计价法确定发出存货的实际成本。

对于性质和用途相似的存货，应当采用相同的成本计算方法确定发出存货的成本。

对于不能替代使用的存货、为特定项目专门购入或制造的存货以及提供劳务的成本，通常采用个别计价法确定发出存货的成本。

对于已售存货，应当将其成本结转为当期损益，相应的存货跌价准备也应当予以结转。

第十五条 资产负债表日，存货应当按照成本与可变现净值孰低计量。

存货成本高于其可变现净值的，应当计提存货跌价准备，计入当期损益。

可变现净值，是指在日常活动中，存货的估计售价减去至完工时估计将要发生的成本、估计的销售费用以及相关税费后的金额。

第十六条 企业确定存货的可变现净值，应当以取得的确凿证据为基础，并且考虑持有存货的目的、资产负债表日后事项的影响等因素。

为生产而持有的材料等，用其生产的产成品的可变现净值高于成本的，该材料仍然应当按照成本计量；材料价格的下降表明产成品的可变现净值低于成本的，该材料应当按照可变现净值计量。

第十七条 为执行销售合同或者劳务合同而持有的存货，其可变现净值应当以合同价格为基础计算。

企业持有存货的数量多于销售合同订购数量的，超出部分的存货的可变现净值应当以一般销售价格为基础计算。

第十八条 企业通常应当按照单个存货项目计提存货跌价准备。

对于数量繁多、单价较低的存货，可以按照存货类别计提存货跌价准备。

与在同一地区生产和销售的产品系列相关、具有相同或类似最终用途或目的，且难以与其他项目分开计量的存货，可以合并计提存货跌价准备。

第十九条 资产负债表日，企业应当确定存货的可变现净值。以前减记存货价值的影响因素已经消失的，减记的金额应当予以恢复，并在原已计提的存货跌价准备金额内转回，转回的金额计入当期损益。

第二十条 企业应当采用一次转销法或者五五摊销法对低值易耗品和包装物进行摊销，计入相关资产的成本或者当期损益。

第二十一条 企业发生的存货毁损，应当将处置收入扣除账面价值和相关税费后的金额计入当期损益。存货的账面价值是存货成本扣减累计跌价准备后的金额。

存货盘亏造成的损失，应当计入当期损益。

第四章 披　　露

第二十二条 企业应当在附注中披露与存货有关的下列信息：

（一）各类存货的期初和期末账面价值。

（二）确定发出存货成本所采用的方法。

（三）存货可变现净值的确定依据，存货跌价准备的计提方法，当期计提的存货跌价准备的金额，当期转回的存货跌价准备的金额，以及计提和转回的有关情况。

（四）用于担保的存货账面价值。

3. 企业会计准则第 2 号——长期股权投资（2014 年修订）

（财会〔2014〕14 号印发）

第一章 总　　则

第一条 为了规范长期股权投资的确认、计量，根据《企业会计准则——基本准则》，制定本准则。

第二条 本准则所称长期股权投资，是指投资方对被投资单位实施控制、重大影响的权益性投资，以及对其合营企业的权益性投资。

在确定能否对被投资单位实施控制时，投资方应当按照《企业会计准则第 33 号——合并财务报表》的有关规定进行判断。投资方能够对被投资单位实施控制的，被投资单位为其子公司。投资方属于《企业会计准则第 33 号——合并财务报表》规定的投资性主体且子公司不纳入合并财务报表的情况除外。

重大影响，是指投资方对被投资单位的财务和经营政策有参与决策的权力，但并不能够控制或者与其他方一起共同控制这些政策的制定。在确定能否对被投资单位施加重大影响时，应当考虑投资方和其他方持有的被投资单位当期可转换公司债券、当期可执行认股权证等潜在表决权因素。投资方能够对被投资单位施加重大影响的，被投资单位为其联营企业。

在确定被投资单位是否为合营企业时，应当按照《企业会计准则第 40 号——合营安排》的有关规定进行判断。

第三条 下列各项适用其他相关会计准则：

（一）外币长期股权投资的折算，适用《企业会计准则第 19 号——外币折算》。

（二）风险投资机构、共同基金以及类似主体持有的、在初始确认时按照《企业会计准则第 22 号——金融工具确认和计量》的规定以公允价值计量且其变动计入当期损益的金融资产，投资性主体对不纳入合并财务报表的子公司的权益性投资，以及本准则未予规范的其他权益性投资，适用《企业会计准则第 22 号——金融工具确认和计量》。

第四条　长期股权投资的披露，适用《企业会计准则第 41 号——在其他主体中权益的披露》。

第二章　初　始　计　量

第五条　企业合并形成的长期股权投资，应当按照下列规定确定其初始投资成本：

（一）同一控制下的企业合并，合并方以支付现金、转让非现金资产或承担债务方式作为合并对价的，应当在合并日按照被合并方所有者权益在最终控制方合并财务报表中的账面价值的份额作为长期股权投资的初始投资成本。长期股权投资初始投资成本与支付的现金、转让的非现金资产以及所承担债务账面价值之间的差额，应当调整资本公积；资本公积不足冲减的，调整留存收益。

合并方以发行权益性证券作为合并对价的，应当在合并日按照被合并方所有者权益在最终控制方合并财务报表中的账面价值的份额作为长期股权投资的初始投资成本。按照发行股份的面值总额作为股本，长期股权投资初始投资成本与所发行股份面值总额之间的差额，应当调整资本公积；资本公积不足冲减的，调整留存收益。

（二）非同一控制下的企业合并，购买方在购买日应当按照《企业会计准则第 20 号——企业合并》的有关规定确定的合并成本作为长期股权投资的初始投资成本。

合并方或购买方为企业合并发生的审计、法律服务、评估咨询等中介费用以及其他相关管理费用，应当于发生时计入当期损益。

第六条　除企业合并形成的长期股权投资以外，其他方式取得的长期股权投资，应当按照下列规定确定其初始投资成本：

（一）以支付现金取得的长期股权投资，应当按照实际支付的购买价款作为初始投资成本。初始投资成本包括与取得长期股权投资直接相关的费用、税金及其他必要支出。

（二）以发行权益性证券取得的长期股权投资，应当按照发行权益性证券的公允价值作为初始投资成本。与发行权益性证券直接相关的费用，应当按照《企业会计准则第 37 号——金融工具列报》的有关规定确定。

（三）通过非货币性资产交换取得的长期股权投资，其初始投资成本应当按照《企业会计准则第 7 号——非货币性资产交换》的有关规定确定。

（四）通过债务重组取得的长期股权投资，其初始投资成本应当按照《企业会计准则第 12 号——债务重组》的有关规定确定。

第三章　后　续　计　量

第七条　投资方能够对被投资单位实施控制的长期股权投资应当采用成本法核算。

第八条　采用成本法核算的长期股权投资应当按照初始投资成本计价。追加或收回投资应当调整长期股权投资的成本。被投资单位宣告分派的现金股利或利润，应当确认为当期投资收益。

第九条　投资方对联营企业和合营企业的长期股权投资，应当按照本准则第十条至第十三条规定，采用权益法核算。

投资方对联营企业的权益性投资，其中一部分通过风险投资机构、共同基金、信托公司或包括投连险基金在内的类似主体间接持有的，无论以上主体是否对这部分投资具有重大影响，投资方都可以按照《企业会计准则第 22 号——金融工具确认和计量》的有关规定，对间接持有的该部分投资选择以公允价值计量且其变动计入损益，并对其余部分采用权益法核算。

第十条 长期股权投资的初始投资成本大于投资时应享有被投资单位可辨认净资产公允价值份额的，不调整长期股权投资的初始投资成本；长期股权投资的初始投资成本小于投资时应享有被投资单位可辨认净资产公允价值份额的，其差额应当计入当期损益，同时调整长期股权投资的成本。

被投资单位可辨认净资产的公允价值，应当比照《企业会计准则第 20 号——企业合并》的有关规定确定。

第十一条 投资方取得长期股权投资后，应当按照应享有或应分担的被投资单位实现的净损益和其他综合收益的份额，分别确认投资收益和其他综合收益，同时调整长期股权投资的账面价值；投资方按照被投资单位宣告分派的利润或现金股利计算应享有的部分，相应减少长期股权投资的账面价值；投资方对于被投资单位除净损益、其他综合收益和利润分配以外所有者权益的其他变动，应当调整长期股权投资的账面价值并计入所有者权益。

投资方在确认应享有被投资单位净损益的份额时，应当以取得投资时被投资单位可辨认净资产的公允价值为基础，对被投资单位的净利润进行调整后确认。

被投资单位采用的会计政策及会计期间与投资方不一致的，应当按照投资方的会计政策及会计期间对被投资单位的财务报表进行调整，并据以确认投资收益和其他综合收益等。

第十二条 投资方确认被投资单位发生的净亏损，应当以长期股权投资的账面价值以及其他实质上构成对被投资单位净投资的长期权益减记至零为限，投资方负有承担额外损失义务的除外。

被投资单位以后实现净利润的，投资方在其收益分享额弥补未确认的亏损分担额后，恢复确认收益分享额。

第十三条 投资方计算确认应享有或应分担被投资单位的净损益时，与联营企业、合营企业之间发生的未实现内部交易损益按照应享有的比例计算归属于投资方的部分，应当予以抵销，在此基础上确认投资收益。

投资方与被投资单位发生的未实现内部交易损失，按照《企业会计准则第 8 号——资产减值》等的有关规定属于资产减值损失的，应当全额确认。

第十四条 投资方因追加投资等原因能够对被投资单位施加重大影响或实施共同控制但不构成控制的，应当按照《企业会计准则第 22 号——金融工具确认和计量》确定的原持有的股权投资的公允价值加上新增投资成本之和，作为改按权益法核算的初始投资成本。原持有的股权投资分类为可供出售金融资产的，其公允价值与账面价值之间的差额，以及原计入其他综合收益的累计公允价值变动应当转入改按权益法核算的当期损益。

投资方因追加投资等原因能够对非同一控制下的被投资单位实施控制的，在编制个别财务报表时，应当按照原持有的股权投资账面价值加上新增投资成本之和，作为改按成本法核算的初始投资成本。购买日之前持有的股权投资因采用权益法核算而确认的其他综合收益，应当在处置该项投资时采用与被投资单位直接处置相关资产或负债相同的基础进行会计处理。购买日之前持有的股权投资按照《企业会计准则第 22 号——金融工具确认和计量》的有关规定进行会计处理的，原计入其他综合收益的累计公允价值变动应当在改按成本法核算时转入当期损益。在编制合并财务报表时，应当按照《企业会计准则第 33 号——合并财务报表》的有关规定进行会计处理。

第十五条 投资方因处置部分股权投资等原因丧失了对被投资单位的共同控制或重大影响的，处置后的剩余股权应当改按《企业会计准则第 22 号——金融工具确认和计量》核算，其在丧失共同控制或重大影响之日的公允价值与账面价值之间的差额计入当期损益。原股权投资因采用权益法核算而确认的其他综合收益，应当在终止采用权益法核算时采用与被投资单位直接处置相关资产或负债相同的基础进行会计处理。

投资方因处置部分权益性投资等原因丧失了对被投资单位的控制的，在编制个别财务报表时，处置后的剩余股权能够对被投资单位实施共同控制或施加重大影响的，应当改按权益法核算，并对该剩余股权视同自取得时即采用权益法核算进行调整；处置后的剩余股权不能对被投资单位实施共同控制或施加重大影响的，应当改按《企业会计准则第 22 号——金融工具确认和计量》的有关规定进行会计处理，其在丧失控制之日的公允价值与账面价值间的差额计入当期损益。在编制合并财务报表时，应当按照《企业会计准则第 33 号——合并财务报表》的有关规定进行会计处理。

第十六条 对联营企业或合营企业的权益性投资全部或部分分类为持有待售资产的，投资方应当按照《企业会计准则第 4 号——固定资产》的有关规定处理，对于未划分为持有待售资产的剩余权益性投资，应当采用权益法进行会计处理。

已划分为持有待售的对联营企业或合营企业的权益性投资，不再符合持有待售资产分类条件的，应当从被分类为持有待售资产之日起采用权益法进行追溯调整。分类为持有待售期间的财务报表应当作相应调整。

第十七条 处置长期股权投资，其账面价值与实际取得价款之间的差额，应当计入当期损益。采用权益法核算的长期股权投资，在处置该项投资时，采用与被投资单位直接处置相关资产或负债相同的基础，按相应比例对原计入其他综合收益的部分进行会计处理。

第十八条 投资方应当关注长期股权投资的账面价值是否大于享有被投资单位所有者权益账面价值的份额等类似情况。出现类似情况时，投资方应当按照《企业会计准则第 8 号——资产减值》对长期股权投资进行减值测试，可收回金额低于长期股权投资账面价值的，应当计提减值准备。

第四章 衔 接 规 定

第十九条 在本准则施行日之前已经执行企业会计准则的企业，应当按照本准则进行追溯调整，追溯调整不切实可行的除外。

第五章 附 则

第二十条 本准则自 2014 年 7 月 1 日起施行。

4. 企业会计准则第 3 号——投资性房地产（2006 年发布）

（财会〔2006〕3 号印发）

第一章 总 则

第一条 为了规范投资性房地产的确认、计量和相关信息的披露，根据《企业会计准则——基本准则》，制定本准则。

第二条 投资性房地产，是指为赚取租金或资本增值，或两者兼有而持有的房地产。

投资性房地产应当能够单独计量和出售。

第三条 本准则规范下列投资性房地产：

（一）已出租的土地使用权。

（二）持有并准备增值后转让的土地使用权。

（三）已出租的建筑物。

第四条 下列各项不属于投资性房地产：

（一）自用房地产，即为生产商品、提供劳务或者经营管理而持有的房地产。

（二）作为存货的房地产。

第五条 下列各项适用其他相关会计准则：

（一）企业代建的房地产，适用《企业会计准则第 15 号——建造合同》。

（二）投资性房地产的租金收入和售后租回，适用《企业会计准则第 21 号——租赁》。

第二章 确认和初始计量

第六条 投资性房地产同时满足下列条件的，才能予以确认：

（一）与该投资性房地产有关的经济利益很可能流入企业；

（二）该投资性房地产的成本能够可靠地计量。

第七条 投资性房地产应当按照成本进行初始计量。

（一）外购投资性房地产的成本，包括购买价款、相关税费和可直接归属于该资产的其他支出。

（二）自行建造投资性房地产的成本，由建造该项资产达到预定可使用状态前所发生的必要支出构成。

（三）以其他方式取得的投资性房地产的成本，按照相关会计准则的规定确定。

第八条 与投资性房地产有关的后续支出，满足本准则第六条规定的确认条件的，应当计入投资性房地产成本；不满足本准则第六条规定的确认条件的，应当在发生时计入当期损益。

第三章 后续计量

第九条 企业应当在资产负债表日采用成本模式对投资性房地产进行后续计量，但本准则第十条规定的除外。

采用成本模式计量的建筑物的后续计量，适用《企业会计准则第 4 号——固定资产》。

采用成本模式计量的土地使用权的后续计量，适用《企业会计准则第 6 号——无形资产》。

第十条 有确凿证据表明投资性房地产的公允价值能够持续可靠取得的，可以对投资性房地产采用公允价值模式进行后续计量。采用公允价值模式计量的，应当同时满足下列条件：

（一）投资性房地产所在地有活跃的房地产交易市场；

（二）企业能够从房地产交易市场上取得同类或类似房地产的市场价格及其他相关信息，从而对投资性房地产的公允价值作出合理的估计。

第十一条 采用公允价值模式计量的，不对投资性房地产计提折旧或进行摊销，应当以资产负债表日投资性房地产的公允价值为基础调整其账面价值，公允价值与原账面价值之间的差额计入当期损益。

第十二条 企业对投资性房地产的计量模式一经确定，不得随意变更。成本模式转为公允价值模式的，应当作为会计政策变更，按照《企业会计准则第 28 号——会计政策、会计估计变更和差错更正》处理。

已采用公允价值模式计量的投资性房地产，不得从公允价值模式转为成本模式。

第四章 转 换

第十三条 企业有确凿证据表明房地产用途发生改变，满足下列条件之一的，应当将投资性房地产转换为其他资产或者将其他资产转换为投资性房地产：

（一）投资性房地产开始自用。

（二）作为存货的房地产，改为出租。

（三）自用土地使用权停止自用，用于赚取租金或资本增值。

（四）自用建筑物停止自用，改为出租。

第十四条 在成本模式下，应当将房地产转换前的账面价值作为转换后的入账价值。

第十五条 采用公允价值模式计量的投资性房地产转换为自用房地产时，应当以其转换当日的公允价值作为自用房地产的账面价值，公允价值与原账面价值的差额计入当期损益。

第十六条 自用房地产或存货转换为采用公允价值模式计量的投资性房地产时，投资性房地产按照转换当日的公允价值计价，转换当日的公允价值小于原账面价值的，其差额计入当期损益；转换当日的公允价值大于原账面价值的，其差额计入所有者权益。

第五章 处 置

第十七条 当投资性房地产被处置，或者永久退出使用且预计不能从其处置中取得经济利益时，应当终止确认该项投资性房地产。

第十八条 企业出售、转让、报废投资性房地产或者发生投资性房地产毁损，应当将处置收入扣除其账面价值和相关税费后的金额计入当期损益。

第六章 披 露

第十九条 企业应当在附注中披露与投资性房地产有关的下列信息：
（一）投资性房地产的种类、金额和计量模式。
（二）采用成本模式的，投资性房地产的折旧或摊销，以及减值准备的计提情况。
（三）采用公允价值模式的，公允价值的确定依据和方法，以及公允价值变动对损益的影响。
（四）房地产转换情况、理由，以及对损益或所有者权益的影响。
（五）当期处置的投资性房地产及其对损益的影响。

5. 企业会计准则第4号——固定资产（2006年发布）

（财会〔2006〕3号印发）

第一章 总 则

第一条 为了规范固定资产的确认、计量和相关信息的披露，根据《企业会计准则——基本准则》，制定本准则。

第二条 下列各项适用其他相关会计准则：
（一）作为投资性房地产的建筑物，适用《企业会计准则第3号——投资性房地产》。
（二）生产性生物资产，适用《企业会计准则第5号——生物资产》。

第二章 确 认

第三条 固定资产，是指同时具有下列特征的有形资产：
（一）为生产商品、提供劳务、出租或经营管理而持有的；
（二）使用寿命超过一个会计年度。
使用寿命，是指企业使用固定资产的预计期间，或者该固定资产所能生产产品或提供劳务的数量。

第四条 固定资产同时满足下列条件的，才能予以确认：
（一）与该固定资产有关的经济利益很可能流入企业；
（二）该固定资产的成本能够可靠地计量。

第五条 固定资产的各组成部分具有不同使用寿命或者以不同方式为企业提供经济利益，适用不同折旧率或折旧方法的，应当分别将各组成部分确认为单项固定资产。

第六条 与固定资产有关的后续支出，符合本准则第四条规定的确认条件的，应当计入固定资产成本；不符合本准则第四条规定的确认条件的，应当在发生时计入当期损益。

第三章 初始计量

第七条 固定资产应当按照成本进行初始计量。

第八条 外购固定资产的成本，包括购买价款、相关税费、使固定资产达到预定可使用状态前所发生的可归属于该项资产的运输费、装卸费、安装费和专业人员服务费等。

以一笔款项购入多项没有单独标价的固定资产，应当按照各项固定资产公允价值比例对总成本进行分配，分别确定各项固定资产的成本。

购买固定资产的价款超过正常信用条件延期支付，实质上具有融资性质的，固定资产的成本以购买价款的现值为基础确定。实际支付的价款与购买价款的现值之间的差额，除按照《企业会计准则第17号——借款费用》应予资本化的以外，应当在信用期间内计入当期损益。

第九条 自行建造固定资产的成本，由建造该项资产达到预定可使用状态前所发生的必要支出构成。

第十条 应计入固定资产成本的借款费用，按照《企业会计准则第17号——借款费用》处理。

第十一条 投资者投入固定资产的成本，应当按照投资合同或协议约定的价值确定，但合同或协议约定价值不公允的除外。

第十二条 非货币性资产交换、债务重组、企业合并和融资租赁取得的固定资产的成本，应当分别按照《企业会计准则第7号——非货币性资产交换》《企业会计准则第12号——债务重组》《企业会计准则第20号——企业合并》和《企业会计准则第21号——租赁》确定。

第十三条 确定固定资产成本时，应当考虑预计弃置费用因素。

第四章 后续计量

第十四条 企业应当对所有固定资产计提折旧。但是，已提足折旧仍继续使用的固定资产和单独计价入账的土地除外。

折旧，是指在固定资产使用寿命内，按照确定的方法对应计折旧额进行系统分摊。

应计折旧额，是指应当计提折旧的固定资产的原价扣除其预计净残值后的金额。已计提减值准备的固定资产，还应当扣除已计提的固定资产减值准备累计金额。

预计净残值，是指假定固定资产预计使用寿命已满并处于使用寿命终了时的预期状态，企业目前从该项资产处置中获得的扣除预计处置费用后的金额。

第十五条 企业应当根据固定资产的性质和使用情况，合理确定固定资产的使用寿命和预计净残值。

固定资产的使用寿命、预计净残值一经确定，不得随意变更。但是，符合本准则第十九条规定的除外。

第十六条 企业确定固定资产使用寿命，应当考虑下列因素：

（一）预计生产能力或实物产量；

（二）预计有形损耗和无形损耗；

（三）法律或者类似规定对资产使用的限制。

第十七条 企业应当根据与固定资产有关的经济利益的预期实现方式，合理选择固定资产折旧方法。

可选用的折旧方法包括年限平均法、工作量法、双倍余额递减法和年数总和法等。

固定资产的折旧方法一经确定，不得随意变更。但是，符合本准则第十九条规定的除外。

第十八条 固定资产应当按月计提折旧，并根据用途计入相关资产的成本或者当期损益。

第十九条 企业至少应当于每年年度终了，对固定资产的使用寿命、预计净残值和折旧方法进行复核。

使用寿命预计数与原先估计数有差异的，应当调整固定资产使用寿命。

预计净残值预计数与原先估计数有差异的，应当调整预计净残值。

与固定资产有关的经济利益预期实现方式有重大改变的，应当改变固定资产折旧方法。

固定资产使用寿命、预计净残值和折旧方法的改变应当作为会计估计变更。

第二十条 固定资产的减值，应当按照《企业会计准则第8号——资产减值》处理。

第五章 处 置

第二十一条 固定资产满足下列条件之一的，应当予以终止确认：

（一）该固定资产处于处置状态。

（二）该固定资产预期通过使用或处置不能产生经济利益。

第二十二条 企业持有待售的固定资产，应当对其预计净残值进行调整。

第二十三条 企业出售、转让、报废固定资产或发生固定资产毁损，应当将处置收入扣除账面价值和相关税费后的金额计入当期损益。固定资产的账面价值是固定资产成本扣减累计折旧和累计减值准备后的金额。

固定资产盘亏造成的损失，应当计入当期损益。

第二十四条 企业根据本准则第六条的规定，将发生的固定资产后续支出计入固定资产成本的，应当终止确认被替换部分的账面价值。

第六章 披 露

第二十五条 企业应当在附注中披露与固定资产有关的下列信息：

（一）固定资产的确认条件、分类、计量基础和折旧方法。

（二）各类固定资产的使用寿命、预计净残值和折旧率。

（三）各类固定资产的期初和期末原价、累计折旧额及固定资产减值准备累计金额。

（四）当期确认的折旧费用。

（五）对固定资产所有权的限制及其金额和用于担保的固定资产账面价值。

（六）准备处置的固定资产名称、账面价值、公允价值、预计处置费用和预计处置时间等。

6. 企业会计准则第5号——生物资产（2006年发布）

（财会〔2006〕3号印发）

第一章 总 则

第一条 为了规范与农业生产相关的生物资产的确认、计量和相关信息的披露，根据《企业会计准则——基本准则》，制定本准则。

第二条 生物资产，是指有生命的动物和植物。

第三条 生物资产分为消耗性生物资产、生产性生物资产和公益性生物资产。

消耗性生物资产，是指为出售而持有的、或在将来收获为农产品的生物资产，包括生长中的大田作物、蔬菜、用材林以及存栏待售的牲畜等。

生产性生物资产,是指为产出农产品、提供劳务或出租等目的而持有的生物资产,包括经济林、薪炭林、产畜和役畜等。

公益性生物资产,是指以防护、环境保护为主要目的的生物资产,包括防风固沙林、水土保持林和水源涵养林等。

第四条 下列各项适用其他相关会计准则:

(一)收获后的农产品,适用《企业会计准则第1号——存货》。

(二)与生物资产相关的政府补助,适用《企业会计准则第16号——政府补助》。

第二章 确认和初始计量

第五条 生物资产同时满足下列条件的,才能予以确认:

(一)企业因过去的交易或者事项而拥有或者控制该生物资产;

(二)与该生物资产有关的经济利益或服务潜能很可能流入企业;

(三)该生物资产的成本能够可靠地计量。

第六条 生物资产应当按照成本进行初始计量。

第七条 外购生物资产的成本,包括购买价款、相关税费、运输费、保险费以及可直接归属于购买该资产的其他支出。

第八条 自行栽培、营造、繁殖或养殖的消耗性生物资产的成本,应当按照下列规定确定:

(一)自行栽培的大田作物和蔬菜的成本,包括在收获前耗用的种子、肥料、农药等材料费、人工费和应分摊的间接费用等必要支出。

(二)自行营造的林木类消耗性生物资产的成本,包括郁闭前发生的造林费、抚育费、营林设施费、良种试验费、调查设计费和应分摊的间接费用等必要支出。

(三)自行繁殖的育肥畜的成本,包括出售前发生的饲料费、人工费和应分摊的间接费用等必要支出。

(四)水产养殖的动物和植物的成本,包括在出售或入库前耗用的苗种、饲料、肥料等材料费、人工费和应分摊的间接费用等必要支出。

第九条 自行营造或繁殖的生产性生物资产的成本,应当按照下列规定确定:

(一)自行营造的林木类生产性生物资产的成本,包括达到预定生产经营目的前发生的造林费、抚育费、营林设施费、良种试验费、调查设计费和应分摊的间接费用等必要支出。

(二)自行繁殖的产畜和役畜的成本,包括达到预定生产经营目的(成龄)前发生的饲料费、人工费和应分摊的间接费用等必要支出。达到预定生产经营目的,是指生产性生物资产进入正常生产期,可以多年连续稳定产出农产品、提供劳务或出租。

第十条 自行营造的公益性生物资产的成本,应当按照郁闭前发生的造林费、抚育费、森林保护费、营林设施费、良种试验费、调查设计费和应分摊的间接费用等必要支出确定。

第十一条 应计入生物资产成本的借款费用,按照《企业会计准则第17号——借款费用》处理。消耗性林木类生物资产发生的借款费用,应当在郁闭时停止资本化。

第十二条 投资者投入生物资产的成本,应当按照投资合同或协议约定的价值确定,但合同或协议约定价值不公允的除外。

第十三条 天然起源的生物资产的成本,应当按照名义金额确定。

第十四条 非货币性资产交换、债务重组和企业合并取得的生物资产的成本,应当分别按照《企业会计准则第7号——非货币性资产交换》《企业会计准则第12号——债务重组》和《企业会计准则第20号——企业合并》确定。

第十五条 因择伐、间伐或抚育更新性质采伐而补植林木类生物资产发生的后续支出,应当计入林木类生物资产的成本。

生物资产在郁闭或达到预定生产经营目的后发生的管护、饲养费用等后续支出,应当计入当期损益。

第三章 后续计量

第十六条 企业应当按照本准则第十七条至第二十一条的规定对生物资产进行后续计量,但本准则第二十二条规定的除外。

第十七条 企业对达到预定生产经营目的的生产性生物资产,应当按期计提折旧,并根据用途分别计入相关资产的成本或当期损益。

第十八条 企业应当根据生产性生物资产的性质、使用情况和有关经济利益的预期实现方式,合理确定其使用寿命、预计净残值和折旧方法。可选用的折旧方法包括年限平均法、工作量法、产量法等。生产性生物资产的使用寿命、预计净残值和折旧方法一经确定,不得随意变更。但是,符合本准则第二十条规定的除外。

第十九条 企业确定生产性生物资产的使用寿命,应当考虑下列因素:

(一)该资产的预计产出能力或实物产量;

(二)该资产的预计有形损耗,如产畜和役畜衰老、经济林老化等;

(三)该资产的预计无形损耗,如因新品种的出现而使现有的生产性生物资产的产出能力和产出农产品的质量等方面相对下降、市场需求的变化使生产性生物资产产出的农产品相对过时等。

第二十条 企业至少应当于每年年度终了对生产性生物资产的使用寿命、预计净残值和折旧方法进行复核。使用寿命或预计净残值的预期数与原先估计数有差异的,或者有关经济利益预期实现方式有重大改变的,应当作为会计估计变更,按照《企业会计准则第28号——会计政策、会计估计变更和差错更正》处理,调整生产性生物资产的使用寿命或预计净残值或者改变折旧方法。

第二十一条 企业至少应当于每年年度终了对消耗性生物资产和生产性生物资产进行检查,有确凿证据表明由于遭受自然灾害、病虫害、动物疫病侵袭或市场需求变化等原因,使消耗性生物资产的可变现净值或生产性生物资产的可收回金额低于其账面价值的,应当按照可变现净值或可收回金额低于账面价值的差额,计提生物资产跌价准备或减值准备,并计入当期损益。上述可变现净值和可收回金额,应当分别按照《企业会计准则第1号——存货》和《企业会计准则第8号——资产减值》确定。

消耗性生物资产减值的影响因素已经消失的,减记金额应当予以恢复,并在原已计提的跌价准备金额内转回,转回的金额计入当期损益。

生产性生物资产减值准备一经计提,不得转回。

公益性生物资产不计提减值准备。

第二十二条 有确凿证据表明生物资产的公允价值能够持续可靠取得的,应当对生物资产采用公允价值计量。采用公允价值计量的,应当同时满足下列条件:

(一)生物资产有活跃的交易市场;

(二)能够从交易市场上取得同类或类似生物资产的市场价格及其他相关信息,从而对生物资产的公允价值作出合理估计。

第四章 收获与处置

第二十三条 对于消耗性生物资产,应当在收获或出售时,按照其账面价值结转成本。结转成本的方法包括加权平均法、个别计价法、蓄积量比例法、轮伐期年限法等。

第二十四条 生产性生物资产收获的农产品成本,按照产出或采收过程中发生的材料费、人工费和应分摊的间接费用等必要支出计算确定,并采用加权平均法、个别计价法、蓄积量比例法、轮伐期年限法等方法,将其账面价值结转为农产品成本。收获之后的农产品,应当按照《企业会计准则第 1 号——存货》处理。

第二十五条 生物资产改变用途后的成本,应当按照改变用途时的账面价值确定。

第二十六条 生物资产出售、盘亏或死亡、毁损时,应当将处置收入扣除其账面价值和相关税费后的余额计入当期损益。

第五章 披 露

第二十七条 企业应当在附注中披露与生物资产有关的下列信息:

(一)生物资产的类别以及各类生物资产的实物数量和账面价值。

(二)各类消耗性生物资产的跌价准备累计金额,以及各类生产性生物资产的使用寿命、预计净残值、折旧方法、累计折旧和减值准备累计金额。

(三)天然起源生物资产的类别、取得方式和实物数量。

(四)用于担保的生物资产的账面价值。

(五)与生物资产相关的风险情况与管理措施。

第二十八条 企业应当在附注中披露与生物资产增减变动有关的下列信息:

(一)因购买而增加的生物资产;

(二)因自行培育而增加的生物资产;

(三)因出售而减少的生物资产;

(四)因盘亏或死亡、毁损而减少的生物资产;

(五)计提的折旧及计提的跌价准备或减值准备;

(六)其他变动。

7. 企业会计准则第 6 号——无形资产(2006 年发布)

(财会〔2006〕3 号印发)

第一章 总 则

第一条 为了规范无形资产的确认、计量和相关信息的披露,根据《企业会计准则——基本准则》,制定本准则。

第二条 下列各项适用其他相关会计准则:

(一)作为投资性房地产的土地使用权,适用《企业会计准则第 3 号——投资性房地产》。

(二)企业合并中形成的商誉,适用《企业会计准则第 8 号——资产减值》和《企业会计准则第 20 号——企业合并》。

(三)石油天然气矿区权益,适用《企业会计准则第 27 号——石油天然气开采》。

第二章 确 认

第三条 无形资产,是指企业拥有或者控制的没有实物形态的可辨认非货币性资产。

资产满足下列条件之一的,符合无形资产定义中的可辨认性标准:

(一)能够从企业中分离或者划分出来,并能单独或者与相关合同、资产或负债一起,用于出售、转移、授予许可、租赁或者交换。

（二）源自合同性权利或其他法定权利，无论这些权利是否可以从企业或其他权利和义务中转移或者分离。

第四条 无形资产同时满足下列条件的，才能予以确认：

（一）与该无形资产有关的经济利益很可能流入企业；

（二）该无形资产的成本能够可靠地计量。

第五条 企业在判断无形资产产生的经济利益是否很可能流入时，应当对无形资产在预计使用寿命内可能存在的各种经济因素作出合理估计，并且应当有明确证据支持。

第六条 企业无形项目的支出，除下列情形外，均应于发生时计入当期损益：

（一）符合本准则规定的确认条件、构成无形资产成本的部分；

（二）非同一控制下企业合并中取得的、不能单独确认为无形资产、构成购买日确认的商誉的部分。

第七条 企业内部研究开发项目的支出，应当区分研究阶段支出与开发阶段支出。

研究是指为获取并理解新的科学或技术知识而进行的独创性的有计划调查。

开发是指在进行商业性生产或使用前，将研究成果或其他知识应用于某项计划或设计，以生产出新的或具有实质性改进的材料、装置、产品等。

第八条 企业内部研究开发项目研究阶段的支出，应当于发生时计入当期损益。

第九条 企业内部研究开发项目开发阶段的支出，同时满足下列条件的，才能确认为无形资产：

（一）完成该无形资产以使其能够使用或出售在技术上具有可行性；

（二）具有完成该无形资产并使用或出售的意图；

（三）无形资产产生经济利益的方式，包括能够证明运用该无形资产生产的产品存在市场或无形资产自身存在市场，无形资产将在内部使用的，应当证明其有用性；

（四）有足够的技术、财务资源和其他资源支持，以完成该无形资产的开发，并有能力使用或出售该无形资产；

（五）归属于该无形资产开发阶段的支出能够可靠地计量。

第十条 企业取得的已作为无形资产确认的正在进行中的研究开发项目，在取得后发生的支出应当按照本准则第七条至第九条的规定处理。

第十一条 企业自创商誉以及内部产生的品牌、报刊名等，不应确认为无形资产。

第三章 初始计量

第十二条 无形资产应当按照成本进行初始计量。外购无形资产的成本，包括购买价款、相关税费以及直接归属于使该项资产达到预定用途所发生的其他支出。

购买无形资产的价款超过正常信用条件延期支付，实质上具有融资性质的，无形资产的成本以购买价款的现值为基础确定。实际支付的价款与购买价款的现值之间的差额，除按照《企业会计准则第17号——借款费用》应予资本化的以外，应当在信用期间内计入当期损益。

第十三条 自行开发的无形资产，其成本包括自满足本准则第四条和第九条规定后至达到预定用途前所发生的支出总额，但是对于以前期间已经费用化的支出不再调整。

第十四条 投资者投入无形资产的成本，应当按照投资合同或协议约定的价值确定，但合同或协议约定价值不公允的除外。

第十五条 非货币性资产交换、债务重组、政府补助和企业合并取得的无形资产的成本，应当分别按照《企业会计准则第7号——非货币性资产交换》《企业会计准则第12号——债务重组》《企业会计准则第16号——政府补助》和《企业会计准则第20号——企业合并》确定。

第四章 后续计量

第十六条 企业应当于取得无形资产时分析判断其使用寿命。

无形资产的使用寿命为有限的，应当估计该使用寿命的年限或者构成使用寿命的产量等类似计量单位数量；无法预见无形资产为企业带来经济利益期限的，应当视为使用寿命不确定的无形资产。

第十七条 使用寿命有限的无形资产，其应摊销金额应当在使用寿命内系统合理摊销。

企业摊销无形资产，应当自无形资产可供使用时起，至不再作为无形资产确认时止。

企业选择的无形资产摊销方法，应当反映与该项无形资产有关的经济利益的预期实现方式。无法可靠确定预期实现方式的，应当采用直线法摊销。

无形资产的摊销金额一般应当计入当期损益，其他会计准则另有规定的除外。

第十八条 无形资产的应摊销金额为其成本扣除预计残值后的金额。已计提减值准备的无形资产，还应扣除已计提的无形资产减值准备累计金额。使用寿命有限的无形资产，其残值应当视为零，但下列情况除外：

（一）有第三方承诺在无形资产使用寿命结束时购买该无形资产。

（二）可以根据活跃市场得到预计残值信息，并且该市场在无形资产使用寿命结束时很可能存在。

第十九条 使用寿命不确定的无形资产不应摊销。

第二十条 无形资产的减值，应当按照《企业会计准则第 8 号——资产减值》处理。

第二十一条 企业至少应当于每年年度终了，对使用寿命有限的无形资产的使用寿命及摊销方法进行复核。无形资产的使用寿命及摊销方法与以前估计不同的，应当改变摊销期限和摊销方法。

企业应当在每个会计期间对使用寿命不确定的无形资产的使用寿命进行复核。如果有证据表明无形资产的使用寿命是有限的，应当估计其使用寿命，并按本准则规定处理。

第五章 处置和报废

第二十二条 企业出售无形资产，应当将取得的价款与该无形资产账面价值的差额计入当期损益。

第二十三条 无形资产预期不能为企业带来经济利益的，应当将该无形资产的账面价值予以转销。

第六章 披露

第二十四条 企业应当按照无形资产的类别在附注中披露与无形资产有关的下列信息：

（一）无形资产的期初和期末账面余额、累计摊销额及减值准备累计金额。

（二）使用寿命有限的无形资产，其使用寿命的估计情况；使用寿命不确定的无形资产，其使用寿命不确定的判断依据。

（三）无形资产的摊销方法。

（四）用于担保的无形资产账面价值、当期摊销额等情况。

（五）计入当期损益和确认为无形资产的研究开发支出金额。

8. 企业会计准则第 7 号——非货币性资产交换
（2019 年修订）

（财会〔2019〕8 号印发）

第一章　总　　则

第一条　为了规范非货币性资产交换的确认、计量和相关信息的披露，根据《企业会计准则——基本准则》，制定本准则。

第二条　非货币性资产交换，是指企业主要以固定资产、无形资产、投资性房地产和长期股权投资等非货币性资产进行的交换。该交换不涉及或只涉及少量的货币性资产（即补价）。

货币性资产，是指企业持有的货币资金和收取固定或可确定金额的货币资金的权利。

非货币性资产，是指货币性资产以外的资产。

第三条　本准则适用于所有非货币性资产交换，但下列各项适用其他相关会计准则：

（一）企业以存货换取客户的非货币性资产的，适用《企业会计准则第 14 号——收入》。

（二）非货币性资产交换中涉及企业合并的，适用《企业会计准则第 20 号——企业合并》《企业会计准则第 2 号——长期股权投资》和《企业会计准则第 33 号——合并财务报表》。

（三）非货币性资产交换中涉及由《企业会计准则第 22 号——金融工具确认和计量》规范的金融资产的，金融资产的确认、终止确认和计量适用《企业会计准则第 22 号——金融工具确认和计量》和《企业会计准则第 23 号——金融资产转移》。

（四）非货币性资产交换中涉及由《企业会计准则第 21 号——租赁》规范的使用权资产或应收融资租赁款等的，相关资产的确认、终止确认和计量适用《企业会计准则第 21 号——租赁》。

（五）非货币性资产交换的一方直接或间接对另一方持股且以股东身份进行交易的，或者非货币性资产交换的双方均受同一方或相同的多方最终控制，且该非货币性资产交换的交易实质是交换的一方向另一方进行了权益性分配或交换的一方接受了另一方权益性投入的，适用权益性交易的有关会计处理规定。

第二章　确　　认

第四条　企业应当分别按照下列原则对非货币性资产交换中的换入资产进行确认，对换出资产终止确认：

（一）对于换入资产，企业应当在换入资产符合资产定义并满足资产确认条件时予以确认；

（二）对于换出资产，企业应当在换出资产满足资产终止确认条件时终止确认。

第五条　换入资产的确认时点与换出资产的终止确认时点存在不一致的，企业在资产负债表日应当按照下列原则进行处理：

（一）换入资产满足资产确认条件，换出资产尚未满足终止确认条件的，在确认换入资产的同时将交付换出资产的义务确认为一项负债。

（二）换入资产尚未满足资产确认条件，换出资产满足终止确认条件的，在终止确认换出资产的同时将取得换入资产的权利确认为一项资产。

第三章 以公允价值为基础计量

第六条 非货币性资产交换同时满足下列条件的,应当以公允价值为基础计量:

(一)该项交换具有商业实质;

(二)换入资产或换出资产的公允价值能够可靠地计量。换入资产和换出资产的公允价值均能够可靠计量的,应当以换出资产的公允价值为基础计量,但有确凿证据表明换入资产的公允价值更加可靠的除外。

第七条 满足下列条件之一的非货币性资产交换具有商业实质:

(一)换入资产的未来现金流量在风险、时间分布或金额方面与换出资产显著不同。

(二)使用换入资产所产生的预计未来现金流量现值与继续使用换出资产不同,且其差额与换入资产和换出资产的公允价值相比是重大的。

第八条 以公允价值为基础计量的非货币性资产交换,对于换入资产,应当以换出资产的公允价值和应支付的相关税费作为换入资产的成本进行初始计量;对于换出资产,应当在终止确认时,将换出资产的公允价值与其账面价值之间的差额计入当期损益。

有确凿证据表明换入资产的公允价值更加可靠的,对于换入资产,应当以换入资产的公允价值和应支付的相关税费作为换入资产的初始计量金额;对于换出资产,应当在终止确认时,将换入资产的公允价值与换出资产账面价值之间的差额计入当期损益。

第九条 以公允价值为基础计量的非货币性资产交换,涉及补价的,应当按照下列规定进行处理:

(一)支付补价的,以换出资产的公允价值,加上支付补价的公允价值和应支付的相关税费,作为换入资产的成本,换出资产的公允价值与其账面价值之间的差额计入当期损益。

有确凿证据表明换入资产的公允价值更加可靠的,以换入资产的公允价值和应支付的相关税费作为换入资产的初始计量金额,换入资产的公允价值减去支付补价的公允价值,与换出资产账面价值之间的差额计入当期损益。

(二)收到补价的,以换出资产的公允价值,减去收到补价的公允价值,加上应支付的相关税费,作为换入资产的成本,换出资产的公允价值与其账面价值之间的差额计入当期损益。

有确凿证据表明换入资产的公允价值更加可靠的,以换入资产的公允价值和应支付的相关税费作为换入资产的初始计量金额,换入资产的公允价值加上收到补价的公允价值,与换出资产账面价值之间的差额计入当期损益。

第十条 以公允价值为基础计量的非货币性资产交换,同时换入或换出多项资产的,应当按照下列规定进行处理:

(一)对于同时换入的多项资产,按照换入的金融资产以外的各项换入资产公允价值相对比例,将换出资产公允价值总额(涉及补价的,加上支付补价的公允价值或减去收到补价的公允价值)扣除换入金融资产公允价值后的净额进行分摊,以分摊至各项换入资产的金额,加上应支付的相关税费,作为各项换入资产的成本进行初始计量。

有确凿证据表明换入资产的公允价值更加可靠的,以各项换入资产的公允价值和应支付的相关税费作为各项换入资产的初始计量金额。

(二)对于同时换出的多项资产,将各项换出资产的公允价值与其账面价值之间的差额,在各项换出资产终止确认时计入当期损益。

有确凿证据表明换入资产的公允价值更加可靠的,按照各项换出资产的公允价值的相对比例,将换入资产的公允价值总额(涉及补价的,减去支付补价的公允价值或加上收到补价的公允价值）分摊至各项换出资产，分摊至各项换出资产的金额与各项换出资产账面价值之间的差额，在各项换出资产终止确认时计入当期损益。

第四章　以账面价值为基础计量

第十一条　不满足本准则第六条规定条件的非货币性资产交换，应当以账面价值为基础计量。对于换入资产，企业应当以换出资产的账面价值和应支付的相关税费作为换入资产的初始计量金额；对于换出资产，终止确认时不确认损益。

第十二条　以账面价值为基础计量的非货币性资产交换，涉及补价的，应当按照下列规定进行处理：

（一）支付补价的，以换出资产的账面价值，加上支付补价的账面价值和应支付的相关税费，作为换入资产的初始计量金额，不确认损益。

（二）收到补价的，以换出资产的账面价值，减去收到补价的公允价值，加上应支付的相关税费，作为换入资产的初始计量金额，不确认损益。

第十三条　以账面价值为基础计量的非货币性资产交换，同时换入或换出多项资产的，应当按照下列规定进行处理：

（一）对于同时换入的多项资产，按照各项换入资产的公允价值的相对比例，将换出资产的账面价值总额（涉及补价的，加上支付补价的账面价值或减去收到补价的公允价值）分摊至各项换入资产，加上应支付的相关税费，作为各项换入资产的初始计量金额。换入资产的公允价值不能够可靠计量的，可以按照各项换入资产的原账面价值的相对比例或其他合理的比例对换出资产的账面价值进行分摊。

（二）对于同时换出的多项资产，各项换出资产终止确认时均不确认损益。

第五章　披　　露

第十四条　企业应当在附注中披露与非货币性资产交换有关的下列信息：
（一）非货币性资产交换是否具有商业实质及其原因。
（二）换入资产、换出资产的类别。
（三）换入资产初始计量金额的确定方式。
（四）换入资产、换出资产的公允价值以及换出资产的账面价值。
（五）非货币性资产交换确认的损益。

第六章　衔 接 规 定

第十五条　企业对 2019 年 1 月 1 日至本准则施行日之间发生的非货币性资产交换，应根据本准则进行调整。企业对 2019 年 1 月 1 日之前发生的非货币性资产交换，不需要按照本准则的规定进行追溯调整。

第七章　附　　则

第十六条　本准则自 2019 年 6 月 10 日起施行。

第十七条　2006 年 2 月 15 日财政部印发的《财政部关于印发〈企业会计准则第 1 号——存货〉等 38 项具体准则的通知》（财会〔2006〕3 号）中的《企业会计准则第 7 号——非货币性资产交换》同时废止。

财政部此前发布的有关非货币性资产交换会计处理规定与本准则不一致的，以本准则为准。

9. 企业会计准则第 8 号——资产减值（2006 年发布）

（财会〔2006〕3 号印发）

第一章 总 则

第一条 为了规范资产减值的确认、计量和相关信息的披露，根据《企业会计准则——基本准则》，制定本准则。

第二条 资产减值，是指资产的可收回金额低于其账面价值。

本准则中的资产，除了特别规定外，包括单项资产和资产组。

资产组，是指企业可以认定的最小资产组合，其产生的现金流入应当基本上独立于其他资产或者资产组产生的现金流入。

第三条 下列各项适用其他相关会计准则：

（一）存货的减值，适用《企业会计准则第 1 号——存货》。

（二）采用公允价值模式计量的投资性房地产的减值，适用《企业会计准则第 3 号——投资性房地产》。

（三）消耗性生物资产的减值，适用《企业会计准则第 5 号——生物资产》。

（四）建造合同形成的资产的减值，适用《企业会计准则第 15 号——建造合同》。

（五）递延所得税资产的减值，适用《企业会计准则第 18 号——所得税》。

（六）融资租赁中出租人未担保余值的减值，适用《企业会计准则第 21 号——租赁》。

（七）《企业会计准则第 22 号——金融工具确认和计量》规范的金融资产的减值，适用《企业会计准则第 22 号——金融工具确认和计量》。

（八）未探明石油天然气矿区权益的减值，适用《企业会计准则第 27 号——石油天然气开采》。

第二章 可能发生减值资产的认定

第四条 企业应当在资产负债表日判断资产是否存在可能发生减值的迹象。

因企业合并所形成的商誉和使用寿命不确定的无形资产，无论是否存在减值迹象，每年都应当进行减值测试。

第五条 存在下列迹象的，表明资产可能发生了减值：

（一）资产的市价当期大幅度下跌，其跌幅明显高于因时间的推移或者正常使用而预计的下跌。

（二）企业经营所处的经济、技术或者法律等环境以及资产所处的市场在当期或者将在近期发生重大变化，从而对企业产生不利影响。

（三）市场利率或者其他市场投资报酬率在当期已经提高，从而影响企业计算资产预计未来现金流量现值的折现率，导致资产可收回金额大幅度降低。

（四）有证据表明资产已经陈旧过时或者其实体已经损坏。

（五）资产已经或者将被闲置、终止使用或者计划提前处置。

（六）企业内部报告的证据表明资产的经济绩效已经低于或者将低于预期，如资产所创造的净现金流量或者实现的营业利润（或者亏损）远远低于（或者高于）预计金额等。

（七）其他表明资产可能已经发生减值的迹象。

第三章 资产可收回金额的计量

第六条 资产存在减值迹象的，应当估计其可收回金额。

可收回金额应当根据资产的公允价值减去处置费用后的净额与资产预计未来现金流量的现值两者之间较高者确定。

处置费用包括与资产处置有关的法律费用、相关税费、搬运费以及为使资产达到可销售状态所发生的直接费用等。

第七条 资产的公允价值减去处置费用后的净额与资产预计未来现金流量的现值，只要有一项超过了资产的账面价值，就表明资产没有发生减值，不需再估计另一项金额。

第八条 资产的公允价值减去处置费用后的净额，应当根据公平交易中销售协议价格减去可直接归属于该资产处置费用的金额确定。

不存在销售协议但存在资产活跃市场的，应当按照该资产的市场价格减去处置费用后的金额确定。资产的市场价格通常应当根据资产的买方出价确定。

在不存在销售协议和资产活跃市场的情况下，应当以可获取的最佳信息为基础，估计资产的公允价值减去处置费用后的净额，该净额可以参考同行业类似资产的最近交易价格或者结果进行估计。

企业按照上述规定仍然无法可靠估计资产的公允价值减去处置费用后的净额的，应当以该资产预计未来现金流量的现值作为其可收回金额。

第九条 资产预计未来现金流量的现值，应当按照资产在持续使用过程中和最终处置时所产生的预计未来现金流量，选择恰当的折现率对其进行折现后的金额加以确定。

预计资产未来现金流量的现值，应当综合考虑资产的预计未来现金流量、使用寿命和折现率等因素。

第十条 预计的资产未来现金流量应当包括下列各项：

（一）资产持续使用过程中预计产生的现金流入。

（二）为实现资产持续使用过程中产生的现金流入所必需的预计现金流出（包括为使资产达到预定可使用状态所发生的现金流出）。

该现金流出应当是可直接归属于或者可通过合理和一致的基础分配到资产中的现金流出。

（三）资产使用寿命结束时，处置资产所收到或者支付的净现金流量。该现金流量应当是在公平交易中，熟悉情况的交易双方自愿进行交易时，企业预期可从资产的处置中获取或者支付的、减去预计处置费用后的金额。

第十一条 预计资产未来现金流量时，企业管理层应当在合理和有依据的基础上对资产剩余使用寿命内整个经济状况进行最佳估计。

预计资产的未来现金流量，应当以经企业管理层批准的最近财务预算或者预测数据，以及该预算或者预测期之后年份稳定的或者递减的增长率为基础。企业管理层如能证明递增的增长率是合理的，可以以递增的增长率为基础。

建立在预算或者预测基础上的预计现金流量最多涵盖5年，企业管理层如能证明更长的期间是合理的，可以涵盖更长的期间。

在对预算或者预测期之后年份的现金流量进行预计时，所使用的增长率除了企业能够证明更高的增长率是合理的之外，不应当超过企业经营的产品、市场、所处的行业或者所在国家或者地区的长期平均增长率，或者该资产所处市场的长期平均增长率。

第十二条 预计资产的未来现金流量，应当以资产的当前状况为基础，不应当包括与将来可能会发生的、尚未作出承诺的重组事项或者与资产改良有关的预计未来现金流量。

预计资产的未来现金流量也不应当包括筹资活动产生的现金流入或者流出以及与所得税收付有关的现金流量。

企业已经承诺重组的，在确定资产的未来现金流量的现值时，预计的未来现金流入和流出数，应当反映重组所能节约的费用和由重组所带来的其他利益，以及因重组所导致的估计未来现金流出数。其中重组所能节约的费用和由重组所带来的其他利益，通常应当根据企业管理层批准的最近财务预算或者预测数据进行估计；因重组所导致的估计未来现金流出数应当根据《企业会计准则第13号——或有事项》所确认的因重组所发生的预计负债金额进行估计。

第十三条 折现率是反映当前市场货币时间价值和资产特定风险的税前利率。该折现率是企业在购置或者投资资产时所要求的必要报酬率。

在预计资产的未来现金流量时已经对资产特定风险的影响作了调整的，估计折现率不需要考虑这些特定风险。如果用于估计折现率的基础是税后的，应当将其调整为税前的折现率。

第十四条 预计资产的未来现金流量涉及外币的，应当以该资产所产生的未来现金流量的结算货币为基础，按照该货币适用的折现率计算资产的现值；然后将该外币现值按照计算资产未来现金流量现值当日的即期汇率进行折算。

第四章 资产减值损失的确定

第十五条 可收回金额的计量结果表明，资产的可收回金额低于其账面价值的，应当将资产的账面价值减记至可收回金额，减记的金额确认为资产减值损失，计入当期损益，同时计提相应的资产减值准备。

第十六条 资产减值损失确认后，减值资产的折旧或者摊销费用应当在未来期间作相应调整，以使该资产在剩余使用寿命内，系统地分摊调整后的资产账面价值（扣除预计净残值）。

第十七条 资产减值损失一经确认，在以后会计期间不得转回。

第五章 资产组的认定及减值处理

第十八条 有迹象表明一项资产可能发生减值的，企业应当以单项资产为基础估计其可收回金额。企业难以对单项资产的可收回金额进行估计的，应当以该资产所属的资产组为基础确定资产组的可收回金额。

资产组的认定，应当以资产组产生的主要现金流入是否独立于其他资产或者资产组的现金流入为依据。同时，在认定资产组时，应当考虑企业管理层管理生产经营活动的方式（如是按照生产线、业务种类还是按照地区或者区域等）和对资产的持续使用或者处置的决策方式等。

几项资产的组合生产的产品（或者其他产出）存在活跃市场的，即使部分或者所有这些产品（或者其他产出）均供内部使用，也应当在符合前款规定的情况下，将这几项资产的组合认定为一个资产组。

如果该资产组的现金流入受内部转移价格的影响，应当按照企业管理层在公平交易中对未来价格的最佳估计数来确定资产组的未来现金流量。

资产组一经确定，各个会计期间应当保持一致，不得随意变更。

如需变更，企业管理层应当证明该变更是合理的，并根据本准则第二十七条的规定在附注中作相应说明。

第十九条 资产组账面价值的确定基础应当与其可收回金额的确定方式相一致。

资产组的账面价值包括可直接归属于资产组与可以合理和一致地分摊至资产组的资产账面价值，通常不应当包括已确认负债的账面价值，但如不考虑该负债金额就无法确定资产组可收回金额的除外。

资产组的可收回金额应当按照该资产组的公允价值减去处置费用后的净额与其预计未

来现金流量的现值两者之间较高者确定。

资产组在处置时如要求购买者承担一项负债（如环境恢复负债等）、该负债金额已经确认并计入相关资产账面价值，而且企业只能取得包括上述资产和负债在内的单一公允价值减去处置费用后的净额的，为了比较资产组的账面价值和可收回金额，在确定资产组的账面价值及其预计未来现金流量的现值时，应当将已确认的负债金额从中扣除。

第二十条 企业总部资产包括企业集团或其事业部的办公楼、电子数据处理设备等资产。总部资产的显著特征是难以脱离其他资产或者资产组产生独立的现金流入，而且其账面价值难以完全归属于某一资产组。

有迹象表明某项总部资产可能发生减值的，企业应当计算确定该总部资产所归属的资产组或者资产组组合的可收回金额，然后将其与相应的账面价值相比较，据以判断是否需要确认减值损失。

资产组组合，是指由若干个资产组组成的最小资产组组合，包括资产组或者资产组组合，以及按合理方法分摊的总部资产部分。

第二十一条 企业对某一资产组进行减值测试，应当先认定所有与该资产组相关的总部资产，再根据相关总部资产能否按照合理和一致的基础分摊至该资产组分别下列情况处理。

（一）对于相关总部资产能够按照合理和一致的基础分摊至该资产组的部分，应当将该部分总部资产的账面价值分摊至该资产组，再据以比较该资产组的账面价值（包括已分摊的总部资产的账面价值部分）和可收回金额，并按照本准则第二十二条的规定处理。

（二）对于相关总部资产中有部分资产难以按照合理和一致的基础分摊至该资产组的，应当按照下列步骤处理：

首先，在不考虑相关总部资产的情况下，估计和比较资产组的账面价值和可收回金额，并按照本准则第二十二条的规定处理。

其次，认定由若干个资产组组成的最小的资产组组合，该资产组组合应当包括所测试的资产组与可以按照合理和一致的基础将该部分总部资产的账面价值分摊其上的部分。

最后，比较所认定的资产组组合的账面价值（包括已分摊的总部资产的账面价值部分）和可收回金额，并按照本准则第二十二条的规定处理。

第二十二条 资产组或者资产组组合的可收回金额低于其账面价值的（总部资产和商誉分摊至某资产组或者资产组组合的，该资产组或者资产组组合的账面价值应当包括相关总部资产和商誉的分摊额），应当确认相应的减值损失。减值损失金额应当先抵减分摊至资产组或者资产组组合中商誉的账面价值，再根据资产组或者资产组组合中除商誉之外的其他各项资产的账面价值所占比重，按比例抵减其他各项资产的账面价值。

以上资产账面价值的抵减，应当作为各单项资产（包括商誉）的减值损失处理，计入当期损益。抵减后的各资产的账面价值不得低于以下三者之中最高者：该资产的公允价值减去处置费用后的净额（如可确定的）、该资产预计未来现金流量的现值（如可确定的）和零。

因此而导致的未能分摊的减值损失金额，应当按照相关资产组或者资产组组合中其他各项资产的账面价值所占比重进行分摊。

第六章　商誉减值的处理

第二十三条 企业合并所形成的商誉，至少应当在每年年度终了进行减值测试。商誉应当结合与其相关的资产组或者资产组组合进行减值测试。

相关的资产组或者资产组组合应当是能够从企业合并的协同效应中受益的资产组或者资产组组合，不应当大于按照《企业会计准则第35号——分部报告》所确定的报告分部。

第二十四条 企业进行资产减值测试，对于因企业合并形成的商誉的账面价值，应当自购买日起按照合理的方法分摊至相关的资产组；难以分摊至相关的资产组的，应当将其分摊至相关的资产组组合。

在将商誉的账面价值分摊至相关的资产组或者资产组组合时，应当按照各资产组或者资产组组合的公允价值占相关资产组或者资产组组合公允价值总额的比例进行分摊。公允价值难以可靠计量的，按照各资产组或者资产组组合的账面价值占相关资产组或者资产组组合账面价值总额的比例进行分摊。

企业因重组等原因改变了其报告结构，从而影响到已分摊商誉的一个或者若干个资产组或者资产组组合构成的，应当按照与本条前款规定相似的分摊方法，将商誉重新分摊至受影响的资产组或者资产组组合。

第二十五条　在对包含商誉的相关资产组或者资产组组合进行减值测试时，如与商誉相关的资产组或者资产组组合存在减值迹象的，应当先对不包含商誉的资产组或者资产组组合进行减值测试，计算可收回金额，并与相关账面价值相比较，确认相应的减值损失。再对包含商誉的资产组或者资产组组合进行减值测试，比较这些相关资产组或者资产组组合的账面价值（包括所分摊的商誉的账面价值部分）与其可收回金额，如相关资产组或者资产组组合的可收回金额低于其账面价值的，应当确认商誉的减值损失，按照本准则第二十二条的规定处理。

第七章　披　　露

第二十六条　企业应当在附注中披露与资产减值有关的下列信息：

（一）当期确认的各项资产减值损失金额。

（二）计提的各项资产减值准备累计金额。

（三）提供分部报告信息的，应当披露每个报告分部当期确认的减值损失金额。

第二十七条　发生重大资产减值损失的，应当在附注中披露导致每项重大资产减值损失的原因和当期确认的重大资产减值损失的金额。

（一）发生重大减值损失的资产是单项资产的，应当披露该单项资产的性质。提供分部报告信息的，还应披露该项资产所属的主要报告分部。

（二）发生重大减值损失的资产是资产组（或者资产组组合，下同）的，应当披露：

1. 资产组的基本情况。

2. 资产组中所包括的各项资产于当期确认的减值损失金额。

3. 资产组的组成与前期相比发生变化的，应当披露变化的原因以及前期和当期资产组组成情况。

第二十八条　对于重大资产减值，应当在附注中披露资产（或者资产组，下同）可收回金额的确定方法。

（一）可收回金额按资产的公允价值减去处置费用后的净额确定的，还应当披露公允价值减去处置费用后的净额的估计基础。

（二）可收回金额按资产预计未来现金流量的现值确定的，还应当披露估计其现值时所采用的折现率，以及该资产前期可收回金额也按照其预计未来现金流量的现值确定的情况下，前期所采用的折现率。

第二十九条　第二十六条（一）（二）和第二十七条（二）第2项信息应当按照资产类别予以披露。资产类别应当以资产在企业生产经营活动中的性质或者功能是否相同或者相似为基础确定。

第三十条　分摊到某资产组的商誉（或者使用寿命不确定的无形资产，下同）的账面价值占商誉账面价值总额的比例重大的，应当在附注中披露下列信息：

（一）分摊到该资产组的商誉的账面价值。

（二）该资产组可收回金额的确定方法。

1. 可收回金额按照资产组公允价值减去处置费用后的净额确定的，还应当披露确定公允价值减去处置费用后的净额的方法。资产组的公允价值减去处置费用后的净额不是按照市场价格确定的，应当披露：

（1）企业管理层在确定公允价值减去处置费用后的净额时所采用的各关键假设及其依据。

（2）企业管理层在确定各关键假设相关的价值时，是否与企业历史经验或者外部信息来源相一致；如不一致，应当说明理由。

2. 可收回金额按照资产组预计未来现金流量的现值确定的，应当披露：

（1）企业管理层预计未来现金流量的各关键假设及其依据。

（2）企业管理层在确定各关键假设相关的价值时，是否与企业历史经验或者外部信息来源相一致；如不一致，应当说明理由。

（3）估计现值时所采用的折现率。

第三十一条 商誉的全部或者部分账面价值分摊到多个资产组，且分摊到每个资产组的商誉的账面价值占商誉账面价值总额的比例不重大的，企业应当在附注中说明这一情况以及分摊到上述资产组的商誉合计金额。

商誉账面价值按照相同的关键假设分摊到上述多个资产组，且分摊的商誉合计金额占商誉账面价值总额的比例重大的，企业应当在附注中说明这一情况，并披露下列信息：

（一）分摊到上述资产组的商誉的账面价值合计。

（二）采用的关键假设及其依据。

（三）企业管理层在确定各关键假设相关的价值时，是否与企业历史经验或者外部信息来源相一致；如不一致，应当说明理由。

10. 企业会计准则第9号——职工薪酬（2014年修订）

（财会〔2014〕8号印发）

第一章 总 则

第一条 为了规范职工薪酬的确认、计量和相关信息的披露，根据《企业会计准则——基本准则》，制定本准则。

第二条 职工薪酬，是指企业为获得职工提供的服务或解除劳动关系而给予的各种形式的报酬或补偿。职工薪酬包括短期薪酬、离职后福利、辞退福利和其他长期职工福利。企业提供给职工配偶、子女、受赡养人、已故员工遗属及其他受益人等的福利，也属于职工薪酬。

短期薪酬，是指企业在职工提供相关服务的年度报告期间结束后十二个月内需要全部予以支付的职工薪酬，因解除与职工的劳动关系给予的补偿除外。短期薪酬具体包括：职工工资、奖金、津贴和补贴，职工福利费，医疗保险费、工伤保险费和生育保险费等社会保险费，住房公积金，工会经费和职工教育经费，短期带薪缺勤，短期利润分享计划，非货币性福利以及其他短期薪酬。

带薪缺勤，是指企业支付工资或提供补偿的职工缺勤，包括年休假、病假、短期伤残、婚假、产假、丧假、探亲假等。利润分享计划，是指因职工提供服务而与职工达成的基于利润或其他经营成果提供薪酬的协议。离职后福利，是指企业为获得职工提供的服务而在职工退休或与企业解除劳动关系后，提供的各种形式的报酬和福利，短期薪酬和辞退福利除外。

辞退福利，是指企业在职工劳动合同到期之前解除与职工的劳动关系，或者为鼓励职工自愿接受裁减而给予职工的补偿。

其他长期职工福利，是指除短期薪酬、离职后福利、辞退福利之外所有的职工薪酬，包括长期带薪缺勤、长期残疾福利、长期利润分享计划等。

第三条 本准则所称职工，是指与企业订立劳动合同的所有人员，含全职、兼职和临时职工，也包括虽未与企业订立劳动合同但由企业正式任命的人员。

未与企业订立劳动合同或未由其正式任命，但向企业所提供服务与职工所提供服务类似的人员，也属于职工的范畴，包括通过企业与劳务中介公司签订用工合同而向企业提供服务的人员。

第四条 下列各项适用其他相关会计准则：

（一）企业年金基金，适用《企业会计准则第10号——企业年金基金》。

（二）以股份为基础的薪酬，适用《企业会计准则第11号——股份支付》。

第二章 短期薪酬

第五条 企业应当在职工为其提供服务的会计期间，将实际发生的短期薪酬确认为负债，并计入当期损益，其他会计准则要求或允许计入资产成本的除外。

第六条 企业发生的职工福利费，应当在实际发生时根据实际发生额计入当期损益或相关资产成本。职工福利费为非货币性福利的，应当按照公允价值计量。

第七条 企业为职工缴纳的医疗保险费、工伤保险费、生育保险费等社会保险费和住房公积金，以及按规定提取的工会经费和职工教育经费，应当在职工为其提供服务的会计期间，根据规定的计提基础和计提比例计算确定相应的职工薪酬金额，并确认相应负债，计入当期损益或相关资产成本。

第八条 带薪缺勤分为累积带薪缺勤和非累积带薪缺勤。企业应当在职工提供服务从而增加了其未来享有的带薪缺勤权利时，确认与累积带薪缺勤相关的职工薪酬，并以累积未行使权利而增加的预期支付金额计量。企业应当在职工实际发生缺勤的会计期间确认与非累积带薪缺勤相关的职工薪酬。

累积带薪缺勤，是指带薪缺勤权利可以结转下期的带薪缺勤，本期尚未用完的带薪缺勤权利可以在未来期间使用。

非累积带薪缺勤，是指带薪缺勤权利不能结转下期的带薪缺勤，本期尚未用完的带薪缺勤权利将予以取消，并且职工离开企业时也无权获得现金支付。

第九条 利润分享计划同时满足下列条件的，企业应当确认相关的应付职工薪酬：

（一）企业因过去事项导致现在具有支付职工薪酬的法定义务或推定义务；

（二）因利润分享计划所产生的应付职工薪酬义务金额能够可靠估计。属于下列三种情形之一的，视为义务金额能够可靠估计：

1. 在财务报告批准报出之前企业已确定应支付的薪酬金额。

2. 该短期利润分享计划的正式条款中包括确定薪酬金额的方式。

3. 过去的惯例为企业确定推定义务金额提供了明显证据。

第十条 职工只有在企业工作一段特定期间才能分享利润的，企业在计量利润分享计划产生的应付职工薪酬时，应当反映职工因离职而无法享受利润分享计划福利的可能性。

如果企业在职工为其提供相关服务的年度报告期间结束后十二个月内，不需要全部支付利润分享计划产生的应付职工薪酬，该利润分享计划应当适用本准则其他长期职工福利的有关规定。

第三章 离职后福利

第十一条 企业应当将离职后福利计划分类为设定提存计划和设定受益计划。

离职后福利计划，是指企业与职工就离职后福利达成的协议，或者企业为向职工提供离职后福利制定的规章或办法等。其中，设定提存计划，是指向独立的基金缴存固定费用后，企业不再承担进一步支付义务的离职后福利计划；设定受益计划，是指除设定提存计划以外的离职后福利计划。

第十二条 企业应当在职工为其提供服务的会计期间，将根据设定提存计划计算的应缴存金额确认为负债，并计入当期损益或相关资产成本。

根据设定提存计划，预期不会在职工提供相关服务的年度报告期结束后十二个月内支付全部应缴存金额的，企业应当参照本准则第十五条规定的折现率，将全部应缴存金额以折现后的金额计量应付职工薪酬。

第十三条 企业对设定受益计划的会计处理通常包括下列四个步骤：

（一）根据预期累计福利单位法，采用无偏且相互一致的精算假设对有关人口统计变量和财务变量等做出估计，计量设定受益计划所产生的义务，并确定相关义务的归属期间。企业应当按照本准则第十五条规定的折现率将设定受益计划所产生的义务予以折现，以确定设定受益计划义务的现值和当期服务成本。

（二）设定受益计划存在资产的，企业应当将设定受益计划义务现值减去设定受益计划资产公允价值所形成的赤字或盈余确认为一项设定受益计划净负债或净资产。

设定受益计划存在盈余的，企业应当以设定受益计划的盈余和资产上限两项的孰低者计量设定受益计划净资产。其中，资产上限，是指企业可从设定受益计划退款或减少未来对设定受益计划缴存资金而获得的经济利益的现值。

（三）根据本准则第十六条的有关规定，确定应当计入当期损益的金额。

（四）根据本准则第十六条和第十七条的有关规定，确定应当计入其他综合收益的金额。

在预期累计福利单位法下，每一服务期间会增加一个单位的福利权利，并且需对每一个单位单独计量，以形成最终义务。企业应当将福利归属于提供设定受益计划的义务发生的期间。这一期间是指从职工提供服务以获取企业在未来报告期间预计支付的设定受益计划福利开始，至职工的继续服务不会导致这一福利金额显著增加之日为止。

第十四条 企业应当根据预期累计福利单位法确定的公式将设定受益计划产生的福利义务归属于职工提供服务的期间，并计入当期损益或相关资产成本。

当职工后续年度的服务将导致其享有的设定受益计划福利水平显著高于以前年度时，企业应当按照直线法将累计设定受益计划义务分摊确认于职工提供服务而导致企业第一次产生设定受益计划福利义务至职工提供服务不再导致该福利义务显著增加的期间。在确定该归属期间时，不应考虑仅因未来工资水平提高而导致设定受益计划义务显著增加的情况。

第十五条 企业应当对所有设定受益计划义务予以折现，包括预期在职工提供服务的年度报告期间结束后的十二个月内支付的义务。折现时所采用的折现率应当根据资产负债表日与设定受益计划义务期限和币种相匹配的国债或活跃市场上的高质量公司债券的市场收益率确定。

第十六条 报告期末，企业应当将设定受益计划产生的职工薪酬成本确认为下列组成部分：

（一）服务成本，包括当期服务成本、过去服务成本和结算利得或损失。其中，当期服务成本，是指职工当期提供服务所导致的设定受益计划义务现值的增加额；过去服务成本，是指设定受益计划修改所导致的与以前期间职工服务相关的设定受益计划义务现值的增加或减少。

（二）设定受益计划净负债或净资产的利息净额，包括计划资产的利息收益、设定受益计划义务的利息费用以及资产上限影响的利息。

（三）重新计量设定受益计划净负债或净资产所产生的变动。

除非其他会计准则要求或允许职工福利成本计入资产成本，上述第（一）项和第（二）项应计入当期损益；第（三）项应计入其他综合收益，并且在后续会计期间不允许转回至损益，但企业可以在权益范围内转移这些在其他综合收益中确认的金额。

第十七条　重新计量设定受益计划净负债或净资产所产生的变动包括下列部分：

（一）精算利得或损失，即由于精算假设和经验调整导致之前所计量的设定受益计划义务现值的增加或减少。

（二）计划资产回报，扣除包括在设定受益计划净负债或净资产的利息净额中的金额。

（三）资产上限影响的变动，扣除包括在设定受益计划净负债或净资产的利息净额中的金额。

第十八条　在设定受益计划下，企业应当在下列日期孰早日将过去服务成本确认为当期费用：

（一）修改设定受益计划时。

（二）企业确认相关重组费用或辞退福利时。

第十九条　企业应当在设定受益计划结算时，确认一项结算利得或损失。

设定受益计划结算，是指企业为了消除设定受益计划所产生的部分或所有未来义务进行的交易，而不是根据计划条款和所包含的精算假设向职工支付福利。设定受益计划结算利得或损失是下列两项的差额：

（一）在结算日确定的设定受益计划义务现值。

（二）结算价格，包括转移的计划资产的公允价值和企业直接发生的与结算相关的支付。

第四章　辞退福利

第二十条　企业向职工提供辞退福利的，应当在下列两者孰早日确认辞退福利产生的职工薪酬负债，并计入当期损益：

（一）企业不能单方面撤回因解除劳动关系计划或裁减建议所提供的辞退福利时。

（二）企业确认与涉及支付辞退福利的重组相关的成本或费用时。

第二十一条　企业应当按照辞退计划条款的规定，合理预计并确认辞退福利产生的应付职工薪酬。辞退福利预期在其确认的年度报告期结束后十二个月内完全支付的，应当适用短期薪酬的相关规定；辞退福利预期在年度报告期结束后十二个月内不能完全支付的，应当适用本准则关于其他长期职工福利的有关规定。

第五章　其他长期职工福利

第二十二条　企业向职工提供的其他长期职工福利，符合设定提存计划条件的，应当适用本准则第十二条关于设定提存计划的有关规定进行处理。

第二十三条　除上述第二十二条规定的情形外，企业应当适用本准则关于设定受益计划的有关规定，确认和计量其他长期职工福利净负债或净资产。在报告期末，企业应当将其他长期职工福利产生的职工薪酬成本确认为下列组成部分：

（一）服务成本。

（二）其他长期职工福利净负债或净资产的利息净额。

（三）重新计量其他长期职工福利净负债或净资产所产生的变动。

为简化相关会计处理，上述项目的总净额应计入当期损益或相关资产成本。

第二十四条　长期残疾福利水平取决于职工提供服务期间长短的，企业应当在职工提供服务的期间确认应付长期残疾福利义务，计量时应当考虑长期残疾福利支付的可能性和预期支付的期限；长期残疾福利与职工提供服务期间长短无关的，企业应当在导致职工长期残疾的事件发生的当期确认应付长期残疾福利义务。

第六章 披 露

第二十五条 企业应当在附注中披露与短期职工薪酬有关的下列信息：

（一）应当支付给职工的工资、奖金、津贴和补贴及其期末应付未付金额。

（二）应当为职工缴纳的医疗保险费、工伤保险费和生育保险费等社会保险费及其期末应付未付金额。

（三）应当为职工缴存的住房公积金及其期末应付未付金额。

（四）为职工提供的非货币性福利及其计算依据。

（五）依据短期利润分享计划提供的职工薪酬金额及其计算依据。

（六）其他短期薪酬。

第二十六条 企业应当披露所设立或参与的设定提存计划的性质、计算缴费金额的公式或依据，当期缴费金额以及期末应付未付金额。

第二十七条 企业应当披露与设定受益计划有关的下列信息：

（一）设定受益计划的特征及与之相关的风险。

（二）设定受益计划在财务报表中确认的金额及其变动。

（三）设定受益计划对企业未来现金流量金额、时间和不确定性的影响。

（四）设定受益计划义务现值所依赖的重大精算假设及有关敏感性分析的结果。

第二十八条 企业应当披露支付的因解除劳动关系所提供辞退福利及其期末应付未付金额。

第二十九条 企业应当披露提供的其他长期职工福利的性质、金额及其计算依据。

第七章 衔接规定

第三十条 对于本准则施行日存在的离职后福利计划、辞退福利、其他长期职工福利，除本准则三十一条规定外，应当按照《企业会计准则第28号——会计政策、会计估计变更和差错更正》的规定采用追溯调整法处理。

第三十一条 企业比较财务报表中披露的本准则施行之前的信息与本准则要求不一致的，不需要按照本准则的规定进行调整。

第八章 附 则

第三十二条 本准则自2014年7月1日起施行。

11. 企业会计准则第10号——企业年金基金（2006年发布）

（财会〔2006〕3号印发）

第一章 总 则

第一条 为了规范企业年金基金的确认、计量和财务报表列报，根据《企业会计准则——基本准则》，制定本准则。

第二条 企业年金基金，是指根据依法制定的企业年金计划筹集的资金及其投资运营收益形成的企业补充养老保险基金。

第三条 企业年金基金应当作为独立的会计主体进行确认、计量和列报。

委托人、受托人、托管人、账户管理人、投资管理人和其他为企业年金基金管理提供服务的主体，应当将企业年金基金与其固有资产和其他资产严格区分，确保企业年金基金的安全。

第二章 确认和计量

第四条 企业年金基金应当分别资产、负债、收入、费用和净资产进行确认和计量。

第五条 企业年金基金缴费及其运营形成的各项资产包括：货币资金、应收证券清算款、应收利息、买入返售证券、其他应收款、债券投资、基金投资、股票投资、其他投资等。

第六条 企业年金基金在运营中根据国家规定的投资范围取得的国债、信用等级在投资级以上的金融债和企业债、可转换债、投资性保险产品、证券投资基金、股票等具有良好流动性的金融产品，其初始取得和后续估值应当以公允价值计量：

（一）初始取得投资时，应当以交易日支付的成交价款作为其公允价值。发生的交易费用直接计入当期损益。

（二）估值日对投资进行估值时，应当以其公允价值调整原账面价值，公允价值与原账面价值的差额计入当期损益。

投资公允价值的确定，适用《企业会计准则第22号——金融工具确认和计量》。

第七条 企业年金基金运营形成的各项负债包括：应付证券清算款、应付受益人待遇、应付受托人管理费、应付托管人管理费、应付投资管理人管理费、应交税金、卖出回购证券款、应付利息、应付佣金和其他应付款等。

第八条 企业年金基金运营形成的各项收入包括：存款利息收入、买入返售证券收入、公允价值变动收益、投资处置收益和其他收入。

第九条 收入应当按照下列规定确认和计量：

（一）存款利息收入，按照本金和适用的利率确定。

（二）买入返售证券收入，在融券期限内按照买入返售证券价款和协议约定的利率确定。

（三）公允价值变动收益，在估值日按照当日投资公允价值与原账面价值（即上一估值日投资公允价值）的差额确定。

（四）投资处置收益，在交易日按照卖出投资所取得的价款与其账面价值的差额确定。

（五）风险准备金补亏等其他收入，按照实际发生的金额确定。

第十条 企业年金基金运营发生的各项费用包括：交易费用、受托人管理费、托管人管理费、投资管理人管理费、卖出回购证券支出和其他费用。

第十一条 费用应当按照下列规定确认和计量：

（一）交易费用，包括支付给代理机构、咨询机构、券商的手续费和佣金及其他必要支出，按照实际发生的金额确定。

（二）受托人管理费、托管人管理费和投资管理人管理费，根据相关规定按实际计提的金额确定。

（三）卖出回购证券支出，在融资期限内按照卖出回购证券价款和协议约定的利率确定。

（四）其他费用，按照实际发生的金额确定。

第十二条 企业年金基金的净资产，是指企业年金基金的资产减去负债后的余额。资产负债表日，应当将当期各项收入和费用结转至净资产。

净资产应当分别企业和职工个人设置账户，根据企业年金计划按期将运营收益分配计入各账户。

第十三条 净资产应当按照下列规定确认和计量：

（一）向企业和职工个人收取的缴费，按照收到的金额增加净资产。

（二）向受益人支付的待遇，按照应付的金额减少净资产。

（三）因职工调入企业而发生的个人账户转入金额，增加净资产。

（四）因职工调离企业而发生的个人账户转出金额，减少净资产。

第三章 列 报

第十四条 企业年金基金的财务报表包括资产负债表、净资产变动表和附注。

第十五条 资产负债表反映企业年金基金在某一特定日期的财务状况,应当按照资产、负债和净资产分类列示。

第十六条 资产类项目至少应当列示下列信息:

(一)货币资金;
(二)应收证券清算款;
(三)应收利息;
(四)买入返售证券;
(五)其他应收款;
(六)债券投资;
(七)基金投资;
(八)股票投资;
(九)其他投资;
(十)其他资产。

第十七条 负债类项目至少应当列示下列信息:

(一)应付证券清算款;
(二)应付受益人待遇;
(三)应付受托人管理费;
(四)应付托管人管理费;
(五)应付投资管理人管理费;
(六)应交税金;
(七)卖出回购证券款;
(八)应付利息;
(九)应付佣金;
(十)其他应付款。

第十八条 净资产类项目列示企业年金基金净值。

第十九条 净资产变动表反映企业年金基金在一定会计期间的净资产增减变动情况,应当列示下列信息:

(一)期初净资产。
(二)本期净资产增加数,包括本期收入、收取企业缴费、收取职工个人缴费、个人账户转入。
(三)本期净资产减少数,包括本期费用、支付受益人待遇、个人账户转出。
(四)期末净资产。

第二十条 附注应当披露下列信息:

(一)企业年金计划的主要内容及重大变化。
(二)投资种类、金额及公允价值的确定方法。
(三)各类投资占投资总额的比例。
(四)可能使投资价值受到重大影响的其他事项。

12. 企业会计准则第 11 号——股份支付（2006 年发布）

（财会〔2006〕3 号印发）

第一章 总 则

第一条 为了规范股份支付的确认、计量和相关信息的披露，根据《企业会计准则——基本准则》，制定本准则。

第二条 股份支付，是指企业为获取职工和其他方提供服务而授予权益工具或者承担以权益工具为基础确定的负债的交易。

股份支付分为以权益结算的股份支付和以现金结算的股份支付。

以权益结算的股份支付，是指企业为获取服务以股份或其他权益工具作为对价进行结算的交易。

以现金结算的股份支付，是指企业为获取服务承担以股份或其他权益工具为基础计算确定的交付现金或其他资产义务的交易。

本准则所指的权益工具是企业自身权益工具。

第三条 下列各项适用其他相关会计准则：

（一）企业合并中发行权益工具取得其他企业净资产的交易，适用《企业会计准则第20 号——企业合并》。

（二）以权益工具作为对价取得其他金融工具等交易，适用《企业会计准则第 22 号——金融工具确认和计量》。

第二章 以权益结算的股份支付

第四条 以权益结算的股份支付换取职工提供服务的，应当以授予职工权益工具的公允价值计量。

权益工具的公允价值，应当按照《企业会计准则第 22 号——金融工具确认和计量》确定。

第五条 授予后立即可行权的换取职工服务的以权益结算的股份支付，应当在授予日按照权益工具的公允价值计入相关成本或费用，相应增加资本公积。

授予日，是指股份支付协议获得批准的日期。

第六条 完成等待期内的服务或达到规定业绩条件才可行权的换取职工服务的以权益结算的股份支付，在等待期内的每个资产负债表日，应当以对可行权权益工具数量的最佳估计为基础，按照权益工具授予日的公允价值，将当期取得的服务计入相关成本或费用和资本公积。

在资产负债表日，后续信息表明可行权权益工具的数量与以前估计不同的，应当进行调整，并在可行权日调整至实际可行权的权益工具数量。

等待期，是指可行权条件得到满足的期间。

对于可行权条件为规定服务期间的股份支付，等待期为授予日至可行权日的期间；对于可行权条件为规定业绩的股份支付，应当在授予日根据最可能的业绩结果预计等待期的长度。

可行权日，是指可行权条件得到满足、职工和其他方具有从企业取得权益工具或现金的权利的日期。

第七条 企业在可行权日之后不再对已确认的相关成本或费用和所有者权益总额进

行调整。

第八条 以权益结算的股份支付换取其他方服务的，应当分别下列情况处理：

（一）其他方服务的公允价值能够可靠计量的，应当按照其他方服务在取得日的公允价值，计入相关成本或费用，相应增加所有者权益。

（二）其他方服务的公允价值不能可靠计量但权益工具公允价值能够可靠计量的，应当按照权益工具在服务取得日的公允价值，计入相关成本或费用，相应增加所有者权益。

第九条 在行权日，企业根据实际行权的权益工具数量，计算确定应转入实收资本或股本的金额，将其转入实收资本或股本。

行权日，是指职工和其他方行使权利、获取现金或权益工具的日期。

第三章 以现金结算的股份支付

第十条 以现金结算的股份支付，应当按照企业承担的以股份或其他权益工具为基础计算确定的负债的公允价值计量。

第十一条 授予后立即可行权的以现金结算的股份支付，应当在授予日以企业承担负债的公允价值计入相关成本或费用，相应增加负债。

第十二条 完成等待期内的服务或达到规定业绩条件以后才可行权的以现金结算的股份支付，在等待期内的每个资产负债表日，应当以对可行权情况的最佳估计为基础，按照企业承担负债的公允价值金额，将当期取得的服务计入成本或费用和相应的负债。

在资产负债表日，后续信息表明企业当期承担债务的公允价值与以前估计不同的，应当进行调整，并在可行权日调整至实际可行权水平。

第十三条 企业应当在相关负债结算前的每个资产负债表日以及结算日，对负债的公允价值重新计量，其变动计入当期损益。

第四章 披 露

第十四条 企业应当在附注中披露与股份支付有关的下列信息：

（一）当期授予、行权和失效的各项权益工具总额。

（二）期末发行在外的股份期权或其他权益工具行权价格的范围和合同剩余期限。

（三）当期行权的股份期权或其他权益工具以其行权日价格计算的加权平均价格。

（四）权益工具公允价值的确定方法。

企业对性质相似的股份支付信息可以合并披露。

第十五条 企业应当在附注中披露股份支付交易对当期财务状况和经营成果的影响，至少包括下列信息：

（一）当期因以权益结算的股份支付而确认的费用总额。

（二）当期因以现金结算的股份支付而确认的费用总额。

（三）当期以股份支付换取的职工服务总额及其他方服务总额。

13. 企业会计准则第 12 号——债务重组（2019 年修订）

（财会〔2019〕9 号印发）

第一章 总 则

第一条 为了规范债务重组的确认、计量和相关信息的披露，根据《企业会计准则——

基本准则》，制定本准则。

第二条 债务重组，是指在不改变交易对手方的情况下，经债权人和债务人协定或法院裁定，就清偿债务的时间、金额或方式等重新达成协议的交易。

本准则中的债务重组涉及的债权和债务是指《企业会计准则第 22 号——金融工具确认和计量》规范的金融工具。

第三条 债务重组一般包括下列方式，或下列一种以上方式的组合：

（一）债务人以资产清偿债务；

（二）债务人将债务转为权益工具；

（三）除本条第一项和第二项以外，采用调整债务本金、改变债务利息、变更还款期限等方式修改债权和债务的其他条款，形成重组债权和重组债务。

第四条 本准则适用于所有债务重组，但下列各项适用其他相关会计准则：

（一）债务重组中涉及的债权、重组债权、债务、重组债务和其他金融工具的确认、计量和列报，分别适用《企业会计准则第 22 号——金融工具确认和计量》和《企业会计准则第 37 号——金融工具列报》。

（二）通过债务重组形成企业合并的，适用《企业会计准则第 20 号——企业合并》。

（三）债权人或债务人中的一方直接或间接对另一方持股且以股东身份进行债务重组的，或者债权人与债务人在债务重组前后均受同一方或相同的多方最终控制，且该债务重组的交易实质是债权人或债务人进行了权益性分配或接受了权益性投入的，适用权益性交易的有关会计处理规定。

第二章 债权人的会计处理

第五条 以资产清偿债务或者将债务转为权益工具方式进行债务重组的，债权人应当在相关资产符合其定义和确认条件时予以确认。

第六条 以资产清偿债务方式进行债务重组的，债权人初始确认受让的金融资产以外的资产时，应当按照下列原则以成本计量：

存货的成本，包括放弃债权的公允价值和使该资产达到当前位置和状态所发生的可直接归属于该资产的税金、运输费、装卸费、保险费等其他成本。

对联营企业或合营企业投资的成本，包括放弃债权的公允价值和可直接归属于该资产的税金等其他成本。

投资性房地产的成本，包括放弃债权的公允价值和可直接归属于该资产的税金等其他成本。

固定资产的成本，包括放弃债权的公允价值和使该资产达到预定可使用状态前所发生的可直接归属于该资产的税金、运输费、装卸费、安装费、专业人员服务费等其他成本。

生物资产的成本，包括放弃债权的公允价值和可直接归属于该资产的税金、运输费、保险费等其他成本。

无形资产的成本，包括放弃债权的公允价值和可直接归属于使该资产达到预定用途所发生的税金等其他成本。

放弃债权的公允价值与账面价值之间的差额，应当计入当期损益。

第七条 将债务转为权益工具方式进行债务重组导致债权人将债权转为对联营企业或合营企业的权益性投资的，债权人应当按照本准则第六条的规定计量其初始投资成本。放弃债权的公允价值与账面价值之间的差额，应当计入当期损益。

第八条 采用修改其他条款方式进行债务重组的，债权人应当按照《企业会计准则第 22 号——金融工具确认和计量》的规定，确认和计量重组债权。

第九条 以多项资产清偿债务或者组合方式进行债务重组的，债权人应当首先按照《企业会计准则第 22 号——金融工具确认和计量》的规定确认和计量受让的金融资产和重组债权，然后按照受让的金融资产以外的各项资产的公允价值比例，对放弃债权的公允价值扣除受让金融资产和重组债权确认金额后的净额进行分配，并以此为基础按照本准则第六条的规定分别确定各项资产的成本。放弃债权的公允价值与账面价值之间的差额，应当计入当期损益。

第三章 债务人的会计处理

第十条 以资产清偿债务方式进行债务重组的，债务人应当在相关资产和所清偿债务符合终止确认条件时予以终止确认，所清偿债务账面价值与转让资产账面价值之间的差额计入当期损益。

第十一条 将债务转为权益工具方式进行债务重组的，债务人应当在所清偿债务符合终止确认条件时予以终止确认。债务人初始确认权益工具时应当按照权益工具的公允价值计量，权益工具的公允价值不能可靠计量的，应当按照所清偿债务的公允价值计量。所清偿债务账面价值与权益工具确认金额之间的差额，应当计入当期损益。

第十二条 采用修改其他条款方式进行债务重组的，债务人应当按照《企业会计准则第 22 号——金融工具确认和计量》和《企业会计准则第 37 号——金融工具列报》的规定，确认和计量重组债务。

第十三条 以多项资产清偿债务或者组合方式进行债务重组的，债务人应当按照本准则第十一条和第十二条的规定确认和计量权益工具和重组债务，所清偿债务的账面价值与转让资产的账面价值以及权益工具和重组债务的确认金额之和的差额，应当计入当期损益。

第四章 披 露

第十四条 债权人应当在附注中披露与债务重组有关的下列信息：
（一）根据债务重组方式，分组披露债权账面价值和债务重组相关损益。
（二）债务重组导致的对联营企业或合营企业的权益性投资增加额，以及该投资占联营企业或合营企业股份总额的比例。

第十五条 债务人应当在附注中披露与债务重组有关的下列信息：
（一）根据债务重组方式，分组披露债务账面价值和债务重组相关损益。
（二）债务重组导致的股本等所有者权益的增加额。

第五章 衔 接 规 定

第十六条 企业对 2019 年 1 月 1 日至本准则施行日之间发生的债务重组，应根据本准则进行调整。企业对 2019 年 1 月 1 日之前发生的债务重组，不需要按照本准则的规定进行追溯调整。

第六章 附 则

第十七条 本准则自 2019 年 6 月 17 日起施行。

第十八条 2006 年 2 月 15 日财政部印发的《财政部关于印发〈企业会计准则第 1 号——存货〉等 38 项具体准则的通知》（财会〔2006〕3 号）中的《企业会计准则第 12 号——债务重组》同时废止。

财政部此前发布的有关债务重组会计处理规定与本准则不一致的，以本准则为准。

14. 企业会计准则第 13 号——或有事项（2006 年发布）

（财会〔2006〕3 号印发）

第一章　总　　则

第一条　为了规范或有事项的确认、计量和相关信息的披露，根据《企业会计准则——基本准则》，制定本准则。

第二条　或有事项，是指过去的交易或者事项形成的，其结果须由某些未来事项的发生或不发生才能决定的不确定事项。

第三条　职工薪酬、建造合同、所得税、企业合并、租赁、原保险合同和再保险合同等形成的或有事项，适用其他相关会计准则。

第二章　确认和计量

第四条　与或有事项相关的义务同时满足下列条件的，应当确认为预计负债：

（一）该义务是企业承担的现时义务；

（二）履行该义务很可能导致经济利益流出企业；

（三）该义务的金额能够可靠地计量。

第五条　预计负债应当按照履行相关现时义务所需支出的最佳估计数进行初始计量。

所需支出存在一个连续范围，且该范围内各种结果发生的可能性相同的，最佳估计数应当按照该范围内的中间值确定。

在其他情况下，最佳估计数应当分别下列情况处理：

（一）或有事项涉及单个项目的，按照最可能发生金额确定。

（二）或有事项涉及多个项目的，按照各种可能结果及相关概率计算确定。

第六条　企业在确定最佳估计数时，应当综合考虑与或有事项有关的风险、不确定性和货币时间价值等因素。

货币时间价值影响重大的，应当通过对相关未来现金流出进行折现后确定最佳估计数。

第七条　企业清偿预计负债所需支出全部或部分预期由第三方补偿的，补偿金额只有在基本确定能够收到时才能作为资产单独确认。确认的补偿金额不应当超过预计负债的账面价值。

第八条　待执行合同变成亏损合同的，该亏损合同产生的义务满足本准则第四条规定的，应当确认为预计负债。

待执行合同，是指合同各方尚未履行任何合同义务，或部分地履行了同等义务的合同。

亏损合同，是指履行合同义务不可避免会发生的成本超过预期经济利益的合同。

第九条　企业不应当就未来经营亏损确认预计负债。

第十条　企业承担的重组义务满足本准则第四条规定的，应当确认预计负债。同时存在下列情况时，表明企业承担了重组义务：

（一）有详细、正式的重组计划，包括重组涉及的业务、主要地点、需要补偿的职工人数及其岗位性质、预计重组支出、计划实施时间等；

（二）该重组计划已对外公告。

重组，是指企业制定和控制的，将显著改变企业组织形式、经营范围或经营方式的计划实施行为。

第十一条　企业应当按照与重组有关的直接支出确定预计负债金额。

直接支出不包括留用职工岗前培训、市场推广、新系统和营销网络投入等支出。

第十二条 企业应当在资产负债表日对预计负债的账面价值进行复核。有确凿证据表明该账面价值不能真实反映当前最佳估计数的,应当按照当前最佳估计数对该账面价值进行调整。

第十三条 企业不应当确认或有负债和或有资产。

或有负债,是指过去的交易或者事项形成的潜在义务,其存在须通过未来不确定事项的发生或不发生予以证实;或过去的交易或者事项形成的现时义务,履行该义务不是很可能导致经济利益流出企业或该义务的金额不能可靠计量。

或有资产,是指过去的交易或者事项形成的潜在资产,其存在须通过未来不确定事项的发生或不发生予以证实。

第三章 披 露

第十四条 企业应当在附注中披露与或有事项有关的下列信息:

(一)预计负债。

1. 预计负债的种类、形成原因以及经济利益流出不确定性的说明。

2. 各类预计负债的期初、期末余额和本期变动情况。

3. 与预计负债有关的预期补偿金额和本期已确认的预期补偿金额。

(二)或有负债(不包括极小可能导致经济利益流出企业的或有负债)。

1. 或有负债的种类及其形成原因,包括已贴现商业承兑汇票、未决诉讼、未决仲裁、对外提供担保等形成的或有负债。

2. 经济利益流出不确定性的说明。

3. 或有负债预计产生的财务影响,以及获得补偿的可能性;无法预计的,应当说明原因。

(三)企业通常不应当披露或有资产。但或有资产很可能会给企业带来经济利益的,应当披露其形成的原因、预计产生的财务影响等。

第十五条 在涉及未决诉讼、未决仲裁的情况下,按照本准则第十四条披露全部或部分信息预期对企业造成重大不利影响的,企业无须披露这些信息,但应当披露该未决诉讼、未决仲裁的性质,以及没有披露这些信息的事实和原因。

15. 企业会计准则第 14 号——收入(2017 年修订)

(财会〔2017〕22 号印发)

第一章 总 则

第一条 为了规范收入的确认、计量和相关信息的披露,根据《企业会计准则——基本准则》,制定本准则。

第二条 收入,是指企业在日常活动中形成的、会导致所有者权益增加的、与所有者投入资本无关的经济利益的总流入。

第三条 本准则适用于所有与客户之间的合同,但下列各项除外:

(一)由《企业会计准则第 2 号——长期股权投资》《企业会计准则第 22 号——金融工具确认和计量》《企业会计准则第 23 号——金融资产转移》《企业会计准则第 24 号——套期会计》《企业会计准则第 33 号——合并财务报表》以及《企业会计准则第 40 号——合营安排》规范的金融工具及其他合同权利和义务,分别适用《企业会计准则第 2 号——长期股权投资》《企业会计准则第 22 号——金融工具确认和计量》《企业会计准则第 23 号——

金融资产转移》《企业会计准则第 24 号——套期会计》《企业会计准则第 33 号——合并财务报表》以及《企业会计准则第 40 号——合营安排》。

（二）由《企业会计准则第 21 号——租赁》规范的租赁合同，适用《企业会计准则第 21 号——租赁》。

（三）由保险合同相关会计准则规范的保险合同，适用保险合同相关会计准则。

本准则所称客户，是指与企业订立合同以向该企业购买其日常活动产出的商品或服务（以下简称"商品"）并支付对价的一方。

本准则所称合同，是指双方或多方之间订立有法律约束力的权利义务的协议。合同有书面形式、口头形式以及其他形式。

第二章 确 认

第四条 企业应当在履行了合同中的履约义务，即在客户取得相关商品控制权时确认收入。

取得相关商品控制权，是指能够主导该商品的使用并从中获得几乎全部的经济利益。

第五条 当企业与客户之间的合同同时满足下列条件时，企业应当在客户取得相关商品控制权时确认收入：

（一）合同各方已批准该合同并承诺将履行各自义务；

（二）该合同明确了合同各方与所转让商品或提供劳务（以下简称"转让商品"）相关的权利和义务；

（三）该合同有明确的与所转让商品相关的支付条款；

（四）该合同具有商业实质，即履行该合同将改变企业未来现金流量的风险、时间分布或金额；

（五）企业因向客户转让商品而有权取得的对价很可能收回。

在合同开始日即满足前款条件的合同，企业在后续期间无需对其进行重新评估，除非有迹象表明相关事实和情况发生重大变化。合同开始日通常是指合同生效日。

第六条 在合同开始日不符合本准则第五条规定的合同，企业应当对其进行持续评估，并在其满足本准则第五条规定时按照该条的规定进行会计处理。

对于不符合本准则第五条规定的合同，企业只有在不再负有向客户转让商品的剩余义务，且已向客户收取的对价无需退回时，才能将已收取的对价确认为收入；否则，应当将已收取的对价作为负债进行会计处理。没有商业实质的非货币性资产交换，不确认收入。

第七条 企业与同一客户（或该客户的关联方）同时订立或在相近时间内先后订立的两份或多份合同，在满足下列条件之一时，应当合并为一份合同进行会计处理：

（一）该两份或多份合同基于同一商业目的而订立并构成一揽子交易。

（二）该两份或多份合同中的一份合同的对价金额取决于其他合同的定价或履行情况。

（三）该两份或多份合同中所承诺的商品（或每份合同中所承诺的部分商品）构成本准则第九条规定的单项履约义务。

第八条 企业应当区分下列三种情形对合同变更分别进行会计处理：

（一）合同变更增加了可明确区分的商品及合同价款，且新增合同价款反映了新增商品单独售价的，应当将该合同变更部分作为一份单独的合同进行会计处理。

（二）合同变更不属于本条（一）规定的情形，且在合同变更日已转让的商品或已提供的服务（以下简称"已转让的商品"）与未转让的商品或未提供的服务（以下简称"未转让的商品"）之间可明确区分的，应当视为原合同终止，同时，将原合同未履约部分与合同变更部分合并为新合同进行会计处理。

（三）合同变更不属于本条（一）规定的情形，且在合同变更日已转让的商品与未转让的商品之间不可明确区分的，应当将该合同变更部分作为原合同的组成部分进行会计处理，由此产生的对已确认收入的影响，应当在合同变更日调整当期收入。

本准则所称合同变更，是指经合同各方批准对原合同范围或价格作出的变更。

第九条 合同开始日，企业应当对合同进行评估，识别该合同所包含的各单项履约义务，并确定各单项履约义务是在某一时段内履行，还是在某一时点履行，然后，在履行了各单项履约义务时分别确认收入。

履约义务，是指合同中企业向客户转让可明确区分商品的承诺。履约义务既包括合同中明确的承诺，也包括由于企业已公开宣布的政策、特定声明或以往的习惯做法等导致合同订立时客户合理预期企业将履行的承诺。企业为履行合同而应开展的初始活动，通常不构成履约义务，除非该活动向客户转让了承诺的商品。

企业向客户转让一系列实质相同且转让模式相同的、可明确区分商品的承诺，也应当作为单项履约义务。

转让模式相同，是指每一项可明确区分商品均满足本准则第十一条规定的、在某一时段内履行履约义务的条件，且采用相同方法确定其履约进度。

第十条 企业向客户承诺的商品同时满足下列条件的，应当作为可明确区分商品：

（一）客户能够从该商品本身或从该商品与其他易于获得资源一起使用中受益；

（二）企业向客户转让该商品的承诺与合同中其他承诺可单独区分。

下列情形通常表明企业向客户转让该商品的承诺与合同中其他承诺不可单独区分：

1. 企业需提供重大的服务以将该商品与合同中承诺的其他商品整合成合同约定的组合产出转让给客户。

2. 该商品将对合同中承诺的其他商品予以重大修改或定制。

3. 该商品与合同中承诺的其他商品具有高度关联性。

第十一条 满足下列条件之一的，属于在某一时段内履行履约义务；否则，属于在某一时点履行履约义务：

（一）客户在企业履约的同时即取得并消耗企业履约所带来的经济利益。

（二）客户能够控制企业履约过程中在建的商品。

（三）企业履约过程中所产出的商品具有不可替代用途，且该企业在整个合同期间内有权就累计至今已完成的履约部分收取款项。

具有不可替代用途，是指因合同限制或实际可行性限制，企业不能轻易地将商品用于其他用途。

有权就累计至今已完成的履约部分收取款项，是指在由于客户或其他方原因终止合同的情况下，企业有权就累计至今已完成的履约部分收取能够补偿其已发生成本和合理利润的款项，并且该权利具有法律约束力。

第十二条 对于在某一时段内履行的履约义务，企业应当在该段时间内按照履约进度确认收入，但是，履约进度不能合理确定的除外。企业应当考虑商品的性质，采用产出法或投入法确定恰当的履约进度。其中，产出法是根据已转移给客户的商品对于客户的价值确定履约进度；投入法是根据企业为履行履约义务的投入确定履约进度。对于类似情况下的类似履约义务，企业应当采用相同的方法确定履约进度。

当履约进度不能合理确定时，企业已经发生的成本预计能够得到补偿的，应当按照已经发生的成本金额确认收入，直到履约进度能够合理确定为止。

第十三条　对于在某一时点履行的履约义务，企业应当在客户取得相关商品控制权时点确认收入。在判断客户是否已取得商品控制权时，企业应当考虑下列迹象：

（一）企业就该商品享有现时收款权利，即客户就该商品负有现时付款义务。
（二）企业已将该商品的法定所有权转移给客户，即客户已拥有该商品的法定所有权。
（三）企业已将该商品实物转移给客户，即客户已实物占有该商品。
（四）企业已将该商品所有权上的主要风险和报酬转移给客户，即客户已取得该商品所有权上的主要风险和报酬。
（五）客户已接受该商品。
（六）其他表明客户已取得商品控制权的迹象。

第三章　计　　量

第十四条　企业应当按照分摊至各单项履约义务的交易价格计量收入。

交易价格，是指企业因向客户转让商品而预期有权收取的对价金额。企业代第三方收取的款项以及企业预期将退还给客户的款项，应当作为负债进行会计处理，不计入交易价格。

第十五条　企业应当根据合同条款，并结合其以往的习惯做法确定交易价格。在确定交易价格时，企业应当考虑可变对价、合同中存在的重大融资成分、非现金对价、应付客户对价等因素的影响。

第十六条　合同中存在可变对价的，企业应当按照期望值或最可能发生金额确定可变对价的最佳估计数，但包含可变对价的交易价格，应当不超过在相关不确定性消除时累计已确认收入极可能不会发生重大转回的金额。企业在评估累计已确认收入是否极可能不会发生重大转回时，应当同时考虑收入转回的可能性及其比重。

每一资产负债表日，企业应当重新估计应计入交易价格的可变对价金额。可变对价金额发生变动的，按照本准则第二十四条和第二十五条规定进行会计处理。

第十七条　合同中存在重大融资成分的，企业应当按照假定客户在取得商品控制权时即以现金支付的应付金额确定交易价格。该交易价格与合同对价之间的差额，应当在合同期间内采用实际利率法摊销。

合同开始日，企业预计客户取得商品控制权与客户支付价款间隔不超过一年的，可以不考虑合同中存在的重大融资成分。

第十八条　客户支付非现金对价的，企业应当按照非现金对价的公允价值确定交易价格。非现金对价的公允价值不能合理估计的，企业应当参照其承诺向客户转让商品的单独售价间接确定交易价格。非现金对价的公允价值因对价形式以外的原因而发生变动的，应当作为可变对价，按照本准则第十六条规定进行会计处理。

单独售价，是指企业向客户单独销售商品的价格。

第十九条　企业应付客户（或向客户购买本企业商品的第三方，本条下同）对价的，应当将该应付对价冲减交易价格，并在确认相关收入与支付（或承诺支付）客户对价二者孰晚的时点冲减当期收入，但应付客户对价是为了向客户取得其他可明确区分商品的除外。

企业应付客户对价是为了向客户取得其他可明确区分商品的，应当采用与本企业其他采购相一致的方式确认所购买的商品。企业应付客户对价超过向客户取得可明确区分商品公允价值的，超过金额应当冲减交易价格。向客户取得的可明确区分商品公允价值不能合理估计的，企业应当将应付客户对价全额冲减交易价格。

第二十条　合同中包含两项或多项履约义务的，企业应当在合同开始日，按照各单项履约义务所承诺商品的单独售价的相对比例，将交易价格分摊至各单项履约义务。企业不得因合同开始日之后单独售价的变动而重新分摊交易价格。

第二十一条 企业在类似环境下向类似客户单独销售商品的价格，应作为确定该商品单独售价的最佳证据。单独售价无法直接观察的，企业应当综合考虑其能够合理取得的全部相关信息，采用市场调整法、成本加成法、余值法等方法合理估计单独售价。在估计单独售价时，企业应当最大限度地采用可观察的输入值，并对类似的情况采用一致的估计方法。

市场调整法，是指企业根据某商品或类似商品的市场售价考虑本企业的成本和毛利等进行适当调整后，确定其单独售价的方法。

成本加成法，是指企业根据某商品的预计成本加上其合理毛利后的价格，确定其单独售价的方法。

余值法，是指企业根据合同交易价格减去合同中其他商品可观察的单独售价后的余值，确定某商品单独售价的方法。

第二十二条 企业在商品近期售价波动幅度巨大，或者因未定价且未曾单独销售而使售价无法可靠确定时，可采用余值法估计其单独售价。

第二十三条 对于合同折扣，企业应当在各单项履约义务之间按比例分摊。

有确凿证据表明合同折扣仅与合同中一项或多项（而非全部）履约义务相关的，企业应当将该合同折扣分摊至相关一项或多项履约义务。

合同折扣仅与合同中一项或多项（而非全部）履约义务相关，且企业采用余值法估计单独售价的，应当首先按照前款规定在该一项或多项（而非全部）履约义务之间分摊合同折扣，然后采用余值法估计单独售价。

合同折扣，是指合同中各单项履约义务所承诺商品的单独售价之和高于合同交易价格的金额。

第二十四条 对于可变对价及可变对价的后续变动额，企业应当按照本准则第二十条至第二十三条规定，将其分摊至与之相关的一项或多项履约义务，或者分摊至构成单项履约义务的一系列可明确区分商品中的一项或多项商品。

对于已履行的履约义务，其分摊的可变对价后续变动额应当调整变动当期的收入。

第二十五条 合同变更之后发生可变对价后续变动的，企业应当区分下列三种情形分别进行会计处理：

（一）合同变更属于本准则第八条（一）规定情形的，企业应当判断可变对价后续变动与哪一项合同相关，并按照本准则第二十四条规定进行会计处理。

（二）合同变更属于本准则第八条（二）规定情形，且可变对价后续变动与合同变更前已承诺可变对价相关的，企业应当首先将该可变对价后续变动额以原合同开始日确定的基础进行分摊，然后再将分摊至合同变更日尚未履行履约义务的该可变对价后续变动额以新合同开始日确定的基础进行二次分摊。

（三）合同变更之后发生除本条（一）（二）规定情形以外的可变对价后续变动的，企业应当将该可变对价后续变动额分摊至合同变更日尚未履行的履约义务。

第四章 合同成本

第二十六条 企业为履行合同发生的成本，不属于其他企业会计准则规范范围且同时满足下列条件的，应当作为合同履约成本确认为一项资产：

（一）该成本与一份当前或预期取得的合同直接相关，包括直接人工、直接材料、制造费用（或类似费用）、明确由客户承担的成本以及仅因该合同而发生的其他成本；

（二）该成本增加了企业未来用于履行履约义务的资源；

（三）该成本预期能够收回。

第二十七条 企业应当在下列支出发生时，将其计入当期损益：

（一）管理费用。

（二）非正常消耗的直接材料、直接人工和制造费用（或类似费用），这些支出为履行合同发生，但未反映在合同价格中。

（三）与履约义务中已履行部分相关的支出。

（四）无法在尚未履行的与已履行的履约义务之间区分的相关支出。

第二十八条 企业为取得合同发生的增量成本预期能够收回的，应当作为合同取得成本确认为一项资产；但是，该资产摊销期限不超过一年的，可以在发生时计入当期损益。

增量成本，是指企业不取得合同就不会发生的成本（如销售佣金等）。

企业为取得合同发生的、除预期能够收回的增量成本之外的其他支出（如无论是否取得合同均会发生的差旅费等），应当在发生时计入当期损益，但是，明确由客户承担的除外。

第二十九条 按照本准则第二十六条和第二十八条规定确认的资产（以下简称"与合同成本有关的资产"），应当采用与该资产相关的商品收入确认相同的基础进行摊销，计入当期损益。

第三十条 与合同成本有关的资产，其账面价值高于下列两项的差额的，超出部分应当计提减值准备，并确认为资产减值损失：

（一）企业因转让与该资产相关的商品预期能够取得的剩余对价；

（二）为转让该相关商品估计将要发生的成本。

以前期间减值的因素之后发生变化，使得前款（一）减（二）的差额高于该资产账面价值的，应当转回原已计提的资产减值准备，并计入当期损益，但转回后的资产账面价值不应超过假定不计提减值准备情况下该资产在转回日的账面价值。

第三十一条 在确定与合同成本有关的资产的减值损失时，企业应当首先对按照其他相关企业会计准则确认的、与合同有关的其他资产确定减值损失；然后，按照本准则第三十条规定确定与合同成本有关的资产的减值损失。

企业按照《企业会计准则第 8 号——资产减值》测试相关资产组的减值情况时，应当将按照前款规定确定与合同成本有关的资产减值后的新账面价值计入相关资产组的账面价值。

第五章 特定交易的会计处理

第三十二条 对于附有销售退回条款的销售，企业应当在客户取得相关商品控制权时，按照因向客户转让商品而预期有权收取的对价金额（即，不包含预期因销售退回将退还的金额）确认收入，按照预期因销售退回将退还的金额确认负债；同时，按照预期将退回商品转让时的账面价值，扣除收回该商品预计发生的成本（包括退回商品的价值减损）后的余额，确认为一项资产，按照所转让商品转让时的账面价值，扣除上述资产成本的净额结转成本。

每一资产负债表日，企业应当重新估计未来销售退回情况，如有变化，应当作为会计估计变更进行会计处理。

第三十三条 对于附有质量保证条款的销售，企业应当评估该质量保证是否在向客户保证所销售商品符合既定标准之外提供了一项单独的服务。企业提供额外服务的，应当作为单项履约义务，按照本准则规定进行会计处理；否则，质量保证责任应当按照《企业会计准则第 13 号——或有事项》规定进行会计处理。在评估质量保证是否在向客户保证所销售商品符合既定标准之外提供了一项单独的服务时，企业应当考虑该质量保证是否为法定要求、质量保证期限以及企业承诺履行任务的性质等因素。客户能够选择单独购买质量保证的，该质量保证构成单项履约义务。

第三十四条 企业应当根据其在向客户转让商品前是否拥有对该商品的控制权，来判断其从事交易时的身份是主要责任人还是代理人。企业在向客户转让商品前能够控制该商品的，该企业为主要责任人，应当按照已收或应收对价总额确认收入；否则，该企业为代理人，应当按照预期有权收取的佣金或手续费的金额确认收入，该金额应当按照已收或应收对价总额扣除应支付给其他相关方的价款后的净额，或者按照既定的佣金金额或比例等确定。

企业向客户转让商品前能够控制该商品的情形包括：

（一）企业自第三方取得商品或其他资产控制权后，再转让给客户。

（二）企业能够主导第三方代表本企业向客户提供服务。

（三）企业自第三方取得商品控制权后，通过提供重大的服务将该商品与其他商品整合成某组合产出转让给客户。

在具体判断向客户转让商品前是否拥有对该商品的控制权时，企业不应仅局限于合同的法律形式，而应当综合考虑所有相关事实和情况，这些事实和情况包括：

（一）企业承担向客户转让商品的主要责任。

（二）企业在转让商品之前或之后承担了该商品的存货风险。

（三）企业有权自主决定所交易商品的价格。

（四）其他相关事实和情况。

第三十五条 对于附有客户额外购买选择权的销售，企业应当评估该选择权是否向客户提供了一项重大权利。企业提供重大权利的，应当作为单项履约义务，按照本准则第二十条至第二十四条规定将交易价格分摊至该履约义务，在客户未来行使购买选择权取得相关商品控制权时，或者该选择权失效时，确认相应的收入。客户额外购买选择权的单独售价无法直接观察的，企业应当综合考虑客户行使和不行使该选择权所能获得的折扣的差异、客户行使该选择权的可能性等全部相关信息后，予以合理估计。

客户虽然有额外购买商品选择权，但客户行使该选择权购买商品时的价格反映了这些商品单独售价的，不应被视为企业向该客户提供了一项重大权利。

第三十六条 企业向客户授予知识产权许可的，应当按照本准则第九条和第十条规定评估该知识产权许可是否构成单项履约义务，构成单项履约义务的，应当进一步确定其是在某一时段内履行还是在某一时点履行。

企业向客户授予知识产权许可，同时满足下列条件时，应当作为在某一时段内履行的履约义务确认相关收入；否则，应当作为在某一时点履行的履约义务确认相关收入：

（一）合同要求或客户能够合理预期企业将从事对该项知识产权有重大影响的活动；

（二）该活动对客户将产生有利或不利影响；

（三）该活动不会导致向客户转让某项商品。

第三十七条 企业向客户授予知识产权许可，并约定按客户实际销售或使用情况收取特许权使用费的，应当在下列两项孰晚的时点确认收入：

（一）客户后续销售或使用行为实际发生；

（二）企业履行相关履约义务。

第三十八条 对于售后回购交易，企业应当区分下列两种情形分别进行会计处理：

（一）企业因存在与客户的远期安排而负有回购义务或企业享有回购权利的，表明客户在销售时点并未取得相关商品控制权，企业应当作为租赁交易或融资交易进行相应的会计处理。其中，回购价格低于原售价的，应当视为租赁交易，按照《企业会计准则第21号——租赁》的相关规定进行会计处理；回购价格不低于原售价的，应当视为融资交易，在收到客户款项时确认金融负债，并将该款项和回购价格的差额在回购期间内确认为利息费用等。企业到期未行使回购权利的,应当在该回购权利到期时终止确认金融负债,同时确认收入。

(二)企业负有应客户要求回购商品义务的,应当在合同开始日评估客户是否具有行使该要求权的重大经济动因。客户具有行使该要求权重大经济动因的,企业应当将售后回购作为租赁交易或融资交易,按照本条(一)规定进行会计处理;否则,企业应当将其作为附有销售退回条款的销售交易,按照本准则第三十二条规定进行会计处理。

售后回购,是指企业销售商品的同时承诺或有权选择日后再将该商品(包括相同或几乎相同的商品,或以该商品作为组成部分的商品)购回的销售方式。

第三十九条 企业向客户预收销售商品款项的,应当首先将该款项确认为负债,待履行了相关履约义务时再转为收入。当企业预收款项无需退回,且客户可能会放弃其全部或部分合同权利时,企业预期将有权获得与客户所放弃的合同权利相关的金额的,应当按照客户行使合同权利的模式按比例将上述金额确认为收入;否则,企业只有在客户要求其履行剩余履约义务的可能性极低时,才能将上述负债的相关余额转为收入。

第四十条 企业在合同开始(或接近合同开始)日向客户收取的无需退回的初始费(如俱乐部的入会费等)应当计入交易价格。企业应当评估该初始费是否与向客户转让已承诺的商品相关。该初始费与向客户转让已承诺的商品相关,并且该商品构成单项履约义务的,企业应当在转让该商品时,按照分摊至该商品的交易价格确认收入;该初始费与向客户转让已承诺的商品相关,但该商品不构成单项履约义务的,企业应当在包含该商品的单项履约义务履行时,按照分摊至该单项履约义务的交易价格确认收入;该初始费与向客户转让已承诺的商品不相关的,该初始费应当作为未来将转让商品的预收款,在未来转让该商品时确认为收入。

企业收取了无需退回的初始费且为履行合同应开展初始活动,但这些活动本身并没有向客户转让已承诺的商品的,该初始费与未来将转让的已承诺商品相关,应当在未来转让该商品时确认为收入,企业在确定履约进度时不应考虑这些初始活动;企业为该初始活动发生的支出应当按照本准则第二十六条和第二十七条规定确认为一项资产或计入当期损益。

第六章 列 报

第四十一条 企业应当根据本企业履行履约义务与客户付款之间的关系在资产负债表中列示合同资产或合同负债。企业拥有的、无条件(即,仅取决于时间流逝)向客户收取对价的权利应当作为应收款项单独列示。

合同资产,是指企业已向客户转让商品而有权收取对价的权利,且该权利取决于时间流逝之外的其他因素。如企业向客户销售两项可明确区分的商品,企业因已交付其中一项商品而有权收取款项,但收取该款项还取决于企业交付另一项商品的,企业应当将该收款权利作为合同资产。

合同负债,是指企业已收或应收客户对价而应向客户转让商品的义务。如企业在转让承诺的商品之前已收取的款项。

按照本准则确认的合同资产的减值的计量和列报应当按照《企业会计准则第22号——金融工具确认和计量》和《企业会计准则第37号——金融工具列报》的规定进行会计处理。

第四十二条 企业应当在附注中披露与收入有关的下列信息:

(一)收入确认和计量所采用的会计政策、对于确定收入确认的时点和金额具有重大影响的判断以及这些判断的变更,包括确定履约进度的方法及采用该方法的原因、评估客户取得所转让商品控制权时点的相关判断,在确定交易价格、估计计入交易价格的可变对价、分摊交易价格以及计量预期将退还给客户的款项等类似义务时所采用的方法、输入值和假设等。

（二）与合同相关的下列信息：

1. 与本期确认收入相关的信息，包括与客户之间的合同产生的收入、该收入按主要类别（如商品类型、经营地区、市场或客户类型、合同类型、商品转让的时间、合同期限、销售渠道等）分解的信息以及该分解信息与每一报告分部的收入之间的关系等。

2. 与应收款项、合同资产和合同负债的账面价值相关的信息，包括与客户之间的合同产生的应收款项、合同资产和合同负债的期初和期末账面价值、对上述应收款项和合同资产确认的减值损失、在本期确认的包括在合同负债期初账面价值中的收入、前期已经履行（或部分履行）的履约义务在本期调整的收入、履行履约义务的时间与通常的付款时间之间的关系以及此类因素对合同资产和合同负债账面价值的影响的定量或定性信息、合同资产和合同负债的账面价值在本期内发生的重大变动情况等。

3. 与履约义务相关的信息，包括履约义务通常的履行时间、重要的支付条款、企业承诺转让的商品的性质（包括说明企业是否作为代理人）、企业承担的预期将退还给客户的款项等类似义务、质量保证的类型及相关义务等。

4. 与分摊至剩余履约义务的交易价格相关的信息，包括分摊至本期末尚未履行（或部分未履行）履约义务的交易价格总额、上述金额确认为收入的预计时间的定量或定性信息、未包括在交易价格的对价金额（如可变对价）等。

（三）与合同成本有关的资产相关的信息，包括确定该资产金额所做的判断、该资产的摊销方法、按该资产主要类别（如为取得合同发生的成本、为履行合同开展的初始活动发生的成本等）披露的期末账面价值以及本期确认的摊销及减值损失金额等。

（四）企业根据本准则第十七条规定因预计客户取得商品控制权与客户支付价款间隔未超过一年而未考虑合同中存在的重大融资成分，或者根据本准则第二十八条规定因合同取得成本的摊销期限未超过一年而将其在发生时计入当期损益的，应当披露该事实。

第七章　衔　接　规　定

第四十三条　首次执行本准则的企业，应当根据首次执行本准则的累积影响数，调整首次执行本准则当年年初留存收益及财务报表其他相关项目金额，对可比期间信息不予调整。企业可以仅对在首次执行日尚未完成的合同的累积影响数进行调整。同时，企业应当在附注中披露，与收入相关会计准则制度的原规定相比，执行本准则对当期财务报表相关项目的影响金额，如有重大影响的，还需披露其原因。

已完成的合同，是指企业按照与收入相关会计准则制度的原规定已完成合同中全部商品的转让的合同。尚未完成的合同，是指除已完成的合同之外的其他合同。

第四十四条　对于最早可比期间期初之前或首次执行本准则当年年初之前发生的合同变更，企业可予以简化处理，即无需按照本准则第八条规定进行追溯调整，而是根据合同变更的最终安排，识别已履行的和尚未履行的履约义务、确定交易价格以及在已履行的和尚未履行的履约义务之间分摊交易价格。

企业采用该简化处理方法的，应当对所有合同一致采用，并且在附注中披露该事实以及在合理范围内对采用该简化处理方法的影响所作的定性分析。

第八章　附　　则

第四十五条　本准则自 2018 年 1 月 1 日起施行。

16. 企业会计准则第 16 号——政府补助（2017 年修订）

（财会〔2017〕15 号印发）

第一章 总 则

第一条 为了规范政府补助的确认、计量和列报，根据《企业会计准则——基本准则》，制定本准则。

第二条 本准则中的政府补助，是指企业从政府无偿取得货币性资产或非货币性资产。

第三条 政府补助具有下列特征：

（一）来源于政府的经济资源。对于企业收到的来源于其他方的补助，有确凿证据表明政府是补助的实际拨付者，其他方只起到代收代付作用的，该项补助也属于来源于政府的经济资源。

（二）无偿性。即企业取得来源于政府的经济资源，不需要向政府交付商品或服务等对价。

第四条 政府补助分为与资产相关的政府补助和与收益相关的政府补助。

与资产相关的政府补助，是指企业取得的、用于购建或以其他方式形成长期资产的政府补助。

与收益相关的政府补助，是指除与资产相关的政府补助之外的政府补助。

第五条 下列各项适用其他相关会计准则：

（一）企业从政府取得的经济资源，如果与企业销售商品或提供服务等活动密切相关，且是企业商品或服务的对价或者是对价的组成部分，适用《企业会计准则第 14 号——收入》等相关会计准则。

（二）所得税减免，适用《企业会计准则第 18 号——所得税》。

政府以投资者身份向企业投入资本，享有相应的所有者权益，不适用本准则。

第二章 确认和计量

第六条 政府补助同时满足下列条件的，才能予以确认：

（一）企业能够满足政府补助所附条件；

（二）企业能够收到政府补助。

第七条 政府补助为货币性资产的，应当按照收到或应收的金额计量。

政府补助为非货币性资产的，应当按照公允价值计量；公允价值不能可靠取得的，按照名义金额计量。

第八条 与资产相关的政府补助，应当冲减相关资产的账面价值或确认为递延收益。与资产相关的政府补助确认为递延收益的，应当在相关资产使用寿命内按照合理、系统的方法分期计入损益。按照名义金额计量的政府补助，直接计入当期损益。

相关资产在使用寿命结束前被出售、转让、报废或发生毁损的，应当将尚未分配的相关递延收益余额转入资产处置当期的损益。

第九条 与收益相关的政府补助，应当分情况按照以下规定进行会计处理：

（一）用于补偿企业以后期间的相关成本费用或损失的，确认为递延收益，并在确认相关成本费用或损失的期间，计入当期损益或冲减相关成本；

（二）用于补偿企业已发生的相关成本费用或损失的，直接计入当期损益或冲减相关成本。

第十条 对于同时包含与资产相关部分和与收益相关部分的政府补助,应当区分不同部分分别进行会计处理;难以区分的,应当整体归类为与收益相关的政府补助。

第十一条 与企业日常活动相关的政府补助,应当按照经济业务实质,计入其他收益或冲减相关成本费用。与企业日常活动无关的政府补助,应当计入营业外收支。

第十二条 企业取得政策性优惠贷款贴息的,应当区分财政将贴息资金拨付给贷款银行和财政将贴息资金直接拨付给企业两种情况,分别按照本准则第十三条和第十四条进行会计处理。

第十三条 财政将贴息资金拨付给贷款银行,由贷款银行以政策性优惠利率向企业提供贷款的,企业可以选择下列方法之一进行会计处理:

(一)以实际收到的借款金额作为借款的入账价值,按照借款本金和该政策性优惠利率计算相关借款费用。

(二)以借款的公允价值作为借款的入账价值并按照实际利率法计算借款费用,实际收到的金额与借款公允价值之间的差额确认为递延收益。递延收益在借款存续期内采用实际利率法摊销,冲减相关借款费用。

企业选择了上述两种方法之一后,应当一致地运用,不得随意变更。

第十四条 财政将贴息资金直接拨付给企业,企业应当将对应的贴息冲减相关借款费用。

第十五条 已确认的政府补助需要退回的,应当在需要退回的当期分情况按照以下规定进行会计处理:

(一)初始确认时冲减相关资产账面价值的,调整资产账面价值;

(二)存在相关递延收益的,冲减相关递延收益账面余额,超出部分计入当期损益;

(三)属于其他情况的,直接计入当期损益。

第三章 列 报

第十六条 企业应当在利润表中的"营业利润"项目之上单独列报"其他收益"项目,计入其他收益的政府补助在该项目中反映。

第十七条 企业应当在附注中单独披露与政府补助有关的下列信息:

(一)政府补助的种类、金额和列报项目;

(二)计入当期损益的政府补助金额;

(三)本期退回的政府补助金额及原因。

第四章 衔接规定

第十八条 企业对2017年1月1日存在的政府补助采用未来适用法处理,对2017年1月1日至本准则施行日之间新增的政府补助根据本准则进行调整。

第五章 附 则

第十九条 本准则自2017年6月12日起施行。

第二十条 2006年2月15日财政部印发的《财政部关于印发〈企业会计准则第1号——存货〉等38项具体准则的通知》(财会〔2006〕3号)中的《企业会计准则第16号——政府补助》同时废止。

财政部此前发布的有关政府补助会计处理规定与本准则不一致的,以本准则为准。

17. 企业会计准则第 17 号——借款费用（2006 年发布）

（财会〔2006〕3 号印发）

第一章　总　　则

第一条　为了规范借款费用的确认、计量和相关信息的披露，根据《企业会计准则——基本准则》，制定本准则。

第二条　借款费用，是指企业因借款而发生的利息及其他相关成本。

借款费用包括借款利息、折价或者溢价的摊销、辅助费用以及因外币借款而发生的汇兑差额等。

第三条　与融资租赁有关的融资费用，适用《企业会计准则第 21 号——租赁》。

第二章　确认和计量

第四条　企业发生的借款费用，可直接归属于符合资本化条件的资产的购建或者生产的，应当予以资本化，计入相关资产成本；其他借款费用，应当在发生时根据其发生额确认为费用，计入当期损益。

符合资本化条件的资产，是指需要经过相当长时间的购建或者生产活动才能达到预定可使用或者可销售状态的固定资产、投资性房地产和存货等资产。

第五条　借款费用同时满足下列条件的，才能开始资本化：

（一）资产支出已经发生，资产支出包括为购建或者生产符合资本化条件的资产而以支付现金、转移非现金资产或者承担带息债务形式发生的支出；

（二）借款费用已经发生；

（三）为使资产达到预定可使用或者可销售状态所必要的购建或者生产活动已经开始。

第六条　在资本化期间内，每一会计期间的利息（包括折价或溢价的摊销）资本化金额，应当按照下列规定确定：

（一）为购建或者生产符合资本化条件的资产而借入专门借款的，应当以专门借款当期实际发生的利息费用，减去将尚未动用的借款资金存入银行取得的利息收入或进行暂时性投资取得的投资收益后的金额确定。

专门借款，是指为购建或者生产符合资本化条件的资产而专门借入的款项。

（二）为购建或者生产符合资本化条件的资产而占用了一般借款的，企业应当根据累计资产支出超过专门借款部分的资产支出加权平均数乘以所占用一般借款的资本化率，计算确定一般借款应予资本化的利息金额。资本化率应当根据一般借款加权平均利率计算确定。

资本化期间，是指从借款费用开始资本化时点到停止资本化时点的期间，借款费用暂停资本化的期间不包括在内。

第七条　借款存在折价或者溢价的，应当按照实际利率法确定每一会计期间应摊销的折价或者溢价金额，调整每期利息金额。

第八条　在资本化期间内，每一会计期间的利息资本化金额，不应当超过当期相关借款实际发生的利息金额。

第九条　在资本化期间内，外币专门借款本金及利息的汇兑差额，应当予以资本化，计入符合资本化条件的资产的成本。

第十条　专门借款发生的辅助费用，在所购建或者生产的符合资本化条件的资产达到预定可使用或者可销售状态之前发生的,应当在发生时根据其发生额予以资本化,计入符合资本化条件的资产的成本;在所购建或者生产的符合资本化条件的资产达到预定可使用或者可销售状态之后发生的,应当在发生时根据其发生额确认为费用,计入当期损益。

一般借款发生的辅助费用,应当在发生时根据其发生额确认为费用,计入当期损益。

第十一条 符合资本化条件的资产在购建或者生产过程中发生非正常中断且中断时间连续超过3个月的,应当暂停借款费用的资本化。在中断期间发生的借款费用应当确认为费用,计入当期损益,直至资产的购建或者生产活动重新开始。如果中断是所购建或者生产的符合资本化条件的资产达到预定可使用或者可销售状态必要的程序,借款费用的资本化应当继续进行。

第十二条 购建或者生产符合资本化条件的资产达到预定可使用或者可销售状态时,借款费用应当停止资本化。在符合资本化条件的资产达到预定可使用或者可销售状态之后所发生的借款费用,应当在发生时根据其发生额确认为费用,计入当期损益。

第十三条 购建或者生产符合资本化条件的资产达到预定可使用或者可销售状态,可从下列几个方面进行判断:

(一)符合资本化条件的资产的实体建造(包括安装)或者生产工作已经全部完成或者实质上已经完成。

(二)所购建或者生产的符合资本化条件的资产与设计要求、合同规定或者生产要求相符或者基本相符,即使有极个别与设计、合同或者生产要求不相符的地方,也不影响其正常使用或者销售。

(三)继续发生在所购建或生产的符合资本化条件的资产上的支出金额很少或者几乎不再发生。

购建或者生产符合资本化条件的资产需要试生产或者试运行的,在试生产结果表明资产能够正常生产出合格产品或者试运行结果表明资产能够正常运转或者营业时,应当认为该资产已经达到预定可使用或者可销售状态。

第十四条 购建或者生产的符合资本化条件的资产的各部分分别完工,且每部分在其他部分继续建造过程中可供使用或者可对外销售,且为使该部分资产达到预定可使用或可销售状态所必要的购建或者生产活动实质上已经完成的,应当停止与该部分资产相关的借款费用的资本化。

购建或者生产的资产的各部分分别完工,但必须等到整体完工后才可使用或者可对外销售的,应当在该资产整体完工时停止借款费用的资本化。

第三章 披 露

第十五条 企业应当在附注中披露与借款费用有关的下列信息:

(一)当期资本化的借款费用金额。

(二)当期用于计算确定借款费用资本化金额的资本化率。

18. 企业会计准则第18号——所得税(2006年发布)

(财会〔2006〕3号印发)

第一章 总 则

第一条 为了规范企业所得税的确认、计量和相关信息的列报,根据《企业会计准则——基本准则》,制定本准则。

第二条 本准则所称所得税包括企业以应纳税所得额为基础的各种境内和境外税额。

第三条 本准则不涉及政府补助的确认和计量，但因政府补助产生暂时性差异的所得税影响，应当按照本准则进行确认和计量。

第二章 计税基础

第四条 企业在取得资产、负债时，应当确定其计税基础。资产、负债的账面价值与其计税基础存在差异的，应当按照本准则规定确认所产生的递延所得税资产或递延所得税负债。

第五条 资产的计税基础，是指企业收回资产账面价值过程中，计算应纳税所得额时按照税法规定可以自应税经济利益中抵扣的金额。

第六条 负债的计税基础，是指负债的账面价值减去未来期间计算应纳税所得额时按照税法规定可予抵扣的金额。

第三章 暂时性差异

第七条 暂时性差异，是指资产或负债的账面价值与其计税基础之间的差额；未作为资产和负债确认的项目，按照税法规定可以确定其计税基础的，该计税基础与其账面价值之间的差额也属于暂时性差异。

按照暂时性差异对未来期间应税金额的影响，分为应纳税暂时性差异和可抵扣暂时性差异。

第八条 应纳税暂时性差异，是指在确定未来收回资产或清偿负债期间的应纳税所得额时，将导致产生应税金额的暂时性差异。

第九条 可抵扣暂时性差异，是指在确定未来收回资产或清偿负债期间的应纳税所得额时，将导致产生可抵扣金额的暂时性差异。

第四章 确 认

第十条 企业应当将当期和以前期间应交未交的所得税确认为负债，将已支付的所得税超过应支付的部分确认为资产。

存在应纳税暂时性差异或可抵扣暂时性差异的，应当按照本准则规定确认递延所得税负债或递延所得税资产。

第十一条 除下列交易中产生的递延所得税负债以外，企业应当确认所有应纳税暂时性差异产生的递延所得税负债：

（一）商誉的初始确认。

（二）同时具有下列特征的交易中产生的资产或负债的初始确认：

1. 该项交易不是企业合并；

2. 交易发生时既不影响会计利润也不影响应纳税所得额（或可抵扣亏损）。

与子公司、联营企业及合营企业的投资相关的应纳税暂时性差异产生的递延所得税负债，应当按照本准则第十二条的规定确认。

第十二条 企业对与子公司、联营企业及合营企业投资相关的应纳税暂时性差异，应当确认相应的递延所得税负债。但是，同时满足下列条件的除外：

（一）投资企业能够控制暂时性差异转回的时间；

（二）该暂时性差异在可预见的未来很可能不会转回。

第十三条 企业应当以很可能取得用来抵扣可抵扣暂时性差异的应纳税所得额为限，确认由可抵扣暂时性差异产生的递延所得税资产。但是，同时具有下列特征的交易中因资产或负债的初始确认所产生的递延所得税资产不予确认：

（一）该项交易不是企业合并；

（二）交易发生时既不影响会计利润也不影响应纳税所得额（或可抵扣亏损）。

资产负债表日，有确凿证据表明未来期间很可能获得足够的应纳税所得额用来抵扣可抵扣暂时性差异的，应当确认以前期间未确认的递延所得税资产。

第十四条 企业对与子公司、联营企业及合营企业投资相关的可抵扣暂时性差异，同时满足下列条件的，应当确认相应的递延所得税资产：

（一）暂时性差异在可预见的未来很可能转回；

（二）未来很可能获得用来抵扣可抵扣暂时性差异的应纳税所得额。

第十五条 企业对于能够结转以后年度的可抵扣亏损和税款抵减，应当以很可能获得用来抵扣可抵扣亏损和税款抵减的未来应纳税所得额为限，确认相应的递延所得税资产。

第五章 计 量

第十六条 资产负债表日，对于当期和以前期间形成的当期所得税负债（或资产），应当按照税法规定计算的预期应交纳（或返还）的所得税金额计量。

第十七条 资产负债表日，对于递延所得税资产和递延所得税负债，应当根据税法规定，按照预期收回该资产或清偿该负债期间的适用税率计量。

适用税率发生变化的，应对已确认的递延所得税资产和递延所得税负债进行重新计量，除直接在所有者权益中确认的交易或者事项产生的递延所得税资产和递延所得税负债以外，应当将其影响数计入变化当期的所得税费用。

第十八条 递延所得税资产和递延所得税负债的计量，应当反映资产负债表日企业预期收回资产或清偿负债方式的所得税影响，即在计量递延所得税资产和递延所得税负债时，应当采用与收回资产或清偿债务的预期方式相一致的税率和计税基础。

第十九条 企业不应当对递延所得税资产和递延所得税负债进行折现。

第二十条 资产负债表日，企业应当对递延所得税资产的账面价值进行复核。如果未来期间很可能无法获得足够的应纳税所得额用以抵扣递延所得税资产的利益，应当减计递延所得税资产的账面价值。

在很可能获得足够的应纳税所得额时，减记的金额应当转回。

第二十一条 企业当期所得税和递延所得税应当作为所得税费用或收益计入当期损益，但不包括下列情况产生的所得税：

（一）企业合并。

（二）直接在所有者权益中确认的交易或者事项。

第二十二条 与直接计入所有者权益的交易或者事项相关的当期所得税和递延所得税，应当计入所有者权益。

第六章 列 报

第二十三条 递延所得税资产和递延所得税负债应当分别作为非流动资产和非流动负债在资产负债表中列示。

第二十四条 所得税费用应当在利润表中单独列示。

第二十五条 企业应当在附注中披露与所得税有关的下列信息：

（一）所得税费用（收益）的主要组成部分。

（二）所得税费用（收益）与会计利润关系的说明。

（三）未确认递延所得税资产的可抵扣暂时性差异、可抵扣亏损的金额（如果存在到期日，还应披露到期日）。

（四）对每一类暂时性差异和可抵扣亏损，在列报期间确认的递延所得税资产或递延所得税负债的金额，确认递延所得税资产的依据。

（五）未确认递延所得税负债的，与对子公司、联营企业及合营企业投资相关的暂时性差异金额。

19. 企业会计准则第 19 号——外币折算（2006 年发布）

（财会〔2006〕3 号印发）

第一章 总 则

第一条 为了规范外币交易的会计处理、外币财务报表的折算和相关信息的披露，根据《企业会计准则——基本准则》，制定本准则。

第二条 外币交易，是指以外币计价或者结算的交易。外币是企业记账本位币以外的货币。外币交易包括：

（一）买入或者卖出以外币计价的商品或者劳务；

（二）借入或者借出外币资金；

（三）其他以外币计价或者结算的交易。

第三条 下列各项适用其他相关会计准则：

（一）与购建或生产符合资本化条件的资产相关的外币借款产生的汇兑差额，适用《企业会计准则第 17 号——借款费用》。

（二）外币项目的套期，适用《企业会计准则第 24 号——套期保值》。

（三）现金流量表中的外币折算，适用《企业会计准则第 31 号——现金流量表》。

第二章 记账本位币的确定

第四条 记账本位币，是指企业经营所处的主要经济环境中的货币。

企业通常应选择人民币作为记账本位币。业务收支以人民币以外的货币为主的企业，可以按照本准则第五条规定选定其中一种货币作为记账本位币。但是，编报的财务报表应当折算为人民币。

第五条 企业选定记账本位币，应当考虑下列因素：

（一）该货币主要影响商品和劳务的销售价格，通常以该货币进行商品和劳务的计价和结算；

（二）该货币主要影响商品和劳务所需人工、材料和其他费用，通常以该货币进行上述费用的计价和结算；

（三）融资活动获得的货币以及保存从经营活动中收取款项所使用的货币。

第六条 企业选定境外经营的记账本位币，还应当考虑下列因素：

（一）境外经营对其所从事的活动是否拥有很强的自主性；

（二）境外经营活动中与企业的交易是否在境外经营活动中占有较大比重；

（三）境外经营活动产生的现金流量是否直接影响企业的现金流量、是否可以随时汇回；

（四）境外经营活动产生的现金流量是否足以偿还其现有债务和可预期的债务。

第七条 境外经营，是指企业在境外的子公司、合营企业、联营企业、分支机构。

在境内的子公司、合营企业、联营企业、分支机构，采用不同于企业记账本位币的，也视同境外经营。

第八条 企业记账本位币一经确定，不得随意变更，除非企业经营所处的主要经济环境发生重大变化。

企业因经营所处的主要经济环境发生重大变化，确需变更记账本位币的，应当采用变更当日的即期汇率将所有项目折算为变更后的记账本位币。

第三章 外币交易的会计处理

第九条 企业对于发生的外币交易，应当将外币金额折算为记账本位币金额。

第十条 外币交易应当在初始确认时，采用交易发生日的即期汇率将外币金额折算为记账本位币金额；也可以采用按照系统合理的方法确定的、与交易发生日即期汇率近似的汇率折算。

第十一条 企业在资产负债表日，应当按照下列规定对外币货币性项目和外币非货币性项目进行处理：

（一）外币货币性项目，采用资产负债表日即期汇率折算。因资产负债表日即期汇率与初始确认时或者前一资产负债表日即期汇率不同而产生的汇兑差额，计入当期损益。

（二）以历史成本计量的外币非货币性项目，仍采用交易发生日的即期汇率折算，不改变其记账本位币金额。

货币性项目，是指企业持有的货币资金和将以固定或可确定的金额收取的资产或者偿付的负债。

非货币性项目，是指货币性项目以外的项目。

第四章 外币财务报表的折算

第十二条 企业对境外经营的财务报表进行折算时，应当遵循下列规定：

（一）资产负债表中的资产和负债项目，采用资产负债表日的即期汇率折算，所有者权益项目除"未分配利润"项目外，其他项目采用发生时的即期汇率折算。

（二）利润表中的收入和费用项目，采用交易发生日的即期汇率折算；也可以采用按照系统合理的方法确定的、与交易发生日即期汇率近似的汇率折算。

按照上述（一）（二）折算产生的外币财务报表折算差额，在资产负债表中所有者权益项目下单独列示。

比较财务报表的折算比照上述规定处理。

第十三条 企业对处于恶性通货膨胀经济中的境外经营的财务报表，应当按照下列规定进行折算：

对资产负债表项目运用一般物价指数予以重述，对利润表项目运用一般物价指数变动予以重述，再按照最近资产负债表日的即期汇率进行折算。

在境外经营不再处于恶性通货膨胀经济中时，应当停止重述，按照停止之日的价格水平重述的财务报表进行折算。

第十四条 企业在处置境外经营时，应当将资产负债表中所有者权益项目下列示的、与该境外经营相关的外币财务报表折算差额，自所有者权益项目转入处置当期损益；部分处置境外经营的，应当按处置的比例计算处置部分的外币财务报表折算差额，转入处置当期损益。

第十五条 企业选定的记账本位币不是人民币的，应当按照本准则第十二条规定将其财务报表折算为人民币财务报表。

第五章 披　　露

第十六条 企业应当在附注中披露与外币折算有关的下列信息：

（一）企业及其境外经营选定的记账本位币及选定的原因，记账本位币发生变更的，说明变更理由。

（二）采用近似汇率的，近似汇率的确定方法。

（三）计入当期损益的汇兑差额。

(四)处置境外经营对外币财务报表折算差额的影响。

20. 企业会计准则第 20 号——企业合并(2006 年发布)

(财会〔2006〕3 号印发)

第一章 总 则

第一条 为了规范企业合并的确认、计量和相关信息的披露,根据《企业会计准则——基本准则》,制定本准则。

第二条 企业合并,是指将两个或者两个以上单独的企业合并形成一个报告主体的交易或事项。

企业合并分为同一控制下的企业合并和非同一控制下的企业合并。

第三条 涉及业务的合并比照本准则规定处理。

第四条 本准则不涉及下列企业合并:

(一)两方或者两方以上形成合营企业的企业合并。

(二)仅通过合同而不是所有权份额将两个或者两个以上单独的企业合并形成一个报告主体的企业合并。

第二章 同一控制下的企业合并

第五条 参与合并的企业在合并前后均受同一方或相同的多方最终控制且该控制并非暂时性的,为同一控制下的企业合并。

同一控制下的企业合并,在合并日取得对其他参与合并企业控制权的一方为合并方,参与合并的其他企业为被合并方。

合并日,是指合并方实际取得对被合并方控制权的日期。

第六条 合并方在企业合并中取得的资产和负债,应当按照合并日在被合并方的账面价值计量。合并方取得的净资产账面价值与支付的合并对价账面价值(或发行股份面值总额)的差额,应当调整资本公积;资本公积不足冲减的,调整留存收益。

第七条 同一控制下的企业合并中,被合并方采用的会计政策与合并方不一致的,合并方在合并日应当按照本企业会计政策对被合并方的财务报表相关项目进行调整,在此基础上按照本准则规定确认。

第八条 合并方为进行企业合并发生的各项直接相关费用,包括为进行企业合并而支付的审计费用、评估费用、法律服务费用等,应当于发生时计入当期损益。

为企业合并发行的债券或承担其他债务支付的手续费、佣金等,应当计入所发行债券及其他债务的初始计量金额。企业合并中发行权益性证券发生的手续费、佣金等费用,应当抵减权益性证券溢价收入,溢价收入不足冲减的,冲减留存收益。

第九条 企业合并形成母子公司关系的,母公司应当编制合并日的合并资产负债表、合并利润表和合并现金流量表。

合并资产负债表中被合并方的各项资产、负债,应当按其账面价值计量。因被合并方采用的会计政策与合并方不一致,按照本准则规定进行调整的,应当以调整后的账面价值计量。

合并利润表应当包括参与合并各方自合并当期期初至合并日所发生的收入、费用和利润。被合并方在合并前实现的净利润,应当在合并利润表中单列项目反映。

合并现金流量表应当包括参与合并各方自合并当期期初至合并日的现金流量。

编制合并财务报表时,参与合并各方的内部交易等,应当按照《企业会计准则第 33 号——

合并财务报表》处理。

第三章　非同一控制下的企业合并

第十条　参与合并的各方在合并前后不受同一方或相同的多方最终控制的，为非同一控制下的企业合并。

非同一控制下的企业合并，在购买日取得对其他参与合并企业控制权的一方为购买方，参与合并的其他企业为被购买方。

购买日，是指购买方实际取得对被购买方控制权的日期。

第十一条　购买方应当区别下列情况确定合并成本：

（一）一次交换交易实现的企业合并，合并成本为购买方在购买日为取得对被购买方的控制权而付出的资产、发生或承担的负债以及发行的权益性证券的公允价值。

（二）通过多次交换交易分步实现的企业合并，合并成本为每一单项交易成本之和。

（三）购买方为进行企业合并发生的各项直接相关费用也应当计入企业合并成本。

（四）在合并合同或协议中对可能影响合并成本的未来事项作出约定的，购买日如果估计未来事项很可能发生并且对合并成本的影响金额能够可靠计量的，购买方应当将其计入合并成本。

第十二条　购买方在购买日对作为企业合并对价付出的资产、发生或承担的负债应当按照公允价值计量，公允价值与其账面价值的差额，计入当期损益。

第十三条　购买方在购买日应当对合并成本进行分配，按照本准则第十四条的规定确认所取得的被购买方各项可辨认资产、负债及或有负债。

（一）购买方对合并成本大于合并中取得的被购买方可辨认净资产公允价值份额的差额，应当确认为商誉。

初始确认后的商誉，应当以其成本扣除累计减值准备后的金额计量。商誉的减值应当按照《企业会计准则第8号——资产减值》处理。

（二）购买方对合并成本小于合并中取得的被购买方可辨认净资产公允价值份额的差额，应当按照下列规定处理：

1. 对取得的被购买方各项可辨认资产、负债及或有负债的公允价值以及合并成本的计量进行复核；

2. 经复核后合并成本仍小于合并中取得的被购买方可辨认净资产公允价值份额的，其差额应当计入当期损益。

第十四条　被购买方可辨认净资产公允价值，是指合并中取得的被购买方可辨认资产的公允价值减去负债及或有负债公允价值后的余额。被购买方各项可辨认资产、负债及或有负债，符合下列条件的，应当单独予以确认：

（一）合并中取得的被购买方除无形资产以外的其他各项资产（不仅限于被购买方原已确认的资产），其所带来的经济利益很可能流入企业且公允价值能够可靠地计量的，应当单独予以确认并按照公允价值计量。

合并中取得的无形资产，其公允价值能够可靠地计量的，应当单独确认为无形资产并按照公允价值计量。

（二）合并中取得的被购买方除或有负债以外的其他各项负债，履行有关的义务很可能导致经济利益流出企业且公允价值能够可靠地计量的，应当单独予以确认并按照公允价值计量。

（三）合并中取得的被购买方或有负债，其公允价值能够可靠地计量的，应当单独确认为负债并按照公允价值计量。或有负债在初始确认后，应当按照下列两者孰高进行后续计量：

1. 按照《企业会计准则第13号——或有事项》应予确认的金额；

2.初始确认金额减去按照《企业会计准则第14号——收入》的原则确认的累计摊销额后的余额。

第十五条 企业合并形成母子公司关系的，母公司应当设置备查簿，记录企业合并中取得的子公司各项可辨认资产、负债及或有负债等在购买日的公允价值。编制合并财务报表时，应当以购买日确定的各项可辨认资产、负债及或有负债的公允价值为基础对子公司的财务报表进行调整。

第十六条 企业合并发生当期的期末，因合并中取得的各项可辨认资产、负债及或有负债的公允价值或企业合并成本只能暂时确定的，购买方应当以所确定的暂时价值为基础对企业合并进行确认和计量。

购买日后12个月内对确认的暂时价值进行调整的，视为在购买日确认和计量。

第十七条 企业合并形成母子公司关系的，母公司应当编制购买日的合并资产负债表，因企业合并取得的被购买方各项可辨认资产、负债及或有负债应当以公允价值列示。母公司的合并成本与取得的子公司可辨认净资产公允价值份额的差额，以按照本准则规定处理的结果列示。

第四章 披 露

第十八条 企业合并发生当期的期末，合并方应当在附注中披露与同一控制下企业合并有关的下列信息：

（一）参与合并企业的基本情况。

（二）属于同一控制下企业合并的判断依据。

（三）合并日的确定依据。

（四）以支付现金、转让非现金资产以及承担债务作为合并对价的，所支付对价在合并日的账面价值；以发行权益性证券作为合并对价的，合并中发行权益性证券的数量及定价原则，以及参与合并各方交换有表决权股份的比例。

（五）被合并方的资产、负债在上一会计期间资产负债表日及合并日的账面价值；被合并方自合并当期期初至合并日的收入、净利润、现金流量等情况。

（六）合并合同或协议约定将承担被合并方或有负债的情况。

（七）被合并方采用的会计政策与合并方不一致所作调整情况的说明。

（八）合并后已处置或准备处置被合并方资产、负债的账面价值、处置价格等。

第十九条 企业合并发生当期的期末，购买方应当在附注中披露与非同一控制下企业合并有关的下列信息：

（一）参与合并企业的基本情况。

（二）购买日的确定依据。

（三）合并成本的构成及其账面价值、公允价值及公允价值的确定方法。

（四）被购买方各项可辨认资产、负债在上一会计期间资产负债表日及购买日的账面价值和公允价值。

（五）合并合同或协议约定将承担被购买方或有负债的情况。

（六）被购买方自购买日起至报告期期末的收入、净利润和现金流量等情况。

（七）商誉的金额及其确定方法。

（八）因合并成本小于合并中取得的被购买方可辨认净资产公允价值的份额计入当期损益的金额。

（九）合并后已处置或准备处置被购买方资产、负债的账面价值、处置价格等。

21. 企业会计准则第 21 号——租赁（2018 年修订）

（财会〔2018〕35 号印发）

第一章　总　　则

第一条　为了规范租赁的确认、计量和相关信息的列报，根据《企业会计准则——基本准则》，制定本准则。

第二条　租赁，是指在一定期间内，出租人将资产的使用权让与承租人以获取对价的合同。

第三条　本准则适用于所有租赁，但下列各项除外：

（一）承租人通过许可使用协议取得的电影、录像、剧本、文稿等版权、专利等项目的权利，以出让、划拨或转让方式取得的土地使用权，适用《企业会计准则第 6 号——无形资产》。

（二）出租人授予的知识产权许可，适用《企业会计准则第 14 号——收入》。

勘探或使用矿产、石油、天然气及类似不可再生资源的租赁，承租人承租生物资产，采用建设经营移交等方式参与公共基础设施建设、运营的特许经营权合同，不适用本准则。

第二章　租赁的识别、分拆和合并

第一节　租赁的识别

第四条　在合同开始日，企业应当评估合同是否为租赁或者包含租赁。如果合同中一方让渡了在一定期间内控制一项或多项已识别资产使用的权利以换取对价，则该合同为租赁或者包含租赁。

除非合同条款和条件发生变化，企业无需重新评估合同是否为租赁或者包含租赁。

第五条　为确定合同是否让渡了在一定期间内控制已识别资产使用的权利，企业应当评估合同中的客户是否有权获得在使用期间内因使用已识别资产所产生的几乎全部经济利益，并有权在该使用期间主导已识别资产的使用。

第六条　已识别资产通常由合同明确指定，也可以在资产可供客户使用时隐性指定。但是，即使合同已对资产进行指定，如果资产的供应方在整个使用期间拥有对该资产的实质性替换权，则该资产不属于已识别资产。

同时符合下列条件时，表明供应方拥有资产的实质性替换权：

（一）资产供应方拥有在整个使用期间替换资产的实际能力；

（二）资产供应方通过行使替换资产的权利将获得经济利益。

企业难以确定供应方是否拥有对该资产的实质性替换权的，应当视为供应方没有对该资产的实质性替换权。

如果资产的某部分产能或其他部分在物理上不可区分，则该部分不属于已识别资产，除非其实质上代表该资产的全部产能，从而使客户获得因使用该资产所产生的几乎全部经济利益。

第七条　在评估是否有权获得因使用已识别资产所产生的几乎全部经济利益时，企业应当在约定的客户可使用资产的权利范围内考虑其所产生的经济利益。

第八条　存在下列情况之一的，可视为客户有权主导对已识别资产在整个使用期间内的使用：

（一）客户有权在整个使用期间主导已识别资产的使用目的和使用方式。

（二）已识别资产的使用目的和使用方式在使用期开始前已预先确定，并且客户有权在整个使用期间自行或主导他人按照其确定的方式运营该资产，或者客户设计了已识别资产并在设计时已预先确定了该资产在整个使用期间的使用目的和使用方式。

第二节 租赁的分拆和合并

第九条 合同中同时包含多项单独租赁的，承租人和出租人应当将合同予以分拆，并分别各项单独租赁进行会计处理。

合同中同时包含租赁和非租赁部分的，承租人和出租人应当将租赁和非租赁部分进行分拆，除非企业适用本准则第十二条的规定进行会计处理，租赁部分应当分别按照本准则进行会计处理，非租赁部分应当按照其他适用的企业会计准则进行会计处理。

第十条 同时符合下列条件的，使用已识别资产的权利构成合同中的一项单独租赁：

（一）承租人可从单独使用该资产或将其与易于获得的其他资源一起使用中获利；

（二）该资产与合同中的其他资产不存在高度依赖或高度关联关系。

第十一条 在分拆合同包含的租赁和非租赁部分时，承租人应当按照各租赁部分单独价格及非租赁部分的单独价格之和的相对比例分摊合同对价，出租人应当根据《企业会计准则第 14 号——收入》关于交易价格分摊的规定分摊合同对价。

第十二条 为简化处理，承租人可以按照租赁资产的类别选择是否分拆合同包含的租赁和非租赁部分。承租人选择不分拆的，应当将各租赁部分及与其相关的非租赁部分分别合并为租赁，按照本准则进行会计处理。但是，对于按照《企业会计准则第 22 号——金融工具确认和计量》应分拆的嵌入衍生工具，承租人不应将其与租赁部分合并进行会计处理。

第十三条 企业与同一交易方或其关联方在同一时间或相近时间订立的两份或多份包含租赁的合同，在符合下列条件之一时，应当合并为一份合同进行会计处理：

（一）该两份或多份合同基于总体商业目的而订立并构成一揽子交易，若不作为整体考虑则无法理解其总体商业目的。

（二）该两份或多份合同中的某份合同的对价金额取决于其他合同的定价或履行情况。

（三）该两份或多份合同让渡的资产使用权合起来构成一项单独租赁。

第三章 承租人的会计处理

第一节 确认和初始计量

第十四条 在租赁期开始日，承租人应当对租赁确认使用权资产和租赁负债，应用本准则第三章第三节进行简化处理的短期租赁和低价值资产租赁除外。

使用权资产，是指承租人可在租赁期内使用租赁资产的权利。

租赁期开始日，是指出租人提供租赁资产使其可供承租人使用的起始日期。

第十五条 租赁期，是指承租人有权使用租赁资产且不可撤销的期间。

承租人有续租选择权，即有权选择续租该资产，且合理确定将行使该选择权的，租赁期还应当包含续租选择权涵盖的期间。

承租人有终止租赁选择权，即有权选择终止租赁该资产，但合理确定将不会行使该选择权的，租赁期应当包含终止租赁选择权涵盖的期间。

发生承租人可控范围内的重大事件或变化，且影响承租人是否合理确定将行使相应选择权的，承租人应当对其是否合理确定将行使续租选择权、购买选择权或不行使终止租赁选择权进行重新评估。

第十六条 使用权资产应当按照成本进行初始计量。该成本包括：

（一）租赁负债的初始计量金额；

（二）在租赁期开始日或之前支付的租赁付款额，存在租赁激励的，扣除已享受的租赁激励相关金额；

（三）承租人发生的初始直接费用；

（四）承租人为拆卸及移除租赁资产、复原租赁资产所在场地或将租赁资产恢复至租赁条款约定状态预计将发生的成本。前述成本属于为生产存货而发生的，适用《企业会计准则第1号——存货》。

承租人应当按照《企业会计准则第13号——或有事项》对本条第（四）项所述成本进行确认和计量。

租赁激励，是指出租人为达成租赁向承租人提供的优惠，包括出租人向承租人支付的与租赁有关的款项、出租人为承租人偿付或承担的成本等。

初始直接费用，是指为达成租赁所发生的增量成本。增量成本是指若企业不取得该租赁，则不会发生的成本。

第十七条 租赁负债应当按照租赁期开始日尚未支付的租赁付款额的现值进行初始计量。

在计算租赁付款额的现值时，承租人应当采用租赁内含利率作为折现率；无法确定租赁内含利率的，应当采用承租人增量借款利率作为折现率。

租赁内含利率，是指使出租人的租赁收款额的现值与未担保余值的现值之和等于租赁资产公允价值与出租人的初始直接费用之和的利率。

承租人增量借款利率，是指承租人在类似经济环境下为获得与使用权资产价值接近的资产，在类似期间以类似抵押条件借入资金须支付的利率。

第十八条 租赁付款额，是指承租人向出租人支付的与在租赁期内使用租赁资产的权利相关的款项，包括：

（一）固定付款额及实质固定付款额，存在租赁激励的，扣除租赁激励相关金额；

（二）取决于指数或比率的可变租赁付款额，该款项在初始计量时根据租赁期开始日的指数或比率确定；

（三）购买选择权的行权价格，前提是承租人合理确定将行使该选择权；

（四）行使终止租赁选择权需支付的款项，前提是租赁期反映出承租人将行使终止租赁选择权；

（五）根据承租人提供的担保余值预计应支付的款项。

实质固定付款额，是指在形式上可能包含变量但实质上无法避免的付款额。

可变租赁付款额，是指承租人为取得在租赁期内使用租赁资产的权利，向出租人支付的因租赁期开始日后的事实或情况发生变化（而非时间推移）而变动的款项。取决于指数或比率的可变租赁付款额包括与消费者价格指数挂钩的款项、与基准利率挂钩的款项和为反映市场租金费率变化而变动的款项等。

第十九条 担保余值，是指与出租人无关的一方向出租人提供担保，保证在租赁结束时租赁资产的价值至少为某指定的金额。

未担保余值，是指租赁资产余值中，出租人无法保证能够实现或仅由与出租人有关的一方予以担保的部分。

第二节 后续计量

第二十条 在租赁期开始日后，承租人应当按照本准则第二十一条、第二十二条、第二十七条及第二十九条的规定，采用成本模式对使用权资产进行后续计量。

第二十一条 承租人应当参照《企业会计准则第4号——固定资产》有关折旧规定，对使用权资产计提折旧。

承租人能够合理确定租赁期届满时取得租赁资产所有权的，应当在租赁资产剩余使用寿命内计提折旧。无法合理确定租赁期届满时能够取得租赁资产所有权的，应当在租赁期与租赁资产剩余使用寿命两者孰短的期间内计提折旧。

第二十二条　承租人应当按照《企业会计准则第8号——资产减值》的规定，确定使用权资产是否发生减值，并对已识别的减值损失进行会计处理。

第二十三条　承租人应当按照固定的周期性利率计算租赁负债在租赁期内各期间的利息费用，并计入当期损益。按照《企业会计准则第17号——借款费用》等其他准则规定应当计入相关资产成本的，从其规定。

该周期性利率，是按照本准则第十七条规定所采用的折现率，或者按照本准则第二十五条、二十六条和二十九条规定所采用的修订后的折现率。

第二十四条　未纳入租赁负债计量的可变租赁付款额应当在实际发生时计入当期损益。按照《企业会计准则第1号——存货》等其他准则规定应当计入相关资产成本的，从其规定。

第二十五条　在租赁期开始日后，发生下列情形的，承租人应当重新确定租赁付款额，并按变动后租赁付款额和修订后的折现率计算的现值重新计量租赁负债：

（一）因依据本准则第十五条第四款规定，续租选择权或终止租赁选择权的评估结果发生变化，或者前述选择权的实际行使情况与原评估结果不一致等导致租赁期变化的，应当根据新的租赁期重新确定租赁付款额；

（二）因依据本准则第十五条第四款规定，购买选择权的评估结果发生变化的，应当根据新的评估结果重新确定租赁付款额。

在计算变动后租赁付款额的现值时，承租人应当采用剩余租赁期间的租赁内含利率作为修订后的折现率；无法确定剩余租赁期间的租赁内含利率的，应当采用重估日的承租人增量借款利率作为修订后的折现率。

第二十六条　在租赁期开始日后，根据担保余值预计的应付金额发生变动，或者因用于确定租赁付款额的指数或比率变动而导致未来租赁付款额发生变动的，承租人应当按照变动后租赁付款额的现值重新计量租赁负债。在这些情形下，承租人采用的折现率不变；但是，租赁付款额的变动源自浮动利率变动的，使用修订后的折现率。

第二十七条　承租人在根据本准则第二十五条、第二十六条或因实质固定付款额变动重新计量租赁负债时，应当相应调整使用权资产的账面价值。使用权资产的账面价值已调减至零，但租赁负债仍需进一步调减的，承租人应当将剩余金额计入当期损益。

第二十八条　租赁发生变更且同时符合下列条件的，承租人应当将该租赁变更作为一项单独租赁进行会计处理：

（一）该租赁变更通过增加一项或多项租赁资产的使用权而扩大了租赁范围；

（二）增加的对价与租赁范围扩大部分的单独价格按该合同情况调整后的金额相当。

租赁变更，是指原合同条款之外的租赁范围、租赁对价、租赁期限的变更，包括增加或终止一项或多项租赁资产的使用权，延长或缩短合同规定的租赁期等。

第二十九条　租赁变更未作为一项单独租赁进行会计处理的，在租赁变更生效日，承租人应当按照本准则第九条至第十二条的规定分摊变更后合同的对价，按照本准则第十五条的规定重新确定租赁期，并按照变更后租赁付款额和修订后的折现率计算的现值重新计量租赁负债。

在计算变更后租赁付款额的现值时，承租人应当采用剩余租赁期间的租赁内含利率作为修订后的折现率；无法确定剩余租赁期间的租赁内含利率的，应当采用租赁变更生效日的承租人增量借款利率作为修订后的折现率。租赁变更生效日，是指双方就租赁变更达成一致的日期。

租赁变更导致租赁范围缩小或租赁期缩短的，承租人应当相应调减使用权资产的账面价值，并将部分终止或完全终止租赁的相关利得或损失计入当期损益。其他租赁变更导致租赁负债重新计量的，承租人应当相应调整使用权资产的账面价值。

第三节　短期租赁和低价值资产租赁

第三十条　短期租赁，是指在租赁期开始日，租赁期不超过12个月的租赁。

包含购买选择权的租赁不属于短期租赁。

第三十一条　低价值资产租赁，是指单项租赁资产为全新资产时价值较低的租赁。

低价值资产租赁的判定仅与资产的绝对价值有关，不受承租人规模、性质或其他情况影响。低价值资产租赁还应当符合本准则第十条的规定。

承租人转租或预期转租租赁资产的，原租赁不属于低价值资产租赁。

第三十二条　对于短期租赁和低价值资产租赁，承租人可以选择不确认使用权资产和租赁负债。

作出该选择的，承租人应当将短期租赁和低价值资产租赁的租赁付款额，在租赁期内各个期间按照直线法或其他系统合理的方法计入相关资产成本或当期损益。其他系统合理的方法能够更好地反映承租人的受益模式的，承租人应当采用该方法。

第三十三条　对于短期租赁，承租人应当按照租赁资产的类别作出本准则第三十二条所述的会计处理选择。

对于低价值资产租赁，承租人可根据每项租赁的具体情况作出本准则第三十二条所述的会计处理选择。

第三十四条　按照本准则第三十二条进行简化处理的短期租赁发生租赁变更或者因租赁变更之外的原因导致租赁期发生变化的，承租人应当将其视为一项新租赁进行会计处理。

第四章　出租人的会计处理

第一节　出租人的租赁分类

第三十五条　出租人应当在租赁开始日将租赁分为融资租赁和经营租赁。

租赁开始日，是指租赁合同签署日与租赁各方就主要租赁条款作出承诺日中的较早者。

融资租赁，是指实质上转移了与租赁资产所有权有关的几乎全部风险和报酬的租赁。其所有权最终可能转移，也可能不转移。

经营租赁，是指除融资租赁以外的其他租赁。

在租赁开始日后，出租人无需对租赁的分类进行重新评估，除非发生租赁变更。租赁资产预计使用寿命、预计余值等会计估计变更或发生承租人违约等情况变化的，出租人不对租赁的分类进行重新评估。

第三十六条　一项租赁属于融资租赁还是经营租赁取决于交易的实质，而不是合同的形式。如果一项租赁实质上转移了与租赁资产所有权有关的几乎全部风险和报酬，出租人应当将该项租赁分类为融资租赁。

一项租赁存在下列一种或多种情形的，通常分类为融资租赁：

（一）在租赁期届满时，租赁资产的所有权转移给承租人。

（二）承租人有购买租赁资产的选择权，所订立的购买价款与预计行使选择权时租赁资产的公允价值相比足够低，因而在租赁开始日就可以合理确定承租人将行使该选择权。

（三）资产的所有权虽然不转移，但租赁期占租赁资产使用寿命的大部分。

（四）在租赁开始日，租赁收款额的现值几乎相当于租赁资产的公允价值。

（五）租赁资产性质特殊，如果不作较大改造，只有承租人才能使用。

一项租赁存在下列一项或多项迹象的，也可能分类为融资租赁：

（一）若承租人撤销租赁，撤销租赁对出租人造成的损失由承租人承担。

（二）资产余值的公允价值波动所产生的利得或损失归属于承租人。

（三）承租人有能力以远低于市场水平的租金继续租赁至下一期间。

第三十七条 转租出租人应当基于原租赁产生的使用权资产，而不是原租赁的标的资产，对转租赁进行分类。

但是，原租赁为短期租赁，且转租出租人应用本准则第三十二条对原租赁进行简化处理的，转租出租人应当将该转租赁分类为经营租赁。

第二节 出租人对融资租赁的会计处理

第三十八条 在租赁期开始日，出租人应当对融资租赁确认应收融资租赁款，并终止确认融资租赁资产。

出租人对应收融资租赁款进行初始计量时，应当以租赁投资净额作为应收融资租赁款的入账价值。

租赁投资净额为未担保余值和租赁期开始日尚未收到的租赁收款额按照租赁内含利率折现的现值之和。

租赁收款额，是指出租人因让渡在租赁期内使用租赁资产的权利而应向承租人收取的款项，包括：

（一）承租人需支付的固定付款额及实质固定付款额，存在租赁激励的，扣除租赁激励相关金额；

（二）取决于指数或比率的可变租赁付款额，该款项在初始计量时根据租赁期开始日的指数或比率确定；

（三）购买选择权的行权价格，前提是合理确定承租人将行使该选择权；

（四）承租人行使终止租赁选择权需支付的款项，前提是租赁期反映出承租人将行使终止租赁选择权；

（五）由承租人、与承租人有关的一方以及有经济能力履行担保义务的独立第三方向出租人提供的担保余值。

在转租的情况下，若转租的租赁内含利率无法确定，转租出租人可采用原租赁的折现率（根据与转租有关的初始直接费用进行调整）计量转租投资净额。

第三十九条 出租人应当按照固定的周期性利率计算并确认租赁期内各个期间的利息收入。该周期性利率，是按照本准则第三十八条规定所采用的折现率，或者按照本准则第四十四条规定所采用的修订后的折现率。

第四十条 出租人应当按照《企业会计准则第 22 号——金融工具确认和计量》和《企业会计准则第 23 号——金融资产转移》的规定，对应收融资租赁款的终止确认和减值进行会计处理。

出租人将应收融资租赁款或其所在的处置组划分为持有待售类别的，应当按照《企业会计准则第 42 号——持有待售的非流动资产、处置组和终止经营》进行会计处理。

第四十一条 出租人取得的未纳入租赁投资净额计量的可变租赁付款额应当在实际发生时计入当期损益。

第四十二条 生产商或经销商作为出租人的融资租赁，在租赁期开始日，该出租人应当按照租赁资产公允价值与租赁收款额按市场利率折现的现值两者孰低确认收入，并按照租赁资产账面价值扣除未担保余值的现值后的余额结转销售成本。

生产商或经销商出租人为取得融资租赁发生的成本，应当在租赁期开始日计入当期损益。

第四十三条 融资租赁发生变更且同时符合下列条件的，出租人应当将该变更作为一项单独租赁进行会计处理：

（一）该变更通过增加一项或多项租赁资产的使用权而扩大了租赁范围；

（二）增加的对价与租赁范围扩大部分的单独价格按该合同情况调整后的金额相当。

第四十四条 融资租赁的变更未作为一项单独租赁进行会计处理的，出租人应当分别下列情形对变更后的租赁进行处理：

（一）假如变更在租赁开始日生效，该租赁会被分类为经营租赁的，出租人应当自租赁变更生效日开始将其作为一项新租赁进行会计处理，并以租赁变更生效日前的租赁投资净额作为租赁资产的账面价值；

（二）假如变更在租赁开始日生效，该租赁会被分类为融资租赁的，出租人应当按照《企业会计准则第 22 号——金融工具确认和计量》关于修改或重新议定合同的规定进行会计处理。

第三节 出租人对经营租赁的会计处理

第四十五条 在租赁期内各个期间，出租人应当采用直线法或其他系统合理的方法，将经营租赁的租赁收款额确认为租金收入。其他系统合理的方法能够更好地反映因使用租赁资产所产生经济利益的消耗模式的，出租人应当采用该方法。

第四十六条 出租人发生的与经营租赁有关的初始直接费用应当资本化，在租赁期内按照与租金收入确认相同的基础进行分摊，分期计入当期损益。

第四十七条 对于经营租赁资产中的固定资产，出租人应当采用类似资产的折旧政策计提折旧；对于其他经营租赁资产，应当根据该资产适用的企业会计准则，采用系统合理的方法进行摊销。

出租人应当按照《企业会计准则第 8 号——资产减值》的规定，确定经营租赁资产是否发生减值，并进行相应会计处理。

第四十八条 出租人取得的与经营租赁有关的未计入租赁收款额的可变租赁付款额，应当在实际发生时计入当期损益。

第四十九条 经营租赁发生变更的，出租人应当自变更生效日起将其作为一项新租赁进行会计处理，与变更前租赁有关的预收或应收租赁收款额应当视为新租赁的收款额。

第五章 售后租回交易

第五十条 承租人和出租人应当按照《企业会计准则第 14 号——收入》的规定，评估确定售后租回交易中的资产转让是否属于销售。

第五十一条 售后租回交易中的资产转让属于销售的，承租人应当按原资产账面价值中与租回获得的使用权有关的部分，计量售后租回所形成的使用权资产，并仅就转让至出租人的权利确认相关利得或损失；出租人应当根据其他适用的企业会计准则对资产购买进行会计处理，并根据本准则对资产出租进行会计处理。

如果销售对价的公允价值与资产的公允价值不同，或者出租人未按市场价格收取租金，则企业应当将销售对价低于市场价格的款项作为预付租金进行会计处理，将高于市场价格的款项作为出租人向承租人提供的额外融资进行会计处理；同时，承租人按照公允价值调整相关销售利得或损失，出租人按市场价格调整租金收入。

在进行上述调整时，企业应当基于以下两者中更易于确定的项目：销售对价的公允价值与资产公允价值之间的差额、租赁合同中付款额的现值与按租赁市价计算的付款额现值之间的差额。

第五十二条 售后租回交易中的资产转让不属于销售的，承租人应当继续确认被转让资产，同时确认一项与转让收入等额的金融负债，并按照《企业会计准则第 22 号——金融工具确认和计量》对该金融负债进行会计处理；出租人不确认被转让资产，但应当确认一项与转让收入等额的金融资产，并按照《企业会计准则第 22 号——金融工具确认和计量》对该金融资产进行会计处理。

第六章 列 报

第一节 承租人的列报

第五十三条 承租人应当在资产负债表中单独列示使用权资产和租赁负债。其中，租赁负债通常分别非流动负债和一年内到期的非流动负债列示。

在利润表中，承租人应当分别列示租赁负债的利息费用与使用权资产的折旧费用。租赁负债的利息费用在财务费用项目列示。

在现金流量表中，偿还租赁负债本金和利息所支付的现金应当计入筹资活动现金流出，支付的按本准则第三十二条简化处理的短期租赁付款额和低价值资产租赁付款额以及未纳入租赁负债计量的可变租赁付款额应当计入经营活动现金流出。

第五十四条 承租人应当在附注中披露与租赁有关的下列信息：

（一）各类使用权资产的期初余额、本期增加额、期末余额以及累计折旧额和减值金额；

（二）租赁负债的利息费用；

（三）计入当期损益的按本准则第三十二条简化处理的短期租赁费用和低价值资产租赁费用；

（四）未纳入租赁负债计量的可变租赁付款额；

（五）转租使用权资产取得的收入；

（六）与租赁相关的总现金流出；

（七）售后租回交易产生的相关损益；

（八）其他按照《企业会计准则第37号——金融工具列报》应当披露的有关租赁负债的信息。

承租人应用本准则第三十二条对短期租赁和低价值资产租赁进行简化处理的，应当披露这一事实。

第五十五条 承租人应当根据理解财务报表的需要，披露有关租赁活动的其他定性和定量信息。此类信息包括：

（一）租赁活动的性质，如对租赁活动基本情况的描述；

（二）未纳入租赁负债计量的未来潜在现金流出；

（三）租赁导致的限制或承诺；

（四）售后租回交易除第五十四条第（七）项之外的其他信息；

（五）其他相关信息。

第二节 出租人的列报

第五十六条 出租人应当根据资产的性质，在资产负债表中列示经营租赁资产。

第五十七条 出租人应当在附注中披露与融资租赁有关的下列信息：

（一）销售损益、租赁投资净额的融资收益以及与未纳入租赁投资净额的可变租赁付款额相关的收入；

（二）资产负债表日后连续五个会计年度每年将收到的未折现租赁收款额，以及剩余年度将收到的未折现租赁收款额总额；

（三）未折现租赁收款额与租赁投资净额的调节表。

第五十八条 出租人应当在附注中披露与经营租赁有关的下列信息：

（一）租赁收入，并单独披露与未计入租赁收款额的可变租赁付款额相关的收入；

（二）将经营租赁固定资产与出租人持有自用的固定资产分开，并按经营租赁固定资产的类别提供《企业会计准则第 4 号——固定资产》要求披露的信息；

（三）资产负债表日后连续五个会计年度每年将收到的未折现租赁收款额，以及剩余年度将收到的未折现租赁收款额总额。

第五十九条 出租人应当根据理解财务报表的需要，披露有关租赁活动的其他定性和定量信息。此类信息包括：

（一）租赁活动的性质，如对租赁活动基本情况的描述；

（二）对其在租赁资产中保留的权利进行风险管理的情况；

（三）其他相关信息。

第七章 衔 接 规 定

第六十条 对于首次执行日前已存在的合同，企业在首次执行日可以选择不重新评估其是否为租赁或者包含租赁。选择不重新评估的，企业应当在财务报表附注中披露这一事实，并一致应用于前述所有合同。

第六十一条 承租人应当选择下列方法之一对租赁进行衔接会计处理，并一致应用于其作为承租人的所有租赁：

（一）按照《企业会计准则第 28 号——会计政策、会计估计变更和差错更正》的规定采用追溯调整法处理。

（二）根据首次执行本准则的累积影响数，调整首次执行本准则当年年初留存收益及财务报表其他相关项目金额，不调整可比期间信息。采用该方法时，应当按照下列规定进行衔接处理：

1. 对于首次执行日前的融资租赁，承租人在首次执行日应当按照融资租入资产和应付融资租赁款的原账面价值，分别计量使用权资产和租赁负债。

2. 对于首次执行日前的经营租赁，承租人在首次执行日应当根据剩余租赁付款额按首次执行日承租人增量借款利率折现的现值计量租赁负债，并根据每项租赁选择按照下列两者之一计量使用权资产：

（1）假设自租赁期开始日即采用本准则的账面价值（采用首次执行日的承租人增量借款利率作为折现率）；

（2）与租赁负债相等的金额，并根据预付租金进行必要调整。

3. 在首次执行日，承租人应当按照《企业会计准则第 8 号——资产减值》的规定，对使用权资产进行减值测试并进行相应会计处理。

第六十二条 首次执行日前的经营租赁中，租赁资产属于低价值资产且根据本准则第三十二条的规定选择不确认使用权资产和租赁负债的，承租人无需对该经营租赁按照衔接规定进行调整，应当自首次执行日起按照本准则进行会计处理。

第六十三条 承租人采用本准则第六十一条第（二）项进行衔接会计处理时，对于首次执行日前的经营租赁，可根据每项租赁采用下列一项或多项简化处理：

1. 将于首次执行日后 12 个月内完成的租赁，可作为短期租赁处理。

2. 计量租赁负债时，具有相似特征的租赁可采用同一折现率；使用权资产的计量可不包含初始直接费用。

3. 存在续租选择权或终止租赁选择权的，承租人可根据首次执行日前选择权的实际行使及其他最新情况确定租赁期，无需对首次执行日前各期间是否合理确定行使续租选择权或终止租赁选择权进行估计。

4. 作为使用权资产减值测试的替代，承租人可根据《企业会计准则第 13 号——或有事项》评估包含租赁的合同在首次执行日前是否为亏损合同，并根据首次执行日前计入资产负债表的亏损准备金额调整使用权资产。

5. 首次执行本准则当年年初之前发生租赁变更的，承租人无需按照本准则第二十八条、

第二十九条的规定对租赁变更进行追溯调整,而是根据租赁变更的最终安排,按照本准则进行会计处理。

第六十四条 承租人采用本准则第六十三条规定的简化处理方法的,应当在财务报表附注中披露所采用的简化处理方法以及在合理可能的范围内对采用每项简化处理方法的估计影响所作的定性分析。

第六十五条 对于首次执行日前划分为经营租赁且在首次执行日后仍存续的转租赁,转租出租人在首次执行日应当基于原租赁和转租赁的剩余合同期限和条款进行重新评估,并按照本准则的规定进行分类。按照本准则重分类为融资租赁的,应当将其作为一项新的融资租赁进行会计处理。

除前款所述情形外,出租人无需对其作为出租人的租赁按照衔接规定进行调整,而应当自首次执行日起按照本准则进行会计处理。

第六十六条 对于首次执行日前已存在的售后租回交易,企业在首次执行日不重新评估资产转让是否符合《企业会计准则第14号——收入》作为销售进行会计处理的规定。

对于首次执行日前应当作为销售和融资租赁进行会计处理的售后租回交易,卖方(承租人)应当按照与首次执行日存在的其他融资租赁相同的方法对租回进行会计处理,并继续在租赁期内摊销相关递延收益或损失。

对于首次执行日前应当作为销售和经营租赁进行会计处理的售后租回交易,卖方(承租人)应当按照与首次执行日存在的其他经营租赁相同的方法对租回进行会计处理,并根据首次执行日前计入资产负债表的相关递延收益或损失调整使用权资产。

第六十七条 承租人选择按照本准则第六十一条第(二)项规定对租赁进行衔接会计处理的,还应当在首次执行日披露以下信息:

首次执行日计入资产负债表的租赁负债所采用的承租人增量借款利率的加权平均值;

首次执行日前一年度报告期末披露的重大经营租赁的尚未支付的最低租赁付款额按首次执行日承租人增量借款利率折现的现值,与计入首次执行日资产负债表的租赁负债的差额。

第八章 附　　则

第六十八条 本准则自 2019 年 1 月 1 日起施行。

22. 企业会计准则第 22 号——金融工具确认和计量（2017 年修订）

（财会〔2017〕7 号印发）

第一章 总　　则

第一条 为了规范金融工具的确认和计量,根据《企业会计准则——基本准则》,制定本准则。

第二条 金融工具,是指形成一方的金融资产并形成其他方的金融负债或权益工具的合同。

第三条 金融资产,是指企业持有的现金、其他方的权益工具以及符合下列条件之一的资产:

(一)从其他方收取现金或其他金融资产的合同权利。

(二)在潜在有利条件下,与其他方交换金融资产或金融负债的合同权利。

（三）将来须用或可用企业自身权益工具进行结算的非衍生工具合同，且企业根据该合同将收到可变数量的自身权益工具。

（四）将来须用或可用企业自身权益工具进行结算的衍生工具合同，但以固定数量的自身权益工具交换固定金额的现金或其他金融资产的衍生工具合同除外。其中，企业自身权益工具不包括应当按照《企业会计准则第37号——金融工具列报》分类为权益工具的可回售工具或发行方仅在清算时才有义务向另一方按比例交付其净资产的金融工具，也不包括本身就要求在未来收取或交付企业自身权益工具的合同。

第四条 金融负债，是指企业符合下列条件之一的负债：

（一）向其他方交付现金或其他金融资产的合同义务。

（二）在潜在不利条件下，与其他方交换金融资产或金融负债的合同义务。

（三）将来须用或可用企业自身权益工具进行结算的非衍生工具合同，且企业根据该合同将交付可变数量的自身权益工具。

（四）将来须用或可用企业自身权益工具进行结算的衍生工具合同，但以固定数量的自身权益工具交换固定金额的现金或其他金融资产的衍生工具合同除外。企业对全部现有同类别非衍生自身权益工具的持有方同比例发行配股权、期权或认股权证，使之有权按比例以固定金额的任何货币换取固定数量的该企业自身权益工具的，该类配股权、期权或认股权证应当分类为权益工具。其中，企业自身权益工具不包括应当按照《企业会计准则第37号——金融工具列报》分类为权益工具的可回售工具或发行方仅在清算时才有义务向另一方按比例交付其净资产的金融工具，也不包括本身就要求在未来收取或交付企业自身权益工具的合同。

第五条 衍生工具，是指属于本准则范围并同时具备下列特征的金融工具或其他合同：

（一）其价值随特定利率、金融工具价格、商品价格、汇率、价格指数、费率指数、信用等级、信用指数或其他变量的变动而变动，变量为非金融变量的，该变量不应与合同的任何一方存在特定关系。

（二）不要求初始净投资，或者与对市场因素变化预期有类似反应的其他合同相比，要求较少的初始净投资。

（三）在未来某一日期结算。

常见的衍生工具包括远期合同、期货合同、互换合同和期权合同等。

第六条 除下列各项外，本准则适用于所有企业各种类型的金融工具：

（一）由《企业会计准则第2号——长期股权投资》规范的对子公司、合营企业和联营企业的投资，适用《企业会计准则第2号——长期股权投资》，但是企业根据《企业会计准则第2号——长期股权投资》对上述投资按照本准则相关规定进行会计处理的，适用本准则。企业持有的与在子公司、合营企业或联营企业中的权益相联系的衍生工具，适用本准则；该衍生工具符合《企业会计准则第37号——金融工具列报》规定的权益工具定义的，适用《企业会计准则第37号——金融工具列报》。

（二）由《企业会计准则第9号——职工薪酬》规范的职工薪酬计划形成的企业的权利和义务，适用《企业会计准则第9号——职工薪酬》。

（三）由《企业会计准则第11号——股份支付》规范的股份支付，适用《企业会计准则第11号——股份支付》。但是，股份支付中属于本准则第八条范围的买入或卖出非金融项目的合同，适用本准则。

（四）由《企业会计准则第12号——债务重组》规范的债务重组，适用《企业会计准则第12号——债务重组》。

（五）因清偿按照《企业会计准则第13号——或有事项》所确认的预计负债而获得补

偿的权利，适用《企业会计准则第 13 号——或有事项》。

（六）由《企业会计准则第 14 号——收入》规范的，属于金融工具的合同权利和义务，适用《企业会计准则第 14 号——收入》，但该准则要求在确认和计量相关合同权利的减值损失和利得时应当按照本准则规定进行会计处理的，适用本准则有关减值的规定。

（七）购买方（或合并方）与出售方之间签订的，将在未来购买日（或合并日）形成《企业会计准则第 20 号——企业合并》规范的企业合并且其期限不超过企业合并获得批准并完成交易所必需的合理期限的远期合同，不适用本准则。

（八）由《企业会计准则第 21 号——租赁》规范的租赁的权利和义务，适用《企业会计准则第 21 号——租赁》。但是，租赁应收款的减值、终止确认，租赁应付款的终止确认，以及租赁中嵌入的衍生工具，适用本准则。

（九）金融资产转移，适用《企业会计准则第 23 号——金融资产转移》。

（十）套期会计，适用《企业会计准则第 24 号——套期会计》。

（十一）由保险合同相关会计准则规范的保险合同所产生的权利和义务，适用保险合同相关会计准则。因具有相机分红特征而由保险合同相关会计准则规范的合同所产生的权利和义务，适用保险合同相关会计准则。但对于嵌入保险合同的衍生工具，该嵌入衍生工具本身不是保险合同的，适用本准则。

对于财务担保合同，发行方之前明确表明将此类合同视作保险合同，并且已按照保险合同相关会计准则进行会计处理的，可以选择适用本准则或保险合同相关会计准则。该选择可以基于单项合同，但选择一经作出，不得撤销。否则，相关财务担保合同适用本准则。

财务担保合同，是指当特定债务人到期不能按照最初或修改后的债务工具条款偿付债务时，要求发行方向蒙受损失的合同持有人赔付特定金额的合同。

（十二）企业发行的按照《企业会计准则第 37 号——金融工具列报》规定应当分类为权益工具的金融工具，适用《企业会计准则第 37 号——金融工具列报》。

第七条 本准则适用于下列贷款承诺：

（一）企业指定为以公允价值计量且其变动计入当期损益的金融负债的贷款承诺。如果按照以往惯例，企业在贷款承诺产生后不久即出售其所产生资产，则同一类别的所有贷款承诺均应当适用本准则。

（二）能够以现金或者通过交付或发行其他金融工具净额结算的贷款承诺。此类贷款承诺属于衍生工具。企业不得仅仅因为相关贷款将分期拨付（如按工程进度分期拨付的按揭建造贷款）而将该贷款承诺视为以净额结算。

（三）以低于市场利率贷款的贷款承诺。

所有贷款承诺均适用本准则关于终止确认的规定。企业作为贷款承诺发行方的，还适用本准则关于减值的规定。

贷款承诺，是指按照预先规定的条款和条件提供信用的确定性承诺。

第八条 对于能够以现金或其他金融工具净额结算，或者通过交换金融工具结算的买入或卖出非金融项目的合同，除了企业按照预定的购买、销售或使用要求签订并持有旨在收取或交付非金融项目的合同适用其他相关会计准则外，企业应当将该合同视同金融工具，适用本准则。

对于能够以现金或其他金融工具净额结算，或者通过交换金融工具结算的买入或卖出非金融项目的合同，即使企业按照预定的购买、销售或使用要求签订并持有旨在收取或交付非金融项目的合同的，企业也可以将该合同指定为以公允价值计量且其变动计入当期损益的金融资产或金融负债。企业只能在合同开始时做出该指定，并且必须能够通过该指定消除或显著减少会计错配。该指定一经作出，不得撤销。

会计错配，是指当企业以不同的会计确认方法和计量属性，对在经济上相关的资产和负债进行确认或计量而产生利得或损失时，可能导致的会计确认和计量上的不一致。

第二章　金融工具的确认和终止确认

第九条　企业成为金融工具合同的一方时，应当确认一项金融资产或金融负债。

第十条　对于以常规方式购买或出售金融资产的，企业应当在交易日确认将收到的资产和为此将承担的负债，或者在交易日终止确认已出售的资产，同时确认处置利得或损失以及应向买方收取的应收款项。

以常规方式购买或出售金融资产，是指企业按照合同规定购买或出售金融资产，并且该合同条款规定，企业应当根据通常由法规或市场惯例所确定的时间安排来交付金融资产。

第十一条　金融资产满足下列条件之一的，应当终止确认：

（一）收取该金融资产现金流量的合同权利终止。

（二）该金融资产已转移，且该转移满足《企业会计准则第 23 号——金融资产转移》关于金融资产终止确认的规定。

本准则所称金融资产或金融负债终止确认，是指企业将之前确认的金融资产或金融负债从其资产负债表中予以转出。

第十二条　金融负债（或其一部分）的现时义务已经解除的，企业应当终止确认该金融负债（或该部分金融负债）。

第十三条　企业（借入方）与借出方之间签订协议，以承担新金融负债方式替换原金融负债，且新金融负债与原金融负债的合同条款实质上不同的，企业应当终止确认原金融负债，同时确认一项新金融负债。

企业对原金融负债（或其一部分）的合同条款做出实质性修改的，应当终止确认原金融负债，同时按照修改后的条款确认一项新金融负债。

第十四条　金融负债（或其一部分）终止确认的，企业应当将其账面价值与支付的对价（包括转出的非现金资产或承担的负债）之间的差额，计入当期损益。

第十五条　企业回购金融负债一部分的，应当按照继续确认部分和终止确认部分在回购日各自的公允价值占整体公允价值的比例，对该金融负债整体的账面价值进行分配。分配给终止确认部分的账面价值与支付的对价（包括转出的非现金资产或承担的负债）之间的差额，应当计入当期损益。

第三章　金融资产的分类

第十六条　企业应当根据其管理金融资产的业务模式和金融资产的合同现金流量特征，将金融资产划分为以下三类：

（一）以摊余成本计量的金融资产。

（二）以公允价值计量且其变动计入其他综合收益的金融资产。

（三）以公允价值计量且其变动计入当期损益的金融资产。

企业管理金融资产的业务模式，是指企业如何管理其金融资产以产生现金流量。业务模式决定企业所管理金融资产现金流量的来源是收取合同现金流量、出售金融资产还是两者兼有。企业管理金融资产的业务模式，应当以企业关键管理人员决定的对金融资产进行管理的特定业务目标为基础确定。企业确定管理金融资产的业务模式，应当以客观事实为依据，不得以按照合理预期不会发生的情形为基础确定。

金融资产的合同现金流量特征，是指金融工具合同约定的、反映相关金融资产经济特征的现金流量属性。企业分类为本准则第十七条和第十八条规范的金融资产，其合同现金流量特征,应当与基本借贷安排相一致。即相关金融资产在特定日期产生的合同现金流量仅为对本金和以未偿付本金金额为基础的利息的支付,其中,本金,是指金融资产在初始确认时的公允价值,本金金额可能因提前还款等原因在金融资产的存续期内发生变动;利息包括对货币时间价值、与特定时期未偿付本金金额相关的信用风险以及其他基本借贷风险、成本和利润的对价。其中,货币时间价值是利息要素中仅因为时间流逝而提供对价的部分,不包括为所持有金融资产的其他风险或成本提供的对价,但货币时间价值要素有时可能存在修正。在货币时间价值要素存在修正的情况下,企业应当对相关修正进行评估,以确定其是否满足上述合同现金流量特征的要求。此外,金融资产包含可能导致其合同现金流量的时间分布或金额发生变更的合同条款(如包含提前还款特征)的,企业应当对相关条款进行评估(如评估提前还款特征的公允价值是否非常小),以确定其是否满足上述合同现金流量特征的要求。

第十七条 金融资产同时符合下列条件的,应当分类为以摊余成本计量的金融资产:

(一)企业管理该金融资产的业务模式是以收取合同现金流量为目标。

(二)该金融资产的合同条款规定,在特定日期产生的现金流量,仅为对本金和以未偿付本金金额为基础的利息的支付。

第十八条 金融资产同时符合下列条件的,应当分类为以公允价值计量且其变动计入其他综合收益的金融资产:

(一)企业管理该金融资产的业务模式既以收取合同现金流量为目标又以出售该金融资产为目标。

(二)该金融资产的合同条款规定,在特定日期产生的现金流量,仅为对本金和以未偿付本金金额为基础的利息的支付。

第十九条 按照本准则第十七条分类为以摊余成本计量的金融资产和按照本准则第十八条分类为以公允价值计量且其变动计入其他综合收益的金融资产之外的金融资产,企业应当将其分类为以公允价值计量且其变动计入当期损益的金融资产。

在初始确认时,企业可以将非交易性权益工具投资指定为以公允价值计量且其变动计入其他综合收益的金融资产,并按照本准则第六十五条规定确认股利收入。该指定一经作出,不得撤销。企业在非同一控制下的企业合并中确认的或有对价构成金融资产的,该金融资产应当分类为以公允价值计量且其变动计入当期损益的金融资产,不得指定为以公允价值计量且其变动计入其他综合收益的金融资产。

金融资产或金融负债满足下列条件之一的,表明企业持有该金融资产或承担该金融负债的目的是交易性的:

(一)取得相关金融资产或承担相关金融负债的目的,主要是为了近期出售或回购。

(二)相关金融资产或金融负债在初始确认时属于集中管理的可辨认金融工具组合的一部分,且有客观证据表明近期实际存在短期获利模式。

(三)相关金融资产或金融负债属于衍生工具。但符合财务担保合同定义的衍生工具以及被指定为有效套期工具的衍生工具除外。

第二十条 在初始确认时,如果能够消除或显著减少会计错配,企业可以将金融资产指定为以公允价值计量且其变动计入当期损益的金融资产。该指定一经作出,不得撤销。

第四章　金融负债的分类

第二十一条 除下列各项外,企业应当将金融负债分类为以摊余成本计量的金融负债:

(一)以公允价值计量且其变动计入当期损益的金融负债,包括交易性金融负债(含属于金融负债的衍生工具)和指定为以公允价值计量且其变动计入当期损益的金融负债。

（二）金融资产转移不符合终止确认条件或继续涉入被转移金融资产所形成的金融负债。对此类金融负债，企业应当按照《企业会计准则第 23 号——金融资产转移》相关规定进行计量。

（三）不属于本条（一）或（二）情形的财务担保合同，以及不属于本条（一）情形的以低于市场利率贷款的贷款承诺。企业作为此类金融负债发行方的，应当在初始确认后按照依据本准则第八章所确定的损失准备金额以及初始确认金额扣除依据《企业会计准则第 14 号——收入》相关规定所确定的累计摊销额后的余额孰高进行计量。

在非同一控制下的企业合并中，企业作为购买方确认的或有对价形成金融负债的，该金融负债应当按照以公允价值计量且其变动计入当期损益进行会计处理。

第二十二条 在初始确认时，为了提供更相关的会计信息，企业可以将金融负债指定为以公允价值计量且其变动计入当期损益的金融负债，但该指定应当满足下列条件之一：

（一）能够消除或显著减少会计错配。

（二）根据正式书面文件载明的企业风险管理或投资策略，以公允价值为基础对金融负债组合或金融资产和金融负债组合进行管理和业绩评价，并在企业内部以此为基础向关键管理人员报告。

该指定一经作出，不得撤销。

第五章　嵌入衍生工具

第二十三条 嵌入衍生工具，是指嵌入非衍生工具（即主合同）中的衍生工具。嵌入衍生工具与主合同构成混合合同。该嵌入衍生工具对混合合同的现金流量产生影响的方式，应当与单独存在的衍生工具类似，且该混合合同的全部或部分现金流量随特定利率、金融工具价格、商品价格、汇率、价格指数、费率指数、信用等级、信用指数或其他变量变动而变动，变量为非金融变量的，该变量不应与合同的任何一方存在特定关系。

衍生工具如果附属于一项金融工具但根据合同规定可以独立于该金融工具进行转让，或者具有与该金融工具不同的交易对手方，则该衍生工具不是嵌入衍生工具，应当作为一项单独存在的衍生工具处理。

第二十四条 混合合同包含的主合同属于本准则规范的资产的，企业不应从该混合合同中分拆嵌入衍生工具，而应当将该混合合同作为一个整体适用本准则关于金融资产分类的相关规定。

第二十五条 混合合同包含的主合同不属于本准则规范的资产，且同时符合下列条件的，企业应当从混合合同中分拆嵌入衍生工具，将其作为单独存在的衍生工具处理：

（一）嵌入衍生工具的经济特征和风险与主合同的经济特征和风险不紧密相关。

（二）与嵌入衍生工具具有相同条款的单独工具符合衍生工具的定义。

（三）该混合合同不是以公允价值计量且其变动计入当期损益进行会计处理。

嵌入衍生工具从混合合同中分拆的，企业应当按照适用的会计准则规定，对混合合同的主合同进行会计处理。企业无法根据嵌入衍生工具的条款和条件对嵌入衍生工具的公允价值进行可靠地计量的，该嵌入衍生工具的公允价值应当根据混合合同公允价值和主合同公允价值之间的差额确定。使用了上述方法后，该嵌入衍生工具在取得日或后续资产负债表日的公允价值仍然无法单独计量的，企业应当将该混合合同整体指定为以公允价值计量且其变动计入当期损益的金融工具。

第二十六条 混合合同包含一项或多项嵌入衍生工具，且其主合同不属于本准则规范的资产的，企业可以将其整体指定为以公允价值计量且其变动计入当期损益的金融工具。但下列情况除外：

（一）嵌入衍生工具不会对混合合同的现金流量产生重大改变。

（二）在初次确定类似的混合合同是否需要分拆时，几乎不需分析就能明确其包含的嵌入衍生工具不应分拆。如嵌入贷款的提前还款权，允许持有人以接近摊余成本的金额提前偿还贷款，该提前还款权不需要分拆。

第六章 金融工具的重分类

第二十七条 企业改变其管理金融资产的业务模式时，应当按照本准则的规定对所有受影响的相关金融资产进行重分类。

企业对所有金融负债均不得进行重分类。

第二十八条 企业发生下列情况的，不属于金融资产或金融负债的重分类：

（一）按照《企业会计准则第24号——套期会计》相关规定，某金融工具以前被指定并成为现金流量套期或境外经营净投资套期中的有效套期工具，但目前已不再满足运用该套期会计方法的条件。

（二）按照《企业会计准则第24号——套期会计》相关规定，某金融工具被指定并成为现金流量套期或境外经营净投资套期中的有效套期工具。

（三）按照《企业会计准则第24号——套期会计》相关规定，运用信用风险敞口公允价值选择权所引起的计量变动。

第二十九条 企业对金融资产进行重分类，应当自重分类日起采用未来适用法进行相关会计处理，不得对以前已经确认的利得、损失（包括减值损失或利得）或利息进行追溯调整。

重分类日，是指导致企业对金融资产进行重分类的业务模式发生变更后的首个报告期间的第一天。

第三十条 企业将一项以摊余成本计量的金融资产重分类为以公允价值计量且其变动计入当期损益的金融资产的，应当按照该资产在重分类日的公允价值进行计量。原账面价值与公允价值之间的差额计入当期损益。

企业将一项以摊余成本计量的金融资产重分类为以公允价值计量且其变动计入其他综合收益的金融资产的，应当按照该金融资产在重分类日的公允价值进行计量。原账面价值与公允价值之间的差额计入其他综合收益。该金融资产重分类不影响其实际利率和预期信用损失的计量。

第三十一条 企业将一项以公允价值计量且其变动计入其他综合收益的金融资产重分类为以摊余成本计量的金融资产的，应当将之前计入其他综合收益的累计利得或损失转出，调整该金融资产在重分类日的公允价值，并以调整后的金额作为新的账面价值，即视同该金融资产一直以摊余成本计量。该金融资产重分类不影响其实际利率和预期信用损失的计量。

企业将一项以公允价值计量且其变动计入其他综合收益的金融资产重分类为以公允价值计量且其变动计入当期损益的金融资产的，应当继续以公允价值计量该金融资产。同时，企业应当将之前计入其他综合收益的累计利得或损失从其他综合收益转入当期损益。

第三十二条 企业将一项以公允价值计量且其变动计入当期损益的金融资产重分类为以摊余成本计量的金融资产的，应当以其在重分类日的公允价值作为新的账面余额。

企业将一项以公允价值计量且其变动计入当期损益的金融资产重分类为以公允价值计量且其变动计入其他综合收益的金融资产的，应当继续以公允价值计量该金融资产。

按照本条规定对金融资产重分类进行处理的，企业应当根据该金融资产在重分类日的公允价值确定其实际利率。同时，企业应当自重分类日起对该金融资产适用本准则关于金融资产减值的相关规定，并将重分类日视为初始确认日。

第七章　金融工具的计量

第三十三条　企业初始确认金融资产或金融负债，应当按照公允价值计量。对于以公允价值计量且其变动计入当期损益的金融资产和金融负债，相关交易费用应当直接计入当期损益；对于其他类别的金融资产或金融负债，相关交易费用应当计入初始确认金额。但是，企业初始确认的应收账款未包含《企业会计准则第14号——收入》所定义的重大融资成分或根据《企业会计准则第14号——收入》规定不考虑不超过一年的合同中的融资成分的，应当按照该准则定义的交易价格进行初始计量。

交易费用，是指可直接归属于购买、发行或处置金融工具的增量费用。增量费用，是指企业没有发生购买、发行或处置相关金融工具的情形就不会发生的费用，包括支付给代理机构、咨询公司、券商、证券交易所、政府有关部门等的手续费、佣金、相关税费以及其他必要支出，不包括债券溢价、折价、融资费用、内部管理成本和持有成本等与交易不直接相关的费用。

第三十四条　企业应当根据《企业会计准则第39号——公允价值计量》的规定，确定金融资产和金融负债在初始确认时的公允价值。公允价值通常为相关金融资产或金融负债的交易价格。金融资产或金融负债公允价值与交易价格存在差异的，企业应当区别下列情况进行处理：

（一）在初始确认时，金融资产或金融负债的公允价值依据相同资产或负债在活跃市场上的报价或者以仅使用可观察市场数据的估值技术确定的，企业应当将该公允价值与交易价格之间的差额确认为一项利得或损失。

（二）在初始确认时，金融资产或金融负债的公允价值以其他方式确定的，企业应当将该公允价值与交易价格之间的差额递延。初始确认后，企业应当根据某一因素在相应会计期间的变动程度将该递延差额确认为相应会计期间的利得或损失。该因素应当仅限于市场参与者对该金融工具定价时将予考虑的因素，包括时间等。

第三十五条　初始确认后，企业应当对不同类别的金融资产，分别以摊余成本、以公允价值计量且其变动计入其他综合收益或以公允价值计量且其变动计入当期损益进行后续计量。

第三十六条　初始确认后，企业应当对不同类别的金融负债，分别以摊余成本、以公允价值计量且其变动计入当期损益或以本准则第二十一条规定的其他适当方法进行后续计量。

第三十七条　金融资产或金融负债被指定为被套期项目的，企业应当根据《企业会计准则第24号——套期会计》规定进行后续计量。

第三十八条　金融资产或金融负债的摊余成本，应当以该金融资产或金融负债的初始确认金额经下列调整后的结果确定：

（一）扣除已偿还的本金。

（二）加上或减去采用实际利率法将该初始确认金额与到期日金额之间的差额进行摊销形成的累计摊销额。

（三）扣除累计计提的损失准备（仅适用于金融资产）。

实际利率法，是指计算金融资产或金融负债的摊余成本以及将利息收入或利息费用分摊计入各会计期间的方法。

实际利率，是指将金融资产或金融负债在预计存续期的估计未来现金流量，折现为该金融资产账面余额或该金融负债摊余成本所使用的利率。在确定实际利率时，应当在考虑金融资产或金融负债所有合同条款（如提前还款、展期、看涨期权或其他类似期权等）的基础上估计预期现金流量，但不应当考虑预期信用损失。

第三十九条 企业应当按照实际利率法确认利息收入。利息收入应当根据金融资产账面余额乘以实际利率计算确定，但下列情况除外：

（一）对于购入或源生的已发生信用减值的金融资产，企业应当自初始确认起，按照该金融资产的摊余成本和经信用调整的实际利率计算确定其利息收入。

（二）对于购入或源生的未发生信用减值、但在后续期间成为已发生信用减值的金融资产，企业应当在后续期间，按照该金融资产的摊余成本和实际利率计算确定其利息收入。企业按照上述规定对金融资产的摊余成本运用实际利率法计算利息收入的，若该金融工具在后续期间因其信用风险有所改善而不再存在信用减值，并且这一改善在客观上可与应用上述规定之后发生的某一事件相联系（如债务人的信用评级被上调），企业应当转按实际利率乘以该金融资产账面余额来计算确定利息收入。

经信用调整的实际利率，是指将购入或源生的已发生信用减值的金融资产在预计存续期的估计未来现金流量，折现为该金融资产摊余成本的利率。在确定经信用调整的实际利率时，应当在考虑金融资产的所有合同条款（例如提前还款、展期、看涨期权或其他类似期权等）以及初始预期信用损失的基础上估计预期现金流量。

第四十条 当对金融资产预期未来现金流量具有不利影响的一项或多项事件发生时，该金融资产成为已发生信用减值的金融资产。金融资产已发生信用减值的证据包括下列可观察信息：

（一）发行方或债务人发生重大财务困难；

（二）债务人违反合同，如偿付利息或本金违约或逾期等；

（三）债权人出于与债务人财务困难有关的经济或合同考虑，给予债务人在任何其他情况下都不会作出的让步；

（四）债务人很可能破产或进行其他财务重组；

（五）发行方或债务人财务困难导致该金融资产的活跃市场消失；

（六）以大幅折扣购买或源生一项金融资产，该折扣反映了发生信用损失的事实。

金融资产发生信用减值，有可能是多个事件的共同作用所致，未必是可单独识别的事件所致。

第四十一条 合同各方之间支付或收取的、属于实际利率或经信用调整的实际利率组成部分的各项费用、交易费用及溢价或折价等，应当在确定实际利率或经信用调整的实际利率时予以考虑。

企业通常能够可靠估计金融工具（或一组类似金融工具）的现金流量和预计存续期。在极少数情况下，金融工具（或一组金融工具）的估计未来现金流量或预计存续期无法可靠估计的，企业在计算确定其实际利率（或经信用调整的实际利率）时，应当基于该金融工具在整个合同期内的合同现金流量。

第四十二条 企业与交易对手方修改或重新议定合同，未导致金融资产终止确认，但导致合同现金流量发生变化的，应当重新计算该金融资产的账面余额，并将相关利得或损失计入当期损益。重新计算的该金融资产的账面余额，应当根据将重新议定或修改的合同现金流量按金融资产的原实际利率（或者购入或源生的已发生信用减值的金融资产的经信用调整的实际利率）或按《企业会计准则第24号——套期会计》第二十三条规定的重新计算的实际利率（如适用）折现的现值确定。对于修改或重新议定合同所产生的所有成本或费用，企业应当调整修改后的金融资产账面价值，并在修改后金融资产的剩余期限内进行摊销。

第四十三条 企业不再合理预期金融资产合同现金流量能够全部或部分收回的，应当直接减记该金融资产的账面余额。这种减记构成相关金融资产的终止确认。

第四十四条 企业对权益工具的投资和与此类投资相联系的合同应当以公允价值计量。但在有限情况下，如果用以确定公允价值的近期信息不足，或者公允价值的可能估计金额分布范围很广，而成本代表了该范围内对公允价值的最佳估计的，该成本可代表其在该分布范围内对公允价值的恰当估计。

企业应当利用初始确认日后可获得的关于被投资方业绩和经营的所有信息，判断成本能否代表公允价值。存在下列情形（包含但不限于）之一的，可能表明成本不代表相关金融资产的公允价值，企业应当对其公允价值进行估值：

（一）与预算、计划或阶段性目标相比，被投资方业绩发生重大变化。

（二）对被投资方技术产品实现阶段性目标的预期发生变化。

（三）被投资方的权益、产品或潜在产品的市场发生重大变化。

（四）全球经济或被投资方经营所处的经济环境发生重大变化。

（五）被投资方可比企业的业绩或整体市场所显示的估值结果发生重大变化。

（六）被投资方的内部问题，如欺诈、商业纠纷、诉讼、管理或战略变化。

（七）被投资方权益发生了外部交易并有客观证据，包括发行新股等被投资方发生的交易和第三方之间转让被投资方权益工具的交易等。

第四十五条 权益工具投资或合同存在报价的，企业不应当将成本作为对其公允价值的最佳估计。

第八章　金融工具的减值

第四十六条 企业应当按照本准则规定，以预期信用损失为基础，对下列项目进行减值会计处理并确认损失准备：

（一）按照本准则第十七条分类为以摊余成本计量的金融资产和按照本准则第十八条分类为以公允价值计量且其变动计入其他综合收益的金融资产。

（二）租赁应收款。

（三）合同资产。合同资产，是指《企业会计准则第14号——收入》定义的合同资产。

（四）企业发行的分类为以公允价值计量且其变动计入当期损益的金融负债以外的贷款承诺和适用本准则第二十一条（三）规定的财务担保合同。

损失准备，是指针对按照本准则第十七条计量的金融资产、租赁应收款和合同资产的预期信用损失计提的准备，按照本准则第十八条计量的金融资产的累计减值金额以及针对贷款承诺和财务担保合同的预期信用损失计提的准备。

第四十七条 预期信用损失，是指以发生违约的风险为权重的金融工具信用损失的加权平均值。

信用损失，是指企业按照原实际利率折现的、根据合同应收的所有合同现金流量与预期收取的所有现金流量之间的差额，即全部现金短缺的现值。其中，对于企业购买或源生的已发生信用减值的金融资产，应按照该金融资产经信用调整的实际利率折现。由于预期信用损失考虑付款的金额和时间分布，因此即使企业预计可以全额收款但收款时间晚于合同规定的到期期限，也会产生信用损失。

在估计现金流量时，企业应当考虑金融工具在整个预计存续期的所有合同条款（如提前还款、展期、看涨期权或其他类似期权等）。企业所考虑的现金流量应当包括出售所持担保品获得的现金流量，以及属于合同条款组成部分的其他信用增级所产生的现金流量。

企业通常能够可靠估计金融工具的预计存续期。在极少数情况下，金融工具预计存续期无法可靠估计的,企业在计算确定预期信用损失时,应当基于该金融工具的剩余合同期间。

第四十八条 除了按照本准则第五十七条和第六十三条的相关规定计量金融工具损失准备的情形以外,企业应当在每个资产负债表日评估相关金融工具的信用风险自初始确认后是否已显著增加,并按照下列情形分别计量其损失准备、确认预期信用损失及其变动:

(一)如果该金融工具的信用风险自初始确认后已显著增加,企业应当按照相当于该金融工具整个存续期内预期信用损失的金额计量其损失准备。无论企业评估信用损失的基础是单项金融工具还是金融工具组合,由此形成的损失准备的增加或转回金额,应当作为减值损失或利得计入当期损益。

(二)如果该金融工具的信用风险自初始确认后并未显著增加,企业应当按照相当于该金融工具未来12个月内预期信用损失的金额计量其损失准备,无论企业评估信用损失的基础是单项金融工具还是金融工具组合,由此形成的损失准备的增加或转回金额,应当作为减值损失或利得计入当期损益。

未来12个月内预期信用损失,是指因资产负债表日后12个月内(若金融工具的预计存续期少于12个月,则为预计存续期)可能发生的金融工具违约事件而导致的预期信用损失,是整个存续期预期信用损失的一部分。

企业在进行相关评估时,应当考虑所有合理且有依据的信息,包括前瞻性信息。为确保自金融工具初始确认后信用风险显著增加即确认整个存续期预期信用损失,企业在一些情况下应当以组合为基础考虑评估信用风险是否显著增加。整个存续期预期信用损失,是指因金融工具整个预计存续期内所有可能发生的违约事件而导致的预期信用损失。

第四十九条 对于按照本准则第十八条分类为以公允价值计量且其变动计入其他综合收益的金融资产,企业应当在其他综合收益中确认其损失准备,并将减值损失或利得计入当期损益,且不应减少该金融资产在资产负债表中列示的账面价值。

第五十条 企业在前一会计期间已经按照相当于金融工具整个存续期内预期信用损失的金额计量了损失准备,但在当期资产负债表日,该金融工具已不再属于自初始确认后信用风险显著增加的情形的,企业应当在当期资产负债表日按照相当于未来12个月内预期信用损失的金额计量该金融工具的损失准备,由此形成的损失准备的转回金额应当作为减值利得计入当期损益。

第五十一条 对于贷款承诺和财务担保合同,企业在应用金融工具减值规定时,应当将本企业成为作出不可撤销承诺的一方之日作为初始确认日。

第五十二条 企业在评估金融工具的信用风险自初始确认后是否已显著增加时,应当考虑金融工具预计存续期内发生违约风险的变化,而不是预期信用损失金额的变化。企业应当通过比较金融工具在资产负债表日发生违约的风险与在初始确认日发生违约的风险,以确定金融工具预计存续期内发生违约风险的变化情况。

在为确定是否发生违约风险而对违约进行界定时,企业所采用的界定标准,应当与其内部针对相关金融工具的信用风险管理目标保持一致,并考虑财务限制条款等其他定性指标。

第五十三条 企业通常应当在金融工具逾期前确认该工具整个存续期预期信用损失。企业在确定信用风险自初始确认后是否显著增加时,企业无须付出不必要的额外成本或努力即可获得合理且有依据的前瞻性信息的,不得仅依赖逾期信息来确定信用风险自初始确认后是否显著增加;企业必须付出不必要的额外成本或努力才可获得合理且有依据的逾期信息以外的单独或汇总的前瞻性信息的,可以采用逾期信息来确定信用风险自初始确认后是否显著增加。

无论企业采用何种方式评估信用风险是否显著增加，通常情况下，如果逾期超过30日，则表明金融工具的信用风险已经显著增加。除非企业在无须付出不必要的额外成本或努力的情况下即可获得合理且有依据的信息，证明即使逾期超过30日，信用风险自初始确认后仍未显著增加。如果企业在合同付款逾期超过30日前已确定信用风险显著增加，则应当按照整个存续期的预期信用损失确认损失准备。

如果交易对手方未按合同规定时间支付约定的款项，则表明该金融资产发生逾期。

第五十四条 企业在评估金融工具的信用风险自初始确认后是否已显著增加时，应当考虑违约风险的相对变化，而非违约风险变动的绝对值。在同一后续资产负债表日，对于违约风险变动的绝对值相同的两项金融资产，初始确认时违约风险较低的金融工具比初始确认时违约风险较高的金融工具的信用风险变化更为显著。

第五十五条 企业确定金融工具在资产负债表日只具有较低的信用风险的，可以假设该金融工具的信用风险自初始确认后并未显著增加。

如果金融工具的违约风险较低，借款人在短期内履行其合同现金流量义务的能力很强，并且即便较长时期内经济形势和经营环境存在不利变化但未必一定降低借款人履行其合同现金流量义务的能力，该金融工具被视为具有较低的信用风险。

第五十六条 企业与交易对手方修改或重新议定合同，未导致金融资产终止确认，但导致合同现金流量发生变化的，企业在评估相关金融工具的信用风险是否已经显著增加时，应当将基于变更后的合同条款在资产负债表日发生违约的风险与基于原合同条款在初始确认时发生违约的风险进行比较。

第五十七条 对于购买或源生的已发生信用减值的金融资产，企业应当在资产负债表日仅将自初始确认后整个存续期内预期信用损失的累计变动确认为损失准备。在每个资产负债表日，企业应当将整个存续期内预期信用损失的变动金额作为减值损失或利得计入当期损益。即使该资产负债表日确定的整个存续期内预期信用损失小于初始确认时估计现金流量所反映的预期信用损失的金额，企业也应当将预期信用损失的有利变动确认为减值利得。

第五十八条 企业计量金融工具预期信用损失的方法应当反映下列各项要素：

（一）通过评价一系列可能的结果而确定的无偏概率加权平均金额。

（二）货币时间价值。

（三）在资产负债表日无须付出不必要的额外成本或努力即可获得的有关过去事项、当前状况以及未来经济状况预测的合理且有依据的信息。

第五十九条 对于适用本准则有关金融工具减值规定的各类金融工具，企业应当按照下列方法确定其信用损失：

（一）对于金融资产，信用损失应为企业应收取的合同现金流量与预期收取的现金流量之间差额的现值。

（二）对于租赁应收款项，信用损失应为企业应收取的合同现金流量与预期收取的现金流量之间差额的现值。其中，用于确定预期信用损失的现金流量，应与按照《企业会计准则第21号——租赁》用于计量租赁应收款项的现金流量保持一致。

（三）对于未提用的贷款承诺，信用损失应为在贷款承诺持有人提用相应贷款的情况下，企业应收取的合同现金流量与预期收取的现金流量之间差额的现值。企业对贷款承诺预期信用损失的估计，应当与其对该贷款承诺提用情况的预期保持一致。

（四）对于财务担保合同，信用损失应为企业就该合同持有人发生的信用损失向其作出赔付的预计付款额，减去企业预期向该合同持有人、债务人或任何其他方收取的金额之间差额的现值。

（五）对于资产负债表日已发生信用减值但并非购买或源生已发生信用减值的金融资产，信用损失应为该金融资产账面余额与按原实际利率折现的估计未来现金流量的现值之间的差额。

第六十条 企业应当以概率加权平均为基础对预期信用损失进行计量。企业对预期信用损失的计量应当反映发生信用损失的各种可能性，但

不必识别所有可能的情形。

第六十一条 在计量预期信用损失时，企业需考虑的最长期限为企业面临信用风险的最长合同期限（包括考虑续约选择权），而不是更长期间，即使该期间与业务实践相一致。

第六十二条 如果金融工具同时包含贷款和未提用的承诺，且企业根据合同规定要求还款或取消未提用承诺的能力并未将企业面临信用损失的期间限定在合同通知期内的，企业对于此类金融工具（仅限于此类金融工具）确认预期信用损失的期间，应当为其面临信用风险且无法用信用风险管理措施予以缓释的期间，即使该期间超过了最长合同期限。

第六十三条 对于下列各项目，企业应当始终按照相当于整个存续期内预期信用损失的金额计量其损失准备：

（一）由《企业会计准则第 14 号——收入》规范的交易形成的应收款项或合同资产，且符合下列条件之一：

1. 该项目未包含《企业会计准则第 14 号——收入》所定义的重大融资成分，或企业根据《企业会计准则第 14 号——收入》规定不考虑不超过一年的合同中的融资成分。

2. 该项目包含《企业会计准则第 14 号——收入》所定义的重大融资成分，同时企业做出会计政策选择，按照相当于整个存续期内预期信用损失的金额计量损失准备。企业应当将该会计政策选择适用于所有此类应收款项和合同资产，但可对应收款项类和合同资产类分别做出会计政策选择。

（二）由《企业会计准则第 21 号——租赁》规范的交易形成的租赁应收款，同时企业做出会计政策选择，按照相当于整个存续期内预期信用损失的金额计量损失准备。企业应当将该会计政策选择适用于所有租赁应收款，但可对应收融资租赁款和应收经营租赁款分别做出会计政策选择。

在适用本条规定时，企业可对应收款项、合同资产和租赁应收款分别选择减值会计政策。

第九章　利得和损失

第六十四条 企业应当将以公允价值计量的金融资产或金融负债的利得或损失计入当期损益，除非该金融资产或金融负债属于下列情形之一：

（一）属于《企业会计准则第 24 号——套期会计》规定的套期关系的一部分。

（二）是一项对非交易性权益工具的投资，且企业已按照本准则第十九条规定将其指定为以公允价值计量且其变动计入其他综合收益的金融资产。

（三）是一项被指定为以公允价值计量且其变动计入当期损益的金融负债，且按照本准则第六十八条规定，该负债由企业自身信用风险变动引起的其公允价值变动应当计入其他综合收益。

（四）是一项按照本准则第十八条分类为以公允价值计量且其变动计入其他综合收益的金融资产，且企业根据本准则第七十一条规定，其减值损失或利得和汇兑损益之外的公允价值变动计入其他综合收益。

第六十五条 企业只有在同时符合下列条件时，才能确认股利收入并计入当期损益：

（一）企业收取股利的权利已经确立；

（二）与股利相关的经济利益很可能流入企业；

（三）股利的金额能够可靠地计量。

第六十六条 以摊余成本计量且不属于任何套期关系的一部分的金融资产所产生的利得或损失，应当在终止确认、按照本准则规定重分类、按照实际利率法摊销或按照本准则规定确认减值时，计入当期损益。如果企业将以摊余成本计量的金融资产重分类为其他类别，应当根据本准则第三十条规定处理其利得或损失。

以摊余成本计量且不属于任何套期关系的一部分的金融负债所产生的利得或损失，应当在终止确认时计入当期损益或在按照实际利率法摊销时计入相关期间损益。

第六十七条 属于套期关系中被套期项目的金融资产或金融负债所产生的利得或损失，应当按照《企业会计准则第24号——套期会计》相关规定进行处理。

第六十八条 企业根据本准则第二十二条和第二十六条规定将金融负债指定为以公允价值计量且其变动计入当期损益的金融负债的，该金融负债所产生的利得或损失应当按照下列规定进行处理：

（一）由企业自身信用风险变动引起的该金融负债公允价值的变动金额，应当计入其他综合收益；

（二）该金融负债的其他公允价值变动计入当期损益。

按照本条（一）规定对该金融负债的自身信用风险变动的影响进行处理会造成或扩大损益中的会计错配的，企业应当将该金融负债的全部利得或损失（包括企业自身信用风险变动的影响金额）计入当期损益。

该金融负债终止确认时，之前计入其他综合收益的累计利得或损失应当从其他综合收益中转出，计入留存收益。

第六十九条 企业根据本准则第十九条规定将非交易性权益工具投资指定为以公允价值计量且其变动计入其他综合收益的金融资产的，当该金融资产终止确认时，之前计入其他综合收益的累计利得或损失应当从其他综合收益中转出，计入留存收益。

第七十条 指定为以公允价值计量且其变动计入当期损益的金融负债的财务担保合同和不可撤销贷款承诺所产生的全部利得或损失，应当计入当期损益。

第七十一条 按照本准则第十八条分类为以公允价值计量且其变动计入其他综合收益的金融资产所产生的所有利得或损失，除减值损失或利得和汇兑损益之外，均应当计入其他综合收益，直至该金融资产终止确认或被重分类。但是，采用实际利率法计算的该金融资产的利息应当计入当期损益。该金融资产计入各期损益的金额应当与视同其一直按摊余成本计量而计入各期损益的金额相等。

该金融资产终止确认时，之前计入其他综合收益的累计利得或损失应当从其他综合收益中转出，计入当期损益。

企业将该金融资产重分类为其他类别金融资产的，应当根据本准则第三十一条规定，对之前计入其他综合收益的累计利得或损失进行相应处理。

第十章　衔　接　规　定

第七十二条 本准则施行日之前的金融工具确认和计量与本准则要求不一致的，企业应当进行追溯调整，但本准则第七十三条至第八十三条另有规定的除外。在本准则施行日已经终止确认的项目不适用本准则。

第七十三条 在本准则施行日，企业应当按照本准则的规定对金融工具进行分类和计量（含减值），涉及前期比较财务报表数据与本准则要求不一致的，无需调整。金融工具原账面价值和在本准则施行日的新账面价值之间的差额，应当计入本准则施行日所在年度报告期间的期初留存收益或其他综合收益。同时，企业应当按照《企业会计准则第37号——金融工具列报》的相关规定在附注中进行披露。

企业如果调整前期比较财务报表数据，应当能够以前期的事实和情况为依据，且比较数据应当反映本准则的所有要求。

第七十四条 在本准则施行日，企业应当以该日的既有事实和情况为基础，根据本准则第十七条（一）或第十八条（一）的相关规定评估其管理金融资产的业务模式是以收取合同现金流量为目标，还是以既收取合同现金流量又出售金融资产为目标，并据此确定金融资产的分类，进行追溯调整，无须考虑企业之前的业务模式。

第七十五条 在本准则施行日，企业在考虑具有本准则第十六条所述修正的货币时间价值要素的金融资产的合同现金流量特征时，需要对特定货币时间价值要素修正进行评估的，该评估应当以该金融资产初始确认时存在的事实和情况为基础。该评估不切实可行的，企业不应考虑本准则关于货币时间价值要素修正的规定。

第七十六条 在本准则施行日，企业在考虑具有本准则第十六条所述提前还款特征的金融资产的合同现金流量特征时，需要对该提前还款特征的公允价值是否非常小进行评估的，该评估应当以该金融资产初始确认时存在的事实和情况为基础。该评估不切实可行的，企业不应考虑本准则关于提前还款特征例外情形的规定。

第七十七条 在本准则施行日，企业存在根据本准则相关规定应当以公允价值计量的混合合同但之前未以公允价值计量的，该混合合同在前期比较财务报表期末的公允价值应当等于其各组成部分在前期比较财务报表期末公允价值之和。在本准则施行日，企业应当将整个混合合同在该日的公允价值与该混合合同各组成部分在该日的公允价值之和之间的差额，计入本准则施行日所在报告期间的期初留存收益或其他综合收益。

第七十八条 在本准则施行日，企业应当以该日的既有事实和情况为基础，根据本准则的相关规定，对相关金融资产进行指定或撤销指定，并追溯调整：

（一）在本准则施行日，企业可以根据本准则第二十条规定，将满足条件的金融资产指定为以公允价值计量且其变动计入当期损益的金融资产。但企业之前指定为以公允价值计量且其变动计入当期损益的金融资产，不满足本准则第二十条规定的指定条件的，应当解除之前作出的指定；之前指定为以公允价值计量且其变动计入当期损益的金融资产继续满足本准则第二十条规定的指定条件的，企业可以选择继续指定或撤销之前的指定。

（二）在本准则施行日，企业可以根据本准则第十九条规定，将非交易性权益工具投资指定为以公允价值计量且其变动计入其他综合收益的金融资产。

第七十九条 在本准则施行日，企业应当以该日的既有事实和情况为基础，根据本准则的相关规定，对相关金融负债进行指定或撤销指定，并追溯调整：

（一）在本准则施行日，为了消除或显著减少会计错配，企业可以根据本准则第二十二条（一）的规定，将金融负债指定为以公允价值计量且其变动计入当期损益的金融负债。

（二）企业之前初始确认金融负债时，为了消除或显著减少会计错配，已将该金融负债指定为以公允价值计量且其变动计入当期损益的金融负债，但在本准则施行日不再满足本准则规定的指定条件的，企业应当撤销之前的指定；该金融负债在本准则施行日仍然满足本准则规定的指定条件的，企业可以选择继续指定或撤销之前的指定。

第八十条 在本准则施行日，企业按照本准则规定对相关金融资产或金融负债以摊余成本进行计量、应用实际利率法追溯调整不切实可行的，应当按照以下原则进行处理：

（一）以金融资产或金融负债在前期比较财务报表期末的公允价值，作为企业调整前期比较财务报表数据时该金融资产的账面余额或该金融负债的摊余成本；

（二）以金融资产或金融负债在本准则施行日的公允价值，作为该金融资产在本准则施行日的新账面余额或该金融负债的新摊余成本。

第八十一条 在本准则施行日，对于之前以成本计量的、在活跃市场中没有报价且其公允价值不能可靠地计量的权益工具投资或与该权益工具挂钩并须通过交付该工具进行结算的衍生金融资产，企业应当以其

在本准则施行日的公允价值计量。原账面价值与公允价值之间的差额，应当计入本准则施行日所在报告期间的期初留存收益或其他综合收益。

在本准则施行日，对于之前以成本计量的、与在活跃市场中没有报价的权益工具挂钩并须通过交付该权益工具进行结算的衍生金融负债，企业应当以其在本准则施行日的公允价值计量。原账面价值与公允价值之间的差额，应当计入本准则施行日所在报告期间的期初留存收益。

第八十二条 在本准则施行日，企业存在根据本准则第二十二条规定将金融负债指定为以公允价值计量且其变动计入当期损益的金融负债，并且按照本准则第六十八条（一）规定将由企业自身信用风险变动引起的该金融负债公允价值的变动金额计入其他综合收益的，企业应当以该日的既有事实和情况为基础，判断按照上述规定处理是否会造成或扩大损益的会计错配，进而确定是否应当将该金融负债的全部利得或损失（包括企业自身信用风险变动的影响金额）计入当期损益，并按照上述结果追溯调整。

第八十三条 在本准则施行日，企业按照本准则计量金融工具减值的，应当使用无须付出不必要的额外成本或努力即可获得的合理且有依据的信息，确定金融工具在初始确认日的信用风险，并将该信用风险与本准则施行日的信用风险进行比较。

在确定自初始确认后信用风险是否显著增加时，企业可以应用本准则第五十五条的规定根据其是否具有较低的信用风险进行判断，或者应用本准则第五十三条第二段的规定根据相关金融资产逾期是否超过 30 日进行判断。企业在本准则施行日必须付出不必要的额外成本或努力才可获得合理且有依据的信息的，企业在该金融工具终止确认前的所有资产负债表日的损失准备应当等于其整个存续期的预期信用损失。

第十一章 附 则

第八十四条 本准则自 2018 年 1 月 1 日起施行。

23. 企业会计准则第 23 号——金融资产转移（2017 年修订）

（财会〔2017〕8 号印发）

第一章 总 则

第一条 为了规范金融资产（包括单项或一组类似金融资产）转移和终止确认的会计处理，根据《企业会计准则——基本准则》，制定本准则。

第二条 金融资产转移，是指企业（转出方）将金融资产（或其现金流量）让与或交付给该金融资产发行方之外的另一方（转入方）。

金融资产终止确认，是指企业将之前确认的金融资产从其资产负债表中予以转出。

第三条 企业对金融资产转入方具有控制权的，除在该企业个别财务报表基础上应用本准则外，在编制合并财务报表时，还应当按照《企业会计准则第 33 号——合并财务报表》的规定合并所有纳入合并范围的子公司（含结构化主体），并在合并财务报表层面应用本准则。

第二章 金融资产终止确认的一般原则

第四条 金融资产的一部分满足下列条件之一的，企业应当将终止确认的规定适用于该金融资产部分，除此之外，企业应当将终止确认的规定适用于该金融资产整体：

（一）该金融资产部分仅包括金融资产所产生的特定可辨认现金流量。如企业就某债务工具与转入方签订一项利息剥离合同，合同规定转入方有权获得该债务工具利息现金流量，但无权获得该债务工具本金现金流量，终止确认的规定适用于该债务工具的利息现金流量。

（二）该金融资产部分仅包括与该金融资产所产生的全部现金流量完全成比例的现金流量部分。如企业就某债务工具与转入方签订转让合同，合同规定转入方拥有获得该债务工具全部现金流量一定比例的权利，终止确认的规定适用于该债务工具全部现金流量一定比例的部分。

（三）该金融资产部分仅包括与该金融资产所产生的特定可辨认现金流量完全成比例的现金流量部分。如企业就某债务工具与转入方签订转让合同，合同规定转入方拥有获得该债务工具利息现金流量一定比例的权利，终止确认的规定适用于该债务工具利息现金流量一定比例的部分。

企业发生满足本条（二）或（三）条件的金融资产转移，且存在一个以上转入方的，只要企业转移的份额与金融资产全部现金流量或特定可辨认现金流量完全成比例即可，不要求每个转入方均持有成比例的份额。

第五条 金融资产满足下列条件之一的，应当终止确认：

（一）收取该金融资产现金流量的合同权利终止。

（二）该金融资产已转移，且该转移满足本准则关于终止确认的规定。

第三章 金融资产转移的情形及其终止确认

第六条 金融资产转移，包括下列两种情形：

（一）企业将收取金融资产现金流量的合同权利转移给其他方。

（二）企业保留了收取金融资产现金流量的合同权利，但承担了将收取的该现金流量支付给一个或多个最终收款方的合同义务，且同时满足下列条件：

1. 企业只有从该金融资产收到对等的现金流量时，才有义务将其支付给最终收款方。企业提供短期垫付款，但有权全额收回该垫付款并按照市场利率计收利息的，视同满足本条件。

2. 转让合同规定禁止企业出售或抵押该金融资产，但企业可以将其作为向最终收款方支付现金流量义务的保证。

3. 企业有义务将代表最终收款方收取的所有现金流量及时划转给最终收款方，且无重大延误。企业无权将该现金流量进行再投资，但在收款日和最终收款方要求的划转日之间的短暂结算期内，将所收到的现金流量进行现金或现金等价物投资，并且按照合同约定将此类投资的收益支付给最终收款方的，视同满足本条件。

第七条 企业在发生金融资产转移时，应当评估其保留金融资产所有权上的风险和报酬的程度，并分别下列情形处理：

（一）企业转移了金融资产所有权上几乎所有风险和报酬的，应当终止确认该金融资产，并将转移中产生或保留的权利和义务单独确认为资产或负债。

（二）企业保留了金融资产所有权上几乎所有风险和报酬的，应当继续确认该金融资产。

（三）企业既没有转移也没有保留金融资产所有权上几乎所有风险和报酬的［即除本条（一）（二）之外的其他情形］，应当根据其是否保留了对金融资产的控制，分别下列情形处理：

1. 企业未保留对该金融资产控制的，应当终止确认该金融资产，并将转移中产生或保留的权利和义务单独确认为资产或负债。

2. 企业保留了对该金融资产控制的，应当按照其继续涉入被转移金融资产的程度继续确认有关金融资产，并相应确认相关负债。

继续涉入被转移金融资产的程度，是指企业承担的被转移金融资产价值变动风险或报酬的程度。

第八条 企业在评估金融资产所有权上风险和报酬的转移程度时，应当比较转移前后其所承担的该金融资产未来净现金流量金额及其时间分布变动的风险。

企业承担的金融资产未来净现金流量现值变动的风险没有因转移而发生显著变化的，表明该企业仍保留了金融资产所有权上几乎所有风险和报酬。如将贷款整体转移并对该贷款可能发生的所有损失进行全额补偿，或者出售一项金融资产但约定以固定价格或者售价加上出借人回报的价格回购。

企业承担的金融资产未来净现金流量现值变动的风险相对于金融资产的未来净现金流量现值的全部变动风险不再显著的，表明该企业已经转移了金融资产所有权上几乎所有风险和报酬。如无条件出售金融资产，或者出售金融资产且仅保留以其在回购时的公允价值进行回购的选择权。

企业通常不需要通过计算即可判断其是否转移或保留了金融资产所有权上几乎所有风险和报酬。在其他情况下，企业需要通过计算评估是否已经转移了金融资产所有权上几乎所有风险和报酬的，在计算和比较金融资产未来现金流量净现值的变动时，应当考虑所有合理、可能的现金流量变动，对于更可能发生的结果赋予更高的权重，并采用适当的市场利率作为折现率。

第九条 企业在判断是否保留了对被转移金融资产的控制时，应当根据转入方是否具有出售被转移金融资产的实际能力而确定。转入方能够单方面将被转移金融资产整体出售给不相关的第三方，且没有额外条件对此项出售加以限制的，表明转入方有出售被转移金融资产的实际能力，从而表明企业未保留对被转移金融资产的控制；在其他情形下，表明企业保留了对被转移金融资产的控制。

在判断转入方是否具有出售被转移金融资产的实际能力时，企业考虑的关键应当是转入方实际上能够采取的行动。被转移金融资产不存在市场或转入方不能单方面自由地处置被转移金融资产的，通常表明转入方不具有出售被转移金融资产的实际能力。

转入方不大可能出售被转移金融资产并不意味着企业（转出方）保留了对被转移金融资产的控制。但存在看跌期权或担保而限制转入方出售被转移金融资产的，转出方实际上保留了对被转移金融资产的控制。如存在看跌期权或担保且很有价值，导致转入方实际上不能在不附加类似期权或其他限制条件的情形下将该被转移金融资产出售给第三方，从而限制了转入方出售被转移金融资产的能力，转入方将持有被转移金融资产以获取看跌期权或担保下相应付款的，企业保留了对被转移金融资产的控制。

第十条 企业认定金融资产所有权上几乎所有风险和报酬已经转移的，除企业在新的交易中重新获得被转移金融资产外，不应当在未来期间再次确认该金融资产。

第十一条 在金融资产转移不满足终止确认条件的情况下，如果同时确认衍生工具和被转移金融资产或转移产生的负债会导致对同一权利或义务的重复确认，则企业（转出方）与转移有关的合同权利或义务不应当作为衍生工具进行单独会计处理。

第十二条 在金融资产转移不满足终止确认条件的情况下，转入方不应当将被转移金融资产全部或部分确认为自己的资产。转入方应当终止确认所支付的现金或其他对价，同时确认一项应收转出方的款项。企业（转出方）同时拥有以固定金额重新控制整个被转移金融资产的权利和义务的（如以固定金额回购被转移金融资产），在满足《企业会计准则第

22号——金融工具确认和计量》关于摊余成本计量规定的情况下，转入方可以将其应收款项以摊余成本计量。

第十三条 企业在判断金融资产转移是否满足本准则规定的金融资产终止确认条件时，应当注重金融资产转移的实质。

（一）企业转移了金融资产所有权上几乎所有风险和报酬，应当终止确认被转移金融资产的常见情形有：

1. 企业无条件出售金融资产。

2. 企业出售金融资产，同时约定按回购日该金融资产的公允价值回购。

3. 企业出售金融资产，同时与转入方签订看跌期权合同（即转入方有权将该金融资产返售给企业）或看涨期权合同（即转出方有权回购该金融资产），且根据合同条款判断，该看跌期权或看涨期权为一项重大价外期权（即期权合约的条款设计，使得金融资产的转入方或转出方极小可能会行权）。

（二）企业保留了金融资产所有权上几乎所有风险和报酬，应当继续确认被转移金融资产的常见情形有：

1. 企业出售金融资产并与转入方签订回购协议，协议规定企业将回购原被转移金融资产，或者将予回购的金融资产与售出的金融资产相同或实质上相同、回购价格固定或原售价加上回报。

2. 企业融出证券或进行证券出借。

3. 企业出售金融资产并附有将市场风险敞口转回给企业的总回报互换。

4. 企业出售短期应收款项或信贷资产，并且全额补偿转入方可能因被转移金融资产发生的信用损失。

5. 企业出售金融资产，同时与转入方签订看跌期权合同或看涨期权合同，且根据合同条款判断，该看跌期权或看涨期权为一项重大价内期权（即期权合约的条款设计，使得金融资产的转入方或转出方很可能会行权）。

（三）企业应当按照其继续涉入被转移金融资产的程度继续确认被转移金融资产的常见情形有：

1. 企业转移金融资产，并采用保留次级权益或提供信用担保等方式进行信用增级，企业只转移了被转移金融资产所有权上的部分（非几乎所有）风险和报酬，且保留了对被转移金融资产的控制。

2. 企业转移金融资产，并附有既非重大价内也非重大价外的看涨期权或看跌期权，导致企业既没有转移也没有保留所有权上几乎所有风险和报酬，且保留了对被转移金融资产的控制。

第四章　满足终止确认条件的金融资产转移的会计处理

第十四条 金融资产转移整体满足终止确认条件的，应当将下列两项金额的差额计入当期损益：

（一）被转移金融资产在终止确认日的账面价值。

（二）因转移金融资产而收到的对价，与原直接计入其他综合收益的公允价值变动累计额中对应终止确认部分的金额（涉及转移的金融资产为根据《企业会计准则第22号——金融工具确认和计量》第十八条分类为以公允价值计量且其变动计入其他综合收益的金融资产的情形）之和。企业保留了向该金融资产提供相关收费服务的权利（包括收取该金融资产的现金流量，并将所收取的现金流量划转给指定的资金保管机构等），应当就该服务合同确认一项服务资产或服务负债。如果企业将收取的费用预计超过对服务的充分补偿的，应当将该服务权利作为继续确认部分确认为一项服务资产，并按照本准则第十五条的规定确定该服务资产的金额。如果将收取的费用预计不能充分补偿企业所提供服务的,则应当将由此形成的服务义务确认一项服务负债,并以公允价值进行初始计量。

企业因金融资产转移导致整体终止确认金融资产,同时获得了新金融资产或承担了新金融负债或服务负债的,应当在转移日确认该金融资产、金融负债(包括看涨期权、看跌期权、担保负债、远期合同、互换等)或服务负债,并以公允价值进行初始计量。该金融资产扣除金融负债和服务负债后的净额应当作为上述对价的组成部分。

第十五条 企业转移了金融资产的一部分,且该被转移部分整体满足终止确认条件的,应当将转移前金融资产整体的账面价值,在终止确认部分和继续确认部分(在此种情形下,所保留的服务资产应当视同继续确认金融资产的一部分)之间,按照转移日各自的相对公允价值进行分摊,并将下列两项金额的差额计入当期损益:

(一)终止确认部分在终止确认日的账面价值。

(二)终止确认部分收到的对价,与原计入其他综合收益的公允价值变动累计额中对应终止确认部分的金额(涉及转移的金融资产为根据《企业会计准则第22号——金融工具确认和计量》第十八条分类为以公允价值计量且其变动计入其他综合收益的金融资产的情形)之和。对价包括获得的所有新资产减去承担的所有新负债后的金额。

原计入其他综合收益的公允价值变动累计额中对应终止确认部分的金额,应当按照金融资产终止确认部分和继续确认部分的相对公允价值,对该累计额进行分摊后确定。

第十六条 根据本准则第十五条的规定,企业将转移前金融资产整体的账面价值按相对公允价值在终止确认部分和继续确认部分之间进行分摊时,应当按照下列规定确定继续确认部分的公允价值:

(一)企业出售过与继续确认部分类似的金融资产,或继续确认部分存在其他市场交易的,近期实际交易价格可作为其公允价值的最佳估计。

(二)继续确认部分没有报价或近期没有市场交易的,其公允价值的最佳估计为转移前金融资产整体的公允价值扣除终止确认部分的对价后的差额。

第五章 继续确认被转移金融资产的会计处理

第十七条 企业保留了被转移金融资产所有权上几乎所有风险和报酬而不满足终止确认条件的,应当继续确认被转移金融资产整体,并将收到的对价确认为一项金融负债。

第十八条 在继续确认被转移金融资产的情形下,金融资产转移所涉及的金融资产与所确认的相关金融负债不得相互抵销。在后续会计期间,企业应当继续确认该金融资产产生的收入(或利得)和该金融负债产生的费用(或损失),不得相互抵销。

第六章 继续涉入被转移金融资产的会计处理

第十九条 企业既没有转移也没有保留金融资产所有权上几乎所有风险和报酬,且保留了对该金融资产控制的,应当按照其继续涉入被转移金融资产的程度继续确认该被转移金融资产,并相应确认相关负债。被转移金融资产和相关负债应当在充分反映企业因金融资产转移所保留的权利和承担的义务的基础上进行计量。企业应当按照下列规定对相关负债进行计量:

(一)被转移金融资产以摊余成本计量的,相关负债的账面价值等于继续涉入被转移金融资产的账面价值减去企业保留的权利(如果企业因金融资产转移保留了相关权利)的摊余成本并加上企业承担的义务(如果企业因金融资产转移承担了相关义务)的摊余成本;相关负债不得指定为以公允价值计量且其变动计入当期损益的金融负债。

(二)被转移金融资产以公允价值计量的,相关负债的账面价值等于继续涉入被转移金融资产的账面价值减去企业保留的权利(如果企业因金融资产转移保留了相关权利)的公允价值并加上企业承担的义务(如果企业因金融资产转移承担了相关义务)的公允价值,该权利和义务的公允价值应为按独立基础计量时的公允价值。

第二十条 企业通过对被转移金融资产提供担保方式继续涉入的，应当在转移日按照金融资产的账面价值和担保金额两者的较低者，继续确认被转移金融资产，同时按照担保金额和担保合同的公允价值（通常是提供担保收到的对价）之和确认相关负债。担保金额，是指企业所收到的对价中，可被要求偿还的最高金额。

在后续会计期间，担保合同的初始确认金额应当随担保义务的履行进行摊销，计入当期损益。被转移金融资产发生减值的，计提的损失准备应从被转移金融资产的账面价值中抵减。

第二十一条 企业因持有看涨期权或签出看跌期权而继续涉入被转移金融资产，且该金融资产以摊余成本计量的，应当按照其可能回购的被转移金融资产的金额继续确认被转移金融资产，在转移日按照收到的对价确认相关负债。

被转移金融资产在期权到期日的摊余成本和相关负债初始确认金额之间的差额，应当采用实际利率法摊销，计入当期损益，同时调整相关负债的账面价值。相关期权行权的，应当在行权时，将相关负债的账面价值与行权价格之间的差额计入当期损益。

第二十二条 企业因持有看涨期权或签出看跌期权（或两者兼有，即上下限期权）而继续涉入被转移金融资产，且以公允价值计量该金融资产的，应当分别以下情形进行处理：

（一）企业因持有看涨期权而继续涉入被转移金融资产的，应当继续按照公允价值计量被转移金融资产，同时按照下列规定计量相关负债：

1. 该期权是价内或平价期权的，应当按照期权的行权价格扣除期权的时间价值后的金额，计量相关负债。

2. 该期权是价外期权的，应当按照被转移金融资产的公允价值扣除期权的时间价值后的金额，计量相关负债。

（二）企业因签出看跌期权形成的义务而继续涉入被转移金融资产的，应当按照该金融资产的公允价值和该期权行权价格两者的较低者，计量继续涉入形成的资产；同时，按照该期权的行权价格与时间价值之和，计量相关负债。

（三）企业因持有看涨期权和签出看跌期权（即上下限期权）而继续涉入被转移金融资产的，应当继续按照公允价值计量被转移金融资产，同时按照下列规定计量相关负债：

1. 该看涨期权是价内或平价期权的，应当按照看涨期权的行权价格和看跌期权的公允价值之和，扣除看涨期权的时间价值后的金额，计量相关负债。

2. 该看涨期权是价外期权的，应当按照被转移金融资产的公允价值和看跌期权的公允价值之和，扣除看涨期权的时间价值后的金额，计量相关负债。

第二十三条 企业采用基于被转移金融资产的现金结算期权或类似条款的形式继续涉入的，其会计处理方法与本准则第二十一条和第二十二条中规定的以非现金结算期权形式继续涉入的会计处理方法相同。

第二十四条 企业按继续涉入程度继续确认的被转移金融资产以及确认的相关负债不应当相互抵销。企业应当对继续确认的被转移金融资产确认所产生的收入（或利得），对相关负债确认所产生的费用（或损失），两者不得相互抵销。继续确认的被转移金融资产以公允价值计量的，在后续计量时对其公允价值变动应根据《企业会计准则第22号——金融工具确认和计量》第六十四条的规定进行确认，同时相关负债公允价值变动的确认应当与之保持一致，且两者不得相互抵销。

第二十五条 企业对金融资产的继续涉入仅限于金融资产一部分的，企业应当根据本准则第十六条的规定，按照转移日因继续涉入而继续确认部分和不再确认部分的相对公允价值，在两者之间分配金融资产的账面价值，并将下列两项金额的差额计入当期损益：

（一）分配至不再确认部分的账面金额（以转移日计量的为准）；
（二）不再确认部分所收到的对价。

如果涉及转移的金融资产为根据《企业会计准则第 22 号——金融工具确认和计量》第十八条分类为以公允价值计量且其变动计入其他综合收益的金融资产的，不再确认部分的金额对应的原计入其他综合收益的公允价值变动累计额计入当期损益。

第七章　向转入方提供非现金担保物的会计处理

第二十六条　企业向金融资产转入方提供了非现金担保物（如债务工具或权益工具投资等）的，企业（转出方）和转入方应当按照下列规定进行处理：

（一）转入方按照合同或惯例有权出售该担保物或将其再作为担保物的，企业应当将该非现金担保物在财务报表中单独列报。

（二）转入方已将该担保物出售的，转入方应当就归还担保物的义务，按照公允价值确认一项负债。

（三）除因违约丧失赎回担保物权利外，企业应当继续将担保物确认为一项资产。

企业因违约丧失赎回担保物权利的，应当终止确认该担保物；转入方应当将该担保物确认为一项资产，并以公允价值计量。转入方已出售该担保物的，应当终止确认归还担保物的义务。

第八章　衔接规定

第二十七条　在本准则施行日，企业仍继续涉入被转移金融资产的，应当按照《企业会计准则第 22 号——金融工具确认和计量》及本准则关于被转移金融资产确认和计量的相关规定进行追溯调整，再按照本准则的规定对其所确认的相关负债进行重新计量，并将相关影响按照与被转移金融资产一致的方式在本准则施行日进行调整。追溯调整不切实可行的除外。

第九章　附　则

第二十八条　本准则自 2018 年 1 月 1 日起施行。

24. 企业会计准则第 24 号——套期会计（2017 年修订）

（财会〔2017〕9 号印发）

第一章　总　则

第一条　为了规范套期会计处理，根据《企业会计准则——基本准则》，制定本准则。

第二条　套期，是指企业为管理外汇风险、利率风险、价格风险、信用风险等特定风险引起的风险敞口，指定金融工具为套期工具，以使套期工具的公允价值或现金流量变动，预期抵销被套期项目全部或部分公允价值或现金流量变动的风险管理活动。

第三条　套期分为公允价值套期、现金流量套期和境外经营净投资套期。

公允价值套期，是指对已确认资产或负债、尚未确认的确定承诺，或上述项目组成部分的公允价值变动风险敞口进行的套期。该公允价值变动源于特定风险，且将影响企业的损益或其他综合收益。其中，影响其他综合收益的情形，仅限于企业对指定为以公允价值计量且其变动计入其他综合收益的非交易性权益工具投资的公允价值变动风险敞口进行的套期。

现金流量套期，是指对现金流量变动风险敞口进行的套期。该现金流量变动源于与已确认资产或负债、极可能发生的预期交易，或与上述项目组成部分有关的特定风险，且将影响企业的损益。

境外经营净投资套期，是指对境外经营净投资外汇风险敞口进行的套期。境外经营净投资，是指企业在境外经营净资产中的权益份额。

对确定承诺的外汇风险进行的套期，企业可以将其作为公允价值套期或现金流量套期处理。

第四条 对于满足本准则第二章和第三章规定条件的套期，企业可以运用套期会计方法进行处理。

套期会计方法，是指企业将套期工具和被套期项目产生的利得或损失在相同会计期间计入当期损益（或其他综合收益）以反映风险管理活动影响的方法。

第二章 套期工具和被套期项目

第五条 套期工具，是指企业为进行套期而指定的、其公允价值或现金流量变动预期可抵销被套期项目的公允价值或现金流量变动的金融工具，包括：

（一）以公允价值计量且其变动计入当期损益的衍生工具，但签出期权除外。企业只有在对购入期权（包括嵌入在混合合同中的购入期权）进行套期时，签出期权才可以作为套期工具。嵌入在混合合同中但未分拆的衍生工具不能作为单独的套期工具。

（二）以公允价值计量且其变动计入当期损益的非衍生金融资产或非衍生金融负债，但指定为以公允价值计量且其变动计入当期损益，且其自身信用风险变动引起的公允价值变动计入其他综合收益的金融负债除外。

企业自身权益工具不属于企业的金融资产或金融负债，不能作为套期工具。

第六条 对于外汇风险套期，企业可以将非衍生金融资产（选择以公允价值计量且其变动计入其他综合收益的非交易性权益工具投资除外）或非衍生金融负债的外汇风险成分指定为套期工具。

第七条 在确立套期关系时，企业应当将符合条件的金融工具整体指定为套期工具，但下列情形除外：

（一）对于期权，企业可以将期权的内在价值和时间价值分开，只将期权的内在价值变动指定为套期工具。

（二）对于远期合同，企业可以将远期合同的远期要素和即期要素分开，只将即期要素的价值变动指定为套期工具。

（三）对于金融工具，企业可以将金融工具的外汇基差单独分拆，只将排除外汇基差后的金融工具指定为套期工具。

（四）企业可以将套期工具的一定比例指定为套期工具，但不可以将套期工具剩余期限内某一时段的公允价值变动部分指定为套期工具。

第八条 企业可以将两项或两项以上金融工具（或其一定比例）的组合指定为套期工具（包括组合内的金融工具形成风险头寸相互抵销的情形）。

对于一项由签出期权和购入期权组成的期权（如利率上下限期权），或对于两项或两项以上金融工具（或其一定比例）的组合，其在指定日实质上相当于一项净签出期权的，不能将其指定为套期工具。只有在对购入期权（包括嵌入在混合合同中的购入期权）进行套期时，净签出期权才可以作为套期工具。

第九条 被套期项目，是指使企业面临公允价值或现金流量变动风险，且被指定为被套期对象的、能够可靠计量的项目。企业可以将下列单个项目、项目组合或其组成部分指定为被套期项目：

（一）已确认资产或负债。

（二）尚未确认的确定承诺。确定承诺，是指在未来某特定日期或期间，以约定价格交换特定数量资源、具有法律约束力的协议。

（三）极可能发生的预期交易。预期交易，是指尚未承诺但预期会发生的交易。

（四）境外经营净投资。

上述项目组成部分是指小于项目整体公允价值或现金流量变动的部分，企业只能将下列项目组成部分或其组合指定为被套期项目：

（一）项目整体公允价值或现金流量变动中仅由某一个或多个特定风险引起的公允价值或现金流量变动部分（风险成分）。根据在特定市场环境下的评估，该风险成分应当能够单独识别并可靠计量。风险成分也包括被套期项目公允价值或现金流量的变动仅高于或仅低于特定价格或其他变量的部分。

（二）一项或多项选定的合同现金流量。

（三）项目名义金额的组成部分，即项目整体金额或数量的特定部分，其可以是项目整体的一定比例部分，也可以是项目整体的某一层级部分。若某一层级部分包含提前还款权，且该提前还款权的公允价值受被套期风险变化影响的，企业不得将该层级指定为公允价值套期的被套期项目，但企业在计量被套期项目的公允价值时已包含该提前还款权影响的情况除外。

第十条 企业可以将符合被套期项目条件的风险敞口与衍生工具组合形成的汇总风险敞口指定为被套期项目。

第十一条 当企业出于风险管理目的对一组项目进行组合管理，且组合中的每一个项目（包括其组成部分）单独都属于符合条件的被套期项目时，可以将该项目组合指定为被套期项目。

在现金流量套期中，企业对一组项目的风险净敞口（存在风险头寸相互抵销的项目）进行套期时，仅可以将外汇风险净敞口指定为被套期项目，并且应当在套期指定中明确预期交易预计影响损益的报告期间，以及预期交易的性质和数量。

第十二条 企业将一组项目名义金额的组成部分指定为被套期项目时，应当分别满足下列条件：

（一）企业将一组项目的一定比例指定为被套期项目时，该指定应当与该企业的风险管理目标相一致。

（二）企业将一组项目的某一层级部分指定为被套期项目时，应当同时满足下列条件：

1. 该层级能够单独识别并可靠计量。
2. 企业的风险管理目标是对该层级进行套期。
3. 该层级所在的整体项目组合中的所有项目均面临相同的被套期风险。
4. 对于已经存在的项目（如已确认资产或负债、尚未确认的确定承诺）进行的套期，被套期层级所在的整体项目组合可识别并可追踪。
5. 该层级包含提前还款权的，应当符合本准则第九条项目名义金额的组成部分中的相关要求。

本准则所称风险管理目标，是指企业在某一特定套期关系层面上，确定如何指定套期工具和被套期项目，以及如何运用指定的套期工具对指定为被套期项目的特定风险敞口进行套期。

第十三条 如果被套期项目是净敞口为零的项目组合（即各项目之间的风险完全相互抵销），同时满足下列条件时，企业可以将该组项目指定在不含套期工具的套期关系中：

（一）该套期是风险净敞口滚动套期策略的一部分，在该策略下，企业定期对同类型的新的净敞口进行套期；

（二）在风险净敞口滚动套期策略整个过程中，被套期净敞口的规模会发生变化，当其不为零时，企业使用符合条件的套期工具对净敞口进行套期，并通常采用套期会计方法；

（三）如果企业不对净敞口为零的项目组合运用套期会计，将导致不一致的会计结果，因为不运用套期会计方法将不会确认在净敞口套期下确认的相互抵销的风险敞口。

第十四条 运用套期会计时，在合并财务报表层面，只有与企业集团之外的对手方之间交易形成的资产、负债、尚未确认的确定承诺或极可能发生的预期交易才能被指定为被套期项目；在合并财务报表层面，只有与企业集团之外的对手方签订的合同才能被指定为套期工具。对于同一企业集团内的主体之间的交易，在企业个别财务报表层面可以运用套期会计，在企业集团合并财务报表层面不得运用套期会计，但下列情形除外：

（一）在合并财务报表层面，符合《企业会计准则第33号——合并财务报表》规定的投资性主体与其以公允价值计量且其变动计入当期损益的子公司之间的交易，可以运用套期会计。

（二）企业集团内部交易形成的货币性项目的汇兑收益或损失，不能在合并财务报表中全额抵销的，企业可以在合并财务报表层面将该货币性项目的外汇风险指定为被套期项目。

（三）企业集团内部极可能发生的预期交易，按照进行此项交易的主体的记账本位币以外的货币标价，且相关的外汇风险将影响合并损益的，企业可以在合并财务报表层面将该外汇风险指定为被套期项目。

第三章 套期关系评估

第十五条 公允价值套期、现金流量套期或境外经营净投资套期同时满足下列条件的，才能运用本准则规定的套期会计方法进行处理：

（一）套期关系仅由符合条件的套期工具和被套期项目组成。

（二）在套期开始时，企业正式指定了套期工具和被套期项目，并准备了关于套期关系和企业从事套期的风险管理策略和风险管理目标的书面文件。该文件至少载明了套期工具、被套期项目、被套期风险的性质以及套期有效性评估方法（包括套期无效部分产生的原因分析以及套期比率确定方法）等内容。

（三）套期关系符合套期有效性要求。

套期有效性，是指套期工具的公允价值或现金流量变动能够抵销被套期风险引起的被套期项目公允价值或现金流量变动的程度。套期工具的公允价值或现金流量变动大于或小于被套期项目的公允价值或现金流量变动的部分为套期无效部分。

第十六条 套期同时满足下列条件的，企业应当认定套期关系符合套期有效性要求：

（一）被套期项目和套期工具之间存在经济关系。该经济关系使得套期工具和被套期项目的价值因面临相同的被套期风险而发生方向相反的变动。

（二）被套期项目和套期工具经济关系产生的价值变动中，信用风险的影响不占主导地位。

（三）套期关系的套期比率，应当等于企业实际套期的被套期项目数量与对其进行套期的套期工具实际数量之比，但不应当反映被套期项目和套期工具相对权重的失衡，这种失衡会导致套期无效，并可能产生与套期会计目标不一致的会计结果。例如，企业确定拟采用的套期比率是为了避免确认现金流量套期的套期无效部分，或是为了创造更多的被套期项目进行公允价值调整以达到增加使用公允价值会计的目的，可能会产生与套期会计目标不一致的会计结果。

第十七条 企业应当在套期开始日及以后期间持续地对套期关系是否符合套期有效性要求进行评估，尤其应当分析在套期剩余期限内预期将影响套期关系的套期无效部分产生的原因。企业至少应当在资产负债表日及相关情形发生重大变化将影响套期有效性要求时对套期关系进行评估。

第十八条 套期关系由于套期比率的原因而不再符合套期有效性要求，但指定该套期关系的风险管理目标没有改变的，企业应当进行套期关系再平衡。

本准则所称套期关系再平衡，是指对已经存在的套期关系中被套期项目或套期工具的数量进行调整，以使套期比率重新符合套期有效性要求。基于其他目的对被套期项目或套期工具所指定的数量进行变动，不构成本准则所称的套期关系再平衡。

企业在套期关系再平衡时，应当首先确认套期关系调整前的套期无效部分，并更新在套期剩余期限内预期将影响套期关系的套期无效部分产生原因的分析，同时相应更新套期关系的书面文件。

第十九条 企业发生下列情形之一的，应当终止运用套期会计：

（一）因风险管理目标发生变化，导致套期关系不再满足风险管理目标。

（二）套期工具已到期、被出售、合同终止或已行使。

（三）被套期项目与套期工具之间不再存在经济关系，或者被套期项目和套期工具经济关系产生的价值变动中，信用风险的影响开始占主导地位。

（四）套期关系不再满足本准则所规定的运用套期会计方法的其他条件。在适用套期关系再平衡的情况下，企业应当首先考虑套期关系再平衡，然后评估套期关系是否满足本准则所规定的运用套期会计方法的条件。

终止套期会计可能会影响套期关系的整体或其中一部分，在仅影响其中一部分时，剩余未受影响的部分仍适用套期会计。

第二十条 套期关系同时满足下列条件的，企业不得撤销套期关系的指定并由此终止套期关系：

（一）套期关系仍然满足风险管理目标；

（二）套期关系仍然满足本准则运用套期会计方法的其他条件。在适用套期关系再平衡的情况下，企业应当首先考虑套期关系再平衡，然后评估套期关系是否满足本准则所规定的运用套期会计方法的条件。

第二十一条 企业发生下列情形之一的，不作为套期工具已到期或合同终止处理：

（一）套期工具展期或被另一项套期工具替换，而且该展期或替换是企业书面文件所载明的风险管理目标的组成部分。

（二）由于法律法规或其他相关规定的要求，套期工具的原交易对手方变更为一个或多个清算交易对手方（例如清算机构或其他主体），以最终达成由同一中央交易对手方进行清算的目的。如果存在套期工具其他变更的，该变更应当仅限于达成此类替换交易对手方所必需的变更。

第四章　确认和计量

第二十二条 公允价值套期满足运用套期会计方法条件的，应当按照下列规定处理：

（一）套期工具产生的利得或损失应当计入当期损益。如果套期工具是对选择以公允价值计量且其变动计入其他综合收益的非交易性权益工具投资（或其组成部分）进行套期的，套期工具产生的利得或损失应当计入其他综合收益。

（二）被套期项目因被套期风险敞口形成的利得或损失应当计入当期损益，同时调整未以公允价值计量的已确认被套期项目的账面价值。被套期项目为按照《企业会计准则第22号——金融工具确认和计量》第十八条分类为以公允价值计量且其变动计入其他综合收益的金融资产（或其组成部分）的，其因被套期风险敞口形成的利得或损失应当计入当期损益，其账面价值已经按公允价值计量，不需要调整；被套期项目为企业选择以公允价值计量且其变动计入其他综合收益的非交易性权益工具投资（或其组成部分）的，其因被套期风险敞口形成的利得或损失应当计入其他综合收益，其账面价值已经按公允价值计量，不需要调整。

被套期项目为尚未确认的确定承诺（或其组成部分）的，其在套期关系指定后因被套期风险引起的公允价值累计变动额应当确认为一项资产或负债，相关的利得或损失应当计入各相关期间损益。当履行确定承诺而取得资产或承担负债时，应当调整该资产或负债的初始确认金额，以包括已确认的被套期项目的公允价值累计变动额。

第二十三条 公允价值套期中，被套期项目为以摊余成本计量的金融工具（或其组成部分）的，企业对被套期项目账面价值所作的调整应当按照开始摊销日重新计算的实际利率进行摊销，并计入当期损益。该摊销可以自调整日开始，但不应当晚于对被套期项目终止进行套期利得和损失调整的时点。被套期项目为按照《企业会计准则第22号——金融工具确认和计量》第十八条分类为以公允价值计量且其变动计入其他综合收益的金融资产（或其组成部分）的，企业应当按照相同的方式对累计已确认的套期利得或损失进行摊销，并计入当期损益，但不调整金融资产（或其组成部分）的账面价值。

第二十四条 现金流量套期满足运用套期会计方法条件的，应当按照下列规定处理：

（一）套期工具产生的利得或损失中属于套期有效的部分，作为现金流量套期储备，应当计入其他综合收益。现金流量套期储备的金额，应当按照下列两项的绝对额中较低者确定：

1. 套期工具自套期开始的累计利得或损失；
2. 被套期项目自套期开始的预计未来现金流量现值的累计变动额。

每期计入其他综合收益的现金流量套期储备的金额应当为当期现金流量套期储备的变动额。

（二）套期工具产生的利得或损失中属于套期无效的部分（即扣除计入其他综合收益后的其他利得或损失），应当计入当期损益。

第二十五条 现金流量套期储备的金额，应当按照下列规定处理：

（一）被套期项目为预期交易，且该预期交易使企业随后确认一项非金融资产或非金融负债的，或者非金融资产或非金融负债的预期交易形成一项适用于公允价值套期会计的确定承诺时，企业应当将原在其他综合收益中确认的现金流量套期储备金额转出，计入该资产或负债的初始确认金额。

（二）对于不属于本条（一）涉及的现金流量套期，企业应当在被套期的预期现金流量影响损益的相同期间，将原在其他综合收益中确认的现金流量套期储备金额转出，计入当期损益。

（三）如果在其他综合收益中确认的现金流量套期储备金额是一项损失，且该损失全部或部分预计在未来会计期间不能弥补的，企业应当在预计不能弥补时，将预计不能弥补的部分从其他综合收益中转出，计入当期损益。

第二十六条 当企业对现金流量套期终止运用套期会计时，在其他综合收益中确认的累计现金流量套期储备金额，应当按照下列规定进行处理：

（一）被套期的未来现金流量预期仍然会发生的，累计现金流量套期储备的金额应当予以保留，并按照本准则第二十五条的规定进行会计处理。

（二）被套期的未来现金流量预期不再发生的，累计现金流量套期储备的金额应当从其他综合收益中转出，计入当期损益。被套期的未来现金流量预期不再极可能发生但可能预期仍然会发生，在预期仍然会发生的情况下，累计现金流量套期储备的金额应当予以保留，并按照本准则第二十五条的规定进行会计处理。

第二十七条 对境外经营净投资的套期，包括对作为净投资的一部分进行会计处理的货币性项目的套期，应当按照类似于现金流量套期会计的规定处理：

（一）套期工具形成的利得或损失中属于套期有效的部分，应当计入其他综合收益。

全部或部分处置境外经营时，上述计入其他综合收益的套期工具利得或损失应当相应转出，计入当期损益。

（二）套期工具形成的利得或损失中属于套期无效的部分，应当计入当期损益。

第二十八条 企业根据本准则第十八条规定对套期关系作出再平衡的，应当在调整套期关系之前确定套期关系的套期无效部分，并将相关利得或损失计入当期损益。

套期关系再平衡可能会导致企业增加或减少指定套期关系中被套期项目或套期工具的数量。企业增加了指定的被套期项目或套期工具的，增加部分自指定增加之日起作为套期关系的一部分进行处理；企业减少了指定的被套期项目或套期工具的，减少部分自指定减少之日起不再作为套期关系的一部分，作为套期关系终止处理。

第二十九条 对于被套期项目为风险净敞口的套期，被套期风险影响利润表不同列报项目的，企业应当将相关套期利得或损失单独列报，不应当影响利润表中与被套期项目相关的损益列报项目金额（如营业收入或营业成本）。

对于被套期项目为风险净敞口的公允价值套期，涉及调整被套期各组成项目账面价值的，企业应当对各项资产和负债的账面价值做相应调整。

第三十条 除本准则第二十九条规定外，对于被套期项目为一组项目的公允价值套期，企业在套期关系存续期间，应当针对被套期项目组合中各组成项目，分别确认公允价值变动所引起的相关利得或损失，按照本准则第二十二条的规定进行相应处理，计入当期损益或其他综合收益。涉及调整被套期各组成项目账面价值的，企业应当对各项资产和负债的账面价值做相应调整。

除本准则第二十九条规定外，对于被套期项目为一组项目的现金流量套期，企业在将其他综合收益中确认的相关现金流量套期储备转出时，应当按照系统、合理的方法将转出金额在被套期各组成项目中分摊，并按照本准则第二十五条的规定进行相应处理。

第三十一条 企业根据本准则第七条规定将期权的内在价值和时间价值分开，只将期权的内在价值变动指定为套期工具时，应当区分被套期项目的性质是与交易相关还是与时间段相关。被套期项目与交易相关的，对其进行套期的期权时间价值具备交易成本的特征；被套期项目与时间段相关的，对其进行套期的期权时间价值具备为保护企业在特定时间段内规避风险所需支付成本的特征。企业应当根据被套期项目的性质分别进行以下会计处理：

（一）对于与交易相关的被套期项目，企业应当按照本准则第三十二条的规定，将期权时间价值的公允价值变动中与被套期项目相关的部分计入其他综合收益。对于在其他综合收益中确认的期权时间价值的公允价值累计变动额，应当按照本准则第二十五条规定的与现金流量套期储备金额相同的会计处理方法进行处理。

（二）对于与时间段相关的被套期项目，企业应当按照本准则第三十二条的规定，将期权时间价值的公允价值变动中与被套期项目相关的部分计入其他综合收益。同时，企业应当按照系统、合理的方法，将期权被指定为套期工具当日的时间价值中与被套期项目相关的部分，在套期关系影响损益或其他综合收益（仅限于企业对指定为以公允价值计量且其变动计入其他综合收益的非交易性权益工具投资的公允价值变动风险敞口进行的套期）的期间内摊销，摊销金额从其他综合收益中转出，计入当期损益。若企业终止运用套期会计，则其他综合收益中剩余的相关金额应当转出，计入当期损益。

期权的主要条款（如名义金额、期限和标的）与被套期项目相一致的，期权的实际时间价值与被套期项目相关；期权的主要条款与被套期项目不完全一致的，企业应当通过对主要条款与被套期项目完全一致的期权进行估值确定校准时间价值，并确认期权的实际时间价值中与被套期项目相关的部分。

第三十二条 在套期关系开始时，期权的实际时间价值高于校准时间价值的，企业应当以校准时间价值为基础，将其累计公允价值变动计入其他综合收益，并将这两个时间价值的公允价值变动差额计入当期损益；在套期关系开始时，期权的实际时间价值低于校准时间价值的，企业应当将两个时间价值中累计公允价值变动的较低者计入其他综合收益，如果实际时间价值的累计公允价值变动扣减累计计入其他综合收益金额后尚有剩余的，应当计入当期损益。

第三十三条 企业根据本准则第七条规定将远期合同的远期要素和即期要素分开、只将即期要素的价值变动指定为套期工具的，或者将金融工具的外汇基差单独分拆、只将排除外汇基差后的金融工具指定为套期工具的，可以按照与前述期权时间价值相同的处理方式对远期合同的远期要素或金融工具的外汇基差进行会计处理。

第五章 信用风险敞口的公允价值选择权

第三十四条 企业使用以公允价值计量且其变动计入当期损益的信用衍生工具管理金融工具（或其组成部分）的信用风险敞口时，可以在该金融工具（或其组成部分）初始确认时、后续计量中或尚未确认时，将其指定为以公允价值计量且其变动计入当期损益的金融工具，并同时作出书面记录，但应当同时满足下列条件：

（一）金融工具信用风险敞口的主体（如借款人或贷款承诺持有人）与信用衍生工具涉及的主体相一致；

（二）金融工具的偿付级次与根据信用衍生工具条款须交付的工具的偿付级次相一致。

上述金融工具（或其组成部分）被指定为以公允价值计量且其变动计入当期损益的金融工具的，企业应当在指定时将其账面价值（如有）与其公允价值之间的差额计入当期损益。如该金融工具是按照《企业会计准则第22号——金融工具确认和计量》第十八条分类为以公允价值计量且其变动计入其他综合收益的金融资产的，企业应当将之前计入其他综合收益的累计利得或损失转出，计入当期损益。

第三十五条 同时满足下列条件的，企业应当对按照本准则第三十四条规定的金融工具（或其一定比例）终止以公允价值计量且其变动计入当期损益：

（一）本准则第三十四条规定的条件不再适用，例如信用衍生工具或金融工具（或其一定比例）已到期、被出售、合同终止或已行使，或企业的风险管理目标发生变化，不再通过信用衍生工具进行风险管理。

（二）金融工具（或其一定比例）按照《企业会计准则第22号——金融工具确认和计量》的规定，仍然不满足以公允价值计量且其变动计入当期损益的金融工具的条件。

当企业对金融工具（或其一定比例）终止以公允价值计量且其变动计入当期损益时，该金融工具（或其一定比例）在终止时的公允价值应当作为其新的账面价值。同时，企业应当采用与该金融工具被指定为以公允价值计量且其变动计入当期损益之前相同的方法进行计量。

第六章 衔接规定

第三十六条 本准则施行日之前套期会计处理与本准则要求不一致的，企业不作追溯调整，但本准则第三十七条所规定的情况除外。

在本准则施行日，企业应当按照本准则的规定对所存在的套期关系进行评估。在符合本准则规定的情况下可以进行再平衡，再平衡后仍然符合本准则规定的运用套期会计方法条件的，将其视为持续的套期关系，并将再平衡所产生的相关利得或损失计入当期损益。

第三十七条 下列情况下，企业应当按照本准则的规定，对在比较财务报表期间最早的期初已经存在的以及在此之后被指定的套期关系进行追溯调整：

（一）企业将期权的内在价值和时间价值分开，只将期权的内在价值变动指定为套期工具。

（二）本准则第二十一条（二）规定的情形。

此外，企业将远期合同的远期要素和即期要素分开、只将即期要素的价值变动指定为套期工具的，或者将金融工具的外汇基差单独分拆、只将排除外汇基差后的金融工具指定为套期工具的，可以按照与本准则关于期权时间价值相同的处理方式对远期合同的远期要素和金融工具的外汇基差的会计处理进行追溯调整。如果选择追溯调整，企业应当对所有满足该选择条件的套期关系进行追溯调整。

第七章　附　则

第三十八条　本准则自 2018 年 1 月 1 日起施行。

25. 企业会计准则第 25 号——保险合同（2020 年发布）

（财会〔2020〕20 号印发）

第一章　总　则

第一条　为了规范保险合同的确认、计量和相关信息的列报，根据《企业会计准则——基本准则》，制定本准则。

第二条　保险合同，是指企业（合同签发人）与保单持有人约定，在特定保险事项对保单持有人产生不利影响时给予其赔偿，并因此承担源于保单持有人重大保险风险的合同。

保险事项，是指保险合同所承保的、产生保险风险的不确定未来事项。

保险风险，是指从保单持有人转移至合同签发人的除金融风险之外的风险。

第三条　本准则适用于下列保险合同：

（一）企业签发的保险合同（含分入的再保险合同）；

（二）企业分出的再保险合同；

（三）企业在合同转让或非同一控制下企业合并中取得的上述保险合同。

签发保险合同的企业所签发的具有相机参与分红特征的投资合同适用本准则。

再保险合同，是指再保险分入人（再保险合同签发人）与再保险分出人约定，对再保险分出人由对应的保险合同所引起的赔付等进行补偿的保险合同。

具有相机参与分红特征的投资合同，是指赋予特定投资者合同权利以收取保证金额和附加金额的金融工具。附加金额由企业（合同签发人）基于特定项目回报相机决定，且预计构成合同利益的重要部分。

第四条　下列各项适用其他相关会计准则：

（一）由《企业会计准则第 6 号——无形资产》《企业会计准则第 14 号——收入》和《企业会计准则第 21 号——租赁》规范的基于非金融项目未来使用情况等形成的合同权利或义务，分别适用《企业会计准则第 6 号——无形资产》《企业会计准则第 14 号——收入》和《企业会计准则第 21 号——租赁》。

（二）由《企业会计准则第 9 号——职工薪酬》和《企业会计准则第 11 号——股份支付》规范的职工薪酬计划、股份支付等形成的权利或义务，分别适用《企业会计准则第 9 号——职工薪酬》和《企业会计准则第 11 号——股份支付》。

（三）由《企业会计准则第 14 号——收入》规范的附有质量保证条款的销售，适用《企业会计准则第 14 号——收入》。

（四）生产商、经销商和零售商提供的余值担保，以及租赁合同中由承租方提供的余值担保，分别适用《企业会计准则第 14 号——收入》和《企业会计准则第 21 号——租赁》。

（五）企业合并中的或有对价，适用《企业会计准则第 20 号——企业合并》。

（六）财务担保合同，适用《企业会计准则第 22 号——金融工具确认和计量》《企业会计准则第 23 号——金融资产转移》《企业会计准则第 24 号——套期会计》和《企业会计准则第 37 号——金融工具列报》（以下统称"金融工具相关会计准则"）。企业明确表明将此类合同视作保险合同，并且已按照保险合同相关会计准则进行会计处理的，应当基于单项合同选择适用本准则或金融工具相关会计准则。选择一经作出，不得撤销。

（七）符合保险合同定义的信用卡合同或类似合同，如果定价时未单独评估和反映单一保单持有人的保险风险，合同条款中除保险保障服务以外的部分，适用金融工具相关会计准则或其他相关会计准则。

第五条 符合保险合同定义但主要以固定收费方式提供服务的合同，同时符合下列条件的，企业可以选择适用《企业会计准则第 14 号——收入》或本准则：

（一）合同定价不反映对单个保单持有人的风险评估；

（二）合同通过提供服务而非支付现金补偿保单持有人；

（三）合同转移的保险风险主要源于保单持有人对服务的使用而非服务成本的不确定性。

该选择应当基于单项合同，一经作出，不得撤销。

第六条 符合保险合同定义但对保险事项的赔偿金额仅限于清算保单持有人因该合同而产生的支付义务的合同（如包含死亡豁免条款的贷款合同），企业可以选择适用金融工具相关会计准则或本准则。该选择应当基于保险合同组合，一经作出，不得撤销。

第二章　保险合同的识别、合并和分拆

第七条 企业应当评估各单项合同的保险风险是否重大，据此判断该合同是否为保险合同。对于合同开始日经评估符合保险合同定义的合同，后续不再重新评估。

第八条 企业基于整体商业目的而与同一或相关联的多个合同对方订立的多份保险合同，应当合并为一份合同进行会计处理，以反映其商业实质。

第九条 保险合同中包含多个组成部分的，企业应当将下列组成部分予以分拆，并分别适用相关会计准则：

（一）符合《企业会计准则第 22 号——金融工具确认和计量》分拆条件的嵌入衍生工具，适用金融工具相关会计准则。

（二）可明确区分的投资成分，适用金融工具相关会计准则，但与投资成分相关的合同条款符合具有相机参与分红特征的投资合同定义的，应当适用本准则。

（三）可明确区分的商品或非保险合同服务的承诺，适用《企业会计准则第 14 号——收入》。

保险合同经上述分拆后的剩余组成部分，适用本准则。

投资成分，是指无论保险事项是否发生均须偿还给保单持有人的金额。

保险合同服务，是指企业为保险事项提供的保险保障服务、为不具有直接参与分红特征的保险合同持有人提供的投资回报服务，以及代具有直接参与分红特征的保险合同持有人管理基础项目的投资相关服务。

第十条 企业应当根据保险合同分拆情况分摊合同现金流量。合同现金流量扣除已分拆嵌入衍生工具和可明确区分的投资成分的现金流量后，在保险成分（含未分拆嵌入衍生工具、不可明确区分的投资成分和不可明确区分的商品或非保险合同服务的承诺，下同）和可明确区分的商品或非保险合同服务的承诺之间进行分摊，分摊至保险成分的现金流量适用本准则。

第三章　保险合同的分组

第十一条 企业应当将具有相似风险且统一管理的保险合同归为同一保险合同组合。

第十二条 企业应当将同一合同组合至少分为下列合同组：

（一）初始确认时存在亏损的合同组；

（二）初始确认时无显著可能性在未来发生亏损的合同组；

（三）该组合中剩余合同组成的合同组。

企业不得将签发时间间隔超过一年的合同归入同一合同组。

第十三条 企业可以按照获利水平、亏损程度或初始确认后在未来发生亏损的可能性等，对合同组作进一步细分。

第十四条 企业应当以合同组合中单项合同为基础，逐项评估其归属的合同组。但有合理可靠的信息表明多项合同属于同一合同组的，企业可以多项合同为基础评估其归属的合同组。

第十五条 企业针对不同特征保单持有人设定不同价格或承诺不同利益水平的实际能力因法律法规或监管要求而受到限制，并将因此限制而导致合同组合中的合同被归入不同合同组的，企业可以不考虑相关限制的影响，将这些合同归入同一合同组。

第四章 确　　认

第十六条 企业应当在下列时点中的最早时点确认其签发的合同组：

（一）责任期开始日；

（二）保单持有人首付款到期日，或者未约定首付款到期日时企业实际收到首付款日；

（三）发生亏损时。

合同组合中的合同符合上述时点要求时，企业应当根据本准则第三章相关规定评估其归属的合同组，后续不再重新评估。

责任期，是指企业向保单持有人提供保险合同服务的期间。

第十七条 企业应当将合同组确认前已付或应付的、系统合理分摊至相关合同组的保险获取现金流量，确认为保险获取现金流量资产。

保险获取现金流量，是指因销售、核保和承保已签发或预计签发的合同组而产生的，可直接归属于其对应合同组合的现金流量。

第十八条 合同组合中的合同归入其所属合同组时，企业应当终止确认该合同对应的保险获取现金流量资产。

第十九条 资产负债表日，如果事实和情况表明保险获取现金流量资产可能存在减值迹象，企业应当估计其可收回金额。保险获取现金流量资产的可收回金额低于其账面价值的，企业应当计提资产减值准备，确认减值损失，计入当期损益。导致以前期间减值因素已经消失的，应当转回原已计提的资产减值准备，计入当期损益。

第五章 计　　量

第一节 一　般　规　定

第二十条 企业应当以合同组作为计量单元。

企业应当在合同组初始确认时按照履约现金流量与合同服务边际之和对保险合同负债进行初始计量。

合同服务边际，是指企业因在未来提供保险合同服务而将于未来确认的未赚利润。

本准则第六章对分出的再保险合同组确认和计量另有规定的，从其规定。

第二十一条 履约现金流量包括下列各项：

（一）与履行保险合同直接相关的未来现金流量的估计；

（二）货币时间价值及金融风险调整；

（三）非金融风险调整。

非金融风险调整，是指企业在履行保险合同时，因承担非金融风险导致的未来现金流量在金额和时间方面的不确定性而要求得到的补偿。

履约现金流量的估计不考虑企业自身的不履约风险。

第二十二条 企业可以在高于合同组或合同组合的汇总层面估计履约现金流量，并采用系统合理的方法分摊至合同组。

第二十三条 未来现金流量的估计应当符合下列要求：

（一）未来现金流量估计值为无偏的概率加权平均值；

（二）有关市场变量的估计应当与可观察市场数据一致；

（三）以当前可获得的信息为基础，反映计量时存在的情况和假设；

（四）与货币时间价值及金融风险调整分别估计，估计技术适合合并估计的除外。

第二十四条 企业估计未来现金流量时应当考虑合同组内各单项合同边界内的现金流量，不得将合同边界外的未来现金流量用于合同组的计量。

企业有权要求保单持有人支付保费或者有实质性义务向保单持有人提供保险合同服务的，该权利或义务所产生的现金流量在保险合同边界内。

存在下列情形之一的，表明企业无实质性义务向保单持有人提供保险合同服务：

（一）企业有实际能力重新评估该保单持有人的风险，并据此可重新设定价格或承诺利益水平以充分反映该风险。

（二）企业有实际能力重新评估该合同所属合同组合的风险，并据此可重新设定价格或承诺利益水平以充分反映该风险，且重新评估日前对应保费在定价时未考虑重新评估日后的风险。

第二十五条 企业应当采用适当的折现率对履约现金流量进行货币时间价值及金融风险调整，以反映货币时间价值及未包含在未来现金流量估计中的有关金融风险。适当的折现率应当同时符合下列要求：

（一）反映货币时间价值、保险合同现金流量特征以及流动性特征；

（二）基于与保险合同具有一致现金流量特征的金融工具当前可观察市场数据确定，且不考虑与保险合同现金流量无关但影响可观察市场数据的其他因素。

第二十六条 企业在估计履约现金流量时应当考虑非金融风险调整，以反映非金融风险对履约现金流量的影响。

企业应当单独估计非金融风险调整，不得在未来现金流量和折现率的估计中隐含非金融风险调整。

第二十七条 企业应当在合同组初始确认时计算下列各项之和：

（一）履约现金流量；

（二）在该日终止确认保险获取现金流量资产以及其他相关资产或负债对应的现金流量；

（三）合同组内合同在该日产生的现金流量。

上述各项之和反映为现金净流入的，企业应当将其确认为合同服务边际；反映为现金净流出的，企业应当将其作为首日亏损计入当期损益。

第二十八条 企业应当在资产负债表日按照未到期责任负债与已发生赔款负债之和对保险合同负债进行后续计量。

未到期责任负债包括资产负债表日分摊至保险合同组的、与未到期责任有关的履约现金流量和当日该合同组的合同服务边际。

已发生赔款负债包括资产负债表日分摊至保险合同组的、与已发生赔案及其他相关费用有关的履约现金流量。

第二十九条 对于不具有直接参与分红特征的保险合同组，资产负债表日合同组的合同服务边际账面价值应当以期初账面价值为基础，经下列各项调整后予以确定：

（一）当期归入该合同组的合同对合同服务边际的影响金额；

（二）合同服务边际在当期计提的利息，计息利率为该合同组内合同确认时、不随基础项目回报变动的现金流量所适用的加权平均利率；

（三）与未来服务相关的履约现金流量的变动金额，但履约现金流量增加额超过合同服务边际账面价值所导致的亏损部分，以及履约现金流量减少额抵销的未到期责任负债的亏损部分除外；

（四）合同服务边际在当期产生的汇兑差额；

（五）合同服务边际在当期的摊销金额。

第三十条 企业应当按照提供保险合同服务的模式，合理确定合同组在责任期内各个期间的责任单元，并据此对根据本准则第二十九条（一）至（四）调整后的合同服务边际账面价值进行摊销，计入当期及以后期间保险服务收入。

第三十一条 企业因当期提供保险合同服务导致未到期责任负债账面价值的减少额，应当确认为保险服务收入；因当期发生赔案及其他相关费用导致已发生赔款负债账面价值的增加额，以及与之相关的履约现金流量的后续变动额，应当确认为保险服务费用。

企业在确认保险服务收入和保险服务费用时，不得包含保险合同中的投资成分。

第三十二条 企业应当将合同组内的保险获取现金流量，随时间流逝进行系统摊销，计入责任期内各个期间的保险服务费用，同时确认为保险服务收入，以反映该类现金流量所对应的保费的收回。

第三十三条 企业应当将货币时间价值及金融风险的影响导致的未到期责任负债和已发生赔款负债账面价值变动额，作为保险合同金融变动额。

企业可以选择将货币时间价值及金融风险的影响导致的非金融风险调整变动额不作为保险合同金融变动额。

第三十四条 企业应当考虑持有的相关资产及其会计处理，在合同组合层面对保险合同金融变动额的会计处理做出下列会计政策选择：

（一）将保险合同金融变动额全额计入当期保险财务损益。

（二）将保险合同金融变动额分解计入当期保险财务损益和其他综合收益。选择该会计政策的，企业应当在合同组剩余期限内，采用系统合理的方法确定计入各个期间保险财务损益的金额，其与保险合同金融变动额的差额计入其他综合收益。

保险财务损益，是指计入当期及以后期间损益的保险合同金融变动额。保险财务损益包括企业签发的保险合同的承保财务损益和分出的再保险合同的财务损益。

第三十五条 企业应当将非金融风险调整账面价值变动中除保险合同金融变动额以外的金额计入当期及以后期间损益。

第三十六条 对于本准则适用范围内的具有相机参与分红特征的投资合同，企业应当按照本准则有关保险合同的规定进行会计处理，但下列各项特殊规定除外：

（一）初始确认的时点为企业成为合同一方的日期。

（二）企业有支付现金的实质性义务的，该义务所产生的现金流量在合同边界内。企业有实际能力对其支付现金的承诺进行重新定价以充分反映其承诺支付现金的金额及相关风险的，表明企业无支付现金的实质性义务。

（三）企业应当按照投资服务的提供模式，在合同组期限内采用系统合理的方法对合同服务边际进行摊销，计入当期及以后期间损益。

第三十七条 对于中期财务报表中根据本准则作出的相关会计估计处理结果，企业应当就是否在本年度以后中期财务报表和年度财务报表中进行调整做出会计政策选择，并一致地应用于本准则适用范围内的合同组。

第三十八条 企业对产生外币现金流量的合同组进行计量时，应当将保险合同负债视为货币性项目，根据《企业会计准则第19号——外币折算》有关规定处理。

资产负债表日，产生外币现金流量的合同组的汇兑差额应当计入当期损益。企业根据本准则第三十四条规定选择将保险合同金融变动额分解计入当期保险财务损益和其他综合收益的，与计入其他综合收益的金额相关的汇兑差额，应当计入其他综合收益。

第二节 具有直接参与分红特征的保险合同组计量的特殊规定

第三十九条 企业应当在合同开始日评估一项合同是否为具有直接参与分红特征的保险合同，后续不再重新评估。

第四十条 具有直接参与分红特征的保险合同，是指在合同开始日同时符合下列条件的保险合同：

（一）合同条款规定保单持有人参与分享清晰可辨认的基础项目；

（二）企业预计将基础项目公允价值变动回报中的相当大部分支付给保单持有人；

（三）预计应付保单持有人金额变动中的相当大部分将随基础项目公允价值的变动而变动。

第四十一条 企业应当按照基础项目公允价值扣除浮动收费的差额，估计具有直接参与分红特征的保险合同组的履约现金流量。

浮动收费，是指企业因代保单持有人管理基础项目并提供投资相关服务而取得的对价，等于基础项目公允价值中企业享有份额减去不随基础项目回报变动的履约现金流量。

第四十二条 对于具有直接参与分红特征的保险合同组，资产负债表日合同组的合同服务边际账面价值应当以期初账面价值为基础，经下列调整后予以确定：

（一）当期归入该合同组的合同对合同服务边际的影响金额。

（二）基础项目公允价值中企业享有份额的变动金额，但以下情形除外：

1.企业使用衍生工具或分出再保险合同管理与该金额变动相关金融风险时，对符合本准则规定条件的，可以选择将该金额变动中由货币时间价值及金融风险的影响导致的部分计入当期保险财务损益。但企业将分出再保险合同的保险合同金融变动额分解计入当期保险财务损益和其他综合收益的，该金额变动中的相应部分也应予以分解。

2.基础项目公允价值中企业享有份额的减少额超过合同服务边际账面价值所导致的亏损部分。

3.基础项目公允价值中企业享有份额的增加额抵销的未到期责任负债的亏损部分。

（三）与未来服务相关且不随基础项目回报变动的履约现金流量的变动金额，但以下情形除外：

1.企业使用衍生工具、分出再保险合同或以公允价值计量且其变动计入当期损益的非衍生金融工具管理与该履约现金流量变动相关金融风险时，对符合本准则规定条件的，可以选择将该履约现金流量变动中由货币时间价值及金融风险的影响导致的部分计入当期保险财务损益。但企业将分出再保险合同的保险合同金融变动额分解计入当期保险财务损益和其他综合收益的，该履约现金流量变动中的相应部分也应予以分解。

2.该履约现金流量的增加额超过合同服务边际账面价值所导致的亏损部分。

3.该履约现金流量的减少额抵销的未到期责任负债的亏损部分。

（四）合同服务边际在当期产生的汇兑差额。

（五）合同服务边际在当期的摊销金额。企业应当按照提供保险合同服务的模式，合理确定合同组在责任期内各个期间的责任单元，并据此对根据本条（一）至（四）调整后的合同服务边际账面价值进行摊销，计入当期及以后期间保险服务收入。

企业可以对本条（二）和（三）中的变动金额进行合并调整。

第四十三条 企业采用风险管理措施对具有直接参与分红特征的保险合同产生的金融

风险予以缓释时，同时符合下列条件的，对于本准则第四十二条（二）和（三）相关金额变动中由货币时间价值及金融风险的影响导致的部分，可以选择不调整合同服务边际：

（一）企业制定了关于风险管理目标和策略的书面文件；

（二）保险合同与用于风险管理的衍生工具、分出再保险合同或以公允价值计量且其变动计入当期损益的非衍生金融工具之间存在经济抵销关系；

（三）经济抵销关系产生的价值变动中，信用风险的影响不占主导地位。

企业不再符合上述条件时，应当自不符合之日起，将本准则第四十二条（二）和（三）相关金额变动中由货币时间价值及金融风险的影响导致的部分调整合同服务边际，之前已经计入保险财务损益的金额不予调整。

第四十四条 对于企业不持有基础项目的具有直接参与分红特征的保险合同组，企业应当根据本准则第三十四条规定，对保险合同金额变动额进行会计处理。

对于企业持有基础项目的具有直接参与分红特征的保险合同组，企业根据本准则第三十四条规定，选择将保险合同金融变动额分解计入当期保险财务损益和其他综合收益的，计入当期保险财务损益的金额应当等于其持有的基础项目按照相关会计准则规定计入当期损益的金额。

本准则第四十二条对保险合同金融变动额的会计处理另有规定的，从其规定。

第四十五条 分入和分出的再保险合同不适用本节规定。

第三节 亏损保险合同组计量的特殊规定

第四十六条 合同组在初始确认时发生首日亏损的，或合同组合中的合同归入其所属亏损合同组而新增亏损的，企业应当确认亏损并计入当期保险服务费用，同时将该亏损部分增加未到期责任负债账面价值。

初始确认时，亏损合同组的保险合同负债账面价值等于其履约现金流量。

第四十七条 发生下列情形之一导致合同组在后续计量时发生亏损的，企业应当确认亏损并计入当期保险服务费用，同时将该亏损部分增加未到期责任负债账面价值：

（一）因与未来服务相关的未来现金流量或非金融风险调整的估计发生变更，导致履约现金流量增加额超过合同服务边际账面价值。

（二）对于具有直接参与分红特征的保险合同组，其基础项目公允价值中企业享有份额的减少额超过合同服务边际账面价值。

第四十八条 企业在确认合同组的亏损后，应当将未到期责任负债账面价值的下列变动额，采用系统合理的方法分摊至未到期责任负债中的亏损部分和其他部分：

（一）因发生保险服务费用而减少的未来现金流量的现值；

（二）因相关风险释放而计入当期损益的非金融风险调整的变动金额；

（三）保险合同金融变动额。

分摊至亏损部分的金额不得计入当期保险服务收入。

第四十九条 企业在确认合同组的亏损后，应当按照下列规定进行后续计量：

（一）将因与未来服务相关的未来现金流量或非金融风险调整的估计变更所导致的履约现金流量增加额，以及具有直接参与分红特征的保险合同组的基础项目公允价值中企业享有份额的减少额，确认为新增亏损并计入当期保险服务费用，同时将该亏损部分增加未到期责任负债账面价值。

（二）将因与未来服务相关的未来现金流量或非金融风险调整的估计变更所导致的履约现金流量减少额，以及具有直接参与分红特征的保险合同组的基础项目公允价值中企业享有份额的增加额，减少未到期责任负债的亏损部分，冲减当期保险服务费用；超出亏损部分的金额，确认为合同服务边际。

第四节 保险合同组计量的简化处理规定

第五十条 符合下列条件之一的，企业可以采用保费分配法简化合同组的计量：

（一）企业能够合理预计采用本节简化处理规定与根据本准则前述章节规定计量合同组未到期责任负债的结果无重大差异。企业预计履约现金流量在赔案发生前将发生重大变化的，表明该合同组不符合本条件。

（二）该合同组内各项合同的责任期不超过一年。

第五十一条 企业对其签发的保险合同采用保费分配法时，应当假设初始确认时该合同所属合同组合内不存在亏损合同，该假设与相关事实和情况不符的除外。

第五十二条 企业采用保费分配法时，合同组内各项合同初始确认时的责任期均不超过一年的，可以选择在保险获取现金流量发生时将其确认为费用，计入当期损益。

第五十三条 企业采用保费分配法计量合同组时，初始确认时未到期责任负债账面价值等于已收保费减去初始确认时发生的保险获取现金流量（根据本准则第五十二条规定选择在发生时计入当期损益的除外），减去（或加上）在合同组初始确认时终止确认的保险获取现金流量资产以及其他相关资产或负债的金额。

资产负债表日未到期责任负债账面价值等于期初账面价值加上当期已收保费，减去当期发生的保险获取现金流量（根据本准则第五十二条规定选择在发生时计入当期损益的除外），加上当期确认为保险服务费用的保险获取现金流量摊销金额和针对融资成分的调整金额，减去因当期提供保险合同服务而确认为保险服务收入的金额和当期已付或转入已发生赔款负债中的投资成分。

第五十四条 合同组内的合同中存在重大融资成分的，企业应当按照合同组初始确认时确定的折现率，对未到期责任负债账面价值进行调整，以反映货币时间价值及金融风险的影响。

合同组初始确认时，如果企业预计提供保险合同服务每一部分服务的时点与相关保费到期日之间的间隔不超过一年，可以不考虑合同中存在的重大融资成分。

第五十五条 相关事实和情况表明合同组在责任期内存在亏损时，企业应当将该日与未到期责任相关的履约现金流量超过按照本准则第五十三条确定的未到期责任负债账面价值的金额，计入当期保险服务费用，同时增加未到期责任负债账面价值。

第五十六条 企业应当根据与已发生赔案及其他相关费用有关的履约现金流量计量已发生赔款负债。相关履约现金流量预计在赔案发生后一年内支付或收取的，企业可以不考虑货币时间价值及金融风险的影响，且一致应用于本准则第五十五条规定的相关履约现金流量的计算。

第五十七条 企业应当将已收和预计收取的保费，在扣除投资成分并根据本准则第五十四条规定对重大融资成分进行调整后，分摊至当期的金额确认为保险服务收入。

企业应当随时间流逝在责任期内分摊经调整的已收和预计收取的保费；保险合同的风险在责任期内不随时间流逝为主释放的，应当以保险服务费用预计发生时间为基础进行分摊。

第六章 分出的再保险合同组的确认和计量

第五十八条 企业对分出的再保险合同组进行确认和计量，除本章另有规定外，应当按照本准则有关保险合同的其他相关规定进行处理，但本准则第五章关于亏损合同组计量的相关规定不适用于分出的再保险合同组。

第五十九条 企业应当将同一分出的再保险合同组合至少分为下列合同组：

（一）初始确认时存在净利得的合同组；

（二）初始确认时无显著可能性在未来产生净利得的合同组；

（三）该组合中剩余合同组成的合同组。

企业可以按照净成本或净利得水平以及初始确认后在未来产生净利得的可能性等，对分出的再保险合同组作进一步细分。

企业不得将分出时间间隔超过一年的合同归入同一分出的再保险合同组。

第六十条 企业应当在下列时点中的最早时点确认其分出的再保险合同组：

（一）分出的再保险合同组责任期开始日；

（二）分出的再保险合同组所对应的保险合同组确认为亏损合同组时。

第六十一条 分出的再保险合同组分出成比例责任的，企业应当在下列时点中的最早时点确认该合同组：

（一）分出的再保险合同组责任期开始日和任一对应的保险合同初始确认时点中较晚的时点；

（二）分出的再保险合同组所对应的保险合同组确认为亏损合同组时。

第六十二条 企业在初始确认其分出的再保险合同组时，应当按照履约现金流量与合同服务边际之和对分出再保险合同资产进行初始计量。

分出再保险合同组的合同服务边际，是指企业为在未来获得再保险分入人提供的保险合同服务而产生的净成本或净利得。

第六十三条 企业在估计分出的再保险合同组的未来现金流量现值时，采用的相关假设应当与计量所对应的保险合同组保持一致，并考虑再保险分入人的不履约风险。

第六十四条 企业应当根据分出的再保险合同组转移给再保险分入人的风险，估计非金融风险调整。

第六十五条 企业应当在分出的再保险合同组初始确认时计算下列各项之和：

（一）履约现金流量；

（二）在该日终止确认的相关资产或负债对应的现金流量；

（三）分出再保险合同组内合同在该日产生的现金流量；

（四）分保摊回未到期责任资产亏损摊回部分的金额。

企业应当将上述各项之和所反映的净成本或净利得，确认为合同服务边际。净成本与分出前发生的事项相关的，企业应当将其确认为费用并计入当期损益。

第六十六条 企业应当在资产负债表日按照分保摊回未到期责任资产与分保摊回已发生赔款资产之和对分出再保险合同资产进行后续计量。

分保摊回未到期责任资产包括资产负债表日分摊至分出的再保险合同组的、与未到期责任有关的履约现金流量和当日该合同组的合同服务边际。

分保摊回已发生赔款资产包括资产负债表日分摊至分出的再保险合同组的、与已发生赔款及其他相关费用的摊回有关的履约现金流量。

第六十七条 对于订立时点不晚于对应的保险合同确认时点的分出的再保险合同，企业在初始确认对应的亏损合同组或者将对应的亏损保险合同归入合同组而确认亏损时，应当根据下列两项的乘积确定分出再保险合同组分保摊回未到期责任资产亏损摊回部分的金额：

（一）对应的保险合同确认的亏损；

（二）预计从分出再保险合同组摊回的对应的保险合同赔付的比例。

企业应当按照上述亏损摊回部分的金额调整分出再保险合同组的合同服务边际，同时确认为摊回保险服务费用，计入当期损益。

企业在对分出的再保险合同组进行后续计量时，应当调整亏损摊回部分的金额以反映对应的保险合同亏损部分的变化，调整后的亏损摊回部分的金额不应超过企业预计从分出再保险合同组摊回的对应的保险合同亏损部分的相应金额。

第六十八条 资产负债表日分出的再保险合同组的合同服务边际账面价值应当以期初

账面价值为基础，经下列各项调整后予以确定：

（一）当期归入该合同组的合同对合同服务边际的影响金额；

（二）合同服务边际在当期计提的利息，计息利率为该合同组内合同确认时、不随基础项目回报变动的现金流量所适用的加权平均利率；

（三）根据本准则第六十七条第一款计算的分保摊回未到期责任资产亏损摊回部分的金额，以及与分出再保险合同组的履约现金流量变动无关的分保摊回未到期责任资产亏损摊回部分的转回；

（四）与未来服务相关的履约现金流量的变动金额，但分摊至对应的保险合同组且不调整其合同服务边际的履约现金流量变动而导致的变动，以及对应的保险合同组采用保费分配法计量时因确认或转回亏损而导致的变动除外；

（五）合同服务边际在当期产生的汇兑差额；

（六）合同服务边际在当期的摊销金额。企业应当按照取得保险合同服务的模式，合理确定分出再保险合同组在责任期内各个期间的责任单元，并据此对根据本条（一）至（五）调整后的合同服务边际账面价值进行摊销，计入当期及以后期间损益。

第六十九条 再保险分入人不履约风险导致的履约现金流量变动金额与未来服务无关，企业不应当因此调整分出再保险合同组的合同服务边际。

第七十条 企业因当期取得再保险分入人提供的保险合同服务而导致分保摊回未到期责任资产账面价值的减少额，应当确认为分出保费的分摊；因当期发生赔款及其他相关费用的摊回导致分保摊回已发生赔款资产账面价值的增加额，以及与之相关的履约现金流量的后续变动额，应当确认为摊回保险服务费用。

企业应当将预计从再保险分入人收到的不取决于对应的保险合同赔付的金额，作为分出保费的分摊的减项。企业在确认分出保费的分摊和摊回保险服务费用时，不得包含分出再保险合同中的投资成分。

第七十一条 符合下列条件之一的，企业可以采用保费分配法简化分出的再保险合同组的计量：

（一）企业能够合理预计采用保费分配法与不采用保费分配法计量分出再保险合同组的结果无重大差异。企业预计履约现金流量在赔案发生前将发生重大变化的，表明该合同组不符合本条件。

（二）该分出的再保险合同组内各项合同的责任期不超过一年。

第七十二条 企业采用保费分配法计量分出的再保险合同组时，根据本准则第六十七条第一款计算的亏损摊回部分的金额应当调整分出再保险合同组的分保摊回未到期责任资产账面价值，同时确认为摊回保险服务费用，计入当期损益。

第七章 合同转让或非同一控制下企业合并中取得的保险合同的确认和计量

第七十三条 企业对合同转让或非同一控制下企业合并中取得的保险合同进行确认和计量，除本章另有规定外，应当适用本准则其他相关规定。

第七十四条 企业在合同转让或非同一控制下企业合并中取得的保险合同，应当视为在转让日（或购买日）订立该合同，并根据本准则相关规定将该合同归入其所属合同组。

第七十五条 企业在合同转让或非同一控制下企业合并中为取得保险合同而收到或支付的对价，应当视为收取或支付的保费。

第七十六条 企业在合同转让或非同一控制下企业合并中取得保险合同的会计处理适用《企业会计准则第 20 号——企业合并》等其他会计准则的，应当根据相关会计准则进行处理。

第八章 保险合同的修改和终止确认

第七十七条 保险合同条款的修改符合下列条件之一的，企业应当终止确认原合同，并按照修改后的合同条款确认一项新合同：

（一）假设修改后的合同条款自合同开始日适用，出现下列情形之一的：

1. 修改后的合同不属于本准则的适用范围。
2. 修改后的合同应当予以分拆且分拆后适用本准则的组成部分发生变化。
3. 修改后的合同的合同边界发生实质性变化。
4. 修改后的合同归属于不同的合同组。

（二）原合同与修改后的合同仅有其一符合具有直接参与分红特征的保险合同的定义。

（三）原合同采用保费分配法，修改后的合同不符合采用保费分配法的条件。

保险合同条款的修改不符合上述条件的，企业应当将合同条款修改导致的现金流量变动作为履约现金流量的估计变更进行处理。

第七十八条 保险合同约定的义务因履行、取消或到期而解除的，企业应当终止确认保险合同。

第七十九条 企业终止确认一项保险合同，应当按照下列规定进行处理：

（一）调整该保险合同所属合同组的履约现金流量，扣除与终止确认的权利义务相关的未来现金流量现值和非金融风险调整。

（二）调整合同组的合同服务边际。

（三）调整合同组在当期及以后期间的责任单元。

第八十条 企业修改原合同并确认新合同时，应当按照下列两项的差额调整原合同所属合同组的合同服务边际：

（一）因终止确认原合同所导致的合同组履约现金流量变动金额；

（二）修改日订立与新合同条款相同的合同预计将收取的保费减去因修改原合同而收取的额外保费后的保费净额。

企业在计量新合同所属合同组时，应当假设于修改日收到本条（二）中的保费净额。

第八十一条 企业因合同转让而终止确认一项保险合同的，应当按照因终止确认该合同所导致的合同组履约现金流量变动金额与受让方收取的保费之间的差额，调整该合同所属合同组的合同服务边际。

第八十二条 企业因合同修改或转让而终止确认一项保险合同时，应当将与该合同相关的、由于会计政策选择而在以前期间确认为其他综合收益的余额转入当期损益；但对于企业持有基础项目的具有直接参与分红特征的保险合同，企业不得仅因终止确认该保险合同而进行上述会计处理。

第九章 列　　报

第一节 资产负债表和利润表相关项目的列示及披露

第八十三条 企业应当根据自身实际情况，合理确定列报保险合同的详细程度，避免列报大量不重要信息或不恰当汇总实质性不同信息。

企业可以按照合同类型、地理区域或报告分部等对保险合同的信息披露进行恰当汇总。

第八十四条 企业应当在资产负债表中分别列示与保险合同有关的下列项目：

（一）保险合同资产；

（二）保险合同负债；

（三）分出再保险合同资产；

（四）分出再保险合同负债。

企业签发的保险合同组合账面价值为借方余额的，列示为保险合同资产；分出的再保险合同组合账面价值为贷方余额的，列示为分出再保险合同负债。

保险获取现金流量资产于资产负债表日的账面价值应当计入保险合同组合账面价值。

第八十五条 企业应当在利润表中分别列示与保险合同有关的下列项目：

（一）保险服务收入；

（二）保险服务费用；

（三）分出保费的分摊；

（四）摊回保险服务费用；

（五）承保财务损益；

（六）分出再保险财务损益。

第八十六条 企业应当在附注中分别就签发的保险合同和分出的再保险合同，单独披露未到期责任负债（或分保摊回未到期责任资产）和已发生赔款负债（或分保摊回已发生赔款资产）余额调节表，以反映与保险合同账面价值变动有关的下列信息：

（一）保险合同负债和保险合同资产（或分出再保险合同资产和分出再保险合同负债）的期初和期末余额及净额，及净额调节情况；

（二）未到期责任负债（或分保摊回未到期责任资产）当期变动情况，亏损部分（或亏损摊回部分）应单独披露；

（三）已发生赔款负债（或分保摊回已发生赔款资产）当期变动情况，采用保费分配法的保险合同应分别披露未来现金流量现值和非金融风险调整；

（四）当期保险服务收入；

（五）当期保险服务费用，包括当期发生赔款及其他相关费用、保险获取现金流量的摊销、亏损部分的确认及转回和已发生赔款负债相关履约现金流量变动；

（六）当期分出保费的分摊；

（七）当期摊回保险服务费用，包括摊回当期发生赔款及其他相关费用、亏损摊回部分的确认及转回和分保摊回已发生赔款资产相关履约现金流量变动；

（八）不计入当期损益的投资成分，保费返还可以在此项合并披露；

（九）与当期服务无关但影响保险合同账面价值的金额，包括当期现金流量、再保险分入人不履约风险变动额、保险合同金融变动额、其他与保险合同账面价值变动有关的金额。当期现金流量应分别披露收到保费（或支付分出保费）、支付保险获取现金流量、支付赔款及其他相关费用（或收到摊回赔款及其他相关费用）。

第八十七条 对于未采用保费分配法的保险合同，企业应当在附注中分别就签发的保险合同和分出的再保险合同，单独披露履约现金流量和合同服务边际余额调节表，以反映与保险合同账面价值变动有关的下列信息：

（一）保险合同负债和保险合同资产（或分出再保险合同资产和分出再保险合同负债）的期初和期末余额及净额，及净额调节情况；

（二）未来现金流量现值当期变动情况；

（三）非金融风险调整当期变动情况；

（四）合同服务边际当期变动情况；

（五）与当期服务相关的变动情况，包括合同服务边际的摊销、非金融风险调整的变动、当期经验调整；

（六）与未来服务相关的变动情况，包括当期初始确认的保险合同影响金额、调整合同服务边际的估计变更、不调整合同服务边际的估计变更；

（七）与过去服务相关的变动情况，包括已发生赔款负债（或分保摊回已发生赔款资产）相关履约现金流量变动；

（八）与当期服务无关但影响保险合同账面价值的金额，包括当期现金流量、再保险分入人不履约风险变动额、保险合同金融变动额、其他与保险合同账面价值变动有关的金额。当期现金流量应分别披露收到保费（或支付分出保费）、支付保险获取现金流量、支付赔款及其他相关费用（或收到摊回赔款及其他相关费用）。

第八十八条 企业应当在附注中披露关于保险获取现金流量资产的下列定量信息：

（一）保险获取现金流量资产的期初和期末余额及其调节情况；

（二）保险获取现金流量资产减值准备当期计提和当期转回情况；

（三）期末保险获取现金流量资产预计在未来按适当的时间段终止确认的相关信息。

第八十九条 对于未采用保费分配法的保险合同，企业应当在附注中分别就签发的保险合同和分出的再保险合同，披露当期初始确认的保险合同对资产负债表影响的下列信息：

（一）未来现金流出现值，保险获取现金流量的金额应单独披露；

（二）未来现金流入现值；

（三）非金融风险调整；

（四）合同服务边际。

对于当期初始确认的亏损合同组以及在合同转让或非同一控制下企业合并中取得的保险合同，企业应当分别披露其对资产负债表影响的上述信息。

第九十条 对于未采用保费分配法的签发的保险合同，企业应当在附注中披露与本期确认保险服务收入相关的下列定量信息：

（一）与未到期责任负债变动相关的保险服务收入，分别披露期初预计当期发生的保险服务费用、非金融风险调整的变动、合同服务边际的摊销、其他金额（如与当期服务或过去服务相关的保费经验调整）；

（二）保险获取现金流量的摊销。

第九十一条 对于未采用保费分配法的保险合同，企业应当在附注中分别就签发的保险合同和分出的再保险合同，披露期末合同服务边际在剩余期限内按适当的时间段摊销计入利润表的定量信息。

第九十二条 企业应当披露当期保险合同金融变动额的定量信息及其解释性说明，包括对保险合同金融变动额与相关资产投资回报关系的说明。

第九十三条 企业应当披露与具有直接参与分红特征的保险合同相关的下列信息：

（一）基础项目及其公允价值；

（二）根据本准则第四十二条和第四十三条规定，将货币时间价值及金融风险的影响金额计入当期保险财务损益或其他综合收益对当期合同服务边际的影响。

第九十四条 对于具有直接参与分红特征的保险合同组，企业选择将保险合同金融变动额分解计入当期保险财务损益和其他综合收益的，根据本准则第四十四条规定，因是否持有基础项目的情况发生变动导致计入当期保险财务损益的计量方法发生变更的，应当披露变更原因和对财务报表项目的影响金额，以及相关合同组在变更日的账面价值。

第二节　与保险合同计量相关的披露

第九十五条 企业应当披露与保险合同计量所采用的方法、输入值和假设等相关的下列信息：

（一）保险合同计量所采用的方法以及估计相关输入值的程序。企业应当披露相关输入值的定量信息，不切实可行的除外。

（二）本条（一）中所述方法和程序的变更及其原因，以及受影响的合同类型。

（三）与保险合同计量有关的下列信息：

1.对于不具有直接参与分红特征的保险合同,区分相机抉择与其他因素导致未来现金流量估计变更的方法;

2.确定非金融风险调整的计量方法及计量结果所对应的置信水平,以及非金融风险调整变动额根据本准则第三十三条在利润表中的列示方法;

3.确定折现率的方法,以及用于不随基础项目回报变动的现金流量折现的收益率曲线(或收益率曲线范围);

4.确定投资成分的方法;

5.确定责任单元组成部分及相对权重的方法。

第九十六条 企业选择将保险合同金融变动额分解计入当期保险财务损益和其他综合收益的,应当披露确定保险财务损益金额的方法及其说明。

第九十七条 对于采用保费分配法计量的保险合同组,企业应当披露下列信息:

(一)合同组适用保费分配法的判断依据;

(二)未到期责任负债(或分保摊回未到期责任资产)和已发生赔款负债(或分保摊回已发生赔款资产)的计量是否反映货币时间价值及金融风险的影响;

(三)是否在保险获取现金流量发生时将其确认为费用。

第三节 与风险相关的披露

第九十八条 企业应当披露与保险合同产生的保险风险和金融风险等相关的定性和定量信息。金融风险包括市场风险、信用风险、流动性风险等。

第九十九条 对于保险合同产生的各类风险,企业应当按类别披露下列信息:

(一)风险敞口及其形成原因,以及在本期发生的变化。

(二)风险管理的目标、政策和程序以及计量风险的方法及其在本期发生的变化。

(三)期末风险敞口的汇总数据。该数据应当以向内部关键管理人员提供的相关信息为基础。期末风险敞口不能反映企业本期风险敞口变动情况的,企业应当进一步提供相关信息。

(四)风险集中度信息,包括企业确定风险集中度的说明和参考因素(如保险事项类型、行业特征、地理区域、货币种类等)。

第一百条 企业应当披露相关监管要求(如最低资本要求、保证利率等)对本准则适用范围内的合同的影响。保险合同分组时应用本准则第十五条规定的,企业应当披露这一事实。

第一百零一条 企业应当对保险风险和市场风险进行敏感性分析并披露下列信息:

(一)资产负债表日保险风险变量和各类市场风险变量发生合理、可能的变动时,将对企业损益和所有者权益产生的影响。

对于保险风险,敏感性分析应当反映对企业签发的保险合同及其经分出的再保险合同进行风险缓释后的影响。

对于各类市场风险,敏感性分析应当反映保险合同所产生的风险变量与企业持有的金融资产所产生的风险变量之间的关联性。

(二)本期进行敏感性分析所使用的方法和假设,以及在本期发生的变化及其原因。

第一百零二条 企业为管理保险合同所产生的风险,采用不同于本准则第一百零一条中所述方法进行敏感性分析的,应当披露下列信息:

(一)用于敏感性分析的方法、选用的主要参数和假设;

(二)所用方法的目的,以及该方法提供信息的局限性。

第一百零三条 企业应当披露索赔进展情况,以反映已发生赔款的实际赔付金额与未经折现的预计赔付金额的比较信息,及其与资产负债表日已发生赔款负债账面价值的调节情况。

索赔进展情况的披露应当从赔付时间和金额在资产负债表日仍存在不确定性的重大赔付最早发生期间开始,但最长披露期限可不超过十年。赔付时间和金额的不确定性在未来一年内将消除的索赔进展信息可以不披露。

第一百零四条 企业应当披露与保险合同所产生的信用风险相关的下列信息:
(一)签发的保险合同和分出的再保险合同分别于资产负债表日的最大信用风险敞口;
(二)与分出再保险合同资产的信用质量相关的信息。

第一百零五条 企业应当披露与保险合同所产生的流动性风险相关的下列信息:
(一)对管理流动性风险的说明。
(二)对资产负债表日保险合同负债和分出再保险合同负债的到期期限分析。

到期期限分析应当基于合同组合,所使用的时间段至少应当为资产负债表日后一年以内、一年至两年以内、两年至三年以内、三年至四年以内、四年至五年以内、五年以上。列入各时间段内的金额可以是未来现金流量现值或者未经折现的合同剩余净现金流量。

到期期限分析可以不包括采用保费分配法计量的保险合同负债和分出再保险合同负债中与未到期责任相关的部分。

(三)保单持有人可随时要求偿还的金额。企业应当说明该金额与相关保险合同组合账面价值之间的关联性。

第十章 衔接规定

第一百零六条 首次执行日之前的保险合同会计处理与本准则规定不一致的,企业应当按照《企业会计准则第28号——会计政策、会计估计变更和差错更正》的规定采用追溯调整法处理,但本准则另有规定的除外。

企业进行追溯调整的,无须披露当期和各个列报前期财务报表受影响项目和每股收益的调整金额。

第一百零七条 企业采用追溯调整法时,应当在过渡日按照下列规定进行衔接处理:
(一)假设一直按照本准则要求识别、确认和计量保险合同组;
(二)假设一直按照本准则要求识别、确认和计量保险获取现金流量资产,但无须估计该资产于过渡日前的可收回金额;
(三)确认追溯调整对所有者权益的累积影响数;
(四)不得在过渡日前运用本准则第四十三条规定的风险管理缓释选择权。

过渡日是指本准则首次执行日前最近一个会计年度的期初,企业列报经调整的更早期间的比较信息的,过渡日是更早比较期间的期初。

第一百零八条 对合同组采用追溯调整法不切实可行的,企业应当采用修正追溯调整法或公允价值法。对合同组采用修正追溯调整法也不切实可行的,企业应当采用公允价值法。

修正追溯调整法,是指企业在对本章所涉及相关事项采用追溯调整法不切实可行时,使用在过渡日无须付出不必要的额外成本或努力即可获得的合理可靠的信息,以获得接近追溯调整法结果为目标,在衔接处理上按本准则规定进行简化的方法。

公允价值法,是指以过渡日合同组公允价值与履约现金流量的差额确定合同组在该日的合同服务边际或未到期责任负债亏损部分,以及在衔接处理上按本准则规定进行简化的方法。

企业在过渡日前符合本准则第四十三条规定条件,使用衍生工具、分出的再保险合同或以公允价值计量且其变动计入当期损益的非衍生金融工具管理合同组产生的金融风险,并自过渡日起采用未来适用法运用风险管理缓释选择权进行会计处理的,企业可以对该合同组采用公允价值法进行衔接处理。

第一百零九条 企业采用修正追溯调整法时,应当在过渡日根据本准则规定识别下列事项并进行衔接处理:

(一)保险合同组,但在按照本准则规定进行保险合同分组时无法获得合理可靠的信息的,企业可以将签发或分出时间间隔超过一年的合同归入同一合同组;

(二)具有直接参与分红特征的保险合同;

(三)不具有直接参与分红特征的保险合同中的相机抉择现金流量;

(四)具有相机参与分红特征的投资合同。

企业采用修正追溯调整法时,对于在合同转让或非同一控制下企业合并中取得的保险合同,应当将该类合同在转让日或购买日前已发生的赔付义务确认为已发生赔款负债。

第一百一十条 对不具有直接参与分红特征的保险合同组在过渡日的合同服务边际或未到期责任负债亏损部分采用修正追溯调整法时,企业应当按照下列规定进行衔接处理:

(一)以过渡日或更早日期(如适用)估计的未来现金流量为基础,根据合同组初始确认时至过渡日或更早日期(如适用)发生的现金流量进行调整,确定合同组在初始确认时的未来现金流量;

(二)基于过渡日前最近至少三个会计年度可观察数据,考虑该数据与本准则第二十五条规定的折现率的相似性或差异,采用适当方法确定合同组在初始确认时或以后的折现率;

(三)以过渡日估计的非金融风险调整金额为基础,根据在过渡日签发或分出的类似保险合同的相关风险释放方式,估计过渡日之前合同组非金融风险调整的变动金额,确定合同组在初始确认时的非金融风险调整金额;

(四)采用与过渡日后一致的方法将过渡日前已付或应付的保险获取现金流量系统合理地分摊至过渡日确认和预计将于过渡日后确认的合同组,分别调整过渡日合同服务边际和确认为保险获取现金流量资产。企业无法获得合理可靠的信息进行上述处理的,则不应调整合同服务边际或确认保险获取现金流量资产;

(五)合同组在初始确认时根据本条(一)至(四)确认合同服务边际的,应当按照本条(二)确定的初始确认时折现率计提利息,并基于过渡日合同组中的剩余责任单元和该日前的责任单元,确定过渡日前计入损益的合同服务边际;

(六)合同组在初始确认时根据本条(一)至(四)确认未到期责任负债亏损部分的,应当采用系统合理的方法,确定分摊至过渡日前的亏损部分;

(七)对于订立时点不晚于对应的亏损保险合同确认时点的分出的再保险合同,应当根据过渡日对应的亏损保险合同的未到期责任负债亏损部分乘以预计从分出的再保险合同组摊回的对应的保险合同赔付的比例,计算分出再保险合同组分保摊回未到期责任资产在过渡日的亏损摊回部分金额,企业无法获得合理可靠的信息确定该亏损摊回部分金额的,则不应确认亏损摊回部分。

第一百一十一条 对具有直接参与分红特征的保险合同组在过渡日的合同服务边际或未到期责任负债亏损部分采用修正追溯调整法时,企业应当按照下列规定进行衔接处理:

(一)以过渡日基础项目公允价值减去该日履约现金流量的金额为基础,根据过渡日前相关现金流量以及非金融风险调整的变动进行恰当调整;

(二)采用与过渡日后一致的方法将过渡日前已付或应付的保险获取现金流量系统合理地分摊至过渡日确认和预计将于过渡日后确认的合同组,分别调整过渡日合同服务边际和确认为保险获取现金流量资产。企业无法获得合理可靠的信息进行上述处理的,则不应调整合同服务边际或确认保险获取现金流量资产;

(三)合同组根据本条(一)和(二)确认合同服务边际的,应当基于过渡日合同组中的剩余责任单元和该日前的责任单元,确定过渡日前计入损益的合同服务边际;

(四)合同组根据本条(一)和(二)确认未到期责任负债亏损部分的,应当将该亏损部分调整为零，同时将该亏损部分增加过渡日未到期责任负债账面价值。

第一百一十二条 企业对过渡日保险合同金融变动额采用修正追溯调整法时，应当按照下列规定进行衔接处理：

（一）根据本准则第一百零九条（一）规定将签发或分出时间相隔超过一年的合同归入同一合同组的，可以在过渡日确定合同组初始确认时或以后适用的折现率。企业根据本准则第三十四条选择将保险合同金融变动额分解计入保险财务损益和其他综合收益的，应当采用适当方法确定过渡日计入其他综合收益的累计金额。

（二）未将签发或分出时间相隔超过一年的合同归入同一合同组的，应当按照本准则第一百一十条（二）估计合同组初始确认时或以后适用的折现率。企业根据本准则第三十四条选择将保险合同金融变动额分解计入保险财务损益和计入其他综合收益的，应当采用适当方法确定过渡日计入其他综合收益的累计金额。

第一百一十三条 企业根据本准则第三十七条规定选择不调整中期财务报表有关会计估计处理结果的会计政策的，应当在过渡日对该会计政策采用追溯调整法处理。采用追溯调整法不切实可行的，企业可以采用修正追溯调整法，对保险合同金融变动额和不具有直接参与分红特征的保险合同的合同服务边际或未到期责任负债亏损部分进行衔接处理时，视同过渡日前未编制中期财务报表。

第一百一十四条 企业采用公允价值法时，可以使用在合同开始日或初始确认时根据合同条款和市场状况可确定的合理可靠的信息，或使用在过渡日可获得的合理可靠的信息，根据本准则规定识别下列事项并进行衔接处理：

（一）保险合同组，企业可以将签发或分出时间间隔超过一年的合同归入同一合同组；

（二）具有直接参与分红特征的保险合同；

（三）不具有直接参与分红特征的保险合同中的相机抉择现金流量；

（四）具有相机参与分红特征的投资合同。

企业采用公允价值法时，对于在合同转让或非同一控制下企业合并中取得的保险合同，可以将该类合同在转让日或购买日前已发生的赔付义务确认为已发生赔款负债。

第一百一十五条 企业采用公允价值法时，按照下列规定进行衔接处理：

（一）企业可以在过渡日确定合同组初始确认时或以后适用的折现率；

（二）对于分出的再保险合同组对应亏损保险合同的，应当根据过渡日对应的亏损保险合同的未到期责任负债亏损部分乘以预计从分出的再保险合同组摊回的对应的保险合同赔付的比例，计算分出再保险合同组分保摊回未到期责任资产在过渡日的亏损摊回部分金额；

（三）企业根据本准则第三十四条选择将保险合同金融变动额分解计入保险财务损益和其他综合收益的，应当采用适当方法确定过渡日计入其他综合收益的累计金额；

（四）对保险获取现金流量资产采用追溯调整法不切实可行时，企业应当采用适当方法确定过渡日的保险获取现金流量资产。

第一百一十六条 企业应当在附注中披露与衔接处理相关的下列信息：

（一）在采用修正追溯调整法和公允价值法的保险合同的存续期间，说明该类保险合同在过渡日的衔接处理；

（二）在本准则第八十六条和第八十七条规定的调节表中，分别就过渡日采用修正追溯调整法和公允价值法的保险合同，在该类保险合同存续期间单独披露其对保险服务收入和合同服务边际的影响；

（三）企业根据本准则第一百一十二条和第一百一十五条（三）的规定，采用修正追溯调整法或公允价值法确定过渡日计入其他综合收益的累计金额的，在该金额减计为零之前的期间，应当披露以公允价值计量且其变动计入其他综合收益的相关金融资产计入其他综合收益的累计金额自期初至期末的调节情况。

第一百一十七条 企业无须披露比首次执行日前最近一个会计年度更早期间的信息。企业选择披露未经调整的更早期间的比较信息的，应当列示该类信息并说明其编制基础。

企业可以选择不披露未公开的、比首次执行日前四个会计年度更早期间发生的索赔进展情况，但应当披露这一选择。

第一百一十八条 企业在本准则首次执行日前执行金融工具相关会计准则的，应当在本准则首次执行日对金融资产进行下列处理：

（一）企业可以对管理金融资产的业务模式进行重新评估并确定金融资产分类，但为了与本准则适用范围内合同无关的活动而持有的金融资产除外；

（二）在首次执行日前被指定为以公允价值计量且其变动计入当期损益的金融资产，因企业执行本准则而不再符合指定条件时，应当撤销之前的指定；

（三）金融资产因企业执行本准则而符合指定条件的，可以指定为以公允价值计量且其变动计入当期损益的金融资产；

（四）企业可以将非交易性权益工具投资指定为以公允价值计量且其变动计入其他综合收益的金融资产或撤销之前的指定。

企业应当以本准则首次执行日的事实和情况为基础进行上述处理，并追溯调整首次执行本准则当年年初留存收益或权益的其他部分。企业无须调整可比期间信息。企业选择调整可比期间信息的，应当以前期事实和情况为基础，以反映金融工具相关会计准则的要求。

第一百一十九条 企业根据本准则第一百一十八条规定进行处理的，应当披露下列信息：

（一）根据本准则第一百一十八条（一）对管理相关金融资产的业务模式进行重新评估并确定金融资产分类的标准；

（二）相关金融资产列报类型和账面价值的变化；

（三）撤销之前指定为以公允价值计量且其变动计入当期损益的金融资产的期末账面价值；

（四）指定或撤销指定以公允价值计量且其变动计入当期损益的相关金融资产的原因。

第十一章 附　　则

第一百二十条 本准则自 2023 年 1 月 1 日起施行。

26. 企业会计准则第 27 号——石油天然气开采（2006 年发布）

（财会〔2006〕3 号印发）

第一章 总　　则

第一条 为了规范石油天然气（以下简称油气）开采活动的会计处理和相关信息的披露，根据《企业会计准则——基本准则》，制定本准则。

第二条 油气开采活动包括矿区权益的取得以及油气的勘探、开发和生产等阶段。

第三条 油气开采活动以外的油气储存、集输、加工和销售等业务的会计处理，适用其他相关会计准则。

第二章 矿区权益的会计处理

第四条 矿区权益，是指企业取得的在矿区内勘探、开发和生产油气的权利。

矿区权益分为探明矿区权益和未探明矿区权益。探明矿区，是指已发现探明经济可采储量的矿区；未探明矿区，是指未发现探明经济可采储量的矿区。

探明经济可采储量，是指在现有技术和经济条件下，根据地质和工程分析，可合理确定的能够从已知油气藏中开采的油气数量。

第五条 为取得矿区权益而发生的成本应当在发生时予以资本化。企业取得的矿区权益，应当按照取得时的成本进行初始计量：

（一）申请取得矿区权益的成本包括探矿权使用费、采矿权使用费、土地或海域使用权支出、中介费以及可直接归属于矿区权益的其他申请取得支出。

（二）购买取得矿区权益的成本包括购买价款、中介费以及可直接归属于矿区权益的其他购买取得支出。

矿区权益取得后发生的探矿权使用费、采矿权使用费和租金等维持矿区权益的支出，应当计入当期损益。

第六条 企业应当采用产量法或年限平均法对探明矿区权益计提折耗。采用产量法计提折耗的，折耗额可按照单个矿区计算，也可按照若干具有相同或类似地质构造特征或储层条件的相邻矿区所组成的矿区组计算。计算公式如下：

探明矿区权益折耗额＝探明矿区权益账面价值×探明矿区权益折耗率

$$探明矿区权益折耗率=\frac{探明矿区当期产量}{探明矿区期末探明经济可采储量＋探明矿区当期产量}$$

第七条 企业对于矿区权益的减值，应当分别不同情况确认减值损失：

（一）探明矿区权益的减值，按照《企业会计准则第8号——资产减值》处理。

（二）对于未探明矿区权益，应当至少每年进行一次减值测试。

单个矿区取得成本较大的，应当以单个矿区为基础进行减值测试，并确定未探明矿区权益减值金额。单个矿区取得成本较小且与其他相邻矿区具有相同或类似地质构造特征或储层条件的，可按照若干具有相同或类似地质构造特征或储层条件的相邻矿区所组成的矿区组进行减值测试。

未探明矿区权益公允价值低于账面价值的差额，应当确认为减值损失，计入当期损益。未探明矿区权益减值损失一经确认，不得转回。

第八条 企业转让矿区权益的，应当按照下列规定进行处理：

（一）转让全部探明矿区权益的，将转让所得与矿区权益账面价值的差额计入当期损益。

转让部分探明矿区权益的，按照转让权益和保留权益的公允价值比例，计算确定已转让部分矿区权益账面价值，转让所得与已转让矿区权益账面价值的差额计入当期损益。

（二）转让单独计提减值准备的全部未探明矿区权益的，转让所得与未探明矿区权益账面价值的差额，计入当期损益。

转让单独计提减值准备的部分未探明矿区权益的，如果转让所得大于矿区权益账面价值，将其差额计入当期损益；如果转让所得小于矿区权益账面价值，以转让所得冲减矿区权益账面价值，不确认损益。

（三）转让以矿区组为基础计提减值准备的未探明矿区权益的，如果转让所得大于矿区权益账面原值，将其差额计入当期损益；如果转让所得小于矿区权益账面原值，以转让所得冲减矿区权益账面原值，不确认损益。

转让该矿区组最后一个未探明矿区的剩余矿区权益时，转让所得与未探明矿区权益账面价值的差额，计入当期损益。

第九条 未探明矿区（组）内发现探明经济可采储量而将未探明矿区（组）转为探明矿区（组）的，应当按照其账面价值转为探明矿区权益。

第十条 未探明矿区因最终未能发现探明经济可采储量而放弃的，应当按照放弃时的账面价值转销未探明矿区权益并计入当期损益。因未完成义务工作量等因素导致发生的放弃成本，计入当期损益。

第三章 油气勘探的会计处理

第十一条 油气勘探，是指为了识别勘探区域或探明油气储量而进行的地质调查、地球物理勘探、钻探活动以及其他相关活动。

第十二条 油气勘探支出包括钻井勘探支出和非钻井勘探支出。

钻井勘探支出主要包括钻探区域探井、勘探型详探井、评价井和资料井等活动发生的支出；非钻井勘探支出主要包括进行地质调查、地球物理勘探等活动发生的支出。

第十三条 钻井勘探支出在完井后，确定该井发现了探明经济可采储量的，应当将钻探该井的支出结转为井及相关设施成本。

确定该井未发现探明经济可采储量的，应当将钻探该井的支出扣除净残值后计入当期损益。

确定部分井段发现了探明经济可采储量的，应当将发现探明经济可采储量的有效井段的钻井勘探支出结转为井及相关设施成本，无效井段钻井勘探累计支出转入当期损益。

未能确定该探井是否发现探明经济可采储量的，应当在完井后一年内将钻探该井的支出予以暂时资本化。

第十四条 在完井一年时仍未能确定该探井是否发现探明经济可采储量，同时满足下列条件的，应当将钻探该井的资本化支出继续暂时资本化，否则应当计入当期损益：

（一）该井已发现足够数量的储量，但要确定其是否属于探明经济可采储量，还需要实施进一步的勘探活动；

（二）进一步的勘探活动已在实施中或已有明确计划并即将实施。

钻井勘探支出已费用化的探井又发现了探明经济可采储量的，已费用化的钻井勘探支出不作调整，重新钻探和完井发生的支出应当予以资本化。

第十五条 非钻井勘探支出于发生时计入当期损益。

第四章 油气开发的会计处理

第十六条 油气开发，是指为了取得探明矿区中的油气而建造或更新井及相关设施的活动。

第十七条 油气开发活动所发生的支出，应当根据其用途分别予以资本化，作为油气开发形成的井及相关设施的成本。

油气开发形成的井及相关设施的成本主要包括：

（一）钻前准备支出，包括前期研究、工程地质调查、工程设计、确定井位、清理井场、修建道路等活动发生的支出；

（二）井的设备购置和建造支出，井的设备包括套管、油管、抽油设备和井口装置等，井的建造包括钻井和完井；

（三）购建提高采收率系统发生的支出；

（四）购建矿区内集输设施、分离处理设施、计量设备、储存设施、各种海上平台、海底及陆上电缆等发生的支出。

第十八条 在探明矿区内，钻井至现有已探明层位的支出，作为油气开发支出；为获取新增探明经济可采储量而继续钻至未探明层位的支出，作为钻井勘探支出，按照本准则第十三条和第十四条处理。

第五章 油气生产的会计处理

第十九条 油气生产，是指将油气从油气藏提取到地表以及在矿区内收集、拉运、处理、现场储存和矿区管理等活动。

第二十条 油气的生产成本包括相关矿区权益折耗、井及相关设施折耗、辅助设备及设施折旧以及操作费用等。操作费用包括油气生产和矿区管理过程中发生的直接和间接费用。

第二十一条 企业应当采用产量法或年限平均法对井及相关设施计提折耗。井及相关设施包括确定发现了探明经济可采储量的探井和开采活动中形成的井，以及与开采活动直接相关的各种设施。采用产量法计提折耗的，折耗额可按照单个矿区计算，也可按照若干具有相同或类似地质构造特征或储层条件的相邻矿区所组成的矿区组计算。计算公式如下：

探明矿区权益折耗额＝探明矿区权益账面价值 × 探明矿区权益折耗率

$$\text{探明矿区权益折耗率} = \frac{\text{探明矿区当期产量}}{\text{探明矿区期末探明经济可采储量} + \text{探明矿区当期产量}}$$

探明已开发经济可采储量，包括矿区的开发井网钻探和配套设施建设完成后已全面投入开采的探明经济可采储量，以及在提高采收率技术所需的设施已建成并已投产后相应增加的可采储量。

第二十二条 地震设备、建造设备、车辆、修理车间、仓库、供应站、通讯设备、办公设施等辅助设备及设施，应当按照《企业会计准则第 4 号——固定资产》处理。

第二十三条 企业承担的矿区废弃处置义务，满足《企业会计准则第 13 号——或有事项》中预计负债确认条件的，应当将该义务确认为预计负债，并相应增加井及相关设施的账面价值。

不符合预计负债确认条件的，在废弃时发生的拆卸、搬移、场地清理等支出，应当计入当期损益。

矿区废弃，是指矿区内的最后一口井停产。

第二十四条 井及相关设施、辅助设备及设施的减值，应当按照《企业会计准则第 8 号——资产减值》处理。

第六章 披 露

第二十五条 企业应当在附注中披露与石油天然气开采活动有关的下列信息：

（一）拥有国内和国外的油气储量年初、年末数据。

（二）当期在国内和国外发生的矿区权益的取得、油气勘探和油气开发各项支出的总额。

（三）探明矿区权益、井及相关设施的账面原值，累计折耗和减值准备累计金额及其计提方法；与油气开采活动相关的辅助设备及设施的账面原价，累计折旧和减值准备累计金额及其计提方法。

27. 企业会计准则第 28 号——会计政策、会计估计变更和差错更正（2006 年发布）

（财会〔2006〕3 号印发）

第一章 总 则

第一条 为了规范企业会计政策的应用，会计政策、会计估计变更和前期差错更正的确认、计量和相关信息的披露，根据《企业会计准则——基本准则》，制定本准则。

第二条 会计政策变更和前期差错更正的所得税影响，适用《企业会计准则第 18 号——所得税》。

第二章 会计政策

第三条 企业应当对相同或者相似的交易或者事项采用相同的会计政策进行处理。但是，其他会计准则另有规定的除外。

会计政策，是指企业在会计确认、计量和报告中所采用的原则、基础和会计处理方法。

第四条 企业采用的会计政策，在每一会计期间和前后各期应当保持一致，不得随意变更。但是，满足下列条件之一的，可以变更会计政策：

（一）法律、行政法规或者国家统一的会计制度等要求变更。

（二）会计政策变更能够提供更可靠、更相关的会计信息。

第五条 下列各项不属于会计政策变更：

（一）本期发生的交易或者事项与以前相比具有本质差别而采用新的会计政策。

（二）对初次发生的或不重要的交易或者事项采用新的会计政策。

第六条 企业根据法律、行政法规或者国家统一的会计制度等要求变更会计政策的，应当按照国家相关会计规定执行。

会计政策变更能够提供更可靠、更相关的会计信息的，应当采用追溯调整法处理，将会计政策变更累积影响数调整列报前期最早期初留存收益，其他相关项目的期初余额和列报前期披露的其他比较数据也应当一并调整，但确定该项会计政策变更累积影响数不切实可行的除外。

追溯调整法，是指对某项交易或事项变更会计政策，视同该项交易或事项初次发生时即采用变更后的会计政策，并以此对财务报表相关项目进行调整的方法。

会计政策变更累积影响数，是指按照变更后的会计政策对以前各期追溯计算的列报前期最早期初留存收益应有金额与现有金额之间的差额。

第七条 确定会计政策变更对列报前期影响数不切实可行的，应当从可追溯调整的最早期间期初开始应用变更后的会计政策。

在当期期初确定会计政策变更对以前各期累积影响数不切实可行的，应当采用未来适用法处理。

未来适用法，是指将变更后的会计政策应用于变更日及以后发生的交易或者事项，或者在会计估计变更当期和未来期间确认会计估计变更影响数的方法。

第三章 会计估计变更

第八条 企业据以进行估计的基础发生了变化，或者由于取得新信息、积累更多经验以及后来的发展变化，可能需要对会计估计进行修订。会计估计变更的依据应当真实、可靠。

会计估计变更，是指由于资产和负债的当前状况及预期经济利益和义务发生了变化，从而对资产或负债的账面价值或者资产的定期消耗金额进行调整。

第九条 企业对会计估计变更应当采用未来适用法处理。

会计估计变更仅影响变更当期的，其影响数应当在变更当期予以确认；既影响变更当期又影响未来期间的，其影响数应当在变更当期和未来期间予以确认。

第十条 企业难以对某项变更区分为会计政策变更或会计估计变更的，应当将其作为会计估计变更处理。

第四章 前期差错更正

第十一条 前期差错，是指由于没有运用或错误运用下列两种信息，而对前期财务报表造成省略漏或错报。

（一）编报前期财务报表时预期能够取得并加以考虑的可靠信息。

（二）前期财务报告批准报出时能够取得的可靠信息。

前期差错通常包括计算错误、应用会计政策错误、疏忽或曲解事实以及舞弊产生的影响以及存货、固定资产盘盈等。

第十二条 企业应当采用追溯重述法更正重要的前期差错，但确定前期差错累积影响数不切实可行的除外。

追溯重述法，是指在发现前期差错时，视同该项前期差错从未发生过，从而对财务报表相关项目进行更正的方法。

第十三条 确定前期差错影响数不切实可行的，可以从可追溯重述的最早期间开始调整留存收益的期初余额，财务报表其他相关项目的期初余额也应当一并调整，也可以采用未来适用法。

第十四条 企业应当在重要的前期差错发现当期的财务报表中，调整前期比较数据。

第五章 披 露

第十五条 企业应当在附注中披露与会计政策变更有关的下列信息：

（一）会计政策变更的性质、内容和原因。

（二）当期和各个列报前期财务报表中受影响的项目名称和调整金额。

（三）无法进行追溯调整的，说明该事实和原因以及开始应用变更后的会计政策的时点、具体应用情况。

第十六条 企业应当在附注中披露与会计估计变更有关的下列信息：

（一）会计估计变更的内容和原因。

（二）会计估计变更对当期和未来期间的影响数。

（三）会计估计变更的影响数不能确定的，披露这一事实和原因。

第十七条 企业应当在附注中披露与前期差错更正有关的下列信息：

（一）前期差错的性质。

（二）各个列报前期财务报表中受影响的项目名称和更正金额。

（三）无法进行追溯重述的，说明该事实和原因以及对前期差错开始进行更正的时点、具体更正情况。

第十八条 在以后期间的财务报表中，不需要重复披露在以前期间的附注中已披露的会计政策变更和前期差错更正的信息。

28.企业会计准则第29号——资产负债表日后事项（2006年发布）

（财会〔2006〕3号印发）

第一章 总 则

第一条 为了规范资产负债表日后事项的确认、计量和相关信息的披露，根据《企业会计准则——基本准则》，制定本准则。

第二条 资产负债表日后事项，是指资产负债表日至财务报告批准报出日之间发生的有利或不利事项。财务报告批准报出日，是指董事会或类似机构批准财务报告报出的日期。

资产负债表日后事项包括资产负债表日后调整事项和资产负债表日后非调整事项。

资产负债表日后调整事项，是指对资产负债表日已经存在的情况提供了新的或进一步证据的事项。

资产负债表日后非调整事项，是指表明资产负债表日后发生的情况的事项。

第三条 资产负债表日后事项表明持续经营假设不再适用的，企业不应当在持续经营基础上编制财务报表。

第二章 资产负债表日后调整事项

第四条 企业发生的资产负债表日后调整事项，应当调整资产负债表日的财务报表。

第五条 企业发生的资产负债表日后调整事项，通常包括下列各项：

（一）资产负债表日后诉讼案件结案，法院判决证实了企业在资产负债表日已经存在现时义务，需要调整原先确认的与该诉讼案件相关的预计负债，或确认一项新负债。

（二）资产负债表日后取得确凿证据，表明某项资产在资产负债表日发生了减值或者需要调整该项资产原先确认的减值金额。

（三）资产负债表日后进一步确定了资产负债表日前购入资产的成本或售出资产的收入。

（四）资产负债表日后发现了财务报表舞弊或差错。

第三章 资产负债表日后非调整事项

第六条 企业发生的资产负债表日后非调整事项，不应当调整资产负债表日的财务报表。

第七条 企业发生的资产负债表日后非调整事项，通常包括下列各项：

（一）资产负债表日后发生重大诉讼、仲裁、承诺。

（二）资产负债表日后资产价格、税收政策、外汇汇率发生重大变化。

（三）资产负债表日后因自然灾害导致资产发生重大损失。

（四）资产负债表日后发行股票和债券以及其他巨额举债。

（五）资产负债表日后资本公积转增资本。

（六）资产负债表日后发生巨额亏损。

（七）资产负债表日后发生企业合并或处置子公司。

第八条 资产负债表日后，企业利润分配方案中拟分配的以及经审议批准宣告发放的股利或利润，不确认为资产负债表日的负债，但应当在附注中单独披露。

第四章 披 露

第九条 企业应当在附注中披露与资产负债表日后事项有关的下列信息：

（一）财务报告的批准报出者和财务报告批准报出日。

按照有关法律、行政法规等规定，企业所有者或其他方面有权对报出的财务报告进行修改的，应当披露这一情况。

（二）每项重要的资产负债表日后非调整事项的性质、内容，及其对财务状况和经营成果的影响。无法做出估计的，应当说明原因。

第十条 企业在资产负债表日后取得了影响资产负债表日存在情况的新的或进一步的证据，应当调整与之相关的披露信息。

29. 企业会计准则第 30 号——财务报表列报（2014 年修订）

（财会〔2014〕7 号印发）

第一章 总 则

第一条 为了规范财务报表的列报，保证同一企业不同期间和同一期间不同企业的财务报表相互可比，根据《企业会计准则——基本准则》，制定本准则。

第二条 财务报表是对企业财务状况、经营成果和现金流量的结构性表述。财务报表至少应当包括下列组成部分：

（一）资产负债表；

（二）利润表；

（三）现金流量表；

（四）所有者权益（或股东权益，下同）变动表；

（五）附注。

财务报表上述组成部分具有同等的重要程度。

第三条 本准则适用于个别财务报表和合并财务报表，以及年度财务报表和中期财务报表，《企业会计准则第32号——中期财务报告》另有规定的除外。合并财务报表的编制和列报，还应遵循《企业会计准则第33号——合并财务报表》；现金流量表的编制和列报，还应遵循《企业会计准则第31号——现金流量表》；其他会计准则的特殊列报要求，适用其他相关会计准则。

第二章 基本要求

第四条 企业应当以持续经营为基础，根据实际发生的交易和事项，按照《企业会计准则——基本准则》和其他各项会计准则的规定进行确认和计量，在此基础上编制财务报表。企业不应以附注披露代替确认和计量，不恰当的确认和计量也不能通过充分披露相关会计政策而纠正。

如果按照各项会计准则规定披露的信息不足以让报表使用者了解特定交易或事项对企业财务状况和经营成果的影响时，企业还应当披露其他的必要信息。

第五条 在编制财务报表的过程中，企业管理层应当利用所有可获得信息来评价企业自报告期末起至少12个月的持续经营能力。

评价时需要考虑宏观政策风险、市场经营风险、企业目前或长期的盈利能力、偿债能力、财务弹性以及企业管理层改变经营政策的意向等因素。

评价结果表明对持续经营能力产生重大怀疑的，企业应当在附注中披露导致对持续经营能力产生重大怀疑的因素以及企业拟采取的改善措施。

第六条 企业如有近期获利经营的历史且有财务资源支持，则通常表明以持续经营为基础编制财务报表是合理的。

企业正式决定或被迫在当期或将在下一个会计期间进行清算或停止营业的，则表明以持续经营为基础编制财务报表不再合理。在这种情况下，企业应当采用其他基础编制财务报表，并在附注中声明财务报表未以持续经营为基础编制的事实、披露未以持续经营为基础编制的原因和财务报表的编制基础。

第七条 除现金流量表按照收付实现制原则编制外，企业应当按照权责发生制原则编制财务报表。

第八条 财务报表项目的列报应当在各个会计期间保持一致，不得随意变更，但下列情况除外：

（一）会计准则要求改变财务报表项目的列报。

（二）企业经营业务的性质发生重大变化或对企业经营影响较大的交易或事项发生后，变更财务报表项目的列报能够提供更可靠、更相关的会计信息。

第九条 性质或功能不同的项目，应当在财务报表中单独列报，但不具有重要性的项目除外。

性质或功能类似的项目，其所属类别具有重要性的，应当按其类别在财务报表中单独列报。

某些项目的重要性程度不足以在资产负债表、利润表、现金流量表或所有者权益变动表中单独列示，但对附注却具有重要性，则应当在附注中单独披露。

第十条 重要性，是指在合理预期下，财务报表某项目的省略或错报会影响使用者据此作出经济决策的，该项目具有重要性。

重要性应当根据企业所处的具体环境，从项目的性质和金额两方面予以判断，且对各项目重要性的判断标准一经确定，不得随意变更。判断项目性质的重要性，应当考虑该项目在性质上是否属于企业日常活动、是否显著影响企业的财务状况、经营成果和现金流量等因素；判断项目金额大小的重要性，应当考虑该项目金额占资产总额、负债总额、所有者权益总额、营业收入总额、营业成本总额、净利润、综合收益总额等直接相关项目金额的比重或所属报表单列项目金额的比重。

第十一条 财务报表中的资产项目和负债项目的金额、收入项目和费用项目的金额、直接计入当期利润的利得项目和损失项目的金额不得相互抵销，但其他会计准则另有规定的除外。

一组类似交易形成的利得和损失应当以净额列示，但具有重要性的除外。

资产或负债项目按扣除备抵项目后的净额列示，不属于抵销。

非日常活动产生的利得和损失，以同一交易形成的收益扣减相关费用后的净额列示更能反映交易实质的，不属于抵销。

第十二条 当期财务报表的列报，至少应当提供所有列报项目上一个可比会计期间的比较数据，以及与理解当期财务报表相关的说明，但其他会计准则另有规定的除外。

根据本准则第八条的规定，财务报表的列报项目发生变更的，应当至少对可比期间的数据按照当期的列报要求进行调整，并在附注中披露调整的原因和性质，以及调整的各项目金额。对可比数据进行调整不切实可行的，应当在附注中披露不能调整的原因。

不切实可行，是指企业在作出所有合理努力后仍然无法采用某项会计准则规定。

第十三条 企业应当在财务报表的显著位置至少披露下列各项：

（一）编报企业的名称。

（二）资产负债表日或财务报表涵盖的会计期间。

（三）人民币金额单位。

（四）财务报表是合并财务报表的，应当予以标明。

第十四条 企业至少应当按年编制财务报表。年度财务报表涵盖的期间短于一年的，应当披露年度财务报表的涵盖期间、短于一年的原因以及报表数据不具可比性的事实。

第十五条 本准则规定在财务报表中单独列报的项目，应当单独列报。其他会计准则规定单独列报的项目，应当增加单独列报项目。

第三章 资产负债表

第十六条 资产和负债应当分别流动资产和非流动资产、流动负债和非流动负债列示。

金融企业等销售产品或提供服务不具有明显可识别营业周期的企业，其各项资产或负债按照流动性列示能够提供可靠且更相关信息的，可以按照其流动性顺序列示。从事多种经营的企业，其部分资产或负债按照流动和非流动列报、其他部分资产或负债按照流动性列示能够提供可靠且更相关信息的，可以采用混合的列报方式。

对于同时包含资产负债表日后一年内（含一年，下同）和一年之后预期将收回或清偿金额的资产和负债单列项目，企业应当披露超过一年后预期收回或清偿的金额。

第十七条 资产满足下列条件之一的，应当归类为流动资产：

（一）预计在一个正常营业周期中变现、出售或耗用。

（二）主要为交易目的而持有。

（三）预计在资产负债表日起一年内变现。

（四）自资产负债表日起一年内，交换其他资产或清偿负债的能力不受限制的现金或现金等价物。

正常营业周期，是指企业从购买用于加工的资产起至实现现金或现金等价物的期间。正常营业周期通常短于一年。因生产周期较长等导致正常营业周期长于一年的，尽管相关资产往往超过一年才变现、出售或耗用，仍应当划分为流动资产。正常营业周期不能确定的，应当以一年（12个月）作为正常营业周期。

第十八条 流动资产以外的资产应当归类为非流动资产，并应按其性质分类列示。被划分为持有待售的非流动资产应当归类为流动资产。

第十九条 负债满足下列条件之一的，应当归类为流动负债：

（一）预计在一个正常营业周期中清偿。

（二）主要为交易目的而持有。

（三）自资产负债表日起一年内到期应予以清偿。

（四）企业无权自主地将清偿推迟至资产负债表日后一年以上。负债在其对手方选择的情况下可通过发行权益进行清偿的条款与负债的流动性划分无关。

企业对资产和负债进行流动性分类时，应当采用相同的正常营业周期。企业正常营业周期中的经营性负债项目即使在资产负债表日后超过一年才予清偿的，仍应当划分为流动负债。经营性负债项目包括应付账款、应付职工薪酬等，这些项目属于企业正常营业周期中使用的营运资金的一部分。

第二十条 流动负债以外的负债应当归类为非流动负债，并应当按其性质分类列示。被划分为持有待售的非流动负债应当归类为流动负债。

第二十一条 对于在资产负债表日起一年内到期的负债，企业有意图且有能力自主地将清偿义务展期至资产负债表日后一年以上的，应当归类为非流动负债；不能自主地将清偿义务展期的，即使在资产负债表日后、财务报告批准报出日前签订了重新安排清偿计划协议，该项负债仍应当归类为流动负债。

第二十二条 企业在资产负债表日或之前违反了长期借款协议，导致贷款人可随时要求清偿的负债，应当归类为流动负债。

贷款人在资产负债表日或之前同意提供在资产负债表日后一年以上的宽限期，在此期限内企业能够改正违约行为，且贷款人不能要求随时清偿的，该项负债应当归类为非流动负债。

其他长期负债存在类似情况的，比照上述第一款和第二款处理。

第二十三条 资产负债表中的资产类至少应当单独列示反映下列信息的项目：

（一）货币资金；

（二）以公允价值计量且其变动计入当期损益的金融资产；

（三）应收款项；

（四）预付款项；

（五）存货；

（六）被划分为持有待售的非流动资产及被划分为持有待售的处置组中的资产；

（七）可供出售金融资产；

（八）持有至到期投资；

（九）长期股权投资；

（十）投资性房地产；

（十一）固定资产；

（十二）生物资产；

（十三）无形资产；

（十四）递延所得税资产。

第二十四条 资产负债表中的资产类至少应当包括流动资产和非流动资产的合计项目，

按照企业的经营性质不切实可行的除外。

第二十五条　资产负债表中的负债类至少应当单独列示反映下列信息的项目：

（一）短期借款；

（二）以公允价值计量且其变动计入当期损益的金融负债；

（三）应付款项；

（四）预收款项；

（五）应付职工薪酬；

（六）应交税费；

（七）被划分为持有待售的处置组中的负债；

（八）长期借款；

（九）应付债券；

（十）长期应付款；

（十一）预计负债；

（十二）递延所得税负债。

第二十六条　资产负债表中的负债类至少应当包括流动负债、非流动负债和负债的合计项目，按照企业的经营性质不切实可行的除外。

第二十七条　资产负债表中的所有者权益类至少应当单独列示反映下列信息的项目：

（一）实收资本（或股本，下同）；

（二）资本公积；

（三）盈余公积；

（四）未分配利润。

在合并资产负债表中，应当在所有者权益类单独列示少数股东权益。

第二十八条　资产负债表中的所有者权益类应当包括所有者权益的合计项目。

第二十九条　资产负债表应当列示资产总计项目，负债和所有者权益总计项目。

第四章　利　润　表

第三十条　企业在利润表中应当对费用按照功能分类，分为从事经营业务发生的成本、管理费用、销售费用和财务费用等。

第三十一条　利润表至少应当单独列示反映下列信息的项目，但其他会计准则另有规定的除外：

（一）营业收入；

（二）营业成本；

（三）营业税金及附加；

（四）管理费用；

（五）销售费用；

（六）财务费用；

（七）投资收益；

（八）公允价值变动损益；

（九）资产减值损失；

（十）非流动资产处置损益；

（十一）所得税费用；

（十二）净利润；

（十三）其他综合收益各项目分别扣除所得税影响后的净额；

（十四）综合收益总额。

金融企业可以根据其特殊性列示利润表项目。

第三十二条 综合收益,是指企业在某一期间除与所有者以其所有者身份进行的交易之外的其他交易或事项所引起的所有者权益变动。综合收益总额项目反映净利润和其他综合收益扣除所得税影响后的净额相加后的合计金额。

第三十三条 其他综合收益,是指企业根据其他会计准则规定未在当期损益中确认的各项利得和损失。

其他综合收益项目应当根据其他相关会计准则的规定分为下列两类列报:

(一)以后会计期间不能重分类进损益的其他综合收益项目,主要包括重新计量设定受益计划净负债或净资产导致的变动、按照权益法核算的在被投资单位以后会计期间不能重分类进损益的其他综合收益中所享有的份额等;

(二)以后会计期间在满足规定条件时将重分类进损益的其他综合收益项目,主要包括按照权益法核算的在被投资单位以后会计期间在满足规定条件时将重分类进损益的其他综合收益中所享有的份额、可供出售金融资产公允价值变动形成的利得或损失、持有至到期投资重分类为可供出售金融资产形成的利得或损失、现金流量套期工具产生的利得或损失中属于有效套期的部分、外币财务报表折算差额等。

第三十四条 在合并利润表中,企业应当在净利润项目之下单独列示归属于母公司所有者的损益和归属于少数股东的损益,在综合收益总额项目之下单独列示归属于母公司所有者的综合收益总额和归属于少数股东的综合收益总额。

第五章 所有者权益变动表

第三十五条 所有者权益变动表应当反映构成所有者权益的各组成部分当期的增减变动情况。综合收益和与所有者(或股东,下同)的资本交易导致的所有者权益的变动,应当分别列示。

与所有者的资本交易,是指企业与所有者以其所有者身份进行的、导致企业所有者权益变动的交易。

第三十六条 所有者权益变动表至少应当单独列示反映下列信息的项目:

(一)综合收益总额,在合并所有者权益变动表中还应单独列示归属于母公司所有者的综合收益总额和归属于少数股东的综合收益总额;

(二)会计政策变更和前期差错更正的累积影响金额;

(三)所有者投入资本和向所有者分配利润等;

(四)按照规定提取的盈余公积;

(五)所有者权益各组成部分的期初和期末余额及其调节情况。

第六章 附 注

第三十七条 附注是对在资产负债表、利润表、现金流量表和所有者权益变动表等报表中列示项目的文字描述或明细资料,以及对未能在这些报表中列示项目的说明等。

第三十八条 附注应当披露财务报表的编制基础,相关信息应当与资产负债表、利润表、现金流量表和所有者权益变动表等报表中列示的项目相互参照。

第三十九条 附注一般应当按照下列顺序至少披露:

(一)企业的基本情况。

1. 企业注册地、组织形式和总部地址。

2. 企业的业务性质和主要经营活动。

3. 母公司以及集团最终母公司的名称。

4.财务报告的批准报出者和财务报告批准报出日，或者以签字人及其签字日期为准。

5.营业期限有限的企业，还应当披露有关其营业期限的信息。

（二）财务报表的编制基础。

（三）遵循企业会计准则的声明。

企业应当声明编制的财务报表符合企业会计准则的要求，真实、完整地反映了企业的财务状况、经营成果和现金流量等有关信息。

（四）重要会计政策和会计估计。

重要会计政策的说明，包括财务报表项目的计量基础和在运用会计政策过程中所做的重要判断等。重要会计估计的说明，包括可能导致下一个会计期间内资产、负债账面价值重大调整的会计估计的确定依据等。

企业应当披露采用的重要会计政策和会计估计，并结合企业的具体实际披露其重要会计政策的确定依据和财务报表项目的计量基础，及其会计估计所采用的关键假设和不确定因素。

（五）会计政策和会计估计变更以及差错更正的说明。

企业应当按照《企业会计准则第28号——会计政策、会计估计变更和差错更正》的规定，披露会计政策和会计估计变更以及差错更正的情况。

（六）报表重要项目的说明。

企业应当按照资产负债表、利润表、现金流量表、所有者权益变动表及其项目列示的顺序，对报表重要项目的说明采用文字和数字描述相结合的方式进行披露。报表重要项目的明细金额合计，应当与报表项目金额相衔接。

企业应当在附注中披露费用按照性质分类的利润表补充资料，可将费用分为耗用的原材料、职工薪酬费用、折旧费用、摊销费用等。

（七）或有和承诺事项、资产负债表日后非调整事项、关联方关系及其交易等需要说明的事项。

（八）有助于财务报表使用者评价企业管理资本的目标、政策及程序的信息。

第四十条 企业应当在附注中披露下列关于其他综合收益各项目的信息：

（一）其他综合收益各项目及其所得税影响；

（二）其他综合收益各项目原计入其他综合收益、当期转出计入当期损益的金额；

（三）其他综合收益各项目的期初和期末余额及其调节情况。

第四十一条 企业应当在附注中披露终止经营的收入、费用、利润总额、所得税费用和净利润，以及归属于母公司所有者的终止经营利润。

第四十二条 终止经营，是指满足下列条件之一的已被企业处置或被企业划归为持有待售的、在经营和编制财务报表时能够单独区分的组成部分：

（一）该组成部分代表一项独立的主要业务或一个主要经营地区。

（二）该组成部分是拟对一项独立的主要业务或一个主要经营地区进行处置计划的一部分。

（三）该组成部分是仅仅为了再出售而取得的子公司。

同时满足下列条件的企业组成部分（或非流动资产，下同）应当确认为持有待售：该组成部分必须在其当前状况下仅根据出售此类组成部分的惯常条款即可立即出售；企业已经就处置该组成部分作出决议，如按规定需得到股东批准的，应当已经取得股东大会或相应权力机构的批准；企业已经与受让方签订了不可撤销的转让协议；该项转让将在一年内完成。

第四十三条 企业应当在附注中披露在资产负债表日后、财务报告批准报出日前提议或宣布发放的股利总额和每股股利金额（或向投资者分配的利润总额）。

第七章 衔接规定

第四十四条 在本准则施行日之前已经执行企业会计准则的企业，应当按照本准则调整财务报表的列报项目；涉及有关报表和附注比较数据的，也应当做相应调整，调整不切实可行的除外。

第八章 附　则

第四十五条 本准则自 2014 年 7 月 1 日起施行。

30. 企业会计准则第 31 号——现金流量表（2006 年发布）

（财会〔2006〕3 号印发）

第一章 总　则

第一条 为了规范现金流量表的编制和列报，根据《企业会计准则——基本准则》，制定本准则。

第二条 现金流量表，是指反映企业在一定会计期间现金和现金等价物流入和流出的报表。

现金，是指企业库存现金以及可以随时用于支付的存款。

现金等价物，是指企业持有的期限短、流动性强、易于转换为已知金额现金、价值变动风险很小的投资。

本准则提及现金时，除非同时提及现金等价物，均包括现金和现金等价物。

第三条 合并现金流量表的编制和列报，适用《企业会计准则第 33 号——合并财务报表》。

第二章 基本要求

第四条 现金流量表应当分别经营活动、投资活动和筹资活动列报现金流量。

第五条 现金流量应当分别按照现金流入和现金流出总额列报。

但是，下列各项可以按照净额列报：

（一）代客户收取或支付的现金。

（二）周转快、金额大、期限短项目的现金流入和现金流出。

（三）金融企业的有关项目，包括短期贷款发放与收回的贷款本金、活期存款的吸收与支付、同业存款和存放同业款项的存取、向其他金融企业拆借资金以及证券的买入与卖出等。

第六条 自然灾害损失、保险索赔等特殊项目，应当根据其性质，分别归并到经营活动、投资活动和筹资活动现金流量类别中单独列报。

第七条 外币现金流量以及境外子公司的现金流量，应当采用现金流量发生日的即期汇率或按照系统合理的方法确定的、与现金流量发生日即期汇率近似的汇率折算。汇率变动对现金的影响额应当作为调节项目，在现金流量表中单独列报。

第三章 经营活动现金流量

第八条 企业应当采用直接法列示经营活动产生的现金流量。

经营活动，是指企业投资活动和筹资活动以外的所有交易和事项。

直接法，是指通过现金收入和现金支出的主要类别列示经营活动的现金流量。

第九条 有关经营活动现金流量的信息，可以通过下列途径之一取得：

（一）企业的会计记录。
（二）根据下列项目对利润表中的营业收入、营业成本以及其他项目进行调整：
1. 当期存货及经营性应收和应付项目的变动；
2. 固定资产折旧、无形资产摊销、计提资产减值准备等其他非现金项目；
3. 属于投资活动或筹资活动现金流量的其他非现金项目。

第十条 经营活动产生的现金流量至少应当单独列示反映下列信息的项目：
（一）销售商品、提供劳务收到的现金；
（二）收到的税费返还；
（三）收到其他与经营活动有关的现金；
（四）购买商品、接受劳务支付的现金；
（五）支付给职工以及为职工支付的现金；
（六）支付的各项税费；
（七）支付其他与经营活动有关的现金。

第十一条 金融企业可以根据行业特点和现金流量实际情况，合理确定经营活动现金流量项目的类别。

第四章　投资活动现金流量

第十二条 投资活动，是指企业长期资产的购建和不包括在现金等价物范围的投资及其处置活动。

第十三条 投资活动产生的现金流量至少应当单独列示反映下列信息的项目：
（一）收回投资收到的现金；
（二）取得投资收益收到的现金；
（三）处置固定资产、无形资产和其他长期资产收回的现金净额；
（四）处置子公司及其他营业单位收到的现金净额；
（五）收到其他与投资活动有关的现金；
（六）购建固定资产、无形资产和其他长期资产支付的现金；
（七）投资支付的现金；
（八）取得子公司及其他营业单位支付的现金净额；
（九）支付其他与投资活动有关的现金。

第五章　筹资活动现金流量

第十四条 筹资活动，是指导致企业资本及债务规模和构成发生变化的活动。

第十五条 筹资活动产生的现金流量至少应当单独列示反映下列信息的项目：
（一）吸收投资收到的现金；
（二）取得借款收到的现金；
（三）收到其他与筹资活动有关的现金；
（四）偿还债务支付的现金；
（五）分配股利、利润或偿付利息支付的现金；
（六）支付其他与筹资活动有关的现金。

第六章　披　　露

第十六条 企业应当在附注中披露将净利润调节为经营活动现金流量的信息。至少应当单独披露对净利润进行调节的下列项目：
（一）资产减值准备；

（二）固定资产折旧；
（三）无形资产摊销；
（四）长期待摊费用摊销；
（五）待摊费用；
（六）预提费用；
（七）处置固定资产、无形资产和其他长期资产的损益；
（八）固定资产报废损失；
（九）公允价值变动损益；
（十）财务费用；
（十一）投资损益；
（十二）递延所得税资产和递延所得税负债；
（十三）存货；
（十四）经营性应收项目；
（十五）经营性应付项目。

第十七条　企业应当在附注中以总额披露当期取得或处置子公司及其他营业单位的下列信息：
（一）取得或处置价格；
（二）取得或处置价格中以现金支付的部分；
（三）取得或处置子公司及其他营业单位收到的现金；
（四）取得或处置子公司及其他营业单位按照主要类别分类的非现金资产和负债。

第十八条　企业应当在附注中披露不涉及当期现金收支、但影响企业财务状况或在未来可能影响企业现金流量的重大投资和筹资活动。

第十九条　企业应当在附注中披露与现金和现金等价物有关的下列信息：
（一）现金和现金等价物的构成及其在资产负债表中的相应金额。
（二）企业持有但不能由母公司或集团内其他子公司使用的大额现金和现金等价物金额。

31. 企业会计准则第 32 号——中期财务报告（2006 年发布）

（财会〔2006〕3 号印发）

第一章　总　　则

第一条　为了规范中期财务报告的内容和编制中期财务报告应当遵循的确认与计量原则，根据《企业会计准则——基本准则》，制定本准则。

第二条　中期财务报告，是指以中期为基础编制的财务报告。
中期，是指短于一个完整的会计年度的报告期间。

第二章　中期财务报告的内容

第三条　中期财务报告至少应当包括资产负债表、利润表、现金流量表和附注。
中期资产负债表、利润表和现金流量表应当是完整报表，其格式和内容应当与上年度财务报表相一致。
当年新施行的会计准则对财务报表格式和内容作了修改的，中期财务报表应当按照修改后的报表格式和内容编制，上年度比较财务报表的格式和内容，也应作相应调整。
基本每股收益和稀释每股收益应当在中期利润表中单独列示。

第四条 上年度编制合并财务报表的,中期期末应当编制合并财务报表。

上年度财务报告除了包括合并财务报表,还包括母公司财务报表的,中期财务报告也应当包括母公司财务报表。

上年度财务报告包括了合并财务报表,但报告中期内处置了所有应当纳入合并范围的子公司的,中期财务报告只需提供母公司财务报表,但上年度比较财务报表仍应当包括合并财务报表,上年度可比中期没有子公司的除外。

第五条 中期财务报告应当按照下列规定提供比较财务报表:

(一)本中期末的资产负债表和上年度末的资产负债表。

(二)本中期的利润表、年初至本中期末的利润表以及上年度可比期间的利润表。

(三)年初至本中期末的现金流量表和上年度年初至可比本中期末的现金流量表。

第六条 财务报表项目在报告中期作了调整或者修订的,上年度比较财务报表项目有关金额应当按照本年度中期财务报表的要求重新分类,并在附注中说明重新分类的原因及其内容,无法重新分类的,应当在附注中说明不能重新分类的原因。

第七条 中期财务报告中的附注应当以年初至本中期末为基础编制,披露自上年度资产负债表日之后发生的,有助于理解企业财务状况、经营成果和现金流量变化情况的重要交易或者事项。

对于理解本中期财务状况、经营成果和现金流量有关的重要交易或者事项,也应当在附注中作相应披露。

第八条 中期财务报告中的附注至少应当包括下列信息:

(一)中期财务报表所采用的会计政策与上年度财务报表相一致的声明。

会计政策发生变更的,应当说明会计政策变更的性质、内容、原因及其影响数;无法进行追溯调整的,应当说明原因。

(二)会计估计变更的内容、原因及其影响数;影响数不能确定的,应当说明原因。

(三)前期差错的性质及其更正金额;无法进行追溯重述的,应当说明原因。

(四)企业经营的季节性或者周期性特征。

(五)存在控制关系的关联方发生变化的情况;关联方之间发生交易的,应当披露关联方关系的性质、交易类型和交易要素。

(六)合并财务报表的合并范围发生变化的情况。

(七)对性质特别或者金额异常的财务报表项目的说明。

(八)证券发行、回购和偿还情况。

(九)向所有者分配利润的情况,包括在中期内实施的利润分配和已提出或者已批准但尚未实施的利润分配情况。

(十)根据《企业会计准则第35号——分部报告》规定应当披露分部报告信息的,应当披露主要报告形式的分部收入与分部利润(亏损)。

(十一)中期资产负债表日至中期财务报告批准报出日之间发生的非调整事项。

(十二)上年度资产负债表日以后所发生的或有负债和或有资产的变化情况。

(十三)企业结构变化情况,包括企业合并,对被投资单位具有重大影响、共同控制或者控制关系的长期股权投资的购买或者处置,终止经营等。

(十四)其他重大交易或者事项,包括重大的长期资产转让及其出售情况、重大的固定资产和无形资产取得情况、重大的研究和开发支出、重大的资产减值损失情况等。

企业在提供上述(五)和(十)有关关联交易、分部收入与分部利润(亏损)信息时,应当同时提供本中期(或者本中期末)和本年度年初至本中期末的数据,以及上年度可比本中期(或者可比期末)和可比年初至本中期末的比较数据。

第九条 企业在确认、计量和报告各中期财务报表项目时,对项目重要性程度的判断,应当以中期财务数据为基础，不应以年度财务数据为基础。中期会计计量与年度财务数据相比，可在更大程度上依赖于估计，但是，企业应当确保所提供的中期财务报告包括了相关的重要信息。

第十条 在同一会计年度内，以前中期财务报告中报告的某项估计金额在最后一个中期发生了重大变更、企业又不单独编制该中期财务报告的，应当在年度财务报告的附注中披露该项估计变更的内容、原因及其影响金额。

第三章 确认和计量

第十一条 企业在中期财务报表中应当采用与年度财务报表相一致的会计政策。

上年度资产负债表日之后发生了会计政策变更，且变更后的会计政策将在年度财务报表中采用的，中期财务报表应当采用变更后的会计政策，并按照本准则第十四条的规定处理。

第十二条 中期会计计量应当以年初至本中期末为基础，财务报告的频率不应当影响年度结果的计量。

在同一会计年度内，以前中期财务报表项目在以后中期发生了会计估计变更的，以后中期财务报表应当反映该会计估计变更后的金额，但对以前中期财务报表项目金额不作调整。同时，该会计估计变更应当按照本准则第八条（二）或者第十条的规定在附注中作相应披露。

第十三条 企业取得的季节性、周期性或者偶然性收入，应当在发生时予以确认和计量，不应在中期财务报表中预计或者递延，但会计年度末允许预计或者递延的除外。

企业在会计年度中不均匀发生的费用，应当在发生时予以确认和计量，不应在中期财务报表中预提或者待摊，但会计年度末允许预提或者待摊的除外。

第十四条 企业在中期发生了会计政策变更的，应当按照《企业会计准则第28号——会计政策、会计估计变更和差错更正》处理，并按照本准则第八条（一）的规定在附注中作相应披露。

会计政策变更的累积影响数能够合理确定，且涉及本会计年度以前中期财务报表相关项目数字的，应当予以追溯调整，视同该会计政策在整个会计年度一贯采用；同时，上年度可比财务报表也应当作相应调整。

32. 企业会计准则第33号——合并财务报表（2014年修订）

（财会〔2014〕10号印发）

第一章 总则

第一条 为了规范合并财务报表的编制和列报，根据《企业会计准则——基本准则》，制定本准则。

第二条 合并财务报表，是指反映母公司和其全部子公司形成的企业集团整体财务状况、经营成果和现金流量的财务报表。母公司，是指控制一个或一个以上主体（含企业、被投资单位中可分割的部分，以及企业所控制的结构化主体等，下同）的主体。子公司，是指被母公司控制的主体。

第三条 合并财务报表至少应当包括下列组成部分：

（一）合并资产负债表；

（二）合并利润表；

（三）合并现金流量表；

（四）合并所有者权益（或股东权益，下同）变动表；

（五）附注。

企业集团中期期末编制合并财务报表的，至少应当包括合并资产负债表、合并利润表、合并现金流量表和附注。

第四条 母公司应当编制合并财务报表。如果母公司是投资性主体，且不存在为其投资活动提供相关服务的子公司，则不应当编制合并财务报表，该母公司按照本准则第二十一条规定以公允价值计量其对所有子公司的投资，且公允价值变动计入当期损益。

第五条 外币财务报表折算，适用《企业会计准则第 19 号——外币折算》和《企业会计准则第 31 号——现金流量表》。

第六条 关于在子公司权益的披露，适用《企业会计准则第 41 号——在其他主体中权益的披露》。

第二章　合并范围

第七条 合并财务报表的合并范围应当以控制为基础予以确定。

控制，是指投资方拥有对被投资方的权力，通过参与被投资方的相关活动而享有可变回报，并且有能力运用对被投资方的权力影响其回报金额。

本准则所称相关活动，是指对被投资方的回报产生重大影响的活动。被投资方的相关活动应当根据具体情况进行判断，通常包括商品或劳务的销售和购买、金融资产的管理、资产的购买和处置、研究与开发活动以及融资活动等。

第八条 投资方应当在综合考虑所有相关事实和情况的基础上对是否控制被投资方进行判断。一旦相关事实和情况的变化导致对控制定义所涉及的相关要素发生变化的，投资方应当进行重新评估。相关事实和情况主要包括：

（一）被投资方的设立目的。

（二）被投资方的相关活动以及如何对相关活动作出决策。

（三）投资方享有的权利是否使其目前有能力主导被投资方的相关活动。

（四）投资方是否通过参与相关活动而享有可变回报。

（五）投资方是否有能力运用对被投资方的权力影响其回报金额。

（六）投资方与其他方的关系。

第九条 投资方享有现时权利使其目前有能力主导被投资方的相关活动，而不论其是否实际行使该权利，视为投资方拥有对被投资方的权力。

第十条 两个或两个以上投资方分别享有能够单方面主导被投资方不同相关活动的现时权利的，能够主导对被投资方回报产生最重大影响的活动的一方拥有对被投资方的权力。

第十一条 投资方在判断是否拥有对被投资方的权力时，应当仅考虑与被投资方相关的实质性权利，包括自身所享有的实质性权利以及其他方所享有的实质性权利。

实质性权利，是指持有人在对相关活动进行决策时有实际能力行使的可执行权利。判断一项权利是否为实质性权利，应当综合考虑所有相关因素，包括权利持有人行使该项权利是否存在财务、价格、条款、机制、信息、运营、法律法规等方面的障碍；当权利由多方持有或者行权需要多方同意时，是否存在实际可行的机制使得这些权利持有人在其愿意的情况下能够一致行权；权利持有人能否从行权中获利等。

某些情况下，其他方享有的实质性权利有可能会阻止投资方对被投资方的控制。这种实质性权利既包括提出议案以供决策的主动性权利，也包括对已提出议案作出决策的被动性权利。

第十二条 仅享有保护性权利的投资方不拥有对被投资方的权力。

保护性权利，是指仅为了保护权利持有人利益却没有赋予持有人对相关活动决策权的一项权利。保护性权利通常只能在被投资方发生根本性改变或某些例外情况发生时才能够行使，它既没有赋予其持有人对被投资方拥有权力，也不能阻止其他方对被投资方拥有权力。

第十三条　除非有确凿证据表明其不能主导被投资方相关活动，下列情况，表明投资方对被投资方拥有权力：

（一）投资方持有被投资方半数以上的表决权的。

（二）投资方持有被投资方半数或以下的表决权，但通过与其他表决权持有人之间的协议能够控制半数以上表决权的。

第十四条　投资方持有被投资方半数或以下的表决权，但综合考虑下列事实和情况后，判断投资方持有的表决权足以使其目前有能力主导被投资方相关活动的，视为投资方对被投资方拥有权力：

（一）投资方持有的表决权相对于其他投资方持有的表决权份额的大小，以及其他投资方持有表决权的分散程度。

（二）投资方和其他投资方持有的被投资方的潜在表决权，如可转换公司债券、可执行认股权证等。

（三）其他合同安排产生的权利。

（四）被投资方以往的表决权行使情况等其他相关事实和情况。

第十五条　当表决权不能对被投资方的回报产生重大影响时，如仅与被投资方的日常行政管理活动有关，并且被投资方的相关活动由合同安排所决定，投资方需要评估这些合同安排，以评价其享有的权利是否足够使其拥有对被投资方的权力。

第十六条　某些情况下，投资方可能难以判断其享有的权利是否足以使其拥有对被投资方的权力。在这种情况下，投资方应当考虑其具有实际能力以单方面主导被投资方相关活动的证据，从而判断其是否拥有对被投资方的权力。投资方应考虑的因素包括但不限于下列事项：

（一）投资方能否任命或批准被投资方的关键管理人员。

（二）投资方能否出于其自身利益决定或否决被投资方的重大交易。

（三）投资方能否掌控被投资方董事会等类似权力机构成员的任命程序，或者从其他表决权持有人手中获得代理权。

（四）投资方与被投资方的关键管理人员或董事会等类似权力机构中的多数成员是否存在关联方关系。

投资方与被投资方之间存在某种特殊关系的，在评价投资方是否拥有对被投资方的权力时，应当适当考虑这种特殊关系的影响。特殊关系通常包括：被投资方的关键管理人员是投资方的现任或前任职工、被投资方的经营依赖于投资方、被投资方活动的重大部分有投资方参与其中或者是以投资方的名义进行、投资方自被投资方承担可变回报的风险或享有可变回报的收益远超过其持有的表决权或其他类似权利的比例等。

第十七条　投资方自被投资方取得的回报可能会随着被投资方业绩而变动的，视为享有可变回报。投资方应当基于合同安排的实质而非回报的法律形式对回报的可变性进行评价。

第十八条　投资方在判断是否控制被投资方时，应当确定其自身是以主要责任人还是代理人的身份行使决策权，在其他方拥有决策权的情况下，还需要确定其他方是否以其代理人的身份代为行使决策权。

代理人仅代表主要责任人行使决策权，不控制被投资方。投资方将被投资方相关活动的决策权委托给代理人的，应当将该决策权视为自身直接持有。

第十九条　在确定决策者是否为代理人时，应当综合考虑该决策者与被投资方以及其他投资方之间的关系。

（一）存在单独一方拥有实质性权利可以无条件罢免决策者的，该决策者为代理人。

（二）除（一）以外的情况下，应当综合考虑决策者对被投资方的决策权范围、其他方享有的实质性权利、决策者的薪酬水平、决策者因持有被投资方中的其他权益所承担可变回报的风险等相关因素进行判断。

第二十条　投资方通常应当对是否控制被投资方整体进行判断。但极个别情况下，有确凿证据表明同时满足下列条件并且符合相关法律法规规定的，投资方应当将被投资方的一部分（以下简称"该部分"）视为被投资方可分割的部分（单独主体），进而判断是否控制该部分（单独主体）。

（一）该部分的资产是偿付该部分负债或该部分其他权益的唯一来源，不能用于偿还该部分以外的被投资方的其他负债；

（二）除与该部分相关的各方外，其他方不享有与该部分资产相关的权利，也不享有与该部分资产剩余现金流量相关的权利。

第二十一条　母公司应当将其全部子公司（包括母公司所控制的单独主体）纳入合并财务报表的合并范围。

如果母公司是投资性主体，则母公司应当仅将为其投资活动提供相关服务的子公司（如有）纳入合并范围并编制合并财务报表；其他子公司不应当予以合并，母公司对其他子公司的投资应当按照公允价值计量且其变动计入当期损益。

第二十二条　当母公司同时满足下列条件时，该母公司属于投资性主体：

（一）该公司是以向投资者提供投资管理服务为目的，从一个或多个投资者处获取资金；

（二）该公司的唯一经营目的，是通过资本增值、投资收益或两者兼有而让投资者获得回报；

（三）该公司按照公允价值对几乎所有投资的业绩进行考量和评价。

第二十三条　母公司属于投资性主体的，通常情况下应当符合下列所有特征：

（一）拥有一个以上投资；

（二）拥有一个以上投资者；

（三）投资者不是该主体的关联方；

（四）其所有者权益以股权或类似权益方式存在。

第二十四条　投资性主体的母公司本身不是投资性主体，则应当将其控制的全部主体，包括那些通过投资性主体所间接控制的主体，纳入合并财务报表范围。

第二十五条　当母公司由非投资性主体转变为投资性主体时，除仅将为其投资活动提供相关服务的子公司纳入合并财务报表范围编制合并财务报表外，企业自转变日起对其他子公司不再予以合并，并参照本准则第四十九条的规定，按照视同在转变日处置子公司但保留剩余股权的原则进行会计处理。

当母公司由投资性主体转变为非投资性主体时，应将原未纳入合并财务报表范围的子公司于转变日纳入合并财务报表范围，原未纳入合并财务报表范围的子公司在转变日的公允价值视同为购买的交易对价。

第三章　合并程序

第二十六条　母公司应当以自身和其子公司的财务报表为基础，根据其他有关资料，编制合并财务报表。

母公司编制合并财务报表，应当将整个企业集团视为一个会计主体，依据相关企业会计准则的确认、计量和列报要求，按照统一的会计政策，反映企业集团整体财务状况、经营成果和现金流量。

（一）合并母公司与子公司的资产、负债、所有者权益、收入、费用和现金流等项目。

（二）抵销母公司对子公司的长期股权投资与母公司在子公司所有者权益中所享有的

份额。

（三）抵销母公司与子公司、子公司相互之间发生的内部交易的影响。内部交易表明相关资产发生减值损失的，应当全额确认该部分损失。

（四）站在企业集团角度对特殊交易事项予以调整。

第二十七条 母公司应当统一子公司所采用的会计政策，使子公司采用的会计政策与母公司保持一致。

子公司所采用的会计政策与母公司不一致的，应当按照母公司的会计政策对子公司财务报表进行必要的调整；或者要求子公司按照母公司的会计政策另行编报财务报表。

第二十八条 母公司应当统一子公司的会计期间，使子公司的会计期间与母公司保持一致。

子公司的会计期间与母公司不一致的，应当按照母公司的会计期间对子公司财务报表进行调整；或者要求子公司按照母公司的会计期间另行编报财务报表。

第二十九条 在编制合并财务报表时，子公司除了应当向母公司提供财务报表外，还应当向母公司提供下列有关资料：

（一）采用的与母公司不一致的会计政策及其影响金额；

（二）与母公司不一致的会计期间的说明；

（三）与母公司、其他子公司之间发生的所有内部交易的相关资料；

（四）所有者权益变动的有关资料；

（五）编制合并财务报表所需要的其他资料。

第一节 合并资产负债表

第三十条 合并资产负债表应当以母公司和子公司的资产负债表为基础，在抵销母公司与子公司、子公司相互之间发生的内部交易对合并资产负债表的影响后，由母公司合并编制。

（一）母公司对子公司的长期股权投资与母公司在子公司所有者权益中所享有的份额应当相互抵销，同时抵销相应的长期股权投资减值准备。

子公司持有母公司的长期股权投资，应当视为企业集团的库存股，作为所有者权益的减项，在合并资产负债表中所有者权益项目下以"减：库存股"项目列示。

子公司相互之间持有的长期股权投资，应当比照母公司对子公司的股权投资的抵销方法，将长期股权投资与其对应的子公司所有者权益中所享有的份额相互抵销。

（二）母公司与子公司、子公司相互之间的债权与债务项目应当相互抵销，同时抵销相应的减值准备。

（三）母公司与子公司、子公司相互之间销售商品（或提供劳务，下同）或其他方式形成的存货、固定资产、工程物资、在建工程、无形资产等所包含的未实现内部销售损益应当抵销。

对存货、固定资产、工程物资、在建工程和无形资产等计提的跌价准备或减值准备与未实现内部销售损益相关的部分应当抵销。

（四）母公司与子公司、子公司相互之间发生的其他内部交易对合并资产负债表的影响应当抵销。

（五）因抵销未实现内部销售损益导致合并资产负债表中资产、负债的账面价值与其在所属纳税主体的计税基础之间产生暂时性差异的，在合并资产负债表中应当确认递延所得税资产或递延所得税负债，同时调整合并利润表中的所得税费用，但与直接计入所有者权益的交易或事项及企业合并相关的递延所得税除外。

第三十一条 子公司所有者权益中不属于母公司的份额，应当作为少数股东权益，在合并资产负债表中所有者权益项目下以"少数股东权益"项目列示。

第三十二条 母公司在报告期内因同一控制下企业合并增加的子公司以及业务，编制合并资产负债表时，应当调整合并资产负债表的期初数，同时应当对比较报表的相关项目进行调整，视同合并后的报告主体自最终控制方开始控制时点起一直存在。

因非同一控制下企业合并或其他方式增加的子公司以及业务，编制合并资产负债表时，不应当调整合并资产负债表的期初数。

第三十三条 母公司在报告期内处置子公司以及业务，编制合并资产负债表时，不应当调整合并资产负债表的期初数。

第二节 合并利润表

第三十四条 合并利润表应当以母公司和子公司的利润表为基础，在抵销母公司与子公司、子公司相互之间发生的内部交易对合并利润表的影响后，由母公司合并编制。

（一）母公司与子公司、子公司相互之间销售商品所产生的营业收入和营业成本应当抵销。

母公司与子公司、子公司相互之间销售商品，期末全部实现对外销售的，应当将购买方的营业成本与销售方的营业收入相互抵销。

母公司与子公司、子公司相互之间销售商品，期末未实现对外销售而形成存货、固定资产、工程物资、在建工程、无形资产等资产的，在抵销销售商品的营业成本和营业收入的同时，应当将各项资产所包含的未实现内部销售损益予以抵销。

（二）在对母公司与子公司、子公司相互之间销售商品形成的固定资产或无形资产所包含的未实现内部销售损益进行抵销的同时，也应当对固定资产的折旧额或无形资产的摊销额与未实现内部销售损益相关的部分进行抵销。

（三）母公司与子公司、子公司相互之间持有对方债券所产生的投资收益、利息收入及其他综合收益等，应当与其相对应的发行方利息费用相互抵销。

（四）母公司对子公司、子公司相互之间持有对方长期股权投资的投资收益应当抵销。

（五）母公司与子公司、子公司相互之间发生的其他内部交易对合并利润表的影响应当抵销。

第三十五条 子公司当期净损益中属于少数股东权益的份额，应当在合并利润表中净利润项目下以"少数股东损益"项目列示。

子公司当期综合收益中属于少数股东权益的份额，应当在合并利润表中综合收益总额项目下以"归属于少数股东的综合收益总额"项目列示。

第三十六条 母公司向子公司出售资产所发生的未实现内部交易损益，应当全额抵销"归属于母公司所有者的净利润"。

子公司向母公司出售资产所发生的未实现内部交易损益，应当按照母公司对该子公司的分配比例在"归属于母公司所有者的净利润"和"少数股东损益"之间分配抵销。

子公司之间出售资产所发生的未实现内部交易损益，应当按照母公司对出售方子公司的分配比例在"归属于母公司所有者的净利润"和"少数股东损益"之间分配抵销。

第三十七条 子公司少数股东分担的当期亏损超过了少数股东在该子公司期初所有者权益中所享有的份额的，其余额仍应当冲减少数股东权益。

第三十八条 母公司在报告期内因同一控制下企业合并增加的子公司以及业务，应当将该子公司以及业务合并当期期初至报告期末的收入、费用、利润纳入合并利润表，同时应当对比较报表的相关项目进行调整，视同合并后的报告主体自最终控制方开始控制时点起一直存在。

因非同一控制下企业合并或其他方式增加的子公司以及业务,应当将该子公司以及业务购买日至报告期末的收入、费用、利润纳入合并利润表。

第三十九条 母公司在报告期内处置子公司以及业务,应当将该子公司以及业务期初至处置日的收入、费用、利润纳入合并利润表。

第三节 合并现金流量表

第四十条 合并现金流量表应当以母公司和子公司的现金流量表为基础,在抵销母公司与子公司、子公司相互之间发生的内部交易对合并现金流量表的影响后,由母公司合并编制。

本准则提及现金时,除非同时提及现金等价物,均包括现金和现金等价物。

第四十一条 编制合并现金流量表应当符合下列要求:

(一)母公司与子公司、子公司相互之间当期以现金投资或收购股权增加的投资所产生的现金流量应当抵销。

(二)母公司与子公司、子公司相互之间当期取得投资收益、利息收入收到的现金,应当与分配股利、利润或偿付利息支付的现金相互抵销。

(三)母公司与子公司、子公司相互之间以现金结算债权与债务所产生的现金流量应当抵销。

(四)母公司与子公司、子公司相互之间当期销售商品所产生的现金流量应当抵销。

(五)母公司与子公司、子公司相互之间处置固定资产、无形资产和其他长期资产收回的现金净额,应当与购建固定资产、无形资产和其他长期资产支付的现金相互抵销。

(六)母公司与子公司、子公司相互之间当期发生的其他内部交易所产生的现金流量应当抵销。

第四十二条 合并现金流量表及其补充资料也可以根据合并资产负债表和合并利润表进行编制。

第四十三条 母公司在报告期内因同一控制下企业合并增加的子公司以及业务,应当将该子公司以及业务合并当期期初至报告期末的现金流量纳入合并现金流量表,同时应当对比较报表的相关项目进行调整,视同合并后的报告主体自最终控制方开始控制时点起一直存在。

因非同一控制下企业合并增加的子公司以及业务,应当将该子公司购买日至报告期末的现金流量纳入合并现金流量表。

第四十四条 母公司在报告期内处置子公司以及业务,应当将该子公司以及业务期初至处置日的现金流量纳入合并现金流量表。

第四节 合并所有者权益变动表

第四十五条 合并所有者权益变动表应当以母公司和子公司的所有者权益变动表为基础,在抵销母公司与子公司、子公司相互之间发生的内部交易对合并所有者权益变动表的影响后,由母公司合并编制。

(一)母公司对子公司的长期股权投资应当与母公司在子公司所有者权益中所享有的份额相互抵销。

子公司持有母公司的长期股权投资以及子公司相互之间持有的长期股权投资,应当按照本准则第三十条规定处理。

(二)母公司对子公司、子公司相互之间持有对方长期股权投资的投资收益应当抵销。

(三)母公司与子公司、子公司相互之间发生的其他内部交易对所有者权益变动的影响应当抵销。

合并所有者权益变动表也可以根据合并资产负债表和合并利润表进行编制。

第四十六条 有少数股东的,应当在合并所有者权益变动表中增加"少数股东权益"栏目,反映少数股东权益变动的情况。

第四章 特殊交易的会计处理

第四十七条 母公司购买子公司少数股东拥有的子公司股权,在合并财务报表中,因购买少数股权新取得的长期股权投资与按照新增持股比例计算应享有子公司自购买日或合并日开始持续计算的净资产份额之间的差额,应当调整资本公积(资本溢价或股本溢价),资本公积不足冲减的,调整留存收益。

第四十八条 企业因追加投资等原因能够对非同一控制下的被投资方实施控制的,在合并财务报表中,对于购买日之前持有的被购买方的股权,应当按照该股权在购买日的公允价值进行重新计量,公允价值与其账面价值的差额计入当期投资收益;购买日之前持有的被购买方的股权涉及权益法核算下的其他综合收益等的,与其相关的其他综合收益等应当转为购买日所属当期收益。购买方应当在附注中披露其在购买日之前持有的被购买方的股权在购买日的公允价值、按照公允价值重新计量产生的相关利得或损失的金额。

第四十九条 母公司在不丧失控制权的情况下部分处置对子公司的长期股权投资,在合并财务报表中,处置价款与处置长期股权投资相对应享有子公司自购买日或合并日开始持续计算的净资产份额之间的差额,应当调整资本公积(资本溢价或股本溢价),资本公积不足冲减的,调整留存收益。

第五十条 企业因处置部分股权投资等原因丧失了对被投资方的控制权的,在编制合并财务报表时,对于剩余股权,应当按照其在丧失控制权日的公允价值进行重新计量。处置股权取得的对价与剩余股权公允价值之和,减去按原持股比例计算应享有原有子公司自购买日或合并日开始持续计算的净资产的份额之间的差额,计入丧失控制权当期的投资收益,同时冲减商誉。与原有子公司股权投资相关的其他综合收益等,应当在丧失控制权时转为当期投资收益。

第五十一条 企业通过多次交易分步处置对子公司股权投资直至丧失控制权的,如果处置对子公司股权投资直至丧失控制权的各项交易属于一揽子交易的,应当将各项交易作为一项处置子公司并丧失控制权的交易进行会计处理;但是,在丧失控制权之前每一次处置价款与处置投资对应的享有该子公司净资产份额的差额,在合并财务报表中应当确认为其他综合收益,在丧失控制权时一并转入丧失控制权当期的损益。

处置对子公司股权投资的各项交易的条款、条件以及经济影响符合下列一种或多种情况,通常表明应将多次交易事项作为一揽子交易进行会计处理:

(一)这些交易是同时或者在考虑了彼此影响的情况下订立的。

(二)这些交易整体才能达成一项完整的商业结果。

(三)一项交易的发生取决于其他至少一项交易的发生。

(四)一项交易单独考虑时是不经济的,但是和其他交易一并考虑时是经济的。

第五十二条 对于本章未列举的交易或者事项,如果站在企业集团合并财务报表角度的确认和计量结果与其所属的母公司或子公司的个别财务报表层面的确认和计量结果不一致的,则在编制合并财务报表时,也应当按照本准则第二十六条第二款第(四)项的规定,对其确认和计量结果予以相应调整。

第五章 衔接规定

第五十三条 首次采用本准则的企业应当根据本准则的规定对被投资方进行重新评估,

确定其是否应纳入合并财务报表范围。因首次采用本准则导致合并范围发生变化的，应当进行追溯调整，追溯调整不切实可行的除外。比较期间已丧失控制权的原子公司，不再追溯调整。

第六章　附　　则

第五十四条　本准则自 2014 年 7 月 1 日起施行。

33. 企业会计准则第 34 号——每股收益（2006 年发布）

（财会〔2006〕3 号印发）

第一章　总　　则

第一条　为了规范每股收益的计算方法及其列报，根据《企业会计准则——基本准则》，制定本准则。

第二条　本准则适用于普通股或潜在普通股已公开交易的企业，以及正处于公开发行普通股或潜在普通股过程中的企业。

潜在普通股，是指赋予其持有者在报告期或以后期间享有取得普通股权利的一种金融工具或其他合同，包括可转换公司债券、认股权证、股份期权等。

第三条　合并财务报表中，企业应当以合并财务报表为基础计算和列报每股收益。

第二章　基本每股收益

第四条　企业应当按照归属于普通股股东的当期净利润，除以发行在外普通股的加权平均数计算基本每股收益。

第五条　发行在外普通股加权平均数按下列公式计算：

发行在外普通股加权平均数＝期初发行在外普通股股数＋当期新发行普通股股数 × 已发行时间 ÷ 报告期时间－当期回购普通股股数 × 已回购时间 ÷ 报告期时间

已发行时间、报告期时间和已回购时间一般按照天数计算；在不影响计算结果合理性的前提下，也可以采用简化的计算方法。

第六条　新发行普通股股数，应当根据发行合同的具体条款，从应收对价之日（一般为股票发行日）起计算确定。通常包括下列情况：

（一）为收取现金而发行的普通股股数，从应收现金之日起计算。

（二）因债务转资本而发行的普通股股数，从停计债务利息之日或结算日起计算。

（三）非同一控制下的企业合并，作为对价发行的普通股股数，从购买日起计算；同一控制下的企业合并，作为对价发行的普通股股数，应当计入各列报期间普通股的加权平均数。

（四）为收购非现金资产而发行的普通股股数，从确认收购之日起计算。

第三章　稀释每股收益

第七条　企业存在稀释性潜在普通股的，应当分别调整归属于普通股股东的当期净利润和发行在外普通股的加权平均数，并据以计算稀释每股收益。

稀释性潜在普通股，是指假设当期转换为普通股会减少每股收益的潜在普通股。

第八条　计算稀释每股收益，应当根据下列事项对归属于普通股股东的当期净利润进行调整：

（一）当期已确认为费用的稀释性潜在普通股的利息；

（二）稀释性潜在普通股转换时将产生的收益或费用。

上述调整应当考虑相关的所得税影响。

第九条 计算稀释每股收益时，当期发行在外普通股的加权平均数应当为计算基本每股收益时普通股的加权平均数与假定稀释性潜在普通股转换为已发行普通股而增加的普通股股数的加权平均数之和。

计算稀释性潜在普通股转换为已发行普通股而增加的普通股股数的加权平均数时，以前期间发行的稀释性潜在普通股，应当假设在当期期初转换；当期发行的稀释性潜在普通股，应当假设在发行日转换。

第十条 认股权证和股份期权等的行权价格低于当期普通股平均市场价格时，应当考虑其稀释性。计算稀释每股收益时，增加的普通股股数按下列公式计算：增加的普通股股数＝拟行权时转换的普通股股数－行权价格×拟行权时转换的普通股股数÷当期普通股平均市场价格

第十一条 企业承诺将回购其股份的合同中规定的回购价格高于当期普通股平均市场价格时，应当考虑其稀释性。计算稀释每股收益时，增加的普通股股数按下列公式计算：增加的普通股股数＝回购价格×承诺回购的普通股股数÷当期普通股平均市场价格－承诺回购的普通股股数

第十二条 稀释性潜在普通股应当按照其稀释程度从大到小的顺序计入稀释每股收益，直至稀释每股收益达到最小值。

第四章 列　　报

第十三条 发行在外普通股或潜在普通股的数量因派发股票股利、公积金转增资本、拆股而增加或因并股而减少，但不影响所有者权益金额的，应当按调整后的股数重新计算各列报期间的每股收益。

上述变化发生于资产负债表日至财务报告批准报出日之间的，应当以调整后的股数重新计算各列报期间的每股收益。

按照《企业会计准则第 28 号——会计政策、会计估计变更和差错更正》的规定对以前年度损益进行追溯调整或追溯重述的，应当重新计算各列报期间的每股收益。

第十四条 企业应当在利润表中单独列示基本每股收益和稀释每股收益。

第十五条 企业应当在附注中披露与每股收益有关的下列信息：

（一）基本每股收益和稀释每股收益分子、分母的计算过程。

（二）列报期间不具有稀释性但以后期间很可能具有稀释性的潜在普通股。

（三）在资产负债表日至财务报告批准报出日之间，企业发行在外普通股或潜在普通股股数发生重大变化的情况。

34. 企业会计准则第 35 号——分部报告（2006 年发布）

（财会〔2006〕3 号印发）

第一章 总　　则

第一条 为了规范分部报告的编制和相关信息的披露，根据《企业会计准则——基本准则》，制定本准则。

第二条 企业存在多种经营或跨地区经营的，应当按照本准则规定披露分部信息。但是，法律、行政法规另有规定的除外。

第三条 企业应当以对外提供的财务报表为基础披露分部信息。

对外提供合并财务报表的企业,应当以合并财务报表为基础披露分部信息。

第二章 报告分部的确定

第四条 企业披露分部信息,应当区分业务分部和地区分部。

第五条 业务分部,是指企业内可区分的、能够提供单项或一组相关产品或劳务的组成部分。该组成部分承担了不同于其他组成部分的风险和报酬。

企业在确定业务分部时,应当结合企业内部管理要求,并考虑下列因素:

(一)各单项产品或劳务的性质,包括产品或劳务的规格、型号、最终用途等;

(二)生产过程的性质,包括采用劳动密集或资本密集方式组织生产、使用相同或者相似设备和原材料、采用委托生产或加工方式等;

(三)产品或劳务的客户类型,包括大宗客户、零散客户等;

(四)销售产品或提供劳务的方式,包括批发、零售、自产自销、委托销售、承包等;

(五)生产产品或提供劳务受法律、行政法规的影响,包括经营范围或交易定价限制等。

第六条 地区分部,是指企业内可区分的、能够在一个特定的经济环境内提供产品或劳务的组成部分。该组成部分承担了不同于在其他经济环境内提供产品或劳务的组成部分的风险和报酬。

企业在确定地区分部时,应当结合企业内部管理要求,并考虑下列因素:

(一)所处经济、政治环境的相似性,包括境外经营所在地区经济和政治的稳定程度等;

(二)在不同地区经营之间的关系,包括在某地区进行产品生产,而在其他地区进行销售等;

(三)经营的接近程度大小,包括在某地区生产的产品是否需在其他地区进一步加工生产等;

(四)与某一特定地区经营相关的特别风险,包括气候异常变化等;

(五)外汇管理规定,即境外经营所在地区是否实行外汇管制;

(六)外汇风险。

第七条 两个或两个以上的业务分部或地区分部同时满足下列条件的,可以予以合并:

(一)具有相近的长期财务业绩,包括具有相近的长期平均毛利率、资金回报率、未来现金流量等;

(二)确定业务分部或地区分部所考虑的因素类似。

第八条 企业应当以业务分部或地区分部为基础确定报告分部。

业务分部或地区分部的大部分收入是对外交易收入,且满足下列条件之一的,应当将其确定为报告分部:

(一)该分部的分部收入占所有分部收入合计的10%或者以上。

(二)该分部的分部利润(亏损)的绝对额,占所有盈利分部利润合计额或者所有亏损分部亏损合计额的绝对额两者中较大者的10%或者以上。

(三)该分部的分部资产占所有分部资产合计额的10%或者以上。

第九条 业务分部或地区分部未满足本准则第八条规定条件的,可以按照下列规定处理:

(一)不考虑该分部的规模,直接将其指定为报告分部;

(二)不将该分部直接指定为报告分部的,可将该分部与一个或一个以上类似的、未满足本准则第八条规定条件的其他分部合并为一个报告分部;

(三)不将该分部指定为报告分部且不与其他分部合并的,应当在披露分部信息时,将其作为其他项目单独披露。

第十条 报告分部的对外交易收入合计额占合并总收入或企业总收入的比重未达到75%的,应当将其他的分部确定为报告分部(即使它们未满足本准则第八条规定的条件),

直到该比重达到 75%。

第十一条 企业的内部管理按照垂直一体化经营的不同层次来划分的，即使其大部分收入不通过对外交易取得，仍可将垂直一体化经营的不同层次确定为独立的报告业务分部。

第十二条 对于上期确定为报告分部的，企业本期认为其依然重要，即使本期未满足本准则第八条规定条件的，仍应将其确定为本期的报告分部。

第三章 分部信息的披露

第十三条 企业应当区分主要报告形式和次要报告形式披露分部信息。

（一）风险和报酬主要受企业的产品和劳务差异影响的，披露分部信息的主要形式应当是业务分部，次要形式是地区分部。

（二）风险和报酬主要受企业在不同的国家或地区经营活动影响的，披露分部信息的主要形式应当是地区分部，次要形式是业务分部。

（三）风险和报酬同时较大地受企业产品和劳务的差异以及经营活动所在国家或地区差异影响的，披露分部信息的主要形式应当是业务分部，次要形式是地区分部。

第十四条 对于主要报告形式，企业应当在附注中披露分部收入、分部费用、分部利润（亏损）、分部资产总额和分部负债总额等。

（一）分部收入，是指可归属于分部的对外交易收入和对其他分部交易收入。分部的对外交易收入和对其他分部交易收入，应当分别披露。

（二）分部费用，是指可归属于分部的对外交易费用和对其他分部交易费用。分部的折旧费用、摊销费用以及其他重大的非现金费用，应当分别披露。

（三）分部利润（亏损），是指分部收入减去分部费用后的余额。

在合并利润表中，分部利润（亏损）应当在调整少数股东损益前确定。

（四）分部资产，是指分部经营活动使用的可归属于该分部的资产，不包括递延所得税资产。

分部资产的披露金额应当按照扣除相关累计折旧或摊销额以及累计减值准备后的金额确定。

披露分部资产总额时，当期发生的在建工程成本总额、购置的固定资产和无形资产的成本总额，应当单独披露。

（五）分部负债，是指分部经营活动形成的可归属于该分部的负债，不包括递延所得税负债。

第十五条 分部的日常活动是金融性质的，利息收入和利息费用应当作为分部收入和分部费用进行披露。

第十六条 企业披露的分部信息，应当与合并财务报表或企业财务报表中的总额信息相衔接。

分部收入应当与企业的对外交易收入（包括企业对外交易取得的、未包括在任何分部收入中的收入）相衔接；分部利润（亏损）应当与企业营业利润（亏损）和企业净利润（净亏损）相衔接；分部资产总额应当与企业资产总额相衔接；分部负债总额应当与企业负债总额相衔接。

第十七条 分部信息的主要报告形式是业务分部的，应当就次要报告形式披露下列信息：

（一）对外交易收入占企业对外交易收入总额 10% 或者以上的地区分部，以外部客户所在地为基础披露对外交易收入。

（二）分部资产占所有地区分部资产总额 10% 或者以上的地区分部，以资产所在地为基础披露分部资产总额。

第十八条 分部信息的主要报告形式是地区分部的，应当就次要报告形式披露下列信息：

（一）对外交易收入占企业对外交易收入总额10%或者以上的业务分部，应当披露对外交易收入。

（二）分部资产占所有业务分部资产总额10%或者以上的业务分部，应当披露分部资产总额。

第十九条 分部间转移交易应当以实际交易价格为基础计量。转移价格的确定基础及其变更情况，应当予以披露。

第二十条 企业应当披露分部会计政策，但分部会计政策与合并财务报表或企业财务报表一致的除外。

分部会计政策变更影响重大的，应当按照《企业会计准则第28号——会计政策、会计估计变更和差错更正》进行披露，并提供相关比较数据。提供比较数据不切实可行的，应当说明原因。

企业改变分部的分类且提供比较数据不切实可行的，应当在改变分部分类的年度，分别披露改变前和改变后的报告分部信息。

分部会计政策，是指编制合并财务报表或企业财务报表时采用的会计政策，以及与分部报告特别相关的会计政策。与分部报告特别相关的会计政策包括分部的确定、分部间转移价格的确定方法，以及将收入和费用分配给分部的基础等。

第二十一条 企业在披露分部信息时，应当提供前期比较数据。但是，提供比较数据不切实可行的除外。

35. 企业会计准则第36号——关联方披露（2006年发布）

（财会〔2006〕3号印发）

第一章 总 则

第一条 为了规范关联方及其交易的信息披露，根据《企业会计准则——基本准则》，制定本准则。

第二条 企业财务报表中应当披露所有关联方关系及其交易的相关信息。对外提供合并财务报表的，对于已经包括在合并范围内各企业之间的交易不予披露，但应当披露与合并范围外各关联方的关系及其交易。

第二章 关 联 方

第三条 一方控制、共同控制另一方或对另一方施加重大影响，以及两方或两方以上同受一方控制、共同控制或重大影响的，构成关联方。

控制，是指有权决定一个企业的财务和经营政策，并能据以从该企业的经营活动中获取利益。

共同控制，是指按照合同约定对某项经济活动所共有的控制，仅在与该项经济活动相关的重要财务和经营决策需要分享控制权的投资方一致同意时存在。

重大影响，是指对一个企业的财务和经营政策有参与决策的权力，但并不能够控制或者与其他方一起共同控制这些政策的制定。

第四条 下列各方构成企业的关联方：

（一）该企业的母公司。

（二）该企业的子公司。

（三）与该企业受同一母公司控制的其他企业。

（四）对该企业实施共同控制的投资方。

（五）对该企业施加重大影响的投资方。

（六）该企业的合营企业。

（七）该企业的联营企业。

（八）该企业的主要投资者个人及与其关系密切的家庭成员。主要投资者个人，是指能够控制、共同控制一个企业或者对一个企业施加重大影响的个人投资者。

（九）该企业或其母公司的关键管理人员及与其关系密切的家庭成员。关键管理人员，是指有权力并负责计划、指挥和控制企业活动的人员。与主要投资者个人或关键管理人员关系密切的家庭成员，是指在处理与企业的交易时可能影响该个人或受该个人影响的家庭成员。

（十）该企业主要投资者个人、关键管理人员或与其关系密切的家庭成员控制、共同控制或施加重大影响的其他企业。

第五条 仅与企业存在下列关系的各方，不构成企业的关联方：

（一）与该企业发生日常往来的资金提供者、公用事业部门、政府部门和机构。

（二）与该企业发生大量交易而存在经济依存关系的单个客户、供应商、特许商、经销商或代理商。

（三）与该企业共同控制合营企业的合营者。

第六条 仅仅同受国家控制而不存在其他关联方关系的企业，不构成关联方。

第三章 关联方交易

第七条 关联方交易，是指关联方之间转移资源、劳务或义务的行为，而不论是否收取价款。

第八条 关联方交易的类型通常包括下列各项：

（一）购买或销售商品。

（二）购买或销售商品以外的其他资产。

（三）提供或接受劳务。

（四）担保。

（五）提供资金（贷款或股权投资）。

（六）租赁。

（七）代理。

（八）研究与开发项目的转移。

（九）许可协议。

（十）代表企业或由企业代表另一方进行债务结算。

（十一）关键管理人员薪酬。

第四章 披 露

第九条 企业无论是否发生关联方交易，均应当在附注中披露与母公司和子公司有关的下列信息：

（一）母公司和子公司的名称。

母公司不是该企业最终控制方的，还应当披露最终控制方名称。

母公司和最终控制方均不对外提供财务报表的，还应当披露母公司之上与其最相近的对外提供财务报表的母公司名称。

（二）母公司和子公司的业务性质、注册地、注册资本（或实收资本、股本）及其变化。

（三）母公司对该企业或者该企业对子公司的持股比例和表决权比例。

第十条 企业与关联方发生关联方交易的，应当在附注中披露该关联方关系的性质、交易类型及交易要素。交易要素至少应当包括：

（一）交易的金额。

（二）未结算项目的金额、条款和条件，以及有关提供或取得担保的信息。

（三）未结算应收项目的坏账准备金额。

（四）定价政策。

第十一条 关联方交易应当分别关联方以及交易类型予以披露。

类型相似的关联方交易，在不影响财务报表阅读者正确理解关联方交易对财务报表影响的情况下，可以合并披露。

第十二条 企业只有在提供确凿证据的情况下，才能披露关联方交易是公平交易。

36. 企业会计准则第 37 号——金融工具列报（2017 年修订）

（财会〔2017〕14 号印发）

第一章 总 则

第一条 为了规范金融工具的列报，根据《企业会计准则——基本准则》，制定本准则。金融工具列报，包括金融工具列示和金融工具披露。

第二条 金融工具列报的信息，应当有助于财务报表使用者了解企业所发行金融工具的分类、计量和列报的情况，以及企业所持有的金融资产和承担的金融负债的情况，并就金融工具对企业财务状况和经营成果影响的重要程度、金融工具使企业在报告期间和期末所面临风险的性质和程度，以及企业如何管理这些风险作出合理评价。

第三条 本准则适用于所有企业各种类型的金融工具，但下列各项适用其他会计准则：

（一）由《企业会计准则第 2 号——长期股权投资》《企业会计准则第 33 号——合并财务报表》和《企业会计准则第 40 号——合营安排》规范的对子公司、合营企业和联营企业的投资，其披露适用《企业会计准则第 41 号——在其他主体中权益的披露》。但企业持有的与在子公司、合营企业或联营企业中的权益相联系的衍生工具，适用本准则。

企业按照《企业会计准则第 22 号——金融工具确认和计量》相关规定对联营企业或合营企业的投资进行会计处理的，以及企业符合《企业会计准则第 33 号——合并财务报表》有关投资性主体定义，且根据该准则规定对子公司的投资以公允价值计量且其变动计入当期损益的，对上述合营企业、联营企业或子公司的相关投资适用本准则。

（二）由《企业会计准则第 9 号——职工薪酬》规范的职工薪酬相关计划形成的企业的权利和义务，适用《企业会计准则第 9 号——职工薪酬》。

（三）由《企业会计准则第 11 号——股份支付》规范的股份支付中涉及的金融工具以及其他合同和义务，适用《企业会计准则第 11 号——股份支付》。但是，股份支付中属于本准则范围的买入或卖出非金融项目的合同，以及与股份支付相关的企业发行、回购、出售或注销的库存股，适用本准则。

（四）由《企业会计准则第 12 号——债务重组》规范的债务重组，适用《企业会计准则第 12 号——债务重组》。但债务重组中涉及金融资产转移披露的，适用本准则。

（五）由《企业会计准则第 14 号——收入》规范的属于金融工具的合同权利和义务，适用《企业会计准则第 14 号——收入》。由《企业会计准则第 14 号——收入》要求在确认和计量相关合同权利的减值损失和利得时，应当按照《企业会计准则第 22 号——金融工具确认和计量》进行会计处理的合同权利，适用本准则有关信用风险披露的规定。

（六）由保险合同相关会计准则规范的保险合同所产生的权利和义务，适用保险合同相关会计准则。

因具有相机分红特征而由保险合同相关会计准则规范的合同所产生的权利和义务，适用保险合同相关会计准则。但对于嵌入保险合同的衍生工具，该嵌入衍生工具本身不是保险合同的，适用本准则；该嵌入衍生工具本身为保险合同的，适用保险合同相关会计准则。

企业选择按照《企业会计准则第22号——金融工具确认和计量》进行会计处理的财务担保合同，适用本准则；企业选择按照保险合同相关会计准则进行会计处理的财务担保合同，适用保险合同相关会计准则。

第四条 本准则适用于能够以现金或其他金融工具净额结算，或通过交换金融工具结算的买入或卖出非金融项目的合同。但企业按照预定的购买、销售或使用要求签订并持有，旨在收取或交付非金融项目的合同，适用其他相关会计准则，但是企业根据《企业会计准则第22号——金融工具确认和计量》第八条的规定将该合同指定为以公允价值计量且其变动计入当期损益的金融资产或金融负债的，适用本准则。

第五条 本准则第六章至第八章的规定，除适用于企业已按照《企业会计准则第22号——金融工具确认和计量》确认的金融工具外，还适用于未确认的金融工具。

第六条 本准则规定的交易或事项涉及所得税的，应当按照《企业会计准则第18号——所得税》进行处理。

第二章　金融负债和权益工具的区分

第七条 企业应当根据所发行金融工具的合同条款及其所反映的经济实质而非仅以法律形式，结合金融资产、金融负债和权益工具的定义，在初始确认时将该金融工具或其组成部分分类为金融资产、金融负债或权益工具。

第八条 金融负债，是指企业符合下列条件之一的负债：

（一）向其他方交付现金或其他金融资产的合同义务。

（二）在潜在不利条件下，与其他方交换金融资产或金融负债的合同义务。

（三）将来须用或可用企业自身权益工具进行结算的非衍生工具合同，且企业根据该合同将交付可变数量的自身权益工具。

（四）将来须用或可用企业自身权益工具进行结算的衍生工具合同，但以固定数量的自身权益工具交换固定金额的现金或其他金融资产的衍生工具合同除外。企业对全部现有同类别非衍生自身权益工具的持有方同比例发行配股权、期权或认股权证，使之有权按比例以固定金额的任何货币换取固定数量的该企业自身权益工具的，该类配股权、期权或认股权证应当分类为权益工具。其中，企业自身权益工具不包括应按照本准则第三章分类为权益工具的金融工具，也不包括本身就要求在未来收取或交付企业自身权益工具的合同。

第九条 权益工具，是指能证明拥有某个企业在扣除所有负债后的资产中的剩余权益的合同。企业发行的金融工具同时满足下列条件的，符合权益工具的定义，应当将该金融工具分类为权益工具：

（一）该金融工具应当不包括交付现金或其他金融资产给其他方，或在潜在不利条件下与其他方交换金融资产或金融负债的合同义务；

（二）将来须用或可用企业自身权益工具结算该金融工具。如为非衍生工具，该金融工具应当不包括交付可变数量的自身权益工具进行结算的合同义务；如为衍生工具，企业只能通过以固定数量的自身权益工具交换固定金额的现金或其他金融资产结算该金融工具。企业自身权益工具不包括应按照本准则第三章分类为权益工具的金融工具，也不包括本身就要求在未来收取或交付企业自身权益工具的合同。

第十条 企业不能无条件地避免以交付现金或其他金融资产来履行一项合同义务的，该合同义务符合金融负债的定义。有些金融工具虽然没有明确地包含交付现金或其他金融资产义务的条款和条件,但有可能通过其他条款和条件间接地形成合同义务。

如果一项金融工具须用或可用企业自身权益工具进行结算,需要考虑用于结算该工具的企业自身权益工具,是作为现金或其他金融资产的替代品,还是为了使该工具持有方享有在发行方扣除所有负债后的资产中的剩余权益。如果是前者,该工具是发行方的金融负债;如果是后者,该工具是发行方的权益工具。在某些情况下,一项金融工具合同规定企业须用或可用自身权益工具结算该金融工具,其中合同权利或合同义务的金额等于可获取或需交付的自身权益工具的数量乘以其结算时的公允价值,则无论该合同权利或合同义务的金额是固定的,还是完全或部分地基于除企业自身权益工具的市场价格以外变量(例如利率、某种商品的价格或某项金融工具的价格)的变动而变动的,该合同应当分类为金融负债。

第十一条 除根据本准则第三章分类为权益工具的金融工具外,如果一项合同使发行方承担了以现金或其他金融资产回购自身权益工具的义务,即使发行方的回购义务取决于合同对手方是否行使回售权,发行方应当在初始确认时将该义务确认为一项金融负债,其金额等于回购所需支付金额的现值(如远期回购价格的现值、期权行权价格的现值或其他回售金额的现值)。如果最终发行方无需以现金或其他金融资产回购自身权益工具,应当在合同到期时将该项金融负债按照账面价值重分类为权益工具。

第十二条 对于附有或有结算条款的金融工具,发行方不能无条件地避免交付现金、其他金融资产或以其他导致该工具成为金融负债的方式进行结算的,应当分类为金融负债。但是,满足下列条件之一的,发行方应当将其分类为权益工具:

(一)要求以现金、其他金融资产或以其他导致该工具成为金融负债的方式进行结算的或有结算条款几乎不具有可能性,即相关情形极端罕见、显著异常且几乎不可能发生。

(二)只有在发行方清算时,才需以现金、其他金融资产或以其他导致该工具成为金融负债的方式进行结算。

(三)按照本准则第三章分类为权益工具的可回售工具。

附有或有结算条款的金融工具,指是否通过交付现金或其他金融资产进行结算,或者是否以其他导致该金融工具成为金融负债的方式进行结算,需要由发行方和持有方均不能控制的未来不确定事项(如股价指数、消费价格指数变动、利率或税法变动、发行方未来收入、净收益或债务权益比率等)的发生或不发生(或发行方和持有方均不能控制的未来不确定事项的结果)来确定的金融工具。

第十三条 对于存在结算选择权的衍生工具(例如合同规定发行方或持有方能选择以现金净额或以发行股份交换现金等方式进行结算的衍生工具),发行方应当将其确认为金融资产或金融负债,但所有可供选择的结算方式均表明该衍生工具应当确认为权益工具的除外。

第十四条 企业应对发行的非衍生工具进行评估,以确定所发行的工具是否为复合金融工具。企业所发行的非衍生工具可能同时包含金融负债成分和权益工具成分。对于复合金融工具,发行方应于初始确认时将各组成部分分别分类为金融负债、金融资产或权益工具。

企业发行的一项非衍生工具同时包含金融负债成分和权益工具成分的,应于初始计量时先确定金融负债成分的公允价值(包括其中可能包含的非权益性嵌入衍生工具的公允价值),再从复合金融工具公允价值中扣除负债成分的公允价值,作为权益工具成分的价值。复合金融工具中包含非权益性嵌入衍生工具的,非权益性嵌入衍生工具的公允价值应当包含在金融负债成分的公允价值中,并且按照《企业会计准则第22号——金融工具确认和计量》的规定对该金融负债成分进行会计处理。

第十五条 在合并财务报表中对金融工具(或其组成部分)进行分类时,企业应当考虑企业集团成员和金融工具的持有方之间达成的所有条款和条件。企业集团作为一个整体,因该工具承担了交付现金、其他金融资产或以其他导致该工具成为金融负债的方式进行结算的义务的，该工具在企业集团合并财务报表中应当分类为金融负债。

第三章 特殊金融工具的区分

第十六条 符合金融负债定义，但同时具有下列特征的可回售工具，应当分类为权益工具：

（一）赋予持有方在企业清算时按比例份额获得该企业净资产的权利。这里所指企业净资产是扣除所有优先于该工具对企业资产要求权之后的剩余资产；这里所指按比例份额是清算时将企业的净资产分拆为金额相等的单位，并且将单位金额乘以持有方所持有的单位数量。

（二）该工具所属的类别次于其他所有工具类别，即该工具在归属于该类别前无须转换为另一种工具，且在清算时对企业资产没有优先于其他工具的要求权。

（三）该工具所属的类别中（该类别次于其他所有工具类别），所有工具具有相同的特征（例如它们必须都具有可回售特征，并且用于计算回购或赎回价格的公式或其他方法都相同）。

（四）除了发行方应当以现金或其他金融资产回购或赎回该工具的合同义务外，该工具不满足本准则规定的金融负债定义中的任何其他特征。

（五）该工具在存续期内的预计现金流量总额，应当实质上基于该工具存续期内企业的损益、已确认净资产的变动、已确认和未确认净资产的公允价值变动（不包括该工具的任何影响）。

可回售工具，是指根据合同约定，持有方有权将该工具回售给发行方以获取现金或其他金融资产的权利，或者在未来某一不确定事项发生或者持有方死亡或退休时，自动回售给发行方的金融工具。

第十七条 符合金融负债定义，但同时具有下列特征的发行方仅在清算时才有义务向另一方按比例交付其净资产的金融工具，应当分类为权益工具：

（一）赋予持有方在企业清算时按比例份额获得该企业净资产的权利；

（二）该工具所属的类别次于其他所有工具类别；

（三）该工具所属的类别中（该类别次于其他所有工具类别），发行方对该类别中所有工具都应当在清算时承担按比例份额交付其净资产的同等合同义务。

产生上述合同义务的清算确定将会发生并且不受发行方的控制（如发行方本身是有限寿命主体），或者发生与否取决于该工具的持有方。

第十八条 分类为权益工具的可回售工具，或发行方仅在清算时才有义务向另一方按比例交付其净资产的金融工具，除应当具有本准则第十六条或第十七条所述特征外，其发行方应当没有同时具备下列特征的其他金融工具或合同：

（一）现金流量总额实质上基于企业的损益、已确认净资产的变动、已确认和未确认净资产的公允价值变动（不包括该工具或合同的任何影响）；

（二）实质上限制或固定了本准则第十六条或第十七条所述工具持有方所获得的剩余回报。

在运用上述条件时，对于发行方与本准则第十六条或第十七条所述工具持有方签订的非金融合同，如果其条款和条件与发行方和其他方之间可能订立的同等合同类似，不应考虑该非金融合同的影响。但如果不能做出此判断，则不得将该工具分类为权益工具。

第十九条 按照本章规定分类为权益工具的金融工具，自不再具有本准则第十六条或第十七条所述特征，或发行方不再满足本准则第十八条规定条件之日起，发行方应当将其重分类为金融负债，以重分类日该工具的公允价值计量，并将重分类日权益工具的账面价值和金融负债的公允价值之间的差额确认为权益。

按照本章规定分类为金融负债的金融工具，自具有本准则第十六条或第十七条所述特征，且发行方满足本准则第十八条规定条件之日起，发行方应当将其重分类为权益工具，以重分类日金融负债的账面价值计量。

第二十条　企业发行的满足本章规定分类为权益工具的金融工具，在企业集团合并财务报表中对应的少数股东权益部分，应当分类为金融负债。

第四章　收益和库存股

第二十一条　金融工具或其组成部分属于金融负债的，相关利息、股利（或股息）、利得或损失，以及赎回或再融资产生的利得或损失等，应当计入当期损益。

第二十二条　金融工具或其组成部分属于权益工具的，其发行（含再融资）、回购、出售或注销时，发行方应当作为权益的变动处理。发行方不应当确认权益工具的公允价值变动。

发行方向权益工具持有方的分配应当作为其利润分配处理，发放的股票股利不影响发行方的所有者权益总额。

第二十三条　与权益性交易相关的交易费用应当从权益中扣减。

企业发行或取得自身权益工具时发生的交易费用（如登记费，承销费，法律、会计、评估及其他专业服务费用，印刷成本和印花税等），可直接归属于权益性交易的，应当从权益中扣减。终止的未完成权益性交易所发生的交易费用应当计入当期损益。

第二十四条　发行复合金融工具发生的交易费用，应当在金融负债成分和权益工具成分之间按照各自占总发行价款的比例进行分摊。与多项交易相关的共同交易费用，应当在合理的基础上，采用与其他类似交易一致的方法，在各项交易间进行分摊。

第二十五条　发行方分类为金融负债的金融工具支付的股利，在利润表中应当确认为费用，与其他负债的利息费用合并列示，并在财务报表附注中单独披露。

作为权益扣减项的交易费用，应当在财务报表附注中单独披露。

第二十六条　回购自身权益工具（库存股）支付的对价和交易费用，应当减少所有者权益，不得确认金融资产。库存股可由企业自身购回和持有，也可由企业集团合并财务报表范围内的其他成员购回和持有。

第二十七条　企业应当按照《企业会计准则第30号——财务报表列报》的规定在资产负债表中单独列示所持有的库存股金额。

企业从关联方回购自身权益工具的，还应当按照《企业会计准则第36号——关联方披露》的相关规定进行披露。

第五章　金融资产和金融负债的抵销

第二十八条　金融资产和金融负债应当在资产负债表内分别列示，不得相互抵销。但同时满足下列条件的，应当以相互抵销后的净额在资产负债表内列示：

（一）企业具有抵销已确认金额的法定权利，且该种法定权利是当前可执行的；

（二）企业计划以净额结算，或同时变现该金融资产和清偿该金融负债。

不满足终止确认条件的金融资产转移，转出方不得将已转移的金融资产和相关负债进行抵销。

第二十九条　抵销权是债务人根据合同或其他协议，以应收债权人的金额全部或部分抵销应付债权人的金额的法定权利。在某些情况下，如果债务人、债权人和第三方三者之间签署的协议明确表示债务人拥有该抵销权，并且不违反法律法规或其他相关规定，债务人可能拥有以应收第三方的金额抵销应付债权人的金额的法定权利。

第三十条 抵销权应当不取决于未来事项，而且在企业和所有交易对手方的正常经营过程中，或在出现违约、无力偿债或破产等各种情形下，企业均可执行该法定权利。

在确定抵销权是否可执行时，企业应当充分考虑法律法规或其他相关规定以及合同约定等各方面因素。

第三十一条 当前可执行的抵销权不构成相互抵销的充分条件，企业既不打算行使抵销权（即净额结算），又无计划同时结算金融资产和金融负债的，该金融资产和金融负债不得抵销。

在没有法定权利的情况下，一方或双方即使有意向以净额为基础进行结算或同时结算相关金融资产和金融负债的，该金融资产和金融负债也不得抵销。

第三十二条 企业同时结算金融资产和金融负债的，如果该结算方式相当于净额结算，则满足本准则第二十八条（二）以净额结算的标准。这种结算方式必须在同一结算过程或周期内处理了相关应收和应付款项，最终消除或几乎消除了信用风险和流动性风险。如果某结算方式同时具备如下特征，可视为满足净额结算标准：

（一）符合抵销条件的金融资产和金融负债在同一时点提交处理；

（二）金融资产和金融负债一经提交处理，各方即承诺履行结算义务；

（三）金融资产和金融负债一经提交处理，除非处理失败，这些资产和负债产生的现金流量不可能发生变动；

（四）以证券作为担保物的金融资产和金融负债，通过证券结算系统或其他类似机制进行结算（例如券款对付），即如果证券交付失败，则以证券作为抵押的应收款项或应付款项的处理也将失败，反之亦然；

（五）若发生本条（四）所述的失败交易，将重新进入处理程序，直至结算完成；

（六）由同一结算机构执行；

（七）有足够的日间信用额度，并且能够确保该日间信用额度一经申请提取即可履行，以支持各方能够在结算日进行支付处理。

第三十三条 在下列情况下，通常认为不满足本准则第二十八条所列条件，不得抵销相关金融资产和金融负债：

（一）使用多项不同金融工具来仿效单项金融工具的特征（即合成工具）。例如利用浮动利率长期债券与收取浮动利息且支付固定利息的利率互换，合成一项固定利率长期负债。

（二）金融资产和金融负债虽然具有相同的主要风险敞口（例如远期合同或其他衍生工具组合中的资产和负债），但涉及不同的交易对手方。

（三）无追索权金融负债与作为其担保物的金融资产或其他资产。

（四）债务人为解除某项负债而将一定的金融资产进行托管（例如偿债基金或类似安排），但债权人尚未接受以这些资产清偿负债。

（五）因某些导致损失的事项而产生的义务预计可以通过保险合同向第三方索赔而得以补偿。

第三十四条 企业与同一交易对手方进行多项金融工具交易时，可能与对手方签订总互抵协议。只有满足本准则第二十八条所列条件时，总互抵协议下的相关金融资产和金融负债才能抵销。

总互抵协议，是指协议所涵盖的所有金融工具中的任何一项合同在发生违约或终止时，就协议所涵盖的所有金融工具按单一净额进行结算。

第三十五条 企业应当区分金融资产和金融负债的抵销与终止确认。抵销金融资产和金融负债并在资产负债表中以净额列示，不应当产生利得或损失；终止确认是从资产负债表列示的项目中移除相关金融资产或金融负债，有可能产生利得或损失。

第六章　金融工具对财务状况和经营成果影响的列报

第一节　一般性规定

第三十六条　企业在对金融工具各项目进行列报时，应当根据金融工具的特点及相关信息的性质对金融工具进行归类，并充分披露与金融工具相关的信息，使得财务报表附注中的披露与财务报表列示的各项目相互对应。

第三十七条　在确定金融工具的列报类型时，企业至少应当将本准则范围内的金融工具区分为以摊余成本计量和以公允价值计量的类型。

第三十八条　企业应当披露编制财务报表时对金融工具所采用的重要会计政策、计量基础和与理解财务报表相关的其他会计政策等信息，主要包括：

（一）对于指定为以公允价值计量且其变动计入当期损益的金融资产，企业应当披露下列信息。

1. 指定的金融资产的性质。

2. 企业如何满足运用指定的标准。企业应当披露该指定所针对的确认或计量不一致的描述性说明。

（二）对于指定为以公允价值计量且其变动计入当期损益的金融负债，企业应当披露下列信息。

1. 指定的金融负债的性质。

2. 初始确认时对上述金融负债做出指定的标准。

3. 企业如何满足运用指定的标准。对于以消除或显著减少会计错配为目的的指定，企业应当披露该指定所针对的确认或计量不一致的描述性说明。对于以更好地反映组合的管理实质为目的的指定，企业应当披露该指定符合企业正式书面文件载明的风险管理或投资策略的描述性说明。对于整体指定为以公允价值计量且其变动计入当期损益的混合工具，企业应当披露运用指定标准的描述性说明。

（三）如何确定每类金融工具的利得或损失。

第二节　资产负债表中的列示及相关披露

第三十九条　企业应当在资产负债表或相关附注中列报下列金融资产或金融负债的账面价值：

（一）以摊余成本计量的金融资产。

（二）以摊余成本计量的金融负债。

（三）以公允价值计量且其变动计入其他综合收益的金融资产，并分别反映：（1）根据《企业会计准则第 22 号——金融工具确认和计量》第十八条的规定分类为以公允价值计量且其变动计入其他综合收益的金融资产；（2）根据《企业会计准则第 22 号——金融工具确认和计量》第十九条的规定在初始确认时被指定为以公允价值计量且其变动计入其他综合收益的非交易性权益工具投资。

（四）以公允价值计量且其变动计入当期损益的金融资产，并分别反映：（1）根据《企业会计准则第 22 号——金融工具确认和计量》第十九条的规定分类为以公允价值计量且其变动计入当期损益的金融资产；（2）根据《企业会计准则第 22 号——金融工具确认和计量》第二十条的规定指定为以公允价值计量且其变动计入当期损益的金融资产；（3）根据《企业会计准则第 24 号——套期会计》第三十四条的规定在初始确认或后续计量时指定为以公允价值计量且其变动计入当期损益的金融资产。

（五）以公允价值计量且其变动计入当期损益的金融负债，并分别反映：（1）根据《企业会计准则第 22 号——金融工具确认和计量》第二十一条的规定分类为以公允价值计量且其变动计入当期损益的金融负债；（2）根据《企业会计准则第 22 号——金融工具确认和计量》第二十二条的规定在初始确认时指定为以公允价值计量且其变动计入当期损益的金融负债；（3）根据《企业会计准则第 24 号——套期会计》第三十四条的规定在初始确认和后续计量时指定为以公允价值计量且其变动计入当期损益的金融负债。

第四十条　企业将本应按摊余成本或以公允价值计量且其变动计入其他综合收益计量的一项或一组金融资产指定为以公允价值计量且其变动计入当期损益的金融资产的，应当披露下列信息：

（一）该金融资产在资产负债表日使企业面临的最大信用风险敞口；

（二）企业通过任何相关信用衍生工具或类似工具使得该最大信用风险敞口降低的金额；

（三）该金融资产因信用风险变动引起的公允价值本期变动额和累计变动额；

（四）相关信用衍生工具或类似工具自该金融资产被指定以来的公允价值的本期变动额和累计变动额。

信用风险，是指金融工具的一方不履行义务，造成另一方发生财务损失的风险。

金融资产在资产负债表日的最大信用风险敞口，通常是金融工具账面余额减去减值损失准备后的金额（已减去根据本准则规定已抵销的金额）。

第四十一条　企业将一项金融负债指定为以公允价值计量且其变动计入当期损益的金融负债，且企业自身信用风险变动引起的该金融负债公允价值的变动金额计入其他综合收益的，应当披露下列信息：

（一）该金融负债因自身信用风险变动引起的公允价值本期变动额和累计变动额；

（二）该金融负债的账面价值与按合同约定到期应支付债权人金额之间的差额；

（三）该金融负债的累计利得或损失本期从其他综合收益转入留存收益的金额和原因。

第四十二条　企业将一项金融负债指定为以公允价值计量且其变动计入当期损益的金融负债，且该金融负债（包括企业自身信用风险变动的影响）的全部利得或损失计入当期损益的，应当披露下列信息：

（一）该金融负债因自身信用风险变动引起的公允价值本期变动额和累计变动额；

（二）该金融负债的账面价值与按合同约定到期应支付债权人金额之间的差额。

第四十三条　企业应当披露用于确定本准则第四十条（三）所要求披露的金融资产因信用风险变动引起的公允价值变动额的估值方法，以及用于确定本准则第四十一条（一）和第四十二条（一）所要求披露的金融负债因自身信用风险变动引起的公允价值变动额的估值方法，并说明选用该方法的原因。如果企业认为披露的信息未能如实反映相关金融工具公允价值变动中由信用风险引起的部分，则应当披露企业得出此结论的原因及其他需要考虑的因素。

企业应当披露其用于确定金融负债自身信用风险变动引起的公允价值的变动计入其他综合收益是否会造成或扩大损益中的会计错配的方法。企业根据《企业会计准则第 22 号——金融工具确认和计量》第六十八条的规定将金融负债因企业自身信用风险变动引起的公允价值变动计入当期损益的，企业应当披露该金融负债与预期能够抵销其自身信用风险变动引起的公允价值变动的金融工具之间的经济关系。

第四十四条　企业将非交易性权益工具投资指定为以公允价值计量且其变动计入其他综合收益的，应当披露下列信息：

（一）企业每一项指定为以公允价值计量且其变动计入其他综合收益的权益工具投资；

（二）企业做出该指定的原因；

（三）企业每一项指定为以公允价值计量且其变动计入其他综合收益的权益工具投资的期末公允价值；

（四）本期确认的股利收入，其中对本期终止确认的权益工具投资相关的股利收入和资产负债表日仍持有的权益工具投资相关的股利收入应当分别单独披露；

（五）该权益工具投资的累计利得和损失本期从其他综合收益转入留存收益的金额及其原因。

第四十五条 企业本期终止确认了指定为以公允价值计量且其变动计入其他综合收益的非交易性权益工具投资的，应当披露下列信息：

（一）企业处置该权益工具投资的原因；

（二）该权益工具投资在终止确认时的公允价值；

（三）该权益工具投资在终止确认时的累计利得或损失。

第四十六条 企业在当期或以前报告期间将金融资产进行重分类的，对于每一项重分类，应当披露重分类日、对业务模式变更的具体说明及其对财务报表影响的定性描述，以及该金融资产重分类前后的金额。

企业自上一年度报告日起将以公允价值计量且其变动计入其他综合收益的金融资产重分类为以摊余成本计量的金融资产的，或者将以公允价值计量且其变动计入当期损益的金融资产重分类为其他类别的，应当披露下列信息：

（一）该金融资产在资产负债表日的公允价值；

（二）如果未被重分类，该金融资产原来应在当期损益或其他综合收益中确认的公允价值利得或损失。

企业将以公允价值计量且其变动计入当期损益的金融资产重分类为其他类别的，自重分类日起到终止确认的每一个报告期间内，都应当披露该金融资产在重分类日确定的实际利率和当期已确认的利息收入。

第四十七条 对于所有可执行的总互抵协议或类似协议下的已确认金融工具，以及符合本准则第二十八条抵销条件的已确认金融工具，企业应当在报告期末以表格形式（除非企业有更恰当的披露形式）分别按金融资产和金融负债披露下列定量信息：

（一）已确认金融资产和金融负债的总额。

（二）按本准则规定抵销的金额。

（三）在资产负债表中列示的净额。

（四）可执行的总互抵协议或类似协议确定的，未包含在本条（二）中的金额，包括：

1. 不满足本准则抵销条件的已确认金融工具的金额；

2. 与财务担保物（包括现金担保）相关的金额，以在资产负债表中列示的净额扣除本条（四）1后的余额为限。

（五）资产负债表中列示的净额扣除本条（四）后的余额。

企业应当披露本条（四）所述协议中抵销权的条款及其性质等信息，以及不同计量基础的金融工具适用本条时产生的计量差异。

上述信息未在财务报表同一附注中披露的，企业应当提供不同附注之间的交叉索引。

第四十八条 按照本准则第三章分类为权益工具的可回售工具，企业应当披露下列信息：

（一）可回售工具的汇总定量信息；

（二）对于按持有方要求承担的回购或赎回义务，企业的管理目标、政策和程序及其变化；

（三）回购或赎回可回售工具的预期现金流出金额以及确定方法。

第四十九条 企业将本准则第三章规定的特殊金融工具在金融负债和权益工具之间重分类的，应当分别披露重分类前后的公允价值或账面价值，以及重分类的时间和原因。

第五十条 企业应当披露作为负债或者或有负债担保物的金融资产的账面价值，以及与该项担保有关的条款和条件。根据《企业会计准则第 23 号——金融资产转移》第二十六条的规定，企业（转出方）向金融资产转入方提供了非现金担保物（如债务工具或权益工具投资等），转入方按照合同或惯例有权出售该担保物或将其再作为担保物的，企业应当将该非现金担保物在财务报表中单独列报。

第五十一条 企业取得担保物（担保物为金融资产或非金融资产），在担保物所有人未违约时可将该担保物出售或再抵押的，应当披露该担保物的公允价值、企业已出售或再抵押担保物的公允价值，以及承担的返还义务和使用担保物的条款和条件。

第五十二条 对于按照《企业会计准则第22号——金融工具确认和计量》第十八条的规定分类为以公允价值计量且其变动计入其他综合收益的金融资产，企业应当在财务报表附注中披露其确认的损失准备，但不应在资产负债表中将损失准备作为金融资产账面金额的扣减项目单独列示。

第五十三条 对于企业发行的包含金融负债成分和权益工具成分的复合金融工具，嵌入了价值相互关联的多项衍生工具（如可赎回的可转换债务工具）的，应当披露相关特征。

第五十四条 对于除基于正常信用条款的短期贸易应付款项之外的金融负债，企业应当披露下列信息：

（一）本期发生违约的金融负债的本金、利息、偿债基金、赎回条款的详细情况；

（二）发生违约的金融负债的期末账面价值；

（三）在财务报告批准对外报出前，就违约事项已采取的补救措施、对债务条款的重新议定等情况。

企业本期发生其他违反合同的情况，且债权人有权在发生违约或其他违反合同情况时要求企业提前偿还的，企业应当按上述要求披露。如果在期末前违约或其他违反合同情况已得到补救或已重新议定债务条款，则无需披露。

第三节 利润表中的列示及相关披露

第五十五条 企业应当披露与金融工具有关的下列收入、费用、利得或损失：

（一）以公允价值计量且其变动计入当期损益的金融资产和金融负债所产生的利得或损失。其中，指定为以公允价值计量且其变动计入当期损益的金融资产和金融负债，以及根据《企业会计准则第22号——金融工具确认和计量》第十九条的规定必须分类为以公允价值计量且其变动计入当期损益的金融资产和根据《企业会计准则第22号——金融工具确认和计量》第二十一条的规定必须分类为以公允价值计量且其变动计入当期损益的金融负债的净利得或净损失，应当分别披露。

（二）对于指定为以公允价值计量且其变动计入当期损益的金融负债，企业应当分别披露本期在其他综合收益中确认的和在当期损益中确认的利得或损失。

（三）对于根据《企业会计准则第22号——金融工具确认和计量》第十八条的规定分类为以公允价值计量且其变动计入其他综合收益的金融资产，企业应当分别披露当期在其他综合收益中确认的以及当期终止确认时从其他综合收益转入当期损益的利得或损失。

（四）对于根据《企业会计准则第22号——金融工具确认和计量》第十九条的规定指定为以公允价值计量且其变动计入其他综合收益的非交易性权益工具投资，企业应当分别披露在其他综合收益中确认的利得和损失以及在当期损益中确认的股利收入。

（五）除以公允价值计量且其变动计入当期损益的金融资产或金融负债外，按实际利率法计算的金融资产或金融负债产生的利息收入或利息费用总额，以及在确定实际利率时未予包括并直接计入当期损益的手续费收入或支出。

（六）企业通过信托和其他托管活动代他人持有资产或进行投资而形成的，直接计入当期损益的手续费收入或支出。

第五十六条　企业应当分别披露以摊余成本计量的金融资产终止确认时在利润表中确认的利得和损失金额及其相关分析，包括终止确认金融资产的原因。

第四节　套期会计相关披露

第五十七条　企业应当披露与套期会计有关的下列信息：

（一）企业的风险管理策略以及如何应用该策略来管理风险；

（二）企业的套期活动可能对其未来现金流量金额、时间和不确定性的影响；

（三）套期会计对企业的资产负债表、利润表及所有者权益变动表的影响。

企业在披露套期会计相关信息时，应当合理确定披露的详细程度、披露的重点、恰当的汇总或分解水平，以及财务报表使用者是否需要额外的说明以评估企业披露的定量信息。企业按照本准则要求所确定的信息披露汇总或分解水平应当和《企业会计准则第39号——公允价值计量》的披露要求所使用的汇总或分解水平相同。

第五十八条　企业应当披露其进行套期和运用套期会计的各类风险的风险敞口的风险管理策略相关信息，从而有助于财务报表使用者评价：每类风险是如何产生的、企业是如何管理各类风险的（包括企业是对某一项目整体的所有风险进行套期还是对某一项目的单个或多个风险成分进行套期及其理由），以及企业管理风险敞口的程度。与风险管理策略相关的信息应当包括：

（一）企业指定的套期工具；

（二）企业如何运用套期工具对被套期项目的特定风险敞口进行套期；

（三）企业如何确定被套期项目与套期工具的经济关系以评估套期有效性；

（四）套期比率的确定方法；

（五）套期无效部分的来源。

第五十九条　企业将某一特定的风险成分指定为被套期项目的，除应当披露本准则第五十八条规定的相关信息外，还应当披露下列定性或定量信息：

（一）企业如何确定该风险成分，包括风险成分与项目整体之间关系性质的说明；

（二）风险成分与项目整体的关联程度（例如被指定的风险成分以往平均涵盖项目整体公允价值变动的百分比）。

第六十条　企业应当按照风险类型披露相关定量信息，从而有助于财务报表使用者评价套期工具的条款和条件及这些条款和条件如何影响企业未来现金流量的金额、时间和不确定性。这些要求披露的明细信息应当包括：

（一）套期工具名义金额的时间分布；

（二）套期工具的平均价格或利率（如适用）。

第六十一条　在因套期工具和被套期项目频繁变更而导致企业频繁地重设（即终止及重新开始）套期关系的情况下，企业无需披露本准则第六十条规定的信息，但应当披露下列信息：

（一）企业基本风险管理策略与该套期关系相关的信息；

（二）企业如何通过运用套期会计以及指定特定的套期关系来反映其风险管理策略；

（三）企业重设套期关系的频率。

在因套期工具和被套期项目频繁变更而导致企业频繁地重设套期关系的情况下，如果资产负债表日的套期关系数量并不代表本期内的正常数量，企业应当披露这一情况以及该数量不具代表性的原因。

第六十二条　企业应当按照风险类型披露在套期关系存续期内预期将影响套期关系的套期无效部分的来源，如果在套期关系中出现导致套期无效部分的其他来源，也应当按照风险类型披露相关来源及导致套期无效的原因。

第六十三条 企业应当披露已运用套期会计但预计不再发生的预期交易的现金流量套期。

第六十四条 对于公允价值套期，企业应当以表格形式、按风险类型分别披露与被套期项目相关的下列金额：

（一）在资产负债表中确认的被套期项目的账面价值，其中资产和负债应当分别单独列示；

（二）资产负债表中已确认的被套期项目的账面价值、针对被套期项目的公允价值套期调整的累计金额，其中资产和负债应当分别单独列示；

（三）包含被套期项目的资产负债表列示项目；

（四）本期用作确认套期无效部分基础的被套期项目价值变动；

（五）被套期项目为以摊余成本计量的金融工具的，若已终止针对套期利得和损失进行调整，则应披露在资产负债表中保留的公允价值套期调整的累计金额。

第六十五条 对于现金流量套期和境外经营净投资套期，企业应当以表格形式、按风险类型分别披露与被套期项目相关的下列金额：

（一）本期用作确认套期无效部分基础的被套期项目价值变动；

（二）根据《企业会计准则第24号——套期会计》第二十四条的规定继续按照套期会计处理的现金流量套期储备的余额；

（三）根据《企业会计准则第24号——套期会计》第二十七条的规定继续按照套期会计处理的境外经营净投资套期计入其他综合收益的余额；

（四）套期会计不再适用的套期关系所导致的现金流量套期储备和境外经营净投资套期中计入其他综合收益的利得和损失的余额。

第六十六条 对于每类套期类型，企业应当以表格形式、按风险类型分别披露与套期工具相关的下列金额：

（一）套期工具的账面价值，其中金融资产和金融负债应当分别单独列示；

（二）包含套期工具的资产负债表列示项目；

（三）本期用作确认套期无效部分基础的套期工具的公允价值变动；

（四）套期工具的名义金额或数量。

第六十七条 对于公允价值套期，企业应当以表格形式、按风险类型分别披露与套期工具相关的下列金额：

（一）计入当期损益的套期无效部分；

（二）计入其他综合收益的套期无效部分；

（三）包含已确认的套期无效部分的利润表列示项目。

第六十八条 对于现金流量套期和境外经营净投资套期，企业应当以表格形式、按风险类型分别披露与套期工具相关的下列金额：

（一）当期计入其他综合收益的套期利得或损失；

（二）计入当期损益的套期无效部分；

（三）包含已确认的套期无效部分的利润表列示项目；

（四）从现金流量套期储备或境外经营净投资套期计入其他综合收益的利得和损失重分类至当期损益的金额，并应区分之前已运用套期会计但因被套期项目的未来现金流量预计不再发生而转出的金额和因被套期项目影响当期损益而转出的金额；

（五）包含重分类调整的利润表列示项目；

（六）对于风险净敞口套期，计入利润表中单列项目的套期利得或损失。

第六十九条 企业按照《企业会计准则第30号——财务报表列报》的规定在提供所有者权益各组成部分的调节情况以及其他综合收益的分析时，应当按照风险类型披露下列信息：

（一）分别披露按照本准则第六十八条（一）和（四）的规定披露的金额；

（二）分别披露按照《企业会计准则第 24 号——套期会计》第二十五条（一）和（三）的规定处理的现金流量套期储备的金额；

（三）分别披露对与交易相关的被套期项目进行套期的期权时间价值所涉及的金额，以及对与时间段相关的被套期项目进行套期的期权时间价值所涉及的金额；

（四）分别披露对与交易相关的被套期项目进行套期的远期合同的远期要素和金融工具的外汇基差所涉及的金额，以及对与时间段相关的被套期项目进行套期的远期合同的远期要素和金融工具的外汇基差所涉及的金额。

第七十条 企业因使用信用衍生工具管理金融工具的信用风险敞口而将金融工具（或其一定比例）指定为以公允价值计量且其变动计入当期损益的，应当披露下列信息：

（一）对于用于管理根据《企业会计准则第 24 号——套期会计》第三十四条的规定被指定为以公允价值计量且其变动计入当期损益的金融工具信用风险敞口的信用衍生工具，每一项名义金额与当期期初和期末公允价值的调节表；

（二）根据《企业会计准则第 24 号——套期会计》第三十四条的规定将金融工具（或其一定比例）指定为以公允价值计量且其变动计入当期损益时，在损益中确认的利得或损失；

（三）当企业根据《企业会计准则第 24 号——套期会计》第三十五条的规定对该金融工具（或其一定比例）终止以公允价值计量且其变动计入当期损益时，作为其新账面价值的该金融工具的公允价值和相关的名义金额或本金金额，企业在后续期间无须继续披露这一信息，除非根据《企业会计准则第 30 号——财务报表列报》的规定需要提供比较信息。

第五节　公允价值披露

第七十一条 除了本准则第七十三条规定情况外，企业应当披露每一类金融资产和金融负债的公允价值，并与账面价值进行比较。对于在资产负债表中相互抵销的金融资产和金融负债，其公允价值应当以抵销后的金额披露。

第七十二条 金融资产或金融负债初始确认的公允价值与交易价格存在差异时，如果其公允价值并非基于相同资产或负债在活跃市场中的报价确定的，也非基于仅使用可观察市场数据的估值技术确定的，企业在初始确认金融资产或金融负债时不应确认利得或损失。在此情况下，企业应当按金融资产或金融负债的类型披露下列信息：

（一）企业在损益中确认交易价格与初始确认的公允价值之间差额时所采用的会计政策，以反映市场参与者对资产或负债进行定价时所考虑的因素（包括时间因素）的变动；

（二）该项差异期初和期末尚未在损益中确认的总额和本期变动额的调节表；

（三）企业如何认定交易价格并非公允价值的最佳证据，以及确定公允价值的证据。

第七十三条 企业可以不披露下列金融资产或金融负债的公允价值信息：

（一）账面价值与公允价值差异很小的金融资产或金融负债（如短期应收账款或应付账款）；

（二）包含相机分红特征且其公允价值无法可靠计量的合同；

（三）租赁负债。

第七十四条 在本准则第七十三条（二）所述的情况下，企业应当披露下列信息：

（一）对金融工具的描述及其账面价值，以及因公允价值无法可靠计量而未披露其公允价值的事实和说明；

（二）金融工具的相关市场信息；

（三）企业是否有意图处置以及如何处置这些金融工具；

（四）之前公允价值无法可靠计量的金融工具终止确认的，应当披露终止确认的事实，终止确认时该金融工具的账面价值和所确认的利得或损失金额。

第七章　与金融工具相关的风险披露

第一节　定性和定量信息

第七十五条　企业应当披露与各类金融工具风险相关的定性和定量信息，以便财务报表使用者评估报告期末金融工具产生的风险的性质和程度，更好地评价企业所面临的风险敞口。相关风险包括信用风险、流动性风险、市场风险等。

第七十六条　对金融工具产生的各类风险，企业应当披露下列定性信息：

（一）风险敞口及其形成原因，以及在本期发生的变化；

（二）风险管理目标、政策和程序以及计量风险的方法及其在本期发生的变化。

第七十七条　对金融工具产生的各类风险，企业应当按类别披露下列定量信息：

（一）期末风险敞口的汇总数据。该数据应当以向内部关键管理人员提供的相关信息为基础。企业运用多种方法管理风险的，披露的信息应当以最相关和可靠的方法为基础。

（二）按照本准则第七十八条至第九十七条披露的信息。

（三）期末风险集中度信息，包括管理层确定风险集中度的说明和参考因素（包括交易对手方、地理区域、货币种类、市场类型等），以及各风险集中度相关的风险敞口金额。

上述期末定量信息不能代表企业本期风险敞口情况的，应当进一步提供相关信息。

第二节　信用风险披露

第七十八条　对于适用《企业会计准则第22号——金融工具确认和计量》金融工具减值规定的各类金融工具和相关合同权利，企业应当按照本准则第八十条至第八十七条的规定披露。

对于始终按照相当于整个存续期内预期信用损失的金额计量其减值损失准备的应收款项、合同资产和租赁应收款，在逾期超过30日后对合同现金流量作出修改的，适用本准则第八十五条（一）的规定。

租赁应收款不适用本准则第八十六条（二）的规定。

第七十九条　为使财务报表使用者了解信用风险对未来现金流量的金额、时间和不确定性的影响，企业应当披露与信用风险有关的下列信息：

（一）企业信用风险管理实务的相关信息及其与预期信用损失的确认和计量的关系，包括计量金融工具预期信用损失的方法、假设和信息；

（二）有助于财务报表使用者评价在财务报表中确认的预期信用损失金额的定量和定性信息，包括预期信用损失金额的变动及其原因；

（三）企业的信用风险敞口，包括重大信用风险集中度；

（四）其他有助于财务报表使用者了解信用风险对未来现金流量金额、时间和不确定性的影响的信息。

第八十条　信用风险信息已经在其他报告（例如管理层讨论与分析）中予以披露并与财务报告交叉索引，且财务报告和其他报告可以同时同条件获得的，则信用风险信息无需重复列报。企业应当根据自身实际情况，合理确定相关披露的详细程度、汇总或分解水平以及是否需对所披露的定量信息作补充说明。

第八十一条　企业应当披露与信用风险管理实务有关的下列信息：

（一）企业评估信用风险自初始确认后是否已显著增加的方法，并披露下列信息。

1. 根据《企业会计准则第22号——金融资产确认和计量》第五十五条的规定，在资产负债表日只具有较低的信用风险的金融工具及其确定依据（包括适用该情况的金融工具类别）。

2. 逾期超过 30 日，而信用风险自初始确认后未被认定为显著增加的金融资产及其确定依据。

（二）企业对违约的界定及其原因。

（三）以组合为基础评估预期信用风险的金融工具的组合方法。

（四）确定金融资产已发生信用减值的依据。

（五）企业直接减记金融工具的政策，包括没有合理预期金融资产可以收回的迹象和已经直接减记但仍受执行活动影响的金融资产相关政策的信息。

（六）根据《企业会计准则第 22 号——金融工具确认和计量》第五十六条的规定评估合同现金流量修改后金融资产的信用风险的，企业应当披露其信用风险的评估方法以及下列信息：

1. 对于损失准备相当于整个存续期预期信用损失的金融资产，在发生合同现金流修改时，评估信用风险是否已下降，从而企业可以按照相当于该金融资产未来 12 个月内预期信用损失的金额确认计量其损失准备；

2. 对于符合本条（六）第 1 项中所述的金融资产，企业应当披露其如何监控后续该金融资产的信用风险是否显著增加，从而按照相当于整个存续期预期信用损失的金额重新计量损失准备。

第八十二条 企业应当披露《企业会计准则第 22 号——金融工具确认和计量》第八章有关金融工具减值所采用的输入值、假设和估值技术等相关信息，具体包括：

（一）用于确定下列各事项或数据的输入值、假设和估计技术：

1. 未来 12 个月内预期信用损失和整个存续期的预期信用损失的计量；

2. 金融工具的信用风险自初始确认后是否已显著增加；

3. 金融资产是否已发生信用减值。

（二）确定预期信用损失时如何考虑前瞻性信息，包括宏观经济信息的使用。

（三）报告期估计技术或重大假设的变更及其原因。

第八十三条 企业应当以表格形式按金融工具的类别编制损失准备期初余额与期末余额的调节表，分别说明下列项目的变动情况：

（一）按相当于未来 12 个月预期信用损失的金额计量的损失准备。

（二）按相当于整个存续期预期信用损失的金额计量的下列各项的损失准备：

1. 自初始确认后信用风险已显著增加但并未发生信用减值的金融工具；

2. 对于资产负债表日已发生信用减值但并非购买或源生的已发生信用减值的金融资产；

3. 根据《企业会计准则第 22 号——金融工具确认和计量》第六十三条的规定计量减值损失准备的应收账款、合同资产和租赁应收款。

（三）购买或源生的已发生信用减值的金融资产的变动。除调节表外，企业还应当披露本期初始确认的该类金融资产在初始确认时未折现的预期信用损失总额。

第八十四条 为有助于财务报表使用者了解企业按照本准则第八十三条规定披露的损失准备变动信息，企业应当对本期发生损失准备变动的金融工具账面余额显著变动情况作出说明，这些说明信息应当包括定性和定量信息，并应当对按照本准则第八十三条规定披露损失准备的各项目分别单独披露，具体可包括下列情况下发生损失准备变动的金融工具账面余额显著变动信息：

（一）本期因购买或源生的金融工具所导致的变动。

（二）未导致终止确认的金融资产的合同现金流量修改所导致的变动。

（三）本期终止确认的金融工具（包括直接减记的金融工具）所导致的变动。

对于当期已直接减记但仍受执行活动影响的金融资产，还应当披露尚未结算的合同金额。

（四）因按照相当于未来 12 个月预期信用损失或整个存续期内预期信用损失金额计量损失准备而导致的金融工具账面余额变动信息。

第八十五条　为有助于财务报表使用者了解未导致终止确认的金融资产合同现金流量修改的性质和影响，及其对预期信用损失计量的影响，企业应当披露下列信息：

（一）企业在本期修改了金融资产合同现金流量，且修改前损失准备是按相当于整个存续期预期信用损失金额计量的，应当披露修改或重新议定合同前的摊余成本及修改合同现金流量的净利得或净损失；

（二）对于之前按照相当于整个存续期内预期信用损失的金额计量了损失准备的金融资产，而当期按照相当于未来 12 个月内预期信用损失的金额计量该金融资产的损失准备的，应当披露该金融资产在资产负债表日的账面余额。

第八十六条　为有助于财务报表使用者了解担保物或其他信用增级对源自预期信用损失的金额的影响，企业应当按照金融工具的类别披露下列信息：

（一）在不考虑可利用的担保物或其他信用增级的情况下，企业在资产负债表日的最大信用风险敞口。

（二）作为抵押持有的担保物和其他信用增级的描述，包括：

1. 所持有担保物的性质和质量的描述；

2. 本期由于信用恶化或企业担保政策变更，导致担保物或信用增级的质量发生显著变化的说明；

3. 由于存在担保物而未确认损失准备的金融工具的信息。

（三）企业在资产负债表日持有的担保物和其他信用增级为已发生信用减值的金融资产作抵押的定量信息（例如对担保物和其他信用增级降低信用风险程度的量化信息）。

第八十七条　为有助于财务报表使用者评估企业的信用风险敞口并了解其重大信用风险集中度，企业应当按照信用风险等级披露相关金融资产的账面余额以及贷款承诺和财务担保合同的信用风险敞口。这些信息应当按照下列各类金融工具分别披露：

（一）按相当于未来 12 个月预期信用损失的金额计量损失准备的金融工具。

（二）按相当于整个存续期预期信用损失的金额计量损失准备的下列金融工具：

1. 自初始确认后信用风险已显著增加的金融工具（但并非已发生信用减值的金融资产）；

2. 在资产负债表日已发生信用减值但并非所购买或源生的已发生信用减值的金融资产；

3. 根据《企业会计准则第 22 号——金融工具确认和计量》第六十三条规定计量减值损失准备的应收账款、合同资产或者租赁应收款。

（三）购买或源生的已发生信用减值的金融资产。

信用风险等级是指基于金融工具发生违约的风险对信用风险划分的等级。

第八十八条　对于属于本准则范围，但不适用《企业会计准则第 22 号——金融工具确认和计量》金融工具减值规定的各类金融工具，企业应当披露与每类金融工具信用风险有关的下列信息：

（一）在不考虑可利用的担保物或其他信用增级的情况下，企业在资产负债表日的最大信用风险敞口。金融工具的账面价值能代表最大信用风险敞口的，不再要求披露此项信息。

（二）无论是否适用本条（一）中的披露要求，企业都应当披露可利用担保物或其他信用增级的信息及其对最大信用风险敞口的财务影响。

第八十九条　企业本期通过取得担保物或其他信用增级所确认的金融资产或非金融资产，应当披露下列信息：

（一）所确认资产的性质和账面价值；
（二）对于不易变现的资产，应当披露处置或拟将其用于日常经营的政策等。

第三节　流动性风险披露

第九十条　企业应当披露金融负债按剩余到期期限进行的到期期限分析，以及管理这些金融负债流动性风险的方法：

（一）对于非衍生金融负债（包括财务担保合同），到期期限分析应当基于合同剩余到期期限。对于包含嵌入衍生工具的混合金融工具，应当将其整体视为非衍生金融负债进行披露。

（二）对于衍生金融负债，如果合同到期期限是理解现金流量时间分布的关键因素，到期期限分析应当基于合同剩余到期期限。

当企业将所持有的金融资产作为流动性风险管理的一部分，且披露金融资产的到期期限分析使财务报表使用者能够恰当地评估企业流动性风险的性质和范围时，企业应当披露金融资产的到期期限分析。

流动性风险，是指企业在履行以交付现金或其他金融资产的方式结算的义务时发生资金短缺的风险。

第九十一条　企业在披露到期期限分析时，应当运用职业判断确定适当的时间段。列入各时间段内按照本准则第九十条的规定披露的金额，应当是未经折现的合同现金流量。

企业可以但不限于按下列时间段进行到期期限分析：

（一）一个月以内（含一个月，下同）；
（二）一个月至三个月以内；
（三）三个月至一年以内；
（四）一年至五年以内；
（五）五年以上。

第九十二条　债权人可以选择收回债权时间的，债务人应当将相应的金融负债列入债权人可以要求收回债权的最早时间段内。

债务人应付债务金额不固定的，应当根据资产负债表日的情况确定到期期限分析所披露的金额。如分期付款的，债务人应当把每期将支付的款项列入相应的最早时间段内。

财务担保合同形成的金融负债，担保人应当将最大担保金额列入相关方可以要求支付的最早时间段内。

第九十三条　企业应当披露流动性风险敞口汇总定量信息的确定方法。此类汇总定量信息中的现金（或另一项金融资产）流出符合下列条件之一的，应当说明相关事实，并提供有助于评价该风险程度的额外定量信息：

（一）该现金的流出可能显著早于汇总定量信息中所列示的时间。
（二）该现金的流出可能与汇总定量信息中所列示的金额存在重大差异。

如果以上信息已包括在本准则第九十条规定的到期期限分析中，则无需披露上述额外定量信息。

第四节　市场风险披露

第九十四条　金融工具的市场风险，是指金融工具的公允价值或未来现金流量因市场价格变动而发生波动的风险，包括汇率风险、利率风险和其他价格风险。

汇率风险，是指金融工具的公允价值或未来现金流量因外汇汇率变动而发生波动的风险。汇率风险可源于以记账本位币之外的外币进行计价的金融工具。

利率风险，是指金融工具的公允价值或未来现金流量因市场利率变动而发生波动的风险。利率风险可源于已确认的计息金融工具和未确认的金融工具（如某些贷款承诺）。

其他价格风险，是指金融工具的公允价值或未来现金流量因汇率风险和利率风险以外的市场价格变动而发生波动的风险，无论这些变动是由于与单项金融工具或其发行方有关的因素而引起的，还是由于与市场内交易的所有类似金融工具有关的因素而引起的。其他价格风险可源于商品价格或权益工具价格等的变化。

第九十五条 在对市场风险进行敏感性分析时，应当以整个企业为基础，披露下列信息：

（一）资产负债表日所面临的各类市场风险的敏感性分析。该项披露应当反映资产负债表日相关风险变量发生合理、可能的变动时，将对企业损益和所有者权益产生的影响。

对具有重大汇率风险敞口的每一种货币，应当分币种进行敏感性分析。

（二）本期敏感性分析所使用的方法和假设，以及本期发生的变化和原因。

第九十六条 企业采用风险价值法或类似方法进行敏感性分析能够反映金融风险变量之间（如利率和汇率之间等）的关联性，且企业已采用该种方法管理金融风险的，可不按照本准则第九十五条的规定进行披露，但应当披露下列信息：

（一）用于该种敏感性分析的方法、选用的主要参数和假设；

（二）所用方法的目的，以及该方法提供的信息在反映相关资产和负债公允价值方面的局限性。

第九十七条 按照本准则第九十五条或第九十六条对敏感性分析的披露不能反映金融工具市场风险的（例如期末的风险敞口不能反映当期的风险状况），企业应当披露这一事实及其原因。

第八章　金融资产转移的披露

第九十八条 企业应当就资产负债表日存在的所有未终止确认的已转移金融资产，以及对已转移金融资产的继续涉入，按本准则要求单独披露。

本章所述的金融资产转移，包括下列两种情形：

（一）企业将收取金融资产现金流量的合同权利转移给另一方。

（二）企业保留了收取金融资产现金流量的合同权利，但承担了将收取的现金流量支付给一个或多个最终收款方的合同义务。

第九十九条 企业对于金融资产转移所披露的信息，应当有助于财务报表使用者了解未整体终止确认的已转移金融资产与相关负债之间的关系，评价企业继续涉入已终止确认金融资产的性质和相关风险。

企业按照本准则第一百零一条和第一百零二条所披露信息不能满足本条前款要求的，应当披露其他补充信息。

第一百条 本章所述的继续涉入，是指企业保留了已转移金融资产中内在的合同权利或义务，或者取得了与已转移金融资产相关的新合同权利或义务。转出方与转入方签订的转让协议或与第三方单独签订的与转让相关的协议，都有可能形成对已转移金融资产的继续涉入。如果企业对已转移金融资产的未来业绩不享有任何利益，也不承担与已转移金融资产相关的任何未来支付义务，则不形成继续涉入。下列情形不形成继续涉入：

（一）与转移的真实性以及合理、诚信和公平交易等原则有关的常规声明和保证，这些声明和保证可能因法律行为而导致转移无效。

（二）以公允价值回购已转移金融资产的远期、期权和其他合同。

（三）使企业保留了收取金融资产现金流量的合同权利但承担了将收取的现金流量支付给一个或多个最终收款方的合同义务的安排，且这类安排满足《企业会计准则第23号——金融资产转移》第六条（二）中的三个条件。

第一百零一条 对于已转移但未整体终止确认的金融资产，企业应当按照类别披露下列信息：

（一）已转移金融资产的性质；

（二）仍保留的与所有权有关的风险和报酬的性质；

（三）已转移金融资产与相关负债之间关系的性质，包括因转移引起的对企业使用已转移金融资产的限制；

（四）在转移金融资产形成的相关负债的交易对手方仅对已转移金融资产有追索权的情况下，应当以表格形式披露所转移金融资产和相关负债的公允价值以及净头寸，即已转移金融资产和相关负债公允价值之间的差额；

（五）继续确认已转移金融资产整体的，披露已转移金融资产和相关负债的账面价值；

（六）按继续涉入程度确认所转移金融资产的，披露转移前该金融资产整体的账面价值、按继续涉入程度确认的资产和相关负债的账面价值。

第一百零二条 对于已整体终止确认但转出方继续涉入已转移金融资产的，企业应当至少按照类别披露下列信息：

（一）因继续涉入确认的资产和负债的账面价值和公允价值，以及在资产负债表中对应的项目。

（二）因继续涉入导致企业发生损失的最大风险敞口及确定方法。

（三）应当或可能回购已终止确认的金融资产需要支付的未折现现金流量（如期权协议中的行权价格）或其他应向转入方支付的款项，以及对这些现金流量或款项的到期期限分析。如果到期期限可能为一个区间，应当以企业必须或可能支付的最早日期为依据归入相应的时间段。到期期限分析应当分别反映企业应当支付的现金流量（如远期合同）、企业可能支付的现金流量（如签出看跌期权）以及企业可选择支付的现金流量（如购入看涨期权）。在现金流量不固定的情形下，上述金额应当基于每个资产负债表日的情况披露。

（四）对本条（一）至（三）定量信息的解释性说明，包括对已转移金融资产、继续涉入的性质和目的，以及企业所面临风险的描述等。其中，对企业所面临风险的描述包括下列各项：

1. 企业对继续涉入已终止确认金融资产的风险进行管理的方法；

2. 企业是否应先于其他方承担有关损失，以及先于本企业承担损失的其他方应承担损失的顺序及金额；

3. 企业向已转移金融资产提供财务支持或回购该金融资产的义务的触发条件。

（五）金融资产转移日确认的利得或损失，以及因继续涉入已终止确认金融资产当期和累计确认的收益或费用（如衍生工具的公允价值变动）。

（六）终止确认产生的收款总额在本期分布不均衡的（例如大部分转移金额在临近报告期末发生），企业应当披露本期最大转移活动发生的时间段、该段期间所确认的金额（如相关利得或损失）和收款总额。

企业在披露本条所规定的信息时，应当按照其继续涉入面临的风险敞口类型分类汇总披露。例如，可按金融工具类别（如附担保或看涨期权继续涉入方式）或转让类型（如应收账款保理、证券化和融券）分类汇总披露。企业对某项终止确认的金融资产存在多种继续涉入方式的，可按其中一类汇总披露。

第一百零三条 企业按照本准则第一百条的规定确定是否继续涉入已转移金融资产时，应当以自身财务报告为基础进行考虑。

第九章 衔接规定

第一百零四条 自本准则施行日起，企业应当按照本准则的要求列报金融工具相关信息。企业比较财务报表列报的信息与本准则要求不一致的，不需要按照本准则的要求进行调整。

第十章 附 则

第一百零五条 本准则自 2018 年 1 月 1 日起施行。

37. 企业会计准则第 38 号——首次执行企业会计准则（2006 年发布）

（财会〔2006〕3 号印发）

第一章 总 则

第一条 为了规范首次执行企业会计准则对会计要素的确认、计量和财务报表列报，根据《企业会计准则——基本准则》，制定本准则。

第二条 首次执行企业会计准则，是指企业第一次执行企业会计准则体系，包括基本准则、具体准则和会计准则应用指南。

第三条 首次执行企业会计准则后发生的会计政策变更，适用《企业会计准则第 28 号——会计政策、会计估计变更和差错更正》。

第二章 确认和计量

第四条 在首次执行日，企业应当对所有资产、负债和所有者权益按照企业会计准则的规定进行重新分类、确认和计量，并编制期初资产负债表。

编制期初资产负债表时，除按照本准则第五条至第十九条规定要求追溯调整的项目外，其他项目不应追溯调整。

第五条 对于首次执行日的长期股权投资，应当分别下列情况处理：

（一）根据《企业会计准则第 20 号——企业合并》属于同一控制下企业合并产生的长期股权投资，尚未摊销完毕的股权投资差额应全额冲销，并调整留存收益，以冲销股权投资差额后的长期股权投资账面余额作为首次执行日的认定成本。

（二）除上述（一）以外的其他采用权益法核算的长期股权投资，存在股权投资贷方差额的，应冲销贷方差额，调整留存收益，并以冲销贷方差额后的长期股权投资账面余额作为首次执行日的认定成本；存在股权投资借方差额的，应当将长期股权投资的账面余额作为首次执行日的认定成本。

第六条 对于有确凿证据表明可以采用公允价值模式计量的投资性房地产，在首次执行日可以按照公允价值进行计量，并将账面价值与公允价值的差额调整留存收益。

第七条 在首次执行日，对于满足预计负债确认条件且该日之前尚未计入资产成本的弃置费用，应当增加该项资产成本，并确认相应的负债；同时，将应补提的折旧（折耗）调整留存收益。

第八条 对于首次执行日存在的解除与职工的劳动关系计划，满足《企业会计准则第 9 号——职工薪酬》预计负债确认条件的，应当确认因解除与职工的劳动关系给予补偿而产生的负债，并调整留存收益。

第九条 对于企业年金基金在运营中所形成的投资，应当在首次执行日按照公允价值进行计量，并将账面价值与公允价值的差额调整留存收益。

第十条 对于可行权日在首次执行日或之后的股份支付，应当根据《企业会计准则第 11 号——股份支付》的规定，按照权益工具、其他方服务或承担的以权益工具为基础计算确定的负债的公允价值，将应计入首次执行日之前等待期的成本费用金额调整留存收益，相应增加所有者权益或负债。

首次执行日之前可行权的股份支付,不应追溯调整。

第十一条 在首次执行日,企业应当按照《企业会计准则第13号——或有事项》的规定,将满足预计负债确认条件的重组义务,确认为负债,并调整留存收益。

第十二条 企业应当按照《企业会计准则第18号——所得税》的规定,在首次执行日对资产、负债的账面价值与计税基础不同形成的暂时性差异的所得税影响进行追溯调整,并将影响金额调整留存收益。

第十三条 除下列项目外,对于首次执行日之前发生的企业合并不应追溯调整:

(一)按照《企业会计准则第20号——企业合并》属于同一控制下企业合并,原已确认商誉的摊余价值应当全额冲销,并调整留存收益。

按照该准则的规定属于非同一控制下企业合并的,应当将商誉在首次执行日的摊余价值作为认定成本,不再进行摊销。

(二)首次执行日之前发生的企业合并,合并合同或协议中约定根据未来事项的发生对合并成本进行调整的,如果首次执行日预计未来事项很可能发生并对合并成本的影响金额能够可靠计量的,应当按照该影响金额调整已确认商誉的账面价值。

(三)企业应当按照《企业会计准则第8号——资产减值》的规定,在首次执行日对商誉进行减值测试,发生减值的,应当以计提减值准备后的金额确认,并调整留存收益。

第十四条 在首次执行日,企业应当将所持有的金融资产(不含《企业会计准则第2号——长期股权投资》规范的投资),划分为以公允价值计量且其变动计入当期损益的金融资产、持有至到期投资、贷款和应收款项、可供出售金融资产。

(一)划分为以公允价值计量且其变动计入当期损益或可供出售金融资产的,应当在首次执行日按照公允价值计量,并将账面价值与公允价值的差额调整留存收益。

(二)划分为持有至到期投资、贷款和应收款项的,应当自首次执行日起改按实际利率法,在随后的会计期间采用摊余成本计量。

第十五条 对于在首次执行日指定为以公允价值计量且其变动计入当期损益的金融负债,应当在首次执行日按照公允价值计量,并将账面价值与公允价值的差额调整留存收益。

第十六条 对于未在资产负债表内确认、或已按成本计量的衍生金融工具(不包括套期工具),应当在首次执行日按照公允价值计量,同时调整留存收益。

第十七条 对于嵌入衍生金融工具,按照《企业会计准则第22号——金融工具确认和计量》规定应从混合工具分拆的,应当在首次执行日将其从混合工具分拆并单独处理,但嵌入衍生金融工具的公允价值难以合理确定的除外。

对于企业发行的包含负债和权益成分的非衍生金融工具,应当按照《企业会计准则第37号——金融工具列报》的规定,在首次执行日将负债和权益成分分拆,但负债成分的公允价值难以合理确定的除外。

第十八条 在首次执行日,对于不符合《企业会计准则第24号——套期保值》规定的套期会计方法运用条件的套期保值,应当终止采用原套期会计方法,并按照《企业会计准则第24号——套期保值》处理。

第十九条 发生再保险分出业务的企业,应当在首次执行日按照《企业会计准则第26号——再保险合同》的规定,将应向再保险接受人摊回的相应准备金确认为资产,并调整各项准备金的账面价值。

第三章 列 报

第二十条 在首次执行日后按照企业会计准则编制的首份年度财务报表(以下简称首份年度财务报表)期间,企业应当按照《企业会计准则第30号——财务报表列报》和《企业会计准则第31号——现金流量表》的规定,编报资产负债表、利润表、现金流量表和所有者权益变动表及附注。

对外提供合并财务报表的,应当遵循《企业会计准则第33号——合并财务报表》的规定。在首份年度财务报表涵盖的期间内对外提供中期财务报告的,应当遵循《企业会计准则第32号——中期财务报告》的规定。

企业应当在附注中披露首次执行企业会计准则财务报表项目金额的变动情况。

第二十一条 首份年度财务报表至少应当包括上年度按照企业会计准则列报的比较信息。财务报表项目的列报发生变更的,应当对上年度比较数据按照企业会计准则的列报要求进行调整,但不切实可行的除外。

对于原未纳入合并范围但按照《企业会计准则第33号——合并财务报表》规定应纳入合并范围的子公司,在上年度的比较合并财务报表中,企业应当将该子公司纳入合并范围。对于原已纳入合并范围但按照该准则规定不应纳入合并范围的子公司,在上年度的比较合并财务报表中,企业不应将该子公司纳入合并范围。上年度比较合并财务报表中列示的少数股东权益,应当按照该准则的规定,在所有者权益类列示。

应当列示每股收益的企业,比较财务报表中上年度的每股收益按照《企业会计准则第34号——每股收益》的规定计算和列示。

应当披露分部信息的企业,比较财务报表中上年度关于分部的信息按照《企业会计准则第35号——分部报告》的规定披露。

38. 企业会计准则第39号——公允价值计量(2014年发布)

(财会〔2014〕6号印发)

第一章 总 则

第一条 为了规范公允价值的计量和披露,根据《企业会计准则——基本准则》,制定本准则。

第二条 公允价值,是指市场参与者在计量日发生的有序交易中,出售一项资产所能收到或者转移一项负债所需支付的价格。

第三条 本准则适用于其他相关会计准则要求或者允许采用公允价值进行计量或披露的情形,本准则第四条和第五条所列情形除外。

第四条 下列各项的计量和披露适用其他相关会计准则:

(一)与公允价值类似的其他计量属性的计量和披露,如《企业会计准则第1号——存货》规范的可变现净值、《企业会计准则第8号——资产减值》规范的预计未来现金流量现值,分别适用《企业会计准则第1号——存货》和《企业会计准则第8号——资产减值》。

(二)股份支付业务相关的计量和披露,适用《企业会计准则第11号——股份支付》。

(三)租赁业务相关的计量和披露,适用《企业会计准则第21号——租赁》。

第五条 下列各项的披露适用其他相关会计准则:

(一)以公允价值减去处置费用后的净额确定可收回金额的资产的披露,适用《企业会计准则第8号——资产减值》。

(二)以公允价值计量的职工离职后福利计划资产的披露,适用《企业会计准则第9号——职工薪酬》。

(三)以公允价值计量的企业年金基金投资的披露,适用《企业会计准则第10号——企业年金基金》。

第二章 相关资产或负债

第六条 企业以公允价值计量相关资产或负债,应当考虑该资产或负债的特征。

相关资产或负债的特征，是指市场参与者在计量日对该资产或负债进行定价时考虑的特征，包括资产状况及所在位置、对资产出售或者使用的限制等。

第七条 以公允价值计量的相关资产或负债可以是单项资产或负债（如一项金融工具、一项非金融资产等），也可以是资产组合、负债组合或者资产和负债的组合（如《企业会计准则第8号——资产减值》规范的资产组、《企业会计准则第20号——企业合并》规范的业务等）。企业是以单项还是以组合的方式对相关资产或负债进行公允价值计量，取决于该资产或负债的计量单元。

计量单元，是指相关资产或负债以单独或者组合方式进行计量的最小单位。相关资产或负债的计量单元应当由要求或者允许以公允价值计量的其他相关会计准则规定，但本准则第十章规范的市场风险或信用风险可抵销的金融资产和金融负债的公允价值计量除外。

第三章 有序交易和市场

第八条 企业以公允价值计量相关资产或负债，应当假定市场参与者在计量日出售资产或者转移负债的交易，是在当前市场条件下的有序交易。

有序交易，是指在计量日前一段时期内相关资产或负债具有惯常市场活动的交易。清算等被迫交易不属于有序交易。

第九条 企业以公允价值计量相关资产或负债，应当假定出售资产或者转移负债的有序交易在相关资产或负债的主要市场进行。不存在主要市场的，企业应当假定该交易在相关资产或负债的最有利市场进行。

主要市场，是指相关资产或负债交易量最大和交易活跃程度最高的市场。

最有利市场，是指在考虑交易费用和运输费用后，能够以最高金额出售相关资产或者以最低金额转移相关负债的市场。

交易费用，是指在相关资产或负债的主要市场（或最有利市场）中，发生的可直接归属于资产出售或者负债转移的费用。交易费用是直接由交易引起的、交易所必需的，而且不出售资产或者不转移负债就不会发生的费用。

运输费用，是指将资产从当前位置运抵主要市场（或最有利市场）发生的费用。

第十条 企业在识别主要市场（或最有利市场）时，应当考虑所有可合理取得的信息，但没有必要考察所有市场。

通常情况下，企业正常进行资产出售或者负债转移的市场可以视为主要市场（或最有利市场）。

第十一条 主要市场（或最有利市场）应当是企业在计量日能够进入的交易市场，但不要求企业于计量日在该市场上实际出售资产或者转移负债。

由于不同企业可以进入的市场不同，对于不同企业，相同资产或负债可能具有不同的主要市场（或最有利市场）。

第十二条 企业应当以主要市场的价格计量相关资产或负债的公允价值。不存在主要市场的，企业应当以最有利市场的价格计量相关资产或负债的公允价值。

企业不应当因交易费用对该价格进行调整。交易费用不属于相关资产或负债的特征，只与特定交易有关。交易费用不包括运输费用。

相关资产所在的位置是该资产的特征，发生的运输费用能够使该资产从当前位置转移到主要市场（或最有利市场）的，企业应当根据使该资产从当前位置转移到主要市场（或最有利市场）的运输费用调整主要市场（或最有利市场）的价格。

第十三条 当计量日不存在能够提供出售资产或者转移负债的相关价格信息的可观察市场时，企业应当从持有资产或者承担负债的市场参与者角度，假定计量日发生了出售资产或者转移负债的交易，并以该假定交易的价格为基础计量相关资产或负债的公允价值。

第四章　市场参与者

第十四条　企业以公允价值计量相关资产或负债，应当采用市场参与者在对该资产或负债定价时为实现其经济利益最大化所使用的假设。

市场参与者，是指在相关资产或负债的主要市场（或最有利市场）中，同时具备下列特征的买方和卖方：

（一）市场参与者应当相互独立，不存在《企业会计准则第36号——关联方披露》所述的关联方关系；

（二）市场参与者应当熟悉情况，能够根据可取得的信息对相关资产或负债以及交易具备合理认知；

（三）市场参与者应当有能力并自愿进行相关资产或负债的交易。

第十五条　企业在确定市场参与者时，应当考虑所计量的相关资产或负债、该资产或负债的主要市场（或最有利市场）以及在该市场上与企业进行交易的市场参与者等因素，从总体上识别市场参与者。

第五章　公允价值初始计量

第十六条　企业应当根据交易性质和相关资产或负债的特征等，判断初始确认时的公允价值是否与其交易价格相等。

在企业取得资产或者承担负债的交易中，交易价格是取得该项资产所支付或者承担该项负债所收到的价格（即进入价格）。公允价值是出售该项资产所能收到或者转移该项负债所需支付的价格（即脱手价格）。相关资产或负债在初始确认时的公允价值通常与其交易价格相等，但在下列情况中两者可能不相等：

（一）交易发生在关联方之间。但企业有证据表明该关联方交易是在市场条件下进行的除外。

（二）交易是被迫的。

（三）交易价格所代表的计量单元与按照本准则第七条确定的计量单元不同。

（四）交易市场不是相关资产或负债的主要市场（或最有利市场）。

第十七条　其他相关会计准则要求或者允许企业以公允价值对相关资产或负债进行初始计量，且其交易价格与公允价值不相等的，企业应当将相关利得或损失计入当期损益，但其他相关会计准则另有规定的除外。

第六章　估值技术

第十八条　企业以公允价值计量相关资产或负债，应当采用在当前情况下适用并且有足够可利用数据和其他信息支持的估值技术。企业使用估值技术的目的，是为了估计在计量日当前市场条件下，市场参与者在有序交易中出售一项资产或者转移一项负债的价格。

企业以公允价值计量相关资产或负债，使用的估值技术主要包括市场法、收益法和成本法。企业应当使用与其中一种或多种估值技术相一致的方法计量公允价值。企业使用多种估值技术计量公允价值的，应当考虑各估值结果的合理性，选取在当前情况下最能代表公允价值的金额作为公允价值。

市场法，是利用相同或类似的资产、负债或资产和负债组合的价格以及其他相关市场交易信息进行估值的技术。

收益法，是将未来金额转换成单一现值的估值技术。

成本法，是反映当前要求重置相关资产服务能力所需金额（通常指现行重置成本）的估值技术。

第十九条 企业在估值技术的应用中,应当优先使用相关可观察输入值,只有在相关可观察输入值无法取得或取得不切实可行的情况下,才可以使用不可观察输入值。

输入值,是指市场参与者在给相关资产或负债定价时所使用的假设,包括可观察输入值和不可观察输入值。

可观察输入值,是指能够从市场数据中取得的输入值。该输入值反映了市场参与者在对相关资产或负债定价时所使用的假设。

不可观察输入值,是指不能从市场数据中取得的输入值。该输入值应当根据可获得的市场参与者在对相关资产或负债定价时所使用假设的最佳信息确定。

第二十条 企业以交易价格作为初始确认时的公允价值,且在公允价值后续计量中使用了涉及不可观察输入值的估值技术的,应当在估值过程中校正该估值技术,以使估值技术确定的初始确认结果与交易价格相等。

企业在公允价值后续计量中使用估值技术的,尤其是涉及不可观察输入值的,应当确保该估值技术反映了计量日可观察的市场数据,如类似资产或负债的价格等。

第二十一条 公允价值计量使用的估值技术一经确定,不得随意变更,但变更估值技术或其应用能使计量结果在当前情况下同样或者更能代表公允价值的情况除外,包括但不限于下列情况:

(一)出现新的市场。
(二)可以取得新的信息。
(三)无法再取得以前使用的信息。
(四)改进了估值技术。
(五)市场状况发生变化。

企业变更估值技术或其应用的,应当按照《企业会计准则第28号——会计政策、会计估计变更和差错更正》的规定作为会计估计变更,并根据本准则的披露要求对估值技术及其应用的变更进行披露,而不需要按照《企业会计准则第28号——会计政策、会计估计变更和差错更正》的规定对相关会计估计变更进行披露。

第二十二条 企业采用估值技术计量公允价值时,应当选择与市场参与者在相关资产或负债的交易中所考虑的资产或负债特征相一致的输入值,包括流动性折溢价、控制权溢价或少数股东权益折价等,但不包括与本准则第七条规定的计量单元不一致的折溢价。

企业不应当考虑因其大量持有相关资产或负债所产生的折价或溢价。该折价或溢价反映了市场正常日交易量低于企业在当前市场出售或转让其持有的相关资产或负债数量时,市场参与者对该资产或负债报价的调整。

第二十三条 以公允价值计量的相关资产或负债存在出价和要价的,企业应当以在出价和要价之间最能代表当前情况下公允价值的价格确定该资产或负债的公允价值。企业可以使用出价计量资产头寸、使用要价计量负债头寸。

本准则不限制企业使用市场参与者在实务中使用的在出价和要价之间的中间价或其他定价惯例计量相关资产或负债。

第七章　公允价值层次

第二十四条 企业应当将公允价值计量所使用的输入值划分为三个层次,并首先使用第一层次输入值,其次使用第二层次输入值,最后使用第三层次输入值。

第一层次输入值是在计量日能够取得的相同资产或负债在活跃市场上未经调整的报价。活跃市场,是指相关资产或负债的交易量和交易频率足以持续提供定价信息的市场。

第二层次输入值是除第一层次输入值外相关资产或负债直接或间接可观察的输入值。

第三层次输入值是相关资产或负债的不可观察输入值。

公允价值计量结果所属的层次，由对公允价值计量整体而言具有重要意义的输入值所属的最低层次决定。企业应当在考虑相关资产或负债特征的基础上判断所使用的输入值是否重要。公允价值计量结果所属的层次，取决于估值技术的输入值，而不是估值技术本身。

第二十五条 第一层次输入值为公允价值提供了最可靠的证据。在所有情况下，企业只要能够获得相同资产或负债在活跃市场上的报价，就应当将该报价不加调整地应用于该资产或负债的公允价值计量，但下列情况除外：

（一）企业持有大量类似但不相同的以公允价值计量的资产或负债，这些资产或负债存在活跃市场报价，但难以获得每项资产或负债在计量日单独的定价信息。在这种情况下，企业可以采用不单纯依赖报价的其他估值模型。

（二）活跃市场报价未能代表计量日的公允价值，如因发生影响公允价值计量的重大事件等导致活跃市场的报价未能代表计量日的公允价值。

（三）本准则第三十四条（二）所述情况。

企业因上述情况对相同资产或负债在活跃市场上的报价进行调整的，公允价值计量结果应当划分为较低层次。

第二十六条 企业在使用第二层次输入值对相关资产或负债进行公允价值计量时，应当根据该资产或负债的特征，对第二层次输入值进行调整。这些特征包括资产状况或所在位置、输入值与类似资产或负债的相关程度［包括本准则第三十四条（二）规定的因素］、可观察输入值所在市场的交易量和活跃程度等。

对于具有合同期限等具体期限的相关资产或负债，第二层次输入值应当在几乎整个期限内是可观察的。

第二层次输入值包括：

（一）活跃市场中类似资产或负债的报价；

（二）非活跃市场中相同或类似资产或负债的报价；

（三）除报价以外的其他可观察输入值，包括在正常报价间隔期间可观察的利率和收益率曲线、隐含波动率和信用利差等；

（四）市场验证的输入值等。市场验证的输入值，是指通过相关性分析或其他手段获得的主要来源于可观察市场数据或者经过可观察市场数据验证的输入值。

企业使用重要的不可观察输入值对第二层次输入值进行调整，且该调整对公允价值计量整体而言是重要的，公允价值计量结果应当划分为第三层次。

第二十七条 企业只有在相关资产或负债不存在市场活动或者市场活动很少导致相关可观察输入值无法取得或取得不切实可行的情况下，才能使用第三层次输入值，即不可观察输入值。

不可观察输入值应当反映市场参与者对相关资产或负债定价时所使用的假设，包括有关风险的假设，如特定估值技术的固有风险和估值技术输入值的固有风险等。

第二十八条 企业在确定不可观察输入值时，应当使用在当前情况下可合理取得的最佳信息，包括所有可合理取得的市场参与者假设。

企业可以使用内部数据作为不可观察输入值，但如果有证据表明其他市场参与者将使用不同于企业内部数据的其他数据，或者这些企业内部数据是企业特定数据、其他市场参与者不具备企业相关特征时，企业应当对其内部数据做出相应调整。

第八章　非金融资产的公允价值计量

第二十九条 企业以公允价值计量非金融资产，应当考虑市场参与者将该资产用于最佳用途产生经济利益的能力，或者将该资产出售给能够用于最佳用途的其他市场参与者产生经济利益的能力。

最佳用途，是指市场参与者实现一项非金融资产或其所属的资产和负债组合的价值最大化时该非金融资产的用途。

第三十条　企业确定非金融资产的最佳用途，应当考虑法律上是否允许、实物上是否可能以及财务上是否可行等因素。

（一）企业判断非金融资产的用途在法律上是否允许，应当考虑市场参与者在对该资产定价时考虑的资产使用在法律上的限制。

（二）企业判断非金融资产的用途在实物上是否可能，应当考虑市场参与者在对该资产定价时考虑的资产实物特征。

（三）企业判断非金融资产的用途在财务上是否可行，应当考虑在法律上允许且实物上可能的情况下，使用该资产能否产生足够的收益或现金流量，从而在补偿使资产用于该用途所发生的成本后，仍然能够满足市场参与者所要求的投资回报。

第三十一条　企业应当从市场参与者的角度确定非金融资产的最佳用途。

通常情况下，企业对非金融资产的现行用途可以视为最佳用途，除非市场因素或者其他因素表明市场参与者按照其他用途使用该资产可以实现价值最大化。

第三十二条　企业以公允价值计量非金融资产，应当基于最佳用途确定下列估值前提：

（一）市场参与者单独使用一项非金融资产产生最大价值的，该非金融资产的公允价值应当是将其出售给同样单独使用该资产的市场参与者的当前交易价格。

（二）市场参与者将一项非金融资产与其他资产（或者其他资产或负债的组合）组合使用产生最大价值的，该非金融资产的公允价值应当是将其出售给以同样组合方式使用该资产的市场参与者的当前交易价格，并且该市场参与者可以取得组合中的其他资产和负债。其中，负债包括企业为筹集营运资金产生的负债，但不包括企业为组合之外的资产筹集资金所产生的负债。最佳用途的假定应当一致地应用于组合中所有与最佳用途相关的资产。

企业应当从市场参与者的角度判断该资产的最佳用途是单独使用、与其他资产组合使用、还是与其他资产和负债组合使用，但在计量非金融资产的公允价值时，应当假定按照本准则第七条确定的计量单元出售该资产。

第九章　负债和企业自身权益工具的公允价值计量

第三十三条　企业以公允价值计量负债，应当假定在计量日将该负债转移给其他市场参与者，而且该负债在转移后继续存在，并由作为受让方的市场参与者履行义务。

企业以公允价值计量自身权益工具，应当假定在计量日将该自身权益工具转移给其他市场参与者，而且该自身权益工具在转移后继续存在，并由作为受让方的市场参与者取得与该工具相关的权利、承担相应的义务。

第三十四条　企业以公允价值计量负债或自身权益工具，应当遵循下列原则：

（一）存在相同或类似负债或企业自身权益工具可观察市场报价的，应当以该报价为基础确定该负债或企业自身权益工具的公允价值。

（二）不存在相同或类似负债或企业自身权益工具可观察市场报价，但其他方将其作为资产持有的，企业应当在计量日从持有该资产的市场参与者角度，以该资产的公允价值为基础确定该负债或自身权益工具的公允价值。

当该资产的某些特征不适用于所计量的负债或企业自身权益工具时，企业应当根据该资产的公允价值进行调整，以调整后的价值确定负债或企业自身权益工具的公允价值。这些特征包括资产出售受到限制、资产与所计量负债或企业自身权益工具类似但不相同、资产的计量单元与负债或企业自身权益工具的计量单元不完全相同等。

（三）不存在相同或类似负债或企业自身权益工具可观察市场报价，并且其他方未将其作为资产持有的，企业应当从承担负债或者发行权益工具的市场参与者角度，采用估值技术确定该负债或企业自身权益工具的公允价值。

第三十五条 企业以公允价值计量负债,应当考虑不履约风险,并假定不履约风险在负债转移前后保持不变。

不履约风险,是指企业不履行义务的风险,包括但不限于企业自身信用风险。

第三十六条 企业以公允价值计量负债或自身权益工具,并且该负债或自身权益工具存在限制转移因素的,如果公允价值计量的输入值中已经考虑了该因素,企业不应当再单独设置相关输入值,也不应当对其他输入值进行相关调整。

第三十七条 企业以公允价值计量活期存款等具有可随时要求偿还特征的金融负债的,该金融负债的公允价值不应当低于债权人随时要求偿还时的应付金额,即从债权人可要求偿还的第一天起折现的现值。

第十章　市场风险或信用风险可抵销的金融资产和金融负债的公允价值计量

第三十八条 企业以市场风险和信用风险的净敞口为基础管理金融资产和金融负债的,可以以计量日市场参与者在当前市场条件下有序交易中出售净多头(即资产)或者转移净空头(即负债)的价格为基础,计量该金融资产和金融负债组合的公允价值。

市场风险或信用风险可抵销的金融资产或金融负债,应当是由《企业会计准则第22号——金融工具确认和计量》规范的金融资产和金融负债,也包括不符合金融资产或金融负债定义但按照《企业会计准则第22号——金融工具确认和计量》进行会计处理的其他合同。

与市场风险或信用风险可抵销的金融资产和金融负债相关的财务报表列报,应当适用其他相关会计准则。

第三十九条 企业按照本准则第三十八条规定计量金融资产和金融负债组合的公允价值的,应当同时满足下列条件:

(一)企业风险管理或投资策略的正式书面文件已载明,企业以特定市场风险或特定对手信用风险的净敞口为基础,管理金融资产和金融负债的组合;

(二)企业以特定市场风险或特定对手信用风险的净敞口为基础,向企业关键管理人员报告金融资产和金融负债组合的信息;

(三)企业在每个资产负债表日以公允价值计量组合中的金融资产和金融负债。

第四十条 企业按照本准则第三十八条规定计量金融资产和金融负债组合的公允价值的,该金融资产和金融负债面临的特定市场风险及其期限实质上应当相同。

企业按照本准则第三十八条规定计量金融资产和金融负债组合的公允价值的,如果市场参与者将会考虑假定出现违约情况下能够减小信用风险敞口的所有现行安排,企业应当考虑特定对手的信用风险净敞口的影响或特定对手对企业的信用风险净敞口的影响,并预计市场参与者依法强制执行这些安排的可能性。

第四十一条 企业采用本准则第三十八条规定的,应当按照《企业会计准则第28号——会计政策、会计估计变更和差错更正》的规定确定相关会计政策,并且一经确定,不得随意变更。

第十一章　公允价值披露

第四十二条 企业应当根据相关资产或负债的性质、特征、风险以及公允价值计量的层次对该资产或负债进行恰当分组,并按照组别披露公允价值计量的相关信息。

为确定资产和负债的组别,企业通常应当对资产负债表列报项目做进一步分解。企业应当披露各组别与报表列报项目之间的调节信息。

其他相关会计准则明确规定了相关资产或负债组别且其分组原则符合本条规定的,企业可以直接使用该组别提供相关信息。

第四十三条 企业应当区分持续的公允价值计量和非持续的公允价值计量。

持续的公允价值计量，是指其他相关会计准则要求或者允许企业在每个资产负债表日持续以公允价值进行的计量。

非持续的公允价值计量，是指其他相关会计准则要求或者允许企业在特定情况下的资产负债表中以公允价值进行的计量。

第四十四条 在相关资产或负债初始确认后的每个资产负债表日，企业至少应当在附注中披露持续以公允价值计量的每组资产和负债的下列信息：

（一）其他相关会计准则要求或者允许企业在资产负债表日持续以公允价值计量的项目和金额。

（二）公允价值计量的层次。

（三）在各层次之间转换的金额和原因，以及确定各层次之间转换时点的政策。每一层次的转入与转出应当分别披露。

（四）对于第二层次的公允价值计量，企业应当披露使用的估值技术和输入值的描述性信息。当变更估值技术时，企业还应当披露这一变更以及变更的原因。

（五）对于第三层次的公允价值计量，企业应当披露使用的估值技术、输入值和估值流程的描述性信息。当变更估值技术时，企业还应当披露这一变更以及变更的原因。企业应当披露公允价值计量中使用的重要的、可合理取得的不可观察输入值的量化信息。

（六）对于第三层次的公允价值计量，企业应当披露期初余额与期末余额之间的调节信息，包括计入当期损益的已实现利得或损失总额，以及确认这些利得或损失时的损益项目；计入当期损益的未实现利得或损失总额，以及确认这些未实现利得或损失时的损益项目（如相关资产或负债的公允价值变动损益等）；计入当期其他综合收益的利得或损失总额，以及确认这些利得或损失时的其他综合收益项目；分别披露相关资产或负债购买、出售、发行及结算情况。

（七）对于第三层次的公允价值计量，当改变不可观察输入值的金额可能导致公允价值显著变化时，企业应当披露有关敏感性分析的描述性信息。

这些输入值和使用的其他不可观察输入值之间具有相关关系的，企业应当描述这种相关关系及其影响，其中不可观察输入值至少包括本条（五）要求披露的不可观察输入值。

对于金融资产和金融负债，如果为反映合理、可能的其他假设而变更一个或多个不可观察输入值将导致公允价值的重大改变，企业还应当披露这一事实、变更的影响金额及其计算方法。

（八）当非金融资产的最佳用途与其当前用途不同时，企业应当披露这一事实及其原因。

第四十五条 在相关资产或负债初始确认后的资产负债表中，企业至少应当在附注中披露非持续以公允价值计量的每组资产和负债的下列信息：

（一）其他相关会计准则要求或者允许企业在特定情况下非持续以公允价值计量的项目和金额，以及以公允价值计量的原因。

（二）公允价值计量的层次。

（三）对于第二层次的公允价值计量，企业应当披露使用的估值技术和输入值的描述性信息。当变更估值技术时，企业还应当披露这一变更以及变更的原因。

（四）对于第三层次的公允价值计量，企业应当披露使用的估值技术、输入值和估值流程的描述性信息，当变更估值技术时，企业还应当披露这一变更以及变更的原因。企业应当披露公允价值计量中使用的重要不可观察输入值的量化信息。

（五）当非金融资产的最佳用途与其当前用途不同时，企业应当披露这一事实及其原因。

第四十六条 企业调整公允价值计量层次转换时点的相关会计政策应当在前后各会计期间保持一致，并按照本准则第四十四条（三）的规定进行披露。企业调整公允价值计量层次转换时点的相关会计政策应当一致地应用于转出的公允价值计量层次和转入的公允价值计量层次。

第四十七条 企业采用本准则第三十八条规定的会计政策的，应当披露该事实。

第四十八条 对于在资产负债表中不以公允价值计量但以公允价值披露的各组资产和负债，企业应当按照本准则第四十四条（二）（四）（五）和（八）披露信息，但不需要按照本准则第四十四条（五）披露第三层次公允价值计量的估值流程和使用的重要不可观察输入值的量化信息。

第四十九条 对于以公允价值计量且在发行时附有不可分割的第三方信用增级的负债，发行人应当披露这一事实，并说明该信用增级是否已反映在该负债的公允价值计量中。

第五十条 企业应当以表格形式披露本准则要求的量化信息，除非其他形式更适当。

第十二章 衔接规定

第五十一条 本准则施行日之前的公允价值计量与本准则要求不一致的，企业不作追溯调整。

第五十二条 比较财务报表中披露的本准则施行日之前的信息与本准则要求不一致的，企业不需要按照本准则的规定进行调整。

第十三章 附 则

第五十三条 本准则自 2014 年 7 月 1 日起施行。

39. 企业会计准则第 40 号——合营安排（2014 年发布）

（财会〔2014〕11 号印发）

第一章 总 则

第一条 为了规范合营安排的认定、分类以及各参与方在合营安排中权益等的会计处理，根据《企业会计准则——基本准则》，制定本准则。

第二条 合营安排，是指一项由两个或两个以上的参与方共同控制的安排。合营安排具有下列特征：

（一）各参与方均受到该安排的约束；

（二）两个或两个以上的参与方对该安排实施共同控制。任何一个参与方都不能够单独控制该安排，对该安排具有共同控制的任何一个参与方均能够阻止其他参与方或参与方组合单独控制该安排。

第三条 合营安排不要求所有参与方都对该安排实施共同控制。合营安排参与方既包括对合营安排享有共同控制的参与方（即合营方），也包括对合营安排不享有共同控制的参与方。

第四条 合营方在合营安排中权益的披露，适用《企业会计准则第 41 号——在其他主体中权益的披露》。

第二章 合营安排的认定和分类

第五条 共同控制，是指按照相关约定对某项安排所共有的控制，并且该安排的相关活动必须经过分享控制权的参与方一致同意后才能决策。

本准则所称相关活动，是指对某项安排的回报产生重大影响的活动。某项安排的相关活动应当根据具体情况进行判断，通常包括商品或劳务的销售和购买、金融资产的管理、资产的购买和处置、研究与开发活动以及融资活动等。

第六条 如果所有参与方或一组参与方必须一致行动才能决定某项安排的相关活动，则称所有参与方或一组参与方集体控制该安排。

在判断是否存在共同控制时，应当首先判断所有参与方或参与方组合是否集体控制该安排，其次再判断该安排相关活动的决策是否必须经过这些集体控制该安排的参与方一致同意。

第七条 如果存在两个或两个以上的参与方组合能够集体控制某项安排的，不构成共同控制。

第八条 仅享有保护性权利的参与方不享有共同控制。

第九条 合营安排分为共同经营和合营企业。

共同经营，是指合营方享有该安排相关资产且承担该安排相关负债的合营安排。

合营企业，是指合营方仅对该安排的净资产享有权利的合营安排。

第十条 合营方应当根据其在合营安排中享有的权利和承担的义务确定合营安排的分类。对权利和义务进行评价时应当考虑该安排的结构、法律形式以及合同条款等因素。

第十一条 未通过单独主体达成的合营安排，应当划分为共同经营。

单独主体，是指具有单独可辨认的财务架构的主体，包括单独的法人主体和不具备法人主体资格但法律认可的主体。

第十二条 通过单独主体达成的合营安排，通常应当划分为合营企业。但有确凿证据表明满足下列任一条件并且符合相关法律法规规定的合营安排应当划分为共同经营：

（一）合营安排的法律形式表明，合营方对该安排中的相关资产和负债分别享有权利和承担义务。

（二）合营安排的合同条款约定，合营方对该安排中的相关资产和负债分别享有权利和承担义务。

（三）其他相关事实和情况表明，合营方对该安排中的相关资产和负债分别享有权利和承担义务，如合营方享有与合营安排相关的几乎所有产出，并且该安排中负债的清偿持续依赖于合营方的支持。

不能仅凭合营方对合营安排提供债务担保即将其视为合营方承担该安排相关负债。合营方承担向合营安排支付认缴出资义务的，不视为合营方承担该安排相关负债。

第十三条 相关事实和情况变化导致合营方在合营安排中享有的权利和承担的义务发生变化的，合营方应当对合营安排的分类进行重新评估。

第十四条 对于为完成不同活动而设立多项合营安排的一个框架性协议，企业应当分别确定各项合营安排的分类。

第三章 共同经营参与方的会计处理

第十五条 合营方应当确认其与共同经营中利益份额相关的下列项目，并按照相关企业会计准则的规定进行会计处理：

（一）确认单独所持有的资产，以及按其份额确认共同持有的资产；

（二）确认单独所承担的负债，以及按其份额确认共同承担的负债；

（三）确认出售其享有的共同经营产出份额所产生的收入；

（四）按其份额确认共同经营因出售产出所产生的收入；

（五）确认单独所发生的费用，以及按其份额确认共同经营发生的费用。

第十六条 合营方向共同经营投出或出售资产等（该资产构成业务的除外），在该资产等由共同经营出售给第三方之前，应当仅确认因该交易产生的损益中归属于共同经营其他参与方的部分。投出或出售的资产发生符合《企业会计准则第8号——资产减值》等规定的资产减值损失的，合营方应当全额确认该损失。

第十七条 合营方自共同经营购买资产等（该资产构成业务的除外），在将该资产等出售给第三方之前，应当仅确认因该交易产生的损益中归属于共同经营其他参与方的部分。购入的资产发生符合《企业会计准则第 8 号——资产减值》等规定的资产减值损失的，合营方应当按其承担的份额确认该部分损失。

第十八条 对共同经营不享有共同控制的参与方，如果享有该共同经营相关资产且承担该共同经营相关负债的，应当按照本准则第十五条至第十七条的规定进行会计处理；否则，应当按照相关企业会计准则的规定进行会计处理。

第四章 合营企业参与方的会计处理

第十九条 合营方应当按照《企业会计准则第 2 号——长期股权投资》的规定对合营企业的投资进行会计处理。

第二十条 对合营企业不享有共同控制的参与方应当根据其对该合营企业的影响程度进行会计处理：

（一）对该合营企业具有重大影响的，应当按照《企业会计准则第 2 号——长期股权投资》的规定进行会计处理。

（二）对该合营企业不具有重大影响的，应当按照《企业会计准则第 22 号——金融工具确认和计量》的规定进行会计处理。

第五章 衔 接 规 定

第二十一条 首次采用本准则的企业应当根据本准则的规定对其合营安排进行重新评估，确定其分类。

第二十二条 合营企业重新分类为共同经营的，合营方应当在比较财务报表最早期间期初终止确认以前采用权益法核算的长期股权投资，以及其他实质上构成对合营企业净投资的长期权益；同时根据比较财务报表最早期间期初采用权益法核算时使用的相关信息，确认本企业在共同经营中的利益份额所产生的各项资产（包括商誉）和负债，所确认资产和负债的账面价值与其计税基础之间存在暂时性差异的，应当按照《企业会计准则第 18 号——所得税》的规定进行会计处理。

确认的各项资产和负债的净额与终止确认的长期股权投资以及其他实质上构成对合营企业净投资的长期权益的账面金额存在差额的，应当按照下列规定处理：

（一）前者大于后者的，其差额应当首先抵减与该投资相关的商誉，仍有余额的，再调增比较财务报表最早期间的期初留存收益；

（二）前者小于后者的，其差额应当冲减比较财务报表最早期间的期初留存收益。

第六章 附 则

第二十三条 本准则自 2014 年 7 月 1 日起施行。

40. 企业会计准则第 41 号——在其他主体中权益的披露（2014 年发布）

（财会〔2014〕16 号印发）

第一章 总 则

第一条 为了规范在其他主体中权益的披露，根据《企业会计准则——基本准则》，制定本准则。

第二条 企业披露的在其他主体中权益的信息，应当有助于财务报表使用者评估企业在其他主体中权益的性质和相关风险，以及该权益对企业财务状况、经营成果和现金流量的影响。

第三条 本准则所指的在其他主体中的权益，是指通过合同或其他形式能够使企业参与其他主体的相关活动并因此享有可变回报的权益。参与方式包括持有其他主体的股权、债权，或向其他主体提供资金、流动性支持、信用增级和担保等。企业通过这些参与方式实现对其他主体的控制、共同控制或重大影响。其他主体包括企业的子公司、合营安排（包括共同经营和合营企业）、联营企业以及未纳入合并财务报表范围的结构化主体等。

结构化主体，是指在确定其控制方时没有将表决权或类似权利作为决定因素而设计的主体。

第四条 本准则适用于企业在子公司、合营安排、联营企业和未纳入合并财务报表范围的结构化主体中权益的披露。

企业同时提供合并财务报表和母公司个别财务报表的，应当在合并财务报表附注中披露本准则要求的信息，不需要在母公司个别财务报表附注中重复披露相关信息。

第五条 下列各项的披露适用其他相关会计准则：

（一）离职后福利计划或其他长期职工福利计划，适用《企业会计准则第9号——职工薪酬》。

（二）企业在其参与的但不享有共同控制的合营安排中的权益，适用《企业会计准则第37号——金融工具列报》。但是，企业对该合营安排具有重大影响或该合营安排是结构化主体的，适用本准则。

（三）企业持有的由《企业会计准则第22号——金融工具确认和计量》规范的在其他主体中的权益，适用《企业会计准则第37号——金融工具列报》。但是，企业在未纳入合并财务报表范围的结构化主体中的权益，以及根据其他相关会计准则以公允价值计量且其变动计入当期损益的在联营企业或合营企业中的权益，适用本准则。

第二章 重大判断和假设的披露

第六条 企业应当披露对其他主体实施控制、共同控制或重大影响的重大判断和假设，以及这些判断和假设变更的情况，包括但不限于下列各项：

（一）企业持有其他主体半数或以下的表决权但仍控制该主体的判断和假设，或者持有其他主体半数以上的表决权但并不控制该主体的判断和假设。

（二）企业持有其他主体20%以下的表决权但对该主体具有重大影响的判断和假设，或者持有其他主体20%或以上的表决权但对该主体不具有重大影响的判断和假设。

（三）企业通过单独主体达成合营安排的，确定该合营安排是共同经营还是合营企业的判断和假设。

（四）确定企业是代理人还是委托人的判断和假设。

第七条 企业应当披露按照《企业会计准则第33号——合并财务报表》被确定为投资性主体的重大判断和假设，以及虽然不符合《企业会计准则第33号——合并财务报表》有关投资性主体的一项或多项特征但仍被确定为投资性主体的原因。企业（母公司）由非投资性主体转变为投资性主体的，应当披露该变化及其原因，并披露该变化对财务报表的影响，包括对变化当日不再纳入合并财务报表范围子公司的投资的公允价值、按照公允价值重新计量产生的利得或损失以及相应的列报项目。企业（母公司）由投资性主体转变为非投资性主体的，应当披露该变化及其原因。

第三章 在子公司中权益的披露

第八条 企业应当在合并财务报表附注中披露企业集团的构成,包括子公司的名称、主要经营地及注册地、业务性质、企业的持股比例(或类似权益比例,下同)等。

子公司少数股东持有的权益对企业集团重要的,企业还应当在合并财务报表附注中披露下列信息:

(一)子公司少数股东的持股比例。子公司少数股东的持股比例不同于其持有的表决权比例的,企业还应当披露该表决权比例。

(二)当期归属于子公司少数股东的损益以及向少数股东支付的股利。

(三)子公司在当期期末累计的少数股东权益余额。

(四)子公司的主要财务信息。

第九条 使用企业集团资产和清偿企业集团债务存在重大限制的,企业应当在合并财务报表附注中披露下列信息:

(一)该限制的内容,包括对母公司或其子公司与企业集团内其他主体相互转移现金或其他资产的限制,以及对企业集团内主体之间发放股利或进行利润分配、发放或收回贷款或垫款等的限制。

(二)子公司少数股东享有保护性权利,并且该保护性权利对企业使用企业集团资产或清偿企业集团负债的能力存在重大限制的,该限制的性质和程度。

(三)该限制涉及的资产和负债在合并财务报表中的金额。

第十条 企业存在纳入合并财务报表范围的结构化主体的,应当在合并财务报表附注中披露下列信息:

(一)合同约定企业或其子公司向该结构化主体提供财务支持的,应当披露提供财务支持的合同条款,包括可能导致企业承担损失的事项或情况。

(二)在没有合同约定的情况下,企业或其子公司当期向该结构化主体提供了财务支持或其他支持,应当披露所提供支持的类型、金额及原因,包括帮助该结构化主体获得财务支持的情况。其中,企业或其子公司当期对以前未纳入合并财务报表范围的结构化主体提供了财务支持或其他支持并且该支持导致企业控制了该结构化主体的,还应当披露决定提供支持的相关因素。

(三)企业存在向该结构化主体提供财务支持或其他支持的意图的,应当披露该意图,包括帮助该结构化主体获得财务支持的意图。

第十一条 企业在其子公司所有者权益份额发生变化且该变化未导致企业丧失对子公司控制权的,应当在合并财务报表附注中披露该变化对本企业所有者权益的影响。

企业丧失对子公司控制权的,应当在合并财务报表附注中披露按照《企业会计准则第33号——合并财务报表》计算的下列信息:

(一)由于丧失控制权而产生的利得或损失以及相应的列报项目。

(二)剩余股权在丧失控制权日按照公允价值重新计量而产生的利得或损失。

第十二条 企业是投资性主体且存在未纳入合并财务报表范围的子公司、并对该子公司权益按照公允价值计量且其变动计入当期损益的,应当在财务报表附注中对该情况予以说明。同时,对于未纳入合并财务报表范围的子公司,企业应当披露下列信息:

(一)子公司的名称、主要经营地及注册地。

(二)企业对子公司的持股比例。持股比例不同于企业持有的表决权比例的,企业还应当披露该表决权比例。企业的子公司也是投资性主体且该子公司存在未纳入合并财务报表范围的下属子公司的,企业应当按照上述要求披露该下属子公司的相关信息。

第十三条 企业是投资性主体的,对其在未纳入合并财务报表范围的子公司中的权益,应当披露与该权益相关的风险信息:

(一)该未纳入合并财务报表范围的子公司以发放现金股利、归还贷款或垫款等形式向企业转移资金的能力存在重大限制的,企业应当披露该限制的性质和程度。

(二)企业存在向未纳入合并财务报表范围的子公司提供财务支持或其他支持的承诺或意图的,企业应当披露该承诺或意图,包括帮助该子公司获得财务支持的承诺或意图。

在没有合同约定的情况下,企业或其子公司当期向未纳入合并财务报表范围的子公司提供财务支持或其他支持的,企业应当披露提供支持的类型、金额及原因。

(三)合同约定企业或其未纳入合并财务报表范围的子公司向未纳入合并财务报表范围、但受企业控制的结构化主体提供财务支持的,企业应当披露相关合同条款,以及可能导致企业承担损失的事项或情况。在没有合同约定的情况下,企业或其未纳入合并财务报表范围的子公司当期向原先不受企业控制且未纳入合并财务报表范围的结构化主体提供财务支持或其他支持,并且所提供的支持导致企业控制该结构化主体的,企业应当披露决定提供上述支持的相关因素。

第四章 在合营安排或联营企业中权益的披露

第十四条 存在重要的合营安排或联营企业的,企业应当披露下列信息:

(一)合营安排或联营企业的名称、主要经营地及注册地。

(二)企业与合营安排或联营企业的关系的性质,包括合营安排或联营企业活动的性质,以及合营安排或联营企业对企业活动是否具有战略性等。

(三)企业的持股比例。持股比例不同于企业持有的表决权比例的,企业还应当披露该表决权比例。

第十五条 对于重要的合营企业或联营企业,企业除了应当按照本准则第十四条披露相关信息外,还应当披露对合营企业或联营企业投资的会计处理方法,从合营企业或联营企业收到的股利,以及合营企业或联营企业在其自身财务报表中的主要财务信息。

企业对上述合营企业或联营企业投资采用权益法进行会计处理的,上述主要财务信息应当是按照权益法对合营企业或联营企业相关财务信息调整后的金额;同时,企业应当披露将上述主要财务信息按照权益法调整至企业对合营企业或联营企业投资账面价值的调节过程。企业对上述合营企业或联营企业投资采用权益法进行会计处理但该投资存在公开报价的,还应当披露其公允价值。

第十六条 企业在单个合营企业或联营企业中的权益不重要的,应当分别就合营企业和联营企业两类披露下列信息:

(一)按照权益法进行会计处理的对合营企业或联营企业投资的账面价值合计数。

(二)对合营企业或联营企业的净利润、终止经营的净利润、其他综合收益、综合收益等项目,企业按照其持股比例计算的金额的合计数。

第十七条 合营企业或联营企业以发放现金股利、归还贷款或垫款等形式向企业转移资金的能力存在重大限制的,企业应当披露该限制的性质和程度。

第十八条 企业对合营企业或联营企业投资采用权益法进行会计处理,被投资方发生超额亏损且投资方不再确认其应分担合营企业或联营企业损失份额的,应当披露未确认的合营企业或联营企业损失份额,包括当期份额和累积份额。

第十九条 企业应当单独披露与其对合营企业投资相关的未确认承诺,以及与其对合营企业或联营企业投资相关的或有负债。

第二十条 企业是投资性主体的,不需要披露本准则第十五条和第十六条规定的信息。

第五章　在未纳入合并财务报表范围的结构化主体中权益的披露

第二十一条　对于未纳入合并财务报表范围的结构化主体，企业应当披露下列信息：

（一）未纳入合并财务报表范围的结构化主体的性质、目的、规模、活动及融资方式。

（二）在财务报表中确认的与企业在未纳入合并财务报表范围的结构化主体中权益相关的资产和负债的账面价值及其在资产负债表中的列报项目。

（三）在未纳入合并财务报表范围的结构化主体中权益的最大损失敞口及其确定方法。企业不能量化最大损失敞口的，应当披露这一事实及其原因。

（四）在财务报表中确认的与企业在未纳入合并财务报表范围的结构化主体中权益相关的资产和负债的账面价值与其最大损失敞口的比较。企业发起设立未纳入合并财务报表范围的结构化主体，但资产负债表日在该结构化主体中没有权益的，企业不需要披露上述（二）至（四）项要求的信息，但应当披露企业作为该结构化主体发起人的认定依据，并分类披露企业当期从该结构化主体获得的收益、收益类型，以及转移至该结构化主体的所有资产在转移时的账面价值。

第二十二条　企业应当披露其向未纳入合并财务报表范围的结构化主体提供财务支持或其他支持的意图，包括帮助该结构化主体获得财务支持的意图。在没有合同约定的情况下，企业当期向结构化主体（包括企业前期或当期持有权益的结构化主体）提供财务支持或其他支持的，还应当披露提供支持的类型、金额及原因，包括帮助该结构化主体获得财务支持的情况。

第二十三条　企业是投资性主体的，对受其控制但未纳入合并财务报表范围的结构化主体，应当按照本准则第十二条和第十三条的规定进行披露，不需要按照本章规定进行披露。

第六章　衔 接 规 定

第二十四条　企业比较财务报表中披露的本准则施行日之前的信息与本准则要求不一致的，应当按照本准则的规定进行调整，但有关未纳入合并财务报表范围的结构化主体的披露要求除外。

第七章　附　　则

第二十五条　本准则自 2014 年 7 月 1 日起施行。

41. 企业会计准则第 42 号——持有待售的非流动资产、处置组和终止经营（2017 年发布）

（财会〔2017〕13 号印发）

第一章　总　　则

第一条　为了规范企业持有待售的非流动资产或处置组的分类、计量和列报，以及终止经营的列报，根据《企业会计准则——基本准则》，制定本准则。

第二条　本准则的分类和列报规定适用于所有非流动资产和处置组。

处置组，是指在一项交易中作为整体通过出售或其他方式一并处置的一组资产，以及在该交易中转让的与这些资产直接相关的负债。处置组所属的资产组或资产组组合按照《企业会计准则第 8 号——资产减值》分摊了企业合并中取得的商誉的，该处置组应当包含分摊至处置组的商誉。

第三条 本准则的计量规定适用于所有非流动资产，但下列各项的计量适用其他相关会计准则：

（一）采用公允价值模式进行后续计量的投资性房地产，适用《企业会计准则第 3 号——投资性房地产》；

（二）采用公允价值减去出售费用后的净额计量的生物资产，适用《企业会计准则第 5 号——生物资产》；

（三）职工薪酬形成的资产，适用《企业会计准则第 9 号——职工薪酬》；

（四）递延所得税资产，适用《企业会计准则第 18 号——所得税》；

（五）由金融工具相关会计准则规范的金融资产，适用金融工具相关会计准则；

（六）由保险合同相关会计准则规范的保险合同所产生的权利，适用保险合同相关会计准则。

处置组包含适用本准则计量规定的非流动资产的，本准则的计量规定适用于整个处置组。处置组中负债的计量适用相关会计准则。

第四条 终止经营，是指企业满足下列条件之一的、能够单独区分的组成部分，且该组成部分已经处置或划分为持有待售类别：

（一）该组成部分代表一项独立的主要业务或一个单独的主要经营地区；

（二）该组成部分是拟对一项独立的主要业务或一个单独的主要经营地区进行处置的一项相关联计划的一部分；

（三）该组成部分是专为转售而取得的子公司。

第二章 持有待售的非流动资产或处置组的分类

第五条 企业主要通过出售（包括具有商业实质的非货币性资产交换，下同）而非持续使用一项非流动资产或处置组收回其账面价值的，应当将其划分为持有待售类别。

第六条 非流动资产或处置组划分为持有待售类别，应当同时满足下列条件：

（一）根据类似交易中出售此类资产或处置组的惯例，在当前状况下即可立即出售；

（二）出售极可能发生，即企业已经就一项出售计划作出决议且获得确定的购买承诺，预计出售将在一年内完成。有关规定要求企业相关权力机构或者监管部门批准后方可出售的，应当已经获得批准。

确定的购买承诺，是指企业与其他方签订的具有法律约束力的购买协议，该协议包含交易价格、时间和足够严厉的违约惩罚等重要条款，使协议出现重大调整或者撤销的可能性极小。

第七条 企业专为转售而取得的非流动资产或处置组，在取得日满足"预计出售将在一年内完成"的规定条件，且短期（通常为 3 个月）内很可能满足持有待售类别的其他划分条件的，企业应当在取得日将其划分为持有待售类别。

第八条 因企业无法控制的下列原因之一，导致非关联方之间的交易未能在一年内完成，且有充分证据表明企业仍然承诺出售非流动资产或处置组的，企业应当继续将非流动资产或处置组划分为持有待售类别：

（一）买方或其他方意外设定导致出售延期的条件，企业针对这些条件已经及时采取行动，且预计能够自设定导致出售延期的条件起一年内顺利化解延期因素；

（二）因发生罕见情况，导致持有待售的非流动资产或处置组未能在一年内完成出售，企业在最初一年内已经针对这些新情况采取必要措施且重新满足了持有待售类别的划分条件。

第九条 持有待售的非流动资产或处置组不再满足持有待售类别划分条件的，企业不应当继续将其划分为持有待售类别。

部分资产或负债从持有待售的处置组中移除后，处置组中剩余资产或负债新组成的处置组仍然满足持有待售类别划分条件的，企业应当将新组成的处置组划分为持有待售类别，否则应当将满足持有待售类别划分条件的非流动资产单独划分为持有待售类别。

第十条 企业因出售对子公司的投资等原因导致其丧失对子公司控制权的，无论出售后企业是否保留部分权益性投资，应当在拟出售的对子公司投资满足持有待售类别划分条件时，在母公司个别财务报表中将对子公司投资整体划分为持有待售类别，在合并财务报表中将子公司所有资产和负债划分为持有待售类别。

第十一条 企业不应当将拟结束使用而非出售的非流动资产或处置组划分为持有待售类别。

第三章 持有待售的非流动资产或处置组的计量

第十二条 企业将非流动资产或处置组首次划分为持有待售类别前，应当按照相关会计准则规定计量非流动资产或处置组中各项资产和负债的账面价值。

第十三条 企业初始计量或在资产负债表日重新计量持有待售的非流动资产或处置组时，其账面价值高于公允价值减去出售费用后的净额的，应当将账面价值减记至公允价值减去出售费用后的净额，减记的金额确认为资产减值损失，计入当期损益，同时计提持有待售资产减值准备。

第十四条 对于取得日划分为持有待售类别的非流动资产或处置组，企业应当在初始计量时比较假定其不划分为持有待售类别情况下的初始计量金额和公允价值减去出售费用后的净额，以两者孰低计量。除企业合并中取得的非流动资产或处置组外，由非流动资产或处置组以公允价值减去出售费用后的净额作为初始计量金额而产生的差额，应当计入当期损益。

第十五条 企业在资产负债表日重新计量持有待售的处置组时，应当首先按照相关会计准则规定计量处置组中不适用本准则计量规定的资产和负债的账面价值，然后按照本准则第十三条的规定进行会计处理。

第十六条 对于持有待售的处置组确认的资产减值损失金额，应当先抵减处置组中商誉的账面价值，再根据处置组中适用本准则计量规定的各项非流动资产账面价值所占比重，按比例抵减其账面价值。

第十七条 后续资产负债表日持有待售的非流动资产公允价值减去出售费用后的净额增加的，以前减记的金额应当予以恢复，并在划分为持有待售类别后确认的资产减值损失金额内转回，转回金额计入当期损益。划分为持有待售类别前确认的资产减值损失不得转回。

第十八条 后续资产负债表日持有待售的处置组公允价值减去出售费用后的净额增加的，以前减记的金额应当予以恢复，并在划分为持有待售类别后适用本准则计量规定的非流动资产确认的资产减值损失金额内转回，转回金额计入当期损益。已抵减的商誉账面价值，以及适用本准则计量规定的非流动资产在划分为持有待售类别前确认的资产减值损失不得转回。

第十九条 持有待售的处置组确认的资产减值损失后续转回金额，应当根据处置组中除商誉外适用本准则计量规定的各项非流动资产账面价值所占比重，按比例增加其账面价值。

第二十条 持有待售的非流动资产或处置组中的非流动资产不应计提折旧或摊销，持有待售的处置组中负债的利息和其他费用应当继续予以确认。

第二十一条 非流动资产或处置组因不再满足持有待售类别的划分条件而不再继续划分为持有待售类别或非流动资产从持有待售的处置组中移除时，应当按照以下两者孰低计量：

（一）划分为持有待售类别前的账面价值，按照假定不划分为持有待售类别情况下本应确认的折旧、摊销或减值等进行调整后的金额；

（二）可收回金额。

第二十二条 企业终止确认持有待售的非流动资产或处置组时，应当将尚未确认的利得或损失计入当期损益。

第四章 列 报

第二十三条 企业应当在资产负债表中区别于其他资产单独列示持有待售的非流动资产或持有待售的处置组中的资产，区别于其他负债单独列示持有待售的处置组中的负债。持有待售的非流动资产或持有待售的处置组中的资产与持有待售的处置组中的负债不应当相互抵销，应当分别作为流动资产和流动负债列示。

第二十四条 企业应当在利润表中分别列示持续经营损益和终止经营损益。不符合终止经营定义的持有待售的非流动资产或处置组，其减值损失和转回金额及处置损益应当作为持续经营损益列报。终止经营的减值损失和转回金额等经营损益及处置损益应当作为终止经营损益列报。

第二十五条 企业应当在附注中披露下列信息：

（一）持有待售的非流动资产或处置组的出售费用和主要类别，以及每个类别的账面价值和公允价值；

（二）持有待售的非流动资产或处置组的出售原因、方式和时间安排；

（三）列报持有待售的非流动资产或处置组的分部；

（四）持有待售的非流动资产或处置组中的资产确认的减值损失及其转回金额；

（五）与持有待售的非流动资产或处置组有关的其他综合收益累计金额；

（六）终止经营的收入、费用、利润总额、所得税费用（收益）和净利润；

（七）终止经营的资产或处置组确认的减值损失及其转回金额；

（八）终止经营的处置损益总额、所得税费用（收益）和处置净损益；

（九）终止经营的经营活动、投资活动和筹资活动现金流量净额；

（十）归属于母公司所有者的持续经营损益和终止经营损益。

非流动资产或处置组在资产负债表日至财务报告批准报出日之间满足持有待售类别划分条件的，应当作为资产负债表日后非调整事项进行会计处理，并按照本条（一）至（三）的规定进行披露。

企业专为转售而取得的持有待售的子公司，应当按照本条（二）至（五）和（十）的规定进行披露。

第二十六条 对于当期首次满足持有待售类别划分条件的非流动资产或处置组，不应当调整可比会计期间资产负债表。

第二十七条 对于当期列报的终止经营，企业应当在当期财务报表中，将原来作为持续经营损益列报的信息重新作为可比会计期间的终止经营损益列报，并按照本准则第二十五条（六）（七）（九）（十）的规定披露可比会计期间的信息。

第二十八条 拟结束使用而非出售的处置组满足终止经营定义中有关组成部分的条件的，应当自停止使用日起作为终止经营列报。

第二十九条 企业因出售对子公司的投资等原因导致其丧失对子公司控制权，且该子公司符合终止经营定义的，应当在合并利润表中列报相关终止经营损益，并按照本准则第二十五条（六）至（十）的规定进行披露。

第三十条 企业应当在利润表中将终止经营处置损益的调整金额作为终止经营损益列报，并在附注中披露调整的性质和金额。可能引起调整的情形包括：

（一）最终确定处置条款，如与买方商定交易价格调整额和补偿金；

（二）消除与处置相关的不确定因素，如确定卖方保留的环保义务或产品质量保证义务；

（三）履行与处置相关的职工薪酬支付义务。

第三十一条 非流动资产或处置组不再继续划分为持有待售类别或非流动资产从持有待售的处置组中移除的，企业应当在当期利润表中将非流动资产或处置组的账面价值调整金额作为持续经营损益列报。企业的子公司、共同经营、合营企业、联营企业以及部分对合营企业或联营企业的投资不再继续划分为持有待售类别或从持有待售的处置组中移除的，企业应当在当期财务报表中相应调整各个划分为持有待售类别后可比会计期间的比较数据。企业应当在附注中披露下列信息：

（一）企业改变非流动资产或处置组出售计划的原因；

（二）可比会计期间财务报表中受影响的项目名称和影响金额。

第三十二条 终止经营不再满足持有待售类别划分条件的，企业应当在当期财务报表中，将原来作为终止经营损益列报的信息重新作为可比会计期间的持续经营损益列报，并在附注中说明这一事实。

第五章 附 则

第三十三条 本准则自2017年5月28日起施行。

对于本准则施行日存在的持有待售的非流动资产、处置组和终止经营，应当采用未来适用法处理。

第六章 企业会计准则解释

1. 企业会计准则解释第1号（2007年发布）

（财会〔2007〕14号印发）

一、企业在编制年报时，首次执行日有关资产、负债及所有者权益项目的金额是否要进一步复核？原同时按照国内及国际财务报告准则对外提供财务报告的B股、H股等上市公司，首次执行日如何调整？

答：企业在编制首份年报时，应当对首次执行日有关资产、负债及所有者权益项目的账面余额进行复核，经注册会计师审计后，在附注中以列表形式披露年初所有者权益的调节过程以及作出修正的项目、影响金额及其原因。

原同时按照国内及国际财务报告准则对外提供财务报告的B股、H股等上市公司，首次执行日根据取得的相关信息，能够对因会计政策变更所涉及的交易或事项的处理结果进行追溯调整的，以追溯调整后的结果作为首次执行日的余额。

二、中国境内企业设在境外的子公司在境外发生的有关交易或事项，境内不存在且受相关法律法规等限制或交易不常见，企业会计准则未作规范的，如何进行处理？

答：中国境内企业设在境外的子公司在境外发生的交易或事项，境内不存在且受法律法规等限制或交易不常见，企业会计准则未作出规范的，可以将境外子公司已经进行的会计处理结果，在符合《企业会计准则——基本准则》的原则下，按照国际财务报告准则进行调整后，并入境内母公司合并财务报表的相关项目。

三、经营租赁中出租人发生的初始直接费用以及融资租赁中承租人发生的融资费用应当如何处理？出租人对经营租赁提供激励措施的，如提供免租期或承担承租人的某些费用等，承租人和出租人应当如何处理？企业（建造承包商）为订立建造合同发生的相关费用如何处理？

答：（一）经营租赁中出租人发生的初始直接费用，是指在租赁谈判和签订租赁合同过程中发生的可归属于租赁项目的手续费、律师费、差旅费、印花税等，应当计入当期损益；金额较大的应当资本化，在整个经营租赁期间内按照与确认租金收入相同的基础分期计入当期损益。

承租人在融资租赁中发生的融资费用应予资本化或是费用化，应按《企业会计准则第17号——借款费用》处理，并按《企业会计准则第21号——租赁》进行计量。

（二）出租人对经营租赁提供激励措施的，出租人与承租人应当分别下列情况进行处理：

1.出租人提供免租期的，承租人应将租金总额在不扣除免租期的整个租赁期内，按直线法或其他合理的方法进行分摊，免租期内应当确认租金费用；出租人应将租金总额在不扣除免租期的整个租赁期内，按直线法或其他合理的方法进行分配，免租期内出租人应当确认租金收入。

2.出租人承担了承租人某些费用的，出租人应将该费用自租金收入总额中扣除，按扣除后的租金收入余额在租赁期内进行分配；承租人应将该费用从租金费用总额中扣除，按扣除后的租金费用余额在租赁期内进行分摊。

（三）企业（建造承包商）为订立合同发生的差旅费、投标费等，能够单独区分和可靠计量且合同很可能订立的，应当予以归集，待取得合同时计入合同成本；未满足上述条件的，应当计入当期损益。

四、企业发行的金融工具应当在满足何种条件时确认为权益工具？

答：企业将发行的金融工具确认为权益性工具，应当同时满足下列条件：

（一）该金融工具应当不包括交付现金或其他金融资产给其他单位，或在潜在不利条件下与其他单位交换金融资产或金融负债的合同义务。

（二）该金融工具须用或可用发行方自身权益工具进行结算的，如为非衍生工具，该金融工具应当不包括交付非固定数量的发行方自身权益工具进行结算的合同义务；如为衍生工具，该金融工具只能通过交付固定数量的发行方自身权益工具换取固定数额的现金或其他金融资产进行结算。其中，所指的发行方自身权益工具不包括本身通过收取或交付企业自身权益工具进行结算的合同。

五、嵌入保险合同或嵌入租赁合同中的衍生工具应当如何处理？

答：根据《企业会计准则第22号——金融工具确认和计量》的规定，嵌入衍生工具相关的混合工具没有指定为以公允价值计量且其变动计入当期损益的金融资产或金融负债，同时满足有关条件的，该嵌入衍生工具应当从混合工具中分拆，作为单独的衍生工具处理。该规定同样适用于嵌入在保险合同中的衍生工具，除非该嵌入衍生工具本身属于保险合同。

按照保险合同约定，如果投保人在持有保险合同期间，拥有以固定金额或是以固定金额和相应利率确定的金额退还保险合同选择权的，即使其行权价格与主保险合同负债的账面价值不同，保险人也不应将该选择权从保险合同中分拆，仍按保险合同进行处理。但是，如果退保价值随同某金融变量或者某一与合同一方不特定相关的非金融变量的变动而变化，嵌入保险合同中的卖出选择权或现金退保选择权，应适用《企业会计准则第22号——金融工具确认和计量》；如果持有人实施卖出选择权或现金退保选择权的能力取决于上述变量变动的，嵌入保险合同中的卖出选择权或现金退保选择权，也适用《企业会计准则第22号——

金融工具确认和计量》。

嵌入租赁合同中的衍生工具,应当按照《企业会计准则第 22 号——金融工具确认和计量》进行处理。

六、企业如有持有待售的固定资产和其他非流动资产,如何进行确认和计量?

答:《企业会计准则第 4 号——固定资产》第二十二条规定,企业对于持有待售的固定资产,应当调整该项固定资产的预计净残值,使该固定资产的预计净残值反映其公允价值减去处置费用后的金额,但不得超过符合持有待售条件时该项固定资产的原账面价值,原账面价值高于调整后预计净残值的差额,应作为资产减值损失计入当期损益。

同时满足下列条件的非流动资产应当划分为持有待售:一是企业已经就处置该非流动资产作出决议;二是企业已经与受让方签订了不可撤销的转让协议;三是该项转让将在一年内完成。

符合持有待售条件的无形资产等其他非流动资产,比照上述原则处理,但不包括递延所得税资产、《企业会计准则第 22 号——金融工具确认和计量》规范的金融资产、以公允价值计量的投资性房地产和生物资产、保险合同中产生的合同权利。

持有待售的非流动资产包括单项资产和处置组,处置组是指作为整体出售或其他方式一并处置的一组资产。

七、企业在确认由联营企业及合营企业投资产生的投资收益时,对于与联营企业及合营企业发生的内部交易损益应当如何处理?首次执行日对联营企业及合营企业投资存在股权投资借方差额的,计算投资损益时如何进行调整?企业在首次执行日前持有对子公司的长期股权投资,取得子公司分派现金股利或利润如何处理?

答:(一)企业持有的对联营企业及合营企业的投资,按照《企业会计准则第 2 号——长期股权投资》的规定,应当采用权益法核算,在按持股比例等计算确认应享有或应分担被投资单位的净损益时,应当考虑以下因素:

投资企业与联营企业及合营企业之间发生的内部交易损益按照持股比例计算归属于投资企业的部分,应当予以抵销,在此基础上确认投资损益。投资企业与被投资单位发生的内部交易损失,按照《企业会计准则第 8 号——资产减值》等规定属于资产减值损失的,应当全额确认。投资企业对于纳入其合并范围的子公司与其联营企业及合营企业之间发生的内部交易损益,也应当按照上述原则进行抵销,在此基础上确认投资损益。

投资企业对于首次执行日之前已经持有的对联营企业及合营企业的长期股权投资,如存在与该投资相关的股权投资借方差额,还应扣除按原剩余期限直线摊销的股权投资借方差额,确认投资损益。

投资企业在被投资单位宣告发放现金股利或利润时,按照规定计算应分得的部分确认应收股利,同时冲减长期股权投资的账面价值。

(二)企业在首次执行日以前已经持有的对子公司长期股权投资,应在首次执行日进行追溯调整,视同该子公司自最初即采用成本法核算。执行新会计准则后,应当按照子公司宣告分派现金股利或利润中应分得的部分,确认投资收益。

八、企业在股权分置改革过程中持有的限售股权如何进行处理?

答:企业在股权分置改革过程中持有对被投资单位在重大影响以上的股权,应当作为长期股权投资,视对被投资单位的影响程度分别采用成本法或权益法核算;企业在股权分置改革过程中持有对被投资单位不具有控制、共同控制或重大影响的股权,应当划分为可供出售金融资产,其公允价值与账面价值的差额,在首次执行日应当追溯调整,计入资本公积。

九、企业在编制合并财务报表时，因抵销未实现内部销售损益在合并财务报表中产生的暂时性差异是否应当确认递延所得税？母公司对于纳入合并范围子公司的未确认投资损失，执行新会计准则后在合并财务报表中如何列报？

答：（一）企业在编制合并财务报表时，因抵销未实现内部销售损益导致合并资产负债表中资产、负债的账面价值与其在所属纳税主体的计税基础之间产生暂时性差异的，在合并资产负债表中应当确认递延所得税资产或递延所得税负债，同时调整合并利润表中的所得税费用，但与直接计入所有者权益的交易或事项及企业合并相关的递延所得税除外。

（二）执行新会计准则后，母公司对于纳入合并范围子公司的未确认投资损失，在合并资产负债表中应当冲减未分配利润，不再单独作为"未确认的投资损失"项目列报。

十、企业改制过程中的资产、负债，应当如何进行确认和计量？

答：企业引入新股东改制为股份有限公司，相关资产、负债应当按照公允价值计量，并以改制时确定的公允价值为基础持续核算的结果并入控股股东的合并财务报表。改制企业的控股股东在确认对股份有限公司的长期股权投资时，初始投资成本为投出资产的公允价值及相关费用之和。

2. 企业会计准则解释第2号（2008年发布）

（财会〔2008〕11号印发）

一、同时发行A股和H股的上市公司，应当如何运用会计政策及会计估计？

答：内地企业会计准则和香港财务报告准则实现等效后，同时发行A股和H股的上市公司，除部分长期资产减值损失的转回以及关联方披露两项差异外，对于同一交易事项，应当在A股和H股财务报告中采用相同的会计政策、运用相同的会计估计进行确认、计量和报告，不得在A股和H股财务报告中采用不同的会计处理。

二、企业购买子公司少数股东拥有对子公司的股权应当如何处理？企业或其子公司进行公司制改制的，相关资产、负债的账面价值应当如何调整？

答：（一）母公司购买子公司少数股权所形成的长期股权投资，应当按照《企业会计准则第2号——长期股权投资》第四条的规定确定其投资成本。

母公司在编制合并财务报表时，因购买少数股权新取得的长期股权投资与按照新增持股比例计算应享有子公司自购买日（或合并日）开始持续计算的净资产份额之间的差额，应当调整所有者权益（资本公积），资本公积不足冲减的，调整留存收益。

上述规定仅适用于本规定发布之后发生的购买子公司少数股权交易，之前已经发生的购买子公司少数股权交易未按照上述原则处理的，不予追溯调整。

（二）企业进行公司制改制的，应以经评估确认的资产、负债价值作为认定成本，该成本与其账面价值的差额，应当调整所有者权益；企业的子公司进行公司制改制的，母公司通常应当按照《企业会计准则解释第1号》的相关规定确定对子公司长期股权投资的成本，该成本与长期股权投资账面价值的差额，应当调整所有者权益。

三、企业对于合营企业是否应纳入合并财务报表的合并范围？

答：按照《企业会计准则第33号——合并财务报表》的规定，投资企业对于与其他投资方一起实施共同控制的被投资单位，应当采用权益法核算，不应采用比例合并法。但是，如果根据有关章程、协议等，表明投资企业能够对被投资单位实施控制的，应当将被投资单位纳入合并财务报表的合并范围。

四、企业发行认股权和债券分离交易的可转换公司债券，其认股权应当如何进行会计处理？

答：企业发行认股权和债券分离交易的可转换公司债券（以下简称分离交易可转换公司债券），其认股权符合《企业会计准则第 22 号——金融工具确认和计量》和《企业会计准则第 37 号——金融工具列报》有关权益工具定义的，应当按照分离交易可转换公司债券发行价格，减去不附认股权且其他条件相同的公司债券公允价值后的差额，确认一项权益工具（资本公积）。

企业对于本规定发布之前已经发行的分离交易可转换公司债券，应当进行追溯调整。

五、企业采用建设经营移交方式（BOT）参与公共基础设施建设业务应当如何处理？[①]

答：企业采用建设经营移交方式（BOT）参与公共基础设施建设业务，应当按照以下规定进行处理：

（一）本规定涉及的 BOT 业务应当同时满足以下条件：

1. 合同授予方为政府及其有关部门或政府授权进行招标的企业。

2. 合同投资方为按照有关程序取得该特许经营权合同的企业（以下简称合同投资方）。合同投资方按照规定设立项目公司（以下简称项目公司）进行项目建设和运营。项目公司除取得建造有关基础设施的权利以外，在基础设施建造完成以后的一定期间内负责提供后续经营服务。

3. 特许经营权合同中对所建造基础设施的质量标准、工期、开始经营后提供服务的对象、收费标准及后续调整作出约定，同时在合同期满，合同投资方负有将有关基础设施移交给合同授予方的义务，并对基础设施在移交时的性能、状态等作出明确规定。

（二）与 BOT 业务相关收入的确认。

1. 建造期间，项目公司对于所提供的建造服务应当按照《企业会计准则第 15 号——建造合同》确认相关的收入和费用。基础设施建成后，项目公司应当按照《企业会计准则第 14 号——收入》确认与后续经营服务相关的收入。

建造合同收入应当按照收取或应收对价的公允价值计量，并分别以下情况在确认收入的同时，确认金融资产或无形资产：

（1）合同规定基础设施建成后的一定期间内，项目公司可以无条件地自合同授予方收取确定金额的货币资金或其他金融资产的；或在项目公司提供经营服务的收费低于某一限定金额的情况下，合同授予方按照合同规定负责将有关差价补偿给项目公司的，应当在确认收入的同时确认金融资产，并按照《企业会计准则第 22 号——金融工具确认和计量》的规定处理。

（2）合同规定项目公司在有关基础设施建成后，从事经营的一定期间内有权利向获取服务的对象收取费用，但收费金额不确定的，该权利不构成一项无条件收取现金的权利，项目公司应当在确认收入的同时确认无形资产。

建造过程如发生借款利息，应当按照《企业会计准则第 17 号——借款费用》的规定处理。

2. 项目公司未提供实际建造服务，将基础设施建造发包给其他方的，不应确认建造服务收入，应当按照建造过程中支付的工程价款等考虑合同规定，分别确认为金融资产或无形资产。

（三）按照合同规定，企业为使有关基础设施保持一定的服务能力或在移交给合同授予方之前保持一定的使用状态，预计将发生的支出，应当按照《企业会计准则第 13 号——或有事项》的规定处理。

---

① 本条款内容已废止，参见《企业会计准则解释第 14 号》（财会〔2021〕1 号）。

（四）按照特许经营权合同规定，项目公司应提供不止一项服务（如既提供基础设施建造服务又提供建成后经营服务）的，各项服务能够单独区分时，其收取或应收的对价应当按照各项服务的相对公允价值比例分配给所提供的各项服务。

（五）BOT业务所建造基础设施不应作为项目公司的固定资产。

（六）在BOT业务中，授予方可能向项目公司提供除基础设施以外其他的资产，如果该资产构成授予方应付合同价款的一部分，不应作为政府补助处理。项目公司自授予方取得资产时，应以其公允价值确认，未提供与获取该资产相关的服务前应确认为一项负债。

本规定发布前，企业已经进行的BOT项目，应当进行追溯调整；进行追溯调整不切实可行的，应以与BOT业务相关的资产、负债在所列报最早期间期初的账面价值为基础重新分类，作为无形资产或是金融资产，同时进行减值测试；在列报的最早期间期初进行减值测试不切实可行的，应在当期期初进行减值测试。

六、售后租回交易认定为经营租赁的，应当如何进行会计处理？

答：企业的售后租回交易认定为经营租赁的，应当分别以下情况处理：

（一）有确凿证据表明售后租回交易是按照公允价值达成的，售价与资产账面价值的差额应当计入当期损益。

（二）售后租回交易如果不是按照公允价值达成的，售价低于公允价值的差额，应计入当期损益；但若该损失将由低于市价的未来租赁付款额补偿时，有关损失应予以递延（递延收益），并按与确认租金费用相一致的方法在租赁期内进行分摊；如果售价大于公允价值，其大于公允价值的部分应计入递延收益，并在租赁期内分摊。

3. 企业会计准则解释第3号（2009年发布）

（财会〔2009〕8号印发）

一、采用成本法核算的长期股权投资，投资企业取得被投资单位宣告发放的现金股利或利润，应当如何进行会计处理？

答：采用成本法核算的长期股权投资，除取得投资时实际支付的价款或对价中包含的已宣告但尚未发放的现金股利或利润外，投资企业应当按照享有被投资单位宣告发放的现金股利或利润确认投资收益，不再划分是否属于投资前和投资后被投资单位实现的净利润。

企业按照上述规定确认自被投资单位应分得的现金股利或利润后，应当考虑长期股权投资是否发生减值。在判断该类长期股权投资是否存在减值迹象时，应当关注长期股权投资的账面价值是否大于享有被投资单位净资产（包括相关商誉）账面价值的份额等类似情况。出现类似情况时，企业应当按照《企业会计准则第8号——资产减值》对长期股权投资进行减值测试，可收回金额低于长期股权投资账面价值的，应当计提减值准备。

二、企业持有上市公司限售股权，对上市公司不具有控制、共同控制或重大影响的，应当如何进行会计处理？

答：企业持有上市公司限售股权（不包括股权分置改革中持有的限售股权），对上市公司不具有控制、共同控制或重大影响的，应当按照《企业会计准则第22号——金融工具确认和计量》的规定，将该限售股权划分为可供出售金融资产或以公允价值计量且其变动计入当期损益的金融资产。

企业在确定上市公司限售股权公允价值时，应当按照《企业会计准则第22号——金融工具确认和计量》有关公允价值确定的规定执行，不得改变企业会计准则规定的公允价值确定原则和方法。

本解释发布前未按上述规定确定所持有限售股权公允价值的，应当按照《企业会计准则第 28 号——会计政策、会计估计变更和差错更正》进行处理。

三、高危行业企业提取的安全生产费，应当如何进行会计处理？

答：高危行业企业按照国家规定提取的安全生产费，应当计入相关产品的成本或当期损益，同时记入"4301 专项储备"科目。

企业使用提取的安全生产费时，属于费用性支出的，直接冲减专项储备。企业使用提取的安全生产费形成固定资产的，应当通过"在建工程"科目归集所发生的支出，待安全项目完工达到预定可使用状态时确认为固定资产；同时，按照形成固定资产的成本冲减专项储备，并确认相同金额的累计折旧。该固定资产在以后期间不再计提折旧。

"专项储备"科目期末余额在资产负债表所有者权益项下"减：库存股"和"盈余公积"之间增设"专项储备"项目反映。

企业提取的维简费和其他具有类似性质的费用，比照上述规定处理。

本解释发布前未按上述规定处理的，应当进行追溯调整。

四、企业收到政府给予的搬迁补偿款应当如何进行会计处理？

答：企业因城镇整体规划、库区建设、棚户区改造、沉陷区治理等公共利益进行搬迁，收到政府从财政预算直接拨付的搬迁补偿款，应作为专项应付款处理。其中，属于对企业在搬迁和重建过程中发生的固定资产和无形资产损失、有关费用性支出、停工损失及搬迁后拟新建资产进行补偿的，应自专项应付款转入递延收益，并按照《企业会计准则第 16 号——政府补助》进行会计处理。企业取得的搬迁补偿款扣除转入递延收益的金额后如有结余的，应当作为资本公积处理。

企业收到除上述之外的搬迁补偿款，应当按照《企业会计准则第 4 号——固定资产》《企业会计准则第 16 号——政府补助》等会计准则进行处理。

五、在股份支付的确认和计量中，应当如何正确运用可行权条件和非可行权条件？

答：企业根据国家有关规定实行股权激励的，股份支付协议中确定的相关条件，不得随意变更。其中，可行权条件是指能够确定企业是否得到职工或其他方提供的服务，且该服务使职工或其他方具有获取股份支付协议规定的权益工具或现金等权利的条件；反之，为非可行权条件。可行权条件包括服务期限条件或业绩条件。服务期限条件是指职工或其他方完成规定服务期限才可行权的条件。业绩条件是指职工或其他方完成规定服务期限且企业已经达到特定业绩目标才可行权的条件，具体包括市场条件和非市场条件。

企业在确定权益工具授予日的公允价值时，应当考虑股份支付协议规定的可行权条件中的市场条件和非可行权条件的影响。股份支付存在非可行权条件的，只要职工或其他方满足了所有可行权条件中的非市场条件（如服务期限等），企业应当确认已得到服务相对应的成本费用。

在等待期内如果取消了授予的权益工具，企业应当对取消所授予的权益性工具作为加速行权处理，将剩余等待期内应确认的金额立即计入当期损益，同时确认资本公积。职工或其他方能够选择满足非可行权条件但在等待期内未满足的，企业应当将其作为授予权益工具的取消处理。

六、企业自行建造或通过分包商建造房地产，应当遵循哪项会计准则确认与房地产建造协议相关的收入？

答：企业自行建造或通过分包商建造房地产，应当根据房地产建造协议条款和实际情况，判断确认收入应适用的会计准则。

房地产购买方在建造工程开始前能够规定房地产设计的主要结构要素，或者能够在建造过程中决定主要结构变动的,房地产建造协议符合建造合同定义,企业应当遵循《企业会计准则第 15 号——建造合同》确认收入。

房地产购买方影响房地产设计的能力有限(如仅能对基本设计方案做微小变动)的,企业应当遵循《企业会计准则第 14 号——收入》中有关商品销售收入的原则确认收入。

七、利润表应当作哪些调整?

答:(一)企业应当在利润表"每股收益"项下增列"其他综合收益"项目和"综合收益总额"项目。"其他综合收益"项目,反映企业根据企业会计准则规定未在损益中确认的各项利得和损失扣除所得税影响后的净额。"综合收益总额"项目,反映企业净利润与其他综合收益的合计金额。"其他综合收益"和"综合收益总额"项目的序号在原有基础上顺延。

(二)企业应当在附注中详细披露其他综合收益各项目及其所得税影响,以及原计入其他综合收益、当期转入损益的金额等信息。

(三)企业合并利润表也应按照上述规定进行调整。在"综合收益总额"项目下单独列示"归属于母公司所有者的综合收益总额"项目和"归属于少数股东的综合收益总额"项目。

(四)企业提供前期比较信息时,比较利润表应当按照《企业会计准则第 30 号——财务报表列报》第八条的规定处理。

八、企业应当如何改进报告分部信息?

答:企业应当以内部组织结构、管理要求、内部报告制度为依据确定经营分部,以经营分部为基础确定报告分部,并按下列规定披露分部信息。原有关确定地区分部和业务分部以及按照主要报告形式、次要报告形式披露分部信息的规定不再执行。

(一)经营分部,是指企业内同时满足下列条件的组成部分:

1. 该组成部分能够在日常活动中产生收入、发生费用;
2. 企业管理层能够定期评价该组成部分的经营成果,以决定向其配置资源、评价其业绩;
3. 企业能够取得该组成部分的财务状况、经营成果和现金流量等有关会计信息。

企业存在相似经济特征的两个或多个经营分部,同时满足《企业会计准则第 35 号——分部报告》第五条相关规定的,可以合并为一个经营分部。

(二)企业以经营分部为基础确定报告分部时,应当满足《企业会计准则第 35 号——分部报告》第八条规定的三个条件之一。未满足规定条件,但企业认为披露该经营分部信息对财务报告使用者有用的,也可将其确定为报告分部。

报告分部的数量通常不应超过 10 个。报告分部的数量超过 10 个需要合并的,应当以经营分部的合并条件为基础,对相关的报告分部予以合并。

(三)企业报告分部确定后,应当披露下列信息:

1. 确定报告分部考虑的因素、报告分部的产品和劳务的类型;
2. 每一报告分部的利润(亏损)总额相关信息,包括利润(亏损)总额组成项目及计量的相关会计政策信息;
3. 每一报告分部的资产总额、负债总额相关信息,包括资产总额组成项目的信息,以及有关资产、负债计量的相关会计政策。

(四)除上述已经作为报告分部信息组成部分披露的外,企业还应当披露下列信息:

1. 每一产品和劳务或每一类似产品和劳务组合的对外交易收入;
2. 企业取得的来自本国的对外交易收入总额以及位于本国的非流动资产(不包括金融资产、独立账户资产、递延所得税资产,下同)总额,企业从其他国家取得的对外交易收入总额以及位于其他国家的非流动资产总额;
3. 企业对主要客户的依赖程度。

4. 企业会计准则解释第 4 号（2010 年发布）

（财会〔2010〕15 号印发）

一、同一控制下的企业合并中，合并方发生的审计、法律服务、评估咨询等中介费用以及其他相关管理费用，应当于发生时计入当期损益。非同一控制下的企业合并中，购买方发生的上述费用，应当如何进行会计处理？

答：非同一控制下的企业合并中，购买方为企业合并发生的审计、法律服务、评估咨询等中介费用以及其他相关管理费用，应当于发生时计入当期损益；购买方作为合并对价发行的权益性证券或债务性证券的交易费用，应当计入权益性证券或债务性证券的初始确认金额。

二、非同一控制下的企业合并中，购买方在购买日取得被购买方可辨认资产和负债，应当如何进行分类或指定？

答：非同一控制下的企业合并中，购买方在购买日取得被购买方可辨认资产和负债，应当根据企业会计准则的规定，结合购买日存在的合同条款、经营政策、并购政策等相关因素进行分类或指定，主要包括被购买方的金融资产和金融负债的分类、套期关系的指定、嵌入衍生工具的分拆等。但是，合并中如涉及租赁合同和保险合同且在购买日对合同条款作出修订的，购买方应当根据企业会计准则的规定，结合修订的条款和其他因素对合同进行分类。

三、企业通过多次交易分步实现非同一控制下企业合并的，对于购买日之前持有的被购买方的股权，应当如何进行会计处理？

答：企业通过多次交易分步实现非同一控制下企业合并的，应当区分个别财务报表和合并财务报表进行相关会计处理：

（一）在个别财务报表中，应当以购买日之前所持被购买方的股权投资的账面价值与购买日新增投资成本之和，作为该项投资的初始投资成本；购买日之前持有的被购买方的股权涉及其他综合收益的，应当在处置该项投资时将与其相关的其他综合收益（例如，可供出售金融资产公允价值变动计入资本公积的部分，下同）转入当期投资收益。

（二）在合并财务报表中，对于购买日之前持有的被购买方的股权，应当按照该股权在购买日的公允价值进行重新计量，公允价值与其账面价值的差额计入当期投资收益；购买日之前持有的被购买方的股权涉及其他综合收益的，与其相关的其他综合收益应当转为购买日所属当期投资收益。购买方应当在附注中披露其在购买日之前持有的被购买方的股权在购买日的公允价值、按照公允价值重新计量产生的相关利得或损失的金额。

四、企业因处置部分股权投资或其他原因丧失了对原有子公司控制权的，对于处置后的剩余股权应当如何进行会计处理？

答：企业因处置部分股权投资或其他原因丧失了对原有子公司控制权的，应当区分个别财务报表和合并财务报表进行相关会计处理：

（一）在个别财务报表中，对于处置的股权，应当按照《企业会计准则第 2 号——长期股权投资》的规定进行会计处理；同时，对于剩余股权，应当按其账面价值确认为长期股权投资或其他相关金融资产。处置后的剩余股权能够对原有子公司实施共同控制或重大影响的，按有关成本法转为权益法的相关规定进行会计处理。

（二）在合并财务报表中，对于剩余股权，应当按照其在丧失控制权日的公允价值进行重新计量。处置股权取得的对价与剩余股权公允价值之和，减去按原持股比例计算应享有原有子公司自购买日开始持续计算的净资产的份额之间的差额，计入丧失控制权当期的投资收益。与原有子公司股权投资相关的其他综合收益，应当在丧失控制权时转为当期投资收益。企业应当在附注中披露处置后的剩余股权在丧失控制权日的公允价值、按照公允价值重新计量产生的相关利得或损失的金额。

五、在企业合并中，购买方对于因企业合并而产生的递延所得税资产，应当如何进行会计处理？

答：在企业合并中，购买方取得被购买方的可抵扣暂时性差异，在购买日不符合递延所得税资产确认条件的，不应予以确认。购买日后12个月内，如取得新的或进一步的信息表明购买日的相关情况已经存在，预期被购买方在购买日可抵扣时性差异带来的经济利益能够实现的，应当确认相关的递延所得税资产，同时减少商誉，商誉不足冲减的，差额部分确认为当期损益；除上述情况以外，确认与企业合并相关的递延所得税资产，应当计入当期损益。

六、在合并财务报表中，子公司少数股东分担的当期亏损超过了少数股东在该子公司期初所有者权益中所享有的份额的，其余额应当如何进行会计处理？

答：在合并财务报表中，子公司少数股东分担的当期亏损超过了少数股东在该子公司期初所有者权益中所享有的份额的，其余额仍应当冲减少数股东权益。

七、企业集团内涉及不同企业的股份支付交易应当如何进行会计处理？

答：企业集团（由母公司和其全部子公司构成）内发生的股份支付交易，应当按照以下规定进行会计处理：

（一）结算企业以其本身权益工具结算的，应当将该股份支付交易作为权益结算的股份支付处理；除此之外，应当作为现金结算的股份支付处理。

结算企业是接受服务企业的投资者的，应当按照授予日权益工具的公允价值或应承担负债的公允价值确认为对接受服务企业的长期股权投资，同时确认资本公积（其他资本公积）或负债。

（二）接受服务企业没有结算义务或授予本企业职工的是其本身权益工具的，应当将该股份支付交易作为权益结算的股份支付处理；接受服务企业具有结算义务且授予本企业职工的是企业集团内其他企业权益工具的，应当将该股份支付交易作为现金结算的股份支付处理。

八、融资性担保公司应当执行何种会计标准？

答：融资性担保公司应当执行企业会计准则，并按照《企业会计准则——应用指南》有关保险公司财务报表格式规定，结合公司实际情况，编制财务报表并对外披露相关信息，不再执行《担保企业会计核算办法》（财会〔2005〕17号）。

融资性担保公司发生的担保业务，应当按照《企业会计准则第25号——原保险合同》《企业会计准则第26号——再保险合同》《保险合同相关会计处理规定》（财会〔2009〕15号）等有关保险合同的相关规定进行会计处理。

九、企业发生的融资融券业务，应当执行何种会计标准？

答：融资融券业务，是指证券公司向客户出借资金供其买入证券或者出借证券供其卖出，并由客户交存相应担保物的经营活动。企业发生的融资融券业务，分为融资业务和融券业务两类。

关于融资业务，证券公司及其客户均应当按照《企业会计准则第22号——金融工具确认和计量》有关规定进行会计处理。证券公司融出的资金，应当确认应收债权，并确认相应利息收入；客户融入的资金，应当确认应付债务，并确认相应利息费用。

关于融券业务，证券公司融出的证券，按照《企业会计准则第23号——金融资产转移》有关规定，不应终止确认该证券，但应确认相应利息收入；客户融入的证券，应当按照《企业会计准则第22号——金融工具确认和计量》有关规定进行会计处理，并确认相应利息费用。

证券公司对客户融资融券并代客户买卖证券时,应当作为证券经纪业务进行会计处理。

证券公司及其客户发生的融资融券业务,应当按照《企业会计准则第37号——金融工具列报》有关规定披露相关会计信息。

十、企业根据《企业会计准则解释第2号》(财会〔2008〕11号)的规定,对认股权和债券分离交易的可转换公司债券中的认股权,单独确认了一项权益工具(资本公积——其他资本公积)。认股权持有人没有行权的,原计入资本公积(其他资本公积)的部分,应当如何进行会计处理?

答:企业发行的认股权和债券分离交易的可转换公司债券,认股权持有人到期没有行权的,应当在到期时将原计入资本公积(其他资本公积)的部分转入资本公积(股本溢价)。

十一、本解释一至四条的规定,自2010年1月1日起施行;五至十条的规定,应当进行追溯调整,追溯调整不切实可行的除外。

5. 企业会计准则解释第5号(2012年发布)

(财会〔2012〕19号印发)

一、非同一控制下的企业合并中,购买方应如何确认取得的被购买方拥有的但在其财务报表中未确认的无形资产?

答:非同一控制下的企业合并中,购买方在对企业合并中取得的被购买方资产进行初始确认时,应当对被购买方拥有的但在其财务报表中未确认的无形资产进行充分辨认和合理判断,满足以下条件之一的,应确认为无形资产:

(一)源于合同性权利或其他法定权利;

(二)能够从被购买方中分离或者划分出来,并能单独或与相关合同、资产和负债一起,用于出售、转移、授予许可、租赁或交换。

企业应当在附注中披露在非同一控制下的企业合并中取得的被购买方无形资产的公允价值及其公允价值的确定方法。

二、企业开展信用风险缓释工具相关业务,应当如何进行会计处理?

答:信用风险缓释工具,是指信用风险缓释合约、信用风险缓释凭证及其他用于管理信用风险的信用衍生产品。信用风险缓释合约,是指交易双方达成的、约定在未来一定期限内,信用保护买方按照约定的标准和方式向信用保护卖方支付信用保护费用,由信用保护卖方就约定的标的债务向信用保护买方提供信用风险保护的金融合约。信用风险缓释凭证,是指由标的实体以外的机构创设,为凭证持有人就标的债务提供信用风险保护的、可交易流通的有价凭证。

信用保护买方和卖方应当根据信用风险缓释工具的合同条款,按照实质重于形式的原则,判断信用风险缓释工具是否属于财务担保合同,并分别下列情况进行处理:

(一)属于财务担保合同的信用风险缓释工具,除融资性担保公司根据《企业会计准则解释第4号》第八条的规定处理外,信用保护买方和卖方应当按照《企业会计准则第22号——金融工具确认和计量》中有关财务担保合同的规定进行会计处理。其中,信用保护买方支付的信用保护费用和信用保护卖方取得的信用保护收入,应当在财务担保合同期间内按照合理的基础进行摊销,计入各期损益。

(二)不属于财务担保合同的其他信用风险缓释工具,信用保护买方和卖方应当按照《企业会计准则第22号——金融工具确认和计量》的规定,将其归类为衍生工具进行会计处理。

财务担保合同，是指当特定债务人到期不能按照最初或修改后的债务工具条款偿付时，要求签发人向蒙受损失的合同持有人赔付特定金额的合同。

开展信用风险缓释工具相关业务的信用保护买方和卖方，应当根据信用风险缓释工具的分类，分别按照《企业会计准则第37号——金融工具列报》《企业会计准则第25号——原保险合同》或《企业会计准则第26号——再保险合同》以及《企业会计准则第30号——财务报表列报》进行列报。

三、企业采用附追索权方式出售金融资产，或将持有的金融资产背书转让，是否应当终止确认该金融资产？

答：企业对采用附追索权方式出售的金融资产，或将持有的金融资产背书转让，应当根据《企业会计准则第23号——金融资产转移》的规定，确定该金融资产所有权上几乎所有的风险和报酬是否已经转移。企业已将该金融资产所有权上几乎所有的风险和报酬转移给转入方的，应当终止确认该金融资产；保留了金融资产所有权上几乎所有的风险和报酬的，不应当终止确认该金融资产；既没有转移也没有保留金融资产所有权上几乎所有的风险和报酬的，应当继续判断企业是否对该资产保留了控制，并根据《企业会计准则第23号——金融资产转移》的规定进行会计处理。

四、银行业金融机构开展同业代付业务，应当如何进行会计处理？

答：银行业金融机构应当根据委托行（发起行、开证行）与受托行（代付行）签订的代付业务协议条款判断同业代付交易的实质，按照融资资金的提供方不同以及代付本金和利息的偿还责任不同，分别下列情况进行处理：

（一）如果委托行承担合同义务在约定还款日无条件向受托行偿还代付本金和利息，委托行应当按照《企业会计准则第22号——金融工具确认和计量》，将相关交易作为对申请人发放贷款处理，受托行应当将相关交易作为向委托行拆出资金处理。

（二）如果申请人承担合同义务向受托行在约定还款日偿还代付本金和利息（无论还款是否通过委托行），委托行仅在申请人到期未能偿还代付本金和利息的情况下，才向受托行无条件偿还代付本金和利息的，对于相关交易中的担保部分，委托行应当按照《企业会计准则第22号——金融工具确认和计量》对财务担保合同的规定处理；对于相关交易中的代理责任部分，委托行应当按照《企业会计准则第14号——收入》处理。受托行应当按照《企业会计准则第22号——金融工具确认和计量》，将相关交易作为对申请人发放贷款处理。

银行业金融机构应当严格遵循《企业会计准则第37号——金融工具列报》和其他相关准则的规定，对同业代付业务涉及的金融资产、金融负债、贷款承诺、担保、代理责任等相关信息进行列报。同业代付业务产生的金融资产和金融负债不得随意抵销。

本条解释既适用于信用证项下的同业代付业务，也适用于保理项下的同业代付业务。

五、企业通过多次交易分步处置对子公司股权投资直至丧失控制权，应当如何进行会计处理？

答：企业通过多次交易分步处置对子公司股权投资直至丧失控制权的，应当按照《关于执行会计准则的上市公司和非上市企业做好2009年年报工作的通知》（财会〔2009〕16号）和《企业会计准则解释第4号》（财会〔2010〕15号）的规定对每一项交易进行会计处理。处置对子公司股权投资直至丧失控制权的各项交易属于一揽子交易的，应当将各项交易作为一项处置子公司并丧失控制权的交易进行会计处理；但是，在丧失控制权之前每一次处置价款与处置投资对应的享有该子公司净资产份额的差额，在合并财务报表中应当确认为其他综合收益，在丧失控制权时一并转入丧失控制权当期的损益。

处置对子公司股权投资的各项交易的条款、条件以及经济影响符合以下一种或多种情况，通常表明应将多次交易事项作为一揽子交易进行会计处理：

（1）这些交易是同时或者在考虑了彼此影响的情况下订立的；
（2）这些交易整体才能达成一项完整的商业结果；
（3）一项交易的发生取决于其他至少一项交易的发生；
（4）一项交易单独看是不经济的，但是和其他交易一并考虑时是经济的。

六、企业接受非控股股东（或非控股股东的子公司）直接或间接代为偿债、债务豁免或捐赠的，应如何进行会计处理？

答：企业接受代为偿债、债务豁免或捐赠，按照企业会计准则规定符合确认条件的，通常应当确认为当期收益；但是，企业接受非控股股东（或非控股股东的子公司）直接或间接代为偿债、债务豁免或捐赠，经济实质表明属于非控股股东对企业的资本性投入，应当将相关利得计入所有者权益（资本公积）。

企业发生破产重整，其非控股股东因执行人民法院批准的破产重整计划，通过让渡所持有的该企业部分股份向企业债权人偿债的，企业应将非控股股东所让渡股份按照其在让渡之日的公允价值计入所有者权益（资本公积），减少所豁免债务的账面价值，并将让渡股份公允价值与被豁免的债务账面价值之间的差额计入当期损益。控股股东按照破产重整计划让渡了所持有的部分该企业股权向企业债权人偿债的，该企业也按此原则处理。

七、本解释自 2013 年 1 月 1 日施行，不要求追溯调整。

6. 企业会计准则解释第 6 号（2014 年发布）

（财会〔2014〕1 号印发）

一、企业因固定资产弃置费用确认的预计负债发生变动的，应当如何进行会计处理？

答：企业应当进一步规范关于固定资产弃置费用的会计核算，根据《企业会计准则第 4 号——固定资产》应用指南的规定，对固定资产的弃置费用进行会计处理。

本解释所称的弃置费用形成的预计负债在确认后，按照实际利率法计算的利息费用应当确认为财务费用；由于技术进步、法律要求或市场环境变化等原因，特定固定资产的履行弃置义务可能发生支出金额、预计弃置时点、折现率等变动而引起的预计负债变动，应按照以下原则调整该固定资产的成本：

（1）对于预计负债的减少，以该固定资产账面价值为限扣减固定资产成本。如果预计负债的减少额超过该固定资产账面价值，超出部分确认为当期损益。
（2）对于预计负债的增加，增加该固定资产的成本。

按照上述原则调整的固定资产，在资产剩余使用年限内计提折旧。一旦该固定资产的使用寿命结束，预计负债的所有后续变动应在发生时确认为损益。

二、根据《企业会计准则第 20 号——企业合并》，在同一控制下的企业合并中，合并方在企业合并中取得的资产和负债，应当按照合并日在被合并方的账面价值计量。在被合并方是最终控制方以前年度从第三方收购来的情况下，合并方在编制财务报表时，应如何确定被合并方资产、负债的账面价值？

答：同一控制下的企业合并，是指参与合并的企业在合并前后均受同一方或相同的多方最终控制，且该控制不是暂时性的。从最终控制方的角度看，其在合并前后实际控制的经济资源并没有发生变化，因此有关交易或事项不应视为购买。合并方编制财务报表时，在被合并方是最终控制方以前年度从第三方收购来的情况下，应视同合并后形成的报告主体自最终控制方开始实施控制时起，一直是一体化存续下来的，应以被合并方的资产、负债（包括最终控制方收购被合并方而形成的商誉）在最终控制方财务报表中的账面价值为基础，进行相关会计处理。合并方的财务报表比较数据追溯调整的期间应不早于双方处于最终控制方的控制之下孰晚的时间。

本解释发布前同一控制下的企业合并未按照上述规定处理的，应当进行追溯调整，追溯调整不切实可行的除外。

三、本解释自发布之日起施行。

7. 企业会计准则解释第 7 号（2015 年发布）

（财会〔2015〕19 号印发）

一、投资方因其他投资方对其子公司增资而导致本投资方持股比例下降，从而丧失控制权但能实施共同控制或施加重大影响的，投资方应如何进行会计处理？

答：该问题主要涉及《企业会计准则第 2 号——长期股权投资》《企业会计准则第 33 号——合并财务报表》等准则。

投资方应当区分个别财务报表和合并财务报表进行相关会计处理：

（一）在个别财务报表中，应当对该项长期股权投资从成本法转为权益法核算。首先，按照新的持股比例确认本投资方应享有的原子公司因增资扩股而增加净资产的份额，与应结转持股比例下降部分所对应的长期股权投资原账面价值之间的差额计入当期损益；然后，按照新的持股比例视同自取得投资时即采用权益法核算进行调整。

（二）在合并财务报表中，应当按照《企业会计准则第 33 号——合并财务报表》的有关规定进行会计处理。

二、重新计量设定受益计划净负债或者净资产所产生的变动应计入其他综合收益，后续会计期间应如何进行会计处理？

答：该问题主要涉及《企业会计准则第 9 号——职工薪酬》等准则。

重新计量设定受益计划净负债或者净资产的变动计入其他综合收益，在后续会计期间不允许转回至损益，在原设定受益计划终止时应当在权益范围内将原计入其他综合收益的部分全部结转至未分配利润。计划终止，指该计划已不存在，即本企业已解除该计划所产生的所有未来义务。

三、子公司发行优先股等其他权益工具的，应如何计算母公司合并利润表中的"归属于母公司股东的净利润"？

答：该问题主要涉及《企业会计准则第 33 号——合并财务报表》等准则。

子公司发行累积优先股等其他权益工具的，无论当期是否宣告发放其股利，在计算列报母公司合并利润表中的"归属于母公司股东的净利润"时，应扣除当期归属于除母公司之外的其他权益工具持有者的可累积分配股利，扣除金额应在"少数股东损益"项目中列示。

子公司发行不可累积优先股等其他权益工具的，在计算列报母公司合并利润表中的"归属于母公司股东的净利润"时，应扣除当期宣告发放的归属于除母公司之外的其他权益工具持有者的不可累积分配股利，扣除金额应在"少数股东损益"项目中列示。

本解释发布前企业的合并财务报表未按照上述规定列报的，应当对可比期间的数据进行相应调整。

四、母公司直接控股的全资子公司改为分公司的，该母公司应如何进行会计处理？

答：母公司直接控股的全资子公司改为分公司的（不包括反向购买形成的子公司改为

分公司的情况），应按以下规定进行会计处理：

（一）原母公司（即子公司改为分公司后的总公司）应当对原子公司（即子公司改为分公司后的分公司）的相关资产、负债，按照原母公司自购买日所取得的该原子公司各项资产、负债的公允价值（如为同一控制下企业合并取得的原子公司则为合并日账面价值）以及购买日（或合并日）计算的递延所得税负债或递延所得税资产持续计算至改为分公司日的各项资产、负债的账面价值确认。在此基础上，抵销原母公司与原子公司内部交易形成的未实现损益，并调整相关资产、负债，以及相应的递延所得税负债或递延所得税资产。此外，某些特殊项目按如下原则处理：

1. 原为非同一控制下企业合并取得的子公司改为分公司的，原母公司购买原子公司时产生的合并成本小于合并中取得的可辨认净资产公允价值份额的差额，应计入留存收益；原母公司购买原子公司时产生的合并成本大于合并中取得的可辨认净资产公允价值份额的差额，应按照原母公司合并该原子公司的合并财务报表中商誉的账面价值转入原母公司的商誉。原为同一控制下企业合并取得的子公司改为分公司的，原母公司在合并财务报表中确认的最终控制方收购原子公司时形成的商誉，按其在合并财务报表中的账面价值转入原母公司的商誉。

2. 原子公司提取但尚未使用的安全生产费或一般风险准备，分别情况处理：原为非同一控制下企业合并取得的子公司改为分公司的，按照购买日起开始持续计算至改为分公司日的原子公司安全生产费或一般风险准备的账面价值，转入原母公司的专项储备或一般风险准备；原为同一控制下企业合并取得的子公司改为分公司的，按照合并日原子公司安全生产费或一般风险准备账面价值持续计算至改为分公司日的账面价值，转入原母公司的专项储备或一般风险准备。

3. 原为非同一控制下企业合并取得的子公司改为分公司的，应将购买日至改为分公司日原子公司实现的净损益，转入原母公司留存收益；原为同一控制下企业合并取得的子公司改为分公司的，应将合并日至改为分公司日原子公司实现的净损益，转入原母公司留存收益。这里，将原子公司实现的净损益转入原母公司留存收益时，应当按购买日（或合并日）所取得的原子公司各项资产、负债公允价值（或账面价值）为基础计算，并且抵销原母子公司内部交易形成的未实现损益。

原子公司实现的其他综合收益和权益法下核算的其他所有者权益变动等，应参照上述原则计算调整，并相应转入原母公司权益项下其他综合收益和资本公积等项目。

4. 原母公司对该原子公司长期股权投资的账面价值与按上述原则将原子公司的各项资产、负债等转入原母公司后形成的差额，应调整资本公积；资本公积不足冲减的，调整留存收益。

（二）除上述情况外，原子公司改为分公司过程中，由于其他原因产生的各项资产、负债的入账价值与其计税基础不同所产生的暂时性差异，按照《企业会计准则第18号——所得税》的有关规定进行会计处理。

（三）其他方式取得的子公司改为分公司的，应比照上述（一）和（二）原则进行会计处理。

五、对于授予限制性股票的股权激励计划，企业应如何进行会计处理？等待期内企业应如何考虑限制性股票对每股收益计算的影响？

答：该问题主要涉及《企业会计准则第11号——股份支付》《企业会计准则第22号——金融工具确认和计量》《企业会计准则第34号——每股收益》和《企业会计准则第37号——金融工具列报》等准则。

（一）授予限制性股票的会计处理

上市公司实施限制性股票的股权激励安排中，常见做法是上市公司以非公开发行的方式向激励对象授予一定数量的公司股票，并规定锁定期和解锁期，在锁定期和解锁期内，不得上市流通及转让。达到解锁条件，可以解锁；如果全部或部分股票未被解锁而失效或作废，通常由上市公司按照事先约定的价格立即进行回购。

对于此类授予限制性股票的股权激励计划，向职工发行的限制性股票按有关规定履行了注册登记等增资手续的，上市公司应当根据收到职工缴纳的认股款确认股本和资本公积（股本溢价），按照职工缴纳的认股款，借记"银行存款"等科目，按照股本金额，贷记"股本"科目，按照其差额，贷记"资本公积——股本溢价"科目；同时，就回购义务确认负债（作收购库存股处理），按照发行限制性股票的数量以及相应的回购价格计算确定的金额，借记"库存股"科目，贷记"其他应付款——限制性股票回购义务"（包括未满足条件而须立即回购的部分）等科目。

上市公司应当综合考虑限制性股票锁定期和解锁期等相关条款，按照《企业会计准则第11号——股份支付》相关规定判断等待期，进行与股份支付相关的会计处理。对于因回购产生的义务确认的负债，应当按照《企业会计准则第22号——金融工具确认和计量》相关规定进行会计处理。上市公司未达到限制性股票解锁条件而需回购的股票，按照应支付的金额，借记"其他应付款——限制性股票回购义务"等科目，贷记"银行存款"等科目；同时，按照注销的限制性股票数量相对应的股本金额，借记"股本"科目，按照注销的限制性股票数量相对应的库存股的账面价值，贷记"库存股"科目，按其差额，借记"资本公积——股本溢价"科目。上市公司达到限制性股票解锁条件而无需回购的股票，按照解锁股票相对应的负债的账面价值，借记"其他应付款——限制性股票回购义务"等科目，按照解锁股票相对应的库存股的账面价值，贷记"库存股"科目，如有差额，则借记或贷记"资本公积——股本溢价"科目。

（二）等待期内发放现金股利的会计处理和基本每股收益的计算

上市公司在等待期内发放现金股利的会计处理及基本每股收益的计算，应视其发放的现金股利是否可撤销采取不同的方法：

1. 现金股利可撤销，即一旦未达到解锁条件，被回购限制性股票的持有者将无法获得（或需要退回）其在等待期内应收（或已收）的现金股利。

等待期内，上市公司在核算应分配给限制性股票持有者的现金股利时，应合理估计未来解锁条件的满足情况，该估计与进行股份支付会计处理时在等待期内每个资产负债表日对可行权权益工具数量进行的估计应当保持一致。对于预计未来可解锁限制性股票持有者，上市公司应分配给限制性股票持有者的现金股利应当作为利润分配进行会计处理，借记"利润分配——应付现金股利或利润"科目，贷记"应付股利——限制性股票股利"科目；同时，按分配的现金股利金额，借记"其他应付款——限制性股票回购义务"等科目，贷记"库存股"科目；实际支付时，借记"应付股利——限制性股票股利"科目，贷记"银行存款"等科目。对于预计未来不可解锁限制性股票持有者，上市公司应分配给限制性股票持有者的现金股利应当冲减相关的负债，借记"其他应付款——限制性股票回购义务"等科目，贷记"应付股利——限制性股票股利"科目；实际支付时，借记"应付股利——限制性股票股利"科目，贷记"银行存款"等科目。后续信息表明不可解锁限制性股票的数量与以前估计不同的，应当作为会计估计变更处理，直到解锁日预计不可解锁限制性股票的数量与实际未解锁限制性股票的数量一致。

等待期内计算基本每股收益时，分子应扣除当期分配给预计未来可解锁限制性股票持有者的现金股利；分母不应包含限制性股票的股数。

2. 现金股利不可撤销，即不论是否达到解锁条件，限制性股票持有者仍有权获得（或不得被要求退回）其在等待期内应收（或已收）的现金股利。

等待期内，上市公司在核算应分配给限制性股票持有者的现金股利时，应合理估计未来解锁条件的满足情况，该估计与进行股份支付会计处理时在等待期内每个资产负债表日对可行权权益工具数量进行的估计应当保持一致。对于预计未来可解锁限制性股票持有者，上市公司应分配给限制性股票持有者的现金股利应当作为利润分配进行会计处理，借记"利润分配——应付现金股利或利润"科目，贷记"应付股利——限制性股票股利"科目；实际支付时，借记"应付股利——限制性股票股利"科目，贷记"银行存款"等科目。对于预计未来不可解锁限制性股票持有者，上市公司应分配给限制性股票持有者的现金股利应当计入当期成本费用，借记"管理费用"等科目，贷记"应付股利——应付限制性股票股利"科目；实际支付时，借记"应付股利——限制性股票股利"科目，贷记"银行存款"等科目。后续信息表明不可解锁限制性股票的数量与以前估计不同的，应当作为会计估计变更处理，直到解锁日预计不可解锁限制性股票的数量与实际未解锁限制性股票的数量一致。

等待期内计算基本每股收益时，应当将预计未来可解锁限制性股票作为同普通股一起参加剩余利润分配的其他权益工具处理，分子应扣除归属于预计未来可解锁限制性股票的净利润；分母不应包含限制性股票的股数。

（三）等待期内稀释每股收益的计算

等待期内计算稀释每股收益时，应视解锁条件不同采取不同的方法：

1. 解锁条件仅为服务期限条件的，企业应假设资产负债表日尚未解锁的限制性股票已于当期期初（或晚于期初的授予日）全部解锁，并参照《企业会计准则第34号——每股收益》中股份期权的有关规定考虑限制性股票的稀释性。其中，行权价格为限制性股票的发行价格加上资产负债表日尚未取得的职工服务按《企业会计准则第11号——股份支付》有关规定计算确定的公允价值。锁定期内计算稀释每股收益时，分子应加回计算基本每股收益分子时已扣除的当期分配给预计未来可解锁限制性股票持有者的现金股利或归属于预计未来可解锁限制性股票的净利润。

2. 解锁条件包含业绩条件的，企业应假设资产负债表日即为：

解锁日并据以判断资产负债表日的实际业绩情况是否满足解锁要求的业绩条件。若满足业绩条件的，应当参照上述解锁条件仅为服务期限条件的有关规定计算稀释性每股收益；若不满足业绩条件的，计算稀释性每股收益时不必考虑此限制性股票的影响。

本解释发布前限制性股票未按照上述规定处理的，应当追溯调整，并重新计算各列报期间的每股收益，追溯调整不切实可行的除外。

六、本解释中除特别注明外，其他问题的会计处理规定适用于2015年年度及以后期间的财务报告。

8. 企业会计准则解释第8号（2015年发布）

（财会〔2015〕23号印发）

一、商业银行及其子公司（以下统称为商业银行）应当如何判断是否控制其按照银行业监督管理委员会相关规定发行的理财产品（以下简称为理财产品）？

答：商业银行应当按照《企业会计准则第33号——合并财务报表》（以下简称《合并财务报表准则》）的相关规定，判断是否控制其发行的理财产品。如果商业银行控制该理财产品，应当按照《合并财务报表准则》的规定将该理财产品纳入合并范围。

商业银行在判断是否控制其发行的理财产品时，应当综合考虑其本身直接享有以及通过所有子公司（包括控制的结构化主体）间接享有权利而拥有的权力、可变回报及其联系。分析可变回报时，至少应当关注以下方面：

可变回报通常包括商业银行因向理财产品提供管理服务等获得的决策者薪酬和其他利益：前者包括各种形式的理财产品管理费（含各种形式的固定管理费和业绩报酬等），还可能包括以销售费、托管费以及其他各种服务收费的名义收取的实质上为决策者薪酬的收费；后者包括各种形式的直接投资收益，提供信用增级或支持等而获得的补偿或报酬，因提供信用增级或支持等而可能发生或承担的损失，与理财产品进行其他交易或者持有理财产品其他利益而取得的可变回报，以及销售费、托管费和其他各种名目的服务收费等。其中，提供的信用增级包括担保（例如保证理财产品投资者的本金或收益、为理财产品的债务提供保证等）、信贷承诺等；提供的支持包括财务或其他支持，例如流动性支持、回购承诺、向理财产品提供融资、购买理财产品持有的资产、同理财产品进行衍生交易等。

商业银行在分析享有的可变回报时，不仅应当分析与理财产品相关的法律法规及各项合同安排的实质，还应当分析理财产品成本与收益是否清晰明确，交易定价（含收费）是否符合市场或行业惯例，以及是否存在其他可能导致商业银行最终承担理财产品损失的情况等。商业银行应当慎重考虑其是否在没有合同义务的情况下，对过去发行的具有类似特征的理财产品提供过信用增级或支持的事实或情况，至少包括以下几个方面：

1. 提供该信用增级或支持的触发事件及其原因，以及预期未来发生类似事件的可能性和频率。

2. 商业银行提供该信用增级或支持的原因，以及做出这一决定的内部控制和管理流程；预期未来出现类似触发事件时，是否仍将提供信用增级和支持（此评估应当基于商业银行对于此类事件的应对机制以及内部控制和管理流程，且应当考虑历史经验）。

3. 因提供信用增级或支持而从理财产品获取的对价，包括但不限于该对价是否公允，收取该对价是否存在不确定性以及不确定性的程度。

4. 因提供信用增级或支持而面临损失的风险程度。

如果商业银行按照《合并财务报表准则》判断对所发行的理财产品不构成控制，但在该理财产品的存续期内，商业银行向该理财产品提供了合同义务以外的信用增级或支持，商业银行应当至少考虑上述各项事实和情况，重新评估是否对该理财产品形成控制。经重新评估后认定对理财产品具有控制的，商业银行应当将该理财产品纳入合并范围。同时，对于发行的具有类似特征（如具有类似合同条款、基础资产构成、投资者构成、商业银行参与理财产品而享有可变回报的构成等）的理财产品，商业银行也应当按照一致性原则予以重新评估。

二、商业银行应当如何对其发行的理财产品进行会计处理？

答：商业银行发行的理财产品应当作为独立的会计主体，按照企业会计准则的相关规定进行会计处理。

（一）会计核算

对于理财产品持有或发行的金融工具，在采用《企业会计准则第22号——金融工具确认和计量》（以下简称《金融工具确认计量准则》）、《企业会计准则第37号——金融工具列报》（以下简称《金融工具列报准则》）和《企业会计准则第39号——公允价值计量》（以下简称《公允价值计量准则》）时，应当至少考虑以下内容：

1. 分类

对于理财产品持有的金融资产或金融负债，应当根据持有目的或意图、是否有活跃市场报价、金融工具现金流量特征等，按照《金融工具确认计量准则》有关金融资产或金融负债的分类原则进行恰当分类。

如果理财产品持有的非衍生金融资产由于缺乏流动性而难以在市场上出售（如非标准化债权资产），则通常不能表明该金融资产是为了交易目的而持有的（如为了近期内出售，或者属于进行集中管理的可辨认金融工具组合的一部分，且有客观证据表明近期采用短期获利方式对该组合进行管理），因而不应当分类为以公允价值计量且其变动计入当期损益的金融资产中的交易性金融资产。

如果理财产品持有的权益工具投资在活跃市场中没有报价，且采用估值技术后公允价值也不能可靠计量，则不得将其指定为以公允价值计量且其变动计入当期损益的金融资产。

如果商业银行因为估值流程不完善或不具备估值能力，且未能或难以有效利用第三方估值等原因，无法或难以可靠地评估理财产品持有的金融资产或金融负债的公允价值，则通常不能表明其能以公允价值为基础对理财产品持有的金融资产或金融负债进行管理和评价，因而不得依据《金融工具确认计量准则》，将该金融资产或金融负债指定为以公允价值计量且其变动计入当期损益的金融工具。

理财产品发行的金融工具，应当按照《金融工具列报准则》的相关规定进行分类。

在对理财产品进行会计处理时，应当按照企业会计准则的相关规定规范使用会计科目，不得使用诸如"代理理财投资"等可能引起歧义的科目名称。

2.计量

对于理财产品持有的金融资产或金融负债，应当按照《金融工具确认计量准则》《公允价值计量准则》和其他相关准则进行计量。其中：

（1）公允价值计量

对于以公允价值计量的金融资产或金融负债，应当按照《公允价值计量准则》的相关规定确定其公允价值。通常情况下，金融工具初始确认的成本不符合后续公允价值计量要求，除非有充分的证据或理由表明该成本在计量日仍是对公允价值的恰当估计。

（2）减值

理财产品持有的除以公允价值计量且其变动计入当期损益之外的金融资产，应当按照《金融工具确认计量准则》中有关金融资产减值的规定，评估是否存在减值的客观证据，以及确定减值损失的金额并进行会计核算。

（二）列报

商业银行是编报理财产品财务报表的法定责任人。如果相关法律法规或监管部门要求报送或公开理财产品财务报表，商业银行应当确保其报送或公开的理财产品财务报表符合企业会计准则的要求。

三、商业银行应当在2016年年度及以后期间的财务报告中适用本解释要求。本解释生效前商业银行对理财产品的会计处理与本解释不一致的，应当进行追溯调整，追溯调整不可行的除外。

9. 企业会计准则解释第9号——关于权益法下有关投资净损失的会计处理（2017年发布）

（财会〔2017〕16号印发）

一、涉及的主要准则

该问题主要涉及《企业会计准则第2号——长期股权投资》（财会〔2014〕14号，以下简称第2号准则）。

二、涉及的主要问题

第2号准则第十二条规定，投资方确认被投资单位发生的净亏损，应以长期股权投资的账面价值以及其他实质上构成对被投资单位净投资的长期权益（简称其他长期权益）冲减至零为限，投资方负有承担额外损失义务的除外。被投资单位以后实现净利润的，投资方在其收益分享额弥补未确认的亏损分担额后，恢复确认收益分享额。

根据上述规定，投资方在权益法下因确认被投资单位发生的其他综合收益减少净额而产生未确认投资净损失的，是否按照上述原则处理？

三、会计确认、计量和列报要求

投资方按权益法确认应分担被投资单位的净亏损或被投资单位其他综合收益减少净额，将有关长期股权投资冲减至零并产生了未确认投资净损失的，被投资单位在以后期间实现净利润或其他综合收益增加净额时，投资方应当按照以前确认或登记有关投资净损失时的相反顺序进行会计处理，即依次减记未确认投资净损失金额、恢复其他长期权益和恢复长期股权投资的账面价值，同时，投资方还应当重新复核预计负债的账面价值，有关会计处理如下：

（一）投资方当期对被投资单位净利润和其他综合收益增加净额的分享额小于或等于前期未确认投资净损失的，根据登记的未确认投资净损失的类型，弥补前期未确认的应分担的被投资单位净亏损或其他综合收益减少净额等投资净损失。

（二）投资方当期对被投资单位净利润和其他综合收益增加净额的分享额大于前期未确认投资净损失的，应先按照以上（一）的规定弥补前期未确认投资净损失；对于前者大于后者的差额部分，依次恢复其他长期权益的账面价值和恢复长期股权投资的账面价值，同时按权益法确认该差额。

投资方应当按照《企业会计准则第13号——或有事项》的有关规定，对预计负债的账面价值进行复核，并根据复核后的最佳估计数予以调整。

四、生效日期和新旧衔接

本解释自2018年1月1日起施行。本解释施行前的有关业务未按照以上规定进行处理的，应进行追溯调整，追溯调整不切实可行的除外。本解释施行前已处置或因其他原因终止采用权益法核算的长期股权投资，无需追溯调整。

10. 企业会计准则解释第10号——关于以使用固定资产产生的收入为基础的折旧方法（2017年发布）

（财会〔2017〕17号印发）

一、涉及的主要准则

该问题主要涉及《企业会计准则第4号——固定资产》（财会〔2006〕3号，以下简称第4号准则）。

二、涉及的主要问题

第4号准则第十七条规定，企业应当根据与固定资产有关的经济利益的预期实现方式，合理选择固定资产折旧方法。可选用的折旧方法包括年限平均法、工作量法、双倍余额递减法和年数总和法等。

根据上述规定，企业能否以包括使用固定资产在内的经济活动产生的收入为基础计提折旧？

三、会计确认、计量和列报要求

企业在按照第4号准则的上述规定选择固定资产折旧方法时，应当根据与固定资产有关的经济利益的预期消耗方式做出决定。由于收入可能受到投入、生产过程、销售等因素的影响，这些因素与固定资产有关经济利益的预期消耗方式无关，因此，企业不应以包括使用固定资产在内的经济活动所产生的收入为基础进行折旧。

四、生效日期和新旧衔接

本解释自2018年1月1日起施行，不要求追溯调整。本解释施行前已确认的相关固定资产未按本解释进行会计处理的，不调整以前各期折旧金额，也不计算累积影响数，自施行之日起在未来期间根据重新评估后的折旧方法计提折旧。

11. 企业会计准则解释第11号——关于以使用无形资产产生的收入为基础的摊销方法（2017年发布）

（财会〔2017〕18号印发）

一、涉及的主要准则

该问题主要涉及《企业会计准则第6号——无形资产》（财会〔2006〕3号，以下简称第6号准则）。

二、涉及的主要问题

第6号准则第十七条规定，企业选择的无形资产摊销方法，应当反映与该无形资产有关的经济利益的预期实现方式。无法可靠确定预期实现方式的，应当采用直线法摊销。

根据上述规定，企业能否以包括使用无形资产在内的经济活动产生的收入为基础进行摊销？

三、会计确认、计量和列报要求

企业在按照第6号准则的上述规定选择无形资产摊销方法时，应根据与无形资产有关的经济利益的预期消耗方式做出决定。由于收入可能受到投入、生产过程和销售等因素的影响，这些因素与无形资产有关经济利益的预期消耗方式无关，因此，企业通常不应以包括使用无形资产在内的经济活动所产生的收入为基础进行摊销，但是，下列极其有限的情况除外：

1. 企业根据合同约定确定无形资产固有的根本性限制条款（如无形资产的使用时间、使用无形资产生产产品的数量或因使用无形资产而应取得固定的收入总额）的，当该条款为因使用无形资产而应取得的固定的收入总额时，取得的收入可以成为摊销的合理基础，如企业获得勘探开采黄金的特许权，且合同明确规定该特许权在销售黄金的收入总额达到某固定的金额时失效。

2. 有确凿的证据表明收入的金额和无形资产经济利益的消耗是高度相关的。

企业采用车流量法对高速公路经营权进行摊销的，不属于以包括使用无形资产在内的经济活动产生的收入为基础的摊销方法。

四、生效日期和新旧衔接

本解释自2018年1月1日起施行，不要求追溯调整。本解释施行前已确认的无形资产未按本解释进行会计处理的，不调整以前各期摊销金额，也不计算累积影响数，自施行之日起在未来期间根据重新评估后的摊销方法计提摊销。

12. 企业会计准则解释第 12 号——关于关键管理人员服务的提供方与接受方是否为关联方（2017 年发布）

（财会〔2017〕19 号印发）

一、涉及的主要准则

该问题主要涉及《企业会计准则第 36 号——关联方披露》（财会〔2006〕3 号，以下简称第 36 号准则）。

二、涉及的主要问题

根据第 36 号准则第四条，企业的关键管理人员构成该企业的关联方。

根据上述规定，提供关键管理人员服务的主体（以下简称服务提供方）与接受该服务的主体（以下简称服务接受方）之间是否构成关联方？例如，证券公司与其设立并管理的资产管理计划之间存在提供和接受关键管理人员服务的关系的，是否仅因此就构成了关联方，即证券公司在财务报表中是否将资产管理计划作为关联方披露，以及资产管理计划在财务报表中是否将证券公司作为关联方披露。

三、会计确认、计量和列报要求

服务提供方向服务接受方提供关键管理人员服务的，服务接受方在编制财务报表时，应当将服务提供方作为关联方进行相关披露；服务提供方在编制财务报表时，不应仅仅因为向服务接受方提供了关键管理人员服务就将其认定为关联方，而应当按照第 36 号准则判断双方是否构成关联方并进行相应的会计处理。

服务接受方可以不披露服务提供方所支付或应支付给服务提供方有关员工的报酬，但应当披露其接受服务而应支付的金额。

四、生效日期和新旧衔接

本解释自 2018 年 1 月 1 日起施行，不要求追溯调整。

13. 企业会计准则解释第 13 号（2019 年发布）

（财会〔2019〕21 号印发）

一、关于企业与其所属企业集团其他成员企业等相关的关联方判断

该问题主要涉及《企业会计准则第 36 号——关联方披露》（财会〔2006〕3 号，以下简称第 36 号准则）等准则。除第 36 号准则第四条规定外，下列各方构成关联方，应当按照第 36 号准则进行相关披露：（一）企业与其所属企业集团的其他成员单位（包括母公司和子公司）的合营企业或联营企业；（二）企业的合营企业与企业的其他合营企业或联营企业。

第 36 号准则第五条和第六条规定外，两方或两方以上同受一方重大影响的，不构成关联方。

第 36 号准则中所指的联营企业包括联营企业及其子公司，合营企业包括合营企业及其子公司。

二、关于企业合并中取得的经营活动或资产的组合是否构成业务的判断

该问题主要涉及《企业会计准则第 20 号——企业合并》（财会〔2006〕3 号，以下简

称第 20 号准则)、《〈企业会计准则第 20 号——企业合并〉应用指南》(财会〔2006〕18 号,以下简称第 20 号指南)等规定。

(一)构成业务的要素。

根据第 20 号准则的规定,涉及构成业务的合并应当比照第 20 号准则规定处理。根据第 20 号指南的规定,业务是指企业内部某些生产经营活动或资产的组合,该组合一般具有投入、加工处理过程和产出能力,能够独立计算其成本费用或所产生的收入。合并方在合并中取得的生产经营活动或资产的组合(以下简称组合)构成业务,通常应具有下列三个要素:

1. 投入,指原材料、人工、必要的生产技术等无形资产以及构成产出能力的机器设备等其他长期资产的投入。

2. 加工处理过程,指具有一定的管理能力、运营过程,能够组织投入形成产出能力的系统、标准、协议、惯例或规则。

3. 产出,包括为客户提供的产品或服务、为投资者或债权人提供的股利或利息等投资收益,以及企业日常活动产生的其他的收益。

(二)构成业务的判断条件。

合并方在合并中取得的组合应当至少同时具有一项投入和一项实质性加工处理过程,且二者相结合对产出能力有显著贡献,该组合才构成业务。合并方在合并中取得的组合是否有实际产出并不是判断其构成业务的必要条件。

企业应当考虑产出的下列情况分别判断加工处理过程是否是实质性的:

1. 该组合在合并日无产出的,同时满足下列条件的加工处理过程应判断为是实质性的:(1)该加工处理过程对投入转化为产出至关重要;(2)具备执行该过程所需技能、知识或经验的有组织的员工,且具备必要的材料、权利、其他经济资源等投入,例如技术、研究和开发项目、房地产或矿区权益等。

2. 该组合在合并日有产出的,满足下列条件之一的加工处理过程应判断为是实质性的:(1)该加工处理过程对持续产出至关重要,且具备执行该过程所需技能、知识或经验的有组织的员工;(2)该加工处理过程对产出能力有显著贡献,且该过程是独有、稀缺或难以取代的。

企业在判断组合是否构成业务时,应当从市场参与者角度考虑可以将其作为业务进行管理和经营,而不是根据合并方的管理意图或被合并方的经营历史来判断。

(三)判断非同一控制下企业合并中取得的组合是否构成业务,也可选择采用集中度测试。

集中度测试是非同一控制下企业合并的购买方在判断取得的组合是否构成一项业务时,可以选择采用的一种简化判断方式。进行集中度测试时,如果购买方取得的总资产的公允价值几乎相当于其中某一单独可辨认资产或一组类似可辨认资产的公允价值的,则该组合通过集中度测试,应判断为不构成业务,且购买方无须按照上述(二)的规定进行判断;如果该组合未通过集中度测试,购买方仍应按照上述(二)的规定进行判断。

购买方应当按照下列规定进行集中度测试:

1. 计算确定取得的总资产的公允价值。取得的总资产不包括现金及现金等价物、递延所得税资产以及由递延所得税负债影响形成的商誉。购买方通常可以通过下列公式之一计算确定取得的总资产的公允价值:

(1)总资产的公允价值=合并中取得的非现金资产的公允价值+(购买方支付的对价+购买日被购买方少数股东权益的公允价值+购买日前持有被购买方权益的公允价值−合并中所取得的被购买方可辨认净资产公允价值)−递延所得税资产−由递延所得税负债影响形

成的商誉

（2）总资产的公允价值＝购买方支付的对价＋购买日被购买方少数股东权益的公允价值＋购买日前持有被购买方权益的公允价值＋取得负债的公允价值（不包括递延所得税负债）－取得的现金及现金等价物－递延所得税资产－由递延所得税负债影响形成的商誉

2. 关于单独可辨认资产。单独可辨认资产是企业合并中作为一项单独可辨认资产予以确认和计量的一项资产或资产组。如果资产（包括租赁资产）及其附着物分拆成本重大，应当将其一并作为一项单独可辨认资产，例如土地和建筑物。

3. 关于一组类似资产。企业在评估一组类似资产时，应当考虑其中每项单独可辨认资产的性质及其与管理产出相关的风险等。下列情形通常不能作为一组类似资产：（1）有形资产和无形资产；（2）不同类别的有形资产，例如存货和机器设备；（3）不同类别的可辨认无形资产，例如商标权和特许权；（4）金融资产和非金融资产；（5）不同类别的金融资产，例如应收款项和权益工具投资；（6）同一类别但风险特征存在重大差别的可辨认资产等。

三、生效日期和新旧衔接

本解释自 2020 年 1 月 1 日起施行，不要求追溯调整。

14. 企业会计准则解释第 14 号（2021 年发布）

（财会〔2021〕1 号印发）

一、关于社会资本方对政府和社会资本合作（PPP）项目合同的会计处理

该问题主要涉及《企业会计准则第 6 号——无形资产》《企业会计准则第 13 号——或有事项》《企业会计准则第 14 号——收入》《企业会计准则第 17 号——借款费用》《企业会计准则第 22 号——金融工具确认和计量》等准则。

本解释所称 PPP 项目合同，是指社会资本方与政府方依法依规就 PPP 项目合作所订立的合同，该合同应当同时符合下列特征（以下简称"双特征"）：（1）社会资本方在合同约定的运营期间内代表政府方使用 PPP 项目资产提供公共产品和服务；（2）社会资本方在合同约定的期间内就其提供的公共产品和服务获得补偿。

本解释所称社会资本方，是指与政府方签署 PPP 项目合同的社会资本或项目公司；政府方，是指政府授权或指定的 PPP 项目实施机构；PPP 项目资产，是指 PPP 项目合同中确定的用来提供公共产品和服务的资产。

本解释规范的 PPP 项目合同应当同时符合下列条件（以下简称"双控制"）：（1）政府方控制或管制社会资本方使用权；（2）PPP 项目合同终止时，政府方通过所有权、收益权或其他形式控制 PPP 项目资产的重大剩余权益。

对于运营期占项目资产全部使用寿命的 PPP 项目合同，即使项目合同结束时项目资产不存在重大剩余权益，如果该项目合同符合前述"双控制"条件中的第（1）项，则仍然适用本解释。除上述情况外，不同时符合本解释"双特征"和"双控制"的 PPP 项目合同，社会资本方应当根据其业务性质按照相关企业会计准则进行会计处理。

（一）相关会计处理。

1. 社会资本方提供建造服务（含建设和改扩建，下同）或发包给其他方等，应当按照《企业会计准则第 14 号——收入》确定其身份是主要责任人还是代理人，并进行会计处理，确认合同资产。

2. 社会资本方根据 PPP 项目合同约定，提供多项服务（如既提供 PPP 项目资产建造服

务又提供建成后的运营服务、维护服务）的，应当按照《企业会计准则第 14 号——收入》的规定，识别合同中的单项履约义务，将交易价格按照各项履约义务的单独售价的相对比例分摊至各项履约义务。

3. 在 PPP 项目资产的建造过程中发生的借款费用，社会资本方应当按照《企业会计准则第 17 号——借款费用》的规定进行会计处理。对于本部分第 4 项和第 5 项中确认为无形资产的部分，社会资本方在相关借款费用满足资本化条件时，应当将其予以资本化，并在 PPP 项目资产达到预定可使用状态时，结转至无形资产。除上述情形以外的其他借款费用，社会资本方均应予以费用化。

4. 社会资本方根据 PPP 项目合同约定，在项目运营期间，有权向获取公共产品和服务的对象收取费用，但收费金额不确定的，该权利不构成一项无条件收取现金的权利，应当在 PPP 项目资产达到预定可使用状态时，将相关 PPP 项目资产的对价金额或确认的建造收入金额确认为无形资产，并按照《企业会计准则第 6 号——无形资产》的规定进行会计处理。

5. 社会资本方根据 PPP 项目合同约定，在项目运营期间，满足有权收取可确定金额的现金（或其他金融资产）条件的，应当在社会资本方拥有收取该对价的权利（该权利仅取决于时间流逝的因素）时确认为应收款项，并按照《企业会计准则第 22 号——金融工具确认和计量》的规定进行会计处理。社会资本方应当在 PPP 项目资产达到预定可使用状态时，将相关 PPP 项目资产的对价金额或确认的建造收入金额，超过有权收取可确定金额的现金（或其他金融资产）的差额，确认为无形资产。

6. 社会资本方不得将本解释规定的 PPP 项目资产确认为其固定资产。

7. 社会资本方根据 PPP 项目合同，自政府方取得其他资产，该资产构成政府方应付合同对价的一部分的，社会资本方应当按照《企业会计准则第 14 号——收入》的规定进行会计处理，不作为政府补助。

8. PPP 项目资产达到预定可使用状态后，社会资本方应当按照《企业会计准则第 14 号——收入》确认与运营服务相关的收入。

9. 为使 PPP 项目资产保持一定的服务能力或在移交给政府方之前保持一定的使用状态，社会资本方根据 PPP 项目合同而提供的服务不构成单项履约义务的，应当将预计发生的支出，按照《企业会计准则第 13 号——或有事项》的规定进行会计处理。

（二）附注披露。

社会资本方应当按照重要性原则，在附注中披露各项 PPP 项目合同的下列信息，或者将一组具有类似性质的 PPP 项目合同合并披露下列信息：

1. PPP 项目合同的相关信息，包括 PPP 项目合同的概括性介绍；PPP 项目合同中可能影响未来现金流量金额、时间和风险的相关重要条款；社会资本方对 PPP 项目资产享有的相关权利（包括使用、收益、续约或终止选择权等）和承担的相关义务（包括投融资、购买或建造、运营、移交等）；本期 PPP 项目合同的变更情况；PPP 项目合同的分类方式等。

2. 社会资本方除应当按照相关企业会计准则对 PPP 项目合同进行披露外，还应当披露相关收入、资产等确认和计量方法；相关合同资产、应收款项、无形资产的金额等会计信息。

（三）新旧衔接。

2020 年 12 月 31 日前开始实施且至本解释施行日尚未完成的有关 PPP 项目合同，未按照以上规定进行会计处理的，应当进行追溯调整；追溯调整不切实可行的，应当从可追溯调整的最早期间期初开始应用本解释。社会资本方应当将执行本解释的累计影响数，调整本解释施行日当年年初留存收益及财务报表其他相关项目金额，对可比期间信息不予调整。

符合本解释"双特征"和"双控制"但未纳入全国PPP综合信息平台项目库的特许经营项目协议，应当按照本解释进行会计处理和追溯调整。

二、关于基准利率改革导致相关合同现金流量的确定基础发生变更的会计处理

该问题主要涉及《企业会计准则第21号——租赁》《企业会计准则第22号——金融工具确认和计量》《企业会计准则第37号——金融工具列报》等准则。

基准利率改革是金融市场对基准利率形成机制的改革，包括以基于实际交易的近似无风险基准利率替代银行间报价利率、改进银行间报价利率的报价机制等，例如针对伦敦银行间同业拆借利率（LIBOR）的改革。

（一）相关会计处理。

1. 基准利率改革导致金融资产或金融负债合同现金流量的确定基础发生变更的会计处理。

基准利率改革可能导致金融资产或金融负债合同现金流量的确定基础发生变更，包括修改合同条款以将参考基准利率替换为替代基准利率、改变参考基准利率的计算方法、因基准利率改革触发现行合同中有关更换参考基准利率的条款等情形。

（1）对仅因基准利率改革导致变更的会计处理。

当仅因基准利率改革直接导致采用实际利率法确定利息收入或费用的金融资产或金融负债合同现金流量的确定基础发生变更，且变更前后的确定基础在经济上相当时，企业无需评估该变更是否导致终止确认该金融资产或金融负债，也不调整该金融资产或金融负债的账面余额，而应当参照浮动利率变动的处理方法，按照仅因基准利率改革导致变更后的未来现金流量重新计算实际利率，并以此为基础进行后续计量。

企业通常应当根据变更前后金融资产或金融负债的合同现金流量整体是否基本相似判断其确定基础是否在经济上相当。企业可能通过以下方式使变更前后的确定基础在经济上相当（下同）：在替换参考基准利率或变更参考基准利率计算方法时增加必要的固定利差，以补偿变更前后确定基础之间的基差；为适应基准利率改革变更重设期间、重设日期或票息支付日之间的天数；增加包含前两项内容的补充条款等。

（2）同时发生其他变更的会计处理。

除仅因基准利率改革导致的上述变更外，采用实际利率法确定利息收入或费用的金融资产或金融负债同时发生其他变更的，企业应当先根据上述规定对基准利率改革导致的变更进行会计处理，即按照仅因基准利率改革导致变更后的未来现金流量重新计算实际利率，再根据《企业会计准则第22号——金融工具确认和计量》的规定评估其他变更是否导致终止确认该金融资产或金融负债。导致终止确认的，企业应当按照《企业会计准则第22号——金融工具确认和计量》有关终止确认的规定进行会计处理；未导致终止确认的，企业应当根据考虑所有变更后的未来现金流量按照上述规定重新计算的实际利率折现的现值重新确定金融资产或金融负债的账面余额，并将相关利得或损失计入当期损益。

2. 基准利率改革导致的租赁变更的会计处理。

基准利率改革可能导致租赁变更，包括修改租赁合同以将租赁付款额的参考基准利率替换为替代基准利率，从而导致租赁合同现金流量的确定基础发生变更等情形。

（1）对仅因基准利率改革导致租赁变更的会计处理。

当仅因基准利率改革直接导致租赁变更，以致未来租赁付款额的确定基础发生变更且变更前后的确定基础在经济上相当时，承租人应当按照仅因基准利率改革导致变更后的租赁付款额的现值重新计量租赁负债，并相应调整使用权资产的账面价值。在重新计量租赁负债时，承租人应当根据租赁付款额的确定基础因基准利率改革发生的变更，参照浮动利率变动

的处理方法对原折现率进行相应调整。

（2）同时发生其他变更的会计处理。

除仅因基准利率改革导致的上述变更外，同时发生其他租赁变更的，承租人应当将所有租赁变更适用《企业会计准则第21号——租赁》有关租赁变更的规定。

（二）附注披露。

企业除按照《企业会计准则第37号——金融工具列报》进行披露外，还应当披露因基准利率改革所面临风险的性质和程度，以及企业管理这些风险的方式。具体包括以下相关信息：

1. 参考基准利率替换的进展情况，以及企业对该替换的管理情况；

2. 按照重要基准利率并区分非衍生金融资产、非衍生金融负债和衍生工具，分别披露截至报告期末尚未完成参考基准利率替换的金融工具的定量信息；

3. 企业因基准利率改革而面临风险导致其风险管理策略发生变化的，披露风险管理策略的变化情况。

对于基准利率改革导致的租赁变更，企业应当按照《企业会计准则第21号——租赁》的有关规定进行披露。

（三）新旧衔接。

2020年12月31日前发生的基准利率改革相关业务，未按照上述规定处理的，应当进行追溯调整，追溯调整不切实可行的除外。企业无需调整前期比较财务报表数据。在本解释施行日，金融资产、金融负债等原账面价值与新账面价值之间的差额，应当计入本解释施行日所在年度报告期间的期初留存收益或其他综合收益。

三、生效日期

本解释自公布之日起施行。2021年1月1日至本解释施行日新增的本解释规定的业务，企业应当根据本解释进行调整。

《企业会计准则解释第2号》（财会〔2008〕11号）中关于"五、企业采用建设经营移交方式（BOT）参与公共基础设施建设业务应当如何处理"的内容同时废止。

15. 企业会计准则解释第15号（2021年发布）

（财会〔2021〕35号印发）

一、关于企业将固定资产达到预定可使用状态前或者研发过程中产出的产品或副产品对外销售的会计处理

该问题主要涉及《企业会计准则第1号——存货》《企业会计准则第4号——固定资产》《企业会计准则第6号——无形资产》《企业会计准则第14号——收入》《企业会计准则第30号——财务报表列报》等准则。

（一）相关会计处理。

企业将固定资产达到预定可使用状态前或者研发过程中产出的产品或副产品对外销售（以下统称试运行销售）的，应当按照《企业会计准则第14号——收入》《企业会计准则第1号——存货》等规定，对试运行销售相关的收入和成本分别进行会计处理，计入当期损益，不应将试运行销售相关收入抵销相关成本后的净额冲减固定资产成本或者研发支出。试运行产出的有关产品或副产品在对外销售前，符合《企业会计准则第1号——存货》规定的应当确认为存货，符合其他相关企业会计准则中有关资产确认条件的应当确认为相关资产。本解释所称"固定资产达到预定可使用状态前产出的产品或副产品"，包括测试固定资产可

否正常运转时产出的样品等情形。

测试固定资产可否正常运转而发生的支出属于固定资产达到预定可使用状态前的必要支出，应当按照《企业会计准则第4号——固定资产》的有关规定，计入该固定资产成本。本解释所称"测试固定资产可否正常运转"，指评估该固定资产的技术和物理性能是否达到生产产品、提供服务、对外出租或用于管理等标准的活动，不包括评估固定资产的财务业绩。

（二）列示和披露。

企业应当按照《企业会计准则第1号——存货》《企业会计准则第14号——收入》《企业会计准则第30号——财务报表列报》等规定，判断试运行销售是否属于企业的日常活动，并在财务报表中分别日常活动和非日常活动列示试运行销售的相关收入和成本，属于日常活动的，在"营业收入"和"营业成本"项目列示，属于非日常活动的，在"资产处置收益"等项目列示。同时，企业应当在附注中单独披露试运行销售的相关收入和成本金额、具体列报项目以及确定试运行销售相关成本时采用的重要会计估计等相关信息。

（三）新旧衔接。

对于在首次施行本解释的财务报表列报最早期间的期初至本解释施行日之间发生的试运行销售，企业应当按照本解释的规定进行追溯调整；追溯调整不切实可行的，企业应当从可追溯调整的最早期间期初开始应用本解释的规定，并在附注中披露无法追溯调整的具体原因。

二、关于资金集中管理相关列报

该问题主要涉及《企业会计准则第30号——财务报表列报》《企业会计准则第37号——金融工具列报》等准则。

（一）列示和披露。

企业根据相关法规制度，通过内部结算中心、财务公司等对母公司及成员单位资金实行集中统一管理的，对于成员单位归集至集团母公司账户的资金，成员单位应当在资产负债表"其他应收款"项目中列示，或者根据重要性原则并结合本企业的实际情况，在"其他应收款"项目之上增设"应收资金集中管理款"项目单独列示；母公司应当在资产负债表"其他应付款"项目中列示。对于成员单位从集团母公司账户拆借的资金，成员单位应当在资产负债表"其他应付款"项目中列示；母公司应当在资产负债表"其他应收款"项目中列示。

对于成员单位未归集至集团母公司账户而直接存入财务公司的资金，成员单位应当在资产负债表"货币资金"项目中列示，根据重要性原则并结合本企业的实际情况，成员单位还可以在"货币资金"项目之下增设"其中：存放财务公司款项"项目单独列示；财务公司应当在资产负债表"吸收存款"项目中列示。对于成员单位未从集团母公司账户而直接从财务公司拆借的资金，成员单位应当在资产负债表"短期借款"项目中列示；财务公司应当在资产负债表"发放贷款和垫款"项目中列示。

资金集中管理涉及非流动项目的，企业还应当按照《企业会计准则第30号——财务报表列报》关于流动性列示的要求，分别在流动资产和非流动资产、流动负债和非流动负债列示。

在集团母公司、成员单位和财务公司的资产负债表中，除符合《企业会计准则第37号——金融工具列报》中有关金融资产和金融负债抵销的规定外，资金集中管理相关金融资产和金融负债项目不得相互抵销。

企业应当在附注中披露企业实行资金集中管理的事实，作为"货币资金"列示但因资金集中管理支取受限的资金的金额和情况，作为"货币资金"列示、存入财务公司的资金金额和情况，以及与资金集中管理相关的"其他应收款""应收资金集中管理款""其他应付款"等列报项目、金额及减值有关信息。

本解释所称的财务公司，是指依法接受银保监会的监督管理，以加强企业集团资金集中管理和提高企业集团资金使用效率为目的，为企业集团成员单位提供财务管理服务的非银行金融机构。

（二）新旧衔接。

本解释发布前企业的财务报表未按照上述规定列报的，应当按照本解释对可比期间的财务报表数据进行相应调整。

三、关于亏损合同的判断

该问题主要涉及《企业会计准则第13号——或有事项》等准则。

（一）履行合同成本的组成。

《企业会计准则第13号——或有事项》第八条第三款规定，亏损合同，是指履行合同义务不可避免会发生的成本超过预期经济利益的合同。其中，"履行合同义务不可避免会发生的成本"应当反映退出该合同的最低净成本，即履行该合同的成本与未能履行该合同而发生的补偿或处罚两者之间的较低者。

企业履行该合同的成本包括履行合同的增量成本和与履行合同直接相关的其他成本的分摊金额。其中，履行合同的增量成本包括直接人工、直接材料等；与履行合同直接相关的其他成本的分摊金额包括用于履行合同的固定资产的折旧费用分摊金额等。

（二）新旧衔接。

企业应当对在首次施行本解释时尚未履行完所有义务的合同执行本解释，累积影响数应当调整首次执行本解释当年年初留存收益及其他相关的财务报表项目，不应调整前期比较财务报表数据。

四、生效日期

本解释"关于企业将固定资产达到预定可使用状态前或者研发过程中产出的产品或副产品对外销售的会计处理""关于亏损合同的判断"内容自2022年1月1日起施行；"关于资金集中管理相关列报"内容自公布之日起施行。

16. 企业会计准则解释第16号（2022年发布）

（财会〔2022〕31号印发）

一、关于单项交易产生的资产和负债相关的递延所得税不适用初始确认豁免的会计处理

该问题主要涉及《企业会计准则第18号——所得税》等准则。

（一）相关会计处理。

对于不是企业合并、交易发生时既不影响会计利润也不影响应纳税所得额（或可抵扣亏损），且初始确认的资产和负债导致产生等额应纳税暂时性差异和可抵扣暂时性差异的单项交易（包括承租人在租赁期开始日初始确认租赁负债并计入使用权资产的租赁交易，以及因固定资产等存在弃置义务而确认预计负债并计入相关资产成本的交易等，以下简称适用本解释的单项交易），不适用《企业会计准则第18号——所得税》第十一条（二）、第十三条关于豁免初始确认递延所得税负债和递延所得税资产的规定。企业对该交易因资产和负债的初始确认所产生的应纳税暂时性差异和可抵扣暂时性差异，应当根据《企业会计准则第18号——所得税》等有关规定，在交易发生时分别确认相应的递延所得税负债

和递延所得税资产。

（二）新旧衔接。

对于在首次施行本解释的财务报表列报最早期间的期初至本解释施行日之间发生的适用本解释的单项交易，企业应当按照本解释的规定进行调整。对于在首次施行本解释的财务报表列报最早期间的期初因适用本解释的单项交易而确认的租赁负债和使用权资产，以及确认的弃置义务相关预计负债和对应的相关资产，产生应纳税暂时性差异和可抵扣暂时性差异的，企业应当按照本解释和《企业会计准则第18号——所得税》的规定，将累积影响数调整财务报表列报最早期间的期初留存收益及其他相关财务报表项目。企业进行上述调整的，应当在财务报表附注中披露相关情况。

本解释内容允许企业自发布年度提前执行，若提前执行还应在财务报表附注中披露相关情况。

二、关于发行方分类为权益工具的金融工具相关股利的所得税影响的会计处理

该问题主要涉及《企业会计准则第18号——所得税》等准则。

（一）相关会计处理。

对于企业（指发行方，下同）按照《企业会计准则第37号——金融工具列报》等规定分类为权益工具的金融工具（如分类为权益工具的永续债等），相关股利支出按照税收政策相关规定在企业所得税税前扣除的，企业应当在确认应付股利时，确认与股利相关的所得税影响。该股利的所得税影响通常与过去产生可供分配利润的交易或事项更为直接相关，企业应当按照与过去产生可供分配利润的交易或事项时所采用的会计处理相一致的方式，将股利的所得税影响计入当期损益或所有者权益项目（含其他综合收益项目）。对于所分配的利润来源于以前产生损益的交易或事项，该股利的所得税影响应当计入当期损益；对于所分配的利润来源于以前确认在所有者权益中的交易或事项，该股利的所得税影响应当计入所有者权益项目。

（二）新旧衔接。

本解释规定的分类为权益工具的金融工具确认应付股利发生在2022年1月1日至本解释施行日之间的，涉及所得税影响且未按照以上规定进行处理的，企业应当按照本解释的规定进行调整。本解释规定的分类为权益工具的金融工具确认应付股利发生在2022年1月1日之前且相关金融工具在2022年1月1日尚未终止确认的，涉及所得税影响且未按照以上规定进行处理的，企业应当进行追溯调整。企业进行上述调整的，应当在财务报表附注中披露相关情况。

三、关于企业将以现金结算的股份支付修改为以权益结算的股份支付的会计处理

该问题主要涉及《企业会计准则第11号——股份支付》等准则。

（一）相关会计处理。

企业修改以现金结算的股份支付协议中的条款和条件，使其成为以权益结算的股份支付的，在修改日，企业应当按照所授予权益工具当日的公允价值计量以权益结算的股份支付，将已取得的服务计入资本公积，同时终止确认以现金结算的股份支付在修改日已确认的负债，两者之间的差额计入当期损益。上述规定同样适用于修改发生在等待期结束后的情形。

如果由于修改延长或缩短了等待期，企业应当按照修改后的等待期进行上述会计处理（无需考虑不利修改的有关会计处理规定）。

如果企业取消一项以现金结算的股份支付，授予一项以权益结算的股份支付，并在授予权益工具日认定其是用来替代已取消的以现金结算的股份支付（因未满足可行权条件而被取消的除外）的，适用本解释的上述规定。

（二）新旧衔接。

对于2022年1月1日至本解释施行日新增的本解释规定的上述交易，企业应当按照本解释的规定进行调整。对于2022年1月1日之前发生的本解释规定的上述交易，未按照以上规定进行处理的，企业应当进行调整，将累积影响数调整2022年1月1日留存收益及其他相关财务报表项目，对可比期间信息不予调整。企业应当在附注中披露该会计政策变更的性质、内容和原因，以及当期财务报表中受影响的项目名称和调整金额。

四、生效日期

本解释"关于单项交易产生的资产和负债相关的递延所得税不适用初始确认豁免的会计处理"内容自2023年1月1日起施行；"关于发行方分类为权益工具的金融工具相关股利的所得税影响的会计处理""关于企业将以现金结算的股份支付修改为以权益结算的股份支付的会计处理"内容自公布之日起施行。

17.企业会计准则解释第17号（2023年发布）

（财会〔2023〕21号印发）

一、关于流动负债与非流动负债的划分

（一）列示。

1.企业在资产负债表日没有将负债清偿推迟至资产负债表日后一年以上的实质性权利的，该负债应当归类为流动负债。

企业是否有行使上述权利的主观可能性，并不影响负债的流动性划分。对于符合《企业会计准则第30号——财务报表列报》非流动负债划分条件的负债，即使企业有意图或者计划在资产负债表日后一年内（含一年，下同）提前清偿该负债，或者在资产负债表日至财务报告批准报出日之间已提前清偿该负债，该负债仍应归类为非流动负债。

2.对于企业贷款安排产生的负债，企业将负债清偿推迟至资产负债表日后一年以上的权利可能取决于企业是否遵循了贷款安排中规定的条件（以下简称契约条件）。企业根据《企业会计准则第30号——财务报表列报》第十九条（四）对该负债的流动性进行划分时，应当区别以下情况考虑在资产负债表日是否具有推迟清偿负债的权利：

（1）企业在资产负债表日或者之前应遵循的契约条件，即使在资产负债表日之后才对该契约条件的遵循情况进行评估（如有的契约条件规定在资产负债表日之后基于资产负债表日财务状况进行评估），影响该权利在资产负债表日是否存在的判断，进而影响该负债在资产负债表日的流动性划分。

（2）企业在资产负债表日之后应遵循的契约条件（如有的契约条件规定基于资产负债表日之后6个月的财务状况进行评估），不影响该权利在资产负债表日是否存在的判断，与该负债在资产负债表日的流动性划分无关。

3.根据《企业会计准则第30号——财务报表列报》的规定，对负债的流动性进行划分时的负债清偿是指，企业向交易对手方以转移现金、其他经济资源（如商品或服务）或企业自身权益工具的方式解除负债。

负债的条款导致企业在交易对手方选择的情况下通过交付自身权益工具进行清偿的，如果该企业按照《企业会计准则第37号——金融工具列报》的规定将上述选择权分类为权益工具并将其作为复合金融工具的权益组成部分单独确认，则该条款不影响该项负债的流动性划分。

（二）披露。

附有契约条件且归类为非流动负债的贷款安排，且企业推迟清偿负债的权利取决于在资产负债表日后一年内应遵循的契约条件的，企业应当在附注中披露下列信息，以使报表使用者了解该负债可能在资产负债表日后一年内清偿的风险：

1. 关于契约条件的信息（包括契约条件的性质和企业应遵循契约条件的时间），以及相关负债的账面价值。

2. 如果存在表明企业可能难以遵循契约条件的事实和情况，则应当予以披露（如企业在报告期内或报告期后已采取行动以避免或减轻潜在的违约事项等）。假如基于企业在资产负债表日的实际情况进行评估，企业将被视为未遵循相关契约条件的，则应当披露这一事实。

（三）新旧衔接。

企业在首次执行本解释的规定时，应当按照本解释的规定对可比期间信息进行调整。

二、关于供应商融资安排的披露

本解释所称供应商融资安排（又称供应链融资、应付账款融资或反向保理安排，下同）应当具有下列特征：一个或多个融资提供方提供资金，为企业支付其应付供应商的款项，并约定该企业根据安排的条款和条件，在其供应商收到款项的当天或之后向融资提供方还款。与原付款到期日相比，供应商融资安排延长了该企业的付款期，或者提前了该企业供应商的收款期。仅为企业提供信用增级的安排（如用作担保的信用证等财务担保）以及企业用于直接与供应商结算应付账款的工具（如信用卡）不属于供应商融资安排。

（一）披露。

1. 企业在根据《企业会计准则第31号——现金流量表》进行附注披露时，应当汇总披露与供应商融资安排有关的下列信息，以有助于报表使用者评估这些安排对该企业负债、现金流量以及该企业流动性风险敞口的影响：

（1）供应商融资安排的条款和条件（如延长付款期限和担保提供情况等）。但是，针对具有不同条款和条件的供应商融资安排，企业应当予以单独披露。

（2）报告期期初和期末的下列信息：

①属于供应商融资安排的金融负债在资产负债表中的列报项目和账面金额。

②第①项披露的金融负债中供应商已从融资提供方收到款项的，应披露所对应的金融负债的列报项目和账面金额。

③第①项披露的金融负债的付款到期日区间（例如自收到发票后的30至40天），以及不属于供应商融资安排的可比应付账款（例如与第①项披露的金融负债属于同一业务或地区的应付账款）的付款到期日区间。如果付款到期日区间的范围较大，企业还应当披露有关这些区间的解释性信息或额外的区间信息（如分层区间）。

（3）第（2）①项披露的金融负债账面金额中不涉及现金收支的当期变动（包括企业合并、汇率变动以及其他不需使用现金或现金等价物的交易或事项）的类型和影响。

2. 企业在根据《企业会计准则第37号——金融工具列报》的要求披露流动性风险信息时，应当考虑其是否已获得或已有途径获得通过供应商融资安排向企业提供延期付款或向其供应商提供提前收款的授信。企业在根据《企业会计准则第37号——金融工具列报》的要求识别流动性风险集中度时，应当考虑供应商融资安排导致企业将其原来应付供应商的部分金融负债集中于融资提供方这一因素。

（二）新旧衔接。

企业在首次执行本解释的规定时，无需披露可比期间相关信息，并且无需在首次执行本解释规定的年度报告中披露第1（2）项下②和③所要求的期初信息。企业无需在首次执行本解释规定的中期报告中披露第1项和第2项所要求的信息。

三、关于售后租回交易的会计处理

（一）会计处理。

售后租回交易中的资产转让属于销售的，在租赁期开始日后，承租人应当按照《企业会计准则第 21 号——租赁》第二十条的规定对售后租回所形成的使用权资产进行后续计量，并按照《企业会计准则第 21 号——租赁》第二十三条至第二十九条的规定对售后租回所形成的租赁负债进行后续计量。承租人在对售后租回所形成的租赁负债进行后续计量时，确定租赁付款额或变更后租赁付款额的方式不得导致其确认与租回所获得的使用权有关的利得或损失。

租赁变更导致租赁范围缩小或租赁期缩短的，承租人仍应当按照《企业会计准则第 21 号——租赁》第二十九条的规定将部分终止或完全终止租赁的相关利得或损失计入当期损益，不受前款规定的限制。

（二）新旧衔接。

企业在首次执行本解释的规定时，应当按照本解释的规定对《企业会计准则第 21 号——租赁》首次执行日后开展的售后租回交易进行追溯调整。

本解释内容允许企业自发布年度提前执行，若提前执行还应当在财务报表附注中披露相关情况。

四、生效日期

本解释自 2024 年 1 月 1 日起施行。

第七章　企业会计准则配套核算法规

1. 企业财务会计报告条例（2000 年发布）

（2000 年 6 月 21 日中华人民共和国国务院令第 287 号公布）

第一章　总　　则

第一条　为了规范企业财务会计报告，保证财务会计报告的真实、完整，根据《中华人民共和国会计法》，制定本条例。

第二条　企业（包括公司，下同）编制和对外提供财务会计报告，应当遵守本条例。

本条例所称财务会计报告，是指企业对外提供的反映企业某一特定日期财务状况和某一会计期间经营成果、现金流量的文件。

第三条　企业不得编制和对外提供虚假的或者隐瞒重要事实的财务会计报告。

企业负责人对本企业财务会计报告的真实性、完整性负责。

第四条　任何组织或者个人不得授意、指使、强令企业编制和对外提供虚假的或者隐瞒重要事实的财务会计报告。

第五条　注册会计师、会计师事务所审计企业财务会计报告，应当依照有关法律、行政法规以及注册会计师执业规则的规定进行，并对所出具的审计报告负责。

第二章　财务会计报告的构成

第六条　财务会计报告分为年度、半年度、季度和月度财务会计报告。

第七条 年度、半年度财务会计报告应当包括：

（一）会计报表；

（二）会计报表附注；

（三）财务情况说明书。

会计报表应当包括资产负债表、利润表、现金流量表及相关附表。

第八条 季度、月度财务会计报告通常仅指会计报表，会计报表至少应当包括资产负债表和利润表。国家统一的会计制度规定季度、月度财务会计报告需要编制会计报表附注的，从其规定。

第九条 资产负债表是反映企业在某一特定日期财务状况的报表。资产负债表应当按照资产、负债和所有者权益（或者股东权益，下同）分类分项列示。其中，资产、负债和所有者权益的定义及列示应当遵循下列规定：

（一）资产，是指过去的交易、事项形成并由企业拥有或者控制的资源，该资源预期会给企业带来经济利益。在资产负债表上，资产应当按照其流动性分类分项列示，包括流动资产、长期投资、固定资产、无形资产及其他资产。银行、保险公司和非银行金融机构的各项资产有特殊性的，按照其性质分类分项列示。

（二）负债，是指过去的交易、事项形成的现时义务，履行该义务预期会导致经济利益流出企业。在资产负债表上，负债应当按照其流动性分类分项列示，包括流动负债、长期负债等。银行、保险公司和非银行金融机构的各项负债有特殊性的，按照其性质分类分项列示。

（三）所有者权益，是指所有者在企业资产中享有的经济利益，其金额为资产减去负债后的余额。在资产负债表上，所有者权益应当按照实收资本（或者股本）、资本公积、盈余公积、未分配利润等项目分项列示。

第十条 利润表是反映企业在一定会计期间经营成果的报表。利润表应当按照各项收入、费用以及构成利润的各个项目分类分项列示。其中，收入、费用和利润的定义及列示应当遵循下列规定：

（一）收入，是指企业在销售商品、提供劳务及让渡资产使用权等日常活动中所形成的经济利益的总流入。收入不包括为第三方或者客户代收的款项。在利润表上，收入应当按照其重要性分项列示。

（二）费用，是指企业为销售商品、提供劳务等日常活动所发生的经济利益的流出。在利润表上，费用应当按照其性质分项列示。

（三）利润，是指企业在一定会计期间的经营成果。在利润表上，利润应当按照营业利润、利润总额和净利润等利润的构成分类分项列示。

第十一条 现金流量表是反映企业一定会计期间现金和现金等价物（以下简称现金）流入和流出的报表。现金流量表应当按照经营活动、投资活动和筹资活动的现金流量分类分项列示。其中，经营活动、投资活动和筹资活动的定义及列示应当遵循下列规定：

（一）经营活动，是指企业投资活动和筹资活动以外的所有交易和事项。在现金流量表上，经营活动的现金流量应当按照其经营活动的现金流入和流出的性质分项列示；银行、保险公司和非银行金融机构的经营活动按照其经营活动特点分项列示。

（二）投资活动，是指企业长期资产的购建和不包括在现金等价物范围内的投资及其处置活动。在现金流量表上，投资活动的现金流量应当按照其投资活动的现金流入和流出的性质分项列示。

（三）筹资活动，是指导致企业资本及债务规模和构成发生变化的活动。在现金流量表上，筹资活动的现金流量应当按照其筹资活动的现金流入和流出的性质分项列示。

第十二条 相关附表是反映企业财务状况、经营成果和现金流量的补充报表，主要包括利润分配表以及国家统一的会计制度规定的其他附表。

利润分配表是反映企业一定会计期间对实现净利润以及以前年度未分配利润的分配或者亏损弥补的报表。利润分配表应当按照利润分配各个项目分类分项列示。

第十三条 年度、半年度会计报表至少应当反映两个年度或者相关两个期间的比较数据。

第十四条 会计报表附注是为便于会计报表使用者理解会计报表的内容而对会计报表的编制基础、编制依据、编制原则和方法及主要项目等所作的解释。会计报表附注至少应当包括下列内容：

（一）不符合基本会计假设的说明；

（二）重要会计政策和会计估计及其变更情况、变更原因及其对财务状况和经营成果的影响；

（三）或有事项和资产负债表日后事项的说明；

（四）关联方关系及其交易的说明；

（五）重要资产转让及其出售情况；

（六）企业合并、分立；

（七）重大投资、融资活动；

（八）会计报表中重要项目的明细资料；

（九）有助于理解和分析会计报表需要说明的其他事项。

第十五条 财务情况说明书至少应当对下列情况作出说明：

（一）企业生产经营的基本情况；

（二）利润实现和分配情况；

（三）资金增减和周转情况；

（四）对企业财务状况、经营成果和现金流量有重大影响的其他事项。

第三章　财务会计报告的编制

第十六条 企业应当于年度终了编报年度财务会计报告。国家统一的会计制度规定企业应当编报半年度、季度和月度财务会计报告的，从其规定。

第十七条 企业编制财务会计报告，应当根据真实的交易、事项以及完整、准确的账簿记录等资料，并按照国家统一的会计制度规定的编制基础、编制依据、编制原则和方法。

企业不得违反本条例和国家统一的会计制度规定，随意改变财务会计报告的编制基础、编制依据、编制原则和方法。

任何组织或者个人不得授意、指使、强令企业违反本条例和国家统一的会计制度规定，改变财务会计报告的编制基础、编制依据、编制原则和方法。

第十八条 企业应当依照本条例和国家统一的会计制度规定，对会计报表中各项会计要素进行合理的确认和计量，不得随意改变会计要素的确认和计量标准。

第十九条 企业应当依照有关法律、行政法规和本条例规定的结账日进行结账，不得提前或者延迟。年度结账日为公历年度每年的12月31日；半年度、季度、月度结账日分别为公历年度每半年、每季、每月的最后一天。

第二十条 企业在编制年度财务会计报告前，应当按照下列规定，全面清查资产、核实债务：

（一）结算款项，包括应收款项、应付款项、应交税金等是否存在，与债务、债权单位的相应债务、债权金额是否一致；

（二）原材料、在产品、自制半成品、库存商品等各项存货的实存数量与账面数量是否一致，是否有报废损失和积压物资等；

（三）各项投资是否存在，投资收益是否按照国家统一的会计制度规定进行确认和计量；

（四）房屋建筑物、机器设备、运输工具等各项固定资产的实存数量与账面数量是否一致；

（五）在建工程的实际发生额与账面记录是否一致；

（六）需要清查、核实的其他内容。

企业通过前款规定的清查、核实，查明财产物资的实存数量与账面数量是否一致、各项结算款项的拖欠情况及其原因、材料物资的实际储备情况、各项投资是否达到预期目的、固定资产的使用情况及其完好程度等。企业清查、核实后，应当将清查、核实的结果及其处理办法向企业的董事会或者相应机构报告，并根据国家统一的会计制度的规定进行相应的会计处理。

企业应当在年度中间根据具体情况，对各项财产物资和结算款项进行重点抽查、轮流清查或者定期清查。

第二十一条 企业在编制财务会计报告前，除应当全面清查资产、核实债务外，还应当完成下列工作：

（一）核对各会计账簿记录与会计凭证的内容、金额等是否一致，记账方向是否相符；

（二）依照本条例规定的结账日进行结账，结出有关会计账簿的余额和发生额，并核对各会计账簿之间的余额；

（三）检查相关的会计核算是否按照国家统一的会计制度的规定进行；

（四）对于国家统一的会计制度没有规定统一核算方法的交易、事项，检查其是否按照会计核算的一般原则进行确认和计量以及相关账务处理是否合理；

（五）检查是否存在因会计差错、会计政策变更等原因需要调整前期或者本期相关项目。

在前款规定工作中发现问题的，应当按照国家统一的会计制度的规定进行处理。

第二十二条 企业编制年度和半年度财务会计报告时，对经查实后的资产、负债有变动的，应当按照资产、负债的确认和计量标准进行确认和计量，并按照国家统一的会计制度的规定进行相应的会计处理。

第二十三条 企业应当按照国家统一的会计制度规定的会计报表格式和内容，根据登记完整、核对无误的会计账簿记录和其他有关资料编制会计报表，做到内容完整、数字真实、计算准确，不得漏报或者任意取舍。

第二十四条 会计报表之间、会计报表各项目之间，凡有对应关系的数字，应当相互一致；会计报表中本期与上期的有关数字应当相互衔接。

第二十五条 会计报表附注和财务情况说明书应当按照本条例和国家统一的会计制度的规定，对会计报表中需要说明的事项作出真实、完整、清楚的说明。

第二十六条 企业发生合并、分立情形的，应当按照国家统一的会计制度的规定编制相应的财务会计报告。

第二十七条 企业终止营业的，应当在终止营业时按照编制年度财务会计报告的要求全面清查资产、核实债务、进行结账，并编制财务会计报告；在清算期间，应当按照国家统一的会计制度的规定编制清算期间的财务会计报告。

第二十八条 按照国家统一的会计制度的规定，需要编制合并会计报表的企业集团，母公司除编制其个别会计报表外，还应当编制企业集团的合并会计报表。

企业集团合并会计报表，是指反映企业集团整体财务状况、经营成果和现金流量的会计报表。

第四章　财务会计报告的对外提供

第二十九条　对外提供的财务会计报告反映的会计信息应当真实、完整。

第三十条　企业应当依照法律、行政法规和国家统一的会计制度有关财务会计报告提供期限的规定，及时对外提供财务会计报告。

第三十一条　企业对外提供的财务会计报告应当依次编定页数，加具封面，装订成册，加盖公章。封面上应当注明：企业名称、企业统一代码、组织形式、地址、报表所属年度或者月份、报出日期，并由企业负责人和主管会计工作的负责人、会计机构负责人（会计主管人员）签名并盖章；设置总会计师的企业，还应当由总会计师签名并盖章。

第三十二条　企业应当依照企业章程的规定，向投资者提供财务会计报告。

国务院派出监事会的国有重点大型企业、国有重点金融机构和省、自治区、直辖市人民政府派出监事会的国有企业，应当依法定期向监事会提供财务会计报告。

第三十三条　有关部门或者机构依照法律、行政法规或者国务院的规定，要求企业提供部分或者全部财务会计报告及其有关数据的，应当向企业出示依据，并不得要求企业改变财务会计报告有关数据的会计口径。

第三十四条　非依照法律、行政法规或者国务院的规定，任何组织或者个人不得要求企业提供部分或者全部财务会计报告及其有关数据。

违反本条例规定，要求企业提供部分或者全部财务会计报告及其有关数据的，企业有权拒绝。

第三十五条　国有企业、国有控股的或者占主导地位的企业，应当至少每年一次向本企业的职工代表大会公布财务会计报告，并重点说明下列事项：

（一）反映与职工利益密切相关的信息，包括：管理费用的构成情况，企业管理人员工资、福利和职工工资、福利费用的发放、使用和结余情况，公益金的提取及使用情况，利润分配的情况以及其他与职工利益相关的信息；

（二）内部审计发现的问题及纠正情况；

（三）注册会计师审计的情况；

（四）国家审计机关发现的问题及纠正情况；

（五）重大的投资、融资和资产处置决策及其原因的说明；

（六）需要说明的其他重要事项。

第三十六条　企业依照本条例规定向有关各方提供的财务会计报告，其编制基础、编制依据、编制原则和方法应当一致，不得提供编制基础、编制依据、编制原则和方法不同的财务会计报告。

第三十七条　财务会计报告须经注册会计师审计的，企业应当将注册会计师及其会计师事务所出具的审计报告随同财务会计报告一并对外提供。

第三十八条　接受企业财务会计报告的组织或者个人，在企业财务会计报告未正式对外披露前，应当对其内容保密。

第五章　法　律　责　任

第三十九条　违反本条例规定，有下列行为之一的，由县级以上人民政府财政部门责令限期改正，对企业可以处 3 000 元以上 5 万元以下的罚款；对直接负责的主管人员和其他直接责任人员，可以处 2 000 元以上 2 万元以下的罚款；属于国家工作人员的，并依法给予行政处分或者纪律处分：

（一）随意改变会计要素的确认和计量标准的；

（二）随意改变财务会计报告的编制基础、编制依据、编制原则和方法的；

（三）提前或者延迟结账日结账的；

（四）在编制年度财务会计报告前，未按照本条例规定全面清查资产、核实债务的；

（五）拒绝财政部门和其他有关部门对财务会计报告依法进行的监督检查，或者不如实提供有关情况的。

会计人员有前款所列行为之一，情节严重的，由县级以上人民政府财政部门吊销会计从业资格证书。

第四十条 企业编制、对外提供虚假的或者隐瞒重要事实的财务会计报告，构成犯罪的，依法追究刑事责任。

有前款行为，尚不构成犯罪的，由县级以上人民政府财政部门予以通报，对企业可以处5 000元以上10万元以下的罚款；对直接负责的主管人员和其他直接责任人员，可以处3 000元以上5万元以下的罚款；属于国家工作人员的，并依法给予撤职直至开除的行政处分或者纪律处分；对其中的会计人员，情节严重的，并由县级以上人民政府财政部门吊销会计从业资格证书。

第四十一条 授意、指使、强令会计机构、会计人员及其他人员编制、对外提供虚假的或者隐瞒重要事实的财务会计报告，或者隐匿、故意销毁依法应当保存的财务会计报告，构成犯罪的，依法追究刑事责任；尚不构成犯罪的，可以处5 000元以上5万元以下的罚款；属于国家工作人员的，并依法给予降级、撤职、开除的行政处分或者纪律处分。

第四十二条 违反本条例的规定，要求企业向其提供部分或者全部财务会计报告及其有关数据的，由县级以上人民政府责令改正。

第四十三条 违反本条例规定，同时违反其他法律、行政法规规定的，由有关部门在各自的职权范围内依法给予处罚。

第六章 附　　则

第四十四条 国务院财政部门可以根据本条例的规定，制定财务会计报告的具体编报办法。

第四十五条 不对外筹集资金、经营规模较小的企业编制和对外提供财务会计报告的办法，由国务院财政部门根据本条例的原则另行规定。

第四十六条 本条例自2001年1月1日起施行。

2. 监管规则适用指引——会计类第1号（2020年发布）

（2020年11月13日中国证券监督管理委员会发布）

1-1 特殊股权投资的确认与分类

长期股权投资，是指投资方对被投资方实施控制、共同控制或重大影响的权益性投资。该定义包含两个核心要素：一是该投资为权益性投资，二是投资方应对被投资方具有控制、共同控制或重大影响。

监管实践发现，部分公司在一些特殊股权投资的确认与分类方面，对准则的理解存在偏差和分歧。现就具体事项如何适用上述原则的意见如下：

一、附回售条款的股权投资

对于附回售条款的股权投资，投资方除拥有与普通股股东一致的投票权及分红权等权利之外，还拥有一项回售权，例如投资方与被投资方约定，若被投资方未能满足特定目标，投资方有权要求按投资成本加年化10%收益（假设代表被投资方在市场上的借款利率水平）的对价将该股权回售给被投资方。该回售条款导致被投资方存在无法避免向投资方交付现金的合同义务。基于投资方对被投资方的持股比例和影响程度不同，区分为以下两种情形：

情形1：投资方持有被投资方股权比例为3%，对被投资方没有重大影响；

情形2：投资方持有被投资方股权比例为30%，对被投资方有重大影响。

现就上述两种情形下被投资方和投资方的会计处理意见如下：

情形1：

从被投资方角度看，由于被投资方存在无法避免的向投资方交付现金的合同义务，应分类为金融负债进行会计处理。

从投资方角度看，投资方对被投资方没有重大影响，该项投资应适用金融工具准则。因该项投资不满足权益工具定义，合同现金流量特征不满足仅为对本金和以未偿付本金金额为基础的利息的支付，应分类为以公允价值计量且其变动计入当期损益的金融资产。

情形2：

被投资方的会计处理同情形1。

从投资方角度看，长期股权投资准则所规范的投资为权益性投资，因该准则中并没有对权益性投资进行定义，企业需要遵照实质重于形式的原则，结合相关事实和情况进行分析和判断。投资方应考虑该特殊股权投资附带的回售权以及回售权需满足的特定目标是否表明其风险和报酬特征明显不同于普通股。如果投资方实质上承担的风险和报酬与普通股股东明显不同，该项投资应当整体作为金融工具核算，相关会计处理同情形1。如果投资方承担的风险和报酬与普通股股东实质相同，因对被投资方具有重大影响，应分类为长期股权投资，回售权应视为一项嵌入衍生工具，并进行分拆处理。对投资方而言，持有上述附回售条款的股权投资期间所获得的股利，应按该股权投资的分类，适用具体会计准则规定进行处理。

二、认缴制下尚未出资的股权投资

认缴制下，投资方在未实际出资前是否应确认与所认缴出资相关的股权投资，应结合法律法规规定与具体合同协议确定，若合同协议有具体约定的，按照合同约定进行会计处理；合同协议没有具体约定的，则应根据《公司法》等法律法规的相关规定进行会计处理。对于投资的初始确认，若合同明确约定认缴出资的时间和金额，且投资方按认缴比例享有股东权利，则投资方应确认一项金融负债及相应的资产；若合同没有明确约定，则属于一项未来的出资承诺，不确认金融负债及相应的资产。

1-2 重大影响的判断

重大影响，是指对被投资单位的财务和经营政策有参与决策的权力。

监管实践发现，部分公司在判断对被投资单位是否具有重大影响时对准则的理解存在偏差和分歧。现就该事项的意见如下：

重大影响的判断关键是分析投资方是否有实质性的参与权而不是决定权。另外，值得注意的是，重大影响为对被投资单位的财务和经营政策有"参与决策的权力"而非"正在行使的权力"（例如，投资方已派驻董事并积极参与被投资方的经营管理），其判断的核心应当是投资方是否具备参与并施加重大影响的权力，而投资方是否正在实际行使该权力并不是判断的关键所在。

投资方有权力向被投资单位委派董事，一般可认为对被投资单位具有重大影响，除非有明确的证据表明其不能参与被投资单位的财务和经营决策。投资方向被投资单位派驻了董事，但存在明确的证据表明其不能实际参与被投资单位的财务和经营决策时，不应认定为对被投资单位具有重大影响，例如，存在被投资单位控股股东等积极反对投资方欲对其施加影响的事实，可能表明投资方不能实质参与被投资单位的经营决策。

一般而言，在被投资单位的股权结构以及投资方的持股比例等未发生实质变化的情况下，投资方不应在不同的会计期间，就是否对被投资单位具有重大影响，作出不同的会计判断。

1-3 特殊事项下权益法的应用

采用权益法对长期股权投资进行核算时，投资方按照持股比例确认被投资单位实现的净损益、其他综合收益以及所有者权益的其他变动。

监管实践发现，部分公司在对被投资单位因同一控制下企业合并等特殊事项导致净资产发生变动时如何应用权益法，对准则的理解存在偏差和分歧。现就以下特殊事项应用权益法的意见如下：

一、联营企业发生同一控制下企业合并

当联营企业发生同一控制下企业合并，并调整其财务报表的比较信息时，投资方不应当调整财务报表的比较信息。联营企业发生同一控制下企业合并导致投资方股权被稀释（如联营企业以发行股份作为对价进行企业合并），且稀释后投资方仍采用权益法核算时，投资方应以持股比例变更日（即联营企业的合并日）为界分段进行会计处理：在联营企业的合并日，先按照联营企业重组前的净利润与原股权比例确认投资收益并调整长期股权投资账面价值，再以调整后的长期股权投资账面价值为基础，计算联营企业重组所导致的股权稀释的影响，并将该影响作为联营企业所有者权益的其他变动，计入资本公积（其他资本公积）；变更日之后按照联营企业重组后的净利润与新持股比例确认投资收益。

二、因被动稀释导致持股比例下降时，"内含商誉"的结转

因其他投资方对被投资单位增资而导致投资方的持股比例被稀释，且稀释后投资方仍对被投资单位采用权益法核算的情况下，投资方在调整相关长期股权投资的账面价值时，面临是否应当按比例结转初始投资时形成的"内含商誉"问题。其中，"内含商誉"是指长期股权投资的初始投资成本大于投资时享有的被投资单位可辨认净资产公允价值份额的差额。投资方因股权比例被动稀释而"间接"处置长期股权投资的情况下，相关"内含商誉"的结转应当比照投资方直接处置长期股权投资处理，即应当按比例结转初始投资时形成的"内含商誉"，并将相关股权稀释影响计入资本公积（其他资本公积）。

三、因股权被动稀释产生的损失

采用权益法核算的长期股权投资，若因股权被动稀释而使得投资方产生损失，投资方首先应将产生股权稀释损失作为股权投资发生减值的迹象之一，对该笔股权投资进行减值测试。投资方对该笔股权投资进行减值测试后，若发生减值，应先对该笔股权投资确认减值损失并调减长期股权投资账面价值，再计算股权稀释产生的影响并进行相应会计处理。

投资方进行减值测试并确认减值损失（如有）后，应当将相关股权稀释损失计入资本公积（其他资本公积）借方，当资本公积贷方余额不够冲减时，仍应继续计入资本公积借方。

四、联营企业在未实缴出资时已发生亏损

根据《公司法》的规定，若股东之间没有关于分红的具体约定且公司章程中也没有明确规定，则股东之间的分红应以实缴比例为基础。对于投资方未实缴出资前联营企业发生亏损的，如果根据合同条款具体约定或者法律规定，投资方需承担联营企业的亏损，即使其尚未实缴出资，投资方也应当在联营企业产生亏损的年度确认该义务，不应等到以后年度实缴出资之后再一次性确认。

1-4 子公司以未分配利润转增资本时，母公司的会计处理

在不存在等值的现金选择权的情况下，子公司以未分配利润转增资本，与资本公积转

增资本的实质一致,仅为子公司自身权益结构的重分类,母公司不应在个别财务报表中确认相关的投资收益。

监管实践发现,部分公司对于子公司以未分配利润转增资本且提供现金选择权情况下,母公司如何进行会计处理存在分歧。现就该事项的意见如下:

若子公司在未分配利润转增资本时,向包括母公司在内的所有股东提供了等值的现金选择权,该交易实质上相当于子公司已经向投资方宣告分配了现金股利。在这种情况下,母公司在个别财务报表中应当调整其对子公司长期股权投资的账面价值,同时确认投资收益。若母公司并未行使现金选择权,则可以将该交易理解为,子公司先向母公司分配现金股利,然后母公司立刻将收取的现金股利对子公司进行增资。

1-5 同一控制下企业合并的认定

同一控制下企业合并的定义包含两个核心要素:一是合并方与被合并方在合并前后受同一方或相同的多方最终控制,二是该最终控制并非暂时性的(通常指一年以上)。

监管实践发现,关于同一控制下企业合并的认定,部分公司对准则的理解存在偏差和分歧。现就具体事项如何适用上述原则的意见如下:

一、家族成员之间转让股权形成的企业合并

同一控制下企业合并的认定标准较为严格,一般情况下,家族成员之间的股权转让不能直接认定为同一控制下企业合并,除非基于交易的商业实质,依据实质重于形式的原则,能够将家族成员之间转让股权的交易认定为"代持还原"。所谓"代持还原"是指,其他家族成员此前虽然在法律形式上持有股权,但实质上是代某一特定家族成员持有,该特定家族成员享有股权相关的主要风险和报酬,本次股权转让使得交易的法律形式与实质相统一。"代持还原"的认定,需要获取充分的证据,综合公司设立时的资金来源、交易股权对应的决策权的行使情况、交易价格的确定等因素进行判断。

二、新设主体取得集团内其他公司控制权的交易

某些交易中,集团出于内部重组目的设立一个新主体,新主体作为合并方取得同一集团内其他部分公司的控制权,且集团拟短期内将新主体对外出售。在这种情况下,新主体取得集团内其他公司控制权的交易能否作为同一控制下的企业合并处理,取决于新主体的合并财务报表是作为原控股股东的延伸还是作为新控股股东的延伸。如果集团内部重组交易完全由原控股股东主导,无论其在一年内能否成功将新主体出售,该重组交易均不会被撤销,则新主体的合并财务报表作为原控股股东的延伸,按照同一控制下企业合并处理较为合理。反之,如果该重组交易与原控股股东后续丧失对新主体的控制权的交易互为前提,构成"一揽子交易",若原控股股东最终未将新主体成功出售,新主体取得集团内其他公司控制权的交易将全部撤销的情况下,则新主体的合并财务报表作为新控股股东的延伸,按照非同一控制下企业合并处理较为合理。

1-6 同一控制下企业合并的会计处理

同一控制下的企业合并,应当采用权益结合法进行会计处理。合并方在编制合并财务报表时,应当对期初数和比较报表进行调整,视同合并后的报告主体在以前期间一直存在。

监管实践发现,部分公司在对同一控制下企业合并应用权益结合法进行会计处理时对准则的理解存在偏差和分歧。现就具体事项如何适用上述原则的意见如下:

一、同时向控股股东和第三方购买股权达成的企业合并

在同时向控股股东和第三方购买股权形成的同一控制下企业合并交易中,合并方自控股股东购买股权,应当作为同一控制下的企业合并处理;合并方自第三方购买股权,应当作

为购买子公司少数股东权益处理。合并方在编制合并财务报表的比较信息时，在比较期间应只合并自控股股东购买的股权份额，被合并方的其余股权应作为少数股东权益列报；合并日收购被合并方的其余股权时，作为购买子公司少数股东权益处理。

合并方在个别财务报表中，对于自控股股东购买的股权，其初始投资成本应等于被合并方合并日的净资产账面价值乘以自控股股东购买的股权比例，初始投资成本与合并方向控股股东支付对价的账面价值（或发行股份的面值）的差额，应当调整资本公积，资本公积不足冲减的，则冲减留存收益；对于自第三方购买的股权，其初始投资成本应等于实际支付给第三方股东的对价。

二、同一控制下企业合并同时购买少数股东权益的交易中，少数股东作出的业绩承诺

在同一控制下企业合并同时购买少数股东权益的交易中，对于少数股东作出的业绩承诺，在合并日的合并财务报表中，应当以公允价值进行初始确认并将其作为少数股东权益购买对价的一部分；在后续资产负债表日的合并财务报表中，若该或有对价属于一项金融工具，则应根据金融工具准则的相关规定，将其公允价值的后续变动计入当期损益。

三、同一控制下企业合并股权置换涉及的所得税问题

合并方以原有子公司股权置换同一控制下其他公司股权并取得控制权的，该交易构成同一控制下企业合并，合并方在该交易过程中可能会因股权处置所得缴纳企业所得税。股权处置所得应当分为股权持有期间产生的利润和股权增值所得两部分分别考虑相关所得税的会计处理。在合并财务报表中，当合并方对子公司股权的持有意图由长期持有变为对外出售时，不再满足不确认递延所得税的特殊情况，即投资企业能够控制暂时性差异转回的时间，且该暂时性差异在可预见的未来很可能不会转回。因此，合并方应就该子公司股权与持有期间产生的利润相关的暂时性差异确认递延所得税，并计入当期损益。针对股权增值所得部分，由于同一控制下股权置换交易属于权益性交易，与直接计入所有者权益的交易或者事项相关的当期所得税和递延所得税应当计入所有者权益。

1-7 非同一控制下企业合并的或有对价

非同一控制下企业合并中的或有对价构成金融资产或金融负债的，应当以公允价值计量并将其变动计入当期损益；或有对价属于权益性质的，应作为权益性交易进行会计处理。

监管实践发现，部分公司在核算非同一控制下企业合并的或有对价时对准则的理解存在偏差和分歧。现就具体事项如何适用上述原则的意见如下：

一、或有对价的公允价值

购买方在购买日和后续资产负债表日确定或有对价的公允价值时，应当综合考虑标的企业未来业绩预测情况、或有对价支付方信用风险及偿付能力、其他方连带担保责任、货币时间价值等因素。涉及股份补偿的，或有对价的公允价值应当以根据协议确定的补偿股份数，乘以或有对价确认时该股份的市价（而非购买协议中约定的发行价格）计算，并同时考虑上述因素。

值得注意的是，或有对价公允价值的变化即使发生在购买日后12个月内，也不属于计量期间的调整事项，不应对购买日合并成本及商誉的金额进行调整。

二、以自身股份结算的或有对价的后续计量

非同一控制下企业合并形成的或有对价中，若购买方根据标的公司的业绩情况确定收回自身股份的数量，该或有对价在购买日不满足"固定换固定"的条件，不属于一项权益工具，而是属于一项金融资产。因此，购买方应当在购买日将该或有对价分类为以公允价值计量且其变动计入损益的金融资产。随着标的公司实际业绩的确定，购买方能够确定当期应收回的自身股份的具体数量，则在当期资产负债表日，该或有对价满足"固定换固定"的条件，应将其重分类为权益工具（其他权益工具），以重分类日相关股份的公允价值计量，

并不再核算相关股份的后续公允价值变动。在实际收到并注销股份时，终止确认上述其他权益工具，并相应调整股本和资本公积等。

三、以标的公司少数股权结算的或有对价

以标的公司少数股权结算的或有对价，在合并报表层面，同样适用上述会计处理原则。具体而言，当标的公司实际业绩确定时，将因或有对价确认的金融资产重分类为权益工具（其他权益工具），不再核算相关股份的后续公允价值变动；当购买方实际收到业绩承诺人补偿的标的公司少数股权时，应作为收购少数股东权益处理，即终止确认上述其他权益工具，并相应冲减少数股东权益，差额计入资本公积，资本公积不足冲减的，则冲减留存收益。

四、向股权转让方以外的标的公司其他股东支付业绩补偿

非同一控制下企业合并的业绩对赌安排中，购买方可能向标的公司的股权转让方以外的其他股东支付业绩补偿，且不是为了获取其他股东的商品或服务。尽管该业绩补偿安排中包括对非交易对手方的业绩承诺，但作为企业合并交易达成的条件，其实质是购买方为了获得标的公司股权而支付的对价，应作为企业合并的或有对价处理。

1-8 反向购买

反向购买中，被购买方（即上市公司）构成业务的，购买方应按照非同一控制下企业合并的原则进行处理。被购买方不构成业务的，购买方应按照权益性交易的原则进行处理，不得确认商誉或当期损益。

监管实践发现，部分公司在应用反向购买的会计处理原则时对准则的理解存在偏差和分歧。现就反向购买交易中具体事项的会计处理意见如下：

一、被购买的上市公司不构成业务的常见情形

下述三种情形一般可以认定为被购买的上市公司不构成业务，购买方按照权益性交易的原则进行处理：

一是上市公司通过一定的交易安排置出全部资产负债（即"空壳"上市公司），非上市公司的股东以持有的股权或资产认购上市公司向其定向发行的股票，成为发行后上市公司的控股股东；

二是上市公司除现金和金融资产外无其他非货币性资产，非上市公司的股东以持有的股权或资产认购上市公司向其定向发行的股票，成为发行后上市公司的控股股东；

三是上市公司和非上市公司进行重大资产置换，在上市公司向非上市公司的股东出售其全部资产负债的同时，上市公司从非上市公司的股东处购入其持有的非上市公司的股权，上述两项交易的价款差额由上市公司向非上市公司的股东定向发行股票进行支付，发行后非上市公司的股东成为上市公司的控股股东。

二、注入上市公司的并非一个法律实体

在反向购买的定义中，并未要求会计上的购买方是一个法律实体，应该更关注其是否构成会计主体，不能仅因为会计上的购买方不是一个法律主体就判断交易不是反向购买。

三、涉及现金对价的反向购买

某些反向购买交易中，上市公司（法律上的母公司/会计上的被购买方）支付的对价既包括发行股份又包括现金对价。虽然针对反向购买编制的合并财务报表以法律上的母公司（会计上的被购买方）的名义发布，但实质为法律上的子公司（会计上的购买方）财务报表的延续。因此，上市公司在反向购买中支付的现金对价，应在购买日作为合并主体对会计上的购买方（法律上的子公司）的原股东利润分配进行会计处理。

1-9 控制的判断

合并财务报表的范围应当以控制为基础予以确定。控制的定义包含三个核心要素：一

是投资方拥有对被投资方的权力,有能力主导被投资方的相关活动;二是投资方对被投资方享有可变回报;三是投资方有能力运用对被投资方的权力影响其回报金额。

监管实践发现,部分公司在判断是否对被投资方拥有控制时对准则的理解存在偏差和分歧。现就具体事项如何适用上述原则的意见如下:

一、委托、受托经营业务

公司在判断对受托经营的业务(即标的公司)是否拥有控制时,需重点关注以下问题:

一是关于对标的公司拥有权力的认定。在判断是否对标的公司拥有权力时,除日常运营活动相关的权力外,还应当考虑是否拥有主导对标的公司价值产生重大影响的决策事项的能力和权力。例如,部分委托经营协议中约定,标的公司进行重大资产购建、处置、重大投融资行为等可能对标的公司价值具有重大影响的决策时,需经委托方同意。这种情况下,受托方不具有主导对标的公司价值产生重大影响的活动的权力,不应认定受托方对标的公司拥有权力。又如,部分委托受托经营业务中,委托方或双方并无长期保持委托关系的意图,部分委托协议中赋予当事一方随时终止委托关系的权力等。前述情况下,受托方仅能在较短或不确定的期间内对标的公司施加影响,不应认定受托方对标的公司拥有权力。

二是关于享有可变回报的认定。从标的公司获得的可变回报,不仅包括分享的基于受托经营期间损益分配的回报,还应考虑所分享和承担的标的公司整体价值变动的报酬和风险。例如,部分委托经营协议中虽然约定委托期间标的公司损益的绝大部分比例由受托方享有或承担,但若标的公司经营状况恶化则受托方到期不再续约,这表明受托方实际上并不承担标的公司价值变动的主要报酬或风险,不应认为受托方享有标的公司的重大可变回报。又如,部分委托经营协议中虽然约定受托方享有标的公司的可变回报,但回报的具体计量方式、给付方式等并未作明确约定,有关回报能否实际给付存在不确定性,根据实质重于形式的原则,也不应认定受托方享有可变回报。

二、有固定期限的一致行动协议

一致行动协议带有期限,且期限结束后投资方不拥有对被投资方控制权的,很可能表明投资方无法对被投资方可变回报具有重大影响的事项(如重大资产的购建、处置、重大投融资等)进行决策。这种情况下,投资方不具有主导对被投资方价值产生重大影响的活动的权力,不应因一致行动协议而认定对被投资方拥有控制。

三、非营利性组织

会计准则对于"控制"的定义和判断并不拘泥于被投资单位的法律形式。学校、养老院及医疗机构等非营利性组织无法进行利润分配,也并不必然代表投资方无法获取可变回报。投资方需要结合非营利性组织的设立目的、对非营利性组织日常活动拥有的权力、享有的相关经济利益(例如产品销售利得、收取管理费、收取技术许可使用费等)等进行判断。

四、处于清算阶段的子公司

在主动清算的情况下,母公司对进入清算阶段的子公司能够继续实施控制,仍应将其纳入合并财务报表范围。在破产清算的情况下,进入清算阶段子公司相关活动的决策权移交给破产管理人(非原母公司及其控制的主体)时,原母公司对其已丧失控制权,不应再将其纳入合并财务报表范围。

1-10 集团内部交易的抵销

合并财务报表反映的是由母公司和其全部子公司组成的会计主体的整体财务状况、经营成果和现金流量。一般情况下,需抵销母公司与子公司、子公司相互之间发生的内部交易对合并财务报表的影响。

监管实践发现,部分公司在抵销集团内部交易时对准则的理解存在偏差和分歧。现就具体事项的会计处理意见如下：

一、集团内转让房地产缴纳的土地增值税

土地增值税是按照纳税人转让房地产所取得的增值额和对应税率计算缴纳的，土地增值税的确认应与房地产增值的实现相对应。因此，在转让方的个别财务报表中，应在转让房地产取得增值额的当期，将土地增值税计入损益。

集团为了出售目的而持有房地产的，在合并财务报表中，集团内部转让房地产的期间，由于内部交易未实现损益已被抵销，集团层面没有实现房地产增值，因而合并利润表中没有反映该项转让交易的利得。相应地，集团内公司缴纳的土地增值税也不应确认为当期损益，而应在合并资产负债表中将其作为一项资产列示；待房地产从该集团出售给第三方，在集团合并利润表中实现增值利得时，再将已缴纳的土地增值税转入当期损益。

二、集团内交易中产生的单方计提的增值税

纳入合并财务报表范围内的公司之间发生交易，其中一方将自产产品销售给另一方，如按照税法规定，出售方属增值税免税项目，销售自产产品免征增值税，而购入方属增值税应税项目，其购入产品过程中可以计算相应的增值税进项税额用于抵扣。由于税项是法定事项，在集团内部企业间进行产品转移时，进项税抵扣的权利已经成立，原则上不应抵销，在合并财务报表层面应体现为一项资产。另外，在内部交易涉及的产品出售给第三方之前，对合并财务报表而言，该交易本身并未实现利润。因此，在编制合并财务报表并抵销出售方对有关产品的未实现内部销售损益与购入方相应的存货账面价值时，该部分因增值税进项税额产生的差额在合并财务报表中可以确认为一项递延收益，并随着后续产品实现向第三方销售时再转入当期损益。

1-11 不丧失控制权情况下处置子公司部分股权计算子公司净资产份额时如何考虑商誉

母公司在不丧失控制权情况下处置子公司部分股权时，在合并财务报表中，处置价款与处置股权相对应的子公司净资产份额之间的差额，应当调整资本公积（资本公积不足冲减的，调整留存收益）。

监管实践发现，部分公司对于上述情形下确定子公司净资产份额时如何考虑商誉存在分歧。现就该事项的会计处理意见如下：

母公司不丧失控制权情况下处置子公司部分股权时，在合并财务报表中，可以把子公司净资产分为两部分，一是归属于母公司的所有者权益（包含子公司净资产和商誉），二是少数股东权益（包含子公司净资产，但不包含商誉）。母公司购买或出售子公司部分股权时，为两类所有者之间的交易。当母公司购买少数股权时，按比例把少数股东权益（包含子公司净资产，但不包含商誉）的账面价值调整至归属于母公司的所有者权益。反之，当母公司出售部分股权时，按比例把归属于母公司的所有者权益（包含子公司净资产和商誉）的账面价值调整至少数股东权益。

值得注意的是，母公司不丧失控制权情况下处置子公司部分股权时，不应终止确认所处置股权对应的商誉。

1-12 集团内股份支付

企业集团（由母公司和其全部子公司构成）内发生股份支付交易的，接受服务企业应确认股份支付费用；结算企业是接受服务企业母公司的，应确认对接受服务企业的长期股权投资。

监管实践发现，部分公司在认定集团内股份支付的范围并进行会计处理时对准则的理

解存在偏差和分歧。现就具体事项如何适用上述原则的意见如下：

一、母公司向子公司高管授予股份支付时，合并财务报表中子公司股权激励费用的分摊

母公司向子公司高管授予股份支付，在计算子公司少数股东损益时，虽然子公司的股权激励全部是由母公司结算，子公司少数股东损益中应包含按照少数股东持股比例分享的子公司股权激励费用。

二、受激励高管在集团内调动

如果受到激励的高管在集团内调动导致接受服务的企业变更，但高管人员应取得的股权激励并未发生实质性变化，则应根据受益情况，在等待期内按照合理的标准（例如按服务时间）在原接受服务的企业与新接受服务的企业间分摊该高管的股权激励费用。即谁受益，谁确认费用。

三、非控股股东授予职工公司股份

集团内股份支付，包括集团内任何主体的任何股东，并未限定结算的主体为控股股东；非控股股东授予职工公司的权益工具满足股份支付条件时，也应当视同集团内股份支付进行处理。

1-13 一次授予、分期行权的股份支付计划

股份支付相关的费用，应当在等待期内分摊计入损益。其中，等待期是指可行权条件得到满足的期间。

监管实践发现，部分公司在确定等待期时对准则的理解存在偏差和分歧。现就具体事项如何适用上述原则的意见如下：

"一次授予、分期行权"，即在授予日一次授予给员工若干权益工具，之后每年分批达到可行权条件。每个批次是否可行权的结果通常是相对独立的，即每一期是否达到可行权条件并不会直接影响其他几期是否能够达到可行权条件。在会计处理时应将其作为同时授予的几个独立的股份支付计划。例如，在一次授予、分三年行权的股份支付计划中，应当将其视同为三个独立的股份支付计划，分别确定每个计划的等待期。公司应根据每个计划在授予日的公允价值估计股份支付费用，在其相应的等待期内，按照各计划在某会计期间内等待期长度占整个等待期长度的比例进行分摊。

1-14 与股权激励计划相关的递延所得税

监管实践发现，部分公司对与股权激励计划相关递延所得税的处理存在分歧。现就该事项的意见如下：

根据相关税法规定，对于附有业绩条件或服务条件的股权激励计划，企业按照会计准则的相关规定确认的成本费用在等待期内不得税前抵扣，待股权激励计划可行权时方可抵扣，可抵扣的金额为实际行权时的股票公允价值与激励对象支付的行权金额之间的差额。因此，公司未来可以在税前抵扣的金额与等待期内确认的成本费用金额很可能存在差异。公司应根据期末的股票价格估计未来可以税前抵扣的金额，以未来期间很可能取得的应纳税所得额为限确认递延所得税资产。此外，如果预计未来期间可抵扣的金额超过等待期内确认的成本费用，超出部分形成的递延所得税资产应直接计入所有者权益，而不是计入当期损益。

1-15 按总额或净额确认收入

根据收入准则的相关规定，企业向客户销售商品或提供劳务涉及其他方参与其中时，

应当根据合同条款和交易实质，判断其身份是主要责任人还是代理人。企业在将特定商品或服务转让给客户之前控制该商品或服务的，即企业能够主导该商品或服务的使用并从中获得几乎全部的经济利益，为主要责任人，否则为代理人。在判断是否为主要责任人时，企业应当综合考虑其是否对客户承担主要责任、是否承担存货风险、是否拥有定价权以及其他相关事实和情况进行判断。企业应当按照有权向客户收取的对价金额确定交易价格，并计量收入。主要责任人应当按照已收或应收的对价总额确认收入，代理人应当按照预期有权收取的佣金或手续费（即净额）确认收入。

监管实践发现，部分公司在按照总额或净额确认收入方面，存在判断和理解上的分歧。现就具体事项如何适用上述原则的意见如下：

一、零售百货行业联营模式下的收入确认

联营模式是零售百货行业普遍采用的业务模式。该业务模式下，供应商在百货商场分配的专柜向顾客销售商品，百货商场根据约定的分成比例与供应商进行结算，部分供应商对商场收取的分成有保底承诺。百货商场与供应商签订合同，约定各自的权利义务。商品向顾客售出之前，所有权属于供应商，供应商负责保管商品，并承担商品毁损和灭失的风险。供应商有权决定商品的上架和下架时间，以及在不同的门店或专柜之间调换货物。商品价格主要由供应商制定，有时需要经过百货商场的审核，其主要目的是避免供应商定价过高或过度打折，从而对该商品在本商场的销售情况或商场的整体商业定位造成不利影响。百货商场举办促销活动时，促销方案和价格主要由百货商场主导，供应商可以选择参加或不参加，如参加，则可能需要和百货商场共同承担相关费用。专柜销售人员由供应商直接委派，但需要接受商场的培训，遵循商场的管理要求并接受商场的监督。百货商场为供应商提供经营场地以及相应的综合管理服务，监督进店的商品，并提供统一收银等服务。顾客在百货商场购物时，通常取得以百货商场抬头开具的销售凭证。供应商在商场售出的商品出现质量问题，百货商场负责先行赔付，随后再根据与供应商的协议约定向供应商进行追偿。假定上述联营模式安排中不包含租赁。

实务中，虽然百货商场按照商品的销售金额向客户开具销售凭证，但是，在确认收入时，应当按照收入准则中有关主要责任人和代理人的原则判断收入确认金额。在上述联营模式下，顾客直接在供应商的专柜购买商品，在此之前，商品的所有权归属于供应商，供应商有权主导商品的销售活动，例如决定商品的上架和下架时间，是否在不同的门店、专柜之间调换货物，主导商品定价以及促销方式等，并获取销售商品的经济利益，也承担因商品滞销或打折销售等造成的损失。相反，在商品销售给顾客之前，百货商场不能决定如何销售这些商品，不能自行或者要求供应商将商品用于其他用途，也不能禁止供应商把商品用于其他用途；某些情况下，虽然百货商场可能有权对供应商销售的商品进行干预，例如新增商品品牌需要经过百货商场认可，滞销或过季的商品应及时下架等，但其目的主要是为了维护百货商场的商业定位和形象，并不表明百货商场能够主导这些商品的销售。

因此，特定商品在销售给顾客之前由供应商控制，供应商有权主导商品的使用并获取其经济利益；百货商场并未取得商品的控制权，其身份是协助供应商销售特定商品，应被认定为代理人，按照净额确认收入。

除零售百货业务外，代为执行采购或销售的供应链企业、代理外贸进出口或跨境业务企业、大宗商品配送或医药配送企业、电子商务平台企业及以电商平台为依托开展电商业务的企业等，应参照上述原则和分析，结合业务模式和合同约定，判断在将商品销售给客户之前是否取得对商品的控制，并确定是以总额还是净额确认收入。

二、以购销合同方式进行的委托加工收入确认

公司（委托方）与无关联第三方公司（加工方）通过签订销售合同的形式将原材料"销

售"给加工方并委托其进行加工，同时，与加工方签订商品采购合同将加工后的商品购回。在这种情况下，公司应根据合同条款和业务实质判断加工方是否已经取得待加工原材料的控制权，即加工方是否有权主导该原材料的使用并获得几乎全部经济利益，例如原材料的性质是否为委托方的产品所特有、加工方是否有权按照自身意愿使用或处置该原材料、是否承担除因其保管不善之外的原因导致的该原材料毁损灭失的风险、是否承担该原材料价格变动的风险、是否能够取得与该原材料所有权有关的报酬等。如果加工方并未取得待加工原材料的控制权，该原材料仍然属于委托方的存货，委托方不应确认销售原材料的收入，而应将整个业务作为购买委托加工服务进行处理；相应地，加工方实质是为委托方提供受托加工服务，应当按照净额确认受托加工服务费收入。

1-16 重大融资成分的确定

根据收入准则的相关规定，合同中包含重大融资成分的，企业在确定交易价格时，应当剔除合同约定价款中包含的重大融资成分的影响，按照现销价格确认收入。企业向客户转让商品或服务的时间与客户付款的时间间隔不超过一年的，可以不考虑合同中存在的融资成分的影响；超过一年的，如果相关事实和情况表明合同中约定的付款时间并未向客户或企业就转让商品或服务的交易提供重大融资利益，则认为合同中没有包含重大融资成分。

监管实践发现，某些交易中，公司向客户转让商品或服务的时间与收款的时间间隔可能较长，例如，公司从事光伏发电业务，作为发电收入对价组成部分的可再生能源上网电价补贴款收取时间与公司并网发电并确认发电收入的时间间隔可能超过一年；又如，公司从事新能源汽车的生产与销售，作为新能源汽车销售对价组成部分的新能源汽车补贴款的收取时间与公司销售新能源汽车并确认收入的时间间隔可能超过一年等，部分公司对于上述情形是否存在重大融资成分的判断存在分歧。如果相关事实和情况表明，导致该时间间隔的主要原因是国家有关部门需要履行相关的审批程序，且该时间间隔是履行上述程序所需经历的必要时间，其性质并非是提供融资利益，可认为公司取得的前述可再生能源电价补贴款和新能源汽车补贴款等款项不存在重大融资成分。

1-17 区分合同负债和金融负债

根据收入准则和金融工具准则的相关规定，企业已收或应收客户对价而承担的应向客户转让商品的义务构成合同负债；企业承担的不可避免的向其他方交付现金或其他金融资产的合同义务构成金融负债。

监管实践发现，部分公司向客户授予奖励积分，分摊至奖励积分的合同价款应确认为合同负债还是金融负债的理解存在分歧。现就该事项如何适用上述原则的意见如下：

企业向购买其商品的客户授予奖励积分，客户可以选择使用该积分兑换该企业或其他方销售的商品。客户选择兑换其他方销售的商品时，企业承担向其他方支付相关商品价款的义务。企业授予客户的奖励积分向其提供了一项额外购买选择权，且构成重大权利时，应当作为一项单独的履约义务。企业需要将销售商品收取的价款在销售商品和奖励积分之间按照单独售价的相对比例进行分摊。客户选择使用奖励积分兑换其他方销售的商品时，企业虽然承担了向其他方交付现金的义务，但由于该义务产生于客户购买商品并取得奖励积分的行为，适用收入准则进行会计处理。企业收到的合同价款中，分摊至奖励积分的部分（无论客户未来选择兑换该企业或其他方的商品），应当先确认为合同负债；等到客户选择兑换其他方销售的商品时，企业的积分兑换义务解除，此时公司应将有义务支付给其他方的款项从合同负债重分类为金融负债。

1-18 风险投资机构对联营企业或合营企业投资的分类

风险投资机构、共同基金以及类似主体可以根据长期股权投资准则,将其持有的对联营企业或合营企业投资在初始确认时,确认为以公允价值计量且其变动计入当期损益的金融资产,以向财务报表使用者提供比权益法更有用的信息。对于金融资产,企业可以根据金融工具准则的相关规定,选择在初始确认时将非交易性权益工具投资指定为以公允价值计量且其变动计入其他综合收益的金融资产。

监管实践发现,部分公司对风险投资机构能否将联营企业或合营企业的投资指定为以公允价值计量且其变动计入其他综合收益的金融资产的理解存在分歧。风险投资机构、共同基金以及类似主体可将其持有的联营企业或合营企业投资在初始确认时,选择以公允价值计量且其变动计入当期损益的金融资产的处理,仅是长期股权投资准则对于这种特定机构持有的联营企业或合营企业投资的特殊规定,不能指定为以公允价值计量且其变动计入其他综合收益的金融资产。

1-19 嵌入衍生工具的分拆与计量

对于存在嵌入衍生工具的混合合同,如果主合同不是一项由金融工具准则规范的资产,企业需要考虑是否应从混合合同中分拆嵌入衍生工具,将其作为单独存在的衍生工具处理;如果嵌入衍生工具的经济特征和风险与主合同的经济特征和风险紧密相关,则不需要分拆。企业也可以考虑是否将其整体指定为以公允价值计量且其变动计入当期损益的金融工具。

监管实践发现,企业在与供应商签订大宗商品购买合同时会约定延迟定价条款(如定价机制为装船后第4个月的大宗商品伦敦市场的现货交易价格),部分公司对延迟定价条款性质的理解及如何进行会计处理存在分歧。现就该事项如何适用上述原则的意见如下:

上述延迟定价条款使企业进口贸易中所需支付的金额随着未来所挂钩商品价格的变动而变动,属于嵌入衍生工具。在商品的控制权转移前,延迟定价条款与商品待执行采购合同紧密相关,因而无须拆分;而在商品的控制权转移后,企业需就该商品确认存货及相关应付账款,延迟定价条款与主合同(应付账款)不紧密相关,应从主合同中拆分并作为衍生工具单独核算,或者将延迟定价条款与主合同(应付账款)整体指定为以公允价值计量且其变动计入当期损益的金融负债。

1-20 债务重组收益的确认

债务重组方式包括债务人以资产清偿债务、将债务转为权益工具、修改其他条款,以及前述一种以上方式的组合等四种方式。债务人应将所清偿债务账面价值与抵债资产账面价值、发行的权益工具确认金额之间的差额,或者因修改其他条款形成的损益作为债务重组损益计入当期损益。

监管实践发现,部分上市公司因破产重整而进行债务重组交易,对何时确认债务重组收益的理解存在偏差和分歧。现就该事项如何适用上述原则的意见如下:

对于上市公司因破产重整而进行的债务重组交易,由于涉及破产重整的债务重组协议执行过程及结果存在重大不确定性,因此,上市公司通常应在破产重整协议履行完毕后确认债务重组收益,除非有确凿证据表明上述重大不确定性已经消除。

1-21 资产负债表日后事项的性质与分类

企业应将资产负债表日至财务报告批准报出日之间发生的有利或不利事项区分为资产

负债表日后调整事项或资产负债表日后非调整事项,从而确定是否应当调整资产负债表日的财务报表。判断资产负债表日后事项是调整事项还是非调整事项的主要原则是该事项表明的情况在资产负债表日或以前是否已经存在。

监管实践发现,部分公司对于资产负债表日后期间与债权人达成债务重组协议是调整事项还是非调整事项的理解存在偏差和分歧。现就该事项如何适用上述原则的意见如下:

对于上市公司在报告期资产负债表日已经存在的债务,在其资产负债表日后期间与债权人达成的债务重组交易不属于资产负债表日后调整事项,不能据以调整报告期资产、负债项目的确认和计量。在报告期资产负债表中,债务重组中涉及的相关负债仍应按照达成债务重组协议前具有法律效力的有关协议等约定进行确认和计量。

1-22 权益性交易

上市公司与其控股股东或者其他关联方之间可能以多种形式进行权益性交易,其主要特征概括如下:

1. 权益性交易的交易对象。权益性交易除所有者以其所有者身份与主体之间的交易外,还包括不同所有者之间的交易,且后者多为合并财务报表层面不同所有者(母公司与子公司少数股东)之间。

2. 权益性交易对主体权益总额的影响。主体与所有者之间的权益性交易会导致主体权益总额发生增减变动,所有者之间的权益性交易不影响权益总额,但会改变权益内部各项目金额。

3. 权益性交易的会计处理结果。与权益性交易有关的利得和损失应直接计入权益,不会影响当期损益。

对于所有者之间的权益性交易,如果涉及合并财务报表的,应从合并财务报表主体的范围来界定其是否属于权益性交易。如果母公司因转让子公司股权(权益)而丧失控制权的,被转让公司不再纳入合并财务报表范围,母公司不以所有者身份进行交易;如果母公司转让子公司股权(权益)但未丧失控制权,该子公司仍然纳入合并财务报表范围,就合并财务报表主体而言,母公司以子公司所有者身份与其他所有者之间进行的交易应作为权益性交易处理。

监管实践发现,部分公司对于权益性交易的认定和会计处理存在偏差和分歧。现就如何适用上述原则的意见如下:

对于上市公司的股东、股东控制的其他关联方、上市公司的实际控制人对上市公司进行直接或间接的捐赠、债务豁免等单方面的利益输送行为,由于交易是基于双方的特殊身份才得以发生,且使得上市公司明显地、单方面地从中获益,因此,应认定其经济实质具有资本投入性质,形成的利得应计入所有者权益。上市公司在判断是否属于权益性交易时应分析该交易是否公允以及商业上是否存在合理性。上市公司与潜在股东之间发生的上述交易,应比照上述原则进行处理。

1-23 政府补贴收入的性质和确认条件

企业从政府取得的经济资源,应区分政府补助、政府以投资者身份向企业投入资本、政府购买服务等交易进行处理。政府补助是指企业从政府无偿取得货币性资产或非货币性资产。政府补助主要形式包括政府对企业的无偿拨款、税收返还、财政贴息,以及无偿给予非货币性资产。政府以投资者身份向企业投入资本,享有相应的所有者权益,政府与企业之间是投资者与被投资者的关系,应按权益性交易进行处理。如果取得的补贴收入与企业销售商品或提供服务等活动密切相关,且是企业商品或服务的对价或者是对价的组成部分,应当适用收入准则。

监管实践发现,部分企业对政府补贴收入的性质和确认条件的理解存在偏差和分歧。现就具体事项如何适用上述原则的意见如下:

一、新能源汽车财政补贴

对新能源汽车厂商而言,如果没有政府的新能源汽车财政补贴,企业通常不会以低于成本的价格进行销售,政府补贴实际上是新能源汽车销售对价的组成部分。

新能源汽车厂商从政府取得的补贴,与其销售新能源汽车密切相关,且是新能源汽车销售对价的组成部分。中央和地方财政补贴实质上是为消费者购买新能源汽车承担和支付了部分销售价款,其拨付的补贴金额应属于新能源汽车厂商销售商品的资金流入,在性质上属于收入。因此,新能源汽车厂商应当按照收入准则的规定进行会计处理,在款项满足收入确认条件时应将其确认为收入,并根据中央和地方的相关补贴政策合理估计未来补贴款的金额。

二、政府补助以应收金额计量的条件

政府补助通常在企业能够满足政府补助所附条件以及企业能够收到政府补助时才能予以确认。判断企业能够收到政府补助,应着眼于分析和落实企业能够符合财政扶持政策规定的相关条件且预计能够收到财政扶持资金的"确凿证据",例如,关注政府补助的发放主体是否具备相应的权力和资质,补助文件中索引的政策依据是否适用,申请政府补助的流程是否合法合规,是否已经履行完毕补助文件中的要求,实际收取资金前是否需要政府部门的实质性审核,同类型政府补助过往实际发放情况,补助文件是否有明确的支付时间,政府是否具备履行支付义务的能力等因素。

1-24 区分会计估计变更和差错更正

企业在对财务报表项目进行计量时,往往需要进行会计估计,该估计应当以最近可以获得的可靠信息为基础。随着时间的推移,如果会计估计的基础发生变化,或者企业取得了新的信息、积累了更多的经验,导致需要对前期会计估计进行变更,属于会计估计变更。企业在进行会计估计时,如果没有恰当运用当时能够取得的可靠信息,则属于前期差错。会计估计变更应当采用未来适用法进行会计处理,而前期差错更正通常应当采用追溯重述法进行会计处理。

监管实践发现,会计估计变更与前期差错更正有时难以区分,尤其是难以区分会计估计变更和由于会计估计错误导致的前期差错更正。现就具体事项如何适用上述原则的意见如下:

企业不应简单将会计估计与实际结果对比认定存在差错。如果企业前期作出会计估计时,未能合理使用报表编报时已经存在且能够取得的可靠信息,导致前期会计估计结果未恰当反映当时情况,则应属于前期差错,应当适用前期差错更正的会计处理方法;反之,如果企业前期的会计估计是以当时存在且预期能够取得的可靠信息为基础作出的,随后因资产和负债的当前状况及预期经济利益和义务发生了变化而变更会计估计的,则属于会计估计变更,应当适用会计估计变更的会计处理方法。

1-25 现金流量的分类

企业应当以实际收付的现金及现金等价物为基础编制现金流量表,并且将现金流量划分为经营活动现金流量、投资活动现金流量和筹资活动现金流量。投资活动是指购建长期资产以及现金等价物之外的投资与处置;筹资活动是指导致资本及债务规模和构成发生变化的活动;投资活动和筹资活动之外的所有交易和事项属于经营活动。企业应当结合行业特点判断相关业务活动产生的现金流量的分类。不同形式现金之间的转换以及现金与现金等价物之

间的转换均不产生现金流量。

监管实践发现，部分公司在编制现金流量表时，对于某些交易和事项产生的现金流量的分类存在理解上的偏差和分歧。现就具体事项如何适用上述原则的意见如下：

一、因银行承兑汇票贴现而取得的现金

若银行承兑汇票贴现不符合金融资产终止确认条件，因票据贴现取得的现金在资产负债表中应确认为一项借款，该现金流入在现金流量表中相应分类为筹资活动现金流量；若银行承兑汇票贴现符合金融资产终止确认的条件，相关现金流入则分类为经营活动现金流量。

若银行承兑汇票贴现不符合金融资产终止确认条件，后续票据到期偿付等导致应收票据和借款终止确认时，因不涉及现金收付，在编制现金流量表时，不得虚拟现金流量。公司发生以银行承兑汇票背书购买原材料等业务时，比照该原则处理。

二、定期存单的质押与解除质押业务

企业首先应当结合定期存单是否存在限制、是否能够随时支取等因素，判断其是否属于现金及现金等价物。如果定期存单本身不属于现金及现金等价物，其质押或解除质押不会产生现金流量；如果定期存单本身属于现金及现金等价物，被用于质押不再满足现金及现金等价物的定义，以及质押解除后重新符合现金及现金等价物的定义，均会产生现金流量。

在后者情况下，对相关现金流量进行分类时，应当根据企业所属行业特点进行判断。如果企业属于金融行业，通过定期存款质押获取短期借款的活动可能属于经营活动，相关现金流量分类为经营活动现金流量；如果企业为一般非金融企业，通过定期存款质押获取短期借款的活动属于筹资活动，相关现金流量应被分类为筹资活动现金流量。

1-26 非经常性损益的认定

根据《公开发行证券的公司信息披露解释性公告第 1 号——非经常性损益》（以下简称解释 1 号）的规定，非经常性损益是指与公司正常经营业务无直接关系，以及虽与正常经营业务相关，但由于其性质特殊和偶发性，影响报表使用人对公司经营业绩和盈利能力作出正常判断的各项交易和事项产生的损益。

非经常性损益的界定，应以非经常性损益的定义为依据，考虑其定义中的三个要素，即"与正常经营业务的相关性""性质特殊和偶发性"以及"体现公司正常的经营业绩和盈利能力"，同时应结合公司实际情况，参考列举项目，进行综合判断，而不应简单地把解释 1 号中列举的项目认定为非经常性损益，或者把解释 1 号中未列举的项目认定为不属于非经常性损益。

如果公司把解释 1 号中列举的项目认定为不属于非经常性损益的，应当在附注中披露该项目的名称、金额及原因；如果公司把解释 1 号中未列举的项目认定为非经常性损益的，若金额不重大，应将其计入"其他符合非经常性损益定义的损益项目"列报，若金额重大，则应单列其项目名称和金额，同时还应在附注中披露该项目的名称、金额及原因。

监管实践发现，部分公司在认定非经常性损益时对解释 1 号的理解存在偏差和分歧。现就具体事项如何适用上述原则的意见如下：

一、软件产品增值税退税款

公司收到的软件产品增值税退税是否属于非经常性损益，判断的关键，一是该增值税退税是否与公司正常经营业务密切相关，二是其是否属于定额定量的政府补助。非经常性损益判断标准中的定额定量标准侧重于此项政府补助是否属于国家持续的产业政策扶持，是否具有可持续性。如果公司收到的增值税退税与其主营业务密切相关、金额可确定且能够持续取得，其能够体现公司正常的经营业绩和盈利能力，则不属于非经常性损益。

二、因重组标的业绩未达承诺确认的业绩补偿和计提的商誉减值

并购重组交易安排中，交易标的出售方一般会对交易完成后交易标的在一定期间的利润作出承诺。标的资产未按预期实现承诺利润时，出售方会以股份或现金方式对收购方给予补偿。由于上述补偿仅针对并购重组交易完成后的特定期间，正常经营情况下，企业取得业绩补偿款不具有持续性，应作为非经常性损益。同时，因并购重组产生的商誉，其减值与企业的其他长期资产（例如固定资产、无形资产等）减值性质相同，属于企业日常经营活动产生，不应认定为非经常性损益。

三、实施重大资产重组发生的中介机构服务费

解释1号中列举的企业重组费用，主要包括安置职工的支出、整合费用等，并不包括重大资产重组的中介机构费用。并购重组是企业的正常经济活动，涉及的资产也属于经营性资产，券商、会计师等中介机构的费用是发生此类交易的必要合理支出，不应认定为非经常性损益。

四、募集资金使用之前产生的定期存款利息

募集资金产生定期存款的利息虽然与公司的日常活动无关，且存在偶发性，但公司发行股份募集资金本质上属于一种融资行为，在募集资金投入使用之前和之后，分别以定期存款和形成的募投项目为企业带来收益，两者只是资产以不同的形态存在从而带来不同的收益。此外，如果将募集资金产生的存款利息收入扣除，会导致计算净资产收益率和每股收益等指标时，出现分子和分母不匹配的结果。因此，募集资金在使用之前产生的定期存款利息不属于非经常性损益。

五、非金融企业收取的资金占用费

解释1号中列举的项目虽然包括"计入当期损益的对非金融企业收取的资金占用费"，但并不意味着资金占用费性质的收入必然属于非经常性损益，公司仍可以依据自身情况做出具体判断。如果产生资金占用费的业务与公司的日常经营活动直接相关，且并非临时性和偶发性，该资金占用费可不认定为非经常性损益。

六、房地产企业出售项目公司股权产生的处置损益

出于税收或者其他一些因素的考虑，房地产企业可能以转让子公司股权的形式，实现对房地产存货或其他物业资产的转让。在判断相关处置损益是否构成非经常性损益时，不能简单地认为处置公司股权产生的损益一概属于非经常性损益，而应视具体情况结合非经常性损益定义进行判断。具体分析时，公司应穿透该股权形式，根据项目公司所开发基础资产的性质和类别，分析该项转让是否与公司常规业务相同。通常而言，基础资产在合并财务报表可能的资产类别包括存货（开发成本、开发产品等）、固定资产、无形资产和投资性房地产等。如果公司常规业务是房地产项目开发完成后出售，则通过转让股权方式把一项待开发的土地使用权和部分开发成本一次性出售所取得的投资收益，应当作为非经常性损益，这与公司处置固定资产或投资性房地产等长期资产适用的判断类似。但是，如果转让股权所对应的基础资产实质上是已开发完成的房屋存货，出售开发完成的房屋属于公司的常规业务，且公司能提供充足的证据（例如近年来出售类似项目子公司股权的频率足够高、金额足够大等）证明其为常规业务，公司均是通过这种方式来获利，则股权处置损益可不认定为非经常性损益。

七、企业集团中关于非经常性损益的判断

公司在编制合并财务报表时，应当将整个企业集团视为一个会计主体，按照统一的会计政策，反映企业集团整体财务状况、经营成果和现金流量。然而，在界定非经常性损益项目时，对于企业集团内的损益项目应基于单独公司进行判断。例如，企业集团内的母公司取得某项收益与其日常经营业务无关，被认定为非经常性损益。在合并财务报

表中,该项收益并不能因为合并范围内有子公司存在相关经营范围而被重新认定不属于非经常性损益。

本指引自发布之日起施行。《上市公司执行企业会计准则监管问题解答》(第1至8期)同时废止。

3. 监管规则适用指引——会计类第 2 号(2021 年发布)

(2021 年 12 月 24 日中国证券监督管理委员会发布)

2-1 识别履约义务时商品或服务是否具有高度关联性的判断

在识别单项履约义务时,企业应判断其向客户承诺转让的商品或服务本身是否能够明确区分,以及商品或服务在合同层面是否能够明确区分。若合同中承诺的多项商品或服务之间具有高度关联性,导致相关商品或服务在合同层面不可明确区分,企业应将相关商品或服务整体识别为一项履约义务。

监管实践发现,部分公司对于前述高度关联性存在理解上的偏差和分歧。现就该事项的意见如下:

高度关联性是指合同中承诺的各单项商品或服务之间会受到彼此的重大影响,而非仅存在功能上的单方面依赖。例如,企业在同一合同中为客户设计、生产某新产品专用模具,并使用该模具为客户生产若干样品,不应仅由于后续生产需要使用模具而认为模具与样品之间存在高度关联性。若企业在后续生产过程中,需要根据客户对样品的使用情况持续修正模具,基于修正后的模具再生产样品,最终将符合客户要求的模具及样品转让给客户,表明设计生产专用模具和生产样品之间互相受到彼此的重大影响,二者在合同层面不能明确区分,应将其识别为一项履约义务。

2-2 客户能够控制企业履约过程中在建商品或服务的判断

如果客户能够控制企业履约过程中在建的商品或服务,该履约义务属于在某一时段内履行的履约义务,应当在该履约义务履行的期间内确认收入。监管实践发现,部分公司对于如何理解客户能够控制履约过程中在建商品或服务存在分歧。现就该事项的意见如下:

客户能够控制企业履约过程中在建的商品或服务,是指在企业生产商品或者提供服务过程中,客户拥有现时权利,能够主导在建商品或服务的使用,并且获得几乎全部经济利益。其中,商品或服务的经济利益既包括未来现金流入的增加,也包括未来现金流出的减少。例如,根据合同约定,客户拥有企业履约过程中在建商品的法定所有权,假定客户在企业终止履约后更换为其他企业继续履行合同,其他企业实质上无需重新执行前期企业累计至今已经完成的工作,表明客户可通过主导在建商品的使用,节约前期企业已履约部分的现金流出,获得相关经济利益。

2-3 应付客户对价的判断

企业在向客户转让商品或提供服务的同时,需要向客户支付对价的,应当将该应付对价冲减交易价格,但应付客户对价是为了自客户取得其他可明确区分商品或服务的除外。监管实践发现,部分公司对于支付给客户的款项是否应冲减销售收入存在理解上的偏差和分歧。现就该事项的意见如下:

企业应分析其向客户支付对价的目的,若企业自客户取得了可明确区分的商品或服务,并且能够从主导相关商品或服务的使用中获益,企业通常应将其支付给客户的款项作为向客户购买商品或服务(而非应付客户对价)处理。例如,对于企业基于自身宣传需要支付给超市等客户的推广支出,如果有明确证据表明企业向客户支付对价是为了取得明确可区分的推广服务,并且能够主导推广服务的使用(如主导商品上架区域、堆放位置,以及展示时间、频率、方式等),企业应将其作为从客户购买推广服务处理,按照支付对价中与推广服务公允价值相当的部分确认销售费用,支付对价超过推广服务公允价值的部分冲减销售收入。

2-4 暂定价格销售合同中可变对价的判断

可变对价指的是企业与客户的合同中约定的对价金额可能因折扣、价格折让、返利、退款、奖励积分、激励措施、业绩奖金、索赔等因素而变化。此外,企业有权收取的对价金额,将根据一项或多项或有事项的发生有所不同的情况,也属于可变对价的情形。监管实践发现,部分公司对于暂定价格的销售合同中可变对价的判断存在理解上的偏差和分歧。现就该事项的意见如下:

暂定价格的销售合同通常是指在商品控制权转移时,销售价格尚未最终确定的安排。例如,大宗商品贸易中的点价交易,即以约定时点的期货价格为基准加减双方协商的升贴水来确定双方买卖现货商品价格;金属加工业务中,双方约定合同对价以控制权转移之后某个时点的金属市价加上加工费来确定;某些金属矿的贸易价格将根据产品验收后的品相检验结果进行调整等。

暂定销售价格的交易安排中,企业应分析导致应收合同对价发生变动的具体原因。其中,与交易双方履约情况相关的变动(如基于商品交付数量、质量等进行的价格调整)通常属于可变对价,企业应按照可变对价原则进行会计处理;与定价挂钩的商品或原材料价值相关的变动(如定价挂钩不受双方控制的商品或原材料价格指数,因指数变动导致的价款变化)不属于可变对价,企业应将其视为合同对价中嵌入一项衍生金融工具进行会计处理,通常应按所挂钩商品或原材料在客户取得相关商品控制权日的价格计算确认收入,客户取得相关商品控制权后上述所挂钩商品或原材料价格后续变动对企业可收取款项的影响,应按照金融工具准则有关规定进行处理,不应计入交易对价。

2-5 销售返利的会计处理

企业对客户的销售返利形式多样,有现金返利、货物返利等,返利的条款安排也各不相同。监管实践发现,部分公司对销售返利的会计处理存在理解上的偏差和分歧。现就该事项的意见如下:

企业应当基于返利的形式和合同条款的约定,考虑相关条款安排是否会导致企业未来需要向客户提供可明确区分的商品或服务,在此基础上判断相关返利属于可变对价还是提供给客户的重大权利。一般而言,对基于客户采购情况等给予的现金返利,企业应当按照可变对价原则进行会计处理;对基于客户一定采购数量的实物返利或仅适用于未来采购的价格折扣,企业应当按照附有额外购买选择权的销售进行会计处理,评估该返利是否构成一项重大权利,以确定是否将其作为单项履约义务并分摊交易对价。

2-6 运输费用的确认与列报

对于存货生产、销售过程中发生的运输费用,企业应当基于运输活动的发生环节及目的,恰当区分运输费用的性质,根据企业会计准则的规定进行会计处理。监管实践发现,部分公司对于运输费用的确认与列报存在理解上的偏差和分歧。现就该事项的意见如下:

对于与履行客户合同无关的运输费用,若运输费用属于使存货达到目前场所和状态的必要支出，形成了预期会给企业带来经济利益的资源时，运输费用应当计入存货成本，否则应计入期间费用。

对于为履行客户合同而发生的运输费用，属于收入准则规范下的合同履约成本。若运输活动发生在商品的控制权转移之前，其通常不构成单项履约义务，企业应将相关支出作为与商品销售相关的成本计入合同履约成本，最终计入营业成本并予以恰当披露。若运输活动发生在商品控制权转移之后，其通常构成单项履约义务，企业应在确认运输服务收入的同时，将相关支出计入运输服务成本并予以恰当披露。

企业应结合自身经营活动情况并基于重要性和成本效益原则，建立和实施运输活动相关内部控制，充分完整地归集运输活动相关支出，并在各产品、各销售合同以及各履约义务之间实现合理分配。

2-7 授予知识产权许可收入确认时点的判断

授予知识产权许可不属于在某一时段内履行的履约义务的，应当作为在某一时点履行的履约义务。在客户能够主导使用该知识产权许可并开始从中获利之前，企业不能对该知识产权许可确认收入。监管实践发现，部分公司对于知识产权许可收入确认时点的判断存在理解上的偏差和分歧。现就该事项的意见如下：

授予知识产权许可业务中，知识产权许可载体的实物交付，并不必然导致商品控制权的转移。企业应根据合同条款约定，分析客户是否有能力主导知识产权许可的使用，并获得几乎全部的经济利益。例如，企业在向客户（如播放平台）交付影视剧母带时，若双方在合同中对影视剧初始播放时间等进行限制性约定，导致客户尚不能主导母带的使用（如播放该影视剧）以获得经济利益，则企业不应在母带交付时确认影视剧版权许可收入。

2-8 定制化产品相关研发支出的会计处理

企业为履行合同发生的成本，不属于其他企业会计准则（如存货、无形资产、固定资产等）规范范围且同时满足相关条件的，应当作为合同履约成本确认为一项资产，采用与该资产相关的商品收入确认相同的基础进行摊销，计入当期损益。监管实践发现，部分公司对定制化产品相关研发支出的会计处理存在理解上的偏差和分歧。现就该事项的意见如下：

企业与客户签订合同，为客户研发、生产定制化产品。客户向企业提出产品研发需求，企业按照客户需求进行产品设计与研发。产品研发成功后，企业按合同约定采购量为客户生产定制化产品。对于履行前述定制化产品客户合同过程中发生的研发支出，若企业无法控制相关研发成果，如研发成果仅可用于该合同、无法用于其他合同，企业应按照收入准则中合同履约成本的规定进行处理，最终计入营业成本。若综合考虑历史经验、行业惯例、法律法规等因素后，企业有充分证据表明能够控制相关研发成果，并且预期能够带来经济利益流入，企业应按照无形资产准则相关规定将符合条件的研发支出予以资本化。

企业应当建立和完善相关内部控制，合理识别并归集研发费用与合同履约成本，恰当确认计入无形资产的研发支出。

2-9 应收账款预期信用损失的计量

企业在计量应收账款预期信用损失时，可以信用风险特征为依据，基于历史经验对细分客户群体发生损失情况进行分析判断，从而对客户群体进行恰当分组。在分组基础上，企业可运用简便方法，参照历史损失经验，编制应收账款逾期天数与固定准备率对照表，计算预期信用损失。当应收账款信用风险特征发生变化时，企业应当对应收账款组合进行相应调整。监管实践发现，部分公司对如何以组合方式计量应收账款预期信用损失存在理解上的偏差和分歧。现就该事项的意见如下：

当企业采用简便方法以账龄为基础计量应收账款预期信用损失时，企业应充分考虑客户的类型、所处行业、信用风险评级、历史回款情况等信息，判断同一账龄组合中的客户是否具有共同的信用风险特征。若某一客户信用风险特征与组合中其他客户显著不同，或该客户信用风险特征发生显著变化，企业不应继续将应收该客户款项纳入原账龄组合计量预期信用损失。

实务中，因部分客户信用风险发生显著变化，企业与客户协商调整回款方式，如将应收账款转为对客户的股权投资、由客户以非货币性资产偿还等方式收回应收账款。上述回款方式的变化，表明该类客户的信用风险特征与组合中其他客户的信用风险显著不同，企业在计量应收账款预期信用损失时，不应将该类客户继续纳入原组合中。

企业应基于重要性和成本效益原则建立和实施与应收账款相关的内部控制，识别、调整应收账款组合并恰当计量预期信用损失。

2-10 金融资产管理业务模式中"出售"的判断标准

企业应当根据其管理金融资产的业务模式和金融资产的合同现金流量特征，对金融资产进行划分。其中，企业管理金融资产的业务模式，是指企业如何管理其金融资产以产生现金流量。业务模式决定企业所管理金融资产现金流量的来源是收取合同现金流量、出售金融资产还是两者兼有。

监管实践发现，部分公司对于上述出售金融资产中的"出售"如何理解存在偏差和分歧。现就该事项的意见如下：

如果一项金融资产对外"出售"但并未终止确认，意味着企业仍将通过收取该金融资产存续期内合同现金流量的方式实现经济利益，该种业务模式不满足"通过持有并出售金融资产产生整体回报"的情形。因此，金融资产管理业务模式中"出售"，应当是满足会计终止确认条件下的金融资产出售行为。

2-11 业绩承诺期内修订业绩补偿条款的会计处理

非同一控制下企业合并中，购买方应当将业绩补偿条款产生的或有对价作为合并成本的一部分，按照其在购买日的公允价值计入企业合并成本，或有对价公允价值的后续变动计入当期损益。监管实践发现，部分公司对于在业绩承诺期内交易双方修订业绩补偿条款的会计处理存在分歧。现就该事项的意见如下：

非同一控制下企业合并购买日后的业绩承诺期内，在法律法规允许的前提下，交易双方协商对业绩补偿的金额、支付时间、支付方式等进行修订，且已就该事项严格履行了股东大会等必要内部决策流程。这种情况下，购买方应将业绩补偿条款修订导致的或有对价公允价值变动计入当期损益。

2-12 一揽子交易分步实现非同一控制下企业合并的会计处理

非同一控制下的企业合并，购买方在购买日应当按照企业会计准则的规定计算确定合并成本，并将其作为长期股权投资的初始投资成本。监管实践发现，部分公司对于一揽子交易分步实现非同一控制下企业合并时相关投资应如何进行会计处理存在理解上的偏差和分歧。现就该事项的意见如下：

购买方以一揽子交易方式分步取得对被投资单位的控制权，双方协议约定，若购买方最终未取得控制权，一揽子交易将整体撤销，并返还购买方已支付价款。这种情况下，购买方应按照相关规定恰当确定购买日和企业合并成本，在取得控制权时确认长期股权投资，取得控制权之前已支付的款项应作为预付投资款项处理。

2-13 购买少数股东权益后商誉减值的会计处理

企业在对与商誉相关的资产组进行减值测试时，应当调整资产组的账面价值，将归属于少数股东权益的商誉包括在内，根据调整后的资产组账面价值与其可收回金额进行比较，以确定包含商誉的资产组是否发生减值。监管实践发现，部分公司对购买少数股东权益后应当如何进行商誉减值测试存在理解上的偏差和分歧。现就该事项的意见如下：

合并报表中反映的商誉，是企业取得子公司控制权时按其持股比例确定的商誉，不包括子公司少数股东权益对应的商誉。收购少数股东权益属于权益性交易，未形成新的企业合并，合并报表中反映的商誉仍然为前期取得控制权时按当时的持股比例计算的金额。企业在进行商誉减值测试时，应先将合并报表中的商誉按照前期取得控制权时的持股比例恢复为全部商誉（即100%股权对应的商誉），并调整商誉相关资产组的账面价值，再比较调整后的资产组账面价值与其可收回金额，以确定包含商誉的资产组是否发生减值。若商誉发生减值，企业应按前期取得控制权时的持股比例计算确定归属于母公司的商誉减值损失。

2-14 与递延所得税适用税率相关的非经常性损益认定

根据《公开发行证券的公司信息披露解释性公告第1号——非经常性损益》规定，非经常性损益是指与公司正常经营业务无直接关系，以及虽与正常经营业务相关，但由于其性质特殊和偶发性，影响报表使用者对公司经营业绩和盈利能力作出正常判断的各项交易和事项产生的损益。其中，根据税收、会计等法律法规的要求对当期损益进行一次性调整对当期损益的影响，通常属于非经常性损益。

监管实践发现，部分公司对于因高新技术企业认定变化，导致适用所得税税率变动而重新计量所确认的递延所得税形成对损益的一次性调整，能否计入非经常性损益，存在理解上的偏差和分歧。现就该事项的意见如下：

公司应分析高新技术企业认定变化的原因。因国家高新技术企业认定相关政策调整导致企业资质认定发生变化的，公司对当期损益进行的一次性调整应当计入非经常性损益；因公司生产经营情况变化导致其资质认定发生变化的，公司对损益进行的一次性调整应当计入经常性损益。

4. 监管规则适用指引——会计类第3号（2023年发布）

（2023年2月3日中国证券监督管理委员会发布）

3-1 权益法下顺流交易产生的未实现内部交易损益抵销相关会计处理

权益法下，投资方计算确认应享有或分担被投资单位的净损益时，对于与被投资单位之间发生的未实现内部交易损益按照应享有的比例计算归属于投资方的部分，应当予以抵销（投出或出售的资产构成业务的除外），在此基础上确认投资收益。

监管实践发现，在长期股权投资账面价值已减记至零的情况下，部分公司对于与联营企业、合营企业之间的顺流交易产生的未实现内部交易损益抵销相关会计处理，存在理解上的偏差和分歧。现就该事项的意见如下：

对于与联营企业、合营企业之间发生的顺流交易，投资方在应用权益法确认享有的净损益时，应将顺流交易产生的未实现内部交易损益，按其享有比例予以抵销。在长期股权投资账面价值已减记至零的情况下，考虑长期股权投资账面价值不应出现负数，投资方应当将长期股权投资账面价值不足以抵销的部分确认为递延收益，待后续相关损益实现时再结转至损益。

3-2 权益法下未确认投资净损失后续得到弥补的会计处理

权益法下，投资方应随着被投资单位所有者权益的变动相应调整增加或减少长期股权投资的账面价值。投资方按权益法确认应分担被投资单位的净亏损或被投资单位其他综合收益减少净额，将有关长期股权投资冲减至零并产生了未确认投资净损失的，被投资单位在后续期间实现净利润或其他综合收益增加净额时，投资方应当按照以往确认或登记有关投资净损失时的相反顺序进行会计处理。

监管实践发现，部分公司对于权益法下被投资单位产生的未确认投资净损失，在后续被投资单位所有者权益发生变动时应如何进行会计处理，存在理解上的偏差和分歧。现就该事项的意见如下：

权益法核算下，被投资单位所有者权益发生变动时，投资方应按照其分享比例调整长期股权投资账面价值（损益调整、其他综合收益及其他权益变动），并相应确认投资损益、其他综合收益及资本公积，以反映被投资单位所有者权益变动情况。如果投资方长期股权投资已冲减至零且存在未确认的投资净损失，后续当被投资单位的净资产增加时，投资方应先按照其分享比例以及被投资单位净资产变动项目，分别确认相关投资损益、其他综合收益、资本公积以及长期股权投资账面价值；再按照当期应享有的被投资单位净资产变动净额与前期未确认的投资净损失两者孰低，确认前期未确认的投资净损失，尚未确认的投资净损失继续在备查簿中登记。

3-3 母公司丧失控制权时对应收原子公司款项的会计处理

企业丧失了对被投资方的控制权的，在编制合并财务报表时，对于剩余股权，应当按照其在丧失控制权日的公允价值进行重新计量。处置股权取得的对价与剩余股权公允价值之和，减去按原持股比例计算应享有原有子公司自购买日或合并日开始持续计算的净资产的份额之间的差额，计入丧失控制权当期的投资收益。

监管实践发现，部分公司在处置子公司时，对无法收回的应收原子公司款项应如何进行会计处理，存在理解上的偏差和分歧。现就该事项的意见如下：

企业处置子公司时，在合并财务报表中，对应收的原子公司款项应当按照金融工具准则有关规定进行会计处理，确认和计量的金额与该应收款项在母公司个别财务报表原账面余额之间的差额抵减处置子公司产生的投资收益。

3-4 计算归属于母公司所有者的净利润时如何考虑应收子公司债权的影响

编制合并财务报表时，母公司与子公司之间的内部交易（包括债权债务项目及相应的减值准备等）应当予以抵销。一般情况下，对于子公司向母公司出售资产以及子公司之间出售资产所产生的未实现内部交易损益，企业应当按照母公司和少数股东对子公司的分配比例在"归属于母公司所有者的净利润"和"少数股东损益"之间分配抵销。子公司少数股东分担的当期亏损超过少数股东在该子公司期初所有者权益中所享有的份额的，其余额仍应当冲减少数股东权益。

监管实践发现，部分公司对于母公司存在应收超额亏损子公司债权时，如何计算归属于母公司所有者的净利润存在理解上的偏差和分歧。现就该事项的意见如下：

当母公司存在应收超额亏损子公司款项时，如果母公司所有者和少数股东之间对超额亏损分担不存在特殊约定，母公司综合考虑子公司经营情况、财务状况以及外部经营环境等因素，判断应收子公司款项已经发生实质性损失、未来无法收回的，合并财务报表中应当将该债权产生的损失金额全部计入"归属于母公司所有者的净利润",扣除该债权损失金额后的超额亏损,再按照母公司所有者与少数股东对子公司的分配比例,分别计入"归属于母公司所有者的净利润"和"少数股东损益"。

3-5 对少数股权远期收购义务的会计处理

企业在合并财务报表中对金融工具(或其组成部分)进行分类时,应当考虑企业集团成员和金融工具的持有方之间达成的所有条款和条件,以确定企业集团作为一个整体是否因该工具承担了交付现金或其他金融资产的义务。如果一项合同使发行方承担了以现金或其他金融资产回购自身权益工具的义务,发行方应当在初始确认时将该义务确认为一项金融负债,其金额等于回购所需支付金额的现值。

监管实践发现,部分公司对于附少数股权远期收购义务的企业合并相关会计处理存在理解上的偏差和分歧。现就该事项的意见如下:

非同一控制下企业合并中,如果购买方存在对少数股东的远期收购义务,在合并财务报表中,企业承担了一项不能无条件避免的支付现金以回购自身权益工具的合同义务,在合并日应将该回购义务确认为一项金融负债,金额为回购义务所需支付金额的现值。

企业应根据合同条款的具体约定,判断少数股东权益是否实质上仍存在并进行相应会计处理。如果相关事实表明少数股东实质上仍享有普通股相关权利和义务,则在合并财务报表中应继续确认少数股东权益,企业确认上述金融负债的同时应冲减资本公积(资本公积不足冲减的,冲减留存收益)。反之,如果少数股东不具有普通股相关权利和义务,如不享有表决权、分红权、股票增值收益权等,则在合并财务报表中不应再继续确认少数股东权益,而应将上述金融负债视为合并成本的一部分。

3-6 租赁资产利息费用相关会计处理

企业发生的借款费用,可直接归属于符合资本化条件的资产的购建或者生产的,应当予以资本化,计入相关资产成本。符合资本化条件的资产是指需要经过相当长时间的购建或生产活动才能达到预定可使用或者可销售状态的固定资产、投资性房地产和存货等资产。具体计算借款费用资本化金额时,应区分专门借款与一般借款分别予以处理,其中,专门借款指的是为购建或者生产符合资本化条件的资产而专门借入的款项。

监管实践发现,部分公司对于租赁负债利息费用的会计处理,存在理解上的偏差和分歧。现就该事项的意见如下:

企业应当将租赁负债视同为获取使用权资产而发生的专门借款。使用权资产作为一项权利资产,租赁期开始日即可供承租人使用,因而无论租赁资产本身是否达到企业计划用途,使用权资产于租赁期开始日便达到预定可使用状态,租赁负债相关利息费用不应资本化计入使用权资产。租赁期开始日后,租赁负债可视同企业的一般借款。

3-7 承租人为使租赁资产达到企业计划用途所发生的运输、安装费用相关会计处理

资产是企业过去的交易或者事项形成的、由企业拥有或者控制的、预期会给企业带来经济利益的资源。使用权资产成本包括承租人发生的初始直接费用,其中初始直接费用,是指为达成租赁所发生的增量成本。

监管实践发现,部分公司对于承租人为使租赁资产达到企业计划用途前所发生的运输、安装费用相关会计处理,存在理解上的偏差和分歧。现就该事项的意见如下:

在租赁期开始日,承租人应当对租赁确认使用权资产和租赁负债。承租人为使租赁资产达到企业计划用途所发生的运输、安装费用,与达成租赁无关,不属于承租人的初始直接费用,不应计入使用权资产成本。上述费用支出如果形成了其他准则所规定的资产,企业应

按照相关准则进行处理；如果未形成其他准则所规定的资产，企业应进一步判断其是否符合资产的一般定义，以确定是否将其计入长期待摊费用。

3-8 租赁到期前购买租赁资产导致租赁终止的会计处理

租赁变更导致租赁范围缩小或租赁期缩短的，承租人应当相应调减使用权资产的账面价值，并将部分终止或完全终止租赁的相关利得或损失计入当期损益。企业行使租赁购买选择权导致租赁终止的，应当终止确认使用权资产以及租赁负债，并将两者账面价值的差额调整取得固定资产的成本。

监管实践发现，部分公司对于不存在购买选择权的租赁，在租赁到期前购买租赁资产导致租赁终止的会计处理，存在理解上的偏差和分歧。现就该事项的意见如下：

无论租赁双方是否明确约定购买选择权，因承租人购买租赁资产导致租赁提前终止，其经济实质与双方协商补充增加购买选择权并立即行权相同。企业应参照租赁准则关于承租人行使购买选择权的有关规定，将租赁到期前购买租赁资产与终止租赁作为一项交易整体进行处理，因终止确认使用权资产和租赁负债产生的差额调整固定资产初始确认成本。

3-9 对于职工提前离职按约定方式回售股份的会计处理

职工薪酬，指的是企业为获得职工提供的服务或终止劳动合同关系而给予的各种形式的报酬或补偿。股份支付是指企业为获取职工和其他方提供服务而授予权益工具或者承担以权益工具为基础确认的负债的交易。股权激励计划是否属于股份支付，关键在于判断企业为获取职工提供服务所付出的交易对价，是否与自身权益工具价值密切相关。

监管实践发现，部分公司对于向职工授予股份，并约定职工在服务期内离职需按照约定方式回售股份的会计处理，存在理解上的偏差和分歧。现就该事项的意见如下：

实务中存在一些股权激励计划，职工需通过提供一段期间的服务以获取低价认购的股份，如果职工在服务期内离职，股权激励计划将要求职工将股份回售给公司。职工尽管因离职未取得相应股份，但将股份回售仍可取得一定的收益，例如回售价格为认股价格加固定回报率或者每股净资产等。

上述股权激励计划中，如果职工因回售股份取得的收益与企业自身权益工具价值相关，则属于股份支付，企业应当按照股份支付准则有关规定，确认相关费用；如果职工回售取得的收益与企业自身权益工具价值没有密切关系，则不属于股份支付，企业应当按照职工薪酬准则有关规定，在职工为取得该收益提供服务的期间内分期确认职工薪酬费用。

3-10 搬迁补偿事项的会计处理

搬迁补偿事项中，企业通常与政府约定将拆除房屋建筑物后的土地交付给政府，政府综合考虑地上房屋建筑物价值、土地使用权价值、停工损失及其他搬迁支出等因素后，向企业支付搬迁补偿款。对于因公共利益进行搬迁，并且收到政府从财政预算直接拨付的搬迁补偿款，企业应当作为专项应付款处理，除此以外收到的搬迁补偿款，应当按照固定资产、政府补助等会计准则进行处理。其中，政府补助指的是企业从政府无偿取得货币性资产或非货币性资产，企业获得政府补助，通常无需向政府交付商品或服务等对价。

监管实践发现，部分公司对于不满足"因公共利益进行搬迁"以及"政府从财政预算直接拨付"的搬迁补偿事项会计处理存在理解上的偏差和分歧。现就该事项的意见如下：

对于企业收到的不满足专项应付款确认条件（"因公共利益进行搬迁"以及"政府从财政预算直接拨付"）的搬迁补偿款，一般情况下认为，在满足市场化原则、补偿价格公允的前提下，该款项实质上是政府为取得土地使用权等资产向企业支付的交易对价。对于实践中存在的各类搬迁补偿名目，企业通常应当将其整体作为资产处置对价进行会计处理，除非有确凿证据表明搬迁补偿款存在政府补助成分（如提前搬迁奖励款等附带额外政策条件和使用条件的奖励），且政府补助与资产处置部分能够明确区分，则对于政府补助部分，企业应当按照政府补助准则相关规定进行会计处理。

对于企业为履行上述资产处置交易而发生的房屋及其他附属物拆除损失、搬迁费用、停产停业期间支付的职工薪酬等费用，如果预计能够通过未来资产处置对价予以补偿的，企业可以按照流动性将其暂时计入其他流动资产或其他非流动资产，在处置资产终止确认时转入损益，否则应当在相关费用发生时计入损益。

3-11 固定资产达到预定可使用状态前试运行产品的会计处理

试运行产出的有关产品或副产品在对外销售前，符合存货准则规定的应当确认为存货，符合其他相关准则中有关资产确认条件的应当确认为相关资产。测试固定资产可否正常运转而发生的支出属于固定资产达到预定可使用状态前的必要支出，应当按照固定资产准则的有关规定，计入该固定资产成本。

监管实践发现，部分公司对于固定资产达到预定可使用状态前试运行产品的成本确认与计量问题，存在理解上的偏差和分歧。现就该事项的意见如下：

存货成本包括直接材料、直接人工以及按照一定方法分配的制造费用，是企业正常设计生产能力下的必要合理支出。固定资产达到预定可使用状态前试生产的存货，应以正常设计生产能力下的必要合理支出为基础，确认相关存货成本，试运行期间实际投入金额超出存货成本的部分计入在建工程。正常设计生产能力下的必要合理支出，应结合固定资产达到预定可使用状态后的正常设计产能、产品正常生产投入产出比等因素考虑。

5. 监管规则适用指引——会计类第 4 号（2024 年发布）

（2024 年 2 月 8 日中国证券监督管理委员会发布）

4-1 并表原始权益人合并财务报表层面关于基础设施 REITs 其他方持有份额的列报

区分金融负债和权益工具，重点在于判断企业是否存在无条件地避免交付现金或其他金融资产的合同义务。对于附有或有结算条款的金融工具，发行方不能无条件地避免交付现金、其他金融资产或者以其他导致该工具成为金融负债的方式进行结算的，应当将其分类为金融负债；但是如果满足只在发行方清算时才需结算，或者或有结算条款几乎不具有可能性等条件时，应当将其分类为权益工具。

监管实践发现，部分公司对于并表原始权益人在合并财务报表层面将基础设施领域不动产投资信托基金（简称"基础设施 REITs"）其他方持有的份额列报为负债还是权益，存在理解上的偏差和分歧。现就该事项的意见如下：并表原始权益人合并财务报表层面对于基础设施 REITs 其他方持有的份额，列报为负债还是权益，主要取决于原始权益人是否存在无条件避免交付现金或其他金融资产的义务，具体考虑以下两方面因素：一是基础设施 REITs 是否可以避免现金分配义务。根据证监会、交易所等相关监管要求，若基础设施 REITs 产品连续两年未按照相关规定将不低于基金年度可供分配金额的 90% 进行收益分配的，相关基金产品将按规定被交易所终止上市。据此，发行人有权选择在交易所终止上市以避免前述规定要求的现金分配义务。二是基础设施 REITs 是否可以避免到期强制清算义务。基础设施 REITs 虽然成立时设置了初始期限，但其可通过扩募购入新的基础设施资产延长合同期限。因此，如发行人已依照相关规定要求说明前述分配、终止上市和扩募延期安排，且不存在其他可能导致判断为金融负债的约定，则发行人不存在不可避免的支付义务，并表原始权益人在合并财务报表层面应将基础设施 REITs 其他方持有的份额列报为权益。从基础设施 REITs 其他投资方的会计处理角度看，其持有的份额在性质上属于权益工具投资。

4-2 研发服务合同中排他条款的会计处理

在识别转让商品合同中的履约义务时，需要考虑商品是否可明确区分，包括考虑是否与合同中承诺的其他商品存在重大整合、重大修改或定制以及具有高度关联性等因素。对于附有质量保证条款的销售，企业应当按性质将其所提供质量保证区分为保证类和服务类质量保证进行会计处理。监管实践发现，部分公司对于研发服务合同中包含的排他条款，例如一定时间内不能为其他公司提供类似研发服务等，应如何进行会计处理存在理解上的偏差和分歧。现就该事项的意见如下：

对于研发服务合同中约定的排他条款以及客户能够选择单独购买的排他协议，可参照收入准则中关于质量保证的有关规定进行会计处理。若相关排他服务可单独购买，或者是在研发服务提供结束后较长一段时间持续存在且不属于行业惯例的排他条款等情况的，则应将排他条款识别为单项履约义务，参照服务类质保进行会计处理。若排他性属于研发服务的属性或特有安排，与提供的研发服务密切相关，例如与研发服务履约期限相同，或者是按照行业惯例作出的约定等，则不应将排他条款识别为单项履约义务，参照保证类质保进行会计处理。

4-3 外购研发项目的会计处理

企业内部研究开发项目研究阶段的支出，应当于发生时计入当期损益。企业内部研究开发项目开发阶段的支出，同时满足一定条件的，才能确认为无形资产。监管实践发现，部分公司对于外购研发项目的会计处理存在理解上的偏差和分歧。现就该事项的意见如下：外购研发项目并后续用于自行研发的相关支出，其会计处理应遵守企业内部自行研发支出的资本化政策。若该外购研发项目用于公司自身研究阶段或尚未达到资本化时点的开发阶段，则公司应将其相关支出予以费用化，除非有确凿证据表明可通过将其对外出售等方式，在未来期间很可能给公司带来经济利益流入。

4-4 销售合同中附最低转售价担保的会计处理

销售合同中存在可变对价的，企业应当对计入交易价格的可变对价按照期望值或最可能发生金额进行估计。在每一资产负债表日，企业应当重新估计可变对价金额，以如实反映报告期末存在的情况以及报告期内发生的情况变化。监管实践发现，部分公司对于销售合同中附最低转售价担保的相关会计处理存在理解上的偏差和分歧。现就该事项的意见如下：

销售合同中附最低转售价担保，是指公司向客户销售商品时，约定当客户向第三方转售商品时售价低于某一约定金额，公司将向客户支付差价（即经担保的最低转售价值）。当公司保证客户将获得一项最低金额的出售收入时，应当审慎判断客户是否取得了商品的控制权。若客户取得了商品的控制权，公司确认收入时应当将其为客户提供的最低转售价担保作为可变对价进行会计处理。

4-5 权益法下顺流交易产生的未实现内部交易损益以处置或视同处置股权方式实现时的会计处理

权益法下，投资方计算确认应享有或分担被投资单位的净损益时，对于与被投资单位之间发生的未实现内部交易损益按照应享有的比例计算归属于投资方的部分，投资方在编制合并财务报表时，应当对顺流交易有关未实现的收入和成本或资产处置损益等中归属于投资方的部分予以抵销（投出或出售的资产构成业务的除外），在此基础上确认投资收益。监管实践发现，部分公司对于与原联营企业、合营企业之间顺流交易产生的未实现内部交易损益以处置或视同处置联营企业、合营企业股权的方式得以实现时的会计处理，存在理解上的偏差和分歧。现就该事项的意见如下：对于投资方与联营企业、合营企业之间发生顺流交易产生的未实现内部交易损益，因处置或视同处置联营企业、合营企业股权导致未实现内部交易损益得以实现，投资方应作为股权处置损益计入当期投资收益，前期在投资方合并财务报表中予以抵销的未实现内部交易相关收入、成本或资产处置损益等不予恢复。

4-6 合并财务报表层面分类为负债的特殊金融工具相关利息费用的资本化

企业发生的借款费用，可直接归属于符合资本化条件的资产的购建或者生产的，应当予以资本化，计入相关资产成本；其他借款费用，应当在发生时根据其发生额确认为费用，计入当期损益。

监管实践发现，部分公司对外融资符合企业会计准则中特殊金融工具的特征，在子公司个别财务报表中分类为权益工具，但在合并财务报表中分类为以摊余成本计量的金融负债。对于该合并财务报表层面金融负债确认的借款费用能否资本化，存在理解上的偏差和分歧。现就该事项的意见如下：对于前述在子公司报表层面分类为权益工具、在合并财务报表层面分类为金融负债的特殊金融工具产生的借款费用，符合借款费用资本化条件的，应当在合并财务报表层面予以资本化，计入相关资产成本。

4-7 非同一控制下企业合并中被购买方与政府补助相关的递延收益的会计处理

非同一控制下企业合并中，被购买方可辨认资产、负债等应当按照购买日的公允价值予以确认和计量，企业合并成本大于合并中取得的被购买方可辨认净资产公允价值份额的差额，确认为合并商誉。

监管实践发现，部分公司对于非同一控制下企业合并中被购买方与政府补助相关的递延收益在购买日如何确认和计量存在理解上的偏差和分歧。现就该事项的意见如下：非同一控制下的企业合并中，无论被购买方在其自身财务报表中对政府补助采用总额法还是净额法进行会计处理，购买方在购买日所确认的被购买方各项可辨认资产和负债的公允价值应保持一致，确认的合并商誉金额也应一致。购买方对于被购买方自身的财务报表中因政府补助确认的递延收益，如果相关政府补助款项不存在需要返还的现时义务，则购买方不应将该递延收益单独识别为一项可辨认负债。

4-8 关于租赁负债相关递延所得税资产的确认

企业确认由可抵扣暂时性差异产生的递延所得税资产，应当以未来期间很可能取得用以抵扣可抵扣暂时性差异的应纳税所得额为限。企业在确定未来期间很可能取得的应纳税所得额时，应考虑企业未来期间正常生产经营活动，以及应纳税暂时性差异在未来期间转回两方面的影响。

监管实践发现，部分公司对于预计未来期间公司根据相关税法规定确定的应纳税所得额整体为负数的情况下，是否应当确认租赁负债相关的递延所得税资产存在理解上的偏差和分歧。现就该事项的意见如下：

公司在确认递延所得税资产时，应当考虑公司当前应纳税暂时性差异在未来期间转回时将产生的可用来抵扣可抵扣暂时性差异的所得税影响。对于租赁交易，即使预计未来期间公司根据相关税法规定确定的应纳税所得额整体为负数，公司应当考虑预计未来期间转回的使用权资产等所产生的应纳税暂时性差异，确认与租赁负债相关的可抵扣暂时性差异产生的递延所得税资产。

6. 企业数据资源相关会计处理暂行规定（2023 年发布）

（财会〔2023〕11 号印发）

为规范企业数据资源相关会计处理，强化相关会计信息披露，根据《中华人民共和国会计法》和企业会计准则等相关规定，现对企业数据资源的相关会计处理规定如下：

一、关于适用范围

本规定适用于企业按照企业会计准则相关规定确认为无形资产或存货等资产类别的数据资源，以及企业合法拥有或控制的、预期会给企业带来经济利益的、但由于不满足企业会计准则相关资产确认条件而未确认为资产的数据资源的相关会计处理。

二、关于数据资源会计处理适用的准则

企业应当按照企业会计准则相关规定，根据数据资源的持有目的、形成方式、业务模式，以及与数据资源有关的经济利益的预期消耗方式等，对数据资源相关交易和事项进行会计确认、计量和报告。

1. 企业使用的数据资源，符合《企业会计准则第 6 号——无形资产》（财会〔2006〕3 号，以下简称无形资产准则）规定的定义和确认条件的，应当确认为无形资产。

2. 企业应当按照无形资产准则、《〈企业会计准则第 6 号——无形资产〉应用指南》（财会〔2006〕18 号，以下简称无形资产准则应用指南）等规定，对确认为无形资产的数据资源进行初始计量、后续计量、处置和报废等相关会计处理。

其中，企业通过外购方式取得确认为无形资产的数据资源，其成本包括购买价款、相关税费、直接归属于使该项无形资产达到预定用途所发生的数据脱敏、清洗、标注、整合、分析、可视化等加工过程所发生的有关支出，以及数据权属鉴证、质量评估、登记结算、安全管理等费用。企业通过外购方式取得数据采集、脱敏、清洗、标注、整合、分析、可视化等服务所发生的有关支出，不符合无形资产准则规定的无形资产定义和确认条件的，应当根据用途计入当期损益。

企业内部数据资源研究开发项目的支出，应当区分研究阶段支出与开发阶段支出。研究阶段的支出，应当于发生时计入当期损益。开发阶段的支出，满足无形资产准则第九条规定的有关条件的，才能确认为无形资产。

企业在对确认为无形资产的数据资源的使用寿命进行估计时，应当考虑无形资产准则应用指南规定的因素，并重点关注数据资源相关业务模式、权利限制、更新频率和时效性、有关产品或技术迭代、同类竞品等因素。

3. 企业在持有确认为无形资产的数据资源期间，利用数据资源对客户提供服务的，应当按照无形资产准则、无形资产准则应用指南等规定，将无形资产的摊销金额计入当期损益或相关资产成本；同时，企业应当按照《企业会计准则第 14 号——收入》（财会〔2017〕22 号，以下简称收入准则）等规定确认相关收入。

除上述情形外，企业利用数据资源对客户提供服务的，应当按照收入准则等规定确认相关收入，符合有关条件的应当确认合同履约成本。

4. 企业日常活动中持有、最终目的用于出售的数据资源，符合《企业会计准则第 1 号——存货》（财会〔2006〕3 号，以下简称存货准则）规定的定义和确认条件的，应当确认为存货。

5.企业应当按照存货准则、《〈企业会计准则第1号——存货〉应用指南》（财会〔2006〕18号）等规定，对确认为存货的数据资源进行初始计量、后续计量等相关会计处理。

其中，企业通过外购方式取得确认为存货的数据资源，其采购成本包括购买价款、相关税费、保险费，以及数据权属鉴证、质量评估、登记结算、安全管理等所发生的其他可归属于存货采购成本的费用。企业通过数据加工取得确认为存货的数据资源，其成本包括采购成本，数据采集、脱敏、清洗、标注、整合、分析、可视化等加工成本和使存货达到目前场所和状态所发生的其他支出。

6.企业出售确认为存货的数据资源，应当按照存货准则将其成本结转为当期损益；同时，企业应当按照收入准则等规定确认相关收入。

7.企业出售未确认为资产的数据资源，应当按照收入准则等规定确认相关收入。

三、关于列示和披露要求

（一）资产负债表相关列示。

企业在编制资产负债表时，应当根据重要性原则并结合本企业的实际情况，在"存货"项目下增设"其中：数据资源"项目，反映资产负债表日确认为存货的数据资源的期末账面价值；在"无形资产"项目下增设"其中：数据资源"项目，反映资产负债表日确认为无形资产的数据资源的期末账面价值；在"开发支出"项目下增设"其中：数据资源"项目，反映资产负债表日正在进行数据资源研究开发项目满足资本化条件的支出金额。

（二）相关披露。

企业应当按照相关企业会计准则及本规定等，在会计报表附注中对数据资源相关会计信息进行披露。

1.确认为无形资产的数据资源相关披露。

（1）企业应当按照外购无形资产、自行开发无形资产等类别，对确认为无形资产的数据资源(以下简称数据资源无形资产)相关会计信息进行披露，并可以在此基础上根据实际情况对类别进行拆分，具体披露格式如下：

项目	外购的数据资源无形资产	自行开发的数据资源无形资产	其他方式取得的数据资源无形资产	合计
一、账面原值				
1.期初余额				
2.本期增加金额				
其中：购入				
内部研发				
其他增加				
3.本期减少金额				
其中：处置				
失效且终止确认				
其他减少				

（续表）

项目	外购的数据资源无形资产	自行开发的数据资源无形资产	其他方式取得的数据资源无形资产	合计
4. 期末余额				
二、累计摊销				
1. 期初余额				
2. 本期增加金额				
3. 本期减少金额				
其中：处置				
失效且终止确认				
其他减少				
4. 期末余额				
三、减值准备				
1. 期初余额				
2. 本期增加金额				
3. 本期减少金额				
4. 期末余额				
四、账面价值				
1. 期末账面价值				
2. 期初账面价值				

（2）对于使用寿命有限的数据资源无形资产，企业应当披露其使用寿命的估计情况及摊销方法；对于使用寿命不确定的数据资源无形资产，企业应当披露其账面价值及使用寿命不确定的判断依据。

（3）企业应当按照《企业会计准则第28号——会计政策、会计估计变更和差错更正》（财会〔2006〕3号）的规定，披露对数据资源无形资产的摊销期、摊销方法或残值的变更内容、原因以及对当期和未来期间的影响数。

（4）企业应当单独披露对企业财务报表具有重要影响的单项数据资源无形资产的内容、账面价值和剩余摊销期限。

（5）企业应当披露所有权或使用权受到限制的数据资源无形资产，以及用于担保的数据资源无形资产的账面价值、当期摊销额等情况。

（6）企业应当披露计入当期损益和确认为无形资产的数据资源研究开发支出金额。

（7）企业应当按照《企业会计准则第8号——资产减值》（财会〔2006〕3号）等规定，披露与数据资源无形资产减值有关的信息。

（8）企业应当按照《企业会计准则第42号——持有待售的非流动资产、处置组和终止经营》（财会〔2017〕13号）等规定，披露划分为持有待售类别的数据资源无形资产有关信息。

2. 确认为存货的数据资源相关披露。

（1）企业应当按照外购存货、自行加工存货等类别，对确认为存货的数据资源（以下简称数据资源存货）相关会计信息进行披露，并可以在此基础上根据实际情况对类别进行拆分。具体披露格式如下：

项目	外购的数据资源存货	自行加工的数据资源存货	其他方式取得的数据资源存货	合计
一、账面原值				
1. 期初余额				
2. 本期增加金额				
其中：购入				
采集加工				
其他增加				
3. 本期减少金额				
其中：出售				
失效且终止确认				
其他减少				
4. 期末余额				
二、存货跌价准备				
1. 期初余额				
2. 本期增加金额				
3. 本期减少金额				
其中：转回				
转销				
4. 期末余额				
三、账面价值				
1. 期末账面价值				
2. 期初账面价值				

（2）企业应当披露确定发出数据资源存货成本所采用的方法。

（3）企业应当披露数据资源存货可变现净值的确定依据、存货跌价准备的计提方法、当期计提的存货跌价准备的金额、当期转回的存货跌价准备的金额，以及计提和转回的有关情况。

（4）企业应当单独披露对企业财务报表具有重要影响的单项数据资源存货的内容、账面价值和可变现净值。

（5）企业应当披露所有权或使用权受到限制的数据资源存货，以及用于担保的数据资源存货的账面价值等情况。

3. 其他披露要求。

企业对数据资源进行评估且评估结果对企业财务报表具有重要影响的，应当披露评估依据的信息来源，评估结论成立的假设前提和限制条件，评估方法的选择，各重要参数的来源、分析、比较与测算过程等信息。

企业可以根据实际情况，自愿披露数据资源（含未作为无形资产或存货确认的数据资源）下列相关信息：

（1）数据资源的应用场景或业务模式、对企业创造价值的影响方式，与数据资源应用场景相关的宏观经济和行业领域前景等。

（2）用于形成相关数据资源的原始数据的类型、规模、来源、权属、质量等信息。

（3）企业对数据资源的加工维护和安全保护情况，以及相关人才、关键技术等的持有和投入情况。

（4）数据资源的应用情况，包括数据资源相关产品或服务等的运营应用、作价出资、流通交易、服务计费方式等情况。

（5）重大交易事项中涉及的数据资源对该交易事项的影响及风险分析，重大交易事项包括但不限于企业的经营活动、投融资活动、质押融资、关联方及关联交易、承诺事项、或有事项、债务重组、资产置换等。

（6）数据资源相关权利的失效情况及失效事由、对企业的影响及风险分析等，如数据资源已确认为资产的，还包括相关资产的账面原值及累计摊销、减值准备或跌价准备、失效部分的会计处理。

（7）数据资源转让、许可或应用所涉及的地域限制、领域限制及法律法规限制等权利限制。

（8）企业认为有必要披露的其他数据资源相关信息。

四、附则

本规定自 2024 年 1 月 1 日起施行。企业应当采用未来适用法执行本规定，本规定施行前已经费用化计入损益的数据资源相关支出不再调整。

第八章　企业税收政策通知

1. 中华人民共和国企业所得税法（2018 年修订）

（2007 年 3 月 16 日第十届全国人民代表大会第五次会议通过　根据 2017 年 2 月 24 日第十二届全国人民代表大会常务委员会第二十六次会议《关于修改〈中华人民共和国企业所得税法〉的决定》第一次修正　根据 2018 年 12 月 29 日第十三届全国人民代表大会常务委员会第七次会议《关于修改〈中华人民共和国电力法〉等四部法律的决定》第二次修正）

第一章　总　　则

第一条　在中华人民共和国境内，企业和其他取得收入的组织（以下统称企业）为企业所得税的纳税人，依照本法的规定缴纳企业所得税。

个人独资企业、合伙企业不适用本法。

第二条 企业分为居民企业和非居民企业。

本法所称居民企业，是指依法在中国境内成立，或者依照外国（地区）法律成立但实际管理机构在中国境内的企业。

本法所称非居民企业，是指依照外国（地区）法律成立且实际管理机构不在中国境内，但在中国境内设立机构、场所的，或者在中国境内未设立机构、场所，但有来源于中国境内所得的企业。

第三条 居民企业应当就其来源于中国境内、境外的所得缴纳企业所得税。

非居民企业在中国境内设立机构、场所的，应当就其所设机构、场所取得的来源于中国境内的所得，以及发生在中国境外但与其所设机构、场所有实际联系的所得，缴纳企业所得税。

非居民企业在中国境内未设立机构、场所的，或者虽设立机构、场所但取得的所得与其所设机构、场所没有实际联系的，应当就其来源于中国境内的所得缴纳企业所得税。

第四条 企业所得税的税率为25%。

非居民企业取得本法第三条第三款规定的所得，适用税率为20%。

第二章　应纳税所得额

第五条 企业每一纳税年度的收入总额，减除不征税收入、免税收入、各项扣除以及允许弥补的以前年度亏损后的余额，为应纳税所得额。

第六条 企业以货币形式和非货币形式从各种来源取得的收入，为收入总额。包括：

（一）销售货物收入；

（二）提供劳务收入；

（三）转让财产收入；

（四）股息、红利等权益性投资收益；

（五）利息收入；

（六）租金收入；

（七）特许权使用费收入；

（八）接受捐赠收入；

（九）其他收入。

第七条 收入总额中的下列收入为不征税收入：

（一）财政拨款；

（二）依法收取并纳入财政管理的行政事业性收费、政府性基金；

（三）国务院规定的其他不征税收入。

第八条 企业实际发生的与取得收入有关的、合理的支出，包括成本、费用、税金、损失和其他支出，准予在计算应纳税所得额时扣除。

第九条 企业发生的公益性捐赠支出，在年度利润总额12%以内的部分，准予在计算应纳税所得额时扣除；超过年度利润总额12%的部分，准予结转以后三年内在计算应纳税所得额时扣除。

第十条 在计算应纳税所得额时，下列支出不得扣除：

（一）向投资者支付的股息、红利等权益性投资收益款项；

（二）企业所得税税款；

（三）税收滞纳金；

(四)罚金、罚款和被没收财物的损失;
(五)本法第九条规定以外的捐赠支出;
(六)赞助支出;
(七)未经核定的准备金支出;
(八)与取得收入无关的其他支出。

第十一条 在计算应纳税所得额时,企业按照规定计算的固定资产折旧,准予扣除。下列固定资产不得计算折旧扣除:
(一)房屋、建筑物以外未投入使用的固定资产;
(二)以经营租赁方式租入的固定资产;
(三)以融资租赁方式租出的固定资产;
(四)已足额提取折旧仍继续使用的固定资产;
(五)与经营活动无关的固定资产;
(六)单独估价作为固定资产入账的土地;
(七)其他不得计算折旧扣除的固定资产。

第十二条 在计算应纳税所得额时,企业按照规定计算的无形资产摊销费用,准予扣除。下列无形资产不得计算摊销费用扣除:
(一)自行开发的支出已在计算应纳税所得额时扣除的无形资产;
(二)自创商誉;
(三)与经营活动无关的无形资产;
(四)其他不得计算摊销费用扣除的无形资产。

第十三条 在计算应纳税所得额时,企业发生的下列支出作为长期待摊费用,按照规定摊销的,准予扣除:
(一)已足额提取折旧的固定资产的改建支出;
(二)租入固定资产的改建支出;
(三)固定资产的大修理支出;
(四)其他应当作为长期待摊费用的支出。

第十四条 企业对外投资期间,投资资产的成本在计算应纳税所得额时不得扣除。

第十五条 企业使用或者销售存货,按照规定计算的存货成本,准予在计算应纳税所得额时扣除。

第十六条 企业转让资产,该项资产的净值,准予在计算应纳税所得额时扣除。

第十七条 企业在汇总计算缴纳企业所得税时,其境外营业机构的亏损不得抵减境内营业机构的盈利。

第十八条 企业纳税年度发生的亏损,准予向以后年度结转,用以后年度的所得弥补,但结转年限最长不得超过五年。

第十九条 非居民企业取得本法第三条第三款规定的所得,按照下列方法计算其应纳税所得额:
(一)股息、红利等权益性投资收益和利息、租金、特许权使用费所得,以收入全额为应纳税所得额;
(二)转让财产所得,以收入全额减除财产净值后的余额为应纳税所得额;
(三)其他所得,参照前两项规定的方法计算应纳税所得额。

第二十条 本章规定的收入、扣除的具体范围、标准和资产的税务处理的具体办法,由国务院财政、税务主管部门规定。

第二十一条 在计算应纳税所得额时,企业财务、会计处理办法与税收法律、行政法规的规定不一致的,应当依照税收法律、行政法规的规定计算。

第三章 应 纳 税 额

第二十二条 企业的应纳税所得额乘以适用税率,减除依照本法关于税收优惠的规定减免和抵免的税额后的余额,为应纳税额。

第二十三条 企业取得的下列所得已在境外缴纳的所得税税额,可以从其当期应纳税额中抵免,抵免限额为该项所得依照本法规定计算的应纳税额;超过抵免限额的部分,可以在以后五个年度内,用每年度抵免限额抵免当年应抵税额后的余额进行抵补:

(一)居民企业来源于中国境外的应税所得;

(二)非居民企业在中国境内设立机构、场所,取得发生在中国境外但与该机构、场所有实际联系的应税所得。

第二十四条 居民企业从其直接或者间接控制的外国企业分得的来源于中国境外的股息、红利等权益性投资收益,外国企业在境外实际缴纳的所得税税额中属于该项所得负担的部分,可以作为该居民企业的可抵免境外所得税税额,在本法第二十三条规定的抵免限额内抵免。

第四章 税 收 优 惠

第二十五条 国家对重点扶持和鼓励发展的产业和项目,给予企业所得税优惠。

第二十六条 企业的下列收入为免税收入:

(一)国债利息收入;

(二)符合条件的居民企业之间的股息、红利等权益性投资收益;

(三)在中国境内设立机构、场所的非居民企业从居民企业取得与该机构、场所有实际联系的股息、红利等权益性投资收益;

(四)符合条件的非营利组织的收入。

第二十七条 企业的下列所得,可以免征、减征企业所得税:

(一)从事农、林、牧、渔业项目的所得;

(二)从事国家重点扶持的公共基础设施项目投资经营的所得;

(三)从事符合条件的环境保护、节能节水项目的所得;

(四)符合条件的技术转让所得;

(五)本法第三条第三款规定的所得。

第二十八条 符合条件的小型微利企业,减按20%的税率征收企业所得税。

国家需要重点扶持的高新技术企业,减按15%的税率征收企业所得税。

第二十九条 民族自治地方的自治机关对本民族自治地方的企业应缴纳的企业所得税中属于地方分享的部分,可以决定减征或者免征。自治州、自治县决定减征或者免征的,须报省、自治区、直辖市人民政府批准。

第三十条 企业的下列支出,可以在计算应纳税所得额时加计扣除:

(一)开发新技术、新产品、新工艺发生的研究开发费用;

(二)安置残疾人员及国家鼓励安置的其他就业人员所支付的工资。

第三十一条 创业投资企业从事国家需要重点扶持和鼓励的创业投资,可以按投资额的一定比例抵扣应纳税所得额。

第三十二条 企业的固定资产由于技术进步等原因,确需加速折旧的,可以缩短折旧年限或者采取加速折旧的方法。

第三十三条 企业综合利用资源,生产符合国家产业政策规定的产品所取得的收入,可以在计算应纳税所得额时减计收入。

第三十四条 企业购置用于环境保护、节能节水、安全生产等专用设备的投资额，可以按一定比例实行税额抵免。

第三十五条 本法规定的税收优惠的具体办法，由国务院规定。

第三十六条 根据国民经济和社会发展的需要，或者由于突发事件等原因对企业经营活动产生重大影响的，国务院可以制定企业所得税专项优惠政策，报全国人民代表大会常务委员会备案。

第五章 源泉扣缴

第三十七条 对非居民企业取得本法第三条第三款规定的所得应缴纳的所得税，实行源泉扣缴，以支付人为扣缴义务人。税款由扣缴义务人在每次支付或者到期应支付时，从支付或者到期应支付的款项中扣缴。

第三十八条 对非居民企业在中国境内取得工程作业和劳务所得应缴纳的所得税，税务机关可以指定工程价款或者劳务费的支付人为扣缴义务人。

第三十九条 依照本法第三十七条、第三十八条规定应当扣缴的所得税，扣缴义务人未依法扣缴或者无法履行扣缴义务的，由纳税人在所得发生地缴纳。纳税人未依法缴纳的，税务机关可以从该纳税人在中国境内其他收入项目的支付人应付的款项中，追缴该纳税人的应纳税款。

第四十条 扣缴义务人每次代扣的税款，应当自代扣之日起七日内缴入国库，并向所在地的税务机关报送扣缴企业所得税报告表。

第六章 特别纳税调整

第四十一条 企业与其关联方之间的业务往来，不符合独立交易原则而减少企业或者其关联方应纳税收入或者所得额的，税务机关有权按照合理方法调整。

企业与其关联方共同开发、受让无形资产，或者共同提供、接受劳务发生的成本，在计算应纳税所得额时应当按照独立交易原则进行分摊。

第四十二条 企业可以向税务机关提出与其关联方之间业务往来的定价原则和计算方法，税务机关与企业协商、确认后，达成预约定价安排。

第四十三条 企业向税务机关报送年度企业所得税纳税申报表时，应当就其与关联方之间的业务往来，附送年度关联业务往来报告表。

税务机关在进行关联业务调查时，企业及其关联方，以及与关联业务调查有关的其他企业，应当按照规定提供相关资料。

第四十四条 企业不提供与其关联方之间业务往来资料，或者提供虚假、不完整资料，未能真实反映其关联业务往来情况的，税务机关有权依法核定其应纳税所得额。

第四十五条 由居民企业，或者由居民企业和中国居民控制的设立在实际税负明显低于本法第四条第一款规定税率水平的国家（地区）的企业，并非由于合理的经营需要而对利润不作分配或者减少分配的，上述利润中应归属于该居民企业的部分，应当计入该居民企业的当期收入。

第四十六条 企业从其关联方接受的债权性投资与权益性投资的比例超过规定标准而发生的利息支出，不得在计算应纳税所得额时扣除。

第四十七条 企业实施其他不具有合理商业目的的安排而减少其应纳税收入或者所得额的，税务机关有权按照合理方法调整。

第四十八条 税务机关依照本章规定作出纳税调整，需要补征税款的，应当补征税款，并按照国务院规定加收利息。

第七章　征 收 管 理

第四十九条　企业所得税的征收管理除本法规定外，依照《中华人民共和国税收征收管理法》的规定执行。

第五十条　除税收法律、行政法规另有规定外，居民企业以企业登记注册地为纳税地点；但登记注册地在境外的，以实际管理机构所在地为纳税地点。

居民企业在中国境内设立不具有法人资格的营业机构的，应当汇总计算并缴纳企业所得税。

第五十一条　非居民企业取得本法第三条第二款规定的所得，以机构、场所所在地为纳税地点。非居民企业在中国境内设立两个或者两个以上机构、场所，符合国务院税务主管部门规定条件的，可以选择由其主要机构、场所汇总缴纳企业所得税。

非居民企业取得本法第三条第三款规定的所得，以扣缴义务人所在地为纳税地点。

第五十二条　除国务院另有规定外，企业之间不得合并缴纳企业所得税。

第五十三条　企业所得税按纳税年度计算。纳税年度自公历1月1日起至12月31日止。

企业在一个纳税年度中间开业，或者终止经营活动，使该纳税年度的实际经营期不足十二个月的，应当以其实际经营期为一个纳税年度。

企业依法清算时，应当以清算期间作为一个纳税年度。

第五十四条　企业所得税分月或者分季预缴。

企业应当自月份或者季度终了之日起十五日内，向税务机关报送预缴企业所得税纳税申报表，预缴税款。

企业应当自年度终了之日起五个月内，向税务机关报送年度企业所得税纳税申报表，并汇算清缴，结清应缴应退税款。

企业在报送企业所得税纳税申报表时，应当按照规定附送财务会计报告和其他有关资料。

第五十五条　企业在年度中间终止经营活动的，应当自实际经营终止之日起六十日内，向税务机关办理当期企业所得税汇算清缴。

企业应当在办理注销登记前，就其清算所得向税务机关申报并依法缴纳企业所得税。

第五十六条　依照本法缴纳的企业所得税，以人民币计算。所得以人民币以外的货币计算的，应当折合成人民币计算并缴纳税款。

第八章　附　　则

第五十七条　本法公布前已经批准设立的企业，依照当时的税收法律、行政法规规定，享受低税率优惠的，按照国务院规定，可以在本法施行后五年内，逐步过渡到本法规定的税率；享受定期减免税优惠的，按照国务院规定，可以在本法施行后继续享受到期满为止，但因未获利而尚未享受优惠的，优惠期限从本法施行年度起计算。

法律设置的发展对外经济合作和技术交流的特定地区内，以及国务院已规定执行上述地区特殊政策的地区内新设立的国家需要重点扶持的高新技术企业，可以享受过渡性税收优惠，具体办法由国务院规定。

国家已确定的其他鼓励类企业，可以按照国务院规定享受减免税优惠。

第五十八条　中华人民共和国政府同外国政府订立的有关税收的协定与本法有不同规定的，依照协定的规定办理。

第五十九条　国务院根据本法制定实施条例。

第六十条　本法自2008年1月1日起施行。1991年4月9日第七届全国人民代表大会第四次会议通过的《中华人民共和国外商投资企业和外国企业所得税法》和1993年12月13日国务院发布的《中华人民共和国企业所得税暂行条例》同时废止。

2. 中华人民共和国企业所得税法实施条例（2019年修订）

（2007年12月6日中华人民共和国国务院令第512号公布 根据2019年4月23日《国务院关于修改部分行政法规的决定》修订）

第一章 总 则

第一条 根据《中华人民共和国企业所得税法》（以下简称企业所得税法）的规定，制定本条例。

第二条 企业所得税法第一条所称个人独资企业、合伙企业，是指依照中国法律、行政法规成立的个人独资企业、合伙企业。

第三条 企业所得税法第二条所称依法在中国境内成立的企业，包括依照中国法律、行政法规在中国境内成立的企业、事业单位、社会团体以及其他取得收入的组织。

企业所得税法第二条所称依照外国（地区）法律成立的企业，包括依照外国（地区）法律成立的企业和其他取得收入的组织。

第四条 企业所得税法第二条所称实际管理机构，是指对企业的生产经营、人员、账务、财产等实施实质性全面管理和控制的机构。

第五条 企业所得税法第二条第三款所称机构、场所，是指在中国境内从事生产经营活动的机构、场所，包括：

（一）管理机构、营业机构、办事机构；

（二）工厂、农场、开采自然资源的场所；

（三）提供劳务的场所；

（四）从事建筑、安装、装配、修理、勘探等工程作业的场所；

（五）其他从事生产经营活动的机构、场所。

非居民企业委托营业代理人在中国境内从事生产经营活动的，包括委托单位或者个人经常代其签订合同，或者储存、交付货物等，该营业代理人视为非居民企业在中国境内设立的机构、场所。

第六条 企业所得税法第三条所称所得，包括销售货物所得、提供劳务所得、转让财产所得、股息红利等权益性投资所得、利息所得、租金所得、特许权使用费所得、接受捐赠所得和其他所得。

第七条 企业所得税法第三条所称来源于中国境内、境外的所得，按照以下原则确定：

（一）销售货物所得，按照交易活动发生地确定；

（二）提供劳务所得，按照劳务发生地确定；

（三）转让财产所得，不动产转让所得按照不动产所在地确定，动产转让所得按照转让动产的企业或者机构、场所所在地确定，权益性投资资产转让所得按照被投资企业所在地确定；

（四）股息、红利等权益性投资所得，按照分配所得的企业所在地确定；

（五）利息所得、租金所得、特许权使用费所得，按照负担、支付所得的企业或者机构、场所所在地确定，或者按照负担、支付所得的个人的住所地确定；

（六）其他所得，由国务院财政、税务主管部门确定。

第八条 企业所得税法第三条所称实际联系,是指非居民企业在中国境内设立的机构、场所拥有据以取得所得的股权、债权,以及拥有、管理、控制据以取得所得的财产等。

第二章 应纳税所得额

第一节 一般规定

第九条 企业应纳税所得额的计算,以权责发生制为原则,属于当期的收入和费用,不论款项是否收付,均作为当期的收入和费用;不属于当期的收入和费用,即使款项已经在当期收付,均不作为当期的收入和费用。本条例和国务院财政、税务主管部门另有规定的除外。

第十条 企业所得税法第五条所称亏损,是指企业依照企业所得税法和本条例的规定将每一纳税年度的收入总额减除不征税收入、免税收入和各项扣除后小于零的数额。

第十一条 企业所得税法第五十五条所称清算所得,是指企业的全部资产可变现价值或者交易价格减除资产净值、清算费用以及相关税费等后的余额。

投资方企业从被清算企业分得的剩余资产,其中相当于从被清算企业累计未分配利润和累计盈余公积中应当分得的部分,应当确认为股息所得;剩余资产减除上述股息所得后的余额,超过或者低于投资成本的部分,应当确认为投资资产转让所得或者损失。

第二节 收 入

第十二条 企业所得税法第六条所称企业取得收入的货币形式,包括现金、存款、应收账款、应收票据、准备持有至到期的债券投资以及债务的豁免等。

企业所得税法第六条所称企业取得收入的非货币形式,包括固定资产、生物资产、无形资产、股权投资、存货、不准备持有至到期的债券投资、劳务以及有关权益等。

第十三条 企业所得税法第六条所称企业以非货币形式取得的收入,应当按照公允价值确定收入额。

前款所称公允价值,是指按照市场价格确定的价值。

第十四条 企业所得税法第六条第(一)项所称销售货物收入,是指企业销售商品、产品、原材料、包装物、低值易耗品以及其他存货取得的收入。

第十五条 企业所得税法第六条第(二)项所称提供劳务收入,是指企业从事建筑安装、修理修配、交通运输、仓储租赁、金融保险、邮电通信、咨询经纪、文化体育、科学研究、技术服务、教育培训、餐饮住宿、中介代理、卫生保健、社区服务、旅游、娱乐、加工以及其他劳务服务活动取得的收入。

第十六条 企业所得税法第六条第(三)项所称转让财产收入,是指企业转让固定资产、生物资产、无形资产、股权、债权等财产取得的收入。

第十七条 企业所得税法第六条第(四)项所称股息、红利等权益性投资收益,是指企业因权益性投资从被投资方取得的收入。

股息、红利等权益性投资收益,除国务院财政、税务主管部门另有规定外,按照被投资方作出利润分配决定的日期确认收入的实现。

第十八条 企业所得税法第六条第(五)项所称利息收入,是指企业将资金提供他人使用但不构成权益性投资,或者因他人占用本企业资金取得的收入,包括存款利息、贷款利息、债券利息、欠款利息等收入。

利息收入,按照合同约定的债务人应付利息的日期确认收入的实现。

第十九条 企业所得税法第六条第(六)项所称租金收入,是指企业提供固定资产、包装物或者其他有形资产的使用权取得的收入。

租金收入，按照合同约定的承租人应付租金的日期确认收入的实现。

第二十条 企业所得税法第六条第（七）项所称特许权使用费收入，是指企业提供专利权、非专利技术、商标权、著作权以及其他特许权的使用权取得的收入。

特许权使用费收入，按照合同约定的特许权使用人应付特许权使用费的日期确认收入的实现。

第二十一条 企业所得税法第六条第（八）项所称接受捐赠收入，是指企业接受的来自其他企业、组织或者个人无偿给予的货币性资产、非货币性资产。

接受捐赠收入，按照实际收到捐赠资产的日期确认收入的实现。

第二十二条 企业所得税法第六条第（九）项所称其他收入，是指企业取得的除企业所得税法第六条第（一）项至第（八）项规定的收入外的其他收入，包括企业资产溢余收入、逾期未退包装物押金收入、确实无法偿付的应付款项、已作坏账损失处理后又收回的应收款项、债务重组收入、补贴收入、违约金收入、汇兑收益等。

第二十三条 企业的下列生产经营业务可以分期确认收入的实现：

（一）以分期收款方式销售货物的，按照合同约定的收款日期确认收入的实现；

（二）企业受托加工制造大型机械设备、船舶、飞机，以及从事建筑、安装、装配工程业务或者提供其他劳务等，持续时间超过12个月的，按照纳税年度内完工进度或者完成的工作量确认收入的实现。

第二十四条 采取产品分成方式取得收入的，按照企业分得产品的日期确认收入的实现，其收入额按照产品的公允价值确定。

第二十五条 企业发生非货币性资产交换，以及将货物、财产、劳务用于捐赠、偿债、赞助、集资、广告、样品、职工福利或者利润分配等用途的，应当视同销售货物、转让财产或者提供劳务，但国务院财政、税务主管部门另有规定的除外。

第二十六条 企业所得税法第七条第（一）项所称财政拨款，是指各级人民政府对纳入预算管理的事业单位、社会团体等组织拨付的财政资金，但国务院和国务院财政、税务主管部门另有规定的除外。

企业所得税法第七条第（二）项所称行政事业性收费，是指依照法律法规等有关规定，按照国务院规定程序批准，在实施社会公共管理，以及在向公民、法人或者其他组织提供特定公共服务过程中，向特定对象收取并纳入财政管理的费用。

企业所得税法第七条第（二）项所称政府性基金，是指企业依照法律、行政法规等有关规定，代政府收取的具有专项用途的财政资金。

企业所得税法第七条第（三）项所称国务院规定的其他不征税收入，是指企业取得的，由国务院财政、税务主管部门规定专项用途并经国务院批准的财政性资金。

第三节 扣 除

第二十七条 企业所得税法第八条所称有关的支出，是指与取得收入直接相关的支出。

企业所得税法第八条所称合理的支出，是指符合生产经营活动常规，应当计入当期损益或者有关资产成本的必要和正常的支出。

第二十八条 企业发生的支出应当区分收益性支出和资本性支出。收益性支出在发生当期直接扣除；资本性支出应当分期扣除或者计入有关资产成本，不得在发生当期直接扣除。

企业的不征税收入用于支出所形成的费用或者财产，不得扣除或者计算对应的折旧、摊销扣除。

除企业所得税法和本条例另有规定外，企业实际发生的成本、费用、税金、损失和其他支出，不得重复扣除。

第二十九条　企业所得税法第八条所称成本，是指企业在生产经营活动中发生的销售成本、销货成本、业务支出以及其他耗费。

第三十条　企业所得税法第八条所称费用，是指企业在生产经营活动中发生的销售费用、管理费用和财务费用，已经计入成本的有关费用除外。

第三十一条　企业所得税法第八条所称税金，是指企业发生的除企业所得税和允许抵扣的增值税以外的各项税金及其附加。

第三十二条　企业所得税法第八条所称损失，是指企业在生产经营活动中发生的固定资产和存货的盘亏、毁损、报废损失，转让财产损失，呆账损失，坏账损失，自然灾害等不可抗力因素造成的损失以及其他损失。

企业发生的损失，减除责任人赔偿和保险赔款后的余额，依照国务院财政、税务主管部门的规定扣除。

企业已经作为损失处理的资产，在以后纳税年度又全部收回或者部分收回时，应当计入当期收入。

第三十三条　企业所得税法第八条所称其他支出，是指除成本、费用、税金、损失外，企业在生产经营活动中发生的与生产经营活动有关的、合理的支出。

第三十四条　企业发生的合理的工资薪金支出，准予扣除。

前款所称工资薪金，是指企业每一纳税年度支付给在本企业任职或者受雇的员工的所有现金形式或者非现金形式的劳动报酬，包括基本工资、奖金、津贴、补贴、年终加薪、加班工资，以及与员工任职或者受雇有关的其他支出。

第三十五条　企业依照国务院有关主管部门或者省级人民政府规定的范围和标准为职工缴纳的基本养老保险费、基本医疗保险费、失业保险费、工伤保险费、生育保险费等基本社会保险费和住房公积金，准予扣除。

企业为投资者或者职工支付的补充养老保险费、补充医疗保险费，在国务院财政、税务主管部门规定的范围和标准内，准予扣除。

第三十六条　除企业依照国家有关规定为特殊工种职工支付的人身安全保险费和国务院财政、税务主管部门规定可以扣除的其他商业保险费外，企业为投资者或者职工支付的商业保险费，不得扣除。

第三十七条　企业在生产经营活动中发生的合理的不需要资本化的借款费用，准予扣除。

企业为购置、建造固定资产、无形资产和经过12个月以上的建造才能达到预定可销售状态的存货发生借款的，在有关资产购置、建造期间发生的合理的借款费用，应当作为资本性支出计入有关资产的成本，并依照本条例的规定扣除。

第三十八条　企业在生产经营活动中发生的下列利息支出，准予扣除：

（一）非金融企业向金融企业借款的利息支出、金融企业的各项存款利息支出和同业拆借利息支出、企业经批准发行债券的利息支出；

（二）非金融企业向非金融企业借款的利息支出，不超过按照金融企业同期同类贷款利率计算的数额的部分。

第三十九条　企业在货币交易中，以及纳税年度终了时将人民币以外的货币性资产、负债按照期末即期人民币汇率中间价折算为人民币时产生的汇兑损失，除已经计入有关资产成本以及与向所有者进行利润分配相关的部分外，准予扣除。

第四十条　企业发生的职工福利费支出，不超过工资薪金总额14%的部分，准予扣除。

第四十一条　企业拨缴的工会经费，不超过工资薪金总额2%的部分，准予扣除。

第四十二条　除国务院财政、税务主管部门另有规定外，企业发生的职工教育经费支出，不超过工资薪金总额2.5%的部分，准予扣除；超过部分，准予在以后纳税年度结转扣除。

第四十三条 企业发生的与生产经营活动有关的业务招待费支出,按照发生额的60%扣除,但最高不得超过当年销售(营业)收入的5‰。

第四十四条 企业发生的符合条件的广告费和业务宣传费支出,除国务院财政、税务主管部门另有规定外,不超过当年销售(营业)收入15%的部分,准予扣除;超过部分,准予在以后纳税年度结转扣除。

第四十五条 企业依照法律、行政法规有关规定提取的用于环境保护、生态恢复等方面的专项资金,准予扣除。上述专项资金提取后改变用途的,不得扣除。

第四十六条 企业参加财产保险,按照规定缴纳的保险费,准予扣除。

第四十七条 企业根据生产经营活动的需要租入固定资产支付的租赁费,按照以下方法扣除:

(一)以经营租赁方式租入固定资产发生的租赁费支出,按照租赁期限均匀扣除;

(二)以融资租赁方式租入固定资产发生的租赁费支出,按照规定构成融资租入固定资产价值的部分应当提取折旧费用,分期扣除。

第四十八条 企业发生的合理的劳动保护支出,准予扣除。

第四十九条 企业之间支付的管理费、企业内营业机构之间支付的租金和特许权使用费,以及非银行企业内营业机构之间支付的利息,不得扣除。

第五十条 非居民企业在中国境内设立的机构、场所,就其中国境外总机构发生的与该机构、场所生产经营有关的费用,能够提供总机构出具的费用汇集范围、定额、分配依据和方法等证明文件,并合理分摊的,准予扣除。

第五十一条 企业所得税法第九条所称公益性捐赠,是指企业通过公益性社会组织或者县级以上人民政府及其部门,用于符合法律规定的慈善活动、公益事业的捐赠。

第五十二条 本条例第五十一条所称公益性社会组织,是指同时符合下列条件的慈善组织以及其他社会组织:

(一)依法登记,具有法人资格;

(二)以发展公益事业为宗旨,且不以营利为目的;

(三)全部资产及其增值为该法人所有;

(四)收益和营运结余主要用于符合该法人设立目的的事业;

(五)终止后的剩余财产不归属任何个人或者营利组织;

(六)不经营与其设立目的无关的业务;

(七)有健全的财务会计制度;

(八)捐赠者不以任何形式参与该法人财产的分配;

(九)国务院财政、税务主管部门会同国务院民政部门等登记管理部门规定的其他条件。

第五十三条 企业当年发生以及以前年度结转的公益性捐赠支出,不超过年度利润总额12%的部分,准予扣除。

年度利润总额,是指企业依照国家统一会计制度的规定计算的年度会计利润。

第五十四条 企业所得税法第十条第(六)项所称赞助支出,是指企业发生的与生产经营活动无关的各种非广告性质支出。

第五十五条 企业所得税法第十条第(七)项所称未经核定的准备金支出,是指不符合国务院财政、税务主管部门规定的各项资产减值准备、风险准备等准备金支出。

第四节 资产的税务处理

第五十六条 企业的各项资产,包括固定资产、生物资产、无形资产、长期待摊费用、投资资产、存货等,以历史成本为计税基础。

前款所称历史成本，是指企业取得该项资产时实际发生的支出。

企业持有各项资产期间资产增值或者减值，除国务院财政、税务主管部门规定可以确认损益外，不得调整该资产的计税基础。

第五十七条 企业所得税法第十一条所称固定资产，是指企业为生产产品、提供劳务、出租或者经营管理而持有的、使用时间超过12个月的非货币性资产，包括房屋、建筑物、机器、机械、运输工具以及其他与生产经营活动有关的设备、器具、工具等。

第五十八条 固定资产按照以下方法确定计税基础：

（一）外购的固定资产，以购买价款和支付的相关税费以及直接归属于使该资产达到预定用途发生的其他支出为计税基础；

（二）自行建造的固定资产，以竣工结算前发生的支出为计税基础；

（三）融资租入的固定资产，以租赁合同约定的付款总额和承租人在签订租赁合同过程中发生的相关费用为计税基础，租赁合同未约定付款总额的，以该资产的公允价值和承租人在签订租赁合同过程中发生的相关费用为计税基础；

（四）盘盈的固定资产，以同类固定资产的重置完全价值为计税基础；

（五）通过捐赠、投资、非货币性资产交换、债务重组等方式取得的固定资产，以该资产的公允价值和支付的相关税费为计税基础；

（六）改建的固定资产，除企业所得税法第十三条第（一）项和第（二）项规定的支出外，以改建过程中发生的改建支出增加计税基础。

第五十九条 固定资产按照直线法计算的折旧，准予扣除。

企业应当自固定资产投入使用月份的次月起计算折旧；停止使用的固定资产，应当自停止使用月份的次月起停止计算折旧。

企业应当根据固定资产的性质和使用情况，合理确定固定资产的预计净残值。固定资产的预计净残值一经确定，不得变更。

第六十条 除国务院财政、税务主管部门另有规定外，固定资产计算折旧的最低年限如下：

（一）房屋、建筑物，为20年；

（二）飞机、火车、轮船、机器、机械和其他生产设备，为10年；

（三）与生产经营活动有关的器具、工具、家具等，为5年；

（四）飞机、火车、轮船以外的运输工具，为4年；

（五）电子设备，为3年。

第六十一条 从事开采石油、天然气等矿产资源的企业，在开始商业性生产前发生的费用和有关固定资产的折耗、折旧方法，由国务院财政、税务主管部门另行规定。

第六十二条 生产性生物资产按照以下方法确定计税基础：

（一）外购的生产性生物资产，以购买价款和支付的相关税费为计税基础；

（二）通过捐赠、投资、非货币性资产交换、债务重组等方式取得的生产性生物资产，以该资产的公允价值和支付的相关税费为计税基础。

前款所称生产性生物资产，是指企业为生产农产品、提供劳务或者出租等而持有的生物资产，包括经济林、薪炭林、产畜和役畜等。

第六十三条 生产性生物资产按照直线法计算的折旧，准予扣除。

企业应当自生产性生物资产投入使用月份的次月起计算折旧；停止使用的生产性生物资产，应当自停止使用月份的次月起停止计算折旧。

企业应当根据生产性生物资产的性质和使用情况，合理确定生产性生物资产的预计净残值。生产性生物资产的预计净残值一经确定，不得变更。

第六十四条 生产性生物资产计算折旧的最低年限如下：

（一）林木类生产性生物资产，为10年；

（二）畜类生产性生物资产，为3年。

第六十五条 企业所得税法第十二条所称无形资产，是指企业为生产产品、提供劳务、出租或者经营管理而持有的、没有实物形态的非货币性长期资产，包括专利权、商标权、著作权、土地使用权、非专利技术、商誉等。

第六十六条 无形资产按照以下方法确定计税基础：

（一）外购的无形资产，以购买价款和支付的相关税费以及直接归属于使该资产达到预定用途发生的其他支出为计税基础；

（二）自行开发的无形资产，以开发过程中该资产符合资本化条件后至达到预定用途前发生的支出为计税基础；

（三）通过捐赠、投资、非货币性资产交换、债务重组等方式取得的无形资产，以该资产的公允价值和支付的相关税费为计税基础。

第六十七条 无形资产按照直线法计算的摊销费用，准予扣除。

无形资产的摊销年限不得低于10年。

作为投资或者受让的无形资产，有关法律规定或者合同约定了使用年限的，可以按照规定或者约定的使用年限分期摊销。

外购商誉的支出，在企业整体转让或者清算时，准予扣除。

第六十八条 企业所得税法第十三条第（一）项和第（二）项所称固定资产的改建支出，是指改变房屋或者建筑物结构、延长使用年限等发生的支出。

企业所得税法第十三条第（一）项规定的支出，按照固定资产预计尚可使用年限分期摊销；第（二）项规定的支出，按照合同约定的剩余租赁期限分期摊销。

改建的固定资产延长使用年限的，除企业所得税法第十三条第（一）项和第（二）项规定外，应当适当延长折旧年限。

第六十九条 企业所得税法第十三条第（三）项所称固定资产的大修理支出，是指同时符合下列条件的支出：

（一）修理支出达到取得固定资产时的计税基础50%以上；

（二）修理后固定资产的使用年限延长2年以上。

企业所得税法第十三条第（三）项规定的支出，按照固定资产尚可使用年限分期摊销。

第七十条 企业所得税法第十三条第（四）项所称其他应当作为长期待摊费用的支出，自支出发生月份的次月起，分期摊销，摊销年限不得低于3年。

第七十一条 企业所得税法第十四条所称投资资产，是指企业对外进行权益性投资和债权性投资形成的资产。

企业在转让或者处置投资资产时，投资资产的成本，准予扣除。

投资资产按照以下方法确定成本：

（一）通过支付现金方式取得的投资资产，以购买价款为成本；

（二）通过支付现金以外的方式取得的投资资产，以该资产的公允价值和支付的相关税费为成本。

第七十二条 企业所得税法第十五条所称存货，是指企业持有以备出售的产品或者商品、处在生产过程中的在产品、在生产或者提供劳务过程中耗用的材料和物料等。

存货按照以下方法确定成本：

（一）通过支付现金方式取得的存货，以购买价款和支付的相关税费为成本；

（二）通过支付现金以外的方式取得的存货，以该存货的公允价值和支付的相关税费为成本；

（三）生产性生物资产收获的农产品，以产出或者采收过程中发生的材料费、人工费和分摊的间接费用等必要支出为成本。

第七十三条 企业使用或者销售的存货的成本计算方法，可以在先进先出法、加权平均法、个别计价法中选用一种。计价方法一经选用，不得随意变更。

第七十四条 企业所得税法第十六条所称资产的净值和第十九条所称财产净值，是指有关资产、财产的计税基础减除已经按照规定扣除的折旧、折耗、摊销、准备金等后的余额。

第七十五条 除国务院财政、税务主管部门另有规定外，企业在重组过程中，应当在交易发生时确认有关资产的转让所得或者损失，相关资产应当按照交易价格重新确定计税基础。

第三章 应 纳 税 额

第七十六条 企业所得税法第二十二条规定的应纳税额的计算公式为：

应纳税额＝应纳税所得额×适用税率－减免税额－抵免税额

公式中的减免税额和抵免税额，是指依照企业所得税法和国务院的税收优惠规定减征、免征和抵免的应纳税额。

第七十七条 企业所得税法第二十三条所称已在境外缴纳的所得税税额，是指企业来源于中国境外的所得依照中国境外税收法律以及相关规定应当缴纳并已经实际缴纳的企业所得税性质的税款。

第七十八条 企业所得税法第二十三条所称抵免限额，是指企业来源于中国境外的所得，依照企业所得税法和本条例的规定计算的应纳税额。除国务院财政、税务主管部门另有规定外，该抵免限额应当分国（地区）不分项计算，计算公式如下：

抵免限额＝中国境内、境外所得依照企业所得税法和本条例的规定计算的应纳税总额×来源于某国（地区）的应纳税所得额÷中国境内、境外应纳税所得总额

第七十九条 企业所得税法第二十三条所称5个年度，是指从企业取得的来源于中国境外的所得，已经在中国境外缴纳的企业所得税性质的税额超过抵免限额的当年的次年起连续5个纳税年度。

第八十条 企业所得税法第二十四条所称直接控制，是指居民企业直接持有外国企业20%以上股份。

企业所得税法第二十四条所称间接控制，是指居民企业以间接持股方式持有外国企业20%以上股份，具体认定办法由国务院财政、税务主管部门另行制定。

第八十一条 企业依照企业所得税法第二十三条、第二十四条的规定抵免企业所得税税额时，应当提供中国境外税务机关出具的税款所属年度的有关纳税凭证。

第四章 税 收 优 惠

第八十二条 企业所得税法第二十六条第（一）项所称国债利息收入，是指企业持有国务院财政部门发行的国债取得的利息收入。

第八十三条 企业所得税法第二十六条第（二）项所称符合条件的居民企业之间的股息、红利等权益性投资收益，是指居民企业直接投资于其他居民企业取得的投资收益。企业所得税法第二十六条第（二）项和第（三）项所称股息、红利等权益性投资收益，不包括连续持有居民企业公开发行并上市流通的股票不足12个月取得的投资收益。

第八十四条 企业所得税法第二十六条第（四）项所称符合条件的非营利组织，是指同时符合下列条件的组织：

（一）依法履行非营利组织登记手续；

（二）从事公益性或者非营利性活动；

（三）取得的收入除用于与该组织有关的、合理的支出外，全部用于登记核定或者章程规定的公益性或者非营利性事业；

（四）财产及其孳息不用于分配；

（五）按照登记核定或者章程规定，该组织注销后的剩余财产用于公益性或者非营利性目的，或者由登记管理机关转赠给与该组织性质、宗旨相同的组织，并向社会公告；

（六）投入人对投入该组织的财产不保留或者享有任何财产权利；

（七）工作人员工资福利开支控制在规定的比例内，不变相分配该组织的财产。

前款规定的非营利组织的认定管理办法由国务院财政、税务主管部门会同国务院有关部门制定。

第八十五条 企业所得税法第二十六条第（四）项所称符合条件的非营利组织的收入，不包括非营利组织从事营利性活动取得的收入，但国务院财政、税务主管部门另有规定的除外。

第八十六条 企业所得税法第二十七条第（一）项规定的企业从事农、林、牧、渔业项目的所得，可以免征、减征企业所得税，是指：

（一）企业从事下列项目的所得，免征企业所得税

1. 蔬菜、谷物、薯类、油料、豆类、棉花、麻类、糖料、水果、坚果的种植；

2. 农作物新品种的选育；

3. 中药材的种植；

4. 林木的培育和种植；

5. 牲畜、家禽的饲养；

6. 林产品的采集；

7. 灌溉、农产品初加工、兽医、农技推广、农机作业和维修等农、林、牧、渔服务业项目；

8. 远洋捕捞。

（二）企业从事下列项目的所得，减半征收企业所得税

1. 花卉、茶以及其他饮料作物和香料作物的种植；

2. 海水养殖、内陆养殖。

企业从事国家限制和禁止发展的项目，不得享受本条规定的企业所得税优惠。

第八十七条 企业所得税法第二十七条第（二）项所称国家重点扶持的公共基础设施项目，是指《公共基础设施项目企业所得税优惠目录》规定的港口码头、机场、铁路、公路、城市公共交通、电力、水利等项目。

企业从事前款规定的国家重点扶持的公共基础设施项目的投资经营的所得，自项目取得第一笔生产经营收入所属纳税年度起，第一年至第三年免征企业所得税，第四年至第六年减半征收企业所得税。

企业承包经营、承包建设和内部自建自用本条规定的项目，不得享受本条规定的企业所得税优惠。

第八十八条 企业所得税法第二十七条第（三）项所称符合条件的环境保护、节能节水项目，包括公共污水处理、公共垃圾处理、沼气综合开发利用、节能减排技术改造、海水淡化等。项目的具体条件和范围由国务院财政、税务主管部门商国务院有关部门制订，报国务院批准后公布施行。

企业从事前款规定的符合条件的环境保护、节能节水项目的所得，自项目取得第一笔生产经营收入所属纳税年度起，第一年至第三年免征企业所得税，第四年至第六年减半征收

企业所得税。

第八十九条 依照本条例第八十七条和第八十八条规定享受减免税优惠的项目,在减免税期限内转让的,受让方自受让之日起,可以在剩余期限内享受规定的减免税优惠;减免税期限届满后转让的,受让方不得就该项目重复享受减免税优惠。

第九十条 企业所得税法第二十七条第(四)项所称符合条件的技术转让所得免征、减征企业所得税,是指一个纳税年度内,居民企业技术转让所得不超过500万元的部分,免征企业所得税;超过500万元的部分,减半征收企业所得税。

第九十一条 非居民企业取得企业所得税法第二十七条第(五)项规定的所得,减按10%的税率征收企业所得税。

下列所得可以免征企业所得税:

(一)外国政府向中国政府提供贷款取得的利息所得;

(二)国际金融组织向中国政府和居民企业提供优惠贷款取得的利息所得;

(三)经国务院批准的其他所得。

第九十二条 企业所得税法第二十八条第一款所称符合条件的小型微利企业,是指从事国家非限制和禁止行业,并符合下列条件的企业:

(一)工业企业,年度应纳税所得额不超过30万元,从业人数不超过100人,资产总额不超过3 000万元;

(二)其他企业,年度应纳税所得额不超过30万元,从业人数不超过80人,资产总额不超过1 000万元。

第九十三条 企业所得税法第二十八条第二款所称国家需要重点扶持的高新技术企业,是指拥有核心自主知识产权,并同时符合下列条件的企业:

(一)产品(服务)属于《国家重点支持的高新技术领域》规定的范围;

(二)研究开发费用占销售收入的比例不低于规定比例;

(三)高新技术产品(服务)收入占企业总收入的比例不低于规定比例;

(四)科技人员占企业职工总数的比例不低于规定比例;

(五)高新技术企业认定管理办法规定的其他条件。

《国家重点支持的高新技术领域》和高新技术企业认定管理办法由国务院科技、财政、税务主管部门商国务院有关部门制订,报国务院批准后公布施行。

第九十四条 企业所得税法第二十九条所称民族自治地方,是指依照《中华人民共和国民族区域自治法》的规定,实行民族区域自治的自治区、自治州、自治县。

对民族自治地方内国家限制和禁止行业的企业,不得减征或者免征企业所得税。

第九十五条 企业所得税法第三十条第(一)项所称研究开发费用的加计扣除,是指企业为开发新技术、新产品、新工艺发生的研究开发费用,未形成无形资产计入当期损益的,在按照规定据实扣除的基础上,按照研究开发费用的50%加计扣除;形成无形资产的,按照无形资产成本的150%摊销。

第九十六条 企业所得税法第三十条第(二)项所称企业安置残疾人员所支付的工资的加计扣除,是指企业安置残疾人员的,在按照支付给残疾职工工资据实扣除的基础上,按照支付给残疾职工工资的100%加计扣除。残疾人员的范围适用《中华人民共和国残疾人保障法》的有关规定。

企业所得税法第三十条第(二)项所称企业安置国家鼓励安置的其他就业人员所支付的工资的加计扣除办法,由国务院另行规定。

第九十七条 企业所得税法第三十一条所称抵扣应纳税所得额,是指创业投资企业采取股权投资方式投资于未上市的中小高新技术企业2年以上的,可以按照其投资额的70%

在股权持有满2年的当年抵扣该创业投资企业的应纳税所得额；当年不足抵扣的，可以在以后纳税年度结转抵扣。

第九十八条 企业所得税法第三十二条所称可以采取缩短折旧年限或者采取加速折旧的方法的固定资产，包括：

（一）由于技术进步，产品更新换代较快的固定资产；

（二）常年处于强震动、高腐蚀状态的固定资产。

采取缩短折旧年限方法的，最低折旧年限不得低于本条例第六十条规定折旧年限的60%；采取加速折旧方法的，可以采取双倍余额递减法或者年数总和法。

第九十九条 企业所得税法第三十三条所称减计收入，是指企业以《资源综合利用企业所得税优惠目录》规定的资源作为主要原材料，生产国家非限制和禁止并符合国家和行业相关标准的产品取得的收入，减按90%计入收入总额。

前款所称原材料占生产产品材料的比例不得低于《资源综合利用企业所得税优惠目录》规定的标准。

第一百条 企业所得税法第三十四条所称税额抵免，是指企业购置并实际使用《环境保护专用设备企业所得税优惠目录》《节能节水专用设备企业所得税优惠目录》和《安全生产专用设备企业所得税优惠目录》规定的环境保护、节能节水、安全生产等专用设备的，该专用设备的投资额的10%可以从企业当年的应纳税额中抵免；当年不足抵免的，可以在以后5个纳税年度结转抵免。

享受前款规定的企业所得税优惠的企业，应当实际购置并自身实际投入使用前款规定的专用设备；企业购置上述专用设备在5年内转让、出租的，应当停止享受企业所得税优惠，并补缴已经抵免的企业所得税税款。

第一百零一条 本章第八十七条、第九十九条、第一百条规定的企业所得税优惠目录，由国务院财政、税务主管部门商国务院有关部门制订，报国务院批准后公布施行。

第一百零二条 企业同时从事适用不同企业所得税待遇的项目的，其优惠项目应当单独计算所得，并合理分摊企业的期间费用；没有单独计算的，不得享受企业所得税优惠。

第五章 源泉扣缴

第一百零三条 依照企业所得税法对非居民企业应当缴纳的企业所得税实行源泉扣缴的，应当依照企业所得税法第十九条的规定计算应纳税所得额。

企业所得税法第十九条所称收入全额，是指非居民企业向支付人收取的全部价款和价外费用。

第一百零四条 企业所得税法第三十七条所称支付人，是指依照有关法律规定或者合同约定对非居民企业直接负有支付相关款项义务的单位或者个人。

第一百零五条 企业所得税法第三十七条所称支付，包括现金支付、汇拨支付、转账支付和权益兑价支付等货币支付和非货币支付。

企业所得税法第三十七条所称到期应支付的款项，是指支付人按照权责发生制原则应当计入相关成本、费用的应付款项。

第一百零六条 企业所得税法第三十八条规定的可以指定扣缴义务人的情形，包括：

（一）预计工程作业或者提供劳务期限不足一个纳税年度，且有证据表明不履行纳税义务的；

（二）没有办理税务登记或者临时税务登记，且未委托中国境内的代理人履行纳税义务的；

（三）未按照规定期限办理企业所得税纳税申报或者预缴申报的。

前款规定的扣缴义务人，由县级以上税务机关指定，并同时告知扣缴义务人所扣税款的计算依据、计算方法、扣缴期限和扣缴方式。

第一百零七条 企业所得税法第三十九条所称所得发生地，是指依照本条例第七条规定的原则确定的所得发生地。在中国境内存在多处所得发生地的，由纳税人选择其中之一申报缴纳企业所得税。

第一百零八条 企业所得税法第三十九条所称该纳税人在中国境内其他收入，是指该纳税人在中国境内取得的其他各种来源的收入。

税务机关在追缴该纳税人应纳税款时，应当将追缴理由、追缴数额、缴纳期限和缴纳方式等告知该纳税人。

第六章 特别纳税调整

第一百零九条 企业所得税法第四十一条所称关联方，是指与企业有下列关联关系之一的企业、其他组织或者个人：

（一）在资金、经营、购销等方面存在直接或者间接的控制关系；

（二）直接或者间接地同为第三者控制；

（三）在利益上具有相关联的其他关系。

第一百一十条 企业所得税法第四十一条所称独立交易原则，是指没有关联关系的交易各方，按照公平成交价格和营业常规进行业务往来遵循的原则。

第一百一十一条 企业所得税法第四十一条所称合理方法，包括：

（一）可比非受控价格法，是指按照没有关联关系的交易各方进行相同或者类似业务往来的价格进行定价的方法；

（二）再销售价格法，是指按照从关联方购进商品再销售给没有关联关系的交易方的价格，减除相同或者类似业务的销售毛利进行定价的方法；

（三）成本加成法，是指按照成本加合理的费用和利润进行定价的方法；

（四）交易净利润法，是指按照没有关联关系的交易各方进行相同或者类似业务往来取得的净利润水平确定利润的方法；

（五）利润分割法，是指将企业与其关联方的合并利润或者亏损在各方之间采用合理标准进行分配的方法；

（六）其他符合独立交易原则的方法。

第一百一十二条 企业可以依照企业所得税法第四十一条第二款的规定，按照独立交易原则与其关联方分摊共同发生的成本，达成成本分摊协议。

企业与其关联方分摊成本时，应当按照成本与预期收益相配比的原则进行分摊，并在税务机关规定的期限内，按照税务机关的要求报送有关资料。

企业与其关联方分摊成本时违反本条第一款、第二款规定的，其自行分摊的成本不得在计算应纳税所得额时扣除。

第一百一十三条 企业所得税法第四十二条所称预约定价安排，是指企业就其未来年度关联交易的定价原则和计算方法，向税务机关提出申请，与税务机关按照独立交易原则协商、确认后达成的协议。

第一百一十四条 企业所得税法第四十三条所称相关资料，包括：

（一）与关联业务往来有关的价格、费用的制定标准、计算方法和说明等同期资料；

（二）关联业务往来所涉及的财产、财产使用权、劳务等的再销售（转让）价格或者最终销售（转让）价格的相关资料；

（三）与关联业务调查有关的其他企业应当提供的与被调查企业可比的产品价格、定价方式以及利润水平等资料；

（四）其他与关联业务往来有关的资料。

企业所得税法第四十三条所称与关联业务调查有关的其他企业，是指与被调查企业在生产经营内容和方式上相类似的企业。

企业应当在税务机关规定的期限内提供与关联业务往来有关的价格、费用的制定标准、计算方法和说明等资料。关联方以及与关联业务调查有关的其他企业应当在税务机关与其约定的期限内提供相关资料。

第一百一十五条　税务机关依照企业所得税法第四十四条的规定核定企业的应纳税所得额时，可以采用下列方法：

（一）参照同类或者类似企业的利润率水平核定；

（二）按照企业成本加合理的费用和利润的方法核定；

（三）按照关联企业集团整体利润的合理比例核定；

（四）按照其他合理方法核定。

企业对税务机关按照前款规定的方法核定的应纳税所得额有异议的，应当提供相关证据，经税务机关认定后，调整核定的应纳税所得额。

第一百一十六条　企业所得税法第四十五条所称中国居民，是指根据《中华人民共和国个人所得税法》的规定，就其从中国境内、境外取得的所得在中国缴纳个人所得税的个人。

第一百一十七条　企业所得税法第四十五条所称控制，包括：

（一）居民企业或者中国居民直接或者间接单一持有外国企业10%以上有表决权股份，且由其共同持有该外国企业50%以上股份；

（二）居民企业，或者居民企业和中国居民持股比例没有达到第（一）项规定的标准，但在股份、资金、经营、购销等方面对该外国企业构成实质控制。

第一百一十八条　企业所得税法第四十五条所称实际税负明显低于企业所得税法第四条第一款规定税率水平，是指低于企业所得税法第四条第一款规定税率的50%。

第一百一十九条　企业所得税法第四十六条所称债权性投资，是指企业直接或者间接从关联方获得的，需要偿还本金和支付利息或者需要以其他具有支付利息性质的方式予以补偿的融资。

企业间接从关联方获得的债权性投资，包括：

（一）关联方通过无关联第三方提供的债权性投资；

（二）无关联第三方提供的、由关联方担保且负有连带责任的债权性投资；

（三）其他间接从关联方获得的具有负债实质的债权性投资。

企业所得税法第四十六条所称权益性投资，是指企业接受的不需要偿还本金和支付利息，投资人对企业净资产拥有所有权的投资。

企业所得税法第四十六条所称标准，由国务院财政、税务主管部门另行规定。

第一百二十条　企业所得税法第四十七条所称不具有合理商业目的，是指以减少、免除或者推迟缴纳税款为主要目的。

第一百二十一条　税务机关根据税收法律、行政法规的规定，对企业作出特别纳税调整的，应当对补征的税款，自税款所属纳税年度的次年6月1日起至补缴税款之日止的期间，按日加收利息。

前款规定加收的利息，不得在计算应纳税所得额时扣除。

第一百二十二条　企业所得税法第四十八条所称利息，应当按照税款所属纳税年度中国人民银行公布的与补税期间同期的人民币贷款基准利率加5个百分点计算。

企业依照企业所得税法第四十三条和本条例的规定提供有关资料的，可以只按前款规定的人民币贷款基准利率计算利息。

第一百二十三条 企业与其关联方之间的业务往来，不符合独立交易原则，或者企业实施其他不具有合理商业目的安排的，税务机关有权在该业务发生的纳税年度起10年内，进行纳税调整。

第七章 征 收 管 理

第一百二十四条 企业所得税法第五十条所称企业登记注册地，是指企业依照国家有关规定登记注册的住所地。

第一百二十五条 企业汇总计算并缴纳企业所得税时，应当统一核算应纳税所得额，具体办法由国务院财政、税务主管部门另行制定。

第一百二十六条 企业所得税法第五十一条所称主要机构、场所，应当同时符合下列条件：

（一）对其他各机构、场所的生产经营活动负有监督管理责任；

（二）设有完整的账簿、凭证，能够准确反映各机构、场所的收入、成本、费用和盈亏情况。

第一百二十七条 企业所得税分月或者分季预缴，由税务机关具体核定。

企业根据企业所得税法第五十四条规定分月或者分季预缴企业所得税时，应当按照月度或者季度的实际利润额预缴；按照月度或者季度的实际利润额预缴有困难的，可以按照上一纳税年度应纳税所得额的月度或者季度平均额预缴，或者按照经税务机关认可的其他方法预缴。预缴方法一经确定，该纳税年度内不得随意变更。

第一百二十八条 企业在纳税年度内无论盈利或者亏损，都应当依照企业所得税法第五十四条规定的期限，向税务机关报送预缴企业所得税纳税申报表、年度企业所得税纳税申报表、财务会计报告和税务机关规定应当报送的其他有关资料。

第一百二十九条 企业所得以人民币以外的货币计算的，预缴企业所得税时，应当按照月度或者季度最后一日的人民币汇率中间价，折合成人民币计算应纳税所得额。年度终了汇算清缴时，对已经按照月度或者季度预缴税款的，不再重新折合计算，只就该纳税年度内未缴纳企业所得税的部分，按照纳税年度最后一日的人民币汇率中间价，折合成人民币计算应纳税所得额。

经税务机关检查确认，企业少计或者多计前款规定的所得的，应当按照检查确认补税或者退税时的上一个月最后一日的人民币汇率中间价，将少计或者多计的所得折合成人民币计算应纳税所得额，再计算应补缴或者应退的税款。

第八章 附 则

第一百三十条 企业所得税法第五十七条第一款所称本法公布前已经批准设立的企业，是指企业所得税法公布前已经完成登记注册的企业。

第一百三十一条 在香港特别行政区、澳门特别行政区和台湾地区成立的企业，参照适用企业所得税法第二条第二款、第三款的有关规定。

第一百三十二条 本条例自2008年1月1日起施行。1991年6月30日国务院发布的《中华人民共和国外商投资企业和外国企业所得税法实施细则》和1994年2月4日财政部发布的《中华人民共和国企业所得税暂行条例实施细则》同时废止。

3. 国家税务总局关于企业所得税年度纳税申报有关事项的公告（2022年发布）

（国家税务总局公告2022年第27号）

为贯彻落实《中华人民共和国企业所得税法》及有关税收政策，进一步减轻纳税人办税负担，现就企业所得税年度纳税申报有关事项公告如下：

一、对《中华人民共和国企业所得税年度纳税申报表（A类，2017年版）》部分表单和填报说明进行修订，具体如下：对《资产折旧、摊销及纳税调整明细表》（A105080）、《企业重组及递延纳税事项纳税调整明细表》（A105100）、《免税、减计收入及加计扣除优惠明细表》（A107010）、《研发费用加计扣除优惠明细表》（A107012）、《减免所得税优惠明细表》（A107040）的表单样式及填报说明进行修订；对《纳税调整项目明细表》（A105000）的填报说明进行修订。

二、企业搬迁完成当年，向主管税务机关报送企业所得税年度纳税申报表时，不再报送《企业政策性搬迁清算损益表》。

三、本公告适用于2022年度及以后年度企业所得税汇算清缴申报。《国家税务总局关于发布〈中华人民共和国企业所得税年度纳税申报表（A类，2017年版）〉的公告》（2017年第54号）、《国家税务总局关于修订〈中华人民共和国企业所得税年度纳税申报表（A类，2017年版）〉部分表单样式及填报说明的公告》（2018年第57号）、《国家税务总局关于修订企业所得税年度纳税申报表的公告》（2020年第24号）、《国家税务总局关于企业所得税年度汇算清缴有关事项的公告》（2021年第34号）中的上述表单和填报说明同时废止。《国家税务总局关于发布〈企业政策性搬迁所得税管理办法〉的公告》（2012年第40号）第二十五条关于"应同时报送《企业政策性搬迁清算损益表》（表样附后）"的规定和附件《企业政策性搬迁清算损益表》同时废止。

特此公告。

附件：《中华人民共和国企业所得税年度纳税申报表（A类，2017年版）》部分表单及填报说明（2022年修订）（略）。

国家税务总局
2022年12月30日

4. 国务院关税税则委员会关于发布《中华人民共和国进出口税则（2024）》的公告（2023年发布）

（税委会公告2023年第12号）

根据《中华人民共和国进出口关税条例》及相关规定，现公布《中华人民共和国进出口税则（2024）》，自 2024 年 1 月 1 日起实施。法律、行政法规等对进出口关税税目、税率调整另有规定的，从其规定。

附件：中华人民共和国进出口税则（2024）（略）

国务院关税税则委员会
2023 年 12 月 28 日

5. 关于从事污染防治的第三方企业所得税政策问题的公告（2023 年颁布）

（财政部　税务总局　国家发展改革委　生态环境部公告 2023 年第 38 号）

为鼓励污染防治企业的专业化、规模化发展，更好支持生态文明建设，现将有关企业所得税政策公告如下：

一、对符合条件的从事污染防治的第三方企业（以下称第三方防治企业）减按 15% 的税率征收企业所得税。

本公告所称第三方防治企业是指受排污企业或政府委托，负责环境污染治理设施（包括自动连续监测设施，下同）运营维护的企业。

二、本公告所称第三方防治企业应当同时符合以下条件：

（一）在中国境内（不包括港、澳、台地区）依法注册的居民企业；

（二）具有 1 年以上连续从事环境污染治理设施运营实践，且能够保证设施正常运行；

（三）具有至少 5 名从事本领域工作且具有环保相关专业中级及以上技术职称的技术人员，或者至少 2 名从事本领域工作且具有环保相关专业高级及以上技术职称的技术人员；

（四）从事环境保护设施运营服务的年度营业收入占总收入的比例不低于 60%；

（五）具备检验能力，拥有自有实验室，仪器配置可满足运行服务范围内常规污染物指标的检测需求；

（六）保证其运营的环境保护设施正常运行，使污染物排放指标能够连续稳定达到国家或者地方规定的排放标准要求；

（七）具有良好的纳税信用，近三年内纳税信用等级未被评定为 C 级或 D 级。

三、第三方防治企业，自行判断其是否符合上述条件，符合条件的可以申报享受税收优惠，相关资料留存备查。税务部门依法开展后续管理过程中，可转请生态环境部门进行核查，生态环境部门可以委托专业机构开展相关核查工作，具体办法由税务总局会同国家发展改革委、生态环境部制定。

四、本公告执行期限自 2024 年 1 月 1 日起至 2027 年 12 月 31 日止。

特此公告。

财政部　税务总局　国家发展改革委　生态环境部
2023 年 8 月 24 日

6. 关于生产和装配伤残人员专门用品企业免征企业所得税的公告（2023年颁布）

（财政部　税务总局　民政部公告2023年第57号）

为帮助伤残人员康复或者恢复残疾肢体功能，现对生产和装配伤残人员专门用品的企业免征企业所得税政策明确如下：

一、对符合下列条件的居民企业，免征企业所得税：

1. 生产和装配伤残人员专门用品，且在民政部发布的《中国伤残人员专门用品目录》范围之内。

2. 以销售本企业生产或者装配的伤残人员专门用品为主，其所取得的年度伤残人员专门用品销售收入（不含出口取得的收入）占企业收入总额60%以上。

收入总额，是指《中华人民共和国企业所得税法》第六条规定的收入总额。

3. 企业账证健全，能够准确、完整地向主管税务机关提供纳税资料，且本企业生产或者装配的伤残人员专门用品所取得的收入能够单独、准确核算。

4. 企业拥有假肢制作师、矫形器制作师资格证书的专业技术人员不得少于1人；其企业生产人员如超过20人，则其拥有假肢制作师、矫形器制作师资格证书的专业技术人员不得少于全部生产人员的1/6。

5. 具有与业务相适应的测量取型、模型加工、接受腔成型、打磨、对线组装、功能训练等生产装配专用设备和工具。

6. 具有独立的接待室、假肢或者矫形器（辅助器具）制作室和假肢功能训练室，使用面积不少于115平方米。

二、符合本公告规定条件的企业，按照《国家税务总局关于发布修订后的〈企业所得税优惠政策事项办理办法〉的公告》（国家税务总局公告2018年第23号）的规定，采取"自行判别、申报享受、相关资料留存备查"的办理方式享受税收优惠政策。

三、本公告执行至2027年12月31日。

附件：中国伤残人员专门用品目录（略）

财政部　税务总局　民政部
2023年9月25日

第九章 个人所得税法规

1. 中华人民共和国个人所得税法（2018年修订）

（1980年9月10日第五届全国人民代表大会第三次会议通过 根据1993年10月31日第八届全国人民代表大会常务委员会第四次会议《关于修改〈中华人民共和国个人所得税法〉的决定》第一次修正 根据1999年8月30日第九届全国人民代表大会常务委员会第十一次会议《关于修改〈中华人民共和国个人所得税法〉的决定》第二次修正 根据2005年10月27日第十届全国人民代表大会常务委员会第十八次会议《关于修改〈中华人民共和国个人所得税法〉的决定》第三次修正 根据2007年6月29日第十届全国人民代表大会常务委员会第二十八次会议《关于修改〈中华人民共和国个人所得税法〉的决定》第四次修正 根据2007年12月29日第十届全国人民代表大会常务委员会第三十一次会议《关于修改〈中华人民共和国个人所得税法〉的决定》第五次修正 根据2011年6月30日第十一届全国人民代表大会常务委员会第二十一次会议《关于修改〈中华人民共和国个人所得税法〉的决定》第六次修正 根据2018年8月31日第十三届全国人民代表大会常务委员会第五次会议《关于修改〈中华人民共和国个人所得税法〉的决定》第七次修正）

第一条 在中国境内有住所，或者无住所而一个纳税年度内在中国境内居住累计满一百八十三天的个人，为居民个人。居民个人从中国境内和境外取得的所得，依照本法规定缴纳个人所得税。

在中国境内无住所又不居住，或者无住所而一个纳税年度内在中国境内居住累计不满一百八十三天的个人，为非居民个人。非居民个人从中国境内取得的所得，依照本法规定缴纳个人所得税。

纳税年度，自公历一月一日起至十二月三十一日止。

第二条 下列各项个人所得，应当缴纳个人所得税：

（一）工资、薪金所得；

（二）劳务报酬所得；

（三）稿酬所得；

（四）特许权使用费所得；

（五）经营所得；

（六）利息、股息、红利所得；

（七）财产租赁所得；

（八）财产转让所得；

（九）偶然所得。

居民个人取得前款第一项至第四项所得（以下称综合所得），按纳税年度合并计算个人所得税；非居民个人取得前款第一项至第四项所得，按月或者按次分项计算个人所得税。纳税人取得前款第五项至第九项所得，依照本法规定分别计算个人所得税。

第三条 个人所得税的税率：

（一）综合所得，适用百分之三至百分之四十五的超额累进税率（税率表附后）；

（二）经营所得，适用百分之五至百分之三十五的超额累进税率（税率表附后）；

（三）利息、股息、红利所得，财产租赁所得，财产转让所得和偶然所得，适用比例税率，税率为百分之二十。

第四条 下列各项个人所得，免征个人所得税：

（一）省级人民政府、国务院部委和中国人民解放军军以上单位，以及外国组织、国际组织颁发的科学、教育、技术、文化、卫生、体育、环境保护等方面的奖金；

（二）国债和国家发行的金融债券利息；

（三）按照国家统一规定发给的补贴、津贴；

（四）福利费、抚恤金、救济金；

（五）保险赔款；

（六）军人的转业费、复员费、退役金；

（七）按照国家统一规定发给干部、职工的安家费、退职费、基本养老金或者退休费、离休费、离休生活补助费；

（八）依照有关法律规定应予免税的各国驻华使馆、领事馆的外交代表、领事官员和其他人员的所得；

（九）中国政府参加的国际公约、签订的协议中规定免税的所得；

（十）国务院规定的其他免税所得。

前款第十项免税规定，由国务院报全国人民代表大会常务委员会备案。

第五条 有下列情形之一的，可以减征个人所得税，具体幅度和期限，由省、自治区、直辖市人民政府规定，并报同级人民代表大会常务委员会备案：

（一）残疾、孤老人员和烈属的所得；

（二）因自然灾害遭受重大损失的。

国务院可以规定其他减税情形，报全国人民代表大会常务委员会备案。

第六条 应纳税所得额的计算：

（一）居民个人的综合所得，以每一纳税年度的收入额减除费用六万元以及专项扣除、专项附加扣除和依法确定的其他扣除后的余额，为应纳税所得额。

（二）非居民个人的工资、薪金所得，以每月收入额减除费用五千元后的余额为应纳税所得额；劳务报酬所得、稿酬所得、特许权使用费所得，以每次收入额为应纳税所得额。

（三）经营所得，以每一纳税年度的收入总额减除成本、费用以及损失后的余额，为应纳税所得额。

（四）财产租赁所得，每次收入不超过四千元的，减除费用八百元；四千元以上的，减除百分之二十的费用，其余额为应纳税所得额。

（五）财产转让所得，以转让财产的收入额减除财产原值和合理费用后的余额，为应纳税所得额。

（六）利息、股息、红利所得和偶然所得，以每次收入额为应纳税所得额。

劳务报酬所得、稿酬所得、特许权使用费所得以收入减除百分之二十的费用后的余额为收入额。稿酬所得的收入额减按百分之七十计算。

个人将其所得对教育、扶贫、济困等公益慈善事业进行捐赠，捐赠额未超过纳税人申报的应纳税所得额百分之三十的部分，可以从其应纳税所得额中扣除；国务院规定对公益慈善事业捐赠实行全额税前扣除的，从其规定。

本条第一款第一项规定的专项扣除，包括居民个人按照国家规定的范围和标准缴纳的基本养老保险、基本医疗保险、失业保险等社会保险费和住房公积金等；专项附加扣除，包括子女教育、继续教育、大病医疗、住房贷款利息或者住房租金、赡养老人等支出，具体范围、标准和实施步骤由国务院确定，并报全国人民代表大会常务委员会备案。

第七条　居民个人从中国境外取得的所得，可以从其应纳税额中抵免已在境外缴纳的个人所得税税额，但抵免额不得超过该纳税人境外所得依照本法规定计算的应纳税额。

第八条　有下列情形之一的，税务机关有权按照合理方法进行纳税调整：

（一）个人与其关联方之间的业务往来不符合独立交易原则而减少本人或者其关联方应纳税额，且无正当理由；

（二）居民个人控制的，或者居民个人和居民企业共同控制的设立在实际税负明显偏低的国家（地区）的企业，无合理经营需要，对应当归属于居民个人的利润不作分配或者减少分配；

（三）个人实施其他不具有合理商业目的的安排而获取不当税收利益。

税务机关依照前款规定作出纳税调整，需要补征税款的，应当补征税款，并依法加收利息。

第九条　个人所得税以所得人为纳税人，以支付所得的单位或者个人为扣缴义务人。

纳税人有中国公民身份号码的，以中国公民身份号码为纳税人识别号；纳税人没有中国公民身份号码的，由税务机关赋予其纳税人识别号。扣缴义务人扣缴税款时，纳税人应当向扣缴义务人提供纳税人识别号。

第十条　有下列情形之一的，纳税人应当依法办理纳税申报：

（一）取得综合所得需要办理汇算清缴；

（二）取得应税所得没有扣缴义务人；

（三）取得应税所得，扣缴义务人未扣缴税款；

（四）取得境外所得；

（五）因移居境外注销中国户籍；

（六）非居民个人在中国境内从两处以上取得工资、薪金所得；

（七）国务院规定的其他情形。

扣缴义务人应当按照国家规定办理全员全额扣缴申报，并向纳税人提供其个人所得和已扣缴税款等信息。

第十一条　居民个人取得综合所得，按年计算个人所得税；有扣缴义务人的，由扣缴义务人按月或者按次预扣预缴税款；需要办理汇算清缴的，应当在取得所得的次年三月一日至六月三十日内办理汇算清缴。预扣预缴办法由国务院税务主管部门制定。

居民个人向扣缴义务人提供专项附加扣除信息的，扣缴义务人按月预扣预缴税款时应当按照规定予以扣除，不得拒绝。

非居民个人取得工资、薪金所得，劳务报酬所得，稿酬所得和特许权使用费所得，有扣缴义务人的，由扣缴义务人按月或者按次代扣代缴税款，不办理汇算清缴。

第十二条　纳税人取得经营所得，按年计算个人所得税，由纳税人在月度或者季度终了后十五日内向税务机关报送纳税申报表，并预缴税款；在取得所得的次年三月三十一日前办理汇算清缴。

纳税人取得利息、股息、红利所得，财产租赁所得，财产转让所得和偶然所得，按月或者按次计算个人所得税，有扣缴义务人的，由扣缴义务人按月或者按次代扣代缴税款。

第十三条　纳税人取得应税所得没有扣缴义务人的，应当在取得所得的次月十五日内向税务机关报送纳税申报表，并缴纳税款。

纳税人取得应税所得，扣缴义务人未扣缴税款的，纳税人应当在取得所得的次年六月三十日前，缴纳税款；税务机关通知限期缴纳的，纳税人应当按照期限缴纳税款。

居民个人从中国境外取得所得的，应当在取得所得的次年三月一日至六月三十日内申报纳税。

非居民个人在中国境内从两处以上取得工资、薪金所得的，应当在取得所得的次月十五日内申报纳税。

纳税人因移居境外注销中国户籍的，应当在注销中国户籍前办理税款清算。

第十四条 扣缴义务人每月或者每次预扣、代扣的税款，应当在次月十五日内缴入国库，并向税务机关报送扣缴个人所得税申报表。

纳税人办理汇算清缴退税或者扣缴义务人为纳税人办理汇算清缴退税的，税务机关审核后，按照国库管理的有关规定办理退税。

第十五条 公安、人民银行、金融监督管理等相关部门应当协助税务机关确认纳税人的身份、金融账户信息。教育、卫生、医疗保障、民政、人力资源社会保障、住房城乡建设、公安、人民银行、金融监督管理等相关部门应当向税务机关提供纳税人子女教育、继续教育、大病医疗、住房贷款利息、住房租金、赡养老人等专项附加扣除信息。

个人转让不动产的，税务机关应当根据不动产登记等相关信息核验应缴的个人所得税，登记机构办理转移登记时，应当查验与该不动产转让相关的个人所得税的完税凭证。个人转让股权办理变更登记的，市场主体登记机关应当查验与该股权交易相关的个人所得税的完税凭证。

有关部门依法将纳税人、扣缴义务人遵守本法的情况纳入信用信息系统，并实施联合激励或者惩戒。

第十六条 各项所得的计算，以人民币为单位。所得为人民币以外的货币的，按照人民币汇率中间价折合成人民币缴纳税款。

第十七条 对扣缴义务人按照所扣缴的税款，付给百分之二的手续费。

第十八条 对储蓄存款利息所得开征、减征、停征个人所得税及其具体办法，由国务院规定，并报全国人民代表大会常务委员会备案。

第十九条 纳税人、扣缴义务人和税务机关及其工作人员违反本法规定的，依照《中华人民共和国税收征收管理法》和有关法律法规的规定追究法律责任。

第二十条 个人所得税的征收管理，依照本法和《中华人民共和国税收征收管理法》的规定执行。

第二十一条 国务院根据本法制定实施条例。

第二十二条 本法自公布之日起施行。

附表：

个人所得税税率表一（综合所得适用）

级数	全年应纳税所得额	税率	速算扣除数
1	不超过 36 000 元的	3%	0
2	超过 36 000 元至 144 000 元的部分	10%	2 520
3	超过 144 000 元至 300 000 元的部分	20%	16 920
4	超过 300 000 元至 420 000 元的部分	25%	31 920

（续表）

级数	全年应纳税所得额	税率	速算扣除数
5	超过 420 000 元至 660 000 元的部分	30%	52 920
6	超过 660 000 元至 960 000 元的部分	35%	85 920
7	超过 960 000 元的部分	45%	181 920

注1：本表所称全年应纳税所得额是指依照本法第六条的规定，居民个人取得综合所得以每一纳税年度收入额减除费用六万元以及专项扣除、专项附加扣除和依法确定的其他扣除后的余额。

注2：非居民个人取得工资、薪金所得，劳务报酬所得，稿酬所得和特许权使用费所得，依照本表按月换算后计算应纳税额。

个人所得税税率表二（经营所得适用）

级数	全年应纳税所得额	税率
1	不超过 30 000 元的	5%
2	超过 30 000 元至 90 000 元的部分	10%
3	超过 90 000 元至 300 000 元的部分	20%
4	超过 300 000 元至 500 000 元的部分	30%
5	超过 500 000 元的部分	35%

注：本表所称全年应纳税所得额是指依照本法第六条的规定，以每一纳税年度的收入总额减除成本、费用以及损失后的余额。

2. 中华人民共和国个人所得税法实施条例（2018年修订）

（1994年1月28日中华人民共和国国务院令第142号发布　根据2005年12月19日《国务院关于修改〈中华人民共和国个人所得税法实施条例〉的决定》第一次修订　根据2008年2月18日《国务院关于修改〈中华人民共和国个人所得税法实施条例〉的决定》第二次修订　根据2011年7月19日《国务院关于修改〈中华人民共和国个人所得税法实施条例〉的决定》第三次修订　2018年12月18日中华人民共和国国务院令第707号第四次修订）

第一条　根据《中华人民共和国个人所得税法》（以下简称个人所得税法），制定本条例。

第二条　个人所得税法所称在中国境内有住所，是指因户籍、家庭、经济利益关系而在中国境内习惯性居住；所称从中国境内和境外取得的所得，分别是指来源于中国境内的所得和来源于中国境外的所得。

第三条　除国务院财政、税务主管部门另有规定外，下列所得，不论支付地点是否在中国境内，均为来源于中国境内的所得：

（一）因任职、受雇、履约等在中国境内提供劳务取得的所得；

（二）将财产出租给承租人在中国境内使用而取得的所得；

（三）许可各种特许权在中国境内使用而取得的所得；

（四）转让中国境内的不动产等财产或者在中国境内转让其他财产取得的所得；

（五）从中国境内企业、事业单位、其他组织以及居民个人取得的利息、股息、红利所得。

第四条　在中国境内无住所的个人，在中国境内居住累计满183天的年度连续不满六年的，经向主管税务机关备案，其来源于中国境外且由境外单位或者个人支付的所得，免予缴纳个人所得税；在中国境内居住累计满183天的任一年度中有一次离境超过30天的，其在中国境内居住累计满183天的年度的连续年限重新起算。

第五条 在中国境内无住所的个人，在一个纳税年度内在中国境内居住累计不超过90天的，其来源于中国境内的所得，由境外雇主支付并且不由该雇主在中国境内的机构、场所负担的部分，免予缴纳个人所得税。

第六条 个人所得税法规定的各项个人所得的范围：

（一）工资、薪金所得，是指个人因任职或者受雇取得的工资、薪金、奖金、年终加薪、劳动分红、津贴、补贴以及与任职或者受雇有关的其他所得。

（二）劳务报酬所得，是指个人从事劳务取得的所得，包括从事设计、装潢、安装、制图、化验、测试、医疗、法律、会计、咨询、讲学、翻译、审稿、书画、雕刻、影视、录音、录像、演出、表演、广告、展览、技术服务、介绍服务、经纪服务、代办服务以及其他劳务取得的所得。

（三）稿酬所得，是指个人因其作品以图书、报刊等形式出版、发表而取得的所得。

（四）特许权使用费所得，是指个人提供专利权、商标权、著作权、非专利技术以及其他特许权的使用权取得的所得；提供著作权的使用权取得的所得，不包括稿酬所得。

（五）经营所得，是指：

1. 个体工商户从事生产、经营活动取得的所得，个人独资企业投资人、合伙企业的个人合伙人来源于境内注册的个人独资企业、合伙企业生产、经营的所得；

2. 个人依法从事办学、医疗、咨询以及其他有偿服务活动取得的所得；

3. 个人对企业、事业单位承包经营、承租经营以及转包、转租取得的所得；

4. 个人从事其他生产、经营活动取得的所得。

（六）利息、股息、红利所得，是指个人拥有债权、股权等而取得的利息、股息、红利所得。

（七）财产租赁所得，是指个人出租不动产、机器设备、车船以及其他财产取得的所得。

（八）财产转让所得，是指个人转让有价证券、股权、合伙企业中的财产份额、不动产、机器设备、车船以及其他财产取得的所得。

（九）偶然所得，是指个人得奖、中奖、中彩以及其他偶然性质的所得。

个人取得的所得，难以界定应纳税所得项目的，由国务院税务主管部门确定。

第七条 对股票转让所得征收个人所得税的办法，由国务院另行规定，并报全国人民代表大会常务委员会备案。

第八条 个人所得的形式，包括现金、实物、有价证券和其他形式的经济利益；所得为实物的，应当按照取得的凭证上所注明的价格计算应纳税所得额，无凭证的实物或者凭证上所注明的价格明显偏低的，参照市场价格核定应纳税所得额；所得为有价证券的，根据票面价格和市场价格核定应纳税所得额；所得为其他形式的经济利益的，参照市场价格核定应纳税所得额。

第九条 个人所得税法第四条第一款第二项所称国债利息，是指个人持有中华人民共和国财政部发行的债券而取得的利息；所称国家发行的金融债券利息，是指个人持有经国务院批准发行的金融债券而取得的利息。

第十条 个人所得税法第四条第一款第三项所称按照国家统一规定发给的补贴、津贴，是指按照国务院规定发给的政府特殊津贴、院士津贴，以及国务院规定免予缴纳个人所得税的其他补贴、津贴。

第十一条 个人所得税法第四条第一款第四项所称福利费，是指根据国家有关规定，从企业、事业单位、国家机关、社会组织提留的福利费或者工会经费中支付给个人的生活补助费；所称救济金，是指各级人民政府民政部门支付给个人的生活困难补助费。

第十二条 个人所得税法第四条第一款第八项所称依照有关法律规定应予免税的各国驻华使馆、领事馆的外交代表、领事官员和其他人员的所得，是指依照《中华人民共和国外交特权与豁免条例》和《中华人民共和国领事特权与豁免条例》规定免税的所得。

第十三条 个人所得税法第六条第一款第一项所称依法确定的其他扣除，包括个人缴付符合国家规定的企业年金、职业年金，个人购买符合国家规定的商业健康保险、税收递延型商业养老保险的支出，以及国务院规定可以扣除的其他项目。

专项扣除、专项附加扣除和依法确定的其他扣除，以居民个人一个纳税年度的应纳税所得额为限额；一个纳税年度扣除不完的，不结转以后年度扣除。

第十四条 个人所得税法第六条第一款第二项、第四项、第六项所称每次，分别按照下列方法确定：

（一）劳务报酬所得、稿酬所得、特许权使用费所得，属于一次性收入的，以取得该项收入为一次；属于同一项目连续性收入的，以一个月内取得的收入为一次。

（二）财产租赁所得，以一个月内取得的收入为一次。

（三）利息、股息、红利所得，以支付利息、股息、红利时取得的收入为一次。

（四）偶然所得，以每次取得该项收入为一次。

第十五条 个人所得税法第六条第一款第三项所称成本、费用，是指生产、经营活动中发生的各项直接支出和分配计入成本的间接费用以及销售费用、管理费用、财务费用；所称损失，是指生产、经营活动中发生的固定资产和存货的盘亏、毁损、报废损失，转让财产损失，坏账损失，自然灾害等不可抗力因素造成的损失以及其他损失。

取得经营所得的个人，没有综合所得的，计算其每一纳税年度的应纳税所得额时，应当减除费用6万元、专项扣除、专项附加扣除以及依法确定的其他扣除。专项附加扣除在办理汇算清缴时减除。

从事生产、经营活动，未提供完整、准确的纳税资料，不能正确计算应纳税所得额的，由主管税务机关核定应纳税所得额或者应纳税额。

第十六条 个人所得税法第六条第一款第五项规定的财产原值，按照下列方法确定：

（一）有价证券，为买入价以及买入时按照规定交纳的有关费用；

（二）建筑物，为建造费或者购进价格以及其他有关费用；

（三）土地使用权，为取得土地使用权所支付的金额、开发土地的费用以及其他有关费用；

（四）机器设备、车船，为购进价格、运输费、安装费以及其他有关费用。

其他财产，参照前款规定的方法确定财产原值。

纳税人未提供完整、准确的财产原值凭证，不能按照本条第一款规定的方法确定财产原值的，由主管税务机关核定财产原值。

个人所得税法第六条第一款第五项所称合理费用，是指卖出财产时按照规定支付的有关税费。

第十七条 财产转让所得，按照一次转让财产的收入额减除财产原值和合理费用后的余额计算纳税。

第十八条 两个以上的个人共同取得同一项目收入的，应当对每个人取得的收入分别按照个人所得税法的规定计算纳税。

第十九条 个人所得税法第六条第三款所称个人将其所得对教育、扶贫、济困等公益慈善事业进行捐赠，是指个人将其所得通过中国境内的公益性社会组织、国家机关向教育、扶贫、济困等公益慈善事业的捐赠；所称应纳税所得额，是指计算扣除捐赠额之前的应纳税所得额。

第二十条 居民个人从中国境内和境外取得的综合所得、经营所得，应当分别合并计算应纳税额；从中国境内和境外取得的其他所得，应当分别单独计算应纳税额。

第二十一条 个人所得税法第七条所称已在境外缴纳的个人所得税税额，是指居民个人来源于中国境外的所得，依照该所得来源国家（地区）的法律应当缴纳并且实际已经缴纳的所得税税额。

个人所得税法第七条所称纳税人境外所得依照本法规定计算的应纳税额，是居民个人抵免已在境外缴纳的综合所得、经营所得以及其他所得的所得税税额的限额（以下简称抵免限额）。除国务院财政、税务主管部门另有规定外，来源于中国境外一个国家（地区）的综合所得抵免限额、经营所得抵免限额以及其他所得抵免限额之和，为来源于该国家（地区）所得的抵免限额。

居民个人在中国境外一个国家（地区）实际已经缴纳的个人所得税税额，低于依照前款规定计算出的来源于该国家（地区）所得的抵免限额的，应当在中国缴纳差额部分的税款；超过来源于该国家（地区）所得的抵免限额的，其超过部分不得在本纳税年度的应纳税额中抵免，但是可以在以后纳税年度来源于该国家（地区）所得的抵免限额的余额中补扣。补扣期限最长不得超过五年。

第二十二条 居民个人申请抵免已在境外缴纳的个人所得税税额，应当提供境外税务机关出具的税款所属年度的有关纳税凭证。

第二十三条 个人所得税法第八条第二款规定的利息，应当按照税款所属纳税申报期最后一日中国人民银行公布的与补税期间同期的人民币贷款基准利率计算，自税款纳税申报期满次日起至补缴税款期限届满之日止按日加收。纳税人在补缴税款期限届满前补缴税款的，利息加收至补缴税款之日。

第二十四条 扣缴义务人向个人支付应税款项时，应当依照个人所得税法规定预扣或者代扣税款，按时缴库，并专项记载备查。

前款所称支付，包括现金支付、汇拨支付、转账支付和以有价证券、实物以及其他形式的支付。

第二十五条 取得综合所得需要办理汇算清缴的情形包括：

（一）从两处以上取得综合所得，且综合所得年收入额减除专项扣除的余额超过6万元；

（二）取得劳务报酬所得、稿酬所得、特许权使用费所得中一项或者多项所得，且综合所得年收入额减除专项扣除的余额超过6万元；

（三）纳税年度内预缴税额低于应纳税额；

（四）纳税人申请退税。

纳税人申请退税，应当提供其在中国境内开设的银行账户，并在汇算清缴地就地办理税款退库。

汇算清缴的具体办法由国务院税务主管部门制定。

第二十六条 个人所得税法第十条第二款所称全员全额扣缴申报，是指扣缴义务人在代扣税款的次月十五日内，向主管税务机关报送其支付所得的所有个人的有关信息、支付所得数额、扣除事项和数额、扣缴税款的具体数额和总额以及其他相关涉税信息资料。

第二十七条 纳税人办理纳税申报的地点以及其他有关事项的具体办法，由国务院税务主管部门制定。

第二十八条 居民个人取得工资、薪金所得时，可以向扣缴义务人提供专项附加扣除有关信息，由扣缴义务人扣缴税款时减除专项附加扣除。纳税人同时从两处以上取得工资、薪金所得，并由扣缴义务人减除专项附加扣除的，对同一专项附加扣除项目，在一个纳税年度内只能选择从一处取得的所得中减除。

居民个人取得劳务报酬所得、稿酬所得、特许权使用费所得，应当在汇算清缴时向税务机关提供有关信息，减除专项附加扣除。

第二十九条 纳税人可以委托扣缴义务人或者其他单位和个人办理汇算清缴。

第三十条 扣缴义务人应当按照纳税人提供的信息计算办理扣缴申报，不得擅自更改纳税人提供的信息。

纳税人发现扣缴义务人提供或者扣缴申报的个人信息、所得、扣缴税款等与实际情况不符的，有权要求扣缴义务人修改。扣缴义务人拒绝修改的，纳税人应当报告税务机关，税务机关应当及时处理。

纳税人、扣缴义务人应当按照规定保存与专项附加扣除相关的资料。税务机关可以对纳税人提供的专项附加扣除信息进行抽查，具体办法由国务院税务主管部门另行规定。税务机关发现纳税人提供虚假信息的，应当责令改正并通知扣缴义务人；情节严重的，有关部门应当依法予以处理，纳入信用信息系统并实施联合惩戒。

第三十一条 纳税人申请退税时提供的汇算清缴信息有错误的，税务机关应当告知其更正；纳税人更正的，税务机关应当及时办理退税。

扣缴义务人未将扣缴的税款解缴入库的，不影响纳税人按照规定申请退税，税务机关应当凭纳税人提供的有关资料办理退税。

第三十二条 所得为人民币以外货币的，按照办理纳税申报或者扣缴申报的上一月最后一日人民币汇率中间价，折合成人民币计算应纳税所得额。年度终了后办理汇算清缴的，对已经按月、按季或者按次预缴税款的人民币以外货币所得，不再重新折算；对应当补缴税款的所得部分，按照上一纳税年度最后一日人民币汇率中间价，折合成人民币计算应纳税所得额。

第三十三条 税务机关按照个人所得税法第十七条的规定付给扣缴义务人手续费，应当填开退还书；扣缴义务人凭退还书，按照国库管理有关规定办理退库手续。

第三十四条 个人所得税纳税申报表、扣缴个人所得税报告表和个人所得税完税凭证式样，由国务院税务主管部门统一制定。

第三十五条 军队人员个人所得税征收事宜，按照有关规定执行。

第三十六条 本条例自 2019 年 1 月 1 日起施行。

3. 国家税务总局关于修订发布《个人所得税专项附加扣除操作办法（试行）》的公告（2022年发布）

（国家税务总局公告2022年第7号）

为贯彻落实新发布的《国务院关于设立3岁以下婴幼儿照护个人所得税专项附加扣除的通知》（国发〔2022〕8号），保障3岁以下婴幼儿照护专项附加扣除政策顺利实施，国家税务总局相应修订了《个人所得税专项附加扣除操作办法（试行）》及《个人所得税扣缴申报表》。现予以发布，自2022年1月1日起施行。《国家税务总局关于发布〈个人所得税专项附加扣除操作办法（试行）〉的公告》（2018年第60号）、《国家税务总局关于修订个人所得税申报表的公告》（2019年第7号）附件2同时废止。

特此公告。

附件：1. 个人所得税专项附加扣除信息表（略）。
2. 个人所得税扣缴申报表（略）。

国家税务总局
2022年3月25日

个人所得税专项附加扣除操作办法（试行）

第一章 总　　则

第一条　为了规范个人所得税专项附加扣除行为，切实维护纳税人合法权益，根据《中华人民共和国个人所得税法》及其实施条例、《中华人民共和国税收征收管理法》及其实施细则、《国务院关于印发个人所得税专项附加扣除暂行办法的通知》（国发〔2018〕41号）、《国务院关于设立3岁以下婴幼儿照护个人所得税专项附加扣除的通知》（国发〔2022〕8号）的规定，制定本办法。

第二条　纳税人享受子女教育、继续教育、大病医疗、住房贷款利息或者住房租金、赡养老人、3岁以下婴幼儿照护专项附加扣除的，依照本办法规定办理。

第二章 享受扣除及办理时间

第三条　纳税人享受符合规定的专项附加扣除的计算时间分别为：

（一）子女教育。学前教育阶段，为子女年满3周岁当月至小学入学前一月。学历教育，为子女接受全日制学历教育入学的当月至全日制学历教育结束的当月。

（二）继续教育。学历（学位）继续教育，为在中国境内接受学历（学位）继续教育入学的当月至学历（学位）继续教育结束的当月，同一学历（学位）继续教育的扣除期限最长不得超过48个月。技能人员职业资格继续教育、专业技术人员职业资格继续教育，为取得相关证书的当年。

（三）大病医疗。为医疗保障信息系统记录的医药费用实际支出的当年。

（四）住房贷款利息。为贷款合同约定开始还款的当月至贷款全部归还或贷款合同终止的当月，扣除期限最长不得超过240个月。

（五）住房租金。为租赁合同（协议）约定的房屋租赁期开始的当月至租赁期结束的当月。提前终止合同（协议）的，以实际租赁期限为准。

（六）赡养老人。为被赡养人年满60周岁的当月至赡养义务终止的年末。

（七）3岁以下婴幼儿照护。为婴幼儿出生的当月至年满3周岁的前一个月。

前款第一项、第二项规定的学历教育和学历（学位）继续教育的期间，包含因病或其他非主观原因休学但学籍继续保留的休学期间，以及施教机构按规定组织实施的寒暑假等假期。

第四条 享受子女教育、继续教育、住房贷款利息或者住房租金、赡养老人、3岁以下婴幼儿照护专项附加扣除的纳税人，自符合条件开始，可以向支付工资、薪金所得的扣缴义务人提供上述专项附加扣除有关信息，由扣缴义务人在预扣预缴税款时，按其在本单位本年可享受的累计扣除额办理扣除；也可以在次年3月1日至6月30日内，向汇缴地主管税务机关办理汇算清缴申报时扣除。

纳税人同时从两处以上取得工资、薪金所得，并由扣缴义务人办理上述专项附加扣除的，对同一专项附加扣除项目，一个纳税年度内，纳税人只能选择从其中一处扣除。

享受大病医疗专项附加扣除的纳税人，由其在次年3月1日至6月30日内，自行向汇缴地主管税务机关办理汇算清缴申报时扣除。

第五条 扣缴义务人办理工资、薪金所得预扣预缴税款时，应当根据纳税人报送的《个人所得税专项附加扣除信息表》（以下简称《扣除信息表》，见附件）为纳税人办理专项附加扣除。

纳税人年度中间更换工作单位的，在原单位任职、受雇期间已享受的专项附加扣除金额，不得在新任职、受雇单位扣除。原扣缴义务人应当自纳税人离职不再发放工资薪金所得的当月起，停止为其办理专项附加扣除。

第六条 纳税人未取得工资、薪金所得，仅取得劳务报酬所得、稿酬所得、特许权使用费所得需要享受专项附加扣除的，应当在次年3月1日至6月30日内，自行向汇缴地主管税务机关报送《扣除信息表》，并在办理汇算清缴申报时扣除。

第七条 一个纳税年度内，纳税人在扣缴义务人预扣预缴税款环节未享受或未足额享受专项附加扣除的，可以在当年内向支付工资、薪金的扣缴义务人申请在剩余月份发放工资、薪金时补充扣除，也可以在次年3月1日至6月30日内，向汇缴地主管税务机关办理汇算清缴时申报扣除。

第三章 报送信息及留存备查资料

第八条 纳税人选择在扣缴义务人发放工资、薪金所得时享受专项附加扣除的，首次享受时应当填写并向扣缴义务人报送《扣除信息表》；纳税年度中间相关信息发生变化的，纳税人应当更新《扣除信息表》相应栏次，并及时报送给扣缴义务人。

更换工作单位的纳税人，需要由新任职、受雇扣缴义务人办理专项附加扣除的，应当在入职的当月，填写并向扣缴义务人报送《扣除信息表》。

第九条 纳税人次年需要由扣缴义务人继续办理专项附加扣除的，应当于每年12月份对次年享受专项附加扣除的内容进行确认，并报送至扣缴义务人。纳税人未及时确认的，扣缴义务人于次年1月起暂停扣除，待纳税人确认后再行办理专项附加扣除。

扣缴义务人应当将纳税人报送的专项附加扣除信息，在次月办理扣缴申报时一并报送至主管税务机关。

第十条 纳税人选择在汇算清缴申报时享受专项附加扣除的，应当填写并向汇缴地主管税务机关报送《扣除信息表》。

第十一条 纳税人将需要享受的专项附加扣除项目信息填报至《扣除信息表》相应栏次。填报要素完整的，扣缴义务人或者主管税务机关应当受理；填报要素不完整的，扣缴义务人或者主管税务机关应当及时告知纳税人补正或重新填报。纳税人未补正或重新填报的，暂不办理相关专项附加扣除，待纳税人补正或重新填报后再行办理。

第十二条 纳税人享受子女教育专项附加扣除，应当填报配偶及子女的姓名、身份证件类型及号码、子女当前受教育阶段及起止时间、子女就读学校以及本人与配偶之间扣除分配比例等信息。

纳税人需要留存备查资料包括：子女在境外接受教育的，应当留存境外学校录取通知书、留学签证等境外教育佐证资料。

第十三条 纳税人享受继续教育专项附加扣除，接受学历（学位）继续教育的，应当填报教育起止时间、教育阶段等信息；接受技能人员或者专业技术人员职业资格继续教育的，应当填报证书名称、证书编号、发证机关、发证（批准）时间等信息。

纳税人需要留存备查资料包括：纳税人接受技能人员职业资格继续教育、专业技术人员职业资格继续教育的，应当留存职业资格相关证书等资料。

第十四条 纳税人享受住房贷款利息专项附加扣除，应当填报住房权属信息、住房坐落地址、贷款方式、贷款银行、贷款合同编号、贷款期限、首次还款日期等信息；纳税人有配偶的，填写配偶姓名、身份证件类型及号码。

纳税人需要留存备查资料包括：住房贷款合同、贷款还款支出凭证等资料。

第十五条 纳税人享受住房租金专项附加扣除，应当填报主要工作城市、租赁住房坐落地址、出租人姓名及身份证件类型和号码或者出租方单位名称及纳税人识别号（社会统一信用代码）、租赁起止时间等信息；纳税人有配偶的，填写配偶姓名、身份证件类型及号码。

纳税人需要留存备查资料包括：住房租赁合同或协议等资料。

第十六条 纳税人享受赡养老人专项附加扣除，应当填报纳税人是否为独生子女、月扣除金额、被赡养人姓名及身份证件类型和号码、与纳税人关系；有共同赡养人的，需填报分摊方式、共同赡养人姓名及身份证件类型和号码等信息。

纳税人需要留存备查资料包括：约定或指定分摊的书面分摊协议等资料。

第十七条 纳税人享受大病医疗专项附加扣除，应当填报患者姓名、身份证件类型及号码、与纳税人关系、与基本医保相关的医药费用总金额、医保目录范围内个人负担的自付金额等信息。

纳税人需要留存备查资料包括：大病患者医药服务收费及医保报销相关票据原件或复印件，或者医疗保障部门出具的纳税年度医药费用清单等资料。

第十八条 纳税人享受3岁以下婴幼儿照护专项附加扣除，应当填报配偶及子女的姓名、身份证件类型（如居民身份证、子女出生医学证明等）及号码以及本人与配偶之间扣除分配比例等信息。

纳税人需要留存备查资料包括：子女的出生医学证明等资料。

第十九条 纳税人应当对报送的专项附加扣除信息的真实性、准确性、完整性负责。

第四章 信息报送方式

第二十条 纳税人可以通过远程办税端、电子或者纸质报表等方式，向扣缴义务人或者主管税务机关报送个人专项附加扣除信息。

第二十一条 纳税人选择纳税年度内由扣缴义务人办理专项附加扣除的，按下列规定办理：

（一）纳税人通过远程办税端选择扣缴义务人并报送专项附加扣除信息的，扣缴义务人根据接收的扣除信息办理扣除。

（二）纳税人通过填写电子或者纸质《扣除信息表》直接报送扣缴义务人的，扣缴义务人将相关信息导入或者录入扣缴端软件，并在次月办理扣缴申报时提交给主管税务机关。《扣除信息表》应当一式两份，纳税人和扣缴义务人签字（章）后分别留存备查。

第二十二条 纳税人选择年度终了后办理汇算清缴申报时享受专项附加扣除的，既可以通过远程办税端报送专项附加扣除信息，也可以将电子或者纸质《扣除信息表》（一式两份）报送给汇缴地主管税务机关。

报送电子《扣除信息表》的，主管税务机关受理打印，交由纳税人签字后，一份由纳税人留存备查，一份由税务机关留存；报送纸质《扣除信息表》的，纳税人签字确认、主管税务机关受理签章后，一份退还纳税人留存备查，一份由税务机关留存。

第二十三条 扣缴义务人和税务机关应当告知纳税人办理专项附加扣除的方式和渠道，鼓励并引导纳税人采用远程办税端报送信息。

第五章 后 续 管 理

第二十四条 纳税人应当将《扣除信息表》及相关留存备查资料，自法定汇算清缴期结束后保存五年。

纳税人报送给扣缴义务人的《扣除信息表》，扣缴义务人应当自预扣预缴年度的次年起留存五年。

第二十五条 纳税人向扣缴义务人提供专项附加扣除信息的，扣缴义务人应当按照规定予以扣除，不得拒绝。扣缴义务人应当为纳税人报送的专项附加扣除信息保密。

第二十六条 扣缴义务人应当及时按照纳税人提供的信息计算办理扣缴申报，不得擅自更改纳税人提供的相关信息。

扣缴义务人发现纳税人提供的信息与实际情况不符，可以要求纳税人修改。纳税人拒绝修改的，扣缴义务人应当向主管税务机关报告，税务机关应当及时处理。

除纳税人另有要求外，扣缴义务人应当于年度终了后两个月内，向纳税人提供已办理的专项附加扣除项目及金额等信息。

第二十七条 税务机关定期对纳税人提供的专项附加扣除信息开展抽查。

第二十八条 税务机关核查时，纳税人无法提供留存备查资料，或者留存备查资料不能支持相关情况的，税务机关可以要求纳税人提供其他佐证；不能提供其他佐证材料，或者佐证材料仍不足以支持的，不得享受相关专项附加扣除。

第二十九条 税务机关核查专项附加扣除情况时，可以提请有关单位和个人协助核查，相关单位和个人应当协助。

第三十条 纳税人有下列情形之一的，主管税务机关应当责令其改正；情形严重的，应当纳入有关信用信息系统，并按照国家有关规定实施联合惩戒；涉及违反税收征管法等法律法规的，税务机关依法进行处理：

（一）报送虚假专项附加扣除信息；
（二）重复享受专项附加扣除；
（三）超范围或标准享受专项附加扣除；
（四）拒不提供留存备查资料；
（五）税务总局规定的其他情形。

纳税人在任职、受雇单位报送虚假扣除信息的，税务机关责令改正的同时，通知扣缴义务人。

第三十一条 本办法自 2022 年 1 月 1 日起施行。

4. 关于个人养老金有关个人所得税政策的公告（2022 年发布）

（财政部　税务总局公告 2022 年第 34 号）

为贯彻落实《国务院办公厅关于推动个人养老金发展的意见》（国办发〔2022〕7 号）有关要求，现就个人养老金有关个人所得税政策公告如下：

一、自 2022 年 1 月 1 日起，对个人养老金实施递延纳税优惠政策。在缴费环节，个人向个人养老金资金账户的缴费，按照 12 000 元/年的限额标准，在综合所得或经营所得中据实扣除；在投资环节，计入个人养老金资金账户的投资收益暂不征收个人所得税；在领取环节，个人领取的个人养老金，不并入综合所得，单独按照 3% 的税率计算缴纳个人所得税，其缴纳的税款计入"工资、薪金所得"项目。

二、个人缴费享受税前扣除优惠时，以个人养老金信息管理服务平台出具的扣除凭证为扣税凭据。取得工资薪金所得、按累计预扣法预扣预缴个人所得税劳务报酬所得的，其缴费可以选择在当年预扣预缴或次年汇算清缴时在限额标准内据实扣除。选择在当年预扣预缴的，应及时将相关凭证提供给扣缴单位。扣缴单位应按照本公告有关要求，为纳税人办理税前扣除有关事项。取得其他劳务报酬、稿酬、特许权使用费等所得或经营所得的，其缴费在次年汇算清缴时在限额标准内据实扣除。个人按规定领取个人养老金时，由开立个人养老金资金账户所在市的商业银行机构代扣代缴其应缴的个人所得税。

三、人力资源社会保障部门与税务部门应建立信息交换机制，通过个人养老金信息管理服务平台将个人养老金涉税信息交换至税务部门，并配合税务部门做好相关税收征管工作。

四、商业银行有关分支机构应及时对在该行开立个人养老金资金账户纳税人的纳税情况进行全员全额明细申报，保证信息真实准确。

五、各级财政、人力资源社会保障、税务、金融监管等部门应密切配合，认真做好组织落实，对本公告实施过程中遇到的困难和问题，及时向上级主管部门反映。

六、本公告规定的税收政策自 2022 年 1 月 1 日起在个人养老金先行城市实施。个人养老金先行城市名单由人力资源社会保障部会同财政部、税务总局另行发布。上海市、福建省、苏州工业园区等已实施个人税收递延型商业养老保险试点的地区，自 2022 年 1 月 1 日起统一按照本公告规定的税收政策执行。

特此公告。

财政部　税务总局
2022 年 11 月 3 日

5. 关于延续实施远洋船员个人所得税政策的公告（2023年发布）

（财政部　税务总局公告2023年第31号）

现就远洋船员个人所得税政策公告如下：

一、一个纳税年度内在船航行时间累计满183天的远洋船员，其取得的工资薪金收入减按50%计入应纳税所得额，依法缴纳个人所得税。

二、本公告所称的远洋船员是指在海事管理部门依法登记注册的国际航行船舶船员和在渔业管理部门依法登记注册的远洋渔业船员。

三、在船航行时间是指远洋船员在国际航行或作业船舶和远洋渔业船舶上的工作天数。一个纳税年度内的在船航行时间为一个纳税年度内在船航行时间的累计天数。

四、远洋船员可选择在当年预扣预缴税款或者次年个人所得税汇算清缴时享受上述优惠政策。

五、海事管理部门、渔业管理部门同税务部门建立信息共享机制，定期交换远洋船员身份认定、在船航行时间等有关涉税信息。

六、本公告执行至2027年12月31日。

特此公告。

财政部　税务总局
2023年8月18日

6. 关于延续实施外籍个人有关津补贴个人所得税政策的公告（2023年发布）

（财政部　税务总局公告2023年第29号）

为进一步减轻纳税人负担，现将外籍个人有关津补贴个人所得税政策公告如下：

一、外籍个人符合居民个人条件的，可以选择享受个人所得税专项附加扣除，也可以选择按照《财政部 国家税务总局关于个人所得税若干政策问题的通知》（财税字〔1994〕020号）、《国家税务总局关于外籍个人取得有关补贴征免个人所得税执行问题的通知》（国税发〔1997〕54号）和《财政部国家税务总局关于外籍个人取得港澳地区住房等补贴征免个人所得税的通知》（财税〔2004〕29号）规定，享受住房补贴、语言训练费、子女教育费等津补贴免税优惠政策，但不得同时享受。外籍个人一经选择，在一个纳税年度内不得变更。

二、本公告执行至2027年12月31日。

特此公告。

财政部　税务总局
2023年8月18日

7. 关于延续实施个人所得税综合所得汇算清缴有关政策的公告（2023年发布）

（财政部　税务总局公告2023年第32号）

为进一步减轻纳税人负担，现就个人所得税综合所得汇算清缴有关政策公告如下：

2024年1月1日至2027年12月31日居民个人取得的综合所得，年度综合所得收入不超过12万元且需要汇算清缴补税的，或者年度汇算清缴补税金额不超过400元的，居民个人可免于办理个人所得税综合所得汇算清缴。居民个人取得综合所得时存在扣缴义务人未依法预扣预缴税款的情形除外。

特此公告。

财政部　税务总局
2023年8月18日

8. 关于延续实施全年一次性奖金个人所得税政策的公告（2023年发布）

（财政部　税务总局公告2023年第30号）

为进一步减轻纳税人负担，现将全年一次性奖金个人所得税政策公告如下：

一、居民个人取得全年一次性奖金，符合《国家税务总局关于调整个人取得全年一次性奖金等计算征收个人所得税方法问题的通知》（国税发〔2005〕9号）规定的，不并入当年综合所得，以全年一次性奖金收入除以12个月得到的数额，按照本公告所附按月换算后的综合所得税率表，确定适用税率和速算扣除数，单独计算纳税。计算公式为：

应纳税额＝全年一次性奖金收入 × 适用税率－速算扣除数

二、居民个人取得全年一次性奖金，也可以选择并入当年综合所得计算纳税。

三、本公告执行至2027年12月31日。

特此公告。

附件：按月换算后的综合所得税率表（略）

财政部　税务总局
2023年8月18日

9. 关于延续实施粤港澳大湾区个人所得税优惠政策的通知（2023年发布）

（财税〔2023〕34号）

广东省、深圳市财政厅（局），国家税务总局广东省、深圳市税务局：

为继续支持粤港澳大湾区（以下简称大湾区）建设，现就大湾区有关个人所得税优惠政策通知如下：

一、广东省、深圳市按内地与香港个人所得税税负差额，对在大湾区工作的境外（含港澳台，下同）高端人才和紧缺人才给予补贴，该补贴免征个人所得税。

二、在大湾区工作的境外高端人才和紧缺人才的认定和补贴办法，按照广东省、深圳市的有关规定执行。

三、本通知适用范围包括广东省广州市、深圳市、珠海市、佛山市、惠州市、东莞市、中山市、江门市和肇庆市等大湾区珠三角九市。

四、本通知执行至2027年12月31日。

财政部　税务总局
2023年8月18日

10. 关于延续实施支持居民换购住房有关个人所得税政策的公告（2023年发布）

（财政部　税务总局　住房城乡建设部公告2023年第28号）

为继续支持居民改善住房条件，现就有关个人所得税政策公告如下：

一、自2024年1月1日至2025年12月31日，对出售自有住房并在现住房出售后1年内在市场重新购买住房的纳税人，对其出售现住房已缴纳的个人所得税予以退税优惠。其中，新购住房金额大于或等于现住房转让金额的，全部退还已缴纳的个人所得税；新购住房金额小于现住房转让金额的，按新购住房金额占现住房转让金额的比例退还出售现住房已缴纳的个人所得税。

二、本公告所称现住房转让金额为该房屋转让的市场成交价格。新购住房为新房的，购房金额为纳税人在住房城乡建设部门网签备案的购房合同中注明的成交价格；新购住房为二手房的，购房金额为房屋的成交价格。

三、享受本公告规定优惠政策的纳税人须同时满足以下条件：

1.纳税人出售和重新购买的住房应在同一城市范围内。同一城市范围是指同一直辖市、副省级城市、地级市（地区、州、盟）所辖全部行政区划范围。

2.出售自有住房的纳税人与新购住房之间须直接相关，应为新购住房产权人或产权人之一。

四、符合退税优惠政策条件的纳税人应向主管税务机关提供合法、有效的售房、购房合同和主管税务机关要求提供的其他有关材料，经主管税务机关审核后办理退税。

五、各级住房城乡建设部门应与税务部门建立信息共享机制，将本地区房屋交易合同网签备案等信息（含撤销备案信息）实时共享至当地税务部门；暂未实现信息实时共享的地区，要建立健全工作机制，确保税务部门及时获取审核退税所需的房屋交易合同备案信息。

特此公告。

财政部　税务总局　住房城乡建设部
2023年8月18日

11. 关于延续实施支持原油等货物期货市场对外开放个人所得税政策的公告（2023年发布）

（财政部　税务总局　中国证监会公告2023年第26号）

为支持原油等货物期货市场对外开放，现将有关个人所得税政策公告如下：

一、对境外个人投资者投资经国务院批准对外开放的中国境内原油等货物期货品种取得的所得，暂免征收个人所得税。

二、本公告执行至2027年12月31日。

特此公告。

财政部　税务总局　中国证监会
2023年8月21日

12. 关于延续实施沪港、深港股票市场交易互联互通机制和内地与香港基金互认有关个人所得税政策的公告（2023年发布）

（财政部　税务总局　中国证监会公告2023年第23号）

现就延续实施沪港股票市场交易互联互通机制（以下简称沪港通）、深港股票市场交易互联互通机制（以下简称深港通）以及内地与香港基金互认（以下简称基金互认）有关个人所得税政策公告如下：

一、对内地个人投资者通过沪港通、深港通投资香港联交所上市股票取得的转让差价所得和通过基金互认买卖香港基金份额取得的转让差价所得，继续暂免征收个人所得税。

二、本公告执行至2027年12月31日。

特此公告。

财政部　税务总局　中国证监会
2023年8月21日

13. 关于延续实施创业投资企业个人合伙人所得税政策的公告（2023 年发布）

（财政部　税务总局　国家发展改革委　中国证监会公告 2023 年第 24 号）

为继续支持创业投资企业（含创投基金，以下统称创投企业）发展，现将有关个人所得税政策问题公告如下：

一、创投企业可以选择按单一投资基金核算或者按创投企业年度所得整体核算两种方式之一，对其个人合伙人来源于创投企业的所得计算个人所得税应纳税额。

本公告所称创投企业，是指符合《创业投资企业管理暂行办法》（发展改革委等 10 部门令第 39 号）或者《私募投资基金监督管理暂行办法》（证监会令第 105 号）关于创业投资企业（基金）的有关规定，并按照上述规定完成备案且规范运作的合伙制创业投资企业（基金）。

二、创投企业选择按单一投资基金核算的，其个人合伙人从该基金应分得的股权转让所得和股息红利所得，按照 20% 税率计算缴纳个人所得税。

创投企业选择按年度所得整体核算的，其个人合伙人应从创投企业取得的所得，按照"经营所得"项目、5%—35% 的超额累进税率计算缴纳个人所得税。

三、单一投资基金核算，是指单一投资基金（包括不以基金名义设立的创投企业）在一个纳税年度内从不同创业投资项目取得的股权转让所得和股息红利所得按下述方法分别核算纳税：

（一）股权转让所得。单个投资项目的股权转让所得，按年度股权转让收入扣除对应股权原值和转让环节合理费用后的余额计算，股权原值和转让环节合理费用的确定方法，参照股权转让所得个人所得税有关政策规定执行；单一投资基金的股权转让所得，按一个纳税年度内不同投资项目的所得和损失相互抵减后的余额计算，余额大于或等于零的，即确认为该基金的年度股权转让所得；余额小于零的，该基金年度股权转让所得按零计算且不能跨年结转。

个人合伙人按照其应从基金年度股权转让所得中分得的份额计算其应纳税额，并由创投企业在次年 3 月 31 日前代扣代缴个人所得税。如符合《财政部　税务总局关于创业投资企业和天使投资个人有关税收政策的通知》（财税〔2018〕55 号）规定条件的，创投企业个人合伙人可以按照被转让项目对应投资额的 70% 抵扣其应从基金年度股权转让所得中分得的份额后再计算其应纳税额，当期不足抵扣的，不得向以后年度结转。

（二）股息红利所得。单一投资基金的股息红利所得，以其来源于所投资项目分配的股息、红利收入以及其他固定收益类证券等收入的全额计算。

个人合伙人按照其应从基金股息红利所得中分得的份额计算其应纳税额，并由创投企业按次代扣代缴个人所得税。

（三）除前述可以扣除的成本、费用之外，单一投资基金发生的包括投资基金管理人的管理费和业绩报酬在内的其他支出，不得在核算时扣除。

本条规定的单一投资基金核算方法仅适用于计算创投企业个人合伙人的应纳税额。

四、创投企业年度所得整体核算，是指将创投企业以每一纳税年度的收入总额减除成本、费用以及损失后，计算应分配给个人合伙人的所得。如符合《财政部税务总局关于创业投资企业和天使投资个人有关税收政策的通知》（财税〔2018〕55 号）规定条件的，创投企业个人合伙人可以按照被转让项目对应投资额的70%抵扣其可以从创投企业应分得的经营所得后再计算其应纳税额。年度核算亏损的，准予按有关规定向以后年度结转。

按照"经营所得"项目计税的个人合伙人，没有综合所得的，可依法减除基本减除费用、专项扣除、专项附加扣除以及国务院确定的其他扣除。从多处取得经营所得的，应汇总计算个人所得税，只减除一次上述费用和扣除。

五、创投企业选择按单一投资基金核算或按创投企业年度所得整体核算后，3年内不能变更。

六、创投企业选择按单一投资基金核算的，应当在按照本公告第一条规定完成备案的30日内，向主管税务机关进行核算方式备案；未按规定备案的，视同选择按创投企业年度所得整体核算。创投企业选择一种核算方式满3年需要调整的，应当在满3年的次年1月31日前，重新向主管税务机关备案。

七、税务部门依法开展税收征管和后续管理工作，可转请发展改革部门、证券监督管理部门对创投企业及其所投项目是否符合有关规定进行核查，发展改革部门、证券监督管理部门应当予以配合。

八、本公告执行至2027年12月31日。

特此公告。

财政部　税务总局　国家发展改革委　中国证监会
2023年8月21日

14. 关于延续实施上市公司股权激励有关个人所得税政策的公告（2023年发布）

（财政部　税务总局公告2023年第25号）

为继续支持企业创新发展，现将上市公司股权激励有关个人所得税政策公告如下：

一、居民个人取得股票期权、股票增值权、限制性股票、股权奖励等股权激励（以下简称股权激励），符合《财政部 国家税务总局关于个人股票期权所得征收个人所得税问题的通知》（财税〔2005〕35号）、《财政部 国家税务总局关于股票增值权所得和限制性股票所得征收个人所得税有关问题的通知》（财税〔2009〕5号）、《财政部 国家税务总局关于将国家自主创新示范区有关税收试点政策推广到全国范围实施的通知》（财税〔2015〕116号）第四条、《财政部 国家税务总局关于完善股权激励和技术入股有关所得税政策的通知》（财税〔2016〕101号）第四条第（一）项规定的相关条件的，不并入当年综合所得，全额单独适用综合所得税率表，计算纳税。计算公式为：

应纳税额＝股权激励收入×适用税率－速算扣除数

二、居民个人一个纳税年度内取得两次以上（含两次）股权激励的，应合并按本公告第一条规定计算纳税。

三、本公告执行至2027年12月31日。

特此公告。

财政部　税务总局
2023年8月18日

第十章　税收违法查处相关法规

1. 税务稽查案件办理程序规定（2021年发布）

（2021年7月12日国家税务总局令第52号公布）

第一章　总　　则

第一条　为了贯彻落实中共中央办公厅、国务院办公厅印发的《关于进一步深化税收征管改革的意见》，保障税收法律、行政法规的贯彻实施，规范税务稽查案件办理程序，强化监督制约机制，保护纳税人、扣缴义务人和其他涉税当事人合法权益，根据《中华人民共和国税收征收管理法》（以下简称税收征管法）、《中华人民共和国税收征收管理法实施细则》（以下简称税收征管法实施细则）等法律、行政法规，制定本规定。

第二条　稽查局办理税务稽查案件适用本规定。

第三条　办理税务稽查案件应当以事实为根据，以法律为准绳，坚持公平、公正、公开、效率的原则。

第四条　税务稽查由稽查局依法实施。稽查局主要职责是依法对纳税人、扣缴义务人和其他涉税当事人履行纳税义务、扣缴义务情况及涉税事项进行检查处理，以及围绕检查处理开展的其他相关工作。稽查局具体职责由国家税务总局依照税收征管法、税收征管法实施细则和国家有关规定确定。

第五条　稽查局办理税务稽查案件时，实行选案、检查、审理、执行分工制约原则。

第六条　稽查局应当在税务局向社会公告的范围内实施税务稽查。上级税务机关可以根据案件办理的需要指定管辖。

税收法律、行政法规和国家税务总局规章对税务稽查管辖另有规定的，从其规定。

第七条　税务稽查管辖有争议的，由争议各方本着有利于案件办理的原则逐级协商解决；不能协商一致的，报请共同的上级税务机关决定。

第八条　税务稽查人员具有税收征管法实施细则规定回避情形的，应当回避。

被查对象申请税务稽查人员回避或者税务稽查人员自行申请回避的，由稽查局局长依法决定是否回避。稽查局局长发现税务稽查人员具有规定回避情形的，应当要求其回避。稽查局局长的回避，由税务局局长依法审查决定。

第九条　税务稽查人员对实施税务稽查过程中知悉的国家秘密、商业秘密或者个人隐私、个人信息，应当依法予以保密。

纳税人、扣缴义务人和其他涉税当事人的税收违法行为不属于保密范围。

第十条　税务稽查人员应当遵守工作纪律，恪守职业道德，不得有下列行为：

（一）违反法定程序、超越权限行使职权；

（二）利用职权为自己或者他人牟取利益；

（三）玩忽职守，不履行法定义务；

（四）泄露国家秘密、工作秘密，向被查对象通风报信、泄露案情；

（五）弄虚作假，故意夸大或者隐瞒案情；

（六）接受被查对象的请客送礼等影响公正执行公务的行为；

（七）其他违法违纪行为。

税务稽查人员在执法办案中滥用职权、玩忽职守、徇私舞弊的，依照有关规定严肃处理；涉嫌犯罪的，依法移送司法机关处理。

第十一条 税务稽查案件办理应当通过文字、音像等形式，对案件办理的启动、调查取证、审核、决定、送达、执行等进行全过程记录。

第二章 选 案

第十二条 稽查局应当加强稽查案源管理，全面收集整理案源信息，合理、准确地选择待查对象。案源管理依照国家税务总局有关规定执行。

第十三条 待查对象确定后，经稽查局局长批准实施立案检查。

必要时，依照法律法规的规定，稽查局可以在立案前进行检查。

第十四条 稽查局应当统筹安排检查工作，严格控制对纳税人、扣缴义务人的检查次数。

第三章 检 查

第十五条 检查前，稽查局应当告知被查对象检查时间、需要准备的资料等，但预先通知有碍检查的除外。

检查应当由两名以上具有执法资格的检查人员共同实施，并向被查对象出示税务检查证件、出示或者送达税务检查通知书，告知其权利和义务。

第十六条 检查应当依照法定权限和程序，采取实地检查、调取账簿资料、询问、查询存款账户或者储蓄存款、异地协查等方法。

对采用电子信息系统进行管理和核算的被查对象，检查人员可以要求其打开该电子信息系统，或者提供与原始电子数据、电子信息系统技术资料一致的复制件。被查对象拒不打开或者拒不提供的，经稽查局局长批准，可以采用适当的技术手段对该电子信息系统进行直接检查，或者提取、复制电子数据进行检查，但所采用的技术手段不得破坏该电子信息系统原始电子数据，或者影响该电子信息系统正常运行。

第十七条 检查应当依照法定权限和程序收集证据材料。收集的证据必须经查证属实，并与证明事项相关联。

不得以下列方式收集、获取证据材料：

（一）严重违反法定程序收集；

（二）以违反法律强制性规定的手段获取且侵害他人合法权益；

（三）以利诱、欺诈、胁迫、暴力等手段获取。

第十八条 调取账簿、记账凭证、报表和其他有关资料时，应当向被查对象出具调取账簿资料通知书，并填写调取账簿资料清单交其核对后签章确认。

调取纳税人、扣缴义务人以前会计年度的账簿、记账凭证、报表和其他有关资料的，应当经县以上税务局局长批准，并在 3 个月内完整退还；调取纳税人、扣缴义务人当年的账簿、记账凭证、报表和其他有关资料的，应当经设区的市、自治州以上税务局局长批准，并在 30 日内退还。

退还账簿资料时，应当由被查对象核对调取账簿资料清单，并签章确认。

第十九条 需要提取证据材料原件的，应当向当事人出具提取证据专用收据，由当事人核对后签章确认。对需要退还的证据材料原件，检查结束后应当及时退还，并履行相关签收手续。需要将已开具的纸质发票调出查验时，应当向被查验的单位或者个人开具发票换票证；需要将空白纸质发票调出查验时，应当向被查验的单位或者个人开具调验空白发票收据。经查无问题的，应当及时退还，并履行相关签收手续。

提取证据材料复制件的，应当由当事人或者原件保存单位（个人）在复制件上注明"与原件核对无误"及原件存放地点，并签章。

第二十条 询问应当由两名以上检查人员实施。除在被查对象生产、经营、办公场所询问外，应当向被询问人送达询问通知书。

询问时应当告知被询问人有关权利义务。询问笔录应当交被询问人核对或者向其宣读；询问笔录有修改的，应当由被询问人在改动处捺指印；核对无误后，由被询问人在尾页结束处写明"以上笔录我看过（或者向我宣读过），与我说的相符"，并逐页签章、捺指印。被询问人拒绝在询问笔录上签章、捺指印的，检查人员应当在笔录上注明。

第二十一条 当事人、证人可以采取书面或者口头方式陈述或者提供证言。当事人、证人口头陈述或者提供证言的，检查人员应当以笔录、录音、录像等形式进行记录。笔录可以手写或者使用计算机记录并打印，由当事人或者证人逐页签章、捺指印。

当事人、证人口头提出变更陈述或者证言的，检查人员应当就变更部分重新制作笔录，注明原因，由当事人或者证人逐页签章、捺指印。当事人、证人变更书面陈述或者证言的，变更前的笔录不予退回。

第二十二条 制作录音、录像等视听资料的，应当注明制作方法、制作时间、制作人和证明对象等内容。

调取视听资料时，应当调取有关资料的原始载体；难以调取原始载体的，可以调取复制件，但应当说明复制方法、人员、时间和原件存放处等事项。

对声音资料，应当附有该声音内容的文字记录；对图像资料，应当附有必要的文字说明。

第二十三条 以电子数据的内容证明案件事实的，检查人员可以要求当事人将电子数据打印成纸质资料，在纸质资料上注明数据出处、打印场所、打印时间或者提供时间，注明"与电子数据核对无误"，并由当事人签章。

需要以有形载体形式固定电子数据的，检查人员应当与提供电子数据的个人、单位的法定代表人或者财务负责人或者经单位授权的其他人员一起将电子数据复制到存储介质上并封存，同时在封存包装物上注明制作方法、制作时间、制作人、文件格式及大小等，注明"与原始载体记载的电子数据核对无误"，并由电子数据提供人签章。

收集、提取电子数据，检查人员应当制作现场笔录，注明电子数据的来源、事由、证明目的或者对象，提取时间、地点、方法、过程，原始存储介质的存放地点以及对电子数据存储介质的签封情况等。进行数据压缩的，应当在笔录中注明压缩方法和完整性校验值。

第二十四条 检查人员实地调查取证时，可以制作现场笔录、勘验笔录，对实地调查取证情况予以记录。

制作现场笔录、勘验笔录，应当载明时间、地点和事件等内容，并由检查人员签名和当事人签章。

当事人经通知不到场或者拒绝在现场笔录、勘验笔录上签章的，检查人员应当在笔录上注明原因；如有其他人员在场，可以由其签章证明。

第二十五条 检查人员异地调查取证的，当地税务机关应当予以协助；发函委托相关稽查局调查取证的，必要时可以派人参与受托地稽查局的调查取证，受托地稽查局应当根据协查请求，依照法定权限和程序调查。

需要取得境外资料的,稽查局可以提请国际税收管理部门依照有关规定程序获取。

第二十六条 查询从事生产、经营的纳税人、扣缴义务人存款账户,应当经县以上税务局局长批准,凭检查存款账户许可证明向相关银行或者其他金融机构查询。

查询案件涉嫌人员储蓄存款的,应当经设区的市、自治州以上税务局局长批准,凭检查存款账户许可证明向相关银行或者其他金融机构查询。

第二十七条 被查对象有下列情形之一的,依照税收征管法和税收征管法实施细则有关逃避、拒绝或者以其他方式阻挠税务检查的规定处理:

(一)提供虚假资料,不如实反映情况,或者拒绝提供有关资料的;

(二)拒绝或者阻止税务机关记录、录音、录像、照相和复制与案件有关的情况和资料的;

(三)在检查期间转移、隐匿、销毁有关资料的;

(四)有不依法接受税务检查的其他情形的。

第二十八条 税务机关有根据认为从事生产、经营的纳税人有逃避纳税义务行为,可以在规定的纳税期之前,责令限期缴纳应纳税款;在限期内发现纳税人有明显的转移、隐匿其应纳税的商品、货物以及其他财产或者应纳税收入迹象的,可以责成纳税人提供纳税担保。如果纳税人不能提供纳税担保,经县以上税务局局长批准,可以依法采取税收强制措施。

检查从事生产、经营的纳税人以前纳税期的纳税情况时,发现纳税人有逃避纳税义务行为,并有明显的转移、隐匿其应纳税的商品、货物以及其他财产或者应纳税收入迹象的,经县以上税务局局长批准,可以依法采取税收强制措施。

第二十九条 稽查局采取税收强制措施时,应当向纳税人、扣缴义务人、纳税担保人交付税收强制措施决定书,告知其采取税收强制措施的内容、理由、依据以及依法享有的权利、救济途径,并履行法律、法规规定的其他程序。

采取冻结纳税人在开户银行或者其他金融机构的存款措施时,应当向纳税人开户银行或者其他金融机构交付冻结存款通知书,冻结其相当于应纳税款的存款;并于作出冻结决定之日起3个工作日内,向纳税人交付冻结决定书。

采取查封、扣押商品、货物或者其他财产措施时,应当向纳税人、扣缴义务人、纳税担保人当场交付查封、扣押决定书,填写查封商品、货物或者其他财产清单或者出具扣押商品、货物或者其他财产专用收据,由当事人核对后签章。查封清单、扣押收据一式二份,由当事人和稽查局分别保存。

采取查封、扣押有产权证件的动产或者不动产措施时,应当依法向有关单位送达税务协助执行通知书,通知其在查封、扣押期间不再办理该动产或者不动产的过户手续。

第三十条 按照本规定第二十八条第二款采取查封、扣押措施的,期限一般不得超过6个月;重大案件有下列情形之一,需要延长期限的,应当报国家税务总局批准:

(一)案情复杂,在查封、扣押期限内确实难以查明案件事实的;

(二)被查对象转移、隐匿、销毁账簿、记账凭证或者其他证据材料的;

(三)被查对象拒不提供相关情况或者以其他方式拒绝、阻挠检查的;

(四)解除查封、扣押措施可能使纳税人转移、隐匿、损毁或者违法处置财产,从而导致税款无法追缴的。

除前款规定情形外采取查封、扣押、冻结措施的,期限不得超过30日;情况复杂的,经县以上税务局局长批准,可以延长,但是延长期限不得超过30日。

第三十一条 有下列情形之一的,应当依法及时解除税收强制措施:

(一)纳税人已按履行期限缴纳税款、扣缴义务人已按履行期限解缴税款、纳税担保人已按履行期限缴纳所担保税款的；

（二）税收强制措施被复议机关决定撤销的；

（三）税收强制措施被人民法院判决撤销的；

（四）其他法定应当解除税收强制措施的。

第三十二条 解除税收强制措施时，应当向纳税人、扣缴义务人、纳税担保人送达解除税收强制措施决定书，告知其解除税收强制措施的时间、内容和依据，并通知其在规定时间内办理解除税收强制措施的有关事宜：

（一）采取冻结存款措施的，应当向冻结存款的纳税人开户银行或者其他金融机构送达解除冻结存款通知书，解除冻结；

（二）采取查封商品、货物或者其他财产措施的，应当解除查封并收回查封商品、货物或者其他财产清单；

（三）采取扣押商品、货物或者其他财产措施的，应当予以返还并收回扣押商品、货物或者其他财产专用收据。

税收强制措施涉及协助执行单位的，应当向协助执行单位送达税务协助执行通知书，通知解除税收强制措施相关事项。

第三十三条 有下列情形之一，致使检查暂时无法进行的，经稽查局局长批准后，中止检查：

（一）当事人被有关机关依法限制人身自由的；

（二）账簿、记账凭证及有关资料被其他国家机关依法调取且尚未归还的；

（三）与税收违法行为直接相关的事实需要人民法院或者其他国家机关确认的；

（四）法律、行政法规或者国家税务总局规定的其他可以中止检查的。

中止检查的情形消失，经稽查局局长批准后，恢复检查。

第三十四条 有下列情形之一，致使检查确实无法进行的，经稽查局局长批准后，终结检查：

（一）被查对象死亡或者被依法宣告死亡或者依法注销，且有证据表明无财产可抵缴税款或者无法定税收义务承担主体的；

（二）被查对象税收违法行为均已超过法定追究期限的；

（三）法律、行政法规或者国家税务总局规定的其他可以终结检查的。

第三十五条 检查结束前，检查人员可以将发现的税收违法事实和依据告知被查对象。

被查对象对违法事实和依据有异议的，应当在限期内提供说明及证据材料。被查对象口头说明的，检查人员应当制作笔录，由当事人签章。

第四章 审 理

第三十六条 检查结束后，稽查局应当对案件进行审理。符合重大税务案件标准的，稽查局审理后提请税务局重大税务案件审理委员会审理。

重大税务案件审理依照国家税务总局有关规定执行。

第三十七条 案件审理应当着重审核以下内容：

（一）执法主体是否正确；

（二）被查对象是否准确；

（三）税收违法事实是否清楚，证据是否充分，数据是否准确，资料是否齐全；

（四）适用法律、行政法规、规章及其他规范性文件是否适当，定性是否正确；

（五）是否符合法定程序；

（六）是否超越或者滥用职权；

（七）税务处理、处罚建议是否适当；
（八）其他应当审核确认的事项或者问题。

第三十八条 有下列情形之一的，应当补正或者补充调查：
（一）被查对象认定错误的；
（二）税收违法事实不清、证据不足的；
（三）不符合法定程序的；
（四）税务文书不规范、不完整的；
（五）其他需要补正或者补充调查的。

第三十九条 拟对被查对象或者其他涉税当事人作出税务行政处罚的，应当向其送达税务行政处罚事项告知书，告知其依法享有陈述、申辩及要求听证的权利。税务行政处罚事项告知书应当包括以下内容：
（一）被查对象或者其他涉税当事人姓名或者名称、有效身份证件号码或者统一社会信用代码、地址。没有统一社会信用代码的，以税务机关赋予的纳税人识别号代替；
（二）认定的税收违法事实和性质；
（三）适用的法律、行政法规、规章及其他规范性文件；
（四）拟作出的税务行政处罚；
（五）当事人依法享有的权利；
（六）告知书的文号、制作日期、税务机关名称及印章；
（七）其他相关事项。

第四十条 被查对象或者其他涉税当事人可以书面或者口头提出陈述、申辩意见。对当事人口头提出陈述、申辩意见，应当制作陈述申辩笔录，如实记录，由陈述人、申辩人签章。

应当充分听取当事人的陈述、申辩意见；经复核，当事人提出的事实、理由或者证据成立的，应当采纳。

第四十一条 被查对象或者其他涉税当事人按照法律、法规、规章要求听证的，应当依法组织听证。

听证依照国家税务总局有关规定执行。

第四十二条 经审理，区分下列情形分别作出处理：
（一）有税收违法行为，应当作出税务处理决定的，制作税务处理决定书；
（二）有税收违法行为，应当作出税务行政处罚决定的，制作税务行政处罚决定书；
（三）税收违法行为轻微，依法可以不予税务行政处罚的，制作不予税务行政处罚决定书；
（四）没有税收违法行为的，制作税务稽查结论。

税务处理决定书、税务行政处罚决定书、不予税务行政处罚决定书、税务稽查结论引用的法律、行政法规、规章及其他规范性文件，应当注明文件全称、文号和有关条款。

第四十三条 税务处理决定书应当包括以下主要内容：
（一）被查对象姓名或者名称、有效身份证件号码或者统一社会信用代码、地址。没有统一社会信用代码的，以税务机关赋予的纳税人识别号代替；
（二）检查范围和内容；
（三）税收违法事实及所属期间；
（四）处理决定及依据；
（五）税款金额、缴纳期限及地点；
（六）税款滞纳时间、滞纳金计算方法、缴纳期限及地点；

（七）被查对象不按期履行处理决定应当承担的责任；
（八）申请行政复议或者提起行政诉讼的途径和期限；
（九）处理决定书的文号、制作日期、税务机关名称及印章。

第四十四条 税务行政处罚决定书应当包括以下主要内容：
（一）被查对象或者其他涉税当事人姓名或者名称、有效身份证件号码或者统一社会信用代码、地址。没有统一社会信用代码的，以税务机关赋予的纳税人识别号代替；
（二）检查范围和内容；
（三）税收违法事实、证据及所属期间；
（四）行政处罚种类和依据；
（五）行政处罚履行方式、期限和地点；
（六）当事人不按期履行行政处罚决定应当承担的责任；
（七）申请行政复议或者提起行政诉讼的途径和期限；
（八）行政处罚决定书的文号、制作日期、税务机关名称及印章。

税务行政处罚决定应当依法公开。公开的行政处罚决定被依法变更、撤销、确认违法或者确认无效的，应当在3个工作日内撤回原行政处罚决定信息并公开说明理由。

第四十五条 不予税务行政处罚决定书应当包括以下主要内容：
（一）被查对象或者其他涉税当事人姓名或者名称、有效身份证件号码或者统一社会信用代码、地址。没有统一社会信用代码的，以税务机关赋予的纳税人识别号代替；
（二）检查范围和内容；
（三）税收违法事实及所属期间；
（四）不予税务行政处罚的理由及依据；
（五）申请行政复议或者提起行政诉讼的途径和期限；
（六）不予行政处罚决定书的文号、制作日期、税务机关名称及印章。

第四十六条 税务稽查结论应当包括以下主要内容：
（一）被查对象姓名或者名称、有效身份证件号码或者统一社会信用代码、地址。没有统一社会信用代码的，以税务机关赋予的纳税人识别号代替；
（二）检查范围和内容；
（三）检查时间和检查所属期间；
（四）检查结论；
（五）结论的文号、制作日期、税务机关名称及印章。

第四十七条 稽查局应当自立案之日起90日内作出行政处理、处罚决定或者无税收违法行为结论。案情复杂需要延期的，经税务局局长批准，可以延长不超过90日；特殊情况或者发生不可抗力需要继续延期的，应当经上一级税务局分管副局长批准，并确定合理的延长期限。但下列时间不计算在内：
（一）中止检查的时间；
（二）请示上级机关或者征求有权机关意见的时间；
（三）提请重大税务案件审理的时间；
（四）因其他方式无法送达，公告送达文书的时间；
（五）组织听证的时间；
（六）纳税人、扣缴义务人超期提供资料的时间；
（七）移送司法机关后，税务机关需根据司法文书决定是否处罚的案件，从司法机关接受移送到司法文书生效的时间。

第四十八条 税收违法行为涉嫌犯罪的，填制涉嫌犯罪案件移送书，经税务局局长批准后，依法移送公安机关，并附送以下资料：

（一）涉嫌犯罪案件情况的调查报告；

（二）涉嫌犯罪的主要证据材料复制件；

（三）其他有关涉嫌犯罪的材料。

第五章　执　　行

第四十九条　稽查局应当依法及时送达税务处理决定书、税务行政处罚决定书、不予税务行政处罚决定书、税务稽查结论等税务文书。

第五十条　具有下列情形之一的，经县以上税务局局长批准，稽查局可以依法强制执行，或者依法申请人民法院强制执行：

（一）纳税人、扣缴义务人未按照规定的期限缴纳或者解缴税款、滞纳金，责令限期缴纳逾期仍未缴纳的；

（二）经稽查局确认的纳税担保人未按照规定的期限缴纳所担保的税款、滞纳金，责令限期缴纳逾期仍未缴纳的；

（三）当事人对处罚决定逾期不申请行政复议也不向人民法院起诉、又不履行的；

（四）其他可以依法强制执行的。

第五十一条　当事人确有经济困难，需要延期或者分期缴纳罚款的，可向稽查局提出申请，经税务局局长批准后，可以暂缓或者分期缴纳。

第五十二条　作出强制执行决定前，应当制作并送达催告文书，催告当事人履行义务，听取当事人陈述、申辩意见。经催告，当事人逾期仍不履行行政决定，且无正当理由的，经县以上税务局局长批准，实施强制执行。

实施强制执行时，应当向被执行人送达强制执行决定书，告知其实施强制执行的内容、理由及依据，并告知其享有依法申请行政复议或者提起行政诉讼的权利。

催告期间，对有证据证明有转移或者隐匿财物迹象的，可以作出立即强制执行决定。

第五十三条　稽查局采取从被执行人开户银行或者其他金融机构的存款中扣缴税款、滞纳金、罚款措施时，应当向被执行人开户银行或者其他金融机构送达扣缴税收款项通知书，依法扣缴税款、滞纳金、罚款，并及时将有关凭证送达被执行人。

第五十四条　拍卖、变卖被执行人商品、货物或者其他财产，以拍卖、变卖所得抵缴税款、滞纳金、罚款的，在拍卖、变卖前应当依法进行查封、扣押。

稽查局拍卖、变卖被执行人商品、货物或者其他财产前，应当制作拍卖／变卖抵税财物决定书，经县以上税务局局长批准后送达被执行人，予以拍卖或者变卖。

拍卖或者变卖实现后，应当在结算并收取价款后3个工作日内，办理税款、滞纳金、罚款的入库手续，并制作拍卖／变卖结果通知书，附拍卖／变卖查封、扣押的商品、货物或者其他财产清单，经稽查局局长审核后，送达被执行人。

以拍卖或者变卖所得抵缴税款、滞纳金、罚款和拍卖、变卖等费用后，尚有剩余的财产或者无法进行拍卖、变卖的财产的，应当制作返还商品、货物或者其他财产通知书，附返还商品、货物或者其他财产清单，送达被执行人，并自办理税款、滞纳金、罚款入库手续之日起3个工作日内退还被执行人。

第五十五条　执行过程中发现涉嫌犯罪的，依照本规定第四十八条处理。

第五十六条　执行过程中发现有下列情形之一的，经稽查局局长批准后，中止执行：

（一）当事人死亡或者被依法宣告死亡，尚未确定可执行财产的；

（二）当事人进入破产清算程序尚未终结的；

（三）可执行财产被司法机关或者其他国家机关依法查封、扣押、冻结，致使执行暂时无法进行的；

（四）可供执行的标的物需要人民法院或者仲裁机构确定权属的；

（五）法律、行政法规和国家税务总局规定其他可以中止执行的。

中止执行情形消失后，经稽查局局长批准，恢复执行。

第五十七条 当事人确无财产可供抵缴税款、滞纳金、罚款或者依照破产清算程序确实无法清缴税款、滞纳金、罚款，或者有其他法定终结执行情形的，经税务局局长批准后，终结执行。

第五十八条 税务处理决定书、税务行政处罚决定书等决定性文书送达后，有下列情形之一的，稽查局可以依法重新作出：

（一）决定性文书被人民法院判决撤销的；

（二）决定性文书被行政复议机关决定撤销的；

（三）税务机关认为需要变更或者撤销原决定性文书的；

（四）其他依法需要变更或者撤销原决定性文书的。

第六章 附 则

第五十九条 本规定相关税务文书的式样，由国家税务总局规定。

第六十条 本规定所称签章，区分以下情况确定：

（一）属于法人或者其他组织的，由相关人员签名，加盖单位印章并注明日期；

（二）属于个人的，由个人签名并注明日期。

本规定所称"以上""日内"，均含本数。

第六十一条 本规定自2021年8月11日起施行。《税务稽查工作规程》（国税发〔2009〕157号印发，国家税务总局公告2018年第31号修改）同时废止。

2. 重大税务案件审理办法（2021年修订）

（2014年12月2日国家税务总局令第34号公布 根据2021年6月7日国家税务总局令第51号修正）

第一章 总 则

第一条 为贯彻落实中共中央办公厅、国务院办公厅印发的《关于进一步深化税收征管改革的意见》，推进税务机关科学民主决策，强化内部权力制约，优化税务执法方式，严格规范执法行为，推进科学精确执法，保护纳税人缴费人等税务行政相对人合法权益，根据《中华人民共和国行政处罚法》《中华人民共和国税收征收管理法》，制定本办法。

第二条 省以下各级税务局开展重大税务案件审理工作适用本办法。

第三条 重大税务案件审理应当以事实为根据、以法律为准绳，遵循合法、合理、公平、公正、效率的原则，注重法律效果和社会效果相统一。

第四条 参与重大税务案件审理的人员应当严格遵守国家保密规定和工作纪律，依法为纳税人缴费人等税务行政相对人的商业秘密、个人隐私和个人信息保密。

第二章 审理机构和职责

第五条 省以下各级税务局设立重大税务案件审理委员会（以下简称审理委员会）。

审理委员会由主任、副主任和成员单位组成，实行主任负责制。

审理委员会主任由税务局局长担任，副主任由税务局其他领导担任。审理委员会成员单位包括政策法规、税政业务、纳税服务、征管科技、大企业税收管理、税务稽查、督察内审部门。各级税务局可以根据实际需要，增加其他与案件审理有关的部门作为成员单位。

第六条 审理委员会履行下列职责：

（一）拟定本机关审理委员会工作规程、议事规则等制度；

（二）审理重大税务案件；

（三）指导监督下级税务局重大税务案件审理工作。

第七条 审理委员会下设办公室，办公室设在政策法规部门，办公室主任由政策法规部门负责人兼任。

第八条 审理委员会办公室履行下列职责：

（一）组织实施重大税务案件审理工作；

（二）提出初审意见；

（三）制作审理会议纪要和审理意见书；

（四）办理重大税务案件审理工作的统计、报告、案卷归档；

（五）承担审理委员会交办的其他工作。

第九条 审理委员会成员单位根据部门职责参加案件审理，提出审理意见。

稽查局负责提交重大税务案件证据材料、拟作税务处理处罚意见、举行听证。

稽查局对其提交的案件材料的真实性、合法性、准确性负责。

第十条 参与重大税务案件审理的人员有法律法规规定的回避情形的，应当回避。

重大税务案件审理参与人员的回避，由其所在部门的负责人决定；审理委员会成员单位负责人的回避，由审理委员会主任或其授权的副主任决定。

第三章 审 理 范 围

第十一条 本办法所称重大税务案件包括：

（一）重大税务行政处罚案件，具体标准由各省、自治区、直辖市和计划单列市税务局根据本地情况自行制定，报国家税务总局备案；

（二）根据《重大税收违法案件督办管理暂行办法》督办的案件；

（三）应监察、司法机关要求出具认定意见的案件；

（四）拟移送公安机关处理的案件；

（五）审理委员会成员单位认为案情重大、复杂，需要审理的案件；

（六）其他需要审理委员会审理的案件。

有下列情形之一的案件，不属于重大税务案件审理范围：

（一）公安机关已就税收违法行为立案的；

（二）公安机关尚未就税收违法行为立案，但被查对象为走逃（失联）企业，并且涉嫌犯罪的；

（三）国家税务总局规定的其他情形。

第十二条 本办法第十一条第一款第三项规定的案件经审理委员会审理后，应当将拟处理意见报上一级税务局审理委员会备案。备案5日后可以作出决定。

第十三条 稽查局应当在每季度终了后5日内将稽查案件审理情况备案表送审理委员会办公室备案。

第四章 提请和受理

第十四条 稽查局应当在内部审理程序终结后 5 日内,将重大税务案件提请审理委员会审理。

当事人按照法律、法规、规章有关规定要求听证的,由稽查局组织听证。

第十五条 稽查局提请审理委员会审理案件,应当提交以下案件材料:

(一)重大税务案件审理案卷交接单;

(二)重大税务案件审理提请书;

(三)税务稽查报告;

(四)税务稽查审理报告;

(五)听证材料;

(六)相关证据材料。

重大税务案件审理提请书应当写明拟处理意见,所认定的案件事实应当标明证据指向。

证据材料应当制作证据目录。

稽查局应当完整移交证据目录所列全部证据材料,不能当场移交的应当注明存放地点。

第十六条 审理委员会办公室收到稽查局提请审理的案件材料后,应当在重大税务案件审理案卷交接单上注明接收部门和收到日期,并由接收人签名。

对于证据目录中列举的不能当场移交的证据材料,必要时,接收人在签收前可以到证据存放地点现场查验。

第十七条 审理委员会办公室收到稽查局提请审理的案件材料后,应当在 5 日内进行审核。

根据审核结果,审理委员会办公室提出处理意见,报审理委员会主任或其授权的副主任批准:

(一)提请审理的案件属于本办法规定的审理范围,提交了本办法第十五条规定的材料的,建议受理;

(二)提请审理的案件属于本办法规定的审理范围,但未按照本办法第十五条的规定提交相关材料的,建议补正材料;

(三)提请审理的案件不属于本办法规定的审理范围的,建议不予受理。

第五章 审理程序

第一节 一般规定

第十八条 重大税务案件应当自批准受理之日起 30 日内作出审理决定,不能在规定期限内作出审理决定的,经审理委员会主任或其授权的副主任批准,可以适当延长,但延长期限最多不超过 15 日。

补充调查、请示上级机关或征求有权机关意见、拟处理意见报上一级税务局审理委员会备案的时间不计入审理期限。

第十九条 审理委员会审理重大税务案件,应当重点审查:

(一)案件事实是否清楚;

(二)证据是否充分、确凿;

(三)执法程序是否合法;

(四)适用法律是否正确;

（五）案件定性是否准确；

（六）拟处理意见是否合法适当。

第二十条 审理委员会成员单位应当认真履行职责，根据本办法第十九条的规定提出审理意见，所出具的审理意见应当详细阐述理由、列明法律依据。

审理委员会成员单位审理案件，可以到审理委员会办公室或证据存放地查阅案卷材料，向稽查局了解案件有关情况。

第二十一条 重大税务案件审理采取书面审理和会议审理相结合的方式。

第二节 书面审理

第二十二条 审理委员会办公室自批准受理重大税务案件之日起 5 日内，将重大税务案件审理提请书及必要的案件材料分送审理委员会成员单位。

第二十三条 审理委员会成员单位自收到审理委员会办公室分送的案件材料之日起 10 日内，提出书面审理意见送审理委员会办公室。

第二十四条 审理委员会成员单位认为案件事实不清、证据不足，需要补充调查的，应当在书面审理意见中列明需要补充调查的问题并说明理由。

审理委员会办公室应当召集提请补充调查的成员单位和稽查局进行协调，确需补充调查的，由审理委员会办公室报审理委员会主任或其授权的副主任批准，将案件材料退回稽查局补充调查。

第二十五条 稽查局补充调查不应超过 30 日，有特殊情况的，经稽查局局长批准可以适当延长，但延长期限最多不超过 30 日。

稽查局完成补充调查后，应当按照本办法第十五条、第十六条的规定重新提交案件材料、办理交接手续。

稽查局不能在规定期限内完成补充调查的，或者补充调查后仍然事实不清、证据不足的，由审理委员会办公室报请审理委员会主任或其授权的副主任批准，终止审理。

第二十六条 审理过程中，稽查局发现本办法第十一条第二款规定情形的，书面告知审理委员会办公室。审理委员会办公室报请审理委员会主任或其授权的副主任批准，可以终止审理。第二十七条 审理委员会成员单位认为案件事实清楚、证据确凿，但法律依据不明确或者需要处理的相关事项超出本机关权限的，按规定程序请示上级税务机关或者征求有权机关意见。

第二十八条 审理委员会成员单位书面审理意见一致，或者经审理委员会办公室协调后达成一致意见的，由审理委员会办公室起草审理意见书，报审理委员会主任批准。

第三节 会议审理

第二十九条 审理委员会成员单位书面审理意见存在较大分歧，经审理委员会办公室协调仍不能达成一致意见的，由审理委员会办公室向审理委员会主任或其授权的副主任报告，提请审理委员会会议审理。

第三十条 审理委员会办公室提请会议审理的报告，应当说明成员单位意见分歧、审理委员会办公室协调情况和初审意见。

审理委员会办公室应当将会议审理时间和地点提前通知审理委员会主任、副主任和成员单位，并分送案件材料。

第三十一条 成员单位应当派员参加会议，三分之二以上成员单位到会方可开会。审理委员会办公室以及其他与案件相关的成员单位应当出席会议。

案件调查人员、审理委员会办公室承办人员应当列席会议。必要时，审理委员会可要求调查对象所在地主管税务机关参加会议。

第三十二条　审理委员会会议由审理委员会主任或其授权的副主任主持。首先由稽查局汇报案情及拟处理意见。审理委员会办公室汇报初审意见后，各成员单位发表意见并陈述理由。

审理委员会办公室应当做好会议记录。

第三十三条　经审理委员会会议审理，根据不同情况，作出以下处理：

（一）案件事实清楚、证据确凿、程序合法、法律依据明确的，依法确定审理意见；

（二）案件事实不清、证据不足的，由稽查局对案件重新调查；

（三）案件执法程序违法的，由稽查局对案件重新处理；

（四）案件适用法律依据不明确，或者需要处理的有关事项超出本机关权限的，按规定程序请示上级机关或征求有权机关的意见。

第三十四条　审理委员会办公室根据会议审理情况制作审理纪要和审理意见书。

审理纪要由审理委员会主任或其授权的副主任签发。会议参加人员有保留意见或者特殊声明的，应当在审理纪要中载明。

审理意见书由审理委员会主任签发。

第六章　执行和监督

第三十五条　稽查局应当按照重大税务案件审理意见书制作税务处理处罚决定等相关文书，加盖稽查局印章后送达执行。

文书送达后5日内，由稽查局送审理委员会办公室备案。

第三十六条　重大税务案件审理程序终结后，审理委员会办公室应当将相关证据材料退回稽查局。

第三十七条　各级税务局督察内审部门应当加强对重大税务案件审理工作的监督。

第三十八条　审理委员会办公室应当加强重大税务案件审理案卷的归档管理，按照受理案件的顺序统一编号，做到一案一卷、资料齐全、卷面整洁、装订整齐。

需要归档的重大税务案件审理案卷包括税务稽查报告、税务稽查审理报告以及有关文书。

第三十九条　各省、自治区、直辖市和计划单列市税务局应当于每年1月31日之前，将本辖区上年度重大税务案件审理工作开展情况和重大税务案件审理统计表报送国家税务总局。

第七章　附　　则

第四十条　各级税务局办理的其他案件，需要移送审理委员会审理的，参照本办法执行。特别纳税调整案件按照有关规定执行。

第四十一条　各级税务局在重大税务案件审理工作中可以使用重大税务案件审理专用章。

第四十二条　本办法规定期限的最后一日为法定休假日的，以休假日期满的次日为期限的最后一日；在期限内有连续3日以上法定休假日的，按休假日天数顺延。

本办法有关"5日"的规定指工作日，不包括法定休假日。

第四十三条　各级税务局应当按照国家税务总局的规划和要求，积极推动重大税务案件审理信息化建设。

第四十四条 各级税务局应当加大对重大税务案件审理工作的基础投入，保障审理人员和经费，配备办案所需的录音录像、文字处理、通讯等设备，推进重大税务案件审理规范化建设。

第四十五条 各省、自治区、直辖市和计划单列市税务局可以依照本办法制定具体实施办法。

第四十六条 本办法自 2015 年 2 月 1 日起施行。《国家税务总局关于印发〈重大税务案件审理办法（试行）〉的通知》（国税发〔2001〕21 号）同时废止。

3. 重大税收违法失信主体信息公布管理办法（2021 年发布）

（2021 年 12 月 31 日国家税务总局令第 54 号公布）

第一章 总　　则

第一条 为了贯彻落实中共中央办公厅、国务院办公厅印发的《关于进一步深化税收征管改革的意见》，维护正常税收征收管理秩序，惩戒重大税收违法失信行为，保障税务行政相对人合法权益，促进依法诚信纳税，推进社会信用体系建设，根据《中华人民共和国税收征收管理法》《优化营商环境条例》等相关法律法规，制定本办法。

第二条 税务机关依照本办法的规定，确定重大税收违法失信主体，向社会公布失信信息，并将信息通报相关部门实施监管和联合惩戒。

第三条 重大税收违法失信主体信息公布管理应当遵循依法行政、公平公正、统一规范、审慎适当的原则。

第四条 各级税务机关应当依法保护税务行政相对人合法权益，对重大税收违法失信主体信息公布管理工作中知悉的国家秘密、商业秘密或者个人隐私、个人信息，应当依法予以保密。

第五条 税务机关工作人员在重大税收违法失信主体信息公布管理工作中，滥用职权、玩忽职守、徇私舞弊的，依照有关规定严肃处理；涉嫌犯罪的，依法移送司法机关。

第二章 失信主体的确定

第六条 本办法所称"重大税收违法失信主体"（以下简称失信主体）是指有下列情形之一的纳税人、扣缴义务人或者其他涉税当事人（以下简称当事人）：

（一）伪造、变造、隐匿、擅自销毁账簿、记账凭证，或者在账簿上多列支出或者不列、少列收入，或者经税务机关通知申报而拒不申报或者进行虚假的纳税申报，不缴或者少缴应纳税款 100 万元以上，且任一年度不缴或者少缴应纳税款占当年各税种应纳税总额 10% 以上的，或者采取前述手段，不缴或者少缴已扣、已收税款，数额在 100 万元以上的；

（二）欠缴应纳税款，采取转移或者隐匿财产的手段，妨碍税务机关追缴欠缴的税款，欠缴税款金额 100 万元以上的；

（三）骗取国家出口退税款的；

（四）以暴力、威胁方法拒不缴纳税款的；

（五）虚开增值税专用发票或者虚开用于骗取出口退税、抵扣税款的其他发票的；

（六）虚开增值税普通发票 100 份以上或者金额 400 万元以上的；

（七）私自印制、伪造、变造发票，非法制造发票防伪专用品，伪造发票监制章的；

（八）具有偷税、逃避追缴欠税、骗取出口退税、抗税、虚开发票等行为，在稽查案件执行完毕前，不履行税收义务并脱离税务机关监管，经税务机关检查确认走逃（失联）的；

（九）为纳税人、扣缴义务人非法提供银行账户、发票、证明或者其他方便，导致未缴、少缴税款100万元以上或者骗取国家出口退税款的；

（十）税务代理人违反税收法律、行政法规造成纳税人未缴或者少缴税款100万元以上的；

（十一）其他性质恶劣、情节严重、社会危害性较大的税收违法行为。

第七条　税务机关对当事人依法作出《税务行政处罚决定书》，当事人在法定期限内未申请行政复议、未提起行政诉讼，或者申请行政复议，行政复议机关作出行政复议决定后，在法定期限内未提起行政诉讼，或者人民法院对税务行政处罚决定或行政复议决定作出生效判决、裁定后，有本办法第六条规定情形之一的，税务机关确定其为失信主体。

对移送公安机关的当事人，税务机关在移送时已依法作出《税务处理决定书》，未作出《税务行政处罚决定书》的，当事人在法定期限内未申请行政复议、未提起行政诉讼，或者申请行政复议，行政复议机关作出行政复议决定后，在法定期限内未提起行政诉讼，或者人民法院对税务处理决定或行政复议决定作出生效判决、裁定后，有本办法第六条规定情形之一的，税务机关确定其为失信主体。

第八条　税务机关应当在作出确定失信主体决定前向当事人送达告知文书，告知其依法享有陈述、申辩的权利。告知文书应当包括以下内容：

（一）当事人姓名或者名称、有效身份证件号码或者统一社会信用代码、地址。没有统一社会信用代码的，以税务机关赋予的纳税人识别号代替；

（二）拟确定为失信主体的事由、依据；

（三）拟向社会公布的失信信息；

（四）拟通知相关部门采取失信惩戒措施提示；

（五）当事人依法享有的相关权利；

（六）其他相关事项。

对纳入纳税信用评价范围的当事人，还应当告知其拟适用D级纳税人管理措施。

第九条　当事人在税务机关告知后5日内，可以书面或者口头提出陈述、申辩意见。当事人口头提出陈述、申辩意见的，税务机关应当制作陈述申辩笔录，并由当事人签章。

税务机关应当充分听取当事人陈述、申辩意见，对当事人提出的事实、理由和证据进行复核。当事人提出的事实、理由或者证据成立的，应当采纳。

第十条　经设区的市、自治州以上税务局局长或者其授权的税务局领导批准，税务机关在本办法第七条规定的申请行政复议或提起行政诉讼期限届满，或者行政复议决定、人民法院判决或裁定生效后，于30日内制作失信主体确定文书，并依法送达当事人。失信主体确定文书应当包括以下内容：

（一）当事人姓名或者名称、有效身份证件号码或者统一社会信用代码、地址。没有统一社会信用代码的，以税务机关赋予的纳税人识别号代替；

（二）确定为失信主体的事由、依据；

（三）向社会公布的失信信息提示；

（四）相关部门采取失信惩戒措施提示；

（五）当事人依法享有的相关权利；

（六）其他相关事项。

对纳入纳税信用评价范围的当事人，还应当包括适用D级纳税人管理措施提示。

本条第一款规定的时限不包括因其他方式无法送达，公告送达告知文书和确定文书的时间。

第三章 信 息 公 布

第十一条 税务机关应当在失信主体确定文书送达后的次月 15 日内，向社会公布下列信息：

（一）失信主体基本情况；

（二）失信主体的主要税收违法事实；

（三）税务处理、税务行政处罚决定及法律依据；

（四）确定失信主体的税务机关；

（五）法律、行政法规规定应当公布的其他信息。

对依法确定为国家秘密的信息，法律、行政法规禁止公开的信息，以及公开后可能危及国家安全、公共安全、经济安全、社会稳定的信息，税务机关不予公开。

第十二条 税务机关按照本办法第十一条第一款第一项规定向社会公布失信主体基本情况。失信主体为法人或者其他组织的，公布其名称、统一社会信用代码（纳税人识别号）、注册地址以及违法行为发生时的法定代表人、负责人或者经人民法院生效裁判确定的实际责任人的姓名、性别及身份证件号码（隐去出生年、月、日号码段）；失信主体为自然人的，公布其姓名、性别、身份证件号码（隐去出生年、月、日号码段）。

经人民法院生效裁判确定的实际责任人，与违法行为发生时的法定代表人或者负责人不一致的，除有证据证明法定代表人或者负责人有涉案行为外，税务机关只向社会公布实际责任人信息。

第十三条 税务机关应当通过国家税务总局各省、自治区、直辖市、计划单列市税务局网站向社会公布失信主体信息，根据本地区实际情况，也可以通过税务机关公告栏、报纸、广播、电视、网络媒体等途径以及新闻发布会等形式向社会公布。

国家税务总局归集各地税务机关确定的失信主体信息，并提供至"信用中国"网站进行公开。

第十四条 属于本办法第六条第一项、第二项规定情形的失信主体，在失信信息公布前按照《税务处理决定书》《税务行政处罚决定书》缴清税款、滞纳金和罚款的，经税务机关确认，不向社会公布其相关信息。

属于本办法第六条第八项规定情形的失信主体，具有偷税、逃避追缴欠税行为的，按照前款规定处理。

第十五条 税务机关对按本办法规定确定的失信主体，纳入纳税信用评价范围的，按照纳税信用管理规定，将其纳税信用级别判为 D 级，适用相应的 D 级纳税人管理措施。

第十六条 对按本办法第十一条第一款规定向社会公布信息的失信主体，税务机关将失信信息提供给相关部门，由相关部门依法依规采取失信惩戒措施。

第十七条 失信主体信息自公布之日起满 3 年的，税务机关在 5 日内停止信息公布。

第四章 提前停止公布

第十八条 失信信息公布期间，符合下列条件之一的，失信主体或者其破产管理人可以向作出确定失信主体决定的税务机关申请提前停止公布失信信息：

（一）按照《税务处理决定书》《税务行政处罚决定书》缴清（退）税款、滞纳金、罚款，且失信主体失信信息公布满六个月的；

（二）失信主体破产，人民法院出具批准重整计划或认可和解协议的裁定书，税务机关依法受偿的；

（三）在发生重大自然灾害、公共卫生、社会安全等突发事件期间，因参与应急抢险救灾、疫情防控、重大项目建设或者履行社会责任作出突出贡献的。

第十九条 按本办法第十八条第一项规定申请提前停止公布的，申请人应当提交停止公布失信信息申请表、诚信纳税承诺书。

按本办法第十八条第二项规定申请提前停止公布的，申请人应当提交停止公布失信信息申请表，人民法院出具的批准重整计划或认可和解协议的裁定书。

按本办法第十八条第三项规定申请提前停止公布的，申请人应当提交停止公布失信信息申请表、诚信纳税承诺书以及省、自治区、直辖市、计划单列市人民政府出具的有关材料。

第二十条 税务机关应当自收到申请之日起2日内作出是否受理的决定。申请材料齐全、符合法定形式的，应当予以受理，并告知申请人。不予受理的，应当告知申请人，并说明理由。

第二十一条 受理申请后，税务机关应当及时审核。符合本办法第十八条第一项规定条件的，经设区的市、自治州以上税务局局长或者其授权的税务局领导批准，准予提前停止公布；符合本办法第十八条第二项、第三项规定条件的，经省、自治区、直辖市、计划单列市税务局局长或者其授权的税务局领导批准，准予提前停止公布。

税务机关应当自受理之日起15日内作出是否予以提前停止公布的决定，并告知申请人。对不予提前停止公布的，应当说明理由。

第二十二条 失信主体有下列情形之一的，不予提前停止公布：

（一）被确定为失信主体后，因发生偷税、逃避追缴欠税、骗取出口退税、抗税、虚开发票等税收违法行为受到税务处理或者行政处罚的；

（二）五年内被确定为失信主体两次以上的。

申请人按本办法第十八条第二项规定申请提前停止公布的，不受前款规定限制。

第二十三条 税务机关作出准予提前停止公布决定的，应当在5日内停止信息公布。

第二十四条 税务机关可以组织申请提前停止公布的失信主体法定代表人、财务负责人等参加信用培训，开展依法诚信纳税教育。信用培训不得收取任何费用。

第五章 附 则

第二十五条 本办法规定的期间以日计算的，是指工作日，不含法定休假日；期间以年、月计算的，到期月的对应日为期间的最后一日；没有对应日的，月末日为期间的最后一日。期间开始的当日不计算在期间内。

本办法所称"以上、日内"，包含本数（级）。

第二十六条 国家税务总局各省、自治区、直辖市、计划单列市税务局可以依照本办法制定具体实施办法。

第二十七条 本办法自2022年2月1日起施行。《国家税务总局关于发布〈重大税收违法失信案件信息公布办法〉的公告》（2018年第54号）同时废止。

第十一章 国资委颁布的中央企业合规与风险管理相关法规

1. 中央企业全面风险管理指引（2006年发布）

（国资发改革〔2006〕108号印发）

第一章 总 则

第一条 为指导国务院国有资产监督管理委员会（以下简称国资委）履行出资人职责的企业（以下简称中央企业）开展全面风险管理工作，增强企业竞争力，提高投资回报，促进企业持续、健康、稳定发展，根据《中华人民共和国公司法》《企业国有资产监督管理暂行条例》等法律法规，制定本指引。

第二条 中央企业根据自身实际情况贯彻执行本指引。中央企业中的国有独资公司董事会负责督导本指引的实施；国有控股企业由国资委和国资委提名的董事通过股东（大）会和董事会按照法定程序负责督导本指引的实施。

第三条 本指引所称企业风险，指未来的不确定性对企业实现其经营目标的影响。企业风险一般可分为战略风险、财务风险、市场风险、运营风险、法律风险等；也可以能否为企业带来盈利等机会为标志，将风险分为纯粹风险（只有带来损失一种可能性）和机会风险（带来损失和盈利的可能性并存）。

第四条 本指引所称全面风险管理，指企业围绕总体经营目标，通过在企业管理的各个环节和经营过程中执行风险管理的基本流程，培育良好的风险管理文化，建立健全全面风险管理体系，包括风险管理策略、风险理财措施、风险管理的组织职能体系、风险管理信息系统和内部控制系统，从而为实现风险管理的总体目标提供合理保证的过程和方法。

第五条 本指引所称风险管理基本流程包括以下主要工作：

（一）收集风险管理初始信息；

（二）进行风险评估；

（三）制定风险管理策略；

（四）提出和实施风险管理解决方案；

（五）风险管理的监督与改进。

第六条 本指引所称内部控制系统，指围绕风险管理策略目标，针对企业战略、规划、产品研发、投融资、市场运营、财务、内部审计、法律事务、人力资源、采购、加工制造、销售、物流、质量、安全生产、环境保护等各项业务管理及其重要业务流程，通过执行风险管理基本流程，制定并执行的规章制度、程序和措施。

第七条 企业开展全面风险管理要努力实现以下风险管理总体目标：

（一）确保将风险控制在与总体目标相适应并可承受的范围内；

（二）确保内外部，尤其是企业与股东之间实现真实、可靠的信息沟通，包括编制和提供真实、可靠的财务报告；

（三）确保遵守有关法律法规；

（四）确保企业有关规章制度和为实现经营目标而采取重大措施的贯彻执行，保障经营管理的有效性，提高经营活动的效率和效果，降低实现经营目标的不确定性；

（五）确保企业建立针对各项重大风险发生后的危机处理计划，保护企业不因灾害性风险或人为失误而遭受重大损失。

第八条 企业开展全面风险管理工作，应注重防范和控制风险可能给企业造成损失和危害，也应把机会风险视为企业的特殊资源，通过对其管理，为企业创造价值，促进经营目标的实现。

第九条 企业应本着从实际出发，务求实效的原则，以对重大风险、重大事件（指重大风险发生后的事实）的管理和重要流程的内部控制为重点，积极开展全面风险管理工作。具备条件的企业应全面推进，尽快建立全面风险管理体系；其他企业应制定开展全面风险管理的总体规划，分步实施，可先选择发展战略、投资收购、财务报告、内部审计、衍生产品交易、法律事务、安全生产、应收账款管理等一项或多项业务开展风险管理工作，建立单项或多项内部控制子系统。通过积累经验，培养人才，逐步建立健全全面风险管理体系。

第十条 企业开展全面风险管理工作应与其他管理工作紧密结合，把风险管理的各项要求融入企业管理和业务流程中。具备条件的企业可建立风险管理三道防线，即各有关职能部门和业务单位为第一道防线；风险管理职能部门和董事会下设的风险管理委员会为第二道防线；内部审计部门和董事会下设的审计委员会为第三道防线。

第二章 风险管理初始信息

第十一条 实施全面风险管理，企业应广泛、持续不断地收集与本企业风险和风险管理相关的内部、外部初始信息，包括历史数据和未来预测。应把收集初始信息的职责分工落实到各有关职能部门和业务单位。

第十二条 在战略风险方面，企业应广泛收集国内外企业战略风险失控导致企业蒙受损失的案例，并至少收集与本企业相关的以下重要信息：

（一）国内外宏观经济政策以及经济运行情况、本行业状况、国家产业政策；

（二）科技进步、技术创新的有关内容；

（三）市场对本企业产品或服务的需求；

（四）与企业战略合作伙伴的关系，未来寻求战略合作伙伴的可能性；

（五）本企业主要客户、供应商及竞争对手的有关情况；

（六）与主要竞争对手相比，本企业实力与差距；

（七）本企业发展战略和规划、投融资计划、年度经营目标、经营战略，以及编制这些战略、规划、计划、目标的有关依据；

（八）本企业对外投融资流程中曾发生或易发生错误的业务流程或环节。

第十三条 在财务风险方面，企业应广泛收集国内外企业财务风险失控导致危机的案例，并至少收集本企业的以下重要信息（其中有行业平均指标或先进指标的，也应尽可能收集）：

（一）负债、或有负债、负债率、偿债能力；

（二）现金流、应收账款及其占销售收入的比重、资金周转率；

（三）产品存货及其占销售成本的比重、应付账款及其占购货额的比重；

（四）制造成本和管理费用、财务费用、营业费用；

（五）盈利能力；

（六）成本核算、资金结算和现金管理业务中曾发生或易发生错误的业务流程或环节；

（七）与本企业相关的行业会计政策、会计估算、与国际会计制度的差异与调节（如退休金、递延税项等）等信息。

第十四条　在市场风险方面，企业应广泛收集国内外企业忽视市场风险、缺乏应对措施导致企业蒙受损失的案例，并至少收集与本企业相关的以下重要信息：

（一）产品或服务的价格及供需变化；

（二）能源、原材料、配件等物资供应的充足性、稳定性和价格变化；

（三）主要客户、主要供应商的信用情况；

（四）税收政策和利率、汇率、股票价格指数的变化；

（五）潜在竞争者、竞争者及其主要产品、替代品情况。

第十五条　在运营风险方面，企业应至少收集与本企业、本行业相关的以下信息：

（一）产品结构、新产品研发；

（二）新市场开发，市场营销策略，包括产品或服务定价与销售渠道，市场营销环境状况等；

（三）企业组织效能、管理现状、企业文化，高、中层管理人员和重要业务流程中专业人员的知识结构、专业经验；

（四）期货等衍生产品业务中曾发生或易发生失误的流程和环节；

（五）质量、安全、环保、信息安全等管理中曾发生或易发生失误的业务流程或环节；

（六）因企业内、外部人员的道德风险致使企业遭受损失或业务控制系统失灵；

（七）给企业造成损失的自然灾害以及除上述有关情形之外的其他纯粹风险；

（八）对现有业务流程和信息系统操作运行情况的监管、运行评价及持续改进能力；

（九）企业风险管理的现状和能力。

第十六条　在法律风险方面，企业应广泛收集国内外企业忽视法律法规风险、缺乏应对措施导致企业蒙受损失的案例，并至少收集与本企业相关的以下信息：

（一）国内外与本企业相关的政治、法律环境；

（二）影响企业的新法律法规和政策；

（三）员工道德操守的遵从性；

（四）本企业签订的重大协议和有关贸易合同；

（五）本企业发生重大法律纠纷案件的情况；

（六）企业和竞争对手的知识产权情况。

第十七条　企业对收集的初始信息应进行必要的筛选、提炼、对比、分类、组合，以便进行风险评估。

第三章　风险评估

第十八条　企业应对收集的风险管理初始信息和企业各项业务管理及其重要业务流程进行风险评估。风险评估包括风险辨识、风险分析、风险评价三个步骤。

第十九条　风险评估应由企业组织有关职能部门和业务单位实施，也可聘请有资质、信誉好、风险管理专业能力强的中介机构协助实施。

第二十条　风险辨识是指查找企业各业务单元、各项重要经营活动及其重要业务流程中有无风险，有哪些风险。风险分析是对辨识出的风险及其特征进行明确的定义描述，分析和描述风险发生可能性的高低、风险发生的条件。风险评价是评估风险对企业实现目标的影响程度、风险的价值等。

第二十一条 进行风险辨识、分析、评价，应将定性与定量方法相结合。定性方法可采用问卷调查、集体讨论、专家咨询、情景分析、政策分析、行业标杆比较、管理层访谈、由专人主持的工作访谈和调查研究等。定量方法可采用统计推论（如集中趋势法）、计算机模拟（如蒙特卡罗分析法）、失效模式与影响分析、事件树分析等。

第二十二条 进行风险定量评估时，应统一制定各风险的度量单位和风险度量模型，并通过测试等方法，确保评估系统的假设前提、参数、数据来源和定量评估程序的合理性和准确性。要根据环境的变化，定期对假设前提和参数进行复核和修改，并将定量评估系统的估算结果与实际效果对比，据此对有关参数进行调整和改进。

第二十三条 风险分析应包括风险之间的关系分析，以便发现各风险之间的自然对冲、风险事件发生的正负相关性等组合效应，从风险策略上对风险进行统一集中管理。

第二十四条 企业在评估多项风险时，应根据对风险发生可能性的高低和对目标的影响程度的评估，绘制风险坐标图，对各项风险进行比较，初步确定对各项风险的管理优先顺序和策略。

第二十五条 企业应对风险管理信息实行动态管理，定期或不定期实施风险辨识、分析、评价，以便对新的风险和原有风险的变化重新评估。

第四章　风险管理策略

第二十六条 本指引所称风险管理策略，指企业根据自身条件和外部环境，围绕企业发展战略，确定风险偏好、风险承受度、风险管理有效性标准，选择风险承担、风险规避、风险转移、风险转换、风险对冲、风险补偿、风险控制等适合的风险管理工具的总体策略，并确定风险管理所需人力和财力资源的配置原则。

第二十七条 一般情况下，对战略、财务、运营和法律风险，可采取风险承担、风险规避、风险转换、风险控制等方法。对能够通过保险、期货、对冲等金融手段进行理财的风险，可以采用风险转移、风险对冲、风险补偿等方法。

第二十八条 企业应根据不同业务特点统一确定风险偏好和风险承受度，即企业愿意承担哪些风险，明确风险的最低限度和不能超过的最高限度，并据此确定风险的预警线及相应采取的对策。确定风险偏好和风险承受度，要正确认识和把握风险与收益的平衡，防止和纠正忽视风险，片面追求收益而不讲条件、范围，认为风险越大、收益越高的观念和做法；同时，也要防止单纯为规避风险而放弃发展机遇。

第二十九条 企业应根据风险与收益相平衡的原则以及各风险在风险坐标图上的位置，进一步确定风险管理的优选顺序，明确风险管理成本的资金预算和控制风险的组织体系、人力资源、应对措施等总体安排。

第三十条 企业应定期总结和分析已制定的风险管理策略的有效性和合理性，结合实际不断修订和完善。其中，应重点检查依据风险偏好、风险承受度和风险控制预警线实施的结果是否有效，并提出定性或定量的有效性标准。

第五章　风险管理解决方案

第三十一条 企业应根据风险管理策略，针对各类风险或每一项重大风险制定风险管理解决方案。方案一般应包括风险解决的具体目标，所需的组织领导，所涉及的管理及业务流程，所需的条件、手段等资源，风险事件发生前、中、后所采取的具体应对措施以及风险管理工具（如：关键风险指标管理、损失事件管理等）。

第三十二条 企业制定风险管理解决的外包方案，应注重成本与收益的平衡、外包工作的质量、自身商业秘密的保护以及防止自身对风险解决外包产生依赖性风险等，并制定相应的预防和控制措施。

第三十三条 企业制定风险解决的内控方案，应满足合规的要求，坚持经营战略与风险策略一致、风险控制与运营效率及效果相平衡的原则，针对重大风险所涉及的各管理及业务流程，制定涵盖各个环节的全流程控制措施；对其他风险所涉及的业务流程，要把关键环节作为控制点，采取相应的控制措施。

第三十四条 企业制定内控措施，一般至少包括以下内容：

（一）建立内控岗位授权制度。对内控所涉及的各岗位明确规定授权的对象、条件、范围和额度等，任何组织和个人不得超越授权做出风险性决定；

（二）建立内控报告制度。明确规定报告人与接受报告人，报告的时间、内容、频率、传递路线、负责处理报告的部门和人员等；

（三）建立内控批准制度。对内控所涉及的重要事项，明确规定批准的程序、条件、范围和额度、必备文件以及有权批准的部门和人员及其相应责任；

（四）建立内控责任制度。按照权利、义务和责任相统一的原则，明确规定各有关部门和业务单位、岗位、人员应负的责任和奖惩制度；

（五）建立内控审计检查制度。结合内控的有关要求、方法、标准与流程，明确规定审计检查的对象、内容、方式和负责审计检查的部门等；

（六）建立内控考核评价制度。具备条件的企业应把各业务单位风险管理执行情况与绩效薪酬挂钩；

（七）建立重大风险预警制度。对重大风险进行持续不断的监测，及时发布预警信息，制定应急预案，并根据情况变化调整控制措施；

（八）建立健全以总法律顾问制度为核心的企业法律顾问制度。大力加强企业法律风险防范机制建设，形成由企业决策层主导、企业总法律顾问牵头、企业法律顾问提供业务保障、全体员工共同参与的法律风险责任体系。完善企业重大法律纠纷案件的备案管理制度；

（九）建立重要岗位权力制衡制度，明确规定不相容职责的分离。主要包括：授权批准、业务经办、会计记录、财产保管和稽核检查等职责。对内控所涉及的重要岗位可设置一岗双人、双职、双责，相互制约；明确该岗位的上级部门或人员对其应采取的监督措施和应负的监督责任；将该岗位作为内部审计的重点等。

第三十五条 企业应当按照各有关部门和业务单位的职责分工，认真组织实施风险管理解决方案，确保各项措施落实到位。

第六章 风险管理的监督与改进

第三十六条 企业应以重大风险、重大事件和重大决策、重要管理及业务流程为重点，对风险管理初始信息、风险评估、风险管理策略、关键控制活动及风险管理解决方案的实施情况进行监督，采用压力测试、返回测试、穿行测试以及风险控制自我评估等方法对风险管理的有效性进行检验，根据变化情况和存在的缺陷及时加以改进。

第三十七条 企业应建立贯穿于整个风险管理基本流程，连接各上下级、各部门和业务单位的风险管理信息沟通渠道，确保信息沟通的及时、准确、完整，为风险管理监督与改进奠定基础。

第三十八条 企业各有关部门和业务单位应定期对风险管理工作进行自查和检验，及时发现缺陷并改进，其检查、检验报告应及时报送企业风险管理职能部门。

第三十九条 企业风险管理职能部门应定期对各部门和业务单位风险管理工作实施情况和有效性进行检查和检验，要根据本指引第三十条要求对风险管理策略进行评估，对跨部门和业务单位的风险管理解决方案进行评价，提出调整或改进建议，出具评价和建议报告，及时报送企业总经理或其委托分管风险管理工作的高级管理人员。

第四十条 企业内部审计部门应至少每年一次对包括风险管理职能部门在内的各有关部门和业务单位能否按照有关规定开展风险管理工作及其工作效果进行监督评价，监督评价报告应直接报送董事会或董事会下设的风险管理委员会和审计委员会。此项工作也可结合年度审计、任期审计或专项审计工作一并开展。

第四十一条 企业可聘请有资质、信誉好、风险管理专业能力强的中介机构对企业全面风险管理工作进行评价，出具风险管理评估和建议专项报告。报告一般应包括以下几方面的实施情况、存在缺陷和改进建议：

（一）风险管理基本流程与风险管理策略；

（二）企业重大风险、重大事件和重要管理及业务流程的风险管理及内部控制系统的建设；

（三）风险管理组织体系与信息系统；

（四）全面风险管理总体目标。

第七章 风险管理组织体系

第四十二条 企业应建立健全风险管理组织体系，主要包括规范的公司法人治理结构，风险管理职能部门、内部审计部门和法律事务部门以及其他有关职能部门、业务单位的组织领导机构及其职责。

第四十三条 企业应建立健全规范的公司法人治理结构，股东（大）会（对于国有独资公司或国有独资企业，即指国资委，下同）、董事会、监事会、经理层依法履行职责，形成高效运转、有效制衡的监督约束机制。

第四十四条 国有独资公司和国有控股公司应建立外部董事、独立董事制度，外部董事、独立董事人数应超过董事会全部成员的半数，以保证董事会能够在重大决策、重大风险管理等方面作出独立于经理层的判断和选择。

第四十五条 董事会就全面风险管理工作的有效性对股东（大）会负责。董事会在全面风险管理方面主要履行以下职责：

（一）审议并向股东（大）会提交企业全面风险管理年度工作报告；

（二）确定企业风险管理总体目标、风险偏好、风险承受度，批准风险管理策略和重大风险管理解决方案；

（三）了解和掌握企业面临的各项重大风险及其风险管理现状，做出有效控制风险的决策；

（四）批准重大决策、重大风险、重大事件和重要业务流程的判断标准或判断机制；

（五）批准重大决策的风险评估报告；

（六）批准内部审计部门提交的风险管理监督评价审计报告；

（七）批准风险管理组织机构设置及其职责方案；

（八）批准风险管理措施，纠正和处理任何组织或个人超越风险管理制度做出的风险性决定的行为；

（九）督导企业风险管理文化的培育；

（十）全面风险管理其他重大事项。

第四十六条 具备条件的企业，董事会可下设风险管理委员会。该委员会的召集人应由不兼任总经理的董事长担任；董事长兼任总经理的，召集人应由外部董事或独立董事担任。该委员会成员中需有熟悉企业重要管理及业务流程的董事，以及具备风险管理监管知识或经验、具有一定法律知识的董事。

第四十七条 风险管理委员会对董事会负责，主要履行以下职责：

（一）提交全面风险管理年度报告；

（二）审议风险管理策略和重大风险管理解决方案；

（三）审议重大决策、重大风险、重大事件和重要业务流程的判断标准或判断机制，以及重大决策的风险评估报告；

（四）审议内部审计部门提交的风险管理监督评价审计综合报告；

（五）审议风险管理组织机构设置及其职责方案；

（六）办理董事会授权的有关全面风险管理的其他事项。

第四十八条 企业总经理对全面风险管理工作的有效性向董事会负责。总经理或总经理委托的高级管理人员，负责主持全面风险管理的日常工作，负责组织拟订企业风险管理组织机构设置及其职责方案。

第四十九条 企业应设立专职部门或确定相关职能部门履行全面风险管理的职责。该部门对总经理或其委托的高级管理人员负责，主要履行以下职责：

（一）研究提出全面风险管理工作报告；

（二）研究提出跨职能部门的重大决策、重大风险、重大事件和重要业务流程的判断标准或判断机制；

（三）研究提出跨职能部门的重大决策风险评估报告；

（四）研究提出风险管理策略和跨职能部门的重大风险管理解决方案，并负责该方案的组织实施和对该风险的日常监控；

（五）负责对全面风险管理有效性评估，研究提出全面风险管理的改进方案；

（六）负责组织建立风险管理信息系统；

（七）负责组织协调全面风险管理日常工作；

（八）负责指导、监督有关职能部门、各业务单位以及全资、控股子企业开展全面风险管理工作；

（九）办理风险管理其他有关工作。

第五十条 企业应在董事会下设立审计委员会，企业内部审计部门对审计委员会负责。审计委员会和内部审计部门的职责应符合《中央企业内部审计管理暂行办法》（国资委令第8号）的有关规定。内部审计部门在风险管理方面，主要负责研究提出全面风险管理监督评价体系，制定监督评价相关制度，开展监督与评价，出具监督评价审计报告。

第五十一条 企业其他职能部门及各业务单位在全面风险管理工作中，应接受风险管理职能部门和内部审计部门的组织、协调、指导和监督，主要履行以下职责：

（一）执行风险管理基本流程；

（二）研究提出本职能部门或业务单位重大决策、重大风险、重大事件和重要业务流程的判断标准或判断机制；

（三）研究提出本职能部门或业务单位的重大决策风险评估报告；

（四）做好本职能部门或业务单位建立风险管理信息系统的工作；

（五）做好培育风险管理文化的有关工作；

（六）建立健全本职能部门或业务单位的风险管理内部控制子系统；

（七）办理风险管理其他有关工作。

第五十二条 企业应通过法定程序，指导和监督其全资、控股子企业建立与企业相适应或符合全资、控股子企业自身特点、能有效发挥作用的风险管理组织体系。

第八章 风险管理信息系统

第五十三条 企业应将信息技术应用于风险管理的各项工作，建立涵盖风险管理基本流程和内部控制系统各环节的风险管理信息系统，包括信息的采集、存储、加工、分析、测试、传递、报告、披露等。

第五十四条 企业应采取措施确保向风险管理信息系统输入的业务数据和风险量化值的一致性、准确性、及时性、可用性和完整性。对输入信息系统的数据，未经批准，不得更改。

第五十五条 风险管理信息系统应能够进行对各种风险的计量和定量分析、定量测试；能够实时反映风险矩阵和排序频谱、重大风险和重要业务流程的监控状态；能够对超过风险预警上限的重大风险实施信息报警；能够满足风险管理内部信息报告制度和企业对外信息披露管理制度的要求。

第五十六条 风险管理信息系统应实现信息在各职能部门、业务单位之间的集成与共享，既能满足单项业务风险管理的要求，也能满足企业整体和跨职能部门、业务单位的风险管理综合要求。

第五十七条 企业应确保风险管理信息系统的稳定运行和安全，并根据实际需要不断进行改进、完善或更新。

第五十八条 已建立或基本建立企业管理信息系统的企业，应补充、调整、更新已有的管理流程和管理程序，建立完善的风险管理信息系统；尚未建立企业管理信息系统的，应将风险管理与企业各项管理业务流程、管理软件统一规划、统一设计、统一实施、同步运行。

第九章 风险管理文化

第五十九条 企业应注重建立具有风险意识的企业文化，促进企业风险管理水平、员工风险管理素质的提升，保障企业风险管理目标的实现。

第六十条 风险管理文化建设应融入企业文化建设全过程。大力培育和塑造良好的风险管理文化，树立正确的风险管理理念，增强员工风险管理意识，将风险管理意识转化为员工的共同认识和自觉行动，促进企业建立系统、规范、高效的风险管理机制。

第六十一条 企业应在内部各个层面营造风险管理文化氛围。董事会应高度重视风险管理文化的培育，总经理负责培育风险管理文化的日常工作。董事和高级管理人员应在培育风险管理文化中起表率作用。重要管理及业务流程和风险控制点的管理人员和业务操作人员应成为培育风险管理文化的骨干。

第六十二条 企业应大力加强员工法律素质教育，制定员工道德诚信准则，形成人人讲道德诚信、合法合规经营的风险管理文化。对于不遵守国家法律法规和企业规章制度、弄虚作假、徇私舞弊等违法及违反道德诚信准则的行为，企业应严肃查处。

第六十三条 企业全体员工尤其是各级管理人员和业务操作人员应通过多种形式，努力传播企业风险管理文化，牢固树立风险无处不在、风险无时不在、严格防控纯粹风险、审慎处置机会风险、岗位风险管理责任重大等意识和理念。

第六十四条 风险管理文化建设应与薪酬制度和人事制度相结合，有利于增强各级管理人员特别是高级管理人员风险意识，防止盲目扩张、片面追求业绩、忽视风险等行为的发生。

第六十五条 企业应建立重要管理及业务流程、风险控制点的管理人员和业务操作人员岗前风险管理培训制度。采取多种途径和形式，加强对风险管理理念、知识、流程、管控核心内容的培训，培养风险管理人才，培育风险管理文化。

第十章 附 则

第六十六条 中央企业中未设立董事会的国有独资企业，由经理办公会议代行本指引中有关董事会的职责，总经理对本指引的贯彻执行负责。

第六十七条 本指引在中央企业投资、财务报告、衍生产品交易等方面的风险管理配套文件另行下发。

第六十八条 本指引的《附录》对本指引所涉及的有关技术方法和专业术语进行了说明。

第六十九条 本指引由国务院国有资产监督管理委员会负责解释。

第七十条 本指引自印发之日起施行。

附录：风险管理常用技术方法简介

附录

风险管理常用技术方法简介

一、风险坐标图

风险坐标图是把风险发生可能性的高低、风险发生后对目标的影响程度，作为两个维度绘制在同一个平面上（即绘制成直角坐标系）。对风险发生可能性的高低、风险对目标影响程度的评估有定性、定量等方法。定性方法是直接用文字描述风险发生可能性的高低、风险对目标的影响程度，如"极低""低""中等""高""极高"等。定量方法是对风险发生可能性的高低、风险对目标影响程度用具有实际意义的数量描述，如对风险发生可能性的高低用概率来表示，对目标影响程度用损失金额来表示。

下表列出某公司对风险发生可能性的定性、定量评估标准及其相互对应关系，供实际操作中参考。

定量方法一	评分	1	2	3	4	5
定量方法二	一定时期发生的概率	10%以下	10%～30%	30%～70%	70%～90%	90%以上
定性方法	文字描述一	极低	低	中等	高	极高
	文字描述二	一般情况下不会发生	极少情况下才发生	某些情况下发生	较多情况下发生	常常会发生
	文字描述三	今后10年内发生的可能少于1次	今后5～10年内可能发生1次	今后2～5年内可能发生1次	今后1年内可能发生1次	今后1年内至少发生1次

下表列出某公司关于风险发生后对目标影响程度的定性、定量评估标准及其相互对应关系，供实际操作中参考。

			1	2	3	4	5
适用于所有行业	定量方法一	评分	1	2	3	4	5
	定量方法二	企业财务损失占税前利润的百分比（%）	1%以下	1%～5%	6%～10%	11%～20%	20%以上
	定性方法	文字描述一	极轻微的	轻微的	中等的	重大的	灾难性的
		文字描述二	极低	低	中等	高	极高
		文字描述三 企业日常运行	不受影响	轻度影响（造成轻微的人身伤害，情况立刻受到控制）	中度影响（造成一定人身伤害，需要医疗救援，情况需要外部支持才能得到控制）	严重影响（企业失去一些业务能力，造成严重人身伤害，情况失控，但无致命影响）	重大影响（重大业务失误，造成重大人身伤亡，情况失控，给企业致命影响）
		文字描述三 财务损失	较低的财务损失	轻微的财务损失	中等的财务损失	重大的财务损失	极大的财务损失
		文字描述三 企业声誉	负面消息在企业内部流传，企业声誉没有受损	负面消息在当地局部流传，对企业声誉造成轻微损害	负面消息在某区域流传，对企业声誉造成中等损害	负面消息在全国各地流传，对企业声誉造成重大损害	负面消息流传世界各地，政府或监管机构进行调查，引起公众关注，对企业声誉造成无法弥补的损害
适用于开采业、制造业	定性与定量结合	安全	短暂影响职工或公民的健康	严重影响一位职工或公民健康	严重影响多位职工或公民健康	导致一位职工或公民死亡	引致多位职工或公民死亡
		营运	——对营运影响微弱 ——在时间、人力或成本方面不超出预算1%	——对营运影响轻微 ——受到监管者责难 ——在时间、人力或成本方面超出预算1%～5%	——减慢营业运作 ——受到法规惩罚或被罚款等 ——在时间、人力或成本方面超出预算6%～10%	——无法达到部分营运目标或关键业绩指标 ——受到监管者的限制 ——在时间、人力或成本方面超出预算11%～20%	——无法达到所有的营运目标或关键业绩指标 ——违规操作使业务受到中止 ——时间、人力或成本方面超出预算20%
		环境	——对环境或社会造成短暂的影响 ——可不采取行动	——对环境或社会造成一定的影响 ——应通知政府有关部门	——对环境造成中等影响 ——需一定时间才能恢复 ——出现个别投诉事件 ——应执行一定程度的补救措施	——造成主要环境损害 ——需要相当长的时间来恢复 ——大规模的公众投诉 ——应执行重大的补救措施	——无法弥补的灾难性环境损害 ——激起公众的愤怒 ——潜在的大规模的公众法律投诉

对风险发生可能性的高低和风险对目标影响程度进行定性或定量评估后，依据评估结果绘制风险坐标图。如：某公司对9项风险进行了定性评估，风险①发生的可能性为"低"，

风险发生后对目标的影响程度为"极低"……；风险⑨发生的可能性为"极低"，对目标的影响程度为"高"，则绘制风险坐标图如下：

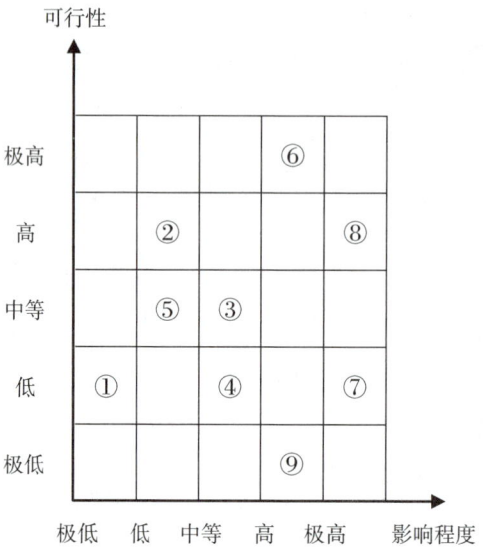

如某公司对7项风险进行定量评估，其中：风险①发生的可能性为83%，发生后对企业造成的损失为2 100万元；风险②发生的可能性为40%，发生后对企业造成的损失为3 800万元……；而风险⑦发生的可能性在55%到62%之间，发生后对企业造成的损失在7 500万元到9 100万元之间，在风险坐标图上用一个区域来表示，则绘制风险坐标图如下：

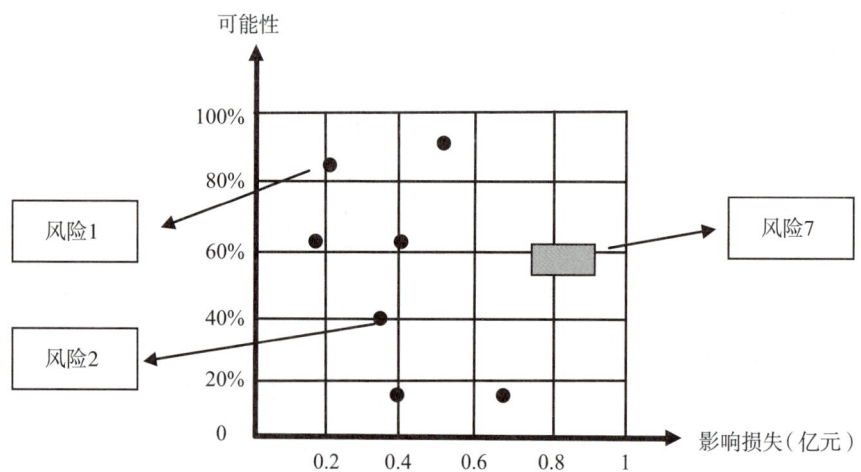

绘制风险坐标图的目的在于对多项风险进行直观的比较，从而确定各风险管理的优先顺序和策略。如：某公司绘制了如下风险坐标图，并将该图划分为A、B、C三个区域，公司决定承担A区域中的各项风险且不再增加控制措施；严格控制B区域中的各项风险且专门补充制定各项控制措施；确保规避和转移C区域中的各项风险且优先安排实施各项防范措施。

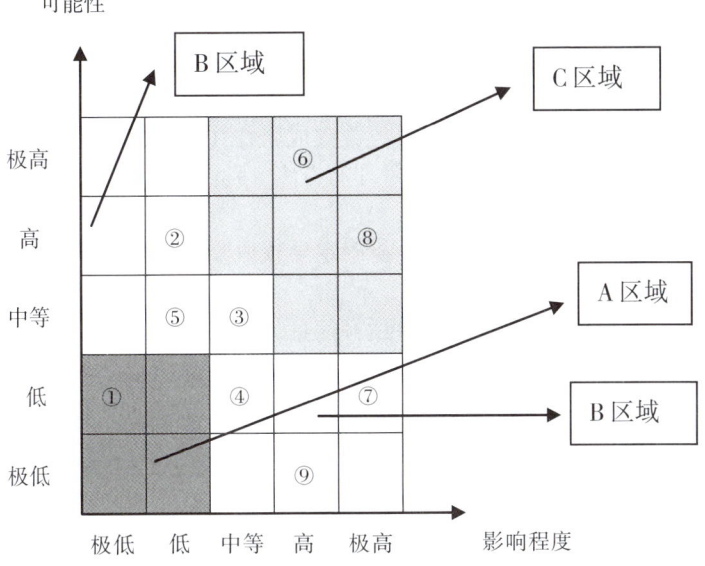

二、蒙特卡罗方法

蒙特卡罗方法是一种随机模拟数学方法。该方法用来分析评估风险发生可能性、风险的成因、风险造成的损失或带来的机会等变量在未来变化的概率分布。具体操作步骤如下：

1. 量化风险。将需要分析评估的风险进行量化，明确其度量单位，得到风险变量，并收集历史相关数据。

2. 根据对历史数据的分析，借鉴常用建模方法，建立能描述该风险变量在未来变化的概率模型。建立概率模型的方法很多，例如：差分和微分方程方法，插值和拟合方法等。这些方法大致分为两类：一类是对风险变量之间的关系及其未来的情况作出假设，直接描述该风险变量在未来的分布类型（如正态分布），并确定其分布参数；另一类是对风险变量的变化过程作出假设，描述该风险变量在未来的分布类型。

3. 计算概率分布初步结果。利用随机数字发生器，将生成的随机数字代入上述概率模型，生成风险变量的概率分布初步结果。

4. 修正完善概率模型。通过对生成的概率分布初步结果进行分析，用实验数据验证模型的正确性，并在实践中不断修正和完善模型。

5. 利用该模型分析评估风险情况。正态分布是蒙特卡罗风险方法中使用最广泛的一类模型。通常情况下，如果一个变量受很多相互独立的随机因素的影响，而其中每一个因素的影响都很小，则该变量服从正态分布。在自然界和社会中大量的变量都满足正态分布。描述正态分布需要两个特征值：均值和标准差。其密度函数和分布函数的一般形式如下：

密度函数：$\varphi(x) = \dfrac{1}{\sigma\sqrt{2\pi}} e^{-\frac{(x-\mu)^2}{2\sigma^2}}, \quad -\infty < x < +\infty$

分布函数：$\Phi(x) = P(X \leqslant x) = \displaystyle\int_{-\infty}^{x} \dfrac{1}{\sigma\sqrt{2\pi}} e^{-\frac{(t-\mu)^2}{2\sigma^2}} dt, \quad -\infty < x < +\infty$

其中 μ 为均值，σ 为标准差。

由于蒙特卡罗方法依赖于模型的选择，因此，模型本身的选择对于蒙特卡罗方法计算结果的精度影响甚大。蒙特卡罗方法计算量很大，通常借助计算机完成。

三、关键风险指标管理

一项风险事件发生可能有多种成因，但关键成因往往只有几种。关键风险指标管理是对引起风险事件发生的关键成因指标进行管理的方法。具体操作步骤如下：

1. 分析风险成因，从中找出关键成因。

2. 将关键成因量化，确定其度量，分析确定导致风险事件发生（或极有可能发生）时该成因的具体数值。

3. 以该具体数值为基础，以发出风险预警信息为目的，加上或减去一定数值后形成新的数值，该数值即为关键风险指标。

4. 建立风险预警系统，即当关键成因数值达到关键风险指标时，发出风险预警信息。

5. 制定出现风险预警信息时应采取的风险控制措施。

6. 跟踪监测关键成因数值的变化，一旦出现预警，即实施风险控制措施。

以易燃易爆危险品储存容器泄漏引发爆炸的风险管理为例。容器泄漏的成因有：使用时间过长、日常维护不够、人为破坏、气候变化等因素，但容器使用时间过长是关键成因。如容器使用最高期限为50年，人们发现当使用时间超过45年后，则易发生泄漏。该"45年"即为关键风险指标。为此，制定使用时间超过"45年"后需采取的风险控制措施，一旦使用时间接近或达到"45年"时，发出预警信息，即采取相应措施。

该方法既可以管理单项风险的多个关键成因指标，也可以管理影响企业主要目标的多个主要风险。使用该方法，要求风险关键成因分析准确，且易量化、易统计、易跟踪监测。

四、压力测试

压力测试是指在极端情景下，分析评估风险管理模型或内控流程的有效性，发现问题，制定改进措施的方法，目的是防止出现重大损失事件。具体操作步骤如下：

1. 针对某一风险管理模型或内控流程，假设可能会发生哪些极端情景。极端情景是指在非正常情况下，发生概率很小，而一旦发生，后果十分严重的事情。假设极端情景时，不仅要考虑本企业或与本企业类似的其他企业出现过的历史教训，还要考虑历史上不曾出现，但将来可能会出现的事情。

2. 评估极端情景发生时，该风险管理模型或内控流程是否有效，并分析对目标可能造成的损失。

3. 制定相应措施，进一步修改和完善风险管理模型或内控流程。

以信用风险管理为例。如：一个企业已有一个信用很好的交易伙伴，该交易伙伴除发生极端情景，一般不会违约。因此，在日常交易中，该企业只需"常规的风险管理策略和内控流程"即可。采用压力测试方法，是假设该交易伙伴将来发生极端情景（如其财产毁于地震、火灾、被盗），被迫违约对该企业造成了重大损失。而该企业"常规的风险管理策略和内控流程"在极端情景下不能有效防止重大损失事件，为此，该企业采取了购买保险或相应衍生产品、开发多个交易伙伴等措施。

风险管理专业术语解释

1. 风险理财：利用金融手段管理风险的方法，包括：预提风险准备金、购买保险或使用专业自保公司、衍生产品交易以及风险融资等。

2. 情景分析：通过假设、预测、模拟等手段生成未来情景，并分析其对目标产生影响的方法，包括：历史情景重演法、预期法、因素分解法、随机模拟法等方法。

3. 集中趋势法：指根据随机变量的分布情况，计算出该变量分布的集中特性值（均值、中数、众数等），从而预测未来情况的方法。它是数据推论方法的一种。

4. 失效模式与影响分析：通过辨识系统失去效用后的各种状况，分析其影响，并采取相应措施的方法。

5. 事件树分析：以树状图形方式分析风险事件间因果关系的方法。

6. 风险偏好：为了实现目标，企业在承担风险的种类、大小等方面的基本态度。

7. 风险承受度：企业愿意承担的风险限度，也是企业风险偏好的边界。

8. 风险对冲：通过承担多个风险，使相关风险能够互相抵消的方法。使用该方法，必须进行风险组合，而不是对单一风险进行规避、控制。如：资产组合、多种外币结算、战略上的分散经营、套期保值等。

9. 损失事件管理：对可能给企业造成重大损失的风险事件的事前、事中、事后管理的方法。损失包括企业的资金、声誉、技术、品牌、人才等。

10. 返回测试：将历史数据输入到风险管理模型或内控流程中，把结果与预测值对比，以检验其有效性的方法。

11. 穿行测试：在正常运行条件下，将初始数据输入内控流程，穿越全流程和所有关键环节，把运行结果与设计要求对比，以发现内控流程缺陷的方法。

2. 中央企业合规管理指引（试行）（2018年发布）

（国资发法规〔2018〕106号印发）

第一章 总 则

第一条 为推动中央企业全面加强合规管理，加快提升依法合规经营管理水平，着力打造法治央企，保障企业持续健康发展，根据《中华人民共和国公司法》《中华人民共和国企业国有资产法》等有关法律法规规定，制定本指引。

第二条 本指引所称中央企业，是指国务院国有资产监督管理委员会（以下简称国资委）履行出资人职责的国家出资企业。

本指引所称合规，是指中央企业及其员工的经营管理行为符合法律法规、监管规定、行业准则和企业章程、规章制度以及国际条约、规则等要求。

本指引所称合规风险，是指中央企业及其员工因不合规行为，引发法律责任、受到相关处罚、造成经济或声誉损失以及其他负面影响的可能性。

本指引所称合规管理，是指以有效防控合规风险为目的，以企业和员工经营管理行为为对象，开展包括制度制定、风险识别、合规审查、风险应对、责任追究、考核评价、合规培训等有组织、有计划的管理活动。

第三条 国资委负责指导监督中央企业合规管理工作。

第四条 中央企业应当按照以下原则加快建立健全合规管理体系：

（一）全面覆盖。坚持将合规要求覆盖各业务领域、各部门、各级子企业和分支机构、全体员工，贯穿决策、执行、监督全流程。

（二）强化责任。把加强合规管理作为企业主要负责人履行推进法治建设第一责任人职责的重要内容。建立全员合规责任制，明确管理人员和各岗位员工的合规责任并督促有效落实。

（三）协同联动。推动合规管理与法律风险防范、监察、审计、内控、风险管理等工作相统筹、相衔接，确保合规管理体系有效运行。

（四）客观独立。严格依照法律法规等规定对企业和员工行为进行客观评价和处理。合规管理牵头部门独立履行职责，不受其他部门和人员的干涉。

第二章 合规管理职责

第五条 董事会的合规管理职责主要包括：
（一）批准企业合规管理战略规划、基本制度和年度报告；
（二）推动完善合规管理体系；
（三）决定合规管理负责人的任免；
（四）决定合规管理牵头部门的设置和职能；
（五）研究决定合规管理有关重大事项；
（六）按照权限决定有关违规人员的处理事项。

第六条 监事会的合规管理职责主要包括：
（一）监督董事会的决策与流程是否合规；
（二）监督董事和高级管理人员合规管理职责履行情况；
（三）对引发重大合规风险负有主要责任的董事、高级管理人员提出罢免建议；
（四）向董事会提出撤换公司合规管理负责人的建议。

第七条 经理层的合规管理职责主要包括：
（一）根据董事会决定，建立健全合规管理组织架构；
（二）批准合规管理具体制度规定；
（三）批准合规管理计划，采取措施确保合规制度得到有效执行；
（四）明确合规管理流程，确保合规要求融入业务领域；
（五）及时制止并纠正不合规的经营行为，按照权限对违规人员进行责任追究或提出处理建议；
（六）经董事会授权的其他事项。

第八条 中央企业设立合规委员会，与企业法治建设领导小组或风险控制委员会等合署，承担合规管理的组织领导和统筹协调工作，定期召开会议，研究决定合规管理重大事项或提出意见建议，指导、监督和评价合规管理工作。

第九条 中央企业相关负责人或总法律顾问担任合规管理负责人，主要职责包括：
（一）组织制订合规管理战略规划；
（二）参与企业重大决策并提出合规意见；
（三）领导合规管理牵头部门开展工作；
（四）向董事会和总经理汇报合规管理重大事项；
（五）组织起草合规管理年度报告。

第十条 法律事务机构或其他相关机构为合规管理牵头部门，组织、协调和监督合规管理工作，为其他部门提供合规支持，主要职责包括：
（一）研究起草合规管理计划、基本制度和具体制度规定；
（二）持续关注法律法规等规则变化，组织开展合规风险识别和预警，参与企业重大事项合规审查和风险应对；
（三）组织开展合规检查与考核，对制度和流程进行合规性评价，督促违规整改和持续改进；

（四）指导所属单位合规管理工作；

（五）受理职责范围内的违规举报，组织或参与对违规事件的调查，并提出处理建议；

（六）组织或协助业务部门、人事部门开展合规培训。

第十一条 业务部门负责本领域的日常合规管理工作，按照合规要求完善业务管理制度和流程，主动开展合规风险识别和隐患排查，发布合规预警，组织合规审查，及时向合规管理牵头部门通报风险事项，妥善应对合规风险事件，做好本领域合规培训和商业伙伴合规调查等工作，组织或配合进行违规问题调查并及时整改。

监察、审计、法律、内控、风险管理、安全生产、质量环保等相关部门，在职权范围内履行合规管理职责。

第三章 合规管理重点

第十二条 中央企业应当根据外部环境变化，结合自身实际，在全面推进合规管理的基础上，突出重点领域、重点环节和重点人员，切实防范合规风险。

第十三条 加强对以下重点领域的合规管理：

（一）市场交易。完善交易管理制度，严格履行决策批准程序，建立健全自律诚信体系，突出反商业贿赂、反垄断、反不正当竞争，规范资产交易、招投标等活动；

（二）安全环保。严格执行国家安全生产、环境保护法律法规，完善企业生产规范和安全环保制度，加强监督检查，及时发现并整改违规问题；

（三）产品质量。完善质量体系，加强过程控制，严把各环节质量关，提供优质产品和服务；

（四）劳动用工。严格遵守劳动法律法规，健全完善劳动合同管理制度，规范劳动合同签订、履行、变更和解除，切实维护劳动者合法权益；

（五）财务税收。健全完善财务内部控制体系，严格执行财务事项操作和审批流程，严守财经纪律，强化依法纳税意识，严格遵守税收法律政策；

（六）知识产权。及时申请注册知识产权成果，规范实施许可和转让，加强对商业秘密和商标的保护，依法规范使用他人知识产权，防止侵权行为；

（七）商业伙伴。对重要商业伙伴开展合规调查，通过签订合规协议、要求作出合规承诺等方式促进商业伙伴行为合规；

（八）其他需要重点关注的领域。

第十四条 加强对以下重点环节的合规管理：

（一）制度制定环节。强化对规章制度、改革方案等重要文件的合规审查，确保符合法律法规、监管规定等要求；

（二）经营决策环节。严格落实"三重一大"决策制度，细化各层级决策事项和权限，加强对决策事项的合规论证把关，保障决策依法合规；

（三）生产运营环节。严格执行合规制度，加强对重点流程的监督检查，确保生产经营过程中照章办事、按章操作；

（四）其他需要重点关注的环节。

第十五条 加强对以下重点人员的合规管理：

（一）管理人员。促进管理人员切实提高合规意识，带头依法依规开展经营管理活动，认真履行承担的合规管理职责，强化考核与监督问责；

（二）重要风险岗位人员。根据合规风险评估情况明确界定重要风险岗位，有针对性加大培训力度，使重要风险岗位人员熟悉并严格遵守业务涉及的各项规定，加强监督检查和违规行为追责；

（三）海外人员。将合规培训作为海外人员任职、上岗的必备条件，确保遵守我国和所在国法律法规等相关规定；

（四）其他需要重点关注的人员。

第十六条 强化海外投资经营行为的合规管理：

（一）深入研究投资所在国法律法规及相关国际规则，全面掌握禁止性规定，明确海外投资经营行为的红线、底线；

（二）健全海外合规经营的制度、体系、流程，重视开展项目的合规论证和尽职调查，依法加强对境外机构的管控，规范经营管理行为。

（三）定期排查梳理海外投资经营业务的风险状况，重点关注重大决策、重大合同、大额资金管控和境外子企业公司治理等方面存在的合规风险，妥善处理、及时报告，防止扩大蔓延。

第四章 合规管理运行

第十七条 建立健全合规管理制度，制定全员普遍遵守的合规行为规范，针对重点领域制定专项合规管理制度，并根据法律法规变化和监管动态，及时将外部有关合规要求转化为内部规章制度。

第十八条 建立合规风险识别预警机制，全面系统梳理经营管理活动中存在的合规风险，对风险发生的可能性、影响程度、潜在后果等进行系统分析，对于典型性、普遍性和可能产生较严重后果的风险及时发布预警。

第十九条 加强合规风险应对，针对发现的风险制定预案，采取有效措施，及时应对处置。对于重大合规风险事件，合规委员会统筹领导，合规管理负责人牵头，相关部门协同配合，最大限度化解风险、降低损失。

第二十条 建立健全合规审查机制，将合规审查作为规章制度制定、重大事项决策、重要合同签订、重大项目运营等经营管理行为的必经程序，及时对不合规的内容提出修改建议，未经合规审查不得实施。

第二十一条 强化违规问责，完善违规行为处罚机制，明晰违规责任范围，细化惩处标准。畅通举报渠道，针对反映的问题和线索，及时开展调查，严肃追究违规人员责任。

第二十二条 开展合规管理评估，定期对合规管理体系的有效性进行分析，对重大或反复出现的合规风险和违规问题，深入查找根源，完善相关制度，堵塞管理漏洞，强化过程管控，持续改进提升。

第五章 合规管理保障

第二十三条 加强合规考核评价，把合规经营管理情况纳入对各部门和所属企业负责人的年度综合考核，细化评价指标。对所属单位和员工合规职责履行情况进行评价，并将结果作为员工考核、干部任用、评先选优等工作的重要依据。

第二十四条 强化合规管理信息化建设，通过信息化手段优化管理流程，记录和保存相关信息。运用大数据等工具，加强对经营管理行为依法合规情况的实时在线监控和风险分析，实现信息集成与共享。

第二十五条 建立专业化、高素质的合规管理队伍，根据业务规模、合规风险水平等因素配备合规管理人员，持续加强业务培训，提升队伍能力水平。

海外经营重要地区、重点项目应当明确合规管理机构或配备专职人员，切实防范合规风险。

第二十六条 重视合规培训，结合法治宣传教育，建立制度化、常态化培训机制，确保员工理解、遵循企业合规目标和要求。

第二十七条 积极培育合规文化，通过制定发放合规手册、签订合规承诺书等方式，强化全员安全、质量、诚信和廉洁等意识，树立依法合规、守法诚信的价值观，筑牢合规经营的思想基础。

第二十八条 建立合规报告制度，发生较大合规风险事件，合规管理牵头部门和相关部门应当及时向合规管理负责人、分管领导报告。重大合规风险事件应当向国资委和有关部门报告。

合规管理牵头部门于每年年底全面总结合规管理工作情况，起草年度报告，经董事会审议通过后及时报送国资委。

第六章　附　　则

第二十九条 中央企业根据本指引，结合实际制定合规管理实施细则。

地方国有资产监督管理机构可以参照本指引，积极推进所出资企业合规管理工作。

第三十条 本指引由国资委负责解释。

第三十一条 本指引自公布之日起施行。

3. 中央企业违规经营投资责任追究实施办法（试行）（2018年发布）

（2018年7月13日国务院国有资产监督管理委员会令第37号公布）

第一章　总　　则

第一条 为加强和规范中央企业违规经营投资责任追究工作，进一步完善国有资产监督管理制度，落实国有资产保值增值责任，有效防止国有资产流失，根据《中华人民共和国公司法》《中华人民共和国企业国有资产法》《企业国有资产监督管理暂行条例》和《国务院办公厅关于建立国有企业违规经营投资责任追究制度的意见》等法律法规和文件，制定本办法。

第二条 本办法所称中央企业是指国务院国有资产监督管理委员会（以下简称国资委）代表国务院履行出资人职责的国家出资企业。

第三条 本办法所称违规经营投资责任追究（以下简称责任追究）是指中央企业经营管理有关人员违反规定，未履行或未正确履行职责，在经营投资中造成国有资产损失或其他严重不良后果，经调查核实和责任认定，对相关责任人进行处理的工作。

前款所称规定，包括国家法律法规、国有资产监管规章制度和企业内部管理规定等。前款所称未履行职责，是指未在规定期限内或正当合理期限内行使职权、承担责任，一般包括不作为、拒绝履行职责、拖延履行职责等；未正确履行职责，是指未按规定以及岗位职责要求，不适当或不完全行使职权、承担责任，一般包括未按程序行使职权、超越职权、滥用职权等。

第四条 责任追究工作应当遵循以下原则：

（一）坚持依法依规问责。以国家法律法规为准绳，按照国有资产监管规章制度和企业内部管理规定等，对违反规定、未履行或未正确履行职责造成国有资产损失或其他严重不良后果的企业经营管理有关人员，严肃追究责任，实行重大决策终身问责。

（二）坚持客观公正定责。贯彻落实"三个区分开来"重要要求，结合企业实际情况，调查核实违规行为的事实、性质及其造成的损失和影响，既考虑量的标准也考虑质的不同，认定相关人员责任，保护企业经营管理有关人员干事创业的积极性，恰当公正地处理相关责任人。

（三）坚持分级分层追责。国资委和中央企业原则上按照国有资本出资关系和干部管理权限，界定责任追究工作职责，分级组织开展责任追究工作，分别对企业不同层级经营管理人员进行追究处理，形成分级分层、有效衔接、上下贯通的责任追究工作体系。

（四）坚持惩治教育和制度建设相结合。在对违规经营投资相关责任人严肃问责的同时，加大典型案例总结和通报力度，加强警示教育，发挥震慑作用，推动中央企业不断完善规章制度，堵塞经营管理漏洞，提高经营管理水平，实现国有资产保值增值。

第五条　在责任追究工作过程中，发现企业经营管理有关人员违纪或职务违法的问题和线索，应当移送相应的纪检监察机构查处；涉嫌犯罪的，应当移送国家监察机关或司法机关查处。

第二章　责任追究范围

第六条　中央企业经营管理有关人员违反规定，未履行或未正确履行职责致使发生本办法第七条至第十七条所列情形，造成国有资产损失或其他严重不良后果的，应当追究相应责任。

第七条　集团管控方面的责任追究情形：

（一）违反规定程序或超越权限决定、批准和组织实施重大经营投资事项，或决定、批准和组织实施的重大经营投资事项违反党和国家方针政策、决策部署以及国家有关规定。

（二）对国家有关集团管控的规定未执行或执行不力，致使发生重大资产损失对生产经营、财务状况产生重大影响。

（三）对集团重大风险隐患、内控缺陷等问题失察，或虽发现但没有及时报告、处理，造成重大资产损失或其他严重不良后果。

（四）所属子企业发生重大违规违纪违法问题，造成重大资产损失且对集团生产经营、财务状况产生重大影响，或造成其他严重不良后果。

（五）对国家有关监管机构就经营投资有关重大问题提出的整改工作要求，拒绝整改、拖延整改等。

第八条　风险管理方面的责任追究情形：

（一）未按规定履行内控及风险管理制度建设职责，导致内控及风险管理制度缺失，内控流程存在重大缺陷。

（二）内控及风险管理制度未执行或执行不力，对经营投资重大风险未能及时分析、识别、评估、预警、应对和报告。

（三）未按规定对企业规章制度、经济合同和重要决策等进行法律审核。

（四）未执行国有资产监管有关规定，过度负债导致债务危机，危及企业持续经营。

（五）恶意逃废金融债务。

（六）瞒报、漏报、谎报或迟报重大风险及风险损失事件，指使编制虚假财务报告，企业账实严重不符。

第九条　购销管理方面的责任追究情形：

（一）未按规定订立、履行合同，未履行或未正确履行职责致使合同标的价格明显不公允。

（二）未正确履行合同，或无正当理由放弃应得合同权益。

（三）违反规定开展融资性贸易业务或"空转""走单"等虚假贸易业务。
（四）违反规定利用关联交易输送利益。
（五）未按规定进行招标或未执行招标结果。
（六）违反规定提供赊销信用、资质、担保或预付款项，利用业务预付或物资交易等方式变相融资或投资。
（七）违反规定开展商品期货、期权等衍生业务。
（八）未按规定对应收款项及时追索或采取有效保全措施。

第十条　工程承包建设方面的责任追究情形：
（一）未按规定对合同标的进行调查论证或风险分析。
（二）未按规定履行决策和审批程序，或未经授权和超越授权投标。
（三）违反规定，无合理商业理由以低于成本的报价中标。
（四）未按规定履行决策和审批程序，擅自签订或变更合同。
（五）未按规定程序对合同约定进行严格审查，存在重大疏漏。
（六）工程以及与工程建设有关的货物、服务未按规定招标或规避招标。
（七）违反规定分包等。
（八）违反合同约定超计价、超进度付款。

第十一条　资金管理方面的责任追究情形：
（一）违反决策和审批程序或超越权限筹集和使用资金。
（二）违反规定以个人名义留存资金、收支结算、开立银行账户等。
（三）设立"小金库"。
（四）违反规定集资、发行股票或债券、捐赠、担保、委托理财、拆借资金或开立信用证、办理银行票据等。
（五）虚列支出套取资金。
（六）违反规定超发、滥发职工薪酬福利。
（七）因财务内控缺失或未按照财务内控制度执行，发生资金挪用、侵占、盗取、欺诈等。

第十二条　转让产权、上市公司股权、资产等方面的责任追究情形：
（一）未按规定履行决策和审批程序或超越授权范围转让。
（二）财务审计和资产评估违反相关规定。
（三）隐匿应当纳入审计、评估范围的资产，组织提供和披露虚假信息，授意、指使中介机构出具虚假财务审计、资产评估鉴证结果及法律意见书等。
（四）未按相关规定执行回避制度。
（五）违反相关规定和公开公平交易原则，低价转让企业产权、上市公司股权和资产等。
（六）未按规定进场交易。

第十三条　固定资产投资方面的责任追究情形：
（一）未按规定进行可行性研究或风险分析。
（二）项目概算未按规定进行审查，严重偏离实际。
（三）未按规定履行决策和审批程序擅自投资。
（四）购建项目未按规定招标，干预、规避或操纵招标。
（五）外部环境和项目本身情况发生重大变化，未按规定及时调整投资方案并采取止损措施。
（六）擅自变更工程设计、建设内容和追加投资等。
（七）项目管理混乱，致使建设严重拖期、成本明显高于同类项目。
（八）违反规定开展列入负面清单的投资项目。

第十四条　投资并购方面的责任追究情形：

（一）未按规定开展尽职调查，或尽职调查未进行风险分析等，存在重大疏漏。

（二）财务审计、资产评估或估值违反相关规定。

（三）投资并购过程中授意、指使中介机构或有关单位出具虚假报告。

（四）未按规定履行决策和审批程序，决策未充分考虑重大风险因素，未制定风险防范预案。

（五）违反规定以各种形式为其他合资合作方提供垫资，或通过高溢价并购等手段向关联方输送利益。

（六）投资合同、协议及标的企业公司章程等法律文件中存在有损国有权益的条款，致使对标的企业管理失控。

（七）违反合同约定提前支付并购价款。

（八）投资并购后未按有关工作方案开展整合，致使对标的企业管理失控。

（九）投资参股后未行使相应股东权利，发生重大变化未及时采取止损措施。

（十）违反规定开展列入负面清单的投资项目。

第十五条 改组改制方面的责任追究情形：

（一）未按规定履行决策和审批程序。

（二）未按规定组织开展清产核资、财务审计和资产评估。

（三）故意转移、隐匿国有资产或向中介机构提供虚假信息，授意、指使中介机构出具虚假清产核资、财务审计与资产评估等鉴证结果。

（四）将国有资产以明显不公允低价折股、出售或无偿分给其他单位或个人。

（五）在发展混合所有制经济、实施员工持股计划、破产重整或清算等改组改制过程中，违反规定，导致发生变相套取、私分国有资产。

（六）未按规定收取国有资产转让价款。

（七）改制后的公司章程等法律文件中存在有损国有权益的条款。

第十六条 境外经营投资方面的责任追究情形：

（一）未按规定建立企业境外投资管理相关制度，导致境外投资管控缺失。

（二）开展列入负面清单禁止类的境外投资项目。

（三）违反规定从事非主业投资或开展列入负面清单特别监管类的境外投资项目。

（四）未按规定进行风险评估并采取有效风险防控措施对外投资或承揽境外项目。

（五）违反规定采取不当经营行为，以及不顾成本和代价进行恶性竞争。

（六）违反本章其他有关规定或存在国家明令禁止的其他境外经营投资行为的。

第十七条 其他违反规定，未履行或未正确履行职责造成国有资产损失或其他严重不良后果的责任追究情形。

第三章 资产损失认定

第十八条 对中央企业违规经营投资造成的资产损失，在调查核实的基础上，依据有关规定认定资产损失金额，以及对企业、国家和社会等造成的影响。

第十九条 资产损失包括直接损失和间接损失。直接损失是与相关人员行为有直接因果关系的损失金额及影响；间接损失是由相关人员行为引发或导致的，除直接损失外、能够确认计量的其他损失金额及影响。

第二十条 中央企业违规经营投资资产损失500万元以下为一般资产损失，500万元以上5 000万元以下为较大资产损失，5 000万元以上为重大资产损失。涉及违纪违法和犯罪行为查处的损失标准，遵照相关党内法规和国家法律法规的规定执行。

前款所称的"以上"包括本数，所称的"以下"不包括本数。

第二十一条 资产损失金额及影响,可根据司法、行政机关等依法出具的书面文件,具有相应资质的会计师事务所、资产评估机构、律师事务所、专业技术鉴定机构等专业机构出具的专项审计、评估或鉴证报告,以及企业内部证明材料等,进行综合研判认定。

第二十二条 相关违规经营投资虽尚未形成事实资产损失,但确有证据证明资产损失在可预见未来将发生,且能可靠计量资产损失金额的,经中介机构评估可以认定为或有损失,计入资产损失。

第四章 责任认定

第二十三条 中央企业经营管理有关人员任职期间违反规定,未履行或未正确履行职责造成国有资产损失或其他严重不良后果的,应当追究其相应责任。违规经营投资责任根据工作职责划分为直接责任、主管责任和领导责任。

第二十四条 直接责任是指相关人员在其工作职责范围内,违反规定,未履行或未正确履行职责,对造成的资产损失或其他严重不良后果起决定性直接作用时应当承担的责任。

企业负责人存在以下情形的,应当承担直接责任:

(一)本人或与他人共同违反国家法律法规、国有资产监管规章制度和企业内部管理规定。

(二)授意、指使、强令、纵容、包庇下属人员违反国家法律法规、国有资产监管规章制度和企业内部管理规定。

(三)未经规定程序或超越权限,直接决定、批准、组织实施重大经济事项。

(四)主持相关会议讨论或以其他方式研究时,在多数人不同意的情况下,直接决定、批准、组织实施重大经济事项。

(五)将按有关法律法规制度应作为第一责任人(总负责)的事项、签订的有关目标责任事项或应当履行的其他重要职责,授权(委托)其他领导人员决策且决策不当或决策失误等。

(六)其他应当承担直接责任的行为。

第二十五条 主管责任是指相关人员在其直接主管(分管)工作职责范围内,违反规定,未履行或未正确履行职责,对造成的资产损失或其他严重不良后果应当承担的责任。

第二十六条 领导责任是指企业主要负责人在其工作职责范围内,违反规定,未履行或未正确履行职责,对造成的资产损失或其他严重不良后果应当承担的责任。

第二十七条 中央企业所属子企业违规经营投资致使发生本条第二款、第三款所列情形的,上级企业经营管理有关人员应当承担相应的责任。

上一级企业有关人员应当承担相应责任的情形包括:

(一)发生重大资产损失且对企业生产经营、财务状况产生重大影响的。

(二)多次发生较大、重大资产损失,或造成其他严重不良后果的。

除上一级企业有关人员外,更高层级企业有关人员也应当承担相应责任的情形包括:

(一)发生违规违纪违法问题,造成资产损失金额巨大且危及企业生存发展的。

(二)在一定时期内多家所属子企业连续集中发生重大资产损失,或造成其他严重不良后果的。

第二十八条 中央企业违反规定瞒报、漏报或谎报重大资产损失的,对企业主要负责人和分管负责人比照领导责任和主管责任进行责任认定。

第二十九条 中央企业未按规定和有关工作职责要求组织开展责任追究工作的,对企业负责人及有关人员比照领导责任、主管责任和直接责任进行责任认定。

第三十条 中央企业有关经营决策机构以集体决策形式作出违规经营投资的决策或实施其他违规经营投资的行为,造成资产损失或其他严重不良后果的,应当承担集体责任,有关成员也应当承担相应责任。

第五章 责任追究处理

第三十一条 对相关责任人的处理方式包括组织处理、扣减薪酬、禁入限制、纪律处分、移送国家监察机关或司法机关等，可以单独使用，也可以合并使用。

（一）组织处理。包括批评教育、责令书面检查、通报批评、诫勉、停职、调离工作岗位、降职、改任非领导职务、责令辞职、免职等。

（二）扣减薪酬。扣减和追索绩效年薪或任期激励收入，终止或收回其他中长期激励收益，取消参加中长期激励资格等。

（三）禁入限制。五年直至终身不得担任国有企业董事、监事、高级管理人员。

（四）纪律处分。由相应的纪检监察机构查处。

（五）移送国家监察机关或司法机关处理。依据国家有关法律规定，移送国家监察机关或司法机关查处。

第三十二条 中央企业发生资产损失，经过查证核实和责任认定后，除依据有关规定移送纪检监察机构或司法机关处理外，应当按以下方式处理：

（一）发生一般资产损失的，对直接责任人和主管责任人给予批评教育、责令书面检查、通报批评、诫勉等处理，可以扣减和追索责任认定年度50%以下的绩效年薪。

（二）发生较大资产损失的，对直接责任人和主管责任人给予通报批评、诫勉、停职、调离工作岗位、降职等处理，同时按照以下标准扣减薪酬：扣减和追索责任认定年度50%～100%的绩效年薪、扣减和追索责任认定年度（含）前三年50%～100%的任期激励收入并延期支付绩效年薪，终止尚未行使的其他中长期激励权益、上缴责任认定年度及前一年度的全部中长期激励收益、五年内不得参加企业新的中长期激励。

对领导责任人给予通报批评、诫勉、停职、调离工作岗位等处理，同时按照以下标准扣减薪酬：扣减和追索责任认定年度30%～70%的绩效年薪、扣减和追索责任认定年度（含）前三年30%～70%的任期激励收入并延期支付绩效年薪，终止尚未行使的其他中长期激励权益、三年内不得参加企业新的中长期激励。

（三）发生重大资产损失的，对直接责任人和主管责任人给予降职、改任非领导职务、责令辞职、免职和禁入限制等处理，同时按照以下标准扣减薪酬：扣减和追索责任认定年度100%的绩效年薪、扣减和追索责任认定年度（含）前三年100%的任期激励收入并延期支付绩效年薪，终止尚未行使的其他中长期激励权益、上缴责任认定年度（含）前三年的全部中长期激励收益、不得参加企业新的中长期激励。

对领导责任人给予调离工作岗位、降职、改任非领导职务、责令辞职、免职和禁入限制等处理，同时按照以下标准扣减薪酬：扣减和追索责任认定年度70%～100%的绩效年薪、扣减和追索责任认定年度（含）前三年70%～100%的任期激励收入并延期支付绩效年薪，终止尚未行使的其他中长期激励权益、上缴责任认定年度（含）前三年的全部中长期激励收益、五年内不得参加企业新的中长期激励。

第三十三条 中央企业所属子企业发生资产损失，按照本办法应当追究中央企业有关人员责任时，对相关责任人给予通报批评、诫勉、停职、调离工作岗位、降职、改任非领导职务、责令辞职、免职和禁入限制等处理，同时按照以下标准扣减薪酬：扣减和追索责任认定年度30%～100%的绩效年薪、扣减和追索责任认定年度（含）前三年30%～100%的任期激励收入并延期支付绩效年薪，终止尚未行使的其他中长期激励权益、上缴责任认定年度（含）前三年的全部中长期激励收益、三至五年内不得参加企业新的中长期激励。

第三十四条 对承担集体责任的中央企业有关经营决策机构，给予批评教育、责令书面检查、通报批评等处理；对造成资产损失金额巨大且危及企业生存发展的，或造成其他特别严重不良后果的，按照规定程序予以改组。

第三十五条 责任认定年度是指责任追究处理年度。有关责任人在责任追究处理年度无任职或任职不满全年的，按照最近一个完整任职年度执行；若无完整任职年度的，参照处理前实际任职月度（不超过12个月）执行。

第三十六条 对同一事件、同一责任人的薪酬扣减和追索，按照党纪处分、政务处分、责任追究等扣减薪酬处理的最高标准执行，但不合并使用。

第三十七条 相关责任人受到诫勉处理的，六个月内不得提拔、重用；受到调离工作岗位、改任非领导职务处理的，一年内不得提拔；受到降职处理的，两年内不得提拔；受到责令辞职、免职处理的，一年内不安排职务，两年内不得担任高于原任职务层级的职务；同时受到纪律处分的，按照影响期长的规定执行。

第三十八条 中央企业经营管理有关人员违规经营投资未造成资产损失，但造成其他严重不良后果的，经过查证核实和责任认定后，对相关责任人参照本办法予以处理。

第三十九条 有下列情形之一的，应当对相关责任人从重或加重处理：

（一）资产损失频繁发生、金额巨大、后果严重的。

（二）屡禁不止、顶风违规、影响恶劣的。

（三）强迫、唆使他人违规造成资产损失或其他严重不良后果的。

（四）未及时采取措施或措施不力导致资产损失或其他严重不良后果扩大的。

（五）瞒报、漏报或谎报资产损失的。

（六）拒不配合或干扰、抵制责任追究工作的。

（七）其他应当从重或加重处理的。

第四十条 对中央企业经营管理有关人员在企业改革发展中所出现的失误，不属于有令不行、有禁不止、不当谋利、主观故意、独断专行等的，根据有关规定和程序予以容错。有下列情形之一的，可以对违规经营投资相关责任人从轻或减轻处理：

（一）情节轻微的。

（二）以促进企业改革发展稳定或履行企业经济责任、政治责任、社会责任为目标，且个人没有谋取私利的。

（三）党和国家方针政策、党章党规党纪、国家法律法规、地方性法规和规章等没有明确限制或禁止的。

（四）处置突发事件或紧急情况下，个人或少数人决策，事后及时履行报告程序并得到追认，且不存在故意或重大过失的。

（五）及时采取有效措施减少、挽回资产损失并消除不良影响的。

（六）主动反映资产损失情况，积极配合责任追究工作的，或主动检举其他造成资产损失相关人员，查证属实的。

（七）其他可以从轻或减轻处理的。

第四十一条 对于违规经营投资有关责任人应当给予批评教育、责令书面检查、通报批评或诫勉处理，但是具有本办法第四十条规定的情形之一的，可以免除处理。

第四十二条 对违规经营投资有关责任人减轻或免除处理，须由作出处理决定的上一级企业或国资委批准。

第四十三条 相关责任人已调任、离职或退休的，应当按照本办法给予相应处理。

第四十四条 相关责任人在责任认定年度已不在本企业领取绩效年薪的，按离职前一年度全部绩效年薪及前三年任期激励收入总和计算，参照本办法有关规定追索扣回其薪酬。

第四十五条 对违反规定，未履行或未正确履行职责造成国有资产损失或其他严重不良后果的中央企业董事、监事以及其他有关人员，依照国家法律法规、有关规章制度和本办法等对其进行相应处理。

第六章 责任追究工作职责

第四十六条 国资委和中央企业原则上按照国有资本出资关系和干部管理权限，组织开展责任追究工作。

第四十七条 国资委在责任追究工作中的主要职责：

（一）研究制定中央企业责任追究有关制度。

（二）组织开展中央企业发生的重大资产损失或产生严重不良后果的较大资产损失，以及涉及中央企业负责人的责任追究工作。

（三）认为有必要直接组织开展的中央企业及其所属子企业责任追究工作。

（四）对中央企业存在的共性问题进行专项核查。

（五）对需要中央企业整改的问题，督促企业落实有关整改工作要求。

（六）指导、监督和检查中央企业责任追究相关工作。

（七）其他有关责任追究工作。

第四十八条 国资委内设专门责任追究机构，受理有关方面按规定程序移交的中央企业及其所属子企业违规经营投资的有关问题和线索，初步核实后进行分类处置，并采取督办、联合核查、专项核查等方式组织开展有关核查工作，认定相关人员责任，研究提出处理的意见建议，督促企业整改落实。

第四十九条 中央企业在责任追究工作中的主要职责：

（一）研究制定本企业责任追究有关制度。

（二）组织开展本级企业发生的一般或较大资产损失，二级子企业发生的重大资产损失或产生严重不良后果的较大资产损失，以及涉及二级子企业负责人的责任追究工作。

（三）认为有必要直接组织开展的所属子企业责任追究工作。

（四）指导、监督和检查所属子企业责任追究相关工作。

（五）按照国资委要求组织开展有关责任追究工作。

（六）其他有关责任追究工作。

第五十条 中央企业应当明确相应的职能部门或机构，负责组织开展责任追究工作，并做好与企业纪检监察机构的协同配合。

第五十一条 中央企业应当建立责任追究工作报告制度，对较大和重大违规经营投资的问题和线索，及时向国资委书面报告，并按照有关工作要求定期报送责任追究工作开展情况。

第五十二条 中央企业未按规定和有关工作职责要求组织开展责任追究工作的，国资委依据相关规定，对有关中央企业负责人进行责任追究。

第五十三条 国资委和中央企业有关人员，对企业违规经营投资等重大违规违纪违法问题，存在应当发现而未发现或发现后敷衍不追、隐匿不报、查处不力等失职渎职行为的，严格依纪依规追究纪律责任；涉嫌犯罪的，移送国家监察机关或司法机关查处。

第七章 责任追究工作程序

第五十四条 开展中央企业责任追究工作一般应当遵循受理、初步核实、分类处置、核查、处理和整改等程序。

第五十五条 受理有关方面按规定程序移交的违规经营投资问题和线索，并进行有关证据、材料的收集、整理和分析工作。

第五十六条 国资委专门责任追究机构受理下列企业违规经营投资的问题和线索：

（一）国有资产监督管理工作中发现的。

（二）审计、巡视、纪检监察以及其他有关部门移交的。

（三）中央企业报告的。

（四）其他有关违规经营投资的问题和线索。

第五十七条　对受理的违规经营投资问题和线索，及相关证据、材料进行必要的初步核实工作。

第五十八条　初步核实的主要工作内容包括：

（一）资产损失及其他严重不良后果的情况。

（二）违规违纪违法的情况。

（三）是否属于责任追究范围。

（四）有关方面的处理建议和要求等。

第五十九条　初步核实的工作一般应于 30 个工作日内完成，根据工作需要可以适当延长。

第六十条　根据初步核实情况，对确有违规违纪违法事实的，按照规定的职责权限和程序进行分类处置。

第六十一条　分类处置的主要工作内容包括：

（一）属于国资委责任追究职责范围的，由国资委专门责任追究机构组织实施核查工作。

（二）属于中央企业责任追究职责范围的，移交和督促相关中央企业进行责任追究。

（三）涉及中管干部的违规经营投资问题线索，报经中央纪委国家监委同意后，按要求开展有关核查工作。

（四）属于其他有关部门责任追究职责范围的，移送有关部门。

（五）涉嫌违纪或职务违法的问题和线索，移送纪检监察机构。

（六）涉嫌犯罪的问题和线索，移送国家监察机关或司法机关。

第六十二条　国资委对违规经营投资事项及时组织开展核查工作，核实责任追究情形，确定资产损失程度，查清资产损失原因，认定相关人员责任等。

第六十三条　结合中央企业减少或挽回资产损失工作进展情况，可以适时启动责任追究工作。

第六十四条　核查工作可以采取以下工作措施核查取证：

（一）与被核查事项有关的人员谈话，形成核查谈话记录，并要求有关人员作出书面说明。

（二）查阅、复制被核查企业的有关文件、会议纪要（记录）、资料和账簿、原始凭证等相关材料。

（三）实地核查企业实物资产等。

（四）委托具有相应资质的专业机构对有关问题进行审计、评估或鉴证等。

（五）其他必要的工作措施。

第六十五条　在核查期间，对相关责任人未支付或兑现的绩效年薪、任期激励收入、中长期激励收益等均应暂停支付或兑现；对有可能影响核查工作顺利开展的相关责任人，可视情况采取停职、调离工作岗位、免职等措施。

第六十六条　在重大违规经营投资事项核查工作中，对确有工作需要的，负责核查的部门可请纪检监察机构提供必要支持。

第六十七条　核查工作一般应于 6 个月内完成，根据工作需要可以适当延长。

第六十八条　核查工作结束后，一般应当听取企业和相关责任人关于核查工作结果的意见，形成资产损失情况核查报告和责任认定报告。

第六十九条　国资委根据核查工作结果，按照干部管理权限和相关程序对相关责任人追究处理，形成处理决定，送达有关企业及被处理人，并对有关企业提出整改要求。

第七十条 被处理人对处理决定有异议的，可以在处理决定送达之日起15个工作日内，提出书面申诉，并提供相关证明材料。申诉期间不停止原处理决定的执行。

第七十一条 国资委或中央企业作出处理决定的，被处理人向作出该处理决定的单位申诉；中央企业所属子企业作出处理决定的，向上一级企业申诉。

第七十二条 国资委和企业应当自受理申诉之日起30个工作日内复核，作出维持、撤销或变更原处理决定的复核决定，并以适当形式告知申诉人及其所在企业。

第七十三条 中央企业应当按照整改要求，认真总结吸取教训，制定和落实整改措施，优化业务流程，完善内控体系，堵塞经营管理漏洞，建立健全防范经营投资风险的长效机制。

第七十四条 中央企业应在收到处理决定之日起60个工作日内，向国资委报送整改报告及相关材料。

第七十五条 国资委和中央企业应当按照国家有关信息公开规定，逐步向社会公开违规经营投资核查处理情况和有关整改情况等，接受社会监督。

第七十六条 积极运用信息化手段开展责任追究工作，推进相关数据信息的报送、归集、共享和综合利用，逐步建立违规经营投资损失和责任追究工作信息报送系统、中央企业禁入限制人员信息查询系统等，加大信息化手段在发现问题线索、专项核查、责任追究等方面的运用力度。

第八章 附 则

第七十七条 中央企业应根据本办法，结合本企业实际情况，细化责任追究的范围、资产损失程度划分标准等，研究制定责任追究相关制度规定，并报国资委备案。

第七十八条 各地区国有资产监督管理机构可以参照本办法，结合实际情况制定本地区责任追究相关制度规定。

第七十九条 国有参股企业责任追究工作，可参照本办法向国有参股企业股东会提请开展责任追究工作。

第八十条 对发生生产安全、环境污染责任事故和不稳定事件的，按照国家有关规定另行处理。

第八十一条 本办法由国资委负责解释。

第八十二条 本办法自2018年8月30日起施行。《中央企业资产损失责任追究暂行办法》（国资委令第20号）同时废止。

4. 关于加强中央企业内部控制体系建设与监督工作的实施意见（2019年发布）

（国资发监督规〔2019〕101号印发）

为深入贯彻习近平新时代中国特色社会主义思想和党的十九大精神，认真落实党中央、国务院关于防范化解重大风险和推动高质量发展的决策部署，充分发挥内部控制（以下简称内控）体系对中央企业强基固本作用，进一步提升中央企业防范化解重大风险能力，加快培育具有全球竞争力的世界一流企业，根据《中共中央 国务院关于深化国有企业改革的指导意见》《国务院关于印发改革国有资本授权经营体制方案的通知》《国务院办公厅关于加强和改进企业国有资产监督防止国有资产流失的意见》，制定本实施意见。

一、建立健全内控体系，进一步提升管控效能

（一）优化内控体系。建立健全以风险管理为导向、合规管理监督为重点，严格、规范、全面、有效的内控体系。进一步树立和强化管理制度化、制度流程化、流程信息化的内控理念，通过"强监管、严问责"和加强信息化管理，严格落实各项规章制度，将风险管理和合规管理要求嵌入业务流程，促使企业依法合规开展各项经营活动，实现"强内控、防风险、促合规"的管控目标，形成全面、全员、全过程、全体系的风险防控机制，切实全面提升内控体系有效性，加快实现高质量发展。

（二）强化集团管控。进一步完善企业内部管控体制机制，中央企业主要领导人员是内控体系监管工作第一责任人，负责组织领导建立健全覆盖各业务领域、部门、岗位，涵盖各级子企业全面有效的内控体系。中央企业应明确专门职能部门或机构统筹内控体系工作职责；落实各业务部门内控体系有效运行责任；企业审计部门要加强内控体系监督检查工作，准确揭示风险隐患和内控缺陷，进一步发挥查错纠弊作用，促进企业不断优化内控体系。

（三）完善管理制度。全面梳理内控、风险和合规管理相关制度，及时将法律法规等外部监管要求转化为企业内部规章制度，持续完善企业内部管理制度体系。在具体业务制度的制定、审核和修订中嵌入统一的内控体系管控要求，明确重要业务领域和关键环节的控制要求和风险应对措施。将违规经营投资责任追究内容纳入企业内部管理制度中，强化制度执行刚性约束。

（四）健全监督评价体系。统筹推进内控、风险和合规管理的监督评价工作，将风险、合规管理制度建设及实施情况纳入内控体系监督评价范畴，制定定性与定量相结合的内控缺陷认定标准、风险评估标准和合规评价标准，不断规范监督评价工作程序、标准和方式方法。

二、强化内控体系执行，提高重大风险防控能力

（五）加强重点领域日常管控。聚焦关键业务、改革重点领域、国有资本运营重要环节以及境外国有资产监管，定期梳理分析相关内控体系执行情况，认真查找制度缺失或流程缺陷，及时研究制定改进措施，确保体系完整、全面控制、执行有效。要在投资并购、改革改制重组等重大经营事项决策前开展专项风险评估，并将风险评估报告（含风险应对措施和处置预案）作为重大经营事项决策的必备支撑材料，对超出企业风险承受能力或风险应对措施不到位的决策事项不得组织实施。

（六）加强重要岗位授权管理和权力制衡。不断深化内控体系管控与各项业务工作的有机结合，以保障各项经营业务规范有序开展。按照不相容职务分离控制、授权审批控制等内控体系管控要求，严格规范重要岗位和关键人员在授权、审批、执行、报告等方面的权责，实现可行性研究与决策审批、决策审批与执行、执行与监督检查等岗位职责的分离。不断优化完善管理要求，重点强化采购、销售、投资管理、资金管理和工程项目、产权（资产）交易流转等业务领域各岗位的职责权限和审批程序，形成相互衔接、相互制衡、相互监督的内控体系工作机制。

（七）健全重大风险防控机制。积极采取措施强化企业防范化解重大风险全过程管控，加强经济运行动态、大宗商品价格以及资本市场指标变化监测，提高对经营环境变化、发展趋势的预判能力，同时结合内控体系监督评价工作中发现的经营管理缺陷和问题，综合评估企业内外部风险水平，有针对性地制定风险应对方案，并根据原有风险的变化情况及应对方案的执行效果，有效做好企业间风险隔离，防止风险由"点"扩"面"，避免发生系统性、

颠覆性重大经营风险。

三、加强信息化管控，强化内控体系刚性约束

（八）提升内控体系信息化水平。各中央企业要结合国资监管信息化建设要求，加强内控信息化建设力度，进一步提升集团管控能力。内控体系建设部门要与业务部门、审计部门、信息化建设部门协同配合，推动企业"三重一大"、投资和项目管理、财务和资产、物资采购、全面风险管理、人力资源等集团管控信息系统的集成应用，逐步实现内控体系与业务信息系统互联互通、有机融合。要进一步梳理和规范业务系统的审批流程及各层级管理人员权限设置，将内控体系管控措施嵌入各类业务信息系统，确保自动识别并终止超越权限、逾越程序和审核材料不健全等行为，促使各项经营管理决策和执行活动可控制、可追溯、可检查，有效减少人为违规操纵因素。集团管控能力和信息化基础较好的企业要逐步探索利用大数据、云计算、人工智能等技术，实现内控体系实时监测、自动预警、监督评价等在线监管功能，进一步提升信息化和智能化水平。

四、加大企业监督评价力度，促进内控体系持续优化

（九）全面实施企业自评。督促所属企业每年以规范流程、消除盲区、有效运行为重点，对内控体系的有效性进行全面自评，客观、真实、准确揭示经营管理中存在的内控缺陷、风险和合规问题，形成自评报告，并经董事会或类似决策机构批准后按规定报送上级单位。

（十）加强集团监督评价。要在子企业全面自评的基础上，制定年度监督评价方案，围绕重点业务、关键环节和重要岗位，组织对所属企业内控体系有效性进行监督评价，确保每3年覆盖全部子企业。要将海外资产纳入监督评价范围，重点对海外项目的重大决策、重大项目安排、大额资金运作以及境外子企业公司治理等进行监督评价。

（十一）强化外部审计监督。要根据监督评价工作结果，结合自身实际情况，充分发挥外部审计的专业性和独立性，委托外部审计机构对部分子企业内控体系有效性开展专项审计，并出具内控体系审计报告。内控体系监管不到位、风险事件和合规问题频发的中央企业，必须聘请具有相应资质的社会中介机构进行审计评价，切实提升内控体系管控水平。

（十二）充分运用监督评价结果。要加大督促整改工作力度，指导所属企业明确整改责任部门、责任人和完成时限，对整改效果进行检查评价，按照内控体系一体化工作要求编制内控体系年度工作报告并及时报国资委，同时抄送企业纪委（纪检监察组）、组织人事部门等。指导所属企业建立健全与内控体系监督评价结果挂钩的考核机制，对内控制度不健全、内控体系执行不力、瞒报漏报谎报自评结果、整改落实不到位的单位或个人，应给予考核扣分、薪酬扣减或岗位调整等处理。

五、加强出资人监督，全面提升内控体系有效性

（十三）建立出资人监督检查工作机制。加强对中央企业国有资产监管政策制度执行情况的综合检查工作，建立内控体系定期抽查评价工作制度，每年组织专门力量对中央企业经营管理重要领域和关键环节开展内控体系有效性抽查评价，发现和堵塞管理漏洞，完善相关政策制度，并加大监督检查工作结果在各项国有资产监管及干部管理工作中的运用力度。

（十四）充分发挥企业内部监督力量。通过完善公司治理，健全相关制度，整合企业内部监督力量，发挥企业董事会或委派董事决策、审核和监督职责，有效利用企业监事会、内部审计、企业内部巡视巡察等监督检查工作成果，以及出资人监管和外部审计、纪检监察、巡视反馈问题情况，不断完善企业内控体系建设。

（十五）强化整改落实工作。进一步强化对企业重大风险隐患和内控缺陷整改工作跟踪检查力度，将企业整改落实情况纳入每年内控体系抽查评价范围，完善对中央企业提示函和通报工作制度，对整改不力的印发提示函和通报，进一步落实整改责任，避免出现重复整

改、形式整改等问题。

（十六）加大责任追究力度。严格按照《中央企业违规经营投资责任追究实施办法（试行）》（国资委令第37号）等有关规定，及时发现并移交违规违纪违法经营投资问题线索，强化监督警示震慑作用。对中央企业存在重大风险隐患、内控缺陷和合规管理等问题失察，或虽发现但没有及时报告、处理，造成重大资产损失或其他严重不良后果的，要严肃追究企业集团的管控责任；对各级子企业未按规定履行内控体系建设职责、未执行或执行不力，以及瞒报、漏报、谎报或迟报重大风险及内控缺陷事件的，坚决追责问责，层层落实内控体系监督责任，有效防止国有资产流失。

5. 中央企业重大经营风险事件报告工作规则（2021年发布）

（国资发监督规〔2021〕103号印发）

第一条 为规范中央企业重大经营风险事件报告工作，建立健全重大经营风险管控机制，及时采取应对措施，有效防范和化解重大经营风险，根据《关于印发〈关于加强中央企业内部控制体系建设与监督工作的实施意见〉的通知》（国资发监督规〔2019〕101号），制定本规则。

第二条 本规则所称中央企业，是指国务院国有资产监督管理委员会（以下简称国资委）代表国务院履行出资人职责的国家出资企业（以下简称企业）。

第三条 本规则所称重大经营风险事件，是指企业在生产经营管理活动中发生的，已造成或可能造成重大资产损失或严重不良影响的各类生产经营管理风险事件。

第四条 企业是重大经营风险事件报告工作的责任主体，负责建立重大经营风险事件报告工作制度和运行机制，明确责任分工、畅通报告渠道。企业主要负责人应当对重大经营风险事件报告的真实性、及时性负责。

第五条 国资委对企业重大经营风险事件报告及处置工作实施监督管理，督促指导企业建立重大经营风险事件报告责任体系，做好重大经营风险事件的研判报送、应对处置、跟踪监测、警示通报及问责整改等工作，对于涉及违规经营投资的风险事件，按有关规定开展责任追究。

第六条 企业发生重大经营风险事件后应当快速反应、及时报告，客观准确反映风险事件情况，确保国资委及企业集团能够及时研判、有效应对、稳妥处置，并举一反三做好风险预警通报工作。

第七条 企业生产经营管理过程中，有下列风险情形之一的，应当确定为重大经营风险事件并及时报告：

（一）可能对企业资产、负债、权益和经营成果产生重大影响，影响金额占企业总资产或者净资产或者净利润10%以上，或者预计损失金额超过5 000万元。

（二）可能导致企业生产经营条件和市场环境发生特别重大变化，影响企业可持续发展。

（三）因涉嫌严重违法违规被司法机关或者省级以上监管机构立案调查，或者受到重大刑事处罚、行政处罚。

（四）受到其他国家、地区或者国际组织机构管制、制裁等，对企业或者国家形象产生重大负面影响。

（五）受到国内外媒体报道，造成重大负面舆情影响。

（六）其他情形。

第八条 重大经营风险事件报告按照事件发生的不同阶段，分为首报、续报和终报等三种方式。

第九条 首报应当在事件发生后2个工作日内向国资委报告，报告内容包括：事件发生的时间、地点、现状以及可能造成的损失或影响，向企业董事会及监管部门报告情况，以及采取的紧急应对措施等情况。对于特别紧急的重大经营风险事件，应当在第一时间内以适当便捷的方式报告国资委。

第十条 续报应当在事件发生后5个工作日内向国资委报告，报告内容包括：事发单位基本情况，事件起因和性质，基本过程、发展趋势判断、风险应对处置方案、面临问题和困难及建议等情况。

对于需要长期应对处置或整改落实的，应当纳入重大经营风险事件月度或季度监测台账，跟踪监测事件处置进度，并定期报告重大经营风险事件处置进展情况。

第十一条 终报应当在事件处置或整改工作结束后10个工作日内向国资委报告，报告内容包括：事件基本情况、党委（党组）或董事会审议情况、已采取的措施及结果、涉及的金额及造成的损失及影响、存在的主要问题和困难及原因分析、问题整改情况等。涉及违规违纪违法问题的应当一并报告问责情况。

重大经营风险事件报告，应当由企业主要负责人签字并加盖企业公章后报送国资委。

第十二条 国资委根据重大经营风险事件报告质量评估情况，及时提出处理意见并反馈企业。对于重大经营风险事件报告存在质量问题的，要求企业及时进行修改或重新编制报送。

第十三条 企业在重大经营风险事件报告及处置阶段，应当视情向所属企业及时预警提示或通报重大风险事件情况，做到重大风险早发现、早预警、早处置，并认真总结经验教训，不断完善重大经营风险事件报告及应对处置工作。

第十四条 国资委对企业报送的重大经营风险事件进行初步评估，按有关职能和工作分工，由相关厅局督促指导企业做好重大经营风险事件应对工作，跟踪处置情况，加强重大经营风险管控和防范。对具有典型性、普遍性的重大经营风险事件，深入分析原因、研究管理措施，视情及时向企业预警提示或通报。

第十五条 存在以下情形之一的，国资委将印发提示函、约谈或通报，情形严重的依规追究责任：

（一）严重迟报、漏报、瞒报和谎报的。

（二）对重大经营风险事件报告工作敷衍应付，导致发生重大资产损失或严重不良后果的。

（三）重大经营风险事件应对处置不及时、措施不得力，造成重大资产损失或严重不良后果的。

（四）需要追究责任的其他情形。

第十六条 企业重大经营风险事件报告工作应当严格落实国家保密管理有关规定和要求。

第十七条 企业安全生产、节能减排、环境保护、维稳事件等相关风险事件报告工作不适用本规则。

第十八条 本规则自印发之日起施行。《关于加强重大经营风险事件报告工作有关事项的通知》（国资厅发监督〔2020〕17号）同时废止。

6. 关于加强地方国有企业债务风险管控工作的指导意见（2021年发布）

（国资发财评规〔2021〕18号印发）

为贯彻落实国务院金融稳定发展委员会工作要求，指导地方国资委进一步加强国有企业债务风险管控工作，有效防范化解企业重大债务风险，坚决守住不引发区域性、系统性金融风险的底线，现提出以下意见：

一、充分认识当前加强国有企业债务风险管控的重要性

加强国有企业债务风险管控，是贯彻落实党中央、国务院决策部署，打好防范化解重大风险攻坚战的重要举措；是维护金融市场稳定和地区经济平稳运行的客观需要；是落实国企改革三年行动，推动国有企业加快实现高质量发展的内在要求。各地方国资委要进一步提高政治站位，增强责任意识，充分认识当前加强地方国有企业债务风险管控的重要性、紧迫性，督促指导地方国有企业严格落实主体责任，切实增强底线思维和风险意识，依法合规开展债务融资和风险处置，严格遵守资本市场规则和监管要求，按期做好债务资金兑付，不得恶意逃废债，努力维护国有企业良好市场信誉和金融市场稳定。

二、完善债务风险监测预警机制，精准识别高风险企业

各地方国资委要加快建立健全地方国有企业债务风险监测预警机制，完善重点债务风险指标监测台账，逐月跟踪分析，充分利用信息化手段加强对各级企业债务风险的动态监测，做到早识别、早预警、早应对。可参照中央企业债务风险量化评估体系，结合地方实际情况，探索建立地方国有企业债务风险量化评估机制，综合债务水平、负债结构、盈利能力、现金保障、资产质量和隐性债务等，对企业债务风险进行精准识别，将债务风险突出的企业纳入重点管控范围，采取特别管控措施，督促企业"一企一策"制定债务风险处置工作方案，确保稳妥化解债务风险。

三、分类管控资产负债率，保持合理债务水平

各地方国资委可参照中央企业资产负债率行业警戒线和管控线进行分类管控，对高负债企业实施负债规模和资产负债率双约束，"一企一策"确定管控目标，指导企业通过控投资、压负债、增积累、引战投、债转股等方式多措并举降杠杆减负债，推动高负债企业资产负债率尽快回归合理水平。督促指导企业转变过度依赖举债投资做大规模的发展理念，根据财务承受能力科学确定投资规模，从源头上防范债务风险。加强对企业隐性债务的管控，严控资产出表、表外融资等行为，指导企业合理使用权益类融资工具，对永续债券、永续保险、永续信托等权益类永续债和并表基金产品余额占净资产的比例进行限制，严格对外担保管理，对有产权关系的企业按股比提供担保，原则上不对无产权关系的企业提供担保，严控企业相互担保等捆绑式融资行为，防止债务风险交叉传导。规范平台公司重大项目的投融资管理，严控缺乏交易实质的变相融资行为。

四、开展债券全生命周期管理，重点防控债券违约

各地方国资委要把防范地方国有企业债券违约，作为债务风险管控的重中之重。探索实施债券发行年度计划管理，严格审核纳入债务风险重点管控范围企业的发行方案，严禁欺诈发行债券、虚假披露信息、操纵市场价格等违法违规行为，指导地方国有企业严格限

定所属子企业债券发行条件。可参照中央企业债券发行管理有关规定，对纳入债务风险重点管控范围的企业实行比例限制，引导企业做好融资结构与资金安全的平衡、偿债时间与现金流量的匹配。将企业发债品种、规模、期限、用途、还款等关键信息纳入债务风险监测预警机制并实施滚动监测，重点关注信用评级低、集中到期债券规模大、现金流紧张、经营严重亏损企业的债券违约风险，督促指导企业提前做好兑付资金接续安排。对于按期兑付确有困难的，各地方国资委要指导企业提前与债券持有人沟通确定处置方案，通过债券展期、置换等方式主动化解风险，也可借鉴央企信用保障基金模式，按照市场化、法治化方式妥善化解风险。

五、依法处置债券违约风险，严禁恶意逃废债行为

对于已经发生债券违约的，各地方国资委要及时报告本级人民政府，在地方政府的统一领导下，切实履行属地责任，指导违约企业按照市场化、法治化、国际化原则妥善做好风险处置，通过盘活土地、出售股权等方式补充资金，积极主动与各方债权人沟通协调，努力达成和解方案，同时要努力挽回市场信心，防止发生风险踩踏和外溢。对于已无力化解风险、确需破产的，要督促企业依法合规履行破产程序，强化信息披露管理，及时、准确披露股东或实际控制人变更、资产划转、新增大额债务等重大事项，保障债权人、投资人合法利益。

六、规范债务资金用途，确保投入主业实业

各地方国资委要加强地方国有企业债务融资资金用途管控，督促企业将筹集的资金及时高效投放到战略安全、产业引领、国计民生、公共服务等关键领域和重要行业，原则上要确保投资项目的回报率高于资金成本，切实发挥资本市场服务实体经济的功能作用。督促企业严格执行国家金融监管政策，按照融资协议约定的用途安排资金，突出主业、聚焦实业，严禁过度融资形成资金无效淤积，严禁资金空转、脱实向虚，严禁挪用资金、违规套利。探索对企业重大资金支出开展动态监控，有效防范资金使用风险。

七、全面推动国企深化改革，有效增强抗风险能力

各地方国资委要坚决贯彻落实国企改革三年行动要求，立足地方国有企业债务风险管控长效机制建设，督促指导企业通过全面深化改革破解风险难题。通过加强"两金"管控、亏损企业治理、低效无效资产处置、非主业非优势企业（业务）剥离等措施，提高企业资产质量和运行效率。严控低毛利贸易、金融衍生、PPP等高风险业务，严禁融资性贸易和"空转""走单"等虚假贸易业务，管住生产经营重大风险点。加快推进国有经济布局优化和结构调整，加速数字化、网络化、智能化转型升级，加快发展新技术、新模式、新业态，不断增强自主创新能力、市场核心竞争力和抗风险能力。

八、发挥监管合力，完善国有企业债务风险管控工作体系

各地方国资委要把加强地方国有企业债务风险管控作为一项系统性工程，从投资规划、财务监管、考核分配、资本预算、产权管理、内控管理、监督追责和干部任免等国资监管的各个环节综合施策，完善监管体系，发挥监管合力，筑牢风险底线。加强与当地人民银行分支机构和证监局等部门的合作，推动债务风险信息共享，共同预警防范企业重大债务风险。国务院国资委将按照推动构建国资监管大格局的要求，督促指导地方加强地方国有企业债务风险管控，加快建立工作联系机制、日常监测机制、风险评估指导机制和重大风险报告机制。

各省级国资委要按照本通知要求督促指导地市和区县级国资监管机构做好监管企业债务风险管控工作。

7. 国资监管责任约谈工作规则（2021年发布）

（国资发监责规〔2021〕14号印发）

第一条 为健全管资本为主的国有资产监管体制，规范开展中央企业责任约谈工作，指导督促中央企业加强国有资产监管，加大整改追责问责力度，有效防范化解重大风险，促进企业高质量发展，推动做强做优做大国有资本和国有企业，依据《中华人民共和国公司法》《中华人民共和国企业国有资产法》《企业国有资产监督管理暂行条例》《中央企业违规经营投资责任追究实施办法（试行）》等法律法规和有关规定，制定本规则。

第二条 本规则所称责任约谈，是指针对中央企业存在的重大问题、资产损失或风险隐患以及其他造成或可能造成严重不良后果的重大事项等，国资委依法依规对企业有关人员进行告诫谈话，提出监管意见建议、责令整改追责的监管措施。

第三条 国资委在国资监管工作中发现中央企业存在下列情形之一的，可以开展责任约谈：

（一）贯彻落实习近平总书记重要指示批示和党中央、国务院决策部署存在问题的；

（二）违反党章和党内法规以及国资委党委规范性文件的；

（三）违反国家法律法规和国有资产监管规章、规范性文件及政策规定的；

（四）规划投资、财务管控、经济运行、产权管理、改革重组、国企混改、公司治理、业绩考核、薪酬分配、资本运营、科技创新、依法经营、合规管理、内部控制、风险管控、内部审计、监督追责、网络安全、选人用人、巡视巡察和党的建设等方面存在突出问题的；

（五）存在重大风险隐患或发生可能造成严重不良后果的重大事项的；

（六）发生重大资产损失及损失风险，因减少或挽回资产损失等工作需要，暂未启动责任追究程序的；

（七）未按规定执行重大事项请示报告制度，或瞒报漏报谎报迟报重大资产损失及损失风险的；

（八）对出资人监管、审计、纪检监察、巡视监督、督查等工作以及国资监管提示函、通报中提出的整改要求，拒绝整改、拖延整改、整改不力或弄虚作假的；

（九）在国际化经营、国际交流合作、外事管理等工作中有严重不当行为的；

（十）其他需要责任约谈的事项。

第四条 出现第三条所列责任约谈情形的，国资委相关厅局根据职责启动责任约谈工作，拟制《责任约谈通知书》，报经国资委分管负责同志审签同意后，以国资委名义印发被约谈中央企业，根据需要抄送国资委责任追究机构、有关纪检监察机构、组织人事部门、巡视机构等。

《责任约谈通知书》实行统一编号管理，内容主要包括约谈事由、时间、地点、参加人员和需要提交的材料及提交时限等。

第五条 责任约谈由国资委相关厅局负责人主持，必要时可请国资委分管负责同志主持。根据工作需要，可请中央纪委国家监委驻国资委纪检监察组以及国资委有关厅局共同参加责任约谈，在责任约谈前，就有关责任约谈内容和意见要求等进行沟通协商。

第六条 责任约谈形式分为个别约谈和集体约谈。多家中央企业存在同类问题或约谈事项涉及多家中央企业的，可以开展集体约谈。

第七条 责任约谈对象为中央企业有关负责人及相关责任人。根据需要，国资委可指定中央企业及所属子企业相关人员参加约谈。

第八条 责任约谈包括以下内容：

（一）说明约谈事由和目的，指出企业存在的问题，提示相关人员的责任风险，提出监管要求和整改意见。

（二）听取被约谈人员对相关问题的陈述，主要包括有关问题基本情况，造成的资产损失、损失风险或影响，问题原因分析，已采取整改或责任追究措施，下一步工作计划等情况。

（三）对被约谈人员进行必要的询问。

（四）其他需要约谈的内容。

第九条 国资委相关厅局应当做好责任约谈记录，约谈结束后形成约谈纪要，可以根据工作需要印送被约谈中央企业。约谈纪要内容主要包括：约谈时间、地点，约谈主持及参加人员，约谈事由、被约谈人陈述情况、国资监管意见要求等。

第十条 有关中央企业收到《责任约谈通知书》后，应当以书面或电话形式确认通知事项，按要求安排有关人员准时参加约谈并提交相关书面陈述材料。

第十一条 有关中央企业应当按照责任约谈意见要求，研究制定工作方案，明确落实措施、责任主体和时间安排。工作方案于责任约谈后10个工作日内报送国资委。

第十二条 有关中央企业应当认真组织落实责任约谈意见要求和工作方案，主动采取措施，制止纠正违规行为，减少或挽回资产损失，降低损失风险，消除不良影响。

第十三条 有关中央企业对于责任约谈涉及违反党规党纪、违规经营投资造成资产损失或其他严重不良后果的，应当依据有关规定对相关责任人严肃追责问责。

第十四条 有关中央企业应当针对责任约谈中提出的问题风险，在本企业开展同类问题风险排查，举一反三，堵塞管理漏洞，有效防范类似问题发生。

第十五条 有关中央企业应当及时向国资委报告约谈事项整改工作进展情况。约谈意见要求落实完成后，应当将相关工作开展情况、采取措施、落实成效及责任追究情况等形成专项工作报告，正式报送国资委。

第十六条 国资委对有关中央企业整改落实工作进行指导督促和评估，推动中央企业提升管理水平。

第十七条 国资委将责任约谈反映中央企业存在的重大问题风险、整改措施及成效、责任追究情况等，作为被约谈中央企业负责人年度经营业绩考核、企业领导班子和领导人员综合考核评价等重要参考。

第十八条 国资委对被约谈中央企业拒绝整改、拖延整改、整改不力或弄虚作假的，按照有关规定，严肃追究责任。对涉嫌违纪或职务违法的，移送有关纪检监察机构。

责任约谈整改落实情况将作为认定违规经营投资损失及责任，以及作出从重、加重或从轻、减轻责任处理意见建议的重要参考。

第十九条 国资委责任追究机构将定期汇总分析责任约谈反映中央企业存在的重大问题风险以及责任追究情况，对典型性、普遍性问题，组织开展共性问题专项核查，督促指导中央企业健全管控机制和责任追究工作体系。

第二十条 国资委相关厅局应当按照"谁组织、谁负责"的原则，将《责任约谈通知书》、约谈纪要、企业报送的有关材料等立卷归档。涉及违规经营投资问题和线索的有关材料，移送国资委责任追究机构按照有关业务档案进行管理。

第二十一条 责任约谈工作应该严格遵守保密制度规定，《责任约谈通知书》、约谈纪要等有关材料按照有关规定进行定密和管理。

第二十二条 对生产安全事故、环境污染事件的约谈工作，按照有关规定执行。

第二十三条 本规则自印发之日起施行。

责任约谈通知书(样式)

(监管约谈函〔20××〕××号)

×××集团有限公司:

根据《国资监管责任约谈工作规则》有关规定,定于××××年××月××日××时,在国资委×××(地点),由×××(约谈单位)×××(约谈主持人及职务)就×××(约谈事由)事项与你公司进行责任约谈。请你公司主要负责人/分管负责人/相关部门负责人/有关子企业负责人/相关责任人等(被约谈对象)按时参加。

请于××××年××月××日将责任约谈事项有关说明材料报送国资委(纸质件加盖单位公章,同时附电子版)。

联系人:×××局×××联系电话:×××

国资委
年 月 日

责任约谈纪要(样式)

约谈时间:××××年××月××日上(下)午××:××。

约谈地点:国资委×××

约谈主持人:×××(姓名及职务)

约谈单位及人员:×××局×××、×××(姓名及职务)

共同约谈单位及人员:×××局×××、×××(姓名及职务)

被约谈企业及人员:×××集团有限公司×××(姓名及职务)

记录人:×××

约谈事由:×××等问题

约谈要求:

一、被约谈人员陈述情况

二、有关监管意见要求

(一)……。

(二)……。

……

三、其他事项

8. 中央企业合规管理办法（2022年发布）

（2022年8月23日国务院国有资产监督管理委员会令第42号公布）

第一章 总 则

第一条 为深入贯彻习近平法治思想，落实全面依法治国战略部署，深化法治央企建设，推动中央企业加强合规管理，切实防控风险，有力保障深化改革与高质量发展，根据《中华人民共和国公司法》《中华人民共和国企业国有资产法》等有关法律法规，制定本办法。

第二条 本办法适用于国务院国有资产监督管理委员会（以下简称国资委）根据国务院授权履行出资人职责的中央企业。

第三条 本办法所称合规，是指企业经营管理行为和员工履职行为符合国家法律法规、监管规定、行业准则和国际条约、规则，以及公司章程、相关规章制度等要求。

本办法所称合规风险，是指企业及其员工在经营管理过程中因违规行为引发法律责任、造成经济或者声誉损失以及其他负面影响的可能性。

本办法所称合规管理，是指企业以有效防控合规风险为目的，以提升依法合规经营管理水平为导向，以企业经营管理行为和员工履职行为为对象，开展的包括建立合规制度、完善运行机制、培育合规文化、强化监督问责等有组织、有计划的管理活动。

第四条 国资委负责指导、监督中央企业合规管理工作，对合规管理体系建设情况及其有效性进行考核评价，依据相关规定对违规行为开展责任追究。

第五条 中央企业合规管理工作应当遵循以下原则：

（一）坚持党的领导。充分发挥企业党委（党组）领导作用，落实全面依法治国战略部署有关要求，把党的领导贯穿合规管理全过程。

（二）坚持全面覆盖。将合规要求嵌入经营管理各领域各环节，贯穿决策、执行、监督全过程，落实到各部门、各单位和全体员工，实现多方联动、上下贯通。

（三）坚持权责清晰。按照"管业务必须管合规"要求，明确业务及职能部门、合规管理部门和监督部门职责，严格落实员工合规责任，对违规行为严肃问责。

（四）坚持务实高效。建立健全符合企业实际的合规管理体系，突出对重点领域、关键环节和重要人员的管理，充分利用大数据等信息化手段，切实提高管理效能。

第六条 中央企业应当在机构、人员、经费、技术等方面为合规管理工作提供必要条件，保障相关工作有序开展。

第二章 组织和职责

第七条 中央企业党委（党组）发挥把方向、管大局、促落实的领导作用，推动合规要求在本企业得到严格遵循和落实，不断提升依法合规经营管理水平。

中央企业应当严格遵守党内法规制度，企业党建工作机构在党委（党组）领导下，按照有关规定履行相应职责，推动相关党内法规制度有效贯彻落实。

第八条 中央企业董事会发挥定战略、作决策、防风险作用，主要履行以下职责：

（一）审议批准合规管理基本制度、体系建设方案和年度报告等。

（二）研究决定合规管理重大事项。

（三）推动完善合规管理体系并对其有效性进行评价。

（四）决定合规管理部门设置及职责。

第九条 中央企业经理层发挥谋经营、抓落实、强管理作用，主要履行以下职责：

（一）拟订合规管理体系建设方案，经董事会批准后组织实施。

（二）拟订合规管理基本制度，批准年度计划等，组织制定合规管理具体制度。

（三）组织应对重大合规风险事件。

（四）指导监督各部门和所属单位合规管理工作。

第十条 中央企业主要负责人作为推进法治建设第一责任人，应当切实履行依法合规经营管理重要组织者、推动者和实践者的职责，积极推进合规管理各项工作。

第十一条 中央企业设立合规委员会，可以与法治建设领导机构等合署办公，统筹协调合规管理工作，定期召开会议，研究解决重点难点问题。

第十二条 中央企业应当结合实际设立首席合规官，不新增领导岗位和职数，由总法律顾问兼任，对企业主要负责人负责，领导合规管理部门组织开展相关工作，指导所属单位加强合规管理。

第十三条 中央企业业务及职能部门承担合规管理主体责任，主要履行以下职责：

（一）建立健全本部门业务合规管理制度和流程，开展合规风险识别评估，编制风险清单和应对预案。

（二）定期梳理重点岗位合规风险，将合规要求纳入岗位职责。

（三）负责本部门经营管理行为的合规审查。

（四）及时报告合规风险，组织或者配合开展应对处置。

（五）组织或者配合开展违规问题调查和整改。

中央企业应当在业务及职能部门设置合规管理员，由业务骨干担任，接受合规管理部门业务指导和培训。

第十四条 中央企业合规管理部门牵头负责本企业合规管理工作，主要履行以下职责：

（一）组织起草合规管理基本制度、具体制度、年度计划和工作报告等。

（二）负责规章制度、经济合同、重大决策合规审查。

（三）组织开展合规风险识别、预警和应对处置，根据董事会授权开展合规管理体系有效性评价。

（四）受理职责范围内的违规举报，提出分类处置意见，组织或者参与对违规行为的调查。

（五）组织或者协助业务及职能部门开展合规培训，受理合规咨询，推进合规管理信息化建设。

中央企业应当配备与经营规模、业务范围、风险水平相适应的专职合规管理人员，加强业务培训，提升专业化水平。

第十五条 中央企业纪检监察机构和审计、巡视巡察、监督追责等部门依据有关规定，在职权范围内对合规要求落实情况进行监督，对违规行为进行调查，按照规定开展责任追究。

第三章 制 度 建 设

第十六条 中央企业应当建立健全合规管理制度，根据适用范围、效力层级等，构建分级分类的合规管理制度体系。

第十七条 中央企业应当制定合规管理基本制度，明确总体目标、机构职责、运行机制、考核评价、监督问责等内容。

第十八条 中央企业应当针对反垄断、反商业贿赂、生态环保、安全生产、劳动用工、税务管理、数据保护等重点领域，以及合规风险较高的业务，制定合规管理具体制度或者专项指南。

中央企业应当针对涉外业务重要领域，根据所在国家（地区）法律法规等，结合实际制定专项合规管理制度。

第十九条 中央企业应当根据法律法规、监管政策等变化情况，及时对规章制度进行修订完善，对执行落实情况进行检查。

第四章 运行机制

第二十条 中央企业应当建立合规风险识别评估预警机制，全面梳理经营管理活动中的合规风险，建立并定期更新合规风险数据库，对风险发生的可能性、影响程度、潜在后果等进行分析，对典型性、普遍性或者可能产生严重后果的风险及时预警。

第二十一条 中央企业应当将合规审查作为必经程序嵌入经营管理流程，重大决策事项的合规审查意见应当由首席合规官签字，对决策事项的合规性提出明确意见。业务及职能部门、合规管理部门依据职责权限完善审查标准、流程、重点等，定期对审查情况开展后评估。

第二十二条 中央企业发生合规风险，相关业务及职能部门应当及时采取应对措施，并按照规定向合规管理部门报告。

中央企业因违规行为引发重大法律纠纷案件、重大行政处罚、刑事案件，或者被国际组织制裁等重大合规风险事件，造成或者可能造成企业重大资产损失或者严重不良影响的，应当由首席合规官牵头，合规管理部门统筹协调，相关部门协同配合，及时采取措施妥善应对。

中央企业发生重大合规风险事件，应当按照相关规定及时向国资委报告。

第二十三条 中央企业应当建立违规问题整改机制，通过健全规章制度、优化业务流程等，堵塞管理漏洞，提升依法合规经营管理水平。

第二十四条 中央企业应当设立违规举报平台，公布举报电话、邮箱或者信箱，相关部门按照职责权限受理违规举报，并就举报问题进行调查和处理，对造成资产损失或者严重不良后果的，移交责任追究部门；对涉嫌违纪违法的，按照规定移交纪检监察等相关部门或者机构。

中央企业应当对举报人的身份和举报事项严格保密，对举报属实的举报人可以给予适当奖励。任何单位和个人不得以任何形式对举报人进行打击报复。

第二十五条 中央企业应当完善违规行为追责问责机制，明确责任范围，细化问责标准，针对问题和线索及时开展调查，按照有关规定严肃追究违规人员责任。

中央企业应当建立所属单位经营管理和员工履职违规行为记录制度，将违规行为性质、发生次数、危害程度等作为考核评价、职级评定等工作的重要依据。

第二十六条 中央企业应当结合实际建立健全合规管理与法务管理、内部控制、风险管理等协同运作机制，加强统筹协调，避免交叉重复，提高管理效能。

第二十七条 中央企业应当定期开展合规管理体系有效性评价，针对重点业务合规管理情况适时开展专项评价，强化评价结果运用。

第二十八条 中央企业应当将合规管理作为法治建设重要内容，纳入对所属单位的考核评价。

第五章　合　规　文　化

第二十九条　中央企业应当将合规管理纳入党委（党组）法治专题学习，推动企业领导人员强化合规意识，带头依法依规开展经营管理活动。

第三十条　中央企业应当建立常态化合规培训机制，制定年度培训计划，将合规管理作为管理人员、重点岗位人员和新入职人员培训必修内容。

第三十一条　中央企业应当加强合规宣传教育，及时发布合规手册，组织签订合规承诺，强化全员守法诚信、合规经营意识。

第三十二条　中央企业应当引导全体员工自觉践行合规理念，遵守合规要求，接受合规培训，对自身行为合规性负责，培育具有企业特色的合规文化。

第六章　信息化建设

第三十三条　中央企业应当加强合规管理信息化建设，结合实际将合规制度、典型案例、合规培训、违规行为记录等纳入信息系统。

第三十四条　中央企业应当定期梳理业务流程，查找合规风险点，运用信息化手段将合规要求和防控措施嵌入流程，针对关键节点加强合规审查，强化过程管控。

第三十五条　中央企业应当加强合规管理信息系统与财务、投资、采购等其他信息系统的互联互通，实现数据共用共享。

第三十六条　中央企业应当利用大数据等技术，加强对重点领域、关键节点的实时动态监测，实现合规风险即时预警、快速处置。

第七章　监　督　问　责

第三十七条　中央企业违反本办法规定，因合规管理不到位引发违规行为的，国资委可以约谈相关企业并责成整改；造成损失或者不良影响的，国资委根据相关规定开展责任追究。

第三十八条　中央企业应当对在履职过程中因故意或者重大过失应当发现而未发现违规问题，或者发现违规问题存在失职渎职行为，给企业造成损失或者不良影响的单位和人员开展责任追究。

第八章　附　　则

第三十九条　中央企业应当根据本办法，结合实际制定完善合规管理制度，推动所属单位建立健全合规管理体系。

第四十条　地方国有资产监督管理机构参照本办法，指导所出资企业加强合规管理工作。

第四十一条　本办法由国资委负责解释。

第四十二条　本办法自 2022 年 10 月 1 日起施行。

第三编

行政事业单位法规汇编

第十二章 财政总预算会计相关法规

财政总会计制度（2022年发布）

（财库〔2022〕41号印发）

第一章 总 则

第一条 为加强财政预算管理，提升国家财政治理效能，规范各级政府财政总会计（以下简称总会计）核算，保证会计信息质量，充分发挥总会计的职能作用，根据《中华人民共和国会计法》《中华人民共和国预算法》《中华人民共和国预算法实施条例》及政府会计准则等法律、行政法规和规章，制定本制度。

第二条 本制度适用于中央，省、自治区、直辖市及新疆生产建设兵团，设区的市、自治州，县、自治县、不设区的市、市辖区，乡、民族乡、镇等各级政府财政部门总会计。

第三条 总会计是各级政府财政核算、反映、监督一般公共预算资金、政府性基金预算资金、国有资本经营预算资金、社会保险基金预算资金以及财政专户管理资金、专用基金和代管资金等资金有关的经济活动或事项的专业会计。

社会保险基金预算资金会计核算不适用本制度，由财政部另行规定。

第四条 总会计的职责主要包括：

（一）进行会计核算。办理政府财政各项预算收支、资产负债以及财政运行的会计核算工作，反映政府财政预算执行情况、财务状况、运行情况和现金流量等。

（二）严格财政资金收付调度管理。组织办理财政资金的收付、调拨，在确保资金安全性、规范性、流动性前提下，合理调度管理资金，提高资金使用效益。

（三）规范账户管理。加强对国库单一账户、财政专户、零余额账户和预算单位银行账户等的管理。

（四）实行会计监督，参与预算管理和财务管理。通过会计核算和反映，进行预算执行情况、财务状况、运行情况和现金流量情况分析，并对财政、部门及其所属单位的预算执行和财务管理情况实行会计监督。

（五）协调预算收入征收部门、国家金库、国库集中收付代理银行、财政专户开户银行和其他有关部门之间的业务关系。

（六）组织本地区财政总决算、部门决算、政府财务报告编审和汇总工作。

（七）组织和指导下级财政总会计工作。

第五条 各级政府财政部门应当根据工作需要，配备一定数量的专职会计人员，负责总会计工作，并保持相对稳定。

第六条 总会计应当根据政府会计准则（包括基本准则和具体准则）规定的原则和本制度的要求，对其发生的各项经济业务或事项进行会计核算。

第七条 总会计应当具备财务会计与预算会计双重功能，实现财务会计与预算会计适度区分并相互衔接，全面清晰反映政府财政财务信息和预算执行信息。

财务会计实行权责发生制。预算会计实行收付实现制，国家法律法规等另有规定的，依照其规定。

对于纳入预算管理的财政资金收支业务，在采用预算会计核算的同时应当进行财务会计核算；对于不同预算类型资金间的调入调出、待发国债等业务，仅需进行预算会计核算；对于其他业务，仅需进行财务会计核算。

第八条 总会计的核算目标是向会计信息使用者提供政府财政预算执行情况、财务状况、运行情况和现金流量等会计信息，反映政府财政受托责任履行情况。

总会计的会计信息使用者包括人民代表大会、政府及其有关部门、政府财政部门自身和其他会计信息使用者。

第九条 总会计的会计核算应当以本级政府财政业务活动持续正常地进行为前提。

第十条 总会计应当划分会计期间，分期结算账目，按规定编制会计报表和报告。

会计期间至少分为年度和月度。会计年度、月度等会计期间的起讫日期采用公历日期。年度终了后，可根据工作需要设置一定期限的上年报告清理期。

第十一条 总会计应当以人民币作为记账本位币，以元为金额单位，元以下记至角、分。发生外币业务，在登记外币金额的同时，一般应当按照业务发生当日中国人民银行公布的汇率中间价，将有关外币金额折算为人民币金额记账。期末，各种以外币计价或结算的资产负债项目，应当按照期末中国人民银行公布的汇率中间价进行折算，因汇率变动产生的差额记入有关费用和支出科目。

第十二条 总会计应当采用借贷记账法记账。

第十三条 总会计的会计记录应当使用中文，少数民族地区可以同时使用本民族文字。

第二章 会 计 要 素

第十四条 本制度会计要素包括财务会计要素和预算会计要素。财务会计要素包括资产、负债、净资产、收入和费用；预算会计要素包括预算收入、预算支出和预算结余。

第一节 资 产

第十五条 总会计核算的资产，应当按照取得或发生时实际金额进行计量。

第十六条 总会计核算的资产按照流动性，分为流动资产和非流动资产。流动资产是指预计在1年内（含1年）耗用或者可以变现的资产；非流动资产是指流动资产以外的资产。

第十七条 总会计核算的资产具体包括财政存款、国库现金管理资产、有价证券、应收非税收入、应收股利、应收及暂付款项、借出款项、预拨经费、在途款、应收转贷款、股权投资等。

财政存款是指政府财政部门代表政府管理的国库存款和其他财政存款等。财政存款的支配权属于同级政府财政部门，并由总会计负责管理，统一在国库或选定的银行开立存款账户，统一收付，不得透支，不得提取现金。

国库现金管理资产是指政府财政在确保支付需要前提下，将暂时闲置的国库存款存放商业银行或者投资于货币市场形成的资产，包括国库现金管理商业银行定期存款以及国库现金管理其他资产。

有价证券是指政府财政按照有关规定取得并持有的有价证券。

应收非税收入是指政府财政应向缴款人收取但实际尚未缴入国库的非税收入款项。

应收股利是指政府因持有股权投资应当收取的现金股利或应当分得的利润。

应收及暂付款项是指政府财政业务活动中形成的债权，包括与下级往来和其他应收款等。应收及暂付款项应当及时清理结算，不得长期挂账。

借出款项是指政府财政按照对外借款管理有关规定借给预算单位临时急需，并按期收回的款项。借出款项仅限于政府财政对纳入本级预算管理的一级预算单位（不含企业）安排借款，不得经预算单位再转借企业。借款资金仅限于临时性资金周转或应对社会影响较大突发事件的临时急需垫款，借款期限不得超过一年，借款时应明确还款来源。

预拨经费是指政府财政在本级人民代表大会批准年度预算前,可以提前预拨已经列入年度预算的各部门基本支出、项目支出和对下级转移支付支出,以及法律规定必须履行支付义务的支出和用于自然灾害等突发事件处理的支出。除上述支出事项及财政部另有规定外,其他支出均不得提前预拨。预拨经费(不含预拨下年度预算资金)应在年终前转列费用或清理收回。

在途款是指报告清理期和库款报解整理期内发生的需要通过本科目过渡处理的属于上年度收入、费用等业务的款项。

应收转贷款是指政府财政将借入的资金转贷给下级政府财政的款项,包括应收地方政府债券转贷款、应收主权外债转贷款等。

股权投资是指政府持有的各类股权投资,包括国际金融组织股权投资、政府投资基金股权投资和企业股权投资等。

第二节 负 债

第十八条 总会计核算的负债,应当按照承担的有关义务金额或实际发生金额进行计量。

第十九条 总会计核算的负债按照流动性,分为流动负债和非流动负债。流动负债是指预计在1年内(含1年)偿还的负债;非流动负债是指流动负债以外的负债。

第二十条 总会计核算的负债具体包括应付政府债券、应付国库集中支付结余、应付及暂收款项、应付代管资金、应付利息、借入款项、应付转贷款、其他负债等。

应付政府债券是指政府财政以政府名义发行的国债和地方政府债券的应付本金,包括应付短期政府债券和应付长期政府债券。

应付国库集中支付结余是指省级以上(含省级)政府财政国库集中支付中应列为当年费用,但年末未支付需结转下一年度支付的款项。

应付及暂收款项是指政府财政业务活动中形成的支付义务,包括与上级往来和其他应付款等。应付及暂收款项应当及时清理结算。

应付代管资金是指政府财政代为管理的,使用权属于被代管主体的资金。

应付利息是指政府财政以政府名义发行的政府债券及借入款项应支付的利息。

借入款项是指政府财政以政府名义向外国政府和国际金融组织等借入的款项,以及经国务院批准的其他方式借入的款项。

应付转贷款是指政府财政从上级政府财政借入的债务转贷款的本金和利息,包括应付地方政府债券转贷款和应付主权外债转贷款等。

其他负债是指政府财政因有关政策明确要求其承担支出责任的事项而形成的支付义务。

第三节 净 资 产

第二十一条 总会计核算的净资产是指本级政府财政总会计核算的资产扣除负债后的净额。

第二十二条 总会计核算的净资产包括累计盈余、本期盈余、预算稳定调节基金、预算周转金、权益法调整、以前年度盈余调整等。

累计盈余是指政府财政一般公共预算资金、政府性基金预算资金、国有资本经营预算资金、财政专户管理资金、专用基金历年实现的盈余滚存的金额。

本期盈余是指政府财政一般公共预算资金、政府性基金预算资金、国有资本经营预算资金、财政专户管理资金、专用基金本期各项收入、费用分别相抵后的余额。

预算稳定调节基金是指政府财政为保持年度间预算的衔接和稳定而设置的储备性资金。

预算周转金是指政府财政为调剂预算年度内季节性收支差额,保证及时用款而设置的库款周转资金。

权益法调整是指政府财政按照持股比例计算应享有的被投资主体除净损益和利润分配以外的所有者权益变动的份额。

以前年度盈余调整是指政府财政调整以前年度盈余的事项。

第四节 收 入

第二十三条 总会计核算的收入，应当按照开具票据金额或实际取得金额进行计量。

第二十四条 总会计核算的收入包括税收收入、非税收入、投资收益、转移性收入、其他收入、财政专户管理资金收入和专用基金收入等。

税收收入是指政府财政筹集的纳入本级财政管理的税收收入。

非税收入是指政府财政筹集的纳入本级财政管理的非税收入。

投资收益是指政府持有股权投资所实现的收益或发生的损失。

转移性收入是指在各级政府财政之间进行资金调拨所形成的收入，包括补助收入、上解收入和地区间援助收入等。其中，补助收入是指上级政府财政按照财政体制规定或专项需要补助给本级政府财政的款项。上解收入是指按照财政体制规定或专项需要由下级政府财政上交给本级政府财政的款项。地区间援助收入是指受援方政府财政收到援助方政府财政转来的可统筹使用的各类援助、捐赠等资金收入。

其他收入是指政府财政从其他渠道调入资金、豁免主权外债偿还责任，以及无偿取得股权投资等产生的收入。

财政专户管理资金收入是指政府财政纳入财政专户管理的教育收费等资金收入。

专用基金收入是指政府财政根据法律法规等规定设立的各项专用基金（包括粮食风险基金等）取得的资金收入。

第五节 费 用

第二十五条 总会计核算的费用，应当按照承担支付义务金额或实际发生金额进行计量。

第二十六条 总会计核算的费用包括政府机关商品和服务拨款费用、政府机关工资福利拨款费用、对事业单位补助拨款费用、对企业补助拨款费用、对个人和家庭补助拨款费用、对社会保障基金补助拨款费用、资本性拨款费用、其他拨款费用、财务费用、转移性费用、其他费用、财政专户管理资金支出、专用基金支出等。

政府机关商品和服务拨款费用是指本级政府财政拨付给机关和参照公务员法管理的事业单位（以下简称参公事业单位）购买商品和服务的各类费用，不包括用于购置固定资产、战略性和应急性物资储备等资本性拨款费用。

政府机关工资福利拨款费用是指本级政府财政拨付给机关和参公事业单位在职职工和编制外长期聘用人员的各类劳动报酬及为上述人员缴纳的各项社会保险费等费用。

对事业单位补助拨款费用是指本级政府财政拨付的对事业单位（不含参公事业单位）的经常性补助费用，不包括对事业单位的资本性拨款费用。

对企业补助拨款费用是指本级政府财政拨付的对各类企业的补助费用，不包括对企业的资本金注入和资本性拨款费用。

对个人和家庭补助拨款费用是指本级政府财政拨付的对个人和家庭的补助费用。

对社会保障基金补助拨款费用是指本级政府财政拨付的对社会保险基金的补助，以及补充全国社会保障基金的费用。

资本性拨款费用是指本级政府财政拨付给行政事业单位和企业的资本性费用，不包括对企业的资本金注入。

其他拨款费用是指本级政府财政拨付的经常性赠与、国家赔偿费用、对民间非营利组织和群众性自治组织补贴等费用。

财务费用是指本级政府财政用于偿还政府债务的利息费用，政府债务发行、兑付、登记费用，以外币计算的政府资产及债务由于汇率变化产生的汇兑损益等。

转移性费用是指在各级政府财政之间进行资金调拨形成的费用，包括补助费用、上解费用、地区间援助费用等。其中，补助费用是指本级政府财政按照财政体制规定或专项需要补助给下级政府财政的费用。上解费用是指本级政府财政按照财政体制规定或专项需要上交给上级政府财政的费用。地区间援助费用是指援助方政府财政安排用于受援方政府财政统筹使用的各类援助、补偿、捐赠等费用。

其他费用是指政府财政无偿划出股权投资以及确认其他负债等产生的费用。

财政专户管理资金支出是指政府财政用纳入财政专户管理的教育收费等资金安排的支出。

专用基金支出是指政府财政用专用基金收入安排的支出。

第二十七条 对于收回本年度已列费用的款项，应冲减当期费用；对于收回以前年度已列费用的款项，通常记入以前年度盈余调整。

第六节 预 算 收 入

第二十八条 预算收入一般在实际取得时予以确认，以实际取得的金额计量。

第二十九条 总会计核算的预算收入包括一般公共预算收入、政府性基金预算收入、国有资本经营预算收入、财政专户管理资金收入、专用基金收入、转移性预算收入、动用预算稳定调节基金、债务预算收入、债务转贷预算收入和待处理收入等。

一般公共预算收入是指政府财政筹集纳入本级一般公共预算管理的税收收入和非税收入。

政府性基金预算收入是指政府财政筹集纳入本级政府性基金预算管理的非税收入。

国有资本经营预算收入是指政府财政筹集纳入本级国有资本经营预算管理的非税收入。

财政专户管理资金收入是指政府财政纳入财政专户管理的教育收费等资金收入。

专用基金收入是指政府财政根据法律法规等规定设立各项专用基金（包括粮食风险基金等）取得的资金收入。

转移性预算收入是指在各级政府财政之间进行资金调拨以及在本级政府财政不同类型资金之间调剂所形成的收入，包括补助预算收入、上解预算收入、地区间援助预算收入和调入预算资金等。

补助预算收入是指上级政府财政按照财政体制规定或专项需要补助给本级政府财政的款项，包括返还性收入、一般性转移支付收入和专项转移支付收入等。上解预算收入是指按照财政体制规定或专项需要由下级政府财政上交给本级政府财政的款项。地区间援助预算收入是指受援方政府财政收到援助方政府财政转来的可统筹使用的各类援助、捐赠等资金收入。调入预算资金是指政府财政为平衡某类预算收支，从其他类型预算资金及其他渠道调入的资金。

动用预算稳定调节基金是指政府财政为弥补一般公共预算收支缺口动用的预算稳定调节基金。

债务预算收入是指政府财政根据法律法规等规定，通过发行债券、向外国政府和国际金融组织借款等方式筹集的纳入预算管理的资金收入。

债务转贷预算收入是指本级政府财政收到上级政府财政转贷的债务收入。

待处理收入是指本级政府财政收回的部门预算结转结余资金和转移支付结转资金。

第三十条 一般公共预算收入、政府性基金预算收入、国有资本经营预算收入、财政专户管理资金收入和专用基金收入应当按照实际收到的金额入账。中央政府财政年末可按有关规定对部分收入事项采用权责发生制核算。转移性预算收入应当按照财政体制的规定和预算管理需要，按实际发生的金额入账。债务预算收入应当按照实际发行额或借入的金额入账，债务转贷预算收入应当按照实际收到的转贷金额入账。待处理收入应当按照实际收到的金额入账。

已建乡（镇）国库的地区，乡（镇）财政的本级收入以乡（镇）国库收到数为准。县（含县本级）以上各级财政的各项预算收入（含固定收入与共享收入）以缴入基层国库数额为准。

未建乡（镇）国库的地区，乡（镇）财政的本级收入以乡（镇）总会计收到县级财政返回数额为准。

第三十一条 总会计应当加强各项预算收入的管理，严格会计核算手续。对于各项预算收入的账务处理必须以审核无误的国库入账凭证、预算收入日报表、专户资金入账凭证和其他合法凭证为依据。发现错误，应当按照有关规定及时通知有关单位共同更正。

对于已缴入国库和财政专户的预算收入退库（付），要严格把关，强化监督。凡不属于国家规定的退库（付）项目，一律不得办理退库（付）及冲退预算收入。属于国家规定的退库（付）事项，具体退库（付）程序按财政部的有关规定办理。

第七节 预算支出

第三十二条 预算支出一般在实际发生时予以确认，以实际发生的金额计量。

第三十三条 总会计核算的预算支出包括一般公共预算支出、政府性基金预算支出、国有资本经营预算支出、财政专户管理资金支出、专用基金支出、转移性预算支出、安排预算稳定调节基金、债务还本预算支出、债务转贷预算支出和待处理支出等。

一般公共预算支出是指政府财政管理的由本级政府安排使用的列入一般公共预算的支出。

政府性基金预算支出是指政府财政管理的由本级政府安排使用的列入政府性基金预算的支出。

国有资本经营预算支出是指政府财政管理的由本级政府安排使用的列入国有资本经营预算的支出。

财政专户管理资金支出是指政府财政用纳入财政专户管理的教育收费等资金安排的支出。

专用基金支出是指政府财政用专用基金收入安排的支出。

转移性预算支出是指各级政府财政之间进行资金调拨以及在本级政府财政不同类型资金之间调剂所形成的支出，包括补助预算支出、上解预算支出、地区间援助预算支出和调出预算资金等。补助预算支出是指本级政府财政按财政体制规定或专项需要补助给下级政府财政的款项，包括对下级的税收返还、一般性转移支付和专项转移支付等。上解预算支出是指按照财政体制规定或专项需要由本级政府财政上交给上级政府财政的款项。地区间援助预算支出是指援助方政府财政安排用于受援方政府财政统筹使用的各类援助、捐赠等资金支出。调出预算资金是指政府财政为平衡预算收支，在不同类型预算资金之间的调出支出。

安排预算稳定调节基金是指政府财政安排用于弥补以后年度预算资金不足的储备性资金。

债务还本预算支出是指政府财政偿还本级政府承担的债务本金支出。

债务转贷预算支出是指本级政府财政向下级政府财政转贷的债务支出。

待处理支出是指政府财政按照预拨经费管理有关规定预拨给预算单位尚未列为预算支出的款项。待处理支出（不含预拨下年度预算资金）应在年终前转列支出或清理收回。

第三十四条 一般公共预算支出、政府性基金预算支出、国有资本经营预算支出一般应当按照实际支付的金额入账。省级以上（含省级）政府财政年末可按规定采用权责发生制将国库集中支付结余列支入账。中央政府财政年末可按有关规定对部分支出事项采用权责发生制核算。从本级预算支出中安排提取的专用基金，按照实际提取金额列支入账。财政专户管理资金支出、专用基金支出应当按照实际支付的金额入账。转移性预算支出应当根据财政体制的规定和预算管理需要，按实际发生的金额入账。债务转贷预算支出应当按照实际转贷的金额入账。债务还本预算支出应当按照实际偿还的金额入账。待处理支出应当按照实际支付的金额入账。

对于收回当年已列支出的款项，应冲销当年预算支出。对于收回以前年度已列支出的款项，通常冲销当年预算支出。

第三十五条 总会计应当加强预算支出管理，科学预测和调度资金，严格按照批准的年度预算办理支出，严格审核拨付申请，严格按照预算管理规定和实际拨付金额列报支出，不得办理无预算、超预算的支出，不得任意调整预算支出科目。

对于各项支出的账务处理必须以审核无误的国库划款清算凭证、资金支付凭证和其他合法凭证为依据。

第八节 预算结余

第三十六条 预算结余是指预算年度内政府预算收入扣除预算支出后的余额，以及历年滚存的库款和专户资金余额。

第三十七条 总会计核算的预算结余包括一般公共预算结转结余、政府性基金预算结转结余、国有资本经营预算结转结余、财政专户管理资金结余、专用基金结余、预算稳定调节基金、预算周转金和资金结存等。

一般公共预算结转结余是指本级政府财政一般公共预算收支的执行结果。

政府性基金预算结转结余是指本级政府财政政府性基金预算收支的执行结果。

国有资本经营预算结转结余是指本级政府财政国有资本经营预算收支的执行结果。

财政专户管理资金结余是指本级政府财政纳入财政专户管理的教育收费等资金收支的执行结果。

专用基金结余是指本级政府财政专用基金收支的执行结果。

预算稳定调节基金是指本级政府财政为保持年度间预算的衔接和稳定，在一般公共预算中设置的储备性资金。

预算周转金是指本级政府财政为调剂预算年度内季节性收支差额，保证及时用款而设置的周转资金。

资金结存是指政府财政纳入预算管理资金的流入、流出、调整和滚存的结果。

第三十八条 各项结转结余应每年结算一次。

第三章 会计科目

第三十九条 总会计应当按照下列规定运用会计科目：

（一）总会计应当对有关法律、法规允许进行的经济活动，按照本制度的规定使用会计科目进行核算；不得以本制度规定的会计科目及使用说明作为进行有关经济活动的依据。

（二）总会计应当按照本制度的规定设置和使用会计科目，不需使用的总账科目可以不使用；在不影响会计处理和编报会计报表的前提下，各级总会计可以根据实际情况在本套科目体系下自行增设下级明细科目。

（三）总会计应当执行本制度统一规定的会计科目编号，不得随意打乱重编，以便于填制会计凭证、登记账簿、查阅账目，实行会计信息化管理。

（四）总会计在填制会计凭证、登记会计账簿时，应同时填列会计科目的名称及编号。

（五）总会计设置明细科目或进行明细核算，除遵循本制度规定外，还应当满足政府财政预算管理和财务管理的需要。

第四十条 总会计适用的会计科目如下：

序号	科目编号	会计科目名称
一、财务会计科目		
（一）资产类		
1	1001	国库存款
2	1002	其他财政存款
3	1003	国库现金管理资产
	100301	商业银行定期存款
	100399	其他国库现金管理资产
4	1011	有价证券
5	1021	应收非税收入
6	1022	应收股利
7	1031	借出款项
8	1032	与下级往来
9	1033	预拨经费
10	1034	在途款
11	1035	其他应收款
12	1041	应收地方政府债券转贷款
	104101	应收本金
	104102	应收利息
13	1042	应收主权外债转贷款
	104201	应收本金
	104202	应收利息
14	1061	股权投资
	106101	国际金融组织股权投资
	106102	政府投资基金股权投资
	106103	企业股权投资
（二）负债类		
15	2001	应付短期政府债券
	200101	应付国债
	200102	应付地方政府一般债券
	200103	应付地方政府专项债券
16	2011	应付国库集中支付结余

（续表）

序号	科目编号	会计科目名称
17	2012	与上级往来
18	2013	其他应付款
19	2014	应付代管资金
20	2015	应付利息
	201501	应付国债利息
	201502	应付地方政府债券利息
	201503	应付地方政府主权外债利息
21	2021	应付长期政府债券
	202101	应付国债
	202102	应付地方政府一般债券
	202103	应付地方政府专项债券
22	2022	借入款项
23	2031	应付地方政府债券转贷款
	203101	应付本金
	203102	应付利息
24	2032	应付主权外债转贷款
	203201	应付本金
	203202	应付利息
25	2041	其他负债
（三）净资产类		
26	3001	累计盈余
	300101	预算管理资金累计盈余
	300102	财政专户管理资金累计盈余
	300103	专用基金累计盈余
27	3011	本期盈余
	301101	预算管理资金本期盈余
	301102	财政专户管理资金本期盈余
	301103	专用基金本期盈余
28	3021	预算稳定调节基金
29	3022	预算周转金
30	3041	权益法调整
31	3051	以前年度盈余调整
	305101	预算管理资金以前年度盈余调整

（续表）

序号	科目编号	会计科目名称
	305102	财政专户管理资金以前年度盈余调整
	305103	专用基金以前年度盈余调整
（四）收入类		
32	4001	税收收入
33	4002	非税收入
34	4011	投资收益
35	4021	补助收入
36	4022	上解收入
37	4023	地区间援助收入
38	4031	其他收入
39	4041	财政专户管理资金收入
40	4042	专用基金收入
（五）费用类		
41	5001	政府机关商品和服务拨款费用
42	5002	政府机关工资福利拨款费用
43	5003	对事业单位补助拨款费用
44	5004	对企业补助拨款费用
45	5005	对个人和家庭补助拨款费用
46	5006	对社会保障基金补助拨款费用
47	5007	资本性拨款费用
48	5008	其他拨款费用
49	5011	财务费用
	501101	利息费用
	501102	债务发行兑付费用
	501103	汇兑损益
50	5021	补助费用
51	5022	上解费用
52	5023	地区间援助费用
53	5031	其他费用
54	5041	财政专户管理资金支出
55	5042	专用基金支出

（续表）

序号	科目编号	会计科目名称
二、预算会计科目		
（一）预算收入类		
56	6001	一般公共预算收入
57	6002	政府性基金预算收入
58	6003	国有资本经营预算收入
59	6005	财政专户管理资金收入
60	6007	专用基金收入
61	6011	补助预算收入
	601101	一般公共预算补助收入
	601102	政府性基金预算补助收入
	601103	国有资本经营预算补助收入
	601111	上级调拨
62	6012	上解预算收入
	601201	一般公共预算上解收入
	601202	政府性基金预算上解收入
	601203	国有资本经营预算上解收入
63	6013	地区间援助预算收入
64	6021	调入预算资金
	602101	一般公共预算调入资金
	602102	政府性基金预算调入资金
65	6031	动用预算稳定调节基金
66	6041	债务预算收入
	604101	国债收入
	604102	一般债务收入
	604103	专项债务收入
67	6042	债务转贷预算收入
	604201	一般债务转贷收入
	604202	专项债务转贷收入
68	6051	待处理收入
	605101	库款资金待处理收入
	605102	专户资金待处理收入
（二）预算支出类		
69	7001	一般公共预算支出

(续表)

序号	科目编号	会计科目名称
70	7002	政府性基金预算支出
71	7003	国有资本经营预算支出
72	7005	财政专户管理资金支出
73	7007	专用基金支出
74	7011	补助预算支出
	701101	一般公共预算补助支出
	701102	政府性基金预算补助支出
	701103	国有资本经营预算补助支出
	701111	调拨下级
75	7012	上解预算支出
	701201	一般公共预算上解支出
	701202	政府性基金预算上解支出
	701203	国有资本经营预算上解支出
76	7013	地区间援助预算支出
77	7021	调出预算资金
	702101	一般公共预算调出资金
	702102	政府性基金预算调出资金
	702103	国有资本经营预算调出资金
78	7031	安排预算稳定调节基金
79	7041	债务还本预算支出
	704101	国债还本支出
	704102	一般债务还本支出
	704103	专项债务还本支出
80	7042	债务转贷预算支出
	704201	一般债务转贷支出
	704202	专项债务转贷支出
81	7051	待处理支出
（三）预算结余类		
82	8001	一般公共预算结转结余
83	8002	政府性基金预算结转结余
84	8003	国有资本经营预算结转结余
85	8005	财政专户管理资金结余
86	8007	专用基金结余

（续表）

序号	科目编号	会计科目名称
87	8031	预算稳定调节基金
88	8033	预算周转金
89	8041	资金结存
	804101	库款资金结存
	804102	专户资金结存
	804103	在途资金结存
	804104	集中支付结余结存
	804105	上下级调拨结存
	804106	待发国债结存
	804107	零余额账户结存
	804108	已结报支出
	804109	待处理结存

第四十一条 财务会计科目使用说明如下：

一、资产类

1001 国库存款

一、本科目核算政府财政存放在国库单一账户的款项。

二、国库存款的主要账务处理如下：

（一）国库存款增加时，按照实际收到的金额，借记本科目，贷记有关科目。

（二）国库存款减少时，按照实际支付的金额，借记有关科目，贷记本科目。

三、本科目期末借方余额反映政府财政国库存款的结存数。

1002 其他财政存款

一、本科目核算政府财政未列入"国库存款"科目反映的各项财政存款。

二、本科目应按照存款资金的性质和存款银行等进行明细核算。

三、其他财政存款的主要账务处理如下：

（一）财政专户收到款项时，按照实际收到的金额，借记本科目，贷记有关科目。

（二）其他财政存款产生的利息收入，除规定作为专户资金收入外，其他利息收入都应缴入国库。

取得其他财政存款利息收入时，按照实际获得的利息金额，根据以下情况分别处理：

1.按规定作为专户资金收入的，借记本科目，贷记"应付代管资金"或有关收入科目。

2.按规定应缴入国库的，借记本科目，贷记"其他应付款"科目。将其他财政存款利息收入缴入国库时，借记"其他应付款"科目，贷记本科目；同时，借记"国库存款"科目，贷记"非税收入"科目。

（三）其他财政存款减少时，按照实际支付的金额，借记有关科目，贷记本科目。

四、本科目期末借方余额反映政府财政持有的其他财政存款。

1003 国库现金管理资产

一、本科目核算政府财政将暂时闲置的国库存款存放商业银行或者投资于货币市场形成的资产。

二、本科目应按照业务种类设置"商业银行定期存款""其他国库现金管理资产"明细科目，并可根据管理需要进行明细核算。

三、国库现金管理资产的主要账务处理如下：

（一）商业银行定期存款

1.根据国库现金管理有关规定开展商业银行定期存款时，将国库存款转存商业银行，按照存入商业银行的金额，借记本科目，贷记"国库存款"科目。

2.商业银行定期存款收回国库时，按照实际收回的金额，借记"国库存款"科目，按照原存入商业银行的存款本金金额，贷记本科目，按照其差额，贷记"非税收入"科目。

（二）其他国库现金管理业务可根据管理条件和管理需要，参照商业银行定期存款的账务处理。

四、本科目期末借方余额反映政府财政开展国库现金管理业务形成的资产。

1011 有价证券

一、本科目核算政府财政按照有关规定取得并持有的有价证券。

二、本科目应按照有价证券种类进行明细核算。三、有价证券的主要账务处理如下：

（一）购入有价证券时，按照实际支付的金额，借记本科目，贷记"国库存款""其他财政存款"等科目。

（二）转让或到期兑付有价证券时，按照实际收到的金额，借记"国库存款""其他财政存款"等科目，按照该有价证券的账面余额，贷记本科目，按照其差额，贷记或借记有关收入或费用科目。

四、本科目期末借方余额反映政府财政持有的有价证券金额。

1021 应收非税收入

一、本科目核算政府财政应向缴款人收取但实际尚未缴入国库的非税收入款项。对于非税收入管理部门不能提供已开具非税收入缴款票据、尚未缴入本级国库的非税收入数据的地区，可暂不使用本科目核算。

二、本科目应参照《政府收支分类科目》中"非税收入"科目进行明细核算，同时可根据管理需要，参照实际情况，按执收部门（单位）进行明细核算。

三、应收非税收入的主要账务处理如下：

（一）确认取得非税收入时，按照非税收入管理部门提供的已开具缴款票据、尚未缴入本级国库的非税收入金额，借记本科目，贷记"非税收入"科目。

（二）实际收到非税收入款项时，按照实际收到的非税收入金额，借记"国库存款"科目，已列应收非税收入部分金额，贷记本科目；未列入应收非税收入部分金额，贷记"非税收入"科目。

（三）期末，非税收入管理部门应对未入库的应收非税收入进行全面核查，总会计根据核查结果对应收非税收入余额进行确认，确保应收非税收入核算准确。

四、本科目期末借方余额反映政府财政尚未入库的应收非税收入。

1022 应收股利

一、本科目核算政府因持有股权投资应当收取的现金股利或应当分得的利润。

二、本科目应根据管理需要，按照被投资主体进行明细核算。

三、应收股利的主要账务处理如下：

（一）采用权益法核算

1.持有股权投资期间，被投资主体宣告发放现金股利或利润的，根据股权管理部门提供的资料，按照应上缴政府财政的部分，借记本科目，贷记"股权投资（损益调整）"科目；

2.收到现金股利或利润时，按照实际收到的金额，借记"国库存款"科目，贷记本科目；按照实际收到金额中未宣告发放的现金股利或利润，借记本科目，贷记"股权投资（损益调整）"科目。

（二）采用成本法核算

1.持有股权投资期间，被投资主体宣告发放现金股利或利润时，根据股权管理部门提供的资料，按照应上缴政府财政的部分，借记本科目，贷记"投资收益"科目。

2.收到现金股利或利润时，按照实际收到的金额，借记"国库存款"科目，贷记本科目；按照实际收到金额中未宣告发放的现金股利或利润，借记本科目，贷记"投资收益"科目。

四、本科目期末借方余额反映政府财政应当收取但尚未收到的现金股利或利润。

1031 借出款项

一、本科目核算政府财政按照对外借款管理有关规定借给预算单位临时急需，并按期收回的款项。

二、本科目应按照借款单位进行明细核算。

三、借出款项的主要账务处理如下：

（一）将款项借出时，按照实际支付的金额，借记本科目，贷记"国库存款"等科目。

（二）收回借款时，按照实际收到的金额，借记"国库存款"等科目，贷记本科目。

四、本科目期末借方余额反映政府财政借给预算单位尚未收回的款项。

1032 与下级往来

一、本科目核算本级政府财政与下级政府财政的往来待结算款项。

二、本科目应按照下级政府财政进行明细核算。

三、与下级往来的主要账务处理如下：

（一）拨付下级政府财政款项时，借记本科目，贷记"国库存款"科目。

（二）有主权外债业务的财政部门，贷款资金由下级政府财政同级部门（单位）使用，且贷款的最终还款责任由本级政府财政承担的，本级政府财政部门支付贷款资金时，借记本科目或"补助费用"科目，贷记"国库存款""其他财政存款"等科目；外方将贷款资金直接支付给供应商或用款单位时，借记本科目或"补助费用"科目，贷记"借入款项"或"应付主权外债转贷款"科目。

（三）两级财政年终结算时，确认应当由下级政府财政上交的收入数，借记本科目，贷记"上解收入"科目。

（四）两级财政年终结算时，确认应补助下级政府财政的费用数，借记"补助费用"科目，贷记本科目。

（五）收到下级政府财政缴入国库的往来待结算款项时，借记"国库存款"科目，贷记本科目。

（六）扣缴下级政府财政资金时，借记本科目，贷记"其他应付款"等科目。

四、本科目期末借方余额反映下级政府财政欠本级政府财政的款项；期末贷方余额反映本级政府财政欠下级政府财政的款项。

1033 预拨经费

一、本科目核算政府财政按照预拨经费管理有关规定预拨给预算单位尚未列为费用的款项。

二、本科目应当按照预算单位进行明细核算。

三、预拨经费的主要账务处理如下：

（一）拨出款项时，借记本科目，贷记"国库存款"等科目。

（二）转列费用时，借记有关费用科目，贷记本科目。

（三）收回预拨款项时，借记"国库存款"等科目，贷记本科目。

四、本科目期末借方余额反映政府财政年末尚未转列费用或尚待收回的预拨经费款项。

1034 在途款

一、本科目核算报告清理期和库款报解整理期内发生的需要通过本科目过渡处理的属于上年度收入、费用等业务的款项。

二、在途款的主要账务处理如下：

（一）报告清理期和库款报解整理期内收到属于上年度收入等款项时，在上年度账务中，借记本科目，贷记有关收入科目或"应收非税收入"科目；收回属于上年度费用等款项时，在上年度账务中，借记本科目，贷记"预拨经费"或有关费用科目。

（二）冲转在途款时，在本年度账务中，借记"国库存款"科目，贷记本科目。

三、本科目期末借方余额反映政府财政持有的在途款。

1035 其他应收款

一、本科目核算政府财政临时发生的其他应收、暂付、垫付款项。项目单位拖欠外国政府和国际金融组织贷款本息和有关费用导致有关政府财政履行担保责任，代偿的贷款本息费，也通过本科目核算。

二、本科目应按照资金类别、债务单位等进行明细核算。

三、其他应收款的主要账务处理如下：

（一）发生其他应收款项时，借记本科目，贷记"国库存款""其他财政存款"等科目。

（二）收回其他应收款项时，借记"国库存款""其他财政存款"科目，贷记本科目。

（三）其他应收款项转列费用时，借记有关费用科目，贷记本科目。

（四）政府财政对使用外国政府和国际金融组织贷款资金的项目单位履行担保责任，代偿贷款本息费时，借记本科目，贷记"国库存款""其他财政存款"等科目。政府财政行使追索权，收回项目单位贷款本息费时，借记"国库存款""其他财政存款"等科目，贷记本科目。政府财政最终未收回项目单位贷款本息费，经核准转列费用时，借记有关费用科目，贷记本科目。

四、本科目应及时清理结算，期末原则上应无余额。

1041 应收地方政府债券转贷款

一、本科目核算本级政府财政转贷给下级政府财政的地方政府债券资金的本金及利息。

二、本科目应设置"应收本金"和"应收利息"明细科目，并按照转贷对象进行明细核算，其下应根据管理规定设置"一般债券""专项债券"等明细科目。其中，"应收利息"科目通常应根据债务管理部门计算并提供的政府债券转贷款的应收利息情况，按期进行核算。

三、应收地方政府债券转贷款的主要账务处理如下：

（一）向下级政府财政转贷地方政府债券资金时，按照转贷的本金，借记本科目，按照实际拨付的金额或债务管理部门确认的转贷金额，贷记"国库存款"或"与下级往来"等科目，按照其差额，借记或贷记有关费用科目。

（二）按期确认地方政府债券转贷款的应收利息时，根据债务管理部门计算确认的转贷款本期应收未收利息金额，借记本科目，贷记"财务费用——利息费用"等有关科目。

（三）收到下级政府财政偿还的地方政府债券转贷款本息时，按照收到的金额，借记"国库存款""其他财政存款"等科目，贷记本科目。

（四）扣缴下级政府财政应偿还的地方政府债券转贷款本息时，按照扣缴的金额，借记"与下级往来"等科目，贷记本科目。

（五）豁免下级政府财政应偿还的地方政府债券转贷款本息时，根据债务管理部门转来的有关资料及有关预算文件，按照豁免金额，借记"补助费用""与下级往来"等科目，贷记本科目。

四、本科目期末借方余额反映政府财政应收未收的地方政府债券转贷款本金及利息。

1042 应收主权外债转贷款

一、本科目核算本级政府财政转贷给下级政府财政的外国政府、国际金融组织贷款等主权外债资金的本金及利息。

二、本科目应设置"应收本金"和"应收利息"明细科目，并按照转贷对象进行明细核算。其中，"应收利息"科目通常应根据债务管理部门计算并提供的主权外债转贷款的应收利息情况，按期进行核算。

三、应收主权外债转贷款的主要账务处理如下：

（一）向下级政府财政转贷主权外债资金，且主权外债最终还款责任由下级政府财政承担的，应当分别按照以下情况处理：

1. 本级政府财政支付转贷资金时，借记本科目，贷记"国库存款""其他财政存款"科目。

2. 外方或上级政府财政将贷款资金直接拨付给用款单位或供应商时，根据债务管理部门转来的有关资料，按照实际拨付的金额，借记本科目，贷记"借入款项"或"应付主权外债转贷款"科目。

（二）按期确认主权外债转贷款的应收利息时，根据债务管理部门计算确认的转贷款本期应收未收利息金额，借记本科目，贷记"财务费用——利息费用"等科目。

（三）收回下级政府财政偿还的主权外债转贷款本息时，按照收回的金额，借记"国库存款""其他财政存款"等科目，贷记本科目。

（四）扣缴下级政府财政应偿还的主权外债转贷款本息时，按照扣缴的金额，借记"与下级往来"等科目，贷记本科目。

（五）债权人豁免下级政府财政应偿还的主权外债转贷款本息时，根据债务管理部门转来的有关资料及有关预算文件，按照豁免转贷款的金额，借记"应付主权外债转贷款""借入款项""应付利息"等科目，贷记本科目。

（六）本级政府财政豁免下级政府财政应偿还的主权外债转贷款本息时，根据债务管理部门转来的有关资料及有关预算文件，按照豁免金额，借记"补助费用""与下级往来"等科目，贷记本科目。

（七）年末，根据债务管理部门提供的应收主权外债转贷款因汇率变动产生的期末人民币余额与账面余额之间的差额资料，借记或贷记"财务费用——汇兑损益"科目，贷记或借记本科目。

四、本级政府财政首次确认以前年度转贷给下级政府财政的主权外债时，根据债务管理部门提供的有关资料，按照转贷主权外债本息余额，借记本科目，贷记"以前年度盈余调整"科目。

五、本科目期末借方余额反映政府财政应收未收的主权外债转贷款本金及利息。

1061 股权投资

一、本科目核算政府持有的各类股权投资。包括国际金融组织股权投资、政府投资基金股权投资和企业股权投资等。

二、股权投资在持有期间，通常采用权益法进行核算。政府无权决定被投资主体的财务和经营政策或无权参与被投资主体的财务和经营政策决策的，应当采用成本法进行核算。

三、本科目应当按照"国际金融组织股权投资""政府投资基金股权投资""企业股权投资"设置一级明细科目，在一级明细科目下，分别设置"投资成本""损益调整""其他权益变动"明细科目，同时应根据管理需要，按照被投资主体进行明细核算。

四、股权投资的主要账务处理如下：

（一）采用权益法核算

1.政府财政以现金取得股权投资时，按照实际支付的金额，借记本科目（投资成本），贷记"国库存款"科目。

实际支付的金额中包含的已宣告但尚未发放的现金股利，应当单独确认为应收股利。

2.政府财政以现金以外其他资产置换取得股权投资时，按照股权管理部门确认的金额，借记本科目（投资成本），贷记相关资产类科目。

3.通过清查发现以前年度取得、尚未纳入财政总会计核算的股权投资时，根据股权管理部门提供的资料，按照股权投资的投资成本，借记本科目（投资成本），按照以前年度实现的损益中应享有的份额，借记本科目（损益调整），按照二者合计金额贷记"以前年度盈余调整"科目；按照确定的其他权益变动金额，借记本科目（其他权益变动），贷记"权益法调整"科目。已宣告但尚未发放的现金股利，应当单独确认为应收股利。

4.无偿划入股权投资时，根据股权管理部门提供的资料，按照股权投资的投资成本，借记本科目（投资成本），按照以前年度实现的损益中应享有的份额，借记本科目（损益调整），按照二者合计金额贷记"其他收入"科目；按照确定的其他权益变动金额，借记本科目（其他权益变动），贷记"权益法调整"科目。

5.被投资主体实现净利润的，根据股权管理部门提供的资料，按照应享有的份额，借记本科目（损益调整），贷记"投资收益"科目。

被投资主体发生净亏损的，根据股权管理部门提供的资料，按照应分担的份额，借记"投资收益"科目，贷记本科目（损益调整），但以"股权投资"的账面余额减记至零为限。发生亏损的被投资主体以后年度又实现净利润的，按照收益分享额弥补未确认的亏损分担额等后的金额，借记本科目（损益调整），贷记"投资收益"科目。

6.被投资主体宣告发放现金股利或利润的，根据股权管理部门提供的资料，按照应上缴政府财政的部分，借记"应收股利"科目，贷记本科目（损益调整）。

7.收到现金股利或利润时，按照实际收到的金额，借记"国库存款"科目，贷记"应收股利"科目；按照实际收到金额中未宣告发放的现金股利或利润，借记"应收股利"科目，贷记本科目（损益调整）。

8.被投资主体发生除净损益和利润分配以外的所有者权益变动的，根据股权管理部门提供的资料，按照应享有或应分担的份额，借记或贷记本科目（其他权益变动），贷记或借记"权益法调整"科目。

9.股权投资持有期间，被投资主体以收益转增投资的，根据股权管理部门提供的资料，按照收益转增投资的金额，借记本科目（投资成本），贷记本科目（损益调整）。

10.处置股权投资时，根据股权管理部门提供的资料，按照被处置股权投资对应的"权益法调整"科目账面余额，借记或贷记"权益法调整"科目，贷记或借记本科目（其他权益变动）；按照处置收回的金额，借记"国库存款"科目，按照已宣告尚未领取的现金股利或利润，贷记"应收股利"科目，按照被处置股权投资的账面余额，贷记本科目（投资成本、损益调整），按照其差额，贷记或借记"投资收益"科目。

11. 无偿划出股权投资时，根据股权管理部门提供的资料，按照被划出股权投资对应的"权益法调整"科目账面余额，借记或贷记"权益法调整"科目，贷记或借记本科目（其他权益变动）；按照被划出股权投资的账面余额，借记"其他费用"科目，贷记本科目（投资成本、损益调整）。

12. 企业破产清算时，根据股权管理部门提供的资料，按照破产清算企业股权投资对应的"权益法调整"科目账面余额，借记或贷记"权益法调整"科目，贷记或借记本科目（其他权益变动）；按照缴入国库清算收入的金额，借记"国库存款"科目，按照破产清算股权投资的账面余额，贷记本科目（投资成本、损益调整），按照其差额，借记或贷记"投资收益"科目。

（二）采用成本法核算

1. 政府财政以现金取得股权投资时，按照实际支付的金额，借记本科目（投资成本），贷记"国库存款"科目。

实际支付的金额中包含的已宣告但尚未发放的现金股利，应当单独确认为应收股利。

2. 政府财政以现金以外其他资产置换取得股权投资时，按照股权管理部门确认的金额，借记本科目（投资成本），贷记相关资产类科目。

3. 通过清查发现以前年度取得、尚未纳入财政总会计核算的股权投资时，根据股权管理部门提供的资料，按照其确定的投资成本，借记本科目（投资成本），贷记"以前年度盈余调整"科目。已宣告但尚未发放的现金股利，应当单独确认为应收股利。

4. 无偿划入股权投资时，根据股权管理部门提供的资料，按照其确定的投资成本，借记本科目（投资成本），贷记"其他收入"科目。

5. 处置股权投资时，按照收回的金额，借记"国库存款"科目，按照已宣告尚未领取的现金股利或利润，贷记"应收股利"科目，按照被处置股权投资账面余额，贷记本科目（投资成本），按照其差额，贷记或借记"投资收益"科目。

6. 无偿划出股权投资时，按照被划出股权投资的账面余额，借记"其他费用"科目，贷记本科目（投资成本）。

7. 企业破产清算时，根据股权管理部门提供的资料，按照缴入国库清算收入的金额，借记"国库存款"科目，按照破产清算股权投资的账面余额，贷记本科目（投资成本），按照其差额，借记或贷记"投资收益"科目。

（三）成本法与权益法的转换

1. 对股权投资的核算从成本法改为权益法的，应按照成本法下本科目（投资成本）账面余额与追加投资成本的合计金额，借记本科目（投资成本），按照成本法下本科目（投资成本）账面余额，贷记本科目（投资成本），按照追加投资的金额，贷记"国库存款"科目。

2. 对股权投资的核算从权益法改为成本法的，按照"权益法调整"科目账面余额，借记或贷记"权益法调整"科目，贷记或借记本科目（其他权益变动）；按照权益法下本科目（投资成本、损益调整）账面余额作为成本法下投资成本账面余额，借记本科目（投资成本），贷记本科目（投资成本、损益调整）。

其后，被投资单位宣告分派现金股利或利润时，属于已记入投资成本账面余额的部分，按照应分得的现金股利或利润份额，借记"应收股利"科目，贷记本科目（投资成本）。

五、本科目期末借方余额反映政府持有的各类股权投资的价值。

二、负债类

2001 应付短期政府债券

一、本科目核算政府财政以政府名义发行的期限不超过1年（含1年）的国债和地方政府债券的应付本金，其中，国债包括中央政府财政发行的国内政府债券和境外发行的主权债券等。

二、本科目应设置"应付国债""应付地方政府一般债券""应付地方政府专项债券"明细科目。债务管理部门应当设置辅助明细账，主要包括政府债券金额、种类、期限、发行日、到期日、票面利率、偿还本金及付息情况等内容，并按期计算债券存续期应付利息情况。

三、应付短期政府债券的主要账务处理如下：

（一）实际收到短期政府债券发行收入时，按照实际收到的金额，借记"国库存款"科目，按照短期政府债券实际发行额，贷记本科目，按照发行收入和发行额的差额，借记或贷记有关费用科目。

（二）中央财政发生国债随卖业务时，按照实际收到的金额，借记"国库存款"等科目；根据国债随卖确认文件等相关债券管理资料，按照国债随卖面值，贷记本科目或"应付长期政府债券"科目；按照其差额，借记或贷记"财务费用——利息费用"科目。

（三）中央财政发生国债随买业务时，根据国债随买确认文件等相关债券管理资料，按照国债随买面值，借记本科目或"应付长期政府债券"科目；按照实际支付的金额，贷记"国库存款"等科目；按照其差额，借记或贷记"财务费用——利息费用"科目。

（四）实际偿还本级政府财政承担的短期政府债券本金时，借记本科目，贷记"国库存款"等科目。

四、本科目期末贷方余额反映政府财政尚未偿还的短期政府债券本金。

2011 应付国库集中支付结余

一、本科目核算省级以上（含省级）政府财政国库集中支付中，应列为当年费用，但年末尚未支付需结转下一年度支付的款项。

二、本科目应按照预算单位进行明细核算；同时可根据管理需要，参照《政府收支分类科目》中支出经济分类科目进行明细核算。

三、应付国库集中支付结余的主要账务处理如下：

（一）年末，对当年发生的应付国库集中支付结余，借记有关费用科目，贷记本科目。

（二）实际支付应付国库集中支付结余资金时，借记本科目，贷记"国库存款"科目。

（三）收回尚未支付的应付国库集中支付结余时，借记本科目，贷记"以前年度盈余调整"等科目。

四、本科目期末贷方余额反映政府财政尚未支付的国库集中支付结余。

2012 与上级往来

一、本科目核算本级政府财政与上级政府财政的往来待结算款项。

二、本科目可根据管理需要，按照往来款项的类别和项目等进行明细核算。

三、与上级往来的主要账务处理如下：

（一）收到上级政府财政拨付的款项时，借记"国库存款""其他财政存款"科目，贷记本科目。

（二）有主权外债业务的财政部门，贷款资金由本级政府财政同级部门使用，且贷款的最终还款责任由上级政府财政承担的，本级政府财政收到贷款资金时，借记"国库存款""其他财政存款"等科目，贷记本科目或"补助收入"科目；外方或上级政府财政将贷款资金直接支付给供应商或用款单位时，借记有关费用科目，贷记本科目或"补助收入"科目。

（三）两级财政年终结算中确认的应当上交上级政府财政的款项，借记"上解费用"科目，贷记本科目。

（四）两级财政年终结算中确认的应当由上级政府财政补助的款项，借记本科目，贷记"补助收入"科目。

（五）上级政府财政扣缴有关款项时，借记有关科目，贷记本科目。

（六）归还上级政府财政的往来性款项时，按照实际归还的金额，借记本科目，贷记"国库存款""其他财政存款"等科目。

四、本科目期末贷方余额反映本级政府财政欠上级政府财政的款项；借方余额反映上级政府财政欠本级政府财政的款项。

2013 其他应付款

一、本科目核算政府财政临时发生的暂收、应付、收到的不明性质款项和收回的结转结余资金等。税务机关代征入库的社会保险费，也通过本科目核算。

二、本科目应按照债权人或资金来源等进行明细核算。

三、其他应付款的主要账务处理如下：

（一）收到不明性质款项及收回结转结余资金时，借记"国库存款""其他财政存款"等科目，贷记本科目。

（二）将有关款项清理退还、划转、转作收入时，借记本科目，贷记"国库存款""其他财政存款"或有关收入科目。

（三）社会保险费代征入库时，借记"国库存款"科目，贷记本科目。入库的社会保险费划转社保基金专户时，借记本科目，贷记"国库存款"科目。

（四）收回的结转结余资金，财政部门按原预算科目使用的，实际安排支出时，借记本科目，贷记"国库存款""其他财政存款"等科目。

收回的结转结余资金，财政部门调整预算科目使用的，实际安排支出时，借记本科目，贷记"以前年度盈余调整——预算管理资金以前年度盈余调整"等科目；同时，借记有关费用科目，贷记"国库存款"等科目。

（五）有关款项确认冲减当年费用时，借记本科目，贷记有关费用科目；有关款项确认冲减以前年度有关费用事项的，借记本科目，贷记"以前年度盈余调整——预算管理资金以前年度盈余调整"等科目。

四、本科目应当及时清理结算，期末贷方余额反映政府财政尚未结清的其他应付款项。

2014 应付代管资金

一、本科目核算政府财政代为管理的使用权属于被代管主体的资金。

二、本科目应根据管理需要进行相关明细核算。三、应付代管资金的主要账务处理如下：

（一）收到代管资金时，借记"其他财政存款"等科目，贷记本科目。

（二）支付代管资金时，借记本科目，贷记"其他财政存款"等科目。

（三）代管资金产生的利息收入按照有关规定仍属于代管资金的，借记"其他财政存款"等科目，贷记本科目。

四、本科目期末贷方余额反映政府财政尚未支付的代管资金。

2015 应付利息

一、本科目核算政府财政以政府名义发行的政府债券应支付的利息,以及以政府名义借入款项本期应承担的利息等。

二、本科目应根据管理需要设置"应付国债利息""应付地方政府债券利息""应付地方政府主权外债利息"明细科目。本科目应根据债务管理部门计算并提供的政府债券及借入款项的应付利息情况,按期进行核算。

三、应付利息的主要账务处理如下:

(一)根据债务管理部门计算确定的本期应付未付利息金额,借记"财务费用——利息费用"科目,贷记本科目。

(二)实际支付利息时,支付金额中已计提的部分,借记本科目,未计提的部分,借记"财务费用——利息费用"科目,贷记"国库存款""其他财政存款"等科目。

(三)提前赎回已发行的政府债券、豁免政府财政承担的主权外债应付利息时,按照减少的当年已计提应付利息金额,借记本科目,贷记"财务费用——利息费用"等科目。减少以前年度已计提但尚未支付的利息金额,借记本科目,贷记"以前年度盈余调整"科目。

(四)期末,政府发行的以外币计价的政府债券及借入款项由于汇率变化产生的应付利息折算差额,借记或贷记"财务费用——汇兑损益"科目,贷记或借记本科目。

四、本科目期末贷方余额反映政府财政应付未付的利息金额。

2021 应付长期政府债券

一、本科目核算政府财政以政府名义发行的期限超过1年的国债和地方政府债券的应付本金。其中,国债包括中央政府财政发行的国内政府债券和境外发行的主权债券等。

二、本科目应设置"应付国债""应付地方政府一般债券""应付地方政府专项债券"明细科目。债务管理部门应设置辅助明细账,主要包括政府债券金额、种类、期限、发行日、到期日、票面利率、实际偿还本金及付息情况等内容,并按期计算债券存续期应负担的利息金额。

三、应付长期政府债券的主要账务处理如下:

(一)实际收到长期政府债券发行收入时,按照实际收到的金额,借记"国库存款""其他财政存款"科目,按照长期政府债券实际发行额,贷记本科目,按照其差额,借记或贷记有关费用科目。

(二)中央财政发生国债随卖业务时,账务处理参照"应付短期政府债券"科目使用说明中国债随卖业务的账务处理。

(三)中央财政发生国债随买业务时,账务处理参照"应付短期政府债券"科目使用说明中国债随买业务的账务处理。

(四)政府财政以定向承销方式发行长期政府债券时,根据债务管理部门转来的债券发行文件等有关资料,借记"以前年度盈余调整""应收地方政府债券转贷款"等科目,按照长期政府债券实际发行额,贷记本科目,按照发行收入和发行额的差额,借记或贷记有关费用科目。

(五)实际偿还长期政府债券本金时,借记本科目,贷记"国库存款""其他财政存款"等科目。

四、本科目期末贷方余额反映政府财政尚未偿还的长期政府债券本金。

2022 借入款项

一、本科目核算政府财政以政府名义向外国政府、国际金融组织等借入的款项,以及经国务院批准的其他方式借入的款项。

二、本科目应按照债权人进行明细核算。债务管理部门应设置辅助明细账，主要包括借入款项对应的项目、期限、借入日期、实际偿还及付息情况等内容，并按期计算借款存续期应负担的利息金额。

三、借入款项的主要账务处理如下：

（一）借入主权外债的主要账务处理

1. 本级政府财政收到借入的主权外债资金时，按照实际收到的金额借记"国库存款""其他财政存款"科目，按照实际承担的债务金额贷记本科目，按照实际收到的金额与承担的债务之间的差额，借记或贷记有关费用科目。

2. 本级政府财政借入主权外债，且由外方或上级政府财政将贷款资金直接支付给用款单位或供应商时，应根据以下情况分别处理：

（1）本级政府财政承担还款责任，贷款资金由本级政府财政同级部门使用的，根据债务管理部门转来的有关资料，按照实际承担的债务金额，借记有关费用科目，贷记本科目。

（2）本级政府财政承担还款责任，贷款资金由下级政府财政同级部门使用的，根据债务管理部门转来的有关资料及有关预算文件，借记"补助费用"科目或"与下级往来"科目，贷记本科目。

（3）下级政府财政承担还款责任，贷款资金由下级政府财政同级部门使用的，根据债务管理部门转来的有关资料，借记"应收主权外债转贷款"科目，贷记本科目。

3. 偿还主权外债本金时，按照实际支付的金额，借记本科目，贷记"国库存款""其他财政存款"等科目。

4. 债权人豁免本级政府财政承担偿还责任的借入主权外债本金时，根据债务管理部门转来的有关资料，按照被豁免的本金，借记本科目，贷记"其他收入"等科目。

5. 债权人豁免下级政府财政承担偿还责任的借入主权外债本金时，根据债务管理部门转来的有关资料，按照被豁免的本金，借记本科目，贷记"应收主权外债转贷款"科目。

（二）年末，根据债务管理部门提供借入款项因汇率变动产生的期末人民币余额与账面余额之间的差额资料，借记或贷记"财务费用——汇兑损益"科目，贷记或借记本科目。

（三）其他借入款项账务处理参照本科目使用说明中借入主权外债业务的账务处理。

四、本级政府财政首次确认以前年度借入的主权外债时，根据债务管理部门提供的有关资料，按照借入主权外债的余额，借记"以前年度盈余调整"科目，贷记本科目。

五、本科目期末贷方余额反映本级政府财政尚未偿还的借入款项本金。

2031 应付地方政府债券转贷款

一、本科目核算地方政府财政从上级政府财政借入地方政府债券转贷款的本金和利息。

二、本科目应设置"应付本金"和"应付利息"明细科目，其下可根据管理规定设置"地方政府一般债券""地方政府专项债券"等明细科目。其中，"应付利息"科目通常应根据债务管理部门计算并提供的政府债券转贷款的应付利息情况，按期进行核算。

三、应付地方政府债券转贷款的主要账务处理如下：

（一）上级政府财政转贷地方政府债券资金时，按照实际收到的金额或债务管理部门转来的相关资料，借记"国库存款"或"与上级往来"等科目，按照转贷本金金额，贷记本科目，按照其差额，借记或贷记有关费用科目。

（二）按期确认地方政府债券转贷款的应付利息时，根据债务管理部门计算确定的本期应付未付利息金额，借记"财务费用——利息费用"科目，贷记本科目。

（三）偿还本级政府财政承担的地方政府债券转贷款本息时，借记本科目，贷记"国库存款"等科目。

（四）上级政府财政扣缴地方政府债券转贷款本息时，借记本科目，贷记"与上级往来"等科目。

（五）上级政府财政豁免转贷款本息时，根据债务管理部门转来的有关资料及有关预算文件，按照豁免金额，借记本科目，贷记"补助收入"或"与上级往来"等科目。

四、本科目期末贷方余额反映本级政府财政尚未偿还的地方政府债券转贷款本金和利息。

2032 应付主权外债转贷款

一、本科目核算本级政府财政从上级政府财政借入主权外债转贷款的本金和利息。

二、本科目应设置"应付本金"和"应付利息"明细科目。债务管理部门应当设置辅助明细账，主要包括应付主权外债对应的项目、期限、借入日期、实际偿还及付息情况等内容，并按期计算外债存续期应负担的利息金额。

三、应付主权外债转贷款的主要账务处理如下：

（一）收到上级政府财政转贷的主权外债资金时，按照实际收到的金额借记"国库存款""其他财政存款"科目，按照实际承担的债务金额贷记本科目，按照实际收到的金额和承担的债务金额之间的差额，借记或贷记有关费用科目。

（二）从上级政府财政借入主权外债转贷款，且由外方或上级政府财政将贷款资金直接支付给用款单位或供应商时，应根据以下情况分别处理：

1. 本级政府财政承担还款责任，贷款资金由本级政府财政同级部门使用的，根据债务管理部门转来的有关资料，借记有关费用科目，贷记本科目。

2. 本级政府财政承担还款责任，贷款资金由下级政府财政同级部门使用的，根据债务管理部门转来的有关资料及有关预算文件，借记"补助费用"或"与下级往来"等科目，贷记本科目。

3. 下级政府财政承担还款责任，贷款资金由下级政府财政同级部门使用的，根据债务管理部门转来的有关资料，借记"应收主权外债转贷款"科目，贷记本科目。

（三）按期确认主权外债转贷款的应付利息时，根据债务管理部门计算确认的转贷款本期应付未付利息金额，借记"财务费用——利息费用"科目，贷记本科目。

（四）偿还主权外债转贷款的本息时，借记本科目，贷记"国库存款""其他财政存款"等科目。

（五）上级政府财政扣缴借入主权外债转贷款的本息时，借记本科目，贷记"与上级往来"科目。

（六）上级政府财政豁免主权外债转贷款本息时，根据以下情况分别处理：

1. 豁免本级政府财政承担偿还责任的主权外债转贷款本息时，根据债务管理部门转来的有关资料及有关预算文件，按照豁免转贷款的金额，借记本科目，贷记"补助收入"或"与上级往来"等科目。

2. 豁免下级政府财政承担偿还责任的主权外债转贷款本息时，根据债务管理部门转来的有关资料及有关预算文件，按照豁免转贷款的金额，借记本科目，贷记"应收主权外债转贷款"科目，同时借记"补助费用"或"与下级往来"等科目，贷记"补助收入"或"与上级往来"科目。

（七）年末，根据债务管理部门提供的应付主权外债转贷款因汇率变动产生的期末人民币余额与账面余额之间的差额资料，借记或贷记"财务费用——汇兑损益"科目，贷记或借记本科目。

四、本级政府财政首次确认以前年度转贷的主权外债时，根据债务管理部门提供的有关资料，按照转贷主权外债本息余额，借记"以前年度盈余调整"科目，贷记本科目。

五、本科目期末贷方余额反映本级政府财政尚未偿还的主权外债转贷款本金和利息。

2041 其他负债

一、本科目核算政府财政因有关政策明确要求其承担支出责任的事项而形成的支付义务。

二、本科目可根据管理需要，按照项目等进行明细核算。

三、其他负债的主要账务处理如下：

（一）政策明确由政府财政承担支出责任的其他负债，按照确定应承担的负债金额，借记"其他费用"科目，贷记本科目。

（二）期末，根据债务管理部门转来的其他负债期末余额与账面余额的差额，借记或贷记本科目，贷记或借记"其他费用"科目。

四、本科目贷方余额反映政府财政承担的尚未支付的其他负债余额。

三、净资产类

3001 累计盈余

一、本科目核算政府财政纳入一般公共预算、政府性基金预算、国有资本经营预算管理的预算资金，财政专户管理资金、专用基金历年实现的盈余滚存的金额。

二、本科目应设置"预算管理资金累计盈余""财政专户管理资金累计盈余""专用基金累计盈余"明细科目。

三、累计盈余的主要账务处理如下：

（一）"预算管理资金累计盈余"科目的主要账务处理

1. 年终转账时，将"本期盈余——预算管理资金本期盈余"科目余额转入本科目，借记或贷记"预算管理资金本期盈余"科目，贷记或借记本科目。

2. 年终转账时，将"以前年度盈余调整——预算管理资金以前年度盈余调整"科目余额转入本科目，借记或贷记"以前年度盈余调整——预算管理资金以前年度盈余调整"科目，贷记或借记本科目。

3. 本科目期末余额反映预算管理资金累计盈余的累计数。

（二）"财政专户管理资金累计盈余"科目的主要账务处理

1. 年终转账时，将"本期盈余——财政专户管理资金本期盈余"科目余额转入本科目，借记或贷记"财政专户管理资金本期盈余"科目，贷记或借记本科目。

2. 年终转账时，将"以前年度盈余调整——财政专户管理资金以前年度盈余调整"科目余额转入本科目，借记或贷记"以前年度盈余调整——财政专户管理资金以前年度盈余调整"科目，贷记或借记本科目。

3. 本科目期末余额反映财政专户管理资金累计盈余的累计数。

（三）"专用基金累计盈余"科目的主要账务处理

1. 年终转账时，将"本期盈余——专用基金本期盈余"科目的余额转入本科目，借记或贷记"专用基金本期盈余"科目，贷记或借记本科目。

2. 年终转账时，将"以前年度盈余调整——专用基金以前年度盈余调整"科目的余额转入本科目，借记或贷记"以前年度盈余调整——专用基金以前年度盈余调整"科目，贷记或借记本科目。

3. 本科目期末余额反映专用基金累计盈余的累计数。

3011 本期盈余

一、本科目核算政府财政纳入一般公共预算、政府性基金预算、国有资本经营预算管理的资金，财政专户管理资金、专用基金本期各项收入、费用分别相抵后的余额。设置补充和动用预算稳定调节基金，设置补充预算周转金产生的盈余变动事项，也通过本科目核算。

二、本科目应设置"预算管理资金本期盈余""财政专户管理资金本期盈余""专用基金本期盈余"明细科目。

三、本期盈余的主要账务处理如下：

（一）"预算管理资金本期盈余"科目的账务处理

1. 年终转账时，将纳入一般公共预算、政府性基金预算、国有资本经营预算管理的各类收入科目本年发生额转入本科目的贷方，借记"税收收入""非税收入""投资收益""补助收入""上解收入""地区间援助收入""其他收入"科目，贷记本科目；将纳入一般公共预算、政府性基金预算、国有资本经营预算管理的各类费用科目本年发生额转入本科目的借方，借记本科目，贷记"政府机关商品和服务拨款费用""政府机关工资福利拨款费用""对事业单位补助拨款费用""对企业补助拨款费用""对个人和家庭补助拨款费用""对社会保障基金补助拨款费用""资本性拨款费用""其他拨款费用""财务费用""补助费用""上解费用""地区间援助费用""其他费用"科目。

2. 设置或补充预算稳定调节基金时，借记本科目，贷记"预算稳定调节基金"科目；动用预算稳定调节基金时，借记"预算稳定调节基金"科目，贷记本科目。

3. 设置或补充预算周转金时，借记本科目，贷记"预算周转金"科目。

4. 完成上述结转后，将本科目余额转入累计盈余。如为借方余额，贷记本科目，借记"累计盈余—预算管理资金累计盈余"科目；如为贷方余额，借记本科目，贷记"累计盈余—预算管理资金累计盈余"科目。

5. 期末结转后，本科目应无余额。

（二）"财政专户管理资金本期盈余"科目的账务处理

1. 年终转账时，将财政专户管理资金收入的本年发生额转入本科目的贷方，借记"财政专户管理资金收入"科目，贷记本科目；将财政专户管理资金支出的本年发生额转入本科目的借方，借记本科目，贷记"财政专户管理资金支出"科目。

2. 完成上述结转后，将本科目余额转入累计盈余。借记或贷记本科目，贷记或借记"累计盈余——财政专户管理资金累计盈余"科目。

3. 期末结转后，本科目应无余额。

（三）"专用基金本期盈余"科目的账务处理

1. 年终转账时，将专用基金收入的本年发生额转入本科目的贷方，借记"专用基金收入"科目，贷记本科目；将专用基金支出的本年发生额转入本科目的借方，借记本科目，贷记"专用基金支出"科目。

2. 完成上述结转后，将本科目余额转入累计盈余。借记或贷记本科目，贷记或借记"累计盈余——专用基金累计盈余"科目。

3. 期末结转后，本科目应无余额。

3021 预算稳定调节基金

一、本科目核算本级政府财政为保持年度间预算的衔接和稳定而设置的储备性资金。

二、预算稳定调节基金的主要账务处理如下：

（一）设置或补充预算稳定调节基金时，借记"本期盈余——预算管理资金本期盈余"科目，贷记本科目。

（二）将预算周转金调入预算稳定调节基金时，借记"预算周转金"科目，贷记本科目。

（三）动用预算稳定调节基金时，借记本科目，贷记"本期盈余——预算管理资金本期盈余"科目。

三、本科目期末贷方余额反映预算稳定调节基金的累计规模。

3022 预算周转金

一、本科目核算政府财政设置的用于调剂预算年度内季节性收支差额周转使用的资金。

二、预算周转金的主要账务处理如下：

（一）设置或补充预算周转金时，借记"本期盈余——预算管理资金本期盈余"科目，贷记本科目。

（二）将预算周转金调入预算稳定调节基金时，借记本科目，贷记"预算稳定调节基金"科目。

三、本科目期末贷方余额反映预算周转金的累计规模。

3041 权益法调整

一、本科目核算政府财政按照持股比例计算应享有的被投资主体除净损益和利润分配以外的所有者权益变动的份额。

二、本科目应根据管理需要，按照被投资主体进行明细核算。

三、权益法调整的主要账务处理如下：

（一）被投资主体发生除净损益和利润分配以外的其他权益变动时，按照政府财政持股比例计算应享有的部分，借记或贷记"股权投资（其他权益变动）"科目，贷记或借记本科目。

（二）处置股权投资或因企业破产清算导致股权投资减少时，按照相应的"权益法调整"账面余额，借记或贷记本科目，贷记或借记"股权投资（其他权益变动）"科目。

（三）无偿划出股权投资时，根据股权管理部门提供的资料，按照被划出股权投资对应的"权益法调整"科目账面余额，借记或贷记本科目，贷记或借记"股权投资（其他权益变动）"科目；按照被划出股权投资的账面余额，借记"其他费用"科目，贷记"股权投资（投资成本、损益调整）"科目。

（四）由于管理需要，股权投资的核算由权益法改为成本法的，按照"权益法调整"科目账面余额，借记或贷记本科目，贷记或借记"股权投资（其他权益变动）"科目；按照权益法下"股权投资（投资成本、损益调整）"科目账面余额作为成本法下"股权投资（投资成本）"账面余额，借记"股权投资（投资成本）"科目，贷记"股权投资（投资成本、损益调整）"科目。

四、本科目期末余额反映政府财政在被投资主体除净损益和利润分配以外的所有者权益变动中累计享有（或分担）的份额。

3051 以前年度盈余调整

一、本科目核算政府财政调整以前年度盈余的事项。

二、本科目应设置"预算管理资金以前年度盈余调整""财政专户管理资金以前年度盈余调整""专用基金以前年度盈余调整"明细科目。

三、以前年度盈余调整的主要账务处理如下：

（一）调整增加以前年度收入时，按照调整增加的金额，借记有关科目，贷记本科目；调整减少的，作相反会计分录。

（二）调整增加以前年度费用时，按照调整增加的金额，借记本科目，贷记有关科目；调整减少的，作相反会计分录。

（三）对于政府以前年度取得的资产或承担的负债，在本年初次确认时，借记有关资产科目或贷记有关负债科目，贷记或借记本科目。

（四）年终转账时，将本科目余额转入累计盈余，借记或贷记"累计盈余"科目，贷记或借记本科目。

四、期末结转后，本科目应无余额。

四、收入类

4001 税收收入

一、本科目核算政府财政筹集的纳入本级财政管理的税收收入。

二、本科目应参照《政府收支分类科目》中"税收收入"科目进行明细核算。

三、税收收入的主要账务处理如下：

（一）收到款项时，根据当日收入日报表所列本级税收收入数，借记"国库存款"科目，贷记本科目。

（二）年终转账时，本科目贷方余额转入本期盈余，借记本科目，贷记"本期盈余——预算管理资金本期盈余"科目。

四、本科目平时贷方余额反映本级政府财政税收收入的累计数。

五、期末结转后，本科目应无余额。

4002 非税收入

一、本科目核算政府财政筹集的纳入本级财政管理的非税收入。

二、本科目应参照《政府收支分类科目》中"非税收入"科目进行明细核算。

三、非税收入的主要账务处理如下：

（一）确认取得非税收入时

1. 按照实际收到的非税收入金额，借记"国库存款"科目，贷记本科目。

2. 全部实行非税收入电子化管理，非税收入管理部门具备条件提供已开具缴款票据、尚未缴入本级国库的非税收入数据的地区，按照本级应收的非税收入金额，借记"应收非税收入"科目，贷记本科目。

（二）期末，非税收入管理部门应提供已列应收非税收入中确认不能缴库的金额，借记本科目，贷记"应收非税收入"科目。

（三）年终转账时，本科目贷方余额转入本期盈余，借记本科目，贷记"本期盈余——预算管理资金本期盈余"科目。

四、本科目平时贷方余额反映本级政府财政非税收入的累计数。

五、期末结转后，本科目应无余额。

4011 投资收益

一、本科目核算政府股权投资所实现的收益或发生的损失。

二、本科目可根据管理需要，按照被投资主体进行明细核算。

三、投资收益的主要账务处理如下：

（一）采用权益法核算

1. 股权投资持有期间，被投资主体实现净损益的，根据股权管理部门提供的资料，按照应享有或应分担的被投资主体实现净损益的份额，借记或贷记"股权投资（损益调整）"

科目，贷记或借记本科目。

2. 处置股权投资时，根据股权管理部门提供的资料，按照处置收回的金额，借记"国库存款"科目，按照已宣告尚未领取的现金股利或利润，贷记"应收股利"科目，按照被处置股权投资的账面余额，贷记"股权投资（投资成本、损益调整）"科目，按照借贷方差额，贷记或借记本科目；同时，按照被处置股权投资对应的"权益法调整"科目账面余额，借记或贷记"权益法调整"科目，贷记或借记"股权投资（其他权益变动）"科目。

3. 企业破产清算时，按照缴入国库清算收入的金额，借记"国库存款"科目，按照破产清算股权投资的账面余额，贷记"股权投资（投资成本、损益调整）"科目，按照其差额，借记或贷记本科目；同时，按照破产清算企业股权投资对应的"权益法调整"科目账面余额，借记或贷记"权益法调整"科目，贷记或借记"股权投资（其他权益变动）"科目。

（二）采用成本法核算

1. 股权投资持有期间，被投资主体宣告发放现金股利或利润的，根据股权管理部门提供的资料，按照应上缴政府财政的部分，借记"应收股利"科目，贷记本科目。

2. 收到现金股利或利润时，按照实际收到的金额，借记"国库存款"科目，贷记"应收股利"科目；按照实际收到金额中未宣告发放的现金股利或利润，借记"应收股利"科目，贷记本科目。

3. 处置股权投资时，按照收回的金额，借记"国库存款"科目，按照已宣告尚未领取的现金股利或利润，贷记"应收股利"科目，按照股权投资账面余额，贷记"股权投资（投资成本）"科目，按照借贷方差额，贷记或借记本科目。

4. 企业破产清算时，根据股权管理部门提供的资料，按照缴入国库清算收入的金额，借记"国库存款"科目，按照破产清算股权投资的账面余额，贷记"股权投资（投资成本）"科目，按照其差额，借记或贷记本科目。

四、年终转账时，本科目余额转入本期盈余，借记或贷记本科目，贷记或借记"本期盈余——预算管理资金本期盈余"科目。

五、期末结转后，本科目应无余额。

4021 补助收入

一、本科目核算上级政府财政按照财政体制规定或专项需要补助给本级政府财政的款项，包括税收返还、转移支付等。

二、补助收入的主要账务处理如下：

（一）年终与上级政府财政结算时，按照结算确认的应当由上级政府补助的收入数，借记"与上级往来"科目，贷记本科目。退还或核减补助收入时，借记本科目，贷记"与上级往来"科目。

（二）年终转账时，本科目贷方余额转入本期盈余，借记本科目，贷记"本期盈余——预算管理资金本期盈余"科目。

三、本科目平时贷方余额反映本级政府财政取得补助收入的累计数。

四、期末结转后，本科目应无余额。

4022 上解收入

一、本科目核算按照财政体制规定或专项需要由下级政府财政上交给本级政府财政的款项。

二、本科目可根据管理需要，按照上解地区进行明细核算。

三、上解收入的主要账务处理如下：

（一）年终与下级政府财政结算时，按照结算确认的应上解金额，借记"与下级往来"科目，贷记本科目。退还或核减上解收入时，借记本科目，贷记"与下级往来"科目。

（二）年终转账时，本科目贷方余额转入本期盈余，借记本科目，贷记"本期盈余——预算管理资金本期盈余"科目。

四、本科目平时贷方余额反映上解收入的累计数。

五、期末结转后，本科目应无余额。

4023 地区间援助收入

一、本科目核算受援方政府财政收到援助方政府财政转来的可统筹使用的各类援助、捐赠等资金收入。援助方政府已列"地区间援助费用"科目的援助、捐赠等资金，受援方通过本科目核算。

二、本科目可根据管理需要，按照援助地区等进行明细核算。

三、地区间援助收入的主要账务处理如下：

（一）收到援助方政府财政转来的资金时，借记"国库存款"科目，贷记本科目。

（二）年终转账时，本科目贷方余额转入本期盈余，借记本科目，贷记"本期盈余——预算管理资金本期盈余"科目。

四、本科目平时贷方余额反映地区间援助收入的累计数。

五、期末结转后，本科目应无余额。

4031 其他收入

一、本科目核算政府财政除税收收入、非税收入、投资收益、补助收入、上解收入、地区间援助收入、财政专户管理资金收入、专用基金收入以外的各项收入，包括从其他渠道调入资金、豁免主权外债偿还责任以及无偿取得股权投资等产生的收入。

二、本科目可根据管理需要，按照其他收入类别等进行明细核算。

三、其他收入的主要账务处理如下：

（一）从其他渠道调入资金时，按照调入的金额，借记"国库存款"科目，贷记本科目。

（二）债权人豁免政府财政承担的主权外债时，政府财政按照减少的债务金额，借记"借入款项"等科目，贷记本科目。

（三）无偿划入股权投资时，账务处理参照"股权投资"科目使用说明中权益法和成本法下对应业务的账务处理。

（四）年终转账时，本科目贷方余额转入本期盈余。借记本科目，贷记"本期盈余——预算管理资金本期盈余"科目。

四、本科目平时贷方余额反映本级政府财政其他收入的累计数。

五、期末结转后，本科目应无余额。

4041 财政专户管理资金收入

一、本科目核算政府财政纳入财政专户管理的教育收费等资金收入。

二、本科目可根据管理需要，按照预算单位等进行明细核算。

三、财政专户管理资金收入的主要账务处理如下：

（一）收到财政专户管理资金时，借记"其他财政存款"科目，贷记本科目。

（二）年终转账时，本科目贷方余额转入本期盈余，借记本科目，贷记"本期盈余——财政专户管理资金本期盈余"科目。

四、本科目平时贷方余额反映财政专户管理资金收入的累计数。

五、期末结转后，本科目应无余额。

4042 专用基金收入

一、本科目核算政府财政按照法律法规和国务院、财政部规定设置或取得的粮食风险基金等专用基金收入。

二、本科目可根据管理需要，按照专用基金的种类进行明细核算。

三、专用基金收入的主要账务处理如下：

（一）取得专用基金收入转入财政专户时，借记"其他财政存款"科目，贷记本科目。退回取得的专用基金收入时，借记本科目，或"以前年度盈余调整——专用基金以前年度盈余调整"科目，贷记"其他财政存款"科目。

（二）通过费用安排取得专用基金收入仍留存国库的，借记有关费用科目，贷记"专用基金收入"科目。

（三）年终转账时，本科目贷方余额转入本期盈余，借记本科目，贷记"本期盈余——专用基金本期盈余"科目。

四、本科目平时贷方余额反映本级政府财政专用基金收入的累计数。

五、期末结转后，本科目应无余额。

五、费用类

5001 政府机关商品和服务拨款费用

一、本科目核算本级政府财政拨付给机关和参公事业单位购买商品和服务的各类费用，不包括用于购置固定资产、战略性和应急性物资储备等资本性拨款费用。

二、本科目可根据管理需要，参照《政府收支分类科目》中支出经济分类科目，按照预算单位和项目等进行明细核算。

三、政府机关商品和服务拨款费用的主要账务处理如下：

（一）实际发生政府机关商品和服务拨款费用时，借记本科目，贷记"国库存款"科目。

（二）当年政府机关商品和服务拨款费用发生退回时，按照实际收到的退回金额，借记"国库存款"科目，贷记本科目。

（三）年终转账时，本科目借方余额转入本期盈余，借记"本期盈余——预算管理资金本期盈余"科目，贷记本科目。

四、本科目平时借方余额反映本级政府机关商品和服务拨款费用的累计数。

五、期末结转后，本科目应无余额。

5002 政府机关工资福利拨款费用

一、本科目核算本级政府财政拨付给机关和参公事业单位在职职工和编制外长期聘用人员的各类劳动报酬及为上述人员缴纳的各项社会保险费等费用。

二、本科目可根据管理需要，参照《政府收支分类科目》中支出经济分类科目，按照预算单位和项目等进行明细核算。

三、政府机关工资福利拨款费用的主要账务处理如下：

（一）实际发生政府机关工资福利拨款费用时，借记本科目，贷记"国库存款"科目。

（二）当年政府机关工资福利拨款费用发生退回时，按照实际收到的退回金额，借记"国库存款"科目，贷记本科目。

（三）年终转账时，本科目借方余额转入本期盈余，借记"本期盈余——预算管理资金本期盈余"科目，贷记本科目。

四、本科目平时借方余额反映本级政府机关工资福利拨款费用的累计数。

五、期末结转后，本科目应无余额。

5003 对事业单位补助拨款费用

一、本科目核算本级政府财政拨付的对事业单位（不含参公事业单位）的经常性补助费用，不包括对事业单位的资本性拨款费用。

二、本科目可根据管理需要，参照《政府收支分类科目》中支出经济分类科目，按照预算单位和项目等进行明细核算。

三、对事业单位补助拨款费用的主要账务处理如下：

（一）实际发生对事业单位补助拨款费用时，借记本科目，贷记"国库存款"科目。

（二）当年对事业单位补助拨款费用发生退回时，按照实际收到的退回金额，借记"国库存款"科目，贷记本科目。

（三）年终转账时，本科目借方余额转入本期盈余，借记"本期盈余——预算管理资金本期盈余"科目，贷记本科目。

四、本科目平时借方余额反映本级政府财政对事业单位补助拨款费用的累计数。

五、期末结转后，本科目应无余额。

5004 对企业补助拨款费用

一、本科目核算本级政府财政拨付的对各类企业的补助费用，不包括对企业的资本金注入和资本性拨款费用。

二、本科目可根据管理需要，参照《政府收支分类科目》中支出经济分类科目，按照预算单位和项目等进行明细核算。

三、对企业补助拨款费用的主要账务处理如下：

（一）实际发生对企业补助拨款费用时，借记本科目，贷记"国库存款"科目。

（二）当年对企业补助拨款费用发生退回时，按照实际收到的退回金额，借记"国库存款"科目，贷记本科目。

（三）年终转账时，本科目借方余额转入本期盈余，借记"本期盈余——预算管理资金本期盈余"科目，贷记本科目。

四、本科目平时借方余额反映本级政府财政对企业补助拨款费用的累计数。

五、期末结转后，本科目应无余额。

5005 对个人和家庭补助拨款费用

一、本科目核算本级政府财政拨付的对个人和家庭的补助费用。

二、本科目可根据管理需要，参照《政府收支分类科目》中支出经济分类科目，按照预算单位和项目等进行明细核算。

三、对个人和家庭补助拨款费用的主要账务处理如下：

（一）实际发生对个人和家庭补助拨款费用时，借记本科目，贷记"国库存款"科目。

（二）当年对个人和家庭补助拨款费用发生退回时，按照实际收到的金额，借记"国库存款"科目，贷记本科目。

（三）年终转账时，本科目借方余额转入本期盈余，借记"本期盈余——预算管理资金本期盈余"科目，贷记本科目。

四、本科目平时借方余额反映本级政府财政对个人和家庭补助拨款费用的累计数。

五、期末结转后，本科目应无余额。

5006 对社会保障基金补助拨款费用

一、本科目核算本级政府财政拨付的对社会保险基金的补助费用，以及补充全国社会保障基金的费用。

二、本科目可根据管理需要，参照《政府收支分类科目》中支出经济分类科目，按照预算单位和项目等进行明细核算。

三、对社会保障基金补助拨款费用的主要账务处理如下：

（一）实际发生对社会保障基金补助拨款费用时，借记本科目，贷记"国库存款"科目。

（二）当年对社会保障基金补助拨款费用发生退回时，按照实际收到的金额，借记"国库存款"科目，贷记本科目。

（三）年终转账时，本科目借方余额转入本期盈余，借记"本期盈余——预算管理资金本期盈余"科目，贷记本科目。

四、本科目平时借方余额反映本级政府财政对社会保障基金补助拨款费用的累计数。

五、期末结转后，本科目应无余额。

5007 资本性拨款费用

一、本科目核算政府财政拨付给行政事业单位和企业的资本性拨款费用，不包括对企业的资本金注入。

二、本科目可根据管理需要，参照《政府收支分类科目》中支出经济分类科目，按照预算单位和项目等进行明细核算。

三、资本性拨款费用的主要账务处理如下：

（一）实际发生资本性拨款费用时，借记本科目，贷记"国库存款"科目。

（二）当年资本性拨款费用发生退回时，按照实际退回的金额，借记"国库存款"科目，贷记本科目。

（三）年终转账时，本科目借方余额转入本期盈余，借记"本期盈余——预算管理资金本期盈余"科目，贷记本科目。

四、本科目平时借方余额反映本级政府财政资本性拨款费用的累计数。

五、期末结转后，本科目应无余额。

5008 其他拨款费用

一、本科目核算本级政府财政拨付的经常性赠与、国家赔偿费用、对民间非营利组织和群众性自治组织补贴等拨款费用。

二、本科目可根据管理需要，参照《政府收支分类科目》中支出经济分类科目，按照预算单位和项目等进行明细核算。

三、其他拨款费用的主要账务处理如下：

（一）实际发生其他拨款费用时，借记本科目，贷记"国库存款"科目。

（二）当年其他拨款费用发生退回时，按照实际收到的退回金额，借记"国库存款"科目，贷记本科目。

（三）年终转账时，本科目借方余额转入本期盈余，借记"本期盈余——预算管理资金本期盈余"科目，贷记本科目。

四、本科目平时借方余额反映本级政府财政其他拨款费用的累计数。

五、期末结转后，本科目应无余额。

5011 财务费用

一、本科目核算本级政府财政用于偿还政府债务利息费用，政府债务发行、兑付、登记费用，以外币计算的政府资产及债务由于汇率变化产生的汇兑损益等。

二、本科目应设置"利息费用""债务发行兑付费用""汇兑损益"明细科目。

三、财务费用的主要账务处理如下：

（一）利息费用的主要账务处理

1. 按期计提利息费用时，根据债务管理部门计算确定的本期应支付利息金额，借记本科目，贷记"应付利息""应付地方政府债券转贷款——应付利息""应付主权外债转贷款——应付利息"等科目。

2. 中央财政发生国债随卖业务时，账务处理参照"应付短期政府债券"科目使用说明中国债随卖业务的账务处理。

3. 中央财政发生国债随买业务时，账务处理参照"应付短期政府债券"科目使用说明中国债随买业务的账务处理。

4. 提前赎回已发行的政府债券、债权人豁免政府财政承担的主权外债应付利息时，按照减少的当年已计提应付利息金额，借记"应付利息""应付地方政府债券转贷款——应付利息""应付主权外债转贷款——应付利息"等科目，贷记本科目。

（二）债务发行兑付费用的主要账务处理

1. 支付政府债务发行、兑付、登记款项时，按照实际支付的金额，借记本科目，贷记"国库存款"科目。

2. 收到或扣缴下级政府财政应承担的政府债务发行、兑付、登记款项时，按照实际收到或扣缴的金额，借记"国库存款""其他财政存款""与下级往来"等科目，贷记本科目。

（三）汇兑损益的主要账务处理

1. 期末，将所有以外币计算的政府资产按期末汇率折算为人民币金额，折算后的金额小于账面余额时，按照折算差额，借记本科目，贷记"其他财政存款""应收主权外债转贷款"等科目；折算后的金额大于账面余额时，按照折算差额，借记"其他财政存款""应收主权外债转贷款"科目，贷记本科目。

2. 期末，将所有以外币计算的借入款项、政府债券、主权外债转贷款、应付利息等政府负债按期末汇率折算为人民币金额，折算后的金额小于账面余额时，按照折算差额，借记"借入款项""应付长期政府债券""应付主权外债转贷款""应付利息"等科目，贷记本科目；折算后的金额大于账面余额时，按照折算差额，借记本科目，贷记"借入款项""应付长期政府债券""应付主权外债转贷款""应付利息"等科目。

（四）年终转账时，本科目借方或贷方余额转入本期盈余，借记或贷记"本期盈余——预算管理资金本期盈余"科目，贷记或借记本科目。

四、本科目平时借方余额反映本级政府财政财务费用的累计数。

五、期末结转后，本科目应无余额。

5021 补助费用

一、本科目核算本级政府财政按财政体制规定或专项需要补助给下级政府财政的款项，包括对下级的税收返还、一般性转移支付和专项转移支付等。

二、本科目可根据管理需要，按照补助地区进行明细核算。

三、补助费用的主要账务处理如下：

（一）年终与下级政府财政结算时，按照结算确认的应

当补助下级政府的费用数，借记本科目，贷记"与下级往来"科目。退还或核减补助

费用时，借记"与下级往来"科目，贷记本科目。

（二）专项转移支付资金实行特设专户管理的，根据有关支出管理部门下达的预算文件和拨款依据确认费用，借记本科目或"与下级往来"科目；资金由本级政府财政拨付给下级的，贷记"其他财政存款"等科目；资金由上级政府财政直接拨给下级的，贷记"与上级往来"或"补助收入"科目。

（三）年终转账时，本科目借方余额转入本期盈余，借记"本期盈余——预算管理资金本期盈余"科目，贷记本科目。

四、本科目平时借方余额反映本级政府财政对下级补助费用的累计数。

五、期末结转后，本科目应无余额。

5022 上解费用

一、本科目核算本级政府财政按照财政体制规定或专项需要上解给上级政府财政的款项。

二、本科目可根据管理需要按照项目等进行明细核算。

三、上解费用的主要账务处理如下：

（一）年终与上级政府财政结算时，按照结算确认的应当上解费用数，借记本科目，贷记"与上级往来"科目。退还或核减上解费用时，借记"与上级往来"等科目，贷记本科目。

（二）年终转账时，本科目借方余额转入本期盈余，借记"本期盈余——预算管理资金本期盈余"科目，贷记本科目。

四、本科目平时借方余额反映本级政府财政上解费用的累计数。

五、期末结转后，本科目应无余额。

5023 地区间援助费用

一、本科目核算援助方政府财政安排用于受援方政府财政统筹使用的各类援助、补偿、捐赠等。

二、本科目可根据管理需要，按照受援地区等进行明细核算。

三、地区间援助费用的主要账务处理如下：

（一）发生地区间援助费用时，借记本科目，贷记"国库存款"科目。

（二）年终转账时，本科目借方余额转入本期盈余，借记"本期盈余——预算管理资金本期盈余"科目，贷记本科目。

四、本科目平时借方余额反映地区间援助费用的累计数。

五、期末结转后，本科目应无余额。

5031 其他费用

一、本科目核算本级政府财政无偿划出股权投资时产生的投资损失、政府财政承担支出责任的其他负债等。

二、本科目可根据管理需要，按照类别进行明细核算。

三、其他费用的主要账务处理如下：

（一）政府财政无偿划出股权投资时，根据股权管理部门提供的资料，按照被划出股权投资对应的"权益法调整"科目账面余额，借记或贷记"权益法调整"科目，贷记或借记"股权投资（其他权益变动）"科目；按照被划出股权投资的账面余额，借记本科目，贷记"股权投资（投资成本、损益调整）"科目。

（二）政府财政承担支出责任的其他负债，按照确定应承担的负债金额，借记本科目，贷记"其他负债"科目。

（三）无偿划出股权投资时，账务处理参照"股权投资"科目使用说明中权益法和成本法下对应业务的账务处理。

（四）年终转账时，本科目借方余额转入本期盈余，借记"本期盈余——预算管理资金本期盈余"科目，贷记本科目。

四、本科目平时借方余额反映本级政府财政其他费用的累计数。

五、期末结转后，本科目应无余额。

5041 财政专户管理资金支出

一、本科目核算本级政府财政用纳入财政专户管理的教育收费等资金安排的支出。

二、本科目可根据管理需要，按照预算单位等进行明细核算。

三、财政专户管理资金支出的主要账务处理如下：

（一）发生财政专户管理资金支出时，借记本科目，贷记"其他财政存款"等科目。

（二）当年记入的财政专户管理资金支出发生退回时，按照实际退回的金额，借记"其他财政存款"科目，贷记本科目。

（三）以前年度财政专户管理资金支出发生退回时，按照实际退回的金额，借记"其他财政存款"科目，贷记"以前年度盈余调整——财政专户管理资金以前年度盈余调整"科目。

（四）年终转账时，本科目借方余额转入本期盈余，借记"本期盈余——财政专户管理资金本期盈余"科目，贷记本科目。

四、本科目平时借方余额反映财政专户管理资金支出的累计数。

五、期末结转后，本科目应无余额。

5042 专用基金支出

一、本科目核算本级政府财政用专用基金收入安排的支出。

二、本科目可根据管理需要，按照专用基金种类、预算单位等进行明细核算。

三、专用基金支出的主要账务处理如下：

（一）发生专用基金支出时，借记本科目，贷记"其他财政存款"等科目。

（二）当年专用基金支出发生退回时，按照实际退回的金额，借记"其他财政存款"等科目，贷记本科目。

（三）以前年度专用基金支出发生退回时，按照实际退回的金额，借记"其他财政存款"等科目，贷记"以前年度盈余调整——专用基金以前年度盈余调整"科目。

（四）年终转账时，本科目借方余额转入本期盈余，借记"本期盈余——专用基金本期盈余"科目，贷记本科目。

四、本科目平时借方余额反映专用基金支出的累计数。

五、期末结转后，本科目应无余额。

第四十二条 预算会计科目使用说明如下：

六、预算收入类

6001 一般公共预算收入

一、本科目核算政府财政筹集的纳入本级一般公共预算管理的税收收入和非税收入。

二、本科目应根据《政府收支分类科目》中"一般公共预算收入"科目进行明细核算。

三、一般公共预算收入的主要账务处理如下：

（一）收到款项时，根据当日预算收入日报表所列一般公共预算本级收入数，借记"资金结存——库款资金结存"科目，贷记本科目。

（二）年终转账时，本科目贷方余额转入一般公共预算结转结余，借记本科目，贷记"一般公共预算结转结余"科目。

四、本科目平时贷方余额反映本级一般公共预算收入的累计数。

五、期末结转后，本科目应无余额。

6002 政府性基金预算收入

一、本科目核算政府财政筹集的纳入本级政府性基金预算管理的非税收入。

二、本科目应根据《政府收支分类科目》中"政府性基金预算收入"科目进行明细核算。

三、政府性基金预算收入的主要账务处理如下：

（一）收到款项时，根据当日预算收入日报表所列政府性基金预算本级收入数，借记"资金结存——库款资金结存"科目，贷记本科目。

（二）年终转账时，本科目贷方余额转入政府性基金预算结转结余，借记本科目，贷记"政府性基金预算结转结余"科目。

四、本科目平时贷方余额反映本级政府性基金预算收入的累计数。

五、期末结转后，本科目应无余额。

6003 国有资本经营预算收入

一、本科目核算政府财政筹集的纳入本级国有资本经营预算管理的非税收入。

二、本科目应根据《政府收支分类科目》中"国有资本经营预算收入"科目进行明细核算。

三、国有资本经营预算收入的主要账务处理如下：

（一）收到款项时，根据当日预算收入日报表所列国有资本经营预算本级收入数，借记"资金结存——库款资金结存"科目，贷记本科目。

（二）年终转账时，本科目贷方余额转入国有资本经营预算结转结余，借记本科目，贷记"国有资本经营预算结转结余"科目。

四、本科目平时贷方余额反映本级国有资本经营预算收入的累计数。

五、期末结转后，本科目应无余额。

6005 财政专户管理资金收入

一、本科目核算政府财政纳入财政专户管理的教育收费等资金收入。

二、本科目应根据《政府收支分类科目》中收入分类科目进行明细核算。同时，根据管理需要，按预算单位等进行明细核算。

三、财政专户管理资金收入的主要账务处理如下：

（一）收到财政专户管理资金收入时，借记"资金结存——专户资金结存"科目，贷记本科目。

（二）年终转账时，本科目贷方余额转入财政专户管理资金结余，借记本科目，贷记"财政专户管理资金结余"科目。

四、本科目平时贷方余额反映财政专户管理资金收入的累计数。

五、期末结转后，本科目应无余额。

6007 专用基金收入

一、本科目核算本级政府财政按照法律法规和国务院、财政部规定设置或取得的粮食风险基金等专用基金收入。

二、本科目应按照专用基金种类进行明细核算。

三、专用基金收入的主要账务处理如下：

（一）通过预算支出安排取得专用基金收入并将资金转入财政专户的，借记"资金结存——专户资金结存"科目，贷记本科目；同时，借记"一般公共预算支出"等科目，贷记"资金结存——库款资金结存"等科目。退回专用基金收入时，做相反的会计分录。

（二）通过预算支出安排取得专用基金收入，资金仍留存国库的，借记"一般公共预算支出"等科目，贷记本科目。

（三）年终转账时，本科目贷方余额转入专用基金结余，借记本科目，贷记"专用基金结余"科目。

四、本科目平时贷方余额反映取得专用基金收入的累计数。

五、期末结转后，本科目应无余额。

6011 补助预算收入

一、本科目核算上级政府财政按照财政体制规定或专项需要补助给本级政府财政的款项，包括税收返还、一般性转移支付和专项转移支付等。

二、本科目下应设置"一般公共预算补助收入""政府性基金预算补助收入""国有资本经营预算补助收入""上级调拨"明细科目，可根据《政府收支分类科目》规定进行明细核算。其中，"一般公共预算补助收入"科目核算本级政府财政收到上级政府财政的一般公共预算转移支付收入；"政府性基金预算补助收入"科目核算本级政府财政收到上级政府财政的政府性基金转移支付收入；"国有资本经营预算补助收入"科目核算本级政府财政收到上级政府财政的国有资本经营预算转移支付收入；"上级调拨"科目核算年度执行中，本级政府财政收到暂不能明确资金类别的上级政府财政调拨资金或按年终结算应确认事项金额。

三、补助预算收入的主要账务处理如下：

（一）年度执行中，收到上级政府财政调拨的资金时，按照实际收到的金额，借记"资金结存——库款资金结存"科目，贷记"补助预算收入——上级调拨"等科目。

专项转移支付资金实行特设专户管理的，收到资金时按照实际收到的金额，借记"资金结存——专户资金结存"科目，贷记"补助预算收入——上级调拨"科目。

有主权外债业务的财政部门，贷款资金由本级政府财政同级预算单位使用，且贷款的最终还款责任由上级政府财政承担的，本级政府财政部门收到贷款资金时，借记"资金结存——专户资金结存"科目，贷记"补助预算收入——上级调拨"科目；外方或上级政府财政将贷款资金直接支付给供应商或用款单位时，借记"一般公共预算支出"科目，贷记"补助预算收入——上级调拨"等科目；上级政府财政豁免本级政府财政主权外债，根据债务管理部门提供的有关资料和有关预算文件，借记"资金结存——上下级调拨结存"科目，贷记"补助预算收入——上级调拨"科目。

（二）根据预算管理需要，本级政府财政向上级政府财政归还资金时，按照实际转出的金额，借记"补助预算收入——上级调拨"科目，贷记"资金结存——库款资金结存"科目。

（三）年终两级财政办理结算以后，根据预算管理部门提供的结算单确认上级补助预算收入，借记"补助预算收入——上级调拨"科目，贷记"补助预算收入——一般公共预算补助收入""补助预算收入——政府性基金预算补助收入""补助预算收入——国有资本经营预算补助收入"等科目；两级财政年终结算中发生应上交上级政府财政款项时，借记"上解预算支出"等科目，贷记"补助预算收入——上级调拨"等科目。

（四）完成上述结转以后，将本科目下各明细科目余额分别结转至相应的预算结余类科目，借记本科目，贷记"一般公共预算结转结余""政府性基金预算结转结余""国有资本经营预算结转结余""资金结存——上下级调拨结存"等科目。

四、本科目平时贷方余额反映本级政府财政收到上级政府财政调拨资金的累计数。

五、期末结转后，本科目应无余额。

6012 上解预算收入

一、本科目核算按照财政体制规定或专项需要由下级政府财政上交给本级政府财政的款项。

二、本科目下应按照不同资金性质设置"一般公共预算上解收入""政府性基金预算上解收入""国有资本经营预算上解收入"明细科目，并按照上解地区进行明细核算。

三、上解预算收入的主要账务处理如下：

（一）年终与下级政府财政结算时，根据预算管理部门提供的有关资料，按照尚未收到的上解款金额，借记"补助预算支出——调拨下级"科目，贷记本科目。

（二）年终转账时，本科目贷方余额应根据不同资金性质分别转入相应的结转结余科目，借记本科目，贷记"一般公共预算结转结余""政府性基金预算结转结余""国有资本经营预算结转结余"等科目。

四、本科目平时贷方余额反映上解收入的累计数。

五、期末结转后，本科目应无余额。

6013 地区间援助预算收入

一、本科目核算受援方政府财政收到援助方政府财政转来的可统筹使用的各类援助、捐赠等资金收入。援助方政府已列"地区间援助预算支出"的援助、捐赠等资金，受援方通过本科目核算。

二、本科目应根据管理需要，按照援助地区等进行明细核算。

三、地区间援助预算收入的主要账务处理如下：

（一）收到援助方政府财政转来的资金时，借记"资金结存——库款资金结存"科目，贷记本科目。

（二）年终转账时，本科目贷方余额转入一般公共预算结转结余，借记本科目，贷记"一般公共预算结转结余"科目。

四、本科目平时贷方余额反映地区间援助收入的累计数。

五、期末结转后，本科目应无余额。

6021 调入预算资金

一、本科目核算政府财政为平衡某类预算收支、从其他类型预算资金及其他渠道调入的资金。

二、本科目下应按照不同资金性质设置"一般公共预算调入资金""政府性基金预算调入资金"明细科目。

三、调入预算资金的主要账务处理如下：

（一）从其他类型预算资金及其他渠道调入一般公共预算时，按照调入或实际收到的金额，借记"调出预算资金——政府性基金预算调出资金""调出预算资金——国有资本经营预算调出资金""资金结存——库款资金结存"等科目，贷记"调入预算资金——一般公共预算调入资金"科目。

（二）从其他类型预算资金及其他渠道调入政府性基金预算时，按照调入或实际收到的资金金额，借记"资金结存——库款资金结存"等科目，贷记"调入预算资金——政府性基金预算调入资金"科目。

（三）年终转账时，本科目贷方余额按明细科目分别转入相应的结转结余科目，借记本科目，贷记"一般公共预算结转结余""政府性基金预算结转结余"等科目。

四、本科目平时贷方余额反映调入预算资金的累计数。
五、期末结转后，本科目无余额。

6031 动用预算稳定调节基金

一、本科目核算政府财政为弥补本年度预算资金不足，动用的预算稳定调节基金。

二、动用预算稳定调节基金的主要账务处理如下：

（一）动用预算稳定调节基金时，借记"预算稳定调节基金"科目，贷记本科目。

（二）年终转账时，本科目贷方余额转入一般公共预算结转结余，借记本科目，贷记"一般公共预算结转结余"科目。

三、本科目平时贷方余额反映动用预算稳定调节基金的累计数。

四、期末结转后，本科目应无余额。

6041 债务预算收入

一、本科目核算政府财政根据法律法规等规定，通过发行债券、向外国政府和国际金融组织借款等方式筹集的纳入预算管理的债务收入。

二、本科目应设置"国债收入""一般债务收入"和"专项债务收入"明细科目，并根据《政府收支分类科目》中"债务收入"科目进行明细核算。

三、债务预算收入的主要账务处理如下：

（一）省级以上（含省级）政府财政收到政府债券发行收入时，按照实际收到的金额，借记"资金结存——库款资金结存"科目，按照政府债券实际发行额，贷记本科目，按照其差额，借记或贷记有关支出科目。

（二）中央财政发生国债随卖业务时，按照实际收到的金额，借记"资金结存——库款资金结存"科目；根据国债随卖确认文件等相关债券管理资料，按照国债随卖面值，贷记本科目，按照实际收到金额与面值的差额，借记或贷记"一般公共预算支出"科目。

（三）按定向承销方式发行的政府债券，根据债务管理部门转来的债券发行文件等有关资料进行确认，由本级政府财政承担还款责任，贷款资金由本级政府财政同级部门使用的，借记"债务还本预算支出"科目，贷记本科目；转贷下级政府财政的，借记"债务转贷预算支出"科目，贷记本科目。

（四）政府财政向外国政府、国际金融组织等机构借款时，按照实际提款的外币金额和即期汇率折算的人民币金额，借记"资金结存——库款资金结存""资金结存——专户资金结存"等科目，贷记本科目。

（五）本级政府财政借入主权外债，且由外方或上级政府财政将贷款资金直接支付给用款单位或供应商时，应根据以下情况分别处理：

1.本级政府财政承担还款责任，贷款资金由本级政府财政同级部门使用的，本级政府财政根据贷款资金支付有关资料，借记"一般公共预算支出"科目，贷记本科目。

2.本级政府财政承担还款责任，贷款资金由下级政府财政同级部门使用的，本级政府财政根据贷款资金支付有关资料及预算文件，借记"补助预算支出——调拨下级"等科目，贷记本科目。

3.下级政府财政承担还款责任，贷款资金由下级政府财政同级部门使用的，本级政府财政根据贷款资金支付有关资料，借记"债务转贷预算支出"科目，贷记本科目

（六）年终转账时，本科目下"国债收入""一般债务收入"的贷方余额转入一般公共预算结转结余，借记"债务预算收入——国债收入""债务预算收入——一般债务收入"科目，贷记"一般公共预算结转结余"科目；本科目下"专项债务收入"的贷方余额转入政府性基金预算结转结余，借记"债务预算收入——专项债务收入"科目，贷记"政府性基金

预算结转结余"科目，可根据预算管理需要，按照专项债务对应的政府性基金预算收入科目分别转入"政府性基金预算结转结余"相应明细科目。

四、本科目平时贷方余额反映债务预算收入的累计数。

五、期末结转后，本科目应无余额。

6042 债务转贷预算收入

一、本科目核算省级以下（不含省级）政府财政收到上级政府财政转贷的债务收入。

二、本科目应设置"一般债务转贷收入""专项债务转贷收入"明细科目，并根据《政府收支分类科目》中"债务转贷收入"科目进行明细核算。

三、债务转贷预算收入的主要账务处理如下：

（一）省级以下（不含省级）政府财政收到地方政府债券转贷收入时，按照实际收到的金额或债务管理部门确认的金额，借记"资金结存——库款资金结存""补助预算收入——上级调拨"等科目，贷记本科目；实际收到的金额与债务管理部门确认的到期应偿还转贷款本金之间的差额，借记或贷记有关支出科目。

（二）实行定向承销方式转贷的地方政府债券，省级以下（不含省级）政府财政根据债务管理部门提供的有关资料进行确认，借记"债务还本预算支出"科目，贷记本科目。

（三）省级以下（不含省级）政府财政收到主权外债转贷收入的具体账务处理如下：

1. 本级财政收到主权外债转贷资金时，借记"资金结存——库款资金结存""资金结存——专户资金结存"科目，贷记本科目。

2. 从上级政府财政借入主权外债转贷款，且由外方或上级政府财政将贷款资金直接支付给用款单位或供应商时，应根据以下情况分别处理：

（1）本级政府财政承担还款责任，贷款资金由本级政府财政同级部门使用的，本级政府财政根据贷款资金支付有关资料，借记"一般公共预算支出"科目，贷记本科目。

（2）本级政府财政承担还款责任，贷款资金由下级政府财政同级部门使用的，本级政府财政根据贷款资金支付有关资料及预算文件，借记"补助预算支出——调拨下级"等科目，贷记本科目。

（3）下级政府财政承担还款责任，贷款资金由下级政府财政同级部门使用的，本级政府财政根据转贷资金支付有关资料，借记"债务转贷预算支出"科目，贷记本科目；下级政府财政根据贷款资金支付有关资料，借记"一般公共预算支出"科目，贷记本科目。

（四）年终转账时，本科目下"一般债务转贷收入"明细科目的贷方余额转入一般公共预算结转结余，借记本科目，贷记"一般公共预算结转结余"科目；本科目下"专项债务转贷收入"明细科目的贷方余额转入政府性基金预算结转结余，借记本科目，贷记"政府性基金预算结转结余"科目，可根据预算管理需要，按照专项债务对应的政府性基金预算收入科目分别转入"政府性基金预算结转结余"相应明细科目。

四、本科目平时贷方余额反映债务转贷预算收入的累计数。

五、期末结转后，本科目应无余额。

6051 待处理收入

一、本科目核算本级政府财政收回的结转结余资金。

二、本科目下应设置"库款资金待处理收入""专户资金待处理收入"明细科目。

三、待处理收入的主要账务处理如下：

（一）收到收回的结转结余资金时，借记"资金结存——库款资金结存"等科目，贷记本科目。

（二）收回的结转结余资金，财政部门按原预算科目使用的，实际安排支出时，借记本科目或"资金结存——待处理结存"科目,贷记"资金结存——库款资金结存"科目。

(三)收回的结转结余资金,财政部门调整预算科目使用的,实际安排支出时,借记本科目或"资金结存——待处理结存"科目,按原结转预算科目,贷记"一般公共预算支出"等科目;同时,按实际支出预算科目,借记"一般公共预算支出"等科目,贷记"资金结存——库款资金结存"等科目。

(四)年终,本科目贷方余额转入资金结存,借记本科目,贷记"资金结存——待处理结存"科目。

四、本科目平时贷方余额反映待处理收入的累计数。

五、期末结转后,本科目应无余额。

七、预算支出类

7001 一般公共预算支出

一、本科目核算政府财政管理的由本级政府安排使用的列入一般公共预算的支出。

二、本科目应根据《政府收支分类科目》中支出功能分类科目和支出经济分类科目进行明细核算。同时,可根据预算管理需要,按照预算单位和项目等进行明细核算。

三、一般公共预算支出的主要账务处理如下:

(一)实际发生一般公共预算支出时,借记本科目,贷记"资金结存——库款资金结存"等科目。

(二)已支出事项发生退回时,借记"资金结存——库款资金结存"等科目,贷记本科目。

(三)年终转账时,本科目借方余额转入一般公共预算结转结余,借记"一般公共预算结转结余"科目,贷记本科目。

四、本科目平时借方余额反映一般公共预算支出的累计数。

五、期末结转后,本科目应无余额。

7002 政府性基金预算支出

一、本科目核算政府财政管理的由本级政府安排使用的列入政府性基金预算的支出。

二、本科目应根据《政府收支分类科目》中支出功能分类科目和支出经济分类科目进行明细核算。同时,可根据预算管理需要,按照预算单位和项目等进行明细核算。

三、政府性基金预算支出的主要账务处理如下:

(一)实际发生政府性基金预算支出时,借记本科目,贷记"资金结存——库款资金结存"等科目。

(二)已支出事项发生退回时,借记"资金结存——库款资金结存"等科目,贷记本科目。

(三)年终转账时,本科目借方余额转入政府性基金预算结转结余,借记"政府性基金预算结转结余"科目,贷记本科目。

四、本科目平时借方余额反映政府性基金预算支出的累计数。

五、期末结转后,本科目应无余额。

7003 国有资本经营预算支出

一、本科目核算政府财政管理的由本级政府安排使用的列入国有资本经营预算的支出。

二、本科目应根据《政府收支分类科目》中支出功能分类科目和支出经济分类科目进行明细核算。同时,根据预算管理需要,按照预算单位和项目等进行明细核算。

三、国有资本经营预算支出的主要账务处理如下:

（一）实际发生国有资本经营预算支出时，借记本科目，贷记"资金结存——库款资金结存"等科目。

（二）已支出事项发生退回时，借记"资金结存——库款资金结存"等科目，贷记本科目。

（三）年终转账时，本科目借方余额转入国有资本经营预算结转结余，借记"国有资本经营预算结转结余"科目，贷记本科目。

四、本科目平时借方余额反映国有资本经营预算支出的累计数。

五、期末结转后，本科目应无余额。

7005 财政专户管理资金支出

一、本科目核算本级政府财政用纳入财政专户管理的教育收费等资金安排的支出。

二、本科目应根据《政府收支分类科目》中支出功能分类科目和支出经济分类科目进行明细核算。同时，可根据管理需要，按照预算单位和项目等进行明细核算。

三、财政专户管理资金支出的主要账务处理如下：

（一）发生财政专户管理资金支出时，借记本科目，贷记"资金结存——专户资金结存"等科目。

（二）已支出事项发生退回时，借记"资金结存——专户资金结存"等科目，贷记本科目。

（三）年终转账时，本科目借方余额转入财政专户管理资金结余，借记"财政专户管理资金结余"科目，贷记本科目。

四、本科目平时借方余额反映财政专户管理资金支出的累计数。

五、期末结转后，本科目应无余额。

7007 专用基金支出

一、本科目核算政府财政专用基金收入安排的支出。

二、本科目应根据专用基金的种类设置明细科目。同时，根据预算管理需要，按预算单位等进行明细核算。

三、专用基金支出的主要账务处理如下：

（一）发生专用基金支出时，借记本科目，贷记"资金结存——库款资金结存""资金结存——专户资金结存"等科目。

（二）已支出事项发生退回时，借记"资金结存——库款资金结存""资金结存——专户资金结存"等科目，贷记本科目。

（三）年终转账时，本科目借方余额转入专用基金结余，借记"专用基金结余"科目，贷记本科目。

四、本科目平时借方余额反映专用基金支出的累计数。

五、期末结转后，本科目应无余额。

7011 补助预算支出

一、本科目核算本级政府财政按照财政体制规定或专项需要补助给下级政府财政的款项，包括对下级的税收返还、一般性转移支付和专项转移支付等。

二、本科目应按照不同资金性质设置"一般公共预算补助支出""政府性基金预算补助支出""国有资本经营预算补助支出"和"调拨下级"明细科目。同时，可根据管理需要，按照补助地区和《政府收支分类科目》中支出功能分类科目进行明细核算。其中，"一般公共预算补助支出"科目核算本级政府财政对下级政府财政的一般性转移支付支出；"政府性基金预算补助支出"科目核算本级政府财政对下级政府财政的政府性基金预算转移支付支出；"国有资本经营预算补助支出"科目核算本级政府财政对下级政府财政的国有资本经营预算转移支付支出；"调拨下级"科目核算年度执行中，本级政府财政调拨给下级政府财政的尚未指定资金性质的资金或结算应确认事项金额。

三、补助预算支出的主要账务处理如下：

（一）年度执行中，调拨资金给下级政府财政，根据实际调拨的金额借记"补助预算支出——调拨下级"等科目，贷记"资金结存——库款资金结存""资金结存——专户资金结存"科目。

（二）两级财政年终结算中应当由下级政府财政上交的款项，借记"补助预算支出——调拨下级"等科目，贷记"上解预算收入"科目。

（三）专项转移支付资金实行特设专户管理的，根据有关支出管理部门下达的预算文件和拨款依据确认支出，借记"补助预算支出——调拨下级"等科目；资金由本级政府财政拨付给下级的，贷记"资金结存——专户资金结存"等科目；资金由上级政府财政直接拨给下级的，贷记"补助预算收入——上级调拨"科目。

（四）本级政府财政借入或收到转贷的主权外债，贷款资金由下级政府财政同级部门使用，且贷款最终还款责任由本级政府财政承担的，根据债务管理部门提供的有关资料，借记"补助预算支出——调拨下级"等科目，贷记"资金结存——库款资金结存""资金结存——专户资金结存"科目；外方或上级政府财政将贷款资金直接支付给用款单位或供应商时，借记"补助预算支出——调拨下级"等科目，贷记"债务预算收入""债务转贷预算收入"等科目；本级政府财政豁免下级政府财政主权外债，根据债务管理部门提供的有关资料和有关预算文件，借记"补助预算支出——调拨下级"等科目，贷记"资金结存——上下级调拨结存"科目。

（五）根据预算管理需要，收回已调拨下级政府财政资金时，按照实际收到的金额，借记"资金结存——库款资金结存""资金结存——专户资金结存"等科目，贷记"补助预算支出——调拨下级"等科目。

（六）发生上解多交应当退回的，按照应当退回的金额，借记"上解预算收入"科目，贷记"补助预算支出——调拨下级"等科目。

（七）年终两级财政办理结算以后，根据预算管理部门提供的结算单确认补助下级预算支出，借记"补助预算支出——一般公共预算补助支出""补助预算支出——政府性基金预算补助支出""补助预算支出——国有资本经营预算补助支出"等科目，贷记"补助预算支出——调拨下级"科目。

（八）完成上述结转以后，将本科目下各明细科目余额分别结转至相应的预算结余类科目。借记"资金结存——上下级调拨结存""一般公共预算结转结余""政府性基金预算结转结余""国有资本经营预算结转结余"等科目，贷记本科目。

四、本科目平时借方余额反映补助预算支出的累计数。

五、期末结转后，本科目应无余额。

7012 上解预算支出

一、本科目核算本级政府财政按照财政体制规定或专项需要上交给上级政府财政的款项。

二、本科目应按照不同资金性质设置"一般公共预算上解支出""政府性基金预算上解支出""国有资本经营预算上解支出"明细科目。

三、上解预算支出的主要账务处理如下：

（一）发生上解预算支出时，借记本科目，贷记"资金结存——库款资金结存""补助预算收入——上级调拨"等科目。

（二）年终与上级政府财政结算时，按照尚未支付的上解金额，借记本科目，贷记"补助预算收入——上级调拨"等科目。退还或核减上解支出时，借记"资金结存——库款资金结存""补助预算收入——上级调拨"等科目，贷记本科目。

（三）年终转账时，本科目借方余额应根据不同资金性质分别转入相应的结转结余科目，借记"一般公共预算结转结余""政府性基金预算结转结余"等科目，贷记本科目。

四、本科目平时借方余额反映上解支出的累计数。

五、期末结转后，本科目应无余额。

7013 地区间援助预算支出

一、本科目核算援助方政府财政安排用于受援方政府财政统筹使用的各类援助、捐赠等资金支出。

二、本科目应按照受援地区等进行相应明细核算。

三、地区间援助预算支出的主要账务处理如下：

（一）发生地区间援助预算支出时，借记本科目，贷记"资金结存——库款资金结存"科目。

（二）年终转账时，本科目借方余额转入一般公共预算结转结余，借记"一般公共预算结转结余"科目，贷记本科目。

四、本科目平时借方余额反映地区间援助支出的累计数。

五、期末结转后，本科目应无余额。

7021 调出预算资金

一、本科目核算政府财政为平衡预算收支，在不同类型预算资金之间的调出支出。

二、本科目应设置"一般公共预算调出资金""政府性基金预算调出资金"和"国有资本经营预算调出资金"明细科目。

三、调出预算资金的主要账务处理如下：

（一）从一般公共预算调出资金时，按照调出的金额，借记"调出预算资金——一般公共预算调出资金"科目，贷记"调入预算资金"有关明细科目。

（二）从政府性基金预算调出资金时，按照调出的金额，借记"调出预算资金——政府性基金预算调出资金"科目，贷记"调入预算资金"有关明细科目。

（三）从国有资本经营预算调出资金时，按照调出的金额，借记"调出预算资金——国有资本经营预算调出资金"科目，贷记"调入预算资金"有关明细科目。

（四）年终转账时，本科目借方余额分别转入相应的结转结余科目，借记"一般公共预算结转结余""政府性基金预算结转结余"和"国有资本经营预算结转结余"等科目，贷记本科目。

四、本科目平时借方余额反映调出预算资金的累计数。

五、期末结转后，本科目应无余额。

7031 安排预算稳定调节基金

一、本科目核算政府财政安排用于弥补以后年度预算资金不足的储备资金。

二、安排预算稳定调节基金的主要账务处理如下：

（一）安排预算稳定调节基金时，借记本科目，贷记"预算稳定调节基金"科目。

（二）年终转账时，本科目借方余额转入一般公共预算结转结余，借记"一般公共预算结转结余"科目，贷记本科目。

三、本科目平时借方余额反映安排预算稳定调节基金的累计数。

四、期末结转后，本科目应无余额。

7041 债务还本预算支出

一、本科目核算政府财政偿还本级政府财政承担的纳入预算管理的债务本金支出。

二、本科目应设置"国债还本支出""一般债务还本支出""专项债务还本支出"明细科目,并根据《政府收支分类科目》中"债务还本支出"科目进行明细核算。

三、债务还本预算支出的主要账务处理如下:

(一)偿还本级政府财政承担的政府债券、主权外债等纳入预算管理的债务本金时,借记本科目,贷记"资金结存—库款资金结存""资金结存——专户资金结存""补助预算收入——上级调拨"等科目。

(二)中央财政发生国债随买业务时,根据国债随买确认文件等相关债券管理资料,按照国债随买面值,借记本科目,按照实际支付的金额,贷记"资金结存—库款资金结存"科目;按照其差额,借记或贷记"一般公共预算支出"科目。

(三)年终转账时,本科目下"国债还本支出""一般债务还本支出"的借方余额转入一般公共预算结转结余,借记"一般公共预算结转结余"科目,贷记"债务还本预算支出——国债还本支出""债务还本预算支出——一般债务还本支出"科目;本科目下"专项债务还本支出"的借方余额转入政府性基金预算结转结余,借记"政府性基金预算结转结余"科目,贷记"债务还本预算支出——专项债务还本支出"科目,可根据预算管理需要,按照专项债务对应的政府性基金预算支出科目分别转入"政府性基金预算结转结余"相应明细科目。

四、本科目平时借方余额反映本级政府财政债务还本预算支出的累计数。

五、期末结转后,本科目应无余额。

7042 债务转贷预算支出

一、本科目核算本级政府财政向下级政府财政转贷的债务支出。

二、本科目应设置"一般债务转贷支出""专项债务转贷支出"明细科目,并根据《政府收支分类科目》中"债务转贷支出"科目和转贷地区进行明细核算。

三、债务转贷预算支出的主要账务处理如下:

(一)本级政府财政向下级政府财政转贷地方政府债券资金时,借记本科目,贷记"资金结存——库款资金结存""补助预算支出——调拨下级"等科目。

(二)本级政府财政向下级政府财政转贷主权外债资金,且主权外债最终还款责任由下级政府财政承担的具体账务处理如下:

1. 支付转贷资金时,根据外债管理部门提交的转贷业务有关资料,借记本科目,贷记"资金结存——库款资金结存""资金结存—专户资金结存"科目。

2. 外方或上级政府财政将贷款资金直接支付给用款单位或供应商时,根据外债管理部门提交的转贷业务有关资料,借记本科目,贷记"债务预算收入""债务转贷预算收入"科目。

(三)年终转账时,本科目下"一般债务转贷支出"明细科目的借方余额转入一般公共预算结转结余,借记"一般公共预算结转结余"科目,贷记"债务转贷预算支出——一般债务转贷支出"科目;本科目下"专项债务转贷支出"明细科目的借方余额转入政府性基金预算结转结余,借记"政府性基金预算结转结余"科目,贷记"债务转贷预算支出——专项债务转贷支出"科目,可根据预算管理需要,按照专项债务对应的政府性基金预算支出科目分别转入"政府性基金预算结转结余"相应明细科目。

四、本科目平时借方余额反映债务转贷支出的累计数。

五、期末结转后,本科目应无余额。

7051 待处理支出

一、本科目核算政府财政按照预拨经费管理有关规定预拨给预算单位尚未列为预算支出的款项。

二、本科目应当按照预算单位进行明细核算。

三、待处理支出的主要账务处理如下：

（一）拨出款项时，借记本科目，贷记"资金结存——库款资金结存"等科目。

（二）转列预算支出时，借记"一般公共预算支出""政府性基金预算支出""国有资本经营预算支出"等科目，贷记本科目。

（三）收回预拨款项时，借记"资金结存——库款资金结存"等科目，贷记本科目。

（四）年终，本科目借方余额转入资金结存，借记"资金结存——待处理结存"科目，贷记本科目。

四、本科目平时借方余额反映政府财政尚未转列支出或尚待收回的待处理支出数。

五、期末结转后，本科目应无余额。

八、预算结余类

8001 一般公共预算结转结余

一、本科目核算本级政府财政一般公共预算收支的执行结果。

二、一般公共预算结转结余的主要账务处理如下：

（一）年终转账时，将一般公共预算的有关收入科目贷方余额转入本科目的贷方，借记"一般公共预算收入""补助预算收入——一般公共预算补助收入""上解预算收入——一般公共预算上解收入""地区间援助预算收入""调入预算资金——一般公共预算调入资金""债务预算收入——国债收入""债务预算收入——一般债务收入""债务转贷预算收入——一般债务转贷收入""动用预算稳定调节基金"科目，贷记本科目；将一般公共预算的有关支出科目借方余额转入本科目的借方，借记本科目，贷记"一般公共预算支出""补助预算支出——一般公共预算补助支出""上解预算支出——一般公共预算上解支出""地区间援助预算支出""调出预算资金——一般公共预算调出资金""安排预算稳定调节基金""债务还本预算支出——国债还本支出""债务还本预算支出——一般债务还本支出""债务转贷预算支出——一般债务转贷支出"科目。

（二）设置或补充预算周转金时，借记本科目，贷记"预算周转金"科目。

三、本科目期末贷方余额反映一般公共预算收支相抵后的滚存结转结余。

8002 政府性基金预算结转结余

一、本科目核算本级政府财政政府性基金预算收支的执行结果。

二、本科目可根据管理需要，按照政府性基金的项目进行明细核算。

三、政府性基金预算结转结余的主要账务处理如下：

年终转账时，将政府性基金预算的有关收入科目贷方余额转入本科目的贷方，按照政府性基金项目分别转入本科目的贷方，借记"政府性基金预算收入""补助预算收入——政府性基金预算补助收入""上解预算收入——政府性基金预算上解收入""调入预算资金——政府性基金预算调入资金""债务预算收入——专项债务收入""债务转贷预算收入——专项债务转贷收入"科目，贷记本科目；将政府性基金预算的有关支出科目借方余额转入本科目的借方，借记本科目，贷记"政府性基金预算支出""补助预算支出——政府性基金预算补助支出""上解预算支出——政府性基金预算上解支出""调出预算资金——政府性基金预算调出资金""债务还本预算支出——专项债务还本支出""债务转贷预算支出——专项债务转贷支出"科目。

四、本科目期末贷方余额反映政府性基金预算收支相抵后的滚存结转结余。

8003 国有资本经营预算结转结余

一、本科目核算本级政府财政国有资本经营预算收支的执行结果。

二、国有资本经营预算结转结余的主要账务处理如下：

年终转账时，将国有资本经营预算的有关收入科目贷方余额转入本科目的贷方，借记"国有资本经营预算收入""补助预算收入——国有资本经营预算补助收入""上解预算收入——国有资本经营预算上解收入"科目，贷记本科目；将国有资本经营预算的有关支出科目借方余额转入本科目的借方，借记本科目，贷记"国有资本经营预算支出""补助预算支出——国有资本经营预算补助支出""上解预算支出——国有资本经营预算上解支出""调出预算资金——国有资本经营预算调出资金"科目。

三、本科目期末贷方余额反映国有资本经营预算收支相抵后的滚存结转结余。

8005 财政专户管理资金结余

一、本科目核算本级政府财政纳入财政专户管理的教育收费等资金收支的执行结果。

二、财政专户管理资金结余的主要账务处理如下：

年终转账时，将财政专户管理资金的有关收入科目贷方余额转入本科目的贷方，借记"财政专户管理资金收入"科目，贷记本科目；将财政专户管理资金的有关支出科目借方余额转入本科目的借方，借记本科目，贷记"财政专户管理资金支出"科目。

三、本科目期末贷方余额反映政府财政纳入财政专户管理的资金收支相抵后的滚存结余。

8007 专用基金结余

一、本科目核算本级政府财政专用基金收支的执行结果。

二、本科目应根据专用基金的种类进行明细核算。

三、专用基金结余的主要账务处理如下：

年终转账时，将专用基金的有关收入科目贷方余额转入本科目的贷方，借记"专用基金收入"科目，贷记本科目；将专用基金的有关支出科目借方余额转入本科目的借方，借记本科目，贷记"专用基金支出"科目。

四、本科目期末贷方余额反映政府财政管理的专用基金收支相抵后的滚存结余。

8031 预算稳定调节基金

一、本科目核算本级政府财政为保持年度间预算的衔接和稳定，在一般公共预算中设置的储备性资金。

二、预算稳定调节基金的主要账务处理如下：

（一）使用超收收入或一般公共预算结余设置或补充预算稳定调节基金时，借记"安排预算稳定调节基金"科目，贷记本科目。

（二）将预算周转金调入预算稳定调节基金时，借记"预算周转金"科目，贷记本科目。

（三）动用预算稳定调节基金时，借记本科目，贷记"动用预算稳定调节基金"科目。

三、本科目期末贷方余额反映预算稳定调节基金的累计规模。

8033 预算周转金

一、本科目核算政府财政设置的用于调剂预算年度内季节性收支差额周转使用的资金。

二、预算周转金的主要账务处理如下：

（一）设置或补充预算周转金时，借记"一般公共预算结转结余"科目，贷记本科目。

（二）将预算周转金调入预算稳定调节基金时，借记本科目，贷记"预算稳定调节基金"科目。

三、本科目期末贷方余额反映预算周转金的累计规模。

8041 资金结存

一、本科目核算政府财政纳入预算管理的资金流入、流出、调整和滚存的情况。

二、本科目应设置"库款资金结存""专户资金结存""在途资金结存""集中支付结余结存""上下级调拨结存""待发国债结存""零余额账户结存""已结报支出""待处理结存"明细科目。

三、资金结存科目的主要账务处理如下：

（一）"库款资金结存"科目核算政府财政以国库存款形态存在的资金。本科目期末应为借方余额。

1. 收到预算收入时，根据当日预算收入日报表所列预算收入数，借记本科目，贷记有关预算收入科目。

已入库款项发生退库（付）的，资金划出时，借记有关预算收入科目，贷记本科目。

2. 发生预算支出时，按照实际支付的金额，借记有关预算支出科目，贷记本科目。

预算支出发生退回的，资金划出时，借记本科目，贷记有关预算支出科目。

（二）"专户资金结存"科目核算政府财政以财政专户存款形态存在的资金。本科目期末应为借方余额。

1. 收到预算收入时，按照有关收入凭证，借记本科目，贷记有关预算收入科目。

已收到款项发生退付的，资金划出时，借记有关预算收入科目，贷记本科目。

2. 发生预算支出时，按照实际支付的金额，借记有关预算支出科目，贷记本科目。

预算支出发生退回的，资金划出时，借记本科目，贷记有关预算支出科目。

（三）"在途资金结存"科目核算报告清理期和库款报解整理期内发生的需要通过本科目过渡处理的属于上年度收入、支出等业务的款项。本科目期末余额反映政府财政持有的在途款金额。

1. 报告清理期和库款报解整理期内收到属于上年度收入时，在上年度账务中，借记本科目，贷记有关收入科目；收回属于上年度支出时，在上年度账务中，借记本科目，贷记"预拨经费"或有关支出科目。

2. 冲转在途款时，在本年度账务中，借记"资金结存——库款资金结存"科目，贷记本科目。

（四）"集中支付结余结存"科目核算省级以上（含省级）政府财政国库集中支付中，应列为当年支出，但年末尚未支付需结转下一年度支付的款项。本科目期末应为贷方余额，反映政府财政尚未支付的国库集中支付结余。

1. 年末，对当年发生的应付国库集中支付结余，借记有关支出科目，贷记本科目。

2. 实际支付应付国库集中支付结余资金时，借记本科目，贷记"资金结存——库款资金结存"科目。

3. 收回尚未支付的应付国库集中支付结余时，借记本科目，贷记有关支出科目。

（五）"上下级调拨结存"科目核算上下级政府财政之间资金调拨和资金结算等事项。本科目期末余额反映政府财政上下级往来款项的净额。

1. 年终转账时，将"补助预算收入——上级调拨"科目贷方余额转入资金结存，借记"补助预算收入——上级调拨"科目，贷记本科目。

2. 年终转账时，将"补助预算支出——调拨下级"科目借方余额转入资金结存，借记本科目，贷记"补助预算支出——调拨下级"科目。

（六）"待发国债结存"科目核算为弥补中央财政预算收支差额，中央财政预计发行国债与实际发行国债之间的差额。本科目期末应为借方余额，反映中央财政尚未使用的国债发行额度。

年度终了，实际发行国债收入用于债务还本支出后，小于为弥补中央财政预算收支差额中央财政预计发行国债时，按照其差额，借记本科目，贷记"债务预算收入"科目；实际发行国债收入用于债务还本支出后，大于为弥补中央财政预算收支差额中央财政预计发行国债时，按照其差额，借记"债务预算收入"科目，贷记本科目。

（七）"零余额账户结存"科目核算政府财政国库支付执行机构在代理银行开设的财政零余额账户发生的支付和清算业务。财政国库支付执行机构未单设的地区不使用本科目。本科目年末应无余额。

1. 财政国库支付执行机构通过财政零余额账户支付款项时，借记有关预算支出科目，贷记本科目。

2. 根据每日清算的金额，借记本科目，贷记"资金结存——已结报支出"科目。

（八）"已结报支出"科目核算政府财政国库支付执行机构已清算的国库集中支付支出数额。财政国库支付执行机构未单设的地区不使用本科目。本科目年末应无余额。

1. 财政国库集中支付执行机构根据每日清算的金额，借记"资金结存——零余额账户结存"科目，贷记本科目。

2. 财政国库集中支付执行机构按照国库集中支付制度有关规定办理资金支付时，借记相关预算支出科目，贷记本科目。

3. 年终财政国库集中支付执行机构按照累计结清的预算支出金额，与有关方面核对一致后转账，借记本科目，贷记有关预算支出科目。

（九）"待处理结存"科目核算结转下年度的待处理收入和待处理支出等。本科目期末余额反映尚未清理的以前年度待处理收支的金额。

1. 年终转账时，将"待处理收入"科目贷方余额转入资金结存，借记"待处理收入"科目，贷记本科目。

2. 年终转账时，将"待处理支出"科目借方余额转入资金结存，借记本科目，贷记"待处理支出"科目。

3. 将以前年度结转的待处理收入转列预算收入或退回时，借记本科目，贷记有关预算收入科目、"资金结存——库款资金结存"科目。

4. 将以前年度结转的待处理支出转列预算支出或收回时，借记有关预算支出科目、"资金结存——库款资金结存"等科目，贷记本科目。

第四章　会计结账和结算

第四十三条　总会计应当按月进行会计结账。具体结账方法，按照会计基础工作规范有关规定办理。

第四十四条　政府财政部门应当及时进行年终清理结算，并在预算会计和财务会计账中准确反映清理结算结果。年终清理结算的主要事项如下：

（一）核对年度预算。年终前，总会计应配合预算管理部门将本级政府财政全年预算指标与上、下级政府财政转移性收支预算和本级各部门预算进行核对，及时办理预算调整和转移支付事项。本年预算调整和下达对下级政府财政转移支付预算指标一般截止到11月30日；各项预算拨款，一般截止到12月25日。

（二）清理本年收入。总会计应认真清理本年收入，与非税收入征收部门核对年末应收非税收入情况,并组织收入征收部门和国家金库进行年度对账,督促收入征收部门和国家金库年终前及时将本年税收收入和非税收入缴入国库或指定财政专户,确保准确核算本年收入。

(三)清理本年支出和费用。应在本年支领列报的款项,非特殊原因,应在年终前办理完毕。总会计对本级各单位的支出和费用应与单位的相应收入核对无误。属于应收回的拨款,应及时收回,并按收回数相应冲减支出和费用。

(四)核实股权、债权和债务。财政部门内部有关资产、债务管理部门应在有关业务发生时及时向总会计提供与股权、债权、债务等核算和反映有关的资料,确保财务会计资产负债信息确认的及时性。各级财政债务管理部门需定期提供上下级财政核对确认的本地区债权债务利息有关资料。财政部门内部涉及股权投资的相关管理部门应提供股权投资对应的股权证明材料及变动情况资料。

年末,总会计对股权投资、借出款项、应收股利、应收地方政府债券转贷款、应收主权外债转贷款、借入款项、应付短期政府债券、应付长期政府债券、应付地方政府债券转贷款、应付主权外债转贷款、应付利息、其他负债等余额应与相关管理部门进行核对,记录不一致的要及时查明原因,按规定调整账务,相关管理部门要及时提供有关资料,确保账实相符,账账相符。

(五)清理往来款项。政府财政要认真清理其他应收款、其他应付款等各种往来款项,在年度终了前予以收回或归还。应转作收入或支出、费用的各项款项,预算会计与财务会计要及时处理。

第四十五条 总会计对年终报告清理期内发生的会计事项,应当划清会计年度,及时进行结账。属于清理上年度的会计事项,记入上年度会计账;属于新年度的会计事项,记入新年度会计账,防止错记漏记。通常记入上年度的会计事项主要有:

(一)依据年终财政结算进行核算。财政预算管理部门要在年终清理的基础上,于次年元月底前结清上下级政府财政的转移性收支和往来款项。总会计要按照财政管理体制的规定和专项需要,根据预算结算单,与年度预算执行过程中已补助和已上解数额进行比较,结合往来款和借垫款情况,计算出全年最后应补或应退数额,填制"年终财政决算结算单",经核对无误后,作为年终财政结算凭证,预算会计和财务会计据以入账。

(二)依据企业决算数据进行核算。财政部门内部涉及股权投资的相关管理部门应及时取得纳入总会计核算范围的被投资主体经审计后的决算报表,并据此向总会计提供股权投资核算所需资料,财务会计对股权投资变动情况进行核算。

(三)依据人大审议意见进行核算。本级人民代表大会常务委员会(或人民代表大会)审查意见中,提出的需更正原报告有关事项,总会计应根据审查意见相应调整有关账目。

第四十六条 总会计应对预算会计和财务会计分别办理年终结账。年终结账工作一般分为年终转账、结清旧账和记入新账三个步骤,依次做账。

(一)年终转账。计算出预算会计和财务会计各科目12月份合计数和全年累计数,结出年末余额。

预算会计将预算收入和预算支出分别转入"一般公共预算结转结余""政府性基金预算结转结余""国有资本经营预算结转结余""财政专户管理资金结余""专用基金结余"等科目冲销。

财务会计将收入和费用分别转入相应的本期盈余科目冲销;再将本期盈余科目转入相应的累计盈余科目冲销。

(二)结清旧账。将各收入、支出和费用科目的借方、贷方结出全年总计数。对年终有余额的科目,在"摘要"栏内注明"结转下年"字样,表示转入新账。

(三)记入新账。根据年终转账后的总账和明细账余额,编制年终"资产负债表"和有关明细表（不需填制记账凭证），预算会计和财务会计将表列各科目余额分别记入新年度有关总账和明细账年初余额栏内，并在"摘要"栏注明"上年结转"字样，以区别新年度发生数。

第五章 会 计 报 表

第四十七条 财务会计报表包括资产负债表、收入费用表、现金流量表、本年预算结余与本期盈余调节表等会计报表和附注。

资产负债表是反映政府财政在某一特定日期财务状况的报表。

收入费用表是反映政府财政在一定会计期间运行情况的报表。

现金流量表是反映政府财政在一定会计期间现金流入和流出情况的报表。

本年预算结余与本期盈余调节表是反映政府财政在某一会计年度内预算结余与本期盈余差异调整情况的报表。

附注是指对在会计报表中列示项目的文字描述或明细资料，以及对未能在会计报表中列示项目的说明。

第四十八条 财务会计报表格式如下：

资产负债表

总会财01表

编制单位：　　　　　　　　　　　年　月　日　　　　　　　　　　　单位：元

资产	年初余额	期末余额	负债和净资产	年初余额	期末余额
流动资产：			流动负债：		
国库存款			应付短期政府债券		
其他财政存款			应付国库集中支付结余		
国库现金管理资产			与上级往来		
有价证券			其他应付款		
应收非税收入			应付代管资金		
应收股利			应付利息		
借出款项			一年内到期的非流动负债		
与下级往来			流动负债合计		
预拨经费			非流动负债：		
在途款			应付长期政府债券		
其他应收款			借入款项		
应收利息			应付地方政府债券转贷款		
一年内到期的非流动资产			应付主权外债转贷款		
流动资产合计			其他负债		
非流动资产：			非流动负债合计		
应收地方政府债券转贷款			负债合计		
应收主权外债转贷款			净资产：		

（续表）

资产	年初余额	期末余额	负债和净资产	年初余额	期末余额
股权投资			累计盈余		
非流动资产合计			预算稳定调节基金		
			预算周转金		
			权益法调整		
			净资产合计		
资产总计			负债和净资产总计		

收入费用表

编制单位：　　　　　　　　　　　年　月

总会财02表
单位：元

项目	预算管理资金		财政专户管理资金		专用基金	
	本月数	本年累计数	本月数	本年累计数	本月数	本年累计数
收入合计						
税收收入			—	—	—	—
非税收入			—	—	—	—
投资收益					—	—
补助收入					—	—
上解收入					—	—
地区间援助收入					—	—
其他收入					—	—
财政专户管理资金收入	—	—			—	—
专用基金收入	—	—	—	—		
费用合计						
政府机关商品和服务拨款费用					—	—
政府机关工资福利拨款费用					—	—
对事业单位补助拨款费用					—	—
对企业补助拨款费用					—	—
对个人和家庭补助拨款费用					—	—
对社会保障基金补助拨款费用					—	—
资本性拨款费用					—	—
其他拨款费用					—	—
财务费用						

（续表）

项目	预算管理资金		财政专户管理资金		专用基金	
	本月数	本年累计数	本月数	本年累计数	本月数	本年累计数
补助费用			—	—	—	—
上解费用			—	—	—	—
地区间援助费用			—	—	—	—
其他费用			—	—		
财政专户管理资金支出	—	—			—	—
专用基金支出	—	—	—	—		
本期盈余（本年收入与费用的差额）						

注：表中有"—"的部分不必填列。

现金流量表

编制单位：　　　　　　　　　　　年　月

总会财03表
单位：元

项目	本年金额	上年金额
一、日常活动产生的现金流量		
组织税收收入收到的现金		
组织非税收入收到的现金		
组织财政专户管理资金收入收到的现金		
组织专用基金收入收到的现金		
上下级政府财政资金往来收到的现金		
收回暂付性款项相关的现金		
其他日常活动所收到的现金		
现金流入小计		
政府机关商品和服务拨款所支付的现金		
政府机关工资福利拨款所支付的现金		
对事业单位补助拨款所支付的现金		
对企业补助拨款所支付的现金		
对个人和家庭补助拨款所支付的现金		
对社会保障基金补助拨款所支付的现金		
财政专户管理资金支出所支付的现金		
专用基金支出所支付的现金		
上下级政府财政资金往来所支付的现金		
资本性拨款所支付的现金		

（续表）

项目	本年金额	上年金额
暂付性款项所支付的现金		
其他日常活动所支付的现金		
现金流出小计		
日常活动产生的现金流量净额		
二、投资活动产生的现金流量		
收回股权投资所收到的现金		
取得股权投资收益收到的现金		
收到其他与投资活动有关的现金		
现金流入小计		
取得股权投资所支出的现金		
支付其他与投资活动有关的现金		
现金流出小计		
投资活动产生的现金流量净额		
三、筹资活动产生的现金流量		
发行政府债券收到的现金		
借入款项收到的现金		
取得政府债券转贷款收到的现金		
取得主权外债转贷款收到的现金		
收回转贷款本金收到的现金		
收到下级上缴转贷款利息相关的现金		
其他筹资活动收到的现金		
现金流入小计		
转贷地方政府债券所支付的现金		
转贷主权外债所支付的现金		
支付债务本金相关的现金		
支付债务利息相关的现金		
其他筹资活动支付的现金		
现金流出小计		
筹资活动产生的现金流量净额		
四、汇率变动对现金的影响额		
五、现金净增加额		

本年预算结余与本期盈余调节表

编制单位：　　　　　　　　　　　　　　年　　　　　　　　　　　　总会财04表
单位：元

项目	金额
本年预算结余（本年预算收入与支出差额）：	
日常活动产生的差异：	
加：1. 当期确认为收入但没有确认为预算收入	
当期应收未缴库非税收入	
减：2. 当期确认为预算收入但没有确认为收入	
当期收到上期应收未缴库非税收入	
3. 当期确认为预算支出收回但没有确认为费用收回	
（1）当期收到退回以前年度已列支资金	
（2）当期将以前年度国库集中支付结余收回预算	
投资活动产生的差异：	
加：1. 当期确认为收入但没有确认为预算收入	
（1）当期投资收益或损失	
（2）当期无偿划入股权投资	
2. 当期确认为预算支出但没有确认为费用	
（1）当期股权投资增支	
（2）当期股权投资减支	
减：3. 当期确认为预算收入但没有确认为收入	
（1）当期收到利润收入和股利股息收入	
（2）当期收到清算、处置股权投资的收入	
4. 当期确认为费用但没有确认为预算支出	
当期无偿划出股权投资费用	
筹资活动产生的差异：	
加：1. 当期确认为预算支出但没有确认为费用	
（1）当期转贷款支出	
（2）当期债务还本支出	
（3）拨付上年计提债务利息	
减：2. 当期确认为预算收入但没有确认为收入	
（1）当期债务收入	
（2）当期转贷款收入	
3. 当期确认为费用但没有确认为预算支出	
当期计提未拨付债务利息	

（续表）

项目	金额
其他差异事项	
当期汇兑损益净额	
本期盈余（本年收入与费用的差额）	

第四十九条 总会计应当按照下列规定编制财务会计报表：

（一）收入费用表应当按月度和年度编制，资产负债表、现金流量表、本年预算结余与本期盈余调节表和附注应当至少按年度编制。

（二）总会计应当根据本制度编制并提供真实、完整的会计报表，切实做到账表一致，不得估列代编，弄虚作假。

（三）总会计要严格按照统一规定的种类、格式、内容、计算方法和编制口径填制会计报表，以保证全国统一汇总和分析。汇总报表的单位，要把所属单位的报表汇集齐全，防止漏报。

第五十条 财务会计报表编制说明如下：

一、资产负债表的编制说明

（一）本表"年初余额"栏内各项数字，应当根据上年年末资产负债表"期末余额"栏内数字填列。如果本年度资产负债表规定的各个项目的名称和内容同上年度不一致，应对上年年末资产负债表各项目的名称和数字按照本年度的规定进行调整，填入本表"年初余额"栏内。

（二）本表"期末余额"栏各项目的内容和填列方法

1. 资产类项目

（1）"国库存款"项目，反映政府财政期末存放在国库单一账户的款项金额。本项目应当根据"国库存款"科目的期末余额填列。

（2）"其他财政存款"项目，反映政府财政期末持有的其他财政存款金额。本项目应当根据"其他财政存款"科目的期末余额填列。

（3）"国库现金管理资产"项目，反映政府财政期末实行国库现金管理业务等持有的资产金额。本项目应当根据"国库现金管理资产"科目的期末余额填列。

（4）"有价证券"项目，反映政府财政期末持有的有价证券金额。本项目应当根据"有价证券"科目的期末余额填列。

（5）"应收非税收入"项目，反映政府财政期末向缴款人收取但尚未缴入国库的非税收入。本项目应当根据"应收非税收入"科目的期末余额填列。

（6）"应收股利"项目，反映政府财政期末尚未收回的现金股利或利润金额。本项目应当根据"应收股利"科目的期末余额填列。

（7）"借出款项"项目，反映政府财政期末借给预算单位尚未收回的款项金额。本项目应当根据"借出款项"科目的期末余额填列。

（8）"与下级往来"项目，正数反映下级政府财政欠本级政府财政的款项金额；负数反映本级政府财政欠下级政府财政的款项金额。本项目应当根据"与下级往来"科目的期末余额填列，期末余额如为借方则以正数填列，如为贷方则以负数填列。

（9）"预拨经费"项目，反映政府财政期末尚未转列支出或尚待收回的预拨经费金额。本项目应当根据"预拨经费"科目的期末余额填列。

（10）"在途款"项目，反映政府财政期末持有的在途款金额。本项目应当根据"在途款"科目的期末余额填列。

（11）"其他应收款"项目，反映政府财政期末尚未收回的其他应收款的金额。本项目应当根据"其他应收款"科目的期末余额填列。

（12）"应收利息"项目，反映政府财政期末应收未收的转贷款利息金额。本项目应当根据"应收地方政府债券转贷款""应收主权外债转贷款"科目下的"应收利息"明细科目期末余额填列。

（13）"一年内到期的非流动资产"项目，反映政府财政期末非流动资产项目中距离偿还本金日期1年以内（含1年）的转贷款本金。本项目应当根据"应收地方政府债券转贷款""应收主权外债转贷款"科目下的"应收本金"明细科目期末余额及债务管理部门提供的资料分析填列。

（14）"流动资产合计"项目，反映政府财政期末流动资产的合计数。本项目应当根据本表中"国库存款""其他财政存款""国库现金管理资产""有价证券""应收非税收入""应收股利""借出款项""与下级往来""预拨经费""在途款""其他应收款""应收利息""一年内到期的非流动资产"项目金额的合计数填列。

（15）"应收地方政府债券转贷款"项目，反映政府财政期末尚未收回的距离偿还本金日期超过1年的地方政府债券转贷款的本金金额。本项目应当根据"应收地方政府债券转贷款"科目下的"应收本金"明细科目期末余额及债务管理部门提供的资料分析填列。

（16）"应收主权外债转贷款"项目，反映政府财政期末尚未收回的距离偿还本金日期超过1年的主权外债转贷款的本金金额。本项目应当根据"应收主权外债转贷款"科目下的"应收本金"明细科目期末余额及债务管理部门提供的资料分析填列。

（17）"股权投资"项目，反映政府期末持有股权投资的金额。本项目应当根据"股权投资"科目的期末余额填列。

（18）"非流动资产合计"项目，反映政府财政期末非流动资产的合计数。本项目应当根据本表中"应收地方政府债券转贷款""应收主权外债转贷款""股权投资"项目金额的合计数填列。

（19）"资产总计"项目，反映政府财政期末资产的合计数。本项目应当根据本表中"流动资产合计""非流动资产合计"项目金额的合计数填列。

2. 负债类项目

（1）"应付短期政府债券"项目，反映政府财政期末尚未偿还的发行期不超过1年（含1年）的国债和地方政府债券本金金额。本项目应当根据"应付短期政府债券"科目的期末余额填列。

（2）"应付国库集中支付结余"项目，反映政府财政期末尚未支付的国库集中支付结余金额。本项目应当根据"应付国库集中支付结余"科目的期末余额填列。

（3）"与上级往来"项目，正数反映本级政府财政期末欠上级政府财政的款项金额；负数反映上级政府财政欠本级政府财政的款项金额。本项目应当根据"与上级往来"科目的期末余额填列，期末余额如为贷方则以正数填列，如为借方则以负数填列。

（4）"其他应付款"项目，反映政府财政期末尚未支付的其他应付款的金额。本项目应当根据"其他应付款"科目的期末余额填列。

（5）"应付代管资金"项目，反映政府财政期末尚未支付的代管资金金额。本项目应当根据"应付代管资金"科目的期末余额填列。

（6）"应付利息"项目，反映政府财政期末尚未支付的利息金额。省级以上（含省级）政府财政应当根据"应付利息"科目期末余额填列；市县政府财政应当根据"应付地方政府债券转贷款""应付主权外债转贷款"科目下的"应付利息"明细科目期末余额填列。

（7）"一年内到期的非流动负债"项目，反映政府财政期末承担的距离偿还本金日期1年以内（含1年）的非流动负债。省级以上（含省级）政府财政应当根据"应付长期政府债券""借入款项"科目余额,市县政府财政应当根据"应付地方政府债券转贷款""应付主权外债转贷款"科目下的"应付本金"明细科目期末余额及债务管理部门提供的资料分析填列。

(8)"流动负债合计"项目,反映政府财政期末流动负债合计数。本项目应当根据本表"应付短期政府债券""应付国库集中支付结余""与上级往来""其他应付款""应付代管资金""应付利息""一年内到期的非流动负债"项目 金额的合计数填列。

(9)"应付长期政府债券"项目,反映政府财政期末承担的距离偿还本金日期超1年的借入款项的本金金额。省级以上(含省级)政府财政应当根据"借入款项"科目的期末余额及债务管理部门提供的资料分析填列。

(11)"应付地方政府债券转贷款"项目,反映政府财政期末承担的距离偿还本金日期超过1年的地方政府债券转贷款的本金金额。本项目应当根据"应付地方政府债券转贷款"科目下的"应付本金"明细科目期末余额及债务管理部门提供的资料分析填列。

(12)"应付主权外债转贷款"项目,反映政府财政期末承担的距离偿还本金日期超过1年的主权外债转贷款的本金金额。本项目应当根据"应付主权外债转贷款"科目下的"应付本金"明细科目期末余额及债务管理部门提供的资料分析填列。

(13)"其他负债"项目,反映中央政府财政期末承担的其他负债金额。本项目应当根据"其他负债"科目的期末余额填列。

(14)"非流动负债合计"项目,反映政府财政期末非流动负债合计数。本项目应当根据本表中"应付长期政府债券""借入款项""应付地方政府债券转贷款""应付主权外债转贷款""其他负债"项目金额的合计数填列。

(15)"负债合计"项目,反映政府财政期末负债的合计数。本项目应当根据本表中"流动负债合计""非流动负债合计"项目金额的合计数填列。

3.净资产类项目

(1)"累计盈余"项目,反映政府财政纳入一般公共预算、政府性基金预算、国有资本经营预算管理的预算资金,财政专户管理资金、专用基金历年实现的盈余滚存的金额。本项目应当根据"预算管理资金累计盈余""财政专户管理资金累计盈余""专用基金累计盈余"科目的期末余额填列。

(2)"预算稳定调节基金"项目,反映政府财政期末预算稳定调节基金的余额。本项目应当根据"预算稳定调节基金"科目的期末余额填列。

(3)"预算周转金"项目,反映政府财政期末预算周转金的余额。本项目应当根据"预算周转金"科目的期末余额填列。

(4)"权益法调整"项目,反映政府财政按照持股比例计算应享有的被投资主体除净损益和利润分配以外的其他权益变动的份额。本项目根据"权益法调整"科目的期末余额填列。

(5)"净资产合计"项目,反映政府财政期末净资产合计数。本项目应当根据本表中"累计盈余""预算稳定调节基金""预算周转金""权益法调整"项目金额的合计数填列。

(6)"负债和净资产总计"项目,应当根据本表中"负债合计""净资产合计"项目金额的合计数填列。

二、收入费用表的编制说明

(一)本表"本月数"栏反映各项目的本月实际发生数。在编制年度收入费用表时,应将本栏改为"上年数"栏,反映上年度各项目的实际发生数;如果本年度收入费用表规定的各个项目的名称和内容同上年度不一致,应对上年度收入费用表各项目的名称和数字按照本年度的规定进行调整,填入本年度收入费用表的"上年数"栏。

本表"本年累计数"栏反映各项目自年初起至报告期末止的累计实际发生数。编制年度收入费用表时,应当将本栏改为"本年数"。

(二)本表"本月数"栏各项目的内容和填列方法

1."收入合计"项目,反映政府财政本期取得的各项收入合计金额。其中,预算管理资金的"收入合计"应当根据属于预算管理资金的"税收收入""非税收入""投资收益""补助收入""上解收入""地区间援助收入""其他收入"项目金额的合计填列;财政专户管理资金的"收入合计"应当根据"财政专户管理资金收入"项目的金额填列;专用基金的"收入合计"应当根据"专用基金收入"项目的金额填列。

2."税收收入"项目,反映政府财政本期取得的税收收入金额。本项目根据"税收收入"科目本期发生额填列。

3."非税收入"项目,反映政府财政本期取得的各项非税收入金额。本项目根据"非税收入"科目本期发生额填列。

4."投资收益"项目,反映政府财政本期取得的各项投资收益金额。本项目根据"投资收益"科目本期发生额填列。

5."补助收入"项目,反映政府财政本期取得的各类资金的补助收入金额。本项目根据"补助收入"科目本期发生额填列。

6."上解收入"项目,反映政府财政本期取得的各类资金的上解收入金额。本项目根据"上解收入"科目本期发生额填列。

7."地区间援助收入"项目,反映政府财政本期取得的地区间援助收入金额。本项目应当根据"地区间援助收入"科目的本期发生额填列。

8."其他收入"项目,反映政府财政本期取得的除"税收收入""非税收入""投资收益""补助收入""上解收入""地区间援助收入""财政专户管理资金收入""专用基金收入"以外的收入金额。本项目应当根据"其他收入"科目本期发生额填列。

9."财政专户管理资金收入"项目,反映政府财政本期取得的教育收费等资金收入金额。本项目根据"财政专户管理资金收入"科目本期发生额填列。

10."专用基金收入"项目,反映政府财政本期取得的粮食风险基金等资金收入金额。本项目根据"专用基金收入"科目本期发生额填列。

11."费用合计"项目,反映政府财政本期发生的各类费用合计金额。其中,预算管理资金的"费用合计"应当根据属于预算管理资金的"政府机关商品和服务拨款费用""政府机关工资福利拨款费用""对事业单位补助拨款费用""对企业补助拨款费用""对个人和家庭补助拨款费用""对社会保障基金补助拨款费用""资本性拨款费用""其他拨款费用""财务费用""补助费用""上解费用""地区间援助费用""其他费用"项目金额的合计填列;财政专户管理资金的"费用合计"应当根据"财政专户管理资金支出"项目的金额填列;专用基金的"费用合计"应当根据"专用基金支出"项目的金额填列。

12."政府机关商品和服务拨款费用"项目,反映政府财政本期发生的购买商品和服务的各类费用金额。本项目根据"政府机关商品和服务拨款费用"科目本期发生额填列。

13."政府机关工资福利拨款费用"项目,反映政府财政本期发生的支付给职工和长期聘用人员的各类劳动报酬及为上述人员缴纳的各项社会保险费等费用。本项目根据"政府机关工资福利拨款费用"科目本期发生额填列。

14."对事业单位补助拨款费用"项目,反映政府财政本期发生的对事业单位的经常性补助费用金额。本项目根据"对事业单位补助拨款费用"科目本期发生额填列。

15."对企业补助拨款费用"项目,反映政府财政本期发生的对企业补助拨款费用金额。本项目根据"对企业补助拨款费用"科目本期发生额填列。

16."对个人和家庭补助拨款费用"项目,反映政府财政本期发生的对个人和家庭补助拨款费用金额。本项目根据"对个人和家庭补助拨款费用"科目本期发生额填列。

17."对社会保障基金补助拨款费用"项目，反映政府财政本期发生的对社会保险基金的补助拨款以及补充全国社会保障基金费用的拨款金额。本项目根据"对社会保障基金补助拨款费用"科目本期发生额填列。

18."资本性拨款费用"项目，反映政府财政本期发生的对行政事业单位的房屋建筑物购建、基础设施建设、公务用车购置、设备购置、物资储备等方面资本性拨款费用金额。本项目根据"资本性拨款费用"科目本期发生额填列。

19."其他拨款费用"项目，反映政府财政未列入以上拨款费用项目的财政拨款费用金额。本项目根据"其他拨款费用"科目本期发生额填列。

20."财务费用"项目，反映政府财政本期发生的偿还政府债务利息及支付政府债务发行、兑付、登记相关费用及汇兑损益金额。本项目根据"财务费用"科目本期发生额填列。

21."补助费用"项目，反映政府财政本期发生的各类资金的补助费用金额。本项目根据"补助费用"科目本期发生额填列。

22."上解费用"项目，反映政府财政本期发生的上缴上级各类资金产生的费用金额。本项目根据"上解费用"科目本期发生额填列。

23."地区间援助费用"项目，反映政府财政本期发生的地区间援助费用金额。本项目根据"地区间援助费用"科目的本期发生额填列。

24."其他费用"项目，反映政府财政本期股权划出、其他负债变动形成的费用金额。本项目根据"其他费用"科目的本期发生额填列。

25."财政专户管理资金支出"项目，反映政府财政本期使用纳入财政专户管理的教育收费等资金产生的费用金额。本项目根据"财政专户管理资金支出"科目本期发生额填列。

26."专用基金支出"项目，反映政府财政本期使用专用基金产生的费用金额。本项目根据"专用基金支出"科目本期发生额填列。

27."本期盈余"项目，反映政府财政本年末收入减去费用的金额。本项目根据本表"收入合计"减去"费用合计"的差额填列。

三、现金流量表的编制说明

（一）本表中现金，是指政府财政的国库存款、其他财政存款及国库现金管理资产中的商业银行定期存款。本表中现金流量，是指现金的流入和流出。

（二）本表应当按照日常活动、投资活动、筹资活动的现金流量分别反映。

（三）本表"本年金额"栏反映各项目的本年实际发生数。本表"上年金额"栏反映各项目的上年实际发生数，应当根据上年现金流量表中"本年金额"栏内所列数字填列。

（四）本表"本年金额"栏各项目的填列方法。

1.日常活动产生的现金流量

（1）现金流入项目

"组织税收收入收到的现金"项目，反映政府财政本年取得税收收入收到的现金。本项目应当根据会计账簿中"税收收入""在途款"科目发生额分析填列。

"组织非税收入收到的现金"项目，反映政府财政本年取得非税收入收到的现金。本项目应当根据会计账簿中"非税收入""应收非税收入""在途款"科目发生额分析填列。

"组织财政专户管理资金收入收到的现金"项目，反映政府财政本年取得财政专户管理资金收入收到的现金。本项目根据会计账簿中"财政专户管理资金收入"科目发生额分析填列。

"组织专用基金收入收到的现金"项目，反映政府财政本年取得专用基金收入收到的现金。本项目根据会计账簿中"专用基金收入"科目发生额分析填列。

"上下级政府财政资金往来收到的现金"项目,反映政府财政本年收到上下级政府财政转移支付、清算欠款、临时调度款等相关的现金。本项目根据会计账簿中"补助收入""上解收入""与下级往来""与上级往来"科目贷方发生额分析填列。

"收回暂付性款项相关的现金"项目,反映政府财政本年收回暂付性款项相关的现金。本项目根据会计账簿中"预拨经费""借出款项""其他应收款"科目贷方发生额分析填列。

"其他日常活动所收到的现金"项目,反映政府财政收到的除以上项目外与日常活动相关的现金。本项目根据会计账簿中"地区间援助收入""其他收入""其他应付款""应付代管资金""在途款""以前年度盈余调整"等科目贷方发生额分析填列。

(2)现金流出项目

"政府机关商品和服务拨款所支付的现金"项目,反映政府财政本年在日常活动中用于购买商品、接受劳务支付的现金。本项目根据会计账簿中"政府机关商品和服务拨款费用"科目和"应付国库集中支付结余"科目借方发生额分析填列。

"政府机关工资福利拨款所支付的现金"项目,反映政府财政本年承担职工劳务报酬及社会保险费等支付的现金。本项目根据会计账簿中"政府机关工资福利拨款费用"科目和"应付国库集中支付结余"科目借方发生额分析填列。

"对事业单位补助拨款所支付的现金"项目,反映政府财政本年对事业单位经常性补助所支付的现金。本项目根据会计账簿中"对事业单位补助拨款费用"科目和"应付国库集中支付结余"科目借方发生额分析填列。

"对企业补助拨款所支付的现金"项目,反映政府财政本年对企业资本性投资外的其他补助所支付的现金。本项目根据会计账簿中"对企业补助拨款费用"科目和"应付国库集中支付结余"科目借方发生额分析填列。

"对个人和家庭补助拨款所支付的现金"项目,反映政府财政本年对个人和家庭的补助所支付的现金。本项目根据会计账簿中"对个人和家庭补助拨款费用"科目和"应付国库集中支付结余"科目借方发生额分析填列。

"对社会保障基金补助拨款所支付的现金"项目,反映政府财政本年对社会保险基金的补助,以及补充全国社会保障基金所支付的现金。本项目根据会计账簿中"对社会保障基金补助拨款费用"科目和"应付国库集中支付结余"科目借方发生额分析填列。

"财政专户管理资金支出所支付的现金"项目,反映政府财政本年从财政专户管理资金中安排各项支出所支付的现金。本项目根据会计账簿中"财政专户管理资金支出"科目借方发生额分析填列。

"专用基金支出所支付的现金"项目,反映政府财政用专用基金收入安排的支出所支付的现金。本项目根据会计账簿中"专用基金支出"科目借方发生额分析填列。

"上下级政府财政资金往来所支付的现金"项目,反映政府财政本年支付上下级政府财政转移支付、清算欠款、临时调度款等相关的现金。本项目根据会计账簿中"补助费用""上解费用""与下级往来""与上级往来"科目借方发生额分析填列。

"资本性拨款所支付的现金"项目,反映政府财政本年支付行政事业单位和企业用于房屋建筑物构建、基础设施建设、公务用车购置、设备购置、物资储备等相关的现金。本项目根据会计账簿中"资本性拨款费用"科目和"应付国库集中支付结余"科目借方发生额分析填列。

"暂付性款项所支付的现金"项目,反映政府财政本年安排暂付性款项所支付的现金。本项目根据会计账簿中"预拨经费""借出款项""其他应收款"科目借方发生额分析填列。

"其他日常活动所支付的现金"项目,反映政府财政本年支付除以上项目外与日常活动相关的现金。本项目根据会计账簿中"其他拨款费用""地区间援助费用""其他应付款""应付代管资金""应付国库集中支付结余""在途款""以前年度盈余调整"等科目借方发生额分析填列。

2.投资活动产生的现金流量

（1）现金流入项目

"收回股权投资所收到的现金"项目，反映政府财政本年出售、转让、处置股权等收回投资而收到的现金。本项目根据会计账簿中"股权投资"科目下"投资成本""损益调整"明细科目贷方发生额分析填列。

"取得股权投资收益收到的现金"项目，反映政府财政本年因被投资单位分配股利、利润或处置股权、企业破产清算等产生收益而收到的现金。本项目根据会计账簿中"应收股利""投资收益"科目贷方发生额分析填列。

"收到的其他与投资活动有关的现金"项目，反映政府财政本年收到除以上项目外与投资活动相关的现金。本项目根据会计账簿中"有价证券""应收股利"等科目贷方发生额分析填列。

（2）现金流出项目

"取得股权投资所支出的现金"项目，反映政府财政本年为取得股权投资而支付的现金。本项目根据会计账簿中"股权投资"科目借方发生额分析填列。

"支付其他与投资活动有关的现金"项目，反映政府财政本年支付除以上项目外与投资活动相关的现金。本项目根据会计账簿中"有价证券"等科目借方发生额分析填列。

（3）投资活动产生的现金流量净额。本项目根据现金流入项目合计数减去现金流出项目合计数差额填列，差额小于零则以负数填列。

3.筹资活动产生的现金流量

（1）现金流入项目

"发行政府债券收到的现金"项目，反映政府财政本年发行国债和地方政府债券收到的现金。本项目根据会计账簿中"应付短期政府债券""应付长期政府债券"科目贷方发生额分析填列。

"借入款项收到的现金"项目，反映政府财政本年借入款项收到的现金。本项目根据会计账簿中"借入款项"科目贷方发生额分析填列。

"取得政府债券转贷款收到的现金"项目，反映政府财政本年取得政府债券转贷款收到的现金。本项目根据会计账簿中"应付地方政府债券转贷款"科目下"应付本金"明细科目贷方发生额分析填列。

"取得主权外债转贷款收到的现金"项目，反映政府财政本年取得主权外债转贷款收到的现金。本项目根据会计账簿中"应付主权外债转贷款"科目下"应付本金"明细科目贷方发生额分析填列。

"收回转贷款本金收到的现金"项目，反映政府财政本年收到下级政府财政归还政府债券转贷款及主权外债转贷款本金相关的现金。本项目根据会计账簿中"应收地方政府债券转贷款""应收主权外债转贷款"科目下"应收本金"明细科目贷方发生额分析填列。

"收到下级上缴转贷款利息相关的现金"项目，反映政府财政本年收到下级政府财政上缴政府债券转贷款及主权外债转贷款利息相关的现金。本项目根据会计账簿中"应收地方政府债券转贷款""应收主权外债转贷款"科目下"应收利息"明细科目贷方发生额分析填列。

"其他筹资活动收到的现金"项目，反映政府财政本年收到的其他与筹资活动相关的现金。本项目根据会计账簿中"其他应付款""其他应收款"等科目贷方发生额分析填列。

（2）现金流出项目

"转贷地方政府债券所支付的现金"项目，反映政府财政本年对下级政府财政转贷地方政府债券所支付的现金。本项目根据会计账簿中"应收地方政府债券转贷款"科目下"应收本金"明细科目借方发生额分析填列。

"转贷主权外债所支付的现金"项目，反映政府财政本年对下级政府财政转贷主权外债所支付的现金。本项目根据会计账簿中"应收主权外债转贷款"科目下"应收本金"明细科目借方发生额分析填列。

"支付债务本金相关的现金"项目，反映政府财政本年偿还政府债务本金所支付的现金。省级以上（含省级）政府财政根据会计账簿中"应付短期政府债券""应付长期政府债券""借入款项"科目借方发生额分析填列；市县政府财政根据会计账簿中"应付地方政府债券转贷款""应付主权外债转贷款"科目下"应付本金"明细科目借方发生额分析填列。

"支付债务利息相关的现金"项目，反映政府财政本年支付政府债务利息相关的现金。省级以上（含省级）政府财政根据会计账簿中"应付利息"科目借方发生额分析填列；市县政府财政根据会计账簿中"应付地方政府债券转贷款""应付主权外债转贷款"科目下"应付利息"明细科目、"财务费用"科目借方发生额分析填列。

"其他筹资活动支付的现金"项目，反映政府财政本年支付的政府债券发行、兑付、登记费用等其他与筹资活动相关的现金。本项目根据会计账簿中"财务费用""其他应付款""其他应收款"等科目借方发生额分析填列。

（3）筹资活动产生的现金流量净额。本项目根据现金流入项目合计数减去现金流出项目合计数差额填列，差额小于零则以负数填列。

4. 汇率变动对现金的影响额。反映政府财政外币现金流量折算为人民币时，所采用的即期汇率折算的人民币金额与期末汇率折算的人民币金额之间的差额。本项目根据"财务费用"科目下的"汇兑损益"明细科目发生额分析填列。

5. 现金净增加额。本项目反映政府财政本年现金变动的净额，根据本表中"日常活动产生的现金流量净额""投资活动产生的现金流量净额""筹资活动产生的现金流量净额""汇率变动对现金的影响额"项目金额的合计数填列，金额小于零则以负数填列。

四、本年预算结余与本期盈余调节表编制说明

（一）当期预算结余。本项目根据本年预算收入与预算支出的差额填列。

（二）日常活动产生的差异

1. "当期确认为收入但没有确认为预算收入"项目

主要为"当期应收未缴库非税收入"项目。本项目反映政府财政本年已确认非税收入但缴款人尚未缴入国库的各项非税款项。根据会计账簿中"应收非税收入"以及"非税收入"科目发生额分析填列。

2. "当期确认为预算收入但没有确认为收入"项目主要为"当期收到上期应收未缴库非税收入"项目。本项目反映政府财政本年收到的上年应收非税收入。根据会计账簿中"应收非税收入"科目贷方发生额以及"国库存款"科目借方发生额分析填列，不含以前年度盈余调整事项和新增确认的非税收入。

3. "当期确认为预算支出收回但没有确认为费用收回"项目

（1）"当期收到退回以前年度已列支资金"项目。本项目反映政府财政收到退回的以前年度已列支资金而冲减预算支出的事项。根据会计账簿中"国库存款""其他财政存款"科目借方发生额以及"以前年度盈余调整"科目贷方发生额分析填列。

（2）"当期将以前年度国库集中支付结余收回预算"项目。本项目反映政府财政将以

前年度应付国库集中支付结余资金收回预算而冲减预算支出的事项。根据会计账簿中"应付国库集中支付结余"科目借方发生额以及"以前年度盈余调整"科目贷方发生额分析填列。

（三）投资活动产生的差异

1."当期确认为收入但没有确认为预算收入"项目

（1）"当期投资收益或损失"项目。本项目反映政府财政本年确认的股权投资收益。根据会计账簿中"投资收益"科目发生额分析填列。其中，投资损失以负数填列；不含清算、处置股权投资增加的收益。

（2）"当期无偿划入股权投资"项目。本项目反映政府财政本年接受无偿划入的股权投资。根据会计账簿中"股权投资"科目下"投资成本"明细科目借方发生额、"其他收入"科目贷方发生额分析填列。

2."当期确认为预算支出但没有确认为费用"项目

（1）"当期股权投资增支"项目。本项目反映政府财政本年新增股权投资增加的支出。根据会计账簿中"股权投资"科目下"投资成本"明细科目借方发生额以及"国库存款"科目贷方发生额分析填列，不含无偿划入或权益法调整增加的股权投资以及补记以前年度股权投资。

（2）"当期股权投资减支"项目。本项目反映政府财政本年退出、清算、处置股权投资减少的支出。根据会计账簿中"股权投资"科目下"投资成本"明细科目贷方发生额以及"国库存款"科目借方发生额分析，以负数填列，不含无偿划出或权益法调整减少的股权投资额。

3."当期确认为预算收入但没有确认为收入"项目

（1）"当期收到利润收入和股利股息收入"项目。本项目反映政府财政本年收到被投资主体上缴以前年度利润和股利股息。根据会计账簿中"资金结存——库款资金结存"科目借方发生额以及"一般公共预算收入——利润收入、股利股息收入""国有资本经营预算收入——利润收入、股利股息收入"贷方发生额分析填列，不含清算、处置股权投资增加的收益。

（2）"当期收到清算、处置股权投资的收入"项目。本项目反映政府财政本年清算、处置股权投资发生的收入，需根据"投资收益""国库存款"科目借方发生额、"股权投资"等科目贷方发生额分析填列。

4."当期确认为费用但没有确认为预算支出"项目

主要为"当期无偿划出股权投资费用"项目。本项目反映政府财政本年无偿划出的股权投资。根据会计账簿中"股权投资"科目下"投资成本"明细科目贷方发生额、"其他费用"科目借方发生额分析填列。

（四）筹资活动产生的差异

1."当期确认为预算支出但没有确认为费用"项目

（1）"当期转贷款支出"项目。反映政府财政本年转贷下级政府财政的政府债券、主权外债资金。根据会计账簿中"债务转贷预算支出"科目借方发生额分析填列。

（2）"当期债务还本支出"项目。反映本级政府财政本年偿还的债务本金。根据会计账簿中"债务还本预算支出"科目借方发生额分析填列。

（3）"拨付上年计提债务利息"项目。反映政府财政本年偿还上年已计提的债务利息。根据会计账簿中"应付利息"科目年初贷方余额填列；市县政府财政根据会计账簿中"应付地方政府债券转贷款"和"应付主权外债转贷款"科目下"应付利息"明细科目年初贷方余额填列。

2."当期确认为预算收入但没有确认为收入"项目

（1）"当期债务收入"项目。反映省级以上（含省级）政府财政本年发行政府债券、借入主权外债的收入。根据会计账簿中"债务预算收入"科目贷方发生额分析填列。

（2）"当期转贷款收入"项目。反映市县政府财政本年收到的地方政府债券、主权外债转贷款收入。根据会计账簿中"债务转贷预算收入"贷方发生额分析填列。

3."当期确认为费用但没有确认为预算支出"项目

主要为"当期计提未拨付债务利息"项目。本项目反映政府财政本年已计提需在下一年度支付的利息。省级以上（含省级）政府财政根据会计账簿中"应付利息"科目年末贷方余额填列；市县政府财政根据会计账簿中"应付地方政府债券转贷款——应付利息"以及"应付主权外债转贷款——应付利息"科目年末贷方余额填列。

（五）其他差异事项。本项目反映政府财政其他活动事项产生的差异。其中，减少预算结余和增加本期盈余事项以正数反映，增加预算结余和减少本期盈余事项以负数反映。中央财政计提其他负债产生的费用也在本项目反映。

（六）当期汇兑损益净额。本项目根据"财务费用——汇兑损益"发生额分析填列，汇兑损失以负数反映，汇兑收益以正数反映。

（七）本期盈余（本年收入与费用的差额）。根据本表"当期预算结余""投资活动产生的差异""日常活动产生的差异""筹资活动产生的差异""其他差异事项""当期汇兑损益净额"金额汇总填列。本项目与"收入费用表"本期盈余合计数一致。

五、会计报表附注

总会计财务会计报表附注应当至少披露下列内容：

（一）遵循《财政总会计制度》的声明；

（二）本级政府财政财务状况的说明；

（三）会计报表中列示的重要项目的进一步说明，包括其主要构成、增减变动情况等；

（四）政府财政承担担保责任负债情况的说明；

（五）有助于理解和分析会计报表的其他需要说明的事项。

第五十一条 预算会计报表包括预算收入支出表、一般公共预算执行情况表、政府性基金预算执行情况表、国有资本经营预算执行情况表、财政专户管理资金收支情况表、专用基金收支情况表等会计报表和附注。

预算收入支出表是反映政府财政在某一会计期间各类财政资金收支余情况的报表。预算收入支出表根据资金性质按照收入、支出、结转结余的构成分类、分项列示。

一般公共预算执行情况表是反映政府财政在某一会计期间一般公共预算收支执行结果的报表，按照《政府收支分类科目》中一般公共预算收支科目列示。

政府性基金预算执行情况表是反映政府财政在某一会计期间政府性基金预算收支执行结果的报表，按照《政府收支分类科目》中政府性基金预算收支科目列示。

国有资本经营预算执行情况表是反映政府财政在某一会计期间国有资本经营预算收支执行结果的报表，按照《政府收支分类科目》中国有资本经营预算收支科目列示。

财政专户管理资金收支情况表是反映政府财政在某一会计期间纳入财政专户管理的资金收支情况的报表，按照相关政府收支分类科目列示。

专用基金收支情况表是反映政府财政在某一会计期间专用基金收支情况的报表，按照专用基金类型分别列示。

附注是指对在会计报表中列示项目的文字描述或明细资料，以及对未能在会计报表中列示项目的说明。

第五十二条 预算会计报表的格式如下：

预算收入支出表

总会预01表

编制单位：　　　　　　　　　　　　　　年　月　　　　　　　　　　　　　　单位：元

项目	一般公共预算		政府性基金预算		国有资本经营预算		财政专户管理资金		专用基金	
	本月数	本年累计数	本月数	本年累计数	本月数	本年累计数	本月数	本年累计数	本月数	本年累计数
年初结转结余										
收入合计										
本级收入										
其中：来自预算安排的收入	—	—	—	—	—	—				
补助预算收入							—	—	—	—
上解预算收入							—	—	—	—
地区间援助预算收入			—	—	—	—				
债务预算收入					—	—				
债务转贷预算收入					—	—				
动用预算稳定调节基金										
调入预算资金										
支出合计										
本级支出										
其中：权责发生制列支							—	—	—	—
预算安排专用基金的支出	—	—	—	—	—	—				
补助预算支出							—	—	—	—
上解预算支出							—	—	—	—
地区间援助预算支出			—	—	—	—				
债务还本预算支出					—	—				
债务转贷预算支出					—	—				
安排预算稳定调节基金			—	—	—	—				
调出预算资金							—	—		
结余转出							—	—	—	—
其中：增设预算周转金			—	—	—	—	—	—	—	—
年末结转结余										

注：表中有"—"的部分不必填列。

一般公共预算执行情况表

总会预 02-1 表

编制单位：　　　　　　　　　　年　月　日　　　　　　　　　　单位：元

项目	本月（旬）数	本年（月）累计数
一般公共预算收入		
101 税收收入		
10101 增值税		
1010101 国内增值税		
……		
一般公共预算支出		
201 一般公共服务支出		
20101 人大事务		
2010101 行政运行		
……		

政府性基金预算执行情况表

总会预 02-2 表

编制单位：　　　　　　　　　　年　月　日　　　　　　　　　　单位：元

项目	本月（旬）数	本年（月）累计数
政府性基金预算收入		
10301 政府性基金收入		
1030102 农网还贷资金收入		
103010201 中央农网还贷资金收入		
……		
政府性基金预算支出		
206 科学技术支出		
20610 核电站乏燃料处理处置基金支出		
2061001 乏燃料运输		
……		

国有资本经营预算执行情况表

总会预 02-3 表

编制单位：　　　　　　　　　　年　月　日　　　　　　　　　　单位：元

项目	本月（旬）数	本年（月）累计数
国有资本经营预算收入		
10306 国有资本经营收入		
1030601 利润收入		
103060103 烟草企业利润收入		

(续表)

项目	本月（旬）数	本年（月）累计数
……		
国有资本经营预算支出		
208 社会保障和就业支出		
20804 补充全国社会保障基金		
2080451 国有资本经营预算补充社保基金支出		
……		

财政专户管理资金收支情况表

编制单位：　　　　　　　　　　　　年　月　日　　　　　　　　总会预 03 表
　　　　　　　　　　　　　　　　　　　　　　　　　　　　　　　单位：元

项目	本月（旬）数	本年（月）累计数
财政专户管理资金收入		
财政专户管理资金支出		

专用基金收支情况表

编制单位：　　　　　　　　　　　　年　月　日　　　　　　　　总会预 04 表
　　　　　　　　　　　　　　　　　　　　　　　　　　　　　　　单位：元

项目	本月（旬）数	本年（月）累计数
专用基金收入		
粮食风险基金		
……		
专用基金支出		
粮食风险基金		
……		

第五十三条 总会计应当按照下列规定编制预算会计报表：

（一）预算收入支出表应当按月度和年度编制，一般公共预算执行情况表、政府性基金预算执行情况表、国有资本经营预算执行情况表应当按旬、月度和年度编制，财政专户管理资金收支情况表、专用基金收支情况表应当按月度和年度编制。旬报、月报的报送期限及编报内容应当根据上级政府财政具体要求和本行政区域预算管理的需要办理。

（二）总会计应当根据本制度编制并提供真实、完整的会计报表，切实做到账表一致，不得估列代编，弄虚作假。

（三）总会计要严格按照统一规定的种类、格式、内容、计算方法和编制口径填制会计报表，以保证全国统一汇总和分析。汇总报表的单位，要把所属单位的报表汇集齐全，防止漏报。

第五十四条 预算会计报表的编制说明如下：

一、预算收入支出表的编制说明

（一）本表"本月数"栏反映各项目的本月实际发生数。在编制年度预算收入支出表时，应将本栏改为"上年数"栏，反映上年度各项目的实际发生数；如果本年度预算收入支出表规定的各个项目的名称和内容同上年度不一致，应对上年度预算收入支出表各项目的名称和数字按照本年度的规定进行调整，填入本年度预算收入支出表的"上年数"栏。

本表"本年累计数"栏反映各项目自年初起至报告期末止的累计实际发生数。编制年度预算收入支出表时，应当将本栏改为"本年数"。

（二）本表"本月数"栏各项目的内容和填列方法

1. "年初结转结余"项目，反映政府财政本年初各类资金结转结余金额。其中，一般公共预算的"年初结转结余"应当根据"一般公共预算结转结余"科目的年初余额填列；政府性基金预算的"年初结转结余"应当根据"政府性基金预算结转结余"科目的年初余额填列；国有资本经营预算的"年初结转结余"应当根据"国有资本经营预算结转结余"科目的年初余额填列；财政专户管理资金的"年初结转结余"应当根据"财政专户管理资金结余"科目的年初余额填列；专用基金的"年初结转结余"应当根据"专用基金结余"科目的年初余额填列。

2. "收入合计"项目，反映政府财政本期取得的各类资金的收入合计金额。其中，一般公共预算的"收入合计"应当根据属于一般公共预算的"本级收入""补助预算收入""上解预算收入""地区间援助预算收入""债务预算收入""债务转贷预算收入""动用预算稳定调节基金"和"调入预算资金"各行项目金额的合计填列；政府性基金预算的"收入合计"应当根据属于政府性基金预算的"本级收入""补助预算收入""上解预算收入""债务预算收入""债务转贷预算收入"和"调入预算资金"各行项目金额的合计填列；国有资本经营预算的"收入合计"应当根据属于国有资本经营预算的"本级收入""补助预算收入""上解预算收入"项目的金额填列；财政专户管理资金的"收入合计"应当根据属于财政专户管理资金的"本级收入"项目的金额填列；专用基金的"收入合计"应当根据属于专用基金的"本级收入"项目的金额填列。

3. "本级收入"项目，反映政府财政本期取得的各类资金的本级收入金额。其中，一般公共预算的"本级收入"应当根据"一般公共预算收入"科目的本期发生额填列；政府性基金预算的"本级收入"应当根据"政府性基金预算收入"科目的本期发生额填列；国有资本经营预算的"本级收入"应当根据"国有资本经营预算收入"科目的本期发生额填列；财政专户管理资金的"本级收入"应当根据"财政专户管理资金收入"科目的本期发生额填列；专用基金的"本级收入"应当根据"专用基金收入"科目的本期发生额填列。

4. "来自预算安排的收入"项目，反映政府财政本期通过预算安排取得专用基金收入的金额。本项目应当根据"专用基金收入"科目的本期发生额分析填列。

5. "补助预算收入"项目，反映政府财政本期取得的各类资金的补助收入金额。其中，一般公共预算的"补助预算收入"应当根据"补助预算收入"科目下的"一般公共预算补助预算收入"明细科目的本期发生额填列；政府性基金预算的"补助预算收入"应当根据"补助预算收入"科目下的"政府性基金预算补助收入"明细科目的本期发生额填列；国有资本经营预算的"补助预算收入"应当根据"补助预算收入"科目下的"国有资本经营预算补助收入"明细科目的本期发生额填列。

6."上解预算收入"项目，反映政府财政本期取得的各类资金的上解预算收入金额。其中，一般公共预算的"上解预算收入"应当根据"上解预算收入"科目下的"一般公共预算上解收入"明细科目的本期发生额填列；政府性基金预算的"上解收入"应当根据"上解收入"科目下的"政府性基金预算上解收入"明细科目的本期发生额填列；国有资本经营预算的"上解收入"应当根据"上解预算收入"科目下的"国有资本经营预算上解收入"明细科目的本期发生额填列。

7."地区间援助预算收入"项目，反映政府财政本期取得的地区间援助预算收入金额。本项目应当根据"地区间援助预算收入"科目的本期发生额填列。

8."债务预算收入"项目，反映政府财政本期取得的债务预算收入金额。其中，一般公共预算的"债务预算收入"应当根据"债务预算收入"科目下除"专项债务收入"以外的其他明细科目的本期发生额填列；政府性基金预算的"债务预算收入"应当根据"债务预算收入"科目下的"专项债务收入"明细科目的本期发生额填列。

9."债务转贷预算收入"项目，反映政府财政本期取得的债务转贷预算收入金额。其中，一般公共预算的"债务转贷预算收入"应当根据"债务转贷预算收入"科目下"一般债务转贷收入"明细科目的本期发生额填列；政府性基金预算的"债务转贷收入"应当根据"债务转贷预算收入"科目下的"专项债务转贷收入"明细科目的本期发生额填列。

10."动用预算稳定调节基金"项目，反映政府财政本期动用的预算稳定调节基金金额。本项目应当根据"动用预算稳定调节基金"科目的本期发生额填列。

11."调入预算资金"项目，反映政府财政本期取得的调入预算资金金额。其中，一般公共预算的"调入预算资金"应当根据"调入预算资金"科目下"一般公共预算调入资金"明细科目的本期发生额填列；政府性基金预算的"调入预算资金"应当根据"调入预算资金"科目下"政府性基金预算调入资金"明细科目的本期发生额填列。

12."支出合计"项目，反映政府财政本期发生的各类资金的支出合计金额。其中，一般公共预算的"支出合计"应当根据属于一般公共预算的"本级支出""补助预算支出""上解预算支出""地区间援助预算支出""债务还本预算支出""债务转贷预算支出""安排预算稳定调节基金"和"调出预算资金"各行项目金额的合计填列；政府性基金预算的"支出合计"应当根据属于政府性基金预算的"本级支出""补助预算支出""上解预算支出""债务还本预算支出""债务转贷预算支出"和"调出预算资金"各行项目金额的合计填列；国有资本经营预算的"支出合计"应当根据属于国有资本经营预算的"本级支出""补助预算支出""上解预算支出"和"调出预算资金"项目金额的合计填列；财政专户管理资金的"支出合计"应当根据属于财政专户管理资金的"本级支出"项目的金额填列；专用基金的"支出合计"应当根据属于专用基金的"本级支出"项目的金额填列。

13."本级支出"项目，反映政府财政本期发生的各类资金的本级支出金额。其中，一般公共预算的"本级支出"应当根据"一般公共预算支出"科目的本期发生额填列；政府性基金预算的"本级支出"应当根据"政府性基金预算支出"科目的本期发生额填列；国有资本经营预算的"本级支出"应当根据"国有资本经营预算支出"科目的本期发生额填列;财政专户管理资金的"本级支出"应当根据"财政专户管理资金支出"科目的本期发生额填列;专用基金的"本级支出"应当根据"专用基金支出"科目的本期发生额填列。

14."权责发生制列支"项目,反映省级以上(含省级)政府财政国库集中支付中,应列为当年费用,但年末尚未支付需结转下一年度支付的款项。其中,一般公共预算的"权责发生制列支项目"应当根据"一般公共预算支出"科目的本期发生额分析填列;政府性基金预算的"权责发生制列支项目"应当根据"政府性基金预算支出"科目的本期发生额分析填列;国有资本经营预算的"权责发生制列支项目"应当根据"国有资本经营预算支出"科目的本期发生额分析填列。

15."预算安排专用基金的支出"项目,反映政府财政本期通过预算安排取得专用基金收入的金额。本项目应当根据"一般公共预算支出"科目的本期发生额分析填列。

16."补助预算支出"项目,反映政府财政本期发生的各类资金的补助预算支出金额。其中,一般公共预算的"补助预算支出"应当根据"补助预算支出"科目下的"一般公共预算补助支出"明细科目的本期发生额填列;政府性基金预算的"补助预算支出"应当根据"补助预算支出"科目下的"政府性基金预算补助支出"明细科目的本期发生额填列;国有资本经营预算的"补助预算支出"应当根据"补助预算支出"科目下的"国有资本经营预算补助支出"明细科目的本期发生额填列。

17."上解预算支出"项目,反映政府财政本期发生的各类资金的上解预算支出金额。其中,一般公共预算的"上解预算支出"应当根据"上解预算支出"科目下的"一般公共预算上解支出"明细科目的本期发生额填列;政府性基金预算的"上解预算支出"应当根据"上解预算支出"科目下的"政府性基金预算上解支出"明细科目的本期发生额填列;国有资本经营预算的"上解预算支出"应当根据"上解预算支出"科目下的"国有资本经营预算上解支出"明细科目的本期发生额填列。

18."地区间援助预算支出"项目,反映政府财政本期发生的地区间援助预算支出金额。本项目应当根据"地区间援助预算支出"科目的本期发生额填列。

19."债务还本预算支出"项目,反映政府财政本期发生的债务还本预算支出金额。其中,一般公共预算的"债务还本预算支出"应当根据"债务还本预算支出"科目下除"专项债务还本支出"以外的其他明细科目的本期发生额填列;政府性基金预算的"债务还本预算支出"应当根据"债务还本预算支出"科目下的"专项债务还本支出"明细科目的本期发生额填列。

20."债务转贷预算支出"项目,反映政府财政本期发生的债务转贷预算支出金额。其中,一般公共预算的"债务转贷预算支出"应当根据"债务转贷预算支出"科目下"一般债务转贷支出"明细科目的本期发生额填列;政府性基金预算的"债务转贷支出"应当根据"债务转贷支出"科目下的"专项债务转贷支出"明细科目的本期发生额填列。

21."安排预算稳定调节基金"项目,反映政府财政本期安排的预算稳定调节基金金额。本项目根据"安排预算稳定调节基金"科目的本期发生额填列。

22."调出预算资金"项目,反映政府财政本期发生的各类资金的调出资金金额。其中,一般公共预算的"调出预算资金"应当根据"调出预算资金"科目下"一般公共预算调出资金"明细科目的本期发生额填列;政府性基金预算的"调出预算资金"应当根据"调出预算资金"科目下"政府性基金预算调出资金"明细科目的本期发生额填列;国有资本经营预算的"调出预算资金"应当根据"调出预算资金"科目下"国有资本经营预算调出资金"明细科目的本期发生额填列。

23."增设预算周转金"项目，反映政府财政本期设置或补充预算周转金的金额。本项目应当根据"预算周转金"科目的本期贷方发生额填列。

24."年末结转结余"项目，反映政府财政本年末的各类资金的结转结余金额。其中，一般公共预算的"年末结转结余"应当根据"一般公共预算结转结余"科目的年末余额填列；政府性基金预算的"年末结转结余"应当根据"政府性基金预算结转结余"科目的年末余额填列；国有资本经营预算的"年末结转结余"应当根据"国有资本经营预算结转结余"科目的年末余额填列；财政专户管理资金的"年末结转结余"应当根据"财政专户管理资金结余"科目的年末余额填列；专用基金的"年末结转结余"应当根据"专用基金结余"科目的年末余额填列。

二、一般公共预算执行情况表的编制说明

（一）"一般公共预算收入"项目及所属各明细项目，应当根据"一般公共预算收入"科目及所属各明细科目的本期发生额填列。

（二）"一般公共预算支出"项目及所属各明细项目，应当根据"一般公共预算支出"科目及所属各明细科目的本期发生额填列。

三、政府性基金预算执行情况表的编制说明

（一）"政府性基金预算收入"项目及所属各明细项目，应当根据"政府性基金预算收入"科目及所属各明细科目的本期发生额填列。

（二）"政府性基金预算支出"项目及所属各明细项目，应当根据"政府性基金预算支出"科目及所属各明细科目的本期发生额填列。

四、国有资本经营预算执行情况表的编制说明

（一）"国有资本经营预算收入"项目及所属各明细项目，应当根据"国有资本经营预算收入"科目及所属各明细科目的本期发生额填列。

（二）"国有资本经营预算支出"项目及所属各明细项目，应当根据"国有资本经营预算支出"科目及所属各明细科目的本期发生额填列。

五、财政专户管理资金收支情况表的编制说明

（一）"财政专户管理资金收入"项目及所属各明细项目，应当根据"财政专户管理资金收入"科目及所属各明细科目的本期发生额填列。

（二）"财政专户管理资金支出"项目及所属各明细项目，应当根据"财政专户管理资金支出"科目及所属各明细科目的本期发生额填列。

六、专用基金收支情况表的编制说明

（一）"专用基金收入"项目及所属各明细项目，应当根据"专用基金收入"科目及所属各明细科目的本期发生额填列。

（二）"专用基金支出"项目及所属各明细项目，应当根据"专用基金支出"科目及所属各明细科目的本期发生额填列。

七、会计报表附注

总会计预算会计报表附注应当至少披露下列内容：

（一）遵循《财政总会计制度》的声明；

（二）本级政府财政预算执行情况的说明；

（三）会计报表中列示的重要项目的进一步说明，包括其主要构成、增减变动情况等；

（四）有助于理解和分析会计报表的其他需要说明的事项。

第六章　信息化管理

第五十五条　各级财政部门应当加强有关业务处理系统及网络的建设和运行维护，确保各级总会计采用的会计信息管理系统必须符合本制度规定的核算方法，系统运行安全稳定、业务办理规范有序、业务信息真实有效。

第五十六条　各级财政部门应不断推进会计信息化应用，加强会计信息管理系统电子化改造，推进与其他有关业务系统的有效衔接，不断提高总会计账务处理及报表生成的自动化程度，并为会计档案电子化管理提供支撑。

第五十七条　各级总会计不得直接在会计信息管理系统中更改登记有误的账簿信息，应当采取冲销法或补充登记法重新填制调账记账凭证，复核无误后登记会计账簿。

第五十八条　信息系统储存的总会计原始数据应当由专人定期备份至专用存储设备。保存电子会计数据的存储介质应当纳入容灾备份体系妥善保管。

第七章　会 计 监 督

第五十九条　各级总会计应加强对各项财政业务的核算管理与会计监督。严格依法办事，对于不合法的会计事项，应及时予以纠正或按程序反映。

第六十条　各级总会计应加强对预算单位财政资金使用情况的管理，及时了解掌握有关单位的用款情况，发现问题及时按程序反映。

第六十一条　各级总会计应自觉接受人民代表大会、审计、监察部门，以及上级政府财政部门的监督，按规定向人民代表大会、审计、监察部门以及上级政府财政部门提供有关资料。

第八章　附　　则

第六十二条　本制度所称会计核算、财务会计、预算会计、收付实现制、权责发生制与《政府会计准则——基本准则》一致。

第六十三条　本制度未特殊规定的一般会计处理方法，按照财政部有关规定处理。会计档案的管理，按照财政部、国家档案局《会计档案管理办法》执行。

第六十四条　各级财政部门对不同类型资金活动根据管理需要可单独设账核算。

第六十五条　地方各级财政部门在与本制度不相违背的前提下，负责制定本地区总会计有关具体核算办法。

第六十六条　本制度自2023年1月1日起执行。《财政部关于印发〈财政总预算会计制度〉的通知》（财库〔2015〕192号）、《财政部关于印发〈新旧财政总预算会计制度有关衔接问题的处理规定〉的通知》（财库〔2015〕205号）、《财政部关于收回财政存量资金预算会计处理有关问题的通知》（财预〔2015〕81号）、《财政部关于国债做市支持操作总预算会计账务处理的通知》（财库〔2017〕91号）同时废止。

第十三章 政府会计基本准则与具体准则

1. 政府会计准则——基本准则（2015 年发布）

（2015 年 11 月 2 日中华人民共和国财政部令第 78 号公布）

第一章 总 则

第一条 为了规范政府的会计核算，保证会计信息质量，根据《中华人民共和国会计法》《中华人民共和国预算法》和其他有关法律、行政法规，制定本准则。

第二条 本准则适用于各级政府、各部门、各单位（以下统称政府会计主体）。

前款所称各部门、各单位是指与本级政府财政部门直接或者间接发生预算拨款关系的国家机关、军队、政党组织、社会团体、事业单位和其他单位。

军队、已纳入企业财务管理体系的单位和执行《民间非营利组织会计制度》的社会团体，不适用本准则。

第三条 政府会计由预算会计和财务会计构成。

预算会计实行收付实现制，国务院另有规定的，依照其规定。

财务会计实行权责发生制。

第四条 政府会计具体准则及其应用指南、政府会计制度等，应当由财政部遵循本准则制定。

第五条 政府会计主体应当编制决算报告和财务报告。

决算报告的目标是向决算报告使用者提供与政府预算执行情况有关的信息，综合反映政府会计主体预算收支的年度执行结果，有助于决算报告使用者进行监督和管理，并为编制后续年度预算提供参考和依据。政府决算报告使用者包括各级人民代表大会及其常务委员会、各级政府及其有关部门、政府会计主体自身、社会公众和其他利益相关者。

财务报告的目标是向财务报告使用者提供与政府的财务状况、运行情况（含运行成本，下同）和现金流量等有关信息，反映政府会计主体公共受托责任履行情况，有助于财务报告使用者作出决策或者进行监督和管理。政府财务报告使用者包括各级人民代表大会常务委员会、债权人、各级政府及其有关部门、政府会计主体自身和其他利益相关者。

第六条 政府会计主体应当对其自身发生的经济业务或者事项进行会计核算。

第七条 政府会计核算应当以政府会计主体持续运行为前提。

第八条 政府会计核算应当划分会计期间，分期结算账目，按规定编制决算报告和财务报告。

会计期间至少分为年度和月度。会计年度、月度等会计期间的起讫日期采用公历日期。

第九条 政府会计核算应当以人民币作为记账本位币。发生外币业务时，应当将有关外币金额折算为人民币金额计量，同时登记外币金额。

第十条 政府会计核算应当采用借贷记账法记账。

第二章 政府会计信息质量要求

第十一条 政府会计主体应当以实际发生的经济业务或者事项为依据进行会计核算，如实反映各项会计要素的情况和结果，保证会计信息真实可靠。

第十二条 政府会计主体应当将发生的各项经济业务或者事项统一纳入会计核算，确保会计信息能够全面反映政府会计主体预算执行情况和财务状况、运行情况、现金流量等。

第十三条 政府会计主体提供的会计信息，应当与反映政府会计主体公共受托责任履行情况以及报告使用者决策或者监督、管理的需要相关，有助于报告使用者对政府会计主体过去、现在或者未来的情况作出评价或者预测。

第十四条 政府会计主体对已经发生的经济业务或者事项，应当及时进行会计核算，不得提前或者延后。

第十五条 政府会计主体提供的会计信息应当具有可比性。

同一政府会计主体不同时期发生的相同或者相似的经济业务或者事项，应当采用一致的会计政策，不得随意变更。确需变更的，应当将变更的内容、理由及其影响在附注中予以说明。

不同政府会计主体发生的相同或者相似的经济业务或者事项，应当采用一致的会计政策，确保政府会计信息口径一致，相互可比。

第十六条 政府会计主体提供的会计信息应当清晰明了，便于报告使用者理解和使用。

第十七条 政府会计主体应当按照经济业务或者事项的经济实质进行会计核算，不限于以经济业务或者事项的法律形式为依据。

第三章 政府预算会计要素

第十八条 政府预算会计要素包括预算收入、预算支出与预算结余。

第十九条 预算收入是指政府会计主体在预算年度内依法取得的并纳入预算管理的现金流入。

第二十条 预算收入一般在实际收到时予以确认，以实际收到的金额计量。

第二十一条 预算支出是指政府会计主体在预算年度内依法发生并纳入预算管理的现金流出。

第二十二条 预算支出一般在实际支付时予以确认，以实际支付的金额计量。

第二十三条 预算结余是指政府会计主体预算年度内预算收入扣除预算支出后的资金余额，以及历年滚存的资金余额。

第二十四条 预算结余包括结余资金和结转资金。

结余资金是指年度预算执行终了，预算收入实际完成数扣除预算支出和结转资金后剩余的资金。

结转资金是指预算安排项目的支出年终尚未执行完毕或者因故未执行，且下年需要按原用途继续使用的资金。

第二十五条 符合预算收入、预算支出和预算结余定义及其确认条件的项目应当列入政府决算报表。

第四章 政府财务会计要素

第二十六条 政府财务会计要素包括资产、负债、净资产、收入和费用。

第一节 资　　产

第二十七条 资产是指政府会计主体过去的经济业务或者事项形成的，由政府会计主体控制的，预期能够产生服务潜力或者带来经济利益流入的经济资源。

服务潜力是指政府会计主体利用资产提供公共产品和服务以履行政府职能的潜在能力。

经济利益流入表现为现金及现金等价物的流入，或者现金及现金等价物流出的减少。

第二十八条 政府会计主体的资产按照流动性，分为流动资产和非流动资产。

流动资产是指预计在1年内（含1年）耗用或者可以变现的资产，包括货币资金、短期投资、应收及预付款项、存货等。

非流动资产是指流动资产以外的资产，包括固定资产、在建工程、无形资产、长期投资、公共基础设施、政府储备资产、文物文化资产、保障性住房和自然资源资产等。

第二十九条 符合本准则第二十七条规定的资产定义的经济资源，在同时满足以下条件时，确认为资产：

（一）与该经济资源相关的服务潜力很可能实现或者经济利益很可能流入政府会计主体；

（二）该经济资源的成本或者价值能够可靠地计量。

第三十条 资产的计量属性主要包括历史成本、重置成本、现值、公允价值和名义金额。

在历史成本计量下，资产按照取得时支付的现金金额或者支付对价的公允价值计量。

在重置成本计量下，资产按照现在购买相同或者相似资产所需支付的现金金额计量。

在现值计量下，资产按照预计从其持续使用和最终处置中所产生的未来净现金流入量的折现金额计量。

在公允价值计量下，资产按照市场参与者在计量日发生的有序交易中，出售资产所能收到的价格计量。

无法采用上述计量属性的，采用名义金额（即人民币1元）计量。

第三十一条 政府会计主体在对资产进行计量时，一般应当采用历史成本。

采用重置成本、现值、公允价值计量的，应当保证所确定的资产金额能够持续、可靠计量。

第三十二条 符合资产定义和资产确认条件的项目，应当列入资产负债表。

第二节 负 债

第三十三条 负债是指政府会计主体过去的经济业务或者事项形成的，预期会导致经济资源流出政府会计主体的现时义务。

现时义务是指政府会计主体在现行条件下已承担的义务。未来发生的经济业务或者事项形成的义务不属于现时义务，不应当确认为负债。

第三十四条 政府会计主体的负债按照流动性，分为流动负债和非流动负债。

流动负债是指预计在1年内（含1年）偿还的负债，包括应付及预收款项、应付职工薪酬、应缴款项等。

非流动负债是指流动负债以外的负债，包括长期应付款、应付政府债券和政府依法担保形成的债务等。

第三十五条 符合本准则第三十三条规定的负债定义的义务，在同时满足以下条件时，确认为负债：

（一）履行该义务很可能导致含有服务潜力或者经济利益的经济资源流出政府会计主体；

（二）该义务的金额能够可靠地计量。

第三十六条 负债的计量属性主要包括历史成本、现值和公允价值。

在历史成本计量下，负债按照因承担现时义务而实际收到的款项或者资产的金额，或者承担现时义务的合同金额，或者按照为偿还负债预期需要支付的现金计量。

在现值计量下，负债按照预计期限内需要偿还的未来净现金流出量的折现金额计量。

在公允价值计量下，负债按照市场参与者在计量日发生的有序交易中，转移负债所需支付的价格计量。

第三十七条 政府会计主体在对负债进行计量时，一般应当采用历史成本。

采用现值、公允价值计量的，应当保证所确定的负债金额能够持续、可靠计量。

第三十八条 符合负债定义和负债确认条件的项目，应当列入资产负债表。

第三节 净　资　产

第三十九条　净资产是指政府会计主体资产扣除负债后的净额。

第四十条　净资产金额取决于资产和负债的计量。

第四十一条　净资产项目应当列入资产负债表。

第四节 收　　入

第四十二条　收入是指报告期内导致政府会计主体净资产增加的、含有服务潜力或者经济利益的经济资源的流入。

第四十三条　收入的确认应当同时满足以下条件：

（一）与收入相关的含有服务潜力或者经济利益的经济资源很可能流入政府会计主体；

（二）含有服务潜力或者经济利益的经济资源流入会导致政府会计主体资产增加或者负债减少；

（三）流入金额能够可靠地计量。

第四十四条　符合收入定义和收入确认条件的项目，应当列入收入费用表。

第五节 费　　用

第四十五条　费用是指报告期内导致政府会计主体净资产减少的、含有服务潜力或者经济利益的经济资源的流出。

第四十六条　费用的确认应当同时满足以下条件：

（一）与费用相关的含有服务潜力或者经济利益的经济资源很可能流出政府会计主体；

（二）含有服务潜力或者经济利益的经济资源流出会导致政府会计主体资产减少或者负债增加；

（三）流出金额能够可靠地计量。

第四十七条　符合费用定义和费用确认条件的项目，应当列入收入费用表。

第五章　政府决算报告和财务报告

第四十八条　政府决算报告是综合反映政府会计主体年度预算收支执行结果的文件。

政府决算报告应当包括决算报表和其他应当在决算报告中反映的相关信息和资料。

政府决算报告的具体内容及编制要求等，由财政部另行规定。

第四十九条　政府财务报告是反映政府会计主体某一特定日期的财务状况和某一会计期间的运行情况和现金流量等信息的文件。

政府财务报告应当包括财务报表和其他应当在财务报告中披露的相关信息和资料。

第五十条　政府财务报告包括政府综合财务报告和政府部门财务报告。

政府综合财务报告是指由政府财政部门编制的，反映各级政府整体财务状况、运行情况和财政中长期可持续性的报告。

政府部门财务报告是指政府各部门、各单位按规定编制的财务报告。

第五十一条　财务报表是对政府会计主体财务状况、运行情况和现金流量等信息的结构性表述。

财务报表包括会计报表和附注。

会计报表至少应当包括资产负债表、收入费用表和现金流量表。

政府会计主体应当根据相关规定编制合并财务报表。

第五十二条　资产负债表是反映政府会计主体在某一特定日期的财务状况的报表。

第五十三条　收入费用表是反映政府会计主体在一定会计期间运行情况的报表。

第五十四条　现金流量表是反映政府会计主体在一定会计期间现金及现金等价物流入和流出情况的报表。

第五十五条　附注是对在资产负债表、收入费用表、现金流量表等报表中列示项目所作的进一步说明，以及对未能在这些报表中列示项目的说明。

第五十六条　政府决算报告的编制主要以收付实现制为基础，以预算会计核算生成的数据为准。

政府财务报告的编制主要以权责发生制为基础，以财务会计核算生成的数据为准。

第六章　附　　则

第五十七条　本准则所称会计核算，包括会计确认、计量、记录和报告各个环节，涵盖填制会计凭证、登记会计账簿、编制报告全过程。

第五十八条　本准则所称预算会计，是指以收付实现制为基础对政府会计主体预算执行过程中发生的全部收入和全部支出进行会计核算，主要反映和监督预算收支执行情况的会计。

第五十九条　本准则所称财务会计，是指以权责发生制为基础对政府会计主体发生的各项经济业务或者事项进行会计核算，主要反映和监督政府会计主体财务状况、运行情况和现金流量等的会计。

第六十条　本准则所称收付实现制，是指以现金的实际收付为标志来确定本期收入和支出的会计核算基础。凡在当期实际收到的现金收入和支出，均应作为当期的收入和支出；凡是不属于当期的现金收入和支出，均不应当作为当期的收入和支出。

第六十一条　本准则所称权责发生制，是指以取得收取款项的权利或支付款项的义务为标志来确定本期收入和费用的会计核算基础。凡是当期已经实现的收入和已经发生的或应当负担的费用，不论款项是否收付，都应当作为当期的收入和费用；凡是不属于当期的收入和费用，即使款项已在当期收付，也不应当作为当期的收入和费用。

第六十二条　本准则自 2017 年 1 月 1 日起施行。

2. 政府会计准则第 1 号——存货（2016 年发布）

（财会〔2016〕12 号印发）

第一条　为了规范存货的确认、计量和相关信息的披露，根据《政府会计准则——基本准则》，制定本准则。

第二条　本准则所称存货，是指政府会计主体在开展业务活动及其他活动中为耗用或出售而储存的资产，如材料、产品、包装物和低值易耗品等，以及未达到固定资产标准的用具、装具、动植物等。

第三条　政府储备物资、收储土地等，适用其他相关政府会计准则。

第二章　存货的确认

第四条　存货同时满足下列条件的，应当予以确认：

（一）与该存货相关的服务潜力很可能实现或者经济利益很可能流入政府会计主体；

（二）该存货的成本或者价值能够可靠地计量。

第三章　存货的初始计量

第五条　存货在取得时应当按照成本进行初始计量。

第六条 政府会计主体购入的存货，其成本包括购买价款、相关税费、运输费、装卸费、保险费以及使得存货达到目前场所和状态所发生的归属于存货成本的其他支出。

第七条 政府会计主体自行加工的存货，其成本包括耗用的直接材料费用、发生的直接人工费用和按照一定方法分配的与存货加工有关的间接费用。

第八条 政府会计主体委托加工的存货，其成本包括委托加工前存货成本、委托加工的成本（如委托加工费以及按规定应计入委托加工存货成本的相关税费等）以及使存货达到目前场所和状态所发生的归属于存货成本的其他支出。

第九条 下列各项应当在发生时确认为当期费用，不计入存货成本：

（一）非正常消耗的直接材料、直接人工和间接费用。

（二）仓储费用（不包括在加工过程中为达到下一个加工阶段所必需的费用）。

（三）不能归属于使存货达到目前场所和状态所发生的其他支出。

第十条 政府会计主体通过置换取得的存货，其成本按照换出资产的评估价值，加上支付的补价或减去收到的补价，加上为换入存货发生的其他相关支出确定。

第十一条 政府会计主体接受捐赠的存货，其成本按照有关凭据注明的金额加上相关税费、运输费等确定；没有相关凭据可供取得，但按规定经过资产评估的，其成本按照评估价值加上相关税费、运输费等确定；没有相关凭据可供取得、也未经资产评估的，其成本比照同类或类似资产的市场价格加上相关税费、运输费等确定；没有相关凭据且未经资产评估、同类或类似资产的市场价格也无法可靠取得的，按照名义金额入账，相关税费、运输费等计入当期费用。

第十二条 政府会计主体无偿调入的存货，其成本按照调出方账面价值加上相关税费、运输费等确定。

第十三条 政府会计主体盘盈的存货，按规定经过资产评估的，其成本按照评估价值确定；未经资产评估的，其成本按照重置成本确定。

第四章 存货的后续计量

第十四条 政府会计主体应当根据实际情况采用先进先出法、加权平均法或者个别计价法确定发出存货的实际成本。计价方法一经确定，不得随意变更。对于性质和用途相似的存货，应当采用相同的成本计价方法确定发出存货的成本。对于不能替代使用的存货、为特定项目专门购入或加工的存货，通常采用个别计价法确定发出存货的成本。

第十五条 对于已发出的存货，应当将其成本结转为当期费用或者计入相关资产成本。按规定报经批准对外捐赠、无偿调出的存货，应当将其账面余额予以转销，对外捐赠、无偿调出中发生的归属于捐出方、调出方的相关费用应当计入当期费用。

第十六条 政府会计主体应当采用一次转销法或者五五摊销法对低值易耗品、包装物进行摊销，将其成本计入当期费用或者相关资产成本。

第十七条 对于发生的存货毁损，应当将存货账面余额转销计入当期费用，并将毁损存货处置收入扣除相关处置税费后的差额按规定作应缴款项处理（差额为净收益时）或计入当期费用（差额为净损失时）。

第十八条 存货盘亏造成的损失，按规定报经批准后应当计入当期费用。

第五章 存货的披露

第十九条 政府会计主体应当在附注中披露与存货有关的下列信息：

（一）各类存货的期初和期末账面余额。

（二）确定发出存货成本所采用的方法。

（三）以名义金额计量的存货名称、数量，以及以名义金额计量的理由。

（四）其他有关存货变动的重要信息。

第六章 附 则

第二十条 本准则自 2017 年 1 月 1 日起施行。

3. 政府会计准则第 2 号——投资（2016 年发布）

（财会〔2016〕12 号印发）

第一章 总 则

第一条 为了规范投资的确认、计量和相关信息的披露，根据《政府会计准则——基本准则》，制定本准则。

第二条 本准则所称投资，是指政府会计主体按规定以货币资金、实物资产、无形资产等方式形成的债权或股权投资。

第三条 投资分为短期投资和长期投资。短期投资，是指政府会计主体取得的持有时间不超过 1 年（含 1 年）的投资。长期投资，是指政府会计主体取得的除短期投资以外的债权和股权性质的投资。

第四条 政府会计主体外币投资的折算，适用其他相关政府会计准则。

第二章 短期投资

第五条 短期投资在取得时，应当按照实际成本（包括购买价款和相关税费，下同）作为初始投资成本。实际支付价款中包含的已到付息期但尚未领取的利息，应当于收到时冲减短期投资成本。

第六条 短期投资持有期间的利息，应当于实际收到时确认为投资收益。

第七条 期末，短期投资应当按照账面余额计量。

第八条 政府会计主体按规定出售或到期收回短期投资，应当将收到的价款扣除短期投资账面余额和相关税费后的差额计入投资损益。

第三章 长 期 投 资

第九条 长期投资分为长期债权投资和长期股权投资。

第一节 长期债权投资

第十条 长期债券投资在取得时，应当按照实际成本作为初始投资成本。实际支付价款中包含的已到付息期但尚未领取的债券利息，应当单独确认为应收利息，不计入长期债券投资初始投资成本。

第十一条 长期债券投资持有期间，应当按期以票面金额与票面利率计算确认利息收入。对于分期付息、一次还本的长期债券投资，应当将计算确定的应收未收利息确认为应收利息，计入投资收益；对于一次还本付息的长期债券投资，应当将计算确定的应收未收利息计入投资收益，并增加长期债券投资的账面余额。

第十二条 政府会计主体按规定出售或到期收回长期债券投资，应当将实际收到的价款扣除长期债券投资账面余额和相关税费后的差额计入投资损益。

第十三条 政府会计主体进行除债券以外的其他债权投资，参照长期债券投资进行会计处理。

第二节 长期股权投资

第十四条 长期股权投资在取得时，应当按照实际成本作为初始投资成本。

（一）以支付现金取得的长期股权投资，按照实际支付的全部价款（包括购买价款和相关税费）作为实际成本。实际支付价款中包含的已宣告但尚未发放的现金股利，应当单独确认为应收股利，不计入长期股权投资初始投资成本。

（二）以现金以外的其他资产置换取得的长期股权投资，其成本按照换出资产的评估价值加上支付的补价或减去收到的补价，加上换入长期股权投资发生的其他相关支出确定。

（三）接受捐赠的长期股权投资，其成本按照有关凭据注明的金额加上相关税费确定；没有相关凭据可供取得，但按规定经过资产评估的，其成本按照评估价值加上相关税费确定；没有相关凭据可供取得、也未经资产评估的，其成本比照同类或类似资产的市场价格加上相关税费确定。

（四）无偿调入的长期股权投资，其成本按照调出方账面价值加上相关税费确定。

第十五条 长期股权投资在持有期间，通常应当采用权益法进行核算。政府会计主体无权决定被投资单位的财务和经营政策或无权参与被投资单位的财务和经营政策决策的，应当采用成本法进行核算。成本法，是指投资按照投资成本计量的方法。权益法，是指投资最初以投资成本计量，以后根据政府会计主体在被投资单位所享有的所有者权益份额的变动对投资的账面余额进行调整的方法。

第十六条 在成本法下，长期股权投资的账面余额通常保持不变，但追加或收回投资时，应当相应调整其账面余额。长期股权投资持有期间，被投资单位宣告分派的现金股利或利润，政府会计主体应当按照宣告分派的现金股利或利润中属于政府会计主体应享有的份额确认为投资收益。

第十七条 采用权益法的，按照如下原则进行会计处理：

（一）政府会计主体取得长期股权投资后，对于被投资单位所有者权益的变动，应当按照下列规定进行处理：

1. 按照应享有或应分担的被投资单位实现的净损益的份额，确认为投资损益，同时调整长期股权投资的账面余额。

2. 按照被投资单位宣告分派的现金股利或利润计算应享有的份额，确认为应收股利，同时减少长期股权投资的账面余额。

3. 按照被投资单位除净损益和利润分配以外的所有者权益变动的份额，确认为净资产，同时调整长期股权投资的账面余额。

（二）政府会计主体确认被投资单位发生的净亏损，应当以长期股权投资的账面余额减记至零为限，政府会计主体负有承担额外损失义务的除外。被投资单位发生净亏损，但以后年度又实现净利润的，政府会计主体应当在其收益分享额弥补未确认的亏损分担额等后，恢复确认投资收益。

第十八条 政府会计主体因处置部分长期股权投资等原因无权再决定被投资单位的财务和经营政策或者参与被投资单位的财务和经营政策决策的，应当对处置后的剩余股权投资改按成本法核算，并以该剩余股权投资在权益法下的账面余额作为按照成本法核算的初始投资成本。其后，被投资单位宣告分派现金股利或利润时，属于已计入投资账面余额的部分，作为成本法下长期股权投资成本的收回，冲减长期股权投资的账面余额。政府会计主体因追加投资等原因对长期股权投资的核算从成本法改为权益法的，应当自有权决定被投资单位的财务和经营政策或者参与被投资单位的财务和经营政策决策时，按成本法下长期股权投资的账面余额加上追加投资的成本作为按照权益法核算的初始投资成本。

第十九条 政府会计主体按规定报经批准处置长期股权投资，应当冲减长期股权投资的账面余额，并按规定将处置价款扣除相关税费后的余额作应缴款项处理，或者按规定将处置价款扣除相关税费后的余额与长期股权投资账面余额的差额计入当期投资损益。采用权益法核算的长期股权投资，因被投资单位除净损益和利润分配以外的所有者权益变动而将应享有的份额计入净资产的，处置该项投资时，还应当将原计入净资产的相应部分转入当期投资损益。

第四章 投资的披露

第二十条 政府会计主体应当在附注中披露与投资有关的下列信息：
（一）短期投资的增减变动及期初、期末账面余额。
（二）各类长期债权投资和长期股权投资的增减变动及期初、期末账面余额。
（三）长期股权投资的投资对象及核算方法。
（四）当期发生的投资净损益，其中重大的投资净损益项目应当单独披露。

第五章 附　　则

第二十一条 本准则自 2017 年 1 月 1 日起施行。

4. 政府会计准则第 3 号——固定资产（2016 年发布）

（财会〔2016〕12 号印发）

第一章 总　　则

第一条 为了规范固定资产的确认、计量和相关信息的披露，根据《政府会计准则——基本准则》，制定本准则。

第二条 本准则所称固定资产，是指政府会计主体为满足自身开展业务活动或其他活动需要而控制的，使用年限超过 1 年（不含 1 年）、单位价值在规定标准以上，并在使用过程中基本保持原有物质形态的资产，一般包括房屋及构筑物、专用设备、通用设备等。单位价值虽未达到规定标准，但是使用年限超过 1 年（不含 1 年）的大批同类物资，如图书、家具、用具、装具等，应当确认为固定资产。

第三条 公共基础设施、政府储备物资、保障性住房、自然资源资产等，适用其他相关政府会计准则。

第二章 固定资产的确认

第四条 固定资产同时满足下列条件的，应当予以确认：　　（一）与该固定资产相关的服务潜力很可能实现或者经济利益很可能流入政府会计主体；
（二）该固定资产的成本或者价值能够可靠地计量。

第五条 通常情况下，购入、换入、接受捐赠、无偿调入不需安装的固定资产，在固定资产验收合格时确认；购入、换入、接受捐赠、无偿调入需要安装的固定资产，在固定资产安装完成交付使用时确认；自行建造、改建、扩建的固定资产，在建造完成交付使用时确认。

第六条 确认固定资产时，应当考虑以下情况：
（一）固定资产的各组成部分具有不同使用年限或者以不同方式为政府会计主体实现服务潜力或提供经济利益，适用不同折旧率或折旧方法且可以分别确定各自原价的，应当分别将各组成部分确认为单项固定资产。
（二）应用软件构成相关硬件不可缺少的组成部分的，应当将该软件的价值包括在所属的硬件价值中，一并确认为固定资产；不构成相关硬件不可缺少的组成部分的，应当将该软件确认为无形资产。

（三）购建房屋及构筑物时，不能分清购建成本中的房屋及构筑物部分与土地使用权部分的，应当全部确认为固定资产；能够分清购建成本中的房屋及构筑物部分与土地使用权部分的，应当将其中的房屋及构筑物部分确认为固定资产，将其中的土地使用权部分确认为无形资产。

第七条 固定资产在使用过程中发生的后续支出，符合本准则第四条规定的确认条件的，应当计入固定资产成本；不符合本准则第四条规定的确认条件的，应当在发生时计入当期费用或者相关资产成本。将发生的固定资产后续支出计入固定资产成本的，应当同时从固定资产账面价值中扣除被替换部分的账面价值。

第三章 固定资产的初始计量

第八条 固定资产在取得时应当按照成本进行初始计量。

第九条 政府会计主体外购的固定资产，其成本包括购买价款、相关税费以及固定资产交付使用前所发生的可归属于该项资产的运输费、装卸费、安装费和专业人员服务费等。以一笔款项购入多项没有单独标价的固定资产，应当按照各项固定资产同类或类似资产市场价格的比例对总成本进行分配，分别确定各项固定资产的成本。

第十条 政府会计主体自行建造的固定资产，其成本包括该项资产至交付使用前所发生的全部必要支出。在原有固定资产基础上进行改建、扩建、修缮后的固定资产，其成本按照原固定资产账面价值加上改建、扩建、修缮发生的支出，再扣除固定资产被替换部分的账面价值后的金额确定。为建造固定资产借入的专门借款的利息，属于建设期间发生的，计入在建工程成本；不属于建设期间发生的，计入当期费用。已交付使用但尚未办理竣工决算手续的固定资产，应当按照估计价值入账，待办理竣工决算后再按实际成本调整原来的暂估价值。

第十一条 政府会计主体通过置换取得的固定资产，其成本按照换出资产的评估价值加上支付的补价或减去收到的补价，加上换入固定资产发生的其他相关支出确定。

第十二条 政府会计主体接受捐赠的固定资产，其成本按照有关凭据注明的金额加上相关税费、运输费等确定；没有相关凭据可供取得，但按规定经过资产评估的，其成本按照评估价值加上相关税费、运输费等确定；没有相关凭据可供取得、也未经资产评估的，其成本比照同类或类似资产的市场价格加上相关税费、运输费等确定；没有相关凭据且未经资产评估、同类或类似资产的市场价格也无法可靠取得的，按照名义金额入账，相关税费、运输费等计入当期费用。 如受赠的系旧的固定资产，在确定其初始入账成本时应当考虑该项资产的新旧程度。

第十三条 政府会计主体无偿调入的固定资产，其成本按照调出方账面价值加上相关税费、运输费等确定。

第十四条 政府会计主体盘盈的固定资产，按规定经过资产评估的，其成本按照评估价值确定；未经资产评估的，其成本按照重置成本确定。

第十五条 政府会计主体融资租赁取得的固定资产，其成本按照其他相关政府会计准则确定。

第四章 固定资产的后续计量

第一节 固定资产的折旧

第十六条 政府会计主体应当对固定资产计提折旧，但本准则第十七条规定的固定资产除外。折旧，是指在固定资产的预计使用年限内，按照确定的方法对应计的折旧额进行系统分摊。固定资产应计的折旧额为其成本，计提固定资产折旧时不考虑预计净残值。政府会计主体应当对暂估入账的固定资产计提折旧，实际成本确定后不需调整原已计提的折旧额。

第十七条 下列各项固定资产不计提折旧：
（一）文物和陈列品；
（二）动植物；
（三）图书、档案；
（四）单独计价入账的土地；
（五）以名义金额计量的固定资产。

第十八条 政府会计主体应当根据相关规定以及固定资产的性质和使用情况，合理确定固定资产的使用年限。固定资产的使用年限一经确定，不得随意变更。政府会计主体确定固定资产使用年限，应当考虑下列因素：
（一）预计实现服务潜力或提供经济利益的期限；
（二）预计有形损耗和无形损耗；
（三）法律或者类似规定对资产使用的限制。

第十九条 政府会计主体一般应当采用年限平均法或者工作量法计提固定资产折旧。在确定固定资产的折旧方法时，应当考虑与固定资产相关的服务潜力或经济利益的预期实现方式。固定资产折旧方法一经确定，不得随意变更。

第二十条 固定资产应当按月计提折旧，并根据用途计入当期费用或者相关资产成本。

第二十一条 固定资产提足折旧后，无论能否继续使用，均不再计提折旧；提前报废的固定资产，也不再补提折旧。已提足折旧的固定资产，可以继续使用的，应当继续使用，规范实物管理。

第二十二条 固定资产因改建、扩建或修缮等原因而延长其使用年限的，应当按照重新确定的固定资产的成本以及重新确定的折旧年限计算折旧额。

第二节 固定资产的处置

第二十三条 政府会计主体按规定报经批准出售、转让固定资产或固定资产报废、毁损，应当将固定资产账面价值转销计入当期费用，并将处置收入扣除相关处置税费后的差额按规定作应缴款项处理（差额为净收益时）或计入当期费用（差额为净损失时）。

第二十四条 政府会计主体按规定报经批准对外捐赠、无偿调出固定资产的，应当将固定资产的账面价值予以转销，对外捐赠、无偿调出中发生的归属于捐出方、调出方的相关费用应当计入当期费用。

第二十五条 政府会计主体按规定报经批准以固定资产对外投资的，应当将该固定资产的账面价值予以转销，并将固定资产在对外投资时的评估价值与其账面价值的差额计入当期收入或费用。

第二十六条 固定资产盘亏造成的损失，按规定报经批准后应当计入当期费用。

第五章 固定资产的披露

第二十七条 政府会计主体应当在附注中披露与固定资产有关的下列信息：
（一）固定资产的分类和折旧方法。
（二）各类固定资产的使用年限、折旧率。
（三）各类固定资产账面余额、累计折旧额、账面价值的期初、期末数及其本期变动情况。
（四）以名义金额计量的固定资产名称、数量，以及以名义金额计量的理由。
（五）已提足折旧的固定资产名称、数量等情况。

（六）接受捐赠、无偿调入的固定资产名称、数量等情况。
（七）出租、出借固定资产以及以固定资产投资的情况。
（八）固定资产对外捐赠、无偿调出、毁损等重要资产处置的情况。
（九）暂估入账的固定资产账面价值变动情况。

第六章 附 则

第二十八条 本准则自 2017 年 1 月 1 日起施行。

5. 政府会计准则第 4 号——无形资产（2016 年发布）

（财会〔2016〕12 号印发）

第一章 总 则

第一条 为了规范无形资产的确认、计量和相关信息的披露，根据《政府会计准则——基本准则》，制定本准则。

第二条 本准则所称无形资产，是指政府会计主体控制的没有实物形态的可辨认非货币性资产，如专利权、商标权、著作权、土地使用权、非专利技术等。资产满足下列条件之一的，符合无形资产定义中的可辨认性标准：

（一）能够从政府会计主体中分离或者划分出来，并能单独或者与相关合同、资产或负债一起，用于出售、转移、授予许可、租赁或者交换。

（二）源自合同性权利或其他法定权利，无论这些权利是否可以从政府会计主体或其他权利和义务中转移或者分离。

第二章 无形资产的确认

第三条 无形资产同时满足下列条件的，应当予以确认：

（一）与该无形资产相关的服务潜力很可能实现或者经济利益很可能流入政府会计主体；

（二）该无形资产的成本或者价值能够可靠地计量。政府会计主体在判断无形资产的服务潜力或经济利益是否很可能实现或流入时，应当对无形资产在预计使用年限内可能存在的各种社会、经济、科技因素做出合理估计，并且应当有确凿的证据支持。

第四条 政府会计主体购入的不构成相关硬件不可缺少组成部分的软件，应当确认为无形资产。

第五条 政府会计主体自行研究开发项目的支出，应当区分研究阶段支出与开发阶段支出。研究是指为获取并理解新的科学或技术知识而进行的独创性的有计划调查。开发是指在进行生产或使用前，将研究成果或其他知识应用于某项计划或设计，以生产出新的或具有实质性改进的材料、装置、产品等。

第六条 政府会计主体自行研究开发项目研究阶段的支出，应当于发生时计入当期费用。政府会计主体自行研究开发项目开发阶段的支出，先按合理方法进行归集，如果最终形成无形资产的，应当确认为无形资产；如果最终未形成无形资产的，应当计入当期费用。政府会计主体自行研究开发项目尚未进入开发阶段，或者确实无法区分研究阶段支出和开发阶段支出，但按法律程序已申请取得无形资产的，应当将依法取得时发生的注册费、聘请律师费等费用确认为无形资产。

第七条 政府会计主体自创商誉及内部产生的品牌、报刊名等，不应确认为无形资产。

第八条 与无形资产有关的后续支出，符合本准则第三条规定的确认条件的，应当计入无形资产成本；不符合本准则第三条规定的确认条件的，应当在发生时计入当期费用或者相关资产成本。

第三章　无形资产的初始计量

第九条　无形资产在取得时应当按照成本进行初始计量。

第十条　政府会计主体外购的无形资产，其成本包括购买价款、相关税费以及可归属于该项资产达到预定用途前所发生的其他支出。政府会计主体委托软件公司开发的软件，视同外购无形资产确定其成本。

第十一条　政府会计主体自行开发的无形资产，其成本包括自该项目进入开发阶段后至达到预定用途前所发生的支出总额。

第十二条　政府会计主体通过置换取得的无形资产，其成本按照换出资产的评估价值加上支付的补价或减去收到的补价，加上换入无形资产发生的其他相关支出确定。

第十三条　政府会计主体接受捐赠的无形资产，其成本按照有关凭据注明的金额加上相关税费确定；没有相关凭据可供取得，但按规定经过资产评估的，其成本按照评估价值加上相关税费确定；没有相关凭据可供取得、也未经资产评估的，其成本比照同类或类似资产的市场价格加上相关税费确定；没有相关凭据且未经资产评估、同类或类似资产的市场价格也无法可靠取得的，按照名义金额入账，相关税费计入当期费用。确定接受捐赠无形资产的初始入账成本时，应当考虑该项资产尚可为政府会计主体带来服务潜力或经济利益的能力。

第十四条　政府会计主体无偿调入的无形资产，其成本按照调出方账面价值加上相关税费确定。

第四章　无形资产的后续计量

第一节　无形资产的摊销

第十五条　政府会计主体应当于取得或形成无形资产时合理确定其使用年限。无形资产的使用年限为有限的，应当估计该使用年限。无法预见无形资产为政府会计主体提供服务潜力或者带来经济利益期限的，应当视为使用年限不确定的无形资产。

第十六条　政府会计主体应当对使用年限有限的无形资产进行摊销，但已摊销完毕仍继续使用的无形资产和以名义金额计量的无形资产除外。摊销是指在无形资产使用年限内，按照确定的方法对应摊销金额进行系统分摊。

第十七条　对于使用年限有限的无形资产，政府会计主体应当按照以下原则确定无形资产的摊销年限：

（一）法律规定了有效年限的，按照法律规定的有效年限作为摊销年限；

（二）法律没有规定有效年限的，按照相关合同或单位申请书中的受益年限作为摊销年限；

（三）法律没有规定有效年限、相关合同或单位申请书也没有规定受益年限的，应当根据无形资产为政府会计主体带来服务潜力或经济利益的实际情况，预计其使用年限；

（四）非大批量购入、单价小于1 000元的无形资产，可以于购买的当期将其成本一次性全部转销。

第十八条　政府会计主体应当按月对使用年限有限的无形资产进行摊销，并根据用途计入当期费用或者相关资产成本。政府会计主体应当采用年限平均法或者工作量法对无形资产进行摊销，应摊销金额为其成本，不考虑预计残值。

第十九条　因发生后续支出而增加无形资产成本的，对于使用年限有限的无形资产，应当按照重新确定的无形资产成本以及重新确定的摊销年限计算摊销额。

第二十条 使用年限不确定的无形资产不应摊销。

第二节 无形资产的处置

第二十一条 政府会计主体按规定报经批准出售无形资产,应当将无形资产账面价值转销计入当期费用,并将处置收入大于相关处置税费后的差额按规定计入当期收入或者做应缴款项处理,将处置收入小于相关处置税费后的差额计入当期费用。

第二十二条 政府会计主体按规定报经批准对外捐赠、无偿调出无形资产的,应当将无形资产的账面价值予以转销,对外捐赠、无偿调出中发生的归属于捐出方、调出方的相关费用应当计入当期费用。

第二十三条 政府会计主体按规定报经批准以无形资产对外投资的,应当将该无形资产的账面价值予以转销,并将无形资产在对外投资时的评估价值与其账面价值的差额计入当期收入或费用。

第二十四条 无形资产预期不能为政府会计主体带来服务潜力或者经济利益的,应当在报经批准后将该无形资产的账面价值予以转销。

第五章 无形资产的披露

第二十五条 政府会计主体应当按照无形资产的类别在附注中披露与无形资产有关的下列信息:

(一)无形资产账面余额、累计摊销额、账面价值的期初、期末数及其本期变动情况。

(二)自行开发无形资产的名称、数量,以及账面余额和累计摊销额的变动情况。

(三)以名义金额计量的无形资产名称、数量,以及以名义金额计量的理由。

(四)接受捐赠、无偿调入无形资产的名称、数量等情况。

(五)使用年限有限的无形资产,其使用年限的估计情况;使用年限不确定的无形资产,其使用年限不确定的确定依据。

(六)无形资产出售、对外投资等重要资产处置的情况。

第六章 附 则

第二十六条 本准则自2017年1月1日起施行。

6. 政府会计准则第5号——公共基础设施(2017年发布)

(财会〔2017〕11号印发)

第一章 总 则

第一条 为了规范公共基础设施的确认、计量和相关信息的披露,根据《政府会计准则——基本准则》,制定本准则。

第二条 本准则所称公共基础设施,是指政府会计主体为满足社会公共需求而控制的,同时具有以下特征的有形资产:

(一)是一个有形资产系统或网络的组成部分;

(二)具有特定用途;

(三)一般不可移动。

公共基础设施主要包括市政基础设施(如城市道路、桥梁、隧道、公交场站、路灯、广场、公园绿地、室外公共健身器材,以及环卫、排水、供水、供电、供气、供热、污水处理、垃圾处理系统等)、交通基础设施(如公路、航道、港口等)、水利基础设施(如大坝、堤防、水闸、泵站、渠道等)和其他公共基础设施。

第三条 下列各项适用于其他相关政府会计准则:

(一)独立于公共基础设施、不构成公共基础设施使用不可缺少组成部分的管理维护用房屋建筑物、设备、车辆等,适用《政府会计准则第3号——固定资产》。

(二)属于文物文化资产的公共基础设施,适用其他相关政府会计准则。

(三)采用政府和社会资本合作模式(即PPP模式)形成的公共基础设施的确认和初始计量,适用其他相关政府会计准则。

第二章 公共基础设施的确认

第四条 通常情况下,符合本准则第五条规定的公共基础设施,应当由按规定对其负有管理维护职责的政府会计主体予以确认。

多个政府会计主体共同管理维护的公共基础设施,应当由对该资产负有主要管理维护职责或者承担后续主要支出责任的政府会计主体予以确认。

分为多个组成部分由不同政府会计主体分别管理维护的公共基础设施,应当由各个政府会计主体分别对其负责管理维护的公共基础设施的相应部分予以确认。负有管理维护公共基础设施职责的政府会计主体通过政府购买服务方式委托企业或其他会计主体代为管理维护公共基础设施的,该公共基础设施应当由委托方予以确认。

第五条 公共基础设施同时满足下列条件的,应当予以确认:

(一)与该公共基础设施相关的服务潜力很可能实现或者经济利益很可能流入政府会计主体;

(二)该公共基础设施的成本或者价值能够可靠地计量。

第六条 通常情况下,对于自建或外购的公共基础设施,政府会计主体应当在该项公共基础设施验收合格并交付使用时确认;对于无偿调入、接受捐赠的公共基础设施,政府会计主体应当在开始承担该项公共基础设施管理维护职责时确认。

第七条 政府会计主体应当根据公共基础设施提供公共产品或服务的性质或功能特征对其进行分类确认。

公共基础设施的各组成部分具有不同使用年限或者以不同方式提供公共产品或服务,适用不同折旧率或折旧方法且可以分别确定各自原价的,应当分别将各组成部分确认为该类公共基础设施的一个单项公共设施。

第八条 政府会计主体在购建公共基础设施时,能够分清购建成本中的构筑物部分与土地使用权部分的,应当将其中的构筑物部分和土地使用权部分分别确认为公共基础设施;不能分清购建成本中的构筑物部分与土地使用权部分的,应当整体确认为公共基础设施。

第九条 公共基础设施在使用过程中发生的后续支出,符合本准则第五条规定的确认条件的,应当计入公共基础设施成本;不符合本准则第五条规定的确认条件的,应当在发生时计入当期费用。

通常情况下,为增加公共基础设施使用效能或延长其使用年限而发生的改建、扩建等后续支出,应当计入公共基础设施成本;为维护公共基础设施的正常使用而发生的日常维修、养护等后续支出,应当计入当期费用。

第三章 公共基础设施的初始计量

第十条 公共基础设施在取得时应当按照成本进行初始计量。

第十一条 政府会计主体自行建造的公共基础设施,其成本包括完成批准的建设内容所发生的全部必要支出,包括建筑安装工程投资支出、设备投资支出、待摊投资支出和其他投资支出。

在原有公共基础设施基础上进行改建、扩建等建造活动后的公共基础设施，其成本按照原公共基础设施账面价值加上改建、扩建等建造活动发生的支出，再扣除公共基础设施被替换部分的账面价值后的金额确定。

为建造公共基础设施借入的专门借款的利息，属于建设期间发生的，计入该公共基础设施在建工程成本；不属于建设期间发生的，计入当期费用。

已交付使用但尚未办理竣工决算手续的公共基础设施，应当按照估计价值入账，待办理竣工决算后再按照实际成本调整原来的暂估价值。

第十二条 政府会计主体接受其他会计主体无偿调入的公共基础设施，其成本按照该项公共基础设施在调出方的账面价值加上归属于调入方的相关费用确定。

第十三条 政府会计主体接受捐赠的公共基础设施，其成本按照有关凭据注明的金额加上相关费用确定；没有相关凭据可供取得，但按规定经过资产评估的，其成本按照评估价值加上相关费用确定；没有相关凭据可供取得、也未经资产评估的，其成本比照同类或类似资产的市场价格加上相关费用确定。如受赠的系旧的公共基础设施，在确定其初始入账成本时应当考虑该项资产的新旧程度。

第十四条 政府会计主体外购的公共基础设施，其成本包括购买价款、相关税费以及公共基础设施交付使用前所发生的可归属于该项资产的运输费、装卸费、安装费和专业人员服务费等。

第十五条 对于包括不同组成部分的公共基础设施，其只有总成本、没有单项组成部分成本的，政府会计主体可以按照各单项组成部分同类或类似资产的成本或市场价格比例对总成本进行分配，分别确定公共基础设施中各单项组成部分的成本。

第四章 公共基础设施的后续计量

第一节 公共基础设施的折旧或摊销

第十六条 政府会计主体应当对公共基础设施计提折旧，但政府会计主体持续进行良好的维护使得其性能得到永久维持的公共基础设施和确认为公共基础设施的单独计价入账的土地使用权除外。

公共基础设施应计提的折旧总额为其成本，计提公共基础设施折旧时不考虑预计净残值。

政府会计主体应当对暂估入账的公共基础设施计提折旧，实际成本确定后不需调整原已计提的折旧额。

第十七条 政府会计主体应当根据公共基础设施的性质和使用情况，合理确定公共基础设施的折旧年限。

政府会计主体确定公共基础设施折旧年限，应当考虑下列因素：

（一）设计使用年限或设计基准期；
（二）预计实现服务潜力或提供经济利益的期限；
（三）预计有形损耗和无形损耗；
（四）法律或者类似规定对资产使用的限制。

公共基础设施的折旧年限一经确定，不得随意变更，但符合本准则第二十条规定的除外。

对于政府会计主体接受无偿调入、捐赠的公共基础设施，应当考虑该项资产的新旧程度，按照其尚可使用的年限计提折旧。

第十八条 政府会计主体一般应当采用年限平均法或者工作量法计提公共基础设施折旧。

在确定公共基础设施的折旧方法时，应当考虑与公共基础设施相关的服务潜力或经济利益的预期实现方式。

公共基础设施折旧方法一经确定，不得随意变更。

第十九条 公共基础设施应当按月计提折旧，并计入当期费用。当月增加的公共基础设施，当月开始计提折旧；当月减少的公共基础设施，当月不再计提折旧。

第二十条 处于改建、扩建等建造活动期间的公共基础设施，应当暂停计提折旧。

因改建、扩建等原因而延长公共基础设施使用年限的，应当按照重新确定的公共基础设施的成本和重新确定的折旧年限计算折旧额，不需调整原已计提的折旧额。

第二十一条 公共基础设施提足折旧后，无论能否继续使用，均不再计提折旧；已提足折旧的公共基础设施，可以继续使用的，应当继续使用，并规范实物管理。

提前报废的公共基础设施，不再补提折旧。

第二十二条 对于确认为公共基础设施的单独计价入账的土地使用权，政府会计主体应当按照《政府会计准则第4号——无形资产》的相关规定进行摊销。

第二节 公共基础设施的处置

第二十三条 政府会计主体按规定报经批准无偿调出、对外捐赠公共基础设施的，应当将公共基础设施的账面价值予以转销，无偿调出、对外捐赠中发生的归属于调出方、捐出方的相关费用应当计入当期费用。

第二十四条 公共基础设施报废或遭受重大毁损的，政府会计主体应当在报经批准后将公共基础设施账面价值予以转销，并将报废、毁损过程中取得的残值变价收入扣除相关费用后的差额按规定做应缴款项处理（差额为净收益时）或计入当期费用（差额为净损失时）。

第五章 公共基础设施的披露

第二十五条 政府会计主体应当在附注中披露与公共基础设施有关的下列信息：

（一）公共基础设施的分类和折旧方法。

（二）各类公共基础设施的折旧年限及其确定依据。

（三）各类公共基础设施账面余额、累计折旧额（或摊销额）、账面价值的期初、期末数及其本期变动情况。

（四）各类公共基础设施的实物量。

（五）公共基础设施在建工程的期初、期末金额及其增减变动情况。

（六）确认为公共基础设施的单独计价入账的土地使用权的账面余额、累计摊销额及其变动情况。

（七）已提足折旧继续使用的公共基础设施的名称、数量等情况。

（八）暂估入账的公共基础设施账面价值变动情况。

（九）无偿调入、接受捐赠的公共基础设施名称、数量等情况（包括未按照本准则第十二条和第十三条规定计量并确认入账的公共基础设施的具体情况）。

（十）公共基础设施对外捐赠、无偿调出、报废、重大毁损等处置情况。

（十一）公共基础设施年度维护费用和其他后续支出情况。

第六章 附 则

第二十六条 对于应当确认为公共基础设施、但已确认为固定资产的资产，政府会计主体应当在本准则首次执行日将该资产按其账面价值重分类为公共基础设施。

第二十七条 对于应当确认但尚未入账的存量公共基础设施，政府会计主体应当在本准则首次执行日按照以下原则确定其初始入账成本：

（一）可以取得相关原始凭据的，其成本按照有关原始凭据注明的金额减去应计提的累计折旧后的金额确定；

（二）没有相关凭据可供取得，但按规定经过资产评估的，其成本按照评估价值确定；

（三）没有相关凭据可供取得、也未经资产评估的，其成本按照重置成本确定。

本准则首次执行日以后，政府会计主体应当对存量公共基础设施按其在首次执行日确定的成本和剩余折旧年限计提折旧。

第二十八条 本准则自 2018 年 1 月 1 日起施行。

7. 政府会计准则第 6 号——政府储备物资（2017 年发布）

（财会〔2017〕23 号印发）

第一章 总　　则

第一条 为了规范政府储备物资的确认、计量和相关信息的披露，根据《政府会计准则——基本准则》，制定本准则。

第二条 本准则所称政府储备物资，是指政府会计主体为满足实施国家安全与发展战略、进行抗灾救灾、应对公共突发事件等特定公共需求而控制的，同时具有下列特征的有形资产：

（一）在应对可能发生的特定事件或情形时动用；

（二）其购入、存储保管、更新（轮换）、动用等由政府及相关部门发布的专门管理制度规范。

政府储备物资包括战略及能源物资、抢险抗灾救灾物资、农产品、医药物资和其他重要商品物资，通常情况下由政府会计主体委托承储单位存储。

第三条 企业以及纳入企业财务管理体系的事业单位接受政府委托收储并按企业会计准则核算的储备物资，不适用本准则。

第四条 政府会计主体的存货，适用《政府会计准则第 1 号——存货》。

第二章 政府储备物资的确认

第五条 通常情况下，符合本准则第六条规定的政府储备物资，应当由按规定对其负有行政管理职责的政府会计主体予以确认。

本准则规定的行政管理职责主要指提出或拟定收储计划、更新（轮换）计划、动用方案等。

相关行政管理职责由不同政府会计主体行使的政府储备物资，由负责提出收储计划的政府会计主体予以确认。

对政府储备物资不负有行政管理职责但接受委托具体负责执行其存储保管等工作的政府会计主体，应当将受托代储的政府储备物资作为受托代理资产核算。

第六条 政府储备物资同时满足下列条件的，应当予以确认：

（一）与该政府储备物资相关的服务潜力很可能实现或者经济利益很可能流入政府会计主体；

（二）该政府储备物资的成本或者价值能够可靠地计量。

第三章 政府储备物资的初始计量

第七条 政府储备物资在取得时应当按照成本进行初始计量。

第八条 政府会计主体购入的政府储备物资，其成本包括购买价款和政府会计主体承担的相关税费、运输费、装卸费、保险费、检测费以及使政府储备物资达到目前场所和状态所发生的归属于政府储备物资成本的其他支出。

第九条 政府会计主体委托加工的政府储备物资，其成本包括委托加工前物料成本、委托加工的成本（如委托加工费以及按规定应计入委托加工政府储备物资成本的相关税费等）以及政府会计主体承担的使政府储备物资达到目前场所和状态所发生的归属于政府储备物资成本的其他支出。

第十条 政府会计主体接受捐赠的政府储备物资，其成本按照有关凭据注明的金额加上政府会计主体承担的相关税费、运输费等确定；没有相关凭据可供取得，但按规定经过资产评估的，其成本按照评估价值加上政府会计主体承担的相关税费、运输费等确定；没有相关凭据可供取得、也未经资产评估的，其成本比照同类或类似资产的市场价格加上政府会计主体承担的相关税费、运输费等确定。

第十一条 政府会计主体接受无偿调入的政府储备物资，其成本按照调出方账面价值加上归属于政府会计主体的相关税费、运输费等确定。

第十二条 下列各项不计入政府储备物资成本：

（一）仓储费用；

（二）日常维护费用；

（三）不能归属于使政府储备物资达到目前场所和状态所发生的其他支出。

第十三条 政府会计主体盘盈的政府储备物资，其成本按照有关凭据注明的金额确定；没有相关凭据，但按规定经过资产评估的，其成本按照评估价值确定；没有相关凭据、也未经资产评估的，其成本按照重置成本确定。

第四章 政府储备物资的后续计量

第十四条 政府会计主体应当根据实际情况采用先进先出法、加权平均法或者个别计价法确定政府储备物资发出的成本。计价方法一经确定，不得随意变更。

对于性质和用途相似的政府储备物资，政府会计主体应当采用相同的成本计价方法确定发出物资的成本。

对于不能替代使用的政府储备物资、为特定项目专门购入或加工的政府储备物资，政府会计主体通常应采用个别计价法确定发出物资的成本。

第十五条 因动用而发出无需收回的政府储备物资的，政府会计主体应当在发出物资时将其账面余额予以转销，计入当期费用。

第十六条 因动用而发出需要收回或者预期可能收回的政府储备物资的，政府会计主体应当在按规定的质量验收标准收回物资时，将未收回物资的账面余额予以转销，计入当期费用。

第十七条 因行政管理主体变动等原因而将政府储备物资调拨给其他主体的，政府会计主体应当在发出物资时将其账面余额予以转销。

第十八条 政府会计主体对外销售政府储备物资的，应当在发出物资时将其账面余额转销计入当期费用，并按规定确认相关销售收入或将销售取得的价款大于所承担的相关税费后的差额做应缴款项处理。

第十九条 政府会计主体采取销售采购方式对政府储备物资进行更新（轮换）的，应当将物资轮出视为物资销售，按照本准则第十八条规定处理；将物资轮入视为物资采购，按照本准则第八条规定处理。

第二十条 政府储备物资报废、毁损的，政府会计主体应当按规定报经批准后将报废、毁损的政府储备物资的账面余额予以转销，确认应收款项（确定追究相关赔偿责任的）或计入当期费用（因储存年限到期报废或非人为因素致使报废、毁损的）；同时，将报废、毁损过程中取得的残值变价收入扣除政府会计主体承担的相关费用后的差额按规定作应缴款项处理（差额为净收益时）或计入当期费用（差额为净损失时）。

第二十一条 政府储备物资盘亏的，政府会计主体应当按规定报经批准后将盘亏的政府储备物资的账面余额予以转销，确定追究相关赔偿责任的，确认应收款项；属于正常耗费或不可抗力因素造成的，计入当期费用。

第五章 政府储备物资的披露

第二十二条 政府会计主体应当在附注中披露与政府储备物资有关的下列信息：
（一）各类政府储备物资的期初和期末账面余额。
（二）因动用而发出需要收回或者预期可能收回，但期末尚未收回的政府储备物资的账面余额。
（三）确定发出政府储备物资成本所采用的方法。
（四）其他有关政府储备物资变动的重要信息。

第六章 附 则

第二十三条 对于应当确认为政府储备物资，但已确认为存货、固定资产等其他资产的，政府会计主体应当在本准则首次执行日将该资产按其账面余额重分类为政府储备物资。

第二十四条 对于应当确认但尚未入账的存量政府储备物资，政府会计主体应当在本准则首次执行日按照下列原则确定其初始入账成本：
（一）可以取得相关原始凭据的，其成本按照有关原始凭据注明的金额确定；
（二）没有相关凭据可供取得，但按规定经过资产评估的，其成本按照评估价值确定；
（三）没有相关凭据可供取得、也未经资产评估的，其成本按照重置成本确定。

第二十五条 本准则自 2018 年 1 月 1 日起施行。

8. 政府会计准则第 7 号——会计调整（2018 年发布）

（财会〔2018〕28 号印发）

第一章 总 则

第一条 为了规范政府会计调整的确认、计量和相关信息的披露，根据《政府会计准则——基本准则》，制定本准则。

第二条 本准则所称会计调整，是指政府会计主体因按照法律、行政法规和政府会计准则制度的要求，或者在特定情况下对其原采用的会计政策、会计估计，以及发现的会计差错、发生的报告日后事项等所作的调整。

本准则所称会计政策，是指政府会计主体在会计核算时所遵循的特定原则、基础以及所采用的具体会计处理方法。特定原则，是指政府会计主体按照政府会计准则制度所制定的、适合于本政府会计主体的会计处理原则。具体会计处理方法，是指政府会计主体从政府会计准则制度规定的诸多可选择的会计处理方法中所选择的、适合于本政府会计主体的会计处理方法。

本准则所称会计估计，是指政府会计主体对结果不确定的经济业务或者事项以最近可利用的信息为基础所作的判断，如固定资产、无形资产的预计使用年限等。

本准则所称会计差错，是指政府会计主体在会计核算时，在确认、计量、记录、报告等方面出现的错误，通常包括计算或记录错误、应用会计政策错误、疏忽或曲解事实产生的错误、财务舞弊等。

本准则所称报告日后事项，是指自报告日（年度报告日通常为12月31日）至报告批准报出日之间发生的需要调整或说明的事项，包括调整事项和非调整事项两类。

第三条 政府会计主体应当根据本准则及相关政府会计准则制度的规定，结合自身实际情况，确定本政府会计主体具体的会计政策和会计估计，并履行本政府会计主体内部报批程序；法律、行政法规等规定应当报送有关方面批准或备案的，从其规定。

政府会计主体的会计政策和会计估计一经确定，不得随意变更。如需变更，应重新履行本条第一款的程序，并按本准则的规定处理。

第二章 会计政策及其变更

第四条 政府会计主体应当对相同或者相似的经济业务或者事项采用相同的会计政策进行会计处理。但是，其他政府会计准则制度另有规定的除外。

第五条 政府会计主体采用的会计政策，在每一会计期间和前后各期应当保持一致。但是，满足下列条件之一的，可以变更会计政策：

（一）法律、行政法规或者政府会计准则制度等要求变更。

（二）会计政策变更能够提供有关政府会计主体财务状况、运行情况等更可靠、更相关的会计信息。

第六条 下列各项不属于会计政策变更：

（一）本期发生的经济业务或者事项与以前相比具有本质差别而采用新的会计政策。

（二）对初次发生的或者不重要的经济业务或者事项采用新的会计政策。

第七条 政府会计主体应当按照政府会计准则制度规定对会计政策变更进行处理。政府会计准则制度对会计政策变更未作出规定的，通常情况下，政府会计主体应当采用追溯调整法进行处理。

追溯调整法，是指对某项经济业务或者事项变更会计政策时，视同该项经济业务或者事项初次发生时即采用变更后的会计政策，并以此对财务报表相关项目进行调整的方法。

第八条 采用追溯调整法时，政府会计主体应当将会计政策变更的累积影响调整最早前期有关净资产项目的期初余额，其他相关项目的期初数也应一并调整；涉及收入、费用等项目的，应当将会计政策变更的影响调整受影响期间的各个相关项目。

会计政策变更的累积影响，是指按照变更后的会计政策对以前各期追溯计算的最早前期各个受影响的净资产项目以及其他相关项目的期初应有金额与现有金额之间的差额；会计政策变更的影响，是指按照变更后的会计政策对以前各期追溯计算的各个受影响的项目变更后的金额与现有金额之间的差额。

第九条 政府会计主体按规定编制比较财务报表的，对于比较财务报表可比期间的会计政策变更影响，应当调整各该期间的收入或者费用以及其他相关项目，视同该政策在比较财务报表期间一直采用。对于比较财务报表可比期间以前的会计政策变更的累积影响，政府会计主体应当调整比较财务报表最早期间所涉及的期初净资产各项目，财务报表其他相关项目的期初数也应一并调整。

第十条 会计政策变更的影响或者累积影响不能合理确定的，政府会计主体应当采用未来适用法对会计政策变更进行处理。

未来适用法，是指将变更后的会计政策应用于变更当期及以后各期发生的经济业务或者事项，或者在会计估计变更当期和未来期间确认会计估计变更的影响的方法。

采用未来适用法时，政府会计主体不需要计算会计政策变更产生的影响或者累积影响，也无需调整财务报表相关项目的期初数和比较财务报表相关项目的金额。

第三章 会计估计变更

第十一条 政府会计主体据以进行估计的基础发生了变化，或者由于取得新信息、积累更多经验以及后来的发展变化，可能需要对会计估计进行修订。会计估计变更应以掌握的新情况、新进展等真实、可靠的信息为依据。

第十二条 政府会计主体应当对会计估计变更采用未来适用法处理。

会计估计变更时，政府会计主体不需要追溯计算前期产生的影响或者累积影响，但应当对变更当期和未来期间发生的经济业务或者事项采用新的会计估计进行处理。

会计估计变更仅影响变更当期的，其影响应当在变更当期予以确认；会计估计变更既影响变更当期又影响未来期间的，其影响应当在变更当期和未来期间分别予以确认。

第十三条 政府会计主体对某项变更难以区分为会计政策变更或者会计估计变更的，应当按照会计估计变更的处理方法进行处理。

第四章 会计差错更正

第十四条 政府会计主体在本报告期（以下简称本期）发现的会计差错，应当按照以下原则处理：

（一）本期发现的与本期相关的会计差错，应当调整本期报表（包括财务报表和预算会计报表，下同）相关项目。

（二）本期发现的与前期相关的重大会计差错，如影响收入、费用或者预算收支的，应当将其对收入、费用或者预算收支的影响或者累积影响调整发现当期期初的相关净资产项目或者预算结转结余，并调整其他相关项目的期初数；如不影响收入、费用或者预算收支的，应当调整发现当期相关项目的期初数。经上述调整后，视同该差错在差错发生的期间已经得到更正。

与前期相关的重大会计差错的影响或者累积影响不能合理确定的，政府会计主体可比照本条（三）的规定进行处理。

重大会计差错，是指政府会计主体发现的使本期编制的报表不再具有可靠性的会计差错，一般是指差错的性质比较严重或者差错的金额比较大。该差错会影响报表使用者对政府会计主体过去、现在或者未来的情况作出评价或者预测，则认为性质比较严重，如未遵循政府会计准则制度、财务舞弊等原因产生的差错。通常情况下，导致差错的经济业务或者事项对报表某一具体项目的影响或者累积影响金额占该类经济业务或者事项对报表同一项目的影响金额的10%及以上，则认为金额比较大。

政府会计主体滥用会计政策、会计估计及其变更，应当作为重大会计差错予以更正。

（三）本期发现的与前期相关的非重大会计差错，应当将其影响数调整相关项目的本期数。

第十五条 政府会计主体在报告日至报告批准报出日之间发现的报告期以前期间的重大会计差错，应当视同本期发现的与前期相关的重大会计差错，比照本准则第十四条（二）的规定进行处理。

政府会计主体在报告日至报告批准报出日之间发现的报告期间的会计差错及报告期以前期间的非重大会计差错，应当按照本准则第五章报告日后事项中的调整事项进行处理。

第十六条 政府会计主体按规定编制比较财务报表的，对于比较财务报表期间的重大会计差错，应当调整各该期间的收入或者费用以及其他相关项目；对于比较财务报表期间以前的重大会计差错，应当调整比较财务报表最早期间所涉及的各项净资产项目的期初余额，财务报表其他相关项目的金额也应一并调整。

对于比较财务报表期间和以前的非重大会计差错，以及影响或者累积影响不能合理确定的重大会计差错，应当调整相关项目的本期数。

第五章　报告日后事项

第十七条　报告日以后获得新的或者进一步的证据，有助于对报告日存在状况的有关金额作出重新估计，应当作为调整事项，据此对报告日的报表进行调整。调整事项包括已证实资产发生了减损、已确定获得或者支付的赔偿、财务舞弊或者差错等。

第十八条　报告日以后发生的调整事项，应当如同报告所属期间发生的事项一样进行会计处理，对报告日已编制的报表相关项目的期末数或者本期数作相应的调整，并对当期编制的报表相关项目的期初数或者上期数进行调整。

第十九条　报告日以后才发生或者存在的事项，不影响报告日的存在状况，但如不加以说明，将会影响报告使用者作出正确估计和决策，这类事项应当作为非调整事项，在财务报表附注中予以披露，如自然灾害导致的资产损失、外汇汇率发生重大变化等。

第六章　披　　　露

第二十条　政府会计主体应当在财务报表附注中披露如下信息：

（一）会计政策变更的内容和理由、会计政策变更的影响，以及影响或者累积影响不能合理确定的理由。

（二）会计估计变更的内容和理由、会计估计变更对当期和未来期间的影响数。

（三）重大会计差错的内容和重大会计差错的更正方法、金额，以及与前期相关的重大会计差错影响或者累积影响不能合理确定的理由。

（四）与报告日后事项有关的下列信息：

1. 财务报告的批准报出者和批准报出日。

2. 每项重要的报告日后非调整事项的内容，及其估计对政府会计主体财务状况、运行情况的影响；无法作出估计的，应当说明其原因。

第二十一条　政府会计主体在以后的会计期间，不需要重复披露在以前期间的财务报表附注中已披露的会计政策变更、会计估计变更和会计差错更正的信息。

第七章　附　　　则

第二十二条　财政总预算会计中涉及的会计调整事项，按照《财政总预算会计制度》和财政部其他相关规定处理。

行政事业单位预算会计涉及的会计调整事项，按照部门决算报告制度有关要求进行披露。

第二十三条　本准则自 2019 年 1 月 1 日起施行。

9. 政府会计准则第 8 号——负债（2018 年发布）

（财会〔2018〕31 号印发）

第一章　总　　　则

第一条　为了规范负债的确认、计量和相关信息的披露，根据《政府会计准则——基本准则》，制定本准则。

第二条　本准则所称负债，是指政府会计主体过去的经济业务或者事项形成的，预期会导致经济资源流出政府会计主体的现时义务。

现时义务，是指政府会计主体在现行条件下已承担的义务。未来发生的经济业务或者事项形成的义务不属于现时义务，不应当确认为负债。

第三条 符合本准则第二条规定的负债定义的义务，在同时满足以下条件时，确认为负债：

（一）履行该义务很可能导致含有服务潜力或者经济利益的经济资源流出政府会计主体；

（二）该义务的金额能够可靠地计量。

第四条 政府会计主体的负债按照流动性，分为流动负债和非流动负债。

流动负债是指预计在1年内（含1年）偿还的负债，包括短期借款、应付短期政府债券、应付及预收款项、应缴款项等。

非流动负债是指流动负债以外的负债，包括长期借款、长期应付款、应付长期政府债券等。

第五条 政府会计主体的负债包括偿还时间与金额基本确定的负债和由或有事项形成的预计负债。

偿还时间与金额基本确定的负债按政府会计主体的业务性质及风险程度，分为融资活动形成的举借债务及其应付利息、运营活动形成的应付及预收款项和暂收性负债。

第六条 本准则规范政府会计主体负债的一般情况。其他政府会计准则对政府会计主体的特定负债做出专门规定的，从其规定。

第二章 举借债务

第七条 举借债务是指政府会计主体通过融资活动借入的债务，包括政府举借的债务以及其他政府会计主体借入的款项。

政府举借的债务包括政府发行的政府债券，向外国政府、国际经济组织等借入的款项，以及向上级政府借入转贷资金形成的借入转贷款。

其他政府会计主体借入的款项是指除政府以外的其他政府会计主体从银行或其他金融机构等借入的款项。

第八条 对于举借债务，政府会计主体应当在与债权人签订借款合同或协议并取得举借资金时确认为负债。

第九条 举借债务初始确认为负债时，应当按照实际发生额计量。

对于借入款项，初始确认为负债时应当按照借款本金计量；借款本金与取得的借款资金的差额应当计入当期费用。

对于发行的政府债券，初始确认为负债时应当按照债券本金计量；债券本金与发行价款的差额应当计入当期费用。

第十条 政府会计主体应当按照借款本金（或债券本金）和合同或协议约定的利率（或债券票面利率）按期计提举借债务的利息。

对于属于流动负债的举借债务以及属于非流动负债的分期付息、一次还本的举借债务，应当将计算确定的应付未付利息确认为流动负债，计入应付利息；对于其他举借债务，应当将计算确定的应付未付利息确认为非流动负债，计入相关非流动负债的账面余额。

第十一条 政府会计主体应当按照本准则第十二条、第十三条的规定，将因举借债务发生的借款费用分别计入工程成本或当期费用。

借款费用，是指政府会计主体因举借债务而发生的利息及其他相关费用，包括借款利息、辅助费用以及因外币借款而发生的汇兑差额等。其中，辅助费用是指政府会计主体在举借债务过程中发生的手续费、佣金等费用。

第十二条 政府以外的其他政府会计主体为购建固定资产等工程项目借入专门借款的，对于发生的专门借款费用，应当按照借款费用减去尚未动用的借款资金产生的利息收入后的金额，属于工程项目建设期间发生的，计入工程成本；不属于工程项目建设期间发生的，计入当期费用。

工程项目建设期间是指自工程项目开始建造起至交付使用时止的期间。

工程项目建设期间发生非正常中断且中断时间连续超过3个月（含3个月）的，政府会计主体应当将非正常中断期间的借款费用计入当期费用。如果中断是使工程项目达到交付使用所必需的程序，则中断期间所发生的借款费用仍应计入工程成本。

第十三条 政府会计主体因举借债务所发生的除本准则第十二条规定外的借款费用（包括政府举借的债务和其他政府会计主体的非专门借款所发生的借款费用），应当计入当期费用。

第十四条 政府会计主体应当在偿还举借债务本息时，冲减相关负债的账面余额。

第三章 应付及预收款项

第十五条 应付及预收款项，是指政府会计主体在运营活动中形成的应当支付而尚未支付的款项及预先收到但尚未实现收入的款项，包括应付职工薪酬、应付账款、预收款项、应交税费、应付国库集中支付结余和其他应付未付款项。

应付职工薪酬，是指政府会计主体为获得职工（含长期聘用人员）提供的服务而给予各种形式的报酬或因辞退等原因而给予职工补偿所形成的负债。职工薪酬包括工资、津贴补贴、奖金、社会保险费等。

应付账款，是指政府会计主体因取得资产、接受劳务、开展工程建设等而形成的负债。

预收款项，是指政府会计主体按照货物、服务合同或协议或者相关规定，向接受货物或服务的主体预先收款而形成的负债。

应交税费，是指政府会计主体因发生应税事项导致承担纳税义务而形成的负债。

应付国库集中支付结余，是指国库集中支付中，按照财政部门批复的部门预算，政府会计主体（政府财政）当年未支而需结转下一年度支付款项而形成的负债。

其他应付未付款项，是指政府会计主体因有关政策明确要求其承担支出责任等而形成的应付未付款项。

第十六条 除因辞退等原因给予职工的补偿外，政府会计主体应当在职工为其提供服务的会计期间，将应支付的职工薪酬确认为负债，除本条第二款规定外，计入当期费用。

政府会计主体应当根据职工提供服务的受益对象，将下列职工薪酬分情况处理：

（一）应由自制物品负担的职工薪酬，计入自制物品成本。

（二）应由工程项目负担的职工薪酬，比照本准则第十二条有关借款费用的处理原则计入工程成本或当期费用。

（三）应由自行研发项目负担的职工薪酬，在研究阶段发生的，计入当期费用；在开发阶段发生并且最终形成无形资产的，计入无形资产成本。

第十七条 政府会计主体按照有关规定为职工缴纳的医疗保险费、养老保险费、职业年金等社会保险费和住房公积金，应当在职工为其提供服务的会计期间，根据有关规定加以计算并确认为负债，具体按照本准则第十六条的规定处理。

第十八条 政府会计主体因辞退等原因给予职工的补偿，应当于相关补偿金额报经批准时确认为负债，并计入当期费用。

第十九条 对于应付账款，政府会计主体应当在取得资产、接受劳务，或外包工程完成规定进度时，按照应付未付款项的金额予以确认。

第二十条 对于预收款项，政府会计主体应当在收到预收款项时，按照实际收到款项的金额予以确认。

第二十一条 对于应交税费，政府会计主体应当在发生应税事项导致承担纳税义务时，按照税法等规定计算的应交税费金额予以确认。

第二十二条 对于应付国库集中支付结余，政府会计主体（政府财政）应当在年末，按照国库集中支付预算指标数大于国库资金实际支付数的差额予以确认。

第二十三条 对于其他应付未付款项，政府会计主体应当在有关政策已明确其承担支出责任，或者其他情况下相关义务满足负债的定义和确认条件时，按照确定应承担的负债金额予以确认。

第二十四条 政府会计主体应当在支付应付款项或将预收款项确认为收入时，冲减相关负债的账面余额。

第四章 暂收性负债

第二十五条 暂收性负债是指政府会计主体暂时收取，随后应做上缴、退回、转拨等处理的款项。暂收性负债主要包括应缴财政款和其他暂收款项。

应缴财政款，是指政府会计主体暂时收取、按规定应当上缴国库或财政专户的款项而形成的负债。

其他暂收款项，是指除应缴财政款以外的其他暂收性负债，包括政府会计主体暂时收取，随后应退还给其他方的押金或保证金、随后应转付给其他方的转拨款等款项。

第二十六条 对于应缴财政款，政府会计主体通常应当在实际收到相关款项时，按照相关规定计算确定的上缴金额予以确认。

第二十七条 对于其他暂收款项，政府会计主体应当在实际收到相关款项时，按照实际收到的金额予以确认。

第二十八条 政府会计主体应当在上缴应缴财政款、退还、转付其他暂收款项等时，冲减相关负债的账面余额。

第五章 预计负债

第二十九条 政府会计主体应当将与或有事项相关且满足本准则第三条规定条件的现时义务确认为预计负债。

或有事项，是指由过去的经济业务或者事项形成的，其结果须由某些未来事项的发生或不发生才能决定的不确定事项。未来事项是否发生不在政府会计主体控制范围内。

政府会计主体常见的或有事项主要包括：未决诉讼或未决仲裁、对外国政府或国际经济组织的贷款担保、承诺（补贴、代偿）、自然灾害或公共事件的救助等。

第三十条 预计负债应当按照履行相关现时义务所需支出的最佳估计数进行初始计量。

所需支出存在一个连续范围，且该范围内各种结果发生的可能性相同的，最佳估计数应当按照该范围内的中间值确定。

在其他情形下，最佳估计数应当分别下列情况确定：

（一）或有事项涉及单个项目的，按照最可能发生金额确定。

（二）或有事项涉及多个项目的，按照各种可能结果及相关概率计算确定。

第三十一条 政府会计主体在确定最佳估计数时，一般应当综合考虑与或有事项有关的风险、不确定性等因素。

第三十二条 政府会计主体清偿预计负债所需支出预期全部或部分由第三方补偿的，补偿金额只有在基本确定能够收到时才能作为资产单独确认。确认的补偿金额不应当超过预计负债的账面余额。

第三十三条 政府会计主体应当在报告日对预计负债的账面余额进行复核。有确凿证据表明该账面余额不能真实反映当前最佳估计数的，应当按照当前最佳估计数对该账面余额进行调整。履行该预计负债的相关义务不是很可能导致经济资源流出政府会计主体时，应当将该预计负债的账面余额予以转销。

第三十四条 政府会计主体不应当将下列与或有事项相关的义务确认为负债，但应当按照本准则第三十六条规定对该类义务进行披露：

（一）过去的经济业务或者事项形成的潜在义务，其存在须通过未来不确定事项的发生或不发生予以证实，未来事项是否能发生不在政府会计主体控制范围内。潜在义务是指结果取决于不确定未来事项的可能义务。

（二）过去的经济业务或者事项形成的现时义务，履行该义务不是很可能导致经济资源流出政府会计主体或者该义务的金额不能可靠计量。

第六章 披 露

第三十五条 政府会计主体应当在附注中披露与举借债务、应付及预收款项、暂收性负债和预计负债有关的下列信息：

（一）各类负债的债权人、偿还期限、期初余额和期末余额。

（二）逾期借款或者违约政府债券的债权人、借款（债券）金额、逾期时间、利率、逾期未偿还（违约）原因和预计还款时间等。

（三）借款的担保方、担保方式、抵押物等。

（四）预计负债的形成原因以及经济资源可能流出的时间、经济资源流出的时间和金额不确定的说明，预计负债有关的预期补偿金额和本期已确认的补偿金额。

第三十六条 政府会计主体应当在附注中披露本准则第三十四条规定的或有事项相关义务的下列信息：

（一）或有事项相关义务的种类及其形成原因。

（二）经济资源流出时间和金额不确定的说明。

（三）或有事项相关义务预计产生的财务影响，以及获得补偿的可能性；无法预计的，应当说明原因。

第七章 附 则

第三十七条 本准则自 2019 年 1 月 1 日起施行。

10. 政府会计准则第 9 号——财务报表编制和列报（2018 年发布）

（财会〔2018〕37 号印发）

第一章 总 则

第一条 为了规范政府会计主体财务报表的编制和列报，根据《政府会计准则——基本准则》，制定本准则。

第二条 财务报表是对政府会计主体财务状况、运行情况和现金流量等信息的结构性表述。财务报表至少包括下列组成部分：

（一）资产负债表；

（二）收入费用表；

（三）附注。

政府会计主体可以根据实际情况自行选择编制现金流量表。

第三条 本准则适用于政府会计主体个别财务报表和合并财务报表。行政事业单位个别财务报表的编制和列报，还应遵循《政府会计制度——行政事业单位会计科目和报表》的规定；其他政府会计主体个别财务报表的编制和列报，还应遵循其他相关会计制度。

其他政府会计准则有特殊列报要求的，从其规定。

第二章　基本要求

第四条　政府会计主体应当以持续运行为前提，根据实际发生的经济业务或事项，按照政府会计准则制度的规定对相关会计要素进行确认和计量，在此基础上编制财务报表。政府会计主体不应以附注披露代替确认和计量，也不能通过充分披露相关会计政策而纠正不恰当的确认和计量。

如果按照政府会计准则制度规定披露的信息不足以让财务报表使用者了解特定经济业务或事项对政府会计主体财务状况和运行情况的影响时，政府会计主体还应当披露其他必要的相关信息。

第五条　除现金流量表以收付实现制为基础编制外，政府会计主体应当以权责发生制为基础编制财务报表。

第六条　财务报表项目的列报应当在各个会计期间保持一致，不得随意变更，但政府会计准则制度和财政部发布的其他有关规定（以下简称政府会计准则制度等）要求变更财务报表项目的除外。

第七条　性质或功能不同的项目，应当在财务报表中单独列报，但不具有重要性的项目除外。

性质或功能类似的项目，其所属类别具有重要性的，应当按其类别在财务报表中单独列报。

某些项目的重要性程度不足以在资产负债表、收入费用表等报表中单独列示，但对理解报表具有重要性的，应当在附注中单独披露。

第八条　财务报表某些项目的省略、错报等，能够合理预期将影响报表主要使用者据此作出决策的，该项目具有重要性。

重要性应当根据政府会计主体所处的具体环境，从项目的性质和金额两方面予以判断。关于各项目重要性的判断标准一经确定，不得随意变更。判断项目性质的重要性，应当考虑该项目在性质上是否显著影响政府会计主体的财务状况和运行情况等因素；判断项目金额的重要性，应当考虑该项目金额占资产总额、负债总额、净资产总额、收入总额、费用总额、盈余总额等直接相关项目金额的比重或所属报表单列项目金额的比重。

第九条　资产负债表中的资产和负债，应当分别按流动资产和非流动资产、流动负债和非流动负债列示。

第十条　财务报表中的资产项目和负债项目的金额、收入项目和费用项目的金额不得相互抵销，但其他政府会计准则制度另有规定的除外。

资产或负债项目按扣除备抵项目后的净额列示，不属于抵销。

第十一条　当期财务报表的列报，至少应当提供所有列报项目上一个可比会计期间的比较数据，以及与理解当期财务报表相关的说明，但其他政府会计准则制度等另有规定的除外。

第十二条　政府会计主体应当至少在财务报表的显著位置披露下列各项：

（一）编报主体的名称；

（二）报告日或财务报表涵盖的会计期间；

（三）人民币金额单位；

（四）财务报表是合并财务报表的，应当予以标明。

第十三条　政府会计主体至少应当按年编制财务报表。

年度财务报表涵盖的期间短于一年的，应当披露年度财务报表的涵盖期间、短于一年的原因以及报表数据不具可比性的事实。

第三章 合并财务报表

第十四条 合并财务报表,是指反映合并主体和其全部被合并主体形成的报告主体整体财务状况与运行情况的财务报表。

合并主体,是指有一个或一个以上被合并主体的政府会计主体。合并主体通常也是合并财务报表的编制主体。

被合并主体,是指符合本准则规定的纳入合并主体合并范围的会计主体。

合并财务报表至少包括下列组成部分:

(一)合并资产负债表;

(二)合并收入费用表;

(三)附注。

第十五条 合并财务报表按照合并级次分为部门(单位)合并财务报表、本级政府合并财务报表和行政区政府合并财务报表。

部门(单位)合并财务报表,是指以政府部门(单位)本级作为合并主体,将部门(单位)本级及其合并范围内全部被合并主体的财务报表进行合并后形成的,反映部门(单位)整体财务状况与运行情况的财务报表。部门(单位)合并财务报表是政府部门财务报告的主要组成部分。

本级政府合并财务报表,是指以本级政府财政作为合并主体,将本级政府财政及其合并范围内全部被合并主体的财务报表进行合并后形成的,反映本级政府整体财务状况与运行情况的财务报表。本级政府合并财务报表是本级政府综合财务报告的主要组成部分。

行政区政府合并财务报表,是指以行政区本级政府作为合并主体,将本行政区内各级政府的财务报表进行合并后形成的,反映本行政区政府整体财务状况与运行情况的财务报表。行政区政府合并财务报表是行政区政府财务报告的主要组成部分。

第十六条 部门(单位)合并财务报表由部门(单位)负责编制;本级政府合并财务报表由本级政府财政部门负责编制。

各级政府财政部门既负责编制本级政府合并财务报表,也负责编制本级政府所辖行政区政府合并财务报表。

第一节 合并程序

第十七条 合并财务报表应当以合并主体和其被合并主体的财务报表为基础,根据其他有关资料加以编制。

合并财务报表应当以权责发生制为基础编制。合并主体和其合并范围内被合并主体个别财务报表应当采用权责发生制基础编制,按规定未采用权责发生制基础编制的,应当先调整为权责发生制基础的财务报表,再由合并主体进行合并。

编制合并财务报表时,应当将合并主体和其全部被合并主体视为一个会计主体,遵循政府会计准则制度规定的统一的会计政策。合并范围内合并主体、被合并主体个别财务报表未遵循政府会计准则制度规定的统一会计政策的,应当先调整为遵循政府会计准则制度规定的统一会计政策的财务报表,再由合并主体进行合并。

第十八条 编制合并财务报表的程序主要包括:

(一)根据本准则第十七条规定,对需要进行调整的个别财务报表进行调整,以调整后的个别财务报表作为编制合并财务报表的基础；

（二）将合并主体和被合并主体个别财务报表中的资产、负债、净资产、收入和费用项目进行逐项合并；

（三）抵销合并主体和被合并主体之间、被合并主体相互之间发生的债权债务、收入费用等内部业务或事项对财务报表的影响。

第十九条 对于在报告期内因划转而纳入合并范围的被合并主体，合并主体应当将其报告期内的收入、费用项目金额包括在本期合并收入费用表的本期数中，合并资产负债表的期初数不作调整。

对于在报告期内因划转而不再纳入合并范围的被合并主体，其报告期内的收入、费用项目金额不包括在本期合并收入费用表的本期数中，合并资产负债表的期初数不作调整。

合并主体应当确保划转双方的会计处理协调一致，确保不重复、不遗漏，并在合并财务报表附注中对划转情况及其影响进行充分披露。

第二十条 在报告期内，被合并主体撤销的，其期初资产、负债和净资产项目金额应当包括在合并资产负债表的期初数中，其期初至撤销日的收入、费用项目金额应当包括在本期合并收入费用表的本期数中，其期初至撤销日的收入、费用项目金额所引起的净资产变动金额应当包括在合并资产负债表的期末数中。

第二十一条 在编制合并财务报表时，被合并主体除了应当向合并主体提供财务报表外，还应当提供下列有关资料：

（一）采用的与政府会计准则制度规定的统一的会计政策不一致的会计政策及其影响金额；

（二）其与合并主体、其他被合并主体之间发生的所有内部业务或事项的相关资料；

（三）编制合并财务报表所需要的其他资料。

第二节 部门（单位）合并财务报表

第二十二条 部门（单位）合并财务报表的合并范围一般应当以财政预算拨款关系为基础予以确定。有下级预算单位的部门（单位）为合并主体，其下级预算单位为被合并主体。合并主体应当将其全部被合并主体纳入合并财务报表的合并范围。

部门（单位）所属的企业不纳入部门（单位）合并财务报表的合并范围。

第二十三条 部门（单位）合并资产负债表应当以部门（单位）本级和其被合并主体符合本准则第十七条要求的个别资产负债表或合并资产负债表为基础，在抵销内部业务或事项对合并资产负债表的影响后，由部门（单位）本级合并编制。

编制部门（单位）合并资产负债表时，需要抵销的内部业务或事项包括：

（一）部门（单位）本级和其被合并主体之间、被合并主体相互之间的债权（含应收款项坏账准备，下同）、债务项目；

（二）部门（单位）本级和其被合并主体之间、被合并主体相互之间其他业务或事项对部门（单位）合并资产负债表的影响。

第二十四条 部门（单位）合并资产负债表中的资产类至少应当单独列示反映下列信息的项目：

（一）货币资金；

（二）短期投资；

（三）财政应返还额度；

（四）应收票据；

（五）应收账款净额；

（六）预付账款；

（七）应收股利；

（八）应收利息；

（九）其他应收款净额；

（十）存货；

（十一）待摊费用；

（十二）一年内到期的非流动资产；

（十三）长期股权投资；

（十四）长期债券投资；

（十五）固定资产净值；

（十六）工程物资；

（十七）在建工程；

（十八）无形资产净值；

（十九）研发支出；

（二十）公共基础设施净值；

（二十一）政府储备物资；

（二十二）文化文物资产；

（二十三）保障性住房净值；

（二十四）长期待摊费用；

（二十五）待处理财产损溢；

（二十六）受托代理资产。

第二十五条　部门（单位）合并资产负债表中的资产类应当包括流动资产、非流动资产的合计项目。

第二十六条　部门（单位）合并资产负债表中的负债类至少应当单独列示反映下列信息的项目：

（一）短期借款；

（二）应交增值税；

（三）其他应交税费；

（四）应缴财政款；

（五）应付职工薪酬；

（六）应付票据；

（七）应付账款；

（八）应付政府补贴款；

（九）应付利息；

（十）预收款项；

（十一）其他应付款；

（十二）预提费用；

（十三）一年内到期的非流动负债；

（十四）长期借款；

（十五）长期应付款；

（十六）预计负债；

（十七）受托代理负债。

第二十七条 部门（单位）合并资产负债表中的负债类应当包括流动负债、非流动负债和负债的合计项目。

第二十八条 部门（单位）合并资产负债表中的净资产类至少应当单独列示反映下列信息的项目：

（一）累计盈余；

（二）专用基金；

（三）权益法调整。

第二十九条 部门（单位）合并资产负债表中的净资产类应当包括净资产的合计项目。

第三十条 部门（单位）合并资产负债表应当列示资产总计项目、负债和净资产总计项目。

第三十一条 部门（单位）合并收入费用表应当以部门（单位）本级和其被合并主体符合本准则第十七条要求的个别收入费用表或合并收入费用表为基础，在抵销内部业务或事项对合并收入费用表的影响后，由部门（单位）本级合并编制。

编制部门（单位）合并收入费用表时，需要抵销的内部业务或事项包括部门（单位）本级和其被合并主体之间、被合并主体相互之间的收入、费用项目。

第三十二条 部门（单位）合并收入费用表中的收入，应当按照收入来源进行分类列示。

第三十三条 部门（单位）合并收入费用表中的收入类至少应当单独列示反映下列信息的项目：

（一）财政拨款收入；

（二）事业收入；

（三）经营收入；

（四）非同级财政拨款收入；

（五）投资收益；

（六）捐赠收入；

（七）利息收入；

（八）租金收入。

第三十四条 部门（单位）合并收入费用表中的收入类应当包括收入的合计项目。

第三十五条 部门（单位）合并收入费用表中的费用，应当按照费用的性质进行分类列示。

第三十六条 部门（单位）合并收入费用表中的费用类至少应当单独列示反映下列信息的项目：

（一）工资福利费用；

（二）商品和服务费用；

（三）对个人和家庭补助费用；

（四）对企事业单位补贴费用；

（五）固定资产折旧费用；

（六）无形资产摊销费用；

（七）公共基础设施折旧（摊销）费用；

（八）保障性住房折旧费用；

（九）计提专用基金；

（十）所得税费用；

（十一）资产处置费用。

第三十七条 部门（单位）合并收入费用表中的费用类应当包括费用的合计项目。

第三十八条 部门（单位）合并收入费用表应当列示本期盈余项目。

本期盈余，是指部门（单位）某一会计期间收入合计金额减去费用合计金额后的差额。

第三节 本级政府合并财务报表

第三十九条 本级政府合并财务报表的合并范围一般应当以财政预算拨款关系为基础予以确定。本级政府财政为合并主体，其所属部门（单位）等为被合并主体。

第四十条 本级政府合并财务报表应当以本级政府财政和其被合并主体符合本准则第十七条要求的个别财务报表或合并财务报表为基础，在抵销内部业务或事项对合并财务报表的影响后，由本级政府财政部门合并编制。

编制本级政府合并财务报表时，需要抵销的内部业务或事项包括：

（一）本级政府财政和其被合并主体之间的债权债务、收入费用等项目；

（二）被合并主体相互之间的债权债务、收入费用等项目。

第四十一条 本级政府合并资产负债表中的资产类至少应当单独列示反映下列信息的项目：

（一）货币资金；

（二）短期投资；

（三）应收及预付款项；

（四）存货；

（五）一年内到期的非流动资产；

（六）长期投资；

（七）应收转贷款；

（八）固定资产净值；

（九）在建工程；

（十）无形资产净值；

（十一）公共基础设施净值；

（十二）政府储备物资；

（十三）文物文化资产；

（十四）保障性住房净值；

（十五）受托代理资产。

第四十二条 本级政府合并资产负债表中的资产类应当包括流动资产、非流动资产的合计项目。

第四十三条 本级政府合并资产负债表中的负债类至少应当单独列示反映下列信息的项目：

（一）应付短期政府债券；

（二）短期借款；

（三）应付及预收款项；

（四）应付职工薪酬；

（五）应付政府补贴款；

（六）一年内到期的非流动负债；

（七）应付长期政府债券；

（八）应付转贷款；

（九）长期借款；

（十）长期应付款；

（十一）预计负债；

（十二）受托代理负债。

第四十四条 本级政府合并资产负债表中的负债类应当包括流动负债、非流动负债和负债的合计项目。

第四十五条 本级政府合并资产负债表应当列示净资产项目。

第四十六条 本级政府合并资产负债表应当列示资产总计项目、负债和净资产总计项目。

第四十七条 本级政府合并收入费用表中的收入，应当按照收入来源进行分类列示。

第四十八条 本级政府合并收入费用表中的收入类至少应当单独列示反映下列信息的项目：

（一）税收收入；

（二）非税收入；

（三）事业收入；

（四）经营收入；

（五）投资收益；

（六）政府间转移性收入。

第四十九条 本级政府合并收入费用表中的收入类应当包括收入的合计项目。

第五十条 本级政府合并收入费用表中的费用，应当按照费用的性质进行分类列示。

第五十一条 本级政府合并收入费用表中的费用类至少应当单独列示反映下列信息的项目：

（一）工资福利费用；

（二）商品和服务费用；

（三）对个人和家庭补助费用；

（四）对企事业单位补贴费用；

（五）政府间转移性费用；

（六）折旧费用；

（七）摊销费用；

（八）资产处置费用。

第五十二条 本级政府合并收入费用表中的费用类应当包括费用的合计项目。

第五十三条 本级政府合并收入费用表应当列示本期盈余项目。

第四节　行政区政府合并财务报表

第五十四条 行政区政府合并财务报表的合并范围一般应当以行政隶属关系为基础予以确定。行政区本级政府为合并主体，其所属下级政府为被合并主体。

第五十五条 县级以上政府应当编制本行政区政府合并财务报表。

第五十六条 行政区政府合并财务报表应当以本级政府和其所属下级政府合并财务报表为基础，在抵销内部业务或事项对合并财务报表的影响后，由本级政府财政部门合并编制。

编制行政区政府合并财务报表时,需要抵销的内部业务或事项包括:

(一)本级政府和其所属下级政府之间的债权债务、收入费用等项目;

(二)本级政府所属下级政府相互之间的债权债务、收入费用等项目。

第五十七条 行政区政府合并财务报表的项目列示与本级政府合并财务报表一致。

第五节 附 注

第五十八条 合并财务报表附注一般应当披露下列信息:

(一)合并财务报表的编制基础。

(二)遵循政府会计准则制度的声明。

(三)合并财务报表的合并主体、被合并主体清单。

(四)合并主体、被合并主体个别财务报表所采用的编制基础,所采用的与政府会计准则制度规定不一致的会计政策,编制合并财务报表时的调整情况及其影响。

(五)本期增加、减少被合并主体的基本情况及影响。

(六)合并财务报表重要项目明细信息及说明。

(七)未在合并财务报表中列示但对报告主体财务状况和运行情况有重大影响的事项的说明。

(八)需要说明的其他事项。

第四章 附 则

第五十九条 合并财务报表的具体合并范围由财政部另行规定。

第六十条 部门(单位)合并资产负债表的格式参见《政府会计制度——行政事业单位会计科目和报表》规定的资产负债表格式。

部门(单位)合并收入费用表的格式参见附录。

本级政府合并财务报表、行政区政府合并财务报表的格式以及部门(单位)合并财务报表附注的披露格式由财政部另行规定。

第六十一条 本准则自2019年1月1日起施行,适用于2019年年度及以后的财务报表。

附录:

合并收入费用表

编制单位: 年 单位:元

项　目	本年数	上年数
一、本期收入		
(一)财政拨款收入		
(二)事业收入		
其中:非同级财政拨款收入		
(三)上级补助收入*		
(四)附属单位上缴收入*		

（续表）

项　目	本年数	上年数
（五）经营收入		
（六）非同级财政拨款收入		
（七）投资收益		
（八）捐赠收入		
（九）利息收入		
（十）租金收入		
（十一）其他收入		
二、本期费用		
（一）工资福利费用		
（二）商品和服务费用		
（三）对个人和家庭补助费用		
（四）对企事业单位补贴费用		
（五）固定资产折旧费用		
（六）无形资产摊销费用		
（七）公共基础设施折旧（摊销）费用		
（八）保障性住房折旧费用		
（九）计提专用基金		
（十）所得税费用		
（十一）资产处置费用		
（十二）上缴上级费用*		
（十三）对附属单位补助费用*		
（十四）其他费用		
三、本期盈余		

注：1.本表中"本期费用"各项目应当根据个别财务报表附注中"本期费用按经济分类的披露格式"所提供的信息合并填列。

2.编制部门（单位）合并收入费用表时，标 * 项目原则上应抵销完毕，金额为零。

11. 政府会计准则第 11 号——文物资源（2023 年发布）

（财会〔2023〕19 号印发）

第一章　总　　则

第一条　为了规范文物资源的确认、计量和列报，根据《政府会计准则——基本准则》，制定本准则。

第二条　本准则所称文物资源，是指按照《中华人民共和国文物保护法》等有关法律、行政法规规定，被认定为文物的有形资产，以及考古发掘品、尚未被认定为文物的古籍和按照文物征集尚未入藏的征集物。

第三条　下列各项适用于其他相关政府会计准则：

（一）博物馆、纪念馆、公共图书馆等用于提供公共文化服务，且未被认定为文物的建筑物、场地、设备等，适用《政府会计准则第 3 号——固定资产》等其他政府会计准则。

（二）公共图书馆的普通馆藏文献等，适用《政府会计准则第 3 号——固定资产》等其他政府会计准则。

第二章　文物资源的确认

第四条　符合本准则第二条规定的文物资源，应当由对其承担管理收藏职责的政府会计主体予以确认。

第五条　通常情况下，对于购买、调拨、接受捐赠、依法接收、指定保管等方式取得的文物资源，政府会计主体应当在取得时对其予以确认。

对于考古发掘取得的发掘品，政府会计主体应当在其数量、形态稳定时予以确认，通常不晚于提交考古发掘报告之日；对于考古发现的古遗址、古墓葬等，政府会计主体应当将文物行政部门发布文物认定公告之日作为确认时点。

因文物认定等原因将现有其他相关资产重分类为文物资源的，政府会计主体应当在相关文物认定手续办理完毕时将其确认为文物资源。

第六条　政府会计主体应当至少在每年年末对借入但尚未归还的文物资源进行核查，根据核查结果将其作为受托代理资产予以确认。

第三章　文物资源的初始计量

第七条　政府会计主体应当按照成本对文物资源进行初始计量；对于成本无法可靠取得的文物资源，应当按照名义金额计量。

第八条　对于依法征集购买取得的文物资源，政府会计主体应当按照购买价款确定其成本。以一笔款项征集购买多项没有单独标价的文物资源，政府会计主体应当按照系统、合理的方法对购买价款进行分配，分别确定各项文物资源的成本。

第九条　政府会计主体通过调拨、依法接收、指定保管等方式取得的文物资源，其成本应当按照该文物资源在调出方的账面价值予以确定。调出方未将该文物资源入账或账面价值为零的（即已按制度规定提足折旧的，下同），政府会计主体应当按照成本无法可靠取得的文物资源进行会计处理。

第十条　政府会计主体控制的其他相关资产重分类为文物资源的，其成本应当按照该资产原账面价值予以确定。资产原账面价值为零的，政府会计主体应当按照成本无法可靠取得的文物资源进行会计处理。

第十一条 因盘点、普查等方式盘盈的文物资源，有相关凭据的，其成本按照凭据注明的金额予以确定；没有相关凭据的，政府会计主体应当按照成本无法可靠取得的文物资源进行会计处理。

第十二条 政府会计主体通过考古发掘、接受捐赠等方式取得文物资源的，应当按照成本无法可靠取得的文物资源进行会计处理。政府会计主体在接受捐赠过程中按照规定向捐赠人支付物质奖励的，在发生时计入当期费用。

第十三条 政府会计主体为取得文物资源发生的相关支出，包括文物资源入藏前发生的保险费、运输费、装卸费以及专业人员服务费等，应当在发生时计入当期费用。

第四章 文物资源的后续计量

第十四条 文物资源不计提折旧。

第十五条 政府会计主体对于文物资源本体的修复修缮等相关保护支出，应当在发生时计入当期费用。

政府会计主体对于文物资源安防、消防及防雷等保护性设施建设支出，以及对于文物资源本体以外的预防性保护、数字化保护等支出，符合相关资产确认条件的，应当计入固定资产等其他相关资产成本。

第十六条 政府会计主体按照规定报经批准调出文物资源的，应当将该文物资源的账面价值予以转销，将调出中发生的归属于调出方的相关支出计入当期费用。

第十七条 文物资源报经文物行政部门批准被依法拆除或者因不可抗力等因素发生毁损、丢失的，政府会计主体应当在按照规定程序核查处理后确认文物资源灭失时，将该文物资源账面价值予以转销。

第十八条 文物资源撤销退出后仍作为其他资产进行管理的，政府会计主体应当按照该文物资源的账面价值将其重分类为其他资产。

第五章 文物资源的列报

第十九条 政府会计主体应当在资产负债表中单独列示文物资源项目，并在该项目下分别列示以成本计量和以名义金额计量的文物资源。

第二十条 政府会计主体应当在附注中披露与文物资源有关的下列信息：

（一）各类文物资源期初、期末数量和本期增减变动情况。

（二）各类以成本计量的文物资源账面余额的期初、期末数和本期增减变动情况，以及当期发生的文物资源征集支出。

（三）当期发生的文物资源本体修复修缮情况。

（四）文物资源的借用、调出、撤销退出等情况。

第六章 附 则

第二十一条 政府会计主体按照《博物馆条例》、《博物馆藏品管理办法》等规定进行管理的其他藏品，参照本准则执行。

第二十二条 本准则自 2025 年 1 月 1 日起施行。财政部此前发布的有关文物资源会计处理规定与本准则不一致的，以本准则为准。

第十四章　行政事业单位预算与绩效管理相关法规

1. 中华人民共和国预算法（2018年修正）

（1994年3月22日第八届全国人民代表大会第二次会议通过　根据2014年8月31日第十二届全国人民代表大会常务委员会第十次会议《关于修改〈中华人民共和国预算法〉的决定》第一次修正　根据2018年12月29日第十三届全国人民代表大会常务委员会第七次会议《关于修改〈中华人民共和国产品质量法〉等五部法律的决定》第二次修正）

第一章　总　则

第一条　为了规范政府收支行为，强化预算约束，加强对预算的管理和监督，建立健全全面规范、公开透明的预算制度，保障经济社会的健康发展，根据宪法，制定本法。

第二条　预算、决算的编制、审查、批准、监督，以及预算的执行和调整，依照本法规定执行。

第三条　国家实行一级政府一级预算，设立中央，省、自治区、直辖市，设区的市、自治州，县、自治县、不设区的市、市辖区，乡、民族乡、镇五级预算。

全国预算由中央预算和地方预算组成。地方预算由各省、自治区、直辖市总预算组成。

地方各级总预算由本级预算和汇总的下一级总预算组成；下一级只有本级预算的，下一级总预算即指下一级的本级预算。没有下一级预算的，总预算即指本级预算。

第四条　预算由预算收入和预算支出组成。

政府的全部收入和支出都应当纳入预算。

第五条　预算包括一般公共预算、政府性基金预算、国有资本经营预算、社会保险基金预算。

一般公共预算、政府性基金预算、国有资本经营预算、社会保险基金预算应当保持完整、独立。政府性基金预算、国有资本经营预算、社会保险基金预算应当与一般公共预算相衔接。

第六条　一般公共预算是对以税收为主体的财政收入，安排用于保障和改善民生、推动经济社会发展、维护国家安全、维持国家机构正常运转等方面的收支预算。

中央一般公共预算包括中央各部门（含直属单位，下同）的预算和中央对地方的税收返还、转移支付预算。

中央一般公共预算收入包括中央本级收入和地方向中央的上解收入。中央一般公共预算支出包括中央本级支出、中央对地方的税收返还和转移支付。

第七条　地方各级一般公共预算包括本级各部门（含直属单位，下同）的预算和税收返还、转移支付预算。

地方各级一般公共预算收入包括地方本级收入、上级政府对本级政府的税收返还和转移支付、下级政府的上解收入。地方各级一般公共预算支出包括地方本级支出、对上级政府的上解支出、对下级政府的税收返还和转移支付。

第八条 各部门预算由本部门及其所属各单位预算组成。

第九条 政府性基金预算是对依照法律、行政法规的规定在一定期限内向特定对象征收、收取或者以其他方式筹集的资金，专项用于特定公共事业发展的收支预算。

政府性基金预算应当根据基金项目收入情况和实际支出需要，按基金项目编制，做到以收定支。

第十条 国有资本经营预算是对国有资本收益作出支出安排的收支预算。

国有资本经营预算应当按照收支平衡的原则编制，不列赤字，并安排资金调入一般公共预算。

第十一条 社会保险基金预算是对社会保险缴款、一般公共预算安排和其他方式筹集的资金，专项用于社会保险的收支预算。

社会保险基金预算应当按照统筹层次和社会保险项目分别编制，做到收支平衡。

第十二条 各级预算应当遵循统筹兼顾、勤俭节约、量力而行、讲求绩效和收支平衡的原则。

各级政府应当建立跨年度预算平衡机制。

第十三条 经人民代表大会批准的预算，非经法定程序，不得调整。各级政府、各部门、各单位的支出必须以经批准的预算为依据，未列入预算的不得支出。

第十四条 经本级人民代表大会或者本级人民代表大会常务委员会批准的预算、预算调整、决算、预算执行情况的报告及报表，应当在批准后二十日内由本级政府财政部门向社会公开，并对本级政府财政转移支付安排、执行的情况以及举借债务的情况等重要事项作出说明。

经本级政府财政部门批复的部门预算、决算及报表，应当在批复后二十日内由各部门向社会公开，并对部门预算、决算中机关运行经费的安排、使用情况等重要事项作出说明。

各级政府、各部门、各单位应当将政府采购的情况及时向社会公开。

本条前三款规定的公开事项，涉及国家秘密的除外。

第十五条 国家实行中央和地方分税制。

第十六条 国家实行财政转移支付制度。财政转移支付应当规范、公平、公开，以推进地区间基本公共服务均等化为主要目标。

财政转移支付包括中央对地方的转移支付和地方上级政府对下级政府的转移支付，以为均衡地区间基本财力、由下级政府统筹安排使用的一般性转移支付为主体。

按照法律、行政法规和国务院的规定可以设立专项转移支付，用于办理特定事项。建立健全专项转移支付定期评估和退出机制。市场竞争机制能够有效调节的事项不得设立专项转移支付。

上级政府在安排专项转移支付时，不得要求下级政府承担配套资金。但是，按照国务院的规定应当由上下级政府共同承担的事项除外。

第十七条 各级预算的编制、执行应当建立健全相互制约、相互协调的机制。

第十八条 预算年度自公历 1 月 1 日起，至 12 月 31 日止。

第十九条 预算收入和预算支出以人民币元为计算单位。

第二章 预算管理职权

第二十条 全国人民代表大会审查中央和地方预算草案及中央和地方预算执行情况的报告；批准中央预算和中央预算执行情况的报告；改变或者撤销全国人民代表大会常务委员会关于预算、决算的不适当的决议。

全国人民代表大会常务委员会监督中央和地方预算的执行；审查和批准中央预算的调

整方案；审查和批准中央决算；撤销国务院制定的同宪法、法律相抵触的关于预算、决算的行政法规、决定和命令；撤销省、自治区、直辖市人民代表大会及其常务委员会制定的同宪法、法律和行政法规相抵触的关于预算、决算的地方性法规和决议。

第二十一条 县级以上地方各级人民代表大会审查本级总预算草案及本级总预算执行情况的报告；批准本级预算和本级预算执行情况的报告；改变或者撤销本级人民代表大会常务委员会关于预算、决算的不适当的决议；撤销本级政府关于预算、决算的不适当的决定和命令。

县级以上地方各级人民代表大会常务委员会监督本级总预算的执行；审查和批准本级预算的调整方案；审查和批准本级决算；撤销本级政府和下一级人民代表大会及其常务委员会关于预算、决算的不适当的决定、命令和决议。

乡、民族乡、镇的人民代表大会审查和批准本级预算和本级预算执行情况的报告；监督本级预算的执行；审查和批准本级预算的调整方案；审查和批准本级决算；撤销本级政府关于预算、决算的不适当的决定和命令。

第二十二条 全国人民代表大会财政经济委员会对中央预算草案初步方案及上一年预算执行情况、中央预算调整初步方案和中央决算草案进行初步审查，提出初步审查意见。

省、自治区、直辖市人民代表大会有关专门委员会对本级预算草案初步方案及上一年预算执行情况、本级预算调整初步方案和本级决算草案进行初步审查，提出初步审查意见。

设区的市、自治州人民代表大会有关专门委员会对本级预算草案初步方案及上一年预算执行情况、本级预算调整初步方案和本级决算草案进行初步审查，提出初步审查意见，未设立专门委员会的，由本级人民代表大会常务委员会有关工作机构研究提出意见。

县、自治县、不设区的市、市辖区人民代表大会常务委员会对本级预算草案初步方案及上一年预算执行情况进行初步审查，提出初步审查意见。县、自治县、不设区的市、市辖区人民代表大会常务委员会有关工作机构对本级预算调整初步方案和本级决算草案研究提出意见。

设区的市、自治州以上各级人民代表大会有关专门委员会进行初步审查、常务委员会有关工作机构研究提出意见时，应当邀请本级人民代表大会代表参加。

对依照本条第一款至第四款规定提出的意见，本级政府财政部门应当将处理情况及时反馈。

依照本条第一款至第四款规定提出的意见以及本级政府财政部门反馈的处理情况报告，应当印发本级人民代表大会代表。

全国人民代表大会常务委员会和省、自治区、直辖市、设区的市、自治州人民代表大会常务委员会有关工作机构，依照本级人民代表大会常务委员会的决定，协助本级人民代表大会财政经济委员会或者有关专门委员会承担审查预算草案、预算调整方案、决算草案和监督预算执行等方面的具体工作。

第二十三条 国务院编制中央预算、决算草案；向全国人民代表大会作关于中央和地方预算草案的报告；将省、自治区、直辖市政府报送备案的预算汇总后报全国人民代表大会常务委员会备案；组织中央和地方预算的执行；决定中央预算预备费的动用；编制中央预算调整方案；监督中央各部门和地方政府的预算执行；改变或者撤销中央各部门和地方政府关于预算、决算的不适当的决定、命令；向全国人民代表大会、全国人民代表大会常务委员会报告中央和地方预算的执行情况。

第二十四条 县级以上地方各级政府编制本级预算、决算草案；向本级人民代表大会作关于本级总预算草案的报告；将下一级政府报送备案的预算汇总后报本级人民代表大会常务委员会备案；组织本级总预算的执行；决定本级预算预备费的动用；编制本级预算的调整方案；监督本级各部门和下级政府的预算执行；改变或者撤销本级各部门和下级政府关于预算、决算的不适当的决定、命令；向本级人民代表大会、本级人民代表大会常务委员会报告本级总预算的执行情况。

乡、民族乡、镇政府编制本级预算、决算草案；向本级人民代表大会作关于本级预算草案的报告；组织本级预算的执行；决定本级预算预备费的动用；编制本级预算的调整方案；向本级人民代表大会报告本级预算的执行情况。

经省、自治区、直辖市政府批准，乡、民族乡、镇本级预算草案、预算调整方案、决算草案，可以由上一级政府代编，并依照本法第二十一条的规定报乡、民族乡、镇的人民代表大会审查和批准。

第二十五条　国务院财政部门具体编制中央预算、决算草案；具体组织中央和地方预算的执行；提出中央预算预备费动用方案；具体编制中央预算的调整方案；定期向国务院报告中央和地方预算的执行情况。

地方各级政府财政部门具体编制本级预算、决算草案；具体组织本级总预算的执行；提出本级预算预备费动用方案；具体编制本级预算的调整方案；定期向本级政府和上一级政府财政部门报告本级总预算的执行情况。

第二十六条　各部门编制本部门预算、决算草案；组织和监督本部门预算的执行；定期向本级政府财政部门报告预算的执行情况。

各单位编制本单位预算、决算草案；按照国家规定上缴预算收入，安排预算支出，并接受国家有关部门的监督。

第三章　预算收支范围

第二十七条　一般公共预算收入包括各项税收收入、行政事业性收费收入、国有资源（资产）有偿使用收入、转移性收入和其他收入。

一般公共预算支出按照其功能分类，包括一般公共服务支出，外交、公共安全、国防支出，农业、环境保护支出，教育、科技、文化、卫生、体育支出，社会保障及就业支出和其他支出。

一般公共预算支出按照其经济性质分类，包括工资福利支出、商品和服务支出、资本性支出和其他支出。

第二十八条　政府性基金预算、国有资本经营预算和社会保险基金预算的收支范围，按照法律、行政法规和国务院的规定执行。

第二十九条　中央预算与地方预算有关收入和支出项目的划分、地方向中央上解收入、中央对地方税收返还或者转移支付的具体办法，由国务院规定，报全国人民代表大会常务委员会备案。

第三十条　上级政府不得在预算之外调用下级政府预算的资金。下级政府不得挤占或者截留属于上级政府预算的资金。

第四章　预 算 编 制

第三十一条　国务院应当及时下达关于编制下一年预算草案的通知。编制预算草案的具体事项由国务院财政部门部署。

各级政府、各部门、各单位应当按照国务院规定的时间编制预算草案。

第三十二条　各级预算应当根据年度经济社会发展目标、国家宏观调控总体要求和跨年度预算平衡的需要，参考上一年预算执行情况、有关支出绩效评价结果和本年度收支预测，按照规定程序征求各方面意见后，进行编制。各级政府依据法定权限作出决定或者制定行政措施，凡涉及增加或者减少财政收入或者支出的，应当在预算批准前提出并在预算草案中作出相应安排。各部门、各单位应当按照国务院财政部门制定的政府收支分类科目、预算支出标准和要求，以及绩效目标管理等预算编制规定，根据其依法履行职能和事业发展的需要以及存量资产情况，编制本部门、本单位预算草案。前款所称政府收支分类科目，收入分为类、款、项、目；支出按其功能分类分为类、款、项，按其经济性质分类分为类、款。

第三十三条 省、自治区、直辖市政府应当按照国务院规定的时间，将本级总预算草案报国务院审核汇总。

第三十四条 中央一般公共预算中必需的部分资金，可以通过举借国内和国外债务等方式筹措，举借债务应当控制适当的规模，保持合理的结构。

对中央一般公共预算中举借的债务实行余额管理，余额的规模不得超过全国人民代表大会批准的限额。

国务院财政部门具体负责对中央政府债务的统一管理。

第三十五条 地方各级预算按照量入为出、收支平衡的原则编制，除本法另有规定外，不列赤字。

经国务院批准的省、自治区、直辖市的预算中必需的建设投资的部分资金，可以在国务院确定的限额内，通过发行地方政府债券举借债务的方式筹措。举借债务的规模，由国务院报全国人民代表大会或者全国人民代表大会常务委员会批准。省、自治区、直辖市依照国务院下达的限额举借的债务，列入本级预算调整方案，报本级人民代表大会常务委员会批准。举借的债务应当有偿还计划和稳定的偿还资金来源，只能用于公益性资本支出，不得用于经常性支出。

除前款规定外，地方政府及其所属部门不得以任何方式举借债务。

除法律另有规定外，地方政府及其所属部门不得为任何单位和个人的债务以任何方式提供担保。

国务院建立地方政府债务风险评估和预警机制、应急处置机制以及责任追究制度。国务院财政部门对地方政府债务实施监督。

第三十六条 各级预算收入的编制，应当与经济社会发展水平相适应，与财政政策相衔接。

各级政府、各部门、各单位应当依照本法规定，将所有政府收入全部列入预算，不得隐瞒、少列。

第三十七条 各级预算支出应当依照本法规定，按其功能和经济性质分类编制。

各级预算支出的编制，应当贯彻勤俭节约的原则，严格控制各部门、各单位的机关运行经费和楼堂馆所等基本建设支出。

各级一般公共预算支出的编制，应当统筹兼顾，在保证基本公共服务合理需要的前提下，优先安排国家确定的重点支出。

第三十八条 一般性转移支付应当按照国务院规定的基本标准和计算方法编制。专项转移支付应当分地区、分项目编制。

县级以上各级政府应当将对下级政府的转移支付预计数提前下达下级政府。

地方各级政府应当将上级政府提前下达的转移支付预计数编入本级预算。

第三十九条 中央预算和有关地方预算中应当安排必要的资金，用于扶助革命老区、民族地区、边疆地区、贫困地区发展经济社会建设事业。

第四十条 各级一般公共预算应当按照本级一般公共预算支出额的百分之一至百分之三设置预备费，用于当年预算执行中的自然灾害等突发事件处理增加的支出及其他难以预见的开支。

第四十一条 各级一般公共预算按照国务院的规定可以设置预算周转金，用于本级政府调剂预算年度内季节性收支差额。

各级一般公共预算按照国务院的规定可以设置预算稳定调节基金，用于弥补以后年度预算资金的不足。

第四十二条 各级政府上一年预算的结转资金，应当在下一年用于结转项目的支出；连续两年未用完的结转资金，应当作为结余资金管理。

各部门、各单位上一年预算的结转、结余资金按照国务院财政部门的规定办理。

第五章 预算审查和批准

第四十三条 中央预算由全国人民代表大会审查和批准。

地方各级预算由本级人民代表大会审查和批准。

第四十四条 国务院财政部门应当在每年全国人民代表大会会议举行的四十五日前，将中央预算草案的初步方案提交全国人民代表大会财政经济委员会进行初步审查。

省、自治区、直辖市政府财政部门应当在本级人民代表大会会议举行的三十日前，将本级预算草案的初步方案提交本级人民代表大会有关专门委员会进行初步审查。

设区的市、自治州政府财政部门应当在本级人民代表大会会议举行的三十日前，将本级预算草案的初步方案提交本级人民代表大会有关专门委员会进行初步审查，或者送交本级人民代表大会常务委员会有关工作机构征求意见。

县、自治县、不设区的市、市辖区政府应当在本级人民代表大会会议举行的三十日前，将本级预算草案的初步方案提交本级人民代表大会常务委员会进行初步审查。

第四十五条 县、自治县、不设区的市、市辖区、乡、民族乡、镇的人民代表大会举行会议审查预算草案前，应当采用多种形式，组织本级人民代表大会代表，听取选民和社会各界的意见。

第四十六条 报送各级人民代表大会审查和批准的预算草案应当细化。本级一般公共预算支出，按其功能分类应当编列到项；按其经济性质分类，基本支出应当编列到款。本级政府性基金预算、国有资本经营预算、社会保险基金预算支出，按其功能分类应当编列到项。

第四十七条 国务院在全国人民代表大会举行会议时，向大会作关于中央和地方预算草案以及中央和地方预算执行情况的报告。

地方各级政府在本级人民代表大会举行会议时，向大会作关于总预算草案和总预算执行情况的报告。

第四十八条 全国人民代表大会和地方各级人民代表大会对预算草案及其报告、预算执行情况的报告重点审查下列内容：

（一）上一年预算执行情况是否符合本级人民代表大会预算决议的要求；

（二）预算安排是否符合本法的规定；

（三）预算安排是否贯彻国民经济和社会发展的方针政策，收支政策是否切实可行；

（四）重点支出和重大投资项目的预算安排是否适当；

（五）预算的编制是否完整，是否符合本法第四十六条的规定；

（六）对下级政府的转移性支出预算是否规范、适当；

（七）预算安排举借的债务是否合法、合理，是否有偿还计划和稳定的偿还资金来源；

（八）与预算有关重要事项的说明是否清晰。

第四十九条 全国人民代表大会财政经济委员会向全国人民代表大会主席团提出关于中央和地方预算草案及中央和地方预算执行情况的审查结果报告。

省、自治区、直辖市、设区的市、自治州人民代表大会有关专门委员会，县、自治县、不设区的市、市辖区人民代表大会常务委员会，向本级人民代表大会主席团提出关于总预算草案及上一年总预算执行情况的审查结果报告。

审查结果报告应当包括下列内容：

（一）对上一年预算执行和落实本级人民代表大会预算决议的情况作出评价；

（二）对本年度预算草案是否符合本法的规定，是否可行作出评价；

（三）对本级人民代表大会批准预算草案和预算报告提出建议；

（四）对执行年度预算、改进预算管理、提高预算绩效、加强预算监督等提出意见和建议。

第五十条 乡、民族乡、镇政府应当及时将经本级人民代表大会批准的本级预算报上一级政府备案。县级以上地方各级政府应当及时将经本级人民代表大会批准的本级预算及下一级政府报送备案的预算汇总，报上一级政府备案。

县级以上地方各级政府将下一级政府依照前款规定报送备案的预算汇总后，报本级人民代表大会常务委员会备案。国务院将省、自治区、直辖市政府依照前款规定报送备案的预算汇总后，报全国人民代表大会常务委员会备案。

第五十一条 国务院和县级以上地方各级政府对下一级政府依照本法第五十条规定报送备案的预算，认为有同法律、行政法规相抵触或者有其他不适当之处，需要撤销批准预算的决议的，应当提请本级人民代表大会常务委员会审议决定。

第五十二条 各级预算经本级人民代表大会批准后，本级政府财政部门应当在二十日内向本级各部门批复预算。各部门应当在接到本级政府财政部门批复的本部门预算后十五日内向所属各单位批复预算。

中央对地方的一般性转移支付应当在全国人民代表大会批准预算后三十日内正式下达。中央对地方的专项转移支付应当在全国人民代表大会批准预算后九十日内正式下达。

省、自治区、直辖市政府接到中央一般性转移支付和专项转移支付后，应当在三十日内正式下达到本行政区域县级以上各级政府。

县级以上地方各级预算安排对下级政府的一般性转移支付和专项转移支付，应当分别在本级人民代表大会批准预算后的三十日和六十日内正式下达。

对自然灾害等突发事件处理的转移支付，应当及时下达预算；对据实结算等特殊项目的转移支付，可以分期下达预算，或者先预付后结算。

县级以上各级政府财政部门应当将批复本级各部门的预算和批复下级政府的转移支付预算，抄送本级人民代表大会财政经济委员会、有关专门委员会和常务委员会有关工作机构。

第六章 预算执行

第五十三条 各级预算由本级政府组织执行，具体工作由本级政府财政部门负责。

各部门、各单位是本部门、本单位的预算执行主体，负责本部门、本单位的预算执行，并对执行结果负责。

第五十四条 预算年度开始后，各级预算草案在本级人民代表大会批准前，可以安排下列支出：

（一）上一年度结转的支出；

（二）参照上一年同期的预算支出数额安排必须支付的本年度部门基本支出、项目支出，以及对下级政府的转移性支出；

（三）法律规定必须履行支付义务的支出，以及用于自然灾害等突发事件处理的支出。

根据前款规定安排支出的情况，应当在预算草案的报告中作出说明。

预算经本级人民代表大会批准后，按照批准的预算执行。

第五十五条 预算收入征收部门和单位，必须依照法律、行政法规的规定，及时、足额征收应征的预算收入。不得违反法律、行政法规规定，多征、提前征收或者减征、免征、缓征应征的预算收入，不得截留、占用或者挪用预算收入。

各级政府不得向预算收入征收部门和单位下达收入指标。

第五十六条 政府的全部收入应当上缴国家金库（以下简称国库），任何部门、单位和个人不得截留、占用、挪用或者拖欠。

对于法律有明确规定或者经国务院批准的特定专用资金，可以依照国务院的规定设立财政专户。

第五十七条 各级政府财政部门必须依照法律、行政法规和国务院财政部门的规定，及时、足额地拨付预算支出资金，加强对预算支出的管理和监督。

各级政府、各部门、各单位的支出必须按照预算执行，不得虚假列支。

各级政府、各部门、各单位应当对预算支出情况开展绩效评价。

第五十八条 各级预算的收入和支出实行收付实现制。

特定事项按照国务院的规定实行权责发生制的有关情况，应当向本级人民代表大会常务委员会报告。

第五十九条 县级以上各级预算必须设立国库；具备条件的乡、民族乡、镇也应当设立国库。

中央国库业务由中国人民银行经理，地方国库业务依照国务院的有关规定办理。

各级国库应当按照国家有关规定，及时准确地办理预算收入的收纳、划分、留解、退付和预算支出的拨付。

各级国库库款的支配权属于本级政府财政部门。除法律、行政法规另有规定外，未经本级政府财政部门同意，任何部门、单位和个人都无权冻结、动用国库库款或者以其他方式支配已入国库的库款。

各级政府应当加强对本级国库的管理和监督，按照国务院的规定完善国库现金管理，合理调节国库资金余额。

第六十条 已经缴入国库的资金，依照法律、行政法规的规定或者国务院的决定需要退付的，各级政府财政部门或者其授权的机构应当及时办理退付。按照规定应当由财政支出安排的事项，不得用退库处理。

第六十一条 国家实行国库集中收缴和集中支付制度，对政府全部收入和支出实行国库集中收付管理。

第六十二条 各级政府应当加强对预算执行的领导，支持政府财政、税务、海关等预算收入的征收部门依法组织预算收入，支持政府财政部门严格管理预算支出。

财政、税务、海关等部门在预算执行中，应当加强对预算执行的分析；发现问题时应当及时建议本级政府采取措施予以解决。

第六十三条 各部门、各单位应当加强对预算收入和支出的管理，不得截留或者动用应当上缴的预算收入，不得擅自改变预算支出的用途。

第六十四条 各级预算预备费的动用方案，由本级政府财政部门提出，报本级政府决定。

第六十五条 各级预算周转金由本级政府财政部门管理，不得挪作他用。

第六十六条 各级一般公共预算年度执行中有超收收入的，只能用于冲减赤字或者补充预算稳定调节基金。

各级一般公共预算的结余资金，应当补充预算稳定调节基金。

省、自治区、直辖市一般公共预算年度执行中出现短收，通过调入预算稳定调节基金、减少支出等方式仍不能实现收支平衡的，省、自治区、直辖市政府报本级人民代表大会或者其常务委员会批准，可以增列赤字，报国务院财政部门备案，并应当在下一年度预算中予以弥补。

第七章 预算调整

第六十七条 经全国人民代表大会批准的中央预算和经地方各级人民代表大会批准的地方各级预算，在执行中出现下列情况之一的，应当进行预算调整：

（一）需要增加或者减少预算总支出的；

（二）需要调入预算稳定调节基金的；

（三）需要调减预算安排的重点支出数额的；

（四）需要增加举借债务数额的。

第六十八条 在预算执行中，各级政府一般不制定新的增加财政收入或者支出的政策和措施，也不制定减少财政收入的政策和措施；必须作出并需要进行预算调整的，应当在预算调整方案中作出安排。

第六十九条 在预算执行中，各级政府对于必须进行的预算调整，应当编制预算调整方案。预算调整方案应当说明预算调整的理由、项目和数额。

在预算执行中，由于发生自然灾害等突发事件，必须及时增加预算支出的，应当先动支预备费；预备费不足支出的，各级政府可以先安排支出，属于预算调整的，列入预算调整方案。

国务院财政部门应当在全国人民代表大会常务委员会举行会议审查和批准预算调整方案的三十日前，将预算调整初步方案送交全国人民代表大会财政经济委员会进行初步审查。

省、自治区、直辖市政府财政部门应当在本级人民代表大会常务委员会举行会议审查和批准预算调整方案的三十日前，将预算调整初步方案送交本级人民代表大会有关专门委员会进行初步审查。

设区的市、自治州政府财政部门应当在本级人民代表大会常务委员会举行会议审查和批准预算调整方案的三十日前，将预算调整初步方案送交本级人民代表大会有关专门委员会进行初步审查，或者送交本级人民代表大会常务委员会有关工作机构征求意见。

县、自治县、不设区的市、市辖区政府财政部门应当在本级人民代表大会常务委员会举行会议审查和批准预算调整方案的三十日前，将预算调整初步方案送交本级人民代表大会常务委员会有关工作机构征求意见。

中央预算的调整方案应当提请全国人民代表大会常务委员会审查和批准。县级以上地方各级预算的调整方案应当提请本级人民代表大会常务委员会审查和批准；乡、民族乡、镇预算的调整方案应当提请本级人民代表大会审查和批准。未经批准，不得调整预算。

第七十条 经批准的预算调整方案，各级政府应当严格执行。未经本法第六十九条规定的程序，各级政府不得作出预算调整的决定。

对违反前款规定作出的决定，本级人民代表大会、本级人民代表大会常务委员会或者上级政府应当责令其改变或者撤销。

第七十一条 在预算执行中，地方各级政府因上级政府增加不需要本级政府提供配套资金的专项转移支付而引起的预算支出变化，不属于预算调整。

接受增加专项转移支付的县级以上地方各级政府应当向本级人民代表大会常务委员会报告有关情况；接受增加专项转移支付的乡、民族乡、镇政府应当向本级人民代表大会报告有关情况。

第七十二条 各部门、各单位的预算支出应当按照预算科目执行。严格控制不同预算科目、预算级次或者项目间的预算资金的调剂，确需调剂使用的，按照国务院财政部门的规定办理。

第七十三条 地方各级预算的调整方案经批准后，由本级政府报上一级政府备案。

第八章 决 算

第七十四条 决算草案由各级政府、各部门、各单位,在每一预算年度终了后按照国务院规定的时间编制。

编制决算草案的具体事项,由国务院财政部门部署。

第七十五条 编制决算草案,必须符合法律、行政法规,做到收支真实、数额准确、内容完整、报送及时。

决算草案应当与预算相对应,按预算数、调整预算数、决算数分别列出。一般公共预算支出应当按其功能分类编列到项,按其经济性质分类编列到款。

第七十六条 各部门对所属各单位的决算草案,应当审核并汇总编制本部门的决算草案,在规定的期限内报本级政府财政部门审核。

各级政府财政部门对本级各部门决算草案审核后发现有不符合法律、行政法规规定的,有权予以纠正。

第七十七条 国务院财政部门编制中央决算草案,经国务院审计部门审计后,报国务院审定,由国务院提请全国人民代表大会常务委员会审查和批准。

县级以上地方各级政府财政部门编制本级决算草案,经本级政府审计部门审计后,报本级政府审定,由本级政府提请本级人民代表大会常务委员会审查和批准。

乡、民族乡、镇政府编制本级决算草案,提请本级人民代表大会审查和批准。

第七十八条 国务院财政部门应当在全国人民代表大会常务委员会举行会议审查和批准中央决算草案的三十日前,将上一年度中央决算草案提交全国人民代表大会财政经济委员会进行初步审查。

省、自治区、直辖市政府财政部门应当在本级人民代表大会常务委员会举行会议审查和批准本级决算草案的三十日前,将上一年度本级决算草案提交本级人民代表大会有关专门委员会进行初步审查。

设区的市、自治州政府财政部门应当在本级人民代表大会常务委员会举行会议审查和批准本级决算草案的三十日前,将上一年度本级决算草案提交本级人民代表大会有关专门委员会进行初步审查,或者送交本级人民代表大会常务委员会有关工作机构征求意见。

县、自治县、不设区的市、市辖区政府财政部门应当在本级人民代表大会常务委员会举行会议审查和批准本级决算草案的三十日前,将上一年度本级决算草案送交本级人民代表大会常务委员会有关工作机构征求意见。

全国人民代表大会财政经济委员会和省、自治区、直辖市、设区的市、自治州人民代表大会有关专门委员会,向本级人民代表大会常务委员会提出关于本级决算草案的审查结果报告。

第七十九条 县级以上各级人民代表大会常务委员会和乡、民族乡、镇人民代表大会对本级决算草案,重点审查下列内容:

(一)预算收入情况;

(二)支出政策实施情况和重点支出、重大投资项目资金的使用及绩效情况;

(三)结转资金的使用情况;

(四)资金结余情况;

(五)本级预算调整及执行情况;

(六)财政转移支付安排执行情况;

(七)经批准举借债务的规模、结构、使用、偿还等情况;

(八)本级预算周转金规模和使用情况;

(九)本级预备费使用情况;

（十）超收收入安排情况，预算稳定调节基金的规模和使用情况；
（十一）本级人民代表大会批准的预算决议落实情况；
（十二）其他与决算有关的重要情况。

县级以上各级人民代表大会常务委员会应当结合本级政府提出的上一年度预算执行和其他财政收支的审计工作报告，对本级决算草案进行审查。

第八十条　各级决算经批准后，财政部门应当在二十日内向本级各部门批复决算。各部门应当在接到本级政府财政部门批复的本部门决算后十五日内向所属单位批复决算。

第八十一条　地方各级政府应当将经批准的决算及下一级政府上报备案的决算汇总，报上一级政府备案。

县级以上各级政府应当将下一级政府报送备案的决算汇总后，报本级人民代表大会常务委员会备案。

第八十二条　国务院和县级以上地方各级政府对下一级政府依照本法第八十一条规定报送备案的决算，认为有同法律、行政法规相抵触或者有其他不适当之处，需要撤销批准该项决算的决议的，应当提请本级人民代表大会常务委员会审议决定；经审议决定撤销的，该下级人民代表大会常务委员会应当责成本级政府依照本法规定重新编制决算草案，提请本级人民代表大会常务委员会审查和批准。

第九章　监　　督

第八十三条　全国人民代表大会及其常务委员会对中央和地方预算、决算进行监督。

县级以上地方各级人民代表大会及其常务委员会对本级和下级预算、决算进行监督。

乡、民族乡、镇人民代表大会对本级预算、决算进行监督。

第八十四条　各级人民代表大会和县级以上各级人民代表大会常务委员会有权就预算、决算中的重大事项或者特定问题组织调查，有关的政府、部门、单位和个人应当如实反映情况和提供必要的材料。

第八十五条　各级人民代表大会和县级以上各级人民代表大会常务委员会举行会议时，人民代表大会代表或者常务委员会组成人员，依照法律规定程序就预算、决算中的有关问题提出询问或者质询，受询问或者受质询的有关的政府或者财政部门必须及时给予答复。

第八十六条　国务院和县级以上地方各级政府应当在每年六月至九月期间向本级人民代表大会常务委员会报告预算执行情况。

第八十七条　各级政府监督下级政府的预算执行；下级政府应当定期向上一级政府报告预算执行情况。

第八十八条　各级政府财政部门负责监督本级各部门及其所属各单位预算管理有关工作，并向本级政府和上一级政府财政部门报告预算执行情况。

第八十九条　县级以上政府审计部门依法对预算执行、决算实行审计监督。

对预算执行和其他财政收支的审计工作报告应当向社会公开。

第九十条　政府各部门负责监督检查所属各单位的预算执行，及时向本级政府财政部门反映本部门预算执行情况，依法纠正违反预算的行为。

第九十一条　公民、法人或者其他组织发现有违反本法的行为，可以依法向有关国家机关进行检举、控告。

接受检举、控告的国家机关应当依法进行处理，并为检举人、控告人保密。任何单位或者个人不得压制和打击报复检举人、控告人。

第十章 法律责任

第九十二条 各级政府及有关部门有下列行为之一的,责令改正,对负有直接责任的主管人员和其他直接责任人员追究行政责任:

（一）未依照本法规定,编制、报送预算草案、预算调整方案、决算草案和部门预算、决算以及批复预算、决算的；

（二）违反本法规定,进行预算调整的；

（三）未依照本法规定对有关预算事项进行公开和说明的；

（四）违反规定设立政府性基金项目和其他财政收入项目的；

（五）违反法律、法规规定使用预算预备费、预算周转金、预算稳定调节基金、超收收入的；

（六）违反本法规定开设财政专户的。

第九十三条 各级政府及有关部门、单位有下列行为之一的,责令改正,对负有直接责任的主管人员和其他直接责任人员依法给予降级、撤职、开除的处分:

（一）未将所有政府收入和支出列入预算或者虚列收入和支出的；

（二）违反法律、行政法规的规定,多征、提前征收或者减征、免征、缓征应征预算收入的；

（三）截留、占用、挪用或者拖欠应当上缴国库的预算收入的；

（四）违反本法规定,改变预算支出用途的；

（五）擅自改变上级政府专项转移支付资金用途的；

（六）违反本法规定拨付预算支出资金,办理预算收入收纳、划分、留解、退付,或者违反本法规定冻结、动用国库库款或者以其他方式支配已入国库库款的。

第九十四条 各级政府、各部门、各单位违反本法规定举借债务或者为他人债务提供担保,或者挪用重点支出资金,或者在预算之外及超预算标准建设楼堂馆所的,责令改正,对负有直接责任的主管人员和其他直接责任人员给予撤职、开除的处分。

第九十五条 各级政府有关部门、单位及其工作人员有下列行为之一的,责令改正,追回骗取、使用的资金,有违法所得的没收违法所得,对单位给予警告或者通报批评；对负有直接责任的主管人员和其他直接责任人员依法给予处分:

（一）违反法律、法规的规定,改变预算收入上缴方式的；

（二）以虚报、冒领等手段骗取预算资金的；

（三）违反规定扩大开支范围、提高开支标准的；

（四）其他违反财政管理规定的行为。

第九十六条 本法第九十二条、第九十三条、第九十四条、第九十五条所列违法行为,其他法律对其处理、处罚另有规定的,依照其规定。

违反本法规定,构成犯罪的,依法追究刑事责任。

第十一章 附　则

第九十七条 各级政府财政部门应当按年度编制以权责发生制为基础的政府综合财务报告,报告政府整体财务状况、运行情况和财政中长期可持续性,报本级人民代表大会常务委员会备案。

第九十八条 国务院根据本法制定实施条例。

第九十九条 民族自治地方的预算管理,依照民族区域自治法的有关规定执行；民族区域自治法没有规定的,依照本法和国务院的有关规定执行。

第一百条 省、自治区、直辖市人民代表大会或者其常务委员会根据本法,可以制定有关预算审查监督的决定或者地方性法规。

第一百零一条 本法自 1995 年 1 月 1 日起施行。1991 年 10 月 21 日国务院发布的《国家预算管理条例》同时废止。

2. 中华人民共和国预算法实施条例（2020 年修订）

（1995 年 11 月 22 日中华人民共和国国务院令第 186 号发布 2020 年 8 月 3 日中华人民共和国国务院令第 729 号修订）

第一章 总 则

第一条 根据《中华人民共和国预算法》（以下简称预算法），制定本条例。

第二条 县级以上地方政府的派出机关根据本级政府授权进行预算管理活动，不作为一级预算，其收支纳入本级预算。

第三条 社会保险基金预算应当在精算平衡的基础上实现可持续运行，一般公共预算可以根据需要和财力适当安排资金补充社会保险基金预算。

第四条 预算法第六条第二款所称各部门，是指与本级政府财政部门直接发生预算缴拨款关系的国家机关、军队、政党组织、事业单位、社会团体和其他单位。

第五条 各部门预算应当反映一般公共预算、政府性基金预算、国有资本经营预算安排给本部门及其所属各单位的所有预算资金。

各部门预算收入包括本级财政安排给本部门及其所属各单位的预算拨款收入和其他收入。各部门预算支出为与部门预算收入相对应的支出，包括基本支出和项目支出。

本条第二款所称基本支出，是指各部门、各单位为保障其机构正常运转、完成日常工作任务所发生的支出，包括人员经费和公用经费；所称项目支出，是指各部门、各单位为完成其特定的工作任务和事业发展目标所发生的支出。

各部门及其所属各单位的本级预算拨款收入和其相对应的支出，应当在部门预算中单独反映。

部门预算编制、执行的具体办法，由本级政府财政部门依法作出规定。

第六条 一般性转移支付向社会公开应当细化到地区。专项转移支付向社会公开应当细化到地区和项目。

政府债务、机关运行经费、政府采购、财政专户资金等情况，按照有关规定向社会公开。

部门预算、决算应当公开基本支出和项目支出。部门预算、决算支出按其功能分类应当公开到项；按其经济性质分类，基本支出应当公开到款。

各部门所属单位的预算、决算及报表，应当在部门批复后 20 日内由单位向社会公开。单位预算、决算应当公开基本支出和项目支出。单位预算、决算支出按其功能分类应当公开到项；按其经济性质分类，基本支出应当公开到款。

第七条 预算法第十五条所称中央和地方分税制，是指在划分中央与地方事权的基础上，确定中央与地方财政支出范围，并按税种划分中央与地方预算收入的财政管理体制。

分税制财政管理体制的具体内容和实施办法，按照国务院的有关规定执行。

第八条 县级以上地方各级政府应当根据中央和地方分税制的原则和上级政府的有关规定，确定本级政府对下级政府的财政管理体制。

第九条 预算法第十六条第二款所称一般性转移支付，包括：

（一）均衡性转移支付；

(二)对革命老区、民族地区、边疆地区、贫困地区的财力补助;

(三)其他一般性转移支付。

第十条 预算法第十六条第三款所称专项转移支付,是指上级政府为了实现特定的经济和社会发展目标给予下级政府,并由下级政府按照上级政府规定的用途安排使用的预算资金。

县级以上各级政府财政部门应当会同有关部门建立健全专项转移支付定期评估和退出机制。对评估后的专项转移支付,按照下列情形分别予以处理:

(一)符合法律、行政法规和国务院规定,有必要继续执行的,可以继续执行;

(二)设立的有关要求变更,或者实际绩效与目标差距较大、管理不够完善的,应当予以调整;

(三)设立依据失效或者废止的,应当予以取消。

第十一条 预算收入和预算支出以人民币元为计算单位。预算收支以人民币以外的货币收纳和支付的,应当折合成人民币计算。

第二章 预算收支范围

第十二条 预算法第二十七条第一款所称行政事业性收费收入,是指国家机关、事业单位等依照法律法规规定,按照国务院规定的程序批准,在实施社会公共管理以及在向公民、法人和其他组织提供特定公共服务过程中,按照规定标准向特定对象收取费用形成的收入。

预算法第二十七条第一款所称国有资源(资产)有偿使用收入,是指矿藏、水流、海域、无居民海岛以及法律规定属于国家所有的森林、草原等国有资源有偿使用收入,按照规定纳入一般公共预算管理的国有资产收入等。

预算法第二十七条第一款所称转移性收入,是指上级税收返还和转移支付、下级上解收入、调入资金以及按照财政部规定列入转移性收入的无隶属关系政府的无偿援助。

第十三条 转移性支出包括上解上级支出、对下级的税收返还和转移支付、调出资金以及按照财政部规定列入转移性支出的给予无隶属关系政府的无偿援助。

第十四条 政府性基金预算收入包括政府性基金各项目收入和转移性收入。

政府性基金预算支出包括与政府性基金预算收入相对应的各项目支出和转移性支出。

第十五条 国有资本经营预算收入包括依照法律、行政法规和国务院规定应当纳入国有资本经营预算的国有独资企业和国有独资公司按照规定上缴国家的利润收入、从国有资本控股和参股公司获得的股息红利收入、国有产权转让收入、清算收入和其他收入。

国有资本经营预算支出包括资本性支出、费用性支出、向一般公共预算调出资金等转移性支出和其他支出。

第十六条 社会保险基金预算收入包括各项社会保险费收入、利息收入、投资收益、一般公共预算补助收入、集体补助收入、转移收入、上级补助收入、下级上解收入和其他收入。

社会保险基金预算支出包括各项社会保险待遇支出、转移支出、补助下级支出、上解上级支出和其他支出。

第十七条 地方各级预算上下级之间有关收入和支出项目的划分以及上解、返还或者转移支付的具体办法,由上级地方政府规定,报本级人民代表大会常务委员会备案。

第十八条 地方各级社会保险基金预算上下级之间有关收入和支出项目的划分以及上解、补助的具体办法,按照统筹层次由上级地方政府规定,报本级人民代表大会常务委员会备案。

第三章 预 算 编 制

第十九条 预算法第三十一条所称预算草案，是指各级政府、各部门、各单位编制的未经法定程序审查和批准的预算。

第二十条 预算法第三十二条第一款所称绩效评价，是指根据设定的绩效目标，依据规范的程序，对预算资金的投入、使用过程、产出与效果进行系统和客观的评价。

绩效评价结果应当按照规定作为改进管理和编制以后年度预算的依据。

第二十一条 预算法第三十二条第三款所称预算支出标准，是指对预算事项合理分类并分别规定的支出预算编制标准，包括基本支出标准和项目支出标准。

地方各级政府财政部门应当根据财政部制定的预算支出标准，结合本地区经济社会发展水平、财力状况等，制定本地区或者本级的预算支出标准。

第二十二条 财政部于每年6月15日前部署编制下一年度预算草案的具体事项，规定报表格式、编报方法、报送期限等。

第二十三条 中央各部门应当按照国务院的要求和财政部的部署，结合本部门的具体情况，组织编制本部门及其所属各单位的预算草案。

中央各部门负责本部门所属各单位预算草案的审核，并汇总编制本部门的预算草案，按照规定报财政部审核。

第二十四条 财政部审核中央各部门的预算草案，具体编制中央预算草案；汇总地方预算草案或者地方预算，汇编中央和地方预算草案。

第二十五条 省、自治区、直辖市政府按照国务院的要求和财政部的部署，结合本地区的具体情况，提出本行政区域编制预算草案的要求。

县级以上地方各级政府财政部门应当于每年6月30日前部署本行政区域编制下一年度预算草案的具体事项，规定有关报表格式、编报方法、报送期限等。

第二十六条 县级以上地方各级政府各部门应当根据本级政府的要求和本级政府财政部门的部署，结合本部门的具体情况，组织编制本部门及其所属各单位的预算草案，按照规定报本级政府财政部门审核。

第二十七条 县级以上地方各级政府财政部门审核本级各部门的预算草案，具体编制本级预算草案，汇编本级总预算草案，经本级政府审定后，按照规定期限报上一级政府财政部门。

省、自治区、直辖市政府财政部门汇总的本级总预算草案或者本级总预算，应当于下一年度1月10日前报财政部。

第二十八条 县级以上各级政府财政部门审核本级各部门的预算草案时，发现不符合编制预算要求的，应当予以纠正；汇编本级总预算草案时，发现下级预算草案不符合上级政府或者本级政府编制预算要求的，应当及时向本级政府报告，由本级政府予以纠正。

第二十九条 各级政府财政部门编制收入预算草案时，应当征求税务、海关等预算收入征收部门和单位的意见。

预算收入征收部门和单位应当按照财政部门的要求提供下一年度预算收入征收预测情况。

第三十条 财政部门会同社会保险行政部门部署编制下一年度社会保险基金预算草案的具体事项。

社会保险经办机构具体编制下一年度社会保险基金预算草案，报本级社会保险行政部门审核汇总。社会保险基金收入预算草案由社会保险经办机构会同社会保险费征收机构具体编制。财政部门负责审核并汇总编制社会保险基金预算草案。

第三十一条 各级政府财政部门应当依照预算法和本条例规定，制定本级预算草案编制规程。

第三十二条 各部门、各单位在编制预算草案时，应当根据资产配置标准，结合存量资产情况编制相关支出预算。

第三十三条 中央一般公共预算收入编制内容包括本级一般公共预算收入、从国有资本经营预算调入资金、地方上解收入、从预算稳定调节基金调入资金、其他调入资金。

中央一般公共预算支出编制内容包括本级一般公共预算支出、对地方的税收返还和转移支付、补充预算稳定调节基金。

中央政府债务余额的限额应当在本级预算中单独列示。

第三十四条 地方各级一般公共预算收入编制内容包括本级一般公共预算收入、从国有资本经营预算调入资金、上级税收返还和转移支付、下级上解收入、从预算稳定调节基金调入资金、其他调入资金。

地方各级一般公共预算支出编制内容包括本级一般公共预算支出、上解上级支出、对下级的税收返还和转移支付、补充预算稳定调节基金。

第三十五条 中央政府性基金预算收入编制内容包括本级政府性基金各项目收入、上一年度结余、地方上解收入。

中央政府性基金预算支出编制内容包括本级政府性基金各项目支出、对地方的转移支付、调出资金。

第三十六条 地方政府性基金预算收入编制内容包括本级政府性基金各项目收入、上一年度结余、下级上解收入、上级转移支付。

地方政府性基金预算支出编制内容包括本级政府性基金各项目支出、上解上级支出、对下级的转移支付、调出资金。

第三十七条 中央国有资本经营预算收入编制内容包括本级收入、上一年度结余、地方上解收入。

中央国有资本经营预算支出编制内容包括本级支出、向一般公共预算调出资金、对地方特定事项的转移支付。

第三十八条 地方国有资本经营预算收入编制内容包括本级收入、上一年度结余、上级对特定事项的转移支付、下级上解收入。

地方国有资本经营预算支出编制内容包括本级支出、向一般公共预算调出资金、对下级特定事项的转移支付、上解上级支出。

第三十九条 中央和地方社会保险基金预算收入、支出编制内容包括本条例第十六条规定的各项收入和支出。

第四十条 各部门、各单位预算收入编制内容包括本级预算拨款收入、预算拨款结转和其他收入。

各部门、各单位预算支出编制内容包括基本支出和项目支出。

各部门、各单位的预算支出，按其功能分类应当编列到项，按其经济性质分类应当编列到款。

第四十一条 各级政府应当加强项目支出管理。各级政府财政部门应当建立和完善项目支出预算评审制度。各部门、各单位应当按照本级政府财政部门的规定开展预算评审。

项目支出实行项目库管理，并建立健全项目入库评审机制和项目滚动管理机制。

第四十二条 预算法第三十四条第二款所称余额管理，是指国务院在全国人民代表大会批准的中央一般公共预算债务的余额限额内，决定发债规模、品种、期限和时点的管理方式；所称余额，是指中央一般公共预算中举借债务未偿还的本金。

第四十三条 地方政府债务余额实行限额管理。各省、自治区、直辖市的政府债务限额，由财政部在全国人民代表大会或者其常务委员会批准的总限额内，根据各地区债务风险、财力状况等因素，并考虑国家宏观调控政策等需要，提出方案报国务院批准。

各省、自治区、直辖市的政府债务余额不得突破国务院批准的限额。

第四十四条 预算法第三十五条第二款所称举借债务的规模，是指各地方政府债务余额限额的总和，包括一般债务限额和专项债务限额。一般债务是指列入一般公共预算用于公益性事业发展的一般债券、地方政府负有偿还责任的外国政府和国际经济组织贷款转贷债务；专项债务是指列入政府性基金预算用于有收益的公益性事业发展的专项债券。

第四十五条 省、自治区、直辖市政府财政部门依照国务院下达的本地区地方政府债务限额，提出本级和转贷给下级政府的债务限额安排方案，报本级政府批准后，将增加举借的债务列入本级预算调整方案，报本级人民代表大会常务委员会批准。

接受转贷并向下级政府转贷的政府应当将转贷债务纳入本级预算管理。使用转贷并负有直接偿还责任的政府，应当将转贷债务列入本级预算调整方案，报本级人民代表大会常务委员会批准。

地方各级政府财政部门负责统一管理本地区政府债务。

第四十六条 国务院可以将举借的外国政府和国际经济组织贷款转贷给省、自治区、直辖市政府。

国务院向省、自治区、直辖市政府转贷的外国政府和国际经济组织贷款，省、自治区、直辖市政府负有直接偿还责任的，应当纳入本级预算管理。省、自治区、直辖市政府未能按时履行还款义务的，国务院可以相应抵扣对该地区的税收返还等资金。

省、自治区、直辖市政府可以将国务院转贷的外国政府和国际经济组织贷款再转贷给下级政府。

第四十七条 财政部和省、自治区、直辖市政府财政部门应当建立健全地方政府债务风险评估指标体系，组织评估地方政府债务风险状况，对债务高风险地区提出预警，并监督化解债务风险。

第四十八条 县级以上各级政府应当按照本年度转移支付预计执行数的一定比例将下一年度转移支付预计数提前下达至下一级政府，具体下达事宜由本级政府财政部门办理。

除据实结算等特殊项目的转移支付外，提前下达的一般性转移支付预计数的比例一般不低于90%；提前下达的专项转移支付预计数的比例一般不低于70%。其中，按照项目法管理分配的专项转移支付，应当一并明确下一年度组织实施的项目。

第四十九条 经本级政府批准，各级政府财政部门可以设置预算周转金，额度不得超过本级一般公共预算支出总额的1%。年度终了时，各级政府财政部门可以将预算周转金收回并用于补充预算稳定调节基金。

第五十条 预算法第四十二条第一款所称结转资金，是指预算安排项目的支出年度终了时尚未执行完毕，或者因故未执行但下一年度需要按原用途继续使用的资金；连续两年未用完的结转资金，是指预算安排项目的支出在下一年度终了时仍未用完的资金。

预算法第四十二条第一款所称结余资金，是指年度预算执行终了时，预算收入实际完成数扣除预算支出实际完成数和结转资金后剩余的资金。

第四章 预算执行

第五十一条 预算执行中，政府财政部门的主要职责：

（一）研究和落实财政税收政策措施，支持经济社会健康发展；

（二）制定组织预算收入、管理预算支出以及相关财务、会计、内部控制、监督等制度和办法；

（三）督促各预算收入征收部门和单位依法履行职责，征缴预算收入；

（四）根据年度支出预算和用款计划，合理调度、拨付预算资金，监督各部门、各单位预算资金使用管理情况；

（五）统一管理政府债务的举借、支出与偿还，监督债务资金使用情况；

（六）指导和监督各部门、各单位建立健全财务制度和会计核算体系，规范账户管理，健全内部控制机制，按照规定使用预算资金；

（七）汇总、编报分期的预算执行数据，分析预算执行情况，按照本级人民代表大会常务委员会、本级政府和上一级政府财政部门的要求定期报告预算执行情况，并提出相关政策建议；

（八）组织和指导预算资金绩效监控、绩效评价；

（九）协调预算收入征收部门和单位、国库以及其他有关部门的业务工作。

第五十二条 预算法第五十六条第二款所称财政专户，是指财政部门为履行财政管理职能，根据法律规定或者经国务院批准开设的用于管理核算特定专用资金的银行结算账户；所称特定专用资金，包括法律规定可以设立财政专户的资金，外国政府和国际经济组织的贷款、赠款，按照规定存储的人民币以外的货币，财政部会同有关部门报国务院批准的其他特定专用资金。

开设、变更财政专户应当经财政部核准，撤销财政专户应当报财政部备案，中国人民银行应当加强对银行业金融机构开户的核准、管理和监督工作。

财政专户资金由本级政府财政部门管理。除法律另有规定外，未经本级政府财政部门同意，任何部门、单位和个人都无权冻结、动用财政专户资金。

财政专户资金应当由本级政府财政部门纳入统一的会计核算，并在预算执行情况、决算和政府综合财务报告中单独反映。

第五十三条 预算执行中，各部门、各单位的主要职责：

（一）制定本部门、本单位预算执行制度，建立健全内部控制机制；

（二）依法组织收入，严格支出管理，实施绩效监控，开展绩效评价，提高资金使用效益；

（三）对单位的各项经济业务进行会计核算；

（四）汇总本部门、本单位的预算执行情况，定期向本级政府财政部门报送预算执行情况报告和绩效评价报告。

第五十四条 财政部门会同社会保险行政部门、社会保险费征收机构制定社会保险基金预算的收入、支出以及财务管理的具体办法。

社会保险基金预算由社会保险费征收机构和社会保险经办机构具体执行，并按照规定向本级政府财政部门和社会保险行政部门报告执行情况。

第五十五条 各级政府财政部门和税务、海关等预算收入征收部门和单位必须依法组织预算收入，按照财政管理体制、征收管理制度和国库集中收缴制度的规定征收预算收入，除依法缴入财政专户的社会保险基金等预算收入外，应当及时将预算收入缴入国库。

第五十六条 除依法缴入财政专户的社会保险基金等预算收入外，一切有预算收入上缴义务的部门和单位，必须将应当上缴的预算收入，按照规定的预算级次、政府收支分类科目、缴库方式和期限缴入国库，任何部门、单位和个人不得截留、占用、挪用或者拖欠。

第五十七条 各级政府财政部门应当加强对预算资金拨付的管理，并遵循下列原则：

（一）按照预算拨付，即按照批准的年度预算和用款计划拨付资金。除预算法第五十四条规定的在预算草案批准前可以安排支出的情形外，不得办理无预算、无用款计划、超预算或者超计划的资金拨付，不得擅自改变支出用途；

（二）按照规定的预算级次和程序拨付，即根据用款单位的申请，按照用款单位的预算级次、审定的用款计划和财政部门规定的预算资金拨付程序拨付资金；

（三）按照进度拨付，即根据用款单位的实际用款进度拨付资金。

第五十八条 财政部应当根据全国人民代表大会批准的中央政府债务余额限额，合理安排发行国债的品种、结构、期限和时点。

省、自治区、直辖市政府财政部门应当根据国务院批准的本地区政府债务限额，合理安排发行本地区政府债券的结构、期限和时点。

第五十九条 转移支付预算下达和资金拨付应当由财政部门办理，其他部门和单位不得对下级政府部门和单位下达转移支付预算或者拨付转移支付资金。

第六十条 各级政府、各部门、各单位应当加强对预算支出的管理，严格执行预算，遵守财政制度，强化预算约束，不得擅自扩大支出范围、提高开支标准；严格按照预算规定的支出用途使用资金，合理安排支出进度。

第六十一条 财政部负责制定与预算执行有关的财务规则、会计准则和会计制度。各部门、各单位应当按照本级政府财政部门的要求建立健全财务制度，加强会计核算。

第六十二条 国库是办理预算收入的收纳、划分、留解、退付和库款支拨的专门机构。国库分为中央国库和地方国库。

中央国库业务由中国人民银行经理。未设中国人民银行分支机构的地区，由中国人民银行商财政部后，委托有关银行业金融机构办理。

地方国库业务由中国人民银行分支机构经理。未设中国人民银行分支机构的地区，由上级中国人民银行分支机构商有关地方政府财政部门后，委托有关银行业金融机构办理。

具备条件的乡、民族乡、镇，应当设立国库。具体条件和标准由省、自治区、直辖市政府财政部门确定。

第六十三条 中央国库业务应当接受财政部的指导和监督，对中央财政负责。

地方国库业务应当接受本级政府财政部门的指导和监督，对地方财政负责。

省、自治区、直辖市制定的地方国库业务规程应当报财政部和中国人民银行备案。

第六十四条 各级国库应当及时向本级政府财政部门编报预算收入入库、解库、库款拨付以及库款余额情况的日报、旬报、月报和年报。

第六十五条 各级国库应当依照有关法律、行政法规、国务院以及财政部、中国人民银行的有关规定，加强对国库业务的管理，及时准确地办理预算收入的收纳、划分、留解、退付和预算支出的拨付。

各级国库和有关银行业金融机构必须遵守国家有关预算收入缴库的规定，不得延解、占压应当缴入国库的预算收入和国库库款。

第六十六条 各级国库必须凭本级政府财政部门签发的拨款凭证或者支付清算指令于当日办理资金拨付，并及时将款项转入收款单位的账户或者清算资金。

各级国库和有关银行业金融机构不得占压财政部门拨付的预算资金。

第六十七条 各级政府财政部门、预算收入征收部门和单位、国库应当建立健全相互之间的预算收入对账制度，在预算执行中按月、按年核对预算收入的收纳以及库款拨付情况，保证预算收入的征收入库、库款拨付和库存金额准确无误。

第六十八条 中央预算收入、中央和地方预算共享收入退库的办法，由财政部制定。地方预算收入退库的办法，由省、自治区、直辖市政府财政部门制定。

各级预算收入退库的审批权属于本级政府财政部门。中央预算收入、中央和地方预算共享收入的退库，由财政部或者财政部授权的机构批准。地方预算收入的退库，由地方政府财政部门或者其授权的机构批准。具体退库程序按照财政部的有关规定办理。

办理预算收入退库，应当直接退给申请单位或者申请个人，按照国家规定用途使用。任何部门、单位和个人不得截留、挪用退库款项。

第六十九条 各级政府应当加强对本级国库的管理和监督，各级政府财政部门负责协调本级预算收入征收部门和单位与国库的业务工作。

第七十条 国务院各部门制定的规章、文件，凡涉及减免应缴预算收入、设立和改变收入项目和标准、罚没财物处理、经费开支标准和范围、国有资产处置和收益分配以及会计核算等事项的，应当符合国家统一的规定；凡涉及增加或者减少财政收入或者支出的，应当征求财政部意见。

第七十一条 地方政府依据法定权限制定的规章和规定的行政措施，不得涉及减免中央预算收入、中央和地方预算共享收入，不得影响中央预算收入、中央和地方预算共享收入的征收；违反规定的，有关预算收入征收部门和单位有权拒绝执行，并应当向上级预算收入征收部门和单位以及财政部报告。

第七十二条 各级政府应当加强对预算执行工作的领导，定期听取财政部门有关预算执行情况的汇报，研究解决预算执行中出现的问题。

第七十三条 各级政府财政部门有权监督本级各部门及其所属各单位的预算管理有关工作，对各部门的预算执行情况和绩效进行评价、考核。

各级政府财政部门有权对与本级各预算收入相关的征收部门和单位征收本级预算收入的情况进行监督，对违反法律、行政法规规定多征、提前征收、减征、免征、缓征或者退还预算收入的，责令改正。

第七十四条 各级政府财政部门应当每月向本级政府报告预算执行情况，具体报告内容、方式和期限由本级政府规定。

第七十五条 地方各级政府财政部门应当定期向上一级政府财政部门报送本行政区域预算执行情况，包括预算执行旬报、月报、季报，政府债务余额统计报告，国库库款报告以及相关文字说明材料。具体报送内容、方式和期限由上一级政府财政部门规定。

第七十六条 各级税务、海关等预算收入征收部门和单位应当按照财政部门规定的期限和要求，向财政部门和上级主管部门报送有关预算收入征收情况，并附文字说明材料。

各级税务、海关等预算收入征收部门和单位应当与相关财政部门建立收入征管信息共享机制。

第七十七条 各部门应当按照本级政府财政部门规定的期限和要求，向本级政府财政部门报送本部门及其所属各单位的预算收支情况等报表和文字说明材料。

第七十八条 预算法第六十六条第一款所称超收收入，是指年度本级一般公共预算收入的实际完成数超过经本级人民代表大会或者其常务委员会批准的预算收入数的部分。

预算法第六十六条第三款所称短收，是指年度本级一般公共预算收入的实际完成数小于经本级人民代表大会或者其常务委员会批准的预算收入数的情形。

前两款所称实际完成数和预算收入数，不包括转移性收入和政府债务收入。

省、自治区、直辖市政府依照预算法第六十六条第三款规定增列的赤字，可以通过在国务院下达的本地区政府债务限额内发行地方政府一般债券予以平衡。

设区的市、自治州以下各级一般公共预算年度执行中出现短收的，应当通过调入预算稳定调节基金或者其他预算资金、减少支出等方式实现收支平衡；采取上述措施仍不能实现收支平衡的，可以通过申请上级政府临时救助平衡当年预算，并在下一年度预算中安排资金归还。

各级一般公共预算年度执行中厉行节约、节约开支，造成本级预算支出实际执行数小于预算总支出的，不属于预算调整的情形。

各级政府性基金预算年度执行中有超收收入的，应当在下一年度安排使用并优先用于偿还相应的专项债务；出现短收的，应当通过减少支出实现收支平衡。国务院另有规定的除外。

各级国有资本经营预算年度执行中有超收收入的，应当在下一年度安排使用；出现短收的，应当通过减少支出实现收支平衡。国务院另有规定的除外。

第七十九条 年度预算确定后，部门、单位改变隶属关系引起预算级次或者预算关系变化的，应当在改变财务关系的同时，相应办理预算、资产划转。

第五章 决 算

第八十条 预算法第七十四条所称决算草案，是指各级政府、各部门、各单位编制的未经法定程序审查和批准的预算收支和结余的年度执行结果。

第八十一条 财政部应当在每年第四季度部署编制决算草案的原则、要求、方法和报送期限，制发中央各部门决算、地方决算以及其他有关决算的报表格式。

省、自治区、直辖市政府按照国务院的要求和财政部的部署，结合本地区的具体情况，提出本行政区域编制决算草案的要求。

县级以上地方政府财政部门根据财政部的部署和省、自治区、直辖市政府的要求，部署编制本级政府各部门和下级政府决算草案的原则、要求、方法和报送期限，制发本级政府各部门决算、下级政府决算以及其他有关决算的报表格式。

第八十二条 地方政府财政部门根据上级政府财政部门的部署，制定本行政区域决算草案和本级各部门决算草案的具体编制办法。

各部门根据本级政府财政部门的部署，制定所属各单位决算草案的具体编制办法。

第八十三条 各级政府财政部门、各部门、各单位在每一预算年度终了时，应当清理核实全年预算收入、支出数据和往来款项，做好决算数据对账工作。

决算各项数据应当以经核实的各级政府、各部门、各单位会计数据为准，不得以估计数据替代，不得弄虚作假。

各部门、各单位决算应当列示结转、结余资金。

第八十四条 各单位应当按照主管部门的布置，认真编制本单位决算草案，在规定期限内上报。

各部门在审核汇总所属各单位决算草案基础上，连同本部门自身的决算收入和支出数据，汇编成本部门决算草案并附详细说明，经部门负责人签章后，在规定期限内报本级政府财政部门审核。

第八十五条 各级预算收入征收部门和单位应当按照财政部门的要求，及时编制收入年报以及有关资料并报送财政部门。

第八十六条 各级政府财政部门应当根据本级预算、预算会计核算数据等相关资料编制本级决算草案。

第八十七条 年度预算执行终了，对于上下级财政之间按照规定需要清算的事项，应当在决算时办理结算。

县级以上各级政府财政部门编制的决算草案应当及时报送本级政府审计部门审计。

第八十八条 县级以上地方各级政府应当自本级决算经批准之日起 30 日内，将本级决算以及下一级政府上报备案的决算汇总，报上一级政府备案；将下一级政府报送备案的决算汇总，报本级人民代表大会常务委员会备案。

乡、民族乡、镇政府应当自本级决算经批准之日起 30 日内，将本级决算报上一级政府备案。

第六章 监 督

第八十九条 县级以上各级政府应当接受本级和上级人民代表大会及其常务委员会对预算执行情况和决算的监督，乡、民族乡、镇政府应当接受本级人民代表大会和上级人民代表大会及其常务委员会对预算执行情况和决算的监督；按照本级人民代表大会或者其常务委员会的要求，报告预算执行情况；认真研究处理本级人民代表大会代表或者其常务委员会组成人员有关改进预算管理的建议、批评和意见，并及时答复。

第九十条 各级政府应当加强对下级政府预算执行情况的监督，对下级政府在预算执行中违反预算法、本条例和国家方针政策的行为，依法予以制止和纠正；对本级预算执行中出现的问题，及时采取处理措施。

下级政府应当接受上级政府对预算执行情况的监督；根据上级政府的要求，及时提供资料，如实反映情况，不得隐瞒、虚报；严格执行上级政府作出的有关决定，并将执行结果及时上报。

第九十一条 各部门及其所属各单位应当接受本级政府财政部门对预算管理有关工作的监督。

财政部派出机构根据职责和财政部的授权，依法开展工作。

第九十二条 各级政府审计部门应当依法对本级预算执行情况和决算草案，本级各部门、各单位和下级政府的预算执行情况和决算，进行审计监督。

第七章 法 律 责 任

第九十三条 预算法第九十三条第六项所称违反本法规定冻结、动用国库库款或者以其他方式支配已入国库库款，是指：

（一）未经有关政府财政部门同意，冻结、动用国库库款；

（二）预算收入征收部门和单位违反规定将所收税款和其他预算收入存入国库之外的其他账户；

（三）未经有关政府财政部门或者财政部门授权的机构同意，办理资金拨付和退付；

（四）将国库库款挪作他用；

（五）延解、占压国库库款；

（六）占压政府财政部门拨付的预算资金。

第九十四条 各级政府、有关部门和单位有下列行为之一的，责令改正；对负有直接责任的主管人员和其他直接责任人员，依法给予处分：

（一）突破一般债务限额或者专项债务限额举借债务；

（二）违反本条例规定下达转移支付预算或者拨付转移支付资金；

（三）擅自开设、变更账户。

第八章 附 则

第九十五条 预算法第九十七条所称政府综合财务报告，是指以权责发生制为基础编制的反映各级政府整体财务状况、运行情况和财政中长期可持续性的报告。政府综合财务报告包括政府资产负债表、收入费用表等财务报表和报表附注，以及以此为基础进行的综合分析等。

第九十六条 政府投资年度计划应当和本级预算相衔接。政府投资决策、项目实施和监督管理按照政府投资有关行政法规执行。

第九十七条 本条例自 2020 年 10 月 1 日起施行。

3. 中央财政预算管理一体化资金支付管理办法（试行）
（2022 年发布）

（财库〔2022〕5 号印发）

第一章 总 则

第一条 为加快推进中央财政预算管理一体化建设（以下简称中央一体化），进一步优化预算单位资金支付管理和规范预算单位资金支付行为，根据《中华人民共和国预算法》及其实施条例、《中华人民共和国国家金库条例》及其实施细则、《国务院关于进一步深化预算管理制度改革的意见》（国发〔2021〕5号）、《财政部关于印发〈预算管理一体化规范（试行）〉的通知》（财办〔2020〕13号）以及财政国库管理有关制度规定，制定本办法。

第二条 中央一体化试点部门（以下简称试点部门）及其所属相关预算单位（以下简称试点单位）财政拨款资金、教育收费专户管理资金、单位资金的支付管理（以下简称资金支付）适用本办法。

第三条 资金支付实行全流程电子化管理，通过中央预算管理一体化系统（以下简称中央一体化系统）办理业务。

第四条 除单位资金中按往来收入管理的资金外，其他资金支付坚持先有预算后有支出，根据预算指标、国库库款或有关账户余额情况拨付资金。

第五条 试点单位应当按照中央一体化试点有关要求，配合做好以下信息维护管理工作：

（一）本单位工作人员的工资卡卡号、公务卡卡号等与预算执行业务有关的人员类信息；

（二）本单位零余额账户和实有资金账户信息；

（三）单位财务公章等电子印鉴信息；

（四）其他需要试点单位维护管理的信息。

第二章 用 款 计 划

第六条 用款计划主要用于财政国库现金流量控制及资金清算管理，不再按项目编制。财政拨款资金和教育收费专户管理资金应当编制用款计划，单位资金暂不编制用款计划。

第七条 试点单位月度用款计划当月开始生效，当年累计支付金额（不含单位资金支付金额）不得超过当年累计已批复的用款计划。

第八条 试点单位应当加强预算执行事前规划，严格依据预算指标（含部门预算"二上"控制数）、项目实施进度以及用款需求等编制分月用款计划，情况发生变化时应当及时上报调整用款计划。除特殊情况外，试点部门不得代替所属试点单位编制用款计划。

第九条 试点部门审核汇总所属试点单位用款计划后报送财政部。财政部根据预算指标、库款情况等批复分月用款计划，不再向中央国库集中支付业务代理银行（以下简称代理银行）下达用款额度。

第十条 财政部根据批复的用款计划生成国库集中支付汇总清算额度通知单，按时签章发送人民银行，作为人民银行与代理银行清算国库集中支付资金的依据。用款计划变化导致国库集中支付汇总清算额度调整的，财政部及时将调整结果发送人民银行。

第三章 资金支付一般规定

第十一条 试点单位办理资金支付业务时，应当通过中央一体化系统填报资金支付申请。财政部（国库司）对资金支付申请集中校验（审核）后，向代理银行发送支付凭证。代理银行根据支付凭证支付资金，不再对试点单位资金支付进行额度控制。试点单位原则上应当通过预算单位零余额账户支付资金，未开设预算单位零余额账户的试点单位通过财政零余额账户支付资金。具体流程如下：

（一）试点单位按规定通过中央一体化系统填报资金支付申请。通过预算单位零余额账户支付资金的，试点单位在提交资金支付申请时预生成支付凭证并按规定加盖电子签章（签名）。

（二）财政部根据预算指标和批复的用款计划对试点单位资金支付申请进行控制。预算指标的基本控制口径为：单位、指标类型、资金性质、支出功能分类科目（底级）、政府预算支出经济分类科目（类级）、预算项目、金额。用款计划的基本控制口径为：单位、支出功能分类科目、资金性质、支付方式、指标类型、金额。

（三）中央一体化系统根据预设的校验规则对资金支付申请进行校验，校验不通过的，转为试点部门人工审核；试点部门人工审核后提交资金支付申请，系统校验仍不通过的，按规定转为财政部（国库司）人工审核。

（四）校验（审核）通过后，财政部（国库司）将支付凭证发送代理银行。代理银行支付资金后，向财政部和试点单位发送国库集中支付凭证回单，作为财政总预算会计和单位会计核算的依据。

第十二条　按照支出活动的具体特点和管理要求，资金支付分为以下类型：

（一）购买性支出。购买性支出包括所有编制政府采购预算的支出，以及部门预算支出经济分类科目特定范围内的支出。

编制政府采购预算的购买性支出，资金支付申请应当匹配政府采购合同。中央一体化系统校验政府采购合同中的收款人信息、合同金额等信息，校验不通过的原则上不允许支付资金。

部门预算支出经济分类科目特定范围内的购买性支出，资金支付申请应当按规定匹配相关合同或协议。中央一体化系统校验相关合同或协议，校验不通过的原则上不允许支付资金；无法提供相关合同或协议的，按规定转为人工审核。

（二）公务卡还款。公务卡发卡银行应当通过中央一体化系统向财政部（国库司）按时提供公务卡消费明细信息。试点单位比对持卡人报销还款信息和公务卡消费信息后，按照本办法第十一条有关规定办理公务卡还款。

公务卡原则上只能用于公务支出活动。

（三）纳入财政统发范围的工资和离退休经费（以下简称统发工资）通过财政零余额账户办理资金支付。统发工资预算指标余额不足时，中央一体化系统对试点单位进行预警提示，试点单位应当按照预算管理规定及时补足预算指标。未及时补足预算指标的，由试点单位按照本办法第十一条有关规定自行发放工资。

（四）委托收款。试点单位办理水费、电费、燃气费、电话费、网络费用、社会保险缴费、个人所得税缴纳等委托收款业务时，应当提前指定用于委托收款的预算指标。委托收款扣款时，代理银行通过中央一体化系统发送委托扣款申请，系统验证通过后自动进行资金支付。

委托收款预算指标额度不足时，试点单位可以另行选择预算指标，或按照本办法第十一条有关规定办理资金支付。

第十三条　除下列情形外，试点单位不得从本单位零余额账户向本单位或本部门其他预算单位实有资金账户划转资金：

（一）根据政府购买服务相关政策，按合同约定向本部门所属事业单位支付的政府购买服务支出；

（二）确需划转的工会经费、住房改革支出、应缴或代扣代缴的税款，以及符合相关制度规定的工资代扣事项；

（三）暂不能通过零余额账户委托收款的社会保险缴费、职业年金缴费、水费、电费、取暖费等；

（四）按规定允许划转的科研项目和教育资金；

（五）财政部（国库司）规定的其他情形。

第十四条 代理银行应当在营业时间内办理国库集中支付业务，并在人民银行（国库局）规定的清算时限内向其发送已完成支付的申请划款凭证及所附划款明细，申请清算资金。除另有规定外，超出营业时间代理银行原则上不办理资金支付。

代理银行完成资金清算后，应当按日对资金支付明细信息进行核对；发现错误的，及时告知财政部（国库司）、人民银行（国库局），并按规定办理更正。

第十五条 资金支付完成后，因技术性差错等原因误用预算指标或支出经济分类的，试点单位应当通过中央一体化系统填报支付更正申请，经系统自动校验或人工审核后，更正相关信息。涉及国库集中支付汇总清算额度调整的，财政部（国库司）及时将调整结果发送人民银行（国库局），同步更正信息。

第十六条 资金退回业务按以下方式办理：

（一）因收款人账户名称或账号填写错误等原因导致的当年资金退回或项目未结束的跨年资金退回，代理银行应当将资金退回零余额账户，不得转存银行内部账户，在匹配原支付凭证的当日（超过清算时间的，于下一个工作日）将资金退回国库，并生成财政资金退回通知书发送财政部和试点单位。财政部（国库司）和试点单位根据退回通知书进行会计核算，并恢复试点单位相应预算指标。

（二）除另有规定外，项目结束或收回结余资金导致的资金退回，试点部门应当通过其实有资金账户汇总相关资金，按规定填写一般缴款书或银行汇款单后，统一上缴国库。财政部（国库司）和试点单位根据相关回单进行会计核算。

（三）对于错误缴入预算单位零余额账户的资金，试点单位应当向代理银行开具资金退回凭证。代理银行按资金退回凭证退回资金后，向试点单位发送回单。

第四章 资金支付特殊规定

第十七条 教育收费专户管理资金通过中央一体化系统进行集中校验和人工审核后，直接拨付到试点单位实有资金账户，不再由试点部门转拨。具体流程如下：

（一）试点单位按规定通过中央一体化系统填报资金支付申请。

（二）财政部根据预算指标、用款计划、教育收费专户资金余额等校验审核资金支付申请，审核通过后向教育收费专户开户银行发送支付凭证。教育收费专户开户银行支付资金后，向财政部发送相关支付凭证回单，作为财政总预·算会计核算的依据。

（三）因收款人账户名称或账号填写错误等原因发生资金退回的，教育收费专户开户银行应当在匹配原支付凭证信息后，向财政部报送财政专户退款通知书，同时将资金退回教育收费专户。财政部根据财政专户退款通知书进行会计核算，并相应恢复试点单位预算指标。

第十八条 单位资金包括资金收入管理、资金支付管理、支付更正管理和资金退回管理。

（一）资金收入管理。试点单位基本存款账户开户银行应当通过中央一体化系统及时向试点单位发送账户收款及余额变动信息，试点单位应当根据资金到账通知书，按单位资金收入、往来收入、退回资金三种类型对入账资金予以确认。

按本办法第十三条规定转入试点单位基本存款账户的财政拨款资金，按照往来收入管理。

（二）资金支付管理。试点单位基本存款账户开户银行根据中央一体化系统发送的支付凭证办理单位资金支付。除另有规定外，试点单位基本存款账户开户银行原则上不得接受中央一体化系统以外的单位资金支付指令。

属于单位资金收入的，试点单位按规定通过中央一体化系统填报资金支付申请。中央一体化系统根据预算指标及账户余额信息（编制政府采购预算的资金支付应当对应政府采购合同）进行校验，校验通过后向试点单位基本存款账户开户银行发送支付凭证。

属于往来收入的，试点单位按规定通过中央一体化系统填报资金支付申请。中央一体化系统根据试点单位基本存款账户余额信息进行校验，校验通过后向试点单位基本存款账户开户银行发送支付凭证。

（三）支付更正管理。属于单位资金收入的，试点单位应当按规定通过中央一体化系统填报支付更正申请，经系统自动校验通过后完成更正。

（四）资金退回管理。退回资金中能够匹配原支付凭证（信息）的，试点单位应当自行确认是否恢复对应的预算指标；无法匹配原支付凭证（信息）的，按照往来收入管理。

第五章　监　督　管　理

第十九条　财政部（国库司）对资金支付组织开展动态监控，核实疑点信息，及时纠错纠偏。

第二十条　财政部各地监管局按规定通过中央一体化系统对属地试点单位预算执行进行全过程查询和监管，不再对资金支付申请进行前置审核。

第二十一条　人民银行对商业银行办理的国库集中支付业务进行监督检查。

第二十二条　试点部门在资金支付中的主要职责是：

（一）负责按照部门预算管理使用资金，并做好相应的财务管理和会计核算工作；

（二）负责本部门及所属试点单位资金支付管理的相关工作；

（三）组织本部门及所属试点单位编制用款计划，审核汇总所属试点单位用款计划；

（四）配合财政部对本部门及所属试点单位预算执行、资金申请与拨付和账户管理等情况进行监督管理。

第二十三条　试点单位在资金支付中的主要职责是：

（一）负责按单位预算使用资金，并做好相应的财务管理和会计核算工作；

（二）负责编制本单位用款计划；

（三）按规定填报资金支付申请，预生成有关电子凭证，并保证凭证的真实性、合规性。

（四）配合财政部及主管部门对本单位预算执行、资金申请与拨付和账户管理等情况进行监督管理。

第二十四条　有关商业银行在资金支付中的主要职责是：

（一）按照与财政部签订的委托代理协议及有关规定办理账户和资金支付业务，定期对账。严格按照中央一体化系统发送的支付凭证支付资金，不得违规支付资金，不得占压挪用资金。接受财政部监督，业务办理情况纳入财政部年度综合考评。

（二）按规定开发与维护代理中央一体化资金支付业务的信息管理系统并与财政部、人民银行联网，按要求向财政部、人民银行反馈资金支付相关信息。妥善保管有关支付凭证及资料，并负有保密义务。

（三）按照与人民银行签订的资金支付清算协议及有关规定办理资金支付清算等业务，定期对账，接受人民银行的监督检查。

第六章 附 则

第二十五条 本办法施行前有关规定与本办法不一致的，以本办法为准；本办法未作出规定的，按照现行制度规定执行。

第二十六条 资金支付具体业务细则按照有关中央一体化试点操作规程办理。

第二十七条 本办法由财政部会同人民银行负责解释。

第二十八条 本办法自印发之日起施行。

附：中央财政预算管理一体化资金支付管理凭证样式（略）。

4. 预算指标核算管理办法（试行）（2022年发布）

（财办〔2022〕36号印发）

第一章 总 则

第一条 为硬化预算约束和规范预算管理行为，根据《中华人民共和国预算法》《中华人民共和国预算法实施条例》等有关法律、行政法规和规章，制定本办法。

第二条 本办法所指的预算指标核算是指政府财政部门采用复式记账法，对预算指标管理业务或事项进行核算，通过对预算指标的批复、分解、下达、生成、调整、调剂、执行和结转结余等全生命周期过程记录，实时反映预算指标的来源、增减及状态，实现预算指标管理全流程"顺向可控，逆向可溯"。

第三条 本办法适用于中央、省、自治区、直辖市、新疆生产建设兵团，设区的市、自治州、县、自治县、不设区的市、市辖区、乡、民族乡、镇等各级政府财政部门。衔接中央、省、市、县、乡镇五级财政预算。

第四条 预算指标核算范围包含一般公共预算资金、政府性基金预算资金、国有资本经营预算资金、财政专户管理资金（教育收费）和单位资金等。核算对象既包括纳入本年度收支预算的资金、也包含上年结转结余的资金。预算指标核算按资金性质分别核算、分别平衡。

社会保险基金预算资金的指标核算不适用本办法，由财政部另行规定。

第五条 政府财政部门是预算指标核算管理的主体。保证预算指标核算管理数据的合法性、完整性和准确性。

第六条 政府财政部门和预算单位通过预算管理和资金支付业务操作自动触发核算体系记账，对数据等有关要素的合法性、完整性、准确性、真实性负责。

第七条 预算指标核算管理通过全国统一的核算科目和管理规则，统一的核算控制要素，统一的核算口径，全面反映预算指标的来源、增减及状态，实现对各级政府财政部门预算管理全过程的记录、控制和反映。

第八条 预算指标核算应当划分核算期间，分期结算，按规定编制报表。

核算期间至少分为月度和年度。核算月度、年度等核算期间的起讫日期采用公历日期。年度终了后，可根据工作需要设置一定期限的上年核算清理期。

第九条 预算指标核算应当遵循以下基本原则：

（一）加强政府收支预算约束，实施财政收支总额控制。按照"先有预算、再有指标、后有支出"的原则，"支出预算余额控制支出指标、支出指标余额控制资金支付"的控制机制，严禁无预算或超预算支出。预算变动必须按照业务规范进行核算，确保预算的严肃性。

（二）将预算全口径（除社会保险基金预算）纳入核算范围，通过复式记账的规则，实现以可动用的财政资源（财力类科目）控制年度财政总支出规模（指标来源类科目）。

（三）以年度财政总支出规模（指标来源类科目）控制支出指标的生成和使用（支出指标类、支付申请类、支付类以及结转核销类科目）等后续流程。从而实现预算严格控制指标，年度财政总支出规模控制分部门的财政支出预算。

（四）将各级政府预算数据全部纳入核算范围，并通过预算指标核算环环相扣，建立上下级财政间预算管理衔接机制。

第十条 本办法核算科目包括财政资金预算指标核算科目和单位资金预算指标核算科目，其中单位资金预算指标核算科目是财政资金预算指标核算科目的简化。财政资金预算指标核算科目包括指标来源类、提前安排类、结转结余类、财力类、支出指标类、收入类、支付申请类、支付类和结转核销类。单位资金预算指标核算科目包括单位资金支出预算类、提前安排类、结转结余类、单位资金收入预算类、支出指标类、收入类、支付申请类、支付类和结转核销类。核算规则如下。

（一）指标来源类科目用以核算年度总支出预算，并通过本科目控制支出指标生成及后续流程。包括政府支出预算、安排国库集中支付结余。

（二）提前安排类科目用以核算在各级人民代表大会（以下简称人大）批准预算之前按相关法规可以提前安排的支出指标，并在人大批准预算后予以核销。包括本级财力提前下达指标、本级财力年初控制数和其他预拨指标。

（三）结转结余类科目用以核算确认收入和确认支付相抵后的结转结余。

（四）财力类科目用以核算年度总收入预算。包括政府收入预算和应付国库集中支付结余。

（五）支出指标类科目用以核算在指标来源类科目和提前安排类科目控制下生成的支出指标，并通过本科目控制支付申请类及后续流程。包括待下达指标、可执行指标和可执行指标冻结。

（六）支付申请类科目用以核算财政和单位在支出指标控制下的支付申请，并通过本科目控制确认支付及后续流程。包括支付申请。

（七）支付类科目用以核算在指标来源类、支出指标类和支付申请类科目控制下的确认支付，并通过本科目进行结转结余核算。

（八）收入类科目用以核算财力类科目的确认收入，并通过本科目进行结转结余核算。

（九）结转核销类科目用以核算根据预算指标结转结余规定，指标来源类、支出指标类的指标结转结余。并通过本科目和结转结余类科目进行年终结账。包括指标结转和指标结余。

（十）单位资金预算指标核算科目中单位资金支出预算类参照财政资金预算指标核算科目的指标来源类科目，单位资金收入预算类参照财政资金预算指标核算科目的财力类科目。

第十一条 预算指标核算应当按照以下规定运用核算科目。

（一）各级政府财政部门应当对有关法律、法规允许进行的经济活动，按照本办法的规定设置和使用核算科目，不得以本办法规定的科目及使用说明作为进行有关经济活动的依据。

（二）各级政府财政部门应当执行本办法统一规定的核算科目编号，不得随意打乱重编。以便于监督管理、生成报表和实行信息化管理。

（三）预算指标核算应当设置明细科目进行核算，并使用对应核算控制要素和辅助核算要素。除遵循本办法规定外，还应当满足各级政府预算管理的需要。

（四）政府收支分类科目、支出经济分类科目原则上需到末级科目。支出指标类必须使用末级科目。

（五）各级政府财政部门可在本办法的基础上，在不影响核算处理和编报报表的前提下，根据实际情况在本科目体系下增设下级明细科目和控制规则，不需使用的科目可以不用，但不能减少或改变原有的科目和控制规则，不得违反本办法的规定。

第十二条　各级政府财政部门应当按照下列规定编制报表，财政部根据管理需要适时调整报表样式。

（一）预算指标核算报表包括预算指标核算管理总表、预算收入预算变动及执行情况表和预算支出预算变动及执行情况表。主要反映收支总体情况、收支预算变动及结转结余等事项，按资金性质分别编制，报表由系统自动生成。

（二）预算指标核算报表应当按照月和年度编制，也可以根据管理需要按时点编制。

（三）预算指标核算报表应当根据完整、无误的核算记录自动生成，做到数字真实、计算准确、内容完整、编报及时。

（四）各级政府财政部门可根据实际管理需要，生成符合各自地方特点的报表以及向财政部报送的其他报表。

第十三条　预算指标核算应通过现代信息技术应用与预算制度改革紧密结合，衔接五级财政预算，动态反映预算指标管理业务全貌，建立业务协同、规范管理、统筹协调的指标核算管理运行机制。实现全国预算指标管理系统一体化、标准化、信息化、数字化。

第十四条　本办法未特殊规定的核算事项，按照财政部有关规定处理。

第十五条　省、自治区、直辖市、计划单列市、新疆生产建设兵团的政府财政部门在与本办法不相违背的前提下，负责制定本地区预算指标具体核算管理办法。

第十六条　本办法自 2023 年 1 月 1 日起实施。各级政府财政部门应当提前将本办法有关规则嵌入各地信息化系统，并在 2023 年预算编制时进行核算。

第二章　预算指标核算科目

一、财政资金预算指标核算科目

借方	贷方
一、指标来源类	二、提前安排类
1001 政府支出预算	2001 本级财力提前下达指标
100101 本级支出预算	2002 本级财力年初控制数
100102 补助支出预算	2003 其他预拨指标
100103 预备费	
100104 上解支出	三、结转结余类
100105 地区间援助支出预算	3001 结转结余
100106 调出资金	
100107 安排预算稳定调节基金	四、财力类
100108 债务还本支出预算	4001 政府收入预算
100109 债务转贷支出预算	400101 本级收入预算

（续表）

借方	贷方
100110 补充预算周转金	400102 补助收入预算
100111 结转下年支出	400103 上解收入
100199 待分预算	400104 地区间援助收入预算
1002 安排国库集中支付结余	400105 调入资金
	400106 动用预算稳定调节基金
五、支出指标类	400107 债务收入预算
5001 待下达指标	400108 债务转贷收入预算
5002 可执行指标	400109 上年结转收入
500201 本级支出指标	400110 上年结余收入
500202 补助支出指标	4002 应付国库集中支付结余
500203 上解支出指标	
500204 地区间援助支出指标	六、收入类
500205 债务还本支出指标	6001 确认收入
500206 债务转贷支出指标	
5003 可执行指标冻结	
七、支付申请类	
7001 支付申请	
八、支付类	
8001 确认支付	
九、结转核销类	
9001 指标结转	
9002 指标结余	

二、单位资金预算指标核算科目

借方	贷方
一、单位资金支出预算类	二、提前安排类
1601 单位资金支出预算	2601 年初控制数

（续表）

五、支出指标类	三、结转结余类
5601 待下达指标	3601 结转结余
5602 可执行指标	
5603 可执行指标冻结	四、单位资金收入预算类
	4601 单位资金收入预算
七、支付申请类	460101 事业收入预算
7601 支付申请	460102 经营收入预算
	460103 上级补助收入预算
八、支付类	460104 附属单位上缴收入
8601 确认支付	460105 上年结转结余收入
	460106 财政专户管理资金收入（教育收费）
九、结转核销类	460199 其他收入预算
9601 指标结转结余	
	六、收入类
	6601 确认收入

注：1. 预算指标核算科目，应根据政府收支分类科目以及项目，通过辅助核算要素进行明细核算。

2. 在核销提前安排类科目要素不一致时采用反向冲销法核算；其他反向业务均采用红字冲销法以负数核算。

3. 460106 财政专户管理资金收入（教育收费）科目由地方根据各自管理模式决定是否启用。如果财政专户管理资金（教育收费）视同财政资金管理则使用财政资金预算指标核算科目体系，如果视同单位资金管理则使用本科目。

第三章 预算指标核算科目说明

财政资金预算指标核算科目使用说明

一、指标来源类

1001 政府支出预算

一、本科目核算上级财政部门提前下达、人大批准的本级政府支出预算、预算执行中追加追减以及预算调整。本科目一般为借方余额，借方表示政府支出预算增加，借方红字表示政府支出预算减少，贷方表示核销提前安排类指标、预算调剂时预算减少和生成支出指标，贷方红字表示支出指标收回和收回以前年度存量资金。

二、本科目下应当设置"本级支出预算""补助支出预算""预备费""上解支出""地区间援助支出预算""调出资金""安排预算稳定调节基金""债务还本支出预算""债务转贷支出预算""补充预算周转金""结转下年支出""待分预算"明细科目，进行明细核算。其中"待分预算"明细科目核算收到上级转移支付、收回以前年度存量资金、收回以前年度存量转移支付等未细化落实到部门和地区的政府支出预算。

三、政府支出预算的主要核算处理如下：

（一）收到上级财政部门提前下达的资金，借记本科目，贷记"政府收入预算"科目。

（二）人大批准本级政府年初预算后，确认收支预算时，借记本科目，贷记"政府收入预算"科目。

（三）人大批准本级政府年初预算后，核销本级财力提前下达指标时，借记"本级财力提前下达指标"科目，贷记本科目。

（四）人大批准本级政府年初预算后，核销本级财力年初控制数时，借记"本级财力年初控制数"科目，贷记本科目。

（五）生成支出指标时，借记"待下达指标"科目、"可执行指标"科目，贷记本科目。收回支出指标时，采用红字冲销法以负数核算，借记"待下达指标"科目、"可执行指标"科目，贷记本科目。

（六）增加（减少）预算总支出或调减预算安排的重点支出、上级财政部门追加或追减转移支付预算、增加举借债务数额时，借记本科目，贷记"政府收入预算"科目（调减和追减时采用红字冲销法以负数核算，借记本科目，贷记"政府收入预算"科目）。

（七）政府支出预算调剂收回支出指标时，采用红字冲销法以负数核算，借记"待下达指标"科目、"可执行指标"科目，贷记本科目。政府支出预算调剂时，借记本科目对应明细科目，贷记本科目对应明细科目；重新生成支出指标时，借记"待下达指标"科目、"可执行指标"科目，贷记本科目。

（八）收到上级转移支付未细化落实到部门和地区时，借记本科目下"待分预算"科目，贷记"政府收入预算"科目；将未细化资金落实到部门和地区后，借记本科目对应明细科目，贷记本科目下"待分预算"科目。

（九）收回以前年度下级存量转移支付时，采用红字冲销法以负数核算，借记本科目下"补助支出预算"科目，贷记本科目下"待分预算"科目。

（十）确认调出资金时，借记"确认支付"科目，贷记本科目下"调出资金"科目。

（十一）动支预备费时，借记本科目下对应明细科目，贷记本科目下"预备费"科目。

（十二）增支需动用预算稳定调节基金时，借记本科目，贷记"政府收入预算"科目。

（十三）收回以前年度存量资金时，采用红字冲销法以负数核算，借记"确认支付"科目，贷记本科目下"待分预算"科目。

（十四）年初预算结转下年支出年终确认时，借记"指标结转"科目，贷记本科目。

（十五）根据实际执行数据调整新的平衡关系时，调增时借记本科目，贷记"政府收入预算"科目，调减时采用红字冲销法以负数核算，借记本科目，贷记"政府收入预算"科目。

（十六）年终结算，将超收收入转入预算稳定调节基金时，借记本科目，贷记"政府收入预算"科目；将所有需要确认的支出预算确认支付时，借记"确认支付"科目，贷记本科目。

四、年终结转后，本科目期末无余额。

1002 安排国库集中支付结余

一、本科目核算政府财政部门采用权责发生制列支、预算单位尚未使用的国库集中支付结余指标。本科目为借方余额，借方反映财政部门批准的国库集中支付结余增加，借方红字反映财政收回国库集中支付结余，贷方反映生成支出指标和调剂时国库集中支付结余减少，贷方红字反映收回国库集中支付结余支出指标。

二、安排国库集中支付结余的主要核算处理如下：

（一）国库集中支付结余年初转入，借记本科目，贷记"应付国库集中支付结余"科目。

（二）国库集中支付结余生成支出指标时，借记"可执行指标"科目，贷记本科目；收回国库集中支付结余支出指标时，采用红字冲销法以负数核算，借记"可执行指标"科目，贷记本科目。

（三）国库集中支付结余调剂时，借记本科目对应明细，贷记本科目对应明细。再重新生成支出指标时，借记"可执行指标"科目，贷记本科目。

（四）收回国库集中支付结余时，采用红字冲销法以负数核算，借记本科目，贷记"应付国库集中支付结余"科目。

三、年终结转后，本科目期末无余额。

二、提前安排类

2001 本级财力提前下达指标

一、本科目核算在预算草案未经人大审查和批准前，本级政府使用本级财力提前下达下级政府的转移支付预算指标。本科目为贷方余额，贷方反映本级财力提前下达累计数，借方反映本级财力提前下达指标核销。

二、提前下达指标的主要核算处理如下：

（一）通过本科目提前下达支出指标时，借记"可执行指标"科目，贷记本科目。

（二）人大批准本级年初预算后，核销本级财力提前下达指标时，借记本科目，贷记"政府支出预算"科目。

（三）人大批准的本级年初预算同本级财力提前下达指标要素不一致，先对原可执行指标进行支付更正或资金退回，再进行核销时，采用反向冲销法核算，借记本科目，贷记"可执行指标"科目。

三、核销完成后，本科目无余额。

2002 本级财力年初控制数

一、本科目核算在预算草案未经人大审查和批准前，本级政府通过本级财力提前安排的本级支出。本科目为贷方余额，贷方反映本级财力年初控制数下达累计数，贷方红字反映本级财力年初控制数下达指标收回，借方反映本级财力年初控制数下达指标核销。

二、本级财力年初控制数的主要核算处理如下：

（一）人大批准预算草案前，下达可以提前安排的本级财力年初控制数，借记"可执行指标"科目，贷记本科目。

（二）人大批准年初预算后，核销年初控制数时，借记本科目，贷记"政府支出预算"科目。

（三）人大批准的年初预算同本级财力年初控制下达指标要素不一致，先对原可执行指标进行支付更正或资金退回，再进行核销时，采用反向冲销法核算，借记本科目，贷记"可执行指标"科目。

（四）本级财力年初控制数下达的指标调剂收回可执行指标时采用红字冲销法以负数核算，借记"可执行指标"科目，贷记本科目。

三、核销完成后，本科目无余额。

2003 其他预拨指标

一、本科目核算根据特殊的执行需要和相关预算指标批准为依据，先行预拨资金，后期进行调整，在预算调整批准后应予以核销。本科目为贷方余额，贷方反映其他预拨指标下达累计数，贷方红字反映其他预拨指标下达指标收回，借方反映其他预拨指标核销。

二、其他预拨指标的主要核算处理如下：

（一）通过本科目下达支出指标时，借记"可执行指标"科目，贷记本科目。

（二）核销其他预拨指标时，借记本科目，贷记"政府支出预算"科目。

（三）预算调整批复后同其他预拨指标下达要素不一致，先对原可执行指标进行支付更正或资金退回，再进行核销时，采用反向冲销法核算，借记本科目，贷记"可执行指标"科目。

（四）其他预拨指标调剂收回可执行指标时采用红字冲销法以负数核算，借记"可执行指标"科目，贷记本科目。

三、核销完成后，本科目无余额。

三、结转结余类

3001 结转结余

一、本科目核算确认收入与确认支付相抵后的结转结余。本科目一般为贷方余额，贷方余额反映本年结转结余，表示收大于支，借方余额表示收不抵支。

二、结转结余的主要核算处理如下：

（一）年终将确认收入和确认支付转入结转结余时，借记"确认收入"科目，贷记本科目，贷记"确认支付"科目。

（二）年终结账时，借记本科目，贷记"指标结转"科目、"指标结余"科目。

三、年终结账后，本科目无余额。

四、财力类

4001 政府收入预算

一、本科目核算上级财政部门提前下达、人大批准的本级政府收入预算及收入预算调整。本科目一般为贷方余额，贷方反映收入预算增加；贷方红字反映收入预算减少，借方反映收入预算转入确认收入。借方红字反映收入退库及减少上年结转结余。

二、本科目下应当设置"本级收入预算""补助收入预算""上解收入""地区间援助收入预算""调入资金""动用预算稳定调节基金""债务收入预算""债务转贷收入预算""上年结转收入""上年结余收入"明细科目，进行明细核算。

三、政府收入预算的主要核算处理如下：

（一）收到上级财政部门提前下达的资金，借记"政府支出预算"科目，贷记本科目。同时确认收入，借记本科目，贷记"确认收入"科目。

（二）人大批准本级政府年初预算，批复下达时，借记"政府支出预算"科目，贷记本科目。同时将上年结转结余收入部分确认收入时，借记本科目，贷记"确认收入"科目。

（三）增加预算总支出、上级财政部门追加转移支付、增加举借债务数额时，借记"政府支出预算"科目，贷记本科目。同时将上年结转结余收入确认收入时，借记本科目，贷记"确认收入"科目。减少预算总支出、调减预算安排的重点支出以及上级财政部门追减转移支付时,采用红字冲销法以负数核算,借记"政府支出预算"科目,贷记本科目。调减上年结转结余收入时用红字冲销法核算,借记本科目,贷记"确认收入"科目。

(四)本级预算收入、债务发行收入等实现时,借记本科目,贷记"确认收入"科目。退库或退款时,用红字冲销法以负数核算,借记本科目,贷记"确认收入"科目。

(五)调入资金时,调入方借记本科目,贷记"确认收入"科目。

(六)增支需动用预算稳定调节基金时,借记"政府支出预算"科目,贷记本科目;短收需动用预算稳定调节基金时,借记本科目下对应科目,贷记本科目下"动用预算稳定调节基金"科目。

(七)年终结算,超收收入按规定补充预算稳定调节基金时,借记"政府支出预算"科目,贷记本科目;未确认的收入预算需要转确认收入时,借记本科目,贷记"确认收入"科目。

(八)根据实际执行数据调整新的平衡关系调增时,借记"政府支出预算",贷记本科目,再借记"确认收入"科目,贷记本科目。调减时采用红字冲销法以负数核算,借记"政府支出预算",贷记本科目,再借记"确认收入"科目,贷记本科目。

四、年终结转后,本科目无余额。

4002 应付国库集中支付结余

一、本科目核算政府财政部门采用权责发生制列支、预算单位尚未使用的国库集中支付结余指标。本科目为贷方余额,贷方反映财政部门批准的国库集中支付结余增加。贷方红字反映财政收回国库集中支付结余,借方反映转入确认收入,借方红字反映收回国库集中支付结余后冲销确认收入。

二、应付国库集中支付结余的主要核算处理如下:

(一)国库集中支付结余年初转入时,借记"安排国库集中支付结余"科目,贷记本科目。

(二)国库集中支付结余确认收入时,借记本科目,贷记"确认收入"科目。

(三)收回国库集中支付结余和国库集中支付指标结余时,采用红字冲销法以负数核算,借记"安排国库集中支付结余"科目,贷记本科目,再借记本科目,贷记"确认收入"科目。

三、年终结转后,本科目无余额。

五、支出指标类

5001 待下达指标

一、本科目核算预算执行时根据管理需要,因工资统发、未满足支付条件和未达到支付时间等情况的支出指标。本科目为借方余额,借方反映待下达的支出指标,借方红字反映收回的待下达指标,贷方反映转入可执行指标,贷方红字反映可执行指标转回待下达指标。

二、待下达指标的主要核算处理如下:

(一)政府支出预算生成待下达指标时,借记本科目,贷记"政府支出预算"科目。调减政府支出预算收回支出指标时,采用红字冲销法以负数核算,借记本科目,贷记"政府支出预算"科目。

（二）预算调剂，部门预算指标及转移支付预算指标在不同单位、科目、项目之间调剂和级次间调剂，收回指标时，采用红字冲销法以负数核算，借记本科目，贷记"政府支出预算"科目。

（三）确认下达为可执行指标时，借记"可执行指标"科目，贷记本科目。可执行指标转回待下达指标时，采用红字冲销法以负数核算，借记"可执行指标"科目，贷记本科目。

（四）待下达指标余额转入指标结转或指标结余时，借记"指标结转"科目或"指标结余"科目，贷记本科目。

三、年终结转后，本科目期末无余额。

5002 可执行指标

一、本科目核算可直接执行的支出指标。本科目为借方余额，借方反映可执行的支出指标，借方红字反映收回的可执行指标，贷方反映转入支付申请和可执行指标冻结，贷方红字反映支付申请退回和可执行指标冻结解冻。

二、本科目下应当设置"本级支出指标""补助支出指标""上解支出指标""地区间援助支出指标""债务还本支出指标""债务转贷支出指标"明细科目，进行明细核算。

三、可执行指标的主要核算处理如下：

（一）收到上级提前下达预算指标，生成支出指标时，借记本科目，贷记"政府支出预算"科目。

（二）人大批准预算草案前，提前下达下级支出指标时，借记本科目，贷记"本级财力提前下达指标"科目。

（三）人大批准预算草案前，财政部门下达可以提前安排的年初控制数时，借记本科目，贷记"本级财力年初控制数"科目。

（四）预算批复前，年初控制数下达的可执行指标调剂时，采用红字冲销法以负数核算，借记本科目，贷记"本级财力年初控制数"科目。重新安排生成可执行指标时，借记本科目，贷记"本级财力年初控制数"科目。

（五）政府支出预算生成可执行指标时，借记本科目，贷记"政府支出预算"科目。调减政府支出预算时，采用红字冲销法以负数核算，借记本科目，贷记"政府支出预算"科目。

（六）预算调剂，部门预算指标及转移支付预算指标在不同单位、科目、项目之间调剂和级次间调剂，收回指标时，采用红字冲销法以负数核算，借记本科目，贷记"政府支出预算"科目。

（七）核销年初控制数下达指标、其他预拨指标要素不一致，通过支付更正或资金退回恢复可执行指标后核销时，采用反向冲销法核算，借记"本级财力年初控制数"科目，借记"其他预拨指标"科目，贷记本科目。

（八）追减转移支付预算，上级财政部门收回下级转移支付时，采用红字冲销法以负数核算，借记本科目，贷记"政府支出预算"科目。

（九）接收上级追减转移支付预算，指标已下达给下级财政部门时，采用红字冲销法以负数核算，借记本科目，贷记"政府支出预算"科目；退回已支付资金时，采用红字冲销法以负数核算，借记"支付申请"科目，贷记本科目。

（十）待下达指标确认下达时，借记本科目，贷记"待下达指标"科目；可执行指标转回待下达指标时，采用红字冲销法以负数核算，借记本科目，贷记"待下达指标"科目。

（十一）可执行指标冻结时，借记"可执行指标冻结"科目，贷记本科目；可执行指标冻结解冻时，采用红字冲销法以负数核算，借记"可执行指标冻结"科目，贷记本科目。

（十二）支付申请时，借记"支付申请"科目，贷记本科目。

（十三）当年预算支出资金退回，采用红字冲销法以负数核算，恢复可执行指标余额时，借记"支付申请"科目，贷记本科目。

（十四）上年预拨资金本年确认支付、上级财政代扣事项以及专户管理的粮食风险基金确认支付时，借记"确认支付"，贷记本科目。

（十五）支付更正恢复可执行指标余额时，采用红字冲销法以负数核算，借记"支付申请"科目，贷记本科目；扣减可执行指标余额时，借记"支付申请"科目，贷记本科目。

（十六）存放在财政专户、贷款方直接支付或委托代理银行、转贷银行支付的外贷资金确认支付时，借记"确认支付"科目，贷记本科目，退回时采用红字冲销法以负数核算，借记"确认支付"科目，贷记本科目。

（十七）可执行指标余额转入指标结转或指标结余时，借记"指标结转"科目或"指标结余"科目，贷记本科目。

（十八）年终结算，未确认的可执行指标需要确认支付时，借记"确认支付"科目，贷记本科目。

（十九）权责发生制事项生成支出指标时，借记本科目，贷记"安排国库集中支付结余"科目。

（二十）收回国库集中支付结余支出指标和国库集中支付结余调剂收回支出指标时，采用红字冲销法以负数核算，借记本科目，贷记"安排国库集中支付结余"科目。

（二十一）国库集中支付权责发生制转列支出时，借记"确认支付"科目，贷记本科目。

四、年终结转后，本科目期末无余额。

5003 可执行指标冻结

一、本科目核算可执行指标的冻结。本科目为借方余额，借方反映被冻结的可执行指标，贷方反映解冻的可执行指标。

二、可执行指标冻结的核算处理如下：

（一）可执行指标冻结时，借记本科目，贷记"可执行指标"科目。

（二）可执行指标解冻时，采用红字冲销法以负数核算，借记本科目，贷记"可执行指标"科目。

三、本科目期末无余额。

六、收入类

6001 确认收入

一、本科目核算政府收入预算确认收入。本科目一般为贷方余额，贷方反映实际确认收入，贷方红字反映收入退库、退款和确认上级转移支付负指标，借方反映转入结转结余。

二、确认收入的主要核算处理如下：

（一）收到上级转移支付预算，将政府收入预算确认收入时，借记"政府收入预算"科目，贷记本科目。确认上级转移支付负指标时采用红字冲销法以负数核算，借记"政府收入预算"科目，贷记本科目。

（二）人大批准本级政府年初预算及预算调整后，上年结转收入确认收入时，借记"政府收入预算"科目，贷记本科目。

（三）本级收入、债务收入、债务转贷收入等收入实现时，借记"政府收入预算"科目，贷记本科目。退库或退款时用红字冲销法以负数核算，借记"政府收入预算"科目，贷记本科目。

（四）调入资金时，调入方借记"政府收入预算"科目，贷记本科目。

（五）确认动用预算稳定调节基金时，借记"政府收入预算"科目，贷记本科目。

（六）权责发生制事项年初转入时，借记"应付国库集中支付结余"科目，贷记本科目。

（七）收回国库集中支付结余时，采用红字冲销法以负数核算，借记"应付国库集中支付结余"科目，贷记本科目。

（八）年终结算，未确认的政府收入预算需要确认收入时，借记"政府收入预算"科目，贷记本科目。

（九）根据实际执行数据调整新的平衡关系调增时，借记"政府收入预算"，贷记本科目。调减时采用红字冲销法以负数核算，借记"政府收入预算"，贷记本科目。

（十）结转结余时，确认收入和确认支付转入结转结余，借记本科目，贷记"结转结余"科目、"确认支付"科目。

三、年终结转后，本科目无余额。

七、支付申请类

7001 支付申请

一、本科目核算财政部门和单位的支付申请。本科目为借方余额，借方反映支付申请的累计数，借方红字反映支付申请退回。贷方反映转入确认支付，贷方红字反映确认支付退回。

二、支付申请的主要核算处理如下：

（一）财政部门和单位在执行系统中录入支付申请并保存发送时，借记本科目，贷记"可执行指标"科目。支付申请退回时，采用红字冲销法以负数核算，借记本科目，贷记"可执行指标"科目。

（二）资金实际支付时，借记"确认支付"科目，贷记本科目。

（三）资金退回和支付更正恢复支付申请余额时，采用红字冲销法以负数核算，借记"确认支付"科目，贷记本科目。恢复可执行指标余额时，采用红字冲销法以负数核算，借记本科目，贷记"可执行指标"科目。

三、本科目期末无余额。

八、支付类

8001 确认支付

一、本科目核算预算执行时的确认支付。本科目一般为借方余额，借方反映确认支付累计数，借方红字反映当年及收回存量资金的确认支付，贷方反映转入结转结余。

二、确认支付的主要核算处理如下：

（一）预算执行确认支付时，借记本科目，贷记"支付申请"科目。

（二）上年预拨资金本年确认支付、上级财政代扣事项以及专户管理的粮食风险基金确认支付时，借记本科目，贷记"可执行指标"科目。

（三）当年资金退回和支付更正时，采用红字冲销法以负数核算，借记本科目，贷记"支付申请"科目。

（四）调出资金时，调出方借记本科目，贷记"财政支出预算"科目。

（五）补充预算周转金时，借记本科目，贷记"政府支出预算"科目。

（六）安排预算稳定调节基金时，借记本科目，贷记"政府支出预算"科目。

（七）收回以前年度存量资金、收回以前年度存量转移支付指标、收回国库集中支付结余时，采用红字冲销法以负数核算，借记本科目，贷记"待分预算"科目。

（八）存放在财政专户、贷款方直接支付或委托代理银行、转贷银行支付的外贷资金确认支付时，借记本科目，贷记"可执行指标"科目。退回时采用红字冲销法以负数核算，借记本科目，贷记"可执行指标"科目。

（九）根据年终结算将补助支出、上解支出、调出资金、安排预算稳定调节基金、补充预算周转金转确认支付，借记本科目，贷记"政府支出预算"科目、"可执行指标"科目。

（十）国库集中支付结余权责发生制列支时，借记本科目，贷记"可执行指标"科目。

（十一）根据实际执行数调整新的平衡关系调增时，借记本科目，贷记"政府支出预算"，调减时采用红字冲销法以负数核算，借记本科目，贷记"政府支出预算"。

（十二）结转结余时，借记"确认收入"科目，贷记"结转结余"科目，贷记本科目。

三、年终结转后，本科目无余额。

九、结转核销类

9001 指标结转

一、本科目核算根据预算指标结转结余规定，下年可继续安排使用的指标。本科目一般为借方余额，借方反映结转下年继续使用的指标，贷方反映同结转结余冲销。

二、指标结转的主要核算处理如下：

（一）结转核销时，政府支出预算和支出指标余额转入指标结转，借记本科目，贷记"政府支出预算"科目、"待下达指标"科目、"可执行指标"科目。

（二）年初预算结转下年支出确认时，借记本科目，贷记"政府支出预算"科目。

（三）年终结账时，将本科目与结转结余类科目余额清零，借记"结转结余"科目，贷记本科目。

三、年终结账后，本科目无余额。

9002 指标结余

一、本科目核算根据预算指标结转结余规定转入的指标结余事项。本科目一般为借方余额，借方反映结转指标。贷方反映转入预算稳定调节基金和同结转结余冲销，贷方红字反映收回以前年度权责发生制事项支出指标转入指标结余。

二、指标结余的主要核算处理如下：

（一）结转核销时，统筹收回政府支出预算和支出指标余额转入指标结余，借记本科目，贷记"政府支出预算"科目、"待下达指标"科目、"可执行指标"科目。

（二）收回以前年度国库集中支付结余支出指标转入指标结余时，采用红字冲销法以负数核算，借记"确认支付"科目，贷记本科目。

（三）按预算法规定的相关结余转入预算稳定调节基金，借记"政府支出预算"科目，贷记本科目。

（四）年终结账时，将本科目与结转结余类科目归集，余额清零，借记"结转结余"科目，贷记本科目。

三、年终结账后，本科目无余额。

单位资金预算指标核算科目使用说明

一、单位资金支出预算类

1601 单位资金支出预算

一、本科目核算经财政部门批复的单位资金支出预算及变动。本科目一般为借方余额，借方表示单位资金支出预算增加，借方红字表示单位资金支出预算减少，贷方表示冲销提前安排和生成支出指标，贷方红字表示预算调剂时支出指标收回及收回以前年度存量资金。

二、单位资金支出预算的核算处理如下：

（一）单位资金年初预算批复、调增预算收支时，借记本科目，贷记"单位资金收入预算"科目。调减预算收支时，采用红字冲销法以负数核算，借记本科目，贷记"单位资金收入预算"科目。

（二）核销提前安排类年初控制数时，借记"年初控制数"科目，贷记本科目。

（三）单位资金支出预算生成支出指标时，借记"待下达指标"科目、"可执行指标"科目，贷记本科目。

（四）预算调剂收回支出指标时，采用红字冲销法以负数核算，借"待下达指标"科目、"可执行指标"科目，贷记本科目。预算调剂时，借记本科目（明细），贷记本科目（明细）；重新生成支出指标时，借记"待下达指标"科目、"可执行指标"科目，贷记本科目。

（五）收回以前年度存量资金时，采用红字冲销法以负数核算，借记"确认支付"科目，贷记本科目。

（六）年终结账时，单位资金支出预算转入单位资金结转结余时，借记"指标结转结余"科目，贷记本科目。

三、年终结转后，本科目无余额。

二、提前安排类

2601 年初控制数

一、本科目核算本级预算草案在人大批准前，经财政部门审核确认，单位当年可以提前安排的特定支出。本科目为贷方余额，贷方反映年初控制数下达累计数，借方反映年初控制数下达指标核销数。

二、年初控制数的主要核算处理如下：

（一）单位资金年初预算批复前，确认下达可以提前安排的年初控制数时，借记"可执行指标"科目，贷记本科目。

（二）核销年初控制数时，借记本科目，贷记"单位资金支出预算"科目。

（三）核销年初控制数要素不一致，需通过支付更正或资金退回后进行核销时，采用反向冲销法核算，借记本科目，贷记"可执行指标"科目。

（四）年初控制数下达指标调剂收回可执行指标时，采用红字冲销法以负数核算，借记"可执行指标"，贷记本科目。

三、核销后，本科目无余额。

三、结转结余类

3601 结转结余

一、本科目核算单位资金确认收入与确认支付相抵后的结转结余。本科目一般为贷方余额，贷方反映本年结转结余，表示收大于支，借方余额表示收不抵支。

二、结转结余的主要核算处理如下：

（一）年终转账时，借记"确认收入"科目，贷记本科目，贷记"确认支付"科目。

（二）年终结账时，将本科目余额清零，借记本科目，贷记"指标结转结余"科目。

三、年终结账后，本科目无余额。

四、单位资金收入预算类

4601 单位资金收入预算

一、本科目核算经财政部门批复的单位资金收入预算及变动情况。本科目一般为贷方余额，贷方反映收入预算增加，贷方红字反映相应的收入预算减少，借方反映收入预算转入确认收入累计数，借方红字反映收入退付及减少上年结转结余。

二、本科目下应当设置"事业收入预算""经营收入预算""上级补助收入预算""附属单位上缴收入""结转结余收入""财政专户管理资金收入（教育收费）""其他收入预算"明细科目，进行明细核算。

三、单位资金收入预算的核算处理如下：

（一）单位资金年初预算批复、调增预算收支时，借记"单位资金支出预算"科目，贷记本科目。调减预算收支时，采用红字冲销法以负数核算，借记"单位资金支出预算"科目，贷记本科目。

（二）单位资金确认收入时，借记本科目，贷记"确认收入"科目。收入退付及减少上年结转结余时，采用红字冲销法以负数核算，借记本科目，贷记"确认收入"科目。

（三）单位资金收入预算超收转入单位资金结转结余时，借记"指标结转结余"科目，贷记本科目。

四、年终结转后，本科目无余额。

五、支出指标类

5601 待下达指标

一、本科目核算预算执行时根据管理需要，因工资统发、未满足支付条件和未达到支付时间等情况的支出指标。本科目为借方余额，借方反映待下达的支出指标，借方红字反映收回的待下达指标，贷方反映转入可执行指标，贷方红字反映可执行指标转回为待下达指标。

二、待下达指标的主要核算处理如下：

（一）单位资金支出预算生成待下指标时，借记本科目，贷记"单位资金支出预算"科目。调减单位资金支出预算收回支出指标时，采用红字冲销法以负数核算，借记本科目，贷记"单位资金支出预算"科目。

（二）预算调剂，支出指标在不同科目、项目之间调剂，收回支出指标时，采用红字冲销法以负数核算，借记本科目，贷记"单位资金支出预算"科目。

（三）确认下达为可执行指标时，借记"可执行指标"科目，贷记本科目。可执行指标转回为待下达指标时，采用红字冲销法以负数核算，借记"可执行指标"科目，贷记本科目。

（四）指标结转结余，待下达指标余额转入指标结转结余时，借记"指标结转结余"科目，贷记本科目。

三、年终结转后，本科目期末无余额。

5602 可执行指标

一、本科目核算可执行的单位资金支出指标。本科目为借方余额，借方反映可执行的支出指标，借方红字反映收回的可执行指标，贷方反映转入支付申请或可执行指标冻结，贷方红字反映支付申请退回和可执行指标冻结解冻。

二、可执行指标的主要核算处理如下：

（一）单位资金年初预算批复前，确认可以提前安排的年初控制数时，借记本科目，贷记"年初控制数"科目。

（二）预算批复前，年初控制数下达指标调剂收回支出指标时，采用红字冲销法以负数核算，借记本科目，贷记"年初控制数"科目。重新安排生成可执行指标时，借记本科目，贷记"年初控制数"科目。

（三）单位资金支出预算生成可执行指标时，借记本科目，贷记"单位资金支出预算"科目。

（四）预算调剂，支出指标在不同科目、项目之间调剂，收回支出指标时，采用红字冲销法以负数核算，借记本科目，贷记"单位资金支出预算"科目。重新安排生成支出指标时，借记本科目，贷记"单位资金支出预算"科目。

（五）核销年初控制数下达指标要素不一致，通过支付更正或资金退回恢复可执行指标后核销时，采用反向冲销法核算，借记"年初控制数"科目，贷记本科目。

（六）待下达指标确认下达时，借记本科目，贷记"待下达指标"科目；可执行指标转回为待下达指标时，采用红字冲销法以负数核算，借记本科目，贷记"待下达指标"科目。

（七）可执行指标冻结时，借记"可执行指标冻结"科目，贷记本科目，可执行指标冻结解冻时，采用红字冲销法以负数核算，借记本科目，贷记"可执行指标冻结"科目。

（八）申请支付时，借记"支付申请"科目，贷记本科目。资金退回时，采用红字冲销法以负数核算，借记"支付申请"科目，贷记本科目。

（九）支付更正，恢复可执行指标余额时，采用红字冲销法以负数核算，借记"支付申请"科目，贷记本科目；扣减可执行指标余额时，借记"支付申请"科目，贷记本科目。

（十）结转核销，将本科目借方余额全数转入指标结转结余科目时，借记"指标结转结余"科目，贷记本科目，贷记"单位资金收入预算"科目。

三、本科目期末无余额。

5603 可执行指标冻结

一、本科目核算可执行指标的冻结。本科目为借方余额，借方反映被冻结的可执行指标，贷方反映可执行指标冻结解冻。

二、可执行指标冻结的核算处理如下：

（一）可执行指标冻结时，借记本科目，贷记"可执行指标"科目。

（二）可执行指标冻结解冻时，采用红字冲销法以负数核算，借记本科目，贷记"可执行指标"科目。

三、本科目期末无余额。

六、收入类

6601 确认收入

一、本科目核算单位资金收入预算实际确认收入。本科目一般为贷方余额，贷方反映实际确认收入，贷方红字反映收入退付和收回收入预算，借方反映转入结转结余。

二、确认收入的主要核算处理如下：

（一）确认收入时，借记"单位资金收入预算"科目，贷记本科目。收入退付或收回收入预算时用红字冲销法以负数核算，借记"单位资金收入预算"科目，贷记本科目。

（二）年终结账时，确认支付和确认收入转入结转结余，借记本科目，贷记"结转结余"科目，贷记"确认支付"科目。

三、年终结转后，本科目无余额。

七、支付申请类

7601 支付申请

一、本科目核算发生支付业务时，单位资金的支付申请。本科目为借方余额，借方反映支付申请的累计数，借方红字反映支付申请退回，贷方反映转入确认支付，贷方红字反映退回确认支付时冲销支付申请。

二、支付申请的主要核算处理如下：

（一）申请支付保存发送时，借记本科目，贷记"可执行指标"科目。

（二）资金实际支付时，借记"确认支付"科目，贷记本科目。

（三）资金退回、支付更正，恢复支付申请余额时，采用红字冲销法以负数核算，借记"确认支付"科目，贷记本科目。恢复可执行指标余额时，采用红字冲销法以负数核算，借记本科目，贷记"可执行指标"科目。

三、年终结转后，本科目无余额。

八、支付类

8601 确认支付

一、本科目核算单位资金的实际支付数。本科目一般为借方余额，借方反映确认支付累计数，借方红字反映当年及收回以前年度存量资金的确认支付，贷方反映转入结转结余。

二、确认支付的主要核算处理如下：

（一）确认支付时，借记本科目，贷记"支付申请"科目。资金退回和支付更正时，采用红字冲销法以负数核算，借记本科目，贷记"支付申请"科目。

（二）收回以前年度存量资金时采用红字冲销法以负数核算，借记本科目，贷记"单位资金支出预算"科目。

（三）年终转账，单位资金确认支付和确认收入转入单位资金结转结余时，借记"确认收入"科目，贷记"结转结余"科目，贷记本科目。

三、年终结转后，本科目无余额。

九、结转核销类

9601 指标结转结余

一、本科目核算单位资金收入预算、支出预算、支出指标的结转核销。本科目一般为借方余额，借方反映结转下年继续使用的指标，贷方反映同结转结余冲销。

二、指标结转的主要核算处理如下：

（一）结转核销时，借记本科目，贷记"单位资金支出预算"科目、"单位资金收入预算"科目、"待下达指标"科目、"可执行指标"科目。

（二）年终结账时，将本科目余额清零，借记"结转结余"科目，贷记本科目。

三、年终结账后，本科目无余额。

第四章　预算指标核算要素

序号	要素名称	备注
1	预算年度	
2	财政区划	
3	本级指标文号	
4	预算项目代码	
5	预算单位	
6	资金性质	
7	业务主管处室	
8	指标管理处室	
9	收入分类科目	
10	转移支付支出功能分类科目	
11	支出功能分类科目	
12	政府支出经济分类	
13	部门支出经济分类	
14	指标类型	
15	预算来源	注2
16	是否提前安排	注2
17	接收方财政区划	
18	预算级次	
19	上级指标文号	
20	是否政府采购	
21	支付方式	
22	是否工资统发	
23	直达资金标识	
24	是否科研	
25	是否债务	
26	是否基建	

注：1. 预算指标核算要素和预算管理一体化要素保持一致。
　　2."预算来源"和"是否提前安排"为本次新增要素。代码及明细选项暂定如下，待预算管理一体化要素更新后保持一致：

预算来源：

1. 年初预算
2. 预算调整

3. 预算调剂

是否提前安排:

1. 是

2. 否

第五章　预算指标核算管理业务场景梳理

预算指标核算管理业务场景仅供各级政府财政部门在预算指标核算管理时参考,不得以此作为进行有关经济活动的依据。本章节中的"上级"是指有对下转移支付的中央、省、市、县级政府财政部门,本章节中的"下级"是指接收上级转移支付的省、市、县、乡镇级政府财政部门;本章节中的"金额流向一致"指的是资金支付的收款方和金额同预算指标一致。

一、财政资金

1.1 提前安排支出

1.1.1 提前下达

1. 收到上级提前下达转移支付指标。各级人大审查和批准预算草案前,本级政府财政部门将上级提前下达的转移支付数编入本级预算。

（1）触发记账条件。

本级政府财政部门审核确认。

（2）记账规则。

①登记上级补助收入。

已细化落实到部门和地区的,借记"本级支出预算"科目或"补助支出预算"科目;未细化落实到部门和地区的,借记"待分预算"科目。同时由于本分录已对提前下达登记了收支预算,预算批准后将不再重复登记（包括部门预算中来源为上级补助的部分）。

借：政府支出预算——本级支出预算
　　政府支出预算——补助支出预算
　　政府支出预算——待分预算
　贷：政府收入预算——补助收入预算

②确认收入。

收到上级提前下达转移支付指标完成收支预算登记后,视为政府收入预算已实现。

借：政府收入预算——补助收入预算
　贷：确认收入

（3）控制规则。

记账金额须等于接收的提前下达的指标金额,且所有要素保持一致。

2. 预算批复前未细化落实到部门和地区的部分,细化后向本级预算单位和下级财政分配,乡财县管县级代编预算的,无向下级分配业务,不做相关核算。

（1）触发记账条件。

本级政府财政部门审核确认。

（2）记账规则。

借：政府支出预算——本级支出预算
　　政府支出预算——补助支出预算
　贷：政府支出预算——待分预算

（3）控制规则。

分配金额不得大于登记到"待分预算"科目的金额。

3.完成分配资金的内部审核流程后，登记支出指标。

（1）触发记账条件。

本级政府财政部门审核确认。

（2）记账规则。

借：可执行指标——本级支出指标

　　可执行指标——补助支出指标

　　　贷：政府支出预算——本级支出预算

　　　　　政府支出预算——补助支出预算

（3）控制规则。

"政府支出预算"科目不得出现贷方余额，所有核算要素需保持一致。

4.本级财力提前下达。

各级人大审查和批准预算草案前，本级政府财政部门根据预算法有关规定提前下达下级转移支付指标。"本级财力提前下达指标"科目核算的资金指本级财力提前安排下级使用的部分。

（1）触发记账条件。

本级政府财政部门确认下达。

（2）记账规则。

借：可执行指标——补助支出指标

　　　贷：本级财力提前下达指标

（3）控制规则。

①记账金额及所有要素保持一致。

②提前下达的转移支付应区分年度登记。

1.1.2 本级财力年初控制数

预算草案未经各级人大审查和批准前，本级政府财政部门根据预算法有关规定提前安排的本级支出。"本级财力年初控制数"科目核算的资金指本级财力提前安排本级部门使用的部分。

1.触发记账条件。

本级政府财政部门确认下达。

2.记账规则。

（1）本级财力年初控制数下达指标。

借：可执行指标——本级支出指标

　　可执行指标——债务还本支出指标

　　　贷：本级财力年初控制数

（2）预算批复前，本级财力年初控制数下达的指标调剂时，先收回指标A，再重新安排指标B。收回时采用红字冲销法以负数核算。

借：可执行指标——本级支出指标A　　　　　　　　　　　　红字

　　　贷：本级财力年初控制数A　　　　　　　　　　　　　红字

借：可执行指标——本级支出指标B

　　　贷：本级财力年初控制数B

3.控制规则。

（1）"本级财力年初控制数"科目不得出现借方余额。

（2）"可执行指标"科目不得出现贷方余额。

1.2 预算批复

1.2.1 年初预算批复

人大批准年初预算后，应先扣除收到上级提前下达转移支付，然后将剩余部分确认政府收支年初预算。

1. 触发记账条件。

本级政府财政部门依据人大批准的政府预算批复下达。

2. 记账规则。

借：政府支出预算——本级支出预算
　　政府支出预算——补助支出预算
　　政府支出预算——预备费
　　政府支出预算——上解支出
　　政府支出预算——地区间援助支出预算
　　政府支出预算——调出资金
　　政府支出预算——债务还本支出预算
　　政府支出预算——债务转贷支出预算
　　政府支出预算——补充预算周转金
　　政府支出预算——结转下年支出
　贷：政府收入预算——本级收入预算
　　　政府收入预算——补助收入预算
　　　政府收入预算——上解收入
　　　政府收入预算——地区间援助收入预算
　　　政府收入预算——调入资金
　　　政府收入预算——动用预算稳定调节基金
　　　政府收入预算——债务收入预算
　　　政府收入预算——债务转贷收入预算
　　　政府收入预算——上年结转收入
　　　政府收入预算——上年结余收入

同时确认上年结转结余收入。

借：政府收入预算——上年结转收入
　　政府收入预算——上年结余收入
　贷：确认收入

3. 控制规则。

（1）记账金额须等于人大批准的预算数扣除收到上级提前下达转移支付后的剩余部分。

（2）"动用预算稳定调节基金"科目、"上年结转收入"科目及"上年结余收入"科目记账金额应同总预算会计衔接。

1.2.2 核销本级财力提前下达指标

人大批准年初预算后，核销要素金额一致时，通过"补助支出预算"核销"本级财力提前下达指标"。核销要素金额不一致时，通过"补助支出指标"核销"本级财力提前下达指标"。

1. 触发记账条件。

本级政府财政部门确认核销。

2. 记账规则。

（1）要素金额一致时，通过"补助支出预算"核销。

借：本级财力提前下达指标

　　贷：政府支出预算——补助支出预算

（2）要素金额不一致时，通过"补助支出指标"核销。

借：本级财力提前下达指标

　　贷：可执行指标——补助支出指标

3. 控制规则。

"本级财力提前下达指标"科目核销完成后科目余额应为零。

1.2.3 核销本级财力年初控制数

人大批准年初预算后，核销要素金额一致时，通过"本级支出预算"核销"本级财力年初控制数"。核销要素金额不一致时，通过"本级支出指标"核销"本级财力年初控制数"。

1. 触发记账条件。

本级政府财政部门确认核销。

2. 记账规则。

（1）核销要素金额一致时，通过"本级支出预算"核销。

借：本级财力年初控制数

　　贷：政府支出预算——本级支出预算

（2）如核销要素不一致但金额流向一致时，则需要通过支付更正（见业务场景1.4.6）再用"可执行指标"进行核销；如核销金额小于原可执行指标或金额流向不一致时，如已支付，需要资金退回（见业务场景1.4.7），恢复"可执行指标"再进行核销，如未发生支付，则用"可执行指标"直接进行核销。

借：本级财力年初控制数

　　贷：可执行指标——本级支出指标

3. 控制规则。

（1）用于核销"本级财力年初控制数"科目的"政府支出预算"科目不得出现贷方余额。

（2）"本级财力年初控制数"科目核销完成后科目余额应为零。

1.2.4 生成支出指标

人大批准年初预算并扣减提前下达转移支付，核销完提前安排指标后，生成支出指标。

1. 触发记账条件。

本级政府财政部门依据人大批准的年初预算下达指标。

2. 记账规则。

借：待下达指标

　　可执行指标——本级支出指标

　　可执行指标——补助支出指标

　　可执行指标——上解支出指标

　　可执行指标——地区间援助支出指标

　　可执行指标——债务还本支出指标

　　可执行指标——债务转贷支出指标

贷：政府支出预算——本级支出预算
　　　政府支出预算——补助支出预算
　　　政府支出预算——上解支出预算
　　　政府支出预算——地区间援助支出预算
　　　政府支出预算——债务还本支出预算
　　　政府支出预算——债务转贷支出预算

3. 控制规则。

（1）"政府支出预算"科目不得为贷方余额。

（2）"可执行指标"科目核算控制要素应到最底级。

1.3 预算调整调剂

项目作为部门和单位预算管理的基本单元，预算支出全部以项目形式纳入预算项目库，实施项目全生命周期管理，未纳入预算项目库的项目一律不得安排预算。预算调整调剂需在项目库的支撑下进行。

1.3.1 预算调整

经人大批准，年度执行中预算调整。

1.3.1.1 增加或减少预算总支出

1. 触发记账条件。

本级政府财政部门终审下达。

2. 记账规则。

增加预算总支出时核算如下（减少预算总支出时采用红字冲销法以负数核算）。

（1）增加预算总支出。

借：政府支出预算——本级支出预算
　　　政府支出预算——补助支出预算
　　　政府支出预算——预备费
　　　政府支出预算——上解支出
　　　政府支出预算——地区间援助支出预算
　　　政府支出预算——调出资金
　　　政府支出预算——债务转贷支出预算
　　　政府支出预算——债务还本支出预算
　　　政府支出预算——补充预算周转金
　　　政府支出预算——结转下年支出
　　　政府支出预算——待分预算
　　贷：政府收入预算——本级收入预算
　　　政府收入预算——补助收入预算
　　　政府收入预算——上解收入
　　　政府收入预算——地区间援助收入预算
　　　政府收入预算——调入资金
　　　政府收入预算——动用预算稳定调节基金
　　　政府收入预算——债务收入预算
　　　政府收入预算——债务转贷收入预算
　　　政府收入预算——上年结转收入
　　　政府收入预算——上年结余收入

（2）减少预算总支出。
借：政府支出预算——本级支出预算　　　　　　　　　　　　　　红字
　　政府支出预算——补助支出预算　　　　　　　　　　　　　　红字
　　政府支出预算——预备费　　　　　　　　　　　　　　　　　红字
　　政府支出预算——上解支出　　　　　　　　　　　　　　　　红字
　　政府支出预算——地区间援助支出预算　　　　　　　　　　　红字
　　政府支出预算——调出资金　　　　　　　　　　　　　　　　红字
　　政府支出预算——债务转贷支出预算　　　　　　　　　　　　红字
　　政府支出预算——债务还本支出预算　　　　　　　　　　　　红字
　　政府支出预算——补充预算周转金　　　　　　　　　　　　　红字
　　政府支出预算——结转下年支出　　　　　　　　　　　　　　红字
　　政府支出预算——待分预算　　　　　　　　　　　　　　　　红字
　　贷：政府收入预算——本级收入预算　　　　　　　　　　　　红字
　　　　政府收入预算——补助收入预算　　　　　　　　　　　　红字
　　　　政府收入预算——上解收入　　　　　　　　　　　　　　红字
　　　　政府收入预算——地区间援助收入预算　　　　　　　　　红字
　　　　政府收入预算——调入资金　　　　　　　　　　　　　　红字
　　　　政府收入预算——动用预算稳定调节基金　　　　　　　　红字
　　　　政府收入预算——债务收入预算　　　　　　　　　　　　红字
　　　　政府收入预算——债务转贷收入预算　　　　　　　　　　红字
　　　　政府收入预算——上年结转收入　　　　　　　　　　　　红字
　　　　政府收入预算——上年结余收入　　　　　　　　　　　　红字

（3）如果上年结转结余同年初预算产生差异，同时确认收入（减少上年结转结余时采用红字冲销法以负数核算）。

①增加时。
借：政府收入预算——上年结转收入
　　政府收入预算——上年结余收入
　　贷：确认收入

②减少时。
借：政府收入预算——上年结转收入　　　　　　　　　　　　　　红字
　　政府收入预算——上年结余收入　　　　　　　　　　　　　　红字
　　贷：确认收入　　　　　　　　　　　　　　　　　　　　　　红字

（4）下级财政部门因上级追减转移支付预算调减总支出时，同时以红字冲销法以负数核算冲销确认收入。
借：政府收入预算——补助收入预算　　　　　　　　　　　　　　红字
　　贷：确认收入　　　　　　　　　　　　　　　　　　　　　　红字

3. 控制规则。

减少预算总支出应判断相关支出预算余额是否充足，如果余额不足则不能保存，应先通过预算调剂（见业务场景1.3.2）、资金退回（见业务场景1.4.7）等流程进行要素修正后减少或调减。

1.3.1.2 需要动用预算稳定调节基金

预算执行中，因短收、增支导致收支缺口，需通过动用预算稳定调节基金实现收支平衡。

1. 触发记账条件。

本级政府财政部门确认动用预算稳定调节基金。

2. 记账规则。

①短收时。

借：政府收入预算——本级收入预算
　　政府收入预算——补助收入预算
　　政府收入预算——上解收入
　　政府收入预算——地区间援助收入预算
　　贷：政府收入预算——动用预算稳定调节基金

②增支时。

借：政府支出预算——本级支出预算
　　政府支出预算——补助支出预算
　　政府支出预算——上解支出
　　政府支出预算——地区间援助支出预算
　　政府支出预算——调出资金
　　政府支出预算——债务还本支出预算
　　政府支出预算——债务转贷支出预算
　　政府支出预算——结转下年支出
　　贷：政府收入预算——动用预算稳定调节基金

3. 控制规则。

动用金额不得大于动用前总预算会计中"预算稳定调节基金"科目余额。

1.3.1.3 调减预算安排的重点支出

1. 因短收原因调减。

预算安排的重点支出因当年短收且无法弥补时调减，采用红字冲销法以负数核算。

（1）触发记账条件。

本级财政预算管理机构审核确认。

（2）记账规则。

借：政府支出预算——本级支出预算　　　　　　　　　　　　　　红字
　　政府支出预算——补助支出预算　　　　　　　　　　　　　　红字
　　贷：政府收入预算——本级收入预算　　　　　　　　　　　　红字
　　　　政府收入预算——补助收入预算　　　　　　　　　　　　红字

（3）控制规则。

调减预算安排的重点支出应判断相关支出预算余额是否充足，如果余额不足则不能保存，应先通过预算调剂（见业务场景1.3.2）、资金退回（见业务场景1.4.7）等流程进行要素修正后调减。

2. 因其他原因调减。

预算安排的重点支出因其他原因调减。

（1）触发记账条件。

本级政府财政部门审核确认。

（2）记账规则。

借：政府支出预算——本级支出预算　　　　　　　　　　　　　　红字
　　政府支出预算——补助支出预算　　　　　　　　　　　　　　红字
　　贷：政府支出预算——待分预算　　　　　　　　　　　　　　红字

（3）控制规则。

调减预算安排的重点支出应判断相关支出预算余额是否充足，如果余额不足则不能保存，应先通过预算调剂（见业务场景1.3.2）、资金退回（见业务场景1.4.7.1）等流程进行要素修正后调减。

1.3.1.4 增加举借债务数额

当年新增加地方政府债务按照预算调整的程序报人大审批后。

1. 触发记账条件。

本级政府财政部门完成终审。

2. 记账规则。

（1）省级财政部门。

借：政府支出预算——本级支出预算
　　政府支出预算——债务还本支出预算
　　政府支出预算——债务转贷支出预算
　　贷：政府收入预算——债务收入预算

（2）市级财政部门。

借：政府支出预算——本级支出预算
　　政府支出预算——债务还本支出预算
　　政府支出预算——债务转贷支出预算
　　贷：政府收入预算——债务转贷收入预算

（3）县级财政部门

借：政府支出预算——本级支出预算
　　政府支出预算——债务还本支出预算
　　贷：政府收入预算——债务转贷收入预算

3. 控制规则。

省级财政部门的债务收入不得大于经同级人大批准的预算调整数额。下级的债务转贷收入应与上级的债务转贷支出相衔接。

1.3.1.5 生成支出指标

预算调整完成后，生成支出指标。

1. 触发记账条件。

本级政府财政部门依据人大批准的预算调整方案确认下达。

2. 记账规则。

借：待下达指标
　　可执行指标——本级支出指标
　　可执行指标——补助支出指标
　　可执行指标——上解支出指标
　　可执行指标——地区间援助支出指标
　　可执行指标——债务还本支出指标
　　可执行指标——债务转贷支出指标
　　贷：政府支出预算——本级支出预算
　　　　政府支出预算——补助支出预算
　　　　政府支出预算——上解支出
　　　　政府支出预算——地区间援助支出预算
　　　　政府支出预算——债务还本支出预算
　　　　政府支出预算——债务转贷支出预算

3. 控制规则。

生成支出指标时，判断"政府支出预算"科目借方余额是否充足，如余额不足则不能生成。

1.3.2 预算调剂

1.3.2.1 政府、部门预算调剂

预算调剂是在预算执行中预算总支出不变的情况下，有关支出在预算科目、预算级次或者项目之间变动。一般不得对已确认支付的指标进行调剂，如确需对已确认支付的指标进行调剂，则先进行资金退回，恢复为政府支出预算再进行调剂。

1. 政府、部门预算间调剂。

原来未细化落实到部门和地区的政府支出预算，细化后应在项目库的支撑下调剂到具体的政府支出预算，由政府支出预算生成支出指标。原未生成支出指标的政府支出预算直接调剂。

（1）触发记账条件。

本级政府财政部门终审下达。

（2）记账规则。

借：政府支出预算——本级支出预算 B
　　贷：政府支出预算——待分预算
　　　　政府支出预算——本级支出预算 A

（3）控制规则。

"待分预算"科目及"本级支出预算 A"科目不得出现贷方余额。其他政府支出预算间调剂参照核算。

2. 收回政府、部门预算支出指标。

收回时采用红字冲销法以负数核算，恢复政府支出预算余额。

（1）触发记账条件。

本级政府财政部门终审确认收回支出指标。

（2）记账规则。

借：待下达指标　　　　　　　　　　　　　　　　　　　　红字
　　可执行指标——本级支出指标　　　　　　　　　　　　红字
　　贷：政府支出预算——本级支出预算　　　　　　　　　红字

（3）控制规则。

"待下达指标""可执行指标"科目不得出现贷方余额。调剂之前应校验"待下达指标""可执行指标"科目余额，余额不足时则不能保存，应先通过资金退回（见业务场景1.4.7）等方式进行处理。收回其他支出指标参照核算。

3. 政府、部门预算在不同单位、科目、项目等之间调剂。

需要对已生成支出指标的政府支出预算调剂时，应由财政部门先收回支出指标。未生成支出指标的政府支出预算直接调剂。

（1）触发记账条件。

本级政府财政部门审核确认预算调剂。

（2）记账规则。

借：政府支出预算——本级支出预算 B
　　贷：政府支出预算——本级支出预算 A

（3）控制规则。

调剂之前应校验"政府支出预算"科目余额，余额不足时则不能保存，应先通过资金退回（见业务场景1.4.7.1）等方式进行处理。调剂后，"政府支出预算"科目的借方余额不得小于零。其他政府支出预算调剂参照核算。

4. 政府、部门预算在级次间调剂。

级次间调剂已生成支出指标应由财政部门先收回再安排。未生成支出指标直接调剂。

（1）触发记账条件。

本级政府财政部门审核确认。

（2）记账规则。

借：政府支出预算——补助支出预算

　　贷：政府支出预算——本级支出预算

　　　　政府支出预算——债务转贷支出预算

（3）控制规则。

"本级支出预算""债务转贷支出预算"科目不得出现贷方余额。

5.生成支出指标。

预算调剂完成后，生成支出指标。

（1）触发记账条件。

本级政府财政部门确认下达。

（2）记账规则。

借：待下达指标

　　可执行指标——本级支出指标

　　可执行指标——补助支出指标

　　可执行指标——债务转贷支出指标

　　贷：政府支出预算——本级支出预算

　　　　政府支出预算——补助支出预算

　　　　政府支出预算——债务转贷支出预算

（3）控制规则。

生成支出指标时，判断"政府支出预算"科目借方余额是否充足，如余额不足则不能保存。

1.3.2.2 转移支付预算调剂

转移支付预算调剂是按预算法规定，当年转移支付预算分别在预算科目、预算级次或者项目之间调剂。

1.转移支付待分预算调剂。

（1）触发记账条件。

本级政府财政部门终审下达。

（2）记账规则。

上级部门原来未细化落实到部门和地区的预算，细化后应在项目库的支撑下调剂到具体的补助支出预算。

借：政府支出预算——补助支出预算

　　贷：政府支出预算——待分预算

（3）控制规则。

"待分预算"科目不得出现贷方余额。

2.追加转移支付预算。

预算执行中，地方各级政府因上级政府增加不需要本级政府提供配套资金的专项转移支付而引起的预算支出变化，报告本级人大后，细化落实到部门和地区的借记相关支出预算科目，未细化落实到部门和地区的，借记"待分预算"科目。

（1）触发记账条件。

本级政府财政部门审核确认。

（2）记账规则。

①接收上级追加转移支付预算。

借：政府支出预算——待分预算
　　　政府支出预算——本级支出预算
　　　政府支出预算——补助支出预算
　　贷：政府收入预算——补助收入预算
②同时确认补助收入。
借：政府收入预算——补助收入预算
　　贷：确认收入
③细化落实到部门和地区后，在项目库的支撑下调剂到具体的政府支出预算，由政府支出预算生成可执行指标。
借：政府支出预算——本级支出预算
　　　政府支出预算——补助支出预算
　　贷：政府支出预算——待分预算
（3）控制规则。
记账金额等于上级追加转移支付金额。
3. 追减转移支付预算。
（1）触发记账条件。
本级政府财政部门审核确认。
（2）记账规则。
①收回当年下级转移支付，采用红字冲销法以负数核算，恢复"补助支出预算"科目余额。

借：待下达指标　　　　　　　　　　　　　　　　　　　　红字
　　　可执行指标——补助支出指标　　　　　　　　　　　　红字
　　贷：政府支出预算——补助支出预算　　　　　　　　　　红字

②收回以前年度下级存量转移支付，采用红字冲销法以负数核算，恢复"待分预算"科目余额。收回资金的项目需要继续实施的，应作为新的预算项目，按照预算管理程序重新申请和安排。

借：政府支出预算——补助支出预算　　　　　　　　　　　红字
　　贷：政府支出预算——待分预算　　　　　　　　　　　红字

（3）控制规则。
①调剂后，"可执行指标"科目不得出现贷方余额。
②接收追减转移支付预算时"待分预算"科目可以为负数。
4. 转移支付预算指标在不同地区、科目、项目等之间调剂。
（1）触发记账条件。
本级政府财政部门完成终审确认调剂。
（2）记账规则。
借：政府支出预算——补助支出预算 B
　　贷：政府支出预算——补助支出预算 A
（3）控制规则。
"政府支出预算"科目余额不足时则不能保存。如已生成支出指标，应由财政部门先收回支出指标（见业务场景 1.3.2.2—1.3.2.3），再进行调剂。
5. 转移支付预算级次间调剂。
（1）触发记账条件。
本级财政预算管理机构审核确认。
（2）记账规则。

借：政府支出预算——本级支出预算
　　　政府支出预算——债务还本支出预算
　　贷：政府支出预算——补助支出预算

（3）控制规则。

"本级支出预算""债务还本支出预算"科目应小于等于对应的"补助支出预算"科目。级次间调剂如已生成支出指标的，应由财政部门先收回"补助支出指标"（见业务场景1.3.2.2—1.3.2.3）再调剂。

6. 生成支出指标。

预算调剂完成后，生成支出指标。

（1）触发记账条件。

本级政府财政部门确认下达。

（2）记账规则。

借：待下达指标
　　　可执行指标——本级支出指标
　　　可执行指标——补助支出指标
　　　可执行指标——债务还本支出指标
　　贷：政府支出预算——本级支出预算
　　　　政府支出预算——补助支出预算
　　　　政府支出预算——债务还本支出预算

（3）控制规则。

生成指标时，判断"政府支出预算"科目借方余额是否充足，如余额不足则不能保存。

1.3.2.3. 动支预备费

经本级政府批准动支预备费。

（1）触发条件。

本级政府财政部门报经本级政府同意确认动支预备费。

（2）记账规则。

①动支预备费

借：政府支出预算——本级支出预算
　　　政府支出预算——补助支出预算
　　　政府支出预算——地区间援助支出预算
　　贷：政府支出预算——预备费

②生成支出指标。

借：可执行指标——本级支出指标
　　　可执行指标——补助支出指标
　　　可执行指标——地区间援助支出指标
　　贷：政府支出预算——本级支出预算
　　　　政府支出预算——补助支出预算
　　　　政府支出预算——地区间援助支出预算

（3）控制规则。

"预备费"科目不得出现贷方余额。

1.3.3 其他预拨指标

1. 其他预拨指标下达。

其他预拨指标核算根据特殊的执行需要和相关预算指标批准为依据，先行预拨资金，通过预算调整调剂予以核销。

（1）触发记账条件。
本级政府财政部门审核确认下达。
（2）记账规则。
①其他预拨指标下达。
借：可执行指标——本级支出指标
　　可执行指标——补助支出指标
　　可执行指标——债务还本支出指标
　　可执行指标——地区间援助支出指标
贷：其他预拨指标

②调整预算未批准前，需要对其他预拨指标进行调剂的，先通过红字冲销法以负数核算收回指标A，再重新安排指标B。

借：可执行指标——本级支出指标A　　　　　　　　　　　　红字
　　可执行指标——补助支出指标A　　　　　　　　　　　　红字
　　可执行指标——债务还本支出指标A　　　　　　　　　　红字
　　可执行指标——地区间援助支出指标A　　　　　　　　　红字
　贷：其他预拨指标A　　　　　　　　　　　　　　　　　　红字
借：可执行指标——本级支出指标B
　　可执行指标——补助支出指标B
　　可执行指标——债务还本支出指标B
　　可执行指标——地区间援助支出指标B
　贷：其他预拨指标B

（3）控制规则。
①"其他预拨指标"科目不得出现借方余额。
②"可执行指标B"应小于等于"可执行指标A"。

2. 核销其他预拨指标。
1. 触发记账条件。
本级政府财政部门终审确认其他预拨指标核销。
2. 记账规则。
（1）要素金额一致时用"政府支出预算"直接核销。
借：其他预拨指标
　贷：政府支出预算——本级支出预算
　　　政府支出预算——补助支出预算

（2）超出批复金额或要素不一致时应先进行资金退回恢复"可执行指标"（见业务场景1.4.7）后进行核销。
借：其他预拨指标
　贷：可执行指标——本级支出指标
　　　可执行指标——补助支出指标

3. 控制规则。
用于核销其他预拨指标的预算指标明细金额须保持一致，核销完"其他预拨指标"科目余额为零。

1.4 预算执行

1.4.1 待下达指标确认下达

预算执行时根据管理需要，对工资统发需要、未满足支付条件和未达到支付时间等情况的"待下达指标"确认下达。"可执行指标"转回"待下达指标"时采用红字冲销法以负数核算。

1. 触发记账条件。

本级政府财政部门确认。

2. 记账规则。

（1）确认下达时。

借：可执行指标——本级支出指标
　　可执行指标——补助支出指标
　　可执行指标——上解支出指标
　　可执行指标——地区间援助支出指标
　　可执行指标——债务还本支出指标
　　可执行指标——债务转贷支出指标
　　贷：待下达指标

（2）可执行指标转回待下达指标时。

借：可执行指标——本级支出指标　　　　　　　　　　　　　　　红字
　　可执行指标——补助支出指标　　　　　　　　　　　　　　　红字
　　可执行指标——上解支出指标　　　　　　　　　　　　　　　红字
　　可执行指标——地区间援助支出指标　　　　　　　　　　　　红字
　　可执行指标——债务还本支出指标　　　　　　　　　　　　　红字
　　可执行指标——债务转贷支出指标　　　　　　　　　　　　　红字
　　贷：待下达指标　　　　　　　　　　　　　　　　　　　　　红字

3. 控制规则。

（1）"可执行指标"科目应与对应的"待下达指标"科目保持一样的要素，"待下达指标"科目不得出现贷方余额。

（2）"可执行指标"科目转回"待下达指标"科目时，"可执行指标"科目不得出现贷方余额。

1.4.2 可执行指标冻结

本级政府财政部门根据管理需要对"可执行指标"进行冻结。冻结指标恢复为"可执行指标"时，采用红字冲销法以负数核算。

1. 触发记账条件。

本级政府财政部门确认可执行指标冻结。

2. 记账规则。

①可执行指标冻结时。

借：可执行指标冻结
　　贷：可执行指标

②冻结指标恢复为可执行指标时。

借：可执行指标冻结　　　　　　　　　　　　　　　　　　　　红字
　　贷：可执行指标　　　　　　　　　　　　　　　　　　　　红字

3. 控制规则。

（1）"可执行指标冻结"科目应与对应的"可执行指标"科目保持一样的要素，"可执行指标"科目不得出现贷方余额。

（2）冻结指标恢复"可执行指标"科目时，"可执行指标冻结"科目不得出现贷方余额。

1.4.3 财政部门、单位支付申请
1. 触发记账条件。
各级政府财政部门、单位发起支付申请并保存发送。
2. 记账规则。
借：支付申请
　　贷：可执行指标——本级支出指标
　　　　可执行指标——补助支出指标
　　　　可执行指标——上解支出指标
　　　　可执行指标——地区间援助支出指标
　　　　可执行指标——债务还本支出指标
　　　　可执行指标——债务转贷支出指标
3. 控制规则。
"可执行指标"科目不得出现贷方余额。
1.4.4 财政部门、单位支付申请退回
支付申请退回时采用红字冲销法以负数核算。
1. 触发记账条件。
支付申请信息不满足支付条件银行退回支付凭证。
2. 记账规则。

借：支付申请	红字
贷：可执行指标——本级支出指标	红字
可执行指标——补助支出指标	红字
可执行指标——上解支出指标	红字
可执行指标——地区间援助支出指标	红字
可执行指标——债务还本支出指标	红字
可执行指标——债务转贷支出指标	红字

3. 控制规则。
"支付申请"科目不得出现贷方余额。
1.4.5 确认支付
1. 触发记账条件。
同总预算会计记账条件保持一致。
2. 记账规则。
①支付申请确认支付。
借：确认支付
　　贷：支付申请
②上年预拨本年资金、上级财政代扣事项以及专户管理的粮食风险基金等确认支付。
借：确认支付
　　贷：可执行指标——本级支出指标
3. 控制规则。
（1）"支付申请"科目不得出现贷方余额。
（2）上年预拨本年资金、上级财政代扣事项以及专户管理的粮食风险基金等确认支付，应同总预算会计账衔接。
1.4.6 支付更正
当金额流向一致，指标要素不正确时，通过支付更正业务用正确的可执行指标进行更正。

1. 触发记账条件。
单位发起支付更正申请，本级政府财政部门审核确认。
2. 记账规则。
（1）恢复可执行指标 A 余额，采用红字冲销法以负数核算。
借：确认支付 A   红字
　　贷：支付申请 A   红字
借：支付申请 A   红字
　　贷：可执行指标 A   红字
（2）扣减可执行指标 B 余额。
借：支付申请 B
　　贷：可执行指标 B
借：确认支付 B
　　贷：支付申请 B
3. 控制规则。
（1）支付更正前，必须有正确的"可执行指标 B"。
（2）通过"确认支付"科目和"支付申请"科目控制可以申请更正的最大金额，更正后扣减新的"可执行指标"，恢复原"可执行指标"。更正后，"可执行指标"科目不得出现贷方余额。
（3）资金流向和支付金额不变。

1.4.7 资金退回
1.4.7.1 当年资金退回
1. 触发记账条件。
依据集中支付代理银行凭证回单登记或人民银行凭证回单登记。
2. 记账规则。
（1）当年预算支出资金退回时，采用红字冲销法以负数核算，恢复支付申请余额。
借：确认支付   红字
　　贷：支付申请   红字
（2）恢复可执行指标余额，采用红字冲销法以负数核算。
借：支付申请   红字
　　贷：可执行指标——本级支出指标   红字
　　　　可执行指标——补助支出指标   红字
　　　　可执行指标——上解支出指标   红字
　　　　可执行指标——地区间援助支出指标   红字
　　　　可执行指标——债务还本支出指标   红字
　　　　可执行指标——债务转贷支出指标   红字
3. 控制规则。
应同总预算会计账衔接。

1.4.7.2 收回以前年度存量资金
收回以前年度存量资金如采用冲减当年支出的核算方式时，通过红字冲销法以负数核算，恢复待分预算余额。收回资金的项目需要继续实施的，应作为新的预算项目，按照预算管理程序重新申请和安排。
1. 触发记账条件。
同总预算会计入账条件保持一致。

2. 记账规则。
借：确认支付   红字
　　贷：政府支出预算——待分预算   红字
3. 控制规则。
收回以前年度存量资金时，应同总预算会计账衔接。如当年预算支出不够冲销，则冲销完后"确认支付"科目可出现贷方余额。

1.4.8 确认收入
1.4.8.1 本级税收、非税等收入入（退）库
退库采用红字冲销法以负数核算。
1. 触发记账条件。
金库入账、总预算会计确认入账。
2. 记账规则。
（1）入库时
借：政府收入预算——本级收入预算
　　贷：确认收入
（2）退库时
借：政府收入预算——本级收入预算   红字
　　贷：确认收入   红字
3. 控制规则。
要素、金额应同总预算会计账衔接。

1.4.8.2 债务发行收入入库（仅限中央和省本级）
1. 触发记账条件。
金库入账、总预算会计确认入账。
2. 记账规则。
借：政府收入预算——债务收入预算
　　贷：确认收入
3. 控制规则。
要素、金额应同总预算会计账衔接。

1.4.8.3 确认债务转贷收入
1. 触发记账条件。
总预算会计确认入账。
2. 记账规则。
借：政府收入预算——债务转贷收入
　　贷：确认收入
3. 控制规则。
要素、金额应同总预算会计账衔接。

1.4.8.4 确认动用预算稳定调节基金
1. 触发记账条件。
总预算会计确认入账。
2. 记账规则。
借：政府收入预算——动用预算稳定调节基金
　　贷：确认收入
3. 控制规则。
要素、金额应同总预算会计账衔接。

1.4.8.5 上解收入、地区间援助收入确认收入

1. 触发记账条件。

总预算会计确认入账。

2. 记账规则。

借：政府收入预算——上解收入
　　政府收入预算——地区间援助收入预算
　　贷：确认收入

3. 控制规则。

应同总预算会计账衔接。

1.4.9 调出调入资金

1. 触发记账条件。

本级政府财政部门确认调入资金（含其他调入）。

2. 记账规则。

（1）调出方

借：确认支付
　　贷：政府支出预算——调出资金

（2）调入方

借：政府收入预算——调入资金
　　贷：确认收入

3. 控制规则。

（1）调入方记账金额需大于等于调出方调出金额。如三本预算间资金调入调出，调入方记账金额需与调出方记账金额保持一致。

（2）记账金额同总预算会计账衔接。

1.5 年终事项

1.5.1 指标结转

根据预算安排将下年需按原用途继续使用的"政府支出预算"和"支出指标"进行结转，结转到"指标结转"科目。

1. 触发记账条件。

本级政府财政部门确认指标结转。

2. 记账规则。

借：指标结转
　　贷：政府支出预算——本级支出预算
　　　　政府支出预算——补助支出预算
　　　　政府支出预算——债务转贷支出预算
　　　　政府支出预算——待分预算
　　　　待下达指标
　　　　可执行指标——本级支出指标
　　　　可执行指标——补助支出指标
　　　　可执行指标——债务转贷支出指标

3. 控制规则。

结转后，"支出指标"科目和"政府支出预算"科目不能为贷方余额。

1.5.2 指标结余

统筹收回"政府支出预算"科目余额和"支出指标"科目余额转入"指标结余"科目，按照相关法律法规规定年终将"指标结余"科目余额转入预算稳定调节基金。

1. 触发记账条件。
本级政府财政部门确认指标结余。
2. 记账规则。
借：指标结余
　　贷：政府支出预算——本级支出预算
　　　　政府支出预算——补助支出预算
　　　　政府支出预算——上解支出
　　　　政府支出预算——待分预算
　　　　待下达指标
　　　　可执行指标——本级支出指标
　　　　可执行指标——补助支出指标
　　　　可执行指标——上解支出指标
3. 控制规则。
（1）指标结转结余后，"支出指标"科目和"待分预算"科目余额为零。
（2）一般公共预算指标结余转入预算稳定调节基金后，科目余额为零。
（3）政府性基金预算和国有资本经营预算指标结余按相关规定处理。

1.5.3 确认补充预算周转金
1. 触发记账条件。
本级政府财政部门确认补充预算周转金。
2. 记账规则。
借：确认支付
　　贷：政府支出预算——补充预算周转金
3. 控制规则。
预算周转金按预算法实施条例规定不得超过本级一般公共预算支出总额的1%。

1.5.4 确认结转下年支出
1. 触发记账条件。
年终本级政府财政部门对年初预算"结转下年支出"确认指标结转。
2. 记账规则。
借：指标结转
　　贷：政府支出预算——结转下年支出（年初预算）
3. 控制规则。
同总预算会计账保持一致。

1.5.5 年终结算
1. 触发记账条件。
预算年度终了，本级政府财政部门对上下级财政办理年终结算事项。
2. 记账规则。
（1）按预算法规定的相关结余转入安排预算稳定调节基金。
借：政府支出预算——安排预算稳定调节基金
　　贷：指标结余
（2）未使用完毕的预备费安排预算稳定调节基金。
借：政府支出预算——安排预算稳定调节基金
　　贷：政府支出预算——预备费
（3）年终结算根据预算法规定将对应的超收收入弥补赤字后转入预算稳定调节基金。

借：政府支出预算——安排预算稳定调节基金
　　贷：政府收入预算——本级收入预算
（4）根据年终结算将未确认的补助支出、上解支出和调出资金、安排预算稳定调节基金转确认支付。
借：确认支付
　　贷：政府支出预算——补助支出预算
　　　　政府支出预算——上解支出
　　　　政府支出预算——调出资金
　　　　政府支出预算——安排预算稳定调节基金
　　　　可执行指标——补助支出指标
　　　　可执行指标——上解支出指标
（5）根据年终结算将未确认的补助收入、上解收入和调入资金转确认收入。
借：政府收入预算——补助收入预算
　　政府收入预算——上解收入
　　政府收入预算——调入资金
　　贷：确认收入

3. 控制规则。
（1）与年终结算平衡表保持一致，并同总预算会计账衔接。
（2）"政府支出预算"科目、"可执行指标"科目不得出现贷方余额。

1.5.6 根据实际执行数据调整新的平衡关系

1. 触发记账条件。
本级政府财政部门根据实际执行数调整预算平衡。

2. 记账规则。
（1）增加收支预算。
借：政府支出预算——本级支出预算
　　政府支出预算——补助支出预算
　　政府支出预算——预备费
　　政府支出预算——上解支出
　　政府支出预算——地区间援助支出预算
　　政府支出预算——调出资金
　　政府支出预算——安排预算稳定调节基金
　　政府支出预算——债务还本支出预算
　　政府支出预算——债务转贷支出预算
　　政府支出预算——补充预算周转金
　　政府支出预算——结转下年支出
　　贷：政府收入预算——补助收入预算
　　　　政府收入预算——上解收入
　　　　政府收入预算——地区间援助收入预算
　　　　政府收入预算——调入资金
　　　　政府收入预算——动用预算稳定调节基金
　　　　政府收入预算——上年结转收入
　　　　政府收入预算——上年结余收入
（2）减少收支预算采用红字冲销法以负数核算。

借：政府支出预算——本级支出预算　　　　　　　　　　　　　红字
　　　政府支出预算——补助支出预算　　　　　　　　　　　　　红字
　　　政府支出预算——预备费　　　　　　　　　　　　　　　　红字
　　　政府支出预算——上解支出　　　　　　　　　　　　　　　红字
　　　政府支出预算——地区间援助支出预算　　　　　　　　　　红字
　　　政府支出预算——调出资金　　　　　　　　　　　　　　　红字
　　　政府支出预算——安排预算稳定调节基金　　　　　　　　　红字
　　　政府支出预算——债务还本支出预算　　　　　　　　　　　红字
　　　政府支出预算——债务转贷支出预算　　　　　　　　　　　红字
　　　政府支出预算——补充预算周转金　　　　　　　　　　　　红字
　　　政府支出预算——结转下年支出　　　　　　　　　　　　　红字
　　　贷：政府收入预算——补助收入预算　　　　　　　　　　　红字
　　　　　政府收入预算——上解收入　　　　　　　　　　　　　红字
　　　　　政府收入预算——地区间援助收入预算　　　　　　　　红字
　　　　　政府收入预算——调入资金　　　　　　　　　　　　　红字
　　　　　政府收入预算——动用预算稳定调节基金　　　　　　　红字
　　　　　政府收入预算——上年结转收入　　　　　　　　　　　红字
　　　　　政府收入预算——上年结余收入　　　　　　　　　　　红字

（3）确认支付。

借：确认支付
　　　贷：政府支出预算——本级支出预算
　　　　　政府支出预算——补助支出预算
　　　　　政府支出预算——预备费
　　　　　政府支出预算——上解支出
　　　　　政府支出预算——地区间援助支出预算
　　　　　政府支出预算——调出资金
　　　　　政府支出预算——安排预算稳定调节基金
　　　　　政府支出预算——债务还本支出预算
　　　　　政府支出预算——债务转贷支出预算
　　　　　政府支出预算——补充预算周转金

（4）将结转下年支出转入指标结转。

借：指标结转
　　　贷：政府支出预算——结转下年支出

（5）确认收入

借：政府收入预算——本级收入预算
　　政府收入预算——补助收入预算
　　政府收入预算——上解收入
　　政府收入预算——地区间援助收入预算
　　政府收入预算——调入资金
　　政府收入预算——动用预算稳定调节基金
　　政府收入预算——上年结转收入
　　政府收入预算——上年结余收入
　　　贷：确认收入

3. 控制规则。

(1) 根据年末实际执行情况，对预算数据进行调整，达到新的平衡关系，数据应同总预算会计衔接。

(2) 减少预算总支出应判断相关支出预算余额是否充足，如果余额不足则不能保存，应先通过预算调剂（见业务场景 1.3.2）、资金退回（见业务场景 1.4.7.1）等流程进行要素修正后减少或调减。

1.5.7 结转结余

1. 触发记账条件。

年终结算完成后系统自动处理。

2. 记账规则。

收入结转后，将"确认收入"的贷方余额转入"结转结余"科目。支出结转后，将"确认支付"的借方余额转入"结转结余"科目。如果"确认收入"大于"确认支付"，则"结转结余"科目有贷方余额，表示收大于支；如果"确认收入"小于"确认支付"，则"结转结余"科目有借方余额，表示收不抵支。

借：确认收入
　　贷：结转结余
　　　　确认支付

3. 控制规则。

结转完毕后，"确认收入""确认支付"科目余额为零。

1.5.8 年终结账

年终结账，将本年度结转结余类和结转核销类清零，"结转结余"科目的贷方余额表示收大于支的盈余部分。"指标结转"科目和"指标结余"科目的借方余额表示本年未支出需结转至下年支出部分。本分录将两者冲平。

将"指标结转"科目明细转入下年度"上年结转收入"科目，指标结转应等于当年需结转下年的预算加当年需结转下年的指标(不含已经权责发生制列支部分)。

将"指标结余"科目明细转入下年度"上年结余收入"科目。指标结余应等于当年预算结余加当年指标结余（不含转入安排预算稳定调节基金部分）。

1. 触发记账条件。

系统自动处理。

2. 记账规则。

借：结转结余
　　贷：指标结转
　　　　指标结余

3. 控制规则。

年终结账后，所有科目余额为零。

二、单位资金

2.1 年初控制数提前安排支出

部门预算草案未经财政部门审查和批复前，单位可以提前安排的支出。

1. 触发记账条件。

本级政府财政部门终审确认下达。

2. 记账规则。

(1) 单位登记可以提前安排的年初控制数和支出指标。

借：可执行指标
　　贷：年初控制数

（2）预算批复前，年初控制数下达的指标调剂时，先收回指标 A，再重新安排指标 B。收回时采用红字冲销法以负数核算。

借：可执行指标 A   红字
　　贷：年初控制数 A   红字
借：可执行指标 B
　　贷：年初控制数 B

3. 控制规则。

（1）必须是"年初控制数"安排的资金。

（2）记账金额须等于指标金额，且所有要素保持一致。

（3）"可执行指标 B"需小于等于"可执行指标 A"。

2.2 预算批复

2.2.1 年初预算批复

1. 触发记账条件。

本级政府财政部门依据批准的部门预算生成单位资金预算。

2. 记账规则。

借：单位资金支出预算
　　贷：单位资金收入预算

3. 控制规则。

记账金额等于批准金额。

2.2.2 核销年初控制数

1. 触发记账条件。

本级政府财政部门审核确认核销。

2. 记账规则。

（1）核销要素一致，用"单位资金支出预算"直接核销。

借：年初控制数
　　贷：单位资金支出预算

（2）如核销要素不一致但金额流向一致时，则需要通过支付更正（见业务场景2.4.9）再用"可执行指标"进行核销；如核销金额小于原"可执行指标"或金额流向不一致时，如已支付，需要资金退回（见业务场景2.4.7），恢复"可执行指标"再进行核销，如未发生支付，则用"可执行指标"直接进行核销。

借：年初控制数
　　贷：可执行指标

3. 控制规则。

年初控制数不得出现借方余额。

2.2.3 生成支出指标

1. 触发记账条件。

本级政府财政部门确认下达。

2. 记账规则。

借：待下达指标
　　可执行指标
　　贷：单位资金支出预算

3. 控制规则。

"单位资金支出预算"科目不得出现贷方余额。

2.3 预算调整调剂

2.3.1 增加或减少预算收支

1. 触发记账条件。

本级政府财政部门审核确认。

2. 记账规则。

预算批复后，按照有关规定在年度执行中，增加或减少预算收支。（减少预算收支时采用红字冲销法以负数核算）

（1）增加时。

借：单位资金支出预算
　　贷：单位资金收入预算

（2）减少时。

借：单位资金支出预算　　　　　　　　　　　　　　　　　　　　红字
　　贷：单位资金收入预算　　　　　　　　　　　　　　　　　　红字

3. 控制规则。

减少预算支出应判断相关支出预算余额是否充足，如果余额不足则不能保存，应先通过预算调剂（见业务场景2.3.3）、资金退回（见业务场景2.4.7）等流程进行要素修正后减少或调减。

2.3.2 收回单位资金可执行指标

收回时采用红字冲销法以负数核算，恢复单位资金支出预算余额

1. 触发记账条件。

本级政府财政部门审核确认收回指标。

2. 记账规则。

借：待下达指标　　　　　　　　　　　　　　　　　　　　　　红字
　　可执行指标　　　　　　　　　　　　　　　　　　　　　　红字
　　贷：单位资金支出预算　　　　　　　　　　　　　　　　　红字

3. 控制规则。

"可执行指标"不得出现贷方余额。

2.3.3 单位资金预算在项目、科目间调剂

如已生成"支出指标"，则需要先收回"支出指标"（见业务场景2.3.2），再进行调剂。

1. 触发记账条件。

本级政府财政部门审核确认项目、科目间调剂。

2. 记账规则。

借：单位资金支出预算 B
　　贷：单位资金支出预算 A

3. 控制规则。

"单位资金支出预算 A"不得出现贷方余额。

2.3.4 生成支出指标

1. 触发记账条件。

本级政府财政部门审核确认生成指标。

2. 记账规则。

借：待下达指标
　　可执行指标
　　贷：单位资金支出预算

3. 控制规则。

"单位资金支出预算"科目不能出现贷方余额。

2.4 预算执行

2.4.1 待下达指标确认下达

1. 触发记账条件。

本级政府财政部门根据管理需要确认下达,"可执行指标"转回为"待下达指标"时采用红字冲销法以负数核算。

2. 记账规则。

(1)确认下达时

借:可执行指标
　　贷:待下达指标

(2)可执行指标转回为待下达指标时

借:可执行指标　　　　　　　　　　　　　　　　　　　红字
　　贷:待下达指标　　　　　　　　　　　　　　　　　　红字

3. 控制规则。

(1)"可执行指标"应与对应的"待下达指标"保持一样的要素,"待下达指标"科目不得出现贷方余额。

(2)"可执行指标"转回"待下达指标"时,"可执行指标"科目不得出现贷方余额。

2.4.2 可执行指标冻结

1. 触发记账条件。

本级财政部门根据管理需要对可执行指标进行冻结。

2. 记账规则。

(1)可执行指标冻结时。

借:可执行指标冻结
　　贷:可执行指标

(2)冻结指标恢复为可执行指标时,采用红字冲销法以负数核算。

借:可执行指标冻结　　　　　　　　　　　　　　　　　红字
　　贷:可执行指标　　　　　　　　　　　　　　　　　　红字

3. 控制规则。

(1)"可执行指标冻结"应与对应的"可执行指标"保持一样的要素,"可执行指标"科目不得出现贷方余额。

(2)"可执行指标冻结"恢复"可执行指标"时"可执行指标冻结"科目不得出现贷方余额。

2.4.3 单位资金支付申请

1. 触发记账条件。

单位发起支付申请并保存发送。

2. 记账规则。

借:支付申请
　　贷:可执行指标

3. 控制规则。

(1)"可执行指标"不得出现贷方余额。

(2)能否发起支付申请应校验单位自有资金账户余额。

2.4.4 单位资金支付申请退回

1. 触发记账条件。

支付申请信息不满足支付条件银行退回支付凭证。
2. 记账规则。
退回时采用红字冲销法以负数核算。
借：可执行指标   红字
    贷：支付申请   红字
3. 控制规则。
"支付申请"科目不得出现贷方余额。

2.4.5 单位资金确认支付
1. 触发记账条件。
同单位会计核算的入账条件保持一致。
2. 记账规则。
借：确认支付
    贷：支付申请
3. 控制规则。
"支付申请"科目不得出现贷方余额。

2.4.6 单位资金确认收入
1. 触发记账条件。
与单位会计核算条件保持一致。
2. 记账规则。
①确认收入
借：单位资金收入预算
    贷：确认收入
②收入退回时采用红字冲销法以负数核算
借：单位资金收入预算   红字
    贷：确认收入   红字
3. 控制规则。
记账金额与实际发生金额一致。

2.4.7 当年资金退回
1. 触发记账条件。
账户收到资金退回。
2. 记账规则。
采用红字冲销法以负数核算，恢复"可执行指标"余额。
借：确认支付   红字
    贷：支付申请   红字
借：支付申请   红字
    贷：可执行指标   红字
3. 控制规则。
同单位会计核算保持一致。

2.4.8 收回以前年度存量资金
1. 触发记账条件。
账户收到资金退回。
2. 记账规则。
采用红字冲销法以负数核算，恢复"单位资金支出预算"余额。

借：确认支付 红字
　　贷：单位资金支出预算 红字
3. 控制规则。
同单位会计核算保持一致。
2.4.9 支付更正
1. 触发记账条件。
单位发起支付更正申请，本级政府财政部门审核确认。
2. 记账规则。
（1）恢复可执行指标 A 余额，采用红字冲销法以负数核算。
借：确认支付 A 红字
　　贷：支付申请 A 红字
借：支付申请 A 红字
　　贷：可执行指标 A 红字
（2）扣减可执行指标 B 余额。
借：支付申请 B
　　贷：可执行指标 B
借：确认支付 B
　　贷：支付申请 B
3. 控制规则。
（1）通过"确认支付"科目和"支付申请"科目控制可以申请更正的最大金额，更正后扣减新的"可执行指标"，恢复原"可执行指标"。更正后，"可执行指标"科目不得出现贷方余额。
（2）资金流向和支付金额不变。

2.5 年终事项

2.5.1 结转核销

单位资金支出预算、支出指标和收入预算超收转入单位资金结转结余。如单位资金收入短收，先通过预算调整实现收支平衡。

1. 触发记账条件。
单位发起年终决算。
2. 记账规则。
借：指标结转结余
　　贷：单位资金收入预算
　　　　单位资金支出预算
　　　　待下达指标
　　　　可执行指标
3. 控制规则。
"单位资金收入预算"科目、"单位资金支出预算"科目和"支出指标"科目余额应为零。

2.5.2 结转结余

单位资金"确认支付"和"确认收入"转入单位资金"结转结余"。

1. 触发记账条件。
年终决算完成。
2. 记账规则。
借：确认收入
　　贷：结转结余

确认支付

3. 控制规则。

同单位会计核算保持一致。

2.5.3 年终结账

年终结账，将本年度结转结余类和结转核销类清零，有关数据转入下年度"上年结转结余收入"。

指标结转结余等于需结转下年的单位资金支出预算、单位资金收入预算超收部分和需结转下年的支出指标之和。

1. 触发记账条件。

系统自动处理。

2. 记账规则。

借：结转结余
　　贷：指标结转结余

3. 控制规则。

年终结账后，所有科目余额为零。

三、特殊场景

3.1 债券资金管理业务场景

1. 接收上级政府下达的债务限额。

按照预算法规定，各省、自治区、直辖市的政府债务余额不得突破国务院批准的限额。省、自治区、直辖市政府财政部门依照国务院下达的本地区地方政府债务限额，提出本级和转贷给下级政府的债务限额安排方案，报本级政府批准后，将增加举借的债务列入本级预算调整方案，报本级人大批准。因此，接收上级政府下达的债务限额时，不记账。只有当预算调整方案报本级人大批准后方记账。

2. 人大年初审查批准预算草案。

借：政府支出预算——本级支出预算
　　政府支出预算——补助支出预算
　　政府支出预算——债务还本支出预算
　　政府支出预算——债务转贷支出预算
　　贷：政府收入预算——债务收入预算
　　　　政府收入预算——债务转贷收入预算

3. 人大常委会批准预算调整方案。

借：政府支出预算——本级支出预算
　　政府支出预算——补助支出预算
　　政府支出预算——债务还本支出预算
　　政府支出预算——债务转贷支出预算
　　贷：政府收入预算——债务收入预算
　　　　政府收入预算——债务转贷收入预算

4. 登记、下达还本指标。

借：可执行指标——债务还本支出指标
　　贷：政府支出预算——债务还本支出预算

5. 登记、下达转贷指标。

债务发行入库后，按照内部审批程序，并下达转贷支出指标。

借：可执行指标——债务转贷支出指标
　　贷：政府支出预算——债务转贷支出预算

6. 调拨转贷资金。

依据转贷指标调拨资金，由债务管理部门发起支付申请，送国库部门审核。同时，触发预算指标核算记账。

借：支付申请
　　贷：可执行指标——债务转贷支出指标
借：确认支付
　　贷：支付申请

7. 确认债务收入。

通过总预算会计记账触发，记账日期须保持一致。

借：政府收入预算——债务收入预算
　　政府收入预算——债务转贷收入预算
　　贷：确认收入

8. 归还本金、利息、费用。

州市、县区向上级财政还本付息付费时，依据指标办理付款，省本级统一还本付息付费时，州市承担还款责任的部分采取代收代付方式，不进行指标核算。

借：支付申请
　　贷：可执行指标——本级支出指标（利息、费用）
　　　　可执行指标——债务还本支出指标
借：确认支付
　　贷：支付申请

3.2 地方政府主权外贷特殊业务场景

1. 确认收入。

（1）纳入国库集中支付管理的外贷资金在收到外贷收入或转贷收入时记账。

（2）存放在财政专户的政府外贷资金在专户收到外贷或转贷收入，同时总会计收到文件并入账时记账。

（3）贷款方直接支付或委托代理银行、转贷银行支付的外贷资金，在总会计收到文件并入账时记账。

借：政府收入预算——债务收入预算（主权外贷）
　　政府收入预算——债务转贷收入预算（主权外贷）
贷：确认收入

2. 预算执行。

（1）生成可执行指标。

借：可执行指标——本级支出指标
　　可执行指标——补助支出指标
　　可执行指标——债务转贷支出指标（主权外贷）
　　贷：政府支出预算——本级支出预算
　　　　政府支出预算——补助支出预算
　　　　政府支出预算——债务转贷支出预算（主权外贷）

（2）纳入国库集中支付管理的外贷转贷资金支付核算。

①申请支付。

借：支付申请
贷：可执行指标——本级支出指标
　　可执行指标——补助支出指标
　　可执行指标——债务转贷支出指标（主权外贷）

②确认支付。
借：确认支付
　　贷：支付申请

（3）存放在财政专户、贷款方直接支付或委托代理银行、转贷银行支付的外贷资金，在总会计收到文件并入账后记账。
借：确认支付
　　贷：可执行指标——本级支出指标
　　　　可执行指标——补助支出指标
　　　　可执行指标——债务转贷支出指标（主权外贷）

3.汇兑损益。
政府债务外贷财政专户外币余额按期末中国人民银行公布的汇率中间价折算后确认，汇兑损益根据总会计入账确认支付。
借：确认支付
　　贷：可执行指标——本级支出指标

4.资金退回。
（1）已提款未使用的资金退回。
1）当年已提款未使用的资金退回。
项目结束后，已提款但未使用的政府债务外贷资金退回贷款方，属于当年度退回的，冲减债务收入，采用红字冲销法以负数核算。

借：政府收入预算——债务收入预算（主权外贷）　　　　红字
　　　政府收入预算——债务转贷收入预算（主权外贷）　　红字
　　贷：确认收入　　　　　　　　　　　　　　　　　　　红字

2）已提款但未使用的政府债务外贷资金跨年退回。
①属于跨年度退回的，应通过还本支出办理，相应调减债务余额。
a.收回可执行指标，恢复政府支出预算，用红字冲销法以负数核算。

借：可执行指标——本级支出指标　　　　　　　　　　红字
　　　可执行指标——补助支出指标　　　　　　　　　　红字
　　　可执行指标——债务转贷支出指标（主权外贷）　　红字
　　贷：政府支出预算——本级支出预算　　　　　　　　红字
　　　　政府支出预算——补助支出预算　　　　　　　　红字
　　　　政府支出预算——债务转贷支出预算　　　　　　红字

b.将政府支出预算调剂到债务还本支出预算。
借：政府支出预算——债务还本支出预算
　　贷：政府支出预算——本级支出预算
　　　　政府支出预算——补助支出预算
　　　　政府支出预算——债务转贷支出预算

c.生成债务还本支出指标。
借：可执行指标——债务还本支出指标
　　贷：政府支出预算——债务还本支出预算

②纳入国库集中支付的资金退回业务。
借：支付申请
　　贷：可执行指标——债务还本支出指标

借：确认支付
　　贷：支付申请

③存放在财政专户、贷款方直接支付或委托代理银行资金退回的，总会计收到文件并入账。

借：确认支付
　　贷：可执行指标——债务还本支出指标

（2）已拨付资金未通过贷款方审核需要退款的。

已拨付资金未通过贷款方审核需要退回的，应冲减支出后按当年已提款未使用的资金退回场景核算。因汇率影响，由一般公共预算通过预算调整调剂（见业务场景 1.3.1 和 1.3.2）补足。

①纳入国库集中支付管理的先资金退回（见业务场景 1.4.7）。

②存放在财政专户、贷款方直接支付或委托代理银行、转贷银行支付的冲减当年支出，以红字冲销法以负数核算。

借：确认支付	红字
贷：可执行指标——本级支出指标	红字
可执行指标——补助支出指标	红字

③退回支出预算后冲减债务收入。

借：可执行指标——本级支出指标	红字
可执行指标——补助支出指标	红字
贷：政府支出预算——本级支出预算	红字
政府支出预算——补助支出预算	红字
借：政府收入预算——债务收入预算（主权外贷）	红字
政府收入预算——债务转贷收入预算（主权外贷）	红字
贷：确认收入	红字

5. 额度内当年未提款业务。

额度内当年未提款业务政府主权外贷额度不再结转外贷使用，报经省级人民政府批准并报财政部备案后调剂用于当年或以后年度发行新增地方政府一般债券，按调整调剂程序办理。

年末未提款的剩余预算额度用红字冲销法以负数核算，如已生成可执行指标的需先收回可执行指标（参考业务场景 1.3.2.1-2）。

借：政府支出预算——本级支出预算	红字
政府支出预算——补助下级预算	红字
政府支出预算——债务转贷支出预算	红字
贷：政府收入预算——债务收入预算（主权外贷）	红字
政府收入预算——债务转贷收入预算（主权外贷）	红字

3.3 国库集中支付结余

1. 国库集中支付结余年初转入。

（1）触发记账条件。

新的年度开始，本级政府财政部门审核确认，且要素、金额应同上年度衔接。

（2）记账规则。

①年初转入。

列支权责发生制事项批复后转入。

借：安排国库集中支付结余
　　　　贷：应付国库集中支付结余
②生成支出指标。
权责发生制事项转支出指标。
　　借：可执行指标（应付国库集中支付结余）
　　　　贷：安排国库集中支付结余
③权责发生制事项确认收入
　　借：应付国库集中支付结余
　　　　贷：确认收入（应付国库集中支付结余）
指标核算确认收入，总会计账不记收入。
（3）控制规则。
记账金额与上年度权责发生制列支金额保持一致。
2. 国库集中支付结余调剂。
（1）收回国库集中支付结余。
①触发记账条件。
本级政府财政部门审核确认，且科目、要素、金额应与总预算会计账衔接。
②记账规则。
采用红字冲销法以负数核算。
　　借：可执行指标（应付国库集中支付结余）　　　　　　　　　红字
　　　　贷：安排国库集中支付结余　　　　　　　　　　　　　　红字
　　借：安排国库集中支付结余　　　　　　　　　　　　　　　　红字
　　　　贷：应付国库集中支付结余　　　　　　　　　　　　　　红字
　　借：应付国库集中支付结余　　　　　　　　　　　　　　　　红字
　　　　贷：确认收入（应付国库集中支付结余）　　　　　　　　红字
同时增加分录，减列当年确认支出，增列当年待分预算，采用红字冲销法以负数核算，收回资金的项目需要继续实施的，应作为新的预算项目，按照预算管理程序重新申请和安排。核算如下：
　　借：确认支付（当年预算）　　　　　　　　　　　　　　　　红字
　　　　贷：政府支出预算——待分预算　　　　　　　　　　　　红字
③控制规则。
根据"可执行指标"科目余额控制可收回的最大金额。如当年预算支出不够冲销，则冲销完后"确认支付"科目可出现贷方余额。
（2）国库集中支付结余调剂。
①触发记账条件。
本级政府财政部门审核确认。
②记账规则。
　　借：可执行指标A（应付国库集中支付结余）　　　　　　　　红字
　　　　贷：安排国库集中支付结余A（应付国库集中支付结余）　红字
　　借：安排国库集中支付结余B（应付国库集中支付结余）
　　　　贷：安排国库集中支付结余A（应付国库集中支付结余）
　　借：可执行指标B（应付国库集中支付结余）
　　　　贷：安排国库集中支付结余B（应付国库集中支付结余）

③控制规则。

通过"可执行指标"科目余额控制可以调剂的最大金额。

3. 国库集中支付结余执行。

（1）单位支付申请。

①触发记账条件。

单位录入支付申请并保存发送。

②记账规则。

借：支付申请（应付国库集中支付结余）
　　贷：可执行指标（应付国库集中支付结余）

③控制规则。

"可执行指标"科目不能出现贷方余额。

（2）单位支付申请退回。

①触发记账条件。

支付申请信息不满足支付条件银行退回支付凭证。

②记账规则。

借：支付申请（应付国库集中支付结余）　　　　　　　　　红字
　　贷：可执行指标（应付国库集中支付结余）　　　　　　　红字

③控制规则。

"支付申请"科目不得出现贷方余额。

（3）确认支付。

①触发记账条件。

同总预算会计记账条件保持一致。

②记账规则。

借：确认支付（应付国库集中支付结余）
　　贷：支付申请（应付国库集中支付结余）

③控制规则。

通过"支付申请"科目控制可生成"确认支付"科目的最大金额。此处国库集中支付结余指标确认支付在财政总预算会计中不记预算支出。

（4）资金退回。

①触发记账条件。

同总预算会计入账条件保持一致。

②记账规则。

资金退回时，采用红字冲销法以负数核算，恢复"支付申请"科目余额。

借：确认支付（应付国库集中支付结余）　　　　　　　　　红字
　　贷：支付申请（应付国库集中支付结余）　　　　　　　　红字

恢复"可执行指标"科目余额，采用红字冲销法以负数核算。

借：支付申请（应付国库集中支付结余）　　　　　　　　　红字
　　贷：可执行指标（应付国库集中支付结余）　　　　　　　红字

③控制规则。

a. 资金退回时通过"确认支付"科目控制当年可退回资金的最大金额。

b. 资金退回时金额要素同总会计核算保持一致。

（5）支付更正。

①触发记账条件。

单位发起支付更正申请并保存。

②记账规则。

恢复可执行指标 A 余额,采用红字冲销法以负数核算。

借:确认支付(应付国库集中支付结余 A)　　　　　　　　红字
　　贷:支付申请(应付国库集中支付结余 A)　　　　　　　　红字
借:支付申请(应付国库集中支付结余 A)　　　　　　　　红字
　　贷:可执行指标(应付国库集中支付结余 A)　　　　　　　　红字

扣减可执行指标 B 余额。

借:支付申请(应付国库集中支付结余 B)
　　贷:可执行指标(应付国库集中支付结余 B)
借:确认支付(应付国库集中支付结余 B)
　　贷:支付申请(应付国库集中支付结余 B)

③控制规则。

a. 通过"确认支付"科目控制可申请支付更正的最大金额。

b. "可执行指标"科目不得出现贷方余额。

4. 国库集中支付结余年终事项。

(1) 国库集中支付结余权责发生制列支

当年预算形成权责发生制事项,实行权责发生制转列支出。

①触发记账条件。

本级政府财政部门确认权责发生制列支事项。

②记账规则。

借:确认支付(当年预算)
　　贷:可执行指标——本级支出指标(当年预算)

③控制规则。

"可执行指标"科目不得出现贷方余额。

(2) 指标结转。

①触发记账条件。

本级政府财政部门确认结转资金。

②记账规则。

本级"可执行指标(权责发生制事项)"余额转入指标结转。

借:指标结转(应付国库集中支付结余)
　　贷:可执行指标(应付国库集中支付结余)

③控制规则。

权责发生制事项未全部执行完毕的指标,下年需按原用途继续使用(科研项目等)。根据"可执行指标"科目余额进行结转,结转到"指标结转"科目。结转后,"可执行指标"科目为零。除科研项目外,原则上无结余和结转资金。

(3) 可执行指标收回。

①触发记账条件。

本级政府财政部门确认结余资金。

②记账规则。

收回未执行的权责发生制"可执行指标"科目余额,采用红字冲销法以负数核算。

借：可执行指标（应付国库集中支付结余）　　　　　　　　红字
　　贷：安排国库集中支付结余　　　　　　　　　　　　　红字
借：应付国库集中支付结余　　　　　　　　　　　　　　　红字
　　贷：确认收入（应付国库集中支付结余）　　　　　　　红字
借：安排国库集中支付结余　　　　　　　　　　　　　　　红字
　　贷：应付国库集中支付结余　　　　　　　　　　　　　红字

对往年结转到本年的国库集中支付结余，在往年已经列支，在本年末，因不允许再次结转，而转至指标结余后，由于该资金未发生实际支出，需减列本年的预算支出，同时增列当年指标结余。采用红字冲销法以负数核算，账务处理如下：

借：确认支付（当年预算）　　　　　　　　　　　　　　　红字
　　贷：指标结余（当年预算）　　　　　　　　　　　　　红字

③控制规则。

未执行完的"可执行指标"，年末结转到"指标结余"科目，结转后科目为零。

（4）结转结余。

权责发生制事项"确认收入"和"确认支付"转入"结转结余"。

①触发记账条件。

本级政府财政部门确认结转结余资金。

②记账规则。

借：确认收入（应付国库集中支付结余）
　　贷：结转结余（应付国库集中支付结余）

确认支付（应付国库集中支付结余）

③控制规则。

同总预算会计核算保持一致。

（5）年终结账。

年终结账，将国库集中支付结余类和结转核销类清零。

①触发记账条件。

系统自动处理。

②记账规则。

借：结转结余（应付国库集中支付结余）
　　贷：指标结转（应付国库集中支付结余）

③控制规则。

年终结账后，所有科目余额为零。

第六章 报表格式及报表编报说明

××年××（一般公共预算／政府性基金预算／国有资本经营预算）指标核算管理总表（样表）

地区：　　　　　　　　　　　　日期：　　　　　　　　　　　　单位：万元

借方科目	年初预算数	借方发生额	贷方发生额	期末数	贷方科目	年初预算数	借方发生额	贷方发生额	期末数
一、指标来源类					二、提前安排类				
1001 政府支出预算					2001 本级财力提前下达指标				
100101 本级支出预算					2002 本级财力本年初控制数				
100102 补助支出预算					2003 其他预拨指标				
100103 预备费					三、结转结余类				
100104 上解支出					3001 结转结余				
100105 地区间援助支出预算					四、财力类				
100106 调出资金					4001 政府收入预算				
100107 安排预算稳定调节基金					400101 本级收入预算				
100108 债务还本支出预算					400102 补助收入预算				
100109 债务转贷支出预算					400103 上解收入				
100110 补充预算周转金					400104 地区间援助收入预算				
100111 结转下年支出					400105 调入资金				
100199 待分预算					400106 动用预算稳定调节基金				

1002 安排国库集中支付结余	
五、支出指标类	
5001 待下达指标	400107 债务收入预算
5002 可执行指标	400108 债务转贷收入预算
500201 本级支出指标	400109 上年结转收入
500202 补助支出指标	400110 上年结余收入
500206 上解支出指标	4002 应付国库集中支付结余
500203 地区间援助支出指标	六、收入类
500204 债务还本支出指标	6001 确认收入
500205 债务转贷支出指标	
5003 可执行指标冻结	
七、支付申请类	
7001 支付申请	
八、支付类	
8001 确认支付	
九、结转核销类	
9001 指标结转	
9002 指标结余	
合计	合计

××年×× 一般公共预算收入预算变动及执行情况表（样表）

地区：　　　　　　　　　　　日期：　　　　　　　　　　　单位：万元

科目	年初预算数	预算调整数	执行中增加（减少）	执行数（决算数）
本级收入				
税收收入				
增值税				
消费税				
……				
非税收入				
行政性收费				
……				
上级补助收入				
返还性收入				
一般性转移支付收入				
专项转移支付收入				
下级上解收入				
体制上解收入				
专项上解收入				
待偿债置换一般债券上年结余				
上年结转				
上年结余				
调入资金				
从政府性基金预算调入				
从国有资本经营预算调入				
从其他资金调入				
债务收入				
债务转贷收入				
国债转贷收入				
国债转贷资金上年结余				
国债转贷补助数				
动用预算稳定调节基金				
接受其他地区援助收入				
省补助计划单列市收入				
计划单列市上解省收入				
收入总计				

××年××一般公共预算支出预算变动及执行情况表（样表）

地区：
日期：
单位：万元

科目名称	年初预算数	变动项目										变动后预算数	执行数（决算数）	预算结转	安排预算稳定调节基金
		小计	上年结转	上级财力性转移支付增加额用于对下补助	上级共同事权转移支付增加额	上级专项转移支付增加额	债务（转贷）收入（含国债转贷）	动用预算调剂预备费	财力统筹的变动项（包含本年超收、短收安排、上解支付增加额、上级财力性转移支付增加额、调入资金增加额、用预算稳定调节基金）	省补助计划单列市	地区间援助收入				
本级支出															
一般公共预算支出															
一般公共服务支出															
人大事务															
行政运行															
一般行政管理事务															
……															
预备费															
待分预算															
其他支出（类）															
债务付息支出															
债务发行费用支出															
地方政府一般债务还本支出															
调出资金															

(续表)

科目名称	年初预算数	变动项目											变动后预算数	执行数（决算数）	预算结转	安排预算稳定调节基金
		小计	上年结转	上级财力性转移支付增加额用于对下补助	上级共同事权转移支付增加额	上级专项转移支付增加额	债务（转贷）收入（含国债转贷）	动用预备费	预算调剂	财力统筹的变动项（包含本年超收、短收安排、上解财力性转移支付增加额、上级财力资金增加额、调入资金增加额、动用预算稳定调节基金）	省补助计划单列市	地区间援助收入				
补充预算周转金																
国债转贷资金结余																
安排预算稳定调节基金																
援助其他地区支出																
待偿债置换一般债券结余																
结转下年支出																
转移性支出																
补助下级支出																
上级财力补助下级支出																
返还性支出																
一般性转移支付支出																
体制补助支出																
一般公共服务共同财政事权转移支付支出																
……																
专项转移支付支出																

一般公共服务	
……	
本级财力补助下级支出	
返还性支出	
一般性转移支付支出	
体制补助收入	
……	
一般公共服务共同财政事权转移支付收入	
……	
专项转移支付支出	
一般公共服务	
……	
上解上级支出	
体制上解支出	
专项上解支出	
债务转贷支出	
拨付国债转贷资金数	
计划单列市上解省支出	
省补助计划单列市支出	
支出合计	

×× 年 ×× 政府性基金预算收入预算变动及执行情况表(样表)

地区:　　　　　　　　　　　日期:　　　　　　　　　　　单位:万元

科目	年初预算数	预算调整数	执行中增加(减少)	执行数(决算数)
政府性基金预算收入				
政府性基金收入(款)				
专项债券对应项目专项收入				
政府性基金预算上级补助收入				
政府性基金预算下级上解收入				
待偿债置换专项债券上年结余				
政府性基金预算上年结余				
政府性基金预算调入资金				
一般公共预算调入				
其他调入资金				
专项债务收入				
地方政府专项债务转贷收入				
政府性基金预算省补助计划单列市收入				
政府性基金预算计划单列市上解省收入				
收入总计				

×× 年 ×× 政府性基金预算支出预算变动及执行情况表（样表）

地区：　　　　　　　　　　　　　日期：　　　　　　　　　　　　　　　　　　　　　　　　单位：万元

科目名称	年初预算数	变动项目							变动后预算数	执行数（决算数）	安排预算稳定调节基金	年终结余
		小计	上年结转	上级专项转移支付变动额	债务（转贷）收入	本年超短收	预算调剂	上解收入	省补助计划单列市			
政府性基金预算支出												
科学技术支出												
核电站乏燃料处理处置基金支出												
文化旅游体育与传媒支出												
国家电影事业发展专项资金安排的支出												
……												
债务付息支出												
地方政府专项债务付息支出												
债务发行费用支出												
地方政府专项债务发行费用支出												
政府性基金预算调出资金												
其中：调出到预算稳定调节基金												
地方政府专项债务还本支出												
待偿债置换专项债券结余												
结转下年支出												
转移性支出												
政府性基金预算补助下级支出												
政府性基金预算上解上级支出												
债务转贷支出												
政府性基金预算计划单列市上解省支出												
政府性基金预算省补助计划单列市支出												
支出合计												

××年××国有资本经营预算收入预算变动及执行情况表（样表）

地区：　　　　　　　　　　日期：　　　　　　　　　　单位：万元

科目	年初预算数	预算调整数	执行中增加（减少）	执行数（决算数）
国有资本经营预算收入				
非税收入				
国有资本经营收入				
……				
国有资本经营预算上年结余				
国有资本经营预算上级补助收入				
国有资本经营预算下级上解收入				
国有资本经营预算省补助计划单列市收入				
国有资本经营预算计划单列市上解省收入				

××年××国有资本经营预算支出预算变动及执行情况表（样表）

地区：　　　　　　　　　　日期：　　　　　　　　　　单位：万元

科目名称	年初预算数	变动项目							变动后预算数	执行数（决算数）	年终结余
		小计	上年结转	上级专项转移支付变动额	本年超短收	预算调剂	上解收入	省补助计划单列市			
国有资本经营预算支出											
社会保障和就业支出											
补充全国社会保障基金											
国有资本经营预算支出											
解决历史遗留问题及改革成本支出											
……											
国有资本经营预算调出资金											
国有资本经营结转下年支出											
转移性支出											
国有资本经营预算补助下级支出											
国有资本经营预算上解上级支出											
国有资本经营预算省补助计划单列市支出											
国有资本经营预算计划单列市上解省支出											
支出合计											

××年××单位资金指标核算管理总表（样表）

地区：　　　　　　　　　　　　　　　　　　　　日期：　　　　　　　　　　　　　　　　　　　　单位：万元

借方科目	年初预算数	借方发生额	贷方发生额	期末数	贷方科目	年初预算数	借方发生额	贷方发生额	期末数
一、单位资金支出预算类					二、提前安排类				
1601 单位资金支出预算					2601 年初控制数				
五、支出指标类					三、结转结余类				
5601 待下达指标					3601 结转结余				
5602 可执行指标					四、单位资金收入预算类				
5603 可执行指标冻结					4601 单位资金收入预算				
七、支付申请类					460101 事业收入预算				
5601 支付申请					460102 经营收入预算				
八、支付类					460103 上级补助收入预算				
8601 确认支付					460104 附属单位上缴收入				
九、结转核销类					460105 结转结余收入				
9601 指标结转结余					460106 财政专户管理资金收入（教育收费）				
					460199 其他收入预算				
					六、收入类				
					6801 确认收入				
合计					合计				

报表编报说明

预算指标核算报表体系共有八张样表，报表格式固定，编报时不得增加（减少）报表科目，为零值的行不得隐藏过滤，报表通过预算指标核算取数，不得直接从业务数据表中取数。财政部根据管理需要适时调整报表样式。

一、××年××（一般公共预算／政府性基金预算／国有资本经营预算）指标核算管理总表、××年××单位资金指标核算管理总表

本表为预算指标核算管理总表（以下简称总表），包含所有核算的一、二级科目。

（一）本表"年初预算数"栏根据指标核算中本年年初人大批准预算数编报。取自政府收入预算科目和政府支出预算科目中的年初人大批准预算数。

（二）本表的"借方发生数"栏根据各科目核算中的借方发生数编报，红字核算以负数反映。

（三）本表的"贷方发生数"栏根据各科目核算中的贷方发生数编报，红字核算以负数反映。

（四）本表的"期末数"栏根据各科目的余额编报，应等于年初数加上借方发生数减去贷方发生数。

（五）本表的借方科目的"年初数"和"期末数"应等于贷方科目的"年初数"和"期末数"。

（六）预算指标核算发挥着收支平衡和顺逆向控制双向作用，为确保报表逻辑清晰，考虑编报时部分借方科目间和贷方科目间的发生数保持一定的勾稽关系，如可执行指标的贷方发生数等于支付申请的借方发生数，政府收入预算的借方发生数等于确认收入的贷方发生数等。

二、××年××一般公共预算收入预算变动及执行情况表、××年××政府性基金预算收入预算变动及执行情况表、××年××国有资本经营预算收入预算变动及执行情况表

本表全面反映本级政府财政部门的收入预算变动情况。

（一）本表纵向科目分为线上和线下收入两部分，线上部分按功能科目列示，线下部分按实际预算收入事项列示。

（二）本表"年初预算数"列编报本年年初人大批准预算数，应等于总表的政府收入预算的年初数。

（三）本表"预算调整数"列编报本年人大批准的预算调整数。

（四）本表"执行中增加（减少）"列编报在执行过程中不属于年初预算和预算调整的收入预算变动数。（包含但不仅限于地方各级政府因上级政府增加不需要本级政府提供配套资金的专项转移支付而引起的收入预算变化。）

（五）本表"执行数（决算数）"列编报预算指标核算中对应科目的确认收入数。

三、××年××一般公共预算支出预算变动及执行情况表、××年××政府性基金支出预算变动及执行情况表、××年××国有资本经营预算支出预算变动及执行情况表

本表为棋盘式表格，通过纵向要素和横向要素交叉列示全面反映本级政府财政部门的支出预算变动及执行情况。

（一）本表纵向科目分为本级支出和对下转移支付两部分，其中本级又包含线上和线下两部分，按功能科目列示。

（二）本表"年初预算数"列编报本年年初人大批准预算数，应等于总表的政府支出预算科目的年初数。其中对下转移支付部分应等于总表中对应的支出预算科目年初数。

（三）本表的"变动项小计"列编报预算执行中预算变动项数值合计，应等于总表中的政府收入预算的贷方发生数。

（四）变动项目中的"上年结转"列编报执行中因上年结转收入变化通过预算调整增加（减少）的政府支出预算，需明细到具体科目。

（五）变动项目中的"上级财力性转移支付增加额用于对下补助"列编报执行中新增加的上级财力性转移支付增加额用于对下级补助，不含上级财力性转移支付增加额用于本级部分。需明细到对应的转移支付科目。

（六）变动项目中的"上级共同事权转移支付增加额"列编报执行中上级共同事权转移支付收入增加（减少）而调整的政府支出预算，需明细到具体科目。

（七）变动项目中的"上级专项转移支付增加额"列编报执行中上级专项转移支付收入增加（减少）而调整的政府支出预算，需明细到具体科目。

（八）变动项目中的"债务(转贷)收入（含国债转贷）"列编报执行中债务（转贷）收入（含国债转贷）增加（减少）而调整的政府支出预算，需明细到具体科目。

（九）变动项目中的"动用预备费"列编报在执行中动支预备费情况，需在报表行中的预备费中用负数编报，并在对应列的支出明细科目中用正数编报，此列的合计值应为零。

（十）变动项目中的"预算调剂"列编报在执行中科目、项目间调剂及级次间预算调剂。调减用负数编报，调增用正数编报，此列的合计值应为零。

（十一）变动项目中的"财力统筹的变动项（包含本年超收、短收安排、上级财力性转移支付增加额、调入资金增加额、动用预算稳定调节基金、上解收入）"列编报在执行中因财力统筹部分的收入预算变动而调整的政府支出预算，需明细到具体科目。

（十二）变动项目中的"省补助计划单列市"列编报在执行中省补助计划单列市增加（减少）而调整的政府支出预算，需明细到具体科目。

（十三）变动项目中的"地区间援助收入"列编报在执行地区间援助收入增加（减少）而调整的政府支出预算，需明细到具体科目。

（十四）本表"变动后预算数"列编报年初预算数＋变动项目后的净值。

（十五）本表"执行数（决算数）"列编报指标核算中对应科目的确认支付。

（十六）一般公共预算支出预算变动及执行情况表"预算结转"列编报全年预算执行完毕后需结转下年的预算指标。

（十七）本表"安排预算稳定调节基金"列编报年末时相关科目的结余转入安排预算稳定调节基金。

（十八）一般公共预算支出预算变动及执行情况表的"变动后预算数"＝"执行数（决算数）"＋"预算结转"＋"安排预算稳定调节基金"。

（十九）政府性基金支出预算变动及执行情况表、国有资本经营预算变动及执行情况表中的"年终结余"编报全年预算执行完毕后需结转下年的预算结转。

（二十）政府性基金支出预算变动及执行情况表的"变动后预算数"＝"执行数（决算数）"＋"安排预算稳定调节基金"＋"年终结余"；国有资本经营预算变动及执行情况表中的"变动后预算数"＝"执行数（决算数）"＋"年终结余"。

5. 社会保险基金预算绩效管理办法（2022年发布）

（财社〔2022〕65号印发）

第一章 总　则

第一条 为全面实施社会保险基金预算绩效管理，建立科学、合理、规范的预算绩效管理体系，提高社会保险基金管理水平，根据《中华人民共和国预算法》《中华人民共和国社会保险法》《中华人民共和国预算法实施条例》《中共中央　国务院关于全面实施预算绩效管理的意见》等有关规定，制定本办法。

第二条 本办法所称社会保险基金预算绩效管理，是指在社会保险基金预算管理全过程中融入绩效理念和要求，通过合理确定绩效目标、全面实施绩效运行监控、科学开展绩效评价和切实强化结果应用，进一步改善政策实施效果、提升基金使用效益、促进基金精算平衡、防范基金运行风险的预算管理活动。

第三条 社会保险基金预算绩效管理的对象是各项社会保险基金。包括：企业职工基本养老保险基金、城乡居民基本养老保险基金、机关事业单位基本养老保险基金、职工基本医疗保险（含生育保险）基金、城乡居民基本医疗保险基金、工伤保险基金、失业保险基金，以及根据国家法律法规建立并纳入预算管理的其他社会保险基金。

第四条 社会保险基金预算绩效管理的基本原则：

（一）统一领导，分级负责。中央统一领导社会保险基金预算绩效管理，各省（自治区、直辖市，以下统称省）具体负责本省社会保险基金预算绩效管理工作。加强总体设计，按照促进社会保险制度更加公平更可持续的要求，建立目标明确、管理规范、职责清晰的社会保险基金预算绩效管理制度、绩效指标体系和绩效管理系统。

（二）全程管理，全面覆盖。落实全面实施预算绩效管理要求，建立预算编制有目标、预算执行有监控、预算完成有评价、评价结果有应用的社会保险基金预算绩效管理链条，对社会保险基金预算编制、执行、调整、决算、监督实施全程绩效管理，将各项社会保险基金收入、支出、结余全部纳入预算绩效管理范围，实现预算和绩效管理一体化。

（三）突出共性，兼顾个性。绩效管理制度和指标体系适应社会保险基金管理特点。突出各项社会保险基金运行和管理的共性特征，强化预算绩效管理的统一性；兼顾不同社会保险基金项目的差异，体现预算绩效管理的针对性。

（四）激励相容，约束有力。健全绩效管理的激励约束机制，在资金安排或政策调整时注重对绩效评价结果的运用，加强对社会保险基金预算绩效管理工作的考核。

第五条 社会保险基金预算绩效管理由财政部门牵头，社会保险行政部门、社会保险经办机构和税务部门密切配合。财政部门主要负责牵头制定绩效管理办法、绩效评价方案和指标体系，审核并下达绩效目标，组织和指导绩效监控、绩效评价，审定绩效评价报告，反馈和应用绩效评价结果，推进绩效信息公开等工作。社会保险行政部门主要负责绩效目标初审、指导经办机构开展绩效监控和绩效评价、形成并向财政部门报送绩效评价报告、提出绩效评价结果应用建议等工作。社会保险经办机构和税务部门具体负责绩效目标制定、运行监控、绩效自评、结果应用等工作。相关部门要各司其职，形成合力。

第六条 中央层面负责制定全国社会保险基金预算绩效管理制度，推进社会保险基金绩效指标体系和绩效管理信息化建设，审核下达分省区域绩效目标，指导地方开展绩效管理相关工作，适时对各省开展绩效评价。

省级层面负责制定本省区域绩效目标并报中央层面审核后实施或分解下达至统筹地区，负责组织、协调、指导和考核等工作，并开展省级绩效评价。统筹地区具体负责本区域社会保险基金预算绩效目标管理、绩效运行监控、绩效评价和结果应用等工作。企业职工基本养老保险实行全国统筹后，各省绩效管理工作由省级层面承担。

第二章 绩 效 目 标

第七条 制定社会保险基金预算绩效目标要全面贯彻落实党中央、国务院关于社会保险工作的重大决策部署，紧密结合国民经济和社会发展规划及社会保险事业发展相关专项规划等。整体绩效目标由中央层面统一制定。分省区域绩效目标由省级层面制定。分省区域绩效目标制定和调整应按程序报中央层面审核。将绩效目标设置作为社会保险基金预算安排的前置条件。

第八条 社会保险基金预算绩效目标按时间段分为总体目标和年度目标。总体目标主要结合党中央、国务院关于社会保险工作的总体部署，反映未来一定时期内社会保险政策预期实施效果。年度目标是实现总体目标的年度计划任务。

第九条 社会保险基金预算绩效指标是绩效目标的分解和细化，是衡量绩效目标实现程度的具体工具，采取定量与定性相结合的方式设定，涵盖决策、过程、产出、效益等方面。

（一）决策指标主要包括社会保险基金管理相关政策制定和调整完善等方面。

（二）过程指标主要包括社会保险基金管理相关政策执行、基金预算管理、风险防控等方面。

（三）产出指标主要包括基金收入和支出的数量、质量、时效、成本等方面。

（四）效益指标主要包括经济效益、社会效益、可持续发展、满意度等方面。

绩效指标选取应遵循可取、可比、可测、可用原则。

第十条 中央层面在部署社会保险基金预算时，同步下达指导性的社会保险基金预算分省区域绩效目标和指标。社会保险基金预算区域绩效目标的批复按照现行社会保险基金预算批复程序执行。

第三章 绩效运行监控

第十一条 绩效运行监控是在社会保险基金预算执行过程中，对社会保险基金绩效目标实现程度和预算执行进度进行跟踪、分析和监测的日常管理活动。

第十二条 绩效运行监控内容包括：绩效目标完成、预算执行进度、风险防控、财务管理与核算等情况。重点关注社会保险费收入完成、一般公共预算安排的财政补助收入到位、社会保险待遇支付、社会保险基金收支结余等情况。

第十三条 绩效运行监控由统筹地区组织开展，主要采用目标比较法，运用定量分析和定性分析相结合的方式，定期将绩效实现情况与预期绩效目标进行比较分析。绩效监控包括及时性、合规性和有效性监控等。

第十四条 统筹地区要及时纠正绩效监控中发现的问题，改进工作中的薄弱环节，确保绩效目标如期保质保量实现。

第四章 绩效评价、结果反馈及应用

第十五条 绩效评价是在社会保险基金年度预算执行完毕后，按照相关要求，运用科学、合理的绩效评价指标、评价标准和方法，依据设定的绩效目标，对目标实现程度、政策产出效果等进行客观公正的测量、分析和评判，形成评价结果的活动。

第十六条 绩效评价内容主要包括：社会保险基金预算管理工作开展、社会保险基金管理相关政策落实、社会保险基金可持续运行等情况。

第十七条 绩效评价包括统筹地区自评和上级部门绩效评价。统筹地区自评由同级财政部门牵头组织，要注重提高绩效自评质量。省级财政部门牵头组织对省以下统筹地区开展省级绩效评价。条件成熟时，财政部牵头组织开展全国绩效评价。

根据工作需要，绩效评价工作可委托中介机构、专家等第三方具体实施。

统筹地区自评和省级绩效评价采用定量与定性评价相结合的方式，具体评价方法以比较法为主。

第十八条 各统筹地区按要求分险种开展绩效自评工作，并于每年5月底前向省级层面报送上一年度绩效自评报告。各省按要求开展全省绩效评价工作，并于每年7月底前向中央层面报送上一年度本省绩效评价报告。

绩效自评报告和省级绩效评价报告要做到内容完整、数据真实、结果客观，及时发现存在的问题，未完成绩效目标或偏离绩效目标较大时要分析并说明原因，研究提出改进措施。

第十九条 省级层面要结合各统筹地区自评结果开展省级绩效评价，对各统筹地区实际绩效情况进行分析评价，提出有针对性的建议措施，并及时将评价结果反馈相关统筹地区。

第二十条 要强化绩效评价结果应用，将绩效评价结果作为完善社会保险基金管理相关政策、改进管理的重要依据，逐步在资金安排中应用绩效评价结果。对绩效评价中发现的问题要及时整改。

第五章 组 织 实 施

第二十一条 加大社会保险基金绩效信息公开力度，逐步推动社会保险基金预算重要绩效目标、绩效评价结果等绩效信息向同级人大报送并向社会公开，接受人大和社会各界监督。

第二十二条 中央层面按照部门职责开展对各省社会保险基金预算绩效管理工作的考核，建立考核结果通报制度，对预算绩效管理工作成效明显的给予表扬，对工作推进不力的进行约谈并责令限期整改。

第六章 附 则

第二十三条 中央国家机关养老保险管理中心管理的社会保险基金预算绩效管理参照本办法相关规定执行。

第二十四条 各省可根据本办法并结合本省实际情况，制定具体实施办法。

第二十五条 本办法自2023年1月1日起实施。

本办法中社会保险行政部门是指人力资源社会保障行政部门和医疗保障行政部门，社会保险经办机构是指人力资源社会保障经办机构和医疗保障经办机构。

6. 预算评审管理暂行办法（2023年发布）

（财预〔2023〕95号印发）

第一章　总　　则

第一条　为加强部门预算管理，促进预算评审科学化、规范化，提高财政资源配置效率，根据《中华人民共和国预算法》及其实施条例、《国务院关于进一步深化预算管理制度改革的意见》（国发〔2021〕5号）等有关规定，制定本办法。

第二条　本办法所称预算评审，是指各级财政部门对部门预算项目资金需求、支出标准等开展的评审活动，为预算编制、预算绩效管理等提供技术支撑。

第三条　财政部门开展预算评审工作，应遵循以下原则：

（一）依法依规。依据法律法规、政策文件、预算管理制度等开展预算评审，规范评审行为。

（二）科学合理。统筹兼顾经济社会发展水平和财力可能，科学合理分析、评定项目实施必要性、可行性，分析资金需求方案合理性。

（三）客观公正。推进预算评审程序化、规范化、标准化，公平、公正开展评审工作。

（四）绩效导向。落实全面实施预算绩效管理有关要求，与事前绩效评估、绩效目标管理等有效衔接，落实过紧日子要求，促进优化资源配置，提高资金使用效益。

第二章　管 理 职 责

第四条　财政部门的主要职责：

（一）制定本级预算评审业务规范、操作规程等工作规定，完善预算评审制度；

（二）明确本级预算评审项目范围，选取项目开展评审；

（三）负责组织、监督预算评审的具体实施，组织运用评审结果；

（四）指导下级财政部门的预算评审工作。

第五条　评审项目的主管部门、申报单位应积极配合财政部门完成对本部门本单位项目所开展的预算评审工作。

第三章　预算评审范围

第六条　财政部组织对中央部门预算项目开展评审。

（一）优先开展评审的项目。符合以下条件之一的项目，按照"即有即评"原则分批开展评审。

1.项目支出总额较大的项目，指特定目标类项目中资金需求总额在1亿元（含）以上的二级项目。

2.年度资金需求较大的项目，指专项业务费和运转类项目中年度资金需求在1亿元（含）以上的二级项目。同一部门所属单位的相同性质二级项目合计年度资金需求在1亿元（含）以上的，作为一个项目开展评审。

3.专业性强的项目，指特定目标类项目中资金需求总额在1亿元以下5 000万元（含）以上的新设机构开办类、庆典会展类、维修改造及新建楼堂馆所等二级项目。

4. 技术复杂的项目，指特定目标类项目中资金需求总额在1亿元以下2 000万元（含）以上的检验监测类、信息化建设类等二级项目。

（二）随机抽选评审的项目。财政部根据年度预算审核需要，结合预算评审任务情况，从项目库一定范围内随机抽选项目集中评审。对巡视、审计、财会监督、预算绩效管理等发现问题的项目，制定支出标准需要评审的项目和其他确有评审必要性的项目，可以单独安排抽选或提高抽选比例。抽选结果应内部公示。

第七条 地方各级财政部门负责组织对本级各部门预算项目开展评审，重点选取项目支出总额及年度资金需求大、专业性强、技术复杂的项目。具体范围和标准可参考中央财政评审，由地方财政部门自行规定。

第八条 按照节约高效原则，各级财政部门对以下项目原则上无需开展评审，相应不列入优先评审范围和随机抽选范围：

（一）人员类项目和公用经费项目；

（二）已出台政策或文件中明确资金数额的项目；

（三）已开展过预算评审且项目支出总额或年度资金需求未增加的项目；

（四）按同级财政部门规定或认定的支出标准和任务量可直接测算资金需求的项目；

（五）按规定由项目主管部门（指负责专项资金管理并审核相关单位申报项目的部门）负责评审并批复立项、可行性研究报告、任务书等文件的项目；

（六）项目内容敏感、知悉范围有严格限定的项目；

（七）项目支出总额低于同级财政部门规定金额标准的项目；

（八）同级财政部门规定不需评审的其他项目。

第四章　评审内容和方法

第九条 预算评审要将项目的必要性、可行性、完整性、合规性、合理性、经济性以及绩效目标、支出标准等作为重点审核内容，其中延续性项目的评审应当将以前年度的预算执行情况、预算绩效管理情况等作为重要参考。

（一）项目的必要性、可行性、完整性。

1. 必要性。主要是项目立项依据是否充分，项目内容是否与国家有关重大决策部署、法律法规和有关行业政策、发展规划相符；与部门职责衔接是否紧密；与其他项目是否存在交叉重复。

2. 可行性。主要是项目实施方案是否具体可行、任务是否明确、实施条件是否具备，项目预算规模与计划方案、目标任务是否匹配，预期投资进度与预期工作进展是否匹配。

3. 完整性。主要是项目立项是否按规定履行相关程序，内容范围、目标任务、规模标准是否清晰明确，预算申报材料及相关依据资料是否齐全。

（二）预算的合规性、合理性、经济性。

1. 合规性。主要是项目内容是否符合财经法律法规等。

2. 合理性。主要是项目是否与经济社会发展水平、本级财力水平相适应，是否属于本级支出责任，支出内容是否真实，经费测算依据是否充分、方法是否得当等。

3. 经济性。主要是项目实施方案是否落实过紧日子要求，厉行勤俭节约，是否有利于降低成本；资金需求是否按照标准测算，是否精打细算。

（三）绩效目标审核。主要是对绩效目标的完整性、相关性、适当性、可行性、与项目资金需求的匹配性等进行审核。

（四）支出标准审核。主要是对编制预算时使用的支出标准是否适用进行审核。

（五）其他评审侧重点审核。根据项目实施需要，对项目性质、资金来源等情况进行审核。

第十条 围绕项目支出预算评审内容，综合运用政策评估、比较分析、工作量计算、成本效益分析、市场询价、专家咨询、现场核实等方法实施评审。

第十一条 预算评审的依据包括：

（一）国家相关法律、法规；

（二）国民经济和社会发展政策和规划；

（三）财政部门或财政部门会同相关部门出台的资金管理、预算管理、国有资产管理办法等；

（四）部门职能职责、中长期事业发展规划，以及年度工作计划、重点工作安排；

（五）项目立项依据文件，项目实施方案，合同及相关制度文件等；

（六）相关历史数据、行业标准、计划标准、支出标准等；

（七）以前年度预算绩效管理情况；

（八）其他项目相关的依据材料。

第五章 评审组织管理

第十二条 各级财政部门根据预算管理权限和预算评审范围规定，综合考虑事前绩效评估、绩效评价、支出标准制定等任务需求，合理确定预算评审任务，并明确相关项目评审的原则、依据、重点、时限等，下达给评审机构。

第十三条 各级财政部门要统筹安排事前绩效评估和预算评审工作。事前绩效评估已经对项目资金需求出具明确意见的，视为已开展预算评审。

第十四条 开展预算评审的一般程序为：

（一）前期准备。财政部门确定预算评审任务后，通知项目主管部门做好评审准备。项目主管部门和申报单位应当积极配合评审机构，按要求在规定时限内提供相关资料，并对所提供资料的真实性、合法性、完整性负责。

（二）制定方案。评审机构根据评审任务要求制定评审方案。评审方案应包括基本情况、评审重点关注内容、评审方法和依据、评审工作组成员、评审时间及进度安排等。

（三）实施评审。评审机构根据评审方案实施项目评审。评审中加强信息沟通，初步评审结论形成后，应及时反馈给组织评审的财政部门，由财政部门或者财政部门授权评审机构，与项目主管部门或申报单位正式交换意见。评审机构根据有关意见对评审结论进行完善，并出具评审报告。对评审报告存在较大争议或发现评审质量存在严重问题的，由评审机构进行复审或者财政部门选取其他评审机构重新评审。

（四）报告及归档。评审报告应包括基本情况、评审依据、评审结论、问题和建议，如有项目申报单位签署的意见或者需要特殊说明的情况，在报告中一并体现。出具报告后，评审机构应当及时整理评审资料，建立评审档案，将评审要件完整存入档案。

第十五条 各级财政部门应当加强预算评审工作的保密管理，严控涉密项目知悉范围，严格涉密资料使用、保存、复制和销毁管理。

参与涉密项目评审的单位、中介机构、专家需具备国家保密法律法规要求的资质，满足相应场地、人员、设备、档案管理等条件，按照有关规定履行签署保密协议或保密承诺书等保密管理程序。

受委托的中介机构评审人员和评审专家不得对外透露评审工作中涉及的单位和项目相关信息。

第六章 评审机构和专家管理

第十六条 财政部预算评审中心等作为中央财政评审机构，承担财政部预算司组织确定并下达的评审任务，接受财政部部门预算管理司对评审项目相关政策业务的指导。

中央财政评审机构要聚焦客观公正开展评审工作，提升评审专业能力，提高评审工作效率。评审机构原则上在接到评审任务15个工作日内出具评审报告，对于集中下达的评审任务，在接到评审任务45个工作日内出具评审报告。

中央财政评审机构对评审报告负责，按照要求对评审报告进行解释和提供审计等监督部门。财政部部门预算管理司负责运用评审结果，对利用评审结果形成的预算安排予以解释，不得将预算审核主体责任转交评审机构。

第十七条 地方各级财政部门根据机构职能设置情况，可以由财政部门内设机构、具有评审职能的下属单位承担评审任务，或委托有相关资质的中介机构、组织专家等开展评审。地方财政评审机构要提升预算评审能力，严格评审工作纪律，做到客观公正。

第十八条 财政部门或评审机构委托中介机构从事评审的，应当严格按照政府采购、政府购买服务的制度和要求，采取公开招标、邀请招标、竞争性谈判、单一来源采购等方式择优选取专业能力突出、机构管理规范、执业信誉较好的中介机构参与评审工作，向中介机构付费应当符合相关规定。

接受委托的中介机构应当在委托方指导下独立开展评审工作。中介机构与项目申报单位有利益关联关系，或评审项目可能影响中介机构利益的，应主动回避，不得参与相关项目评审。中介机构参与相关项目评审后，不得向项目申报单位承揽设计、造价、招标代理、监理、审计等有利益关联关系的业务。同一中介机构不得接受不同主体委托开展对同一项目的论证、评审等工作。

第十九条 财政部门或评审机构组织专家评审的，应根据工作需要建立预算评审专家库，原则上应从专家库中随机抽取符合相关专业要求的专家开展评审，明确专家遴选、考评、退出等机制。

加强专家参与评审管理，严肃工作纪律和工作要求，接受委托的专家应当客观公正开展工作，对出具的评审意见负责。专家与项目申报单位存在聘用、合作等可能影响评审公正性关系的，应主动回避，不得参与相关项目评审。同一专家不得接受不同主体委托参与对同一项目的论证、评审等工作。

第七章 结果运用

第二十条 各级财政部门应当加强预算评审结果运用，结果运用的方式包括：

（一）将评审结果应用于预算安排。财政部门要将评审结果作为审核预算申请的参考。被评审项目预算安排金额一般不应超过评审结果，确需超出评审结果安排预算的，应由相关部门、财政部门严格论证后，在部门、单位预算审核测算过程中作出重点说明。

（二）提高部门预算编报质量。财政部门根据预算评审中发现的问题，向预算申报部门提出改进预算编制的意见建议。对评审中发现虚报基础数据或资金需求的部门、单位，财政部门可酌情核减部门、单位预算。对预算审减率低、预算申报质量较高的部门、单位，财政部门可在预算安排、绩效考核等方面予以激励。

（三）推进支出标准体系建设。各级财政部门应当结合预算评审，强化对评审数据的积累和有效利用，加强对同类项目评审情况的总结分析，逐步建立共性项目的支出标准和规范，推动工作重心由评审资金需求向制定完善支出标准拓展。

（四）支撑预算绩效标准体系建设。各级财政部门应加强共性项目绩效目标的审核分析，发挥预算评审支撑预算绩效标准体系建设的作用。

第八章 实 施 保 障

第二十一条 预算评审所需经费按照"谁委托谁付费"的原则，由组织评审的财政部门承担。评审机构和专家不得向被评审单位收取任何费用。

第二十二条 各级财政部门应当严格按照法律、行政法规和制度规定组织开展预算评审。财政部门内设机构及工作人员不得违规指定评审机构，不得违规干预预算评审结果，不得向评审机构提出增减率等指令性要求，存在违反本办法规定，以及其他滥用职权、玩忽职守、徇私舞弊等违法违规行为的，依法依规追究相应责任。

评审机构及工作人员、参与评审专家、中介机构人员存在玩忽职守、滥用职权、徇私舞弊等违法违规行为的，依法依规追究相应责任。

第九章 附 则

第二十三条 各省、自治区、直辖市、计划单列市财政部门可根据本办法出台实施细则。

各部门自行开展的预算评审，可参照本办法有关原则，明确评审分工，规范评审程序，强化结果运用。

中国人民解放军、武装警察部队经费的预算评审管理，参照本办法执行。

第二十四条 本办法自 2024 年 1 月 1 日起施行。各级财政部门现有规定与本办法不一致的，按照本办法执行。

第十五章 政府采购相关法规

1. 中华人民共和国政府采购法（2014 年修订）

（2002 年 6 月 29 日第九届全国人民代表大会常务委员会第二十八次会议通过 根据 2014 年 8 月 31 日第十二届全国人民代表大会常务委员会第十次会议《关于修改〈中华人民共和国保险法〉等五部法律的决定》修正）

第一章 总 则

第一条 为了规范政府采购行为，提高政府采购资金的使用效益，维护国家利益和社会公共利益，保护政府采购当事人的合法权益，促进廉政建设，制定本法。

第二条 在中华人民共和国境内进行的政府采购适用本法。

本法所称政府采购，是指各级国家机关、事业单位和团体组织，使用财政性资金采购依法制定的集中采购目录以内的或者采购限额标准以上的货物、工程和服务的行为。

政府集中采购目录和采购限额标准依照本法规定的权限制定。

本法所称采购，是指以合同方式有偿取得货物、工程和服务的行为，包括购买、租赁、委托、雇用等。

本法所称货物，是指各种形态和种类的物品，包括原材料、燃料、设备、产品等。

本法所称工程，是指建设工程，包括建筑物和构筑物的新建、改建、扩建、装修、拆除、修缮等。

本法所称服务，是指除货物和工程以外的其他政府采购对象。

第三条 政府采购应当遵循公开透明原则、公平竞争原则、公正原则和诚实信用原则。

第四条 政府采购工程进行招标投标的，适用招标投标法。

第五条 任何单位和个人不得采用任何方式，阻挠和限制供应商自由进入本地区和本行业的政府采购市场。

第六条 政府采购应当严格按照批准的预算执行。

第七条 政府采购实行集中采购和分散采购相结合。集中采购的范围由省级以上人民政府公布的集中采购目录确定。

属于中央预算的政府采购项目，其集中采购目录由国务院确定并公布；属于地方预算的政府采购项目，其集中采购目录由省、自治区、直辖市人民政府或者其授权的机构确定并公布。

纳入集中采购目录的政府采购项目，应当实行集中采购。

第八条 政府采购限额标准，属于中央预算的政府采购项目，由国务院确定并公布；属于地方预算的政府采购项目，由省、自治区、直辖市人民政府或者其授权的机构确定并公布。

第九条 政府采购应当有助于实现国家的经济和社会发展政策目标，包括保护环境，扶持不发达地区和少数民族地区，促进中小企业发展等。

第十条 政府采购应当采购本国货物、工程和服务。但有下列情形之一的除外：

（一）需要采购的货物、工程或者服务在中国境内无法获取或者无法以合理的商业条件获取的；

（二）为在中国境外使用而进行采购的；

（三）其他法律、行政法规另有规定的。

前款所称本国货物、工程和服务的界定，依照国务院有关规定执行。

第十一条 政府采购的信息应当在政府采购监督管理部门指定的媒体上及时向社会公开发布，但涉及商业秘密的除外。

第十二条 在政府采购活动中，采购人员及相关人员与供应商有利害关系的，必须回避。供应商认为采购人员及相关人员与其他供应商有利害关系的，可以申请其回避。

前款所称相关人员，包括招标采购中评标委员会的组成人员，竞争性谈判采购中谈判小组的组成人员，询价采购中询价小组的组成人员等。

第十三条 各级人民政府财政部门是负责政府采购监督管理的部门，依法履行对政府采购活动的监督管理职责。

各级人民政府其他有关部门依法履行与政府采购活动有关的监督管理职责。

第二章　政府采购当事人

第十四条 政府采购当事人是指在政府采购活动中享有权利和承担义务的各类主体，包括采购人、供应商和采购代理机构等。

第十五条　采购人是指依法进行政府采购的国家机关、事业单位、团体组织。

第十六条　集中采购机构为采购代理机构。设区的市、自治州以上人民政府根据本级政府采购项目组织集中采购的需要设立集中采购机构。

集中采购机构是非营利事业法人，根据采购人的委托办理采购事宜。

第十七条　集中采购机构进行政府采购活动，应当符合采购价格低于市场平均价格、采购效率更高、采购质量优良和服务良好的要求。

第十八条　采购人采购纳入集中采购目录的政府采购项目，必须委托集中采购机构代理采购；采购未纳入集中采购目录的政府采购项目，可以自行采购，也可以委托集中采购机构在委托的范围内代理采购。

纳入集中采购目录属于通用的政府采购项目的，应当委托集中采购机构代理采购；属于本部门、本系统有特殊要求的项目，应当实行部门集中采购；属于本单位有特殊要求的项目，经省级以上人民政府批准，可以自行采购。

第十九条　采购人可以委托集中采购机构以外的采购代理机构，在委托的范围内办理政府采购事宜。

采购人有权自行选择采购代理机构，任何单位和个人不得以任何方式为采购人指定采购代理机构。

第二十条　采购人依法委托采购代理机构办理采购事宜的，应当由采购人与采购代理机构签订委托代理协议，依法确定委托代理的事项，约定双方的权利义务。

第二十一条　供应商是指向采购人提供货物、工程或者服务的法人、其他组织或者自然人。

第二十二条　供应商参加政府采购活动应当具备下列条件：

（一）具有独立承担民事责任的能力；

（二）具有良好的商业信誉和健全的财务会计制度；

（三）具有履行合同所必需的设备和专业技术能力；

（四）有依法缴纳税收和社会保障资金的良好记录；

（五）参加政府采购活动前三年内，在经营活动中没有重大违法记录；

（六）法律、行政法规规定的其他条件。

采购人可以根据采购项目的特殊要求，规定供应商的特定条件，但不得以不合理的条件对供应商实行差别待遇或者歧视待遇。

第二十三条　采购人可以要求参加政府采购的供应商提供有关资质证明文件和业绩情况，并根据本法规定的供应商条件和采购项目对供应商的特定要求，对供应商的资格进行审查。

第二十四条　两个以上的自然人、法人或者其他组织可以组成一个联合体，以一个供应商的身份共同参加政府采购。

以联合体形式进行政府采购的，参加联合体的供应商均应当具备本法第二十二条规定的条件，并应当向采购人提交联合协议，载明联合体各方承担的工作和义务。联合体各方应当共同与采购人签订采购合同，就采购合同约定的事项对采购人承担连带责任。

第二十五条　政府采购当事人不得相互串通损害国家利益、社会公共利益和其他当事人的合法权益；不得以任何手段排斥其他供应商参与竞争。

供应商不得以向采购人、采购代理机构、评标委员会的组成人员、竞争性谈判小组的组成人员、询价小组的组成人员行贿或者采取其他不正当手段谋取中标或者成交。

采购代理机构不得以向采购人行贿或者采取其他不正当手段谋取非法利益。

第三章　政府采购方式

第二十六条　政府采购采用以下方式：
（一）公开招标；
（二）邀请招标；
（三）竞争性谈判；
（四）单一来源采购；
（五）询价；
（六）国务院政府采购监督管理部门认定的其他采购方式。
公开招标应作为政府采购的主要采购方式。

第二十七条　采购人采购货物或者服务应当采用公开招标方式的，其具体数额标准，属于中央预算的政府采购项目，由国务院规定；属于地方预算的政府采购项目，由省、自治区、直辖市人民政府规定；因特殊情况需要采用公开招标以外的采购方式的，应当在采购活动开始前获得设区的市、自治州以上人民政府采购监督管理部门的批准。

第二十八条　采购人不得将应当以公开招标方式采购的货物或者服务化整为零或者以其他任何方式规避公开招标采购。

第二十九条　符合下列情形之一的货物或者服务，可以依照本法采用邀请招标方式采购：
（一）具有特殊性，只能从有限范围的供应商处采购的；
（二）采用公开招标方式的费用占政府采购项目总价值的比例过大的。

第三十条　符合下列情形之一的货物或者服务，可以依照本法采用竞争性谈判方式采购：
（一）招标后没有供应商投标或者没有合格标的或者重新招标未能成立的；
（二）技术复杂或者性质特殊，不能确定详细规格或者具体要求的；
（三）采用招标所需时间不能满足用户紧急需要的；
（四）不能事先计算出价格总额的。

第三十一条　符合下列情形之一的货物或者服务，可以依照本法采用单一来源方式采购：
（一）只能从唯一供应商处采购的；
（二）发生了不可预见的紧急情况不能从其他供应商处采购的；
（三）必须保证原有采购项目一致性或者服务配套的要求，需要继续从原供应商处添购，且添购资金总额不超过原合同采购金额百分之十的。

第三十二条　采购的货物规格、标准统一、现货货源充足且价格变化幅度小的政府采购项目，可以依照本法采用询价方式采购。

第四章　政府采购程序

第三十三条　负有编制部门预算职责的部门在编制下一财政年度部门预算时，应当将该财政年度政府采购的项目及资金预算列出，报本级财政部门汇总。部门预算的审批，按预算管理权限和程序进行。

第三十四条　货物或者服务项目采取邀请招标方式采购的，采购人应当从符合相应资格条件的供应商中，通过随机方式选择三家以上的供应商，并向其发出投标邀请书。

第三十五条　货物和服务项目实行招标方式采购的，自招标文件开始发出之日起至投标人提交投标文件截止之日止，不得少于二十日。

第三十六条 在招标采购中，出现下列情形之一的，应予废标：

（一）符合专业条件的供应商或者对招标文件作实质响应的供应商不足三家的；

（二）出现影响采购公正的违法、违规行为的；

（三）投标人的报价均超过了采购预算，采购人不能支付的；

（四）因重大变故，采购任务取消的。

废标后，采购人应当将废标理由通知所有投标人。

第三十七条 废标后，除采购任务取消情形外，应当重新组织招标；需要采取其他方式采购的，应当在采购活动开始前获得设区的市、自治州以上人民政府采购监督管理部门或者政府有关部门批准。

第三十八条 采用竞争性谈判方式采购的，应当遵循下列程序：

（一）成立谈判小组。谈判小组由采购人的代表和有关专家共三人以上的单数组成，其中专家的人数不得少于成员总数的三分之二。

（二）制定谈判文件。谈判文件应当明确谈判程序、谈判内容、合同草案的条款以及评定成交的标准等事项。

（三）确定邀请参加谈判的供应商名单。谈判小组从符合相应资格条件的供应商名单中确定不少于三家的供应商参加谈判，并向其提供谈判文件。

（四）谈判。谈判小组所有成员集中与单一供应商分别进行谈判。在谈判中，谈判的任何一方不得透露与谈判有关的其他供应商的技术资料、价格和其他信息。谈判文件有实质性变动的，谈判小组应当以书面形式通知所有参加谈判的供应商。

（五）确定成交供应商。谈判结束后，谈判小组应当要求所有参加谈判的供应商在规定时间内进行最后报价，采购人从谈判小组提出的成交候选人中根据符合采购需求、质量和服务相等且报价最低的原则确定成交供应商，并将结果通知所有参加谈判的未成交的供应商。

第三十九条 采取单一来源方式采购的，采购人与供应商应当遵循本法规定的原则，在保证采购项目质量和双方商定合理价格的基础上进行采购。

第四十条 采取询价方式采购的，应当遵循下列程序：

（一）成立询价小组。询价小组由采购人的代表和有关专家共三人以上的单数组成，其中专家的人数不得少于成员总数的三分之二。询价小组应当对采购项目的价格构成和评定成交的标准等事项作出规定。

（二）确定被询价的供应商名单。询价小组根据采购需求，从符合相应资格条件的供应商名单中确定不少于三家的供应商，并向其发出询价通知书让其报价。

（三）询价。询价小组要求被询价的供应商一次报出不得更改的价格。

（四）确定成交供应商。采购人根据符合采购需求、质量和服务相等且报价最低的原则确定成交供应商，并将结果通知所有被询价的未成交的供应商。

第四十一条 采购人或者其委托的采购代理机构应当组织对供应商履约的验收。大型或者复杂的政府采购项目，应当邀请国家认可的质量检测机构参加验收工作。验收方成员应当在验收书上签字，并承担相应的法律责任。

第四十二条 采购人、采购代理机构对政府采购项目每项采购活动的采购文件应当妥善保存，不得伪造、变造、隐匿或者销毁。采购文件的保存期限为从采购结束之日起至少保存十五年。

采购文件包括采购活动记录、采购预算、招标文件、投标文件、评标标准、评估报告、定标文件、合同文本、验收证明、质疑答复、投诉处理决定及其他有关文件、资料。

采购活动记录至少应当包括下列内容：

（一）采购项目类别、名称；

（二）采购项目预算、资金构成和合同价格；

（三）采购方式，采用公开招标以外的采购方式的，应当载明原因；

（四）邀请和选择供应商的条件及原因；

（五）评标标准及确定中标人的原因；

（六）废标的原因；

（七）采用招标以外采购方式的相应记载。

第五章　政府采购合同

第四十三条　政府采购合同适用合同法。采购人和供应商之间的权利和义务，应当按照平等、自愿的原则以合同方式约定。

采购人可以委托采购代理机构代表其与供应商签订政府采购合同。由采购代理机构以采购人名义签订合同的，应当提交采购人的授权委托书，作为合同附件。

第四十四条　政府采购合同应当采用书面形式。

第四十五条　国务院政府采购监督管理部门应当会同国务院有关部门，规定政府采购合同必须具备的条款。

第四十六条　采购人与中标、成交供应商应当在中标、成交通知书发出之日起三十日内，按照采购文件确定的事项签订政府采购合同。

中标、成交通知书对采购人和中标、成交供应商均具有法律效力。中标、成交通知书发出后，采购人改变中标、成交结果的，或者中标、成交供应商放弃中标、成交项目的，应当依法承担法律责任。

第四十七条　政府采购项目的采购合同自签订之日起七个工作日内，采购人应当将合同副本报同级政府采购监督管理部门和有关部门备案。

第四十八条　经采购人同意，中标、成交供应商可以依法采取分包方式履行合同。

政府采购合同分包履行的，中标、成交供应商就采购项目和分包项目向采购人负责，分包供应商就分包项目承担责任。

第四十九条　政府采购合同履行中，采购人需追加与合同标的相同的货物、工程或者服务的，在不改变合同其他条款的前提下，可以与供应商协商签订补充合同，但所有补充合同的采购金额不得超过原合同采购金额的百分之十。

第五十条　政府采购合同的双方当事人不得擅自变更、中止或者终止合同。

政府采购合同继续履行将损害国家利益和社会公共利益的，双方当事人应当变更、中止或者终止合同。有过错的一方应当承担赔偿责任，双方都有过错的，各自承担相应的责任。

第六章　质疑与投诉

第五十一条　供应商对政府采购活动事项有疑问的，可以向采购人提出询问，采购人应当及时作出答复，但答复的内容不得涉及商业秘密。

第五十二条　供应商认为采购文件、采购过程和中标、成交结果使自己的权益受到损害的，可以在知道或者应知其权益受到损害之日起七个工作日内，以书面形式向采购人提出质疑。

第五十三条　采购人应当在收到供应商的书面质疑后七个工作日内作出答复，并以书面形式通知质疑供应商和其他有关供应商，但答复的内容不得涉及商业秘密。

第五十四条 采购人委托采购代理机构采购的，供应商可以向采购代理机构提出询问或者质疑，采购代理机构应当依照本法第五十一条、第五十三条的规定就采购人委托授权范围内的事项作出答复。

第五十五条 质疑供应商对采购人、采购代理机构的答复不满意或者采购人、采购代理机构未在规定的时间内作出答复的，可以在答复期满后十五个工作日内向同级政府采购监督管理部门投诉。

第五十六条 政府采购监督管理部门应当在收到投诉后三十个工作日内，对投诉事项作出处理决定，并以书面形式通知投诉人和与投诉事项有关的当事人。

第五十七条 政府采购监督管理部门在处理投诉事项期间，可以视具体情况书面通知采购人暂停采购活动，但暂停时间最长不得超过三十日。

第五十八条 投诉人对政府采购监督管理部门的投诉处理决定不服或者政府采购监督管理部门逾期未作处理的，可以依法申请行政复议或者向人民法院提起行政诉讼。

第七章 监督检查

第五十九条 政府采购监督管理部门应当加强对政府采购活动及集中采购机构的监督检查。

监督检查的主要内容是：

（一）有关政府采购的法律、行政法规和规章的执行情况；

（二）采购范围、采购方式和采购程序的执行情况；

（三）政府采购人员的职业素质和专业技能。

第六十条 政府采购监督管理部门不得设置集中采购机构，不得参与政府采购项目的采购活动。

采购代理机构与行政机关不得存在隶属关系或者其他利益关系。

第六十一条 集中采购机构应当建立健全内部监督管理制度。采购活动的决策和执行程序应当明确，并相互监督、相互制约。经办采购的人员与负责采购合同审核、验收人员的职责权限应当明确，并相互分离。

第六十二条 集中采购机构的采购人员应当具有相关职业素质和专业技能，符合政府采购监督管理部门规定的专业岗位任职要求。

集中采购机构对其工作人员应当加强教育和培训；对采购人员的专业水平、工作实绩和职业道德状况定期进行考核。采购人员经考核不合格的，不得继续任职。

第六十三条 政府采购项目的采购标准应当公开。

采用本法规定的采购方式的，采购人在采购活动完成后，应当将采购结果予以公布。

第六十四条 采购人必须按照本法规定的采购方式和采购程序进行采购。

任何单位和个人不得违反本法规定，要求采购人或者采购工作人员向其指定的供应商进行采购。

第六十五条 政府采购监督管理部门应当对政府采购项目的采购活动进行检查，政府采购当事人应当如实反映情况，提供有关材料。

第六十六条 政府采购监督管理部门应当对集中采购机构的采购价格、节约资金效果、服务质量、信誉状况、有无违法行为等事项进行考核，并定期如实公布考核结果。

第六十七条 依照法律、行政法规的规定对政府采购负有行政监督职责的政府有关部门，应当按照其职责分工，加强对政府采购活动的监督。

第六十八条 审计机关应当对政府采购进行审计监督。政府采购监督管理部门、政府采购各当事人有关政府采购活动，应当接受审计机关的审计监督。

第六十九条 监察机关应当加强对参与政府采购活动的国家机关、国家公务员和国家行政机关任命的其他人员实施监察。

第七十条 任何单位和个人对政府采购活动中的违法行为，有权控告和检举，有关部门、机关应当依照各自职责及时处理。

第八章　法律责任

第七十一条 采购人、采购代理机构有下列情形之一的，责令限期改正，给予警告，可以并处罚款，对直接负责的主管人员和其他直接责任人员，由其行政主管部门或者有关机关给予处分，并予通报：

（一）应当采用公开招标方式而擅自采用其他方式采购的；

（二）擅自提高采购标准的；

（三）以不合理的条件对供应商实行差别待遇或者歧视待遇的；

（四）在招标采购过程中与投标人进行协商谈判的；

（五）中标、成交通知书发出后不与中标、成交供应商签订采购合同的；

（六）拒绝有关部门依法实施监督检查的。

第七十二条 采购人、采购代理机构及其工作人员有下列情形之一，构成犯罪的，依法追究刑事责任；尚不构成犯罪的，处以罚款，有违法所得的，并处没收违法所得，属于国家机关工作人员的，依法给予行政处分：

（一）与供应商或者采购代理机构恶意串通的；

（二）在采购过程中接受贿赂或者获取其他不正当利益的；

（三）在有关部门依法实施的监督检查中提供虚假情况的；

（四）开标前泄露标底的。

第七十三条 有前两条违法行为之一影响中标、成交结果或者可能影响中标、成交结果的，按下列情况分别处理：

（一）未确定中标、成交供应商的，终止采购活动；

（二）中标、成交供应商已经确定但采购合同尚未履行的，撤销合同，从合格的中标、成交候选人中另行确定中标、成交供应商；

（三）采购合同已经履行的，给采购人、供应商造成损失的，由责任人承担赔偿责任。

第七十四条 采购人对应当实行集中采购的政府采购项目，不委托集中采购机构实行集中采购的，由政府采购监督管理部门责令改正；拒不改正的，停止按预算向其支付资金，由其上级行政主管部门或者有关机关依法给予其直接负责的主管人员和其他直接责任人员处分。

第七十五条 采购人未依法公布政府采购项目的采购标准和采购结果的，责令改正，对直接负责的主管人员依法给予处分。

第七十六条 采购人、采购代理机构违反本法规定隐匿、销毁应当保存的采购文件或者伪造、变造采购文件的，由政府采购监督管理部门处以二万元以上十万元以下的罚款，对其直接负责的主管人员和其他直接责任人员依法给予处分；构成犯罪的，依法追究刑事责任。

第七十七条 供应商有下列情形之一的，处以采购金额千分之五以上千分之十以下的罚款，列入不良行为记录名单，在一至三年内禁止参加政府采购活动，有违法所得的，并处没收违法所得，情节严重的，由工商行政管理机关吊销营业执照；构成犯罪的，依法追究刑事责任：

（一）提供虚假材料谋取中标、成交的；
（二）采取不正当手段诋毁、排挤其他供应商的；
（三）与采购人、其他供应商或者采购代理机构恶意串通的；
（四）向采购人、采购代理机构行贿或者提供其他不正当利益的；
（五）在招标采购过程中与采购人进行协商谈判的；
（六）拒绝有关部门监督检查或者提供虚假情况的。

供应商有前款第（一）至（五）项情形之一的，中标、成交无效。

第七十八条　采购代理机构在代理政府采购业务中有违法行为的，按照有关法律规定处以罚款，可以在一至三年内禁止其代理政府采购业务，构成犯罪的，依法追究刑事责任。

第七十九条　政府采购当事人有本法第七十一条、第七十二条、第七十七条违法行为之一，给他人造成损失的，并应依照有关民事法律规定承担民事责任。

第八十条　政府采购监督管理部门的工作人员在实施监督检查中违反本法规定滥用职权，玩忽职守，徇私舞弊的，依法给予行政处分；构成犯罪的，依法追究刑事责任。

第八十一条　政府采购监督管理部门对供应商的投诉逾期未作处理的，给予直接负责的主管人员和其他直接责任人员行政处分。

第八十二条　政府采购监督管理部门对集中采购机构业绩的考核，有虚假陈述，隐瞒真实情况的，或者不作定期考核和公布考核结果的，应当及时纠正，由其上级机关或者监察机关对其负责人进行通报，并对直接负责的人员依法给予行政处分。

集中采购机构在政府采购监督管理部门考核中，虚报业绩，隐瞒真实情况的，处以二万元以上二十万元以下的罚款，并予以通报；情节严重的，取消其代理采购的资格。

第八十三条　任何单位或者个人阻挠和限制供应商进入本地区或者本行业政府采购市场的，责令限期改正；拒不改正的，由该单位、个人的上级行政主管部门或者有关机关给予单位责任人或者个人处分。

第九章　附　　则

第八十四条　使用国际组织和外国政府贷款进行的政府采购，贷款方、资金提供方与中方达成的协议对采购的具体条件另有规定的，可以适用其规定，但不得损害国家利益和社会公共利益。

第八十五条　对因严重自然灾害和其他不可抗力事件所实施的紧急采购和涉及国家安全和秘密的采购，不适用本法。

第八十六条　军事采购法规由中央军事委员会另行制定。

第八十七条　本法实施的具体步骤和办法由国务院规定。

第八十八条　本法自 2003 年 1 月 1 日起施行。

2. 中华人民共和国政府采购法实施条例（2015年发布）

（2014年12月31日国务院第75次常务会议通过 2015年1月30日中华人民共和国国务院令第658号公布）

第一章 总 则

第一条 根据《中华人民共和国政府采购法》（以下简称政府采购法），制定本条例。

第二条 政府采购法第二条所称财政性资金是指纳入预算管理的资金。

以财政性资金作为还款来源的借贷资金，视同财政性资金。

国家机关、事业单位和团体组织的采购项目既使用财政性资金又使用非财政性资金的，使用财政性资金采购的部分，适用政府采购法及本条例；财政性资金与非财政性资金无法分割采购的，统一适用政府采购法及本条例。

政府采购法第二条所称服务，包括政府自身需要的服务和政府向社会公众提供的公共服务。

第三条 集中采购目录包括集中采购机构采购项目和部门集中采购项目。

技术、服务等标准统一，采购人普遍使用的项目，列为集中采购机构采购项目；采购人本部门、本系统基于业务需要有特殊要求，可以统一采购的项目，列为部门集中采购项目。

第四条 政府采购法所称集中采购，是指采购人将列入集中采购目录的项目委托集中采购机构代理采购或者进行部门集中采购的行为；所称分散采购，是指采购人将采购限额标准以上的未列入集中采购目录的项目自行采购或者委托采购代理机构代理采购的行为。

第五条 省、自治区、直辖市人民政府或者其授权的机构根据实际情况，可以确定分别适用于本行政区域省级、设区的市级、县级的集中采购目录和采购限额标准。

第六条 国务院财政部门应当根据国家的经济和社会发展政策，会同国务院有关部门制定政府采购政策，通过制定采购需求标准、预留采购份额、价格评审优惠、优先采购等措施，实现节约能源、保护环境、扶持不发达地区和少数民族地区、促进中小企业发展等目标。

第七条 政府采购工程以及与工程建设有关的货物、服务，采用招标方式采购的，适用《中华人民共和国招标投标法》及其实施条例；采用其他方式采购的，适用政府采购法及本条例。

前款所称工程，是指建设工程，包括建筑物和构筑物的新建、改建、扩建及其相关的装修、拆除、修缮等；所称与工程建设有关的货物，是指构成工程不可分割的组成部分，且为实现工程基本功能所必需的设备、材料等；所称与工程建设有关的服务，是指为完成工程所需的勘查、设计、监理等服务。

政府采购工程以及与工程建设有关的货物、服务，应当执行政府采购政策。

第八条 政府采购项目信息应当在省级以上人民政府财政部门指定的媒体上发布。采购项目预算金额达到国务院财政部门规定标准的，政府采购项目信息应当在国务院财政部门指定的媒体上发布。

第九条 在政府采购活动中，采购人员及相关人员与供应商有下列利害关系之一的，应当回避：

（一）参加采购活动前3年内与供应商存在劳动关系；

（二）参加采购活动前3年内担任供应商的董事、监事；

（三）参加采购活动前3年内是供应商的控股股东或者实际控制人；

（四）与供应商的法定代表人或者负责人有夫妻、直系血亲、三代以内旁系血亲或者近姻亲关系；

（五）与供应商有其他可能影响政府采购活动公平、公正进行的关系。

供应商认为采购人员及相关人员与其他供应商有利害关系的，可以向采购人或者采购代理机构书面提出回避申请，并说明理由。采购人或者采购代理机构应当及时询问被申请回避人员，有利害关系的被申请回避人员应当回避。

第十条 国家实行统一的政府采购电子交易平台建设标准，推动利用信息网络进行电子化政府采购活动。

第二章 政府采购当事人

第十一条 采购人在政府采购活动中应当维护国家利益和社会公共利益，公正廉洁，诚实守信，执行政府采购政策，建立政府采购内部管理制度，厉行节约，科学合理确定采购需求。

采购人不得向供应商索要或者接受其给予的赠品、回扣或者与采购无关的其他商品、服务。

第十二条 政府采购法所称采购代理机构，是指集中采购机构和集中采购机构以外的采购代理机构。

集中采购机构是设区的市级以上人民政府依法设立的非营利事业法人，是代理集中采购项目的执行机构。集中采购机构应当根据采购人委托制定集中采购项目的实施方案，明确采购规程，组织政府采购活动，不得将集中采购项目转委托。集中采购机构以外的采购代理机构，是从事采购代理业务的社会中介机构。

第十三条 采购代理机构应当建立完善的政府采购内部监督管理制度，具备开展政府采购业务所需的评审条件和设施。

采购代理机构应当提高确定采购需求，编制招标文件、谈判文件、询价通知书，拟订合同文本和优化采购程序的专业化服务水平，根据采购人委托在规定的时间内及时组织采购人与中标或者成交供应商签订政府采购合同，及时协助采购人对采购项目进行验收。

第十四条 采购代理机构不得以不正当手段获取政府采购代理业务，不得与采购人、供应商恶意串通操纵政府采购活动。

采购代理机构工作人员不得接受采购人或者供应商组织的宴请、旅游、娱乐，不得收受礼品、现金、有价证券等，不得向采购人或者供应商报销应当由个人承担的费用。

第十五条 采购人、采购代理机构应当根据政府采购政策、采购预算、采购需求编制采购文件。

采购需求应当符合法律法规以及政府采购政策规定的技术、服务、安全等要求。政府向社会公众提供的公共服务项目，应当就确定采购需求征求社会公众的意见。除因技术复杂或者性质特殊，不能确定详细规格或者具体要求外，采购需求应当完整、明确。必要时，应当就确定采购需求征求相关供应商、专家的意见。

第十六条 政府采购法第二十条规定的委托代理协议，应当明确代理采购的范围、权限和期限等具体事项。

采购人和采购代理机构应当按照委托代理协议履行各自义务，采购代理机构不得超越代理权限。

第十七条 参加政府采购活动的供应商应当具备政府采购法第二十二条第一款规定的条件，提供下列材料：

（一）法人或者其他组织的营业执照等证明文件，自然人的身份证明；

（二）财务状况报告，依法缴纳税收和社会保障资金的相关材料；

（三）具备履行合同所必需的设备和专业技术能力的证明材料；

（四）参加政府采购活动前3年内在经营活动中没有重大违法记录的书面声明；

（五）具备法律、行政法规规定的其他条件的证明材料。

采购项目有特殊要求的，供应商还应当提供其符合特殊要求的证明材料或者情况说明。

第十八条 单位负责人为同一人或者存在直接控股、管理关系的不同供应商，不得参加同一合同项下的政府采购活动。

除单一来源采购项目外，为采购项目提供整体设计、规范编制或者项目管理、监理、检测等服务的供应商，不得再参加该采购项目的其他采购活动。

第十九条 政府采购法第二十二条第一款第五项所称重大违法记录，是指供应商因违法经营受到刑事处罚或者责令停产停业、吊销许可证或者执照、较大数额罚款等行政处罚。

供应商在参加政府采购活动前3年内因违法经营被禁止在一定期限内参加政府采购活动，期限届满的，可以参加政府采购活动。

第二十条 采购人或者采购代理机构有下列情形之一的，属于以不合理的条件对供应商实行差别待遇或者歧视待遇：

（一）就同一采购项目向供应商提供有差别的项目信息；

（二）设定的资格、技术、商务条件与采购项目的具体特点和实际需要不相适应或者与合同履行无关；

（三）采购需求中的技术、服务等要求指向特定供应商、特定产品；

（四）以特定行政区域或者特定行业的业绩、奖项作为加分条件或者中标、成交条件；

（五）对供应商采取不同的资格审查或者评审标准；

（六）限定或者指定特定的专利、商标、品牌或者供应商；

（七）非法限定供应商的所有制形式、组织形式或者所在地；

（八）以其他不合理条件限制或者排斥潜在供应商。

第二十一条 采购人或者采购代理机构对供应商进行资格预审的，资格预审公告应当在省级以上人民政府财政部门指定的媒体上发布。已进行资格预审的，评审阶段可以不再对供应商资格进行审查。资格预审合格的供应商在评审阶段资格发生变化的，应当通知采购人和采购代理机构。

资格预审公告应当包括采购人和采购项目名称、采购需求、对供应商的资格要求以及供应商提交资格预审申请文件的时间和地点。提交资格预审申请文件的时间自公告发布之日起不得少于5个工作日。

第二十二条 联合体中有同类资质的供应商按照联合体分工承担相同工作的，应当按照资质等级较低的供应商确定资质等级。

以联合体形式参加政府采购活动的，联合体各方不得再单独参加或者与其他供应商另外组成联合体参加同一合同项下的政府采购活动。

第三章 政府采购方式

第二十三条 采购人采购公开招标数额标准以上的货物或者服务，符合政府采购法第二十九条、第三十条、第三十一条、第三十二条规定情形或者有需要执行政府采购政策等特殊情况的，经设区的市级以上人民政府财政部门批准，可以依法采用公开招标以外的采购方式。

第二十四条 列入集中采购目录的项目，适合实行批量集中采购的，应当实行批量集中采购，但紧急的小额零星货物项目和有特殊要求的服务、工程项目除外。

第二十五条 政府采购工程依法不进行招标的，应当依照政府采购法和本条例规定的竞争性谈判或者单一来源采购方式采购。

第二十六条　政府采购法第三十条第三项规定的情形，应当是采购人不可预见的或者非因采购人拖延导致的；第四项规定的情形，是指因采购艺术品或者因专利、专有技术或者因服务的时间、数量事先不能确定等导致不能事先计算出价格总额。

第二十七条　政府采购法第三十一条第一项规定的情形，是指因货物或者服务使用不可替代的专利、专有技术，或者公共服务项目具有特殊要求，导致只能从某一特定供应商处采购。

第二十八条　在一个财政年度内，采购人将一个预算项目下的同一品目或者类别的货物、服务采用公开招标以外的方式多次采购，累计资金数额超过公开招标数额标准的，属于以化整为零方式规避公开招标，但项目预算调整或者经批准采用公开招标以外方式采购除外。

第四章　政府采购程序

第二十九条　采购人应当根据集中采购目录、采购限额标准和已批复的部门预算编制政府采购实施计划，报本级人民政府财政部门备案。

第三十条　采购人或者采购代理机构应当在招标文件、谈判文件、询价通知书中公开采购项目预算金额。

第三十一条　招标文件的提供期限自招标文件开始发出之日起不得少于5个工作日。

采购人或者采购代理机构可以对已发出的招标文件进行必要的澄清或者修改。澄清或者修改的内容可能影响投标文件编制的，采购人或者采购代理机构应当在投标截止时间至少15日前，以书面形式通知所有获取招标文件的潜在投标人；不足15日的，采购人或者采购代理机构应当顺延提交投标文件的截止时间。

第三十二条　采购人或者采购代理机构应当按照国务院财政部门制定的招标文件标准文本编制招标文件。

招标文件应当包括采购项目的商务条件、采购需求、投标人的资格条件、投标报价要求、评标方法、评标标准以及拟签订的合同文本等。

第三十三条　招标文件要求投标人提交投标保证金的，投标保证金不得超过采购项目预算金额的2%。投标保证金应当以支票、汇票、本票或者金融机构、担保机构出具的保函等非现金形式提交。投标人未按招标文件要求提交投标保证金的，投标无效。

采购人或者采购代理机构应当自中标通知书发出之日起5个工作日内退还未中标供应商的投标保证金，自政府采购合同签订之日起5个工作日内退还中标供应商的投标保证金。

竞争性谈判或者询价采购中要求参加谈判或者询价的供应商提交保证金的，参照前两款的规定执行。

第三十四条　政府采购招标评标方法分为最低评标价法和综合评分法。

最低评标价法，是指投标文件满足招标文件全部实质性要求且投标报价最低的供应商为中标候选人的评标方法。综合评分法，是指投标文件满足招标文件全部实质性要求且按照评审因素的量化指标评审得分最高的供应商为中标候选人的评标方法。

技术、服务等标准统一的货物和服务项目，应当采用最低评标价法。

采用综合评分法的，评审标准中的分值设置应当与评审因素的量化指标相对应。

招标文件中没有规定的评标标准不得作为评审的依据。

第三十五条　谈判文件不能完整、明确列明采购需求，需要由供应商提供最终设计方案或者解决方案的，在谈判结束后，谈判小组应当按照少数服从多数的原则投票推荐3家以上供应商的设计方案或者解决方案，并要求其在规定时间内提交最后报价。

第三十六条　询价通知书应当根据采购需求确定政府采购合同条款。在询价过程中，询价小组不得改变询价通知书所确定的政府采购合同条款。

第三十七条　政府采购法第三十八条第五项、第四十条第四项所称质量和服务相等，是指供应商提供的产品质量和服务均能满足采购文件规定的实质性要求。

第三十八条 达到公开招标数额标准，符合政府采购法第三十一条第一项规定情形，只能从唯一供应商处采购的，采购人应当将采购项目信息和唯一供应商名称在省级以上人民政府财政部门指定的媒体上公示，公示期不得少于5个工作日。

第三十九条 除国务院财政部门规定的情形外，采购人或者采购代理机构应当从政府采购评审专家库中随机抽取评审专家。

第四十条 政府采购评审专家应当遵守评审工作纪律，不得泄露评审文件、评审情况和评审中获悉的商业秘密。

评标委员会、竞争性谈判小组或者询价小组在评审过程中发现供应商有行贿、提供虚假材料或者串通等违法行为的，应当及时向财政部门报告。

政府采购评审专家在评审过程中受到非法干预的，应当及时向财政、监察等部门举报。

第四十一条 评标委员会、竞争性谈判小组或者询价小组成员应当按照客观、公正、审慎的原则，根据采购文件规定的评审程序、评审方法和评审标准进行独立评审。采购文件内容违反国家有关强制性规定的，评标委员会、竞争性谈判小组或者询价小组应当停止评审并向采购人或者采购代理机构说明情况。

评标委员会、竞争性谈判小组或者询价小组成员应当在评审报告上签字，对自己的评审意见承担法律责任。对评审报告有异议的，应当在评审报告上签署不同意见，并说明理由，否则视为同意评审报告。

第四十二条 采购人、采购代理机构不得向评标委员会、竞争性谈判小组或者询价小组的评审专家作倾向性、误导性的解释或者说明。

第四十三条 采购代理机构应当自评审结束之日起2个工作日内将评审报告送交采购人。采购人应当自收到评审报告之日起5个工作日内在评审报告推荐的中标或者成交候选人中按顺序确定中标或者成交供应商。

采购人或者采购代理机构应当自中标、成交供应商确定之日起2个工作日内，发出中标、成交通知书，并在省级以上人民政府财政部门指定的媒体上公告中标、成交结果，招标文件、竞争性谈判文件、询价通知书随中标、成交结果同时公告。

中标、成交结果公告内容应当包括采购人和采购代理机构的名称、地址、联系方式，项目名称和项目编号，中标或者成交供应商名称、地址和中标或者成交金额，主要中标或者成交标的的名称、规格型号、数量、单价、服务要求以及评审专家名单。

第四十四条 除国务院财政部门规定的情形外，采购人、采购代理机构不得以任何理由组织重新评审。采购人、采购代理机构按照国务院财政部门的规定组织重新评审的，应当书面报告本级人民政府财政部门。

采购人或者采购代理机构不得通过对样品进行检测、对供应商进行考察等方式改变评审结果。

第四十五条 采购人或者采购代理机构应当按照政府采购合同规定的技术、服务、安全标准组织对供应商履约情况进行验收，并出具验收书。验收书应当包括每一项技术、服务、安全标准的履约情况。

政府向社会公众提供的公共服务项目，验收时应当邀请服务对象参与并出具意见，验收结果应当向社会公告。

第四十六条 政府采购法第四十二条规定的采购文件，可以用电子档案方式保存。

第五章　政府采购合同

第四十七条 国务院财政部门应当会同国务院有关部门制定政府采购合同标准文本。

第四十八条 采购文件要求中标或者成交供应商提交履约保证金的，供应商应当以支票、汇票、本票或者金融机构、担保机构出具的保函等非现金形式提交。履约保证金的数额不得超过政府采购合同金额的 10%。

第四十九条 中标或者成交供应商拒绝与采购人签订合同的，采购人可以按照评审报告推荐的中标或者成交候选人名单排序，确定下一候选人为中标或者成交供应商，也可以重新开展政府采购活动。

第五十条 采购人应当自政府采购合同签订之日起 2 个工作日内，将政府采购合同在省级以上人民政府财政部门指定的媒体上公告，但政府采购合同中涉及国家秘密、商业秘密的内容除外。

第五十一条 采购人应当按照政府采购合同规定，及时向中标或者成交供应商支付采购资金。

政府采购项目资金支付程序，按照国家有关财政资金支付管理的规定执行。

第六章　质疑与投诉

第五十二条 采购人或者采购代理机构应当在 3 个工作日内对供应商依法提出的询问作出答复。

供应商提出的询问或者质疑超出采购人对采购代理机构委托授权范围的，采购代理机构应当告知供应商向采购人提出。

政府采购评审专家应当配合采购人或者采购代理机构答复供应商的询问和质疑。

第五十三条 政府采购法第五十二条规定的供应商应知其权益受到损害之日，是指：

（一）对可以质疑的采购文件提出质疑的，为收到采购文件之日或者采购文件公告期限届满之日；

（二）对采购过程提出质疑的，为各采购程序环节结束之日；

（三）对中标或者成交结果提出质疑的，为中标或者成交结果公告期限届满之日。

第五十四条 询问或者质疑事项可能影响中标、成交结果的，采购人应当暂停签订合同，已经签订合同的，应当中止履行合同。

第五十五条 供应商质疑、投诉应当有明确的请求和必要的证明材料。供应商投诉的事项不得超出已质疑事项的范围。

第五十六条 财政部门处理投诉事项采用书面审查的方式，必要时可以进行调查取证或者组织质证。

对财政部门依法进行的调查取证，投诉人和与投诉事项有关的当事人应当如实反映情况，并提供相关材料。

第五十七条 投诉人捏造事实、提供虚假材料或者以非法手段取得证明材料进行投诉的，财政部门应当予以驳回。

财政部门受理投诉后，投诉人书面申请撤回投诉的，财政部门应当终止投诉处理程序。

第五十八条 财政部门处理投诉事项，需要检验、检测、鉴定、专家评审以及需要投诉人补正材料的，所需时间不计算在投诉处理期限内。

财政部门对投诉事项作出的处理决定，应当在省级以上人民政府财政部门指定的媒体上公告。

第七章　监督检查

第五十九条 政府采购法第六十三条所称政府采购项目的采购标准，是指项目采购所依据的经费预算标准、资产配置标准和技术、服务标准等。

第六十条 除政府采购法第六十六条规定的考核事项外，财政部门对集中采购机构的考核事项还包括：

（一）政府采购政策的执行情况；
（二）采购文件编制水平；
（三）采购方式和采购程序的执行情况；
（四）询问、质疑答复情况；
（五）内部监督管理制度建设及执行情况；
（六）省级以上人民政府财政部门规定的其他事项。

财政部门应当制定考核计划，定期对集中采购机构进行考核，考核结果有重要情况的，应当向本级人民政府报告。

第六十一条 采购人发现采购代理机构有违法行为的，应当要求其改正。采购代理机构拒不改正的，采购人应当向本级人民政府财政部门报告，财政部门应当依法处理。

采购代理机构发现采购人的采购需求存在以不合理条件对供应商实行差别待遇、歧视待遇或者其他不符合法律、法规和政府采购政策规定内容，或者发现采购人有其他违法行为的，应当建议其改正。采购人拒不改正的，采购代理机构应当向采购人的本级人民政府财政部门报告，财政部门应当依法处理。

第六十二条 省级以上人民政府财政部门应当对政府采购评审专家库实行动态管理，具体管理办法由国务院财政部门制定。

采购人或者采购代理机构应当对评审专家在政府采购活动中的职责履行情况予以记录，并及时向财政部门报告。

第六十三条 各级人民政府财政部门和其他有关部门应当加强对参加政府采购活动的供应商、采购代理机构、评审专家的监督管理，对其不良行为予以记录，并纳入统一的信用信息平台。

第六十四条 各级人民政府财政部门对政府采购活动进行监督检查，有权查阅、复制有关文件、资料，相关单位和人员应当予以配合。

第六十五条 审计机关、监察机关以及其他有关部门依法对政府采购活动实施监督，发现采购当事人有违法行为的，应当及时通报财政部门。

第八章　法　律　责　任

第六十六条 政府采购法第七十一条规定的罚款，数额为10万元以下。

政府采购法第七十二条规定的罚款，数额为5万元以上25万元以下。

第六十七条 采购人有下列情形之一的，由财政部门责令限期改正，给予警告，对直接负责的主管人员和其他直接责任人员依法给予处分，并予以通报：

（一）未按照规定编制政府采购实施计划或者未按照规定将政府采购实施计划报本级人民政府财政部门备案；

（二）将应当进行公开招标的项目化整为零或者以其他任何方式规避公开招标；

（三）未按照规定在评标委员会、竞争性谈判小组或者询价小组推荐的中标或者成交候选人中确定中标或者成交供应商；

（四）未按照采购文件确定的事项签订政府采购合同；

（五）政府采购合同履行中追加与合同标的相同的货物、工程或者服务的采购金额超过原合同采购金额10%；

（六）擅自变更、中止或者终止政府采购合同；

（七）未按照规定公告政府采购合同；

（八）未按照规定时间将政府采购合同副本报本级人民政府财政部门和有关部门备案。

第六十八条 采购人、采购代理机构有下列情形之一的，依照政府采购法第七十一条、第七十八条的规定追究法律责任：

（一）未依照政府采购法和本条例规定的方式实施采购；
（二）未依法在指定的媒体上发布政府采购项目信息；
（三）未按照规定执行政府采购政策；
（四）违反本条例第十五条的规定导致无法组织对供应商履约情况进行验收或者国家财产遭受损失；
（五）未依法从政府采购评审专家库中抽取评审专家；
（六）非法干预采购评审活动；
（七）采用综合评分法时评审标准中的分值设置未与评审因素的量化指标相对应；
（八）对供应商的询问、质疑逾期未作处理；
（九）通过对样品进行检测、对供应商进行考察等方式改变评审结果；
（十）未按照规定组织对供应商履约情况进行验收。

第六十九条　集中采购机构有下列情形之一的，由财政部门责令限期改正，给予警告，有违法所得的，并处没收违法所得，对直接负责的主管人员和其他直接责任人员依法给予处分，并予以通报：
（一）内部监督管理制度不健全，对依法应当分设、分离的岗位、人员未分设、分离；
（二）将集中采购项目委托其他采购代理机构采购；
（三）从事营利活动。

第七十条　采购人员与供应商有利害关系而不依法回避的，由财政部门给予警告，并处2 000元以上2万元以下的罚款。

第七十一条　有政府采购法第七十一条、第七十二条规定的违法行为之一，影响或者可能影响中标、成交结果的，依照下列规定处理：
（一）未确定中标或者成交供应商的，终止本次政府采购活动，重新开展政府采购活动。
（二）已确定中标或者成交供应商但尚未签订政府采购合同的，中标或者成交结果无效，从合格的中标或者成交候选人中另行确定中标或者成交供应商；没有合格的中标或者成交候选人的，重新开展政府采购活动。
（三）政府采购合同已签订但尚未履行的，撤销合同，从合格的中标或者成交候选人中另行确定中标或者成交供应商；没有合格的中标或者成交候选人的，重新开展政府采购活动。
（四）政府采购合同已经履行，给采购人、供应商造成损失的，由责任人承担赔偿责任。

政府采购当事人有其他违反政府采购法或者本条例规定的行为，经改正后仍然影响或者可能影响中标、成交结果或者依法被认定为中标、成交无效的，依照前款规定处理。

第七十二条　供应商有下列情形之一的，依照政府采购法第七十七条第一款的规定追究法律责任：
（一）向评标委员会、竞争性谈判小组或者询价小组成员行贿或者提供其他不正当利益；
（二）中标或者成交后无正当理由拒不与采购人签订政府采购合同；
（三）未按照采购文件确定的事项签订政府采购合同；
（四）将政府采购合同转包；
（五）提供假冒伪劣产品；
（六）擅自变更、中止或者终止政府采购合同。

供应商有前款第一项规定情形的，中标、成交无效。评审阶段资格发生变化，供应商未依照本条例第二十一条的规定通知采购人和采购代理机构的，处以采购金额5‰的罚款，列入不良行为记录名单，中标、成交无效。

第七十三条　供应商捏造事实、提供虚假材料或者以非法手段取得证明材料进行投诉的，由财政部门列入不良行为记录名单，禁止其1至3年内参加政府采购活动。

第七十四条　有下列情形之一的，属于恶意串通，对供应商依照政府采购法第七十七条

第一款的规定追究法律责任,对采购人、采购代理机构及其工作人员依照政府采购法第七十二条的规定追究法律责任:

(一)供应商直接或者间接从采购人或者采购代理机构处获得其他供应商的相关情况并修改其投标文件或者响应文件;

(二)供应商按照采购人或者采购代理机构的授意撤换、修改投标文件或者响应文件;

(三)供应商之间协商报价、技术方案等投标文件或者响应文件的实质性内容;

(四)属于同一集团、协会、商会等组织成员的供应商按照该组织要求协同参加政府采购活动;

(五)供应商之间事先约定由某一特定供应商中标、成交;

(六)供应商之间商定部分供应商放弃参加政府采购活动或者放弃中标、成交;

(七)供应商与采购人或者采购代理机构之间、供应商相互之间,为谋求特定供应商中标、成交或者排斥其他供应商的其他串通行为。

第七十五条 政府采购评审专家未按照采购文件规定的评审程序、评审方法和评审标准进行独立评审或者泄露评审文件、评审情况的,由财政部门给予警告,并处 2 000 元以上 2 万元以下的罚款;影响中标、成交结果的,处 2 万元以上 5 万元以下的罚款,禁止其参加政府采购评审活动。

政府采购评审专家与供应商存在利害关系未回避的,处 2 万元以上 5 万元以下的罚款,禁止其参加政府采购评审活动。

政府采购评审专家收受采购人、采购代理机构、供应商贿赂或者获取其他不正当利益,构成犯罪的,依法追究刑事责任;尚不构成犯罪的,处 2 万元以上 5 万元以下的罚款,禁止其参加政府采购评审活动。

政府采购评审专家有上述违法行为的,其评审意见无效,不得获取评审费;有违法所得的,没收违法所得;给他人造成损失的,依法承担民事责任。

第七十六条 政府采购当事人违反政府采购法和本条例规定,给他人造成损失的,依法承担民事责任。

第七十七条 财政部门在履行政府采购监督管理职责中违反政府采购法和本条例规定,滥用职权、玩忽职守、徇私舞弊的,对直接负责的主管人员和其他直接责任人员依法给予处分;直接负责的主管人员和其他直接责任人员构成犯罪的,依法追究刑事责任。

第九章 附 则

第七十八条 财政管理实行省直接管理的县级人民政府可以根据需要并报经省级人民政府批准,行使政府采购法和本条例规定的设区的市级人民政府批准变更采购方式的职权。

第七十九条 本条例自 2015 年 3 月 1 日起施行。

3. 中华人民共和国招标投标法(2017 年修订)

(1999 年 8 月 30 日第九届全国人民代表大会常务委员会第十一次会议通过 根据 2017 年 12 月 27 日第十二届全国人民代表大会常务委员会第三十一次会议《关于修改〈中华人民共和国招标投标法〉、〈中华人民共和国计量法〉的决定》修正)

第一章 总 则

第一条 为了规范招标投标活动,保护国家利益、社会公共利益和招标投标活动当事人的合法权益,提高经济效益,保证项目质量,制定本法。

第二条 在中华人民共和国境内进行招标投标活动,适用本法。

第三条 在中华人民共和国境内进行下列工程建设项目包括项目的勘查、设计、施工、监理以及与工程建设有关的重要设备、材料等的采购,必须进行招标:

(一)大型基础设施、公用事业等关系社会公共利益、公众安全的项目;

(二)全部或者部分使用国有资金投资或者国家融资的项目;

(三)使用国际组织或者外国政府贷款、援助资金的项目。

前款所列项目的具体范围和规模标准,由国务院发展计划部门会同国务院有关部门制订,报国务院批准。

法律或者国务院对必须进行招标的其他项目的范围有规定的,依照其规定。

第四条 任何单位和个人不得将依法必须进行招标的项目化整为零或者以其他任何方式规避招标。

第五条 招标投标活动应当遵循公开、公平、公正和诚实信用的原则。

第六条 依法必须进行招标的项目,其招标投标活动不受地区或者部门的限制。任何单位和个人不得违法限制或者排斥本地区、本系统以外的法人或者其他组织参加投标,不得以任何方式非法干涉招标投标活动。

第七条 招标投标活动及其当事人应当接受依法实施的监督。

有关行政监督部门依法对招标投标活动实施监督,依法查处招标投标活动中的违法行为。

对招标投标活动的行政监督及有关部门的具体职权划分,由国务院规定。

第二章 招 标

第八条 招标人是依照本法规定提出招标项目、进行招标的法人或者其他组织。

第九条 招标项目按照国家有关规定需要履行项目审批手续的,应当先履行审批手续,取得批准。

招标人应当有进行招标项目的相应资金或者资金来源已经落实,并应当在招标文件中如实载明。

第十条 招标分为公开招标和邀请招标。

公开招标,是指招标人以招标公告的方式邀请不特定的法人或者其他组织投标。

邀请招标,是指招标人以投标邀请书的方式邀请特定的法人或者其他组织投标。

第十一条 国务院发展计划部门确定的国家重点项目和省、自治区、直辖市人民政府确定的地方重点项目不适宜公开招标的,经国务院发展计划部门或者省、自治区、直辖市人民政府批准,可以进行邀请招标。

第十二条 招标人有权自行选择招标代理机构,委托其办理招标事宜。任何单位和个人不得以任何方式为招标人指定招标代理机构。

招标人具有编制招标文件和组织评标能力的,可以自行办理招标事宜。任何单位和个人不得强制其委托招标代理机构办理招标事宜。

依法必须进行招标的项目,招标人自行办理招标事宜的,应当向有关行政监督部门备案。

第十三条 招标代理机构是依法设立、从事招标代理业务并提供相关服务的社会中介组织。

招标代理机构应当具备下列条件:

(一)有从事招标代理业务的营业场所和相应资金;

(二)有能够编制招标文件和组织评标的相应专业力量。

第十四条 招标代理机构与行政机关和其他国家机关不得存在隶属关系或者其他利益关系。

第十五条 招标代理机构应当在招标人委托的范围内办理招标事宜,并遵守本法关于招标人的规定。

第十六条 招标人采用公开招标方式的，应当发布招标公告。依法必须进行招标的项目的招标公告，应当通过国家指定的报刊、信息网络或者其他媒介发布。

招标公告应当载明招标人的名称和地址、招标项目的性质、数量、实施地点和时间以及获取招标文件的办法等事项。

第十七条 招标人采用邀请招标方式的，应当向三个以上具备承担招标项目的能力、资信良好的特定的法人或者其他组织发出投标邀请书。

投标邀请书应当载明本法第十六条第二款规定的事项。

第十八条 招标人可以根据招标项目本身的要求，在招标公告或者投标邀请书中，要求潜在投标人提供有关资质证明文件和业绩情况，并对潜在投标人进行资格审查；国家对投标人的资格条件有规定的，依照其规定。

招标人不得以不合理的条件限制或者排斥潜在投标人，不得对潜在投标人实行歧视待遇。

第十九条 招标人应当根据招标项目的特点和需要编制招标文件。招标文件应当包括招标项目的技术要求、对投标人资格审查的标准、投标报价要求和评标标准等所有实质性要求和条件以及拟签订合同的主要条款。

国家对招标项目的技术、标准有规定的，招标人应当按照其规定在招标文件中提出相应要求。

招标项目需要划分标段、确定工期的，招标人应当合理划分标段、确定工期，并在招标文件中载明。

第二十条 招标文件不得要求或者标明特定的生产供应者以及含有倾向或者排斥潜在投标人的其他内容。

第二十一条 招标人根据招标项目的具体情况，可以组织潜在投标人踏勘项目现场。

第二十二条 招标人不得向他人透露已获取招标文件的潜在投标人的名称、数量以及可能影响公平竞争的有关招标投标的其他情况。

招标人设有标底的，标底必须保密。

第二十三条 招标人对已发出的招标文件进行必要的澄清或者修改的，应当在招标文件要求提交投标文件截止时间至少十五日前，以书面形式通知所有招标文件收受人。该澄清或者修改的内容为招标文件的组成部分。

第二十四条 招标人应当确定投标人编制投标文件所需要的合理时间；但是，依法必须进行招标的项目，自招标文件开始发出之日起至投标人提交投标文件截止之日止，最短不得少于二十日。

第三章 投 标

第二十五条 投标人是响应招标、参加投标竞争的法人或者其他组织。

依法招标的科研项目允许个人参加投标的，投标的个人适用本法有关投标人的规定。

第二十六条 投标人应当具备承担招标项目的能力；国家有关规定对投标人资格条件或者招标文件对投标人资格条件有规定的，投标人应当具备规定的资格条件。

第二十七条 投标人应当按照招标文件的要求编制投标文件。投标文件应当对招标文件提出的实质性要求和条件作出响应。

招标项目属于建设施工的，投标文件的内容应当包括拟派出的项目负责人与主要技术人员的简历、业绩和拟用于完成招标项目的机械设备等。

第二十八条 投标人应当在招标文件要求提交投标文件的截止时间前，将投标文件送达投标地点。招标人收到投标文件后，应当签收保存，不得开启。投标人少于三个的，招标人应当依照本法重新招标。

在招标文件要求提交投标文件的截止时间后送达的投标文件,招标人应当拒收。

第二十九条 投标人在招标文件要求提交投标文件的截止时间前,可以补充、修改或者撤回已提交的投标文件,并书面通知招标人。补充、修改的内容为投标文件的组成部分。

第三十条 投标人根据招标文件载明的项目实际情况,拟在中标后将中标项目的部分非主体、非关键性工作进行分包的,应当在投标文件中载明。

第三十一条 两个以上法人或者其他组织可以组成一个联合体,以一个投标人的身份共同投标。

联合体各方均应当具备承担招标项目的相应能力;国家有关规定或者招标文件对投标人资格条件有规定的,联合体各方均应当具备规定的相应资格条件。由同一专业的单位组成的联合体,按照资质等级较低的单位确定资质等级。

联合体各方应当签订共同投标协议,明确约定各方拟承担的工作和责任,并将共同投标协议连同投标文件一并提交招标人。联合体中标的,联合体各方应当共同与招标人签订合同,就中标项目向招标人承担连带责任。

招标人不得强制投标人组成联合体共同投标,不得限制投标人之间的竞争。

第三十二条 投标人不得相互串通投标报价,不得排挤其他投标人的公平竞争,损害招标人或者其他投标人的合法权益。

投标人不得与招标人串通投标,损害国家利益、社会公共利益或者他人的合法权益。

禁止投标人以向招标人或者评标委员会成员行贿的手段谋取中标。

第三十三条 投标人不得以低于成本的报价竞标,也不得以他人名义投标或者以其他方式弄虚作假,骗取中标。

第四章 开标、评标和中标

第三十四条 开标应当在招标文件确定的提交投标文件截止时间的同一时间公开进行;开标地点应当为招标文件中预先确定的地点。

第三十五条 开标由招标人主持,邀请所有投标人参加。

第三十六条 开标时,由投标人或者其推选的代表检查投标文件的密封情况,也可以由招标人委托的公证机构检查并公证;经确认无误后,由工作人员当众拆封,宣读投标人名称、投标价格和投标文件的其他主要内容。

招标人在招标文件要求提交投标文件的截止时间前收到的所有投标文件,开标时都应当当众予以拆封、宣读。

开标过程应当记录,并存档备查。

第三十七条 评标由招标人依法组建的评标委员会负责。

依法必须进行招标的项目,其评标委员会由招标人的代表和有关技术、经济等方面的专家组成,成员人数为五人以上单数,其中技术、经济等方面的专家不得少于成员总数的三分之二。

前款专家应当从事相关领域工作满八年并具有高级职称或者具有同等专业水平,由招标人从国务院有关部门或者省、自治区、直辖市人民政府有关部门提供的专家名册或者招标代理机构的专家库内的相关专业的专家名单中确定;一般招标项目可以采取随机抽取方式,特殊招标项目可以由招标人直接确定。

与投标人有利害关系的人不得进入相关项目的评标委员会;已经进入的应当更换。

评标委员会成员的名单在中标结果确定前应当保密。

第三十八条 招标人应当采取必要的措施,保证评标在严格保密的情况下进行。

任何单位和个人不得非法干预、影响评标的过程和结果。

第三十九条 评标委员会可以要求投标人对投标文件中含义不明确的内容作必要的澄

清或者说明，但是澄清或者说明不得超出投标文件的范围或者改变投标文件的实质性内容。

第四十条 评标委员会应当按照招标文件确定的评标标准和方法，对投标文件进行评审和比较；设有标底的，应当参考标底。评标委员会完成评标后，应当向招标人提出书面评标报告，并推荐合格的中标候选人。

招标人根据评标委员会提出的书面评标报告和推荐的中标候选人确定中标人。招标人也可以授权评标委员会直接确定中标人。

国务院对特定招标项目的评标有特别规定的，从其规定。

第四十一条 中标人的投标应当符合下列条件之一：

（一）能够最大限度地满足招标文件中规定的各项综合评价标准；

（二）能够满足招标文件的实质性要求，并且经评审的投标价格最低；但是投标价格低于成本的除外。

第四十二条 评标委员会经评审，认为所有投标都不符合招标文件要求的，可以否决所有投标。

依法必须进行招标的项目的所有投标被否决的，招标人应当依照本法重新招标。

第四十三条 在确定中标人前，招标人不得与投标人就投标价格、投标方案等实质性内容进行谈判。

第四十四条 评标委员会成员应当客观、公正地履行职务，遵守职业道德，对所提出的评审意见承担个人责任。

评标委员会成员不得私下接触投标人，不得收受投标人的财物或者其他好处。

评标委员会成员和参与评标的有关工作人员不得透露对投标文件的评审和比较、中标候选人的推荐情况以及与评标有关的其他情况。

第四十五条 中标人确定后，招标人应当向中标人发出中标通知书，并同时将中标结果通知所有未中标的投标人。

中标通知书对招标人和中标人具有法律效力。中标通知书发出后，招标人改变中标结果的，或者中标人放弃中标项目的，应当依法承担法律责任。

第四十六条 招标人和中标人应当自中标通知书发出之日起三十日内，按照招标文件和中标人的投标文件订立书面合同。招标人和中标人不得再行订立背离合同实质性内容的其他协议。

招标文件要求中标人提交履约保证金的，中标人应当提交。

第四十七条 依法必须进行招标的项目，招标人应当自确定中标人之日起十五日内，向有关行政监督部门提交招标投标情况的书面报告。

第四十八条 中标人应当按照合同约定履行义务，完成中标项目。中标人不得向他人转让中标项目，也不得将中标项目肢解后分别向他人转让。

中标人按照合同约定或者经招标人同意，可以将中标项目的部分非主体、非关键性工作分包给他人完成。接受分包的人应当具备相应的资格条件，并不得再次分包。

中标人应当就分包项目向招标人负责，接受分包的人就分包项目承担连带责任。

第五章　法律责任

第四十九条 违反本法规定，必须进行招标的项目而不招标的，将必须进行招标的项目化整为零或者以其他任何方式规避招标的，责令限期改正，可以处项目合同金额千分之五以上千分之十以下的罚款；对全部或者部分使用国有资金的项目，可以暂停项目执行或者暂停资金拨付；对单位直接负责的主管人员和其他直接责任人员依法给予处分。

第五十条 招标代理机构违反本法规定，泄露应当保密的与招标投标活动有关的情况和资料的，或者与招标人、投标人串通损害国家利益、社会公共利益或者他人合法权益的，处五万元以上二十五万元以下的罚款；对单位直接负责的主管人员和其他直接责任人员处单位罚款数额百分之五以上百分之十以下的罚款；有违法所得的，并处没收违法所得；情节严重的，禁止其一年至二年内代理依法必须进行招标的项目并予以公告，直至由工商行政管理机关吊销营业执照；构成犯罪的，依法追究刑事责任。给他人造成损失的，依法承担赔偿责任。

前款所列行为影响中标结果的，中标无效。

第五十一条 招标人以不合理的条件限制或者排斥潜在投标人的，对潜在投标人实行歧视待遇的，强制要求投标人组成联合体共同投标的，或者限制投标人之间竞争的，责令改正，可以处一万元以上五万元以下的罚款。

第五十二条 依法必须进行招标的项目的招标人向他人透露已获取招标文件的潜在投标人的名称、数量或者可能影响公平竞争的有关招标投标的其他情况的，或者泄露标底的，给予警告，可以并处一万元以上十万元以下的罚款；对单位直接负责的主管人员和其他直接责任人员依法给予处分；构成犯罪的，依法追究刑事责任。

前款所列行为影响中标结果的，中标无效。

第五十三条 投标人相互串通投标或者与招标人串通投标的，投标人以向招标人或者评标委员会成员行贿的手段谋取中标的，中标无效，处中标项目金额千分之五以上千分之十以下的罚款，对单位直接负责的主管人员和其他直接责任人员处单位罚款数额百分之五以上百分之十以下的罚款；有违法所得的，并处没收违法所得；情节严重的，取消其一年至二年内参加依法必须进行招标的项目的投标资格并予以公告，直至由工商行政管理机关吊销营业执照；构成犯罪的，依法追究刑事责任。给他人造成损失的，依法承担赔偿责任。

第五十四条 投标人以他人名义投标或者以其他方式弄虚作假，骗取中标的，中标无效，给招标人造成损失的，依法承担赔偿责任；构成犯罪的，依法追究刑事责任。

依法必须进行招标的项目的投标人有前款所列行为尚未构成犯罪的，处中标项目金额千分之五以上千分之十以下的罚款，对单位直接负责的主管人员和其他直接责任人员处单位罚款数额百分之五以上百分之十以下的罚款；有违法所得的，并处没收违法所得；情节严重的，取消其一年至三年内参加依法必须进行招标的项目的投标资格并予以公告，直至由工商行政管理机关吊销营业执照。

第五十五条 依法必须进行招标的项目，招标人违反本法规定，与投标人就投标价格、投标方案等实质性内容进行谈判的，给予警告，对单位直接负责的主管人员和其他直接责任人员依法给予处分。

前款所列行为影响中标结果的，中标无效。

第五十六条 评标委员会成员收受投标人的财物或者其他好处的，评标委员会成员或者参加评标的有关工作人员向他人透露对投标文件的评审和比较、中标候选人的推荐以及与评标有关的其他情况的，给予警告，没收收受的财物，可以并处三千元以上五万元以下的罚款，对有所列违法行为的评标委员会成员取消担任评标委员会成员的资格，不得再参加任何依法必须进行招标的项目的评标；构成犯罪的，依法追究刑事责任。

第五十七条 招标人在评标委员会依法推荐的中标候选人以外确定中标人的，依法必须进行招标的项目在所有投标被评标委员会否决后自行确定中标人的，中标无效，责令改正，可以处中标项目金额千分之五以上千分之十以下的罚款；对单位直接负责的主管人员和其他直接责任人员依法给予处分。

第五十八条 中标人将中标项目转让给他人的，将中标项目肢解后分别转让给他人的，违反本法规定将中标项目的部分主体、关键性工作分包给他人的，或者分包人再次分包的，转让、分包无效，处转让、分包项目金额千分之五以上千分之十以下的罚款；有违法所得的，并处没收违法所得；可以责令停业整顿；情节严重的，由工商行政管理机关吊销营业执照。

第五十九条 招标人与中标人不按照招标文件和中标人的投标文件订立合同的，或者招标人、中标人订立背离合同实质性内容的协议的，责令改正；可以处中标项目金额千分之五以上千分之十以下的罚款。

第六十条 中标人不履行与招标人订立的合同的，履约保证金不予退还，给招标人造成的损失超过履约保证金数额的，还应当对超过部分予以赔偿；没有提交履约保证金的，应当对招标人的损失承担赔偿责任。

中标人不按照与招标人订立的合同履行义务，情节严重的，取消其二年至五年内参加依法必须进行招标的项目的投标资格并予以公告，直至由工商行政管理机关吊销营业执照。

因不可抗力不能履行合同的，不适用前两款规定。

第六十一条 本章规定的行政处罚，由国务院规定的有关行政监督部门决定。本法已对实施行政处罚的机关作出规定的除外。

第六十二条 任何单位违反本法规定，限制或者排斥本地区、本系统以外的法人或者其他组织参加投标的，为招标人指定招标代理机构的，强制招标人委托招标代理机构办理招标事宜的，或者以其他方式干涉招标投标活动的，责令改正；对单位直接负责的主管人员和其他直接责任人员依法给予警告、记过、记大过的处分，情节较重的，依法给予降级、撤职、开除的处分。

个人利用职权进行前款违法行为的，依照前款规定追究责任。

第六十三条 对招标投标活动依法负有行政监督职责的国家机关工作人员徇私舞弊、滥用职权或者玩忽职守，构成犯罪的，依法追究刑事责任；不构成犯罪的，依法给予行政处分。

第六十四条 依法必须进行招标的项目违反本法规定，中标无效的，应当依照本法规定的中标条件从其余投标人中重新确定中标人或者依照本法重新进行招标。

第六章　附　　则

第六十五条 投标人和其他利害关系人认为招标投标活动不符合本法有关规定的，有权向招标人提出异议或者依法向有关行政监督部门投诉。

第六十六条 涉及国家安全、国家秘密、抢险救灾或者属于利用扶贫资金实行以工代赈、需要使用农民工等特殊情况，不适宜进行招标的项目，按照国家有关规定可以不进行招标。

第六十七条 使用国际组织或者外国政府贷款、援助资金的项目进行招标，贷款方、资金提供方对招标投标的具体条件和程序有不同规定的，可以适用其规定，但违背中华人民共和国的社会公共利益的除外。

第六十八条 本法自 2000 年 1 月 1 日起施行。

4. 中华人民共和国招标投标法实施条例（2019 年修订）

（2011 年 12 月 20 日中华人民共和国国务院令第 613 号公布　根据 2017 年 3 月 1 日《国务院关于修改和废止部分行政法规的决定》第一次修订　根据 2018 年 3 月 19 日《国务院关于修改和废止部分行政法规的决定》第二次修订　根据 2019 年 3 月 2 日《国务院关于修改部分行政法规的决定》第三次修订）

第一章 总　　则

第一条　为了规范招标投标活动，根据《中华人民共和国招标投标法》（以下简称招标投标法），制定本条例。

第二条　招标投标法第三条所称工程建设项目，是指工程以及与工程建设有关的货物、服务。前款所称工程，是指建设工程，包括建筑物和构筑物的新建、改建、扩建及其相关的装修、拆除、修缮等；所称与工程建设有关的货物，是指构成工程不可分割的组成部分，且为实现工程基本功能所必需的设备、材料等；所称与工程建设有关的服务，是指为完成工程所需的勘察、设计、监理等服务。

第三条　依法必须进行招标的工程建设项目的具体范围和规模标准，由国务院发展改革部门会同国务院有关部门制订，报国务院批准后公布施行。

第四条　国务院发展改革部门指导和协调全国招标投标工作，对国家重大建设项目的工程招标投标活动实施监督检查。国务院工业和信息化、住房城乡建设、交通运输、铁道、水利、商务等部门，按照规定的职责分工对有关招标投标活动实施监督。

县级以上地方人民政府发展改革部门指导和协调本行政区域的招标投标工作。县级以上地方人民政府有关部门按照规定的职责分工，对招标投标活动实施监督，依法查处招标投标活动中的违法行为。县级以上地方人民政府对其所属部门有关招标投标活动的监督职责分工另有规定的，从其规定。

财政部门依法对实行招标投标的政府采购工程建设项目的政府采购政策执行情况实施监督。

监察机关依法对与招标投标活动有关的监察对象实施监察。

第五条　设区的市级以上地方人民政府可以根据实际需要，建立统一规范的招标投标交易场所，为招标投标活动提供服务。招标投标交易场所不得与行政监督部门存在隶属关系，不得以营利为目的。

国家鼓励利用信息网络进行电子招标投标。

第六条　禁止国家工作人员以任何方式非法干涉招标投标活动。

第二章 招　　标

第七条　按照国家有关规定需要履行项目审批、核准手续的依法必须进行招标的项目，其招标范围、招标方式、招标组织形式应当报项目审批、核准部门审批、核准。项目审批、核准部门应当及时将审批、核准确定的招标范围、招标方式、招标组织形式通报有关行政监督部门。

第八条　国有资金占控股或者主导地位的依法必须进行招标的项目，应当公开招标；但有下列情形之一的，可以邀请招标：

（一）技术复杂、有特殊要求或者受自然环境限制，只有少量潜在投标人可供选择；

（二）采用公开招标方式的费用占项目合同金额的比例过大。

有前款第二项所列情形，属于本条例第七条规定的项目，由项目审批、核准部门在审批、核准项目时作出认定；其他项目由招标人申请有关行政监督部门作出认定。

第九条　除招标投标法第六十六条规定的可以不进行招标的特殊情况外，有下列情形之一的，可以不进行招标：

（一）需要采用不可替代的专利或者专有技术；

（二）采购人依法能够自行建设、生产或者提供；

（三）已通过招标方式选定的特许经营项目投资人依法能够自行建设、生产或者提供；

（四）需要向原中标人采购工程、货物或者服务，否则将影响施工或者功能配套要求；

（五）国家规定的其他特殊情形。

招标人为适用前款规定弄虚作假的，属于招标投标法第四条规定的规避招标。

第十条 招标投标法第十二条第二款规定的招标人具有编制招标文件和组织评标能力，是指招标人具有与招标项目规模和复杂程度相适应的技术、经济等方面的专业人员。

第十一条 国务院住房城乡建设、商务、发展改革、工业和信息化等部门，按照规定的职责分工对招标代理机构依法实施监督管理。

第十二条 招标代理机构应当拥有一定数量的具备编制招标文件、组织评标等相应能力的专业人员。

第十三条 招标代理机构在招标人委托的范围内开展招标代理业务，任何单位和个人不得非法干涉。

招标代理机构代理招标业务，应当遵守招标投标法和本条例关于招标人的规定。招标代理机构不得在所代理的招标项目中投标或者代理投标，也不得为所代理的招标项目的投标人提供咨询。

第十四条 招标人应当与被委托的招标代理机构签订书面委托合同，合同约定的收费标准应当符合国家有关规定。

第十五条 公开招标的项目，应当依照招标投标法和本条例的规定发布招标公告、编制招标文件。

招标人采用资格预审办法对潜在投标人进行资格审查的，应当发布资格预审公告、编制资格预审文件。

依法必须进行招标的项目的资格预审公告和招标公告，应当在国务院发展改革部门依法指定的媒介发布。在不同媒介发布的同一招标项目的资格预审公告或者招标公告的内容应当一致。指定媒介发布依法必须进行招标的项目的境内资格预审公告、招标公告，不得收取费用。

编制依法必须进行招标的项目的资格预审文件和招标文件，应当使用国务院发展改革部门会同有关行政监督部门制定的标准文本。

第十六条 招标人应当按照资格预审公告、招标公告或者投标邀请书规定的时间、地点发售资格预审文件或者招标文件。资格预审文件或者招标文件的发售期不得少于5日。

招标人发售资格预审文件、招标文件收取的费用应当限于补偿印刷、邮寄的成本支出，不得以营利为目的。

第十七条 招标人应当合理确定提交资格预审申请文件的时间。依法必须进行招标的项目提交资格预审申请文件的时间，自资格预审文件停止发售之日起不得少于5日。

第十八条 资格预审应当按照资格预审文件载明的标准和方法进行。

国有资金占控股或者主导地位的依法必须进行招标的项目，招标人应当组建资格审查委员会审查资格预审申请文件。资格审查委员会及其成员应当遵守招标投标法和本条例有关评标委员会及其成员的规定。

第十九条 资格预审结束后，招标人应当及时向资格预审申请人发出资格预审结果通知书。未通过资格预审的申请人不具有投标资格。

通过资格预审的申请人少于3个的，应当重新招标。

第二十条 招标人采用资格后审办法对投标人进行资格审查的，应当在开标后由评标委员会按照招标文件规定的标准和方法对投标人的资格进行审查。

第二十一条 招标人可以对已发出的资格预审文件或者招标文件进行必要的澄清或者修改。澄清或者修改的内容可能影响资格预审申请文件或者投标文件编制的，招标人应当在提交资格预审申请文件截止时间至少 3 日前，或者投标截止时间至少 15 日前，以书面形式通知所有获取资格预审文件或者招标文件的潜在投标人；不足 3 日或者 15 日的，招标人应当顺延提交资格预审申请文件或者投标文件的截止时间。

第二十二条 潜在投标人或者其他利害关系人对资格预审文件有异议的，应当在提交资格预审申请文件截止时间 2 日前提出；对招标文件有异议的，应当在投标截止时间 10 日前提出。招标人应当自收到异议之日起 3 日内作出答复；作出答复前，应当暂停招标投标活动。

第二十三条 招标人编制的资格预审文件、招标文件的内容违反法律、行政法规的强制性规定，违反公开、公平、公正和诚实信用原则，影响资格预审结果或者潜在投标人投标的，依法必须进行招标的项目的招标人应当在修改资格预审文件或者招标文件后重新招标。

第二十四条 招标人对招标项目划分标段的，应当遵守招标投标法的有关规定，不得利用划分标段限制或者排斥潜在投标人。依法必须进行招标的项目的招标人不得利用划分标段规避招标。

第二十五条 招标人应当在招标文件中载明投标有效期。投标有效期从提交投标文件的截止之日起算。

第二十六条 招标人在招标文件中要求投标人提交投标保证金的，投标保证金不得超过招标项目估算价的 2%。投标保证金有效期应当与投标有效期一致。

依法必须进行招标的项目的境内投标单位，以现金或者支票形式提交的投标保证金应当从其基本账户转出。

招标人不得挪用投标保证金。

第二十七条 招标人可以自行决定是否编制标底。一个招标项目只能有一个标底。标底必须保密。

接受委托编制标底的中介机构不得参加受托编制标底项目的投标，也不得为该项目的投标人编制投标文件或者提供咨询。

招标人设有最高投标限价的，应当在招标文件中明确最高投标限价或者最高投标限价的计算方法。招标人不得规定最低投标限价。

第二十八条 招标人不得组织单个或者部分潜在投标人踏勘项目现场。

第二十九条 招标人可以依法对工程以及与工程建设有关的货物、服务全部或者部分实行总承包招标。以暂估价形式包括在总承包范围内的工程、货物、服务属于依法必须进行招标的项目范围且达到国家规定规模标准的，应当依法进行招标。

前款所称暂估价，是指总承包招标时不能确定价格而由招标人在招标文件中暂时估定的工程、货物、服务的金额。

第三十条 对技术复杂或者无法精确拟定技术规格的项目，招标人可以分两阶段进行招标。

第一阶段，投标人按照招标公告或者投标邀请书的要求提交不带报价的技术建议，招标人根据投标人提交的技术建议确定技术标准和要求，编制招标文件。

第二阶段，招标人向在第一阶段提交技术建议的投标人提供招标文件，投标人按照招标文件的要求提交包括最终技术方案和投标报价的投标文件。

招标人要求投标人提交投标保证金的，应当在第二阶段提出。

第三十一条 招标人终止招标的，应当及时发布公告，或者以书面形式通知被邀请的或者已经获取资格预审文件、招标文件的潜在投标人。已经发售资格预审文件、招标文件或者已经收取投标保证金的，招标人应当及时退还所收取的资格预审文件、招标文件的费用，以及所收取的投标保证金及银行同期存款利息。

第三十二条 招标人不得以不合理的条件限制、排斥潜在投标人或者投标人。

招标人有下列行为之一的，属于以不合理条件限制、排斥潜在投标人或者投标人：

（一）就同一招标项目向潜在投标人或者投标人提供有差别的项目信息；

（二）设定的资格、技术、商务条件与招标项目的具体特点和实际需要不相适应或者与合同履行无关；

（三）依法必须进行招标的项目以特定行政区域或者特定行业的业绩、奖项作为加分条件或者中标条件；

（四）对潜在投标人或者投标人采取不同的资格审查或者评标标准；

（五）限定或者指定特定的专利、商标、品牌、原产地或者供应商；

（六）依法必须进行招标的项目非法限定潜在投标人或者投标人的所有制形式或者组织形式；

（七）以其他不合理条件限制、排斥潜在投标人或者投标人。

第三章 投 标

第三十三条 投标人参加依法必须进行招标的项目的投标，不受地区或者部门的限制，任何单位和个人不得非法干涉。

第三十四条 与招标人存在利害关系可能影响招标公正性的法人、其他组织或者个人，不得参加投标。

单位负责人为同一人或者存在控股、管理关系的不同单位，不得参加同一标段投标或者未划分标段的同一招标项目投标。

违反前两款规定的，相关投标均无效。

第三十五条 投标人撤回已提交的投标文件，应当在投标截止时间前书面通知招标人。招标人已收取投标保证金的，应当自收到投标人书面撤回通知之日起 5 日内退还。

投标截止后投标人撤销投标文件的，招标人可以不退还投标保证金。

第三十六条 未通过资格预审的申请人提交的投标文件，以及逾期送达或者不按照招标文件要求密封的投标文件，招标人应当拒收。

招标人应当如实记载投标文件的送达时间和密封情况，并存档备查。

第三十七条 招标人应当在资格预审公告、招标公告或者投标邀请书中载明是否接受联合体投标。

招标人接受联合体投标并进行资格预审的，联合体应当在提交资格预审申请文件前组成。资格预审后联合体增减、更换成员的，其投标无效。

联合体各方在同一招标项目中以自己名义单独投标或者参加其他联合体投标的，相关投标均无效。

第三十八条 投标人发生合并、分立、破产等重大变化的，应当及时书面告知招标人。投标人不再具备资格预审文件、招标文件规定的资格条件或者其投标影响招标公正性的，其投标无效。

第三十九条 禁止投标人相互串通投标。

有下列情形之一的，属于投标人相互串通投标：

（一）投标人之间协商投标报价等投标文件的实质性内容；

（二）投标人之间约定中标人；
（三）投标人之间约定部分投标人放弃投标或者中标；
（四）属于同一集团、协会、商会等组织成员的投标人按照该组织要求协同投标；
（五）投标人之间为谋取中标或者排斥特定投标人而采取的其他联合行动。

第四十条 有下列情形之一的，视为投标人相互串通投标：
（一）不同投标人的投标文件由同一单位或者个人编制；
（二）不同投标人委托同一单位或者个人办理投标事宜；
（三）不同投标人的投标文件载明的项目管理成员为同一人；
（四）不同投标人的投标文件异常一致或者投标报价呈规律性差异；
（五）不同投标人的投标文件相互混装；
（六）不同投标人的投标保证金从同一单位或者个人的账户转出。

第四十一条 禁止招标人与投标人串通投标。
有下列情形之一的，属于招标人与投标人串通投标：
（一）招标人在开标前开启投标文件并将有关信息泄露给其他投标人；
（二）招标人直接或者间接向投标人泄露标底、评标委员会成员等信息；
（三）招标人明示或者暗示投标人压低或者抬高投标报价；
（四）招标人授意投标人撤换、修改投标文件；
（五）招标人明示或者暗示投标人为特定投标人中标提供方便；
（六）招标人与投标人为谋求特定投标人中标而采取的其他串通行为。

第四十二条 使用通过受让或者租借等方式获取的资格、资质证书投标的，属于招标投标法第三十三条规定的以他人名义投标。
投标人有下列情形之一的，属于招标投标法第三十三条规定的以其他方式弄虚作假的行为：
（一）使用伪造、变造的许可证件；
（二）提供虚假的财务状况或者业绩；
（三）提供虚假的项目负责人或者主要技术人员简历、劳动关系证明；
（四）提供虚假的信用状况；
（五）其他弄虚作假的行为。

第四十三条 提交资格预审申请文件的申请人应当遵守招标投标法和本条例有关投标人的规定。

第四章 开标、评标和中标

第四十四条 招标人应当按照招标文件规定的时间、地点开标。
投标人少于3个的，不得开标；招标人应当重新招标。
投标人对开标有异议的，应当在开标现场提出，招标人应当当场作出答复，并制作记录。

第四十五条 国家实行统一的评标专家专业分类标准和管理办法。具体标准和办法由国务院发展改革部门会同国务院有关部门制定。
省级人民政府和国务院有关部门应当组建综合评标专家库。

第四十六条 除招标投标法第三十七条第三款规定的特殊招标项目外，依法必须进行招标的项目，其评标委员会的专家成员应当从评标专家库内相关专业的专家名单中以随机抽取方式确定。任何单位和个人不得以明示、暗示等任何方式指定或者变相指定参加评标委员会的专家成员。

依法必须进行招标的项目的招标人非因招标投标法和本条例规定的事由，不得更换依法确定的评标委员会成员。更换评标委员会的专家成员应当依照前款规定进行。

评标委员会成员与投标人有利害关系的，应当主动回避。

有关行政监督部门应当按照规定的职责分工，对评标委员会成员的确定方式、评标专家的抽取和评标活动进行监督。行政监督部门的工作人员不得担任本部门负责监督项目的评标委员会成员。

第四十七条 招标投标法第三十七条第三款所称特殊招标项目，是指技术复杂、专业性强或者国家有特殊要求，采取随机抽取方式确定的专家难以保证胜任评标工作的项目。

第四十八条 招标人应当向评标委员会提供评标所必需的信息，但不得明示或者暗示其倾向或者排斥特定投标人。

招标人应当根据项目规模和技术复杂程度等因素合理确定评标时间。超过三分之一的评标委员会成员认为评标时间不够的，招标人应当适当延长。

评标过程中，评标委员会成员有回避事由、擅离职守或者因健康等原因不能继续评标的，应当及时更换。被更换的评标委员会成员作出的评审结论无效，由更换后的评标委员会成员重新进行评审。

第四十九条 评标委员会成员应当依照招标投标法和本条例的规定，按照招标文件规定的评标标准和方法，客观、公正地对投标文件提出评审意见。招标文件没有规定的评标标准和方法不得作为评标的依据。

评标委员会成员不得私下接触投标人，不得收受投标人给予的财物或者其他好处，不得向招标人征询确定中标人的意向，不得接受任何单位或者个人明示或者暗示提出的倾向或者排斥特定投标人的要求，不得有其他不客观、不公正履行职务的行为。

第五十条 招标项目设有标底的，招标人应当在开标时公布。标底只能作为评标的参考，不得以投标报价是否接近标底作为中标条件，也不得以投标报价超过标底上下浮动范围作为否决投标的条件。

第五十一条 有下列情形之一的，评标委员会应当否决其投标：

（一）投标文件未经投标单位盖章和单位负责人签字；

（二）投标联合体没有提交共同投标协议；

（三）投标人不符合国家或者招标文件规定的资格条件；

（四）同一投标人提交两个以上不同的投标文件或者投标报价，但招标文件要求提交备选投标的除外；

（五）投标报价低于成本或者高于招标文件设定的最高投标限价；

（六）投标文件没有对招标文件的实质性要求和条件作出响应；

（七）投标人有串通投标、弄虚作假、行贿等违法行为。

第五十二条 投标文件中有含义不明确的内容、明显文字或者计算错误，评标委员会认为需要投标人作出必要澄清、说明的，应当书面通知该投标人。投标人的澄清、说明应当采用书面形式，并不得超出投标文件的范围或者改变投标文件的实质性内容。

评标委员会不得暗示或者诱导投标人作出澄清、说明，不得接受投标人主动提出的澄清、说明。

第五十三条 评标完成后，评标委员会应当向招标人提交书面评标报告和中标候选人名单。中标候选人应当不超过3个，并标明排序。

评标报告应当由评标委员会全体成员签字。对评标结果有不同意见的评标委员会成员应当以书面形式说明其不同意见和理由，评标报告应当注明该不同意见。评标委员会成员拒绝在评标报告上签字又不书面说明其不同意见和理由的，视为同意评标结果。

第五十四条 依法必须进行招标的项目，招标人应当自收到评标报告之日起3日内公示中标候选人，公示期不得少于3日。

投标人或者其他利害关系人对依法必须进行招标的项目的评标结果有异议的，应当在中标候选人公示期间提出。招标人应当自收到异议之日起3日内作出答复；作出答复前，应当暂停招标投标活动。

第五十五条 国有资金占控股或者主导地位的依法必须进行招标的项目，招标人应当确定排名第一的中标候选人为中标人。排名第一的中标候选人放弃中标、因不可抗力不能履行合同、不按照招标文件要求提交履约保证金，或者被查实存在影响中标结果的违法行为等情形，不符合中标条件的，招标人可以按照评标委员会提出的中标候选人名单排序依次确定其他中标候选人为中标人，也可以重新招标。

第五十六条 中标候选人的经营、财务状况发生较大变化或者存在违法行为，招标人认为可能影响其履约能力的，应当在发出中标通知书前由原评标委员会按照招标文件规定的标准和方法审查确认。

第五十七条 招标人和中标人应当依照招标投标法和本条例的规定签订书面合同，合同的标的、价款、质量、履行期限等主要条款应当与招标文件和中标人的投标文件的内容一致。招标人和中标人不得再行订立背离合同实质性内容的其他协议。

招标人最迟应当在书面合同签订后5日内向中标人和未中标的投标人退还投标保证金及银行同期存款利息。

第五十八条 招标文件要求中标人提交履约保证金的，中标人应当按照招标文件的要求提交。履约保证金不得超过中标合同金额的10%。

第五十九条 中标人应当按照合同约定履行义务，完成中标项目。中标人不得向他人转让中标项目，也不得将中标项目肢解后分别向他人转让。

中标人按照合同约定或者经招标人同意，可以将中标项目的部分非主体、非关键性工作分包给他人完成。接受分包的人应当具备相应的资格条件，并不得再次分包。

中标人应当就分包项目向招标人负责，接受分包的人就分包项目承担连带责任。

第五章　投诉与处理

第六十条 投标人或者其他利害关系人认为招标投标活动不符合法律、行政法规规定的，可以自知道或者应当知道之日起10日内向有关行政监督部门投诉。投诉应当有明确的请求和必要的证明材料。

就本条例第二十二条、第四十四条、第五十四条规定事项投诉的，应当先向招标人提出异议，异议答复期间不计算在前款规定的期限内。

第六十一条 投诉人就同一事项向两个以上有权受理的行政监督部门投诉的，由最先收到投诉的行政监督部门负责处理。

行政监督部门应当自收到投诉之日起3个工作日内决定是否受理投诉，并自受理投诉之日起30个工作日内作出书面处理决定；需要检验、检测、鉴定、专家评审的，所需时间不计算在内。

投诉人捏造事实、伪造材料或者以非法手段取得证明材料进行投诉的，行政监督部门应当予以驳回。

第六十二条 行政监督部门处理投诉，有权查阅、复制有关文件、资料，调查有关情况，相关单位和人员应当予以配合。必要时，行政监督部门可以责令暂停招标投标活动。

行政监督部门的工作人员对监督检查过程中知悉的国家秘密、商业秘密，应当依法予以保密。

第六章 法 律 责 任

第六十三条 招标人有下列限制或者排斥潜在投标人行为之一的，由有关行政监督部门依照招标投标法第五十一条的规定处罚：

（一）依法应当公开招标的项目不按照规定在指定媒介发布资格预审公告或者招标公告；

（二）在不同媒介发布的同一招标项目的资格预审公告或者招标公告的内容不一致，影响潜在投标人申请资格预审或者投标。

依法必须进行招标的项目的招标人不按照规定发布资格预审公告或者招标公告，构成规避招标的，依照招标投标法第四十九条的规定处罚。

第六十四条 招标人有下列情形之一的，由有关行政监督部门责令改正，可以处 10 万元以下的罚款：

（一）依法应当公开招标而采用邀请招标；

（二）招标文件、资格预审文件的发售、澄清、修改的时限，或者确定的提交资格预审申请文件、投标文件的时限不符合招标投标法和本条例规定；

（三）接受未通过资格预审的单位或者个人参加投标；

（四）接受应当拒收的投标文件。

招标人有前款第一项、第三项、第四项所列行为之一的，对单位直接负责的主管人员和其他直接责任人员依法给予处分。

第六十五条 招标代理机构在所代理的招标项目中投标、代理投标或者向该项目投标人提供咨询的，接受委托编制标底的中介机构参加受托编制标底项目的投标或者为该项目的投标人编制投标文件、提供咨询的，依照招标投标法第五十条的规定追究法律责任。

第六十六条 招标人超过本条例规定的比例收取投标保证金、履约保证金或者不按照规定退还投标保证金及银行同期存款利息的，由有关行政监督部门责令改正，可以处 5 万元以下的罚款；给他人造成损失的，依法承担赔偿责任。

第六十七条 投标人相互串通投标或者与招标人串通投标的，投标人向招标人或者评标委员会成员行贿谋取中标的，中标无效；构成犯罪的，依法追究刑事责任；尚不构成犯罪的，依照招标投标法第五十三条的规定处罚。投标人未中标的，对单位的罚款金额按照招标项目合同金额依照招标投标法规定的比例计算。

投标人有下列行为之一的，属于招标投标法第五十三条规定的情节严重行为，由有关行政监督部门取消其 1 年至 2 年内参加依法必须进行招标的项目的投标资格：

（一）以行贿谋取中标；

（二）3 年内 2 次以上串通投标；

（三）串通投标行为损害招标人、其他投标人或者国家、集体、公民的合法利益，造成直接经济损失 30 万元以上；

（四）其他串通投标情节严重的行为。

投标人自本条第二款规定的处罚执行期限届满之日起 3 年内又有该款所列违法行为之一的，或者串通投标、以行贿谋取中标情节特别严重的，由工商行政管理机关吊销营业执照。

法律、行政法规对串通投标报价行为的处罚另有规定的，从其规定。

第六十八条 投标人以他人名义投标或者以其他方式弄虚作假骗取中标的，中标无效；构成犯罪的，依法追究刑事责任；尚不构成犯罪的，依照招标投标法第五十四条的规定处罚。依法必须进行招标的项目的投标人未中标的，对单位的罚款金额按照招标项目合同金额依照招标投标法规定的比例计算。

投标人有下列行为之一的，属于招标投标法第五十四条规定的情节严重行为，由有关行政监督部门取消其1年至3年内参加依法必须进行招标的项目的投标资格：

（一）伪造、变造资格、资质证书或者其他许可证件骗取中标；

（二）3年内2次以上使用他人名义投标；

（三）弄虚作假骗取中标给招标人造成直接经济损失30万元以上；

（四）其他弄虚作假骗取中标情节严重的行为。

投标人自本条第二款规定的处罚执行期限届满之日起3年内又有该款所列违法行为之一的，或者弄虚作假骗取中标情节特别严重的，由工商行政管理机关吊销营业执照。

第六十九条 出让或者出租资格、资质证书供他人投标的，依照法律、行政法规的规定给予行政处罚；构成犯罪的，依法追究刑事责任。

第七十条 依法必须进行招标的项目的招标人不按照规定组建评标委员会，或者确定、更换评标委员会成员违反招标投标法和本条例规定的，由有关行政监督部门责令改正，可以处10万元以下的罚款，对单位直接负责的主管人员和其他直接责任人员依法给予处分；违法确定或者更换的评标委员会成员作出的评审结论无效，依法重新进行评审。

国家工作人员以任何方式非法干涉选取评标委员会成员的，依照本条例第八十一条的规定追究法律责任。

第七十一条 评标委员会成员有下列行为之一的，由有关行政监督部门责令改正；情节严重的，禁止其在一定期限内参加依法必须进行招标的项目的评标；情节特别严重的，取消其担任评标委员会成员的资格：

（一）应当回避而不回避；

（二）擅离职守；

（三）不按照招标文件规定的评标标准和方法评标；

（四）私下接触投标人；

（五）向招标人征询确定中标人的意向或者接受任何单位或者个人明示或者暗示提出的倾向或者排斥特定投标人的要求；

（六）对依法应当否决的投标不提出否决意见；

（七）暗示或者诱导投标人作出澄清、说明或者接受投标人主动提出的澄清、说明；

（八）其他不客观、不公正履行职务的行为。

第七十二条 评标委员会成员收受投标人的财物或者其他好处的，没收收受的财物，处3 000元以上5万元以下的罚款，取消担任评标委员会成员的资格，不得再参加依法必须进行招标的项目的评标；构成犯罪的，依法追究刑事责任。

第七十三条 依法必须进行招标的项目的招标人有下列情形之一的，由有关行政监督部门责令改正，可以处中标项目金额10‰以下的罚款；给他人造成损失的，依法承担赔偿责任；对单位直接负责的主管人员和其他直接责任人员依法给予处分：

（一）无正当理由不发出中标通知书；

（二）不按照规定确定中标人；

（三）中标通知书发出后无正当理由改变中标结果；

（四）无正当理由不与中标人订立合同；

（五）在订立合同时向中标人提出附加条件。

第七十四条 中标人无正当理由不与招标人订立合同，在签订合同时向招标人提出附加条件，或者不按照招标文件要求提交履约保证金的，取消其中标资格，投标保证金不予退还。对依法必须进行招标的项目的中标人，由有关行政监督部门责令改正，可以处中标项目金额10‰以下的罚款。

第七十五条 招标人和中标人不按照招标文件和中标人的投标文件订立合同，合同的主要条款与招标文件、中标人的投标文件的内容不一致，或者招标人、中标人订立背离合同实质性内容的协议的，由有关行政监督部门责令改正，可以处中标项目金额5‰以上10‰以下的罚款。

第七十六条 中标人将中标项目转让给他人的，将中标项目肢解后分别转让给他人的，违反招标投标法和本条例规定将中标项目的部分主体、关键性工作分包给他人的，或者分包人再次分包的，转让、分包无效，处转让、分包项目金额5‰以上10‰以下的罚款；有违法所得的，并处没收违法所得；可以责令停业整顿；情节严重的，由工商行政管理机关吊销营业执照。

第七十七条 投标人或者其他利害关系人捏造事实、伪造材料或者以非法手段取得证明材料进行投诉，给他人造成损失的，依法承担赔偿责任。

招标人不按照规定对异议作出答复，继续进行招标投标活动的，由有关行政监督部门责令改正，拒不改正或者不能改正并影响中标结果的，依照本条例第八十二条的规定处理。

第七十八条 国家建立招标投标信用制度。有关行政监督部门应当依法公告对招标人、招标代理机构、投标人、评标委员会成员等当事人违法行为的行政处理决定。

第七十九条 项目审批、核准部门不依法审批、核准项目招标范围、招标方式、招标组织形式的，对单位直接负责的主管人员和其他直接责任人员依法给予处分。

有关行政监督部门不依法履行职责，对违反招标投标法和本条例规定的行为不依法查处，或者不按照规定处理投诉、不依法公告对招标投标当事人违法行为的行政处理决定的，对直接负责的主管人员和其他直接责任人员依法给予处分。

项目审批、核准部门和有关行政监督部门的工作人员徇私舞弊、滥用职权、玩忽职守，构成犯罪的，依法追究刑事责任。

第八十条 国家工作人员利用职务便利，以直接或者间接、明示或者暗示等任何方式非法干涉招标投标活动，有下列情形之一的，依法给予记过或者记大过处分；情节严重的，依法给予降级或者撤职处分；情节特别严重的，依法给予开除处分；构成犯罪的，依法追究刑事责任：

（一）要求对依法必须进行招标的项目不招标，或者要求对依法应当公开招标的项目不公开招标；

（二）要求评标委员会成员或者招标人以其指定的投标人作为中标候选人或者中标人，或者以其他方式非法干涉评标活动，影响中标结果；

（三）以其他方式非法干涉招标投标活动。

第八十一条 依法必须进行招标的项目的招标投标活动违反招标投标法和本条例的规定，对中标结果造成实质性影响，且不能采取补救措施予以纠正的，招标、投标、中标无效，应当依法重新招标或者评标。

第七章 附　　则

第八十二条 招标投标协会按照依法制定的章程开展活动，加强行业自律和服务。

第八十三条 政府采购的法律、行政法规对政府采购货物、服务的招标投标另有规定的，从其规定。

第八十四条　本条例自 2012 年 2 月 1 日起施行。

5. 政府采购品目分类目录（2022 年发布）

（财库〔2022〕31 号印发）

说　　明

为完善政府采购基础分类标准，按照深化政府采购制度改革和实施预算管理一体化要求，财政部对《政府采购品目分类目录》（财库〔2013〕189 号，以下简称《采购品目目录》）进行了修订，并与《固定资产等资产基础分类与代码》（GB/T14885，以下简称《资产分类与代码》）统一为一套编码体系。修订的主要内容为：

一、货物类品目的修订

修订后的货物类品目共 8 个门类，包括房屋和构筑物、设备、文物和陈列品、图书和档案、家具和用具、特种动植物、物资、无形资产。修订的主要内容为：

一是与《资产分类与代码》保持一致。对货物类品目与资产分类进行一一对应，两者编码均由拉丁字母"A"和 4 级代码 8 位阿拉伯数字组成，为政府采购与资产管理的有效衔接提供基础保障。如办公用房和计算机品目的编码在《采购品目目录》和《资产分类与代码》中均为 A01010100 和 A02010100。

二是根据工作实践和单位反馈意见，新增部分品目。如在"A01010200 业务用房"下增设"城市客运用房"；在"A02010100 计算机"下增设"移动工作站""图形工作站"；在"A02050900 金属加工设备"下增设"增材制造设备"；在"A02080100 无线电通信设备"下增设"无线电反制设备"；在"A02080800 视频会议系统设备"下增设"视频会议系统及会议室音频系统"；在"A02080000 通信设备"下增设"无线传输辅助设备"；在"A02081000 传真通信设备"下增设"文件(图文)传真机"；在"A02370000 政法、消防、检测设备"下增设"教育训练装备"；在"A02430000 航空器及其配套设备"下增设"无人机"等品目。

三是优化货物类品目分类方式。如将原按技术类型分类的喷墨打印机、激光打印机等，根据资产配置标准的分类方式，调整为按功能分类的"A02021001A3 黑白打印机""A02021002A3 彩色打印机""A02021003A4 黑白打印机""A02021004A4 彩色打印机"和"A020210053D 打印机"。

四是不适宜政府采购的分类未纳入《采购品目目录》。如《资产分类与代码》中"A03010000 不可移动文物"项下的"古遗址""古建筑""石窟寺和石刻""近代现代重要史迹和代表性建筑"，以及"A08000000 无形资产"项下的"资质证明""产品认证""商誉""管理经营"等类别，未纳入《采购品目目录》。

二、工程类品目的修订

修订后的工程类品目共 10 个门类，包括房屋施工、构筑物施工、施工工程准备、预制构件组装和装配、专业施工、安装工程、装修工程、修缮工程、工程设备租赁（带操作员）、其他建筑工程。修订的主要内容为：一是与资产分类中的房屋分类保持一致，并对其下级品目进行同步更新。如将原房屋施工调整为"B01010000 办公用房施工"和"B01020000 业务用房施工"，并在"B01020000 业务用房施工"下，同步更新了"警察业务用房施工""司法业务用房施工""教育用房施工"等品目。

二是规范部分品目名称。如将"B01022400"的品目名称"城市公交用房施工"修改为"城市客运用房施工","B02080300城市地铁隧道工程施工"修改为"城市轨道交通隧道工程施工";"B02140300荒山绿化工程施工"修改为"土地绿化工程施工";"B02140400防沙工程施工"修改为"防沙治沙工程施工";"B02140600人工湿地工程施工"修改为"湿地保护工程施工"等。

三、服务类品目的修订

修订后的服务类品目共25个门类,包括科学研究和试验开发、教育服务、医疗卫生服务、社会服务、生态环境保护和治理服务、公共设施管理服务、农林牧渔服务等。修订的主要内容为:

一是与政府购买服务相衔接。对照《中央本级政府购买服务指导性目录》(以下简称《指导性目录》),调整了教育服务、社会服务、生态环境保护和治理服务等分类,新增了科技服务、公共信息与宣传服务等类别,《指导性目录》中的所有目录均已在《采购品目目录》中体现。如《指导性目录》中的"教育课程研究与开发服务""校园活动组织实施服务"等目录,在《采购品目目录》的"C02000000教育服务"品目下增设;《指导性目录》中"科技公共服务"及所属"科技研发与推广服务""科技成果转化与推广"等目录,则全部在《采购品目目录》中新设相应品目。

二是与框架协议采购相适应。根据2022年3月施行的《政府采购框架协议采购方式管理暂行办法》规定,新增"C20000000鉴证咨询服务"品目,包括"C20010000认证服务"(产品认证服务、服务认证服务等)、"C20020000鉴证服务"(会计鉴证服务、税务鉴证服务、工程造价鉴定服务、工程监理服务、资产评估服务等)和C20030000咨询服务(会计咨询服务、税务咨询服务、法律咨询服务、评审咨询服务等)。

三是规范实施政府和社会资本合作项目采购。按照深化改革和政府采购法修订的总体思路,新增"C24000000政府和社会资本合作服务"品目。包括"公共设施类合作服务""交通设施类合作服务""水利设施类合作服务""公园、景区及旅游类合作服务""生态环境保护类合作服务""农业、林业类合作服务""教育类合作服务""医疗卫生类合作服务""社会保障类合作服务""公共文化类合作服务""信息技术、信息传输类合作服务"以及"城市、城镇发展类合作服务"等12个类别。

四是根据《"十四五"公共服务规划》《国家基本公共服务标准(2021年版)》及新型服务业态的变化,新增或调整相关品目。如在"C02000000教育服务"下增设"考试服务";在"C04000000医疗卫生服务"下增设"康复服务""公共卫生事件防控服务";在"C05010000社会保障服务"下增设"托育服务";在"C23000000商务服务"下增设"信用服务";将"安全服务"由"商务服务"调整至"社会服务"项下。

五是根据工作实践和单位反馈意见,新增或调整部分品目。如在"C12000000水利管理服务"下增设"水资源保护服务",在"C16000000信息技术服务"下增设"云计算服务",在"C09019900其他农业服务"中增加土壤普查服务、土壤修复服务和农业园艺服务等内容,并将"C07040000噪声污染治理服务"修改为"噪声与振动污染治理服务"等。

六是优化服务分类顺序。按照服务属性对品目分类进行排序,如"教育服务""医疗卫生服务""社会服务""生态环境保护和治理服务"等公共服务属性强的排序靠前,"信息技术服务""电信和其他信息传输服务"等辅助性服务排序靠后。

七是补充完善品目说明。为便于预算单位准确理解和使用品目,补充新增品目说明并对原有品目说明进行完善,保证每一个末级品目均有说明。

编码	品目名称	说明
A	货物	
A01000000	房屋和构筑物	
A01010000	房屋	
A01010100	办公用房	包括办公室、服务用房、设备用房、附属用房等办公用房
A01010200	业务用房	
A01010201	警察业务用房	包括公安、安全等业务工作用房
A01010202	检察业务用房	
A01010203	司法业务用房	
A01010204	法院业务用房	
A01010205	纪委监委业务用房	
A01010206	税务业务用房	
A01010207	审计业务用房	
A01010208	海关业务用房	
A01010209	水利业务用房	包括水文监测、防汛抗旱测报值守等业务工作用房
A01010210	应急救援业务用房	包括消防用房等
A01010211	教育用房	包括大专院校、中等专业学校、中学、小学、幼儿园、托儿所、职业学校、业余学校、干校、党校、进修院校、工读学校、电视大学等从事教育所用的房屋
A01010212	医疗卫生用房	包括各类医院、门诊部、卫生所（站）、检（防）疫站、保健院（站）、疗养院、医学化验、药品检验等医疗卫生机构从事医疗、保健、防疫、检验及医疗垃圾暂存所用的房屋
A01010213	科研用房	包括从事自然科学、社会科学等研究设计、开发所用的房屋
A01010214	文化用房	包括文化馆、图书馆、展览馆、博物馆、纪念馆等从事文化活动所用的房屋
A01010215	新闻用房	包括广播电视台、电台、出版社、报社、杂志社、通讯社、记者站等从事新闻出版所用的房屋
A01010216	娱乐用房	包括影剧院、游乐场、俱乐部、剧团等从事文娱演出所用的房屋
A01010217	园林绿化用房	包括公园、动物园、植物园、陵园、苗圃、花圃、花园、风景名胜、防护林等所用的房屋
A01010218	体育用房	包括体育场、馆、游泳馆等从事体育所用的房屋
A01010219	工业生产用房	包括独立设置的各类工厂、车间、手工作坊、发电厂等从事生产活动的房屋

(续表)

编码	品目名称	说明
A01010220	市政公用设施用房	包括自来水、泵站、污水处理、变电、气象、燃气、供热、垃圾处理、环卫、公厕、殡葬、消防等市政公用设施的房屋
A01010221	铁路用房	包括铁路系统从事铁路运输的房屋
A01010222	民航用房	包括民航系统从事民航运输的房屋
A01010223	航运用房	包括航运系统从事水路运输的房屋
A01010224	城市客运用房	包括城市公交运输、城市轨道交通、公共交通系统中从事城市客运的房屋
A01010225	公路运输用房	包括公路运输系统从事客、货运输、装卸、搬运的房屋
A01010226	仓储用房	包括用于储备、中转、外贸、供应等各种仓库、油库用房
A01010227	发行库用房	包括人民银行系统发行库及库务用房、钞票处理中心用房、武警用房、守卫押运中心用房、发行库安全保卫监控（指挥）中心用房等
A01010228	商业金融用房	包括商店、门市部、旅社、招待所、宾馆、中介、银行、储蓄所等从事商业和金融服务的房屋
A01010229	电讯信息用房	包括邮电、电讯部门、信息产业部门，从事电讯与信息工作所用的房屋
A01010230	监狱用房	包括监狱、看守所、改造场（所）等所用的房屋
A01010231	涉外用房	包括外国和国际组织驻华使领馆、办事处等涉外所用的房屋，以及境外办公用房
A01010299	其他业务用房	
A01010300	宗教用房	包括寺庙、教堂等从事宗教活动所用的房屋
A01010400	军事用房	包括中国人民解放军和中国人民武装警察部队军事机关、营房、阵地、基地、机场、码头、工厂、学校等所用的房屋
A01010500	住宅	包括保障性住房；境外住宅；由若干卧室、起居室、厨房、卫生间、室内运道或客厅等组成的供一户使用的成套住宅；供居住的非成套住宅；供机关、学校、企事业单位的单身职工、学生居住的集体宿舍等房屋
A01019900	其他房屋	
A01020000	构筑物	
A01020100	池、罐	包括工业生产用池、罐，灌溉用池，水生动物饲养池，观赏鱼池及花池，沼气发生池，水利用池等
A01020200	槽	包括工业生产用槽、农业用槽、科研用槽等
A01020300	塔	包括工业用塔，农业用塔，广播电视用塔，交通航空用塔，气象、水利及环保用塔等

（续表）

编码	品目名称	说明
A01020400	烟囱	
A01020500	井	包括水井、地热水井、矿井、科研用井等
A01020600	坑	包括原料坑、铸铁块坑、铸锭坑、修罐包坑、机车灰坑、机车检查坑、渣坑等
A01020700	台、站	旅客站台，货物站台，平台，转运站，煤台，上油台，料台，渣台，检查收费站，城市轨道交通车站，候车亭，雷达站等
A01020800	码头	包括直立式码头、栈桥式码头、斜坡式码头、浮式码头、简易式码头等
A01020900	道路	包括高速公路、一、二、三、四级公路、等外公路，城市道路，城市轨道交通正线、城市轨道交通配线、城市轨道交通车场线，生产用道路，内部道路，铁路正线，铁路站线，铁路段管线，铁路岔线，铁路专用线，特别用途线，铁路道岔，巷道，渠道，坑道，飞机滑行道，飞机跑道，飞机停机坪等
A01021000	隧道	包括铁路隧道，城市轨道交通线路、城市轨道交通道岔，公路隧道，电缆隧道，排灌隧道等
A01021100	沟	包括地沟、水沟、围厂河沟、渠沟、盐场引潮沟、盐场排淡沟、盐场落卤沟、盐场运盐沟等
A01021200	洞	包括铁路涵洞，公路涵洞，防空洞，隧洞，水工涵洞，放水洞，科学观测、监测洞体等
A01021300	廊	包括通廊等
A01021400	桥梁、架	包括公路桥梁，铁路桥梁，公路、铁路两用桥梁，市内立交桥，城市轨道交通桥梁，露天栈桥，吊车栈桥，洗涤塔支架，通道支架，落罐架，露天框架，凉水架，混凝土支架等
A01021500	航道	包含内河航道、沿海航道、锚地
A01021600	坝、堰及水道	包括水电站大坝，水库，堤坝，防洪堤，防波堤，尾矿坝，护坡，流量堰，溢、泄洪道，塘等
A01021700	闸	包括节制闸、进水闸、排水闸、分洪闸、挡潮闸、船闸、冲沙闸等
A01021800	水利管道	包括引水管道、排水管道、尾水管道、节水管道、倒吸虹等
A01021900	市政管道	包括采暖管道、天然气管道、电力管道、通信管道、给水管道、排水管道等
A01022000	库	包括飞机库、汽车库、船坞、粮库等
A01022100	仓	包括平房仓、立筒仓、浅圆仓、砖圆仓、地下仓、楼房仓、简易仓等
A01022200	场	包括露天原料场，废渣场，停车场（含立体停车场），晾晒场，露天体育场、训练场，雨量场等
A01022300	斗	包括料斗等

（续表）

编码	品目名称	说明
A01022400	罩棚	
A01022500	墙	包括围墙等
A01022600	车位	
A01029900	其他构筑物	
A01030000	土地	
A01030100	境外土地	
A01039900	其他土地	
A02000000	设备	
A02010000	信息化设备	
A02010100	计算机	
A02010101	巨型计算机	
A02010102	大型计算机	
A02010103	中型计算机	
A02010104	服务器	
A02010105	台式计算机	
A02010106	移动工作站	
A02010107	图形工作站	
A02010108	便携式计算机	
A02010109	平板式计算机	
A02010199	其他计算机	
A02010200	网络设备	
A02010201	路由器	
A02010202	交换设备	包括以太网交换机等
A02010203	集线器	
A02010204	光端机	
A02010205	终端接入设备	
A02010206	通信（控制）处理机	
A02010207	通信控制器	
A02010208	集中器	
A02010209	终端控制器	
A02010210	集群控制器	
A02010211	多站询问单位	
A02010212	网络接口	

（续表）

编码	品目名称	说明
A02010213	通信适配器	包括异步、同步、多协议通信适配器等
A02010214	接口适配器	包括网络、设备接口适配器等。
A02010215	光纤转换器	
A02010216	网络收发器	
A02010217	网络转发器	
A02010218	网络分配器	
A02010219	网关	
A02010220	网桥	
A02010221	协议分析器	
A02010222	协议测试设备	
A02010223	差错检测设备	
A02010224	负载均衡设备	
A02010299	其他网络设备	
A02010300	信息安全设备	
A02010301	防火墙	
A02010302	入侵检测设备	
A02010303	入侵防御设备	
A02010304	漏洞扫描设备	
A02010305	容灾备份设备	
A02010306	网络隔离设备	
A02010307	安全审计设备	
A02010308	安全路由器	
A02010309	计算机终端安全设备	包括加密狗、U盾等
A02010310	网闸	
A02010311	网上行为管理设备	
A02010312	密码产品	
A02010313	虚拟专用网（VPN）设备	
A02010399	其他信息安全设备	
A02010400	终端设备	
A02010401	触摸式终端设备	
A02010402	终端机	包括自助终端机
A02010499	其他终端设备	
A02010500	存储设备	

(续表)

编码	品目名称	说明
A02010501	磁盘机	
A02010502	磁盘阵列	
A02010503	存储用光纤交换机	
A02010504	光盘库	
A02010505	磁带机	
A02010506	磁带库	
A02010507	网络存储设备	
A02010508	移动存储设备	包括闪存盘（优盘）、移动硬盘、软盘、光盘等
A02010599	其他存储设备	
A02010600	机房辅助设备	
A02010601	机柜	
A02010602	机房环境监控设备	
A02010699	其他机房辅助设备	
A02010700	信息化设备零部件	
A02019900	其他信息化设备	
A02020000	办公设备	
A02020100	复印机	
A02020200	投影仪	用于测量、测绘等专用投影仪除外
A02020300	投影幕	
A02020400	多功能一体机	具有多种办公功能的设备，例如带有打印功能的复印机等
A02020500	照相机及器材	
A02020501	数字照相机	包括单反数码相机、卡片数码相机等
A02020502	通用照相机	包括便携式照相机、胶片照相机、盘片照相机、一次性（玩具）照相机座式照相机等
A02020503	静态视频照相机	
A02020504	专用照相机	包括水下照相机、航空照相机、警用照相机等
A02020505	特殊照相机	包括高速照相机、遥控照相机、夜视照相机等
A02020506	镜头及器材	
A02020599	其他照相机及器材	
A02020600	执法记录仪	
A02020700	电子白板	
A02020800	触控一体机	包括室内型、户外型触摸屏/互动屏等
A02020900	刻录机	

（续表）

编码	品目名称	说明
A02021000	打印机	
A02021001	A3 黑白打印机	
A02021002	A3 彩色打印机	
A02021003	A4 黑白打印机	
A02021004	A4 彩色打印机	
A02021005	3D 打印机	
A02021006	票据打印机	
A02021007	条码打印机	包括热敏型条码打印机、热转印型条码打印机等
A02021008	地址打印机	
A02021099	其他打印机	
A02021100	输入输出设备	
A02021101	绘图设备	
A02021102	光电设备	
A02021103	LED 显示屏	
A02021104	液晶显示器	
A02021105	阴极射线管显示器	
A02021106	等离子显示器	
A02021107	KVM 设备	
A02021108	综合输入设备	
A02021109	键盘	
A02021110	鼠标器	
A02021111	控制杆	
A02021112	刷卡机	包括考勤机、POS 机等
A02021113	纸带输入机	
A02021114	磁卡读写器	
A02021115	集成电路（IC）卡读写器	
A02021116	非接触式智能卡读写机	包括身份证阅读机、一卡通读写器、门禁等
A02021117	触摸屏	
A02021118	扫描仪	
A02021119	条码扫描器	包括手持式条码扫描器、小滚筒式条码扫描器、平台式条码扫描器等
A02021120	高拍仪	
A02021121	图形板	

（续表）

编码	品目名称	说明
A02021122	光笔	
A02021123	坐标数字化仪	
A02021124	语音输入设备	包括语音识别器等
A02021125	手写式输入设备	包括手写笔等
A02021126	数据录入设备	包括数据采集器等
A02021199	其他输入输出设备	
A02021200	文印设备	
A02021201	速印机	
A02021202	胶印机	
A02021203	装订机	
A02021204	配页机	
A02021205	折页机	
A02021206	油印机	包括蜡纸油印机等
A02021299	其他文印设备	
A02021300	销毁设备	
A02021301	碎纸机	
A02021302	光盘粉碎机	
A02021303	硬盘粉碎机	
A02021304	芯片粉碎机	
A02021305	综合销毁设备	
A02021399	其他销毁设备	
A02021400	会计机械	
A02021401	计算器	包括简易型计算器、函数型计算器、可编程序计算器等
A02021499	其他会计机械	
A02021500	制图机械	包括绘图机、制图机、晒图机等
A02021600	打字机	包括自动打字机、字处理机、电动打字机、非电动打字机等
A02021700	办公设备零部件	
A02029900	其他办公设备	
A02030000	车辆	
A02030100	载货汽车	包括自卸汽车等
A02030200	牵引汽车	
A02030201	半挂牵引汽车	

（续表）

编码	品目名称	说明
A02030202	全挂牵引汽车	
A02030203	特种牵引车	
A02030299	其他牵引汽车	
A02030300	汽车挂车	
A02030400	汽车列车	
A02030500	乘用车	
A02030501	轿车	
A02030502	越野车	
A02030503	小型客车	车长小于6 000mm且乘坐人数小于或等于9人的载客汽车
A02030504	中型客车	车长小于6 000mm且乘坐人数为10~19人的载客汽车
A02030505	大型客车	车长大于或等于6 000mm或者乘坐人数大于或等于20人的载客汽车
A02030599	其他乘用车	
A02030600	专用车辆	
A02030601	厢式专用汽车	
A02030602	罐式专用汽车	
A02030603	多用途货车	皮卡车归入此类
A02030604	集装箱运输车	
A02030605	科学考察车	
A02030606	工程作业车	
A02030607	雪地专用车	包括雪地车、雪地拖拉机、雪地摩托车、雪橇
A02030608	校车	
A02030609	消防车	包括灭火消防车、举高消防车、专勤消防车、战勤保障消防车、机场消防车、防爆消防车、轨道消防车、消防摩托车等
A02030610	警车	包括警用大、中、小型和专用型汽车，以及两轮摩托车和边三轮摩托
A02030611	布障车	
A02030612	清障车	
A02030613	排爆车	
A02030614	装甲防暴车	
A02030615	水炮车	
A02030616	攀登车	
A02030617	全地形车	

（续表）

编码	品目名称	说明
A02030618	通信指挥车	
A02030619	交通划线车	
A02030620	防弹车	
A02030621	医疗车	包括救护车等
A02030622	通信专用车	包括电视卫星转播车等
A02030623	抢险车	包括防汛应急抢险检测车、防汛抢险桥测车等
A02030624	殡仪车	
A02030625	运钞专用车	包括运钞车、运钞护卫车等
A02030626	机动起重车	指汽车起重机
A02030627	垃圾车	
A02030628	洒水车	
A02030629	街道清洗清扫车	
A02030630	除冰车	
A02030631	扫雪车	
A02030632	冷藏车	
A02030633	炊事车	
A02030634	公共汽车	
A02030635	有轨电车	
A02030636	轨道交通车辆	包括地铁、城铁客车等
A02030699	其他专用车辆	
A02030700	摩托车	
A02030701	两轮摩托车	
A02030702	三轮摩托车	包括正三轮摩托车、边三轮摩托车
A02030799	其他摩托车	
A02030800	电动车辆	
A02030801	电动两轮车	
A02030802	电动三轮车	
A02030803	电动多轮车	包括电动巡逻车、景区观光车
A02030899	其他电动车辆	
A02030900	轮椅车	
A02030901	机动轮椅车（残疾人摩托车）	
A02030902	电动轮椅车（道路型）	
A02030999	其他轮椅车	

（续表）

编码	品目名称	说明
A02031000	非机动车辆	
A02031001	人力车	包括脚踏车、助力脚踏车、手推车等
A02031002	畜力车	
A02031099	其他非机动车辆	
A02031100	车辆附属设施及零部件	包括车身、底盘等
A02039900	其他车辆	
A02040000	图书档案设备	
A02040100	缩微设备	
A02040101	缩微摄影机	
A02040102	冲洗机	
A02040103	拷贝机	
A02040104	阅读器	
A02040105	阅读复印机	
A02040106	放大复印机	包括感光纸放大复印机、普通纸放大复印机等
A02040107	胶片装片机	包括普通缩微胶片装片机、缩微胶片阅读装片机等
A02040108	缩微品检索设备	包括卷式缩微品检索设备、片式缩微品检索设备等
A02040109	胶片剪接设备	
A02040110	胶片洁片设备	
A02040111	缩微胶片扫描仪	
A02040199	其他缩微设备	
A02040200	图书档案消毒设备	
A02040201	物理方法消毒设备	
A02040202	化学方法消毒设备	
A02040299	其他图书档案消毒设备	
A02040300	图书档案保护设备	包括脱酸机等图书档案保护、修复设备
A02040400	图书档案设备的零部件	
A02049900	其他图书档案设备	
A02050000	机械设备	
A02050100	内燃机	
A02050101	柴油内燃机	包括活塞式柴油内燃机、压燃式柴油内燃机、汽车用柴油内燃机等
A02050102	汽油内燃机	包括活塞式汽油内燃机、压燃式汽油内燃机、汽车用汽油内燃机等

（续表）

编码	品目名称	说明
A02050103	气体燃料内燃机	包括活塞式气体燃料内燃机、压燃式气体燃料内燃机、汽车用气体燃料内燃机等
A02050199	其他内燃机	
A02050200	燃气轮机	包括发电用燃气轮机、驱动用燃气轮机、燃气－蒸汽联合循环装置、航空衍生型燃气轮机等
A02050300	汽轮机	包括工业汽轮机、地热利用汽轮机等，电站汽轮机纳入"电力工业设备"
A02050400	锅炉	
A02050401	工业锅炉	包括常压蒸汽锅炉、承压蒸汽锅炉、高温热水锅炉、工业用热水锅炉、余热锅炉等
A02050402	民用锅炉	
A02050499	其他锅炉	
A02050500	水轮机	包括轴流式水轮机、混流式水轮机、水斗式水轮机、贯流式水轮机、斜流式水轮机、双击式水轮机、斜击式水轮机、特殊水轮机、水轮等
A02050600	风力机	包括水平轴风力机、垂直轴风力机、斜轴风力机等
A02050700	潮汐动力机械	
A02050800	液压机械	
A02050801	液压缸	包括单作用液压缸、双作用液压缸等
A02050802	液压泵	
A02050803	液压阀	包括溢流阀、分流阀、集流阀、液压节流阀、液压截止阀、液压减压阀、卸荷阀、顺序阀、平衡阀、调速阀、电液伺服阀、单向阀、换向阀等
A02050804	液压马达	包括齿轮马达、摆线马达、叶片马达、螺杆马达、柱塞马达、球塞马达、内曲线马达、摆动马达等
A02050805	液压管件	
A02050806	液力变矩器	
A02050807	液压元件	
A02050899	其他液压机械	
A02050900	金属加工设备	
A02050901	金属切削机床	包括数控车床、非数控车床等
A02050902	锻压机械设备	包括机械压力机、液压机、自动锻压机等
A02050903	铸造设备	包括锤、锻机、剪切机、弯曲校正机、锻造操作机等
A02050904	增材制造设备	包括金属增材制造装备、非金属增材制造装备等
A02050905	工业机械手	包括气动机械手、液压机械手、电动机械手等

（续表）

编码	品目名称	说明
A02050906	工业机器人	包括焊接机器人、冲压机器人、铸锻机器人、喷涂机器人、搬运机器人、装配机器人、多功能工业机器人等
A02050907	热处理设备	包括感应热处理机床等
A02050908	金属切割设备	包括数控气割设备、光电跟踪切割设备、普通气割设备等
A02050909	金属焊接设备	包括埋弧焊机、TIG焊机、MIG/MAG焊机、电渣焊机、点焊机、凸焊机、缝焊机、对焊机、等离子电子束焊接设备、超声波焊机、电子束焊机、光束焊机、冷压焊机、摩擦焊机、钎焊机、高频焊机、电渣压焊机、螺柱焊机、碳弧气刨机等
A02050910	金属表面处理设备	
A02050911	金属喷涂设备	
A02050912	粉末冶金设备	包括粉末冶金模、粉末冶金制品等
A02050913	通用工业窑炉	
A02050999	其他金属加工设备	
A02051000	塑料压制液压机	包括塑料制品液压机、磁性材料液压机、超硬材料压制液压机等
A02051100	成板机械	包括木碎料板或木纤维板的挤压机、人造板层压液压机、横截锯等
A02051200	起重设备	
A02051201	轻小型起重设备	起重用葫芦
A02051202	桥式起重机	包括梁式起重机、吊钩桥式起重机、抓斗桥式起重机、电磁桥式起重机、二用桥式起重机、三用桥式起重机等
A02051203	门式起重机	包括吊钩门式起重机、抓斗门式起重机、电磁门式起重机、二用门式起重机、三用门式起重机等
A02051204	半门式起重机	
A02051205	浮式起重机	
A02051206	缆索起重机	架空索道、登山缆车归入"A02051314 架空索道输送设备"
A02051207	门座式起重机	不包括港口门座式起重机
A02051208	港口门座式起重机	
A02051209	塔式起重机	包括固定式塔式起重机、移动式塔式起重机等
A02051210	冶金起重机	
A02051211	铁路起重机	
A02051212	流动式起重机	不包括汽车起重机
A02051213	甲板起重机	

（续表）

编码	品目名称	说明
A02051214	桅杆起重机	
A02051215	悬臂起重机	包括柱式悬臂起重机、壁上起重机、自行车式起重机等
A02051216	平衡式起重机	
A02051217	起重滑车	包括单轮滑车、双轮滑车、三轮滑车等
A02051218	起重葫芦	包括手动葫芦、电动葫芦、气动葫芦等，不包括轻小型起重葫芦
A02051219	绞车和绞盘	包括手动绞车、内燃机绞车、绞盘、电动绞车等
A02051220	千斤顶	包括齿条千斤顶、液压千斤顶、螺旋千斤顶等
A02051221	悬挂单轨系统	
A02051222	移动式吊运架	
A02051223	跨运车	
A02051224	升船机	
A02051225	滑模顶升机	包括滑模液压顶升机等
A02051226	起重用吊斗、铲、抓斗和夹钳	
A02051227	电梯	包括载人电梯、载货电梯、载人、载货两用电梯、消防电梯等
A02051228	自动扶梯	包括普通型自动扶梯、公共交通型自动扶梯等
A02051229	自动人行道	包括踏板式自动人行道、胶带式自动人行道等
A02051299	其他起重设备	
A02051300	输送设备	
A02051301	带式输送机械	包括固定式带式输送机、移动带式输送机、移置带式输送机、大倾角带式输送机、钢丝牵引带式输送机、气垫带式输送机、磁垫带式输送机、钢带输送机、钢丝网带输送机、吊挂带式输送机、水平转弯带式输送机、可伸缩带式输送机、链牵引带式输送机、管状带式输送机、吊挂管状带式输送机、带式抛料机等
A02051302	气动输送机	包括吸送式气力输送机、压送式气力输送机、混合式气力输送机、容器式管道输送设备、气力输送槽等
A02051303	螺旋输送机	包括固定螺旋输送机、移动螺旋输送机、特殊螺旋输送机等
A02051304	刮板输送机	包括普通刮板输送机、可弯曲刮板输送机、普通型埋刮板输送机等
A02051305	埋刮板输送机	包括特殊型埋刮板输送机等
A02051306	板式输送机	包括固定板式输送机、移动板式输送机、携带式板式输送机等
A02051307	悬挂输送机	包括推式悬挂输送机、拖式悬挂输送机、电动单轨小车悬挂输送机等

（续表）

编码	品目名称	说明
A02051308	牵引链输送机械	包括链式输送机、链式小车输送机等
A02051309	斗式提升输送机	包括垂直斗式提升机、倾斜斗式提升机、内斗式提升机等
A02051310	液力输送机	
A02051311	振动输送机	包括惯性振动输送机、偏心连杆振动输送机、电磁式振动输送机等
A02051312	辊子输送机	包括无动力式辊子输送机、动力式辊子输送机等
A02051313	升运机	包括施工升降机、升降台（车）、料斗升降机等
A02051314	架空索道输送设备	包括货运架空索道、客运架空索道等
A02051315	机场输送设备	包括旅客登机桥、机场用行李运输机械、机场用行李装卸机械等
A02051316	集装箱	
A02051317	集装箱输送设备	
A02051318	输送管道	输水管道、输尾矿管道及管道输送设施入此，不包括输油管道、输气管道
A02051319	斜坡绞车	
A02051399	其他输送设备	
A02051400	给料设备	包括圆盘给料机、板式给料机、刮板给料机、埋刮板给料机、鳞板给料机、叶轮给料机、螺旋给料机、带式给料机、转动滚子给料机、耙式给料机、链式给料机、振动给料机、摆式给料机、重力式给料机、搅拌给料机、往复式给料机等
A02051500	装卸设备	
A02051501	堆取机械	包括斗轮式堆取机械、刮板式堆取机械等
A02051502	装船机	包括散状物料装船机、成件物品装船机等
A02051503	装车机	包括散状物料装车机、成件物品装车机等
A02051504	卸船机	包括链斗卸船机、螺旋卸船机、气力卸船机、绳斗卸船机、斗轮卸船机、抓斗卸船机、刮板卸船机、夹带式卸船机等
A02051505	卸车机	包括链斗卸车机、螺旋卸车机、气力卸车机、惯性卸车机等
A02051506	翻车机	包括转筒式翻车机、侧卸式翻车机、端卸式翻车机、复合式翻车机等
A02051507	原料混匀机	
A02051599	其他装卸设备	
A02051600	仓储设备	
A02051601	立体仓库设备	

（续表）

编码	品目名称	说明
A02051699	其他仓储设备	包括堆垛机巷道转轨车、分配车等，不包括金属货架、起重机（包括堆垛起重机）
A02051700	机械立体停车设备	
A02051800	气垫搬运装置	包括无牵引气垫搬运装置、牵引式气垫搬运装置等
A02051900	泵	
A02051901	离心泵	包括清水离心泵、耐腐蚀离心泵、离心油泵、船舶用离心泵、污水泵、带悬浮颗粒的杂质泵、离心式低温液体泵、潜没式泵等
A02051902	混流泵	包括涡壳式混流泵、导叶式混流泵等
A02051903	轴流泵	包括卧式轴流泵、立式轴流泵、斜式轴流泵、贯流泵等
A02051904	往复泵	包括机动往复清水（油）泵、机动往复化工泵、机动往复杂质泵、机动往复上充泵、机动往复注水泵、机动往复增压泵、蒸汽往复泵、液动往复泵、气动隔膜泵、试压泵、计量泵、手动泵等
A02051905	回转泵	包括螺杆泵、滑片泵、叶片泵、外环流活塞泵、内环流活塞泵、环形隔膜泵、三无转子泵、软管泵、齿轮泵、摆线泵、射流泵、水轮泵、高速切线泵、水锤泵、气体升液泵等
A02051906	旋涡泵	包括单级旋涡泵、多级旋涡泵、离心旋涡泵等
A02051907	真空泵	包括容积式真空泵、动量传输真空泵、捕集式真空泵等
A02051999	其他泵	
A02052000	风机	
A02052001	离心式风机	
A02052002	轴流风机	
A02052003	螺杆式风机	
A02052099	其他风机	
A02052100	气体压缩机	
A02052101	离心式压缩机	
A02052102	轴（混）流式压缩机	
A02052103	往复式压缩机	
A02052104	螺杆式压缩机	包括单螺杆压缩机、（双）螺杆压缩机、三螺杆压缩机等
A02052105	刮板式压缩机	
A02052106	液环压缩机	
A02052199	其他气体压缩机	

（续表）

编码	品目名称	说明
A02052200	气体分离及液化设备	
A02052201	空气分离设备	
A02052202	稀有气体提取设备	
A02052203	工业气体分离设备	
A02052204	气体液化设备	包括氦液化设备、氢液化设备、氮液化设备、氖液化设备、制氧机、天然气液化设备等
A02052205	车装气体分离设备	
A02052299	其他气体分离及液化设备	
A02052300	制冷空调设备	
A02052301	制冷压缩机	包括制冷压缩机、制冷压缩机组、制冷压缩冷凝机组、冷藏运输用制冷机组、冷水机组、水源热泵机组、低温液体冷却机组、其他制冷压缩机与成套机组
A02052302	冷库制冷设备	
A02052303	冷藏箱柜	包括冷藏集装箱、食品冷藏柜、食品冷藏陈列柜等
A02052304	制冰设备	包括制非食用冰设备、平板冻结机、流态化速冻设备、冻干机等
A02052305	空调机组	含多联式、一拖多式空调机组
A02052306	恒温机、恒温机组	
A02052307	去湿机组	
A02052308	加湿机组	
A02052309	专用制冷空调设备	包括列车空调机组，汽车空调机组，机房用空调机组，恒温、恒湿精密空调等
A02052399	其他制冷空调设备	
A02052400	真空获得及应用设备	
A02052401	真空获得设备	
A02052402	真空应用设备	包括真空镀膜设备、真空树脂浇注设备、真空压力浸渍设备等
A02052403	真空检测设备	
A02052404	真空系统附件	包括真空密封、真空冷凝器、油雾分离器、真空井等
A02052499	其他真空获得及应用设备	
A02052500	分离及干燥设备	
A02052501	离心机	包括上悬式离心机、活塞推料离心机、三足式离心机等
A02052502	分离机	

（续表）

编码	品目名称	说明
A02052503	过滤机	
A02052504	萃取机	包括重力分散萃取设备、机械搅拌萃取设备、机械振动萃取设备、脉冲型萃取设备、离心萃取设备等
A02052505	搅拌机械	
A02052506	浓缩机械	
A02052507	干燥机械	不包括容器干燥机械
A02052599	其他分离及干燥设备	
A02052600	减速机及传动装置	
A02052601	摆线针轮减速机	
A02052602	行星减速机	
A02052603	圆柱齿轮减速机	
A02052604	圆锥齿轮减速器	包括直齿、斜齿、弧齿、摆线齿圆锥齿轮减速器，弧齿、摆线齿准双曲面齿轮减速器，零度齿锥齿轮减速器等
A02052605	蜗轮蜗杆减速器	
A02052606	无级变速器	包括齿链式无级变速器、多盘式无级变速器、行星锥盘式无级变速器、行星锥轮式无级变速器、带式无级变速器、脉动式无级变速器等
A02052607	液力耦合器	包括普通型液力耦合器、限矩型液力耦合器、调速型液力耦合器、液力耦合器传动装置、液力减速器等
A02052699	其他减速机及传动装置	
A02052700	飞轮和皮带轮	包括滑轮、滑轮组
A02052800	离合器	汽车、摩托车离合器除外
A02052900	联轴器	包括挠性联轴器、刚性联轴器等
A02053000	铰接链条	包括滚子链、套筒链、齿形链、平顶链、板式链、弯板链、板式销轴链等
A02053100	包装机械	
A02053101	充填机械	包括容积式充填机械、量杯式充填机械、气流式充填机械、柱塞式充填机械、螺杆式充填机械、计量泵式充填机械、插管式充填机械、推入式充填机械、拾放式充填机械、重力式充填机械、称重式充填机械等
A02053102	灌装机械	包括负压灌装机、常压灌装机、等压灌装机、无菌灌装机等
A02053103	封口机械	包括热压封口机、脉冲封口机、超声波封口机、熔焊封口机、压纹封口机、折叠式封口机、插合式封口机、滚压封口机、卷边封口机、压力封口机、旋إ封口机、胶带封口机、粘结封口机、结扎封口机、缝合机、钉合机等

（续表）

编码	品目名称	说明
A02053104	容器成型包装机械	包括制袋、制盒、制瓶等包装机械
A02053105	裹包机械	包括折叠式裹包机、扭结式裹包机、接缝式裹包机、覆盖式裹包机、缠绕式裹包机、拉伸裹包机、贴体裹包机、收缩裹包机等
A02053106	捆扎打包机械	包括机械式捆扎机、液压式捆扎机、气动式捆扎机、捆结机、压缩打包机等
A02053107	集合装箱机械	包括集装机、集装件拆卸机、堆码机等
A02053108	真空包装机械	
A02053109	容器清洗机械	包括机械式容器清洗机、电解式容器清洗机、超声波式容器清洗机等
A02053110	容器消毒机械	包括热杀菌机、超声波杀菌机、电离杀菌机、化学杀菌机、微波杀菌机、高压杀菌机容器等
A02053111	容器干燥机械	包括容器热式干燥机、容器机械干燥机、容器化学干燥机、容器真空干燥机等
A02053112	贴标签机械	包括粘合贴标机、缩标签机、订标签机、挂标签机等
A02053113	包装计量机械	
A02053114	多功能包装机械	包括充填–封口机、打开–充填–封口机、成型–充填–封口机等
A02053115	辅助包装机械	包括包装用打印装置、包装用隔板自动插入装置、包装用涂胶机等
A02053116	包装用软管制造机械	包括包装用铝质软管制造机械等
A02053117	饮料充气机	
A02053199	其他包装机械	
A02053200	植物等有机物粉碎选别设备	
A02053201	粉碎机	
A02053202	研磨机	
A02053203	分选机	
A02053204	筛分设备	
A02053299	其他植物等有机物粉碎选别设备	
A02053300	电动及小型台式工具	包括电动金属切削工具、电动砂磨工具、电动装配工具等
A02053400	机械设备零部件	
A02059900	其他机械设备	
A02060000	电气设备	
A02060100	电机	

（续表）

编码	品目名称	说明
A02060101	发电机	包括直流发电机、交流同步发电机、发电机组、旋转变流机等特殊电机等
A02060102	直流电机	包括爆炸性环境直流电动机等
A02060103	无刷直流电机	
A02060104	交流电机	包括交流同步电动机、爆炸性环境交流同步电动机、交流异步电动机、爆炸性环境交流异步电动机、腐蚀性环境交流异步电动机、潜水（油、卤）交流异步电动机等
A02060105	交直流两用电机	
A02060106	直线电机	
A02060107	步进电机	
A02060108	传感电机	
A02060109	开关磁阻电机	
A02060110	移相器	
A02060111	潜水电泵	
A02060199	其他电机	
A02060200	变压器	包括电力变压器、变流变压器、电炉变压器、试验变压器、矿用变压器、牵引用变压器、电焊用变压器、电源变压器、箱式变压器等
A02060300	调压器	包括接触式（环型）调压器、接触式（柱型）调压器、感应式（电机型）调压器、移圈式（变压器型）调压器、磁性式（变压器型）调压器等
A02060400	变频设备	包括低频变频设备、中频变频设备、高频变频设备等
A02060500	电抗器	包括并联电抗器、串联电抗器、消弧线圈、轭流式饱和电抗器、分裂限流电抗器、滤波电抗器、混凝土柱式限流电抗器、启动电抗器、自饱和电抗器、调幅电抗器、限流电抗器、试验用电抗器、整流用平衡电抗器、整流用平波电抗器、阻尼电抗器、接地电抗器等
A02060600	互感器	包括电压互感器、电流互感器、组合互感器等
A02060700	避雷器	包括＜35kV避雷器、（35～63）kV避雷器、110kV避雷器、220kV避雷器、330kV避雷器、500kV避雷器等
A02060800	整流器	包括电磁式整流器、电子式整流器等
A02060900	镇流器	包括荧光灯用镇流器、低压钠灯用镇流器、高压钠灯用镇流器、高压汞灯用镇流器、金属卤化物灯用镇流器等
A02061000	半导体逆变设备	包括低频半导体逆变设备、中频半导体逆变设备、高频半导体逆变设备等
A02061100	半导体直、变流设备	包括直接直流变流器、间接直流变流器、直流脉冲电源等

（续表）

编码	品目名称	说明
A02061200	高压输变电用变流设备	包括换流阀、整流阀、逆变阀等
A02061300	牵引用变流器	包括干线铁道用半导体变流设备、工矿电力牵引用半导体变流设备等
A02061400	电机调速用半导体变流设备	包括直流电动机调速用变流设备、交流电动机调速用变流设备、电机启动用变流设备等
A02061500	电源设备	
A02061501	稳压电源	
A02061502	稳流电源	
A02061503	稳频电源	
A02061504	不间断电源	包括后备式不间断电源、在线式不间断电源等，也称UPS
A02061505	多用电源	
A02061506	变频器	包括高压变频器、低压变频器等
A02061507	充电机	
A02061508	直流电源	
A02061509	交流电源	
A02061510	原电池和原电池组	包括锌锰电池、氧化银电池、锂原电池、温差电池、贮备电池、燃料电池和核电池等
A02061511	蓄电池及充电装置	包括锂离子电池、氢镍电池、镉镍电池、超级电容器（或超级电池）、充电装置等
A02061512	电池及能源系统	包括太阳能电池及光伏发电储能电池系统，风力发电及储能电池系统等电能转换能源系统等
A02061599	其他电源设备	
A02061600	电容器	包括固定电容器、可变电容器、微调电容器等
A02061700	生产辅助用电器	
A02061701	电阻器	包括固定电阻器、可变电阻器和电位器、无源网络等
A02061702	变阻器	包括低压电路的变阻器等
A02061703	开关电器设备	包括高压开关设备、电力电子开关、高压负荷开关、柱上开关、高压接地开关、高压隔离开关、高压金属密封开关设备、低压电路开关、低压电路的转换开关等
A02061704	断路器	包括高压断路器、低压电路的断路器、剩余电流（动作）断路器等
A02061705	控制器	包括低压控制器等
A02061706	接触器	包括普通交流、普通直流、灭磁、时间、中频、高压、锁扣、电磁气动接触器、高压接触器、低压接触器等

（续表）

编码	品目名称	说明
A02061707	起动器	包括手动、电磁式直接、电磁式减压、电磁式综合起动器、低压起动器、防爆起动器等
A02061708	电继电器	
A02061709	控制继电器	包括直流电磁继电器、磁保持继电器、极化继电器、交流继电器、恒温继电器、真空继电器、射频同轴继电器、步进继电器、固体继电器、混合继电器、干簧继电器、干簧管继电器、汞润触点继电器、汞润湿簧管继电器、延时继电器、斩波器等
A02061710	保护继电器	包括电流保护装置、电压保护装置、差动保护装置、电动机保护装置、发电机保护装置、励磁保护装置、励磁机保护装置、断路器保护装置、母线保护装置、主设备成套保护装置、主设备保护辅助装置等
A02061711	开关柜	
A02061712	控制设备	包括控制屏、控制箱、控制台、控制柜、起动柜、控制板、高压组合电器、高压熔断器、复合开关-熔断器组合、电压限幅器、电涌抑制器、高压启动器、高压防爆配电装置、节电装置等
A02061713	配电屏	
A02061714	配电箱	
A02061715	端子箱	
A02061716	保护屏	包括控制、保护屏（柜、台）、输电线路保护屏（柜）、成套集控保护屏（柜、台）等
A02061717	同期屏	
A02061718	故障录波屏	
A02061719	电容器柜	
A02061720	电容器箱	
A02061721	受电箱	
A02061722	受电屏	
A02061723	熔断器	包括低压电路的熔断器等
A02061724	电缆桥架	
A02061725	插头插座和耦合器	
A02061726	接线盒和端子	
A02061727	电源插座和转换器	
A02061799	其他生产辅助用电器	
A02061800	生活用电器	
A02061801	电冰箱	
A02061802	风扇	

（续表）

编码	品目名称	说明
A02061803	通风机	
A02061804	空调机	
A02061805	空气滤洁器	
A02061806	空气净化设备	
A02061807	排烟系统	
A02061808	取暖器	
A02061809	调湿调温机	
A02061810	洗衣机	
A02061811	吸尘器	
A02061812	洗碗机	
A02061813	厨房电动废物处理器	
A02061814	泔水处理器	
A02061815	熨烫电器	包括电熨斗、电熨机等
A02061816	烹调电器	包括电饭锅、微波炉等
A02061817	食品制备电器	包括家用电动食品搅拌器、家用电动食品研磨机、家用水果或蔬菜电动榨汁器等
A02061818	饮水器	包括净水机、软水机、纯水机等
A02061819	热水器	包括太阳能集热器、太阳能集热系统、电热水器、非电热的快速热水器或贮备式热水器等
A02061820	美容电器	包括电动剃须刀、电推剪、电卷发器、电烘发器、电吹风机、电热梳等
A02061821	保健器具	包括家用负离子发生器、超声波洗浴器、电子凉枕等
A02061822	电热卧具、服装	
A02061899	其他生活用电器	包括擦窗器、地板打蜡机、地板擦洗机、擦鞋器、被褥干燥器、电驱蚊器、电灭蚊（蝇）器、电热干手器等
A02061900	照明设备	
A02061901	矿灯	包括矿用头灯、工矿用灯具等
A02061902	建筑用灯具	
A02061903	车、船用灯	包括船用信号灯，汽车用信号灯，其他车、船用灯等
A02061904	水下照明灯	包括潜水手电筒、救捞用照明灯等
A02061905	民用机场灯具	
A02061906	防爆灯具	不包括建筑、工矿用灯具及民用机场灯具
A02061907	农业用灯具	

（续表）

编码	品目名称	说明
A02061908	室内照明灯具	包括嵌入灯、吸顶灯、吊灯、壁灯、可移式灯等
A02061909	场地用灯	
A02061910	路灯	包括投光灯、探照灯等
A02061911	移动照明灯塔	
A02061912	除害虫用灯	
A02061913	应急照明灯	
A02061914	体育比赛用灯	
A02061915	手电筒	
A02061916	发光标志、铭牌	
A02061917	摄影专用灯	
A02061999	其他照明设备	
A02062000	电气机械设备	
A02062001	工业电热设备（电炉）	包括工业用电炉、工业或实验室用烘箱、管式炉、釜式炉、固体炉、移动层炉、回转炉、蓄热式炉、沸腾流化床炉、气流反应炉、硅酸盐制品用炉、窑和附属机械等
A02062002	电气物理设备	包括电子加速器、高压加速器、中子发生器、离子束加工设备、电子束加工设备、充磁与脱磁设备等
A02062003	电动工具	包括电镐、电砂轮、磨光机、电锤、电剪刀、电螺丝刀、电扳手、电动攻丝机等
A02062004	换能器	包括热离子换能器、热电子换能器、核能换能器等
A02062099	其他电气机械设备	
A02062100	绝缘电线和电缆	
A02062200	光缆	
A02062300	电气设备零部件	
A02069900	其他电气设备	
A02070000	雷达、无线电和卫星导航设备	
A02070100	地面雷达	
A02070101	地面导航雷达	
A02070102	航空管理雷达	包括空中交通管制雷达、机场场面监视雷达等
A02070103	港口交通管制雷达	
A02070104	地面交通管制雷达	

（续表）

编码	品目名称	说明
A02070105	地面气象雷达	包括天气雷达（含S波段、C波段和X波段天气雷达）、风廓线雷达（含边界层、对流层风廓线雷达及可移式风廓线雷达）、激光雷达（含可移动式激光雷达）、地波雷达、毫米波雷达、微波辐射计等
A02070106	地面测量雷达	包括地面测高雷达等
A02070107	地面对空监视雷达	
A02070108	地面对海监视雷达	
A02070109	地面目标指示雷达	
A02070110	低空补盲雷达	
A02070111	地面跟踪雷达	
A02070112	精密进场雷达	
A02070113	地面二次雷达	
A02070114	双/多基地雷达	
A02070115	超视距雷达	
A02070116	无源雷达	
A02070117	地面相控阵雷达	
A02070199	其他地面雷达	
A02070200	机载雷达	
A02070201	航行雷达	包括机载导航雷达、直升机载雷达等
A02070202	多普勒导航雷达	
A02070203	机载着陆雷达	
A02070204	数传导航雷达	
A02070205	机载气象雷达	
A02070206	机载对空监视雷达	
A02070207	机载对海监视雷达	
A02070208	机载地形测绘雷达	
A02070209	机载地质勘探雷达	
A02070210	机载测高雷达	
A02070211	机载防撞雷达	
A02070212	机载雷达信标机	
A02070213	机载跟踪雷达	
A02070214	地形回避与地形跟随雷达	
A02070215	机载测量雷达	
A02070216	机载资源勘探雷达	

（续表）

编码	品目名称	说明
A02070217	机载二次雷达	
A02070218	机载相控阵雷达	
A02070219	机载合成孔径雷达	
A02070299	其他机载雷达	
A02070300	舰船载雷达	
A02070301	舰船导航雷达	
A02070302	舰船气象雷达	
A02070303	船载对空监视雷达	
A02070304	船载对海监视雷达	
A02070305	船载目标指示雷达	
A02070306	船载引导雷达	
A02070307	船载航空管制雷达	
A02070308	船载二次雷达	
A02070309	船载相控阵雷达	
A02070310	船载航运管制雷达	
A02070311	船载测量雷达	
A02070399	其他舰船载雷达	
A02070400	雷达配套设备	
A02070401	雷达地面天线	
A02070402	雷达训练器	
A02070403	雷达图像传输设备	
A02070404	雷达显示设备	
A02070405	雷达车厢	
A02070406	雷达发电机组	
A02070499	其他雷达配套设备	
A02070500	星载雷达	包括星载对空监视雷达、星载对海监视雷达、星载侧视雷达、星载高分辨率测高雷达、星载成像雷达、星载资源勘测雷达、星载着陆雷达、星载气象雷达、星载合成孔径雷达、对接与交会雷达、星载雷达应答机等
A02070600	气球载雷达	包括气球载对空监视雷达、气球载对海监视雷达等
A02070700	雷达维修备件	
A02070800	机载无线电导航设备	
A02070801	信标接收机	

(续表)

编码	品目名称	说明
A02070802	无线电罗盘	
A02070803	机载着陆设备	
A02070804	近程导航机载设备	
A02070805	机载无线电高度表	
A02070899	其他机载无线电导航设备	
A02070900	地面航空无线电导航设备	
A02070901	定向设备	
A02070902	导航机	
A02070903	航标发射机	
A02070904	近程导航系统地面设备	
A02070905	微波仪表着陆地面设备	
A02070999	其他地面航空无线电导航设备	
A02071000	机动定向导航设备	
A02071001	机动定向设备	
A02071002	机动导航设备	
A02071099	其他机动定向导航设备	
A02071100	舰船载无线电导航设备	
A02071101	舰船载导航接收机	
A02071102	舰船载无线电测向机	
A02071103	舰船载无线电示位标	
A02071199	其他舰船载无线电导航设备	
A02071200	地面舰船无线电导航设备	包括遥控设备、遥测设备、测控系统、无线电导航救援设备等
A02071300	卫星定位导航设备	
A02071400	卫星遥感设备	包括遥感用热成像设备、弗琅荷费谱线鉴别器、遥感终端设备、遥感应用系统星载摄像仪、微波辐射计、DAB接收机、气象卫星数据接收处理系统、气象卫星数据广播用户站等
A02071500	雷达和无线电导航设备零部件	
A02079900	其他雷达和无线电导航设备	包括微波全息雷达、合成孔径侧视雷达等
A02080000	通信设备	
A02080100	无线电通信设备	
A02080101	通用无线电通信设备	包括中长波通信设备、短波通信设备、超短波通信设备等

（续表）

编码	品目名称	说明
A02080102	移动通信（网）设备	包括移动终端设备、基站子系统设备、交换子系统设备、分组交换子系统设备、移动增值业务平台设备、移动智能网设备、无线寻呼设备包、集群通信设备包、对讲设备、无线接入通信设备、无线宽带基站等
A02080103	航空无线电通信设备	包括机载中短波发射机、机载中短波接收机、机载超短波电台、机载宽频带电台、机载救生电台、机载机内通话器、航空无线电通信地面设备等
A02080104	舰船无线电通信设备	包括舰船超短波电台、舰船宽频带电台、舰船救生无线电设备、舰船值班接收机、舰船进出港电台等
A02080105	铁道无线电通信设备	包括列车电台，站场电台，列车接近、告警设备，铁路无线电通信中继器，铁路专用电话机等
A02080106	邮电无线电通信设备	
A02080107	气象通信无线电通信设备	
A02080108	无线电反制设备	
A02080199	其他无线电通信设备	
A02080200	接力通信系统设备	
A02080201	超短波接力通信设备	
A02080202	模拟微波接力通信设备	包括模拟微波接力通信机、模拟微波接力中继器、模拟微波接力无人值守机、模拟微波接力配套设备等
A02080203	数字微波接力通信设备	包括数字微波接力通信机、数字微波接力中继器、数字微波接力无人值守机、数字微波接力配套设备等
A02080204	电视微波接力设备	
A02080299	其他接力通信系统设备	
A02080300	散射通信设备	
A02080301	散射通信机	包括数字散射通信机、模拟散射通信机、移动散射通信机、流星余迹散射通信机等
A02080302	散射通信配套设备	包括散射通信保密设备等
A02080399	其他散射通信设备	
A02080400	卫星通信设备	
A02080401	地面站天线设备	包括卫星通信地球站天线设备、海事卫星通信地球站天线设备、气象卫星通信地球站天线设备、广播电视卫星天线设备、特种卫星通信天线设备等

(续表)

编码	品目名称	说明
A02080402	上行线通信设备	包括卫星通信上行线通信设备、海事卫星通信上行线通信设备、气象卫星通信上行线通信设备、广播电视卫星上行线通信设备、特种卫星通信上行线通信设备等
A02080403	下行线通信设备	包括卫星通信下行线通信设备、海事卫星通信下行线通信设备、气象卫星通信下行线通信设备、广播电视卫星下行线通信设备、特种卫星通信下行线通信设备等
A02080404	通信卫星配套设备	包括卫星转发器设备、卫星通信保密设备等
A02080405	卫星电视转播设备	
A02080406	气象卫星地面发布站设备	
A02080407	气象卫星地面接收站设备	
A02080408	气象卫星地面数据收集站设备	
A02080409	卫星电话	
A02080499	其他卫星通信设备	
A02080500	光通信设备	
A02080501	光缆通信终端设备	
A02080502	光通信中继设备	
A02080503	光通信复用设备	
A02080504	光通信配套设备	
A02080505	光纤放大器	
A02080506	合波器	
A02080507	分波器	
A02080508	光纤色散补偿装置	
A02080509	无纤光通信设备	
A02080510	脉冲编码调制终端设备	
A02080511	多业务传输送设备	
A02080512	光传送网设备	
A02080599	其他光通信设备	
A02080600	载波通信系统设备	
A02080601	电缆载波通信设备	
A02080602	电力线载波通信设备	
A02080603	矿用及矿山采选用载波通信设备	
A02080604	微波通信用载波通信设备	

(续表)

编码	品目名称	说明
A02080605	载波电报机及载波业务通信设备	包括单路载波通信设备、3路载波通信设备、12路载波通信设备、18路载波通信设备、24路载波通信设备、60路载波通信设备、120路载波通信设备、300路载波通信设备、960路载波通信设备、1800路载波通信设备、3600路载波通信设备、4380路载波通信设备、载波电报机、用户环路载波传输设备等
A02080699	其他载波通信系统设备	
A02080700	电话通信设备	
A02080701	普通电话机	包括磁石电话机、共电电话机、拨盘式电话机、按键式电话机等
A02080702	特种电话机	包括录音电话机、投币电话机、可视电话机等
A02080703	移动电话	包括袖珍式无线电话机、机载式无线电话机、船载式无线电话机、车载式无线电话机、便携式无线电话机等
A02080704	电话交换设备	包括数字程控电话交换设备等
A02080705	会议电话调度设备及市话中继设备	
A02080799	其他电话通信设备	
A02080800	视频会议系统设备	
A02080801	视频会议控制台	
A02080802	视频会议多点控制器	
A02080803	视频会议会议室终端	
A02080804	音视频矩阵	
A02080805	视频会议系统及会议室音频系统	包括视频会议多点控制器（MCU）、视频会议终端、视频会议系统管理平台、录播服务器、中控系统、会议室音频设备、信号处理设备、会议室视频显示设备、图像采集系统
A02080899	其他视频会议系统设备	
A02080900	电报通信设备	
A02080901	收发报机	
A02080902	电传打字机	包括汉字电传打字机、西文电传打字机等
A02080903	凿孔设备	
A02080904	译码设备	
A02080905	人工用户电报交换设备	
A02080906	用户电报自动交换设备	
A02080907	智能电报终端设备	
A02080908	声校微机电报打印设备	
A02080909	数字电报通信设备	包括数字式程控电报交换机等

（续表）

编码	品目名称	说明
A02080910	纠错设备	
A02080911	转换设备	
A02080912	电报加密机	
A02080913	无线电报接收设备	
A02080999	其他电报通信设备	
A02081000	传真通信设备	
A02081001	文件（图文）传真机	
A02081099	其他传真通信设备	包括报纸传真机、信函传真机、气象图传真机、卫星云图传真机、雷达图像传真机、相片传真机、PC-FAX图像处理传真通信设备、IP传真机等
A02081100	数据数字通信设备	
A02081101	数据调制、解调设备	
A02081102	数传机	
A02081103	数据复接交换设备	
A02081104	脉码调制终端设备	
A02081105	增量调制终端设备	
A02081106	数字电话电报终端机	
A02081107	数据、多媒体通信终端设备	包括数据通信终端设备、多媒体通信终端设备等
A02081199	其他数据数字通信设备	
A02081200	微波接力通信设备	包括225MHz～450MHz数字接力设备、450MHz～800MHz数字接力设备、1GHz数字接力设备等
A02081300	IP与多媒体通信设备	包括ATM交换机、帧中继交换机、统一通信设备等
A02081400	通信配套设备	包括通信设备维修备件、通信设备配套架设安装设备等
A02081500	通信机房设备	
A02081600	天线	
A02081601	发射天线	包括中短波天线、短波转动天线、蝙蝠翼天线、双环天线、角锤天线、天线控制器等
A02081602	接收天线	包括拉杆天线、振子天线、环形天线、鱼骨天线等
A02081699	其他天线	
A02081700	无线传输辅助设备	
A02081701	铁塔无线传输设备	
A02081702	铁杆无线传输设备	

（续表）

编码	品目名称	说明
A02081703	水泥杆无线传输设备	
A02081704	基站配套设备	包括室外机柜（箱）、集成一体化方舱等防护安装设备
A02081799	其他无线传输辅助设备	
A02081800	有线传输线路	
A02081801	管孔传输线路	
A02081802	铁塔传输线路	
A02081803	铁杆传输线路	
A02081804	水泥杆传输线路	
A02081805	木杆传输线路	
A02081806	直埋传输线路	
A02081899	其他有线传输线路	
A02081900	通信网络维护和管理系统	
A02082000	通信设备零部件	
A02089900	其他通信设备	
A02090000	广播、电视、电影设备	
A02090100	广播发射设备	
A02090101	中波广播发射机	
A02090102	短波广播发射机	
A02090103	调频广播发射机	
A02090104	调频立体声广播发射机	
A02090105	调频广播差转台	立体声调频广播差转机
A02090106	机动广播发射台	
A02090107	数字音频广播发射机	
A02090199	其他广播发射设备	
A02090200	电视发射设备	
A02090201	米波电视发射机	
A02090202	分米波电视发射机	
A02090203	双伴音电视发射机	
A02090204	电视差转机	
A02090205	机动电视发射台	
A02090206	数字广播电视发射机	
A02090299	其他电视发射设备	

（续表）

编码	品目名称	说明
A02090300	广播和电视接收设备	包括可接收无线电话和无线电报的广播接收机、机动车辆用需外接电源的广播接收设备等
A02090400	音频节目制作和播控设备	
A02090401	广播录放音设备	
A02090402	调音台	
A02090403	监听机（机组）	
A02090404	声处理设备	广播、电视通用
A02090405	收音设备	
A02090406	播控设备	
A02090499	其他音频节目制作和播控设备	
A02090500	视频节目制作和播控设备	
A02090501	电视录制及电视播出中心设备	包括电视制作中心设备、电视播出中心设备等
A02090502	机动电视转播及电视播出采访设备	包括机动电视转播中心、机动新闻采访设备等
A02090503	录像编辑设备	包括自动编辑机、时基校正器、动画录像控制器、非线性编辑设备等
A02090504	专业摄像机和信号源设备	包括广播级摄像机、准广播级摄像机、业务摄像机、电视电影设备、字幕信号发生器、时钟信号设备、虚拟演播室设备等
A02090505	视频信息处理设备	包括特技视频处理设备、视频切换设备、静止图像存储器、视频分配放大器、稳定放大器、视频降噪器、色键设备、数字电视编解码器、复用器等
A02090506	电视信号同步设备	包括电视同步信号发生器、帧同步器、脉冲分配放大器等
A02090507	电视图文创作系统设备	
A02090599	其他视频节目制作和播控设备	
A02090600	多工广播设备	
A02090700	立体电视设备	
A02090800	卫星广播电视设备	包括卫星直播接收设备等
A02090801	集体接收设备	
A02090802	上行站接收设备	
A02090803	接收测试站设备	
A02090804	普及型卫星广播电视接收附加装置	
A02090899	其他卫星广播电视设备	
A02090900	电缆电视分配系统设备	

(续表)

编码	品目名称	说明
A02090901	共用天线电视系统设备	
A02090902	单向电缆电视系统设备	
A02090903	双向电缆电视系统设备	
A02090904	光缆电视分配系统设备	
A02090999	其他电缆电视分配系统设备	
A02091000	电视设备	
A02091001	普通电视设备（电视机）	包括有线电视前端设备、有线电视终端设备、有线电视传输覆盖设备等
A02091002	特殊环境应用电视监视设备	包括微光电视设备、高温电视设备、防爆电视设备、防腐电视设备、防潮电视设备等
A02091003	特殊功能应用电视设备	包括侦察电视设备、测量电视设备、跟踪电视设备、显微电视设备等
A02091004	特种成像应用电视设备	包括X光电视设备、紫外电视设备、红外电视设备等
A02091099	其他电视设备	
A02091100	视频设备	
A02091101	录像机	包括光盘录像设备、磁带型录像机等
A02091102	通用摄像机	指普通摄像机，包括摄像机附件设备
A02091103	摄录一体机	
A02091104	平板显示设备	
A02091105	电视唱盘	
A02091106	激光视盘机	VCD、DVD等设备
A02091107	视频监控设备	包括监控摄像机、报警传感器、数字硬盘录像机、视频分割器、监控电视墙（拼接显示器）、监视器、门禁系统等
A02091108	视频处理器	
A02091109	虚拟演播室设备	
A02091110	字幕机	
A02091199	其他视频设备	
A02091200	音频设备	
A02091201	录放音机	
A02091202	收音机	
A02091203	音频功率放大器设备（功放设备）	
A02091204	电唱机	包括单声道唱机、立体声唱机等
A02091205	音响电视组合机	
A02091206	话筒设备	包括电话会议用全向麦克风等

（续表）

编码	品目名称	说明
A02091207	数码音频工作站及配套设备	
A02091208	声画编辑机	
A02091209	录音外围设备	包括效果器、特效器、压缩器等
A02091210	扩音设备	
A02091211	音箱	
A02091212	复读机	
A02091213	语音语言实验室设备	
A02091299	其他音频设备	
A02091300	组合音像设备	
A02091301	音视频播放设备	
A02091302	闭路播放设备	
A02091303	同声现场翻译设备及附属设备	
A02091304	会议、广播及音乐欣赏系统	
A02091399	其他组合音像设备	
A02091400	播出设备	
A02091401	机械手播出设备	
A02091402	硬盘播出设备	
A02091403	播出周边设备	
A02091499	其他播出设备	
A02091500	电影设备	
A02091501	传版设备	包括远程数据传播设备等
A02091502	编辑、采访设备	
A02091503	压片加工设备	包括密纹压片机及配套设备、刻纹设备、制模板设备、造粒机及附属设备、薄膜压片机及附属设备等
A02091504	唱机生产设备	
A02091505	盒式音带加工设备	包括盒带快速复制设备、裁带机、贴片机、包装机及配套设备等
A02091506	影视片制作、维护设备	包括用于影视片的剪辑、特技、制作等设备
A02091599	其他电影设备	
A02091600	传声器、扬声器、耳塞机	包括有线传声器及其座架、无线传声器、扬声器等
A02091700	无线寻呼机	
A02091800	磁（纹）卡和集成电路卡	
A02091900	广播、电视、电影设备零部件	

（续表）

编码	品目名称	说明
A02099900	其他广播、电视、电影设备	
A02100000	仪器仪表	
A02100100	自动化仪表	
A02100101	温度仪表	包括双金属温度计、压力式温度计、热电偶温度计、热敏电阻温度测量仪器、非接触式温度计、温度控制（调节）器、温度变送器、温度仪表校验装置、温度仪表附属装置等
A02100102	压力仪表	包括弹簧管压力仪表、波纹管压力仪表、膜片压力仪表、膜盒压力仪表、数字压力表、电接点压力表、真空表、氧压力表、氯压力表、氨压力表、氢压力表、乙炔压力表、耐腐蚀压力表、耐振压力表、高温压力表、专用压力表、减压器、压力变送器、压力控制（调节）仪表、压力表校验仪表、压力仪表辅助装置等
A02100103	流量仪表	包括差压仪表、涡轮流量仪表、浮（转）子流量仪表、电磁流量仪表、椭圆齿轮流量仪表、腰轮流量仪表、活塞式流量仪表、圆盘流量仪表、刮板流量仪表、涡街流量仪表、超声流量仪表、蒸气流量仪表、质量流量仪表、节流装置、流量控制（调节）仪表、流量仪表检定装置等
A02100104	物位及机械量仪表	包括物位仪表、机械量仪表等
A02100105	显示及调节仪表	包括显示仪表系统、控制（调节）仪表系统等
A02100106	气动、电动单元组合仪表	包括气动单元组合仪表、电动单元组合仪表等
A02100107	基地式仪表	包括 B 系列气动基地式仪表、KF 系列气动基地式仪表等
A02100108	绘图仪	包括绘图机，绘图台，其他绘图、划线或数学绘图仪器
A02100109	集中控制装置	包括巡回检测装置、组装式电子综合控制装置、远动装置、锅炉控制设备等
A02100110	执行器	包括气动执行机构、电动执行机构、电液执行机构、执行器辅助装置等
A02100111	自动成套控制系统	包括轮胎硫化自控装置、塑料注射机控制装置、计算机控制与管理系统、工业自动测试系统等
A02100112	工业控制用计算机系统	包括集中型工业控制计算机系统、智能自动化系统、分散型控制系统、现场总线控制系统等
A02100199	其他自动化仪表	
A02100200	电工仪器仪表	
A02100201	电度表	包括机电式电能表、电子式电能表、电能表用附件等
A02100202	实验室电工仪器及指针式电表	包括教学演示用实验室机械式电表等

（续表）

编码	品目名称	说明
A02100203	数字电网监测表	包括电流测量仪表，电压测量仪表，功率测量仪表，频率测量仪表，电阻测量仪表，相位、功率因数测量仪表，多功能测量仪表，模拟静电场测试仪，霍尔元件测磁场装置等
A02100204	电阻测量仪器	
A02100205	记录电表、电磁示波器	包括记录电表、电磁示波器等
A02100206	测磁仪器	
A02100207	扩大量程装置	包括分流器、仪用互感器、附加电阻器等
A02100299	其他电工仪器仪表	
A02100300	光学仪器	
A02100301	显微镜	包括电子显微镜等
A02100302	光学计量仪器	包括长度计量仪器、角度测量仪器、工具显微镜、三坐标测量机、平直度测量仪器、测量用投影仪、机床附属光学装置等
A02100303	物理光学仪器	包括看谱镜、谱线测量仪、光电直读光谱仪等
A02100304	光学测试仪器	包括光学材料测试仪器、光学零部件测试仪器、通用光学测试仪器、光学系统特性参数测试仪、膜层测定仪、光学系统像质测试仪器、光学系统光度特性测试仪器等
A02100305	电子光学及离子光学仪器	包括电子光学及离子光学计量仪器、电子光学及离子光学测试仪器等
A02100306	航测仪器	包括密度分割伪彩色分析仪、转绘仪、判读仪、立体测图仪、像点转刺测仪、像点坐标量测仪、纠正仪、展点仪等
A02100307	光谱遥感仪器	包括光谱辐射计、彩色影像扫描记录装置、多光谱彩色合成仪、遥感影像处理系统、野外遥感仪器等
A02100308	红外仪器	包括红外辐射源、红外辐射计、红外测试仪器等
A02100309	激光仪器	
A02100310	望远镜	包括双筒望远镜、单筒望远镜等
A02100311	眼镜	包括树脂镜片和玻璃镜片，以及由这两类眼镜片制作的具有该功能的成镜
A02100312	光导纤维和纤维束	
A02100313	透镜、棱镜、反射镜	
A02100399	其他光学仪器	
A02100400	分析仪器	
A02100401	电化学分析仪器	包括电位式分析仪器、电解式分析仪器、电导式分析仪器、电量式分析仪器、滴定仪、极谱仪、电泳仪等

（续表）

编码	品目名称	说明
A02100402	物理特性分析仪器及校准仪器	包括水分计、黏度计、密度计、浊度计、烟度计、颗粒分析仪、尘量分析仪、固体成分含量仪、采样器、表面张力仪等
A02100403	热学式分析仪器	包括热量计、量热仪、热物快速测定仪、平板导热仪、差热仪、差热天平、热膨胀仪、热机械分析仪、热水热量仪等
A02100404	光学式分析仪器	包括光电比色分析仪器、光度式分析仪器、红外线分析仪器、紫外线分析仪器、曝光表、光电比色分析仪器、光度式分析仪器等
A02100405	射线式分析仪器	包括核能谱仪、电子能谱仪、离子散射谱仪、二次离子谱仪、X射线衍射仪、发射式X射线谱仪、吸收式X射线谱仪等
A02100406	波谱仪	包括核磁共振波谱仪、顺磁共振波谱仪、核电四极矩共振波谱仪、光磁共振波谱仪等
A02100407	质谱仪	包括有机质谱仪、同位素质谱仪、无机质谱仪、气体分析质谱仪、表面分析质谱仪、质谱联用仪等
A02100408	色谱仪	包括气相色谱仪、液相色谱仪、色谱联用仪、检测器等
A02100409	磁式分析仪	
A02100410	晶体振荡式分析仪	
A02100411	蒸馏及分离式分析仪	
A02100412	气敏式分析仪	
A02100413	化学变色式分析仪	
A02100414	多种原理分析仪	
A02100415	环境监测仪器及综合分析装置	包括大气监测系统成套设备、水质监测系统成套设备、噪声监测系统成套设备等
A02100416	热分析仪	
A02100417	生化分离分析仪器	
A02100418	环境与农业分析仪器	包括虫情测报仪器等
A02100419	样品前处理及制备仪器	
A02100420	分析仪器辅助装置	包括分析仪器数据处理装置、辅助装置等
A02100499	其他分析仪器	
A02100500	试验机	
A02100501	金属材料试验机	包括拉力试验机、压力试验机、万能试验机、弯曲试验机、扭转试验机、复合应力试验机、冲击试验机、松弛试验机、硬度计、蠕变试验机、持久强度试验机、疲劳试验机等

（续表）

编码	品目名称	说明
A02100502	非金属材料试验机	包括橡胶塑料材料试验机、木材试验机、皮革试验机、油脂润滑剂试验机、油漆、涂料、油墨试验机、纸张、纸板与纸浆试验机、电缆线试验机、漆包线试验机、建筑材料试验机、粘合剂试验机、纤维、织物试验机、生物材料试验机、复合材料试验机、果品试验机、烟草试验设备等
A02100503	工艺试验机	包括杯突试验机，线材扭转试验机，弯折试验机，弹簧试验机，挠度试验机，板材深冲性能试验机，摩擦磨损、润滑试验机等
A02100504	测力仪器	包括引伸计、引伸计标定器等
A02100505	动平衡机	包括软支承平衡机、硬支承平衡机、立式平衡机、重力式平衡机、现场平衡仪、专用平衡仪、质量定心机、自动平衡装置、平衡自动线等
A02100506	振动台与冲击台	
A02100507	碰撞台	包括跌落碰撞台、气动碰撞台、电动碰撞台、液压碰撞台等
A02100508	无损探伤机	包括电磁（涡流）检测仪器、磁粉探伤仪器、渗透探伤仪器、X射线检测仪器、γ射线探伤机、中子探伤仪、同位素检测仪器、超声检测仪器、声学检测仪等
A02100509	包装件试验机	包括包装件压力试验机、包装件跌落试验机、包装件冲击试验机、包装件六角滚筒试验机等
A02100510	结构试验机	包括结构万能试验机、结构疲劳试验机、结构模拟试验台等
A02100511	橡胶制品检测机械	包括轮胎检测机械、力车胎检验机械、胶管检验机械、胶带试验机械、海绵试验机械、橡胶制品试验机械等
A02100599	其他试验机	
A02100600	试验仪器及装置	
A02100601	分析天平及专用天平	包括杠杆式等臂天平、杠杆式不等臂天平、电子天平、扭力天平、上皿天平、药物架盘天平、真空天平、携带式天平、公斤天平、天平附件及辅助装置等
A02100602	动力测试仪器	包括电信号传递器、测功仪、测功器、压力测量仪器、油耗测量仪器、燃烧测量分析仪器、漏气量测量仪器、多参数测试装置、控制仪、动力测试专用校准仪器等
A02100603	试验箱及气候环境试验设备	包括试验用干燥箱、温度试验设备、恒温箱（槽）、生物培养设备、湿热试验设备、温度湿度试验设备、腐蚀试验设备、低气压试验设备、高气压试验设备、真空试验设备、爆炸性大气试验箱、日光辐射试验箱、老化或综合气候因素试验设备、振动冲击与气候环境综合试验设备、防护试验设备等
A02100604	生物、医学样品制备设备	包括试验用离心机等

（续表）

编码	品目名称	说明
A02100605	应变及振动测试仪器	
A02100606	型砂铸造试验仪器及装置	包括型（芯）砂试验仪器、特种铸造测试仪器、合金铸造性能测试仪器、铸造质量检测仪器、冲天炉熔化过程测试仪器等
A02100607	真空检测仪器	包括真空检漏仪器、真空测量仪器、真空监控仪器等
A02100608	土工测试仪器	包括土壤测试仪器、土壤测试辅助设备等
A02100609	实验室高压釜	包括电磁往复、永磁旋转、机械搅拌高压釜等
A02100610	电子可靠性试验设备	不包括气候环境试验设备、电真空器件试验设备
A02100699	其他试验仪器及装置	
A02100700	计算仪器	
A02100701	液体比重计	包括液体密度计等
A02100702	玻璃温度计	包括工业玻璃温度计、实验室玻璃温度计、电接点玻璃温度计等
A02100703	气压计	
A02100704	湿度计	
A02100705	液体压力计	
A02100706	气体与液体计量仪表	包括水表（IC卡水表等）、油表、煤气表等
A02100707	速度测量仪表	
A02100708	产量计数器	包括机械计数器、电磁计数器等
A02100709	计费与里程表	包括出租车计费表、里程表等
A02100710	计步器、频闪仪	
A02100799	其他计算仪器	
A02100800	计量仪器	
A02100801	力学性能测试仪器	
A02100802	大地测量仪器	
A02100803	光电测量仪器	
A02100804	声学振动仪器	
A02100805	颗粒度测量仪器	
A02100806	探伤仪器	
A02100807	齿轮量仪	
A02100808	螺纹量仪	
A02100809	形位误差检查仪	
A02100810	角度量仪	

（续表）

编码	品目名称	说明
A02100899	其他计量仪器	
A02100900	钟表及定时仪器	
A02100901	钟	包括机械钟、石英钟、电钟、电控钟及除石英钟外的电子钟、特殊用途钟等
A02100902	表	包括机械表、石英表等
A02100903	定时器	包括机械式定时器、电动式定时器、电子式定时器等
A02100904	时间记录装置	包括时间记录器，时间累加器，测量、记录或指示时间间隔的装置等
A02100905	钟表机芯	包括机械手表机芯、石英手表机芯、钟机芯等
A02100999	其他钟表及定时仪器	
A02101000	农林牧渔仪器	包括数粒仪、控温仪、叶绿素测定仪、活体叶绿素仪、光电叶面积仪、植物生长仪、牧草生长仪、双套气流式喷卵仪、乳脂测定仪、测膘仪、牛胃金属异物探测仪、粮油检样器、验粉筛、比重清油分测定仪、渔业测向仪、探鱼仪、罗兰A定位仪等
A02101100	地质勘探、钻采及人工地震仪器	包括重力仪器，磁法仪器，人工地震仪器，电法仪器，水文地质仪器，井中物探仪器，核物探仪器，化探仪器，钻探测井仪器，钻探参数仪器仪表，泥浆分析仪表，采油修井仪器仪表，岩石矿物理性质测试仪器，地形变化观测仪，煤尘、矿尘、粉尘测定仪，矿井风速仪，推断、解释和数据处理仪器，野外数据采集仪器，矿物实验测试仪器等
A02101200	地震仪器	包括测震观测系统设备、强震动观测系统设备、重力观测系统设备、地形变观测系统设备、地磁场观测系统设备、地电场观测系统、地下水观测系统设备、活断层探测设备、活断层鉴定设备等
A02101300	安全仪器	包括矿井环境气体检测仪器，瓦斯警报、断电遥测系统，通风检测仪器，矿压检测及监测仪器，瓦斯检定器校正仪，自救仪器，氧气呼吸器，万能检验仪，氧气呼吸器核验仪，氧气输送器，氧气检定器，多种气体测定器，光学瓦斯检定器，安全集中检测装置等
A02101400	大坝观测仪器	包括应变计、钢筋计、测缝计、渗压计、水工比例电桥、应力计、校正仪等
A02101500	电站热工仪表	包括单向测振仪、双向测振仪、火光检示装置、电接点水位计、数字式温度巡测报警仪等
A02101600	电力数字仪表	包括数字式毫秒计、数字式工频相位计、数字运算式工频计、工频振荡器等
A02101700	气象仪器	包括地面气象探测仪器、雷电探测及防护设备、海洋观测仪器、高空气象探测仪器、气象仪器计量检定仪器、生态农业气象仪器、大气成分观测分析仪器、人工影响天气作业仪器、移动应急系统、空间天气观测仪器等

（续表）

编码	品目名称	说明
A02101800	水文仪器设备	包括水位观测设备，流量测验仪器设备，泥沙测验设备，降水、蒸发观测设备，水质监测设备，地下水监测设备等
A02101900	测绘仪器	包括经纬仪、水准仪、平板仪、测距仪、全站型速测仪、GPS测量仪、重力测量仪、地下管道探测仪、三维激光测量仪、测深仪、航空摄影设备、航空激光雷达设备、航空影像扫描设备、数据采集设备、全数字摄影测量系统设备、精密立体测量仪、解析测图仪、正射投影仪、数控绘图桌设备等
A02102000	天文仪器	包括天体测量仪、天体物理仪器等
A02102100	教学仪器	包括教学数学专用仪器，演示计量仪器，教学用力学仪器，教学用光学仪器，教学用原子物理及核物理仪器，教学用电磁学实验仪器，教学用电子学实验仪器，教学用空气动力学实验仪器，教学用天气气象实验仪器，教学用航空、航天、航海实验仪器，教学用机电实验仪器，教学用声学仪器，教学用热学仪器，教学用心理学仪器，教学用化学分析及化工仪器，教学用生理仪器，教学用地理仪器，电教仪器，教学用技术基础课仪器，教学用计算机示教仪器等
A02102200	核子及核辐射测量仪器	包括辐射仪器、射线谱仪器、放射性污染探测仪器、剂量仪器、定标器、计数装置、信号处理及分析仪器、探头、组合仪器及插件、防护装置等
A02102300	航空仪器	包括陀螺仪、大气参数中心仪、飞行参数记录仪、平视仪、地平仪、罗盘、综合航向指示器、自动驾驶仪、航行仪、检测仪、修正器、识别器、显示器、稳定器等
A02102400	航天仪器	包括光电探测器，航天六分仪，星图仪，六象仪，水母仪，回陆着陆系统，安全救生系统，姿态指示器，姿态陀螺仪，宇宙空气净化调节设备，宇宙压力调节设备，宇宙供水、供食设备，宇宙废物排除装置，稳定设备等
A02102500	船舶仪器	包括陀螺罗经、罗经自动舵组合式仪表、陀螺方位仪、计程仪、操舵仪、航海六分仪、船用舵角指示器、横倾仪、纵倾仪、水声测深仪等
A02102600	纺织仪器	包括纤维原料试验仪器、纤维试验仪器、纱线试验仪器、织物试验仪器等
A02102700	建筑工程仪器	包括数字超声波检测仪，弹性系数，正弦综合检测仪，收缩膨胀仪，稠度仪，坍落度仪，含水率测定仪，蠕变仪，沥青延伸、闪点、软化检测仪，吨米指示断电器，超声波测厚仪，电梯激光导轨仪等
A02102800	汽车拖拉机仪表	包括转向测试仪、多功能汽车检测仪、发动机综合分析仪
A02102900	动力测量仪器	包括涡流测功机、直流测功机、冷磨实验台、水箱实验台、燃油泵实验台、水压实验台、水利测功机等

（续表）

编码	品目名称	说明
A02103000	心理仪器	
A02103100	生理仪器	
A02103200	仪器仪表零部件	
A02109900	其他仪器仪表	
A02110000	电子和通信测量仪器	
A02110100	数字、模拟仪表及功率计	
A02110101	数字仪表及装置	
A02110102	模拟式电压表	
A02110103	功率计	
A02110199	其他数字、模拟仪表及功率计	
A02110200	元件器件参数测量仪	
A02110201	电阻器、电容器参数测量仪	
A02110202	敏感元件、磁性材料、电感元件测量仪	包括磁性材料参数测量仪等
A02110203	电子元件参数测量仪	
A02110204	半导体器件参数测量仪	
A02110205	集成电路参数测量仪	
A02110299	其他元件器件参数测量仪	
A02110300	时间及频率测量仪器	包括通用计数仪、时间计数仪、特种计数仪、频率测量仪器、相位测量仪器、频率面板表、误差倍增器、频率对比器等
A02110400	网络特性测量仪	
A02110500	衰减器	包括LC衰减器等
A02110600	滤波器	包括LC滤波器等
A02110700	放大器	包括仪表放大器等
A02110800	场强干扰测量仪器及测量接收机	包括场强干扰测量仪器、场强测量接收机等
A02110900	波形参数测量仪器	
A02111000	电子示波器	
A02111100	通信、导航测试仪器	
A02111200	有线电测量仪	包括振荡器、电平表、有线电测量用衰减器、杂音计、电平图示仪、有线电综合测试仪、传输测量装置、噪声测量仪等
A02111300	电视用测量仪	
A02111400	声源、声振信号发生器	

（续表）

编码	品目名称	说明
A02111500	声级计	
A02111600	电声滤波器	
A02111700	电声放大器	
A02111800	声振测量仪	
A02111900	声振仪器校准装置	
A02112000	电话、电声测试仪器	
A02112100	声振分析仪	
A02112200	数据仪器	
A02112300	计算机用测量仪器	
A02112400	核仪器与核辐射探测器	包括通用核仪器、核电厂、反应堆仪表和控制系统及电气设备、辐射防护监测仪器等
A02112500	交直流电测量仪器	包括交直流电桥、交直流电阻箱、交直流电位差计等
A02112600	磁场测量仪器	包括磁场计、磁通计、核磁共振测场仪、特斯拉计、数字磁强计、数字磁通表等
A02112700	综合测量仪	
A02112800	电子和通信测量仪器零部件	
A02119900	其他电子和通信测量仪器	
A02120000	计量标准器具及量具、衡器	
A02120100	长度计量标准器具	
A02120101	端度计量标准器具	
A02120102	线纹计量标准器具	
A02120103	齿轮参数计量标准器具	
A02120104	角度计量标准器具	
A02120105	光学仪器检测器具	
A02120199	其他长度计量标准器具	
A02120200	热学计量标准器具	
A02120201	温度计量标准器具	
A02120202	热量计量标准器具	
A02120203	湿度计量标准器具	
A02120299	其他热学计量标准器具	
A02120300	力学计量标准器具	
A02120301	质量计量标准器具	
A02120302	容量计量标准器具	

（续表）

编码	品目名称	说明
A02120303	密度计量标准器具	
A02120304	流量计量标准器具	
A02120305	压力及真空计量标准器具	
A02120306	测力计量标准器具	
A02120307	硬度计量标准器具	
A02120308	振动、加速度及转速计量标准器具	
A02120399	其他力学计量标准器具	
A02120400	电磁学计量标准器具	
A02120401	电表类计量标准器具	
A02120402	交流计量标准器具	
A02120403	直流计量标准器具	
A02120404	高电压大电流计量标准器具	
A02120405	磁特性计量标准器具	
A02120499	其他电磁学计量标准器具	
A02120500	无线电计量标准器具	
A02120501	电压及功率参数计量标准器具	
A02120502	信号及脉冲参数计量标准器具	
A02120503	噪声参数计量标准器具	
A02120504	元器件参数计量标准器具	
A02120505	相位参数计量标准器具	
A02120506	微波阻抗参数计量标准器具	
A02120507	场强参数计量标准器具	
A02120508	衰减计量标准器具	
A02120599	其他无线电计量标准器具	
A02120600	时间频率计量标准器具	
A02120700	电离辐射计量标准器具	
A02120800	光学计量标准器具	
A02120900	声学计量标准器具	
A02121000	化学计量标准器具	
A02121100	量具	包括量规、卡尺、千分尺、量尺、量带、高度尺、角度尺、指示表、刻线尺、光洁度样块、标准齿轮、量具附件等
A02121200	衡器	

（续表）

编码	品目名称	说明
A02121201	地上衡	包括杠杆式地上衡、字盘式地上衡、电子式地上衡等
A02121202	地中衡	包括杠杆式地中衡、字盘式地中衡、电子式地中衡、无基坑地中衡等
A02121203	轨道衡	包括杠杆式轨道衡、字盘式轨道衡、电子式轨道衡、动态轨道衡等
A02121204	钢材秤	
A02121205	皮带秤	包括机械式皮带秤、电子式皮带秤等
A02121206	吊秤	包括杠杆式吊秤、字盘式吊秤、电子式吊秤、无线传输电子吊秤等
A02121207	配料秤	
A02121208	定量秤	
A02121209	台案秤	包括杠杆式台、案秤，字盘式台、案秤，电子式台、案秤等
A02121210	液体秤	
A02121211	气体秤	
A02121212	料斗秤	包括机械式料斗秤、电子式料斗秤等
A02121213	核子秤	
A02121214	计数秤	包括电子计数秤等
A02121299	其他衡器	
A02121300	标准物质	包括钢铁标准物质、有色金属标准物质、建筑材料标准物质等
A02121400	计量标准器具零部件	
A02129900	其他计量标准器具	
A02130000	探矿、采矿、选矿和造块设备	
A02130100	钻探机	包括油压主轴钻机、油压转盘钻机、水文水井钻机、取样钻机、坑道钻机、手把地质钻机、汽车钻机、轻便钻机、竖井钻机、天井钻机、钻机备用部件等
A02130200	装药填充机械	包括装药车、装药器等
A02130300	矿用装载设备	包括装岩设备、抓岩机和抓斗、扒矿机、运矿车等
A02130400	煤矿生产监测监控设备	包括电力监测监控设备，提升监测监控设备，运输监测监控设备，防排水监测监控设备，露天矿用卡车防撞监测装置，矿井综合自动化监控装置，矿井井下设备定位监测系统，调度总机，井下通讯系统，井下防爆移动通讯系统，安全应急扩音通信告警系统，矿井井下人员定位监测、统计系统，露天矿GPS卡车调度系统，露天矿无线集群通讯系统，露天矿轮斗集中控制系统，巡检机器人等

（续表）

编码	品目名称	说明
A02130500	煤矿防治水设备	包括主排水泵及辅助设备、主排水泵专用阀门、主排水泵安全监测系统装置、水仓清理设备、各类矿用潜水泵、各类矿用清水泵、各类矿用泥浆泵、各类矿用渣浆泵、防爆排沙潜水泵、矿井水文钻机、注浆泵、矿井自动化排水监控装置、水位遥测仪等
A02130600	煤矿支护装备	包括液压支架、乳化液泵站、采煤工作面矿压监测装备、掘进巷道顶板离层监测装备、矿井深部地压预报装备、巷道掘锚一体机、切顶墩柱、岩石巷道钻车、液压支架监控装置、锚杆钻机、液压锚杆钻机泵站、锚索切割机、锚索机、喷浆机、支护质量监测仪、锚杆拉力计等
A02130700	提升、运输设备和绞车	包括提升机用电动机、提升机拖动控制设备、提升机供电电源柜、提升机安全监控及综合保护装置、提升信号设备、提升容器及连接装置、提升容器防坠器、提升防墩罐装置、提升过卷缓冲托罐装置、箕斗提升定重控制装置、天轮、钢丝绳自动平衡装置、提升钢丝绳在线监测装置、矿井提升机综合测试仪、矿井各类防爆绞车、阻燃胶带运输机、胶带运输机监控及保护装置、刮板运输机监控及保护装置、煤矿用架线电机车、防爆特殊型蓄电池电机车、防爆柴油机车、矿井运输信集闭控制装置、采区顺槽无级绳运输绞车、单轨吊运输装置、卡轨车、齿轨车、胶套轮车、平巷及斜巷人车、斜井运输跑车防护和防跑车装置、斜井运输信号装置耦合器、矿车翻车机、阻车器等
A02130800	选矿和洗矿设备	包括破碎设备、研磨设备、筛分设备、分级设备、选别设备、脱水设备、洗矿设备等
A02130900	造块设备	包括烧结机、球团设备、布料器、布料辊等
A02131000	探矿、采矿、选矿和造块设备零部件	
A02139900	其他探矿、采矿、选矿和造块设备	
A02140000	石油天然气开采设备	
A02140100	油气水井设施	包括油井、气井、盐井、碱井、注水井、注气井、注聚合物井、注二氧化碳井、注微生物井、注氮气井、火烧驱油井、观察井、资料井、水源井等
A02140200	油气汽水集输设施	包括计量站、计量配水站、集油气管线、注水汽管线、集（转）油站、集气站、注水站、热采注汽站、注氮站、压气站、海洋采油平台、海底管线、原油库、输油气首站、输油气中间加热站、输油气中间加压站、输油气末站、输油气管线、消防装置、油气生产用电力线路等
A02140300	油气汽水处理设施	包括油气处理站、轻烃回收装置、污水处理站、天然气净化装置、硫磺回收装置、尾气处理装置、酸性水汽提装置、硫磺成型装置等

（续表）

编码	品目名称	说明
A02140400	油田机械	包括油气勘探设备、物探钻机、石油钻机、固井配套设备、压裂酸化设备、油水井清蜡设备、石油专用压风机(车)、钻采特车、油井测试设备、录井设备、试井设备、井下作业设备、海洋钻井设备、海洋作业设备、石油专用加工设备等
A02140500	石油天然气开采设备零部件	
A02149900	其他石油天然气开采设备	
A02150000	石油和化学工业设备	
A02150100	石油储备库设备	包括库区外管线、库区内管线、储油罐、输油泵、流量计及标定设备、循环搅拌设备、工艺阀门、工艺自动控制系统等
A02150200	长输管线	包括原油管线、天然气管线、成品油管线、化工产品管线等
A02150300	界区间管线	指厂区内生产装置或分厂（部）之间输送不同介质的管线，包括物料管线、公用工程管线等
A02150400	界区间罐区设施	指厂区内生产装置或分厂（部）之间独立于装置而储存原油、成品油、化工产品、液化气、天然气、瓦斯的罐类设施，包括原油罐区、成品油及中间罐区、化工罐区、液化气、天然气、瓦斯罐区等
A02150500	输油（气）站	包括原油输油站、天然气输气站、成品油分输站、压缩天然气（CNG）加气母站等
A02150600	炼油生产装置	包括常减压蒸馏装置、催化裂化装置、催化裂解装置、加氢裂化装置、减粘裂化装置、催化重整装置、连续重整装置、苯抽提装置、延迟焦化装置、汽油加氢精制装置、柴油加氢精制装置、汽柴油加氢精制装置、煤油加氢精制装置、蜡油加氢精制装置、渣油加氢精制装置、电化学精制装置、分子筛精制装置、煤油脱臭装置、环烷酸装置、酚精制装置、制氢装置、气体分馏装置、烷基化（硫酸法）装置、烷基化（氢氟酸法）装置、甲基叔丁基醚装置、液化气脱硫醇装置、汽油脱硫醇装置、气体脱硫装置、氢提纯装置、溶剂脱蜡装置、微生物脱蜡装置、溶剂蜡脱油装置、分子筛蜡脱油装置、润滑油白土精制装置、润滑油糠醛精制装置、润滑油加氢精制装置、石蜡白土精制装置、石蜡加氢精制装置、石蜡成型装置、氧化沥青装置、溶剂脱沥青装置、丙烷气体回收装置、尤里卡全馏分油加氢装置、煤油临氢脱硫醇装置、异构化装置、生物柴油中试装置、蜡加氢裂化装置、特种蜡调合装置、碱渣处理装置、溶剂再生装置、油品调合装置、催化汽油吸附脱硫醇装置、催化干气提浓乙烯装置等
A02150700	润滑油生产装置	包括润滑油调合装置、润滑脂调合装置、合成油脂装置、金属制桶生产线、塑料制桶生产线、润滑油灌装生产线等

（续表）

编码	品目名称	说明
A02150800	基本有机化工原料生产装置	包括乙烯装置、异丁烯装置、丁烯-1装置、异戊烯装置、己烯-1装置、丁二烯抽提装置、苯乙烯装置、氯乙烯装置、苯酚丙酮装置、芳烃抽提装置、裂解汽油加氢装置、二甲苯装置、异丙苯装置、甲醇装置、丁辛醇装置、苯酐装置、环氧氯丙烷装置、C5分离装置、硫氰酸钠装置、乙酸（醋酸）装置、乙醛装置、歧化与烷基化转移装置、塑料薄膜装置等
A02150900	合成树脂生产装置	包括高压低密度聚乙烯装置、低压高密度聚乙烯装置、线性低密度聚乙烯装置、聚丙烯装置、聚苯乙烯装置、苯乙烯-丙烯腈装置、聚氯乙烯装置、聚醚装置等
A02151000	合成橡胶生产装置	包括丁苯橡胶装置、顺丁橡胶装置、丁基橡胶装置、丁苯胶乳装置、SBS热塑弹性体装置等
A02151100	合成纤维原料生产装置	包括乙二醇装、丙烯腈装置、己内酰胺装置、精对苯二甲酸装置、精间苯二甲酸装置、环己酮装置、氰化钠装置、乙腈烯装置、硫酸铵装置、硫酸装置、双氧水装置、硫氢酸钠回收装置、苯甲醛装置等
A02151200	合成纤维及合纤聚合物生产装置	包括聚酯装置、聚酯固相聚合装置、聚乙烯醇装置、聚酰胺装置、腈纶纤维装置、腈纶毛条装置、涤纶短纤维装置、涤纶工业丝装置、涤纶预取向丝装置、涤纶全牵伸丝装置、涤纶低弹丝装置、涤纶中空纤维装置、锦纶装置、丙纶装置等
A02151300	化肥生产装置	包括合成氨装置、尿素装置、复合肥装置等
A02151400	无机化工生产装置	包括烧碱装置、氯碱装置、盐硝装置、漂粉精装置等
A02151500	炼油催化剂生产装置	包括裂化催化剂装置、加氢催化剂装置、重整催化剂装置、降凝催化剂装置、器外预硫化装置等
A02151600	基本有机化工原料催化剂生产装置	包括甲苯歧化催化剂装置、乙苯脱氢催化剂装置、乙苯烷基化催化剂装置、醋酸乙烯催化剂装置、钯碳催化剂装置、丙烯腈催化剂装置、银催化剂装置、非晶态加氢催化剂装置、氧化催化剂装置、C2/C3馏分选择性加氢催化剂装置等
A02151700	合成树脂催化剂生产装置	包括聚乙烯催化剂装置、聚丙烯催化剂装置等
A02151800	合成橡胶催化剂生产装置	包括丁基锂装置、聚丁二烯油装置、铝剂装置等
A02151900	添加剂助剂生产装置	包括PX吸附剂装置、橡塑助剂装置、5A吸附剂装置等
A02152000	催化剂原料生产装置	包括分子筛装置、特种分子筛装置、有机胺装置、铝溶胶装置、干胶粉装置、水玻璃装置、硫酸铝装置、氯化镁精加工装置、给电子体装置、贵金属回收装置、芳烃溶剂装置、氨氮污水处理装置等

（续表）

编码	品目名称	说明
A02152100	催化剂检验分析评价装置	包括炼油催化剂分析评价装置、聚烯烃催化剂分析评价装置、吸附剂分析评价装置等
A02152200	辅助生产装置	包括空气分离及液化装置、供风装置、动力装置、发电装置、供排水装置、化学水装置、循环水装置、污水汽提装置、污水处理装置、废气回收装置、油罐清洗装置、编织袋装置等
A02152300	油品销售设施类	包括油库、加油站、加气站、非油品经营设施等
A02152400	橡胶设备	包括橡胶原料加工设备、炼胶设备、挤出设备、压延设备、成型设备、硫化设备、乳胶制品和再生胶生产设备、橡胶设备辅助设备等
A02152500	塑料机械	包括塑料备料设备、塑料制品设备、塑料压延机械、注射成型机、中空吹塑成型机、吸塑成型机、挤出成型机、发泡成型机、人造革设备、其他塑料机械等
A02152600	日用化学品设备	包括洗涤用品加工机械，香料、香精及化妆品加工机械，牙膏加工机械，火柴加工机械，合成胶、动物胶、植物胶加工机械等
A02152700	林产化工机械	包括天然橡胶加工设备、木材水解设备、松香生产设备等
A02152800	石油和化学工业设备零部件	
A02159900	其他石油和化学工业设备	
A02160000	炼焦和金属冶炼轧制设备	
A02160100	炼焦设备	包括炼焦炉、炼焦炉辅助设备等
A02160200	炼铁设备	包括炼铁高炉、炼铁高炉辅助设备、高炉压差发电设备、铸铁设备等
A02160300	炼钢设备	包括混铁炉、炼钢平炉、炼钢转炉、炼钢电炉、钢二次精炼设备、连续铸钢设备、炼钢炉配套设备等
A02160400	有色金属冶炼设备	包括焙烧炉、煅烧炉、烧结炉、重金属冶炼炉、轻金属冶炼炉、稀有金属冶炼炉、电解槽、有色金属铸造设备等
A02160500	铁合金设备	包括铁合金高炉、铁合金电炉、铁合金浇铸设备等
A02160600	金属轧制机械及拉拔设备	包括金属开坯轧机，型材轧机，板材、带材和箔材轧机，管材轧机，线材轧机，特殊轧机，轧机辅助设备，拉拔设备和制绳设备等
A02160700	冶金专用车辆	包括铁水车、铸锭车、料槽车、烧结车、渣罐车、保温车、混铁车、矿渣车等
A02160800	炼焦和金属冶炼轧制设备零部件	
A02169900	其他炼焦和金属冶炼轧制设备	包括冷却设备（冶炼用）、连续铸造设备、冶炼辅助设备、金属制品加工设备、金属铸造设备等
A02170000	电力工业设备	

（续表）

编码	品目名称	说明
A02170100	电站锅炉及辅助设备	包括锅炉本体、锅炉辅助设备、化学水处理设备、排污及疏水设备、除尘除灰设备等
A02170200	汽轮发电机组	包括汽轮机本体、发电机本体、汽轮发电机组辅助设备等
A02170300	水轮发电机组	包括水轮机本体、水轮发电机、水轮发电机组辅助设备等
A02170400	输电线路	包括铁塔输电线路、铁杆输电线路、水泥杆输电线路、木杆输电线路、电缆输电线路等
A02170500	配电线路	包括铁杆配电线路、水泥杆配电线路、木杆配电线路、电缆配电线路等
A02170600	变电设备	
A02170700	电力专用自动化控制设备	包括电站自动化控制设备、电力远动装置等
A02170800	架线设备	包括张力放线机、液压倒装铁塔联动装置、机动绞盘等
A02170900	电站制氢设备	
A02171000	电力工业设备零部件	
A02179900	其他电力工业设备	包括输电用设备、变压器设备、电工绝缘处理设备、电机设备、电焊机与焊条设备、酸性蓄电池设备、碱性蓄电池设备、低压电器设备、电线电缆设备、绝缘材料设备、电材设备等
A02180000	非金属矿物制品工业设备	
A02180100	水泥及水泥制品设备	包括水泥及硅酸盐用炉窑、水泥设备、水泥制品设备等
A02180200	玻璃及玻璃制品制造设备	包括平板玻璃制造设备、玻璃纤维生产设备、玻璃棉设备、玻璃钢设备、工业技术玻璃设备、玻璃制品加工设备、日用玻璃制品、玻璃包装容器制造设备等
A02180300	陶瓷制品生产设备	包括陶瓷制品成型设备、陶瓷制品备料设备、陶瓷制品施釉设备等
A02180400	墙体、地面材料	包括砖瓦坯、条加工设备，水磨石制坯机械，砖和砌块成型设备，制瓦机，石膏板生产设备，加气混凝土生产设备等
A02180500	石棉、耐火制品及其他非金属矿物制品设备	包括石棉制品设备、铸石制品设备、陶粒生产设备、沥青毡生产设备、饰墙材料生产设备、耐火材料生产设备、碳素制品生产设备等
A02180600	非金属矿物切削加工设备	包括光学材料和玻璃加工机床、石材加工机床、水泥等非金属矿物制品加工机床等
A02180700	非金属矿物制品工业设备零部件	
A02189900	其他非金属矿物制品工业设备	包括橡胶、塑料加工设备等
A02190000	核工业设备	
A02190100	核反应堆设备	包括核反应堆系统、反应堆监测控制系统、反应堆保护系统等

（续表）

编码	品目名称	说明
A02190200	核用矿冶设备	包括放射性分选机、分级设备、核用水冶设备、放射性矿山设备等
A02190300	核电站设备	包括核电站一回路系统、核电站二回路系统、核电辅助系统设备、核燃料运输贮存与装卸系统、放射性废物处理系统等
A02190400	核燃料循环设备	包括铀转化设备、铀浓缩设备、元件设备、后处理设备、放射性废物处置处理设备等
A02190500	核地勘设备	
A02190600	核聚变试验装置	
A02190700	核技术应用设备	包括辐照装置设备、加速器设备、核探测设备等
A02190800	核工业设备零部件	
A02199900	其他核工业设备	
A02200000	航空航天工业设备	
A02200100	飞机、火箭、导弹、卫星总装调试设备	包括火箭、导弹总装调试设备，卫星总装调试设备，飞机总装调试设备等
A02200200	控制、遥测、能源、制导系统用设备	包括控制系统、遥测系统、供配电测试、加注专用设备等
A02200300	人造卫星	
A02200400	弹（星）体加工设备	包括弹体加工设备、星体加工设备等
A02200500	发动机设备	包括固体发动机设备、液体发动机设备等
A02200600	驾驶系统和惯性器件设备	包括自动驾驶仪设备、平台陀螺设备、伺服机构设备、舵机设备等
A02200700	战斗部设备	
A02200800	火工品设备	
A02200900	制造地面系统设备	
A02201000	试验设备	包括环境模拟试验设备、空气动力试验设备等
A02201100	航天专用工艺设备	包括整星器包装箱、特种集装箱等
A02201200	全弹发动机试车台	包括全弹试车台、液体发动机试车台、冲压发动机试车台、固体发动机试车台、高空试车台、组成件试车台、氢氧发动机试车台等
A02201300	地面飞行训练器	
A02201400	航天产品用特种车	包括发电乘务车、铁路槽车、公路槽车、火工品运输车等
A02201500	航空航天工业设备零部件	
A02209900	其他航空航天工业设备	
A02210000	工程机械	

（续表）

编码	品目名称	说明
A02210100	挖掘机械	包括大型挖掘机、中型挖掘机、小型挖掘机、斗轮挖掘机、挖掘装载机等
A02210200	铲土运输机械	包括推土机、装载机、铲运机、平地机、非公路自卸车等
A02210300	工程起重机械	包括汽车起重机、全地面起重机、履带式起重机、轮胎式起重机、随车起重机、塔式起重机、施工升降机、建筑卷扬机等
A02210400	工业车辆	包括内燃叉车、蓄电池叉车、托盘堆垛车、侧面叉车、越野叉车、拣选车、伸缩臂叉车、集装箱叉车、牵引车、平台搬运车、手动液压搬运车等
A02210500	压实机械	包括静碾压路机、震动压路机、轮胎压路机、夯实机等
A02210600	路面及养护机械	包括路面基础施工机械、沥青路面施工机械、水泥路面施工机械、路面养护机械等
A02210700	桩工机械	包括旋挖钻机、柴油打桩机、柴油锤式打桩机、振动沉拔桩锤、振动沉拔桩架、压桩机、螺旋钻孔机、成孔机、振冲器、落锤打桩机等
A02210800	混凝土机械	包括混凝土输送泵、混凝土布料杆、水泥搅拌站、混凝土搅拌运输车、混凝土振动器、混凝土浇注机械、混凝土制品机械等
A02210900	凿岩与掘进机械	包括凿岩机、钻车、钻机、全断面隧道掘进机、非开挖设备、凿岩辅助设备、破碎机等
A02211000	钢筋及预应力机械	包括钢筋强化机械、钢筋加工机械、钢筋连接机械、钢筋预应力机械等
A02211100	气动工具	包括回转式气动工具、冲击式气动工具、气动马达等
A02211200	装修与高处作业机械	包括灰浆制备及喷吐机械、涂料喷刷机械、油漆制备及喷涂机械、地面装修机械、屋面装修机械、高处作业吊篮及擦窗机、高处作业平台、高处作业车、建筑装修机具等
A02211300	工程机械零部件	包括液压件、传动件、行走部件、驾驶室设备、工程机械仪表及控制设备等
A02219900	其他工程机械	
A02220000	农业和林业机械	
A02220100	拖拉机	包括轮式拖拉机、履带拖拉机（含半履带式拖拉机）、手扶拖拉机等
A02220200	土壤耕整机械	包括耕地机械、整地机械、林地清理机械等
A02220300	种植施肥机械	包括播种机械、育苗机械、栽植机械、施肥机械、地膜机械等
A02220400	植物管理机械	包括中耕机械、植保机械、修剪机械等
A02220500	园林机械	包括乔木管护设备、灌木管护设备、庭院用微型设备等

（续表）

编码	品目名称	说明
A02220600	农作物及林特产品收获机械	包括谷物收获机、玉米收获机、棉麻作物收获机、果实收获机、蔬菜收获机、花卉（茶叶）采收机、籽粒作物收获机、根茎作物收获机、饲料作物收获机、茎秆收集处理机、林特产品采摘机械等
A02220700	收获后处理机械	包括脱粒机、清选机、剥壳（去皮）机、干燥机、种子加工机、仓储机械等
A02220800	农林产品初加工机械	包括磨粉（浆）机械、棉花加工机械、果蔬加工机械、茶叶加工机械、林特产品初加工机械等
A02220900	农用搬运机械	包括农用运输机械、农用装卸机械等
A02221000	排灌机械	包括水泵、喷灌机械设备等
A02221100	农村可再生能源利用设备	包括风力设备、水力设备、太阳能设备、生物制能设备等
A02221200	设施农业设备	包括日光温室设施设备、塑料大棚设施设备、连栋温室设施设备等
A02221300	农用动力机械	不包括拖拉机等
A02221400	草原建设机械	包括围栏设备、草皮破碎机、草原除雪机、毒饵撒播机、埋桩机、梳草机、起草皮机等
A02221500	草料加工设备	
A02221600	畜牧饲养机械	包括孵化育雏设备、喂料饮水设备、清理消毒设备、网围栏等
A02221700	畜禽产品采集加工机械	包括挤奶机、剪羊毛机、牛奶分离机、储奶罐等
A02221800	水产养殖机械	包括增氧机、增氧装置或增氧系统、投饵机、投饵装置或投饵系统、网箱养殖设备、水体净化处理设备及水质监测仪器设备等
A02221900	水产品捕捞和采集机械	包括海洋捕捞机械、淡水捕捞机械、水生植物采集机械等
A02222000	水产品初加工机械	包括鱼货起卸和冻结设备、贝类加工机械、海参加工机械、紫菜加工机械、鱼类初加工机械等
A02222100	制网机械	包括织网机、制绳机、并线机等
A02222200	农业和林业机械零部件	
A02229900	其他农业和林业机械	包括捆草机等
A02230000	木材采集和加工设备	
A02230100	木材采伐和集运机械	包括采伐机械、集材机、割灌机、专用运材设备等
A02230200	木工机床	包括木工车床，木工刨床，木工铣床，开榫机，木工锯机，木工钻床，榫槽机，木工磨光、抛光机，木工多用机床，木工冷压机，木工拼装机等
A02230300	木质纤维加工设备	包括造纸、粘胶纤维和人造板纤维备料机械、木制纤维备料设备、纤维加工分离机械等

（续表）

编码	品目名称	说明
A02230400	人造板加工设备	包括削片机、铺装成型机、干燥机、压机、裁边机、砂光机、施胶机、运输机、分选机、剥皮机、定心机、旋切机、卷板机、刨切机、剪板机、挖孔补节机、拼缝机、组坯机、磨浆机、后处理设备、横截机、装卸机、分板机、冷却翻板机、垫板处理设备、木片清洗机、料仓、分离器、电磁振动器、磁选装置、升降台、堆拆垛机、计量设备、浸渍干燥机、磨刀机、容器、浓度调节器、拼接板机等
A02230500	木材干燥设备	包括常规干燥设备、除湿干燥设备、真空干燥设备、太阳能干燥设备、高频干燥设备、微波干燥设备等
A02230600	木材防腐设备	
A02230700	林业生物质工程设备	
A02230800	木材采集和加工机械零部件	
A02239900	其他木材采集和加工机械	
A02240000	食品加工设备	
A02240100	制糖机械	包括原料处理设备、提汁设备、制炼设备、废粕综合利用设备等
A02240200	糕点糖果及果品加工机械	包括糕点类原料加工机械，饼干加工机，糕点加工机，糖果加工备料机械，糖果加工成型机械，果品加工机械，糕点、糖果、果品生产线等
A02240300	菜类食品加工机械	包括蔬菜加工机械、豆制品加工机械、淀粉制品加工机械等
A02240400	屠宰、肉食品及蛋品加工机械	包括禽畜屠宰加工设备、肉类加工机械、乳加工机械、蛋品加工设备、水产品加工机械等
A02240500	食品蒸煮机械	
A02240600	食品杀菌器械	
A02240700	食品均质机	
A02240800	调味品加工机械	包括味精加工机械、酱制品加工机械、酱油加工机械、食醋加工机械等
A02240900	罐头食品生产线	包括肉类罐头加工线、蔬菜罐头加工线、水产品罐头加工线等
A02241000	饮食炊事机械	
A02241100	食品检测、监测设备	
A02241200	食品加工设备零部件	
A02249900	其他食品加工设备	
A02250000	饮料加工设备	
A02250100	酿酒设备	包括通用酿酒设备、啤酒制造设备、白酒制造设备、黄酒制造设备、果酒制造设备、食用酒精制造设备等

（续表）

编码	品目名称	说明
A02250200	无醇饮料加工设备	包括冷饮设备，咖啡、可可加工设备，茶饮料加工设备，果汁加工设备，饮用水加工设备等
A02250300	饮料加工设备零部件	
A02259900	其他饮料加工设备	
A02260000	烟草加工设备	
A02260100	烟用加温加湿机械	包括回潮机、微波回软设备、洗梗机等
A02260200	烟用解把机械	包括解把机、松散机、松包机等
A02260300	烟用除杂、筛分机械	包括筛分机、筛砂机、剔除机、除杂设备、除麻丝机、梗签分离机等
A02260400	烟用叶梗分离机械	包括打叶机、风分机等
A02260500	烟用烘烤机械	包括烟梗烤机、烟片烤机、自助烟烘干机、碎烟干燥机等
A02260600	烟用预压打包机械	包括预压机、打包机等
A02260700	烟用开（拆）包机械	包括拆箱机、开包机等
A02260800	烟用叶片分切机械	包括切片机等
A02260900	烟用切丝机械	包括直刃滚刀式切（梗）丝机、曲刃滚刀式切（梗）丝机等
A02261000	烟用烘丝机械	包括烘丝机、烘（梗）丝机等
A02261100	烟用冷却机械	包括振动式烟丝冷却机、带式烟丝冷却机等
A02261200	烟用香精香料调配及加料加香机械	包括加香机、加料机、糖香料厨房设备等
A02261300	烟用压梗机械	包括压梗机等
A02261400	烟丝膨胀机械	包括二氧化碳烟丝膨胀装置、KC-2介质烟丝膨胀装置、氮气烟丝膨胀装置、气流式烟丝膨胀装置等
A02261500	烟丝输送机械	包括喂料机，喂丝机，吸丝机，送丝系统，储存输送系统，虑棒发射、接收系统等
A02261600	再造烟叶机械	包括薄片生产设备等
A02261700	烟用卷接机械	包括卷烟机、接装机、装盘机、卸盘机、卷接机组等
A02261800	烟用包装机械	包括包装机组、包装机、小包机、条包机、小包存储器等
A02261900	烟用滤棒成型机	包括开松上胶机、滤棒成型机组等
A02262000	烟用装封箱机	包括封箱机、装箱机、条盒提升机、条盒输送机、条盒方向转换机、封装箱机等
A02262100	废烟支、烟丝回收装置	包括废烟支处理机等
A02262200	烟草加工机械零部件	
A02269900	其他烟草加工机械	包括配叶机、碎叶分离机、贮叶配叶机、烟丝探测器等

（续表）

编码	品目名称	说明
A02270000	粮油作物和饲料加工设备	金属
A02270100	通用清理机械	包括筛、去石机等
A02270200	碾米机械	包括原料清理设备、脱壳分离设备、碾米机、涮米设备、联合碾米设备、玉米加工设备等
A02270300	面粉加工设备	包括原料清理设备、磨粉设备、筛粉机、清粉机、松粉机、撞击机、打麸机、刷麸机等
A02270400	榨油机械	包括原料清理设备、压胚设备、软化设备、压饼机、榨油机、蒸炒锅等
A02270500	油脂浸出机械	包括浸出器、蒸发器、汽提塔、脱溶机、脱臭机、蒸脱机、烘干机和干燥机、尾气吸收装置等
A02270600	油脂精炼设备	包括锅、脱臭塔、脱臭炉、油碱比配机、混合机械、罐、油液捕集器等
A02270700	饲料加工设备	包括混合及配料设备、颗粒压制设备、饲料加工机械及机组等
A02270800	食品油脂加工设备	包括油料蛋白生产设备、花生蛋白生产设备、起酥油设备、人造奶油设备等
A02270900	粮油作物和饲料加工设备零部件	
A02279900	其他粮油作物和饲料加工设备	包括谷物、油籽加工专用机械设备，粮、油仓储，打包、灌包专用机械，制盐机械等
A02280000	纺织设备	
A02280100	化纤机械	包括抽丝设备、维纶设备、腈纶设备、涤纶设备、绵纶设备、丙纶设备、纤维素纤维设备等
A02280200	棉纺织机械	包括棉开松设备、分梳机、并条机、纱机、纺纱机、捻线机、棉纱处理设备、织机等
A02280300	毛纺织机械	包括毛处理设备、毛条设备、毛纺设备、捻机、毛纱处理设备、毛织机、绒线设备等
A02280400	麻纺织机械	包括麻处理设备、分梳机、并条机、麻纺机、麻织机等
A02280500	绸机械及绢纺机械	包括准备设备、缫丝设备、丝织设备、绢纺设备、抽丝纱设备等
A02280600	针织机械	包括单动针纬编机、联动针纬编机、经编机等
A02280700	染整机械	包括印染后整理设备、针织品染色整理设备等
A02280800	非织造织物设备	包括开松混棉设备、给棉设备、成网设备、梳理设备、交叉铺网设备、浸渍设备、烘燥设备、上胶设备、针刺设备、水刺设备、切边设备、成卷设备、直接纺丝设备、熔喷设备、非织造布辅机设备等
A02280900	毛毡加工机械	包括准备设备、处理设备、染整机械等
A02281000	纺织设备零部件	
A02289900	其他纺织设备	包括织造通用装置、缝编机、钩编机等

（续表）

编码	品目名称	说明
A02290000	缝纫、服饰、制革和毛皮加工设备	
A02290100	缝纫机	包括民用缝纫机、工业缝纫机等
A02290200	服装加工机械	包括剪裁机械、粘合机、压胶机、制领机械、整烫设备、大白扣机、服装打号码机、商标机等
A02290300	羽绒加工设备	包括预分机、除灰机、洗毛机、脱水机、烘毛机、分毛机、冷却机、拼堆机等
A02290400	工业洗涤机械	包括10kg以上干洗机、10kg以上洗衣脱水机、10kg以上烘干机、烫平机、折叠机、隧道洗涤机组、后整理整烫定型设备（各种夹机人像机）、洗衣工厂用辅助设备（去渍台、输送线、吊挂线）等
A02290500	制鞋机械	包括下料机械、片帮机械、缝外线机、缝内线机、胶粘机、压合机、绷机、成型机、钉鞋眼机、烫平机械等
A02290600	制帽机械	
A02290700	制革机械	包括制革准备机械、磨革机、打光机、拉伸机械、平展机械、干燥机、烫革机械、皮革轧花机等
A02290800	毛皮加工机械	包括毛皮去肉机、剪毛机、烫毛机、梳毛机、干铲机、毛皮挤油机、刷酸机、毛皮削匀机、毛皮拉伸机等
A02290900	皮革制品加工机械	包括皮箱接头机、其他皮革制品加工机械
A02291000	缝纫、服饰、制革和毛皮加工机械零部件	
A02299900	其他缝纫、服饰、制革和毛皮加工机械	
A02300000	造纸和印刷机械	
A02300100	造纸机械	包括制浆设备、打浆设备、洗浆机械、筛选设备、漂白设备、造纸机、造纸完成机械、加工纸设备、造纸辅机等
A02300200	图像制版机械	
A02300300	文字制版机械	
A02300400	照排设备	
A02300500	盲文印刷机	
A02300600	装订机械	
A02300700	数码印刷机	
A02300800	造纸纵切机	
A02300900	切纸机	
A02301000	切割机	
A02301100	盘纸分切机	
A02301200	切蜡光纸机	

（续表）

编码	品目名称	说明
A02301300	裁纸机	
A02309900	其他造纸和印刷机械	
A02310000	化学药品和中药设备	
A02310100	化学原料药加工机械	包括摇瓶机、结晶设备、发酵设备等
A02310200	制剂机械	包括片剂机械，水针机械，粉、针机械，大输液机械，酊水、糖浆剂设备，药膜机械，软膏机械，胶囊设备，丸剂机械，颗粒剂机械等
A02310300	中药机械	包括中药饮片加工机械、提取机械等
A02310400	药瓶洗理机械	包括洗瓶机、理瓶机、供瓶机、输瓶机等
A02310500	药用干燥设备	包括真空干燥设备、喷雾干燥设备、气流干燥设备、沸腾干燥设备、冷冻干燥设备、热风干燥设备、双锥干燥设备、中药干燥设备等
A02310600	制药蒸发设备和浓缩设备	包括标准式蒸发器、薄膜式蒸发器、刮板式蒸发器、浓缩设备、列管式蒸发器、离心薄膜蒸发器等
A02310700	药品专用包装机械	包括片丸药包装机械、胶囊分装机械等
A02310800	粉碎、筛粉设备	包括粉碎设备、磨粉设备、球磨机、胶体磨设备、圆盘粉筛机、金钢砂磨设备、其他粉碎、筛粉设备
A02310900	化学药品和中药设备零部件	
A02319900	其他化学药品和中药设备	
A02320000	医疗设备	
A02320100	手术器械	包括基础外科手术器械、显微外科手术器械、神经外科手术器械、眼科手术器械、耳鼻喉科手术器械、口腔科手术器械、胸腔心血管外科手术器械、腹部外科手术器械、泌尿肛肠外科手术器械、矫形外科（骨科）手术器械、儿科手术器械、妇产科手术器械、计划生育科手术器械、注射穿刺器械、烧伤（整形）科手术器械等
A02320200	普通诊察器械	包括体温表、血压计、听诊器、诊察辅助器械等
A02320300	医用电子生理参数检测仪器设备	包括心电诊断仪器，脑电诊断仪器，肌电诊断仪器，眼电诊断仪器，监护仪器，生理参数遥测仪器，生理记录仪器，呼吸功能及气体分析测定装置，血流量、容量测定装置，电子体温测定装置，电子血压测定装置，运动生理参数测定装置，心音诊断仪器，心磁图仪器，心输出量测定仪器等
A02320400	医用光学仪器	包括眼科光学仪器、手术显微镜及放大镜、眼科矫治和防护器具等
A02320500	医用超声波仪器及设备	包括超声诊断仪器、超声治疗设备、其他医用超声仪器及设备、超声生理参数测量、分析设备
A02320600	医用激光仪器及设备	包括激光仪器、激光检测仪器等

（续表）

编码	品目名称	说明
A02320700	医用内窥镜	包括硬式内窥镜、纤维内窥镜、医用内窥镜附属设备等
A02320800	物理治疗、康复及体育治疗仪器设备	包括电疗仪器，微波及射频治疗设备，光疗仪器，水疗设备，体疗仪器，高、低压氧仓，蜡疗设备，热疗设备，磁疗设备，力疗设备/器具等
A02320900	中医器械设备	包括中医诊断设备，中医治疗设备，中医预防、康复设备等
A02321000	医用磁共振设备	包括磁共振成像装置等
A02321100	医用磁共振设备辅助装置	包括磁共振造影注射装置、磁共振辅助刺激系统、磁共振定位装置等
A02321200	医用X线诊断设备	包括数字化X线诊断设备、X线断层诊断设备、X线电子计算机断层扫描装置等
A02321300	医用X线附属设备及部件	包括造影剂注射装置、医用影像显示器等
A02321400	医用放射射线治疗设备	包括医用高能放射治疗设备、核医学治疗设备、X线治疗设备、放射性核素成像设备、粒子植入治疗系统、放疗模拟及图像引导系统、放疗配套器械等
A02321500	核医学诊断设备	包括单光子发射计算机断层成像设备、单光子发射计算机断层扫描系统、正电子发射断层成像系统、放射性核素扫描仪、核素扫描机、医用核素检测设备等
A02321600	核医学诊断设备辅助装置	包括PET自动给药系统等
A02321700	医用射线防护设备	包括医用射线防护用具及装置等
A02321800	医用射线监检测设备及用具	包括医用射线专用检测仪器等
A02321900	临床检验设备	包括分子生物学分析设备、采样设备和器械、样本前处理设备、电解质及血气分析设备、免疫学设备，生化分析设备，微生物学设备，细胞核组织培养设备，血液学设备，输血设备，尿液化验设备，病理学器具、设备，实验室辅助器具、设施及设备，特殊实验设备等
A02322000	药房设备及器具	包括药品贮藏设备、发药机、摆药机、中药制备设备及器具等
A02322100	体外循环设备	包括血液分离、处理、贮存设备、心肺流转设备、人工心肺机、人工心肺设备、血液透析装置、血液净化设备辅助装置、腹膜透析装置、人工肝支持系统等
A02322200	人工脏器及功能辅助装置	包括人工心脏瓣膜、人造管腔、人工器官、器官缺损修补材料等
A02322300	假肢装置及部件	包括假肢等
A02322400	手术室设备及附件	包括通用手术台床、专科诊疗台床、手术电刀设备、手术照明设备、手术及急救器具、患者位置固定辅助器械、患者转运器械、防压疮（褥疮）垫等

(续表)

编码	品目名称	说明
A02322500	急救和生命支持设备	包括心脏急救治疗装置、麻醉设备、呼吸设备、吸引设备、冲洗减压器具、医用制氧设备、呼吸/麻醉及急救设备辅助装置等
A02322600	介/植入诊断和治疗用器械	包括血管介入、植入部件、心脏除颤、起搏器、球囊、支架、人工晶状体、神经调配设备、神经内/外科植入物、耳鼻喉植入物、整形及普通外科植入物、组织工程支架材料等
A02322700	病房护理及医院设备	包括护理用设备及器具,输液设备及器具,医用供气、输气装置,病房附加设备及器具,器械台、柜等器具,医用推车及器具,病人生活用车、担架及器具,婴儿保育设备,医院通讯设备,医用制气、供气、吸气装置,注射/穿刺器械,止血器具,清洗/灌流/吸引/给药器械等
A02322800	消毒灭菌设备及器具	包括压力蒸汽灭菌设备,医用超声波净化设备,煮沸消毒设备,气体灭菌设备及器具,光线、射线灭菌设备,医院环保设施,供应室设备等
A02322900	医用低温、冷疗设备	包括医用低温设备、医用冷疗设备等
A02323000	防疫、防护卫生装备及器具	包括医疗箱类、急救盒类、急救包类、防毒设备及器具等
A02323100	助残器械	包括电子助视器、助听器、轮椅等
A02323200	骨科植入部件	包括脊柱植入部件、人工关节部件、创伤植入部件、辅助部件等
A02323300	口腔设备及器械	包括口腔综合治疗设备、牙科椅、技工室器具、技工室设备及配件、口腔功能检测设备及器具、牙种植设备及配件等
A02323400	兽医设备	包括兽医用电子诊断设备、疫苗组织捣碎机、疫苗冷冻干燥机、动物疫病防治设备等
A02323500	医疗设备零部件	
A02329900	其他医疗设备	包括医用辐射剂量学设备、医用紫外线、红外线诊断和治疗设备、血液净化设备等
A02330000	电工、电子生产设备	
A02330100	电工生产设备	包括电机生产设备、低压电器生产设备、电线电缆制造设备、绝缘材料生产设备等
A02330200	电池生产设备	包括铅酸蓄电池生产设备、电池制作工艺设备等
A02330300	电子工业生产设备	包括半导体设备,电真空器件生产设备,电子元件制造设备,环境例行试验设备,激光、印刷线路计算机生产设备,生产线及装配线,磁盘打印机生产设备等
A02330400	家用电器生产设备	包括洗衣机生产设备、电冰箱生产设备、家用空调器生产设备、家用电扇生产设备、家用清洁卫生器具生产设备、家用厨房电器生产设备等
A02330500	电工、电子生产设备零部件	

(续表)

编码	品目名称	说明
A02339900	其他电工、电子生产设备	
A02340000	安全生产设备	
A02340100	煤矿安全设备	包括通风检测设备、瓦斯防治设备、防灭火设备、防尘设备等
A02340200	非煤矿山安全设备	包括无轨设备自动灭火系统、烟雾传感器、斜井提升用捞车器、70℃防火调节阀、井下低压不接地系统绝缘检漏装置、带张力自动平衡悬挂装置的多绳提升容器、带BF型钢丝绳罐道罐笼防坠器的罐笼、带木罐道罐笼防坠器的罐笼等
A02340300	危险化学品安全设备	包括毒性气体检测报警器、地下管道探测器、管道防腐检测仪、氧气检测报警器、便携式二氧化碳检测报警器、便携式可燃气体检测报警器、送风式长管呼吸器、危险化学品安全存储设备等
A02340400	烟花爆竹行业安全设备	包括静电火花感度仪等
A02340500	公路行业安全设备	包括路况快速检测系统（CiCS）等
A02340600	铁路行业安全设备	包括红外线轴温探测智能跟踪设备（THDS）、货车运行故障动态检测成套设备（TFDS）、货车运行状态地面安全监测成套设备（TPDS）等
A02340700	民航行业安全设备	包括发动机火警探测器、防冰控制系统设备等
A02340800	应急救援设备类	包括正压式空气呼吸器、隔绝式正压氧气呼吸器、全防型滤毒罐、消防报警机、核放射探测仪、可燃气体检测仪、压缩氧自救器等
A02340900	安全生产设备零部件	
A02349900	其他安全生产设备	
A02350000	邮政设备	
A02350100	邮政内部处理设备	包括悬挂运输机、邮件传送机、邮件提升机、邮件开拆机包裹分拣机、信件分拣机等
A02350200	邮政营业投递设备	包括邮资机、自动取包机、包裹收寄机、投币自动出售机、信函过戳机等
A02350300	邮政除尘设备	包括空袋除尘系统、开拆除尘系统等
A02350400	邮政清洗缝补设备	包括清洗机、烘干机、甩干机、晾晒机、熨平机、缝补机等
A02350500	邮政储汇设备	包括汇兑稽核数据处理设备、储汇设备等
A02350600	邮政设备零部件	
A02359900	其他邮政设备	
A02360000	环境污染防治设备	
A02360100	大气污染防治设备	包括除尘设备、脱硫设备、脱硝设备、除油除雾设备、挥发性有机废气净化设备等

（续表）

编码	品目名称	说明
A02360200	水质污染防治设备	包括固体液体分离设备，物理、化学处理设备，生物化学处理设备，蒸发法热处理设备，油污染防治设备，气净处理设备，再生水利用装置等
A02360300	固体废弃物处理设备	包括输送与存储设备、分选设备、破碎压缩设备、焚烧设备、无害化处理设备等
A02360400	噪声控制设备	包括消音设备、隔音设备等
A02360500	环保监测设备	包括大气监测装置、水质监测装置、噪音与振动监测装置、电磁辐射监测装置、电离辐射监测装置等
A02360600	金属废料回收设备	包括金属废料加工机械、金属废料回收设备等
A02360700	非金属废料回收设备	包括非金属废料加工机械、非金属废料回收设备等
A02360800	核与辐射安全设备	包括核与辐射安全监测设备、核与辐射安全防护设备等
A02360900	环境污染防治设备零部件	
A02369900	其他环境污染防治设备	
A02370000	政法、消防、检测设备	
A02370100	消防设备	包括消防救援设备（消防员防护装备、消防灭火装备、抢险救援装备、特种消防装备、消防通信装备、消防战勤保障装备、防火检查装备、火灾调查装备、消防宣传装备、消防训练装备等）、消防检测设备（消防产品检测设备、建筑消防设施检测设备、消防安全检测设备、消防产品实（试）验设备等）、建筑消防设备（逃生避难设备、火灾自动报警设备）、其他消防设备（灭火药剂、洗消剂、隔绝式正压氧气呼吸器、消防报警机、压缩氧自救器等）、防火检查装备、火灾调查装备等
A02370200	交通管理设备	包括交通指挥监控系统设备、成套信号灯及控制设备、交通执法取证设备、交通事故勘察和救援设备、车辆检测设备、驾驶员考试用设备等
A02370300	物证检验鉴定设备	包括医学检验鉴定设备、物理化验检验鉴定设备、痕迹检验鉴定设备、物证图像采集处理设备、文件检验鉴定设备、指纹检验鉴定设备、爆炸物检验鉴定设备、电子物证检验鉴定设备、声纹检验鉴定设备、心理测试设备、毒品检查设备等
A02370400	安全、检查、监视、报警设备	包括行李包裹检查设备，货物检查设备，车辆检查设备，食品检查设备，人员检查设备，大型集装箱检查设备；公安专用监视设备，视频监控、光电监控设备；安防机器人；光纤震动入侵探测仪、地面传感设备、多波束型声呐、复杂环境多源感知智能预警（处置）设备等
A02370500	爆炸物处置设备	包括爆炸物探测设备、防爆设备、排爆设备、储运设备等
A02370600	技术侦察取证设备	包括技术侦查设备、技术取证设备等

（续表）

编码	品目名称	说明
A02370700	警械设备	包括警棍、手铐、脚镣、强光手电、警用制式刀具、约束装备、警绳、勤务装具、警械专用柜、催泪喷射器、防暴射网器等
A02370800	非杀伤性武器	包括防暴枪、麻醉枪、信号枪、训练枪、枪支附件等
A02370900	防护防暴装备	包括防护装备、防暴装备等
A02371000	出入境设备	包括出入境检查台设备、出入境自助通道设备、出入境证件查验设备（二合一证件芯片阅读机、OCR证照阅读机、小型文检仪等）、出入境证件制作设备（电子护照制证机、电子卡式证件制证机、电子卡式证件签注制证机、智能签注设备、证件打印机及相关配套设备）、出入境证件自助受理设备、出入境证件自助发放设备、电子护照等
A02371100	边界勘界和联检设备	包括边界勘界和联检车辆、边界勘界和联检船艇、边界勘界和联检办公设备、边界勘界和联检测量设备、边界勘界和联检通讯设备、边界和联检设备零部件等
A02371200	网络监察设备	包括网络侦控设备、网络临侦设备等
A02371300	教育训练装备	包括训练防护类、模拟警械类、训练器材类、警犬驯导装备类
A02371400	政法、消防、检测设备零部件	
A02379900	其他政法、消防、检测设备	包括警用杀伤性武器设备及其他政法部门设备
A02380000	水工机械	
A02380100	清淤机械	包括沟渠清淤机，水电站清淤机械，水库、港口清淤机械，管道清淤机械等
A02380200	破冰机械	不包括破冰船
A02380300	水利闸门启闭机	
A02380400	水工机械零部件	
A02389900	其他水工机械	
A02390000	货币处理设备	
A02390100	钞票处理设备	包括点钞机、捆钞机、验钞机等
A02390200	货币清分处理设备	指具有纸币、硬币清分功能或清分与联机销毁一体功能的处理设备
A02390300	货币销毁处理设备	指纸币、硬币或其他材质货币的销毁设备，即采用粉碎或其他处理方式对货币进行销毁的设备
A02390400	金库门	包括人民银行发行库和钞票处理中心的库房门、应急门等
A02390500	货币处理设备零部件	
A02399900	其他货币处理设备	包括纸币碎钞压块设备、货币专用包装设备等
A02400000	殡葬设备及用品	

（续表）

编码	品目名称	说明
A02400100	火化设备	包括燃油火化机、燃气火化机、等离子火化机、宠物火化机、火化辅助设备等
A02400200	殡仪设备及用品	包括遗物祭品焚烧设备、火化烟气净化设备、骨灰处理设备、殡仪专用电子设备、遗体冷冻冷藏设备、遗体接运设备、遗体整容设备、骨灰盒等
A02400300	殡葬设备零部件	
A02409900	其他殡葬设备及用品	
A02410000	铁路运输设备	
A02410100	机车	包括准轨蒸汽机车、宽轨蒸汽机车、准轨内燃机车、宽轨内燃机车、米轨内燃机车、电力机车、轻油机车等
A02410200	客车	包括准轨客车、试验车、维修车、文教车、发电车、双层客车、米轨客车、寸轨硬座车、动车组、特种车等
A02410300	货车	包括准轨货车、米轨货车等
A02410400	大型养路机械	包括整形车、捣固车、探伤车、物料输送车、道岔捣固车、道岔打磨车、大修列车、稳定车、钢轨打磨车、道岔铺设设备、清筛机等
A02410500	铁路设备	包括铁路移车架车设备、机车车辆及通信信号试验设备、闭塞设备、联锁设备、驼峰设备、行车调度指挥设备、列控信号设备、铁路专用检测设备、GSM-R设备、接触网设备、高价互换配件等
A02410600	铁路设备零部件	
A02419900	其他铁路运输设备	
A02420000	水上交通运输设备	
A02420100	货船	包括杂货船、多用途货船、集装箱货船、滚装货船、原油船、成品油船、污油船、水船、煤船、矿砂船、天然气船、液化石油气船、化学品船、运木船、冷藏船（鲜货船）等
A02420200	客船	包括客船、客货船、旅游船、轮渡船、气垫船等
A02420300	拖船	
A02420400	驳船	包括舱口驳船、甲板驳船、分节驳船、原油驳船、成品油驳船、储油驳船、水驳船、煤驳船、油渣驳船、化学品驳船、盐驳船、客驳船、港驳船等
A02420500	渔船	包括拖网渔船，围网渔船、钓船、刺网类渔船，敷网类渔船、多种作业船、渔品加工船、收鲜运输船、渔业执法船、渔业调查、实习船、休闲渔船，渔业辅助船等
A02420600	海洋、内水调查和开发船	包括科学考察船、科学研究船、测量船等

（续表）

编码	品目名称	说明
A02420700	电气作业和海底工程作业船	包括电站船、电焊船、布缆船、带缆船、铺管船、水下作业船、潜水工作船、潜水器母船等
A02420800	挖泥、打桩船（驳）	包括挖泥船、吹泥船、挖砂船、抛石船、铲石船、泥驳、砂驳、石驳、打桩船、打夯船、采金船、铺排船等
A02420900	起重船和囤船	包括起重船、抛（起）锚船、囤船、趸船等
A02421000	水面工作船	包括航标船，引水船，供应船，护堤、护山船，破冰船，水上水厂船，多用途船，试航辅助船，测绘船，浮标作业船等
A02421100	水面公务船	包括海事巡逻船、检查监督船、海监船、其他水面公务船等
A02421200	特种作业船	包括特种运水船，垃圾船，污水处理船，浮油回收船，油、水泵船，消防船，医疗船，打捞船，救生船，环保船，鱼苗船等
A02421300	机动艇	包括交通艇、巡逻艇、缉私艇、工作艇、指挥艇、侦勘艇、装备艇、橡皮艇、冲锋舟、摩托艇等
A02421400	浮船坞、码头和维修工作船	包括浮船坞、浮码头、舾装工作船、一般修理船、水线修理船等
A02421500	船舶制造设备	包括放样、号料设备，钢材预处理流水线，管子加工流水线，平面分段流水线，联动生产流水线，船台小车，船舶试验设备等
A02421600	潜水设备	包括重潜装具、轻潜装具、氧气供应系统、潜水训练舱群、饱和潜水系统、无人遥控潜水器、无人潜水器吊放回收系统、深水切割设备、水下切割缆、深水观察箱、水下腐蚀测量仪、减压舱、潜水罐、氢氧潜水软头盔、氢氧潜水硬头盔、氢氧校音电话、潜水供热水机等
A02421700	航标设施	包括浮标设施（海上浮标、内河浮标、系船浮标、井位浮标、浮标锚链（缆）、其他浮标设施）；岸标设施（内河岸标、指路牌（里程牌）、其他岸标设施）；雷达信标（雷达应答器、雷达反射器、其他雷达信标）；航标遥测终端（公共通信链路遥测终端、北斗遥测终端、其他航标遥测终端）
A02421800	航标灯、闪光器	包括大射程航标灯、小型航标灯、闪光器、换泡机、航标透镜等
A02421900	水上交通运输设备零部件	
A02429900	其他水上交通运输设备	
A02430000	航空器及其配套设备	
A02430100	固定翼飞机	包括货物运输飞机、客运飞机、通用航空类飞机、教练机、初级类飞机等
A02430200	直升机	
A02430300	专用飞机	包括警用飞机、抢险救援飞机、地质勘测专用飞机、农用飞机、消防灭火飞机、海监飞机等

（续表）

编码	品目名称	说明
A02430400	飞行器	包括飞艇、气球、滑翔伞等
A02430500	飞机维修设备	包括内场维修设备、航线维修设备等
A02430600	航空港设备	
A02430700	机场地面特种车辆	包括机务特种车辆、机场特种车辆、商务运输车辆、飞行维修车辆、航行特种车辆、油料车辆等
A02430800	火箭及发射、维护设施	包括便携式防空火箭和反坦克火箭的发射筒（架）等
A02430900	无人机	
A02431000	航空器零部件	
A02439900	其他航空器及其配套设备	
A02440000	海洋仪器设备	
A02440100	海洋水文气象仪器设备	包括海洋台站水文气象自动观测仪器、波浪测量仪器、海流测量仪器、验潮仪等
A02440200	海洋地质地球物理仪器设备	包括海底地形地貌测量仪器设备、海洋底质仪器设备、海底热流测量仪器设备、磁力测量仪、重力测量仪、数字海底地震测量仪、电火花地震仪等
A02440300	海洋生物仪器设备	包括海洋微生物调查仪器、浮游生物调查仪器等
A02440400	海洋化学仪器设备	包括走航式二氧化碳连续测量仪、营养盐分析仪、多参数水质仪等
A02440500	海洋声光仪器设备	包括海洋声学特性测量仪器、海洋光学特性测量仪器
A02440600	海洋船用船载仪器设备	包括生物采样设备、底质采样设备、水体采样设备、各种海洋调查用轿车等
A02440700	海洋综合观测平台	包含浮标、潜标、水下机器人、水下生物观测平台、深海空间站等
A02440800	海洋执法装备	包括海上目标的搜索、侦听、干扰、取整仪器设备等
A02440900	海洋计量检测设备	包括波浪浮标检定装置、温盐检定装置、验潮仪检定装置、水静压力试验系统等
A02441000	海水淡化与综合利用设备	包括中空纤维反渗透组织、蒸馏法海水淡化蒸馏喷射装置、海水冷却塔等
A02441100	海洋仪器设备零部件	
A02449900	其他海洋仪器设备	包括海域测量仪，航行自动跟踪仪等
A02450000	文艺设备	
A02450100	乐器	包括弓弦乐器、管乐器、打击乐器、键盘乐器、乐器辅助用品及配件等
A02450200	演出服饰	包括戏剧服装、舞蹈服装、演出饰品等

（续表）

编码	品目名称	说明
A02450300	舞台设备	包括舞台机械系统，幕布系统，舞台灯具及辅助设备，舞台音响设备，活动舞台，皮影、木偶、道具、布景、舞台用地胶等
A02450400	影剧院设备	包括自动售票系统、观众座椅、电影放映设备等
A02450500	文艺设备零部件	
A02459900	其他文艺设备	
A02460000	体育设备设施	
A02460100	田赛设备	包括标枪、铁饼、铅球、链球、跳高架、撑杆跳高架、横杆、撑杆等
A02460200	径赛设备	包括跨栏架、起跑器、接力棒、障碍架、发令枪、终点柱等
A02460300	球类设备	包括足球设备、篮球设备、排球设备、乒乓球设备、羽毛球设备、网球设备、垒球设备、冰球设备、手球设备、水球设备、曲棍球设备、高尔夫球设备、马球设备、橄榄球设备、藤球设备、台球设备、沙弧球设备、壁球设备、保龄球设备、棒球设备等
A02460400	体操设备	包括单杠、双杠、高低杠、平衡木、吊环、鞍马、跳马、弹簧板、助跳板等
A02460500	举重设备	包括举重杠铃、举重台、杠铃片、锁紧器、哑铃、壶铃、哑铃架等
A02460600	游泳设备	包括游泳池和戏水池等
A02460700	跳水设备	
A02460800	水上运动设备	包括滑水板、冲浪板、帆板、体育运动用船等
A02460900	潜水运动设备	
A02461000	冰上运动设备	包括冰球、冰球拍、冰球围网、冰球网柱、旱冰鞋、直排式旱冰鞋等
A02461100	雪上运动设备	包括滑雪屐、滑雪板扣件、滑雪杖、雪橇等
A02461200	射击设备	包括普通气枪、汽步枪、汽手枪、运动步枪、运动手枪等
A02461300	击剑设备	包括重剑、轻剑、花剑等
A02461400	射箭设备	包括弓箭、弓弩等
A02461500	摩托车运动设备	
A02461600	自行车运动设备	
A02461700	赛车运动设备	
A02461800	赛马和马术运动设备	
A02461900	拳击、跆拳道设备	
A02462000	摔跤、柔道设备	
A02462100	散打、武术设备	包括单剑、双剑、竹刀、单刀、双刀、剑穗等

（续表）

编码	品目名称	说明
A02462200	棋牌类运动设备	包括扑克牌、桥牌等
A02462300	航模、海模及其他模型设备	
A02462400	垂钓器具和用品	包括钓鱼竿、鱼线轮、鱼线、鱼钩、鱼漂、鱼篓、钓鱼用支架等
A02462500	登山设备	包括登山镐、登山绳、登山安全带、攀岩模拟器等
A02462600	健身设备	包括跑步机、电动跑步机、健身车、踏步器、登高器、漫步器等
A02462700	运动康复设备	包括震动按摩器、磁性震动按摩器、电动足底按摩器、多功能按摩器、按摩沙发磁力按摩床、水力按摩浴缸、足底按摩轮、手握式按摩圈等
A02462800	残疾人体育及训练设备	包括轮椅篮球设备、轮椅橄榄球设备、硬地滚球设备、脑瘫足球设备、盲人足球设备、盲人门球设备、坐式排球设备、残疾人健身与康复训练设备等
A02462900	体育运动辅助设备	包括场馆设施辅助器材、裁判用计时记分器材、记分牌、裁判桌、裁判椅、发奖台等
A02463000	体育设备零部件	
A02469900	其他体育设备设施	包括单站位配重训练器、单站位配重综合训练器、多站位配重综合训练器、拳击台、帐篷、充气褥垫、遮阳伞等
A02470000	娱乐设备	
A02470100	成套游乐场设备	
A02470200	一般游乐场设备	
A02470300	智能游艺设备	
A02470400	博弈设备	
A02470500	彩票销售设备	
A02470600	卡拉OK设备	
A02470700	游戏游览用车、船	
A02470800	活动辅助设备	
A02470900	娱乐设备零部件	
A02479900	其他娱乐设备	包括玩偶车、供儿童骑乘的带轮玩具、儿童自行车、儿童三轮车、电动童车、木偶、泥偶、蜡人、面人、绢人、纸人、布人、绒玩偶、陶瓷玩偶、塑料玩偶、橡胶或乳胶玩偶、填充的玩具动物、非填充的玩具动物等
A03000000	文物和陈列品	
A03020000	可移动文物	
A03020100	玉石器、宝石	
A03020200	陶器	

（续表）

编码	品目名称	说明
A03020300	瓷器	
A03020400	铜器	
A03020500	金银器	
A03020600	铁器、其他金属器	
A03020700	漆器	
A03020800	雕塑、造像	
A03020900	石器、石刻、砖瓦	
A03021000	书法、绘画	
A03021100	文具（文物）	
A03021200	甲骨	
A03021300	玺印符牌	
A03021400	钱币	
A03021500	牙骨角器	
A03021600	竹木雕	
A03021700	家具（文物）	
A03021800	珐琅器	
A03021900	织绣	
A03022000	古籍善本	
A03022100	碑帖拓本	
A03022200	武器	
A03022300	邮品	
A03022400	文件、宣传品	
A03022500	档案文书	
A03022600	名人遗物	
A03022700	玻璃器	
A03022800	乐器、法器	
A03022900	皮革	
A03023000	音像制品	
A03023100	票据（文物）	
A03023200	交通、运输工具	
A03023300	度量衡器	
A03023400	标本、化石	
A03029900	其他可移动文物	

（续表）

编码	品目名称	说明
A03030000	文创衍生品	
A03030100	绘画	
A03030200	书法	
A03030300	篆刻	
A03030400	雕塑	
A03030500	工艺美术品	
A03030600	民间美术品	
A03030700	摄影艺术品	
A03039900	其他文创衍生品	
A03040000	标本	
A03040100	动物标本	
A03040200	人体标本	
A03040300	人体病理标本	
A03040400	植物标本	
A03040500	医药标本	
A03040600	矿物标本	
A03049900	其他标本	
A03050000	模型	
A03050100	天体模型	
A03050200	生物模型	
A03050300	人体模型	
A03050400	人体病理模型	
A03059900	其他模型	
A04000000	图书和档案	
A04010000	图书	
A04010100	普通图书	
A04010101	书籍、课本	
A04010102	词典	
A04010103	百科全书	
A04010104	年鉴及系列丛书	
A04010105	儿童图画书及涂色书	
A04010199	其他普通图书	
A04010200	盲文图书	

（续表）

编码	品目名称	说明
A04010201	盲文书籍、课本	
A04010202	盲文词典	
A04010203	盲文百科全书	
A04010204	盲文年鉴及系列丛书	
A04010299	其他盲文图书	
A04019900	其他图书	
A04020000	期刊	
A04020100	普通期刊	
A04020101	日刊	
A04020102	周刊	
A04020103	月刊	
A04020199	其他普通期刊	
A04029900	其他期刊	
A04030000	资料	
A04030100	特种文献资料	文物中的文献入"A03020000 可移动文物"
A04030200	缩微资料	不包括缩微胶片档案
A04030300	视听资料	
A04030400	机读资料	
A04039900	其他资料	
A04040000	档案	
A04040100	纸质档案	包括全宗、案卷
A04040200	声像档案	包括录音磁带、录像磁带、影片档案
A04040300	照片档案	
A04040400	底图	
A04040500	地图	
A04040600	报纸	
A04040700	缩微胶片档案	
A04040800	实物档案	
A04049900	其他档案	
A05000000	家具和用具	
A05010000	家具	
A05010100	床类	
A05010101	钢木床类	

（续表）

编码	品目名称	说明
A05010102	钢塑床类	
A05010103	轻金属床类	
A05010104	木制床类	
A05010105	塑料床类	
A05010106	竹制床类	
A05010107	藤床类	
A05010199	其他床类	
A05010200	台、桌类	
A05010201	办公桌	
A05010202	会议桌	
A05010203	教学、实验用桌	
A05010204	茶几	包含大茶几、小茶几
A05010299	其他台、桌类	
A05010300	椅凳类	
A05010301	办公椅	
A05010302	桌前椅	
A05010303	会议椅	
A05010304	教学、实验椅凳	
A05010399	其他椅凳类	
A05010400	沙发类	
A05010401	三人沙发	
A05010402	单人沙发	
A05010499	其他沙发类	
A05010500	柜类	
A05010501	书柜	
A05010502	文件柜	
A05010503	更衣柜	
A05010504	保密柜	包括保险柜等
A05010505	茶水柜	
A05010599	其他柜类	
A05010600	架类	
A05010601	木质架类	
A05010602	金属质架类	

(续表)

编码	品目名称	说明
A05010699	其他架类	
A05010700	屏风类	
A05010701	木质屏风类	
A05010702	金属质屏风类	
A05010799	其他屏风类	
A05010800	组合家具	包括集多种功能于一体、无法拆分的成套家具等
A05019900	其他家具	
A05020000	用具	
A05020100	厨卫用具	
A05020101	厨房操作台	
A05020102	炊事机械	包括灶具、吸油烟机等
A05020103	煤气罐（液化气罐）	
A05020104	水池	
A05020105	便器	
A05020106	水嘴	
A05020107	便器冲洗阀	
A05020108	水箱配件	
A05020109	阀门	
A05020110	淋浴器	
A05020111	淋浴房	
A05020112	餐具	
A05020199	其他厨卫用具	
A05029900	其他用具	
A05030000	装具	
A05030100	纺织用料	
A05030101	棉、化纤纺织及印染原料	包括已梳皮棉、线、布等
A05030102	毛纺织、染整加工原料	包括毛条、毛纱、绒线等
A05030103	麻纺织原料	包括麻纤维原料、麻纱线、亚麻布等
A05030104	丝绢纺织及精加工原料	包括蚕丝、化纤长丝机织物、特种丝织物等
A05030199	其他纺织用料	
A05030200	皮革、毛皮等用料	
A05030201	半成品革	包括牛半成品革、马半成品革、绵羊半成品革等
A05030202	成品革和再生革	

(续表)

编码	品目名称	说明
A05030203	鞣制及人造毛皮	包括鞣制毛皮、天然毛皮制品、人造毛皮等
A05030204	加工羽毛（绒）	包括加工填充用羽毛、加工填充用羽绒等
A05030299	其他皮革、毛皮等用料	
A05030300	被服	
A05030301	制服	包括执勤服类、作训服类、功能服类等
A05030302	羽绒、羽毛服装	
A05030303	普通服装	
A05030304	鞋、靴及附件	
A05030305	被服附件	包括帽子、围巾、领带、手套、皮带、拉链、纽扣、肩章、徽标等
A05030399	其他被服	
A05030400	床上装具	
A05030401	床褥单	
A05030402	被面	
A05030403	枕套	
A05030404	被罩	
A05030405	床罩	
A05030406	毯子	
A05030407	毛巾被	
A05030408	枕巾	
A05030499	其他床上装具	包括羽绒（毛）、兽毛寝具及类似填充用品，棉制寝具及类似填充用品，丝绸寝具及类似填充用品等
A05030500	室内装具	
A05030501	台布（桌布）	
A05030502	毛巾	
A05030503	方巾	
A05030504	盥洗、厨房用织物制品	
A05030505	窗帘及类似品	
A05030506	垫子套	
A05030599	其他室内装具	
A05030600	室外装具	
A05030601	天篷、遮阳篷、帐篷	
A05030602	船帆、风帆和野营用等物品	

（续表）

编码	品目名称	说明
A05030603	降落伞	包括可操纵降落伞、滑翔降落伞、旋翼降落伞等
A05030604	绳、索、缆及其制品	包括网料和结制网
A05030699	其他室外装具	
A05030700	箱、包和类似制品	
A05030701	衣箱、提箱及类似容器	
A05030702	手提包、背包	
A05030703	钱包	
A05030799	其他箱、包和类似制品	
A05039900	其他装具	
A05040000	办公用品	
A05040100	纸制文具	
A05040101	复印纸	包括再生复印纸
A05040102	信纸	
A05040103	信封	
A05040104	单证	
A05040105	票据	
A05040106	本册	
A05040199	其他纸制文具	
A05040200	硒鼓、粉盒	
A05040201	鼓粉盒	包括再生鼓粉盒
A05040202	墨粉盒	
A05040203	喷墨盒	
A05040204	墨水盒	
A05040205	色带	
A05040299	其他硒鼓、粉盒	
A05040300	墨、颜料	
A05040301	墨水	
A05040302	颜料	
A05040399	其他墨、颜料	
A05040400	文教用品	
A05040401	文具	
A05040402	笔	
A05040403	教具	

（续表）

编码	品目名称	说明
A05040499	其他文教用品	
A05040500	清洁用品	
A05040501	卫生用纸制品	
A05040502	消毒杀菌用品	包括公共环境卫生与家庭用的清洁产品和消杀用品
A05040503	肥（香）皂和合成洗涤剂	包括粉、液和膏状
A05040504	口腔清洁护理用品	包括洁齿、护齿品、口腔及牙齿清洁剂等
A05040599	其他清洁用品	
A05040600	信息化学品	
A05040601	胶片胶卷	
A05040602	录音录像带	
A05040699	其他信息化学品	包括摄影感光纸，片基，摄影、复印用化学制剂，未灌（录）制相关媒体等
A05049900	其他办公用品	
A06000000	特种动植物	
A06010000	特种用途动物	
A06010100	实验用动物	
A06010200	动物良种	
A06010300	观赏动物	
A06010400	警用动物	警犬入此
A06010500	搜救动物	搜救犬入此
A06010600	助残动物	导盲犬入此
A06019900	其他特种用途动物	
A06020000	特种用途植物	
A06020100	名贵树木	
A06020200	名贵花卉	
A06029900	其他特种用途植物	
A07000000	物资	
A07010000	建筑建材	
A07010100	天然石料	
A07010101	天然大理石荒料	
A07010102	天然花岗石荒料	
A07010103	石英岩	
A07010104	砂岩	

（续表）

编码	品目名称	说明
A07010105	板岩	
A07010106	蜡石	
A07010199	其他天然石料	
A07010200	木材、板材	
A07010201	普通锯材	
A07010202	特种锯材	包括铁路货车锯材、载重汽车锯材、船用锯材等
A07010203	枕木	包括未浸渍枕木、已浸渍枕木等
A07010204	木片和木粒	
A07010205	木丝、木粉	
A07010206	锯末、木废料及碎片	
A07010207	胶合板	包括木胶合板、竹胶合板等
A07010208	纤维板	包括木质纤维板、非木质纤维板等
A07010209	刨花板	包括木质刨花板、非木质刨花板等
A07010210	细木工板	
A07010211	单板	包括刨切单板、旋切单板、微薄木等
A07010212	强化木	
A07010213	指接材	
A07010214	人造板表面装饰板	包括直接印刷板、人造染色板、合成树脂浸渍贴面板等
A07010215	热固性树脂装饰层压板	
A07010216	竹制品	
A07010217	棕、藤、草制品	
A07010299	其他木材、板材	
A07010300	非金属矿物材料	
A07010301	硅酸盐水泥熟料	包括窑外分解窑水泥熟料等
A07010302	水泥	包括强度等级水泥、通用硅酸盐水泥、特性水泥等
A07010303	石灰	包括生石灰、消石灰、水硬石灰等
A07010304	熟石膏	包括建筑熟石膏、化学熟石膏等
A07010305	商品混凝土	
A07010306	水泥混凝土排水管	包括钢筋混凝土排水管等
A07010307	水泥混凝土压力管	包括自应力混凝土输水管、预应力钢筒混凝土管、管芯缠丝工艺混凝土输水管等

（续表）

编码	品目名称	说明
A07010308	钢筋混凝土井管、烟道管，相关钢筋混凝土管	包括钢筋混凝土井管、钢筋混凝土烟道管、相关钢筋混凝土管等
A07010309	水泥混凝土电杆	包括环形钢筋混凝土电杆、环形预应力混凝土电杆等
A07010310	预应力混凝土桩	包括预应力混凝土管桩、预应力混凝土方桩等
A07010311	遁构法施工用钢筋混凝土管片	
A07010312	混凝土轨枕及铁道用混凝土制品	包括预应力混凝土水泥轨枕、气垫火车导轨体段、混凝土轨道板等
A07010313	水泥混凝土预制构件	包括钢筋混凝土桩、钢筋混凝土梁、钢筋混凝土预制框架等
A07010314	水泥混凝土制砖、瓦及类似品	包括水泥混凝土砖、混凝土路缘石、水泥混凝土瓦等
A07010315	水泥混凝土装饰制品	包括水泥混凝土制人形塑像、水泥混凝土制动物塑像、水泥混凝土制花瓶等
A07010316	石棉水泥制品	包括石棉水泥板、石棉水泥瓦、石棉水泥管等
A07010317	纤维增强硅酸钙板	包括石棉硅酸钙板、无石棉硅酸钙板等
A07010318	无石棉纤维水泥制品	包括无石棉纤维水泥平板、无石棉纤维水泥波瓦、无石棉纤维水泥管等
A07010319	GRC 水泥制品	包括 GRC 管、GRC 瓦、GRC 水泥板等
A07010320	石膏板	包括纸面石膏板、混合石膏板等
A07010321	石膏龙骨，相关石膏制品	
A07010322	轻质隔墙条板	包括蒸压加气混凝土板，钢丝网架水泥夹芯板，轻集料混凝土条、板等
A07010323	轻骨料，相关轻质建筑材料	包括天然轻骨料、人工轻骨料、烤漆龙骨等
A07010324	砖	包括蒸压砖、免烧砖、蒸养砖等
A07010325	瓦	包括烧结瓦、蒸压瓦等
A07010326	建筑砌块	包括石膏砌块、水工市政用混凝土砌块、建筑墙体用混凝土砌块等
A07010327	瓷质砖	包括无釉瓷质砖、有釉瓷质砖等
A07010328	炻瓷砖	包括无釉炻瓷砖、有釉炻瓷砖等
A07010329	细炻砖	包括无釉细炻砖、有釉细炻砖等
A07010330	炻质砖	包括无釉炻质砖、有釉炻质砖等
A07010331	陶质砖	包括无釉陶质砖、有釉陶质砖等
A07010332	陶瓷马赛克	包括无釉陶瓷锦砖、有釉陶瓷锦砖、纳米抗菌陶瓷锦砖等
A07010333	陶瓷耐酸砖	包括高强致密耐酸砖、耐温耐酸砖、耐酸陶瓷砖板等

(续表)

编码	品目名称	说明
A07010334	建筑陶瓷装饰物	包括建筑琉璃制品、非琉璃制建筑陶瓷装饰物等
A07010335	加工天然石材、石料	包括天然石、板材、天然石料制铺路石、路边石等
A07010336	人造石材、石料	包括人造石方料、人造石板材等
A07010337	专用或特殊用途天然石材制品	包括专用或特殊用途大理石制成品、专用或特殊用途花岗石制成品、专用或特殊用途天然板岩制成品等
A07010338	专用人造石建筑用制品	包括仿大理石制成品、仿花岗岩制成品等
A07010339	天然石碑石及其制品	包括天然大理石碑石、天然花岗岩碑石等
A07010340	人造石碑石及其制品	包括人造石制界石、人造石制墓碑、人造石制镶边石等
A07010341	蜡石制成品	包括蜡石砖、蜡石粉粒等
A07010342	水磨石建筑制成品	包括水磨石地板砖、水磨石装饰板、水磨石柱面等
A07010343	PVC石英砂制成品	
A07010344	石材复合板	包括常规石材复合板、超薄石材复合板等
A07010345	沥青和改性沥青防水卷材	包括石油沥青防水卷材、改性沥青防水卷材等
A07010346	金属胎油毡	
A07010347	自粘防水卷材	包括自粘橡胶沥青防水卷材、自粘聚合物改性沥青聚酯胎防水卷材等
A07010348	玻纤胎沥青瓦	
A07010349	建筑用沥青制品	包括建筑防水沥青嵌缝油膏等
A07010350	高分子防水卷（片）材	包括橡胶防水卷（片）材、合成树脂类防水卷（片）材等
A07010351	矿物绝热和吸声材料	包括矿物棉、膨胀矿物材料等
A07010352	矿物材料制品	包括岩棉制品、玻璃棉制品、矿棉吸音板等
A07010353	已加工石棉纤维	包括加工石棉纤维、泡沫石棉、弹性泡沫石棉等
A07010354	石棉制品	包括石棉隔热保湿制品、石棉密封垫板、特种石棉制品等
A07010355	已加工云母	包括厚片云母、薄片云母、云母粉等
A07010356	云母制品	包括云母板、云母片、云母箔等
A07010357	致密定形耐火制品	包括粘土质砖、镁质砖、高铝质砖等
A07010358	隔热耐火制品	包括黏土质隔热耐火砖、高铝质隔热耐火砖、耐火纤维制品等
A07010359	不定形耐火制品	包括浇注料、喷补料、可塑料等

（续表）

编码	品目名称	说明
A07010360	耐火陶瓷制品	包括耐火陶瓷管、耐火陶瓷坩埚、硅质耐火陶瓷制品等
A07010361	石墨制品	包括石墨电极、石墨阳极等
A07010362	碳制品	包括炭块、炭电极、炭糊等
A07010363	碳素新材料	包括特种石墨制品、热解石墨制品、碳素纤维类及制品等
A07010364	固结磨具	包括砂轮，磨头、磨盘、磨齿，手用磨石等
A07010365	天然石制磨具	包括天然石料制砂轮、天然石磨、石碾
A07010366	涂附磨具	包括纸基、布基、涂附磨具异型产品等
A07010367	超硬材料制品	包括超硬材料磨具、金刚石钻探工具等
A07010368	天然研磨料	
A07010369	普通磨料	包括人造刚玉、碳化硅磨料、碳化硼（废料）等
A07010370	超硬材料	包括人造金刚石、立方氮化硼、化学气相沉积（CVD）金刚石等
A07010371	沥青混合物	包括普通沥青混合料、添加抗剥落剂沥青混合料、SBS聚合物改性沥青混合料等
A07010372	泥炭制品	包括泥炭制片、泥炭制气缸壳体、植物培植盆等
A07010399	其他非金属矿物材料	包括石墨热交换器、柔性石墨制品、电碳产品、大理石日用制品、花岗岩日用制品、石灰石日用制品等
A07010400	黑色金属冶炼及压延产品	
A07010401	炼钢生铁	
A07010402	铸造生铁	
A07010403	含钒生铁	
A07010404	炼钢用直接还原铁	
A07010405	炼钢用熔融还原铁	
A07010406	高炉生铁产球磨铸铁	
A07010407	铸铁管	
A07010408	铸铁管附件	
A07010409	非合金钢粗钢	
A07010410	低合金钢粗钢	
A07010411	合金钢粗钢	
A07010412	不锈钢粗钢	
A07010413	非合金钢钢坯	
A07010414	低合金钢钢坯	
A07010415	合金钢钢坯	

（续表）

编码	品目名称	说明
A07010416	不锈钢钢坯	
A07010417	铁道用钢材	
A07010418	大型型钢	
A07010419	中小型型钢	
A07010420	钢棒	
A07010421	钢筋	
A07010422	线材（盘条）	
A07010423	特厚板	
A07010424	厚钢板	
A07010425	中板	
A07010426	热轧薄板	
A07010427	冷轧薄板	
A07010428	中厚宽钢带	
A07010429	热轧薄宽钢带	
A07010430	冷轧薄宽钢带	
A07010431	热轧窄钢带	
A07010432	冷轧窄钢带	
A07010433	镀层板带	
A07010434	涂层板带	
A07010435	电工钢板带	
A07010436	无缝钢管	
A07010437	焊接钢管	
A07010438	普通铁合金	
A07010439	特种铁合金	
A07010499	其他黑色金属冶炼及压延产品	
A07010500	有色金属冶炼及压延产品	
A07010501	铜	
A07010502	铅	
A07010503	锌	
A07010504	镍	
A07010505	锡	
A07010506	锑	
A07010507	铝	

（续表）

编码	品目名称	说明
A07010508	镁	
A07010509	钛	
A07010510	汞及汞化合物	
A07010511	镉、铋及常见有色金属	
A07010512	贵金属	
A07010513	稀有稀土金属	
A07010514	碱金属及碱土金属	
A07010515	常用有色金属合金	
A07010516	硬质合金	
A07010517	稀有稀土金属合金	
A07010518	贵金属合金	
A07010519	铜材	
A07010520	铜盘条	
A07010521	铜粉及片状粉末	
A07010522	铝材	
A07010523	铝盘条	
A07010524	铝粉及片状粉末	
A07010525	锌材	
A07010526	锌末、锌粉及片状粉末	
A07010527	镍材	
A07010528	镍粉及片状粉末	
A07010529	锡材	
A07010530	锡粉及片状粉末	
A07010531	镁材	
A07010532	钛材	
A07010533	镉材	
A07010534	铋材	
A07010535	金加工材	
A07010536	银材	
A07010537	铂加工材	
A07010538	钯材	
A07010539	铑加工材	
A07010540	铱加工材	

（续表）

编码	品目名称	说明
A07010541	锇加工材	
A07010542	钌加工材	
A07010543	包金金属材料	
A07010544	包银金属材料	
A07010545	包铂金属材料	
A07010546	钨加工材	
A07010547	钼加工材	
A07010548	钽加工材	
A07010549	锆加工材	
A07010550	铌加工材	
A07010551	镓加工材	
A07010552	铪加工材	
A07010553	铟加工材	
A07010554	铼加工材	
A07010555	钴加工材	
A07010556	铍加工材	
A07010557	铊加工材	
A07010558	铢加工材	
A07010559	钒加工材	
A07010599	其他有色金属冶炼及压延产品	
A07010600	建筑涂料	
A07010601	功能性建筑涂料	
A07010602	溶剂型涂料	
A07010603	合成树脂乳液内墙涂料	
A07010604	合成树脂乳液外墙涂料	
A07010605	无机外墙涂料	
A07010606	地坪涂料	
A07010607	水性聚氯乙烯焦油防水涂料	
A07010608	聚氯乙烯弹性体防水涂料	
A07010699	其他建筑涂料	
A07010700	建筑物附属结构	
A07010701	门、门槛	包括电动门、木质、钢质门等
A07010702	窗	

（续表）

编码	品目名称	说明
A07010703	梁、椽、屋顶支梁	
A07010704	楼梯	
A07010705	栏杆	
A07010706	地板	
A07010707	锁	包括指纹锁、智能锁等
A07010799	其他建筑物附属结构	
A07019900	其他建筑建材	
A07020000	医药品	
A07020100	抗菌素（抗感染药）	
A07020101	青霉素类	包括青霉素钠、青霉素钾、普鲁卡因青霉素等
A07020102	氨基糖苷类药	包括链霉素类、庆大霉素类、卡那霉素类等
A07020103	四环素类药	包括四环素、盐酸四环素、磷酸四环素等
A07020104	氯霉素类药	包括氯霉素、琥珀氯霉素、棕榈氯霉素等
A07020105	大环内酯类药	包括红霉素类、麦迪霉素、乙酰螺旋霉素等
A07020106	头孢霉素类	包括7氨基头孢烷酸、7氨基脱乙酰氧基头孢烷酸、头孢氨苄及其盐等
A07020107	利福平类	包括复方利福平、复合利福平、利福定等
A07020108	林可霉素类	包括盐酸林可霉素、克林霉素、盐酸克林霉素等
A07020199	其他抗菌素（抗感染药）	
A07020200	消化系统用药	
A07020201	季铵化合物类	包括碘化四甲铵、氢氧化四甲铵、甲酸四甲铵等
A07020202	药用内酯	包括葡糖酸内酯（D-葡糖酸 δ 内酯）、泛内酯、山道年等
A07020203	甘草酸盐	包括甘草酸、甘草酸钾、甘草酸二铵等
A07020204	芦荟素	
A07020299	其他消化系统用药	
A07020300	解热镇痛药	
A07020301	阿司匹林类	包括阿司匹林、精氨酸阿司匹林、卡巴匹林钙脲等
A07020302	水杨酸及其盐	包括水杨酸（邻羟基苯甲酸）、水杨酸钠、水杨酸铋等
A07020303	水杨酸酯	包括水杨酸甲酯、水杨酸苯酯、水杨酸乙酯等
A07020304	含有非稠合吡唑环化合物	包括安替比林、安乃近、异丙安替比林等
A07020305	环酰胺类	包括对乙酰氨基苯乙醚（非那西丁）、对乙酰氨基酚（扑热息痛）等

（续表）

编码	品目名称	说明
A07020306	磺（酰）胺	包括磺胺嘧啶、磺胺双甲基嘧啶、磺胺甲噁唑等
A07020307	麦角胺及其盐	包括麦角胺、酒石酸麦角胺等
A07020308	布洛芬	
A07020399	其他解热镇痛药	
A07020400	维生素类	
A07020401	维生素A类原药	
A07020402	维生素B类原药	包括维生素B1类原药、维生素B2类原药、维生素B6类原药等
A07020403	维生素C类原药	
A07020404	维生素D或DL—泛酸类原药	
A07020405	维生素E类原药	
A07020406	复合维生素类药	
A07020499	其他维生素类	
A07020500	抗寄生虫病药	
A07020501	奎宁及其盐	包括奎宁、盐酸奎宁、硫酸奎宁等
A07020502	氯喹类	包括氯喹、磷酸氯喹、羟氯喹等
A07020503	哌嗪类	包括哌嗪（二亚乙基二胺）、磷酸哌嗪、枸橼酸哌嗪等
A07020504	噻嘧啶类	包括噻嘧啶、双羟萘酸噻嘧啶、甲噻嘧啶等
A07020505	金鸡纳生物碱	包括辛可宁、辛可尼丁、单宁酸奎宁等
A07020599	其他抗寄生虫病药	
A07020600	中枢神经系统用药	
A07020601	巴比妥类	包括阿洛巴比妥、异戊巴比妥、苯巴比妥（INN）等
A07020602	无环酰胺类	包括甲丙氨酯（INN）、N,N－二甲基甲酰胺、乙酰胺等
A07020603	咖啡因类	包括咖啡因、枸橼酸咖啡因、安钠咖啡因等
A07020699	其他中枢神经系统用药	
A07020700	计划生育用药	
A07020800	激素类药	
A07020801	垂体激素类药	包括垂体（前叶）或类似激素、垂体后叶素、脑垂体后叶等
A07020802	肾上腺皮质激素类药	包括可的松、氢化可的松、脱氢可的松等
A07020803	生长激素类似物	包括生长激素、重组人生长激素、生长抑素等
A07020804	葡糖醛酸内酯	

（续表）

编码	品目名称	说明
A07020805	胰腺激素	包括胰岛素、锌胰岛素、精蛋白锌胰岛素等
A07020806	雌（甾）激素及孕激素	包括雌二醇、聚磷酸雌二醇、半琥珀雌二醇等
A07020899	其他激素类药	
A07020900	抗肿瘤药	
A07020901	莫司汀类	包括洛莫司汀、卡莫司汀、司莫司汀等
A07020902	蝶呤、嘌呤类	包括甲氨蝶呤、氨苯蝶呤、氨蝶呤等
A07020903	天然来源类抗肿瘤药	包括长春碱、硫酸长春碱、长春新碱等
A07020999	其他抗肿瘤药	
A07021000	心血管系统用药	
A07021001	苷类	包括毛地黄苷、毒毛旋花苷、洋地黄等
A07021002	麦角生物碱及其衍生物以及盐	包括麦角新碱（麦角袂春）及其盐、麦角胺及其盐、麦角酸及其盐等
A07021003	地高辛类	包括地高辛、甲地高辛、α-乙酰地高辛等
A07021004	奎尼丁类	包括奎尼丁、硫酸奎尼丁、葡萄糖酸奎尼丁等
A07021005	洛尔类	包括普萘洛尔、盐酸普萘洛尔、阿替洛尔等
A07021099	其他心血管系统用药	
A07021100	呼吸系统用药	
A07021101	愈创木酚类	包括愈创木酚、愈创木酚碳酸酯、愈创甘油醚等
A07021102	甲酚磺酸类	包括甲酚磺酸、甲酚磺酸钠、甲酚磺酸钙等
A07021103	卡拉美芬类	包括卡拉美芬、盐酸卡拉美芬、乙二磺酸卡拉美芬等
A07021104	麻黄碱类	包括麻黄碱、盐酸麻黄碱、甲麻黄碱等
A07021105	茶碱和氨茶碱类	包括氨茶碱、茶碱、无水茶碱等
A07021106	天然苷类	包括芸香苷及其衍生物、皂草苷、扁桃苷等
A07021199	其他呼吸系统用药	
A07021200	泌尿系统用药	
A07021201	噻嗪类	包括氯噻嗪、氢氯噻嗪、环戊噻嗪等
A07021202	可可碱类	包括可可碱、水杨酸钠可可碱等
A07021203	天然或合成苷	包括浆果苷及其他天然或合成苷等
A07021204	汞撒利类	包括汞撒利、汞撒利茶碱、汞撒利酸等
A07021299	其他泌尿系统用药	
A07021300	血液系统用药	
A07021301	肝素类	包括肝素、肝素钠、肝素钙等
A07021302	香豆素类	包括双香豆素、双香豆乙酯、乙双香豆素等

（续表）

编码	品目名称	说明
A07021303	羟基淀粉类	包括羟乙基淀粉、羟甲基淀粉钠、羧甲淀粉等
A07021399	其他血液系统用药	
A07021400	诊断用原药	
A07021401	泛影酸类	包括甲泛影酸、甲泛影钠、泛影酸等
A07021402	葡胺类	包括葡甲胺、泛影葡胺、复方泛影葡胺等
A07021403	碘他拉酸类	包括碘他拉酸、碘他拉酸钠等
A07021499	其他诊断用原药	
A07021500	调解水、电解质、酸碱平衡药	
A07021501	葡萄糖类药	包括无水葡萄糖、液状葡萄糖、缩合葡萄糖等
A07021502	糖醚、糖酯及其盐	包括羟丙基蔗糖、二磷酸果糖、果糖二磷酸钠等
A07021503	化学纯乳糖	包括无水乳糖、乳果糖等
A07021504	电解质平衡调节药	包括药用氯化钠、药用氯化钾、药用氯化钙等
A07021505	酸碱平衡调节药	
A07021506	透析液	
A07021599	其他调解水、电解质、酸碱平衡药	
A07021600	麻醉用药	
A07021601	胆碱、胆碱盐及衍生物	包括己氨胆碱、溴己氨胆碱、琥珀胆碱等
A07021602	鸦片碱、鸦片碱衍生物及相关盐	包括罂粟果提取物、丁丙诺啡等
A07021603	可卡因及其盐	包括普鲁卡因、盐酸普鲁卡因、氯普鲁卡因等
A07021699	其他麻醉用药	
A07021700	抗组织胺类药及解毒药	
A07021701	抗组织胺类药	包括苯海拉明类、斯汀类药、拉敏类药等
A07021702	解毒药	包括巯类药、依地酸类药等
A07021703	放射性同位素药	包括喷替酸镱、高锝酸钠、锝依替菲宁等
A07021799	其他抗组织胺类药及解毒药	
A07021800	生化药（酶及辅酶）	
A07021801	卵磷脂、相关磷氨基类脂	包括磷脂、卵磷脂、大豆磷脂等
A07021802	氨基酸及蛋白质类药（原药）	包括赖氨酸、盐酸赖氨酸、醋酸赖氨酸等
A07021899	其他生化药（酶及辅酶）	
A07021900	消毒防腐及创伤外科用药	
A07021901	吖啶类药	包括依沙吖啶、乳酸依沙吖啶、氨吖啶等
A07021902	氯己定类药	包括氯己定、盐酸氯己定、枸橼酸氯己定等

（续表）

编码	品目名称	说明
A07021903	汞类药	包括药用汞、药用氯化汞、药用氯化亚汞等
A07021904	败坏翘摇素	
A07021905	丙酰基内酯	
A07021999	其他消毒防腐及创伤外科用药	
A07022000	制剂用辅料及附加剂	
A07022001	专用于人或兽药凝胶制品	
A07022002	专用于人或兽药润滑剂	
A07022003	专用于人或兽药偶合剂	
A07022099	其他制剂用辅料及附加剂	
A07022100	冻干粉针剂	
A07022101	注射用胸腺素	
A07022102	注射用重组人粒细胞巨噬细胞集落刺激因子	
A07022103	注射用重组人白介素–2（冻干粉针剂）	
A07022104	注射用重组人干扰素	
A07022105	注射用核糖核酸	
A07022106	低精蛋白胰岛素注射液	
A07022107	注射用人血白蛋白	
A07022108	注射用重组人生长激素	
A07022199	其他冻干粉针剂	
A07022200	粉针剂	
A07022201	含有青霉素及其衍生物粉针剂	包括注射用青霉素钠、注射用青霉素钾、注射用氨苄西林钠等
A07022202	含有链霉素及其衍生物粉针剂	包括注射用链霉素等
A07022203	头孢类粉针剂	包括注射用头孢唑林钠、注射用头孢拉定、注射用头孢他啶等
A07022204	含有相关抗菌素生物粉针剂	包括注射用克拉霉素、注射用阿昔洛韦等
A07022205	含有皮质甾类激素及其衍生物粉针剂	包括注射用甲基强的松龙琥珀酸钠等
A07022299	其他粉针剂	包括注射用二磷酸果糖等
A07022300	注射液	
A07022301	含有相关抗菌素注射液	包括阿米卡星注射液、庆大霉素注射液、小诺霉素注射液等
A07022302	含有维生素原和维生素注射液	包括维生素B1注射液、维生素B6注射液、维生素B12注射液等

（续表）

编码	品目名称	说明
A07022303	含有皮质甾类激素及其衍生物注射液	包括倍氯米松注射液、氢化可的松注射液、地塞米松注射液等
A07022304	含有奎宁或其盐注射液	包括复方奎宁注射液、奎宁乌拉坦注射液等
A07022305	含有生物碱及其衍生物注射液	包括氨茶碱注射液等
A07022306	含有胰岛素注射液	包括胰岛素注射液、重组人胰岛素注射液等
A07022307	避孕药注射液	包括单方庚酸炔诺酮注射液、复方庚酸炔诺酮二号注射液、微囊复方甲地孕酮避孕注射液等
A07022399	其他注射液	包括曲克芦丁注射液、昂丹司琼注射液、西咪替丁注射液等
A07022400	输液	
A07022401	含有抗菌素输液	包括诺氟沙星输液、氧氟沙星输液、左氧氟沙星输液等
A07022499	其他输液	包括甲硝唑输液、替硝唑输液、甘露醇输液等
A07022500	片剂	
A07022501	含有青霉素及其衍生物片剂	包括青霉素V钾片、阿莫西林－克拉维酸钾片等
A07022502	含有链霉素及其衍生物片剂	
A07022503	含有先锋霉素片剂	包括头孢克洛片、头孢呋辛酯片等
A07022504	含有抗菌素片剂	包括红霉素片、琥乙红霉素片、罗红霉素片等
A07022505	含有奎宁或其盐的片剂	包括无味奎宁片、重硫酸奎宁片等
A07022506	含有磺胺类片剂	包括复方磺胺甲噁唑片、增效联磺片等
A07022507	含有联苯双酯片剂	包括联苯双酯滴丸、联苯双酯片、复方联苯双酯片等
A07022508	含有维生素及其衍生物片剂	包括维生素B1片、维生素B2片、维生素B6片等
A07022509	含有皮质甾类激素及其衍生物片剂	包括地塞米松片、泼尼松片等
A07022510	含有生物碱及其衍生物的片剂	包括氨茶碱片、复方茶碱片等
A07022511	避孕药片剂	包括醋炔诺酮片、复方醋酸炔诺酮片、炔诺孕酮速效避孕片等
A07022599	其他片剂	包括利巴韦林片、阿昔洛韦片、阿司匹林片等
A07022600	胶囊剂	
A07022601	含有青霉素及其衍生物胶囊	包括阿莫西林胶囊、托西酸舒他西林胶囊等
A07022602	含有链霉素及其衍生物胶囊	
A07022603	含有先锋霉素胶囊	包括头孢拉定胶囊、头孢氨苄胶囊、头孢羟氨苄胶囊等

(续表)

编码	品目名称	说明
A07022604	含有相关抗菌素胶囊	包括米诺环素胶囊、克林霉素胶囊、林可霉素胶囊等
A07022605	含有维生素及其衍生物胶囊	包括维生素AD胶囊、维生素E胶囊等
A07022699	其他胶囊剂	包括速效伤风胶囊、吲哚美辛胶囊、吉非贝齐胶囊等
A07022700	颗粒剂	
A07022701	含有青霉素及其衍生物颗粒剂	包括阿莫西林颗粒、托西酸舒他西林颗粒等
A07022702	含有链霉素及其衍生物颗粒剂	
A07022703	含有先锋霉素颗粒剂	包括头孢拉定颗粒、头孢羟氨苄颗粒等
A07022704	含有相关抗菌素颗粒剂	包括罗红霉素颗粒剂、克拉霉素颗粒等
A07022799	其他颗粒剂	包括枸橼酸铋钾颗粒剂等
A07022800	缓释控释片	
A07022801	含有抗菌素缓释控释片	包括含有青霉素及其衍生物缓释控释片、含有链霉素及其衍生物缓释控释片、含有先锋霉素缓释控释片等
A07022802	含有奎宁或其盐的缓释控释片	
A07022803	含有磺胺类缓释控释片	
A07022804	含有联苯双酯缓释控释片	
A07022805	含有维生素及其衍生物缓释控释片	
A07022806	含有皮质甾类激素及其衍生物缓释控释片	
A07022807	含有生物碱及其衍生物缓释控释片	
A07022899	其他缓释控释片	
A07022900	滴剂	
A07023000	膏霜剂	
A07023100	栓剂	
A07023200	气雾剂	
A07023300	口服液体制剂	
A07023400	外用液体制剂	
A07023500	避孕药物用具	
A07023501	避孕环	
A07023502	避孕胶棒、膜	
A07023599	其他避孕药物用具	
A07023600	植物类饮片	

（续表）

编码	品目名称	说明
A07023601	根及根茎类饮片	包括巴戟天类饮片、白芍类饮片、柴胡类饮片等
A07023602	块、根、茎类饮片	包括百部类饮片、草乌类饮片、何首乌类饮片等
A07023603	藤、茎类饮片	包括络实（石）藤段、青枫藤片、落实藤等
A07023604	木、心材类饮片	包括檀香类饮片等
A07023605	树皮类饮片	包括地枫皮类饮片、合欢皮类饮片、苦楝皮类饮片等
A07023606	叶片类饮片	包括艾叶类饮片、大青叶类饮片、侧柏叶类饮片等
A07023607	花、蕊类饮片	包括谷精草类饮片、松花粉类饮片、莲房类饮片等
A07023608	果实、种子类饮片	包括马兜铃类饮片、草果仁类饮片、山楂类饮片等
A07023609	草类饮片	包括半边莲（药用）、皮草节类饮片、皮草面类饮片等
A07023610	藻、菌、地衣类饮片	包括冬虫夏草类饮片、茯苓类饮片、灵芝类饮片等
A07023611	植物加工类饮片	包括芦荟块类饮片、淡豆豉类饮片、山芋肉类饮片等
A07023699	其他植物类饮片	
A07023700	动物类饮片	
A07023701	动物全体类饮片	包括斑蝥虫类饮片、红娘虫类饮片、干蟾类饮片等
A07023702	去内脏动物类饮片	包括地龙类饮片、蛤蚧类饮片、乌蛇类饮片等
A07023703	动物皮、角类饮片	包括蝉蜕类饮片、蛇蜕类饮片、刺猬皮类饮片等
A07023704	动物鳞片、贝壳类饮片	包括鳖甲类饮片、玳瑁类饮片、生蛤壳类饮片等
A07023705	动物骨骼、脏器类饮片	包括海螵蛸类饮片、猴骨类饮片、鹿骨类饮片等
A07023706	动物产物、加工类饮片	包括蚕砂类饮片、人工牛黄类饮片、桑螵蛸类饮片等
A07023799	其他动物类饮片	
A07023800	矿物类饮片	
A07023801	白矾类饮片	
A07023802	大青盐类饮片	
A07023803	磁石类饮片	
A07023804	胆矾类饮片	
A07023805	赤石脂类饮片	
A07023806	鹅管石类饮片	
A07023807	红粉类饮片	

（续表）

编码	品目名称	说明
A07023808	花蕊石类饮片	
A07023809	海浮石类饮片	
A07023810	金礞石类饮片	
A07023811	硫磺类饮片	
A07023812	密陀僧类饮片	
A07023813	寒水石类饮片	
A07023814	紫硇砂类饮片	
A07023815	硼砂类饮片	
A07023816	青礞石类饮片	
A07023817	轻粉类饮片	
A07023818	石膏类饮片	
A07023819	龙齿类饮片	
A07023820	龙骨类饮片	
A07023821	炉甘石类饮片	
A07023822	雄黄类饮片	
A07023823	赭石类饮片	
A07023824	钟乳石类饮片	
A07023825	紫石英类饮片	
A07023826	自然铜类饮片	
A07023827	云母石类饮片	
A07023828	禹粮石类饮片	
A07023899	其他矿物类饮片	
A07023900	中成药丸剂	
A07023901	解表丸丸剂	
A07023902	泻下丸剂	
A07023903	和解丸剂	
A07023904	温里丸剂	
A07023905	清热丸剂	
A07023906	祛暑丸剂	
A07023907	补益丸剂	
A07023908	固涩丸剂	
A07023909	安神丸剂	
A07023910	开窍丸剂	

（续表）

编码	品目名称	说明
A07023911	理气丸剂	
A07023912	理血丸剂	
A07023913	止血丸剂	
A07023914	治风丸剂	
A07023915	祛湿丸剂	
A07023916	祛风湿丸剂	
A07023917	祛痰丸剂	
A07023918	止咳平喘丸剂	
A07023919	消食丸剂	
A07023920	治泻、痢丸剂	
A07023921	小儿镇惊丸剂	
A07023922	调经、止带丸剂	
A07023923	治产后病丸剂	
A07023924	安胎丸剂	
A07023925	利咽丸剂	
A07023926	明目丸剂	
A07023927	通鼻丸剂	
A07023928	治耳丸剂	
A07023929	驱虫、杀虫、止痒丸剂	
A07023930	治痔丸剂	
A07023931	治疮疡丸剂	
A07023932	止酸解痉治胃痛丸剂	
A07023933	抗痨丸剂	
A07023934	抗癌丸剂	
A07023999	其他中成药丸剂	
A07024000	中成药冲剂	
A07024001	解表冲剂	
A07024002	泻下冲剂	
A07024003	和解冲剂	
A07024004	温里冲剂	
A07024005	清热冲剂	
A07024006	祛暑冲剂	
A07024007	补益冲剂	

（续表）

编码	品目名称	说明
A07024008	固涩冲剂	
A07024009	安神冲剂	
A07024010	开窍冲剂	
A07024011	理气冲剂	
A07024012	理血冲剂	
A07024013	止血冲剂	
A07024014	治风冲剂	
A07024015	祛湿冲剂	
A07024016	祛风湿冲剂	
A07024017	祛痰冲剂	
A07024018	止咳平喘冲剂	
A07024019	消食冲剂	
A07024020	治泻、痢冲剂	
A07024021	小儿镇惊冲剂	
A07024022	调经、止带冲剂	
A07024023	治产后病冲剂	
A07024024	安胎冲剂	
A07024025	利咽冲剂	
A07024026	明目冲剂	
A07024027	通鼻冲剂	
A07024028	治耳冲剂	
A07024029	驱虫、杀虫、止痒冲剂	
A07024030	治痔冲剂	
A07024031	治疮疡冲剂	
A07024032	止酸解痉治胃痛冲剂	
A07024033	抗痨冲剂	
A07024034	抗癌冲剂	
A07024099	其他中成药冲剂	
A07024100	中成药糖浆	
A07024101	解表糖浆	
A07024102	泻下糖浆	
A07024103	和解糖浆	
A07024104	温里糖浆	

（续表）

编码	品目名称	说明
A07024105	清热糖浆	
A07024106	祛暑糖浆	
A07024107	补益糖浆	
A07024108	固涩糖浆	
A07024109	安神糖浆	
A07024110	开窍糖浆	
A07024111	理气糖浆	
A07024112	理血糖浆	
A07024113	止血糖浆	
A07024114	治风糖浆	
A07024115	祛湿糖浆	
A07024116	祛风湿糖浆	
A07024117	祛痰糖浆	
A07024118	止咳平喘糖浆	
A07024119	消食糖浆	
A07024120	治泻、痢糖浆	
A07024121	小儿镇惊糖浆	
A07024122	调经、止带糖浆	
A07024123	治产后病糖浆	
A07024124	安胎糖浆	
A07024125	利咽糖浆	
A07024126	明目糖浆	
A07024127	通鼻糖浆	
A07024128	治耳糖浆	
A07024129	驱虫、杀虫、止痒糖浆	
A07024130	治痔糖浆	
A07024131	治疮疡糖浆	
A07024132	止酸解痉治胃痛糖浆	
A07024133	抗痨糖浆	
A07024134	抗癌糖浆	
A07024199	其他中成药糖浆	
A07024200	中成药片剂	
A07024201	解表片剂	

（续表）

编码	品目名称	说明
A07024202	泻下片剂	
A07024203	和解片剂	
A07024204	温里片剂	
A07024205	清热片剂	
A07024206	祛暑片剂	
A07024207	补益片剂	
A07024208	固涩片剂	
A07024209	安神片剂	
A07024210	开窍片剂	
A07024211	理气片剂	
A07024212	理血片剂	
A07024213	止血片剂	
A07024214	治风片剂	
A07024215	祛湿片剂	
A07024216	祛风湿片剂	
A07024217	祛痰片剂	
A07024218	止咳平喘片剂	
A07024219	消食片剂	
A07024220	治泻、痢片剂	
A07024221	小儿镇惊片剂	
A07024222	调经、止带片剂	
A07024223	治产后病片剂	
A07024224	安胎片剂	
A07024225	利咽片剂	
A07024226	明目片剂	
A07024227	通鼻片剂	
A07024228	治耳片剂	
A07024229	驱虫、杀虫、止痒片剂	
A07024230	治痔片剂	
A07024231	治疮疡片剂	
A07024232	止酸解痉治胃痛片剂	
A07024233	抗痨片剂	
A07024234	抗癌片剂	

（续表）

编码	品目名称	说明
A07024299	其他中成药片剂	
A07024300	中成药针剂	
A07024301	解表针剂	
A07024302	泻下针剂	
A07024303	和解针剂	
A07024304	温里针剂	
A07024305	清热针剂	
A07024306	祛暑针剂	
A07024307	补益针剂	
A07024308	固涩针剂	
A07024309	安神针剂	
A07024310	开窍针剂	
A07024311	理气针剂	
A07024312	理血针剂	
A07024313	止血针剂	
A07024314	治风针剂	
A07024315	祛湿针剂	
A07024316	祛风湿针剂	
A07024317	祛痰针剂	
A07024318	止咳平喘针剂	
A07024319	消食针剂	
A07024320	治泻、痢针剂	
A07024321	小儿镇惊针剂	
A07024322	调经、止带针剂	
A07024323	治产后病针剂	
A07024324	安胎针剂	
A07024325	利咽针剂	
A07024326	明目针剂	
A07024327	通鼻针剂	
A07024328	治耳针剂	
A07024329	驱虫、杀虫、止痒针剂	
A07024330	治痔针剂	
A07024331	治疮疡针剂	

（续表）

编码	品目名称	说明
A07024332	止酸解痉治胃痛针剂	
A07024333	抗痨针剂	
A07024334	抗癌针剂	
A07024399	其他中成药针剂	
A07024400	中成药注射液	
A07024401	解表注射液	
A07024402	泻下注射液	
A07024403	和解注射液	
A07024404	温里注射液	
A07024405	清热注射液	
A07024406	祛暑注射液	
A07024407	补益注射液	
A07024408	固涩注射液	
A07024409	安神注射液	
A07024410	开窍注射液	
A07024411	理气注射液	
A07024412	理血注射液	
A07024413	止血注射液	
A07024414	治风注射液	
A07024415	祛湿注射液	
A07024416	祛风湿注射液	
A07024417	祛痰注射液	
A07024418	止咳平喘注射液	
A07024419	消食注射液	
A07024420	治泻、痢注射液	
A07024421	小儿镇惊注射液	
A07024422	调经、止带注射液	
A07024423	治产后病注射液	
A07024424	安胎注射液	
A07024425	利咽注射液	
A07024426	明目注射液	
A07024427	通鼻注射液	
A07024428	治耳注射液	

（续表）

编码	品目名称	说明
A07024429	驱虫、杀虫、止痒注射液	
A07024430	治痔注射液	
A07024431	治疮疡注射液	
A07024432	止酸解痉治胃痛注射液	
A07024433	抗痨注射液	
A07024434	抗癌注射液	
A07024499	其他中成药注射液	
A07024500	膏药	
A07024501	解表膏药	
A07024502	泻下膏药	
A07024503	和解膏药	
A07024504	温里膏药	
A07024505	清热膏药	
A07024506	祛暑膏药	
A07024507	补益膏药	
A07024508	固涩膏药	
A07024509	安神膏药	
A07024510	开窍膏药	
A07024511	理气膏药	
A07024512	理血膏药	
A07024513	止血膏药	
A07024514	治风膏药	
A07024515	祛湿膏药	
A07024516	祛风湿膏药	
A07024517	祛痰膏药	
A07024518	止咳平喘膏药	
A07024519	消食膏药	
A07024520	治泻、痢膏药	
A07024521	小儿镇惊膏药	
A07024522	调经、止带膏药	
A07024523	治产后病膏药	
A07024524	安胎膏药	
A07024525	利咽膏药	

（续表）

编码	品目名称	说明
A07024526	明目膏药	
A07024527	通鼻膏药	
A07024528	治耳膏药	
A07024529	驱虫、杀虫、止痒膏药	
A07024530	治痔膏药	
A07024531	治疮疡膏药	
A07024532	止酸解痉治胃痛膏药	
A07024533	抗痨膏药	
A07024534	抗癌膏药	
A07024599	其他膏药	
A07024600	中成药口服液	
A07024601	解表口服液	
A07024602	泻下口服液	
A07024603	和解口服液	
A07024604	温里口服液	
A07024605	清热口服液	
A07024606	祛暑口服液	
A07024607	补益口服液	
A07024608	固涩口服液	
A07024609	安神口服液	
A07024610	开窍口服液	
A07024611	理气口服液	
A07024612	理血口服液	
A07024613	止血口服液	
A07024614	治风口服液	
A07024615	祛湿口服液	
A07024616	祛风湿口服液	
A07024617	祛痰口服液	
A07024618	止咳平喘口服液	
A07024619	消食口服液	
A07024620	治泻、痢口服液	
A07024621	小儿镇惊口服液	
A07024622	调经、止带口服液	

（续表）

编码	品目名称	说明
A07024623	治产后病口服液	
A07024624	安胎口服液	
A07024625	利咽口服液	
A07024626	明目口服液	
A07024627	通鼻口服液	
A07024628	治耳口服液	
A07024629	驱虫、杀虫、止痒口服液	
A07024630	治痔口服液	
A07024631	治疮疡口服液	
A07024632	止酸解痉治胃痛口服液	
A07024633	抗痨口服液	
A07024634	抗癌口服液	
A07024699	其他中成药口服液	
A07024700	中成药胶囊	
A07024701	解表胶囊	
A07024702	泻下胶囊	
A07024703	和解胶囊	
A07024704	温里胶囊	
A07024705	清热胶囊	
A07024706	祛暑胶囊	
A07024707	补益胶囊	
A07024708	固涩胶囊	
A07024709	安神胶囊	
A07024710	开窍胶囊	
A07024711	理气胶囊	
A07024712	理血胶囊	
A07024713	止血胶囊	
A07024714	治风胶囊	
A07024715	祛湿胶囊	
A07024716	祛风湿胶囊	
A07024717	祛痰胶囊	
A07024718	止咳平喘胶囊	
A07024719	消食胶囊	

（续表）

编码	品目名称	说明
A07024720	治泻、痢胶囊	
A07024721	小儿镇惊胶囊	
A07024722	调经、止带胶囊	
A07024723	治产后病胶囊	
A07024724	安胎胶囊	
A07024725	利咽胶囊	
A07024726	明目胶囊	
A07024727	通鼻胶囊	
A07024728	治耳胶囊	
A07024729	驱虫、杀虫、止痒胶囊	
A07024730	治痔胶囊	
A07024731	治疮疡胶囊	
A07024732	止酸解痉治胃痛胶囊	
A07024733	抗痨胶囊	
A07024734	抗癌胶囊	
A07024799	其他中成药胶囊	
A07024800	中成药散剂	
A07024801	解表散剂	
A07024802	泻下散剂	
A07024803	和解散剂	
A07024804	温里散剂	
A07024805	清热散剂	
A07024806	祛暑散剂	
A07024807	补益散剂	
A07024808	固涩散剂	
A07024809	安神散剂	
A07024810	开窍散剂	
A07024811	理气散剂	
A07024812	理血散剂	
A07024813	止血散剂	
A07024814	治风散剂	
A07024815	祛湿散剂	
A07024816	祛风湿散剂	

(续表)

编码	品目名称	说明
A07024817	祛痰散剂	
A07024818	止咳平喘散剂	
A07024819	消食散剂	
A07024820	治泻、痢散剂	
A07024821	小儿镇惊散剂	
A07024822	调经、止带散剂	
A07024823	治产后病散剂	
A07024824	安胎散剂	
A07024825	利咽散剂	
A07024826	明目散剂	
A07024827	通鼻散剂	
A07024828	治耳散剂	
A07024829	驱虫、杀虫、止痒散剂	
A07024830	治痔散剂	
A07024831	治疮疡散剂	
A07024832	止酸解痉治胃痛散剂	
A07024833	抗痨散剂	
A07024834	抗癌散剂	
A07024899	其他中成药散剂	
A07024900	中成药栓剂	
A07024901	解表栓剂	
A07024902	泻下栓剂	
A07024903	和解栓剂	
A07024904	温里栓剂	
A07024905	清热栓剂	
A07024906	祛暑栓剂	
A07024907	补益栓剂	
A07024908	固涩栓剂	
A07024909	安神栓剂	
A07024910	开窍栓剂	
A07024911	理气栓剂	
A07024912	理血栓剂	
A07024913	止血栓剂	

（续表）

编码	品目名称	说明
A07024914	治风栓剂	
A07024915	祛湿栓剂	
A07024916	祛风湿栓剂	
A07024917	祛痰栓剂	
A07024918	止咳平喘栓剂	
A07024919	消食栓剂	
A07024920	治泻、痢栓剂	
A07024921	小儿镇惊栓剂	
A07024922	调经、止带栓剂	
A07024923	治产后病栓剂	
A07024924	安胎栓剂	
A07024925	利咽栓剂	
A07024926	明目栓剂	
A07024927	通鼻栓剂	
A07024928	治耳栓剂	
A07024929	驱虫、杀虫、止痒栓剂	
A07024930	治痔栓剂	
A07024931	治疮疡栓剂	
A07024932	止酸解痉治胃痛栓剂	
A07024933	抗痨栓剂	
A07024934	抗癌栓剂	
A07024999	其他中成药栓剂	
A07025000	药酒	
A07025001	补益药酒	
A07025002	固涩药酒	
A07025003	安神药酒	
A07025004	开窍药酒	
A07025005	理气药酒	
A07025006	理血药酒	
A07025007	止血药酒	
A07025008	治风药酒	
A07025009	祛湿药酒	
A07025099	其他药酒	

（续表）

编码	品目名称	说明
A07025100	清凉油	
A07025101	治风剂清凉油	
A07025199	其他清凉油	
A07025200	兽用药品	
A07025201	兽用化学药品	
A07025202	兽用血清制品	
A07025203	兽用疫苗	
A07025204	兽用诊断制品	
A07025205	兽用微生态制品	
A07025206	兽用中药材	
A07025207	兽用中成药	
A07025208	兽用抗生素	
A07025209	兽用生化药品	
A07025210	兽用放射性药品	
A07025211	兽用外用杀虫剂	
A07025212	兽用消毒剂	
A07025299	其他兽用药品	
A07025300	酶类生化制剂	
A07025301	胰蛋白酶制剂	包括注射用胰蛋白酶、注射用结晶糜胰蛋白酶、复方胰蛋白酶胶囊等
A07025302	糜蛋白酶制剂	包括注射用糜蛋白酶等
A07025303	菠萝蛋白酶制剂	包括芦笋菠萝蛋白酶胶囊、复方菠萝蛋白酶片等
A07025304	链激酶制剂	包括注射用冻干链激酶等
A07025305	重组链激酶制剂	包括注射用重组链激酶等
A07025306	双链酶制剂	包括双链酶片剂、注射用双链酶等
A07025307	尿激酶制剂	包括注射用尿激酶脂质体冻干品、口服用尿激酶脂质体冻干品等
A07025308	溶菌酶制剂	包括复方氯化溶菌酶胶囊、溶菌酶片剂等
A07025309	辅酶 Q10 制剂	包括辅酶 Q10 片剂、辅酶 Q10 胶囊剂等
A07025310	辅酶Ⅰ制剂	包括注射用辅酶Ⅰ等
A07025311	复合辅酶制剂	包括注射用复合辅酶等
A07025312	门冬酰胺酶制剂	包括注射用左旋门冬酰胺酶、注射用门冬酰胺酶等
A07025313	胰酶制剂	包括胰酶肠溶片、复方胰酶片、胰酶胶囊等

（续表）

编码	品目名称	说明
A07025314	多酶制剂	包括多酶片（肠溶片）、多酶包衣片等
A07025315	复合多酶制剂	
A07025316	胃蛋白酶制剂	包括复方胃蛋白酶颗粒、复方胃蛋白酶散、胃蛋白酶合剂等
A07025317	含糖胃蛋白酶制剂	包括复方含糖胃蛋白酶颗粒等
A07025318	淀粉酶制剂	包括复方淀粉酶颗粒、淀粉酶测定试剂盒等
A07025399	其他酶类生化制剂	
A07025400	氨基酸及蛋白质类药	
A07025401	乙酰半胱氨酸制剂	包括乙酰半胱氨酸颗粒剂、乙酰半胱氨酸喷雾剂等
A07025402	羧甲司坦制剂	包括羧甲司坦口服溶液、羧甲司坦片等
A07025403	盐酸美司坦制剂	包括盐酸美司坦片剂、盐酸美司坦粉剂等
A07025404	胱氨酸制剂	包括注射用盐酸半胱氨酸、复方胱氨酸片等
A07025405	盐酸赖氨酸制剂	包括盐酸赖氨酸颗粒、盐酸赖氨酸片等
A07025406	谷氨酸制剂	包括精谷氨酸注射液、谷氨酸钠注射液、谷氨酸钾注射液等
A07025407	门冬氨酸制剂	包括门冬氨酸镁注射液、门冬氨酸钾镁注射液、注射用鸟氨酰门冬氨酸等
A07025408	门冬酰胺制剂	包括门冬酰胺片等
A07025409	复合氨基酸制剂	包括复合氨基酸输液、9-复合结晶氨基酸注射液、18氨基酸注射液-1 200等
A07025410	复方氨基酸制剂	包括复方氨基酸注射液、复方结晶氨基酸注射液、12%复方氨基酸注射液等
A07025411	复方赖氨酸制剂	包括复方赖氨酸颗粒、复方赖氨酸补血剂、赖氨酸B12制剂等
A07025412	注射用氨基酸类药及输液	包括抗尿毒氨基酸注射液、肝用氨基酸输液、葡萄糖氨基酸输液等
A07025499	其他氨基酸及蛋白质类药	
A07025500	脂肪类药制剂	
A07025501	注射用脂肪类药	包括注射用紫杉醇脂质体、油酸多相脂质体注射液、脂肪乳注射液等
A07025502	脂肪类药胶囊	包括磷脂软胶囊、磷脂维生素E胶囊、卵磷脂胶囊等
A07025503	脂肪类药片剂	包括卵磷脂片、复方α-酮酸片（薄膜衣）等
A07025599	其他脂肪类药制剂	
A07025600	核酸类药制剂	
A07025601	三磷腺苷钠制剂	

(续表)

编码	品目名称	说明
A07025602	环磷腺苷制剂	包括注射用三磷腺苷、三磷腺苷二钠注射液、三磷腺苷二钠肠溶片等
A07025603	肌苷制剂	包括注射用环磷腺苷、注射用环磷腺苷葡胺、注射用双丁酰环磷腺苷等
A07025604	核糖核酸制剂	包括注射用肌苷、肌苷片、肌苷胶囊等
A07025699	其他核酸类药制剂	
A07025700	菌苗	
A07025701	伤寒菌苗	
A07025702	霍乱菌苗	
A07025703	霍乱伤寒混合菌苗	
A07025704	霍乱伤寒副伤寒甲乙菌苗	
A07025705	伤寒副伤寒甲乙菌苗	
A07025706	伤寒副伤寒甲二联菌苗	
A07025707	伤寒副伤寒甲乙三联菌苗	
A07025708	霍乱伤寒副伤寒甲乙四联菌苗	
A07025709	百日咳菌苗	
A07025710	钩端螺旋体菌苗	
A07025711	多价钩端螺旋体菌苗	
A07025712	脑膜炎球菌多糖菌苗（A群）	
A07025713	炭疽活菌苗	
A07025714	气管炎菌苗	
A07025715	气管炎溶菌菌苗	
A07025716	吸附霍乱菌苗	
A07025717	吸附霍乱类毒素菌苗	
A07025718	冻干牛痘苗	
A07025719	流脑菌苗	
A07025799	其他菌苗	
A07025800	菌苗制剂	
A07025801	吸附百日咳白喉破伤风混合制剂	
A07025802	吸附百日咳菌苗白喉类毒素混合制剂	
A07025803	卡介苗多糖核酸	
A07025804	破伤风类毒素混合制剂	
A07025805	核酪制剂	

（续表）

编码	品目名称	说明
A07025806	口服多价痢疾噬菌体	
A07025807	哮喘菌苗注射液	
A07025808	气管炎菌苗片	
A07025899	其他菌苗制剂	
A07025900	人用疫苗	
A07025901	脑炎疫苗	包括乙型脑炎灭活疫苗、乙型脑炎纯化疫苗（Vero）细胞、冻干流行性乙型脑炎活疫苗等
A07025902	脑膜炎疫苗	包括A群脑膜炎球菌多糖疫苗、A+C群脑膜炎球菌多糖疫苗等
A07025903	麻疹、风疹及腮腺炎疫苗	包括冻干麻疹活疫苗、麻疹减毒活疫苗、风疹减毒活疫苗等
A07025904	狂犬病疫苗	包括人用浓缩狂犬病疫苗、人用狂犬病纯化疫苗、冻干人用狂犬病疫苗等
A07025905	脊髓灰质炎疫苗	包括口服脊髓灰质炎减毒活疫苗、脊髓灰质炎活疫苗糖丸等
A07025906	肝炎疫苗	包括重组（酵母）乙型肝炎疫苗、乙型肝炎血源疫苗、重组酵母乙肝疫苗等
A07025907	流感疫苗	包括流行性感冒活疫苗、B型流感嗜血杆菌疫苗、流行性感冒及毒株病毒亚单位灭活疫苗等
A07025908	肾综合症疫苗	包括Ⅰ型肾综合症出血热灭活疫苗、Ⅱ型肾综合症出血热灭活疫苗、双价肾综合症出血热灭活疫苗等
A07025909	破伤风、白喉及百日咳疫苗	包括吸附破伤风疫苗、吸附白喉疫苗、吸附百日咳白喉联合疫苗等
A07025910	黄热减毒活疫苗	
A07025999	其他人用疫苗	
A07026000	类毒素	
A07026001	吸附精制白喉类毒素	
A07026002	吸附精制白喉破伤风二联类毒素	
A07026003	吸附精制破伤风类毒素	
A07026004	吸附精制破伤风气性坏疽四联类毒类	
A07026005	葡萄球菌类毒素	
A07026099	其他类毒素	
A07026100	抗毒素类	
A07026101	白喉抗毒素	包括冻干白喉抗毒素、精制白喉抗毒素、冻干精制白喉抗毒素等

（续表）

编码	品目名称	说明
A07026102	破伤风抗毒素	包括冻干破伤风抗毒素、精制破伤风抗毒素、冻干精制破伤风抗毒素等
A07026103	多价气性坏疽抗毒素	包括多价精制气坏疽抗毒素、冻干多价气性坏疽抗毒素、冻干多价精制气坏疽抗毒素等
A07026104	肉毒抗毒素制剂	包括精制A型肉毒抗毒素、精制B型肉毒抗毒素、精制E型肉毒抗毒素等
A07026199	其他抗毒素类	
A07026200	抗血清类	
A07026201	抗蛇毒血清	包括精制抗蝮蛇毒血清、精制抗眼镜蛇毒血清、精制抗银环蛇毒血清等
A07026202	抗狂犬病血清	包括冻干抗狂犬病血清、精制抗狂犬病血清、冻干精制抗狂犬病血清等
A07026203	抗炭疽血清	包括精制抗炭疽血清、冻干精制抗炭疽血清等
A07026204	抗赤痢血清	
A07026205	制抗腺病毒血清	
A07026206	抗淋巴细胞血清	
A07026299	其他抗血清类	
A07026300	血液制品	
A07026301	球蛋白、白蛋白	包括人血丙种球蛋白、人胎盘血丙种球蛋白、冻干人胎盘血丙种球蛋白等
A07026302	血液制品制剂	包括血浆蛋白溶液（%人血蛋白）、冻干健康人血浆、冻干抗绿脓杆菌人血浆等
A07026399	其他血液制品	
A07026400	细胞因子	
A07026401	干扰素制剂	包括干扰素α-1b制剂、冻干重组人干扰素α-2a制剂、冻干重组人干扰素α-1b等
A07026402	胸腺肽制剂	包括胸腺喷丁制剂、胸腺蛋白口服液、注射用胸腺肽α1等
A07026403	转移因子制剂	包括P-转移因子制剂、β-转移因子制剂、冻干人白细胞转移因子等
A07026404	促肝细胞生长素制剂	包括促肝细胞生长因子注射液、其他促肝细胞生长素制剂等
A07026405	白介素制剂	包括注射用白介素-2、注射用重组人白介素-2等
A07026499	其他细胞因子	
A07026500	诊断用生物制品	
A07026501	诊断用菌素、菌液、菌体	包括旧结核菌素、伤寒诊断菌液、副伤寒诊断菌液等

（续表）

编码	品目名称	说明
A07026502	诊断血球	包括流行性乙型脑炎抗体诊断血球、冻干乙型肝炎病毒诊断血球、流行性出血热诊断血球等
A07026503	诊断用抗原	包括诊断用冻干鼠疫菌F抗原、诊断用炭疽抗原、森林脑炎病毒补体结合抗原等
A07026504	诊断用血凝素	包括流行性乙型脑炎病毒血凝素、麻疹病毒血凝素、腺病毒血凝素等
A07026505	诊断用血清	包括诊断用冻干鼠疫菌F抗原致敏血清、沙门氏菌属诊断血清、志贺氏菌属诊断血清等
A07026506	试验用毒素	包括锡克试验毒素、锡克氏试验对照毒素、狄克氏试验对照毒素等
A07026507	诊断用生物试剂盒	包括总蛋白测定试剂盒、白蛋白测定试剂盒、载脂蛋白测定试剂盒等
A07026599	其他诊断用生物制品	
A07026600	生物制剂	
A07026601	生物菌及菌片	包括双歧杆菌、乳杆菌、嗜热链球菌等
A07026602	生物试剂盒	
A07026603	微生物培养基	
A07026699	其他生物制剂	
A07026700	病人医用试剂	
A07026701	血型试剂	包括确定血型试剂、测定血清特征试剂、血型技术所需的相关试剂等
A07026702	影象检查用化学药制剂	包括口服X光检查造影剂、注射用X光检查造影剂等
A07026703	器官功能检查剂	包括妊娠诊断剂、酚磺酞注射液、刚果红注射液等
A07026799	其他病人医用试剂	
A07026800	非病人用诊断检验、实验用试剂	
A07026801	有衬背的诊断或实验用试剂	包括极谱纸、石蕊试纸等
A07026802	无衬背的诊断或实验用试剂	包括基因诊断试剂、乙肝诊断试剂、艾滋诊断试剂等
A07026803	空心胶囊	包括明胶胶囊、粉浆装药空囊、植物胶囊等
A07026899	其他非病人用诊断检验、实验用试剂	
A07029900	其他医药品	
A07030000	农林牧渔业产品	
A07030100	谷物	
A07030101	稻谷	
A07030102	小麦	包括硬质小麦、软质小麦等

(续表)

编码	品目名称	说明
A07030103	玉米	包括黄玉米、白玉米、甜玉米等
A07030104	谷子	包括硬谷子、糯谷子等
A07030105	高粱	包括红粒高粱、白粒高粱、糯高粱等
A07030106	大麦	包括裸大麦、皮大麦等
A07030107	燕麦	包括裸燕麦、皮燕麦等
A07030108	黑麦	
A07030109	荞麦	包括甜荞麦、苦荞麦等
A07030199	其他谷物	包括糜子、紫米、薏苡等
A07030200	薯类	
A07030201	马铃薯	
A07030202	木薯	包括鲜木薯、木薯干等
A07030203	甘薯	包括种用甘薯、甘薯干等
A07030299	其他薯类	
A07030300	油料	
A07030301	花生	
A07030302	油菜籽	包括双低油菜籽等
A07030303	葵花籽	包括油葵、食葵等
A07030304	芝麻	包括白芝麻、黑芝麻、黄芝麻等
A07030305	胡麻籽	包括种用胡麻籽等
A07030306	棉籽	包括种用棉籽等
A07030307	蓖麻籽	包括种用蓖麻籽等
A07030308	芥子	包括种用芥子等
A07030309	红花籽	包括种用红花籽等
A07030310	油棕果及油棕仁	包括种用油棕果及油棕仁等
A07030311	罂粟子	
A07030312	油橄榄果	
A07030313	油茶籽（油料）	
A07030399	其他油料	
A07030400	豆类	
A07030401	大豆	
A07030402	绿豆	包括明绿豆、毛绿豆等
A07030403	小豆	包括红小豆、灰白小豆、狸小豆等
A07030404	干豌豆	包括白豌豆、绿豌豆、麻豌豆等

（续表）

编码	品目名称	说明
A07030405	小扁豆	包括大粒小扁豆、小粒小扁豆等
A07030406	干蚕豆	包括种用干蚕豆等
A07030407	芸豆	包括种用芸豆等
A07030408	饭豆	包括种用饭豆等
A07030409	干豇豆	包括种用干豇豆等
A07030410	鹰嘴豆	包括种用鹰嘴豆等
A07030499	其他豆类	包括种用杂豆等
A07030500	棉花	
A07030501	籽棉	
A07030502	皮棉	包括细绒棉皮棉、长绒棉皮棉等
A07030599	其他棉花	
A07030600	生麻	
A07030601	生亚麻	
A07030602	生苎麻	
A07030603	生黄红麻	
A07030604	生线麻	
A07030605	生苘麻	
A07030606	生大麻	
A07030607	生剑麻	
A07030699	其他生麻	
A07030700	糖料	
A07030701	甘蔗	
A07030702	甜菜	
A07030799	其他糖料	
A07030800	未加工的烟草	
A07030801	未去梗烤烟叶	
A07030802	未去梗晒烟叶	
A07030803	未去梗晾烟叶	
A07030804	未去梗白肋烟	
A07030899	其他未加工的烟草	
A07030900	饲料作物	
A07030901	苜蓿	
A07030902	青饲料	

（续表）

编码	品目名称	说明
A07030903	饲料牧草	包括苜蓿干草、羊草、沙打旺等
A07030904	饲料作物用种子	
A07030999	其他饲料作物	
A07031000	水生植物类	
A07031001	芦苇	
A07031002	席草	
A07031003	苇子	
A07031004	莲子	
A07031005	蒲草	
A07031006	慈姑	
A07031099	其他水生植物类	
A07031100	农作物副产品	
A07031101	作物茎、杆、根	
A07031199	其他农作物副产品	
A07031200	蔬菜及食用菌	
A07031201	蔬菜	
A07031202	食用菌	包括平菇、杏鲍菇、金针菇等
A07031299	其他蔬菜及食用菌	
A07031300	茶及饮料原料	
A07031301	茶叶	
A07031302	饮料原料	包括可可豆、咖啡豆等
A07031399	其他茶及饮料原料	
A07031400	香料原料	
A07031401	调味香料	
A07031402	香味料	包括香子兰、留兰香、姜黄等
A07031499	其他香料原料	
A07031500	育种和育苗	
A07031501	林木种子	
A07031502	灌木、藤木，相关林木种子	
A07031503	苗木类	包括针叶乔木苗类、阔叶乔木苗类、果树苗等
A07031599	其他育种和育苗	
A07031600	木材采伐产品	
A07031601	原木	

（续表）

编码	品目名称	说明
A07031602	小规格木材	包括针叶木小规格木材等
A07031603	薪材	
A07031604	短条及细枝等	
A07031699	其他木材采伐产品	
A07031700	竹材采伐产品	
A07031701	竹材	
A07031799	其他竹材采伐产品	
A07031800	林产品	
A07031801	天然橡胶	
A07031802	天然树脂、树胶	包括天然生漆、天然松脂、虫胶等
A07031803	栲胶原料	包括落叶松树皮、杨梅树皮、油柑树皮等
A07031804	非直接食用果类	包括油桐籽、油茶籽、沙棘果等
A07031805	编结用原料	包括藤条、柳条、柠条等
A07031806	染色、鞣革用植物原料	包括五倍子、地衣、蓝靛等
A07031899	其他林产品	包括棕片、竹笋干、山苍子等
A07031900	活牲畜	
A07031901	猪	
A07031902	牛	包括黄牛、水牛、奶牛等
A07031903	马	包括种马、马驹等
A07031904	驴	包括种驴等
A07031905	骡	
A07031906	羊	包括绵羊、山羊、能繁殖母羊等
A07031907	骆驼	
A07031999	其他活牲畜	
A07032000	活家禽	
A07032001	活鸡	
A07032002	活鸭	包括雏鸭、成鸭等
A07032003	活鹅	包括雏鹅、成鹅等
A07032004	活火鸡	包括雏火鸡、成火鸡等
A07032005	活珍珠鸡	包括雏珍珠鸡、成珍珠鸡等
A07032099	其他活家禽	包括鸽子、鹌鹑、鸵鸟等
A07032100	畜禽产品	
A07032101	生奶	

（续表）

编码	品目名称	说明
A07032102	禽蛋	包括鸡蛋、鸭蛋、鹅蛋等
A07032103	天然蜂蜜及副产品	包括天然蜂蜜、蜂蜡、鲜蜂王浆等
A07032104	蚕茧	包括桑蚕茧、柞蚕茧、蓖麻蚕茧等
A07032105	动物毛类	包括绵羊毛、牦牛毛、兔毛等
A07032106	生皮	包括整张爬行动物皮、整张生马皮、整张生猪皮等
A07032107	生毛皮	包括整张水貂生毛皮、整张狐生毛皮、整张兔生毛皮等
A07032108	制刷用兽毛	包括猪鬃、制刷用山羊毛等
A07032199	其他畜禽产品	包括麝香、鹿茸、燕窝等
A07032200	家禽遗产材料	包括猪、牛、羊等家禽的精液、胚胎、卵子等
A07032300	饲养动物	
A07032301	爬行动物	
A07032302	蛙类动物	包括改良种用蛙苗等
A07032303	家兔	包括种用家兔、非种用家兔等
A07032304	鹦形目鸟	包括改良种用鹦形目鸟、非种用鹦形目鸟等
A07032305	蜂	
A07032306	蚕	
A07032307	驯鹿	
A07032308	梅花鹿	
A07032309	狐	
A07032310	貂	
A07032311	麋	
A07032399	其他饲养动物	
A07032400	海水养殖产品	
A07032401	海水养殖鱼	
A07032402	海水养殖虾	包括海水养殖中国对虾、海水养殖日本对虾、海水养殖龙虾等
A07032403	海水养殖蟹	包括海水养殖梭子蟹、海水养殖青蟹等
A07032404	海水养殖贝类	包括海水养殖牡蛎、海水养殖扇贝、海水养殖贻贝等
A07032405	海水养殖藻类	包括海水养殖海带、海水养殖紫菜、海水养殖苔菜等
A07032499	其他海水养殖产品	包括海水养殖海参、海水养殖海胆、海水养殖珍珠等
A07032500	海水养殖产品种苗	

（续表）

编码	品目名称	说明
A07032501	海水养殖鱼苗	
A07032502	海水养殖虾种苗	包括海水养殖对虾种苗、海水养殖中国对虾种苗、海水养殖日本对虾种苗等
A07032503	海水养殖蟹苗	包括海水养殖梭子蟹苗、海水养殖青蟹苗等
A07032504	海水养殖贝类种苗	包括海水养殖扇贝种苗、海水养殖蛤种苗、海水养殖螺种苗等
A07032505	海水养殖藻类育苗	包括海水养殖海带苗、海水养殖紫菜苗、海水养殖苔菜苗等
A07032599	其他海水养殖产品种苗	包括海水养殖海参苗、海水养殖海胆苗、海水养殖珍珠蚌等
A07032600	海水捕捞产品	
A07032601	海水捕捞鲜鱼	
A07032602	海水捕捞虾	包括龙虾、斑节对虾、中国对虾等
A07032603	海水捕捞蟹	包括梭子蟹、青蟹等
A07032604	海水捕捞贝类	包括贻贝、蛤、蚶等
A07032605	海水捕捞软体水生动物	包括墨鱼、鱿鱼、沙蚕等
A07032699	其他海水捕捞产品	
A07032700	淡水养殖产品	
A07032701	养殖淡水鱼	
A07032702	淡水养殖虾	包括淡水养殖罗氏沼虾、淡水养殖青虾、淡水养殖南美白对虾等
A07032703	淡水养殖蟹	包括淡水养殖活河蟹等
A07032704	淡水养殖贝类	包括淡水养殖河蚌、淡水养殖螺、淡水养殖蚬等
A07032705	淡水养殖藻类种苗	
A07032799	其他淡水养殖产品	包括幼蛙种苗、稚龟种苗、稚鳖种苗等
A07032800	淡水养殖产品种苗	
A07032801	淡水鱼苗	
A07032802	淡水养殖虾苗	包括罗氏沼虾苗、青虾苗、南美白对虾苗等
A07032803	淡水养殖蟹种苗	包括中华绒毛蟹（大闸蟹）种苗等
A07032804	淡水养殖贝壳种苗	包括河蚌种苗、螺种苗、蚬种苗等
A07032805	淡水养殖藻类育苗	包括螺旋藻种苗等
A07032899	其他淡水养殖产品种苗	包括幼蛙种苗、稚龟种苗、稚鳖种苗等
A07032900	淡水捕捞产品	
A07032901	捕捞淡水鱼	
A07032902	淡水捕捞鲜虾	包括罗氏沼虾、青虾、克氏螯虾（克氏原螯虾）等

（续表）

编码	品目名称	说明
A07032903	淡水捕捞蟹	包括中华绒毛蟹（大闸蟹）等
A07032904	淡水捕捞鲜软体动物	包括蜗牛、螺、河蚌等
A07032905	淡水捕捞螺旋藻	
A07032999	其他淡水捕捞产品	包括丰年虫等
A07039900	其他农林牧渔业产品	
A07040000	矿与矿物	
A07040100	煤炭采选产品	
A07040101	原煤	包括无烟煤、烟煤、褐煤等
A07040102	洗煤	包括洗精煤、洗块煤、洗粒级煤等
A07040199	其他煤炭采选产品	包括泥煤、石煤、风化煤等
A07040200	石油和天然气开采产品	
A07040201	原油	包括天然原油、沥青矿原油等
A07040202	天然气	
A07040203	液化天然气	
A07040204	煤层气（煤田）	
A07040205	天然气水合物	
A07040206	油页岩	包括沥青页岩、油母页岩、焦（重）油砂等
A07040299	其他石油和天然气开采产品	
A07040300	黑色金属矿	
A07040301	铁矿石	包括铁矿石原矿、铁矿石成品矿、人造富铁矿等
A07040302	锰矿	包括锰矿石原矿、锰矿石成品矿、人造富锰矿等
A07040303	铬矿石	包括铬矿石原矿、铬矿石成品矿、人造富铬矿等
A07040399	其他黑色金属矿	
A07040400	有色金属矿	
A07040401	常用有色金属矿	包括铜矿、镍矿、钴矿等
A07040402	贵金属矿	包括金矿砂及其精矿、银矿砂及其精矿等
A07040403	稀有稀土金属矿	包括钨矿、钼矿、氟碳铈镧矿等
A07040404	放射性金属矿	包括铀矿、钍矿等
A07040499	其他有色金属矿	包括锂矿、铍矿、铯矿等
A07040500	非金属矿	
A07040501	石灰石、石膏类	
A07040502	建筑用天然石料	包括天然大理石荒料、天然花岗石荒料、板岩等
A07040503	耐火土石类	包括耐火黏土、耐火黏土熟料、铁铝矾土等

（续表）

编码	品目名称	说明
A07040504	黏土、砂石	包括黏土、硅质土、砂石等
A07040505	化学矿	包括硫铁矿石、磷矿石、钾矿等
A07040506	原盐	包括海盐、湖盐、井矿盐等
A07040507	石棉	包括温石棉等
A07040508	云母	包括片云母、碎云母等
A07040509	天然石墨	包括晶质石墨、隐晶质石墨等
A07040510	滑石	包括原状滑石、滑石粉等
A07040511	宝石、玉矿石	包括天然宝石类矿、天然玉石类矿、彩石类矿等
A07040599	其他非金属矿	包括天然沥青类、磨料矿等
A07049900	其他矿与矿物	
A07050000	电力、城市燃气、蒸汽和热水、水	
A07050100	电能	
A07050101	水力发电电能	
A07050102	火力发电电能	
A07050103	核能发电电能	
A07050104	风力发电电能	
A07050105	地热发电电能	
A07050106	太阳能发电电能	
A07050107	生物能发电电能	
A07050108	潮汐发电电能	
A07050199	其他电能	
A07050200	煤气、水煤气、发生炉煤气和类似的可燃气	
A07050201	煤气	
A07050202	水煤气	
A07050203	发生炉煤气	
A07050204	焦炉煤气	
A07050299	其他煤气、水煤气、发生炉煤气和类似的可燃气	
A07050300	蒸汽和热水	
A07050301	蒸汽	
A07050302	热水	
A07050400	自然水	
A07050401	地下水	

（续表）

编码	品目名称	说明
A07050402	地表水	
A07050499	其他自然水	
A07050500	处理过水	
A07050501	生活饮用水	
A07050502	商业饮用水	
A07050503	工业专用水	
A07050504	中水	
A07050599	其他处理过水	
A07059900	其他电力、城市燃气、蒸汽和热水、水	
A07060000	食品、饮料和烟草原料	
A07060100	农副食品，动、植物油制品	
A07060101	谷物细粉	包括小麦粉、小麦专用粉、大米细粉等
A07060102	碾磨谷物及谷物加工品	包括碾磨、脱壳其他谷物、粗磨谷物等
A07060103	薯、豆、相关植物加工品	包括薯类及类似植物加工品，干豆粉，水果、坚果粉等
A07060104	饲料	包括配合饲料、浓缩饲料、预混合饲料等
A07060105	植物油及其制品	包括食用植物油、非食用植物油、植物油分离制品等
A07060106	糖及副产品	包括原糖、成品糖、加工糖等
A07060107	畜禽肉	包括鲜、冷藏肉、冻肉等
A07060108	油脂及食品杂碎	包括动物肠衣、可食用动物杂碎、动物油脂及加工制品等
A07060109	熟肉制品	包括蒸煮香肠制品、熏肉制品、酱卤烧烤肉制品等
A07060110	水产品加工	包括冷冻水产品、干制水产品、腌渍水产品等
A07060111	蔬菜加工品	包括冷冻蔬菜、暂时保藏蔬菜（原料）、干制蔬菜（脱水蔬菜）等
A07060112	水果、坚果加工品	包括冷冻水果及坚果，水果酱，坚果酱，果泥等
A07060113	淀粉及淀粉制品	包括淀粉、菊粉、淀粉制品等
A07060114	豆腐及豆制品	包括水豆腐、豆制品、豆浆及豆浆粉等
A07060115	蛋制品	包括干蛋品、冰蛋品、再制蛋等
A07060199	其他农副食品，动、植物油制品	
A07060200	食品及加工盐	
A07060201	焙烤食品	包括糕点、面包、饼干等
A07060202	糖果、巧克力及类似食品	包括糖果、巧克力、巧克力制品等

（续表）

编码	品目名称	说明
A07060203	方便食品	包括米、面制半成品，速冻食品，即食方便食品等
A07060204	乳制品	包括液体乳、固体及半固体乳制品等
A07060205	罐头	包括畜肉类罐头、蔬菜类罐头、水果类罐头等
A07060206	调味品	包括味精（谷氨酸钠）、酱油及酱类制品、醋及醋代用品等
A07060207	发酵类制品	包括酵母、食品用氨基酸、柠檬酸及其盐和酸酯等
A07060208	营养、保健食品	包括婴幼儿用均化食品、营养配餐食品、蜂蜜营养制品等
A07060209	冷冻饮品	包括冰淇淋、雪糕类、冰棍等
A07060210	加工盐	包括食用盐、非食用盐等
A07060211	食品添加剂	包括食品增稠剂、蛋白质添加剂、食品甜味添加剂等
A07060212	食品用类似原料	包括食品用原料粉、饮料用原料、植物液汁及浸膏等
A07060299	其他食品及加工盐	
A07060300	饮料、酒精及精制茶	
A07060301	酒精	包括发酵酒精、改性乙醇等
A07060302	饮料	包括碳酸饮料（汽水）、果汁和蔬菜汁类、蛋白饮料等
A07060303	精制茶及茶制品	包括精制茶、茶制品等
A07060304	酒精专用原辅料	
A07060305	饮料专用原辅料	
A07060399	其他饮料、酒精及精制茶	
A07060400	烟草原料	
A07060401	复烤烟叶	
A07060402	烟丝	
A07060499	其他烟草原料	
A07069900	其他食品、饮料和烟草原料	
A07070000	炼焦产品、炼油产品	
A07070100	石油制品	
A07070101	汽油	包括航空汽油、车用汽油等
A07070102	煤油	包括航空煤油、灯用煤油等
A07070103	柴油	包括轻柴油、重柴油等
A07070104	润滑油	包括全损耗系统用油、脱模油、齿轮用油等

（续表）

编码	品目名称	说明
A07070105	燃料油	包括船用燃料油、工业用燃料油等
A07070106	石脑油	包括轻石脑油、重石脑油等
A07070107	溶剂油	包括橡胶溶剂油、油漆溶剂油、抽提溶剂油等
A07070108	润滑脂	包括钙基润滑脂、钠基润滑脂、钙钠基润滑脂等
A07070109	润滑油基础油	
A07070110	液体石蜡	
A07070111	石油气、相关烃类	包括液化石油气等
A07070112	矿物蜡及合成法制类似产品	包括凡士林、石蜡等
A07070113	油类残渣	包括石油焦（油渣类）、石油沥青等
A07070199	其他石油制品	
A07070200	人造原油	
A07070201	页岩原油	
A07070202	煤炼油	
A07070203	生物能源	包括生物燃油、生物丁醇、沼气等
A07070204	合成液体燃料	包括乙醇汽油、甲醇汽油等
A07070299	其他人造原油	
A07070300	焦炭及其副产品	
A07070301	焦炭	包括煤质焦炭、石油焦（焦炭类）、沥青焦等
A07070302	矿物焦油	包括煤焦油等
A07070399	其他焦炭及其副产品	
A07079900	其他炼焦产品、炼油产品	
A07080000	基础化学品及相关产品	
A07080100	化学原料及化学制品	
A07080101	无机基础化学原料	包括无机酸类、非金属无机氧化物、过氧化氢（双氧水）等
A07080102	有机化学原料	包括无环烃、环烃、无环烃饱和氯化衍生物等
A07080103	贵金属化合物，相关基础化学品	包括活性炭、硫磺、磷、非金属基础化学品、贵金属化合物等
A07080104	化学肥料	包括氨及氨水，农用氮、磷、钾化学肥料（折纯），氮肥（折含氮100%）等
A07080105	有机肥料及微生物肥料	包括有机肥料、微生物肥料、动物、植物肥料等
A07080106	化学农药	包括化学农药原药（折有效成分100%）、化学农药制剂等
A07080107	生物农药及微生物农药	包括生物农药制剂、微生物农药等

（续表）

编码	品目名称	说明
A07080108	涂料	包括水性涂料、非水性涂料、涂料辅助材料等；建筑涂料除外
A07080109	油墨及类似产品	包括印刷油墨、专用油墨、印刷用助剂和油等
A07080110	化学颜料	包括无机颜料、有机颜料、矿物颜料等
A07080111	染料类	包括染料、用作发光体有机、无机产品等
A07080112	密封用填料及类似品	包括非定型密封材料、定型密封材料、密封用粘胶品等
A07080113	合成材料	包括初级形态塑料、合成橡胶、合成纤维聚合物等
A07080114	化学试剂和助剂	包括化学试剂、催化剂、橡胶助剂等
A07080115	专项化学用品	包括油田用化学制剂、矿物油用配制添加剂、鞣料及鞣料制剂等
A07080116	林产化学产品	包括松节油类产品、松香类产品、栲胶等
A07080117	炸药、烟火及火工产品	包括发射药、炸药、火工产品等
A07080118	环境污染处理专用药剂材料	包括水处理剂、污水处理化学药剂、污水处理生物药剂等
A07080119	动物炭黑、动物胶及其衍生物	包括动物炭黑、动物胶、明胶衍生物等
A07080120	焊接用制品	包括金属材料制焊料、焊接辅助剂等
A07080121	工业清洗剂	包括工业清洗剂及其洗涤剂助剂和酶制剂、表面活性剂、油脂化工产品及其衍生物等
A07080122	香料	包括天然香料、生物技术香料、合成香料等
A07080123	香精	包括食品用香精、酒用香精、烟用香精等
A07080199	其他化学原料及化学制品	包括室内散香或除臭制品、光洁用品、擦洗膏、去污粉及类似制品等
A07080200	化学纤维	
A07080201	化学纤维用浆粕	包括化纤棉绒浆粕、化纤木浆粕等
A07080202	人造纤维（纤维素纤维）	包括人造纤维短纤维、人造纤维长丝等
A07080203	合成纤维	包括锦纶纤维、涤纶纤维、腈纶纤维等
A07080204	化学纤维加工丝	包括人造纤维长丝纱、锦纶加工丝、涤纶加工丝等
A07080299	其他化学纤维	
A07089900	其他基础化学品及相关产品	
A07090000	橡胶、塑料、玻璃和陶瓷制品	
A07090100	橡胶制品	
A07090101	橡胶轮胎和内胎	包括橡胶轮胎外胎、子午线轮胎外胎、橡胶内胎、防爆轮胎等
A07090102	橡胶带	包括橡胶输送带、橡胶传动带等

（续表）

编码	品目名称	说明
A07090103	橡胶管	包括纯胶管、金属合制橡胶管、纺织材料合制橡胶管等
A07090104	橡胶板、杆、型材	包括橡胶板（片、带）、橡胶杆、型材及异型材、橡胶线及绳等
A07090105	涂胶纺织物、带	包括涂胶纺织物、橡胶粘带等
A07090106	未硫化复合橡胶及其制品	包括未硫化复合橡胶、未硫化橡胶制品等
A07090107	橡胶零件、附件	包括橡胶密封件、橡胶零附件等
A07090108	再生橡胶	包括初级形状再生橡胶、再生胶粉等
A07090109	日用及医用橡胶制品	包括橡胶手套、橡胶制衣着用品及附件、日用橡胶制品等
A07090110	橡胶充气、减震制品	包括充气橡胶制品、橡胶减震制品等
A07090111	硬质橡胶及其制品	包括硬质橡胶、硬质橡胶制品等
A07090199	其他橡胶制品	
A07090200	塑料制品、半成品及辅料	
A07090201	塑料制品	包括塑料薄膜，塑料板、片，塑料管等
A07090202	塑料半成品、辅料	包括塑料粒料等
A07090299	其他塑料制品、半成品及辅料	
A07090300	玻璃及其制品	
A07090301	玻璃	包括平板玻璃、技术玻璃、特种玻璃等
A07090302	玻璃制光学元件	包括光学元件毛坯、眼镜用光学玻璃坯件、光学仪器用玻璃等
A07090303	玻璃仪器及实验、医疗用玻璃器皿	包括玻璃计、量器、石英玻璃制仪器和器皿，耐热玻璃制仪器和器皿等
A07090304	日用玻璃制品	包括餐饮用玻璃器皿、盥洗用玻璃器具、玻璃珠类似小件玻璃品等
A07090305	玻璃保温容器及其玻璃胆	包括玻璃保温容器、玻璃保温瓶胆等
A07090306	玻璃纤维及其制品	包括玻璃纤维工业用玻璃球、玻璃纤维纱、玻璃纤维布等
A07090307	纤维增强塑料制品	包括建筑用纤维增强塑料制品，石化、酿造用纤维增强塑料制品，机械设备用纤维增强塑料制品等
A07090308	电气、电子设备用玻璃部件，相关工业品用玻璃部件	包括玻璃制绝缘子、未封口玻璃外壳、工业用玻璃制品等
A07090399	其他玻璃及其制品	
A07090400	陶瓷制品	
A07090401	技术陶瓷制品	包括结构陶瓷制品、功能陶瓷制品、生物陶瓷制品等
A07090402	日用陶瓷制品	包括日用陶瓷餐具、厨房用陶瓷器具、盥洗用陶瓷器具等

（续表）

编码	品目名称	说明
A07090403	运输及盛装货物用陶瓷容器	包括耐酸陶瓷容器、食品用陶瓷容器、药品或化妆品陶瓷容器等
A07090404	陶瓷制零件，相关陶瓷制品	包括陶瓷制加热器、陶瓷刀柄、散热器用陶瓷湿润器等
A07090499	其他陶瓷制品	
A07099900	其他橡胶、塑料、玻璃和陶瓷制品	
A07100000	纸及纸质品	
A07100100	纸浆	包括木浆、非木材纤维纸浆、废纸纸浆、化学溶解浆等
A07100200	纸及纸板	包括新闻纸、未涂布印刷书写纸、涂布印刷纸、包装用纸、箱纸板、白纸板、生活用纸、瓦楞原纸、特种纸及纸板等
A07100300	纸制品	包括纸和纸板制容器，纸浆模制品，纸制壁纸、窗纸、铺地制品及类似品，纸浆制滤块、滤板及滤片，纸或纸板制标签，纸制筒管、卷轴、纡子及类似品，神纸及类似用品，纸扇等
A08000000	无形资产	
A08010000	专利类无形资产	
A08010100	专利	
A08010101	发明专利	见《中华人民共和国专利法》
A08010102	实用新型专利	
A08010103	外观设计专利	
A08020000	非专利技术类无形资产	
A08020100	非专利技术	
A08020101	设计图纸	
A08020102	工艺流程	
A08020103	技术标准	
A08020104	计算公式	
A08020105	材料配方	
A08020106	实验方案	
A08020199	其他非专利技术	
A08030000	著作权类无形资产	
A08030100	著作权	
A08030101	文字作品	见《中华人民共和国著作权法》
A08030102	口述作品	
A08030103	音乐作品	
A08030104	戏剧作品	

（续表）

编码	品目名称	说明
A08030105	曲艺作品	
A08030106	舞蹈作品	
A08030107	杂技作品	
A08030108	美术作品	
A08030109	建筑作品	
A08030110	摄影作品	
A08030111	影视作品	
A08030112	图形作品	
A08030113	模型作品	
A08030114	计算机软件作品	
A08030199	其他作品著作	
A08040000	资源资质类无形资产	
A08040100	资源使用权	
A08040101	土地使用权	见《中华人民共和国土地管理法》
A08040102	海域使用权	见《中华人民共和国海域使用管理法》
A08040103	森林资源使用权	见《中华人民共和国森林法》，包括森林、林木和林地等
A08040104	草原使用权	见《中华人民共和国草原法》
A08040105	取水权	见《中华人民共和国水法》
A08040106	探矿权	见《中华人民共和国矿产资源法》
A08040107	采矿权	见《中华人民共和国矿产资源法》
A08040108	捕捞权	见《中华人民共和国渔业法》
A08040109	水域滩涂养殖权	见《水域滩涂养殖发证登记办法》
A08040199	其他资源使用权	
A08040200	特许经营权	
A08050000	商标权类无形资产	
A08050100	商标	
A08050101	文字商标	见《中华人民共和国商标法》
A08050102	图形商标	
A08050103	字母商标	
A08050104	数字商标	
A08050105	三维标志商标	
A08050106	声音商标	
A08050107	颜色组合商标	
A08050108	复合商标	

（续表）

编码	品目名称	说明
A08050199	其他商标	
A08060000	信息数据类无形资产	
A08060100	域名	
A08060101	通用顶级域名	
A08060102	国家和地区顶级域名	
A08060103	新通用顶级域名	
A08060199	其他域名	
A08060200	数据	
A08060201	结构化数据	
A08060202	半结构化数据	
A08060203	非结构化数据	
A08060300	计算机软件	
A08060301	基础软件	包括操作系统、数据库管理系统、中间件、办公套件等
A08060302	支撑软件	包括需求分析软件、建模软件、集成开发环境、测试软件、开发管理软件、逆向工程软件和再工程软件等
A08060303	应用软件	包括通用应用软件（管理软件、信息检索和翻译软件、多媒体软件、网络通讯软件、游戏动漫软件、数字出版软件、地理信息系统软件、科学和工程计算软件等）；行业应用软件（政务软件、金融行业软件、通信行业软件、交通运输行业软件、能源行业软件、医疗行业软件、教育行业软件等）
A08060399	其他计算机软件	
A08070000	经营类无形资产	
A08070100	商号	
A08070101	原始商号	
A08070102	派生商号	
A08070103	继获商号	
A08070199	其他商号	
A08070200	标志	
A08070201	商品标志	未注册为商标的标志归入此类
A08070202	服务标志	
A08070203	集体标志	
A08070204	证明标志	
A08070205	专用标志	
A08070299	其他标志	

（续表）

编码	品目名称	说明
B	工程	
B01000000	房屋施工	
B01010000	办公用房施工	
B01020000	业务用房施工	
B01020100	警察业务用房施工	
B01020200	检察业务用房施工	
B01020300	司法业务用房施工	
B01020400	法院业务用房施工	
B01020500	纪委监委业务用房施工	
B01020600	税务业务用房施工	
B01020700	审计业务用房施工	
B01020800	海关业务用房施工	
B01020900	水利业务用房施工	
B01021000	应急救援业务用房施工	
B01021100	教育用房施工	
B01021200	医疗卫生用房施工	
B01021300	科研用房施工	
B01021400	文化用房施工	
B01021500	新闻用房施工	
B01021600	娱乐用房施工	
B01021700	园林绿化用房施工	
B01021800	体育用房施工	
B01021900	工业生产用房施工	
B01022000	市政公用设施用房施工	
B01022100	铁路用房施工	
B01022200	民航用房施工	
B01022300	航运用房施工	
B01022400	城市客运用房施工	
B01022500	公路运输用房施工	
B01022600	仓储用房施工	
B01022700	发行库用房施工	
B01022800	商业金融用房施工	
B01022900	电讯信息用房施工	
B01023000	监狱用房施工	

（续表）

编码	品目名称	说明
B01023100	涉外用房施工	
B01029900	其他业务用房施工	
B01030000	宗教用房施工	
B01040000	军事用房施工	
B01050000	住宅施工	
B01060000	房屋附属设施施工	包括岗楼、围墙等的施工
B01990000	其他房屋施工	
B02000000	构筑物施工	指构筑物主体工程的施工
B02010000	铁路工程施工	
B02020000	公路工程施工	
B02030000	机场跑道工程施工	
B02040000	高速公路工程施工	
B02050000	城市道路工程施工	
B02060000	城市轨道交通工程施工	
B02070000	桥梁工程施工	
B02070100	铁路桥梁工程施工	
B02070200	公路桥梁工程施工	
B02070300	城市道路桥梁工程施工	
B02070400	城市轨道桥梁工程施工	
B02079900	其他桥梁工程施工	
B02080000	隧道工程施工	
B02080100	铁路隧道工程施工	
B02080200	公路隧道工程施工	
B02080300	城市轨道交通隧道工程施工	
B02089900	其他隧道工程施工	
B02090000	水利工程施工	
B02090100	水利枢纽工程施工	
B02090200	堤坝工程施工	
B02090300	城市防洪工程施工	
B02090400	疏浚工程施工	
B02090500	滞蓄洪区工程施工	
B02090600	橡胶坝拦河工程施工	
B02090700	山洪防御工程施工	

（续表）

编码	品目名称	说明
B02090800	水库工程施工	
B02090900	引水河渠工程施工	
B02091000	灌溉排水工程施工	
B02091100	雨水利用工程施工	
B02091200	再生水利用工程施工	
B02099900	其他水利工程施工	
B02100000	水运工程施工	
B02100100	港口工程施工	
B02100200	航道工程施工	
B02109900	其他水运工程施工	
B02110000	海洋工程施工	
B02110100	围海造地工程施工	
B02110200	防侵蚀工程施工	
B02110300	海堤工程施工	
B02110400	护岸护滩工程施工	
B02110500	海洋景观工程施工	
B02110600	滨海污水海洋处理工程施工	
B02110700	海洋平台工程施工	
B02110800	人工岛屿工程施工	
B02110900	人工鱼礁工程施工	
B02119900	其他海洋工程施工	
B02120000	矿山、工农林牧渔业工程施工	
B02120100	矿山施工	
B02120200	工厂工程施工	
B02120201	火电设备工程施工	
B02120202	核工程施工	
B02120203	炉窑工程施工	
B02120204	冶炼机电设备工程施工	
B02120205	石油化工设备工程施工	
B02120206	海洋石油工程施工	
B02120207	无损检测工程施工	
B02120208	防腐保温工程施工	
B02120299	其他工矿工程施工	

（续表）

编码	品目名称	说明
B02129900	其他农林牧渔业工程施工	
B02130000	公共设施施工	
B02130100	市政公用设施施工	不含市政公用设施用房施工
B02130101	市内燃气管道铺设	
B02130102	市内供暖（冷）管道铺设	
B02130103	市内供水管道铺设	
B02130104	市内电缆工程铺设	
B02130105	市内通信线路铺设	
B02130199	其他市政公用设施施工	
B02130200	长距离管道铺设	
B02130201	长距离输油管道铺设	
B02130202	长距离输气管道铺设	
B02130203	长距离输水管道铺设	
B02130299	其他长距离管道铺设	
B02130300	长距离通信和电力线路（电缆）铺设	
B02130301	长距离通信线路铺设	
B02130302	长距离电力线路（电缆）铺设	
B02130400	室外体育和娱乐设施工程施工	
B02130500	园林绿化工程施工	不含园林绿化用房施工
B02139900	其他公共设施施工	
B02140000	环保工程施工	
B02140100	污水处理工程施工	
B02140200	固定废物处理工程施工	
B02140300	土地绿化工程施工	
B02140400	防沙治沙工程施工	
B02140500	江河湖泊治理工程施工	
B02140600	湿地保护工程施工	
B02140700	天然林保护工程施工	
B02149900	其他环保工程施工	
B02150000	高耸构筑物施工	指烟囱、水塔、电视塔等构筑物施工
B02990000	其他构筑物工程施工	
B03000000	施工工程准备	

（续表）

编码	品目名称	说明
B03010000	工地平整和清理	
B03020000	土石方工程	包括挖土、土石方运输、土方回填、石方建筑、其他土石工程
B03030000	拆除工程	包括房屋拆除、厂房和设备拆除、桥梁和轨道拆除、其他拆除工程
B03040000	工程排水施工	
B03990000	其他工程准备	
B04000000	预制构件组装和装配	
B04010000	房屋预制构件组装和装配	
B04020000	铁路预制构件组装和装配	
B04030000	隧道预制构件组装和装配	
B04040000	桥梁预制构件组装和装配	
B04050000	水利、港口预制构件组装和装配	
B04060000	工矿预制构件组装和装配	
B04070000	架线、管道预制构件组装和装配	
B04990000	其他预制构件组装和装配	
B05000000	专业施工	
B05010000	地基和基础工程	
B05020000	建筑物构架工程	包括房屋构架工程、铁路构架工程、隧道构架工程、桥梁构架工程、水利和港口构架工程、工矿构架工程、其他建筑构架工程
B05030000	屋顶构架工程	
B05040000	防水工程	包括建筑物外和其他地下构筑物防水工程、防潮工程，不包括隔绝工程
B05050000	防腐保温工程	为防外墙遭蚀，提供防风隔热、防腐材料的工程；热、冷水管、锅炉和管道热绝缘工程
B05060000	混凝土工程	包括： ——钢筋混凝土构架装配工程； ——混凝土穹顶和薄壳结构建筑工程； ——钢筋弯曲和焊接的专门行业建筑工程； ——模板混凝土浇筑服务和其他普通混凝土浇灌工程； ——有关模板建造和钢筋增强的建筑工程
B05070000	钢结构工程	包括： ——钢质框架的专门行业建筑工程； ——建筑物预制（非自制）结构钢质构件装配工程； ——其他构筑物预制（非自制）结构钢构件装配工程； ——构筑物联接焊接工程； ——其他钢结构工程

（续表）

编码	品目名称	说明
B05080000	砖石工程	包括砌砖、砌块、块石砌筑及其他砖石工程不包括混凝土工程、内部装修装饰工程
B05090000	脚手架工程	包括脚手架和工作平台搭建及拆除工程
B05100000	消防工程和安防工程	
B05110000	建筑幕墙工程	
B05990000	其他专业施工	包括： ——高炉耐火材料衬砌等工程； ——装饰壁炉建筑工程； ——其他专业施工工程，如建筑物迁移、清除石棉工程
B06000000	安装工程	
B06010000	电子工程安装	
B06010100	雷达、导航和测控系统工程安装	
B06010200	监控系统工程安装	
B06010300	电子自动化工程安装	
B06010400	电子设备工程安装	
B06019900	其他电子工程安装	
B06020000	智能化安装工程	
B06020100	楼宇设备自控系统工程	
B06020200	保安监控和防盗报警系统工程	
B06020300	智能卡系统工程	
B06020400	通信系统工程	
B06020500	卫星和共用电视系统工程	
B06020600	计算机网络系统工程	
B06020700	广播系统工程	
B06020800	火灾报警系统工程	
B06029900	其他智能化安装工程	
B06030000	电力系统安装	
B06030100	建筑物照明设备安装	
B06030200	火车站电力系统安装	
B06030300	机场电力系统安装	
B06030400	港口电力系统安装	
B06030500	工矿企业电力系统安装	
B06039900	其他电力系统安装	
B06040000	供水管道工程和下水道铺设	包括供水管道铺设、排水道铺设

（续表）

编码	品目名称	说明
B06050000	供暖设备安装	包括： ——有关非电供暖设备的安装服务； ——中央供暖控制系统安装和保养服务； ——地区供暖系统的连接服务； ——建筑物内部锅炉和燃烧器的保养和维修服务； ——住宅街区和地区供暖的锅炉和供暖系统的保养和维修服务
B06060000	通风和空调设备安装	包括住宅、计算机中心、办公室和商店用通风、制冷或空调设备的建筑服务，不包括空调和制冷设备的维修和保养服务
B06070000	燃气设备安装	包括各种流体（例如医院里的氧气）供应的设备和其他气动式设备的安装服务，不包括环流供暖装置工程服务、通风和空调设备工程服务
B06080000	大型设备安装	
B06080100	机电设备安装	
B06080200	起重设备安装	
B06080300	电梯安装	
B06089900	其他大型设备安装	
B06990000	其他安装	
B07000000	装修工程	包括木工装修、砌筑装修、瓷砖装修、玻璃装配、抹灰装修、石制装修、门窗安装、涂料装修、其他装修
B08000000	修缮工程	主要指对已建成的建筑物进行拆改、翻修和维护，包括抗震加固，节能改造，下水管道改造，防水，木门窗、钢门窗及木修理等
B08010000	房屋修缮	
B08020000	工业建筑修缮	
B08030000	文物保护建筑修缮	
B08990000	其他建筑物、构筑物修缮	
B09000000	工程设备租赁（带操作员）	包括塔吊设备租赁、混凝土设备租赁、其他工程设备租赁，不包括不配备操作员的建筑机械和设备出租或租赁服务
B99000000	其他建筑工程	
C	服务	
C01000000	科学研究和试验开发	指为揭示客观事物的本质和运动规律而进行的理论研究、政策研究和试验开发服务
C01010000	社会科学研究和试验开发	

（续表）

编码	品目名称	说明
C01010100	社会学的研究和试验开发服务	包括： ——社会组织研究服务； ——社会结构研究服务； ——社会功能研究服务； ——社会变迁研究服务； ——其他社会学研究服务
C01010200	心理学的研究和试验开发服务	包括： ——动物心理学研究服务； ——人类心理学研究服务； ——其他心理学研究服务
C01010300	经济学的研究和试验开发服务	包括： ——宏观经济学研究服务； ——中观经济学研究服务； ——微观经济学研究服务； ——其他经济学研究服务
C01010400	法学的研究和试验开发服务	包括： ——民商法研究服务； ——刑法研究服务； ——经济法研究服务； ——诉讼法研究服务； ——其他法律研究服务
C01010500	管理学的研究和试验开发服务	包括： ——管理规律研究服务； ——管理方法探讨服务； ——管理模式建构服务； ——其他管理学研究服务
C01010600	语言学和语言的研究和试验开发服务	包括： ——语言结构研究服务； ——历史语言学研究服务； ——民族语言学研究服务； ——其他语言学和语言研究服务
C01019900	其他社会科学和试验开发服务	包括哲学、宗教学、军事学、民族学等研究服务
C01020000	自然科学研究和试验开发	
C01020100	数学的研究和试验开发服务	包括： ——基础数学研究服务； ——应用数学研究服务； ——其他数学研究服务
C01020200	物理学的研究和试验开发服务	包括： ——力学研究服务； ——热学研究服务； ——声学研究服务； ——光学研究服务； ——电磁学研究服务； ——凝聚态物理学研究服务； ——固体物理学研究服务； ——等离子体物理学研究服务； ——分子物理学研究服务； ——原子物理学研究服务； ——原子核物理学研究服务； ——粒子物理学研究服务； ——其他物理学研究服务

（续表）

编码	品目名称	说明
C01020300	化学的研究和试验开发服务	包括： ——物理化学研究服务； ——分析化学研究服务； ——有机化学研究服务； ——无机化学研究服务； ——其他化学研究服务
C01029900	其他自然科学研究和试验开发服务	包括天文、生物学、地球科学等研究服务
C01030000	工程学的研究和试验开发	
C01030100	工程和技术基础科学研究服务	包括： ——工程数学研究服务； ——工程控制论研究服务； ——工程力学研究服务； ——工程物理学研究服务； ——工程地质学研究服务； ——工程水文学研究服务； ——工程仿生学研究服务； ——工程心理学研究服务； ——其他工程和技术基础科学研究服
C01030200	测绘科学技术研究服务	包括大地测量学与测量工程研究服务、摄影测量与遥感研究服务、地图制图学与地理信息工程研究服务等
C01030300	材料科学研究服务	指从电子到巨型物体各个尺寸层次上材料行为的科学研究服务
C01030400	冶金工程技术研究服务	指从矿石等资源中提取金属及其化合物、并制成具有良好加工和使用性能材料的工程技术研究服务，包括： ——冶金物理化学研究服务； ——钢铁和有色金属冶金工程技术研究服务； ——其他冶金工程技术研究服务
C01030500	机械工程研究服务	包括： ——机械制造及其自动化研究服务； ——机械电子工程研究服务； ——机械设计及理论研究服务； ——车辆工程研究服务； ——仿生技术研究服务； ——其他机械工程研究服务
C01030600	化学工程研究服务	包括化学工程基础研究服务、化工测量技术与仪器仪表研究服务、化工传递过程研究服务、分离工程研究服务、化学反应工程研究服务、系统工程研究服务、化工机械与设备研究服务、无机化学工程研究服务、有机化学工程研究服务、电化学工程研究服务、高聚物工程研究服务、煤化学工程研究服务、石油化学工程研究服务、精细化学工程研究服务、造纸技术研究服务、毛皮与制革工程研究服务、制药工程研究服务、生物化学工程研究服务、化学工程其他研究服务
C01030700	纺织科学技术研究服务	包括化学纤维、天然纤维改性、棉纺织、毛纺织、麻纺织、丝绸、针织、非织造布等科学技术研究服务

（续表）

编码	品目名称	说明
C01030800	食品科学技术研究服务	包括食品化学、食品工程、食品微生物学等技术研究服务
C01030900	矿山工程技术研究服务	包括矿山地质学、矿山综合利用工程、矿山安全、矿山测量、采矿环境工程、矿山电气工程、矿山设计、选矿工程、矿山地面工程、油气田井开发工程、钻井工程、井巷工程、采矿工程等技术研究服务
C01031000	动力与电力工程研究服务	包括工程热物理、热工学、动力机械工程、电气工程等研究服务
C01031100	能源科学技术研究服务	包括矿物质能源、核物理能源、大气环流能源、地理性能源科学技术研究服务
C01031200	核科学技术研究服务	包括核能科学与工程、核燃料循环、核技术及应用、辐射防护等科学技术研究服务
C01031300	电子、通信与自动控制技术研究服务	包括电子技术，光电子学与激光技术，半导体技术，信息处理技术，通信技术，广播与电视工程技术，雷达工程，自动控制技术，电子、通信与自动控制其他技术等研究服务
C01031400	计算机科学技术研究服务	包括计算机硬件、软件科学技术研究服务
C01031500	航空、航天科学技术研究服务	包括空气动力学、大气层飞行动力学、航天动力学、飞行器结构力学、推进原理、自动控制理论、航空电子学、空间电子学等技术研究服务
C01031600	土木建筑工程研究服务	包括房屋工程研究服务、地下工程研究服务等
C01031700	水利工程研究服务	包括： ——水利枢纽工程研究服务； ——堤坝工程研究服务； ——城市防洪工程研究服务； ——疏浚工程研究服务； ——滞蓄洪区工程研究服务； ——橡胶坝拦河工程研究服务； ——山洪防御工程研究服务； ——水库工程研究服务； ——引水河渠工程研究服务； ——灌溉排水工程研究服务； ——雨水利用工程研究服务； ——再生水利用工程研究服务； ——水闸工程研究服务； ——其他水利工程研究服务

（续表）

编码	品目名称	说明
C01031800	交通运输工程研究服务	包括： ——道路工程研究和试验开发； ——桥梁工程研究和试验开发； ——隧道工程研究和试验开发； ——交通工程研究和实验开发（包括机电工程、安全设施）； ——道路运输研究和试验开发； ——港口工程研究和试验开发； ——内河枢纽与航道工程研究和实验开发； ——水上运输与安全研究和试验开发； ——环境保护研究和试验开发（包括公路环境保护和水运环境保护）； ——交通运输信息化研究和试验开发； ——交通运输规划与管理研究和试验开发； ——载运工具研究和试验开发（包括车辆工程和船舶工程）； ——工程机械研究和试验开发； ——综合交通运输研究和试验开发； ——物流工程研究和实验开发； ——其他交通运输工程研究服务
C01031900	环境科学技术研究服务	包括水环境、大气环境、土壤环境等技术研究服务
C01032000	安全科学技术研究服务	指人类生产、生活、生存过程中，避免和控制人为技术、自然因素或人为－自然因素所带来的危险、危害、意外事故和灾害的科学技术研究服务
C01039900	其他工程和技术的研究与试验开发服务	
C01040000	农业科学研究和试验开发服务	
C01040100	农学研究服务	包括作物生长发育规律及其与外界环境条件的关系、病虫害防治、土壤与营养、种植制度、遗传育种等方面的研究服务
C01040200	林学研究服务	指森林的形成、发展、管理以及资源再生和保护利用的理论与技术等方面的科学研究服务
C01040300	畜牧、兽医研究服务	指动物遗传资源与育种、动物生物技术与繁殖、动物营养与饲料、草业科学和动物医学等方面的研究服务，不包括水产动物
C01040400	水产学研究服务	又称渔业学研究服务，包括水产动植物种质资源、遗传改良、海淡水养殖增殖、病害防治、保鲜、环境生态等理论与技术研究服务
C01049900	其他农业科学研究与试验发展服务	
C01050000	医学研究和试验开发服务	
C01050100	基础医学研究服务	指关于人的生命和疾病现象的本质及其规律的研究服务
C01050200	临床医学研究服务	指关于疾病的诊断、治疗和预防的各专业学科的研究服务

（续表）

编码	品目名称	说明
C01050300	预防医学与卫生学研究服务	预防医学研究服务指社会人群中疾病和健康现象的发生和发展规律，改善劳动和生活卫生条件、延长人类寿命的科学和技术研究服务；卫生学研究服务指人类生活和劳动所处的内外环境对健康的影响、改善卫生条件、增进健康的研究服务
C01050400	军事医学与特种医学研究服务	军事医学研究服务包括野战外科学、军队流行病学、军事环境医学、军队卫生学、军事人机工效学、核武器医学防护学、化学武器医学防护学、生物武器医学防护学、激光与微波医学防护学、军事医学其他科学研究服务；特种医学研究服务包括航空航天医学、潜水医学、航海医学、法医学、特种医学其他研究服务
C01050500	药学研究服务	指有关药（中药除外）来源、采制、性能、功效、临床应用等方面的研究服务
C01050600	中医学与中药学研究服务	中医学研究服务指关于人体生理、病理以及疾病的诊断和防治等研究服务；中药学研究服务指中药来源、采制、性能、功效、临床应用等研究服务
C01059900	其他医学研究与试验发展服务	
C01990000	其他研究和试验开发服务	
C02000000	教育服务	
C02010000	学前教育服务	指对3-6岁学龄前幼儿开展的保育和教育服务，包括： ——幼儿园教育服务； ——学前班教育服务； ——农村小学附属幼儿园（班）教育服务； ——幼儿活动站、游戏小组、巡回辅导站等教育服务； ——其他学前教育服务
C02020000	初等教育服务	包括： ——普通小学教育服务； ——成人初等教育服务：职工初等教育服务、农民初等教育服务、成人扫盲班教育服务； ——其他初等教育服务
C02030000	中等教育服务	
C02030100	初中教育服务	包括： ——初级中学教育服务； ——其他初中教育服务
C02030200	高中教育服务	包括： ——高级中学教育服务； ——其他高中教育服务
C02030300	中等专业教育服务	包括中等师范学校、工业学校、农业学校、林业学校、医药学校、财经学校、政法学校、体育学校、艺术学校、其他中等专业学校的教育服务
C02030400	职业中学教育服务	指实施中等职业技术教育的服务，包括职业初中、职业高中的教育服务

（续表）

编码	品目名称	说明
C02030500	技工学校教育服务	指实施技术技能教育的服务
C02039900	其他中等教育服务	包括为成人提供的各种中等教育服务及其他中等教育服务
C02040000	高等教育服务	包括高等职业教育服务、普通本科教育服务、研究生教育服务
C02050000	成人教育服务	指为成人提供的各种高等继续教育服务，包括学历继续教育和非学历教育服务
C02060000	培训服务	包括外语、计算机及网络、汽车驾驶、飞行驾驶、农业使用技术、武术、缝纫、烹调、美容美发、艺术、职业技能培训及机关工作人员技术业务培训服务等
C02070000	特殊教育服务	指为残障儿童、少年等特殊人群提供的教育服务
C02080000	考试服务	包括考场安排、考务组织、结果统计分析等服务
C02090000	教育课程研究与开发服务	包括学前教育、初等教育、中等教育、高等教育及成人教育及社区教育学校课程与校外辅助课程研究、设计与开发服务
C02100000	学生活动组织实施服务	包括学前教育、初等教育、中等教育、高等教育及成人教育校园文化、体育、技能等竞赛、交流活动的组织实施服务，校外活动组织实施服务
C02110000	教学成果推广应用服务	包括学前教育、初等教育、中等教育、高等教育、成人教育及社区教育教学研究成果推广应用服务
C02120000	社区教育服务	包括为社区提供的助力提高生活质量、培养生活技能、促进生命健康等相关内容的教育服务
C02990000	其他教育服务	包括： ——党校、行政学院教育服务； ——宗教组织办的神学院、佛学院等教会学校教育服务； ——中小学课外辅导班（语文班、数学班、物理班、化学班、外语班、美术班、舞蹈班、书法班、音乐班等）的教育服务； ——义务教育课后服务； ——国防教育服务； ——其他教育服务
C03000000	就业服务	
C03010000	就业信息咨询服务	指就业信息收集、咨询提供等服务
C03020000	就业指导服务	指职业介绍、推荐等服务
C03030000	创业指导服务	指创业机会介绍、推荐等服务
C03040000	人才服务	指人才管理、推荐等服务
C03990000	其他就业服务	包括就业和失业登记、流动人员档案管理、就业调查服务等
C04000000	医疗卫生服务	

(续表)

编码	品目名称	说明
C04010000	医院服务	
C04010100	综合医院服务	指各类综合医院的诊断、治疗等服务
C04010200	中医医院服务	指各类中医医院的诊断、治疗等服务
C04010300	中西医结合医院服务	指各类中西医结合医院的诊断、治疗等服务
C04010400	专科医院服务	包括： ——口腔医院服务； ——眼科医院服务； ——骨科医院服务； ——儿科医院服务； ——妇产科医院服务； ——传染病医院服务； ——美容医院服务； ——其他专科医院服务
C04010500	民族医院服务	指藏医院、苗医院、蒙医院等民族医院的诊断、治疗等服务
C04010600	疗养院服务	指疗养院以疗养、康复为主，治疗为辅的医疗服务，包括： ——老年人疗养院服务； ——残疾军人、复员军人、消防员等疗养院服务
C04019900	其他医院服务	指其他类型医院的诊断、治疗等服务
C04020000	卫生院和社区医疗服务	指城镇街道、社区医院和乡（镇）医疗卫生机构的服务，包括社区卫生服务中心、社区卫生服务站、街道卫生院、乡镇卫生院服务
C04030000	门诊服务	指门诊部、诊所、医务室、卫生站、村卫生室、护理院等卫生机构的服务，包括各类门诊部、各类诊所、卫生所、医务室、护理站、其他门诊医疗服务
C04040000	生育技术服务	指向育龄公民提供生育调节及其他有关的生殖保健服务，包括： ——生育咨询服务； ——生育临床服务； ——生殖保健服务； ——其他生育服务
C04050000	专科疾病防控服务	指对各种专科疾病进行预防及群众预防的服务
C04050100	传染病防控服务	包括： ——结核病防控服务； ——艾滋病防控服务； ——其他传染病防控服务
C04050200	职业病防控服务	指在职业活动中因接触粉尘、放射性物质和其他有毒、有害物质等因素而引起疾病的防控服务，包括： ——尘肺病防控服务； ——职业性皮肤病防控服务； ——职业性眼病防控服务； ——职业性耳鼻喉口腔疾病防控服务； ——职业性化学中毒防控服务； ——职业性放射性疾病防控服务； ——其他职业病防控服务：

（续表）

编码	品目名称	说明
C04050300	地方病防控服务	指具有地区性发病特点的疾病防控服务，包括： ——化学性地方病防控服务； ——生物性地方病防控服务； ——其他地方病防控服务
C04059900	其他专科疾病防控服务	包括精神病、麻风病、寄生虫病、血吸虫病等其他专科疾病防治服务
C04060000	妇幼保健服务	指专门针对妇女和儿童健康提供的服务
C04070000	健康检查服务	
C04070100	体检服务	指对健康状况进行检查、提供健康咨询的综合性服务
C04079900	其他健康检查服务	其他专项健康检查服务
C04080000	康复服务	包括慢性病康复服务、残疾人康复服务、职业病康复服务等
C04090000	预防接种服务	指疫苗接种服务
C04100000	戒毒服务	指帮助吸毒人员戒除吸食、注射毒品以及康复等服务
C04110000	公共卫生事件防控服务	指重大公共卫生事件的应急、预防和控制服务
C04990000	其他医疗卫生服务	包括居民健康档案管理、特殊群体卫生健康服务等
C05000000	社会服务	
C05010000	社会保障服务	
C05010100	托育服务	指在特定场所集中照护婴幼儿的服务
C05010200	儿童福利服务	指为孤儿、事实无人抚养儿童、农村留守儿童、困境儿童等特殊儿童群体提供的养育、治疗、康复、护理、特殊教育、心理关爱以及与其相关的评估服务等
C05010300	未成年人关爱保护服务	指为有需求的未成年人提供心理疏导、监护支持、社会调查、教育矫治、法律援助等专业服务
C05010400	养老服务	包括居家养老服务、社区养老服务、机构养老服务、集中供养服务、家庭适老化改造、老年人能力综合评估、探访服务、家庭养老支持服务、养老服务人才培养、养老评估服务、第三方专业机构支持服务等
C05010500	社会救助服务	包括为特困人员和最低生活保障、低保边缘家庭成员等社会救助对象提供必要的访视照料、送医陪护、心理疏导、能力提升服务等
C05010600	扶贫济困服务	包括贫困地区救助、扶贫开发与对口支援服务等
C05010700	优抚安置服务	包括军休干部文体活动保障、自主就业退役士兵就业创业服务等
C05010800	残疾人服务	包括精神障碍患者救治救助、精神障碍社区康复、公益性康复辅助器具配置和社区租赁、困难重度残疾人集中或社会化照护服务等

（续表）

编码	品目名称	说明
C05010900	流浪乞讨人员救助管理服务	包括流浪乞讨人员街面救助，站内照料，康复治疗，教育矫治，救助寻亲，临时安置，源头治理服务等
C05011000	法律援助服务	包括未成年人法律援助服务、弱势群体法律援助服务等
C05019900	其他社会保障服务	
C05020000	社会治理服务	
C05020100	社区治理服务	包括城乡社区文化、体育、教育、科普、心理咨询、卫生健康、特殊困难群体关爱等服务
C05020200	社会组织建设与管理服务	包括社会组织登记管理、评估、培训、人才队伍建设、信息统计、社会调查、档案整理、学术研究等服务
C05020300	社会工作服务	指运用社会工作专业方法为有需要的人群提供的服务，包括困难救助、矛盾调处、人文关怀、心理疏导、行为矫治、关系调适、资源协调、危机干预、能力建设、社会融入、社会功能修复和促进个人与环境适应等在内的专业服务；开展社区建设、基层治理等服务
C05020400	人民调解服务	指人民调解、化解社会矛盾相关服务
C05020500	志愿服务活动管理服务	包括志愿服务项目管理、志愿者培训、志愿服务活动的实施与管理服务等
C05020600	慈善事业管理服务	包括慈善组织、募捐信息平台建设与管理相关服务等
C05029900	其他社会治理服务	
C05030000	灾害防治和应急管理服务	
C05030100	防灾减灾预警预报服务	指防灾减灾预警、预报相关服务
C05030200	防灾救灾物资储备供应服务	指食物、防护用具等防灾救灾物资的储备、供应和管理服务
C05030300	灾害救援救助服务	指受灾人员救助、援助等服务
C05030400	灾后管理服务	指灾后疾病预防、防疫、心理疏导等服务
C05030500	应急救治服务	指应急救治相关服务
C05039900	其他灾害防治和应急管理服务	指应急指挥管理等其他服务
C05040000	安全服务	
C05040100	公共安全服务	包括公共安全隐患排查治理、公共安全情况监测、安全生产事故调查、安全生产突发事件、事故应急救援等相关服务
C05040200	食品药品安全服务	指食品药品安全相关服务
C05040300	保安服务	指由安保人员提供的门卫、巡逻等一般性安全服务
C05040400	特种保安服务	指现钞押运，金库守护，贵重物品保安，易爆、易燃、易腐等危险品保护及其他特种保安的服务

（续表）

编码	品目名称	说明
C05040500	道路交通协管服务	指交通秩序、车辆停放协管服务
C05040600	社会治安协管服务	指协管员维持治安秩序的服务
C05049900	其他安全保护服务	指专业开锁服务、私人调查服务、监视器管理服务、其他安全保护服务
C05990000	其他社会服务	
C06000000	文化、体育、娱乐服务	
C06010000	新闻服务	包括： ——新闻采访服务：文字、图片、录音、影像及其他类型新闻的采访服务； ——新闻编辑服务：文字、图片、录音、影视、网络及其他类型新闻的编辑服务； ——新闻发布服务； ——其他新闻服务
C06020000	广播、电视、电影和音像服务	
C06020100	广播服务	指广播节目的制作和播放等服务包括广播节目的制作、编排、播音、播放、点播、交换等服务，包括： ——广播节目制作服务：新闻类、音乐类、文艺类、经济类、体育类、教育类、交通类、儿童类、生活类、少数民族语言、广播剧及其他类广播节目的制作服务； ——广播节目播出服务：国内广播节目、国外广播节目、付费广播节目和互联网广播节目等的播出服务； ——广播节目进出口交易服务； ——广播节目发行服务； ——广播电台其他辅助服务； ——其他广播服务
C06020200	电视服务	指电视节目的制作和播放等服务包括： ——电视节目制作服务：公共电视节目、电视剧和付费电视节目等的制作服务； ——电视节目播出服务：国内电视节目、国外电视节目、付费电视节目、互联网电视节目和移动电视节目等的播出服务； ——电视节目进出口交易服务； ——电视节目发行服务； ——电视台各种辅助服务； ——其他电视服务
C06020300	电影服务	指电影片的制作、发行和放映服务，包括： ——电影制作与发行服务，包括电影制作服务、电影发行服务、电影进出口交易服务； ——电影放映，包括电影院线放映服务、普通影院放映服务、露天影院放映服务、网络电影播出服务、录像放映服务、其他放映服务
C06020400	音像制作服务	指从事录音、摄像、录像等制作服务，包括： ——影像节目的制作； ——声音节目的制作； ——专门为歌唱演员、演奏家及其他演员提供录音合成的服务； ——其他音像制作

（续表）

编码	品目名称	说明
C06020500	广播电视传输服务	包括： ——有线广播电视传输服务：有线广播电视信号及数据广播信号传送、入户服务；有线广播电视网的设计、建设、安装、调试、测试服务，为有线广播电视用户提供维修、咨询等服务，有线广播电视网络维护、运行、监测、安全管理服务，互联网广播电视节目的传输、接入、咨询等服务，其他有线广播电视和网上广播电视服务； ——无线广播电视传输服务：无线广播信号传送、覆盖服务，无线电视信号传送、覆盖服务，无线广播电视节目播出安全、质量、内容和覆盖效果的监测服务，为无线广播电视用户提供咨询等服务，其他无线广播电视服务 不包括有线广播电视的制作、播音、导播、播出等服务，有线电视节目的制作、主持、导播、播出等服务，卫星传输服务
C06030000	文化艺术服务	
C06030100	艺术创作、表演和交流服务	指文学、美术创造和表演艺术等服务，包括： ——文艺创作服务：文学作品、影视剧、戏剧、歌曲、歌剧、乐曲和舞蹈等的创作服务； ——文艺评论服务：文学、舞台艺术、电影、电视艺术和其他文艺评论服务； ——美术创作服务：绘画、雕刻、书法篆刻、工艺美术和其他美术创作服务； ——艺术表演服务：戏剧、戏曲、舞蹈、歌唱、民乐、西洋乐、曲艺、魔术、杂技和其他艺术表演服务； ——表演艺术家演出服务； ——艺术交流服务； ——舞台表演宣传、组织、辅助服务
C06030200	艺术表演场馆服务	包括： ——音乐厅、歌剧院、舞剧院、戏剧场（院）、剧场（院）的管理服务； ——其他艺术表演场馆的管理服务
C06030300	图书馆和档案馆服务	包括： ——图书馆和档案馆提供的图书阅览和档案查阅等服务； ——图书馆和档案馆的图书整理服务； ——图书馆和档案馆的管理服务
C06030400	文物和文化保护服务	指对具有历史、文化、艺术、科学价值的文物和非物质遗产的保护和管理服务，包括： ——具有纪念性建筑物参观、咨询和保护管理服务； ——具有文化价值遗址参观、咨询和保护管理服务； ——文物古迹参观、咨询和保护管理服务； ——农耕文化遗产保护管理服务； ——其他文物遗址参观、咨询和保护管理服务； ——传统语言文字和口述文学保护管理服务； ——民间艺术遗产参观、咨询和保护管理服务； ——民间、民俗传统活动遗产保护管理服务； ——民俗制作遗产保护管理服务； ——其他文化遗产保护管理服务

(续表)

编码	品目名称	说明
C06030500	博物馆服务	包括： ——综合类博物馆、展览馆的参观、咨询和管理服务； ——历史类博物馆、展览馆的参观、咨询和管理服务； ——艺术类博物馆、展览馆的参观、咨询和管理服务； ——自然类博物馆、展览馆的参观、咨询和管理服务 ——科学类博物馆、展览馆的参观、咨询和管理服务 ——其他类博物馆、展览馆的参观、咨询和管理服务
C06030600	烈士陵园和纪念馆服务	包括烈士陵园、纪念堂和烈士纪念馆的参观、咨询和管理服务
C06030700	群众文化活动服务	指开展群众文化活动场所的管理和组织服务，包括： ——群众文化场馆服务：综合文化中心、文化宫、群众文化馆（站）、青年宫、少年文化宫、老年文化活动站、其他群众文化场馆服务； ——社区文化服务； ——京剧票友及其他艺术爱好者交流服务； ——群众性文艺培训服务； ——老年文化服务； ——村史馆服务； ——群众文化艺术展览服务； ——群众文艺演出服务； ——群众文艺交流服务； ——其他群众文化服务
C06030800	文化艺术经纪代理服务	指文艺、影视、音像中介公司的经纪代理服务，包括： ——电影发行经纪代理； ——与电视剧、电视节目有关的经纪代理； ——戏剧、戏曲、舞蹈、音乐、曲艺、杂技等演出的经纪代理； ——美术作品展览经纪人服务； ——音像出版代理； ——文学艺术作品出版、发行经纪代理； ——民间艺术表演经纪代理； ——娱乐性文艺演出的经纪代理； ——艺术表演、展览等项目的引进、出境的经纪代理； ——各种以经纪代理为主的演出公司； ——其他艺术演出、展览、出版、发行等经纪代理 不包括对艺术家、演员个人的经纪代理
C06039900	其他文化艺术服务	包括： ——史料、史志编辑服务：地方志、人物志、革命史料、史志和其他史料、史志编辑服务； ——艺术品、收藏品鉴定服务：古玩、字画和其他艺术品、收藏品鉴定服务； ——街头报刊橱窗服务； ——其他文化艺术服务
C06040000	体育服务	

（续表）

编码	品目名称	说明
C06040100	体育组织服务	包括： ——竞技体育组织服务：体育项目组织服务、体育运动训练指导服务、体育运动员服务、体育人员转会服务、其他体育管理服务； ——非竞技体育组织服务：风筝、龙舟、国标舞和其他非竞技体育组织服务； ——其他体育组织服务：汽车、滑翔、登山、攀岩和其他体育项目组织服务
C06040200	体育场馆服务	包括： ——室内体育场所服务：室内综合体育场所、室内专项体育场所等提供的服务； ——室外体育场所服务：足球场、田径场、滑雪场、自行车场、射击场、赛车场、网球场、棒球及类似运动比赛场、其他室外体育场所提供的服务； ——室外天然体育场所提供的服务； ——其他体育场馆提供的服务； ——体育场馆的管理和维护服务
C06049900	其他体育服务	包括： ——体育经纪服务：体育赛事经纪服务、体育组织经纪服务、其他体育经纪服务； ——兴奋剂管理服务； ——体育器材装备服务； ——社区、街心公园、公园等运动场所的管理； ——专门从事体育心理、保健、营养、器材、训练指导等服务； ——其他体育服务
C06050000	娱乐服务	
C06050100	室内娱乐服务	包括： ——儿童室内游戏娱乐服务； ——室内手工制作娱乐服务； ——其他室内娱乐服务
C06050200	游乐园服务	包括： ——儿童乐园提供的服务； ——主题游乐园提供的服务； ——水上游乐园提供的服务； ——其他游乐园提供的服务； ——游乐园的管理和维护服务
C06050300	休闲健身娱乐服务	指主要面向社会开放的休闲健身娱乐场所和综合体育娱乐场所提供的服务，包括： ——综合体育娱乐场所提供的服务； ——健身馆服务：器械健身、健身操、健身舞蹈、瑜伽功及类似健身及其他健身服务； ——棋牌馆提供的服务； ——保龄球馆提供的服务； ——台球室、飞镖室提供的服务； ——高尔夫球场提供的服务； ——射击、射箭馆场提供的服务； ——滑沙、滑雪及模拟滑雪场所提供的服务； ——惊险娱乐活动场所提供的服务； ——娱乐性军事训练、体能训练场所提供的服务； ——其他休闲健身娱乐的服务； ——休闲健身娱乐场所的管理和维护服务

（续表）

编码	品目名称	说明
C06059900	其他娱乐服务	指各种形式的彩票服务，以及公园、海滩和旅游景点内小型设施的娱乐服务，包括： ——彩票服务； ——公园、景区内游船出租； ——公园、景区内的摆摊娱乐服务； ——公园、景区内的小动物拉车、骑马、钓鱼等服务； ——租借道具服务（如租借照相、服装、道具等）； ——海滩浴场更衣及租借用品服务； ——公园及街头艺人表演服务； ——娱乐性展览服务； ——其他娱乐服务
C06990000	其他文化、体育、娱乐服务	
C07000000	生态环境保护和治理服务	
C07010000	生态环境保护服务	
C07010100	生态资源调查与监测服务	指对森林资源、林地变更、野生动植物资源、湿地、草原资源、林草种质资源、荒漠化、自然保护地等进行调查与监测的相关服务
C07010200	碳汇监测与评估服务	指对碳汇吸收的温室气体量开展监测、核算、评估，并将相关结果服务于温室气体清单编制、碳达峰碳中和目标进展评估、碳汇交易等
C07010300	生态环境舆情监控服务	指生态环境舆情动态收集、分析、提出应对措施等相关服务
C07010400	生态环境成果交流与管理服务	指建立成果共享共用机制，推动生态环境保护科研、管理活动中产生的成果实现共享共用，推进成果转化应用，以及环保先进技术(含低碳产品和低碳技术)的遴选、推广与服务等
C07019900	其他生态环境保护服务	指其他涉及生态环境领域的服务事项
C07020000	生态环境治理服务	
C07020100	水污染治理服务	
C07020101	污水治理及其再生利用服务	指对污水的收集、处理及净化后的再利用服务，包括对污水的收集、处理及深度净化等
C07020102	城镇水域治理服务	包括： ——城镇水域垃圾清除服务； ——城镇水域垃圾运输服务； ——城镇水域水草清理服务； ——城镇水域水质下降处理服务； ——城镇水域其他治理服务
C07020103	海洋水域污染治理服务	包括： ——海洋垃圾清理服务； ——海洋水质污染治理服务； ——其他海洋污染治理服务
C07020104	江、湖治理服务	包括： ——江、湖垃圾清理服务； ——江、湖水草清理服务； ——江、湖水质污染治理服务； ——其他江、湖治理服务

（续表）

编码	品目名称	说明
C07020105	水库污染治理服务	包括： ——水库垃圾清理服务； ——水库水草清理服务； ——水库水质污染治理服务； ——其他水库污染治理服务
C07020106	地下水污染治理服务	包括： ——地下水杂质清理服务； ——地下水质污染治理服务； ——其他地下水污染治理服务
C07020199	其他水污染治理服务	除城镇水域、海洋水域、江、湖治理、水库污染、地下水污染以外的其他水污染治理服务
C07020200	空气污染治理服务	
C07020201	大气污染治理服务	包括： ——大气中的烟尘及粉尘治理服务； ——二氧化硫及氮氧化物治理服务； ——硫污染治理服务； ——其他大气污染治理服务
C07020202	汽车尾气污染治理服务	包括： ——汽车尾气中碳氢化合物治理服务； ——氮氧化合物治理服务； ——一氧化碳和二氧化硫治理服务； ——含铅化合物、苯丙芘及固体颗粒物治理服务； ——其他汽车尾气污染治理服务
C07020203	燃烧煤烟污染治理服务	包括： ——燃烧煤烟中固体颗粒物治理服务； ——二氧化硫及氮氧化物治理服务； ——挥发酚、氰化物、氨气体治理服务； ——其他燃烧煤烟污染治理服务
C07020204	制造业废气污染治理服务	包括挥发性有机物、固体颗粒物治理及其他制造业废气治理服务
C07020205	工矿粉尘污染治理服务	包括： ——无机粉尘治理服务； ——有机粉尘治理服务； ——混合性粉尘治理服务： ——其他工矿粉尘污染治理服务
C07020206	建筑工地粉尘污染治理服务	包括扬尘治理，烟尘治理等服务
C07020299	其他空气污染治理服务	
C07020300	噪声与振动污染治理服务	
C07020301	工业噪声污染治理服务	指对工业生产活动中产生的干扰周围生活环境的声音进行治理的服务
C07020302	建筑施工噪声污染治理服务	指对建筑施工过程中产生的干扰周围生活环境的声音进行治理的服务，包括对房屋建筑、建筑安装以及建筑装饰装修和其他土木工程施工过程中产生的噪声进行治理的服务
C07020303	交通运输噪声污染治理服务	指对机动车、铁路机车车辆、城市轨道交通车辆、机动船舶、民用航空器等交通运输工具在运行时产生的干扰周围生活环境的声音进行治理的服务

(续表)

编码	品目名称	说明
C07020304	社会生活噪声污染治理服务	指对人为活动所产生的除工业噪声、建筑施工噪声和交通运输噪声之外的干扰周围生活环境的声音进行治理的服务
C07020305	振动污染治理服务	指对工业生产、建筑施工、交通运输、社会生活等人为活动中产生的振动进行治理的服务
C07020399	其他噪声与振动污染治理服务	
C07020400	危险废物治理服务	
C07020401	医疗和药物废弃物治理服务	包括医疗和药物废弃物中有毒、有害、易燃、易爆、腐蚀性、传染性等固态、半固态、液态和气态等危险废物治理服务
C07020402	化工产品废弃物治理服务	包括化工产品废弃物中有毒、有害、易燃、易爆、腐蚀性、传染性等固态、半固态、液态和气态等危险废物治理服务
C07020403	矿物油废弃物治理服务	包括矿物油废弃物中有毒、有害、易燃、易爆、腐蚀性、传染性等固态、半固态、液态和气态等危险废物治理服务
C07020404	金属矿物质变废弃物治理服务	包括金属矿物质变废弃物中有毒、有害、易燃、易爆、腐蚀性、传染性等固态、半固态、液态和气态等危险废物治理服务
C07020405	废旧机械设备治理服务	包括废旧机械设备中有毒、有害、易燃、易爆、腐蚀性、传染性等固态、半固态、液态和气态等危险废物治理服务
C07020406	非金属矿物质变废弃物治理服务	包括非金属矿物质变废弃物中有毒、有害、易燃、易爆、腐蚀性、传染性等固态、半固态、液态和气态等危险废物治理服务
C07020407	工业焚烧残渣物治理服务	包括工业焚烧残渣物中有毒、有害、易燃、易爆、腐蚀性、传染性等固态、半固态、液态和气态等危险废物治理服务
C07020408	爆炸性废弃物治理服务	包括爆炸性废弃物中有毒、有害、易燃、易爆、腐蚀性、传染性等固态、半固态、液态和气态等危险废物治理服务
C07020499	其他危险废弃物治理服务	其他危险废弃物中有毒、有害、易燃、易爆、腐蚀性、传染性等固态、半固态、液态和气态等危险废物治理服务
C07020500	无害固体废物处理服务	包括无害废料服务收集和运输和焚烧处理服务及其他垃圾处理服务
C07020600	光污染治理服务	包括昼间建筑物反射阳光产生的白亮污染治理，夜间人工白昼污染治理和彩光污染治理等服务
C07020700	辐射污染治理服务	包括： ——电磁辐射污染治理服务； ——核放射污染治理服务； ——化学元素放射性污染治理服务； ——其他辐射污染治理服务

（续表）

编码	品目名称	说明
C07020800	地质灾害治理服务	包括： ——崩塌灾害治理服务； ——滑坡灾害治理服务； ——泥石流灾害治理服务； ——地裂缝灾害治理服务； ——水土流失灾害治理服务； ——土地沙漠化及沼泽化灾害治理服务； ——土壤盐碱化灾害治理服务； ——地震、火山、地热害灾害治理服务； ——其他地质灾害治理服务
C07020900	农业农村环境治理服务	包括开展农业面源污染防治、农产品产地环境治理、农村（农场）人居环境治理、渔港环境治理服务等
C07029900	其他生态环境治理服务	包括水污染、空气污染、噪声污染、地质土壤等环境监测、环境影响评价、环保验收、环保措施设计等服务
C07990000	其他生态环境保护和治理服务	
C08000000	能源的生产和分配服务	
C08010000	电力的生产和分配服务	
C08010100	电力生产服务	
C08010101	火力发电生产服务	指利用煤炭、石油、天然气等燃料燃烧产生热能，通过火电动力装置转换成电能的生产服务，包括： ——热电厂发电服务； ——利用余热、余气等发电服务
C08010102	水力发电生产服务	指将水能转换成电能的生产服务，包括： ——水电站发电服务； ——抽水蓄能电站的发电服务
C08010103	核力发电生产服务	指利用核反应堆中重核裂变所释放出的热能转换成电能的生产服务，包括核电站发电服务等
C08010104	风力发电生产服务	指将风能转换成电能的生产服务
C08010199	其他能源发电生产服务	指利用地热、太阳能、潮汐能、生物能及其他的发电服务，包括： ——地热发电服务； ——太阳能发电服务； ——潮汐能发电服务； ——海洋能发电服务； ——利用废料、沼气发电服务； ——生物能发电等其他的发电服务
C08010200	电力分配服务	指利用电网将电能输送和分配给用户的服务
C08020000	热力生产和分配服务	
C08020100	暖气生产和分配服务	指将蒸汽和热水等热力资源通过暖气管道提供给用户的服务
C08029900	其他热力生产和分配服务	指利用煤炭、油、燃气等能源生产蒸汽和热水等，并将蒸汽和热水等热力资源提供给用户的服务

（续表）

编码	品目名称	说明
C08030000	燃气生产和分配	指利用煤炭、油、燃气等能源生产燃气，并向用户提供燃气的服务，以及对煤气、液化石油气、天然气输配及使用过程中的维修和管理服务，包括： ——自产可燃气体的生产和分配服务； ——通过主干管道系统，对外购可燃气体燃料的输送和分配服务； ——对人工煤气、液化石油气、天然气输配及使用过程的维修和管理 不包括专门从事罐装液化石油气零售业务的服务
C08040000	水的生产和分配	包括自来水的生产和供应，其他水的处理、利用与分配
C08990000	其他能源的生产和分配	
C09000000	农林牧渔服务	
C09010000	农业服务	
C09010100	灌溉系统服务	指为农业生产服务的灌溉系统的经营与管理服务，包括农业水利灌溉系统的经营、管理
C09010200	农产品初加工服务	指对收获的各种农产品进行去籽、净化、分类、晒干、剥皮、沤软或大批包装以提供初级市场的服务，以及其他农产品的初加工服务，包括： ——皮棉的加工：细绒棉皮棉、长绒棉皮棉； ——沤制麻、羊毛去杂质以及类似的纤维初加工等； ——其他农产品初加工
C09010300	农业机械服务	指为农业生产提供农业机械并配备操作人员的服务
C09010400	农业绿色发展和可持续发展服务	指为农业绿色发展和可持续发展提供支撑和保障的服务包括： ——农业资源区划工作的评价和综合管理服务； ——建设国家重要农业资源台账和重要农业资源监测体系； ——农业绿色发展和可持续发展的监测、分析、评价服务
C09010500	农业资源与环境保护服务	指为加强农业资源与环境保护有关的服务，包括调查监测、检验检测、咨询评估、培训指导、技术研发推广、科普宣传等
C09010600	农作物病虫害防治服务	指为农业生产经营者提供农作物病、虫、草、鼠和植物疫情等防治服务，包括： ——化学防治、农业防治、生态调控、物理防治、生物防治等综合防治服务； ——植物防疫所需检疫处理、除害处理服务； ——农作物重大病虫害阻截带布控、病虫害调查普查、防效监督评估等其他服务
C09010700	外来入侵生物综合防治服务	指为防控外来物种入侵的服务,包括风险评估、普查调查、监测预警、治理修复、培训指导、技术研发推广、科普宣传等

（续表）

编码	品目名称	说明
C09010800	公益性农机作业服务	指提供带有公益性质的农机作业服务，包括为贫困户等耕种困难家庭提供无偿的农业机械代耕、代种、代管、代收服务，为受灾地区提供无偿或低价的农机抗旱、排涝、抢耕、抢收、抢烘等应急作业服务等
C09010900	农产品质量安全服务	包括开展农产品质量安全群众满意度调查、农产品治疗量安全追溯、食用农产品合格证、农业农村标准化试点示范及推广应用服务等
C09019900	其他农业服务	包括： ——为种植某种农作物，促进其生长或防治病虫害的服务； ——农田土地整理服务； ——土壤普查服务； ——土壤修复服务； ——农作物收割服务； ——与花草的种植、截枝、修整和花园的修建和维修，以及树木的整容有关的农业服务； ——农业园艺服务； ——其他农业服务
C09020000	林业服务	
C09020100	造林服务	指在无林地上培植新林的服务
C09020200	林木抚育管理服务	指松土除草、水肥管理、修枝割冠、抚育间伐、幼林补植等抚育管理服务
C09020300	林业机械服务	指提供林业机械并配备操作人员的服务
C09020400	林业有害生物防治服务	指林业病虫害、鼠（兔）害、有害植物防治服务
C09020500	森林防火服务	包括森林防火专用设备的使用管理、森林火险监测和预报等服务
C09020600	森业经营与管理服务	包括森林经营方案的编制与实施管理、经营技术示范推广、成效监测及现地查验等指导服务
C09020700	林区管理服务	指政策研究、现地核实、现地查验、专家咨询管理服务
C09029900	其他林业服务	
C09030000	畜牧业服务	
C09030100	兽医和动物病防治服务	指对各种动物进行的病情、疫情的检测、诊断、医疗、预防、控制、扑灭等服务
C09030200	畜牧业机械服务	指提供畜牧业机械并配备操作人员的服务
C09039900	其他畜牧业服务	包括： ——为促进牲畜繁殖、生长、增加产量以及获得畜产品的服务； ——动物的配种、牧群检验、孵坊等服务； ——动物圈、舍清理和整治等服务； ——专门提供的动物剪毛服务； ——专门提供的动物挤奶服务； ——家禽孵化服务； ——放牧服务； ——动物健康养护服务； ——野生动物疫源疫病监测服务； ——其他畜牧服务

（续表）

编码	品目名称	说明
C09040000	渔业服务	指对渔业生产活动进行的各种支持性服务
C09040100	鱼苗、鱼种培育和养殖服务	指鱼苗、鱼种喂食、监测、鱼病用药和防治等服务
C09040200	渔业机械服务	指提供渔业机械并配备操作人员的服务
C09040300	渔业船舶检验监管服务	指主旨开展远洋渔业船舶现场检验及相关工作、技术支撑，渔船设计修造能力及质量监管，渔船检验行业监管和发展政策研究，技术法规制修订和实施情况监督检查，渔船检验国际交流合作、重大渔船技术安全事故调查处理，渔船检验技术分析采编，验船师及机构队伍开展督导和管理等相关服务
C09049900	其他渔业服务	
C09990000	其他农林牧渔服务	包括： ——品种保存和改良服务：指畜禽人工授精品种改良、水产原种保存和良种选育等相关服务
C10000000	采矿业和制造业服务	
C10010000	采矿业服务	包括： ——对天然气进行液化和再气化处理； ——井架安装、修理和拆卸服务以及石油和天然气开采过程中所涉及有关服务； ——石油或天然气开采所必需的服务，如钻井套管水泥灌浆、油井的抽吸、封井和废弃； ——特殊消防服务； ——其他采矿业服务
C10020000	制造业服务	
C10020100	金属制品的制造业服务和金属加工服务	包括： ——金属锻造、模压、冲压和滚扎成型服务； ——金属处理和金属镀层服务； ——普通机械工程技术服务； ——其他金属制品制造业服务和金属加工服务
C10020200	运输设备制造业服务	包括汽车、挂车和半挂车制造业服务以及其他运输设备制造业服务
C10020300	机械和设备制造业服务	包括： ——办公、会计和计算机械制造业服务； ——电动机械和装置制造业服务； ——收音机、电视、通信设备和装置制造业服务； ——医疗、精密和光学仪器、表和钟的制造业服务； ——其他机械和设备制造业服务
C10020400	食品、饮料和烟草制造业服务	包括： ——肉和肉制品的烹调、防腐、冷冻和其他处理服务； ——蔬菜和蔬菜制品的烹调、防腐、冷冻和其他处理服务； ——烟草的干燥、抽梗等其他处理服务； ——其他食品、饮料和烟草制造业服务

（续表）

编码	品目名称	说明
C10020500	纺织品、服装和皮革制品制造业服务	包括： ——纱线、织物、原料和预制成品的印花服务； ——纺织原料和纺织品包括服装的上浆、干燥、漂白、蒸煮、缩水、修补、机械防缩整理和丝光处理的服务； ——其他纺织品、服装和皮革制品制造业服务
C10020600	木材和软木制品及草编织品和编制材料制造业服务	包括： ——用防腐剂或其他材料浸渍或化学处理木材的服务； ——家具制造业服务； ——其他木材和软木制品及草编织品和编制材料制造业服务
C10020700	纸和纸制品制造业服务	包括： ——纸浆制造处理服务； ——纸制品制造处理服务； ——其他纸和纸制品制造业服务
C10020800	焦炭、精炼石油制品和核燃料制造业服务	包括核燃料或放射性废弃物的重新处理服务
C10020900	化学和化学制品制造业服务	包括： ——化学原料的制造处理服务； ——其他化学和化学制品制造业服务
C10021000	橡胶和塑料制片制造业服务	包括： ——塑料部件的制造服务； ——塑料面的切割、攻丝、涂层或处理服务； ——其他橡胶和塑料制片制造业服务
C10021100	非金属矿产品制造业服务	包括： ——非金属矿产品的干燥服务； ——非金属矿产品化学处理服务； ——其他非金属矿产品制造业服务
C10029900	其他制造业服务	
C11000000	工程管理服务	
C11010000	工程勘探服务	包括岩土工程勘探、设计、物资测试检测监测，水文地质勘察，工程测量等工程勘察服务
C11020000	工程设计服务	包括设计图纸绘制、成本限制、施工计划等
C11030000	装修设计服务	指工程内部空间的规划设计服务
C11040000	工程项目管理服务	包括招标代理和各类合同执行等管理或管理咨询服务
C11050000	工程总承包服务	指对工程项目的勘察、设计、采购、施工、竣工验收等实行全过程或若干阶段的承包服务
C11050100	房屋工程总承包服务	指房屋工程总承包相关服务
C11050200	铁路工程总承包服务	指铁路工程总承包相关服务
C11050300	公路工程总承包服务	指公路工程总承包相关服务
C11050400	机场跑道工程总承包服务	指机场跑道工程总承包相关服务
C11050500	高速公路工程总承包服务	指高速公路工程总承包相关服务

(续表)

编码	品目名称	说明
C11050600	城市道路工程总承包服务	指城市道路工程总承包相关服务
C11050700	城市轨道交通工程总承包服务	指城市轨道交通工程总承包相关服务
C11050800	桥梁工程总承包服务	指桥梁工程总承包相关服务
C11050900	隧道工程总承包服务	指隧道工程总承包相关服务
C11051000	水利工程总承包服务	指水利工程总承包相关服务
C11051100	水运工程总承包服务	指水运工程总承包相关服务
C11051200	海洋工程总承包服务	指海洋工程总承包相关服务
C11051300	长距离管道、通信和电力工程总承包服务	指长距离管道、通信和电力工程工程总承包相关服务
C11051400	室内管道、电缆及有关工程总承包服务	指室内管道、电缆及有关工程总承包相关服务
C11051500	矿山、工农林牧副渔业工程总承包服务	指矿山、工农林牧副渔业工程总承包相关服务
C11051600	公共设施工程总承包服务	指公共设施工程总承包相关服务
C11051700	环保工程总承包服务	指环保工程总承包相关服务
C11051800	高耸构筑物工程总承包服务	指烟囱、水塔、电视塔等构筑物工程总承包相关服务
C11059900	其他工程总承包服务	
C11990000	其他工程管理服务	包括施工过程中的检测等服务
C12000000	水利管理服务	
C12010000	防洪管理服务	指对河流、湖泊、行蓄洪区及沿海的防洪、防涝设施的管理服务，包括： ——江河堤防等设施管理服务； ——蓄滞洪区管理服务； ——沿海堤防管理服务； ——城市防洪设施管理服务； ——河道湖泊治理服务； ——除涝设施管理服务； ——排水设施管理服务； ——水工程防洪调度管理服务； ——水闸设施管理服务； ——其他防洪设施管理服务
C12020000	水资源管理服务	
C12020100	水库管理服务	指对水库等水利设施的管理服务
C12020200	调水引水管理服务	指对运河、水利枢纽、调水工程、水闸的管理服务，包括： ——原水供应管理服务； ——引水、提水设施管理服务； ——人工水系管理服务：运河和水渠管理服务； ——自然水系管理服务：河道、湖泊和地下水管理服务； ——其他水利设施开发管理服务

（续表）

编码	品目名称	说明
C12020300	水文水资源监测服务	包括雨量、水位、流量、泥沙、水环境水质等监测服务
C12020400	水资源保护服务	包括： ——水资源保护管理服务； ——饮用水水源保护管理服务； ——河湖生态流量管理服务； ——地下水管理保护服务； ——水生态保护修复管理服务
C12029900	其他水资源管理服务	指节水及其他水资源管理服务，包括： ——水资源开发利用咨询； ——节水管理咨询； ——节水灌溉技术咨询； ——工业节水技术咨询； ——生活节水技术咨询
C12990000	其他水利管理服务	指水土保持、保护及其他水利管理服务，包括： ——水土保持及保护； ——水文测量服务； ——水利设施管理咨询； ——水利设施养护服务； ——水环境保护咨询； ——水土保持技术咨询； ——水利情报收集服务； ——水利技术咨询服务； ——流域水资源调度和抗旱调度管理服务； ——工业、农业及城镇生活节水咨询服务； ——取水计量管理服务； ——水文水资源分析评价服务
C13000000	公共设施管理服务	
C13010000	区域规划和设计服务	指对城市及农村等土地、基础设施、园林等进行规划和设计的服务
C13020000	市政公用设施管理服务	指污水排放、雨水排放、路灯、道路、桥梁、隧道、广场、涵洞、防空等市政设施的维护、抢险、紧急处理、管理等服务，包括： ——排水设施管理服务：污水、雨水和其他排水设施管理等服务； ——照明设施管理服务：道路照明设施，社区、街道照明设施和其他照明设施管理服务； ——道路、桥梁、隧道设施管理服务：道路设施、桥梁设施、隧道设施、行人过街天桥设施和行人地下通道设施等管理服务； ——其他市政设施管理服务：广场，路标、路牌，防空设施，地下公共设施和其他市政设施管理服务
C13030000	园林绿化管理服务	指园林绿化的管理服务，包括： ——草坪管理服务：草坪维护和其他草坪管理服务； ——鲜花管理服务：鲜花栽培、鲜花布置和其他鲜花管理； ——树木管理服务：树木保护和其他树木管理； ——单位附属绿地、防护绿地、生产绿地和风景林地的管理服务； ——树木、草坪病虫防治管理服务； ——其他园林绿化管理服务

（续表）

编码	品目名称	说明
C13040000	市容管理服务	包括： ——户外标志管理服务：象征标志建筑、雕塑、宣传标牌、宣传画廊和其他户外标志管理服务； ——外景照明管理服务：建筑物照明，广场、草坪照明和其他景观照明管理服务； ——其他市容管理服务
C13050000	城镇公共卫生服务	
C13050100	清扫服务	包括： ——城镇垃圾清扫服务； ——城镇道路冲洗服务； ——城镇积雪清理服务； ——城镇垃圾运输服务； ——城镇洰水清运服务； ——其他城镇垃圾清运服务
C13050200	垃圾处理服务	包括： ——城镇垃圾分类服务； ——城镇垃圾焚烧服务； ——城镇垃圾填埋服务； ——城镇废弃食用油处理服务； ——其他城市垃圾处理服务
C13050300	公共厕所服务	包括公共厕所管理、清扫等服务
C13050400	排泄物的处理服务	包括城镇排泄物清运、城镇排泄物收集处理等服务
C13059900	其他城镇公共卫生服务	
C13990000	其他公共设施管理服务	
C14000000	公园和游览景区服务	指各类自然景观、人文景观、人造景观和其他景观为游人提供的休闲、观光服务及其管理、维护服务
C14010000	公园服务	包括： ——综合公园游览、咨询、管理服务； ——园林公园游览、咨询、管理服务； ——主题公园游览、咨询、管理服务：民族风情主题公园、民俗风情主题公园、各国风情主题公园、微缩景观公园和其他主题公园的游览、咨询、管理服务； ——其他公园游览、咨询、管理服务
C14020000	风景名胜区服务	包括： ——山丘型风景名胜区的游览、咨询、管理服务； ——河湖型风景名胜区游览、咨询、管理服务； ——峡谷型风景名胜区游览、咨询、管理服务； ——海滨型风景名胜区游览、咨询、管理服务； ——草原型风景名胜区游览、咨询、管理服务； ——森林型风景名胜区游览、咨询、管理服务； ——沙漠型风景名胜区游览、咨询、管理服务； ——湿地型风景名胜区游览、咨询、管理服务； ——其他风景名胜区游览、咨询、管理服务

（续表）

编码	品目名称	说明
C14990000	其他公园和游览景区服务	包括： ——市外人工景区游览、咨询、管理服务（人工森林公园等）； ——观光果园游览、咨询、管理服务； ——其他旅游景区游览、咨询、管理服务
C15000000	交通运输和仓储服务	
C15010000	铁路运输服务	
C15010100	铁路客运服务	包括： ——国内铁路旅客运输服务； ——国际联运旅客运输服务； ——港澳铁路直通旅客运输服务； ——其他铁路旅客运输服务
C15010200	铁路货运服务	包括： ——冷藏车铁路货运服务； ——罐车铁路货运服务； ——铁路敞车集装箱货运服务； ——信函和包裹铁路运输服务； ——其他铁路货运服务
C15010300	火车站服务	指城市以外的公共铁路旅客运输服务，包括： ——铁路旅客车站服务； ——客运站行李包裹服务； ——旅客火车站其他管理服务； ——货运列车停靠站服务； ——货运站货物管理服务； ——货物托运交付服务； ——铁路货运打包服务； ——货物火车站其他管理服务
C15010400	铁路管理和养护服务	指铁路日常维护和养护服务
C15019900	其他铁路运输服务	指铁路旅客、货物运输及客、货火车站以外的运输网、信号、调度及铁路设施的管理和养护，包括： ——铁路调度服务； ——铁路信号管理服务； ——铁路运输通讯服务； ——铁路动力服务； ——铁路供水服务； ——铁路沿线维护管理服务； ——其他铁路运输辅助服务
C15020000	道路运输服务	
C15020100	道路客运服务	指城市以外道路的旅客运输，包括： ——班线客运服务； ——包车客运服务； ——旅游客运服务； ——其他道路旅客运输服务

（续表）

编码	品目名称	说明
C15020200	道路货运服务	指所有道路的货物运输服务，包括： ——普通货物道路运输服务：普通货车、冷藏车、罐车和其他普通车辆专业货物运输服务； ——集装箱道路运输服务； ——大型货物道路运输服务； ——危险货物道路运输服务； ——邮件包裹道路运输服务； ——搬家运输服务； ——小型货车（含小面包车）运输； ——专门为超市、连锁店、加盟店提供送货的服务； ——城市内大件物品送货上门的服务； ——以道路运输为主的物流公司（中心）的服务； ——非机动车货物运输服务； ——其他道路货物运输服务
C15020300	汽车站服务	指以站场设施为依托，为道路客运经营者和旅客提供的有关运输经营管理服务
C15020400	公路管理和养护服务	包括： ——公路收费服务：高速公路收费、桥梁收费、隧道收费、其他公路收费服务； ——公路养护服务：高速公路养护、桥梁养护、隧道养护、其他公路养护服务
C15029900	其他道路运输服务	包括： ——专业停车场服务：高速公路停车、停车场、其他停车场服务； ——货运站服务； ——运输货物打包服务； ——其他道路运输辅助服务
C15030000	城市交通服务	
C15030100	公共汽电车客运服务	包括： ——城市公共汽车客运服务； ——无轨电车客运服务； ——城市快速公交客运服务（BRT）； ——城市旅游观光车客运服务； ——其他城市公共汽电车客运服务
C15030200	城市轨道交通服务	包括： ——地铁客运服务； ——轻轨客运服务； ——有轨电车客运服务； ——单轨客运服务； ——轨道交通应急演练服务； ——其他轨道交通服务
C15030300	出租车客运服务	指司机驾驶出租车提供的客运，巡游和网约等方式不限，包括： ——轿车出租客运服务：轿车出租计程客运服务、轿车出租包车客运服务； ——客车出租客运服务：中型客车出租客运服务、大型客车出租客运服务
C15030400	城市轮渡服务	指城市的水上旅客轮渡运营服务，包括城市内的沿海、江、河、湖泊的轮渡旅客运营服务
C15030500	城市交通管理和养护服务	指城市交通管理和养护相关服务

（续表）

编码	品目名称	说明
C15039900	其他城市交通服务	指城市摩托车和其他非机动车旅客运输服务，包括： ——摩托车客运服务； ——三轮车、人力车客运服务； ——其他城市旅客运输服务
C15040000	水上运输服务	
C15040100	水上旅客运输服务	包括： ——国际客运服务； ——沿海客运服务：沿海定期客轮运输服务、沿海轮渡旅客运输服务、沿海游览船客运服务、沿海滚装客船运输服务、其他沿海旅客运输服务； ——内河旅客运输服务：内河定期客轮运输服务、内河轮渡旅客运输服务、内河游览船客运服务、内河滚装客船运输服务
C15040200	水上货物运输服务	包括： ——国际货物运输服务：国际杂货船、国际散货船、国际冷藏船、国际油轮、国际集装箱运输服务，配备驾驶员国际船舶租赁服务，其他国际货物运输服务； ——沿海货物运输服务：沿海杂货船货运服务、沿海散货船货运服务、沿海冷藏船货运服务、沿海集装箱船运输服务、沿海油轮运输服务、沿海化学品船运输服务、沿海液化气船运输服务、沿海滚装货船运输服务、沿海货物轮渡运输服务、配备驾驶员沿海船舶租赁服务、沿海船舶拖推服务、其他沿海货物运输服务； ——内河货物运输服务：内河杂货船货运服务、内河散货船货运服务、内河冷藏船货运服务、内河集装箱船运输服务、内河油轮运输服务、内河化学品船运输服务、内河液化气船运输服务、内河滚装货船运输服务、内河货物轮渡运输服务、配备驾驶员内河船舶租赁服务、内河船舶拖推服务、其他内河货物运输服务
C15040300	港口服务	包括： ——客运港口服务：包括客运票务服务、客运旅客服务、客运船舶停靠和物资供应服务、其他客运服务； ——货运港口服务：沿海货运港口、内河货运港口服务
C15040400	航道管理和养护服务	包括航道、灯塔航标管理、船舶引航等服务
C15049900	其他水上运输服务	包括港务船舶调度、船舶通讯、船舶人员救助、船舶财产救助、水上救助、沉船沉物打捞、海上船舶溢油清除、过船建筑物、水上交通管理、其他水路运输辅助服务
C15050000	航空运输服务	
C15050100	航空旅客运输服务	指以旅客运输为主的航空运输服务，包括： ——航空旅客运输服务：定期、不定期航班客运服务； ——客货同机的、以客运为主的航空运输服务

（续表）

编码	品目名称	说明
C15050200	航空货物运输服务	指以货物运输为主的航空运输服务，包括： ——航空货物运输服务：定期、不定期航班货物运输服务； ——客货同机的、以运货为主的航空运输服务
C15050300	通用航空服务	指除客货运输以外的其他航空服务，包括： ——通用航空生产服务：飞机播种、飞机喷药、飞机探测、飞机航拍、飞机抢险、飞机水上救生与搜寻、飞机救援、其他通用航空生产服务； ——其他通用航空服务
C15050400	机场服务	包括旅客安全检查、旅客行李托运、旅客进出站、机场摆渡车、机场货物搬运、停机坪管理、机场候机厅管理服务、其他机场服务
C15059900	其他航空运输服务	包括： ——空中交通管理：空中飞行管理、飞机起降管理、飞行通讯管理、地面信号管理、其他空中交通管理； ——其他航空运输辅助服务：机场电力管理、飞机供给、飞机维护、飞机安全、飞机跑道管理、航空运输货物打包、其他航空运输辅助服务
C15060000	航天运输服务	指利用火箭等载体将卫星、空间探测器等空间飞行器发射到空间轨道的业务服务
C15070000	管道运输服务	指通过管道对气体、液体等的运输服务
C15070100	原油及成品油管道运输服务	指通过管道对原油和成品油进行运输的服务
C15070200	水管道运输服务	指通过管道对饮用水或污水等进行运输的服务
C15070300	其他液体管道运输服务	指通过管道对除油品和水以外的其他液体进行运输的服务
C15070400	天然气管道运输服务	指通过管道对天然气进行运输的服务
C15079900	其他气体管道运输服务	指通过管道对天然气以外的气体进行运输的服务
C15080000	交通运输管理服务	包括交通运输社会监督、运输保障服务等
C15090000	装卸搬运服务	指独立于车站、港口、机场、仓库的货物装卸服务，包括： ——运输货物装卸服务：铁路运输货物、道路运输货物、港口货物、飞机场货物和其他运输货物的装卸服务； ——非运输机械装卸搬运服务：一般货物、集装箱、大型机械设备、其他非运输机械的装卸搬运服务； ——为建筑工程、市政设施及大型机械设备等提供的专业装卸、起重服务； ——人力装卸搬运服务
C15100000	仓储服务	指专门从事货物仓储、货物运输中转仓储，以及以仓储为主的物流配送服务
C15990000	他交通运输、仓储服务	包括运输代理服务等
C16000000	信息技术服务	指为用户提供开发、应用信息技术的服务，以及以信息技术为手段支持用户业务活动的服务

（续表）

编码	品目名称	说明
C16010000	软件开发服务	指专门从事计算机软件的程序编制、分析等服务
C16010100	基础软件开发服务	指为计算机用户提供的基础软件编制、分析等服务，包括操作系统、数据库管理系统、中间件、办公套件、其他基础软件开发服务
C16010200	支撑软件开发服务	指为计算机用户提供的支撑软件编制、分析等服务，包括需求分析软件、建模软件、集成开发环境、测试软件、开发管理软件、逆向工程软件和再工程软件、其他支撑软件开发服务
C16010300	应用软件开发服务	
C16010301	通用应用软件开发服务	指为计算机用户提供的通用应用软件编制、分析等服务，包括管理软件、信息检索和翻译软件、多媒体软件、网络通讯软件、游戏动漫软件、数字出版软件、地理信息系统软件、科学和工程计算软件、其他通用应用软件开发服务
C16010302	行业应用软件开发服务	指为计算机用户提供的特定行业应用软件编制、分析等服务，包括政务软件、财务软件、金融行业软件、通信行业软件、交通运输业软件、能源行业软件、医疗行业软件、教育行业软件、广播电视行业软件、其他行业应用软件开发服务
C16010400	嵌入式软件开发服务	指为计算机用户提供的嵌入式系统中软件部分的编制、分析等服务，包括嵌入式操作系统、嵌入式数据库系统、嵌入式开发与仿真软件、嵌入式应用软件、其他嵌入式软件开发服务
C16010500	信息安全软件开发服务	指为计算机用户提供的信息安全产品软件编制、分析等服务，包括基础和平台类安全软件、数据安全软件、网络与边界安全软件、专用安全软件、安全测试评估软件、安全应用软件、安全支撑、安全管理软件、其他信息安全软件开发服务
C16020000	信息系统集成实施服务	指通过结构化的综合布线系统和计算机网络技术，将各个分离的设备、功能和信息等集成到相互关联的、统一协调的系统之中的服务
C16020100	基础环境集成实施服务	指为保证信息系统正常运行所必需的机房电力、空调、消防、安防等基础环境的建设提供的服务，包括机房电力、消防、安防等系统的集成实施
C16020200	硬件集成实施服务	指将硬件设备（包括主机、存储、网络设备等）及其附带软件进行安装、调试的服务，包括： ——网络集成实施服务； ——主机集成实施服务； ——存储集成实施服务； ——其他硬件集成实施服务
C16020300	软件集成实施服务	指将各个分离的软件、功能和信息等集成到相互关联的、统一协调的平台之中的服务，包括： ——应用系统集成实施服务； ——数据（信息）集成实施服务； ——界面集成实施服务； ——其他软件系统集成实施服务

（续表）

编码	品目名称	说明
C16020400	安全集成实施服务	指满足信息系统安全技术要求和安全管理要求的集成实施服务，包括： ——安全技术要求包括物理安全、网络安全、主机安全、应用安全、数据安全及备份恢复； ——其他安全集成实施服务
C16029900	其他系统集成实施服务	
C16030000	数据处理服务	指向用户提供的信息和数据的分析、整理、计算、存储等加工处理服务
C16030100	存储服务	以在线、离线等方式提供的数据备份、容灾等服务，包括： ——数据中心、存储中心或灾备中心提供的数据存储、数据备份、容灾等服务； ——其他存储服务
C16030200	数据加工处理服务	指向用户提供的数据分析、整理、计算、编辑等加工和处理服务，包括： ——数据采集、录入、更新等服务； ——数据共享交换服务； ——数据统计分析服务； ——文件扫描存储服务； ——数据库服务； ——其他数据加工处理服务
C16030300	数字内容加工处理服务	指将图片、文字、视频、音频等信息内容运用信息技术进行加工处理并整合应用的服务，包括数字动漫设计制作、地理信息加工处理等
C16039900	其他数据处理服务	
C16040000	云计算服务	指以云计算技术和模式为主要特征的信息技术服务，包括基础服务、平台服务、应用服务等
C16050000	信息化工程监理服务	指依据国家有关法律法规、技术标准和信息系统工程监理合同，由独立第三方机构提供的监督管理信息系统工程项目实施的服务，包括： ——通用布缆系统工程监理； ——电子设备机房系统工程监理； ——计算机网络系统工程监理； ——软件工程监理； ——信息化工程安全监理； ——信息技术服务工程监理
C16060000	测试评估认证服务	指具有相关资质的第三方机构提供的对软件、硬件、网络、质量管理、能力成熟度评估、信息技术服务管理及信息安全管理等，是否满足规定要求而进行的测试、评估和认证服务
C16070000	运行维护服务	指为满足信息系统正常运行及优化改进的要求，对用户信息系统的基础环境、硬件、软件及安全等提供的各种技术支持和管理服务
C16070100	基础环境运维服务	指对保证信息系统正常运行所必需的电力、空调、消防、安防等基础环境的运行维护，包括机房电力、消防、安防等系统的例行检查及状态监控、响应支持、性能优化等服务

（续表）

编码	品目名称	说明
C16070200	硬件运维服务	指对硬件设备（网络、主机、存储、桌面设备以及其他相关设备等）及其附带软件的例行检查及状态监控、响应支持、性能优化等服务，包括： ——网络运维服务； ——主机运维服务； ——存储运维服务； ——桌面运维服务； ——其他硬件运维服务
C16070300	软件运维服务	指对软件（包括基础软件、支撑软件、应用软件等）的功能修改完善、性能调优，以及常规的例行检查和状态监控、响应支持等服务，包括： ——基础软件运维服务； ——支撑软件运维服务； ——应用软件运维服务； ——嵌入式软件运维服务； ——信息安全软件运维服务； ——其他软件运维服
C16070400	安全运维服务	指为用户信息系统提供的安全巡检、安全加固、脆弱性检查、渗透性测试、安全风险评估、应急保障、安全设备运维等服务
C16079900	其他运行维护服务	包括数据迁移服务、应用迁移服务、机房或设备搬迁服务，以及其他运行维护服务
C16080000	运营服务	指向用户提供租用软件应用系统、业务平台、信息系统基础设施等的部分或全部功能的服务，配备操作人员或维护人员
C16080100	软件运营服务	指向用户提供软件系统的部分或全部功能的租用服务
C16080200	平台运营服务	指向用户提供应用系统开发、测试、部署、管理等工具平台，以及业务支撑平台的租用服务
C16080300	基础设施运营服务	指向用户提供信息系统基础设施的租用服务，如数据中心服务，存储转发服务等，包括： ——计算资源租用服务； ——网络资源租用服务； ——存储资源租用服务； ——服务器托管； ——其他基础设施运营服务
C16089900	其他运营服务	
C16090000	信息技术咨询服务	指在信息资源开发利用、工程建设、管理体系建设、技术支撑等方面向用户提供的管理或技术咨询服务
C16090100	信息化规划服务	指行业、区域或领域的信息化建设方案，包括： ——信息化远景规划； ——信息化战略规划； ——信息化总体框架设计等
C16090200	信息系统设计服务	指基于用户的信息化规划，根据其实际业务需求，对信息系统的架构、选型和实施策略进行设计，为信息系统的开发和建设提供设计方案的服务

（续表）

编码	品目名称	说明
C16090300	信息技术管理咨询服务	指协助用户提升和优化其信息化管理工作的咨询服务，包括： ——质量管理咨询； ——项目管理咨询； ——信息安全管理咨询； ——信息技术治理（IT治理）咨询； ——信息技术服务管理（IT服务管理）咨询； ——过程能力成熟度咨询； ——其他信息技术管理咨询服务
C16099900	其他信息技术咨询服务	
C16100000	呼叫中心服务	指利用与公用电话网或因特网连接的呼叫中心系统和数据库技术，经过信息采集、加工、存储等建立信息库，通过固定网、移动网或因特网等公众通信网络向用户提供的业务咨询、信息咨询和数据查询等服务
C16990000	其他信息技术服务	包括数字证书等服务
C17000000	电信和其他信息传输服务	
C17010000	电信服务	
C17010100	基础电信服务	指提供公共网络基础设施、公共数据传送和基本话音通信的服务，包括： ——固定通信服务； ——蜂窝移动通信服务； ——数据通信服务； ——集群通信服务； ——国内通信设施服务； ——网络托管服务； ——其他基础电信服务
C17010200	网络接入服务	指通过信息采集与共享的传输通道，利用传输技术完成用户与网络的连接服务
C17010300	其他增值电信服务	指利用公共网络基础设施提供的电信与信息服务，包括： ——在线数据处理与交易处理服务； ——国内多方通信服务； ——互联网虚拟专用网服务； ——互联网数据中心服务； ——存储转发类服务； ——信息服务； ——其他增值电信服务
C17020000	互联网信息服务	指通过互联网提供信息的服务，包括： ——各种互联网的运营：网上搜索、网上新闻、网上软件下载、网上读物、网上电子邮件、网上论坛、网上信息发布等； ——数据库管理服务：数据库联机服务、其他数据库服务； ——其他互联网信息服务

(续表)

编码	品目名称	说明
C17030000	卫星传输服务	指人造卫星的电信服务和广播电视传输服务，包括： ——卫星通信服务； ——卫星国际专线服务； ——卫星广播电视信号的传输、覆盖与接收服务； ——卫星广播电视传输、覆盖、接收系统的设计、安装、调试、测试、监测等服务； ——其他声音、数据、文本、视听图像信号的卫星通信传输
C17990000	其他电信和信息传输服务	
C18000000	金融服务	
C18010000	银行服务	
C18010100	银行代理服务	包括集中支付、支票承兑、代发工资、代收水电费等代理服务
C18019900	其他银行服务	包括存储、借贷等服务
C18020000	信用担保服务	指由依法设立的担保机构以保证的方式为债务人提供担保，在债务人不能依约履行债务时，由担保机构承担合同约定的偿还责任的服务，包括融资担保、交易担保、税收担保等
C18030000	证券服务	包括股票、债券、基金、期货及其他证券交易服务
C18040000	保险服务	
C18040100	商业保险服务	指保险机构提供的各类非社会基本保险服务
C18040101	人寿保险服务	包括： ——意外保险服务； ——定期寿险服务； ——终身寿险； ——健康医疗险服务； ——养老金服务； ——其他人寿保险服务
C18040102	财产保险服务	包括机动车保险服务、航空器保险服务、运输保险服务、其他财产保险服务等
C18040199	其他商业保险服务	
C18040200	再保险服务	包括承担原来由其他承保人承保的全部或部分保险单的服务
C18040300	保险辅助服务	指保险代理、评估、咨询等服务，包括： ——保险代理服务； ——保险经纪人服务； ——保险公估服务； ——其他保险中介服务； ——保险理赔服务； ——保险精算服务； ——保险咨询服务； ——其他保险辅助服务
C18049900	其他保险服务	

（续表）

编码	品目名称	说明
C18990000	其他金融服务	包括金融信托与管理、金融租赁、融资租赁、典当、农村金融发展等服务
C19000000	专业技术服务	
C19010000	技术测试和分析服务	指通过专业技术手段对动植物、工业产品、商品、专项技术、成果及其他物品所进行的检测、检验、测试等服务，包括： ——动物及其产品检测服务：动物及其产品、生物特性，动物病毒和其他动物检验服务； ——植物检验服务：植物害虫，植物病毒，植物化学特性，植物残留农药、化肥和其他植物检验服务； ——食品检验服务：食品包装、标志，食品化学特性和其他食品检验服务； ——药品检验服务：药品包装、标志，药品化学特性和其他药品检验服务； ——农药、肥料检验服务：农药、肥料化学成分，农药、肥料质量和其他农药、肥料检验服务； ——土壤指标检验服务：土壤物理、化学、生物学等性状指标检验服务； ——交通运输产品检验服务：交通运输产品安全功能、性能检验服务； ——锅炉检验服务； ——其他产品检验服务：产品化学特性，产品物理特性，产品物质特性、形状，产品射线、磁力和超声波以及其他产品检验服务； ——公共安全检测服务：公共设施安全、公共环境卫生和其他公共安全检测服务； ——计量器具检测服务； ——标准管理服务； ——其他技术检验和监测分析服务
C19020000	地震服务	指地震监测预报、震灾预防和紧急救援等防震减灾服务，包括： ——地震监测预报服务：一般地震观测服务、地震前兆观测服务、强震观测服务、地震流动观测服务、火山地震监测服务、水库地震监测服务、地震预报服务、其他地震监测预报服务； ——地震预防服务：震害预测和灾害评估服务、活动断层探测与危险性评估服务、地震区划服务、抗震安全性评价服务、其他地震预防服务； ——紧急救援服务：地震应急服务、震灾紧急援救服务、其他紧急援救服务； ——其他地震减灾服务
C19030000	气象服务	指气象观测和预报等服务，包括： ——气象观测服务：一般气象、基本气象、基准气象、农业气象、高空辐射、酸雨和其他气象观测服务； ——气象预报：气象预报服务，雷达气象服务，气象台、中心服务，高空探测服务，高空交换站服务； ——其他气象服务

（续表）

编码	品目名称	说明
C19040000	测绘服务	包括： ——大地测量服务； ——测绘航空摄影服务； ——摄影测量与遥感服务； ——地籍测绘服务； ——房产测绘服务； ——行政区域界线测绘服务； ——地理信息系统工程服务； ——地图编制服务； ——海洋测绘服务； ——航道测绘服务； ——导航及位置服务； ——测绘基准服务； ——测绘成果质量检验服务； ——测绘仪器装备检测检验服务； ——其他测量、测绘服务
C19050000	海洋服务	包括： ——海域使用评估、论证服务； ——海洋资源管理服务； ——海底工程、作业管理服务； ——大洋和极地考察服务； ——海洋气象预测、预报服务； ——海水环境保护服务：海洋环境预报、评估服务、海水污染治理服务； ——海洋工程咨询服务； ——其他海洋服务
C19060000	地质勘测服务	指对矿产资源、工程地质、科学研究进行地质勘查、测试、监测、评估等服务，包括： ——矿产地质勘查； ——基础地质勘查； ——地质勘查技术服务
C19070000	合同能源管理服务	指节能服务公司与用能单位以契约形式约定节能目标，节能服务公司提供必要的服务，用能单位以节能效益支付节能服务公司投入及其合理利润
C19990000	其他专业技术服务	
C20000000	鉴证咨询服务	
C20010000	认证服务	指具有专业资质的单位利用检测、检验、计量等技术，证明产品、服务、管理体系符合相关技术规范、相关技术规范的强制性要求或者标准的服务
C20010100	产品认证服务	指利用检测、检验、计量等技术，证明某一产品符合特定标准或其他技术规范的服务
C20010200	服务认证服务	指利用检测、检验、计量等技术，证明某一服务符合相关技术规范、相关技术规范的强制性要求或者标准的服务
C20010300	体系认证服务	指利用检测、检验、计量等技术，证明某一管理体系符合相关技术规范、相关技术规范的强制性要求或者标准的服务
C20019900	其他认证服务	

（续表）

编码	品目名称	说明
C20020000	鉴证服务	是指具有专业资质的单位受托对相关事项进行鉴证，发表具有证明力的意见的服务
C20020100	会计鉴证服务	指具有专业资质的单位对鉴证对象信息提出结论，以增强除责任方之外的预期使用者对鉴证对象信息信任程度的服务包括历史财务信息审计服务、历史财务信息审阅服务和其他鉴证服务
C20020200	税务鉴证服务	指社会中介组织依照税法和相关标准，通过执行规定的程序，对被鉴证人涉税事项作出评价和证明的服务包括纳税申报类鉴证、涉税审批类鉴证和其他涉税鉴服务证
C20020300	法律鉴证服务	指具有专业资质的单位对被鉴证人的相关法律问题提供鉴证服务的服务
C20020400	职业技能鉴证服务	指对劳动者从事某种职业所应掌握的技术理论知识和实际操作能力做出客观的测量和评价的服务
C20020500	工程造价鉴定服务	指依法取得有关工程造价司法鉴定资格的鉴定机构，针对某一特定建设项目的施工图纸及竣工资料来计算和确定某一工程价值并提供鉴定结论的服务
C20020600	工程监理服务	指具有相关资质的监理单位接受委托，对工程建设实施监控的一种专业化服务
C20020700	资产评估服务	指评估机构及其评估专业人员根据委托对不动产、动产、无形资产、企业价值、资产损失或者其他经济权益进行评定、估算，并出具评估报告的专业服务行为
C20020800	环境评估服务	指按照一定的评价标准和方法对一定区域范围内的环境质量进行客观的定性和定量调查分析、评价和预测的服务
C20020900	房地产土地评估服务	指土地、建筑物、构筑物、在建工程等评估服务
C20021000	建筑图纸审核服务	指工程施工前，对图纸进行改进设计和建议完善，以保障工程质量和顺利施工的服务
C20021100	医疗事故鉴定服务	指运用医学、法医学等科学知识和技术，对涉及医疗事故行政处理的有关专门性问题进行检验、鉴别和判断并提供鉴定结论的服务
C20029900	其他鉴证服务	
C20030000	咨询服务	指提供信息、建议、策划、顾问等服务的活动
C20030100	会计咨询服务	指具有财务与会计及相关专业知识的单位，接受委托向委托人提供业务解答、筹划及指导等服务的服务
C20030200	税务咨询服务	指具有专业资质的单位运用税法和税收政策，为纳税人的纳税行为达到最优提供政策咨询、解决税收问题的服务
C20030300	法律咨询服务	指相关机构以其法律知识和技能为法人实现其正当权益、提高经济效益、排除不法侵害、防范法律风险、维护自身合法权益而提供的服务

（续表）

编码	品目名称	说明
C20030400	社会与管理咨询服务	指政策和战略的总体规划等咨询服务
C20030500	工程设计前咨询服务	指涉及工程技术可行性、环境影响研究、经济型评估等设计前的咨询服务
C20030600	工程政策咨询服务	指水利工程、交通运输工程等政策咨询服务
C20030700	心理咨询服务	指对心理问题和疾病进行咨询和治疗的服务
C20030800	预算绩效评价咨询服务	指对政府、部门和单位预算资金的分配效率和使用效益等提供绩效评估和评价服务
C20030900	评审咨询服务	指对某一事项的可行与否进行评定审核的服务
C20031000	评价咨询服务	指对某一事项进行判断、分析从而得出结论的服务
C20039900	其他咨询服务	
C21000000	房地产服务	
C21010000	房屋销售服务	指住宅、办公楼、仓库等房屋销售服务
C21020000	房屋租赁服务	指住宅、办公楼、仓库等房屋租赁服务
C21030000	房地产中介服务	指具有专业执业资格的机构在房地产投资、开发、销售、交易等各个环节中，为当事人提供服务的经营活动包括房地产咨询、房地产估价和房地产经纪等
C21040000	物业管理服务	指办公场所或其他公用场所水电供应服务、设备运行、门窗保养维护、保洁、绿化养护等的管理及服务，包括： ——住宅物业管理服务：住宅小区、住宅楼、公寓等物业的管理服务； ——办公楼物业管理服务：写字楼、单位办公楼等物业管理服务； ——车站、机场、港口码头、医院、学校等物业管理服务； ——其他物业管理服务
C21050000	土地管理服务	包括土地储备管理，土地登记、清查活动，土地交易活动、其他土地管理服务
C21990000	其他房地产服务	
C22000000	会议、展览、住宿和餐饮服务	
C22010000	会议服务	
C22010100	大型会议服务	包括全国或区域党代会、人代会、政协会等大型会议服务
C22010200	一般会议服务	包括研讨会、表彰会等会议服务
C22020000	展览服务	包括展台搭建、展位制作等服务
C22020100	博览会服务	包括综合博览会服务、专业博览会服务等
C22020200	专业技术产品展览服务	包括： ——电子、通讯产品展览服务； ——汽车展览服务； ——机械设备展览服务； ——其他专业技术产品展览服务

（续表）

编码	品目名称	说明
C22020300	生活消费品展览服务	包括： ——食品展览服务； ——服装展览服务； ——家用电器展览服务； ——家具展览服务； ——其他生活消费品展览服务
C22020400	文化产品展览服务	包括： ——图书展览服务； ——集邮展览服务； ——纪念品展览服务； ——其他文化产品展览服务
C22029900	其他展览服务	包括： ——教育展览服务； ——其他展览服务
C22030000	住宿服务	指提供临时住宿的服务，包括： ——旅游饭店住宿服务； ——一般旅馆住宿服务； ——其他住宿服务 不包括提供长期住宿场所的住宿服务
C22040000	餐饮服务	指将烹饪、调制好的食物、饮料等提供给顾客的服务，包括： ——正餐； ——快餐； ——饮料及冷饮服务； ——食堂餐饮服务； ——其他餐饮服务
C22990000	其他会议、展览、住宿和餐饮服务	
C23000000	商务服务	
C23010000	法律服务	法律鉴证和咨询除外
C23010100	法律诉讼服务	包括： ——刑事诉讼法律服务； ——民事诉讼法律服务； ——行政诉讼法律服务； ——涉外诉讼法律服务； ——其他法律诉讼服务
C23010200	知识产权法律服务	包括商标权、专利权、代理申请等法律服务
C23010300	法律文件代理服务	包括： ——合同文书代理服务； ——遗嘱文书代理服务； ——财产文书代理服务； ——涉外法律文书代理服务； ——其他法律文件代理服务
C23010400	公证服务	包括： ——契约公证服务； ——遗嘱公证服务； ——财产公证服务； ——文件、证明公证服务； ——身份及社会关系公证服务； ——公益活动公证服务； ——其他公证服务

(续表)

编码	品目名称	说明
C23010500	仲裁服务	包括： ——涉外仲裁服务； ——经济仲裁服务； ——劳动仲裁服务； ——专利等知识产权仲裁服务； ——土地权益仲裁； ——其他仲裁服务
C23010600	调解服务	包括： ——民事调解服务； ——劳资调解服务； ——其他调解服务
C23019900	其他法律服务	包括与法律有关的调查、取证、鉴定服务等
C23020000	会计服务	会计鉴证除外
C23020100	财务报表编制服务	包括： ——总账汇总登记服务； ——填制会计报表服务； ——其他财务报表编制服务
C23020200	记账服务	指在账本上按照款额或某种计量单位分类和记录业务交易的簿记服务
C23029900	其他会计服务	
C23030000	审计服务	指按照公认的会计原则，审查某机构的会计账册和其他单据的服务，跟踪审计服务归入此类
C23040000	税务服务	税务鉴证除外
C23040100	税务规划服务	包括税务计划和控制，以及各种税务文件的准备等服务
C23040200	税务编制审查服务	指审查各种税务（如增值税）申报表编制情况的服务
C23049900	其他税务服务	包括个人税务服务等
C23050000	科技服务	
C23050100	技研发与推广服务	指运用科学技术新知识，或实质性改进技术、产品和服务而持续进行的研发和推广相关服务
C23050200	科技成果转化与推广服务	指对科学研究与技术开发所产生的具有实用价值的科技成果所进行的后续试验、开发、应用、推广直至形成新产品、新工艺、新材料，发展新产业的服务
C23050300	科技交流、普及与推广服务	指推广科学技术的应用、倡导科学方法、传播科学思想、弘扬科学精神的服务
C23050400	区域科技发展服务	指不同区域间科技资源共享、科技联合攻关、技术研发、人才引进、创新基地建设等服务
C23050500	技术创新服务	指生产技术的创新，包括开发新技术，将已有的技术进行应用，或为技术创新提供支撑和服务等
C23059900	其他科技服务	

（续表）

编码	品目名称	说明
C23060000	调查和民意测验服务	
C23060100	普查服务	指对人口、经济和农业进行调查、登记的服务
C23060200	社会调查服务	指对经济社会领域的某项问题进行调查和数据分析的服务
C23060300	服务满意度调查服务	指通过问卷、调研等方式对服务满意程度进行调查的服务
C23060400	市场分析调查服务	包括市场分析研究、竞争对象调查、消费行为调查、企业调查、行业调查、产品资讯调查、市场信息咨询、市场资讯、其他市场分析调查服务
C23069900	其他调查和民意测验服务	包括统计咨询与调查服务、社会及民意调查服务及其他调查和民意测试服务
C23070000	公共信息与宣传服务	
C23070100	公共信息服务	包括行业信息服务、舆情监测与应对、政务信息发布等相关服务
C23070200	公共公益宣传服务	指对政策、法律、作品、成果、活动的宣传以及相应宣传品制作、编辑出版等相关服务
C23079900	其他公共信息与宣传服务	
C23080000	行业管理服务	
C23080100	行业规划服务	指对行业的前景进行综合规划，明确发展方向和发展潜力的服务
C23080200	行业统计分析服务	指行业统计数据采集、分析、研究和应用相关服务
C23080300	行业规范服务	指行业规范研究、制定及修订相关服务
C23080400	行业标准制修订服务	指行业标准研究、制定及修订相关服务
C23080500	行业投诉处理服务	指行业投诉受理、答复、案件跟踪等相关服务
C23089900	其他行业管理服务	包括行业职业资格准入和水平评价管理服务等
C23090000	印刷和出版服务	
C23090100	印刷服务	
C23090101	单证印刷服务	包括各类表单、证件、证书（出入境证件、防伪膜、电子证件元件层等）的印刷服务
C23090102	票据印刷服务	包括发票、收据等票据的印刷服务
C23090199	其他印刷服务	包括： ——文件印刷服务； ——公文用纸印刷服务； ——资料汇编印刷服务； ——信封印刷服务； ——日历、名片、卡片、广告等的印刷服务； ——其他印刷服务

（续表）

编码	品目名称	说明
C23090200	出版服务	包括： ——图书出版服务：书籍出版、课本类书籍出版、其他图书出版服务； ——报纸出版服务：党报、综合新闻类报纸和其他报纸的出版服务； ——期刊出版服务：综合类杂志，经济、科学、社会科学类杂志，自然科学、技术类杂志，文化、教育类杂志，少儿读物类杂志以及其他杂志的出版服务； ——其他出版服务 不包括图书、报纸、期刊等的销售
C23100000	邮政与速递服务	
C23100100	邮政服务	包括： ——有关信函的邮政服务，例如收寄、运输和投递国内或国际报纸、杂志、期刊、信函和印刷品的服务； ——有关包裹的邮政服务，例如收寄、运输和投递国内或国际包裹的服务； ——出售邮票、处理保价信函或挂号信函与包裹及其他服务； ——其他邮政服务，例如邮箱租用服务，邮件存局侯领和其他公共邮政服务 不包括有关邮政储蓄和转账的服务和电信服务
C23100200	速递服务	指快速收寄、运输、投递单独封装的、有名址的快件或其他不需储存的物品，按承诺时限递送到收件人或指定地点、并获得签收的寄递服务
C23110000	租赁服务（不带操作员）	指不配备操作人员的机械设备的租赁服务
C23110100	计算机设备和软件租赁服务	包括计算机设备、计算机网络设备、计算机软件等租赁服务
C23110200	办公设备租赁服务	包括电话机、传真机、复印机等租赁服务
C23110300	车辆及其他运输机械租赁服务	包括乘用车、船舶、飞机等租赁服务
C23110400	农业和林业机械设备租赁服务	包括拖拉机、土壤耕整机械、种植施肥机械等租赁服务
C23110500	医疗设备租赁服务	包括手术器械、普通诊察器械、医用电子生理参数检测仪器设备等租赁服务
C23110600	图书和音像制品租赁服务	包括普通图书、盲文图书、音像制品等租赁服务
C23110700	家具、用具和装具租赁服务	包括床类、台桌类、被服装具等租赁服务
C23119900	其他租赁服务	包括机械设备、电气设备、通信设备、政法检测设备等其他设备和物品的租赁服务
C23120000	维修和保养服务	指机械设备的修理和保养服务
C23120100	计算机设备维修和保养服务	包括计算机设备、计算机网络设备、信息安全设备等的维修和保养服务
C23120200	办公设备维修和保养服务	包括电话机、传真机、复印机等的维修和保养服务
C23120300	车辆维修和保养服务	

（续表）

编码	品目名称	说明
C23120301	车辆维修和保养服务	包括载货汽车、汽车挂车、乘用车等车辆的维修和保养服务
C23120302	车辆加油、添加燃料服务	包括载货汽车、汽车挂车、乘用车等车辆的加油、充电、添加LNG、CNG、氢能等服务
C23120303	车辆充换电服务	
C23120399	其他车辆维修和保养服务	
C23120400	农业和林业机械设备维修和保养服务	包括拖拉机、土壤耕整机械、种植施肥机械等的维修和保养服务
C23120500	医疗设备维修和保养服务	包括常用医用电子生理参数检测仪器和急救与生命支持类设备、其他医用电子生理参数检测仪器设备、呼吸麻醉急救通气设备维修维保、医用光学仪器、医用激光类、光疗类、超声诊断设备、纤维内窥镜（软镜）及其附属设备、硬式内窥镜及其附属设备、物理治疗、康复及体育治疗仪器设备、医用磁共振设备、医用X线及其附属设备、医用高能射线设备及其附属设备、核医学设备及其附属设备、临床检验及实验设备、血液透析类、体外循环及其附属设备、专用手术急救类设备及器具、其他病房通用设备及器具设施等的维修和保养服务
C23120600	家具维修和保养服务	包括床类、台桌类、椅凳类等的维修和保养服务
C23120700	空调维修和保养服务	包括家用空调、中央空调等的维修和保养服务
C23120800	电梯维修和保养服务	包括电梯、自动扶梯、自动人行道等的维修和保养服务
C23120900	货币处理专用设备维修和保养服务	包括货币计数设备、清洗设备等的维修和保养服务
C23121000	安保设备维修和保养服务	包括监控设备等安保设备的维修和保养服务
C23121100	消防设备维修和保养服务	消防报警设备等的维修和保养服务
C23129900	其他维修和保养服务	包括机械设备、电气设备、通信设备等其他设备和物品的维修和保养服务
C23130000	批发服务	
C23130100	农畜产品批发服务	指未经过加工的农作物及牲畜、畜产品的批发和进出口服务
C23130200	食品和饮料批发服务	指经过加工和制造的食品及饮料的批发和进出口服务
C23130300	纺织、服装和日用品批发服务	指纺织面料、纺织品、服装、鞋、帽及日杂品、生活日用品的批发和进出口服务
C23130400	文化、体育用品和器材批发服务	指各类文具用品、体育用品、图书、报刊、音像、电子出版物、首饰、工艺美术品、收藏品及其他文化用品、器材的批发和进出口服务
C23130500	医药和医疗器材批发服务	指各种化学药品、生物药品、中草药材、中成药、兽用药及医疗器材的批发和进出口服务

（续表）

编码	品目名称	说明
C23130600	矿产品、建材和化工产品批发服务	指煤及煤制品、石油制品、矿产品及矿物制品、金属材料、建筑材料和化工产品的批发和进出口服务
C23130700	机械设备、五金交电和电子产品批发服务	指用设备、交通运输设备、电气机械、五金交电、家用电器、计算机设备、通讯设备、电子产品、仪器仪表及办公用机械的批发和进出口服务
C23139900	其他批发服务	包括贸易经纪与代理、再生物资回收与批发服务等
C23140000	零售服务	
C23140100	综合零售服务	包括百货零售、超级市场零售、其他综合零售服务
C23140200	食品和饮料专门零售服务	指专门经营粮油、食品和饮料的零售服务
C23140300	纺织、服装和日用品专门零售服务	指专门经营纺织面料、纺织品、服装、鞋、帽及各种生活日用品的零售
C23140400	文化、体育用品和器材专门零售服务	指专门经营文具、体育用品、图书、报刊、音像制品、首饰、工艺美术品、收藏品、照相器材及其他文化用品的零售服务
C23140500	医药和医疗器材专门零售服务	指专门经营各种化学药品、生物药品、中草药材、中成药、兽用药、医疗用品及器材的零售服务
C23140600	汽车、摩托车、燃料和零配件专门零售服务	指专门经营汽车、摩托车、汽车零部件及燃料的零售服务
C23140700	家用电器和电子产品专门零售服务	指专门经营家用电器和计算机及辅助设备、电子通信设备、电子元器件及办公设备的零售服务
C23140800	五金、家具和室内装修材料专门零售服务	指五金用品、家具和装修材料零售店的零售服务，以及在家具城、家居装修中心、建材城（中心）及展销会上设摊位的零售服务
C23149900	无店铺和其他零售服务	指无固定场所的流动性销售产品的服务
C23150000	广告宣传服务	指在报纸、期刊、户外路牌、灯箱、橱窗、互联网、通讯设备及广播电影电视等媒介上策划制作的宣传服务，包括： ——广告制作服务：影视、广播广告，报纸、杂志广告，灯箱广告，路牌广告以及其他广告制作服务； ——广告发布服务：影视、广播广告，报纸、杂志广告，灯箱广告，路牌广告，互联网广告，建筑物广告以及其他广告发布服务； ——广告代理服务； ——宣传视频、宣传册等的策划、制作和发布服务； ——其他广告宣传服务
C23160000	建筑物清洁服务	指对建筑物内外墙、玻璃幕墙、地面、天花板及烟囱的专项清洗服务，包括： ——建筑物外清洗服务：建筑物玻璃幕墙和其他建筑物墙面清洗； ——建筑物内清洁服务：建筑物墙面和其他建筑物内服务； ——烟囱清洗服务； ——建筑物管道疏通、清洁与消毒服务

（续表）

编码	品目名称	说明
C23170000	摄影服务	包括： ——人像摄影服务； ——广告及有关摄影服务； ——活动摄影服务； ——特技摄影服务：从飞机或直升机上进行景观、构筑物和其他外观的摄影服务，采用特殊仪器和技术进行人物、物体或风景摄影服务； ——照片的修复、复制和修版服务：旧照片的修复服务，从画片上复制、修版和其他特殊摄影效果； ——照片冲洗加工服务：负片或幻灯片的放大，黑白照片冲洗，彩印，幻灯片和负片的复制、翻版等，电影胶片的显影服务，影幻灯片的制作服务，胶片的拷贝服务，视听传播媒介的复制服务； ——其他摄影服务 不包括通讯社服务，照相复制服务，卫星的摄影测量记录和数据收集，电影、录像制品和电视节目制作的加工服务
C23180000	包装服务	包括： ——发泡塑料成型包装； ——收缩性薄膜包装； ——成型膜包装盒密封； ——袋装、瓶装和喷雾剂包装； ——为货物诸如食品、药品、家用清洁剂、盥洗室用制品和金属器具等提供的包装服务 不包括： ——因运输所需要的包装盒板条箱包装服务； ——只在包装材料上印刷信息； ——将客户自己的材料加工成不同产品的包装服务
C23190000	翻译服务	包括笔译、口译和其他翻译服务
C23200000	档案管理服务	包括档案的收集、整理、鉴定、保管、统计、检索、利用、编研等服务
C23210000	外事服务	指办理签证，境外考察，外宾接待，翻译服务，保险办理等涉外事务及对外合作与交流服务等
C23220000	信用服务	指信用信息的采集分析、信用报告、信用等级评价等服务
C23230000	家政服务	指以家庭为服务对象，由专业人员进入家庭成员住所提供的或以固定场所集中提供的照护等服务
C23240000	殡葬服务	包括墓地、火葬、殡仪业等服务
C23250000	票务代理服务	指航空机票、火车票等票务代理买售的服务
C23260000	采购代理服务	指相关采购业务的代理服务
C23270000	旅游服务	包括旅行社和导游服务等
C23990000	其他商务服务	

（续表）

编码	品目名称	说明
C24000000	政府和社会资本合作服务	指政府为增加公共产品和公共服务供给，采取竞争性方式择优选择具有投资、运营管理能力的社会资本，通过特许经营合作以及不涉及特许经营的其他合作模式，建立的与社会资本的长期合作关系
C24010000	公共设施类合作服务	包括供气、供电、供水、供热、排水、管网、污水处理、垃圾处理、环卫等公用设施，体育和文化娱乐设施、园林景观绿化、广场等类型的合作服务
C24020000	交通设施类合作服务	包括机场、铁路、公路、高速公路、城市道路、交通枢纽、港口码头、停车场、航道航运、仓储物流、公共汽电车、城市轨道交通、桥梁、隧道等类型的合作服务
C24030000	水利设施类合作服务	包括水利枢纽、堤坝、防洪、水库、调水引水、灌溉排水等类型的合作服务
C24040000	园、景区及旅游类合作服务	包括公园、风景名胜、自然景区、旅游等类型的合作服务
C24050000	生态环境保护类合作服务	包括大气污染治理、水污染治理、固废处理、荒山绿化、防沙治沙、江河湖泊海治理、一体化综合生态环境治理、生态和环境保护等类型的合作服务
C24060000	农业、林业类合作服务	包括高标准农田、农田整治、耕地保护、智慧农业、粮油物资储备、农产品交易中心、现代农业园区，林业生态的建设、修复及扶贫，天然林保护，储备林、生态林、经济林建设等类型的合作服务
C24070000	教育类合作服务	包括学前教育、义务教育、普通高中、普通高校、成人教育、职业教育、培训、特殊教育等类型的合作服务
C24080000	医疗卫生类合作服务	包括医院、卫生院和社区医疗、乡镇卫生所、疾病预防控制中心、妇幼保健、医疗康复、公共卫生应急设施等类型的合作服务
C24090000	社会保障类合作服务	包括养老（医养结合）、老年公寓、社会福利、社会救济、托育、救灾和应急管理、就业、社区服务等类型的合作服务
C24100000	公共文化类合作服务	包括文化场馆、图书馆、博物馆、美术馆、剧院、文物和文化保护、群众文化活动服务等类型的合作服务
C24110000	信息技术、信息传输类合作服务	包括信息网络建设、信息基础设施、卫星设施等类型的合作服务
C24120000	城市、城镇发展类合作服务	包括城镇化建设、绿色城市、海绵城市、智慧城市、老旧小区综合整治改造、保障性住房建设、农村人居环境、农村危房改造、游牧民安居、基层社会治理、厂房建设、园区开发、核心技术研发中心、智能科技园建设等类型的合作服务
C24990000	其他政府和社会资本合作服务	
C99000000	其他服务	

第十六章 行政事业单位日常公用经费管理法规

1. 党政机关厉行节约反对浪费条例（2013年发布）

（中发〔2013〕13号印发）

第一章 总 则

第一条 为了进一步弘扬艰苦奋斗、勤俭节约的优良作风，推进党政机关厉行节约反对浪费，建设节约型机关，根据国家有关法律法规和中央有关规定，制定本条例。

第二条 本条例适用于党的机关、人大机关、行政机关、政协机关、审判机关、检察机关，以及工会、共青团、妇联等人民团体和参照公务员法管理的事业单位。

第三条 本条例所称浪费，是指党政机关及其工作人员违反规定进行不必要的公务活动，或者在履行公务中超出规定范围、标准和要求，不当使用公共资金、资产和资源，给国家和社会造成损失的行为。

第四条 党政机关厉行节约反对浪费，应当遵循下列原则：坚持从严从简，勤俭办一切事业，降低公务活动成本；坚持依法依规，遵守国家法律法规和党内法规制度的相关规定，严格按程序办事；坚持总量控制，科学设定相关标准，严格控制经费支出总额，加强厉行节约绩效考评；坚持实事求是，从实际出发安排公务活动，取消不必要的公务活动，保证正常公务活动；坚持公开透明，除涉及国家秘密事项外，公务活动中的资金、资产、资源使用等情况应予公开，接受各方面监督；坚持深化改革，通过改革创新破解体制机制障碍，建立健全厉行节约反对浪费工作长效机制。

第五条 中共中央办公厅、国务院办公厅负责统筹协调、指导检查全国党政机关厉行节约反对浪费工作，建立协调联络机制承办具体事务。地方各级党委办公厅（室）、政府办公厅（室）负责指导检查本地区党政机关厉行节约反对浪费工作。

纪检监察机关和组织人事、宣传、外事、发展改革、财政、审计、机关事务管理等部门根据职责分工，依法依规履行对厉行节约反对浪费相关工作的管理、监督等职责。

第六条 各级党委和政府应当加强对厉行节约反对浪费工作的组织领导。党政机关领导班子主要负责人对本地区、本部门、本单位的厉行节约反对浪费工作负总责，其他成员根据工作分工，对职责范围内的厉行节约反对浪费工作负主要领导责任。

第二章 经费管理

第七条 党政机关应当加强预算编制管理，按照综合预算的要求，将各项收入和支出全部纳入部门预算。

党政机关依法取得的罚没收入、行政事业性收费、政府性基金、国有资产收益和处置等非税收入，必须按规定及时足额上缴国库，严禁以任何形式隐瞒、截留、挤占、挪用、坐支或者私分，严禁转移到机关所属工会、培训中心、服务中心等单位账户使用。

第八条 党政机关应当遵循先有预算、后有支出的原则，严格执行预算，严禁超预算或者无预算安排支出，严禁虚列支出、转移或者套取预算资金。

严格控制国内差旅费、因公临时出国（境）费、公务接待费、公务用车购置及运行费、会议费、培训费等支出。年度预算执行中不予追加，因特殊需要确需追加的，由财政部门审核后按程序报批。

建立预算执行全过程动态监控机制，完善预算执行管理办法，建立健全预算绩效管理体系，增强预算执行的严肃性，提高预算执行的准确率，防止年底突击花钱等现象发生。

第九条 推进政府会计改革，进一步健全会计制度，准确核算机关运行经费，全面反映行政成本。

第十条 财政部门应当会同有关部门，根据国内差旅、因公临时出国（境）、公务接待、会议、培训等工作特点，综合考虑经济发展水平、有关货物和服务的市场价格水平，制定分地区的公务活动经费开支范围和开支标准。

加强相关开支标准之间的衔接，建立开支标准调整机制，定期根据有关货物和服务的市场价格变动情况调整相关开支标准，增强开支标准的协调性、规范性、科学性。

严格开支范围和标准，严格支出报销审核，不得报销任何超范围、超标准以及与相关公务活动无关的费用。

第十一条 全面实行公务卡制度。健全公务卡强制结算目录，党政机关国内发生的公务差旅费、公务接待费、公务用车购置及运行费、会议费、培训费等经费支出，除按规定实行财政直接支付或者银行转账外，应当使用公务卡结算。

第十二条 党政机关采购货物、工程和服务，应当遵循公开透明、公平竞争、诚实信用原则。

政府采购应当依法完整编制采购预算，严格执行经费预算和资产配置标准，合理确定采购需求，不得超标准采购，不得超出办公需要采购服务。

严格执行政府采购程序，不得违反规定以任何方式和理由指定或者变相指定品牌、型号、产地。采购公开招标数额标准以上的货物、工程和服务，应当进行公开招标，确需改变采购方式的，应当严格执行有关公示和审批程序。列入政府集中采购目录范围的，应当委托集中采购机构代理采购，并逐步实行批量集中采购。严格控制协议供货采购的数量和规模，不得以协议供货拆分项目的方式规避公开招标。

党政机关应当按照政府采购合同规定的采购需求组织验收。政府采购监督管理部门应当逐步建立政府采购结果评价制度，对政府采购的资金节约、政策效能、透明程度以及专业化水平进行综合、客观评价。

加快政府采购管理交易平台建设，推进电子化政府采购。

第三章　国内差旅和因公临时出国（境）

第十三条 党政机关应当建立健全并严格执行国内差旅内部审批制度，从严控制国内差旅人数和天数，严禁无明确公务目的的差旅活动，严禁以公务差旅为名变相旅游，严禁异地部门间无实质内容的学习交流和考察调研。

第十四条 国内差旅人员应当严格按规定乘坐交通工具、住宿、就餐，费用由所在单位承担。

差旅人员住宿、就餐由接待单位协助安排的，必须按标准交纳住宿费、餐费。差旅人员不得向接待单位提出正常公务活动以外的要求，不得接受礼金、礼品和土特产品等。

第十五条 统筹安排年度因公临时出国计划，严格控制团组数量和规模，不得安排照顾性、无实质内容的一般性出访，不得安排考察性出访，严禁集中安排赴热门国家和地区出访，严禁以各种名义变相公款出国旅游。严格执行因公临时出国限量管理规定，不得把出国作为个人待遇、安排轮流出国。严格控制跨地区、跨部门团组。

组织、外专等有关部门应当加强出国培训总体规划和监督管理，严格控制出国培训规模，科学设置培训项目，择优选派培训对象，提高出国培训的质量和实效。

第十六条 外事管理部门应当加强因公临时出国审核审批管理，对违反规定、不适合成行的团组予以调整或者取消。

加强因公临时出国经费预算总额控制，严格执行经费先行审核制度。无出国经费预算安排的不予批准，确有特殊需要的，按规定程序报批。严禁违反规定使用出国经费预算以外资金作为出国经费，严禁向所属单位、企业、我国驻外机构等摊派或者转嫁出国费用。

第十七条 出国团组应当按规定标准安排交通工具和食宿，不得违反规定乘坐民航包机，不得乘坐私人、企业和外国航空公司包机，不得安排超标准住房和用车，不得擅自增加出访国家或者地区，不得擅自绕道旅行，不得擅自延长在国外停留时间。

出国期间，不得与我国驻外机构和其他中资机构、企业之间用公款互赠礼品或者纪念品，不得用公款相互宴请。

第十八条 严格根据工作需要编制出境计划，加强因公出境审批和管理，不得安排出境考察，不得组织无实质内容的调研、会议、培训等活动。

严格遵守因公出境经费预算、支出、使用、核算等财务制度，不得接受超标准接待和高消费娱乐，不得接受礼金、贵重礼品、有价证券、支付凭证等。

第四章 公务接待

第十九条 建立健全国内公务接待集中管理制度。党政机关公务接待管理部门应当加强对国内公务接待工作的管理和指导。

第二十条 党政机关应当建立公务接待审批控制制度，对无公函的公务活动不予接待，严禁将非公务活动纳入接待范围。

第二十一条 党政机关应当严格执行国内公务接待标准，实行接待费支出总额控制制度。

接待单位应当严格按标准安排接待对象的住宿用房，协助安排用餐的按标准收取餐费，不得在接待费中列支应当由接待对象承担的费用，不得以举办会议、培训等名义列支、转移、隐匿接待费开支。

建立国内公务接待清单制度，如实反映接待对象、公务活动、接待费用等情况。接待清单作为财务报销的凭证之一并接受审计。

第二十二条 外宾接待工作应当遵循服务外交、友好对等、务实节俭的原则。外宾邀请单位应当严格按照有关规定安排接待活动，从严从紧控制外宾团组和接待费用。

第二十三条 有关部门和地方应当参照国内公务接待标准，制定招商引资等活动的接待办法，严格审批，强化管理，严禁超规格、超标准接待，严禁扩大接待范围、增加接待项目，严禁以招商引资等名义变相安排公务接待。

第二十四条 党政机关不得以任何名义新建、改建、扩建所属宾馆、招待所等具有接待功能的设施或者场所。

建立接待资源共享机制，推进机关所属接待、培训场所的集中统一管理和利用。健全服务经营机制，推行机关所属接待、培训场所企业化管理，降低服务经营成本。

积极推进国内公务接待服务社会化改革，有效利用社会资源为国内公务接待提供住宿、餐饮、用车等服务。

第五章　公　务　用　车

第二十五条　坚持社会化、市场化方向，改革公务用车制度，合理有效配置公务用车资源，创新公务交通分类提供方式，保障公务出行，降低行政成本，建立符合国情的新型公务用车制度。

改革公务用车实物配给方式，取消一般公务用车，保留必要的执法执勤、机要通信、应急和特种专业技术用车及按规定配备的其他车辆。普通公务出行由公务人员自主选择，实行社会化提供。取消的一般公务用车，采取公开招标、拍卖等方式公开处置。

适度发放公务交通补贴，不得以车改补贴的名义变相发放福利。

第二十六条　党政机关应当从严配备实行定向化保障的公务用车，不得以特殊用途等理由变相超编制、超标准配备公务用车，不得以任何方式换用、借用、占用下属单位或者其他单位和个人的车辆，不得接受企事业单位和个人赠送的车辆。

严格按规定配备专车，不得擅自扩大专车配备范围或者变相配备专车。

从严控制执法执勤用车的配备范围、编制和标准。执法执勤用车配备应当严格限制在一线执法执勤岗位，机关内部管理和后勤岗位以及机关所属事业单位一律不得配备。

第二十七条　公务用车实行政府集中采购，应当选用国产汽车，优先选用新能源汽车。

公务用车严格按照规定年限更新，已到更新年限尚能继续使用的应当继续使用，不得因领导干部职务晋升、调任等原因提前更新。

公务用车保险、维修、加油等实行政府采购，降低运行成本。

第二十八条　除涉及国家安全、侦查办案等有保密要求的特殊工作用车外，执法执勤用车应当喷涂明显的统一标识。

第二十九条　根据公务活动需要，严格按规定使用公务用车，严禁以任何理由挪用或者固定给个人使用执法执勤、机要通信等公务用车，领导干部亲属和身边工作人员不得因私使用配备给领导干部的公务用车。

第六章　会　议　活　动

第三十条　党政机关应当精简会议，严格执行会议费开支范围和标准。

党政机关会议实行分类管理、分级审批。财政部门应当会同机关事务管理等部门制定本级党政机关会议费管理办法，从严控制会议数量、会期和参会人员规模。完善并严格执行严禁党政机关到风景名胜区开会制度规定。

第三十一条　会议召开场所实行政府采购定点管理。会议住宿用房以标准间为主，用餐安排自助餐或者工作餐。

会议期间，不得安排宴请，不得组织旅游以及与会议无关的参观活动，不得以任何名义发放纪念品。

完善会议费报销制度。未经批准以及超范围、超标准开支的会议费用，一律不予报销。严禁违规使用会议费购置办公设备，严禁列支公务接待费等与会议无关的任何费用，严禁套取会议资金。

第三十二条　建立健全培训审批制度，严格控制培训数量、时间、规模，严禁以培训名义召开会议。

严格执行分类培训经费开支标准，严格控制培训经费支出范围，严禁在培训经费中列支公务接待费、会议费等与培训无关的任何费用。严禁以培训名义进行公款宴请、公款旅游活动。

第三十三条 未经批准，党政机关不得以公祭、历史文化、特色物产、单位成立、行政区划变更、工程奠基或者竣工等名义举办或者委托、指派其他单位举办各类节会、庆典活动，不得举办论坛、博览会、展会活动。严禁使用财政性资金举办营业性文艺晚会。从严控制举办大型综合性运动会和各类赛会。

经批准的节会、庆典、论坛、博览会、展会、运动会、赛会等活动，应当严格控制规模和经费支出，不得向下属单位摊派费用，不得借举办活动发放各类纪念品，不得超出规定标准支付费用邀请名人、明星参与活动。为举办活动专门配备的设备在活动结束后应当及时收回。

第三十四条 严格控制和规范各类评比达标表彰活动，实行中央和省（自治区、直辖市）两级审批制度。评比达标表彰项目费用由举办单位承担，不得以任何方式向相关单位和个人收取费用。

第七章 办公用房

第三十五条 党政机关办公用房建设应当从严控制。凡是违反规定的拟建办公用房项目，必须坚决终止；凡是未按照规定程序履行审批手续、擅自开工建设的办公用房项目，必须停建并予以没收；凡是超规模、超标准、超投资概算建设的办公用房项目，应当根据具体情况限期腾退超标准面积或者全部没收、拍卖。

党政机关办公用房应当严格管理，推进办公用房资源的公平配置和集约使用。凡是超过规定面积标准占有、使用办公用房以及未经批准租用办公用房的，必须腾退；凡是未经批准改变办公用房使用功能的，原则上应当恢复原使用功能。严禁出租出借办公用房，已经出租出借的，到期必须收回；租赁合同未到期的，租金收入应当按照收支两条线管理。

第三十六条 党政机关新建、改建、扩建、购置、置换、维修改造、租赁办公用房，必须严格按规定履行审批程序。采取置换方式配给办公用房的，应当执行新建办公用房各项标准，不得以未使用政府预算建设资金、资产整合等名义规避审批。

第三十七条 党政机关办公用房建设项目应当按照朴素、实用、安全、节能原则，严格执行办公用房建设标准、单位综合造价标准和公共建筑节能设计标准，符合土地利用和城市规划要求。党政机关办公楼不得追求成为城市地标建筑，严禁配套建设大型广场、公园等设施。

第三十八条 党政机关办公用房建设项目投资，统一由政府预算建设资金安排。土地收益和资产转让收益应当按照有关规定实行收支两条线管理，不得直接用于办公用房建设。

党政机关办公用房维修改造项目所需投资，统一列入预算由财政资金安排解决，未经审批的项目不得安排预算。

第三十九条 办公用房建设应当严格执行工程招投标和政府采购有关规定，加强对工程项目的全过程监理和审计监督。加快推行办公用房建设项目代建制。

办公用房因使用时间较长、设施设备老化、功能不全，不能满足办公需求的，可以进行维修改造。维修改造项目应当以消除安全隐患、恢复和完善使用功能、降低能源资源消耗为重点，严格履行审批程序，严格执行维修改造标准。

第四十条 建立健全办公用房集中统一管理制度，对办公用房实行统一调配、统一权属登记。

党政机关应当严格按照有关标准和本单位"三定"方案，从严核定、使用办公用房。超标部分应当移交同级机关事务管理部门用于统一调剂。

新建、调整办公用房的单位，应当按照"建新交旧""调新交旧"的原则，在搬入新建或者新调整办公用房的同时，将原办公用房腾退移交机关事务管理部门统一调剂使用。

因机构增设、职能调整确需增加办公用房的，应当在本单位现有办公用房中解决；本单位现有办公用房不能满足需要的，由机关事务管理部门整合办公用房资源调剂解决；无法调剂、确需租用解决的，应当严格履行报批手续，不得以变相补偿方式租用由企业等单位提供的办公用房。

第四十一条 党政机关领导干部应当按照标准配置使用一处办公用房，确因工作需要另行配置办公用房的，应当严格履行审批程序。领导干部不得长期租用宾馆、酒店房间作为办公用房。配置使用的办公用房，在退休或者调离时应当及时腾退并由原单位收回。

第八章 资 源 节 约

第四十二条 党政机关应当节约集约利用资源，加强全过程节约管理，提高能源、水、粮食、办公家具、办公设备、办公用品等的利用效率和效益，统筹利用土地，杜绝浪费行为。

第四十三条 对能源、水的使用实行分类定额和目标责任管理。推广应用节能技术产品，淘汰高耗能设施设备，重点推广应用新能源和可再生能源。积极使用节水型器具，建设节水型单位。

健全节能产品政府采购政策，严格执行节能产品政府强制采购和优先采购制度。

第四十四条 优化办公家具、办公设备等资产的配置和使用，通过调剂方式盘活存量资产，节约购置资金。已到更新年限尚能继续使用的，不得报废处置。

对产生的非涉密废纸、废弃电器电子产品等废旧物品进行集中回收处理，促进循环利用；涉及国家秘密的，按照有关保密规定进行销毁。

第四十五条 党政机关政务信息系统建设应当统筹规划，统一组织实施，防止重复建设和频繁升级。

建立共享共用机制，加强资源整合，推动重要政务信息系统互联互通、信息共享和业务协同，降低软件开发、系统维护和升级等方面费用，防止资源浪费。

积极利用信息化手段，推行无纸化办公，减少一次性办公用品消耗。

第九章 宣 传 教 育

第四十六条 宣传部门应当把厉行节约反对浪费作为重要宣传内容，充分发挥各级各类媒体作用，重视运用互联网等新兴媒体，通过新闻报道、文化作品、公益广告等形式，广泛宣传中华民族勤俭节约的优秀品德，宣传阐释相关制度规定，宣传推广厉行节约的经验做法和先进典型，倡导绿色低碳消费理念和健康文明生活方式。

第四十七条 党政机关应当把加强厉行节约反对浪费教育作为作风建设的重要内容，融入干部队伍建设和机关日常管理之中，建立健全常态化工作机制。对各种铺张浪费现象和行为，应当严肃批评、督促改正。

纪检监察机关应当不定期曝光铺张浪费的典型案例，发挥警示教育作用。

组织人事部门和党校、行政学院、干部学院应当把厉行节约反对浪费作为干部教育培训的重要内容，创新教育方法，切实增强教育培训的针对性和实效性。

第四十八条 党政机关应当围绕建设节约型机关，组织开展形式多样、便于参与的活动，引导干部职工增强节约意识、珍惜物力财力，积极培育和形成崇尚节约、厉行节约、反对浪费的机关文化，为在全社会形成节俭之风发挥示范表率作用。

第十章 监 督 检 查

第四十九条 各级党委和政府应当建立厉行节约反对浪费监督检查机制，明确监督检查的主体、职责、内容、方法、程序等，加强经常性督促检查，针对突出问题开展重点检查、暗访等专项活动。

下级党委和政府应当每年向上级党委和政府报告本地区厉行节约反对浪费工作情况，党委和政府所属部门、单位应当每年向本级党委和政府报告本部门、本单位厉行节约反对浪费工作情况。报告可结合领导班子年度考核和工作报告一并进行。

第五十条 领导干部厉行节约反对浪费工作情况，应当列为领导班子民主生活会和领导干部述职述廉的重要内容并接受评议。

第五十一条 党委办公厅（室）、政府办公厅（室）负责统筹协调相关部门开展对厉行节约反对浪费工作的督促检查。每年至少组织开展一次专项督查，并将督查情况在适当范围内通报。专项督查可以与党风廉政建设责任制检查考核、年终党建工作考核等相结合，督查考核结果应当按照干部管理权限送纪检监察机关和组织人事部门，作为干部管理监督、选拔任用的依据。

第五十二条 纪检监察机关应当加强对厉行节约反对浪费工作的监督检查，受理群众举报和有关部门移送的案件线索，及时查处违纪违法问题。

中央和省、自治区、直辖市党委巡视组应当按照有关规定，加强对有关党组织领导班子及其成员厉行节约反对浪费工作情况的巡视监督。

第五十三条 财政部门应当加强对党政机关预算编制、执行等财政、财务、政府采购和会计事项的监督检查，依法处理发现的违规问题，并及时向本级党委和政府汇报监督检查结果。

审计部门应当加大对党政机关公务支出和公款消费的审计力度，依法处理、督促整改违规问题，并将涉嫌违纪违法问题移送有关部门查处。

第五十四条 党政机关应当建立健全厉行节约反对浪费信息公开制度。除依照法律法规和有关要求须保密的内容和事项外，下列内容应当按照及时、方便、多样的原则，以适当方式进行公开：

（一）预算和决算信息；

（二）政府采购文件、采购预算、中标成交结果、采购合同等情况；

（三）国内公务接待的批次、人数、经费总额等情况；

（四）会议的名称、主要内容、支出金额等情况；

（五）培训的项目、内容、人数、经费等情况；

（六）节会、庆典、论坛、博览会、展会、运动会、赛会等活动举办信息；

（七）办公用房建设、维修改造、使用、运行费用支出等情况；

（八）公务支出和公款消费的审计结果；

（九）其他需要公开的内容。

第五十五条 推动和支持人民代表大会及其常务委员会依法严格审查批准党政机关公务支出预算，加强对预算执行情况的监督。发挥人大代表的监督作用，通过提出意见、建议、批评以及询问、质询等方式加强对党政机关厉行节约反对浪费工作的监督。

支持人民政协对党政机关厉行节约反对浪费工作的监督，自觉接受并积极支持政协委员通过调研、视察、提案等方式加强对党政机关厉行节约反对浪费工作的监督。

第五十六条 重视各级各类媒体在厉行节约反对浪费方面的舆论监督作用。建立舆情反馈机制，及时调查处理媒体曝光的违规违纪违法问题。

发挥群众对党政机关及其工作人员铺张浪费行为的监督作用，认真调查处理群众反映的问题。

第十一章 责任追究

第五十七条 建立党政机关厉行节约反对浪费工作责任追究制度。

对违反本条例规定造成浪费的，应当依纪依法追究相关人员的责任，对负有领导责任的主要负责人或者有关领导干部实行问责。

第五十八条 有下列情形之一的，追究相关人员的责任：

（一）未经审批列支财政性资金的；

（二）采取弄虚作假等手段违规取得审批的；

（三）违反审批要求擅自变通执行的；

（四）违反管理规定超标准或者以虚假事项开支的；

（五）利用职务便利假公济私的；

（六）有其他违反审批、管理、监督规定行为的。

第五十九条 有下列情形之一的，追究主要负责人或者有关领导干部的责任：

（一）本地区、本部门、本单位铺张浪费、奢侈奢华问题严重，对发现的问题查处不力，干部群众反映强烈的；

（二）指使、纵容下属单位或者人员违反本条例规定造成浪费的；

（三）不履行内部审批、管理、监督职责造成浪费的；

（四）不按规定及时公开本地区、本部门、本单位有关厉行节约反对浪费工作信息的；

（五）其他对铺张浪费问题负有领导责任的。

第六十条 违反本条例规定造成浪费的，根据情节轻重，由有关部门依照职责权限给予批评教育、责令作出检查、诫勉谈话、通报批评或者调离岗位、责令辞职、免职、降职等处理。

应当追究党纪政纪责任的，依照《中国共产党纪律处分条例》《行政机关公务员处分条例》等有关规定给予相应的党纪政纪处分。

涉嫌违法犯罪的，依法追究法律责任。

第六十一条 违反本条例规定获得的经济利益，应当予以收缴或者纠正。

违反本条例规定，用公款支付、报销应由个人支付的费用，应当责令退赔。

第六十二条 受到责任追究的人员对处理决定不服的，可以按照相关规定向有关机关提出申诉。受理申诉机关应当依据有关规定认真受理并作出结论。

申诉期间，不停止处理决定的执行。

第十二章 附 则

第六十三条 各省、自治区、直辖市党委和政府，中央和国家机关各部委，可以根据本条例，结合实际制定实施细则。有关职能部门应当根据各自职责，制定完善相关配套制度。

国有企业、国有金融企业、不参照公务员法管理的事业单位，参照本条例执行。

中国人民解放军和中国人民武装警察部队按照军队有关规定执行。

第六十四条 本条例由中共中央办公厅、国务院办公厅会同有关部门负责解释。

第六十五条 本条例自发布之日起施行。1997年5月25日发布的《中共中央、国务院关于党政机关厉行节约制止奢侈浪费行为的若干规定》同时废止。其他有关党政机关厉行节约反对浪费的规定，凡与本条例不一致的，按照本条例执行。

2. 因公临时出国经费管理办法（2013年发布）

（财行〔2013〕516号印发）

第一章 总 则

第一条 为了进一步规范因公临时出国经费管理，加强预算监督，提高资金使用效益，保证外事工作的顺利开展，根据《中华人民共和国预算法》《党政机关厉行节约反对浪费条例》等法律法规，制定本办法。

第二条 本办法适用于各级党政军机关、人大、政协机关、审判机关、检察机关、民主党派、人民团体和事业单位因公组派临时代表团组的省部级以下（含省部级）出国人员（以下简称出国人员）。

第三条 各地区各部门各单位因公组派临时出国团组应当坚持强化预算约束、优化经费结构、厉行勤俭节约、讲求务实高效的原则，严格控制因公临时出国规模，规范因公临时出国经费管理。

第二章 预算管理和计划管理

第四条 因公临时出国经费应当全部纳入预算管理，并按照下列规定执行：

（一）各级财政部门应当加强因公临时出国经费的预算管理，严格控制因公临时出国经费总额，科学合理地安排因公临时出国经费预算。

（二）各地区各部门各单位应当加强预算硬约束，认真贯彻落实厉行节约的要求，在核定的年度因公临时出国经费预算内，务实高效、精简节约地安排因公临时出国活动，不得超预算或无预算安排出访团组。确有特殊需要的，按规定程序报批。

第五条 出访团组实行计划审批管理，并按照下列规定执行：

（一）各地区各部门各单位应当认真贯彻中央有关外事管理规定，科学制订年度因公临时出国计划，认真履行因公临时出国计划报批制度，严格控制因公临时出国团组人数、国家数和在外停留天数，正确执行限量管理规定。组团单位和派出单位要明确责任，谁派出、谁负责。

（二）因公临时出国应当坚持因事定人的原则，不得因人找事，不得安排照顾性和无实质内容的一般性出访，不得安排考察性出访。

（三）各级外事部门应当加强因公临时出国计划的审核审批管理，严格把关，对违反规定、不适合成行的团组予以调整或者取消。驻外使馆答复国内因公临时出国征求意见时，应当严格履行把关职责。

第六条 各地区各部门各单位出国经费的支付，应当严格按照国库集中支付制度和公务卡管理制度的有关规定执行。

各地区各部门各单位应当严格执行各项经费开支标准，不得擅自突破，严禁接受或变相接受企事业单位资助，严禁向同级机关、下级机关、下属单位、企业、驻外机构等摊派或转嫁出访费用。

第七条 各地区各部门各单位应当建立因公临时出国计划与财务管理的内部控制制度。出访团组应当事先填报《因公临时出国任务和预算审批意见表》（见附1），由单位外事和财务部门分别出具审签意见，明确审核责任。出国任务、出国经费预算未通过审核的，不得安排出访团组。

第三章 经费管理

第八条 因公临时出国经费包括：国际旅费、国外城市间交通费、住宿费、伙食费、公杂费和其他费用。

国际旅费，是指出境口岸至入境口岸旅费。

国外城市间交通费，是指为完成工作任务所必须发生的，在出访国家的城市与城市之间的交通费用。

住宿费是指出国人员在国外发生的住宿费用。

伙食费是指出国人员在国外期间的日常伙食费用。

公杂费是指出国人员在国外期间的市内交通、邮电、办公用品、必要的小费等费用。

其他费用主要是指出国签证费用、必需的保险费用、防疫费用、国际会议注册费用等。

第九条 国际旅费按照下列规定执行：

（一）选择经济合理的路线。出国人员应当优先选择由我国航空公司运营的国际航线，由于航班衔接等原因确需选择外国航空公司航线的，应当事先报经单位外事和财务部门审批同意。不得以任何理由绕道旅行，或以过境名义变相增加出访国家和时间。

（二）按照经济适用的原则，通过政府采购等方式，选择优惠票价，并尽可能购买往返机票。

（三）因公临时出国购买机票，须经本单位外事和财务部门审批同意。机票款由本单位通过公务卡、银行转账方式支付，不得以现金支付。单位财务部门应当根据《航空运输电子客票行程单》等有效票据注明的金额予以报销。

（四）出国人员应当严格按照规定安排交通工具，不得乘坐民航包机或私人、企业和外国航空公司包机。

（五）省部级人员可以乘坐飞机头等舱、轮船一等舱、火车高级软卧或全列软席列车的商务座；司局级人员可以乘坐飞机公务舱、轮船二等舱、火车软卧或全列软席列车的一等座；其他人员均乘坐飞机经济舱、轮船三等舱、火车硬卧或全列软席列车的二等座。所乘交通工具舱位等级划分与以上不一致的，可乘坐同等水平的舱位。所乘交通工具未设置上述规定中本级别人员可乘坐舱位等级的，应乘坐低一等级舱位。上述人员发生的国际旅费据实报销。

（六）出国人员乘坐国际列车，国内段按国内差旅费的有关规定执行；国外段超过6小时的按自然（日历）天数计算，每人每天补助12美元。

第十条 出国人员根据出访任务需要在一个国家城市间往来，应当事先在出国计划中列明，并报本单位外事和财务部门批准。未列入出国计划、未经本单位外事和财务部门批准的，不得在国外城市间往来。出国人员的旅程必须按照批准的计划执行，其城市间交通费凭有效原始票据据实报销。

第十一条 住宿费按照下列规定执行：

（一）出国人员应当严格按照规定安排住宿，省部级人员可安排普通套房，住宿费据实报销；厅局级及以下人员安排标准间，在规定的住宿费标准之内予以报销。

（二）参加国际会议等的出国人员，原则上应当按照住宿费标准执行。如对方组织单位指定或推荐酒店，应当严格把关，通过询价方式从紧安排，超出费用标准的，须事先报经本单位外事和财务部门批准。经批准，住宿费可据实报销。

第十二条 伙食费和公杂费按照下列规定执行：

（一）出国人员伙食费、公杂费可以按规定的标准发给个人包干使用。包干天数按离、抵我国国境之日计算。

（二）根据工作需要和特点，不宜个人包干的出访团组，其伙食费和公杂费由出访团组统一掌握，包干使用。

（三）外方以现金或实物形式提供伙食费和公杂费接待我代表团组的，出国人员不再领取伙食费和公杂费。

（四）出访用餐应当勤俭节约，不上高档菜肴和酒水，自助餐也要注意节俭。

第十三条　出访团组对外原则上不搞宴请，确需宴请的，应当连同出国计划一并报批，宴请标准按照所在国家一人一天的伙食费标准掌握。

出访团组与我国驻外使领馆等外交机构和其他中资机构、企业之间一律不得用公款相互宴请。

第十四条　出访团组在国外期间，收受礼品应当严格按有关规定执行。原则上不对外赠送礼品，确有必要赠送的，应当事先报经本单位外事和财务部门审批同意，按照厉行节俭的原则，选择具有民族特色的纪念品、传统手工艺品和实用物品，朴素大方，不求奢华。

出访团组与我国驻外使领馆等外交机构和其他中资机构、企业之间一律不得以任何名义、任何方式互赠礼品或纪念品。

第十五条　出国签证费用、防疫费用、国际会议注册费用等凭有效原始票据据实报销。根据到访国要求，出国人员必须购买保险的，应当事先报经本单位外事和财务部门批准后，按照到访国驻华使领馆要求购买，凭有效原始票据据实报销。

第十六条　出国人员回国报销费用时，须凭有效票据填报有团组负责人审核签字的国外费用报销单（具体表格由各单位制定）。各种报销凭证须用中文注明开支内容、日期、数量、金额等，并由经办人签字。

各单位财务部门应当根据本办法制定本单位财务报销审批的具体规定，加强对因公临时出国团组的经费核销管理。各单位财务部门应当对因公临时出国团组提交的出国任务批件、护照（包括签证和出入境记录）复印件及有效费用明细票据进行认真审核，严格按照批准的出国团组人员、天数、路线、经费预算及开支标准核销经费，不得核销与出访任务无关的开支。

第十七条　中央各部门根据出国经费预算，结合实际购汇需求，自主核定本部门及其所属单位购汇数额，通过财政部批准的人民币资金账户，向外汇指定银行购买外汇。

省级财政部门根据本级各部门和下级财政部门的申请，自主核定本地区购汇数额，并确定一家外汇指定银行具体办理购汇手续。

第四章　监督检查

第十八条　除涉密内容和事项外，因公临时出国经费的预决算应当按照预决算信息公开的有关规定，及时公开，主动接受社会监督。

第十九条　各级外事、财政、审计等部门对因公临时出国情况进行定期或不定期联合检查。各级财政部门应当定期或不定期对各部门各单位因公临时出国经费管理使用情况进行监督检查。审计部门应当对各部门各单位因公临时出国经费管理使用情况进行审计。

财务部门应当建立健全因公临时出国团组内部监督检查机制，每半年向同级外事、财政部门报送本部门本单位因公临时出国经费使用情况。严格按照预算绩效管理的有关规定，加强因公临时出国经费预算绩效评价，切实提高预算资金的使用效益。

第二十条　组团单位应当采取集中形式，对团组全体人员进行行前财经纪律教育。对出国人员违反本办法规定，有下列行为之一的，除相关开支一律不予报销外，按照《财政违法行为处罚处分条例》等有关规定严肃处理，并追究有关人员责任：

（一）违规扩大出国经费开支范围的；

（二）擅自提高经费开支标准的；

（三）虚报团组级别、人数、国家数、天数等，套取出国经费的；

（四）使用虚假发票报销出国费用的；

（五）其他违反本办法的行为。

第五章　附　　则

第二十一条　各地区各部门各单位因公临时赴香港、澳门、台湾地区的，适用本办法。

第二十二条　各地区各部门各单位可以根据本办法，结合实际制定具体规定，报财政部备案。边境地区有频繁出国任务的，其因公临时出国经费开支标准和管理办法由所在省、自治区财政厅根据实际情况制定，并报财政部备案。

第二十三条　对与我新建交或未建交国家，相关经费开支标准暂按照经济水平相近的邻国标准执行。

第二十四条　财政部、外交部根据出访国家或地区经济发展、物价等变动情况，对相关经费开支标准适时调整。

第二十五条　国有企业和其他因公临时出国人员参照本办法执行。

第二十六条　本办法由财政部、外交部负责解释。

第二十七条　本办法自发布之日起 30 日后施行。财政部、外交部《关于印发〈临时出国人员费用开支标准和管理办法〉的通知》（财行〔2001〕73 号）和财政部、中国民用航空总局《关于加强因公出国机票管理的通知》（财外字〔1998〕283 号）同时废止。

3. 因公短期出国培训费用管理办法（2014 年发布）

（财行〔2014〕4 号印发）

第一条　为进一步规范因公短期出国培训费用管理，加强预算监督，提高资金使用效益，保证出国培训工作的顺利开展，根据《党政机关厉行节约反对浪费条例》等法律法规，制定本办法。

第二条　各级党的机关、人大机关、行政机关、政协机关、审判机关、检察机关、民主党派、人民团体和事业单位（以下简称各单位）因公短期出国培训费用的管理适用本办法。

第三条　因公短期出国培训，是指各单位选派各类专业技术人员和管理人员到国外进行 90 天以内（不含 90 天）的业务培训。

第四条　因公短期出国培训应当坚持强化预算约束、优化培训结构、因事立项定人、加强监督管理的原则，严控费用规模，严格计划执行。

第五条　因公短期出国培训费用纳入预算管理。各单位安排因公短期出国培训项目应当实行经费预算先行审核，无预算或超预算的不得安排出国培训。

第六条　因公短期出国培训实行计划审核审批管理。组织、外专等有关部门应当加强出国培训的总体规划，严格控制出国培训规模，科学设置培训项目，择优选派培训对象，注重出国培训的质量和实效。

第七条 各单位应当建立因公短期出国培训计划与预算管理的内部控制制度。组团单位应当填报《因公短期出国培训任务和预算审批意见表》，由出国培训管理部门和财务部门分别审核并出具审签意见，报经本单位领导办公会或党组（党委）审议确定。培训任务、培训费用预算审核未通过的，不得列入单位出国培训计划，不得安排出国培训。

第八条 因公短期出国培训费用开支范围包括：培训费、国际旅费、国外城市间交通费、住宿费、伙食费、公杂费和其他费用。其中，培训费是指出国培训团组用于授课、翻译、场租、资料、课程设计、对口业务考察或业务实践活动等在国外培训所必须发生的费用。

第九条 国际旅费、国外城市间交通费、住宿费、伙食费、公杂费、其他费用的管理要求和开支标准参照《因公临时出国经费管理办法》（财行〔2013〕516号）执行。

培训费开支在规定的标准之内据实报销。

出国培训团组需在国内开展预培训和培训总结所发生的费用，参照国内培训费相关规定执行。

第十条 组团单位和培训项目境外承办机构双方应当签订培训协议，明确培训费用的明细支出项目。

国家外国专家局对培训项目境外承办机构定期进行资格认定和监督检查，认定结果予以公开。

第十一条 中央财政安排出国培训专项经费，对专业技术人才、高技能人才、农村实用及社会工作人才类培训予以重点资助。

第十二条 由外方资助出国培训经费的，各单位不得重复支付。外方对费用开支有明确规定的，按其规定执行；没有规定的，参照规定的标准和要求执行。外方资助经费不足以弥补规定培训费用开支的，可以按照规定的开支标准，由各单位补足其费用差额部分。

第十三条 培训人员回国报销费用时，应当凭出国任务批件和出国培训审核件，填报《因公短期出国培训费用报销单》，并附各项经费开支有效票据。

各单位财务部门应当对因公短期出国培训团组提供的出国任务批件、护照（包括签证和出入境记录）复印件及有效费用明细票据进行认真审核，严格按照批准的出国培训团组人员、天数、路线、经费预算及开支标准核销经费，超出部分不得核销。

第十四条 各单位不得组织计划外或营利性出国培训项目，也不得安排照顾性质、无实质内容、无实际需要及参观考察等一般性出国培训项目。

第十五条 培训团组在国外期间，原则上不赠送礼品，一律不安排宴请。

培训团组严禁接受或变相接受企事业单位资助，严禁向同级机关、下级机关、所属单位、我驻外机构等摊派或转嫁出国培训费用。

第十六条 建立出国培训项目信息公开制度和成果共享机制。除涉密内容和事项外，各单位应当将培训的项目、内容、人数、经费等情况，以适当方式进行公开。

第十七条 各级出国培训管理、外事、财政、审计等部门对因公短期出国培训项目执行情况和培训费用管理使用情况进行定期或不定期检查。

各单位应当建立健全因公短期出国培训项目内部监督检查机制，每半年向同级出国培训管理、外事、财政部门报送本单位因公短期出国培训项目执行和费用使用情况。

第十八条 各单位以及培训人员违反本办法规定，有下列行为之一的，相关开支一律不予报销，并按照《财政违法行为处罚处分条例》和《党政机关厉行节约反对浪费条例》等有关规定予以处理：

（一）无预算或未经财务部门同意安排出国培训项目的；

（二）违规扩大出国培训费用开支范围的；

（三）擅自提高出国培训费用开支标准的；

（四）虚报培训团组人数、天数等，套取出国培训费用的；

（五）使用虚假票据报销出国培训费用的；

（六）培训期间存在铺张浪费、公款旅游行为的；

（七）其他违反本办法的行为。

第十九条 各单位因公短期赴香港、澳门、台湾地区培训的，适用本办法。

第二十条 确有必要到未列培训费开支标准的国家（地区）开展因公培训的，可按照经济社会发展水平相近的国家标准执行。

第二十一条 国有企业和其他机构因公短期出国培训参照本办法执行。

第二十二条 本办法由财政部、国家外国专家局负责解释。

第二十三条 本办法自2014年4月1日起施行。国家外国专家局、财政部《关于出国（境）实习培训团组集体开支的培训费标准和管理办法的暂行规定》（外专发〔1994〕162号）及国家外国专家局、财政部《关于调整短期出国（境）培训生活费开支标准和部分国家培训费币种的通知》（外专发〔2002〕95号）同时废止。

4. 中央和国家机关差旅费管理办法（2013年发布）

（财行〔2013〕531号印发）

第一章 总 则

第一条 为加强和规范中央和国家机关国内差旅费管理，推进厉行节约反对浪费，根据《党政机关厉行节约反对浪费条例》，制定本办法。

第二条 本办法适用于中央和国家机关，以及参照公务员法管理的事业单位（以下简称中央单位）。

本办法所称中央和国家机关，是指党中央各部门，国务院各部委、各直属机构，全国人大常委会办公厅，全国政协办公厅，最高人民法院，最高人民检察院，各人民团体、各民主党派中央和全国工商联。

第三条 差旅费是指工作人员临时到常驻地以外地区公务出差所发生的城市间交通费、住宿费、伙食补助费和市内交通费。

第四条 中央单位应当建立健全公务出差审批制度。出差必须按规定报经单位有关领导批准，从严控制出差人数和天数；严格差旅费预算管理，控制差旅费支出规模；严禁无实质内容、无明确公务目的的差旅活动，严禁以任何名义和方式变相旅游，严禁异地部门间无实质内容的学习交流和考察调研。

第五条 财政部按照分地区、分级别、分项目的原则制定差旅费标准，并根据经济社会发展水平、市场价格及消费水平变动情况适时调整。

第二章 城市间交通费

第六条 城市间交通费是指工作人员因公到常驻地以外地区出差乘坐火车、轮船、飞机等交通工具所发生的费用。

第七条 出差人员应当按规定等级乘坐交通工具。乘坐交通工具的等级见下表：

交通工具 级别	火车（含高铁、动车、全列软席列车）	轮船（不包括旅游船）	飞机	其他交通工具（不包括出租小汽车）
部级及相当职务人员	火车软席（软座、软卧），高铁/动车商务座，全列软席列车一等软座	一等舱	头等舱	凭据报销
司局级及相当职务人员	火车软席（软座、软卧），高铁/动车一等座，全列软席列车一等软座	二等舱	经济舱	凭据报销
其余人员	火车硬席（硬座、硬卧），高铁/动车二等座、全列软席列车二等软座	三等舱	经济舱	凭据报销

部级及相当职务人员出差，因工作需要，随行一人可乘坐同等级交通工具。

未按规定等级乘坐交通工具的，超支部分由个人自理。

第八条 到出差目的地有多种交通工具可选择时，出差人员在不影响公务、确保安全的前提下，应当选乘经济便捷的交通工具。

第九条 乘坐飞机的，民航发展基金、燃油附加费可以凭据报销。

第十条 乘坐飞机、火车、轮船等交通工具的，每人次可以购买交通意外保险一份。所在单位统一购买交通意外保险的，不再重复购买。

第三章 住　宿　费

第十一条 住宿费是指工作人员因公出差期间入住宾馆（包括饭店、招待所，下同）发生的房租费用。

第十二条 财政部分地区制定住宿费限额标准。各省、自治区、直辖市和计划单列市财政厅（局）根据当地经济社会发展水平、市场价格、消费水平等因素，提出所在市（省会城市、直辖市、计划单列市，下同）的住宿费限额标准报财政部，经财政部统筹研究提出意见反馈地方审核确认后，由财政部统一发布作为中央单位工作人员到相关地区出差的住宿费限额标准。

对于住宿价格季节性变化明显的城市，住宿费限额标准在旺季可适当上浮一定比例，具体规定由财政部另行发布。

第十三条 部级及相当职务人员住普通套间，司局级及以下人员住单间或标准间。

第十四条 出差人员应当在职务级别对应的住宿费标准限额内，选择安全、经济、便捷的宾馆住宿。

第四章 伙食补助费

第十五条 伙食补助费是指对工作人员在因公出差期间给予的伙食补助费用。

第十六条 伙食补助费按出差自然（日历）天数计算，按规定标准包干使用。

第十七条 财政部分地区制定伙食补助费标准。各省、自治区、直辖市和计划单列市财政厅（局）负责根据当地经济社会发展水平、市场价格、消费水平等因素，参照所在市公务接待工作餐、会议用餐等标准提出伙食补助费标准报财政部，经财政部统筹研究提出意见反馈地方审核确认后，由财政部统一发布作为中央单位工作人员到相关地区出差的伙食补助费标准。

第十八条 出差人员应当自行用餐。凡由接待单位统一安排用餐的，应当向接待单位交纳伙食费。

第五章 市内交通费

第十九条 市内交通费是指工作人员因公出差期间发生的市内交通费用。

第二十条 市内交通费按出差自然（日历）天数计算，每人每天80元包干使用。

第二十一条 出差人员由接待单位或其他单位提供交通工具的，应向接待单位或其他单位交纳相关费用。

第六章 报销管理

第二十二条 出差人员应当严格按规定开支差旅费，费用由所在单位承担，不得向下级单位、企业或其他单位转嫁。

第二十三条 城市间交通费按乘坐交通工具的等级凭据报销，订票费、经批准发生的签转或退票费、交通意外保险费凭据报销。

住宿费在标准限额之内凭发票据实报销。

伙食补助费按出差目的地的标准报销，在途期间的伙食补助费按当天最后到达目的地的标准报销。

市内交通费按规定标准报销。

未按规定开支差旅费的，超支部分由个人自理。

第二十四条 工作人员出差结束后应当及时办理报销手续。差旅费报销时应当提供出差审批单、机票、车票、住宿费发票等凭证。

住宿费、机票支出等按规定用公务卡结算。

第二十五条 财务部门应当严格按规定审核差旅费开支，对未经批准出差以及超范围、超标准开支的费用不予报销。

实际发生住宿而无住宿费发票的，不得报销住宿费以及城市间交通费、伙食补助费和市内交通费。

第七章 监督问责

第二十六条 各单位应当加强对本单位工作人员出差活动和经费报销的内控管理，对本单位出差审批制度、差旅费预算及规模控制负责，相关领导、财务人员等对差旅费报销进行审核把关，确保票据来源合法，内容真实完整、合规。对未经批准擅自出差、不按规定开支和报销差旅费的人员进行严肃处理。

一级预算单位应当强化对所属预算单位的监督检查，发现问题及时处理，重大问题向财政部报告。

各单位应当自觉接受审计部门对出差活动及相关经费支出的审计监督。

第二十七条 财政部会同有关部门对中央单位差旅费管理和使用情况进行监督检查。主要内容包括：

（一）单位差旅审批制度是否健全，出差活动是否按规定履行审批手续；

（二）差旅费开支范围和标准是否符合规定；

（三）差旅费报销是否符合规定；

（四）是否向下级单位、企业或其他单位转嫁差旅费；

（五）差旅费管理和使用的其他情况。

第二十八条 出差人员不得向接待单位提出正常公务活动以外的要求，不得在出差期间接受违反规定用公款支付的宴请、游览和非工作需要的参观，不得接受礼品、礼金和土特产品等。

第二十九条 违反本办法规定，有下列行为之一的，依法依规追究相关单位和人员的责任：

（一）单位无出差审批制度或出差审批控制不严的；

（二）虚报冒领差旅费的；

（三）擅自扩大差旅费开支范围和提高开支标准的；

（四）不按规定报销差旅费的；

（五）转嫁差旅费的；

（六）其他违反本办法行为的。

有前款所列行为之一的，由财政部会同有关部门责令改正，违规资金应予追回，并视情况予以通报。对直接责任人和相关负责人，报请其所在单位按规定给予行政处分。涉嫌违法的，移送司法机关处理。

第八章　附　则

第三十条　工作人员外出参加会议、培训，举办单位统一安排食宿的，会议、培训期间的食宿费和市内交通费由会议、培训举办单位按规定统一开支；往返会议、培训地点的差旅费由所在单位按照规定报销。

第三十一条　不参照公务员法管理的事业单位参照本办法执行。

各单位应当根据本办法，结合本单位实际情况制定具体操作规定。

中国人民解放军和中国人民武装警察部队的差旅费管理办法参照本办法另行规定。

第三十二条　本办法由财政部负责解释。

第三十三条　本办法自2014年1月1日起施行。2006年11月13日发布的《财政部关于印发〈中央国家机关和事业单位差旅费管理办法〉的通知》（财行〔2006〕313号）同时废止，其他有关中央国家机关和事业单位差旅费管理规定与本办法不一致的，按照本办法执行。

附件

中央和国家机关国内差旅住宿费标准调整表

单位：元/人·天

序号	地区（城市）	住宿费标准			淡旺季浮动标准建议				
					旺季期间	旺季上浮价			上浮比例
		部级	司局级	其他人员		部级	司局级	其他人员	
1	北京市	1 100	650	500					
2	天津市	800	480	380					
3	河北省（石家庄）	800	450	350					
4	山西省（太原）	800	480	350					
5	内蒙古（呼和浩特）	800	460	350					
6	辽宁省（沈阳）	800	480	350					
7	大连市	800	490	350	7～9月	960	590	420	20%

（续表）

序号	地区（城市）	住宿费标准			淡旺季浮动标准建议				
					旺季期间	旺季上浮价			上浮比例
		部级	司局级	其他人员		部级	司局级	其他人员	
8	吉林省（长春）	800	450	350					
9	黑龙江省（哈尔滨）	800	450	350	7～9月	960	540	420	20%
10	上海市	1 100	600	500					
11	江苏省（南京）	900	490	380					
12	浙江省（杭州）	900	500	400					
13	宁波市	800	450	350					
14	安徽省（合肥）	800	460	350					
15	福建省（福州）	900	480	380					
16	厦门市	900	500	400					
17	江西省（南昌）	800	470	350					
18	山东省（济南）	800	480	380					
19	青岛市	800	490	380	7～9月	960	590	450	20%
20	河南省（郑州）	900	480	380					
21	湖北省（武汉）	800	480	350					
22	湖南省（长沙）	800	450	350					
23	广东省（广州）	900	550	450					
24	深圳市	900	550	450					
25	广　西（南宁）	800	470	350					
26	海南省（海口）	800	500	350	11～2月	1 040	650	450	30%
27	重庆市	800	480	370					
28	四川省（成都）	900	470	370					
29	贵州省（贵阳）	800	470	370					
30	云南省（昆明）	900	480	380					
31	西　藏（拉萨）	800	500	350	6～9月	1 200	750	530	50%
32	陕西省（西安）	800	460	350					

（续表）

序号	地区（城市）	住宿费标准			淡旺季浮动标准建议				
					旺季期间	旺季上浮价			上浮比例
		部级	司局级	其他人员		部级	司局级	其他人员	
33	甘肃省（兰州）	800	470	350					
34	青海省（西宁）	800	500	350	6～9月	1 200	750	530	50%
35	宁　夏（银川）	800	470	350					
36	新　疆（乌鲁木齐）	800	480	350					

5. 中央和国家机关培训费管理办法（2016年修订）

（财行〔2016〕540号印发）

第一章　总　　则

第一条　为进一步规范中央和国家机关培训工作，保证培训工作需要，加强培训经费管理，依据《中华人民共和国公务员法》《干部教育培训工作条例》和其他有关法律法规，制定本办法。

第二条　本办法所称培训，是指中央和国家机关及其所属机构使用财政资金在境内举办的三个月以内的各类培训。

第三条　本办法所称中央和国家机关，是指党中央各部门，国务院各部委、各直属机构，全国人大常委会办公厅，全国政协办公厅，最高人民法院，最高人民检察院，各人民团体，各民主党派中央和全国工商联（以下简称各单位）。

第四条　各单位举办培训应当坚持厉行节约、反对浪费的原则，实行单位内部统一管理，增强培训计划的科学性和严肃性，增强培训项目的针对性和实效性，保证培训质量，节约培训资源，提高培训经费使用效益。

第二章　计划和备案管理

第五条　建立培训计划编报和审批制度。各单位培训主管部门制订的本单位年度培训计划（包括培训名称、目的、对象、内容、时间、地点、参训人数、所需经费及列支渠道等），经单位财务部门审核后，报单位领导办公会议或党组（党委）会议批准后施行。

第六条　年度培训计划一经批准，原则上不得调整。因工作需要确需临时增加培训项目的，报单位主要负责同志审批。

第七条　各单位年度培训计划于每年3月31日前同时报中央组织部、财政部、国家公务员局备案。

第三章　开支范围和标准

第八条　本办法所称培训费，是指各单位开展培训直接发生的各项费用支出，包括师资费、住宿费、伙食费、培训场地费、培训资料费、交通费以及其他费用。

（一）师资费是指聘请师资授课发生的费用，包括授课老师讲课费、住宿费、伙食费、城市间交通费等。

（二）住宿费是指参训人员及工作人员培训期间发生的租住房间的费用。

（三）伙食费是指参训人员及工作人员培训期间发生的用餐费用。

（四）培训场地费是指用于培训的会议室或教室租金。

（五）培训资料费是指培训期间必要的资料及办公用品费。

（六）交通费是指用于培训所需的人员接送以及与培训有关的考察、调研等发生的交通支出。

（七）其他费用是指现场教学费、设备租赁费、文体活动费、医药费等与培训有关的其他支出。

参训人员参加培训往返及异地教学发生的城市间交通费，按照中央和国家机关差旅费有关规定回单位报销。

第九条 除师资费外，培训费实行分类综合定额标准，分项核定、总额控制，各项费用之间可以调剂使用。综合定额标准如下：

单位：元/人·天

培训类别	住宿费	伙食费	场地、资料、交通费	其他费用	合计
一类培训	500	150	80	30	760
二类培训	400	150	70	30	650
三类培训	340	130	50	30	550

一类培训是指参训人员主要为省部级及相应人员的培训项目。

二类培训是指参训人员主要为司局级人员的培训项目。

三类培训是指参训人员主要为处级及以下人员的培训项目。

以其他人员为主的培训项目参照上述标准分类执行。

综合定额标准是相关费用开支的上限。各单位应在综合定额标准以内结算报销。

30天以内的培训按照综合定额标准控制；超过30天的培训，超过天数按照综合定额标准的70%控制。上述天数含报到撤离时间，报到和撤离时间分别不得超过1天。

第十条 师资费在综合定额标准外单独核算。

（一）讲课费（税后）执行以下标准：副高级技术职称专业人员每学时最高不超过500元，正高级技术职称专业人员每学时最高不超过1 000元，院士、全国知名专家每学时一般不超过1 500元。

讲课费按实际发生的学时计算，每半天最多按4学时计算。

其他人员讲课费参照上述标准执行。

同时为多班次一并授课的，不重复计算讲课费。

（二）授课老师的城市间交通费按照中央和国家机关差旅费有关规定和标准执行，住宿费、伙食费按照本办法标准执行，原则上由培训举办单位承担。

（三）培训工作确有需要从异地（含境外）邀请授课老师，路途时间较长的，经单位主要负责同志书面批准，讲课费可以适当增加。

第四章　培训组织

第十一条 培训实行中央和地方分级管理，各单位举办培训，原则上不得下延至市、县及以下。

第十二条 各单位开展培训，应当在开支范围和标准内优先选择党校、行政学院、干部学院以及组织人事部门认可的其他培训机构承办。

第十三条 组织培训的工作人员控制在参训人员数量的10%以内，最多不超过10人。

第十四条 严禁借培训名义安排公款旅游；严禁借培训名义组织会餐或安排宴请；严禁组织高消费娱乐健身活动；严禁使用培训费购置电脑、复印机、打印机、传真机等固定资产以及开支与培训无关的其他费用；严禁在培训费中列支公务接待费、会议费；严禁套取培训费设立"小金库"。

培训住宿不得安排高档套房，不得额外配发洗漱用品；培训用餐不得上高档菜肴，不得提供烟酒；除必要的现场教学外，7日以内的培训不得组织调研、考察、参观。

第十五条 邀请境外师资讲课，须严格按照有关外事管理规定，履行审批手续。境内师资能够满足培训需要的，不得邀请境外师资。

第十六条 培训举办单位应当注重教学设计和质量评估，通过需求调研、课程设计和开发、专家论证、评估反馈等环节，推进培训工作科学化、精准化；注重运用大数据、"互联网＋"等现代信息技术手段开展培训和管理。所需费用纳入部门预算予以保障。

第五章 报销结算

第十七条 报销培训费，综合定额范围内的，应当提供培训计划审批文件、培训通知、实际参训人员签到表以及培训机构出具的收款票据、费用明细等凭证；师资费范围内的，应当提供讲课费签收单或合同，异地授课的城市间交通费、住宿费、伙食费按照差旅费报销办法提供相关凭证；执行中经单位主要负责同志批准临时增加的培训项目，还应提供单位主要负责同志审批材料。

各单位财务部门应当严格按照规定审核培训费开支，对未履行审批备案程序的培训，以及超范围、超标准开支的费用不予报销。

第十八条 培训费的资金支付应当执行国库集中支付和公务卡管理有关制度规定。

第十九条 培训费由培训举办单位承担，不得向参训人员收取任何费用。

第六章 监督检查

第二十条 各单位应当将非涉密培训的项目、内容、人数、经费等情况，以适当方式公开。

第二十一条 各单位应当于每年3月31日前将上年度培训计划执行情况（包括培训名称、对象、内容、时间、地点、参训人数、工作人员数、经费开支及列支渠道、培训成效、问题建议等）报送中央组织部、财政部、国家公务员局。

第二十二条 中央组织部、财政部、国家公务员局等有关部门对各单位培训活动和培训费管理使用情况进行监督检查。主要内容包括：

（一）培训计划的编报是否符合规定；

（二）临时增加培训计划是否报单位主要负责同志审批；

（三）培训费开支范围和开支标准是否符合规定；

（四）培训费报销和支付是否符合规定；

（五）是否存在虚报培训费用的行为；

（六）是否存在转嫁、摊派培训费用的行为；

（七）是否存在向参训人员收费的行为；

（八）是否存在奢侈浪费现象；

（九）是否存在其他违反本办法的行为。

第二十三条 对于检查中发现的违反本办法的行为,由中央组织部、财政部、国家公务员局等有关部门责令改正,追回资金,并予以通报。对相关责任人员,按规定予以党纪政纪处分;涉嫌违法的,移交司法机关处理。

第七章 附　　则

第二十四条 各单位可以按照本办法,结合本单位业务特点和工作实际,制定培训费管理具体规定。

第二十五条 中央组织部、国家公务员局组织的调训和统一培训,有关部门组织的援外培训,不适用本办法,按有关规定执行。

第二十六条 中央事业单位培训费管理参照本办法执行。

第二十七条 本办法由财政部会同中央组织部、国家公务员局负责解释。

第二十八条 本办法自2017年1月1日起施行。《中央和国家机关培训费管理办法》(财行〔2013〕523号)同时废止。

6. 国务院办公厅关于改革完善中央财政科研经费管理的若干意见（2021年发布）

（国办发〔2021〕32号）

各省、自治区、直辖市人民政府,国务院各部委、各直属机构:

党的十八大以来,党中央、国务院出台了《关于进一步完善中央财政科研项目资金管理等政策的若干意见》《关于优化科研管理提升科研绩效若干措施的通知》等一系列优化科研经费管理的政策文件和改革措施,有力地激发了科研人员的创造性和创新活力,促进了科技事业发展。但在科研经费管理方面仍然存在政策落实不到位、项目经费管理刚性偏大、经费拨付机制不完善、间接费用比例偏低、经费报销难等问题。为有效解决这些问题,更好贯彻落实党中央、国务院决策部署,进一步激励科研人员多出高质量科技成果、为实现高水平科技自立自强作出更大贡献,经国务院同意,现就改革完善中央财政科研经费管理提出如下意见:

一、扩大科研项目经费管理自主权

（一）简化预算编制。进一步精简合并预算编制科目,按设备费、业务费、劳务费三大类编制直接费用预算。直接费用中除50万元以上的设备费外,其他费用只提供基本测算说明,不需要提供明细。计算类仪器设备和软件工具可在设备费科目列支。合并项目评审和预算评审,项目管理部门在项目评审时同步开展预算评审。预算评审工作重点是项目预算的目标相关性、政策相符性、经济合理性,不得将预算编制细致程度作为评审预算的因素。（项目管理部门负责落实）

（二）下放预算调剂权。设备费预算调剂权全部下放给项目承担单位,不再由项目管理部门审批其预算调增。项目承担单位要统筹考虑现有设备配置情况、科研项目实际需求等,及时办理调剂手续。除设备费外的其他费用调剂权全部由项目承担单位下放给项目负责人,由项目负责人根据科研活动实际需要自主安排。（项目管理部门、项目承担单位负责落实）

（三）扩大经费包干制实施范围。在人才类和基础研究类科研项目中推行经费包干制,不再编制项目预算。项目负责人在承诺遵守科研伦理道德和作风学风诚信要求、经费全部用于与本项目研究工作相关支出的基础上,自主决定项目经费使用。鼓励有关部门和地方在从事基础性、前沿性、公益性研究的独立法人科研机构开展经费包干制试点。（项目管理部门、项目承担单位、财政部、单位主管部门负责落实）

二、完善科研项目经费拨付机制

（四）合理确定经费拨付计划。项目管理部门要根据不同类型科研项目特点、研究进度、资金需求等，合理制定经费拨付计划并及时拨付资金。首笔资金拨付比例要充分尊重项目负责人意见，切实保障科研活动需要。（项目管理部门负责落实）

（五）加快经费拨付进度。财政部、项目管理部门可在部门预算批复前预拨科研经费。项目管理部门要加强经费拨付与项目立项的衔接，在项目任务书签订后30日内，将经费拨付至项目承担单位。项目牵头单位要根据项目负责人意见，及时将经费拨付至项目参与单位。（财政部、项目管理部门、项目承担单位负责落实）

（六）改进结余资金管理。项目完成任务目标并通过综合绩效评价后，结余资金留归项目承担单位使用。项目承担单位要将结余资金统筹安排用于科研活动直接支出，优先考虑原项目团队科研需求，并加强结余资金管理，健全结余资金盘活机制，加快资金使用进度。（项目管理部门、项目承担单位负责落实）

三、加大科研人员激励力度

（七）提高间接费用比例。间接费用按照直接费用扣除设备购置费后的一定比例核定，由项目承担单位统筹安排使用。其中，500万元以下的部分，间接费用比例为不超过30%，500万元至1 000万元的部分为不超过25%，1 000万元以上的部分为不超过20%；对数学等纯理论基础研究项目，间接费用比例进一步提高到不超过60%。项目承担单位可将间接费用全部用于绩效支出，并向创新绩效突出的团队和个人倾斜。（项目管理部门、项目承担单位负责落实）

（八）扩大稳定支持科研经费提取奖励经费试点范围。将稳定支持科研经费提取奖励经费试点范围扩大到所有中央级科研院所。允许中央级科研院所从基本科研业务费、中科院战略性先导科技专项经费、有关科研院所创新工程等稳定支持科研经费中提取不超过20%作为奖励经费，由单位探索完善科研项目资金激励引导机制，激发科研人员创新活力。奖励经费的使用范围和标准由试点单位自主决定，在单位内部公示。（中央级科研院所负责落实）

（九）扩大劳务费开支范围。项目聘用人员的劳务费开支标准，参照当地科学研究和技术服务业从业人员平均工资水平，根据其在项目研究中承担的工作任务确定，其由单位缴纳的社会保险补助、住房公积金等纳入劳务费科目列支。（项目承担单位、项目管理部门负责落实）

（十）合理核定绩效工资总量。中央高校、科研院所、企业结合本单位发展阶段、类型定位、承担任务、人才结构、所在地区、现有绩效工资实际发放水平（主要依据上年度事业单位工资统计年报数据确定）、财务状况特别是财政科研项目可用于支出人员绩效的间接费用等实际情况，向主管部门申报动态调整绩效工资水平，主管部门综合考虑激发科技创新活力、保障基础研究人员稳定工资收入、调控不同单位（岗位、学科）收入差距等因素审批后报人力资源社会保障、财政部门备案。分配绩效工资时，要向承担国家科研任务较多、成效突出的科研人员倾斜。借鉴承担国家关键领域核心技术攻关任务科研人员年薪制的经验，探索对急需紧缺、业内认可、业绩突出的极少数高层次人才实行年薪制。（人力资源社会保障部、科技部、财政部、国务院国资委、单位主管部门负责落实）

（十一）加大科技成果转化激励力度。各单位要落实《中华人民共和国促进科技成果转化法》等相关规定，对持有的科技成果，通过协议定价、在技术交易市场挂牌交易、拍卖等市场化方式进行转化。科技成果转化所获收益可按照法律规定，对职务科技成果完成人和为科技成果转化作出重要贡献的人员给予奖励和报酬，剩余部分留归项目承担单位用于科技研发与成果转化等相关工作，科技成果转化收益具体分配方式和比例在充分听取本单位科研人员意见基础上进行约定。科技成果转化现金奖励计入所在单位绩效工资总量，但不受核定的绩效工资总量限制，不作为核定下一年度绩效工资总量的基数。（科技部、人力资源社会保障部、财政部等有关部门负责落实）

四、减轻科研人员事务性负担

（十二）全面落实科研财务助理制度。项目承担单位要确保每个项目配有相对固定的科研财务助理，为科研人员在预算编制、经费报销等方面提供专业化服务。科研财务助理所需人力成本费用（含社会保险补助、住房公积金），可由项目承担单位根据情况通过科研项目经费等渠道统筹解决。（项目承担单位负责落实）

（十三）改进财务报销管理方式。项目承担单位因科研活动实际需要，邀请国内外专家、学者和有关人员参加由其主办的会议等，对确需负担的城市间交通费、国际旅费，可在会议费等费用中报销。允许项目承担单位对国内差旅费中的伙食补助费、市内交通费和难以取得发票的住宿费实行包干制。（项目承担单位负责落实）

（十四）推进科研经费无纸化报销试点。选择部分电子票据接收、入账、归档处理工作量比较大的中央高校、科研院所、企业，纳入电子入账凭证会计数据标准推广范围，推动科研经费报销数字化、无纸化。（财政部、税务总局、单位主管部门等负责落实）

（十五）简化科研项目验收结题财务管理。合并财务验收和技术验收，在项目实施期末实行一次性综合绩效评价。完善项目验收结题评价操作指南，细化明确预算调剂、设备管理、人员费用等财务、会计、审计方面具体要求，避免有关机构和人员在项目验收和检查中理解执行政策出现偏差。选择部分创新能力和潜力突出、创新绩效显著、科研诚信状况良好的中央高校、科研院所、企业作为试点单位，由其出具科研项目经费决算报表作为结题依据，取消科研项目结题财务审计。试点单位对经费决算报表内容的真实性、完整性、准确性负责，项目管理部门适时组织抽查。（科技部、财政部、项目管理部门负责落实）

（十六）优化科研仪器设备采购。中央高校、科研院所、企业要优化和完善内部管理规定，简化科研仪器设备采购流程，对科研急需的设备和耗材采用特事特办、随到随办的采购机制，可不进行招标投标程序。项目承担单位依法向财政部申请变更政府采购方式的，财政部实行限时办结制度，对符合要求的申请项目，原则上自收到变更申请之日起5个工作日内办结。有关部门要研究推动政府采购、招标投标等有关法律法规修订工作，进一步明确除外条款。（单位主管部门、项目承担单位、司法部、财政部负责落实）

（十七）改进科研人员因公出国（境）管理方式。对科研人员因公出国（境）开展国际合作与交流的管理应与行政人员有所区别，对为完成科研项目任务目标、从科研经费中列支费用的国际合作与交流按业务类别单独管理，根据需要开展工作。从科研经费中列支的国际合作与交流费用不纳入"三公"经费统计范围，不受零增长要求限制。（单位主管部门、财政部负责落实）

五、创新财政科研经费投入与支持方式

（十八）拓展财政科研经费投入渠道。发挥财政经费的杠杆效应和导向作用，引导企业参与，发挥金融资金作用，吸引民间资本支持科技创新创业。优化科技创新类引导基金使用，推动更多具有重大价值的科技成果转化应用。拓宽基础研究经费投入渠道，促进基础研究与需求导向良性互动。（财政部、科技部、人民银行、银保监会、证监会等负责落实）

（十九）开展顶尖领衔科学家支持方式试点。围绕国家重大战略需求和前沿科技领域，遴选全球顶尖的领衔科学家，给予持续稳定的科研经费支持，在确定的重点方向、重点领域、重点任务范围内，由领衔科学家自主确定研究课题，自主选聘科研团队，自主安排科研经费使用；3至5年后采取第三方评估、国际同行评议等方式，对领衔科学家及其团队的研究质量、原创价值、实际贡献，以及聘用领衔科学家及其团队的单位服务保障措施落实情况等进行绩效评价，形成可复制可推广的改革经验。（项目管理部门、项目承担单位负责

落实）（二十）支持新型研发机构实行"预算＋负面清单"管理模式。鼓励地方对新型研发机构采用与国际接轨的治理结构和市场化运行机制，实行理事会领导下的院（所）长负责制。创新财政科研经费支持方式，给予稳定资金支持，探索实行负面清单管理，赋予更大经费使用自主权。组织开展绩效评价，围绕科研投入、创新产出质量、成果转化、原创价值、实际贡献、人才集聚和培养等方面进行评估。除特殊规定外，财政资金支持产生的科技成果及知识产权由新型研发机构依法取得、自主决定转化及推广应用。（科技部、财政部负责指导）

六、改进科研绩效管理和监督检查

（二十一）健全科研绩效管理机制。项目管理部门要进一步强化绩效导向，从重过程向重结果转变，加强分类绩效评价，对自由探索型、任务导向型等不同类型科研项目，健全差异化的绩效评价指标体系；强化绩效评价结果运用，将绩效评价结果作为项目调整、后续支持的重要依据。项目承担单位要切实加强绩效管理，引导科研资源向优秀人才和团队倾斜，提高科研经费使用效益。（项目管理部门、项目承担单位负责落实）

（二十二）强化科研项目经费监督检查。加强审计监督、财会监督与日常监督的贯通协调，增强监督合力，严肃查处违纪违规问题。加强事中事后监管，创新监督检查方式，实行随机抽查、检查，推进监督检查数据汇交共享和结果互认。减少过程检查，充分利用大数据等信息技术手段，提高监督检查效率。强化项目承担单位法人责任，项目承担单位要动态监管经费使用并实时预警提醒，确保经费合理规范使用；对项目承担单位和科研人员在科研经费管理使用过程中出现的失信情况，纳入信用记录管理，对严重失信行为实行追责和惩戒。探索制定相关负面清单，明确科研项目经费使用禁止性行为，有关部门要根据法律法规和负面清单进行检查、评审、验收、审计，对尽职无过错科研人员免于问责。（审计署、财政部、项目管理部门、单位主管部门负责落实）

七、组织实施

（二十三）及时清理修改相关规定。有关部门要聚焦科研经费管理相关政策和改革举措落地"最后一公里"，加快清理修改与党中央、国务院有关文件精神不符的部门规定和办法，科技主管部门要牵头做好督促落实工作。项目承担单位要落实好科研项目实施和科研经费管理使用的主体责任，严格按照国家有关政策规定和权责一致的要求，强化自我约束和自我规范，及时完善内部管理制度，确保科研自主权接得住、管得好。（有关部门、项目承担单位负责落实）

（二十四）加大政策宣传培训力度。有关部门和单位要通过门户网站、新媒体等多种渠道以及开设专栏等多种方式，加强中央财政科研经费管理相关政策宣传解读，提高社会知晓度。同时，加大对科研人员、财务人员、科研财务助理、审计人员等的专题培训力度，不断提高经办服务能力水平。（科技部、财政部会同有关部门负责落实）

（二十五）强化政策落实督促指导。有关部门要加快职能转变，提高服务意识，加强跟踪指导，适时组织开展对项目承担单位科研经费管理政策落实情况的检查，及时发现并协调解决有关问题，推动改革落地见效，国务院办公厅要加强督查。要适时对有关试点政策举措进行总结评估，及时总结推广行之有效的经验和做法。（财政部、科技部会同有关部门负责落实）

财政部、中央级社科类科研项目主管部门要结合社会科学研究的规律和特点，参照本意见尽快修订中央级社科类科研项目资金管理办法。

各地区要参照本意见精神，结合实际，改革完善本地区财政科研经费管理。

国务院办公厅

2021年8月5日

第十七章 行政事业单位内部控制相关法规

1. 行政事业单位内部控制规范（试行）（2012年发布）

（财会〔2012〕21号印发）

第一章 总 则

第一条 为了进一步提高行政事业单位内部管理水平，规范内部控制，加强廉政风险防控机制建设，根据《中华人民共和国会计法》《中华人民共和国预算法》等法律法规和相关规定，制定本规范。

第二条 本规范适用于各级党的机关、人大机关、行政机关、政协机关、审判机关、检察机关、各民主党派机关、人民团体和事业单位（以下统称单位）经济活动的内部控制。

第三条 本规范所称内部控制，是指单位为实现控制目标，通过制定制度、实施措施和执行程序，对经济活动的风险进行防范和管控。

第四条 单位内部控制的目标主要包括：合理保证单位经济活动合法合规、资产安全和使用有效、财务信息真实完整，有效防范舞弊和预防腐败，提高公共服务的效率和效果。

第五条 单位建立与实施内部控制，应当遵循下列原则：

（一）全面性原则。内部控制应当贯穿单位经济活动的决策、执行和监督全过程，实现对经济活动的全面控制。

（二）重要性原则。在全面控制的基础上，内部控制应当关注单位重要经济活动和经济活动的重大风险。

（三）制衡性原则。内部控制应当在单位内部的部门管理、职责分工、业务流程等方面形成相互制约和相互监督。

（四）适应性原则。内部控制应当符合国家有关规定和单位的实际情况，并随着外部环境的变化、单位经济活动的调整和管理要求的提高，不断修订和完善。

第六条 单位负责人对本单位内部控制的建立健全和有效实施负责。

第七条 单位应当根据本规范建立适合本单位实际情况的内部控制体系，并组织实施。具体工作包括梳理单位各类经济活动的业务流程，明确业务环节，系统分析经济活动风险，确定风险点，选择风险应对策略，在此基础上根据国家有关规定建立健全单位各项内部管理制度并督促相关工作人员认真执行。

第二章 风险评估和控制方法

第八条 单位应当建立经济活动风险定期评估机制，对经济活动存在的风险进行全面、系统和客观评估。

经济活动风险评估至少每年进行一次；外部环境、经济活动或管理要求等发生重大变化的，应及时对经济活动风险进行重估。

第九条 单位开展经济活动风险评估应当成立风险评估工作小组，单位领导担任组长。

经济活动风险评估结果应当形成书面报告并及时提交单位领导班子，作为完善内部控制的依据。

第十条 单位进行单位层面的风险评估时,应当重点关注以下方面:

(一)内部控制工作的组织情况。包括是否确定内部控制职能部门或牵头部门;是否建立单位各部门在内部控制中的沟通协调和联动机制。

(二)内部控制机制的建设情况。包括经济活动的决策、执行、监督是否实现有效分离;权责是否对等;是否建立健全议事决策机制、岗位责任制、内部监督等机制。

(三)内部管理制度的完善情况。包括内部管理制度是否健全;执行是否有效。

(四)内部控制关键岗位工作人员的管理情况。包括是否建立工作人员的培训、评价、轮岗等机制;工作人员是否具备相应的资格和能力。

(五)财务信息的编报情况。包括是否按照国家统一的会计制度对经济业务事项进行账务处理;是否按照国家统一的会计制度编制财务会计报告。

(六)其他情况。

第十一条 单位进行经济活动业务层面的风险评估时,应当重点关注以下方面:

(一)预算管理情况。包括在预算编制过程中单位内部各部门间沟通协调是否充分,预算编制与资产配置是否相结合、与具体工作是否相对应;是否按照批复的额度和开支范围执行预算,进度是否合理,是否存在无预算、超预算支出等问题;决算编报是否真实、完整、准确、及时。

(二)收支管理情况。包括收入是否实现归口管理,是否按照规定及时向财会部门提供收入的有关凭据,是否按照规定保管和使用印章和票据等;发生支出事项时是否按照规定审核各类凭据的真实性、合法性,是否存在使用虚假票据套取资金的情形。

(三)政府采购管理情况。包括是否按照预算和计划组织政府采购业务;是否按照规定组织政府采购活动和执行验收程序;是否按照规定保存政府采购业务相关档案。

(四)资产管理情况。包括是否实现资产归口管理并明确使用责任;是否定期对资产进行清查盘点,对账实不符的情况及时进行处理;是否按照规定处置资产。

(五)建设项目管理情况。包括是否按照概算投资;是否严格履行审核审批程序;是否建立有效的招投标控制机制;是否存在截留、挤占、挪用、套取建设项目资金的情形;是否按照规定保存建设项目相关档案并及时办理移交手续。

(六)合同管理情况。包括是否实现合同归口管理;是否明确应签订合同的经济活动范围和条件;是否有效监控合同履行情况,是否建立合同纠纷协调机制。

(七)其他情况。

第十二条 单位内部控制的控制方法一般包括:

(一)不相容岗位相互分离。合理设置内部控制关键岗位,明确划分职责权限,实施相应的分离措施,形成相互制约、相互监督的工作机制。

(二)内部授权审批控制。明确各岗位办理业务和事项的权限范围、审批程序和相关责任,建立重大事项集体决策和会签制度。相关工作人员应当在授权范围内行使职权、办理业务。

(三)归口管理。根据本单位实际情况,按照权责对等的原则,采取成立联合工作小组并确定牵头部门或牵头人员等方式,对有关经济活动实行统一管理。

(四)预算控制。强化对经济活动的预算约束,使预算管理贯穿于单位经济活动的全过程。

(五)财产保护控制。建立资产日常管理制度和定期清查机制,采取资产记录、实物保管、定期盘点、账实核对等措施,确保资产安全完整。

(六)会计控制。建立健全本单位财会管理制度,加强会计机构建设,提高会计人员业务水平,强化会计人员岗位责任制,规范会计基础工作,加强会计档案管理,明确会计凭证、会计账簿和财务会计报告处理程序。

(七)单据控制。要求单位根据国家有关规定和单位的经济活动业务流程,在内部管理制度中明确界定各项经济活动所涉及的表单和票据,要求相关工作人员按照规定填制、审核、归档、保管单据。

(八)信息内部公开。建立健全经济活动相关信息内部公开制度,根据国家有关规定和单位的实际情况,确定信息内部公开的内容、范围、方式和程序。

第三章 单位层面内部控制

第十三条 单位应当单独设置内部控制职能部门或者确定内部控制牵头部门,负责组织协调内部控制工作。同时,应当充分发挥财会、内部审计、纪检监察、政府采购、基建、资产管理等部门或岗位在内部控制中的作用。

第十四条 单位经济活动的决策、执行和监督应当相互分离。单位应当建立健全集体研究、专家论证和技术咨询相结合的议事决策机制。

重大经济事项的内部决策,应当由单位领导班子集体研究决定。重大经济事项的认定标准应当根据有关规定和本单位实际情况确定,一经确定,不得随意变更。

第十五条 单位应当建立健全内部控制关键岗位责任制,明确岗位职责及分工,确保不相容岗位相互分离、相互制约和相互监督。单位应当实行内部控制关键岗位工作人员的轮岗制度,明确轮岗周期。不具备轮岗条件的单位应当采取专项审计等控制措施。

内部控制关键岗位主要包括预算业务管理、收支业务管理、政府采购业务管理、资产管理、建设项目管理、合同管理以及内部监督等经济活动的关键岗位。

第十六条 内部控制关键岗位工作人员应当具备与其工作岗位相适应的资格和能力。

单位应当加强内部控制关键岗位工作人员业务培训和职业道德教育,不断提升其业务水平和综合素质。

第十七条 单位应当根据《中华人民共和国会计法》的规定建立会计机构,配备具有相应资格和能力的会计人员。单位应当根据实际发生的经济业务事项按照国家统一的会计制度及时进行账务处理、编制财务会计报告,确保财务信息真实、完整。

第十八条 单位应当充分运用现代科学技术手段加强内部控制。对信息系统建设实施归口管理,将经济活动及其内部控制流程嵌入单位信息系统中,减少或消除人为操纵因素,保护信息安全。

第四章 业务层面内部控制

第一节 预算业务控制

第十九条 单位应当建立健全预算编制、审批、执行、决算与评价等预算内部管理制度。

单位应当合理设置岗位,明确相关岗位的职责权限,确保预算编制、审批、执行、评价等不相容岗位相互分离。

第二十条 单位的预算编制应当做到程序规范、方法科学、编制及时、内容完整、项目细化、数据准确。

(一)单位应当正确把握预算编制有关政策,确保预算编制相关人员及时全面掌握相关规定。

(二)单位应当建立内部预算编制、预算执行、资产管理、基建管理、人事管理等部门或岗位的沟通协调机制，按照规定进行项目评审，确保预算编制部门及时取得和有效运用与预算编制相关的信息，根据工作计划细化预算编制，提高预算编制的科学性。

第二十一条 单位应当根据内设部门的职责和分工，对按照法定程序批复的预算在单位内部进行指标分解、审批下达，规范内部预算追加调整程序，发挥预算对经济活动的管控作用。

第二十二条 单位应当根据批复的预算安排各项收支，确保预算严格有效执行。

单位应当建立预算执行分析机制。定期通报各部门预算执行情况，召开预算执行分析会议，研究解决预算执行中存在的问题，提出改进措施，提高预算执行的有效性。

第二十三条 单位应当加强决算管理，确保决算真实、完整、准确、及时，加强决算分析工作，强化决算分析结果运用，建立健全单位预算与决算相互反映、相互促进的机制。

第二十四条 单位应当加强预算绩效管理，建立"预算编制有目标、预算执行有监控、预算完成有评价、评价结果有反馈、反馈结果有应用"的全过程预算绩效管理机制。

第二节 收支业务控制

第二十五条 单位应当建立健全收入内部管理制度。

单位应当合理设置岗位，明确相关岗位的职责权限，确保收款、会计核算等不相容岗位相互分离。

第二十六条 单位的各项收入应当由财会部门归口管理并进行会计核算，严禁设立账外账。

业务部门应当在涉及收入的合同协议签订后及时将合同等有关材料提交财会部门作为账务处理依据，确保各项收入应收尽收，及时入账。财会部门应当定期检查收入金额是否与合同约定相符；对应收未收项目应当查明情况，明确责任主体，落实催收责任。

第二十七条 有政府非税收入收缴职能的单位，应当按照规定项目和标准征收政府非税收入，按照规定开具财政票据，做到收缴分离、票款一致，并及时、足额上缴国库或财政专户，不得以任何形式截留、挪用或者私分。

第二十八条 单位应当建立健全票据管理制度。财政票据、发票等各类票据的申领、启用、核销、销毁均应履行规定手续。单位应当按照规定设置票据专管员，建立票据台账，做好票据的保管和序时登记工作。票据应当按照顺序号使用，不得拆本使用，做好废旧票据管理。负责保管票据的人员要配置单独的保险柜等保管设备，并做到人走柜锁。

单位不得违反规定转让、出借、代开、买卖财政票据、发票等票据，不得擅自扩大票据适用范围。

第二十九条 单位应当建立健全支出内部管理制度，确定单位经济活动的各项支出标准，明确支出报销流程，按照规定办理支出事项。单位应当合理设置岗位，明确相关岗位的职责权限，确保支出申请和内部审批、付款审批和付款执行、业务经办和会计核算等不相容岗位相互分离。

第三十条 单位应当按照支出业务的类型，明确内部审批、审核、支付、核算和归档等支出各关键岗位的职责权限。实行国库集中支付的，应当严格按照财政国库管理制度有关规定执行。

（一）加强支出审批控制。明确支出的内部审批权限、程序、责任和相关控制措施。审批人应当在授权范围内审批，不得越权审批。

（二）加强支出审核控制。全面审核各类单据。重点审核单据来源是否合法，内容是否真实、完整，使用是否准确，是否符合预算，审批手续是否齐全。

支出凭证应当附反映支出明细内容的原始单据，并由经办人员签字或盖章，超出规定标准的支出事项应由经办人员说明原因并附审批依据，确保与经济业务事项相符。

（三）加强支付控制。明确报销业务流程，按照规定办理资金支付手续。签发的支付凭证应当进行登记。使用公务卡结算的，应当按照公务卡使用和管理有关规定办理业务。

（四）加强支出的核算和归档控制。由财会部门根据支出凭证及时准确登记账簿；与支出业务相关的合同等材料应当提交财会部门作为账务处理的依据。

第三十一条 根据国家规定可以举借债务的单位应当建立健全债务内部管理制度，明确债务管理岗位的职责权限，不得由一人办理债务业务的全过程。大额债务的举借和偿还属于重大经济事项，应当进行充分论证，并由单位领导班子集体研究决定。

单位应当做好债务的会计核算和档案保管工作。加强债务的对账和检查控制，定期与债权人核对债务余额，进行债务清理，防范和控制财务风险。

第三节 政府采购业务控制

第三十二条 单位应当建立健全政府采购预算与计划管理、政府采购活动管理、验收管理等政府采购内部管理制度。

第三十三条 单位应当明确相关岗位的职责权限，确保政府采购需求制定与内部审批、招标文件准备与复核、合同签订与验收、验收与保管等不相容岗位相互分离。

第三十四条 单位应当加强对政府采购业务预算与计划的管理。建立预算编制、政府采购和资产管理等部门或岗位之间的沟通协调机制。根据本单位实际需求和相关标准编制政府采购预算，按照已批复的预算安排政府采购计划。

第三十五条 单位应当加强对政府采购活动的管理。对政府采购活动实施归口管理，在政府采购活动中建立政府采购、资产管理、财会、内部审计、纪检监察等部门或岗位相互协调、相互制约的机制。

单位应当加强对政府采购申请的内部审核，按照规定选择政府采购方式、发布政府采购信息。对政府采购进口产品、变更政府采购方式等事项应当加强内部审核，严格履行审批手续。

第三十六条 单位应当加强对政府采购项目验收的管理。根据规定的验收制度和政府采购文件，由指定部门或专人对所购物品的品种、规格、数量、质量和其他相关内容进行验收，并出具验收证明。

第三十七条 单位应当加强对政府采购业务质疑投诉答复的管理。指定牵头部门负责、相关部门参加，按照国家有关规定做好政府采购业务质疑投诉答复工作。

第三十八条 单位应当加强对政府采购业务的记录控制。妥善保管政府采购预算与计划、各类批复文件、招标文件、投标文件、评标文件、合同文本、验收证明等政府采购业务相关资料。定期对政府采购业务信息进行分类统计，并在内部进行通报。

第三十九条 单位应当加强对涉密政府采购项目安全保密的管理。对于涉密政府采购项目，单位应当与相关供应商或采购中介机构签订保密协议或者在合同中设定保密条款。

第四节 资产控制

第四十条 单位应当对资产实行分类管理，建立健全资产内部管理制度。

单位应当合理设置岗位，明确相关岗位的职责权限，确保资产安全和有效使用。

第四十一条 单位应当建立健全货币资金管理岗位责任制，合理设置岗位，不得由一人办理货币资金业务的全过程，确保不相容岗位相互分离。

（一）出纳不得兼管稽核、会计档案保管和收入、支出、债权、债务账目的登记工作。

（二）严禁一人保管收付款项所需的全部印章。财务专用章应当由专人保管，个人名章应当由本人或其授权人员保管。负责保管印章的人员要配置单独的保管设备，并做到人走柜锁。

（三）按照规定应当由有关负责人签字或盖章的，应当严格履行签字或盖章手续。

第四十二条 单位应当加强对银行账户的管理，严格按照规定的审批权限和程序开立、变更和撤销银行账户。

第四十三条 单位应当加强货币资金的核查控制。指定不办理货币资金业务的会计人员定期和不定期抽查盘点库存现金，核对银行存款余额，抽查银行对账单、银行日记账及银行存款余额调节表，核对是否账实相符、账账相符。对调节不符、可能存在重大问题的未达账项应当及时查明原因，并按照相关规定处理。

第四十四条 单位应当加强对实物资产和无形资产的管理，明确相关部门和岗位的职责权限，强化对配置、使用和处置等关键环节的管控。

（一）对资产实施归口管理。明确资产使用和保管责任人，落实资产使用人在资产管理中的责任。贵重资产、危险资产、有保密等特殊要求的资产，应当指定专人保管、专人使用，并规定严格的接触限制条件和审批程序。

（二）按照国有资产管理相关规定，明确资产的调剂、租借、对外投资、处置的程序、审批权限和责任。

（三）建立资产台账，加强资产的实物管理。单位应当定期清查盘点资产，确保账实相符。财会、资产管理、资产使用等部门或岗位应当定期对账，发现不符的，应当及时查明原因，并按照相关规定处理。

（四）建立资产信息管理系统，做好资产的统计、报告、分析工作，实现对资产的动态管理。

第四十五条 单位应当根据国家有关规定加强对对外投资的管理。

（一）合理设置岗位，明确相关岗位的职责权限，确保对外投资的可行性研究与评估、对外投资决策与执行、对外投资处置的审批与执行等不相容岗位相互分离。

（二）单位对外投资，应当由单位领导班子集体研究决定。

（三）加强对投资项目的追踪管理，及时、全面、准确地记录对外投资的价值变动和投资收益情况。

（四）建立责任追究制度。对在对外投资中出现重大决策失误、未履行集体决策程序和不按规定执行对外投资业务的部门及人员，应当追究相应的责任。

第五节　建设项目控制

第四十六条 单位应当建立健全建设项目内部管理制度。

单位应当合理设置岗位，明确内部相关部门和岗位的职责权限，确保项目建议和可行性研究与项目决策、概预算编制与审核、项目实施与价款支付、竣工决算与竣工审计等不相容岗位相互分离。

第四十七条 单位应当建立与建设项目相关的议事决策机制，严禁任何个人单独决策或者擅自改变集体决策意见。决策过程及各方面意见应当形成书面文件，与相关资料一同妥善归档保管。

第四十八条 单位应当建立与建设项目相关的审核机制。项目建议书、可行性研究报告、概预算、竣工决算报告等应当由单位内部的规划、技术、财会、法律等相关工作人员或者根据国家有关规定委托具有相应资质的中介机构进行审核，出具评审意见。

第四十九条 单位应当依据国家有关规定组织建设项目招标工作，并接受有关部门的监督。

单位应当采取签订保密协议、限制接触等必要措施，确保标底编制、评标等工作在严格保密的情况下进行。

第五十条 单位应当按照审批单位下达的投资计划和预算对建设项目资金实行专款专用，严禁截留、挪用和超批复内容使用资金。财会部门应当加强与建设项目承建单位的沟通，准确掌握建设进度，加强价款支付审核，按照规定办理价款结算。实行国库集中支付的建设项目，单位应当按照财政国库管理制度相关规定支付资金。

第五十一条 单位应当加强对建设项目档案的管理。做好相关文件、材料的收集、整理、归档和保管工作。

第五十二条 经批准的投资概算是工程投资的最高限额，如有调整，应当按照国家有关规定报经批准。

单位建设项目工程洽商和设计变更应当按照有关规定履行相应的审批程序。

第五十三条 建设项目竣工后，单位应当按照规定的时限及时办理竣工决算，组织竣工决算审计，并根据批复的竣工决算和有关规定办理建设项目档案和资产移交等工作。

建设项目已实际投入使用但超时限未办理竣工决算的，单位应当根据对建设项目的实际投资暂估入账，转作相关资产管理。

第六节 合 同 控 制

第五十四条 单位应当建立健全合同内部管理制度。

单位应当合理设置岗位，明确合同的授权审批和签署权限，妥善保管和使用合同专用章，严禁未经授权擅自以单位名义对外签订合同，严禁违规签订担保、投资和借贷合同。

单位应当对合同实施归口管理，建立财会部门与合同归口管理部门的沟通协调机制，实现合同管理与预算管理、收支管理相结合。

第五十五条 单位应当加强对合同订立的管理，明确合同订立的范围和条件。对于影响重大、涉及较高专业技术或法律关系复杂的合同，应当组织法律、技术、财会等工作人员参与谈判，必要时可聘请外部专家参与相关工作。谈判过程中的重要事项和参与谈判人员的主要意见，应当予以记录并妥善保管。

第五十六条 单位应当对合同履行情况实施有效监控。合同履行过程中，因对方或单位自身原因导致可能无法按时履行的，应当及时采取应对措施。

单位应当建立合同履行监督审查制度。对合同履行中签订补充合同，或变更、解除合同等应当按照国家有关规定进行审查。

第五十七条 财会部门应当根据合同履行情况办理价款结算和进行账务处理。未按照合同条款履约的，财会部门应当在付款之前向单位有关负责人报告。

第五十八条 合同归口管理部门应当加强对合同登记的管理，定期对合同进行统计、分类和归档，详细登记合同的订立、履行和变更情况，实行对合同的全过程管理。与单位经济活动相关的合同应当同时提交财会部门作为账务处理的依据。

单位应当加强合同信息安全保密工作，未经批准，不得以任何形式泄露合同订立与履行过程中涉及的国家秘密、工作秘密或商业秘密。

第五十九条 单位应当加强对合同纠纷的管理。合同发生纠纷的，单位应当在规定时效内与对方协商谈判。合同纠纷协商一致的，双方应当签订书面协议；合同纠纷经协商无法解决的，经办人员应向单位有关负责人报告，并根据合同约定选择仲裁或诉讼方式解决。

第五章 评价与监督

第六十条 单位应当建立健全内部监督制度，明确各相关部门或岗位在内部监督中的职责权限，规定内部监督的程序和要求，对内部控制建立与实施情况进行内部监督检查和自我评价。

内部监督应当与内部控制的建立和实施保持相对独立。

第六十一条 内部审计部门或岗位应当定期或不定期检查单位内部管理制度和机制的建立与执行情况，以及内部控制关键岗位及人员的设置情况等，及时发现内部控制存在的问题并提出改进建议。

第六十二条 单位应当根据本单位实际情况确定内部监督检查的方法、范围和频率。

第六十三条 单位负责人应当指定专门部门或专人负责对单位内部控制的有效性进行评价并出具单位内部控制自我评价报告。

第六十四条 国务院财政部门及其派出机构和县级以上地方各级人民政府财政部门应当对单位内部控制的建立和实施情况进行监督检查，有针对性地提出检查意见和建议，并督促单位进行整改。

国务院审计机关及其派出机构和县级以上地方各级人民政府审计机关对单位进行审计时，应当调查了解单位内部控制建立和实施的有效性，揭示相关内部控制的缺陷，有针对性地提出审计处理意见和建议，并督促单位进行整改。

第六章 附 则

第六十五条 本规范自 2014 年 1 月 1 日起施行。

2. 行政事业单位内部控制报告管理制度（试行）
（2017 年发布）

（财会〔2017〕1 号印发）

第一章 总 则

第一条 为贯彻落实党的十八届四中全会通过的《中共中央关于全面推进依法治国若干重大问题的决定》的有关精神，进一步加强行政事业单位内部控制建设，规范行政事业单位内部控制报告的编制、报送、使用及报告信息质量的监督检查等工作，促进行政事业单位内部控制信息公开，提高行政事业单位内部控制报告质量，根据《财政部关于全面推进行政事业单位内部控制建设的指导意见》（财会〔2015〕24 号，以下简称《指导意见》）和《行政事业单位内部控制规范（试行）》（财会〔2012〕21 号，以下简称《单位内部控制规范》）等，制定本制度。

第二条 本制度适用于所有行政事业单位。

本制度所称行政事业单位包括各级党的机关、人大机关、行政机关、政协机关、审判机关、检察机关、各民主党派机关、人民团体和事业单位。

第三条 本制度所称内部控制报告，是指行政事业单位在年度终了，结合本单位实际情况，依据《指导意见》和《单位内部控制规范》，按照本制度规定编制的能够综合反映本单位内部控制建立与实施情况的总结性文件。

第四条 行政事业单位编制内部控制报告应当遵循下列原则：

（一）全面性原则。内部控制报告应当包括行政事业单位内部控制的建立与实施、覆盖单位层面和业务层面各类经济业务活动，能够综合反映行政事业单位的内部控制建设情况。

（二）重要性原则。内部控制报告应当重点关注行政事业单位重点领域和关键岗位，突出重点、兼顾一般，推动行政事业单位围绕重点开展内部控制建设，着力防范可能产生的重大风险。

（三）客观性原则。内部控制报告应当立足于行政事业单位的实际情况，坚持实事求是，真实、完整地反映行政事业单位内部控制建立与实施情况。

（四）规范性原则。行政事业单位应当按照财政部规定的统一报告格式及信息要求编制内部控制报告，不得自行修改或删减报告及附表格式。

第五条 行政事业单位是内部控制报告的责任主体。

单位主要负责人对本单位内部控制报告的真实性和完整性负责。

第六条 行政事业单位应当根据本制度，结合本单位内部控制建立与实施的实际情况，明确相关内设机构、管理层级及岗位的职责权限，按照规定的方法、程序和要求，有序开展内部控制报告的编制、审核、报送、分析使用等工作。

第七条 内部控制报告编报工作按照"统一部署、分级负责、逐级汇总、单向报送"的方式，由财政部统一部署，各地区、各垂直管理部门分级组织实施并以自下而上的方式逐级汇总，非垂直管理部门向同级财政部门报送，各行政事业单位按照行政管理关系向上级行政主管部门单向报送。

第二章　内部控制报告编报工作的组织

第八条 财政部负责组织实施全国行政事业单位内部控制报告编报工作。其职责主要是制定行政事业单位内部控制报告的有关规章制度及全国统一的行政事业单位内部控制报告格式，布置全国行政事业单位内部控制年度报告编报工作并开展相关培训，组织和指导全国行政事业单位内部控制报告的收集、审核、汇总、报送、分析使用，组织开展全国行政事业单位内部控制报告信息质量的监督检查工作，组织和指导全国行政事业单位内部控制考核评价工作，建立和管理全国行政事业单位内部控制报告数据库等工作。

第九条 地方各级财政部门负责组织实施本地区行政事业单位内部控制报告编报工作，并对本地区内部控制汇总报告的真实性和完整性负责。其职责主要是布置本地区行政事业单位内部控制年度报告编报工作并开展相关培训，组织和指导本地区行政事业单位内部控制报告的收集、审核、汇总、报送、分析使用，组织和开展本地区行政事业单位内部控制报告信息质量的监督检查工作，组织和指导本地区行政事业单位内部控制考核评价工作，建立和管理本地区行政事业单位内部控制报告数据库等工作。

第十条 各行政主管部门（以下简称各部门）应当按照财政部门的要求，负责组织实施本部门行政事业单位内部控制报告编报工作，并对本部门内部控制汇总报告的真实性和完整性负责。其职责主要是布置本部门行政事业单位内部控制年度报告编报工作并开展相关培训，组织和指导本部门行政事业单位内部控制报告的收集、审核、汇总、报送、分析使用，组织和开展本部门行政事业单位内部控制报告信息质量的监督检查工作，组织和指导本部门行政事业单位内部控制考核评价工作，建立和管理本部门行政事业单位内部控制报告数据库。

第三章 行政事业单位内部控制报告的编制与报送

第十一条 年度终了，行政事业单位应当按照本制度的有关要求，根据本单位当年内部控制建设工作的实际情况及取得的成效，以能够反映内部控制工作基本事实的相关材料为支撑，按照财政部发布的统一报告格式编制内部控制报告，经本单位主要负责人审批后对外报送。

第十二条 行政事业单位能够反映内部控制工作基本事实的相关材料一般包括内部控制领导机构会议纪要、内部控制制度、流程图、内部控制检查报告、内部控制培训会相关材料等。

第十三条 行政事业单位应当在规定的时间内，向上级行政主管部门报送本单位内部控制报告及能够反映本单位内部控制工作基本事实的相关材料。

第四章 部门行政事业单位内部控制报告的编制与报送

第十四条 各部门应当在所属行政事业单位上报的内部控制报告和部门本级内部控制报告的基础上，汇总形成本部门行政事业单位内部控制报告。

第十五条 各部门汇总的行政事业单位内部控制报告应当以所属行政事业单位上报的信息为准，不得虚报、瞒报和随意调整。

第十六条 各部门应当在规定的时间内，向同级财政部门报送本部门行政事业单位内部控制报告。

第五章 地区行政事业单位内部控制报告的编制与报送

第十七条 地方各级财政部门应当在下级财政部门上报的内部控制报告和本地区部门内部控制报告的基础上，汇总形成本地区行政事业单位内部控制报告。

第十八条 地方各级财政部门汇总的本地区行政事业单位内部控制报告应当以本地区部门和下级财政部门上报的信息为准，不得虚报、瞒报和随意调整。

第十九条 地方各级财政部门应当在规定的时间内，向上级财政部门逐级报送本地区行政事业单位内部控制报告。

第六章 行政事业单位内部控制报告的使用

第二十条 行政事业单位应当加强对本单位内部控制报告的使用，通过对内部控制报告中反映的信息进行分析，及时发现内部控制建设工作中存在的问题，进一步健全制度，提高执行力，完善监督措施，确保内部控制有效实施。

第二十一条 各地区、各部门应当加强对行政事业单位内部控制报告的分析，强化分析结果的反馈和使用，切实规范和改进财政财务管理，更好发挥对行政事业单位内部控制建设的促进和监督作用。

第七章 行政事业单位内部控制报告的监督检查

第二十二条 各地区、各部门汇总的内部控制报告报送后，各级财政部门、各部门应当组织开展对所报送的内部控制报告内容的真实性、完整性和规范性进行监督检查。

第二十三条 行政事业单位内部控制报告信息质量的监督检查工作采取"统一管理、分级实施"原则。中央部门内部控制报告信息质量监督检查工作由财政部组织实施，各地区行政事业单位内部控制报告信息质量监督检查工作由同级财政部门按照统一的工作要求分级组织实施，各部门所属行政事业单位内部控制报告信息质量监督检查由本部门组织实施。

第二十四条 行政事业单位内部控制报告信息质量的监督检查应按规定采取适当的方式来确定对象，并对内部控制报告存在明显质量问题或以往年份监督检查不合格单位进行重点核查。

第二十五条 各地区、各部门应当认真组织落实本地区（部门）的行政事业单位内部控制报告编报工作，加强对内部控制报告编报工作的考核。

第二十六条 行政事业单位应当认真、如实编制内部控制报告，不得漏报、瞒报有关内部控制信息，更不得编造虚假内部控制信息；单位负责人不得授意、指使、强令相关人员提供虚假内部控制信息，不得对拒绝、抵制编造虚假内部控制信息的人员进行打击报复。

第二十七条 对于违反规定、提供虚假内部控制信息的单位及相关负责人，按照《中华人民共和国会计法》《中华人民共和国预算法》《财政违法行为处罚处分条例》等有关法律法规规定追究责任。

各级财政部门及其工作人员在行政事业单位内部控制报告管理工作中，存在滥用职权、玩忽职守、徇私舞弊等违法违纪行为的，按照《公务员法》《行政监察法》《财政违法行为处罚处分条例》等国家有关规定追究相应责任；涉嫌犯罪的，移送司法机关处理。

第八章 附 则

第二十八条 各地区、各部门可依据本制度，结合工作实际，制定相应的实施细则。

第二十九条 本制度自 2017 年 3 月 1 日起施行。

3. 关于进一步加强公立医院内部控制建设的指导意见（2023 年发布）

（财会〔2023〕31 号印发）

为贯彻落实中央办公厅、国务院办公厅印发的《关于进一步加强财会监督工作的意见》有关要求，推动公立医院进一步加强内部控制建设，提升公立医院内部治理水平和公共服务效能，现提出如下意见。

一、总体要求

（一）指导思想。

以习近平新时代中国特色社会主义思想为指导，深入贯彻落实党的二十大、二十届中央纪委二次全会、国务院廉政工作会议精神，以人民健康为中心，将公平可及、群众受益作为出发点和立足点，坚持公益性原则，全面规范公立医院经济活动及相关业务活动，建立健全科学有效的内部制约机制，持续优化公立医院内部控制环境，有效防控公立医院内部运营风险，为推动公立医院高质量发展、深化医药卫生体制改革、实施健康中国战略提供有力支撑。

（二）基本原则。

1. 坚持党的领导。充分发挥党的领导政治优势，把党的领导落实到公立医院内部控制建立、实施与评价监督的全过程，确保党中央、国务院重大决策部署有效贯彻落实。

2. 坚持系统思维。公立医院内部控制要确保覆盖各项经济活动及相关业务活动，贯穿决策、执行、监督全过程，与内部审计、巡视巡察、纪检监察等其他各类监督机制有机贯通融合，构建内外协同、衔接高效、运转有序的内部控制工作机制。

3. 坚持问题导向。针对公立医院重点业务和问题频发的高风险领域，查找风险隐患，形成风险清单，强化责任落实，加强问题整改，推动有关法律法规和相关政策制度内化为内部控制制度、标准和流程，建立长效机制，突出重点，讲求实效，切实提高内部控制工作的针对性和有效性。

4. 坚持动态适应。公立医院内部控制建设应当符合国家有关规定和公立医院的实际情况，并随着外部环境的变化、公立医院经济活动及相关业务活动的调整和管理要求的提高，不断优化完善，适应新时代新环境新变化的需求。

（三）主要目标。

推动公立医院全面贯彻落实《行政事业单位内部控制规范（试行）》（财会〔2012〕21号）、《行政事业单位内部控制报告管理制度（试行）》（财会〔2017〕1号）、《关于加强公立医院运营管理的指导意见》（国卫财务发〔2020〕27号）、《公立医院内部控制管理办法》（国卫财务发〔2020〕31号）等制度办法，到2025年底，建立健全权责清晰、制衡有力、运行有效、监督到位的内部控制体系，强化财经纪律刚性约束，合理保证公立医院经济活动及相关业务活动合法合规、资产安全和使用有效、财务信息真实完整，有效防范舞弊和预防腐败，提高资源配置和使用效益。

二、主要任务和措施

（一）持续优化公立医院内部控制环境。

1. 充分发挥公立医院党委在内部控制建设中的领导作用，明确公立医院党委主要负责人是整体内部控制建设与实施的第一责任人，明确党政领导班子其他成员作为各自分管领域内部控制建设与实施的负责人，将内部控制工作纳入党政领导班子年度履职清单。

2. 建立健全公立医院内部控制领导小组或内部控制委员会工作机制，鼓励公立医院综合职能部门作为内部控制建设的牵头部门，鼓励公立医院内部审计部门或指定的相关部门对内部控制建立和实施情况进行监督评价，明确公立医院内部各部门是本部门内部控制建设和实施的责任主体，部门负责人对本部门的内部控制有效性负责。

3. 建立健全公立医院议事决策机制，"三重一大"事项应当严格履行集体决策程序。完善内部控制关键岗位责任制，实行内部控制关键岗位轮岗制度，明确轮岗周期。不具备轮岗条件的公立医院应当采取专项审计等控制措施。

4. 强化公立医院内部控制文化建设，创新方式方法，定期组织党政领导班子和干部职工学习内部控制知识，开展内部控制典型案例的学习交流，提高全体人员对医疗领域共性风险及本医院个性风险的认识，确保内部控制理念入脑入心，持续营造公立医院全体人员学习内部控制、人人参与内部控制的良好氛围。

5. 加强公立医院内部控制人才队伍建设，定期组织开展内部控制培训，提升公立医院内部控制人员的专业技能和综合素质，为内部控制建设提供人力资源保障。

（二）切实加强公立医院风险评估工作。

6. 健全完善定期风险评估机制，公立医院至少每年组织一次风险评估，并形成书面风险评估报告。当外部环境、业务活动、经济活动或管理要求等发生重大变化时，公立医院应当及时对经济活动及相关业务活动的风险进行重新评估。

7. 鼓励有条件的公立医院聘请具有胜任能力的第三方机构开展风险评估工作。

8. 加强公立医院风险评估的针对性，在开展单位层面风险评估的基础上，重点对涉及资金规模较大、廉政风险较高、业务模式较新、影响可持续发展等领域进行风险评估。

9. 进一步提升公立医院风险应对能力，综合运用风险规避、风险降低、风险分担和风险承受等风险应对策略，实现对风险的有效控制。

（三）着力完善公立医院重点业务及高风险领域的内部控制措施。

10. 加强预算管理，强化预算刚性约束，建立预算执行、分析和改进机制，加强预算调整审批控制，坚持"无预算不支出"原则，落实全过程预算绩效管理。

11. 健全收支管理，依法依规组织各类收入，规范各类支出的审批流程，明确资金流向和使用范围，确保不相容岗位职责分离与授权审批，进一步明确收入管理、票据管理、支出管理、公务卡管理、医疗费用管理的控制点，严控"三公"经费支出。

12. 加强采购管理，严格落实国家药品和医用耗材采购政策，明确职责划分与归口管理，确定药品、医用耗材、仪器设备、科研试剂等品类多、金额大的物资和设备，以及信息系统、委托（购买）服务、工程物资等采购过程中的关键管控环节和控制措施。

13. 强化资产管理，严格按规定程序配置各类设备资产，严禁举债购置大型医用设备，规范国有资产出租出借和处置行为，落实定期清查盘点制度。严格控制对外投资，明确对外投资的可行性评估与投资效益分析等相关内容。

14. 加强基本建设项目管理，严禁公立医院举债建设和超标准装修，规范基本建设项目的全过程管理。加强多院区建设管理，严禁未批先办、未批先建，坚决杜绝无序扩张。

15. 完善合同管理，明确合同管理归口部门、合同各相关部门职责权限，加强合同合法性审查、授权管理、合同签署和履行管理。

16. 严格按照卫生健康行政部门（含中医药主管部门）批准范围开展诊疗活动，诊疗项目的收费应当符合物价部门、医保部门政策。加强依法执业自查管理，建立依法执业自查工作制度，对执业活动依法依规情况进行检查。

17. 规范使用医保基金，严格落实医保政策，强化定点医疗机构自我管理主体责任，加强医保管理促进临床合理诊疗，完善医保基金使用管理，定期检查本单位医保基金使用情况。

18. 严格执行教育项目经费的预算控制和闭环管理。优化完善科研项目管理制度，确保科研自主权接得住、管得好。

19. 完善互联网诊疗管理，明确归口管理部门、各部门权责界定，健全与第三方合作的评估、审批程序。

20. 优化医联体管理，明确医联体业务的审批程序，明确牵头医院与医联体成员之间的职责权限、业务联动、诊疗服务与收费、资源与信息共享、绩效与利益分配等制度，加强对医联体业务的监督。

21. 加强生物安全管理，规范生物医学新技术临床研究管理，强化实验室生物安全风险管控，加强人类遗传资源采集、保藏、利用、对外提供等活动的管理和监督，健全生物安全相关管理制度，筑牢公立医院生物安全防线。

（四）全面提升公立医院内部控制的信息化水平。

22. 充分利用信息化技术手段，加强公立医院内部控制建设，落实管理制度化、制度流程化、流程表单化、表单信息化、信息智能化的建设要求。

23. 推进内部控制建设融入公立医院信息化建设，将岗位职责、业务标准、制度流程、控制措施以及数据需求嵌入医院信息系统，通过信息化的方式进行固化，确保各项业务活动可控制、可追溯，有效减少人为违规操纵。

24. 加强公立医院信息平台化、集成化建设，积极探索打通各类信息系统之间的壁垒，保障公立医院信息系统互联互通、信息共享，实现各类经济活动及相关业务活动的资金流、实物流、信息流、数据流有效匹配和顺畅衔接。

25. 加强公立医院网络安全与数据安全建设，强化账户授权管控要求，建立数据分类分级保护制度，保障网络信息的存储安全，以及数据的产生、传输和使用过程中的安全，防止患者隐私和个人信息被泄露。

（五）强化对公立医院内部控制的评价与监督。

26. 公立医院应建立健全内部控制评价办法，定期对内部控制体系建立与实施情况进行自我评价，科学评价内部控制的有效性。鼓励有条件的公立医院委托第三方机构对内部控制进行评价。

27. 按照财政部门和上级主管部门要求，公立医院应及时、完整、准确报送内部控制报告，加强内部控制报告审核工作，提高内部控制报告质量。

28. 根据内部控制评价中所发现的问题，强化问题整改，明确整改责任落实，及时制定整改措施，完善内部控制制度，实现内部控制工作闭环管理。

29. 加强内部控制成果应用，鼓励将内部控制评价结果和内部控制报告作为绩效管理、监督问责等工作的重要依据，提高广大干部职工对内部控制的重视程度。

30. 完善内部控制监督的联动机制，将内部控制建立及实施情况与内部审计、纪检监察等其他内部监督机制有效联动，充分利用党和国家各项监督体系成果，形成监督合力。

三、保障措施

（一）加强组织领导。各级财政部门要发挥统筹协调作用，加强对公立医院内部控制建设的政策指导。各级卫生健康行政部门（含中医药主管部门）要加强对公立医院内部控制的指导和督促工作，确保公立医院内部控制建设有效落地。各级医保等相关部门要结合职责分工，协同推进公立医院内部控制建设。

（二）制定工作方案。公立医院要按照本指导意见确定的总体要求和主要任务，结合本单位实际情况，制定工作方案，健全工作机制，明确任务分工，加大保障力度，层层压实责任，充分利用信息化技术手段，积极推动内部控制在本单位的落地见效。

（三）强化监督检查。各级财政部门、卫生健康行政部门（含中医药主管部门）、医保部门，要按照各自职责分工，加强对公立医院内部控制建立与实施情况的监督检查，针对检查中发现的内部控制问题和薄弱环节，督促公立医院及时制定整改措施，建立长效机制，持续优化内部控制体系。同时加强与审计、巡视巡察、纪检监察等部门的沟通协调和信息共享，形成全方位、多维度的内部控制监督格局。

（四）加强宣传引导。各级财政部门、卫生健康行政部门（含中医药主管部门）、医保部门和各公立医院要加大宣传教育力度，加强政策指导及业务培训，广泛宣传内部控制建设的必要性和重要意义，积极推广内部控制建设的先进经验和典型做法，引导公立医院广大干部职工自觉提高风险防范和权力规范运行意识，为全面推进公立医院内部控制建设营造良好的环境和氛围。

第十八章 行政事业单位资产管理相关法规

1. 行政事业性国有资产管理条例（2021年发布）

（2021年2月1日中华人民共和国国务院令第738号公布）

第一章 总 则

第一条 为了加强行政事业性国有资产管理与监督，健全国有资产管理体制，推进国家治理体系和治理能力现代化，根据全国人民代表大会常务委员会关于加强国有资产管理情况监督的决定，制定本条例。

第二条 行政事业性国有资产，是指行政单位、事业单位通过以下方式取得或者形成的资产：

（一）使用财政资金形成的资产；

（二）接受调拨或者划转、置换形成的资产；

（三）接受捐赠并确认为国有的资产；

（四）其他国有资产。

第三条 行政事业性国有资产属于国家所有，实行政府分级监管、各部门及其所属单位直接支配的管理体制。

第四条 各级人民政府应当建立健全行政事业性国有资产管理机制，加强对本级行政事业性国有资产的管理，审查、批准重大行政事业性国有资产管理事项。

第五条 国务院财政部门负责制定行政事业单位国有资产管理规章制度并负责组织实施和监督检查，牵头编制行政事业性国有资产管理情况报告。

国务院机关事务管理部门和有关机关事务管理部门会同有关部门依法依规履行相关中央行政事业单位国有资产管理职责，制定中央行政事业单位国有资产管理具体制度和办法并组织实施，接受国务院财政部门的指导和监督检查。

相关部门根据职责规定，按照集中统一、分类分级原则，加强中央行政事业单位国有资产管理，优化管理手段，提高管理效率。

第六条 各部门根据职责负责本部门及其所属单位国有资产管理工作，应当明确管理责任，指导、监督所属单位国有资产管理工作。

各部门所属单位负责本单位行政事业性国有资产的具体管理，应当建立和完善内部控制管理制度。

第七条 各部门及其所属单位管理行政事业性国有资产应当遵循安全规范、节约高效、公开透明、权责一致的原则，实现实物管理与价值管理相统一，资产管理与预算管理、财务管理相结合。

第二章 资产配置、使用和处置

第八条 各部门及其所属单位应当根据依法履行职能和事业发展的需要，结合资产存量、资产配置标准、绩效目标和财政承受能力配置资产。

第九条 各部门及其所属单位应当合理选择资产配置方式，资产配置重大事项应当经可行性研究和集体决策，资产价值较高的按照国家有关规定进行资产评估，并履行审批程序。

资产配置包括调剂、购置、建设、租用、接受捐赠等方式。

第十条 县级以上人民政府应当组织建立、完善资产配置标准体系，明确配置的数量、价值、等级、最低使用年限等标准。

资产配置标准应当按照勤俭节约、讲求绩效和绿色环保的要求，根据国家有关政策、经济社会发展水平、市场价格变化、科学技术进步等因素适时调整。

第十一条 各部门及其所属单位应当优先通过调剂方式配置资产。不能调剂的，可以采用购置、建设、租用等方式。

第十二条 行政单位国有资产应当用于本单位履行职能的需要。

除法律另有规定外，行政单位不得以任何形式将国有资产用于对外投资或者设立营利性组织。

第十三条 事业单位国有资产应当用于保障事业发展、提供公共服务。

第十四条 各部门及其所属单位应当加强对本单位固定资产、在建工程、流动资产、无形资产等各类国有资产的管理，明确管理责任，规范使用流程，加强产权保护，推进相关资产安全有效使用。

第十五条 各部门及其所属单位应当明确资产使用人和管理人的岗位责任。

资产使用人、管理人应当履行岗位责任，按照规程合理使用、管理资产，充分发挥资产效能。资产需要维修、保养、调剂、更新、报废的，资产使用人、管理人应当及时提出。

资产使用人、管理人发生变化的，应当及时办理资产交接手续。

第十六条 各部门及其所属单位接受捐赠的资产，应当按照捐赠约定的用途使用。捐赠人意愿不明确或者没有约定用途的，应当统筹安排使用。

第十七条 事业单位利用国有资产对外投资应当有利于事业发展和实现国有资产保值增值，符合国家有关规定，经可行性研究和集体决策，按照规定权限和程序进行。

事业单位应当明确对外投资形成的股权及其相关权益管理责任，按照规定将对外投资形成的股权纳入经营性国有资产集中统一监管体系。

第十八条 县级以上人民政府及其有关部门应当建立健全国有资产共享共用机制，采取措施引导和鼓励国有资产共享共用，统筹规划有效推进国有资产共享共用工作。

各部门及其所属单位应当在确保安全使用的前提下，推进本单位大型设备等国有资产共享共用工作，可以对提供方给予合理补偿。

第十九条 各部门及其所属单位应当根据履行职能、事业发展需要和资产使用状况，经集体决策和履行审批程序，依据处置事项批复等相关文件及时处置行政事业性国有资产。

第二十条 各部门及其所属单位应当将依法罚没的资产按照国家规定公开拍卖或者按照国家有关规定处理，所得款项全部上缴国库。

第二十一条 各部门及其所属单位应当对下列资产及时予以报废、报损：

（一）因技术原因确需淘汰或者无法维修、无维修价值的资产；

（二）涉及盘亏、坏账以及非正常损失的资产；

（三）已超过使用年限且无法满足现有工作需要的资产；

（四）因自然灾害等不可抗力造成毁损、灭失的资产。

第二十二条 各部门及其所属单位发生分立、合并、改制、撤销、隶属关系改变或者部分职能、业务调整等情形，应当根据国家有关规定办理相关国有资产划转、交接手续。

第二十三条 国家设立的研究开发机构、高等院校对其持有的科技成果的使用和处置，依照《中华人民共和国促进科技成果转化法》《中华人民共和国专利法》和国家有关规定执行。

第三章 预 算 管 理

第二十四条 各部门及其所属单位购置、建设、租用资产应当提出资产配置需求，编制资产配置相关支出预算，并严格按照预算管理规定和财政部门批复的预算配置资产。

第二十五条 行政单位国有资产出租和处置等收入，应当按照政府非税收入和国库集中收缴制度的有关规定管理。

除国家另有规定外，事业单位国有资产的处置收入应当按照政府非税收入和国库集中收缴制度的有关规定管理。

事业单位国有资产使用形成的收入，由本级人民政府财政部门规定具体管理办法。

第二十六条 各部门及其所属单位应当及时收取各类资产收入，不得违反国家规定，多收、少收、不收、侵占、私分、截留、占用、挪用、隐匿、坐支。

第二十七条 各部门及其所属单位应当在决算中全面、真实、准确反映其国有资产收入、支出以及国有资产存量情况。

第二十八条 各部门及其所属单位应当按照国家规定建立国有资产绩效管理制度，建立健全绩效指标和标准，有序开展国有资产绩效管理工作。

第二十九条 县级以上人民政府投资建设公共基础设施，应当依法落实资金来源，加强预算约束，防范政府债务风险，并明确公共基础设施的管理维护责任单位。

第四章 基 础 管 理

第三十条 各部门及其所属单位应当按照国家规定设置行政事业性国有资产台账，依照国家统一的会计制度进行会计核算，不得形成账外资产。

第三十一条 各部门及其所属单位采用建设方式配置资产的，应当在建设项目竣工验收合格后及时办理资产交付手续，并在规定期限内办理竣工财务决算，期限最长不得超过1年。

各部门及其所属单位对已交付但未办理竣工财务决算的建设项目，应当按照国家统一的会计制度确认资产价值。

第三十二条 各部门及其所属单位对无法进行会计确认入账的资产，可以根据需要组织专家参照资产评估方法进行估价，并作为反映资产状况的依据。

第三十三条 各部门及其所属单位应当明确资产的维护、保养、维修的岗位责任。因使用不当或者维护、保养、维修不及时造成资产损失的，应当依法承担责任。

第三十四条 各部门及其所属单位应当定期或者不定期对资产进行盘点、对账。出现资产盘盈盘亏的，应当按照财务、会计和资产管理制度有关规定处理，做到账实相符和账账相符。

第三十五条 各部门及其所属单位处置资产应当及时核销相关资产台账信息，同时进行会计处理。

第三十六条 除国家另有规定外，各部门及其所属单位将行政事业性国有资产进行转让、拍卖、置换、对外投资等，应当按照国家有关规定进行资产评估。

行政事业性国有资产以市场化方式出售、出租的，依照有关规定可以通过相应公共资源交易平台进行。

第三十七条 有下列情形之一的，各部门及其所属单位应当对行政事业性国有资产进行清查：

（一）根据本级政府部署要求；

（二）发生重大资产调拨、划转以及单位分立、合并、改制、撤销、隶属关系改变等情形；

（三）因自然灾害等不可抗力造成资产毁损、灭失；

（四）会计信息严重失真；
（五）国家统一的会计制度发生重大变更，涉及资产核算方法发生重要变化；
（六）其他应当进行资产清查的情形。

第三十八条 各部门及其所属单位资产清查结果和涉及资产核实的事项，应当按照国务院财政部门的规定履行审批程序。

第三十九条 各部门及其所属单位在资产清查中发现账实不符、账账不符的，应当查明原因予以说明，并随同清查结果一并履行审批程序。各部门及其所属单位应当根据审批结果及时调整资产台账信息，同时进行会计处理。

由于资产使用人、管理人的原因造成资产毁损、灭失的，应当依法追究相关责任。

第四十条 各部门及其所属单位对需要办理权属登记的资产应当依法及时办理。对有账簿记录但权证手续不全的行政事业性国有资产，可以向本级政府有关主管部门提出确认资产权属申请，及时办理权属登记。

第四十一条 各部门及其所属单位之间，各部门及其所属单位与其他单位和个人之间发生资产纠纷的，应当依照有关法律法规规定采取协商等方式处理。

第四十二条 国务院财政部门应当建立全国行政事业性国有资产管理信息系统，推行资产管理网上办理，实现信息共享。

第五章 资产报告

第四十三条 国家建立行政事业性国有资产管理情况报告制度。

国务院向全国人民代表大会常务委员会报告全国行政事业性国有资产管理情况。

县级以上地方人民政府按照规定向本级人民代表大会常务委员会报告行政事业性国有资产管理情况。

第四十四条 行政事业性国有资产管理情况报告，主要包括资产负债总量，相关管理制度建立和实施，资产配置、使用、处置和效益，推进管理体制机制改革等情况。

行政事业性国有资产管理情况按照国家有关规定向社会公开。

第四十五条 各部门所属单位应当每年编制本单位行政事业性国有资产管理情况报告，逐级报送相关部门。

各部门应当汇总编制本部门行政事业性国有资产管理情况报告，报送本级政府财政部门。

第四十六条 县级以上地方人民政府财政部门应当每年汇总本级和下级行政事业性国有资产管理情况，报送本级政府和上一级政府财政部门。

第六章 监督

第四十七条 县级以上人民政府应当接受本级人民代表大会及其常务委员会对行政事业性国有资产管理情况的监督，组织落实本级人民代表大会及其常务委员会审议提出的整改要求，并向本级人民代表大会及其常务委员会报告整改情况。

乡、民族乡、镇人民政府应当接受本级人民代表大会对行政事业性国有资产管理情况的监督。

第四十八条 县级以上人民政府对下级政府的行政事业性国有资产管理情况进行监督。下级政府应当组织落实上一级政府提出的监管要求，并向上一级政府报告落实情况。

第四十九条 县级以上人民政府财政部门应当对本级各部门及其所属单位行政事业性国有资产管理情况进行监督检查，依法向社会公开检查结果。

第五十条 县级以上人民政府审计部门依法对行政事业性国有资产管理情况进行审计监督。

第五十一条 各部门应当建立健全行政事业性国有资产监督管理制度，根据职责对本行业行政事业性国有资产管理依法进行监督。

各部门所属单位应当制定行政事业性国有资产内部控制制度，防控行政事业性国有资产管理风险。

第五十二条 公民、法人或者其他组织发现违反本条例的行为，有权向有关部门进行检举、控告。接受检举、控告的有关部门应当依法进行处理，并为检举人、控告人保密。

任何单位或者个人不得压制和打击报复检举人、控告人。

第七章 法律责任

第五十三条 各部门及其所属单位有下列行为之一的，责令改正，情节较重的，对负有直接责任的主管人员和其他直接责任人员依法给予处分：

（一）配置、使用、处置国有资产未按照规定经集体决策或者履行审批程序；

（二）超标准配置国有资产；

（三）未按照规定办理国有资产调剂、调拨、划转、交接等手续；

（四）未按照规定履行国有资产拍卖、报告、披露等程序；

（五）未按照规定期限办理建设项目竣工财务决算；

（六）未按照规定进行国有资产清查；

（七）未按照规定设置国有资产台账；

（八）未按照规定编制、报送国有资产管理情况报告。

第五十四条 各部门及其所属单位有下列行为之一的，责令改正，有违法所得的没收违法所得，情节较重的，对负有直接责任的主管人员和其他直接责任人员依法给予处分；构成犯罪的，依法追究刑事责任：

（一）非法占有、使用国有资产或者采用弄虚作假等方式低价处置国有资产；

（二）违反规定将国有资产用于对外投资或者设立营利性组织；

（三）未按照规定评估国有资产导致国家利益损失；

（四）其他违反本条例规定造成国有资产损失的行为。

第五十五条 各部门及其所属单位在国有资产管理工作中有违反预算管理规定行为的，依照《中华人民共和国预算法》及其实施条例、《财政违法行为处罚处分条例》等法律、行政法规追究责任。

第五十六条 各部门及其所属单位的工作人员在国有资产管理工作中滥用职权、玩忽职守、徇私舞弊或者有浪费国有资产等违法违规行为的，由有关部门依法给予处分；构成犯罪的，依法追究刑事责任。

第八章 附 则

第五十七条 除国家另有规定外，社会组织直接支配的行政事业性国有资产管理，依照本条例执行。

第五十八条 货币形式的行政事业性国有资产管理，按照预算管理有关规定执行。

执行企业财务、会计制度的事业单位以及事业单位对外投资的全资企业或者控股企业的资产管理，不适用本条例。

第五十九条 公共基础设施、政府储备物资、国有文物文化等行政事业性国有资产管理的具体办法，由国务院财政部门会同有关部门制定。

第六十条 中国人民解放军、中国人民武装警察部队直接支配的行政事业性国有资产管理，依照中央军事委员会有关规定执行。

第六十一条 本条例自2021年4月1日起施行。

2. 关于做好《行政事业性国有资产管理条例》贯彻实施工作的通知（2021年发布）

（财资函〔2021〕2号）

党中央有关部门，国务院各部委、各直属机构，全国人大常委会办公厅，全国政协办公厅，最高人民法院，最高人民检察院，各民主党派中央，有关人民团体，各省、自治区、直辖市、计划单列市财政厅（局）、新疆生产建设兵团财政局，有关中央管理企业：

《行政事业性国有资产管理条例》（国务院令第738号，以下简称《条例》）已于近日颁布，自2021年4月1日起施行。《条例》是我国行政事业性国有资产领域的第一部行政法规，填补了我国社会主义法律体系的空白。为做好《条例》贯彻实施工作，现将有关事项通知如下：

一、充分认识贯彻实施《条例》的重要意义

《条例》坚持以习近平新时代中国特色社会主义思想为指导，全面贯彻落实党的十九大和十九届二中、三中、四中、五中全会精神，与近年来推行的各项财政改革相衔接，是长期以来行政事业性国有资产管理实践的科学总结，是我国行政事业性国有资产法治体系建设的重要立法成果。《条例》的出台和实施，对于加强行政事业性国有资产监管，促进国有资产管理的法治化、规范化、程序化，构建安全规范、节约高效、公开透明、权责一致的国有资产管理机制，提高国有资产治理水平和治理能力具有重要的历史意义和现实意义。

《条例》以改革为引领，以建立现代财政制度，推进国家治理体系和治理能力现代化为目标，构建符合"放管服"改革要求的行政事业性国有资产管理和监督制度。以法律为遵循，依据《中华人民共和国宪法》及《中华人民共和国民法典》规定对行政事业性国有资产管理进行规范，与其他法律、行政法规相衔接，维护法制统一。以创新为支撑，在继承现行有效的行政事业单位国有资产管理制度基础上，建立信息管理系统、资产确权和有效利用机制。以问题为导向，针对当前行政事业性国有资产部分领域存在的突出问题，完善行政事业性国有资产管理制度。各级财政部门、各主管部门要充分认识贯彻实施《条例》的重大意义，并以此为契机，全面提升行政事业性国有资产管理水平。

二、认真做好《条例》组织实施工作

行政事业性国有资产是国有资产的重要组成部分，是党和国家事业发展的物质基础和重要保障。习近平总书记、李克强总理多次作出重要指示批示，对加强行政事业性国有资产管理与监督提出明确要求。各级财政部门、主管部门、行政事业单位要坚决贯彻全面依法治国理念，全面落实《条例》，梳理现有管理文件，对照《条例》规定做好"立改废"工作，持续推进制度创新、优化政策供给，及时研究出台和完善相关制度办法，不断提升管理水平。要严格执行《条例》规定，合理配置、有效使用、规范处置资产，建立资产调剂、共享共用机制。要加强预算管理，严格按照预算管理规定和财政部门批复的预算配置资产，在决算中全面、真实、准确反映国有资产收入、支出以及国有资产存量情况，建立国有资产绩效管理制度。要加强行政事业性国有资产基础管理，完善账务管理，做到账实相符和账账相符，建立资产管理信息系统。要认真落实行政事业性国有资产管理情况报告制度，细化报告内容，完善报告程序。要按规定开展监督工作，接受人大、政府、财政、审计、行业监督，违反《条例》规定的应依法处理。

中央相关部门要按照"三定"规定担负管理职责，落实《条例》有关要求，优化管理

手段，提高管理效率，做好中央行政事业性国有资产管理。地方各级财政部门要会同有关部门按照《条例》规定，切实加强对本地方国有资产管理工作。

三、加强《条例》培训和宣传

各级财政部门、各主管部门要坚持围绕中心，服务大局，紧紧围绕"十四五"时期财政资产管理工作发展和改革目标，高度重视《条例》的学习培训工作，认真学习、深刻领会《条例》的基本原则和各项具体规定，充分掌握《条例》对行政事业性国有资产管理提出的新要求。要将《条例》作为财政法制宣传教育的重要内容，在各类业务培训中予以安排。

各级财政部门、各主管部门要广泛开展多种形式的学习活动，及时宣讲《条例》，使各部门、各单位的领导干部和从事行政事业资产管理工作的同志能够及时了解、掌握《条例》的主要内容和具体规定。要更新理念，创新方法，拓展领域，完善机制，坚持学用结合，学以致用，将《条例》培训与业务工作相结合，不断提高依法履职能力，切实做好本地方、本部门、本单位行政事业性国有资产管理各项工作。在贯彻执行《条例》中遇到重大情况，请及时反馈财政部。

财政部
2021 年 4 月 13 日

3. 国有资产报告编报工作暂行办法（2021 年发布）

（财资〔2021〕123 号印发）

第一条 为贯彻落实《中共中央关于建立国务院向全国人大常委会报告国有资产管理情况制度的意见》和《全国人民代表大会常务委员会关于加强国有资产管理情况监督的决定》，建立健全国有资产报告制度，规范国有资产报告编报工作，根据《中华人民共和国预算法》《中华人民共和国会计法》《中华人民共和国企业国有资产法》《行政事业性国有资产管理条例》《企业财务通则》《金融企业财务通则》以及自然资源有关法律法规等规定，制定本办法。

第二条 本办法适用于财政部门根据国务院授权牵头编制国有资产管理情况的报告（以下简称国有资产报告）相关工作。

第三条 财政部门要建立国有资产报告工作协调机制，会商有关部门和单位解决国有资产报告工作中的问题，统筹推进国有资产报告编报工作。

第四条 国有资产报告编制要实现全口径、全覆盖，采取价值量与实物量相结合的方式，全面、科学反映各级各类国有资产管理情况。

国有资产报告采取综合报告和专项报告相结合方式。

第五条 综合报告全面反映各级各类国有资产管理情况。

第六条 专项报告分别反映企业国有资产（不含金融企业）、金融企业国有资产、行政事业性国有资产、国有自然资源四类国有资产管理情况。企业国有资产（不含金融企业）专项报告的范围包括各履行出资人职责的部门和机构管理企业、党政机关和事业单位所办企业等国有资产。

金融企业国有资产专项报告的范围包括国家及其授权投资主体直接或间接对金融机构出资所形成的资本和应享有的权益，凭借国家权力和信用支持的金融机构所形成的资本和应享有的权益等国有金融资本。

行政事业性国有资产专项报告的范围包括各类行政事业单位依法直接支配的各类资产，包括固定资产、在建工程、无形资产、对外投资以及流动资产等，还包括由行政事业单位用于提供公共服务的公共基础设施、保障性住房、政府储备物资、文物文化资产等。

国有自然资源专项报告的范围包括全民所有土地、矿产、森林、草原、湿地、水流、海洋等自然资源资产。

第七条 国有资产报告应当根据各类国有资产性质和管理目标，真实反映国有资产管理情况、管理成效、存在的问题，提出改进工作安排意见等。

国有资产报告应当突出报告重点，重点报告本级人大常委会审议关注的内容，以及与其相关的重要情况。

第八条 国有资产报告按照公历年度编制，反映上一年度1月1日至12月31日国有资产监督管理情况。

第九条 财政部每年向各省、自治区、直辖市人民政府财政部门以及有关中央部门和单位印发开展年度国有资产报告编报工作的通知，布置年度报告工作，明确报告工作具体安排、编报要求和报送时限等。

各有关部门和单位应当依法依规认真、如实编写国有资产报告，不得瞒报、虚报、漏报国有资产情况，并对资产报告的真实性、准确性和完整性负责。

第十条 财政部在有关中央部门和单位以及各省级人民政府报送的报告基础上，经过审核汇总，编制全国国有资产综合报告和有关专项报告，按照程序呈报国务院。

县级以上地方各级财政部门按照财政部和本级人民政府部署要求，开展本地区综合报告和有关专项报告编制工作。

第十一条 县级以上各级财政部门商各相关部门、单位配合做好本级人大常委会审议报告相关工作，按照规定程序对报告的数据和内容进行审核。

第十二条 根据本级人大常委会审议意见任务分工，财政部门商各相关部门汇总梳理关于本级人大常委会审议意见的处理情况和国有资产管理领域审计发现主要问题及整改问责情况，形成审议意见处理情况报告，经本级人民政府同意后报本级人大常委会。

第十三条 财政部门应当按照规定及时公开国有资产报告有关信息，自觉接受社会监督。

第十四条 财政部牵头推进全口径国有资产信息共享平台建设，全面完整反映各类国有资产配置、使用、处置和效益等基本情况。

第十五条 各级财政部门、有关部门和单位及其工作人员在国有资产报告编制工作中发生滥用职权、玩忽职守、徇私舞弊或者渎职失职等违法违规行为的，依照《中华人民共和国监察法》《中华人民共和国公职人员政务处分法》《财政违法行为处罚处分条例》等追究责任；构成犯罪的，依法追究刑事责任。

第十六条 省级财政部门根据本办法，可以制定本地区国有资产报告编报工作具体办法。

第十七条 本办法自印发之日起施行。

4. 事业单位国有资产管理暂行办法（2019年修订）

（2006年5月30日财政部令第36号公布　根据2017年12月4日财政部令第90号《财政部关于修改〈注册会计师注册办法〉等6部规章的决定》第一次修改　根据2019年3月29日《财政部关于修改〈事业单位国有资产管理暂行办法〉的决定》第二次修改）

第一章 总 则

第一条 为了规范和加强事业单位国有资产管理，维护国有资产的安全完整，合理配置和有效利用国有资产，保障和促进各项事业发展，建立适应社会主义市场经济和公共财政要求的事业单位国有资产管理体制，根据国务院有关规定，制定本办法。

第二条 本办法适用于各级各类事业单位的国有资产管理活动。

第三条 本办法所称的事业单位国有资产，是指事业单位占有、使用的，依法确认为国家所有，能以货币计量的各种经济资源的总称，即事业单位的国有（公共）财产。

事业单位国有资产包括国家拨给事业单位的资产，事业单位按照国家规定运用国有资产组织收入形成的资产，以及接受捐赠和其他经法律确认为国家所有的资产，其表现形式为流动资产、固定资产、无形资产和对外投资等。

第四条 事业单位国有资产管理活动，应当坚持资产管理与预算管理相结合的原则，推行实物费用定额制度，促进事业资产整合与共享共用，实现资产管理和预算管理的紧密统一；应当坚持所有权和使用权相分离的原则；应当坚持资产管理与财务管理、实物管理与价值管理相结合的原则。

第五条 事业单位国有资产实行国家统一所有，政府分级监管，单位占有、使用的管理体制。

第二章 管理机构及其职责

第六条 各级财政部门是政府负责事业单位国有资产管理的职能部门，对事业单位的国有资产实施综合管理。其主要职责是：

（一）根据国家有关国有资产管理的规定，制定事业单位国有资产管理的规章制度，并组织实施和监督检查；

（二）研究制定本级事业单位实物资产配置标准和相关的费用标准，组织本级事业单位国有资产的产权登记、产权界定、产权纠纷调处、资产评估监管、资产清查和统计报告等基础管理工作；

（三）按规定权限审批本级事业单位有关资产购置、处置和利用国有资产对外投资、出租、出借和担保等事项，组织事业单位长期闲置、低效运转和超标准配置资产的调剂工作，建立事业单位国有资产整合、共享、共用机制；

（四）推进本级有条件的事业单位实现国有资产的市场化、社会化，加强事业单位转企改制工作中国有资产的监督管理；

（五）负责本级事业单位国有资产收益的监督管理；

（六）建立和完善事业单位国有资产管理信息系统，对事业单位国有资产实行动态管理；

（七）研究建立事业单位国有资产安全性、完整性和使用有效性的评价方法、评价标准和评价机制，对事业单位国有资产实行绩效管理；

（八）监督、指导本级事业单位及其主管部门、下级财政部门的国有资产管理工作。

第七条 事业单位的主管部门（以下简称主管部门）负责对本部门所属事业单位的国有资产实施监督管理。其主要职责是：

（一）根据本级和上级财政部门有关国有资产管理的规定，制定本部门事业单位国有资产管理的实施办法，并组织实施和监督检查；

（二）组织本部门事业单位国有资产的清查、登记、统计汇总及日常监督检查工作；

（三）审核本部门所属事业单位利用国有资产对外投资、出租、出借和担保等事项，按规定权限审核或者审批有关资产购置、处置事项；

（四）负责本部门所属事业单位长期闲置、低效运转和超标准配置资产的调剂工作，优化事业单位国有资产配置，推动事业单位国有资产共享、共用；

（五）督促本部门所属事业单位按规定缴纳国有资产收益；

（六）组织实施对本部门所属事业单位国有资产管理和使用情况的评价考核；

（七）接受同级财政部门的监督、指导并向其报告有关事业单位国有资产管理工作。

第八条 事业单位负责对本单位占有、使用的国有资产实施具体管理。其主要职责是：

（一）根据事业单位国有资产管理的有关规定，制定本单位国有资产管理的具体办法并组织实施；

（二）负责本单位资产购置、验收入库、维护保管等日常管理，负责本单位资产的账卡管理、清查登记、统计报告及日常监督检查工作；

（三）办理本单位国有资产配置、处置和对外投资、出租、出借和担保等事项的报批手续；

（四）负责本单位用于对外投资、出租、出借和担保的资产的保值增值，按照规定及时、足额缴纳国有资产收益；

（五）负责本单位存量资产的有效利用，参与大型仪器、设备等资产的共享、共用和公共研究平台建设工作；

（六）接受主管部门和同级财政部门的监督、指导并向其报告有关国有资产管理工作。

第九条 各级财政部门、主管部门和事业单位应当按照本办法的规定，明确管理机构和人员，做好事业单位国有资产管理工作。

第十条 财政部门根据工作需要，可以将国有资产管理的部分工作交由有关单位完成。

第三章 资产配置及使用

第十一条 事业单位国有资产配置是指财政部门、主管部门、事业单位等根据事业单位履行职能的需要，按照国家有关法律、法规和规章制度规定的程序，通过购置或者调剂等方式为事业单位配备资产的行为。

第十二条 事业单位国有资产配置应当符合以下条件：

（一）现有资产无法满足事业单位履行职能的需要；

（二）难以与其他单位共享、共用相关资产；

（三）难以通过市场购买产品或者服务的方式代替资产配置，或者采取市场购买方式的成本过高。

第十三条 事业单位国有资产配置应当符合规定的配置标准；没有规定配置标准的，应当从严控制，合理配置。

第十四条 对于事业单位长期闲置、低效运转或者超标准配置的资产，原则上由主管部门进行调剂，并报同级财政部门备案；跨部门、跨地区的资产调剂应当报同级或者共同上一级的财政部门批准。法律、行政法规另有规定的，依照其规定。

第十五条 事业单位向财政部门申请用财政性资金购置规定限额以上资产的（包括事业单位申请用财政性资金举办大型会议、活动需要进行的购置），除国家另有规定外，按照下列程序报批：

（一）年度部门预算编制前，事业单位资产管理部门会同财务部门审核资产存量，提出下一年度拟购置资产的品目、数量，测算经费额度，报主管部门审核；

（二）主管部门根据事业单位资产存量状况和有关资产配置标准，审核、汇总事业单位资产购置计划，报同级财政部门审批；

（三）同级财政部门根据主管部门的审核意见，对资产购置计划进行审批；

（四）经同级财政部门批准的资产购置计划，事业单位应当列入年度部门预算，并在上报年度部门预算时附送批复文件等相关材料,作为财政部门批复部门预算的依据。

第十六条 事业单位向主管部门或者其他部门申请项目经费的,有关部门在下达经费前,应当将所涉及的规定限额以上的资产购置事项报同级财政部门批准。

第十七条 事业单位用其他资金购置规定限额以上资产的,报主管部门审批;主管部门应当将审批结果定期报同级财政部门备案。

第十八条 事业单位购置纳入政府采购范围的资产,应当按照国家有关政府采购的规定执行。

第十九条 事业单位国有资产的使用包括单位自用和对外投资、出租、出借、担保等方式。

第二十条 事业单位应当建立健全资产购置、验收、保管、使用等内部管理制度。

事业单位应当对实物资产进行定期清查,做到账账、账卡、账实相符,加强对本单位专利权、商标权、著作权、土地使用权、非专利技术、商誉等无形资产的管理,防止无形资产流失。

第二十一条 事业单位利用国有资产对外投资、出租、出借和担保等应当进行必要的可行性论证,并提出申请,经主管部门审核同意后,报同级财政部门审批。法律、行政法规和本办法第五十六条另有规定的,依照其规定。

事业单位应当对本单位用于对外投资、出租和出借的资产实行专项管理,并在单位财务会计报告中对相关信息进行充分披露。

第二十二条 财政部门和主管部门应当加强对事业单位利用国有资产对外投资、出租、出借和担保等行为的风险控制。

第二十三条 除本办法第五十六条及国家另有规定外,事业单位对外投资收益以及利用国有资产出租、出借和担保等取得的收入应当纳入单位预算,统一核算,统一管理。

第四章 资 产 处 置

第二十四条 事业单位国有资产处置,是指事业单位对其占有、使用的国有资产进行产权转让或者注销产权的行为。处置方式包括出售、出让、转让、对外捐赠、报废、报损以及货币性资产损失核销等。

第二十五条 除本办法第五十六条另有规定外,事业单位处置国有资产,应当严格履行审批手续,未经批准不得自行处置。

第二十六条 事业单位占有、使用的房屋建筑物、土地和车辆的处置,货币性资产损失的核销,以及单位价值或者批量价值在规定限额以上的资产的处置,经主管部门审核后报同级财政部门审批;规定限额以下的资产的处置报主管部门审批,主管部门将审批结果定期报同级财政部门备案。法律、行政法规和本办法第五十六条另有规定的,依照其规定。

第二十七条 财政部门或者主管部门对事业单位国有资产处置事项的批复是财政部门重新安排事业单位有关资产配置预算项目的参考依据,是事业单位调整相关会计账目的凭证。

第二十八条 事业单位国有资产处置应当遵循公开、公正、公平的原则。

事业单位出售、出让、转让、变卖资产数量较多或者价值较高的,应当通过拍卖等市场竞价方式公开处置。

第二十九条 除本办法第五十六条另有规定外,事业单位国有资产处置收入属于国家所有,应当按照政府非税收入管理的规定,实行"收支两条线"管理。

第五章 产权登记与产权纠纷处理

第三十条 事业单位国有资产产权登记(以下简称产权登记)是国家对事业单位占有、

使用的国有资产进行登记，依法确认国家对国有资产的所有权和事业单位对国有资产的占有、使用权的行为。

第三十一条　事业单位应当向同级财政部门或者经同级财政部门授权的主管部门（以下简称授权部门）申报、办理产权登记，并由财政部门或者授权部门核发《事业单位国有资产产权登记证》（以下简称《产权登记证》）。

第三十二条　《产权登记证》是国家对事业单位国有资产享有所有权，单位享有占有、使用权的法律凭证，由财政部统一印制。

事业单位办理法人年检、改制、资产处置和利用国有资产对外投资、出租、出借、担保等事项时，应当出具《产权登记证》。

第三十三条　事业单位国有资产产权登记的内容主要包括：

（一）单位名称、住所、负责人及成立时间；

（二）单位性质、主管部门；

（三）单位资产总额、国有资产总额、主要实物资产额及其使用状况、对外投资情况；

（四）其他需要登记的事项。

第三十四条　事业单位应当按照以下规定进行国有资产产权登记：

（一）新设立的事业单位，办理占有产权登记；

（二）发生分立、合并、部分改制，以及隶属关系、单位名称、住所和单位负责人等产权登记内容发生变化的事业单位，办理变更产权登记；

（三）因依法撤销或者整体改制等原因被清算、注销的事业单位，办理注销产权登记。

第三十五条　各级财政部门应当在资产动态管理信息系统和变更产权登记的基础上，对事业单位国有资产产权登记实行定期检查。

第三十六条　事业单位与其他国有单位之间发生国有资产产权纠纷的，由当事人协商解决。协商不能解决的，可以向同级或者共同上一级财政部门申请调解或者裁定，必要时报有管辖权的人民政府处理。

第三十七条　事业单位与非国有单位或者个人之间发生产权纠纷的，事业单位应当提出拟处理意见，经主管部门审核并报同级财政部门批准后，与对方当事人协商解决。协商不能解决的，依照司法程序处理。

第六章　资产评估与资产清查

第三十八条　事业单位有下列情形之一的，应当对相关国有资产进行评估：

（一）整体或者部分改制为企业；

（二）以非货币性资产对外投资；

（三）合并、分立、清算；

（四）资产拍卖、转让、置换；

（五）整体或者部分资产租赁给非国有单位；

（六）确定涉讼资产价值；

（七）法律、行政法规规定的其他需要进行评估的事项。

第三十九条　事业单位有下列情形之一的，可以不进行资产评估：

（一）经批准事业单位整体或者部分资产无偿划转；

（二）行政、事业单位下属的事业单位之间的合并、资产划转、置换和转让；

（三）国家设立的研究开发机构、高等院校将其持有的科技成果转让、许可或者作价投资给国有全资企业的；

（四）发生其他不影响国有资产权益的特殊产权变动行为，报经同级财政部门确认可以不进行资产评估的。

第四十条 国家设立的研究开发机构、高等院校将其持有的科技成果转让、许可或者作价投资给非国有全资企业的，由单位自主决定是否进行资产评估。

第四十一条 事业单位国有资产评估工作应当委托具有资产评估资质的评估机构进行。事业单位应当如实向资产评估机构提供有关情况和资料，并对所提供的情况和资料的客观性、真实性和合法性负责。

事业单位不得以任何形式干预资产评估机构独立执业。

第四十二条 事业单位国有资产评估项目实行核准制和备案制。核准和备案工作按照国家有关国有资产评估项目核准和备案管理的规定执行。

第四十三条 事业单位有下列情形之一的，应当进行资产清查：

（一）根据国家专项工作要求或者本级政府实际工作需要，被纳入统一组织的资产清查范围的；

（二）进行重大改革或者整体、部分改制为企业的；

（三）遭受重大自然灾害等不可抗力造成资产严重损失的；

（四）会计信息严重失真或者国有资产出现重大流失的；

（五）会计政策发生重大更改，涉及资产核算方法发生重要变化的；

（六）同级财政部门认为应当进行资产清查的其他情形。

第四十四条 事业单位进行资产清查，应当向主管部门提出申请，并按照规定程序报同级财政部门批准立项后组织实施，但根据国家专项工作要求或者本级政府工作需要进行的资产清查除外。

第四十五条 事业单位资产清查工作的内容主要包括基本情况清理、账务清理、财产清查、损溢认定、资产核实和完善制度等。资产清查的具体办法由财政部另行制定。

第七章 资产信息管理与报告

第四十六条 事业单位应当按照国有资产管理信息化的要求，及时将资产变动信息录入管理信息系统，对本单位资产实行动态管理，并在此基础上做好国有资产统计和信息报告工作。

第四十七条 事业单位国有资产信息报告是事业单位财务会计报告的重要组成部分。事业单位应当按照财政部门规定的事业单位财务会计报告的格式、内容及要求，对其占有、使用的国有资产状况定期做出报告。

第四十八条 事业单位国有资产占有、使用状况，是主管部门、财政部门编制和安排事业单位预算的重要参考依据。各级财政部门、主管部门应当充分利用资产管理信息系统和资产信息报告，全面、动态地掌握事业单位国有资产占有、使用状况，建立和完善资产与预算有效结合的激励和约束机制。

第八章 监督检查与法律责任

第四十九条 财政部门、主管部门、事业单位及其工作人员，应当依法维护事业单位国有资产的安全完整，提高国有资产使用效益。

第五十条 财政部门、主管部门和事业单位应当建立健全科学合理的事业单位国有资产监督管理责任制，将资产监督、管理的责任落实到具体部门、单位和个人。

第五十一条 事业单位国有资产监督应当坚持单位内部监督与财政监督、审计监督、社会监督相结合，事前监督与事中监督、事后监督相结合，日常监督与专项检查相结合。

第五十二条 事业单位及其工作人员违反本办法，有下列行为之一的，依据《财政违法行为处罚处分条例》的规定进行处罚、处理、处分：

（一）以虚报、冒领等手段骗取财政资金的；

（二）擅自占有、使用和处置国有资产的；

（三）擅自提供担保的；

（四）通过串通作弊、暗箱操作等低价处置国有资产的；

（五）未按规定缴纳国有资产收益的。

第五十三条 各级财政部门、主管部门及其工作人员在事业单位国有资产配置、使用、处置等管理工作中，存在违反本办法规定的行为，以及其他滥用职权、玩忽职守、徇私舞弊等违法违纪行为的，依照《中华人民共和国公务员法》《中华人民共和国监察法》《财政违法行为处罚处分条例》等国家有关规定追究相应责任；涉嫌犯罪的，依法移送司法机关处理。

第五十四条 主管部门在配置事业单位国有资产或者审核、批准国有资产使用、处置事项的工作中违反本办法规定的，财政部门可以责令其限期改正，逾期不改的予以警告。

第五十五条 违反本办法有关事业单位国有资产管理规定的其他行为，依据国家有关法律、法规及规章制度进行处理。

第九章 附 则

第五十六条 国家设立的研究开发机构、高等院校对其持有的科技成果，可以自主决定转让、许可或者作价投资，不需报主管部门、财政部门审批或者备案，并通过协议定价、在技术交易市场挂牌交易、拍卖等方式确定价格。通过协议定价的，应当在本单位公示科技成果名称和拟交易价格。

国家设立的研究开发机构、高等院校转化科技成果所获得的收入全部留归本单位。

第五十七条 社会团体和民办非企业单位中占有、使用国有资产的，参照本办法执行。参照公务员制度管理的事业单位和社会团体，依照国家关于行政单位国有资产管理的有关规定执行。

第五十八条 实行企业化管理并执行企业财务会计制度的事业单位，以及事业单位创办的具有法人资格的企业，由财政部门按照企业国有资产监督管理的有关规定实施监督管理。

第五十九条 地方财政部门制定的本地区和本级事业单位的国有资产管理规章制度，应当报上一级财政部门备案。

中央级事业单位的国有资产管理实施办法，由财政部会同有关部门根据本办法制定。

第六十条 境外事业单位国有资产管理办法由财政部另行制定。中国人民解放军、武装警察部队以及经国家批准的特定事业单位的国有资产管理办法，由解放军总后勤部、武装警察部队和有关主管部门会同财政部另行制定。

行业特点突出，需要制定行业事业单位国有资产管理办法的，由财政部会同有关主管部门根据本办法制定。

第六十一条 本办法中有关资产配置、处置事项的"规定限额"由省级以上财政部门另行确定。

第六十二条 本办法自2006年7月1日起施行。此前颁布的有关事业单位国有资产管理的规定与本办法相抵触的，按照本办法执行。

5. 关于加强行政事业单位固定资产管理的通知（2020年发布）

（财资〔2020〕97号）

党中央有关部门，国务院各部委、各直属机构，全国人大常委会办公厅，全国政协办公厅，最高人民法院，最高人民检察院，各民主党派中央，有关人民团体，各省、自治区、直辖市、计划单列市财政厅（局），新疆生产建设兵团财政局，有关中央管理企业：

行政事业单位固定资产（以下简称固定资产）是行政事业单位为满足自身开展业务活动或其他活动需要而控制的，使用年限和单位价值在规定标准以上，并在使用过程中基本保持原有物质形态的资产，包括房屋及构筑物，专用设备，通用设备，文物和陈列品，图书、档案，家具、用具、装具及动植物等。做好固定资产管理工作，对于提升行政事业单位国有资产管理整体水平、更好地服务与保障单位履职和事业发展，具有重要意义。为贯彻落实党中央、国务院关于"过紧日子"的要求，有效盘活并高效使用固定资产，有针对性地解决固定资产管理中存在的突出问题，现就加强固定资产管理有关事项通知如下：

一、落实管理责任，健全管理制度

（一）明晰责任。各级财政部门要强化和落实综合管理职责，加强固定资产管理顶层设计，明确固定资产管理要求。各部门要切实履行固定资产监督管理职责，建立健全固定资产管理机制，组织落实固定资产管理各项工作。各单位对固定资产管理承担主体责任，并将责任落实到人。固定资产使用人员要切实负起责任，爱护和使用好固定资产，确保固定资产安全完整，高效利用。

（二）健全制度。各部门应根据工作需要和实际情况，建立健全固定资产管理实施办法或分类制定固定资产管理规定，进一步细化管理要求。各单位应认真对照管理要求，针对固定资产验收登记、核算入账、领用移交、维修保管、清查盘点、出租出借、对外投资、回收处置、绩效管理等重点环节，查漏补缺，明确操作规程，确保流程清晰、管理规范、责任可查。

（三）加强内控。各部门、各单位应当根据《行政事业单位内部控制规范（试行）》等规定，强化固定资产配置、使用、处置等关键环节的管控。加强固定资产管理部门与政府采购、财务、人事等部门的沟通协作，形成管理合力。

二、加强基础管理，确保家底清晰

（四）核算入账。各单位要严格落实政府会计准则制度等要求，按规定设置固定资产账簿，对固定资产增减变动及时进行会计处理，并定期与固定资产卡片进行核对，确保账卡相符。对已投入使用但尚未办理竣工决算的在建工程，应当按规定及时转入固定资产。

（五）登记管理。加强固定资产卡片管理，做到有物必登、登记到人、一物一卡、不重不漏。对于权证手续不全、但长期占有使用并实际控制的固定资产，应当建立并登记固定资产卡片；对于租入固定资产，应当单独登记备查，并做好维护和管理。固定资产卡片应当符合规定格式，载明固定资产基本信息、财务信息以及使用信息，并随资产全生命周期管理动态更新，在行政事业单位国有资产年度报告中如实反映。

（六）清查盘点。定期对固定资产进行清查盘点，每年至少盘点一次，全面掌握并真实反映固定资产的数量、价值和使用状况，确保账账相符、账实相符。盘盈固定资产，应当按照政府会计准则制度等规定合理确定资产价值，按权限报批后登记入账。出现固定资产盘亏，应当查明原因、及时规范处理。

（七）权属管理。切实做好固定资产产权管理，及时办理土地、房屋、车辆等固定资产权属证书,资产变动应办理权证变更登记,避免权属不清。涉及产权纠纷或不清晰的固定资产,应按照产权管理规定,厘清产权关系。

三、规范管理行为,提升管理效能

(八)从严配置。各部门、各单位要真正落实"过紧日子"要求,在摸清固定资产存量基础上,合理提出配置需求,审核部门要严格把关,从严控制。固定资产配置能通过调剂、收回出租出借等方式解决的,原则上不得重新购置、建设、租用。购置、建设、租用固定资产的,应当严格执行政府采购等法律法规,并做好政府采购等履约验收与固定资产入账的衔接。严格按规定标准配置固定资产,没有配置标准的,结合本单位履职需要和事业发展需求,厉行节约,合理配备。固定资产原则上不得一边出租出借、一边新增配置。

(九)规范使用。要加强固定资产使用管理,行政单位固定资产主要保障机关正常运转,事业单位固定资产主要支撑事业发展,行政单位和事业单位原则上不得互相占用固定资产,确保固定资产功能与单位职能相匹配。固定资产出租出借、对外投资要严格履行管理程序。落实固定资产内部领用和离岗归还制度,领用人要合理使用、妥善保管,出现损坏及时报修,避免闲置浪费或是公物私用。发生岗位变动应当按规定及时办理资产移交,移交或归还后方可办理相关手续。

(十)调剂共享。积极推进固定资产在单位内部调剂共享,鼓励跨部门、跨地区、跨级次的资产调剂和共享共用,提升固定资产使用效益。高校、科研等事业单位要将符合条件的科研设施与科研仪器纳入重大科研基础设施和大型科研仪器国家网络管理平台,将仪器开放共享情况作为新增资产配置的重要参考因素,推动开放共享和高效利用。

(十一)规范处置。明确固定资产内部处置程序,严格按规定权限履行报批程序,及时处置固定资产。对长期积压的待处置资产,按"三重一大"事项履行集体决策程序,在规定权限内予以处置,切实解决"销账难"的问题。固定资产处置要做到公开、公正、公平。出售、出让、转让固定资产应依法依规进行资产评估,数量较多或者价值较高的,通过进场交易、拍卖等公开方式处置。确实不具备使用价值的处置资产,鼓励通过网络拍卖等方式公开处置。处置收入扣除相关税金、评估费、拍卖佣金等费用后,按照政府非税收入收缴管理有关规定及时缴入国库,实行"收支两条线"管理。

四、完善追责机制,加强监督检查

(十二)损失追责。各部门、各单位应当建立健全固定资产损失追责机制,落实损失赔偿责任。对因使用、保管不善等造成的固定资产丢失、损毁等情形,按照规定进行责任认定,由责任人承担相应责任。

(十三)绩效管理。各级财政部门、各部门应当建立固定资产全过程绩效管理机制,对固定资产管理机构人员设置,账实相符情况、配置效率、使用效果、处置以及收入管理、信息系统建设和应用等情况设置具体绩效指标,实施跟踪问效。

(十四)监督检查。各级财政部门会同主管部门加强固定资产管理的监督检查,在强化日常监管基础上,针对单位固定资产管理制度是否完善、基础工作是否扎实、使用是否高效等开展监督检查,增强监督实效。对固定资产管理不到位的行政事业单位进行通报;对隐瞒不报、故意损毁、违规违纪违法操作,造成国有资产重大流失的,依法追究相关责任。

各部门、各单位要高度重视并切实加强固定资产管理,根据本通知精神,落实管理责任,细化管理要求,规范管理行为,加强信息技术支撑,确保固定资产安全完整、运转高效。

财政部

2020 年 8 月 26 日

6. 罚没财物管理办法（2020年发布）

（财税〔2020〕54号印发）

第一章 总 则

第一条 为规范和加强罚没财物管理，防止国家财产损失，保护自然人、法人和非法人组织的合法权益，根据《中华人民共和国预算法》《罚款决定与罚款收缴分离实施办法》（国务院令第235号）等有关法律、行政法规规定，制定本办法。

第二条 罚没财物移交、保管、处置、收入上缴、预算管理等，适用本办法。

第三条 本办法所称罚没财物，是指执法机关依法对自然人、法人和非法人组织作出行政处罚决定，没收、追缴决定或者法院生效裁定、判决取得的罚款、罚金、违法所得、非法财物，没收的保证金、个人财产等，包括现金、有价票证、有价证券、动产、不动产和其他财产权利等。

本办法所称执法机关，是指各级行政机关、监察机关、审判机关、检察机关，法律法规授权的具有管理公共事务职能的事业单位和组织。

本办法所称罚没收入是指罚款、罚金等现金收入，罚没财物处置收入及其孳息。

第四条 罚没财物管理工作应遵循罚款决定与罚款收缴相分离，执法与保管、处置岗位相分离，罚没收入与经费保障相分离的原则。

第五条 财政部负责制定全国罚没财物管理制度，指导、监督各地区、各部门罚没财物管理工作。中央有关执法机关可以根据本办法，制定本系统罚没财物管理具体实施办法，指导本系统罚没财物管理工作。

地方各级财政部门负责制定罚没财物管理制度，指导、监督本行政区内各有关单位的罚没财物管理工作。

各级执法机关、政府公物仓等单位负责制定本单位罚没财物管理操作规范，并在本单位职责范围内对罚没财物管理履行主体责任。

第二章 移交和保管

第六条 有条件的部门和地区可以设置政府公物仓对罚没物品实行集中管理。未设置政府公物仓的，由执法机关对罚没物品进行管理。

各级执法机关、政府公物仓按照安全、高效、便捷和节约的原则，使用下列罚没仓库存放保管罚没物品：

（一）执法机关罚没物品保管仓库；

（二）政府公物仓库；

（三）通过购买服务等方式选择社会仓库。

第七条 设置政府公物仓的地区，执法机关应当在根据行政处罚决定，没收、追缴决定，法院生效裁定、判决没收物品或者公告期满后，在同级财政部门规定的期限内，将罚没物品及其他必要的证明文件、材料，移送至政府公物仓，并向财政部门备案。

第八条 罚没仓库的保管条件、保管措施、管理方式应当满足防火、防水、防腐、防疫、防盗等基础安全要求，符合被保管罚没物品的特性。应当安装视频监控、防盗报警等安全设备。

第九条 执法机关、政府公物仓应当建立健全罚没物品保管制度，规范业务流程和单据管理，具体包括：

（一）建立台账制度，对接管的罚没物品必须造册、登记，清楚、准确、全面反映罚没物品的主要属性和特点，完整记录从入库到处置全过程。

（二）建立分类保管制度，对不同种类的罚没物品，应当分类保管。对文物、文化艺术品、贵金属、珠宝等贵重罚没物品，应当做到移交、入库、保管、出库全程录音录像，并做好密封工作。

（三）建立安全保卫制度，落实人员责任，确保物品妥善保管。

（四）建立清查盘存制度，做到账实一致，定期向财政部门报告罚没物品管理情况。

第十条 罚没仓库应当凭经执法机关或者政府公物仓按管理职责批准的书面文件或者单证办理出库手续，并在登记的出库清单上列明，由经办人与提货人共同签名确认，确保出库清单与批准文件、出库罚没物品一致。

罚没仓库无正当理由不得妨碍符合出库规定和手续的罚没物品出库。

第十一条 执法机关、政府公物仓应当运用信息化手段，建立来源去向明晰、管理全程可控、全面接受监督的管理信息系统。

执法机关、政府公物仓的管理信息系统，应当逐步与财政部门的非税收入收缴系统等平台对接，实现互联互通和信息共享。

第三章 罚没财物处置

第十二条 罚没财物的处置应当遵循公开、公平、公正原则，依法分类、定期处置，提高处置效率，降低仓储成本和处置成本，实现处置价值最大化。

第十三条 各级执法机关、政府公物仓应当依照法律法规和本级人民政府规定的权限，按照本办法的规定处置罚没财物。

各级财政部门会同有关部门对本级罚没财物处置、收入收缴等进行监督，建立处置审批和备案制度。

财政部各地监管局对属地中央预算单位罚没财物的处置、收入收缴等进行监督。

第十四条 除法律法规另有规定外，容易损毁、灭失、变质、保管困难或者保管费用过高、季节性商品等不宜长期保存的物品，长期不使用容易导致机械性能下降、价值贬损的车辆、船艇、电子产品等物品，以及有效期即将届满的汇票、本票、支票等，在确定为罚没财物前，经权利人同意或者申请，并经执法机关负责人批准，可以依法先行处置；权利人不明确的，可以依法公告，公告期满后仍没有权利人同意或者申请的，可以依法先行处置。先行处置所得款项按照涉案现金管理。

第十五条 罚没物品处置前存在破损、污秽等情形的，在有利于加快处置的情况下，且清理、修复费用低于变卖收入的，可以进行适当清理、修复。

第十六条 执法机关依法取得的罚没物品，除法律、行政法规禁止买卖的物品或者财产权利、按国家规定另行处置外，应当按照国家规定进行公开拍卖。公开拍卖应当符合下列要求：

（一）拍卖活动可以采取现场拍卖方式，鼓励有条件的部门和地区通过互联网和公共资源交易平台进行公开拍卖。

（二）公开拍卖应当委托具有相应拍卖资格的拍卖人进行，拍卖人可以通过摇珠等方式从具备资格条件的范围中选定，必要时可以选择多个拍卖人进行联合拍卖。

（三）罚没物品属于国家有强制安全标准或者涉及人民生命财产安全的，应当委托符合有关规定资格条件的检验检疫机构进行检验检测，不符合安全、卫生、质量或者动植物检疫标准的，不得进行公开拍卖。

（四）根据需要，可以采取"一物一拍"等方式对罚没物品进行拍卖。采用公开拍卖方式处置的，一般应当确定拍卖标的保留价。保留价一般参照价格认定机构或者符合资格条件的资产评估机构作出的评估价确定，也可以参照市场价或者通过互联网询价确定。

（五）公开拍卖发生流拍情形的，再次拍卖的保留价不得低于前次拍卖保留价的80%。发生3次（含）以上流拍情形的，经执法机关商同级财政部门确定后，可以通过互联网平台采取无底价拍卖或者转为其他处置方式。

第十七条 属于国家规定的专卖商品等限制流通的罚没物品，应当交由归口管理单位统一变卖，或者变卖给按规定可以接受该物品的单位。

第十八条 下列罚没物品，应当移交相关主管部门处置：

（一）依法没收的文物，应当移交国家或者省级文物行政管理部门，由其指定的国有博物馆、图书馆等文物收藏单位收藏或者按国家有关规定处置。经国家或者省级文物行政管理部门授权，市、县的文物行政管理部门或者有关国有博物馆、图书馆等文物收藏单位可以具体承办文物接收事宜。

（二）武器、弹药、管制刀具、毒品、毒具、赌具、禁止流通的易燃易爆危险品等，应当移交同级公安部门或者其他有关部门处置，或者经公安部门、其他有关部门同意，由有关执法机关依法处置。

（三）依法没收的野生动植物及其制品，应当交由野生动植物保护主管部门、海洋执法部门或者有关保护区域管理机构按规定处置，或者经有关主管部门同意，交由相关科研机构用于科学研究。

（四）其他应当移交相关主管部门处置的罚没物品。

第十九条 罚没物品难以变卖或者变卖成本大于收入，且具有经济价值或者其他价值的，执法机关应当报送同级财政部门，经同级财政部门同意后，可以赠送有关公益单位用于公益事业；没有捐赠且能够继续使用的，由同级财政部门统一管理。

第二十条 淫秽、反动物品，非法出版物，有毒有害的食品药品及其原材料，危害国家安全以及其他有社会危害性的物品，以及法律法规规定应当销毁的，应当由执法机关予以销毁。

对难以变卖且无经济价值或者其他价值的，可以由执法机关、政府公物仓予以销毁。

属于应销毁的物品经无害化或者合法化处理，丧失原有功能后尚有经济价值的，可以由执法机关、政府公物仓作为废旧物品变卖。

第二十一条 已纳入罚没仓库保管的物品，依法应当退还的，由执法机关、政府公物仓办理退还手续。

第二十二条 依法应当进行权属登记的房产、土地使用权等罚没财产和财产权利，变卖前可以依据行政处罚决定，没收、追缴决定，法院生效裁定、判决进行权属变更，变更后应当按本办法相关规定处置。

权属变更后的承接权属主体可以是执法机关、政府公物仓、同级财政部门或者其他指定机构，但不改变罚没财物的性质，承接单位不得占用、出租、出借。

第二十三条 罚没物品无法直接适用本办法规定处置的，执法机关与同级财政商有关部门后，提出处置方案，报上级财政部门备案。

第四章 罚 没 收 入

第二十四条 罚没收入属于政府非税收入，应当按照国库集中收缴管理有关规定，全额上缴国库，纳入一般公共预算管理。

第二十五条 除依法可以当场收缴的罚款外，作出罚款决定的执法机关应当与收缴罚款的机构分离。

第二十六条 中央与省级罚没收入的划分权限，省以下各级政府间罚没收入的划分权限，按照现行预算管理有关规定确定。法律法规另有规定的，从其规定。

第二十七条 除以下情形外，罚没收入应按照执法机关的财务隶属关系缴入同级国库：

（一）海关、公安、中国海警、市场监管等部门取得的缉私罚没收入全额缴入中央国库。

（二）海关（除缉私外）、国家外汇管理部门、国家邮政部门、通信管理部门、气象管理部门、应急管理部所属煤矿安全监察部门、交通运输部所属海事部门中央本级取得的罚没收入全额缴入中央国库。省以下机构取得的罚没收入，50%缴入中央国库，50%缴入地方国库。

（三）国家烟草专卖部门取得的罚没收入全额缴入地方国库。

（四）应急管理部所属的消防救援部门取得的罚没收入，50%缴入中央国库，50%缴入地方国库。

（五）国家市场监督管理总局所属的反垄断部门与地方反垄断部门联合办理或者委托地方查办的重大案件取得的罚没收入，全额缴入中央国库。

（六）国有企业、事业单位监察机构没收、追缴的违法所得，按照国有企业、事业单位隶属关系全额缴入中央或者地方国库。

（七）中央政法机关交办案件按照有关规定执行。

（八）财政部规定的其他情形。

第二十八条 罚没物品处置收入，可以按扣除处置该罚没物品直接支出后的余额，作为罚没收入上缴；政府预算已经安排罚没物品处置专项经费的，不得扣除处置该罚没物品的直接支出。

前款所称处置罚没物品直接支出包括质量鉴定、评估和必要的修复费用。

第二十九条 罚没收入的缴库，按下列规定执行：

（一）执法机关取得的罚没收入，除当场收缴的罚款和财政部另有规定外，应当在取得之日缴入财政专户或者国库；

（二）执法人员依法当场收缴罚款的，执法机关应当自收到款项之日起2个工作日内缴入财政专户或者国库；

（三）委托拍卖机构拍卖罚没物品取得的变价款，由委托方自收到款项之日起2个工作日内缴入财政专户或者国库。

第三十条 政府预算收入中罚没收入预算为预测性指标，不作为收入任务指标下达。执法机关的办案经费由本级政府预算统筹保障，执法机关经费预算安排不得与该单位任何年度上缴的罚没收入挂钩。

第三十一条 依法退还多缴、错缴等罚没收入，应当按照本级财政部门有关规定办理。

第三十二条 执法机关在罚没财物管理工作中，应当按照规定使用财政部门相关票据。

第三十三条 对向执法机关检举、揭发各类违法案件的人员，经查实后，按照相关规定给予奖励，奖励经费不得从案件罚没收入中列支。

第五章　附　　则

第三十四条 各级财政部门、执法机关、政府公物仓及其工作人员在罚没财物管理、处置工作中，存在违反本办法规定的行为，以及其他滥用职权、玩忽职守、徇私舞弊等违法违纪行为的，按照《中华人民共和国监察法》《财政违法行为处罚处分条例》等国家有关规定追究相应责任；构成犯罪的，依法追究刑事责任。

第三十五条 执法机关扣押的涉案财物，有关单位、个人向执法机关声明放弃的或者无人认领的财物；党的纪律检查机关依据党内法规收缴的违纪所得以及按规定登记上交的礼品、礼金等财物；党政机关收到的采购、人事等合同违约金；党政机关根据国家赔偿法履行赔偿义务之后向故意或者有重大过失的工作人员、受委托的组织或者个人追偿的赔偿款等，参照罚没财物管理。国家另有规定的除外。

国有企业、事业单位党的纪检机构依据党内法规收缴的违纪所得，以及按规定登记上交的礼品、礼金等财物，按照国有企业、事业单位隶属关系全额缴入中央或者地方国库。

第三十六条 本办法自2021年1月1日起实施。

本办法实施前已经形成的罚没财物，尚未处置的，按照本办法执行。

7. 国有文物资源资产管理暂行办法（2021年发布）

（财资〔2021〕84号印发）

第一章 总 则

第一条 为健全国有资产报告制度，保障国有文物资源资产安全完整、有效保护和合理利用，根据《中华人民共和国文物保护法》《中共中央关于建立国务院向全国人大常委会报告国有资产管理情况制度的意见》《关于加强文物保护利用改革的若干意见》和行政事业单位国有资产管理有关规定，制定本办法。

第二条 各级各类行政事业单位国有文物资源资产的取得、保管保护、使用、处置、报告等管理活动，适用本办法。

第三条 文物资源资产来源包括文物普查、考古调查、勘探和发掘、征集、购买、调拨、捐赠、依法置换、依法接收、指定保管等方式。

第四条 文物资源资产管理遵循保护为主、全面登记、合理利用、动态监控、分类施策、分级管理的原则。

第五条 各级财政部门、文物行政部门、其他主管部门、管理收藏单位按照职责分工承担文物资源资产登记、核算、保管保护、展示利用、信息化管理、资产报告和监督检查等工作。

第六条 各级财政部门会同同级文物行政部门负责制定文物资源资产管理综合性制度，并组织实施和监督检查；建立文物资源资产管理情况报告制度并组织实施。

第七条 各级文物行政部门负责制定文物资源资产专业性管理制度，并组织实施和监督检查；组织所属管理收藏单位开展文物资源资产管理工作，并接受同级财政部门的监督和指导。

其他主管部门负责组织所属管理收藏单位开展文物资源资产管理工作，并接受同级财政部门的监督指导和文物行政部门的行业监督指导。

第八条 管理收藏单位根据财政部门、文物行政部门的规定，负责本单位管理、保护收藏、核算文物资源资产的具体管理工作。文物资源资产的管理收藏单位与实际使用单位不一致的，经相关文物行政部门确认后，由实际使用单位承担日常管理工作。

本条所称的管理收藏单位包括文物行政部门和其他主管部门所属的博物馆（纪念馆）、图书馆、考古科研教学机构、文物管理所等以及其他管理、收藏国有文物的单位。

第二章 文物资源资产登录和清查

第九条 管理收藏单位应当将全部文物资源资产及时、准确登记录入文物总登记账。管理收藏单位的文物总登记账是统计和核算文物资源资产实物量的依据，应当真实、及时反映管理收藏所有文物的信息。

第十条 管理收藏单位应当按照国家统一的会计制度规定进行会计核算，将成本能够可靠取得的文物资源资产及时登记入财务账，确保不重不漏。文物资源资产涉及价值增减变动的，应当及时调整相关账目。

成本无法可靠取得的文物资源资产，应当设置备查簿进行登记，并在年度国有资产报告中体现数量，待成本可以可靠取得后，再按照国家统一的会计制度的规定及时入账。

第十一条 文物总登记账和文物资源资产财务账是文物资源资产核算和管理的重要记录，应当作为编制文物资源资产报告和开展文物资源资产管理工作的依据。

文物总登记账与文物资源资产财务账应当定期核对，确保账账、账实相符。

第十二条 管理收藏单位购买、征集文物资源资产，按照国家有关规定需要进行资产评估的，应当进行资产评估。

第十三条 管理收藏单位应当建立业务部门和财务资产管理部门协作机制，完整反映文物资源资产管理情况。

第十四条 文物资源资产信息卡是文物资源资产登记录入文物总登记账、文物资源资产财务账的基础，分为不可移动文物资源资产信息卡（见附1）和可移动文物资源资产信息卡（见附2）。

第十五条 不可移动文物资源资产信息卡主要内容包括基本信息、财务信息和管理信息。基本信息主要包括：资产名称、文物级别、文物类别、公布日期、是否可计价、面积、具体地址、文物来源等；财务信息主要包括：账面价值、价值类型、入账信息、资金来源等；

管理信息主要包括：管理部门、使用单位、管理人员、使用状况等。

第十六条 可移动文物资源资产信息卡主要内容包括基本信息、财务信息和管理信息。

基本信息主要包括：资产名称、文物级别、文物类别、入藏日期、是否可计价、计量单位、文物来源等；

财务信息主要包括：账面价值、价值类型、入账信息、资金来源等；

管理信息主要包括：管理部门、收藏单位、管理人员、使用状况、存放地点等。

第十七条 文物资源资产信息因调拨、交换、损毁、丢失、撤销退出等发生变动的，管理收藏单位应当及时变更资产信息卡，并同步调整有关账目。

第十八条 各级财政部门、文物行政部门、管理收藏单位可以根据工作需要开展文物资源资产清查，清查工作程序参照《行政事业单位资产清查核实管理办法》（财资〔2016〕1号）等相关规定执行。

第三章 文物资源资产保护利用

第十九条 管理收藏单位应当建立文物资源资产接收、登记、鉴定、编目、档案、安全检查等保管保护制度，可移动文物收藏单位应当建立文物库房管理、修复复制等保管保护制度，明确管理责任，完善内部管理流程。

管理收藏单位应当按照国家文物管理的有关规定，设立规范的文物库房，配备专业设施设备，安排专职人员进行管理，对文物资源资产进行账目清点，抽样核查。

第二十条 管理收藏单位应当按照不损坏文物、不改变文物原状等要求，对文物资源资产进行保养修缮和定期维护，不得损毁、改建、添建或者拆除不可移动文物。

第二十一条 文物行政部门和其他主管部门可以通过购买服务方式对文物资源资产进行保养修缮，承接主体应当按照购买服务合同的约定承担相应管理责任。

第二十二条 博物馆（纪念馆）、图书馆等管理收藏单位应当加强文物资源资产展示利用管理，有效盘活文物资源资产，提高文物资源资产利用效率，充分发挥文物宣传教育作用，满足社会公共文化需求。

第二十三条 考古科研教学机构等管理收藏单位应当加强文物资源资产的科学研究利用，做好文物科研标本的保管保护工作。

第二十四条 其他管理收藏单位应当做好所收藏文物资源资产的管理工作，相关文物行政部门可以安排专业人员协助。涉及文物行业管理事项，管理收藏单位应当按照文物行政部门的规定执行；涉及文物资源资产管理情况报告等事项，管理收藏单位应当按照行政和财务隶属关系报送情况。

第二十五条 可移动文物借展借用、调拨、损毁丢失，以及不可移动文物拆除等应当按照《中华人民共和国文物保护法》《中华人民共和国文物保护法实施条例》等相关规定执行。

第二十六条 文物资源资产调拨、拆除或者发生损毁丢失的，管理收藏单位应当按照规定程序核查处理后，及时调整或者核销账务，并在年度国有资产报告中作出说明。

第二十七条 撤销退出是指不可移动文物降级撤销和可移动文物退出。文物资源资产撤销退出按照国家有关规定执行。

第二十八条 管理收藏单位禁止利用文物资源资产进行对外投资和担保。国有文物收藏单位禁止将馆藏文物资源资产赠予、出租或者出售给其他单位、个人。

第二十九条 文物资源资产借展、交换、调拨等发生的补偿费用应当纳入单位年度预算，专门用于改善文物的收藏条件和文物征集，不得挪作他用。

文物资源资产管理产生的其他收入属于政府所有的，应当按照政府非税收入管理和国库集中收缴管理有关规定，上缴同级国库。

第四章 文物资源资产信息化管理

第三十条 财政部会同文物行政主管部门提出资产管理相关信息化要求，制定文物资源资产管理信息数据规范，建立资产管理信息集中共享机制。

第三十一条 文物资源资产管理应当按照资产管理信息化要求，建立文物资源资产动态管理机制。

有条件的地区和管理收藏单位可以结合地理信息地图对不可移动文物资源资产进行信息化管理。

第三十二条 资产管理信息系统中的文物资源资产信息应当与文物普查数据库中的文物信息相衔接，文物资源资产行业管理信息应当以文物普查数据库为准并保持一致。

存量文物资源资产数据应当作为管理维护、保养修缮预算支出安排的重要依据。

第三十三条 管理收藏单位应当按照文物资源资产信息卡规定内容，及时录入文物资源资产管理信息。文物资源资产管理信息发生变动的，管理收藏单位应当及时更新信息，保证文物资源资产信息数据真实、准确、完整。

第三十四条 各级文物行政部门可以根据文物资源资产管理实际情况，组织开发符合文物资源资产管理特点的个性化功能模块，加强与资产管理信息系统衔接。

第五章 文物资源资产报告

第三十五条 文物资源资产管理情况是国有资产报告的组成部分，应当纳入本级政府年度国有资产管理情况报告。

第三十六条 文物资源资产管理情况年度报告主要内容包括：

（一）文物资源资产的实物量与价值量及增减变动、规模、性质、分类等情况；

（二）文物资源资产相关管理制度建立和实施情况；

（三）文物资源资产取得、保管保护、研究利用和收入情况；

（四）文物资源资产调拨、拆除、损毁、丢失、管理信息变动等情况；

（五）其他需要报告的事项。

第三十七条 管理收藏单位应当将本单位文物资源资产管理情况纳入本单位财务报告和国有资产年度报告，按照规定的程序报送上级文物行政部门或其他主管部门，并对报告的真实性、准确性和完整性负责。

第三十八条 各级文物行政部门和其他主管部门应当根据国有资产报告制度规定的程序，审核汇总所属管理收藏单位文物资源资产管理情况，并报送同级财政部门。

第三十九条 各级财政部门负责汇总本地区文物资源资产管理情况，并纳入本级政府年度国有资产报告，由本级人民政府向本级人大常委会报告，同时按照规定程序报送上一级财政部门。

第六章 监 督 检 查

第四十条 各级财政部门、文物行政部门可以根据工作需要，定期或不定期开展文物资源资产管理专项监督检查。

第四十一条 文物资源资产管理专项监督检查的主要内容包括：

（一）文物资源资产登记入账核算情况；

（二）文物资源资产保管保护和研究利用情况；

（三）文物资源资产拆除减损等情况；

（四）文物资源资产收支管理情况；

（五）文物资源资产安全管理情况；

（六）其他需要监督检查的情况。

第四十二条 各级财政部门、文物行政部门、其他主管部门、管理收藏单位及其工作人员违反本办法规定，在文物资源资产监管工作中存在滥用职权、玩忽职守、徇私舞弊等违纪违法行为的，按照《中华人民共和国文物保护法》《中华人民共和国公务员法》《中华人民共和国监察法》《中华人民共和国会计法》《财政违法行为处罚处分条例》等追究相应责任；构成犯罪的，依法追究刑事责任。

第七章 附 则

第四十三条 已归类为固定资产的文物，按照本办法规定执行。

第四十四条 中国人民解放军和中国人民武装警察部队文物资源资产管理，依照中央军事委员会有关规定执行。

第四十五条 国有企业、管理收藏国有文物的民间非营利组织管理国有文物资源资产的活动，参照本办法规定执行。

第四十六条 省级财政部门和文物行政部门，应当根据本办法，结合本地区文物资源资产管理实际情况，制定具体实施办法并报财政部、国家文物局备案。

第四十七条 本办法自印发之日起施行。

附：1. 不可移动文物资源资产信息卡参考样式
　　2. 可移动文物资源资产信息卡参考样式

附1

不可移动文物资源资产信息卡参考样式

基本信息				
	卡片编号		分类代码	
	资产名称		文物级别	
	文物类别		公布日期	
	数量		是否可计价	
	计量单位		总建筑面积（平方米）	
	占地面积（平方米）		具体地址	
	现登记号		文物来源	
	藏品年代		建造（制造）年代	
	文物简介			
财务信息				
	账面价值（元）		价值类型	
	财务入账状态		资金来源	财政性资金（元）	
	财务入账日期			非财政性资金（元）	
	会计凭证号		备查簿是否登记	
	是否纳入企业年度决算		是否纳入行政事业资产报表	
	计价说明		入账会计科目	
管理信息				
	管理部门		使用单位	
	管理人员		使用状况	

（续表）

	用途			
备注				

制单人：　　　　　　　　　制单时间：

填写说明：
1. 分类代码是资产分类国标。
2. 文物级别按照全国重点文物保护单位、省级文物保护单位、市县级文物保护单位、尚未核定公布为文物保护单位分情况选择填列。
3. 文物类别分为古文化遗址、古墓葬、古建筑、石窟寺、石刻、壁画、近代现代重要史迹和代表性建筑等分情况选择填列。
4. 公布日期为各级政府公布文物保护单位的日期。
5. 按照是否可计价选择"是"或"否"。
6. 计量单位分为个、座、处等分情况选择填列。
7. 现登记号是指文物在现管理收藏单位的登记号。
8. 文物来源包括文物普查、考古调查、勘探和发掘、征集、购买、调拨、捐赠、依法置换、依法接收、指定保管等方式。
9. 账面价值是该文物入账价值。
10. 价值类型为历史成本、公允价值分情况选择填列。
11. 入账状态选择"是"或"否"。
12. 财政性资金、非财政性资金根据资金来源填写。
13. 入账会计科目是固定资产、文物文化资产。
14. 管理部门为管理文物所属单位的行政部门。
15. 使用单位为管理使用文物资源资产的各级各类行政事业单位。
16. 使用状态分为开放、未开放、修缮中等分情况选择填列。
17. 各单位还可在该卡片样式基础上自行增加管理需要的资产信息内容。

附2

可移动文物资源资产信息卡参考样式

基本信息				
	卡片编号		分类代码	
	资产名称		文物级别	
	文物类别		入藏日期	
	数量		是否可计价	
	计量单位		是否属于馆藏文物	
	现登记号		文物来源	
	藏品年代		建造（制造）年代	
	文物简介		文物完整度	

（续表）

基本信息				
财务信息				
账面价值（元）		价值类型		
财务入账状态		资金来源	财政性资金（元）	
财务入账日期			非财政性资金（元）	
会计凭证号		备查簿是否登记		
是否纳入企业年度决算		是否纳入行政事业资产报表		
计价说明		入账会计科目		
管理信息				
管理部门		收藏单位		
管理人员		使用状况		
存放地点				
备注				

制单人：　　　　　　制单时间：

填写说明：
1. 分类代码是资产分类国标。
2. 文物级别按照一级文物、二级文物、三级文物、一般文物分情况选择填列。
3. 文物类别分为历史上各时代重要实物、艺术品、文献、手稿、图书资料、代表性实物等分情况选择填列。
4. 入藏日期是文物被现收藏单位登记入库的日期。
5. 按照是否可计价选择"是"或"否"。
6. 计量单位分为件、件（套）等分情况选择填列。
7. 现登记号是指文物在现管理收藏单位的登记号。
8. 文物来源包括文物普查、考古调查、勘探和发掘、征集、购买、调拨、捐赠、依法置换、依法接收、指定保管等方式。
9. 账面价值是该文物入账价值。
10. 价值类型为历史成本、公允价值分情况选择填列。
11. 入账状态选择"是"或"否"。
12. 财政性资金、非财政性资金根据资金来源填写。
13. 入账会计科目是固定资产、文物文化资产。
14. 管理部门为管理文物所属单位的行政部门。
15. 收藏单位为保管收藏文物资源资产的各级各类行政事业单位。
16. 使用状态分为展览、借出、维修等分情况选择填列。
17. 各单位还可在该卡片样式基础上自行增加管理需要的资产信息内容。

第十九章　基本建设财务相关法规

1. 基本建设财务规则（2016年发布）

（中华人民共和国财政部令第81号）

第一章　总　　则

第一条　为了规范基本建设财务行为，加强基本建设财务管理，提高财政资金使用效益，保障财政资金安全，制定本规则。

第二条　本规则适用于行政事业单位的基本建设财务行为，以及国有和国有控股企业使用财政资金的基本建设财务行为。

基本建设是指以新增工程效益或者扩大生产能力为主要目的的新建、续建、改扩建、迁建、大型维修改造工程及相关工作。

第三条　基本建设财务管理应当严格执行国家有关法律、行政法规和财务规章制度，坚持勤俭节约、量力而行、讲求实效，正确处理资金使用效益与资金供给的关系。

第四条　基本建设财务管理的主要任务是：

（一）依法筹集和使用基本建设项目（以下简称项目）建设资金，防范财务风险；

（二）合理编制项目资金预算，加强预算审核，严格预算执行；

（三）加强项目核算管理，规范和控制建设成本；

（四）及时准确编制项目竣工财务决算，全面反映基本建设财务状况；

（五）加强对基本建设活动的财务控制和监督，实施绩效评价。

第五条　财政部负责制定并指导实施基本建设财务管理制度。

各级财政部门负责对基本建设财务活动实施全过程管理和监督。

第六条　各级项目主管部门（含一级预算单位，下同）应当会同财政部门，加强本部门或者本行业基本建设财务管理和监督，指导和督促项目建设单位做好基本建设财务管理的基础工作。

第七条　项目建设单位应当做好以下基本建设财务管理的基础工作：

（一）建立、健全本单位基本建设财务管理制度和内部控制制度；

（二）按项目单独核算，按照规定将核算情况纳入单位账簿和财务报表；

（三）按照规定编制项目资金预算，根据批准的项目概（预）算做好核算管理，及时掌握建设进度，定期进行财产物资清查，做好核算资料档案管理；

（四）按照规定向财政部门、项目主管部门报送基本建设财务报表和资料；

（五）及时办理工程价款结算，编报项目竣工财务决算，办理资产交付使用手续；

（六）财政部门和项目主管部门要求的其他工作。

按照规定实行代理记账和项目代建制的，代理记账单位和代建单位应当配合项目建设单位做好项目财务管理的基础工作。

第二章　建设资金筹集与使用管理

第八条　建设资金是指为满足项目建设需要筹集和使用的资金，按照来源分为财政资金和自筹资金。其中，财政资金包括一般公共预算安排的基本建设投资资金和其他专项建设资金，政府性基金预算安排的建设资金，政府依法举债取得的建设资金，以及国有资本经营预算安排的基本建设项目资金。

第九条 财政资金管理应当遵循专款专用原则，严格按照批准的项目预算执行，不得挤占挪用。

财政部门应当会同项目主管部门加强项目财政资金的监督管理。

第十条 财政资金的支付，按照国库集中支付制度有关规定和合同约定，综合考虑项目财政资金预算、建设进度等因素执行。

第十一条 项目建设单位应当根据批准的项目概（预）算、年度投资计划和预算、建设进度等控制项目投资规模。

第十二条 项目建设单位在决策阶段应当明确建设资金来源，落实建设资金，合理控制筹资成本。非经营性项目建设资金按照国家有关规定筹集；经营性项目在防范风险的前提下，可以多渠道筹集。

具体项目的经营性和非经营性性质划分，由项目主管部门会同财政部门根据项目建设目的、运营模式和盈利能力等因素核定。

第十三条 核定为经营性项目的，项目建设单位应当按照国家有关固定资产投资项目资本管理的规定，筹集一定比例的非债务性资金作为项目资本。

在项目建设期间，项目资本的投资者除依法转让、依法终止外，不得以任何方式抽走出资。

经营性项目的投资者以实物、知识产权、土地使用权等非货币财产作价出资的，应当委托具有专业能力的资产评估机构依法评估作价。

第十四条 项目建设单位取得的财政资金，区分以下情况处理：

经营性项目具备企业法人资格的，按照国家有关企业财务规定处理。不具备企业法人资格的，属于国家直接投资的，作为项目国家资本管理；属于投资补助，国家拨款时对权属有规定的，按照规定执行，没有规定的，由项目投资者享有；属于有偿性资助的，作为项目负债管理。

经营性项目取得的财政贴息，项目建设期间收到的，冲减项目建设成本；项目竣工后收到的，按照国家财务、会计制度的有关规定处理。

非经营性项目取得的财政资金，按照国家行政、事业单位财务、会计制度的有关规定处理。

第十五条 项目收到的社会捐赠，有捐赠协议或者捐赠者有指定要求的，按照协议或者要求处理；无协议和要求的，按照国家财务、会计制度的有关规定处理。

第三章 预算管理

第十六条 项目建设单位编制项目预算应当以批准的概算为基础，按照项目实际建设资金需求编制，并控制在批准的概算总投资规模、范围和标准以内。

项目建设单位应当细化项目预算，分解项目各年度预算和财政资金预算需求。涉及政府采购的，应当按照规定编制政府采购预算。

项目资金预算应当纳入项目主管部门的部门预算或者国有资本经营预算统一管理。列入部门预算的项目，一般应当从项目库中产生。

第十七条 项目建设单位应当根据项目概算、建设工期、年度投资和自筹资金计划、以前年度项目各类资金结转情况等，提出项目财政资金预算建议数，按照规定程序经项目主管部门审核汇总报财政部门。

项目建设单位根据财政部门下达的预算控制数编制预算，由项目主管部门审核汇总报财政部门，经法定程序审核批复后执行。

第十八条 项目建设单位应当严格执行项目财政资金预算。对发生停建、缓建、迁移、合并、分立、重大设计变更等变动事项和其他特殊情况确需调整的项目，项目建设单位应当按照规定程序报项目主管部门审核后，向财政部门申请调整项目财政资金预算。

第十九条 财政部门应当加强财政资金预算审核和执行管理，严格预算约束。

财政资金预算安排应当以项目以前年度财政资金预算执行情况、项目预算评审意见和绩效评价结果作为重要依据。项目财政资金未按预算要求执行的，按照有关规定调减或者收回。

第二十条 项目主管部门应当按照预算管理规定，督促和指导项目建设单位做好项目财政资金预算编制、执行和调整，严格审核项目财政资金预算、细化预算和预算调整的申请，及时掌握项目预算执行动态，跟踪分析项目进度，按照要求向财政部门报送执行情况。

第四章 建设成本管理

第二十一条 建设成本是指按照批准的建设内容由项目建设资金安排的各项支出，包括建筑安装工程投资支出、设备投资支出、待摊投资支出和其他投资支出。

建筑安装工程投资支出是指项目建设单位按照批准的建设内容发生的建筑工程和安装工程的实际成本。

设备投资支出是指项目建设单位按照批准的建设内容发生的各种设备的实际成本。

待摊投资支出是指项目建设单位按照批准的建设内容发生的，应当分摊计入相关资产价值的各项费用和税金支出。

其他投资支出是指项目建设单位按照批准的建设内容发生的房屋购置支出，基本畜禽、林木等的购置、饲养、培育支出，办公生活用家具、器具购置支出，软件研发和不能计入设备投资的软件购置等支出。

第二十二条 项目建设单位应当严格控制建设成本的范围、标准和支出责任，以下支出不得列入项目建设成本：

（一）超过批准建设内容发生的支出；

（二）不符合合同协议的支出；

（三）非法收费和摊派；

（四）无发票或者发票项目不全、无审批手续、无责任人员签字的支出；

（五）因设计单位、施工单位、供货单位等原因造成的工程报废等损失，以及未按照规定报经批准的损失；

（六）项目符合规定的验收条件之日起 3 个月后发生的支出；

（七）其他不属于本项目应当负担的支出。

第二十三条 财政资金用于项目前期工作经费部分，在项目批准建设后，列入项目建设成本。

没有被批准或者批准后又被取消的项目，财政资金如有结余，全部缴回国库。

第五章 基建收入管理

第二十四条 基建收入是指在基本建设过程中形成的各项工程建设副产品变价收入、负荷试车和试运行收入以及其他收入。

工程建设副产品变价收入包括矿山建设中的矿产品收入，油气、油田钻井建设中的原油气收入，林业工程建设中的路影材收入，以及其他项目建设过程中产生或者伴生的副产品、试验产品的变价收入。

负荷试车和试运行收入包括水利、电力建设移交生产前的供水、供电、供热收入，原材料、机电轻纺、农林建设移交生产前的产品收入，交通临时运营收入等。

其他收入包括项目总体建设尚未完成或者移交生产，但其中部分工程简易投产而发生的经营性收入等。

符合验收条件而未按照规定及时办理竣工验收的经营性项目所实现的收入，不得作为项目基建收入管理。

第二十五条　项目所取得的基建收入扣除相关费用并依法纳税后，其净收入按照国家财务、会计制度的有关规定处理。

第二十六条　项目发生的各项索赔、违约金等收入，首先用于弥补工程损失，结余部分按照国家财务、会计制度的有关规定处理。

第六章　工程价款结算管理

第二十七条　工程价款结算是指依据基本建设工程发承包合同等进行工程预付款、进度款、竣工价款结算的活动。

第二十八条　项目建设单位应当严格按照合同约定和工程价款结算程序支付工程款。竣工价款结算一般应当在项目竣工验收后2个月内完成，大型项目一般不得超过3个月。

第二十九条　项目建设单位可以与施工单位在合同中约定按照不超过工程价款结算总额的5%预留工程质量保证金，待工程交付使用缺陷责任期满后清算。资信好的施工单位可以用银行保函替代工程质量保证金。

第三十条　项目主管部门应当会同财政部门加强工程价款结算的监督，重点审查工程招投标文件、工程量及各项费用的计取、合同协议、施工变更签证、人工和材料价差、工程索赔等。

第七章　竣工财务决算管理

第三十一条　项目竣工财务决算是正确核定项目资产价值、反映竣工项目建设成果的文件，是办理资产移交和产权登记的依据，包括竣工财务决算报表、竣工财务决算说明书以及相关材料。

项目竣工财务决算应当数字准确、内容完整。竣工财务决算的编制要求另行规定。

第三十二条　项目年度资金使用情况应当按照要求编入部门决算或者国有资本经营决算。

第三十三条　项目建设单位在项目竣工后，应当及时编制项目竣工财务决算，并按照规定报送项目主管部门。

项目设计、施工、监理等单位应当配合项目建设单位做好相关工作。

建设周期长、建设内容多的大型项目，单项工程竣工具备交付使用条件的，可以编报单项工程竣工财务决算，项目全部竣工后应当编报竣工财务总决算。

第三十四条　在编制项目竣工财务决算前，项目建设单位应当认真做好各项清理工作，包括账目核对及账务调整、财产物资核实处理、债权实现和债务清偿、档案资料归集整理等。

第三十五条　在编制项目竣工财务决算时，项目建设单位应当按照规定将待摊投资支出按合理比例分摊计入交付使用资产价值、转出投资价值和待核销基建支出。

第三十六条　项目竣工财务决算审核、批复管理职责和程序要求由同级财政部门确定。

第三十七条　财政部门和项目主管部门对项目竣工财务决算实行先审核、后批复的办法，可以委托预算评审机构或者有专业能力的社会中介机构进行审核。对符合条件的，应当在 6 个月内批复。

第三十八条 项目一般不得预留尾工工程，确需预留尾工工程的，尾工工程投资不得超过批准的项目概（预）算总投资的 5%。

项目主管部门应当督促项目建设单位抓紧实施项目尾工工程，加强对尾工工程资金使用的监督管理。

第三十九条 已具备竣工验收条件的项目，应当及时组织验收，移交生产和使用。

第四十条 项目隶属关系发生变化时，应当按照规定及时办理财务关系划转，主要包括各项资金来源、已交付使用资产、在建工程、结余资金、各项债权及债务等的清理交接。

第八章 资产交付管理

第四十一条 资产交付是指项目竣工验收合格后，将形成的资产交付或者转交生产使用单位的行为。

交付使用的资产包括固定资产、流动资产、无形资产等。

第四十二条 项目竣工验收合格后应当及时办理资产交付使用手续，并依据批复的项目竣工财务决算进行账务调整。

第四十三条 非经营性项目发生的江河清障疏浚、航道整治、飞播造林、退耕还林（草）、封山（沙）育林（草）、水土保持、城市绿化、毁损道路修复、护坡及清理等不能形成资产的支出，以及项目未被批准、项目取消和项目报废前已发生的支出，作为待核销基建支出处理；形成资产产权归属本单位的，计入交付使用资产价值；形成资产产权不归属本单位的，作为转出投资处理。

非经营性项目发生的农村沼气工程、农村安全饮水工程、农村危房改造工程、游牧民定居工程、渔民上岸工程等涉及家庭或者个人的支出，形成资产产权归属家庭或者个人的，作为待核销基建支出处理；形成资产产权归属本单位的，计入交付使用资产价值；形成资产产权归属其他单位的，作为转出投资处理。

第四十四条 非经营性项目为项目配套建设的专用设施，包括专用道路、专用通讯设施、专用电力设施、地下管道等，产权归属本单位的，计入交付使用资产价值；产权不归属本单位的，作为转出投资处理。

非经营性项目移民安置补偿中由项目建设单位负责建设并形成的实物资产，产权归属集体或者单位的，作为转出投资处理；产权归属移民的，作为待核销基建支出处理。

第四十五条 经营性项目发生的项目取消和报废等不能形成资产的支出，以及设备采购和系统集成（软件）中包含的交付使用后运行维护等费用，按照国家财务、会计制度的有关规定处理。

第四十六条 经营性项目为项目配套建设的专用设施，包括专用铁路线、专用道路、专用通讯设施、专用电力设施、地下管道、专用码头等，项目建设单位应当与有关部门明确产权关系，并按照国家财务、会计制度的有关规定处理。

第九章 结余资金管理

第四十七条 结余资金是指项目竣工结余的建设资金，不包括工程抵扣的增值税进项税额资金。

第四十八条 经营性项目结余资金，转入单位的相关资产。

非经营性项目结余资金，首先用于归还项目贷款。如有结余，按照项目资金来源属于财政资金的部分,应当在项目竣工验收合格后 3 个月内,按照预算管理制度有关规定收回财政。

第四十九条 项目终止、报废或者未按照批准的建设内容建设形成的剩余建设资金中,按照项目实际资金来源比例确认的财政资金应当收回财政。

第十章 绩 效 评 价

第五十条 项目绩效评价是指财政部门、项目主管部门根据设定的项目绩效目标,运用科学合理的评价方法和评价标准,对项目建设全过程中资金筹集、使用及核算的规范性、有效性,以及投入运营效果等进行评价的活动。

第五十一条 项目绩效评价应当坚持科学规范、公正公开、分级分类和绩效相关的原则,坚持经济效益、社会效益和生态效益相结合的原则。

第五十二条 项目绩效评价应当重点对项目建设成本、工程造价、投资控制、达产能力与设计能力差异、偿债能力、持续经营能力等实施绩效评价,根据管理需要和项目特点选用社会效益指标、财务效益指标、工程质量指标、建设工期指标、资金来源指标、资金使用指标、实际投资回收期指标、实际单位生产(营运)能力投资指标等评价指标。

第五十三条 财政部门负责制定项目绩效评价管理办法,对项目绩效评价工作进行指导和监督,选择部分项目开展重点绩效评价,依法公开绩效评价结果。绩效评价结果作为项目财政资金预算安排和资金拨付的重要依据。

第五十四条 项目主管部门会同财政部门按照有关规定,制定本部门或者本行业项目绩效评价具体实施办法,建立具体的绩效评价指标体系,确定项目绩效目标,具体组织实施本部门或者本行业绩效评价工作,并向财政部门报送绩效评价结果。

第十一章 监 督 管 理

第五十五条 项目监督管理主要包括对项目资金筹集与使用、预算编制与执行、建设成本控制、工程价款结算、竣工财务决算编报审核、资产交付等的监督管理。

第五十六条 项目建设单位应当建立、健全内部控制和项目财务信息报告制度,依法接受财政部门和项目主管部门等的财务监督管理。

第五十七条 财政部门和项目主管部门应当加强项目的监督管理,采取事前、事中、事后相结合,日常监督与专项监督相结合的方式,对项目财务行为实施全过程监督管理。

第五十八条 财政部门应当加强对基本建设财政资金形成的资产的管理,按照规定对项目资产开展登记、核算、评估、处置、统计、报告等资产管理基础工作。

第五十九条 对于违反本规则的基本建设财务行为,依照《预算法》《财政违法行为处罚处分条例》等有关规定追究责任。

第十二章 附 则

第六十条 接受国家经常性资助的社会力量举办的公益服务性组织和社会团体的基本建设财务行为,以及非国有企业使用财政资金的基本建设财务行为,参照本规则执行。

使用外国政府及国际金融组织贷款的基本建设财务行为执行本规则。国家另有规定的,从其规定。

第六十一条 项目建设内容仅为设备购置的,不执行本规则;项目建设内容以设备购置、房屋及其他建筑物购置为主并附有部分建筑安装工程的,可以简化执行本规则。

经营性项目的项目资本中,财政资金所占比例未超过 50% 的,项目建设单位可以简化执行本规则，但应当按照要求向财政部门、项目主管部门报送相关财务资料。国家另有规定的，从其规定。

第六十二条 中央项目主管部门和各省、自治区、直辖市、计划单列市财政厅（局）可以根据本规则，结合本行业、本地区的项目情况，制定具体实施办法并报财政部备案。

第六十三条 本规则自2016年9月1日起施行。2002年9月27日财政部发布的《基本建设财务管理规定》（财建〔2002〕394号）及其解释同时废止。

本规则施行前财政部制定的有关规定与本规则不一致的，按照本规则执行。《企业财务通则》（财政部令第41号）、《金融企业财务规则》（财政部令第42号）、《事业单位财务规则》（财政部令第68号）和《行政单位财务规则》（财政部令第71号）另有规定的，从其规定。

2. 基本建设项目建设成本管理规定（2016年发布）

（财建〔2016〕504号印发）

第一条 为了规范基本建设项目建设成本管理，提高建设资金使用效益，依据《基本建设财务规则》（财政部令第81号），制定本规定。

第二条 建筑安装工程投资支出是指基本建设项目（以下简称项目）建设单位按照批准的建设内容发生的建筑工程和安装工程的实际成本，其中不包括被安装设备本身的价值，以及按照合同规定支付给施工单位的预付备料款和预付工程款。

第三条 设备投资支出是指项目建设单位按照批准的建设内容发生的各种设备的实际成本（不包括工程抵扣的增值税进项税额），包括需要安装设备、不需要安装设备和为生产准备的不够固定资产标准的工具、器具的实际成本。

需要安装设备是指必须将其整体或几个部位装配起来，安装在基础上或建筑物支架上才能使用的设备。不需要安装设备是指不必固定在一定位置或支架上就可以使用的设备。

第四条 待摊投资支出是指项目建设单位按照批准的建设内容发生的，应当分摊计入相关资产价值的各项费用和税金支出。主要包括：

（一）勘查费、设计费、研究试验费、可行性研究费及项目其他前期费用；

（二）土地征用及迁移补偿费、土地复垦及补偿费、森林植被恢复费及其他为取得或租用土地使用权而发生的费用；

（三）土地使用税、耕地占用税、契税、车船税、印花税及按规定缴纳的其他税费；

（四）项目建设管理费、代建管理费、临时设施费、监理费、招标投标费、社会中介机构审查费及其他管理性质的费用；

（五）项目建设期间发生的各类借款利息、债券利息、贷款评估费、国外借款手续费及承诺费、汇兑损益、债券发行费用及其他债务利息支出或融资费用；

（六）工程检测费、设备检验费、负荷联合试车费及其他检验检测类费用；

（七）固定资产损失、器材处理亏损、设备盘亏及毁损、报废工程净损失及其他损失；

（八）系统集成等信息工程的费用支出；

（九）其他待摊投资性质支出。

项目在建设期间的建设资金存款利息收入冲减债务利息支出，利息收入超过利息支出的部分，冲减待摊投资总支出。

第五条 项目建设管理费是指项目建设单位从项目筹建之日起至办理竣工财务决算之

日止发生的管理性质的支出。包括：不在原单位发工资的工作人员工资及相关费用、办公费、办公场地租用费、差旅交通费、劳动保护费、工具用具使用费、固定资产使用费、招募生产工人费、技术图书资料费（含软件）、业务招待费、施工现场津贴、竣工验收费和其他管理性质开支。

项目建设单位应当严格执行《党政机关厉行节约反对浪费条例》，严格控制项目建设管理费。

第六条 行政事业单位项目建设管理费实行总额控制，分年度据实列支。总额控制数以项目审批部门批准的项目总投资（经批准的动态投资，不含项目建设管理费）扣除土地征用、迁移补偿等为取得或租用土地使用权而发生的费用为基数分档计算。具体计算方法见附件。

建设地点分散、点多面广、建设工期长以及使用新技术、新工艺等的项目，项目建设管理费确需超过上述开支标准的，中央级项目，应当事前报项目主管部门审核批准，并报财政部备案，未经批准的，超标准发生的项目建设管理费由项目建设单位用自有资金弥补；地方级项目，由同级财政部门确定审核批准的要求和程序。

施工现场管理人员津贴标准比照当地财政部门制定的差旅费标准执行；一般不得发生业务招待费，确需列支的，项目业务招待费支出应当严格按照国家有关规定执行，并不得超过项目建设管理费的5%。

第七条 使用财政资金的国有和国有控股企业的项目建设管理费，比照第六条规定执行。国有和国有控股企业经营性项目的项目资本中，财政资金所占比例未超过50%的项目建设管理费可不执行第六条规定。

第八条 政府设立（或授权）、政府招标产生的代建制项目，代建管理费由同级财政部门根据代建内容和要求，按照不高于本规定项目建设管理费标准核定，计入项目建设成本。

实行代建制管理的项目，一般不得同时列支代建管理费和项目建设管理费，确需同时发生的，两项费用之和不得高于本规定的项目建设管理费限额。

建设地点分散、点多面广以及使用新技术、新工艺等的项目，代建管理费确需超过本规定确定的开支标准的，行政单位和使用财政资金建设的事业单位中央项目，应当事前报项目主管部门审核批准，并报财政部备案；地方项目，由同级财政部门确定审核批准的要求和程序。

代建管理费核定和支付应当与工程进度、建设质量结合，与代建内容、代建绩效挂钩，实行奖优罚劣。同时满足按时完成项目代建任务、工程质量优良、项目投资控制在批准概算总投资范围3个条件的，可以支付代建单位利润或奖励资金，代建单位利润或奖励资金一般不得超过代建管理费的10%，需使用财政资金支付的，应当事前报同级财政部门审核批准；未完成代建任务的，应当扣减代建管理费。

第九条 项目单项工程报废净损失计入待摊投资支出。

单项工程报废应当经有关部门或专业机构鉴定。非经营性项目以及使用财政资金所占比例超过项目资本50%的经营性项目，发生的单项工程报废经鉴定后，报项目竣工财务决算批复部门审核批准。

因设计单位、施工单位、供货单位等原因造成的单项工程报废损失，由责任单位承担。

第十条 其他投资支出是指项目建设单位按照批准的项目建设内容发生的房屋购置支出，基本畜禽、林木等的购置、饲养、培育支出，办公生活用家具、器具购置支出，软件研发及不能计入设备投资的软件购置等支出。

第十一条 本规定自2016年9月1日起施行。《财政部关于切实加强政府投资项目代建制财政财务管理有关问题的指导意见》（财建〔2004〕300号）同时废止。

项目建设管理费总额控制数费率表　　　　　　　　单位：万元

工程总概算	费率	算例	
		工程总概算	项目建设管理费
1 000 以下	2%	1 000	1 000×2%＝20
1 001～5 000	1.5%	5 000	20＋(5 000－1 000)×1.5%＝80
5 001～10 000	1.2%	10 000	80＋(10 000－5 000)×1.2%＝140
10 001～50 000	1%	50 000	140＋(50 000－10 000)×1%＝540
50 001～100 000	0.8%	100 000	540＋(100 000－50 000)×0.8%＝940
100 000 以上	0.4%	200 000	940＋(200 000－100 000)×0.4%＝1 340

3. 中央基本建设项目竣工财务决算审核批复操作规程（2018年发布）

（财办建〔2018〕2号印发）

第一章 总　则

第一条 为进一步规范中央基本建设项目竣工财务决算审核批复程序和行为，保证工作质量，根据财政部《基本建设财务规则》（财政部令第81号）、《基本建设项目竣工财务决算管理暂行办法》（财建〔2016〕503号）等规定，制定本规程。

第二条 本规程为财政部、中央项目主管部门（含一级预算单位和中央企业，以下简称主管部门）审核批复中央基本建设项目竣工财务决算的行为规范和参考依据。

第三条 本规程所称中央基本建设项目（以下简称项目），是指财务关系隶属于中央部门（或单位）的项目，以及国有企业、国有控股企业使用财政资金的非经营性项目和使用财政资金占项目资本比例超过50%的经营性项目。

第四条 国家有关文件规定的项目竣工财务决算（以下简称项目决算）批复范围划分如下：

（一）财政部直接批复的范围

1. 主管部门本级的投资额在3 000万元（不含3 000万元，按完成投资口径）以上的项目决算。

2. 不向财政部报送年度部门决算的中央单位项目决算。主要是指不向财政部报送年度决算的社会团体、国有及国有控股企业使用财政资金的非经营性项目和使用财政资金占项目资本比例超过50%的经营性项目决算。

（二）主管部门批复的范围

1. 主管部门二级及以下单位的项目决算。

2. 主管部门本级投资额在3 000万元（含3 000万元）以下的项目决算。

由主管部门批复的项目决算，报财政部备案（批复文件抄送财政部），并按要求向财政部报送半年度和年度汇总报表。

国防类项目、使用外国政府及国际金融组织贷款项目等，国家另有规定的，从其规定。

第二章 决算审核批复原则和程序

第五条 项目决算批复部门应按照"先审核后批复"原则,建立健全项目决算评审和审核管理机制,以及内部控制制度。

由财政部批复的项目决算,一般先由财政部委托财政投资评审机构或有资质的中介机构(以下统称"评审机构")进行评审,根据评审结论,财政部审核后批复项目决算。

由主管部门批复的项目决算参照上述程序办理。

第六条 评审机构进行了决(结)算评审的项目决算,或已经审计署进行全面审计的项目决算,财政部或主管部门审核未发现较大问题,项目建设程序合法、合规,报表数据正确无误,评审报告内容详实、事实反映清晰、符合决算批复要求以及发现的问题均已整改到位的,可依据评审报告及审核结果批复项目决算。

第七条 未经评审或审计署全面审计的项目决算,以及虽经评审或审计,但主管部门、财政部审核发现存在以下问题或情形的,应开展项目决算评审:

(一)评审报告内容简单、附件不完整、事实反映不清晰且未达到决算批复相关要求。

(二)决算报表填列的数据不完整、存在较多错误、表间勾稽关系不清晰、不正确,以及决算报告和报表数据不一致。

(三)项目存在严重超标准、超规模、超概算,挤占、挪用项目建设资金,待核销基建支出和转出投资无依据、不合理等问题。

(四)评审报告或有关部门历次核查、稽查和审计所提问题未整改完毕,存在重大问题未整改或整改落实不到位。

(五)建设单位未能提供审计署的全面审计报告。

(六)其他影响项目竣工财务决算完成投资等的重要事项。

第八条 主管部门、财政部可对评审机构的工作质量实行报告审核、报告质量评估和质量责任追究制度。主管部门、财政部可对评审机构实行"黑名单"制度,将完成质量差、效率低的评审机构列入"黑名单",3年内不得再委托其业务。

第九条 委托评审机构实施项目竣工财务决算评审时,应当要求其遵循依法、独立、客观、公正的原则。

项目建设单位可对评审机构在实施评审过程中的违法行为进行举报。

第十条 主管部门、财政部收到项目竣工财务决算,一般可按照以下工作程序开展工作:

(一)条件和权限审核。

1.审核项目是否为本部门批复范围。不属于本部门批复权限的项目决算,予以退回。

2.审核项目或单项工程是否已完工。尾工工程超过5%的项目或单项工程,予以退回。

(二)资料完整性审核。

1.审核项目是否经有资质的中介机构进行决(结)算评审,是否附有完整的评审报告。对未经决(结)算评审(含审计署审计)的,委托评审机构进行决算审核。

2.审核决算报告资料的完整性,决算报表和报告说明书是否按要求编制、项目有关资料复印件是否清晰、完整。

决算报告资料报送不完整的,通知其限期补报有关资料,逾期未补报的,予以退回。

需要补充说明材料或存在问题需要整改的,要求主管部门在限期内报送并督促项目建设单位进行整改,逾期未报或整改不到位的,予以退回。

属于本规程第七条规定情形的,委托评审机构进行评审。

(三)符合本规程第六条规定情形的,进入审核批复程序。

审核中,评审发现项目建设管理存在严重问题并需要整改的,要及时督促项目建设单位限期整改；存在违法违纪的，依法移交有关机关处理。

（四）审核未通过的，属评审报告问题的，退回评审机构补充完善；属项目本身不具备决算条件的，请项目建设单位（或报送单位）整改、补充完善或予以退回。

第三章 决算审核方式、依据和主要内容

第十一条 审核工作主要是对项目建设单位提供的决算报告及评审机构提供的评审报告、社会中介机构审计报告进行分析、判断，与审计署审计意见进行比对，并形成批复意见。

（一）政策性审核。重点审核项目履行基本建设程序情况、资金来源、到位及使用管理情况、概算执行情况、招标履行及合同管理情况、待核销基建支出和转出投资的合规性、尾工工程及预留费用的比例和合理性等。

（二）技术性审核。重点审核决算报表数据和表间勾稽关系、待摊投资支出情况、建筑安装工程和设备投资支出情况、待摊投资支出分摊计入交付使用资产情况以及项目造价控制情况等。

（三）评审结论审核。重点审核评审结论中投资审减（增）金额和理由。

（四）意见分歧审核及处理。对于评审机构与项目建设单位就评审结论存在意见分歧的，应以国家有关规定及国家批准项目概算为依据进行核定，其中：

评审审减投资属工程价款结算违反承发包双方合同约定及多计工程量、高估冒算等情况的，一律按评审机构评审结论予以核定批复。

评审审减投资属超国家批准项目概算、但项目运行使用确实需要的，原则上应先经项目概算审批部门调整概算后，再按调整概算确认和批复。若自评审机构出具评审结论之日起3个月内未取得原项目概算审批部门的调整概算批复，仍按评审结论予以批复。

第十二条 审核工作依据以下文件：

（一）项目建设和管理的相关法律、法规、文件规定。

（二）国家、地方以及行业工程造价管理的有关规定。

（三）财政部颁布的基本建设财务管理及会计核算制度。

（四）本项目相关资料：

1. 项目初步设计及概算批复和调整批复文件、历年财政资金预算下达文件。

2. 项目决算报表及说明书。

3. 历年监督检查、审计意见及整改报告。

必要时，还可审核项目施工和采购合同、招投标文件、工程结算资料，以及其他影响项目决算结果的相关资料。

第十三条 审核的主要内容包括工程价款结算、项目核算管理、项目建设资金管理、项目基本建设程序执行及建设管理、概（预）算执行、交付使用资产及尾工工程等。

第十四条 工程价款结算审核。主要包括评审机构对工程价款是否按有关规定和合同协议进行全面评审；评审机构对于多算和重复计算工程量、高估冒算建筑材料价格等问题是否予以审减；单位、单项工程造价是否在合理或国家标准范围，是否存在严重偏离当地同期同类单位工程、单项工程造价水平问题。

第十五条 项目核算管理情况审核主要包括执行《基本建设财务规则》及相关会计制度情况。具体包括：

（一）建设成本核算是否准确。对于超过批准建设内容发生的支出、不符合合同协议的支出、非法收费和摊派，以及无发票或者发票项目不全、无审批手续、无责任人员签字的支出和因设计单位、施工单位、供货单位等原因，造成的工程报废损失等不属于本项目应当负担的支出，是否按规定予以审减。

（二）待摊费用支出及其分摊是否合理合规。

（三）待核销基建支出有无依据、是否合理合规。
（四）转出投资有无依据、是否已落实接收单位。
（五）决算报表所填列的数据是否完整，表内和表间勾稽关系是否清晰、正确。
（六）决算的内容和格式是否符合国家有关规定。
（七）决算资料报送是否完整、决算数据之间是否存在错误。
（八）与财务管理和会计核算有关的其他事项。

第十六条 项目资金管理情况审核主要包括：
（一）资金筹集情况。
1. 项目建设资金筹集，是否符合国家有关规定。
2. 项目建设资金筹资成本控制是否合理。
（二）资金到位情况。
1. 财政资金是否按批复的概算、预算及时足额拨付项目建设单位。
2. 自筹资金是否按批复的概算、计划及时筹集到位，是否有效控制筹资成本。
（三）项目资金使用情况。
1. 财政资金情况。是否按规定专款专用，是否符合政府采购和国库集中支付等管理规定。
2. 结余资金情况。结余资金在各投资者间的计算是否准确；应上缴财政的结余资金是否按规定在项目竣工后3个月内及时交回，是否存在擅自使用结余资金情况。

第十七条 项目基本建设程序执行及建设管理情况审核主要包括：
（一）项目基本建设程序执行情况。审核项目决策程序是否科学规范，项目立项、可研、初步设计及概算和调整是否符合国家规定的审批权限等。
（二）项目建设管理情况。审核决算报告及评审或审计报告是否反映了建设管理情况；建设管理是否符合国家有关建设管理制度要求，是否建立和执行法人责任制、工程监理制、招投标制、合同制；是否制定相应的内控制度，内控制度是否健全、完善、有效；招投标执行情况和项目建设工期是否按批复要求有效控制。

第十八条 概（预）算执行情况。主要包括是否按照批准的概（预）算内容实施，有无超标准、超规模、超概（预）算建设现象，有无概算外项目和擅自提高建设标准、扩大建设规模、未完成建设内容等问题；项目在建设过程中历次检查和审计所提的重大问题是否已经整改落实；尾工工程及预留费用是否控制在概算确定的范围内，预留的金额和比例是否合理。

第十九条 交付使用资产情况。主要包括项目形成资产是否真实、准确、全面反映，计价是否准确，资产接受单位是否落实；是否正确按资产类别划分固定资产、流动资产、无形资产；交付使用资产实际成本是否完整，是否符合交付条件，移交手续是否齐全。

第四章 决算批复的主要内容

第二十条 主管部门、财政部批复项目决算主要包括以下内容：
（一）批复确认项目决算完成投资、形成的交付使用资产、资金来源及到位构成，核销基建支出和转出投资等。
（二）根据管理需要批复确认项目交付使用资产总表、交付使用资产明细表等。
（三）批复确认项目结余资金、决算评审审减资金，并明确处理要求。
1. 项目结余资金的交回时限。按照财政部有关基本建设结余资金管理办法规定处理，即应在项目竣工后3个月内交回国库。项目决算批复时，应确认是否已按规定交回，未交回的，应在批复文件中要求其限时缴回，并指出其未按规定及时交回问题。
2. 项目决算确认的项目概算内评审审减投资，按投资来源比例归还投资方，其中审减的财政资金按要求交回国库；决算审核确认的项目概算内审增投资，存在资金缺口的，要求主管部门督促项目建设单位尽快落实资金来源。

（四）批复项目结余资金和审减投资中应上缴中央总金库的资金，在决算批复后30日内，由主管部门负责上缴。上缴的方式如下：

对应缴回的国库集中支付结余资金，请主管部门及时将结余调整计划报财政部，并相应进行账务核销。

对应缴回的非国库集中支付结余资金，请主管部门由一级预算单位统一将资金汇总后上缴中央总金库。上缴时填写汇款单，"收款人全称"栏填写"财政部"，"账号"栏填"170001"，"汇入行名称"栏填"国家金库总库""用途"栏填应冲减的支出功能分类、政府支出经济分类科目名称及编码。上述工作完成以后，将汇款单印送财政部（部门预算管理对口司局、经济建设司）备查。

（五）要求主管部门督促项目建设单位按照批复及基本建设财务会计制度有关规定及时办理资产移交和产权登记手续，加强对固定资产的管理，更好地发挥项目投资效益。

（六）批复披露项目建设过程存在的主要问题，并提出整改时限要求。

（七）决算批复文件涉及需交回财政资金的，应当抄送财政部驻当地财政监察专员办事处。

第二十一条 主管部门和财政部驻当地财政监察专员办事处应对项目决算批复执行情况实施监督。

第五章 附 则

第二十二条 财政部将进一步加强对主管部门批复项目竣工财务决算工作的指导和监督，对由主管部门批复的项目竣工财务决算，随机进行抽查复查。

第二十三条 主管部门可依据本规程并视本部门或行业情况进一步细化操作规程。

第二十四条 本规程依据的国家有关政策文件如出台新规定的，以新规定为准。

第二十五条 本规程由财政部（经济建设司）负责解释。

第二十章 农村集体及农民专业合作社会计相关法规

1. 农村集体经济组织会计制度（2023年修订）

（财会〔2023〕14号印发）

第一章 总 则

第一条 为规范农村集体经济组织会计工作，加强农村集体经济组织会计核算，根据《中华人民共和国会计法》等有关法律法规，结合农村集体经济组织的实际情况，制定本制度。

第二条 中华人民共和国境内依法设立的农村集体经济组织适用本制度，包括乡镇级集体经济组织、村级集体经济组织、组级集体经济组织。依法代行农村集体经济组织职能的村民委员会、村民小组等参照执行本制度。

第三条 农村集体经济组织应当根据本制度规定和会计业务需要，设置会计机构，或者在有关机构中设置会计人员并指定会计主管人员，或者按照规定委托代理记账，进行会计核算。

第四条 为适应双层经营的需要,农村集体经济组织实行统一核算和分散核算相结合的两级核算体制。农村集体经济组织发生的经济业务应当按照本制度的规定进行会计核算。农村集体经济组织投资设立的企业等应当按照相关会计准则制度单独核算。

第五条 农村集体经济组织应当按照本制度及附录的相关规定,设置和使用会计科目,填制会计凭证,登记会计账簿,编制财务会计报告。

第六条 农村集体经济组织的会计核算应当以持续经营为前提。

第七条 农村集体经济组织的会计核算应当划分会计期间,分期结算账目和编制财务会计报告。会计年度自公历1月1日起至12月31日止。

第八条 农村集体经济组织的会计核算应当以货币计量,以人民币为记账本位币,"元"为金额单位,"元"以下填至"分"。

第九条 农村集体经济组织的会计核算原则上采用权责发生制,会计记账方法采用借贷记账法。

第十条 农村集体经济组织的会计要素包括资产、负债、所有者权益、收入、费用和收益。

第十一条 农村集体经济组织应当以实际发生的交易或者事项为依据进行会计核算,如实反映其财务状况和经营成果。

第十二条 农村集体经济组织应当按照规定的会计处理方法进行会计核算。会计处理方法前后各期应当保持一致,一经确定不得随意变更。

第十三条 农村集体经济组织应当及时进行会计核算,不得提前或者延后。

第十四条 农村集体经济组织在进行会计核算时应当保持应有的谨慎,不得多计或少计资产、负债、收入、费用。

第十五条 农村集体经济组织提供的会计信息应当清晰明了,便于理解和使用。

第十六条 农村集体经济组织的法定代表人应当对本集体经济组织的会计工作和会计资料的真实性、完整性负责。

第二章 资 产

第十七条 农村集体经济组织的资产,是指农村集体经济组织过去的交易或者事项形成的、由农村集体经济组织拥有或者控制的、预期会给农村集体经济组织带来经济利益或者承担公益服务功能的资源。

第十八条 农村集体经济组织的资产按照流动性分为流动资产和非流动资产。农村集体经济组织的资产应当按照成本计量。

流动资产是指在1年内(含1年)或超过1年的一个营业周期内变现、出售或耗用的资产,包括货币资金、短期投资、应收款项、存货、消耗性生物资产等。

非流动资产是指流动资产以外的资产,包括长期投资、生产性生物资产、固定资产、无形资产、公益性生物资产、长期待摊费用等。

第十九条 农村集体经济组织的应收款项包括与成员、非成员(包括单位及个人,下同)之间发生的各种应收及暂付款项。

应收款项应按实际发生额入账。确实无法收回的款项,按规定程序批准核销后,应当计入其他支出。

第二十条 农村集体经济组织的存货包括种子、化肥、燃料、农药、原材料、机械零配件、低值易耗品、在产品、农产品、工业产成品等。

存货按照下列原则计价:

(一)购入的存货,应当按照购买价款、应支付的相关税费、运输费、装卸费、保险费以及外购过程中发生的其他直接费用计价。

（二）在产品以及生产完工入库的农产品和工业产成品，应当按照生产过程中发生的实际支出成本计价。

（三）收到政府补助的存货或者他人捐赠的存货，应当按照有关凭据注明的金额加上相关税费、运输费等计价；没有相关凭据的，按照资产评估价值或者比照同类或类似存货的市场价格，加上相关税费、运输费等计价。如无法采用上述方法计价的，应当按照名义金额（人民币1元，下同）计价，相关税费、运输费等计入其他支出，同时在备查簿中登记说明。

（四）提供劳务的成本，按照与劳务提供直接相关的人工费、材料费和应分摊的间接费用计价。

（五）盘盈的存货，应当按照同类或类似存货的市场价格或评估价值计价。

第二十一条　农村集体经济组织应当采用先进先出法、加权平均法或者个别计价法确定领用或出售的出库存货成本。计价方法一经确定，不得随意变更。

第二十二条　农村集体经济组织的存货发生毁损或报废时，按规定程序报经批准后，处置收入、赔偿金额（含可收回的责任人和保险公司赔偿的金额等，下同）扣除其成本、相关税费和清理费用后的净额，应当计入其他收入或其他支出。

盘盈存货实现的收益应当计入其他收入。

盘亏存货发生的损失应当计入其他支出。

第二十三条　农村集体经济组织的对外投资包括短期投资和长期投资。短期投资是指能够随时变现并且持有时间不准备超过1年（含1年）的投资。长期投资是指除短期投资以外的投资，即持有时间准备超过1年（不含1年）的投资。

对外投资按照下列原则计价：

（一）以货币资金方式投资的，应当按照实际支付的价款和相关税费计价。

（二）以实物资产、无形资产等非货币性资产方式投资的，应当按照评估确认或者合同、协议约定的价值和相关税费计价，实物资产、无形资产等重估确认价值与其账面价值之间的差额，计入公积公益金。

第二十四条　农村集体经济组织对外投资取得的现金股利、利润或利息等计入投资收益。

处置对外投资时，应当将处置价款扣除其账面价值、相关税费后的净额，计入投资收益。

第二十五条　农村集体经济组织的生物资产包括消耗性生物资产、生产性生物资产和公益性生物资产。消耗性生物资产包括生长中的大田作物、蔬菜、用材林以及存栏待售的牲畜、鱼虾贝类等为出售而持有的、或在将来收获为农产品的生物资产。生产性生物资产包括经济林、薪炭林、产役畜等为产出农产品、提供劳务或出租等目的而持有的生物资产。公益性生物资产包括防风固沙林、水土保持林和水源涵养林等以防护、环境保护为主要目的的生物资产。

生物资产按照下列原则计价：

（一）购入的生物资产应当按照购买价款、应支付的相关税费、运输费以及外购过程发生的其他直接费用计价。

（二）自行栽培、营造、繁殖或养殖的消耗性生物资产，应当按照下列规定确定其成本：

自行栽培的大田作物和蔬菜的成本，包括在收获前耗用的种子、肥料、农药等材料费、人工费和应分摊的间接费用等必要支出。

自行营造的林木类消耗性生物资产的成本，包括郁闭前发生的造林费、抚育费、营林设施费、良种试验费、调查设计费和应分摊的间接费用等必要支出。

自行繁殖的育肥畜的成本，包括出售前发生的饲料费、人工费和应分摊的间接费用等必要支出。

水产养殖的动物和植物的成本，包括在出售或入库前耗用的苗种、饲料、肥料等材料费、人工费和应分摊的间接费用等必要支出。

（三）自行营造或繁殖的生产性生物资产，应当按照下列规定确定其成本：

自行营造的林木类生产性生物资产的成本，包括达到预定生产经营目的前发生的造林费、抚育费、营林设施费、良种试验费、调查设计费和应分摊的间接费用等必要支出。

自行繁殖的产畜和役畜的成本，包括达到预定生产经营目的（成龄）前发生的饲料费、人工费和应分摊的间接费用等必要支出。

达到预定生产经营目的，是指生产性生物资产进入正常生产期，可以多年连续稳定产出农产品、提供劳务或出租。

（四）自行营造的公益性生物资产，应当按照郁闭前发生的造林费、抚育费、森林保护费、营林设施费、良种试验费、调查设计费和应分摊的间接费用等必要支出计价。

（五）收到政府补助的生物资产或者他人捐赠的生物资产，应当按照有关凭据注明的金额加上相关税费、运输费等计价；没有相关凭据的，按照资产评估价值或者比照同类或类似生物资产的市场价格，加上相关税费、运输费等计价。如无法采用上述方法计价的，应当按照名义金额计价，相关税费、运输费等计入其他支出，同时在备查簿中登记说明。

第二十六条　农村集体经济组织应当对所有达到预定生产经营目的的生产性生物资产计提折旧，但以名义金额计价的生产性生物资产除外。

对于达到预定生产经营目的的生产性生物资产，农村集体经济组织应当对生产性生物资产原价（成本）扣除其预计净残值后的金额在生产性生物资产使用寿命内按照年限平均法或工作量法等计提折旧，并根据其受益对象计入相关资产成本或者当期损益。

农村集体经济组织应当根据生产性生物资产的性质、使用情况和与该生物资产有关的经济利益的预期消耗方式，合理确定生产性生物资产的使用寿命、预计净残值和折旧方法。生产性生物资产的使用寿命、预计净残值和折旧方法一经确定，不得随意变更。

农村集体经济组织应当按月计提生产性生物资产折旧，当月增加的生产性生物资产，当月不计提折旧，从下月起计提折旧；当月减少的生产性生物资产，当月仍计提折旧，从下月起不再计提折旧。生产性生物资产提足折旧后，不论能否继续使用，均不再计提折旧；提前处置的生产性生物资产，也不再补提折旧。

第二十七条　农村集体经济组织的生物资产死亡或毁损时，按规定程序报经批准后，处置收入、赔偿金额扣除其账面价值、相关税费和清理费用后的净额，应当计入其他收入或其他支出。

生产性生物资产的账面价值，是指生产性生物资产原价（成本）扣减累计折旧后的金额。

第二十八条　农村集体经济组织的固定资产包括使用年限在1年以上的房屋、建筑物、机器、设备、工具、器具、生产设施和农业农村基础设施等。

固定资产按照下列原则计价：

（一）购入的固定资产，不需要安装的，应当按照购买价款和采购费、应支付的相关税费、包装费、运输费、装卸费、保险费以及外购过程中发生的其他直接费用计价；需要安装或改装的，还应当加上安装调试费或改装费。

（二）自行建造的固定资产，应当按照其成本即该项资产至交付使用前所发生的全部必要支出计价。已交付使用但尚未办理竣工决算手续的固定资产，应当按照估计价值入账，待办理竣工决算后再按照实际成本调整原来的暂估价值。

（三）收到政府补助的固定资产或者他人捐赠的固定资产，应当按照有关凭据注明的金额加上相关税费、运输费等计价；没有相关凭据的，按照资产评估价值或者比照同类或类似固定资产的市场价格，加上相关税费、运输费等计价。如无法采用上述方法计价的，应当按照名义金额计价，相关税费、运输费等计入其他支出，同时在备查簿中登记说明。

（四）盘盈的固定资产，应当按照同类或类似全新固定资产的市场价格或评估价值，扣除按照该固定资产新旧程度估计的折旧后的余额计价。

第二十九条 农村集体经济组织应当对所有的固定资产计提折旧，但以名义金额计价的固定资产除外。

农村集体经济组织应当在固定资产预计使用寿命内，对固定资产原价（成本）扣除预计净残值后的金额，按照年限平均法或工作量法等计提折旧，并根据该固定资产的受益对象计入相关资产成本或者当期损益。

农村集体经济组织应当根据固定资产的性质、使用情况和与该固定资产有关的经济利益的预期消耗方式，合理确定固定资产的使用寿命、预计净残值和折旧方法。固定资产的使用寿命、预计净残值和折旧方法一经确定，不得随意变更。

农村集体经济组织应当按月计提固定资产折旧，当月增加的固定资产，当月不计提折旧，从下月起计提折旧；当月减少的固定资产，当月仍计提折旧，从下月起不再计提折旧。固定资产提足折旧后，不论能否继续使用，均不再计提折旧；提前报废的固定资产，也不再补提折旧。

第三十条 农村集体经济组织固定资产的后续支出应当区分修理费用和改扩建支出。固定资产的改扩建支出，是指改变固定资产结构、延长使用年限等发生的支出。

固定资产的改扩建支出，应当计入固定资产的成本，并按照重新确定的固定资产成本以及重新确定的折旧年限（预计尚可使用年限）计算折旧额；但已提足折旧的固定资产改扩建支出应当计入长期待摊费用，并按照固定资产预计尚可使用年限采用年限平均法分期摊销。固定资产的修理费用按照用途直接计入有关支出项目。

第三十一条 农村集体经济组织处置固定资产时，处置收入扣除其账面价值、相关税费和清理费用后的净额，应当计入其他收入或其他支出。

固定资产的账面价值，是指固定资产原价（成本）扣减累计折旧后的金额。

盘盈固定资产实现的收益应当计入其他收入。

盘亏固定资产发生的损失应当计入其他支出。

第三十二条 农村集体经济组织的在建工程是指尚未完工的工程项目。在建工程按实际发生的支出或应支付的工程价款计价。形成固定资产的，待完工交付使用后，计入固定资产。未形成固定资产的，待项目完成后，计入经营支出、公益支出或其他支出。

在建工程部分发生报废或毁损，按规定程序批准后，按照扣除残料价值和赔偿金额后的净损失，计入在建工程成本。单项工程报废以及由于自然灾害等非常原因造成的报废或毁损，其净损失计入其他支出。

第三十三条 农村集体经济组织的无形资产包括专利权、商标权、著作权、非专利技术、土地经营权、林权、草原权等由其拥有或控制的、没有实物形态的可辨认非货币性资产。

无形资产按照下列原则计价：

（一）购入的无形资产应当按照购买价款、应支付的相关税费以及相关的其他直接费用计价。

（二）自行开发并按法律程序申请取得的无形资产，应当按照依法取得时发生的注册费、代理费等实际支出计价。

（三）收到政府补助的无形资产或者他人捐赠的无形资产，应当按照有关凭据注明的金额加上相关税费等计价；没有相关凭据的，按照资产评估价值或者比照同类或类似无形资产的市场价格，加上相关税费等计价。如无法采用上述方法计价的，应当按照名义金额计价，相关税费等计入其他支出，同时在备查簿中登记说明。

第三十四条 农村集体经济组织的无形资产应当从使用之日起在其预计使用寿命内采用年限平均法等合理方法进行摊销，并根据无形资产的受益对象计入相关资产成本或者当期损益。名义金额计价的无形资产不应摊销。无形资产的摊销期自可供使用时开始至停止使用或出售时止，并应当符合有关法律法规规定或合同约定的使用年限。无形资产的使用寿命和摊销方法一经确定，不得随意变更。

农村集体经济组织应当按月对无形资产进行摊销，当月增加的无形资产，当月开始摊销；当月减少的无形资产，当月不再摊销。

不能可靠估计无形资产使用寿命的，摊销期不得低于10年。

第三十五条 农村集体经济组织处置无形资产时，处置收入扣除其账面价值、相关税费等后的净额，应当计入其他收入或其他支出。

无形资产的账面价值，是指无形资产成本扣减累计摊销后的金额。

第三十六条 农村集体经济组织接受政府补助和他人捐赠等形成的资产（含扶贫项目资产），应当设置备查簿进行登记管理。

第三十七条 农村集体经济组织应当在每年年度终了，对应收款项、存货、对外投资、生物资产、固定资产、在建工程、无形资产等资产进行全面清查，做到账实相符；对于已发生损失但尚未批准核销的相关资产，应当在会计报表附注中予以披露。

第三章 负 债

第三十八条 农村集体经济组织的负债，是指农村集体经济组织过去的交易或者事项形成的、预期会导致经济利益流出农村集体经济组织的现时义务。

第三十九条 农村集体经济组织的负债按照流动性分为流动负债和非流动负债。农村集体经济组织的负债按照实际发生额计价。

流动负债是指偿还期在1年以内（含1年）或超过1年的一个营业周期内的债务，包括短期借款、应付款项、应付工资、应付劳务费、应交税费等。

非流动负债是指流动负债以外的负债，包括长期借款及应付款、一事一议资金、专项应付款等。

第四十条 农村集体经济组织的借款应当根据本金和合同利率按期计提利息，计入其他支出。农村集体经济组织的借款分为短期借款和长期借款，分别核算农村集体经济组织向银行等金融机构或相关单位、个人等借入的期限在1年以内（含1年）、1年以上（不含1年）的借款。

第四十一条 农村集体经济组织的应付款项包括与成员、非成员之间发生的各种应付及暂收款项。对发生因债权人特殊原因等确实无法偿还的或者债权人对农村集体经济组织债务豁免的应付款项，应当计入其他收入。

第四十二条 农村集体经济组织的应付工资，是指农村集体经济组织为获得管理人员、固定员工等职工提供的服务而应付给职工的各种形式的报酬以及其他相关支出。

第四十三条 农村集体经济组织的应付劳务费，是指农村集体经济组织为获得季节性用工等临时性工作人员提供的劳务而应支付的各种形式的报酬以及其他相关支出。

第四十四条 农村集体经济组织的一事一议资金，是指农村集体经济组织兴办村民直接受益的集体生产生活等公益事业，按一事一议的形式筹集的专项资金。

第四十五条 农村集体经济组织的专项应付款，是指农村集体经济组织获得政府给予的具有专门用途且未来应支付用于专门用途（如建造长期资产等）的专项补助资金。农村集体经济组织获得政府给予的保障村级组织和村务运转的补助资金以及贷款贴息等经营性补助资金，作为补助收入，不在专项应付款中核算。

第四章　所有者权益

第四十六条　农村集体经济组织的所有者权益，是指农村集体经济组织资产扣除负债后由全体成员享有的剩余权益。

农村集体经济组织的所有者权益包括资本、公积公益金、未分配收益等。

第四十七条　农村集体经济组织的资本，是指农村集体经济组织按照章程等确定的属于本集体经济组织成员集体所有的相关权益金额。

第四十八条　农村集体经济组织的公积公益金，包括按照章程确定的计提比例从本年收益中提取的公积公益金，政府补助或接受捐赠的资产（计入补助收入的资金除外），对外投资中资产重估确认价值与原账面价值的差额，一事一议筹资筹劳转入，收到的征用土地补偿费等。

农村集体经济组织按照有关规定用公积公益金弥补亏损等，应当冲减公积公益金。

第五章　成本、收入和费用

第四十九条　农村集体经济组织的生产（劳务）成本，是指农村集体经济组织直接组织生产或对外提供劳务等活动所发生的各项生产费用和劳务支出。

第五十条　农村集体经济组织的收入，是指农村集体经济组织在日常活动中形成的、会导致所有者权益增加的、与成员投入资本无关的经济利益总流入，包括经营收入、投资收益、补助收入、其他收入等。

第五十一条　经营收入，是指农村集体经济组织进行各项生产销售、提供劳务、让渡集体资产资源使用权等经营活动取得的收入，包括销售收入、劳务收入、出租收入、发包收入等。

销售收入，是指农村集体经济组织销售产品物资等取得的收入。劳务收入，是指农村集体经济组织对外提供劳务或服务等取得的收入。农村集体经济组织应当根据合同或协议约定，于产品物资已经发出、劳务已经提供，同时收讫价款或取得收款凭证时，确认销售收入、劳务收入。

出租收入，是指农村集体经济组织出租固定资产、无形资产等取得的租金收入。发包收入，是指农村集体经济组织取得的，由成员、其他单位或个人因承包集体土地等集体资产资源上交的承包金或利润等。农村集体经济组织应当根据合同或协议约定，于收讫价款或取得收款凭证时，确认出租收入、发包收入。一次收取多期款项的，应当将收款金额分摊至各个受益期，分期确认出租收入、发包收入。

第五十二条　投资收益，是指农村集体经济组织对外投资所取得的收益扣除发生的投资损失后的净额。投资所取得的收益包括对外投资取得的现金股利、利润或利息等，以及对外投资到期收回或中途转让取得款项高于账面余额、相关税费的差额等；投资损失是指对外投资到期收回或中途转让取得款项低于账面余额、相关税费的差额等。

第五十三条　补助收入，是指农村集体经济组织获得的政府给予的保障村级组织和村务运转的补助资金以及贷款贴息等经营性补助资金。农村集体经济组织应当按实际收到的金额确认补助收入。政府给予农户的经营性补贴不确认为农村集体经济组织的补助收入。

第五十四条　其他收入，是指农村集体经济组织取得的除经营收入、投资收益、补助收入以外的收入，包括盘盈收益、确实无法支付的应付款项、存款利息收入等。农村集体经济组织应当于收入实现时确认其他收入。

第五十五条　农村集体经济组织的费用，是指农村集体经济组织在日常活动中发生的、会导致所有者权益减少的、与向成员分配无关的经济利益的总流出，包括经营支出、税金及附加、管理费用（含运转支出）、公益支出、其他支出等。农村集体经济组织的费用一般应当在发生时按照其发生额计入当期损益。

第五十六条 经营支出，是指农村集体经济组织因销售商品、提供劳务、让渡集体资产资源使用权等经营活动而发生的实际支出，包括销售商品的成本、对外提供劳务的成本、维修费、运输费、保险费、生产性生物资产的管护饲养费用及其成本摊销、出租固定资产或无形资产的折旧或摊销等。

第五十七条 税金及附加，是指农村集体经济组织从事生产经营活动按照税法的有关规定应负担的消费税、城市维护建设税、资源税、房产税、城镇土地使用税、车船税、印花税、教育费附加及地方教育附加等相关税费。

第五十八条 管理费用，是指农村集体经济组织管理活动发生的各项支出，包括管理人员及固定员工的工资、办公费、差旅费、管理用固定资产修理费、管理用固定资产折旧、管理用无形资产摊销、聘请中介机构费、咨询费、诉讼费等，以及保障村级组织和村务运转的各项支出。

第五十九条 公益支出，是指农村集体经济组织发生的用于本集体经济组织内部公益事业、集体福利或成员福利的各项支出，以及公益性固定资产折旧和修理费等。

第六十条 其他支出，是指农村集体经济组织发生的除经营支出、税金及附加、管理费用、公益支出、所得税费用以外的支出，包括生物资产的死亡毁损支出、损失，固定资产及存货等的盘亏、损失，防灾抢险支出，罚款支出，捐赠支出，确实无法收回的应收款项损失，借款利息支出等。

第六章 收益及收益分配

第六十一条 农村集体经济组织的收益，是指农村集体经济组织在一定会计期间的经营成果。

农村集体经济组织的收益总额按照下列公式计算：

收益总额＝经营收益＋其他收入－公益支出－其他支出

其中：

经营收益＝经营收入＋投资收益＋补助收入－经营支出－税金及附加－管理费用

净收益，是指收益总额减去所得税费用后的净额。

第六十二条 农村集体经济组织应当按照税法有关规定计算的应纳所得税额，按期确认所得税费用。

农村集体经济组织应当在收益总额基础上，按照税法有关规定进行纳税调整，计算当期应纳税所得额，按照应纳税所得额与适用所得税税率为基础计算确定当期应纳所得税额。

第六十三条 农村集体经济组织当年收益加上年初未分配收益为本年可分配收益，主要用于弥补亏损、提取公积公益金、向成员分配等。在提取公积公益金、向成员实际分配收益等时，应当减少本年可分配收益。

第七章 财务会计报告

第六十四条 农村集体经济组织财务会计报告是对其财务状况、经营成果等的结构性表述，包括会计报表和会计报表附注。

第六十五条 农村集体经济组织的会计报表包括资产负债、收益及收益分配表。

资产负债表，是指反映农村集体经济组织在某一特定日期财务状况的报表。

收益及收益分配表，是指反映农村集体经济组织在一定会计期间内收益实现及其分配情况的报表。

第六十六条 农村集体经济组织可以根据需要编制月度或季度科目余额表和收支明细表。科目余额表，反映农村集体经济组织资产类、负债类、所有者权益类和成本类会计科目在月末或季度末的期末余额。收支明细表，反映农村集体经济组织损益类会计科目在各月或各季度的本期发生额。

第六十七条 会计报表附注，是指对在资产负债表、收益及收益分配表等会计报表中列示项目的文字表述或明细资料，以及对未能在这些会计报表中列示项目的说明等。

会计报表附注应当按照下列顺序披露：

（一）遵循农村集体经济组织会计制度的声明。

（二）农村集体经济组织的基本情况。

（三）农村集体经济组织的资本形成情况、成员享有的经营性财产收益权份额结构及成员权益变动情况。

（四）会计报表重要项目的进一步说明。

（五）已发生损失但尚未批准核销的相关资产名称、金额等情况及说明。

（六）以名义金额计量的资产名称、数量等情况，以及以名义金额计量理由的说明；若涉及处置的，还应披露以名义金额计量的资产的处置价格、处置程序等情况。

（七）对已在资产负债表、收益及收益分配表中列示项目与企业所得税法规定存在差异的纳税调整过程。

（八）根据国家有关法律法规和集体经济组织章程等规定，需要在会计报表附注中说明的其他重要事项。

第六十八条 农村集体经济组织对会计政策变更、会计估计变更和前期差错更正应当采用未来适用法进行会计处理。

会计政策变更，是指农村集体经济组织在会计确认、计量和报告中所采用的原则、基础和会计处理方法的变更。会计估计变更，是指由于资产和负债的当前状况及预期经济利益和义务发生了变化，从而对资产或负债的账面价值或者资产的定期消耗金额进行调整。前期差错更正，是指对前期差错包括计算错误、应用会计政策错误、应用会计估计错误等进行更正。未来适用法，是指将变更后的会计政策和会计估计应用于变更日及以后发生的交易或者事项，或者在会计差错发生或发现的当期更正差错的方法。

第八章 附 则

第六十九条 农村集体经济组织填制会计凭证、登记会计账簿、管理会计档案等，应当按照《会计基础工作规范》《会计档案管理办法》等规定执行。

第七十条 本制度自 2024 年 1 月 1 日起施行。《村集体经济组织会计制度》（财会〔2004〕12 号）同时废止。

附录：

农村集体经济组织会计科目、会计报表和会计报表附注

一、会计科目及编制说明

本制度统一规定农村集体经济组织会计科目的名称和编号，以便于填制会计凭证，登记会计账簿，查阅会计账目，实行会计信息化管理。农村集体经济组织不存在的交易或者事项，可不设置相关科目；农村集体经济组织在不违反本制度中确认、计量和报告规定的前提下，可以根据自身实际情况自行增设必要的会计科目；可以比照本附录的规定自行设置明细科目，进行明细核算。

(一)会计科目名称和编号。

顺序号	编号	会计科目名称
一、资产类科目		
1	101	库存现金
2	102	银行存款
3	111	短期投资
4	112	应收款
5	113	内部往来
6	121	库存物资
7	131	消耗性生物资产
8	132	生产性生物资产
9	133	生产性生物资产累计折旧
10	134	公益性生物资产
11	141	长期投资
12	151	固定资产
13	152	累计折旧
14	153	在建工程
15	154	固定资产清理
16	161	无形资产
17	162	累计摊销
18	171	长期待摊费用
19	181	待处理财产损溢
二、负债类科目		
20	201	短期借款
21	211	应付款
22	212	应付工资
23	213	应付劳务费
24	214	应交税费
25	221	长期借款及应付款
26	231	一事一议资金
27	241	专项应付款

（续表）

顺序号	编号	会计科目名称
三、所有者权益类科目		
28	301	资本
29	311	公积公益金
30	321	本年收益
31	322	收益分配
四、成本类科目		
32	401	生产（劳务）成本
五、损益类科目		
33	501	经营收入
34	502	投资收益
35	503	补助收入
36	504	其他收入
37	511	经营支出
38	512	税金及附加
39	513	管理费用
40	514	公益支出
41	515	其他支出
42	521	所得税费用

（二）会计科目使用说明。

资产类科目

101 库存现金

一、本科目核算农村集体经济组织的库存现金。

二、农村集体经济组织收到现金时，借记本科目，贷记有关科目；支出现金时，借记有关科目，贷记本科目。

三、农村集体经济组织应当设置"库存现金日记账"，由出纳人员根据收付款凭证，按照业务发生顺序逐笔登记。每日终了，应当计算当日的现金收入合计额、现金支出合计额和结余额，将结余额与实际库存额核对，做到账款相符。

四、每日终了结算现金收支、财产清查等发现的有待查明原因的现金短缺或溢余，应当通过"待处理财产损溢"科目核算：属于现金短缺，按照实际短缺的金额，借记"待处理财产损溢——待处理流动资产损溢"科目，贷记本科目；属于现金溢余，按照实际溢余的金额，借记本科目，贷记"待处理财产损溢——待处理流动资产损溢"科目。

五、本科目期末借方余额，反映农村集体经济组织实际持有的库存现金。

102 银行存款

一、本科目核算农村集体经济组织存入银行或其他金融机构的款项。

二、农村集体经济组织将款项存入银行或其他金融机构时，借记本科目，贷记有关科目；提取和支出存款时，借记有关科目，贷记本科目。

三、农村集体经济组织应当按照开户银行和其他金融机构、存款种类等设置"银行存款日记账"，由出纳人员根据收付款凭证，按照业务的发生顺序逐笔登记。每日终了，应结出余额。

"银行存款日记账"应定期与"银行对账单"核对，至少每月核对一次。农村集体经济组织银行存款账面余额与银行对账单余额之间如有差额，应编制"银行存款余额调节表"调节相符。

四、本科目应按照银行或其他金融机构的名称设置明细科目，进行明细核算。

五、本科目期末借方余额，反映农村集体经济组织存在银行或其他金融机构的各种款项。

111 短期投资

一、本科目核算农村集体经济组织购入的能够随时变现并且持有时间不准备超过1年（含1年）的股票、债券等有价证券等投资。

二、农村集体经济组织进行短期投资时，按照实际支付的价款、相关税费等，借记本科目，贷记"银行存款"等科目。

三、出售、转让和收回短期投资时，按照实际收到的价款，借记"银行存款"等科目，按照该短期投资的账面余额，贷记本科目，按照尚未领取的现金股利、利润或利息，贷记"应收款"科目，按照其差额，贷记或借记"投资收益"科目。

四、本科目应按照短期投资的种类设置明细科目，进行明细核算。

五、本科目期末借方余额，反映农村集体经济组织持有的短期投资的成本。

112 应收款

一、本科目核算农村集体经济组织与非成员之间发生的各种应收及暂付款项，如因销售库存物资、提供劳务应收取的款项以及应收的各种赔款、罚款、利息等。

二、农村集体经济组织与非成员之间发生各种应收及暂付款项时，借记本科目，贷记"库存现金""银行存款""经营收入""投资收益"等科目；收回应收款时，借记"库存现金""银行存款"等科目，贷记本科目。取得用暂付款购得的库存物资、服务时，借记"库存物资"等科目，贷记本科目。

三、对确实无法收回的应收及暂付款项，按规定程序批准核销时，借记"其他支出"科目，贷记本科目。

四、本科目应按照发生应收及暂付款项的非成员的单位或个人设置明细科目，进行明细核算。

五、本科目的期末借方余额，反映农村集体经济组织尚未收回的应收及暂付款项。

113 内部往来

一、本科目核算农村集体经济组织与成员之间发生的各种应收、暂付及应付、暂收款项等经济往来业务，如一事一议资金、年终收益成员分红、成员承包费、承包地和闲置农房委托流转资金以及代收成员水电费、物业费等。

二、农村集体经济组织与成员发生应收款项和偿还应付款项时，借记本科目，贷记"库存现金""银行存款"等科目；收回应收款项、发生应付款项、一次收取多期发包或出租款项等时，借记"库存现金""银行存款"等科目，贷记本科目。发生无法收回的内部往来款项时，借记"其他支出"科目，贷记本科目。发生无需偿还的内部往来款项时，借记本科目，贷记"其他收入"科目。一次收取多期发包或出租款项的，每期确认发包或出租收入时，借记本科目，贷记"经营收入"科目。

三、农村集体经济组织因成员承包集体耕地、林地、果园、鱼塘等而发生的应收承包金等，年终按经过批准的方案结算出本期成员应交未交的款项时，借记本科目，贷记"经营收入——发包收入"科目；实际收到款项时，借记"库存现金""银行存款"等科目，贷记本科目。

四、农村集体经济组织因筹集一事一议资金与成员发生的应收款项，在筹资方案经成员大会或成员代表大会通过时，按照筹资方案规定的金额，借记本科目，贷记"一事一议资金"科目；收到款项时，借记"库存现金""银行存款"等科目，贷记本科目。

五、农村集体经济组织在对成员进行收益分配时，借记"收益分配——各项分配"科目，贷记本科目；实际发放款项时，借记本科目，贷记"银行存款"科目。

六、本科目应按照农村集体经济组织的成员设置明细科目，进行明细核算。

七、本科目各明细科目的期末借方余额合计数反映农村集体经济组织成员欠农村集体经济组织的款项总额；期末贷方余额合计数反映农村集体经济组织欠成员的款项总额。各明细科目年末借方余额合计数应在资产负债表的"应收款项"项目内反映，年末贷方余额合计数应在资产负债表的"应付款项"项目内反映。

121 库存物资

一、本科目核算农村集体经济组织库存的各种原材料、农用材料、农产品、工业产成品、低值易耗品等物资。

二、购入、接受捐赠或政府补助的物资验收入库时，按照确定的实际成本，借记本科目，贷记"应收款""应付款""银行存款""公积公益金"等科目。会计期末，对已收到发票账单但尚未到达或尚未验收入库的物资，借记本科目，贷记"应付款""公积公益金"等科目。按照应支付的相关税费，贷记"应交税费"等科目。

三、农产品收获、生产完工的工业产成品入库时，按照入库物资的实际成本，借记本科目，贷记"消耗性生物资产""生产（劳务）成本"等科目。

四、领用库存物资时，按照领用物资的实际成本，借记"生产（劳务）成本""在建工程""管理费用"等科目，贷记本科目。

五、销售库存物资时，按照实现的销售收入，借记"库存现金""银行存款""应收款"等科目，贷记"经营收入"等科目；按照销售物资的实际成本，借记"经营支出"等科目，贷记本科目。

六、期末清查盘点，发现盘盈、盘亏、毁损、报废的库存物资，按照实际成本（或估计价值），借记或贷记本科目，贷记或借记"待处理财产损溢——待处理流动资产损溢"科目。

七、本科目应按照库存物资的品名设置明细科目，进行明细核算。

八、本科目期末借方余额，反映农村集体经济组织库存物资的实际成本。

131 消耗性生物资产

一、本科目核算农村集体经济组织持有的消耗性生物资产的实际成本。

二、消耗性生物资产应按照取得时的实际成本计价。农村集体经济组织按照下列原则确定取得消耗性生物资产的实际成本，进行账务处理：

（一）购入的消耗性生物资产，按照应计入消耗性生物资产成本的金额，借记本科目，贷记"库存现金""银行存款""应付款"等科目。

（二）自行栽培的大田作物和蔬菜等，按照收获前发生的必要支出，借记本科目，贷记"库存现金""银行存款""库存物资""应付工资""应付劳务费"等科目。

自行营造的林木类消耗性生物资产（如非经济林木），按照郁闭前发生的必要支出，借记本科目，贷记"库存现金""银行存款""库存物资""应付工资""应付劳务费"等科目。

自行繁殖的育肥畜、水产养殖的鱼虾贝类等，按照出售或入库前发生的必要支出，借记本科目，贷记"库存现金""银行存款""库存物资""应付工资""应付劳务费"等科目。

（三）收到政府补助的消耗性生物资产（包括以前年度收到或形成但尚未入账的）或者他人捐赠的消耗性生物资产，按照有关凭据注明的金额加上相关税费、运输费等，借记本科目，贷记"公积公益金"等科目。没有相关凭据的，按照资产评估价值或者比照同类或类似消耗性生物资产的市场价格，加上相关税费、运输费等，借记本科目，贷记"公积公益金"等科目。如无法采用上述方法计价的，应当按照名义金额，借记本科目，贷记"公积公益金"科目，并设置备查簿进行登记和后续管理；按照实际发生的运输费和应支付的相关税费等，借记"其他支出"科目，贷记"库存现金""银行存款""应付款""应交税费"等科目。

（四）产畜或役畜淘汰转为育肥畜的，按照转群时的账面价值，借记本科目，按照已计提的累计折旧，借记"生产性生物资产累计折旧"科目，按照其账面余额，贷记"生产性生物资产"科目。

幼畜成龄转为产畜或役畜、育肥畜转为产畜或役畜的，按照其账面余额，借记"生产性生物资产"科目，贷记本科目。

（五）盘盈的消耗性生物资产，按照同类或类似消耗性生物资产的市场价格或评估价值，借记本科目，贷记"待处理财产损溢——待处理流动资产损溢"科目。

三、择伐、间伐或抚育更新性质采伐而补植林木类消耗性生物资产发生的后续支出，借记本科目，贷记"库存现金""银行存款""库存物资""应付工资""应付劳务费"等科目。

林木类消耗性生物资产达到郁闭后发生的管护费用等后续支出，借记"其他支出"科目，贷记"库存现金""银行存款""库存物资""应付工资""应付劳务费"等科目。

四、生产经营过程中发生的应归属于消耗性生物资产的费用，按照应分配的金额，借记本科目，贷记"生产（劳务）成本"科目。

五、消耗性生物资产收获时，按照其账面余额，借记"库存物资"科目，贷记本科目。

六、出售消耗性生物资产时，按照实现的销售收入，借记"库存现金""银行存款""应收款"等科目，贷记"经营收入"等科目。按照其账面余额，借记"经营支出"科目，贷记本科目。

七、以幼畜及育肥畜、消耗性林木资产等消耗性生物资产对外投资时，按照评估确认或者合同、协议约定的价值和相关税费，借记"长期投资"等科目；按照消耗性生物资产的账面余额，贷记本科目；按照应支付的相关税费，贷记"应交税费"等科目；按照其差额，借记或贷记"公积公益金"科目。

八、消耗性生物资产死亡毁损、盘亏时，按照其账面余额，借记"待处理财产损溢——待处理流动资产损溢"科目，贷记本科目。按规定程序批准后处理时，按照赔偿金额，借记"应收款""内部往来"等科目，按照残料价值，借记"库存物资"等科目，按照"待处理财产损溢——待处理流动资产损溢"科目相应余额,贷记"待处理财产损溢——待处理流动资产损溢"科目,按照其差额,借记"其他支出"科目。

九、本科目应按照消耗性生物资产的种类、群别等设置明细科目,进行明细核算。

十、本科目期末借方余额,反映农村集体经济组织持有的消耗性生物资产的实际成本。

132 生产性生物资产

一、本科目核算农村集体经济组织持有的生产性生物资产的原价(成本)。

二、生产性生物资产应按照取得时的实际成本计价。农村集体经济组织按照下列原则确定取得生产性生物资产的实际成本,进行账务处理:

(一)购入的生产性生物资产,按照应计入生产性生物资产成本的金额,借记本科目,贷记"库存现金""银行存款""应付款"等科目。

(二)自行营造的林木类生产性生物资产、自行繁殖的产畜和役畜等,按照达到预定生产经营目的前发生的必要支出,借记本科目,贷记"库存现金""银行存款""库存物资""应付工资""应付劳务费"等科目。

(三)收到政府补助的生产性生物资产(包括以前年度收到或形成但尚未入账的)或者他人捐赠的生产性生物资产,按照有关凭据注明的金额加上相关税费、运输费等,借记本科目,贷记"公积公益金"等科目。没有相关凭据的,按照资产评估价值或者比照同类或类似生产性生物资产的市场价格,加上相关税费、运输费等,借记本科目,贷记"公积公益金"等科目。如无法采用上述方法计价的,应当按照名义金额,借记本科目,贷记"公积公益金"科目,并设置备查簿进行登记和后续管理;按照实际发生的运输费和应支付的相关税费等,借记"其他支出"科目,贷记"库存现金""银行存款""应付款""应交税费"等科目。

(四)幼畜成龄转为产畜或役畜、育肥畜转为产畜或役畜的,按照其账面余额,借记本科目,贷记"消耗性生物资产"科目。

产畜或役畜淘汰转为育肥畜的,按照转群时的账面价值,借记"消耗性生物资产"科目,按照已计提的累计折旧,借记"生产性生物资产累计折旧"科目,按照其账面余额,贷记本科目。

(五)盘盈的生产性生物资产,按照同类或类似生产性生物资产的市场价格或评估价值扣除按照该项生产性生物资产状况估计的折旧后的余额,借记本科目,贷记"待处理财产损溢——待处理非流动资产损溢"科目。

三、择伐、间伐或抚育更新等生产性采伐而补植林木类生产性生物资产发生的后续支出,借记本科目,贷记"库存现金""银行存款""库存物资""应付工资""应付劳务费"等科目。

生产性生物资产达到预定生产经营目的后发生的管护、饲养费用等后续支出,借记"经营支出"科目,贷记"库存现金""银行存款""库存物资""应付工资""应付劳务费"等科目。

四、出售生产性生物资产时,按照取得的价款,借记"库存现金""银行存款"等科目,按照已计提的累计折旧,借记"生产性生物资产累计折旧"科目,按照生产性生物资产原价(成本),贷记本科目,按照其差额,借记"其他支出"科目或贷记"其他收入"科目。

五、以生产性生物资产对外投资时,按照评估确认或者合同、协议约定的价值和相关税费,借记"长期投资"科目;按照已计提的累计折旧,借记"生产性生物资产累计折旧"科目;按照生产性生物资产原价(成本),贷记本科目;按照应支付的相关税费,贷记"应交税费"等科目;按照其差额,借记或贷记"公积公益金"科目。

六、生产性生物资产死亡毁损、盘亏时,按照生产性生物资产账面价值,借记"待处理财产损溢——待处理非流动资产损溢"科目，按照已计提的累计折旧，借记"生产性生物资产累计折旧"科目，按照生产性生物资产原价（成本），贷记本科目。按规定程序批准后处理时，按照赔偿金额，借记"应收款""内部往来"等科目，按照残料价值，借记"库存物资"等科目，按照"待处理财产损溢——待处理非流动资产损溢"科目相应余额，贷记"待处理财产损溢——待处理非流动资产损溢"科目，按照其差额，借记"其他支出"科目。

七、本科目应按照生产性生物资产的种类、群别、所属部门等设置明细科目，进行明细核算。

八、本科目期末借方余额，反映农村集体经济组织持有的生产性生物资产的原价（成本）。

133 生产性生物资产累计折旧

一、本科目核算农村集体经济组织持有的达到预定生产经营目的的生产性生物资产的累计折旧。

二、达到预定生产经营目的的生产性生物资产计提的折旧，借记"生产（劳务）成本""经营支出"等科目，贷记本科目。

因出售、对外投资、死亡毁损等原因处置生产性生物资产，还应同时结转生产性生物资产累计折旧。

三、本科目应按照生产性生物资产的种类、群别、所属部门等设置明细科目，进行明细核算。

四、本科目期末贷方余额，反映农村集体经济组织达到预定生产经营目的的生产性生物资产的累计折旧额。

134 公益性生物资产

一、本科目核算农村集体经济组织持有的公益性生物资产的实际成本。

二、公益性生物资产应按照取得时的实际成本计价。农村集体经济组织按照下列原则确定取得公益性生物资产的实际成本，进行账务处理：

（一）购入的公益性生物资产，按照应计入公益性生物资产成本的金额，借记本科目，贷记"库存现金""银行存款""应付款"等科目。

（二）自行营造的林木类公益性生物资产，按照郁闭前发生的必要支出，借记本科目，贷记"库存现金""银行存款""库存物资""应付工资""应付劳务费"等科目。

（三）收到政府补助的公益性生物资产（包括以前年度收到或形成但尚未入账的）或者他人捐赠的公益性生物资产，按照有关凭据注明的金额加上相关税费、运输费等，借记本科目，贷记"公积公益金"等科目。没有相关凭据的，按照资产评估价值或者比照同类或类似公益性生物资产的市场价格，加上相关税费、运输费等，借记本科目，贷记"公积公益金"等科目。如无法采用上述方法计价的，应当按照名义金额，借记本科目，贷记"公积公益金"科目，并设置备查簿进行登记和后续管理；按照实际发生的运输费和应支付的相关税费等，借记"其他支出"科目，贷记"库存现金""银行存款""应付款""应交税费"等科目。

（四）消耗性生物资产、生产性生物资产转为公益性生物资产的，按照其账面余额或账面价值，借记本科目；按照已计提的生产性生物资产累计折旧，借记"生产性生物资产累计折旧"科目；按照其账面余额，贷记"消耗性生物资产""生产性生物资产"等科目。

三、择伐、间伐或抚育更新等生产性采伐而补植林木类公益性生物资产发生的后续支出，借记本科目，贷记"库存现金""银行存款""库存物资""应付工资""应付劳务费"等科目。

林木类公益性生物资产郁闭后发生的管护费用等其他后续支出，借记"其他支出"科目，贷记"库存现金""银行存款""库存物资""应付工资""应付劳务费"等科目。

四、公益性生物资产死亡毁损、盘亏时，按照其账面余额，借记"待处理财产损溢——待处理非流动资产损溢"科目，贷记本科目。按规定程序批准后处理时，按照赔偿金额，借记"应收款""内部往来"等科目，按照残料价值，借记"库存物资"等科目，按照"待处理财产损溢——待处理非流动资产损溢"科目相应余额，贷记"待处理财产损溢——待处理非流动资产损溢"科目，按照其差额，借记"其他支出"科目。

五、本科目应按照公益性生物资产的种类或项目等设置明细科目，进行明细核算。

六、本科目期末借方余额，反映农村集体经济组织持有的公益性生物资产的实际成本。

141 长期投资

一、本科目核算农村集体经济组织持有时间准备超过1年（不含1年）的投资，包括股权投资、债权投资等投资。

二、以货币资金方式投资的，按照实际支付的价款和相关税费，借记本科目，贷记"银行存款"等科目，按照应支付的相关税费，贷记"应交税费"等科目。

三、以实物资产、无形资产等非货币性资产方式投资的，按照评估确认或者合同、协议约定的价值和相关税费，借记本科目，按照已计提的累计折旧或摊销，借记"生产性生物资产累计折旧""累计折旧""累计摊销"科目，按照投出资产的原价（成本），贷记"消耗性生物资产""生产性生物资产""固定资产""无形资产"等科目，按照应支付的相关税费，贷记"应交税费"等科目，按照其差额，借记或贷记"公积公益金"科目。

四、被投资单位宣告分派现金股利、利润或利息时，应当按照应分得的金额，借记"应收款"科目，贷记"投资收益"科目。收到现金股利、利润或利息时，按照实际收到的金额，借记"银行存款"等科目，贷记"应收款"科目。

五、到期收回或中途转让投资时，按照实际取得的价款，借记"银行存款"等科目，按照投资的账面余额，贷记本科目，按照尚未领取的现金股利、利润或利息，贷记"应收款"科目，按照其差额，贷记或借记"投资收益"科目。

六、投资发生损失时，按规定程序批准后，按照赔偿金额，借记"应收款""内部往来"等科目，按照扣除赔偿金额后的净损失，借记"投资收益"科目，按照发生损失的投资账面余额，贷记本科目。

七、本科目应按照投资种类设置明细科目，进行明细核算。

八、本科目期末借方余额，反映农村集体经济组织持有的长期投资的成本。

151 固定资产

一、本科目核算农村集体经济组织固定资产的原价（成本）。

二、固定资产应按照取得时的实际成本计价。农村集体经济组织按照下列原则确定取得固定资产的实际成本，进行账务处理：

（一）购入不需要安装的固定资产，按照购买价款和采购费、应支付的相关税费、包装费、运输费、装卸费、保险费以及外购过程发生的其他直接费用，借记本科目，贷记"库存现金""银行存款""应付款"等科目。购入需要安装的固定资产，先记入"在建工程"科目，待安装完毕交付使用时，按照其实际成本，借记本科目，贷记"在建工程"科目。

（二）自行建造完成交付使用的固定资产，按照建造该固定资产的实际成本即该项资产至交付使用前所发生的全部必要支出，借记本科目，贷记"在建工程"科目。已交付使用但尚未办理竣工决算手续的固定资产，应当按照估计价值入账，待办理竣工决算后再按照实际成本调整原来的暂估价值。

（三）收到政府补助的固定资产（包括以前年度收到或形成但尚未入账的）或者他人捐赠的固定资产，按照有关凭据注明的金额加上相关税费、运输费等，借记本科目，贷记"公积公益金"等科目。没有相关凭据的，按照资产评估价值或者比照同类或类似固定资产的市场价格，加上相关税费、运输费等，借记本科目，贷记"公积公益金"等科目。如无法采用上述方法计价的，应当按照名义金额，借记本科目，贷记"公积公益金"科目，并设置备查簿进行登记和后续管理；按照实际发生的运输费和应支付的相关税费等，借记"其他支出"科目，贷记"库存现金""银行存款""应付款""应交税费"等科目。

（四）盘盈的固定资产，按照同类或类似全新固定资产的市场价格或评估价值扣除按照该项固定资产新旧程度估计的折旧后的余额，借记本科目，贷记"待处理财产损溢——待处理非流动资产损溢"科目。

三、生产经营用的固定资产的修理费用，借记"经营支出"等科目，贷记"库存现金""银行存款"等科目；管理用的固定资产的修理费用，借记"管理费用"等科目，贷记"库存现金""银行存款"等科目；用于公益性用途的固定资产的修理费用，借记"公益支出"等科目，贷记"库存现金""银行存款"等科目。

四、对固定资产进行改建时，按照该项固定资产账面价值，借记"在建工程"科目，按照已计提的累计折旧，借记"累计折旧"科目，按照固定资产原价（成本），贷记本科目。改建完成交付使用时，按照确定的固定资产成本，借记本科目，贷记"在建工程"科目。

五、固定资产出售、报废和毁损等时，按照固定资产账面价值，借记"固定资产清理"科目，按照已计提的累计折旧，借记"累计折旧"科目，按照固定资产原价（成本），贷记本科目。

盘亏的固定资产，按照固定资产账面价值，借记"待处理财产损溢——待处理非流动资产损溢"科目，按照已计提的累计折旧，借记"累计折旧"科目，按照固定资产原价（成本），贷记本科目。

六、以固定资产对外投资时，按照评估确认或者合同、协议约定的价值和相关税费，借记"长期投资"科目，按照已计提的累计折旧，借记"累计折旧"科目，按照固定资产原价（成本），贷记本科目，按照应支付的相关税费，贷记"应交税费"等科目，按照其差额，借记或贷记"公积公益金"科目。

七、捐赠转出固定资产时，按照固定资产账面价值、应支付的相关税费及其他费用，转入或归集至"固定资产清理"科目，捐赠项目完成后，按照"固定资产清理"科目的余额，借记"其他支出"科目，贷记"固定资产清理"科目。

八、农村集体经济组织应当设置"固定资产登记簿"和"固定资产卡片"，按照固定资产类别和项目等设置明细科目，进行明细核算。

九、本科目期末借方余额，反映农村集体经济组织持有的固定资产的原价（成本）。

152 累计折旧

一、本科目核算农村集体经济组织固定资产计提的累计折旧。

二、生产经营用的固定资产计提的折旧，借记"生产（劳务）成本"等科目，贷记本科目；管理用的固定资产计提的折旧，借记"管理费用"科目，贷记本科目；用于公益性用途的固定资产计提的折旧，借记"公益支出"科目，贷记本科目。

出租固定资产所取得的租金等收入，借记"银行存款"等科目，贷记"经营收入——出租收入"等科目；结转出租固定资产的成本（折旧）时，借记"经营支出"等科目，贷记本科目。

三、对固定资产进行改建时，按照该项固定资产账面价值，借记"在建工程"科目，按照已计提的累计折旧，借记本科目，按照固定资产原价（成本），贷记"固定资产"科目。

四、固定资产出售、报废和毁损等时，按照固定资产账面价值，借记"固定资产清理"科目，按照已计提的累计折旧，借记本科目，按照固定资产原价（成本），贷记"固定资产"科目。

盘亏的固定资产，按照固定资产账面价值，借记"待处理财产损溢——待处理非流动资产损溢"科目，按照已计提的累计折旧，借记本科目，按照固定资产原价（成本），贷记"固定资产"科目。

五、以固定资产对外投资时，按照评估确认或者合同、协议约定的价值和相关税费，借记"长期投资"科目，按照已计提的累计折旧，借记本科目，按照固定资产原价（成本），贷记"固定资产"科目，按照应支付的相关税费，贷记"应交税费"等科目，按照其差额，借记或贷记"公积公益金"科目。

六、本科目应按照相应固定资产的类别和项目等设置明细科目，进行明细核算。

七、本科目的期末贷方余额，反映农村集体经济组织固定资产的累计折旧额。

153 在建工程

一、本科目核算农村集体经济组织进行工程建设、设备安装、农业农村基础设施建造、固定资产改建等发生的实际支出。购入不需要安装的固定资产，不通过本科目核算。

二、购入需要安装的固定资产，按照购买价款和采购费、应支付的相关税费、包装费、运输费、装卸费、保险费以及外购过程发生的其他直接费用，借记本科目，贷记"库存现金""银行存款""应付款"等科目。

三、建造固定资产和兴建农业农村基础设施购买或领用专用物资以及发生的相关费用，按照实际支出，借记本科目，贷记"库存现金""银行存款""库存物资"等科目。

发包工程建设，根据合同规定向承包企业预付工程款时，按照实际预付的价款，借记本科目，贷记"银行存款"等科目；以拨付材料抵作工程款的，按照材料的实际成本，借记本科目，贷记"库存物资"等科目；将需要安装的设备交付承包企业进行安装时，按照该设备的成本，借记本科目，贷记"库存物资"等科目。与承包企业办理工程价款结算时，补付的工程款，借记本科目，贷记"银行存款""应付款"等科目。

自营的工程，领用物资或产品时，按照领用物资或产品的实际成本，借记本科目，贷记"库存物资"等科目。工程应负担的员工工资、劳务费等人员费用，借记本科目，贷记"内部往来""应付工资""应付劳务费"等科目。

四、对固定资产进行改建时，按照该项固定资产账面价值，借记本科目，按照已计提的累计折旧，借记"累计折旧"科目，按照固定资产原价（成本），贷记"固定资产"科目。发生的改建支出，借记本科目，贷记"库存现金""银行存款""应付款""内部往来""应付工资""应付劳务费"等科目。改建完成交付使用时，按照确定的固定资产成本，借记"固定资产"科目，贷记本科目。

五、购建和安装工程完成并交付使用时，借记"固定资产"科目，贷记本科目。

六、工程完成未形成固定资产时，借记"经营支出""公益支出""其他支出"等科目，贷记本科目。

七、本科目应按照工程项目等设置明细科目，进行明细核算。

八、本科目期末借方余额，反映农村集体经济组织尚未交付使用的工程项目的实际支出。

154 固定资产清理

一、本科目核算农村集体经济组织因出售、捐赠、报废和毁损等原因转入清理的固定资产的账面价值及其在清理过程中所发生的费用等。

二、出售、捐赠、报废和毁损的固定资产转入清理时，按照固定资产账面价值，借记本科目，按照已计提的累计折旧，借记"累计折旧"科目，按照固定资产原价（成本），贷记"固定资产"科目。

清理过程中发生的相关税费及其他费用，借记本科目，贷记"库存现金""银行存款""应交税费"等科目；收回出售固定资产的价款、残料价值和变价收入等，借记"银行存款""库存物资"等科目，贷记本科目；按照赔偿金额，借记"应收款""内部往来"等科目，贷记本科目。

三、清理完毕后发生的净收益，借记本科目，贷记"其他收入"科目；清理完毕后发生的净损失，借记"其他支出"科目，贷记本科目。

四、本科目应按照被清理的固定资产等设置明细科目，进行明细核算。

五、本科目期末借方余额，反映农村集体经济组织尚未清理完毕的固定资产清理净损失；本科目期末贷方余额，反映农村集体经济组织尚未清理完毕的固定资产清理净收益。

161 无形资产

一、本科目核算农村集体经济组织持有的无形资产的成本。

二、无形资产应按照取得时的实际成本计价。农村集体经济组织按照下列原则确定取得无形资产的实际成本，进行账务处理：

（一）购入的无形资产，按照购买价款、相关税费以及相关的其他直接费用，借记本科目，贷记"库存现金""银行存款""应付款"等科目。

（二）自行开发并按照法律程序申请取得的无形资产，按照依法取得时发生的注册费、代理费等实际支出，借记本科目，贷记"库存现金""银行存款"等科目。

（三）收到政府补助的无形资产（包括以前年度收到或形成但尚未入账的）或者他人捐赠的无形资产，按照有关凭据注明的金额加上相关税费等，借记本科目，贷记"公积公益金"等科目。没有相关凭据的，按照资产评估价值或者比照同类或类似无形资产的市场价格，加上相关税费等，借记本科目，贷记"公积公益金"等科目。如无法采用上述方法计价的，应当按照名义金额，借记本科目，贷记"公积公益金"科目，并设置备查簿进行登记和后续管理；按照应支付的相关税费等，借记"其他支出"科目，贷记"库存现金""银行存款""应付款""应交税费"等科目。

三、因出售、报废等原因处置无形资产，按照取得的转让价款，借记"库存现金""银行存款"等科目，按照已计提的累计摊销，借记"累计摊销"科目，按照无形资产的成本，贷记本科目，按照应支付的相关税费及其他费用，贷记"应交税费""库存现金""银行存款"等科目，按照其差额，借记"其他支出"科目或贷记"其他收入"科目。

四、以无形资产对外投资时，按照评估确认或者合同、协议约定的价值和相关税费，借记"长期投资"科目，按照已计提的累计摊销，借记"累计摊销"科目，按照无形资产的成本，贷记本科目，按照应支付的相关税费，贷记"应交税费"等科目，按照其差额，借记或贷记"公积公益金"科目。

五、本科目应按照无形资产类别等设置明细科目，进行明细核算。

六、本科目期末借方余额，反映农村集体经济组织持有的无形资产的成本。

162 累计摊销

一、本科目核算农村集体经济组织对无形资产计提的累计摊销。

二、生产经营类无形资产计提的摊销，借记"生产（劳务）成本"等科目，贷记本科目；非生产经营类无形资产计提的摊销，借记"管理费用"等科目，贷记本科目。

三、出租无形资产所取得的租金等收入，借记"银行存款"等科目，贷记"经营收入——出租收入"等科目；结转出租无形资产的成本（摊销）时，借记"经营支出"等科目，贷记本科目。

四、因出售、报废等原因处置无形资产,按照取得的转让价款,借记"库存现金""银行存款"等科目,按照已计提的累计摊销,借记本科目,按照无形资产的成本,贷记"无形资产"科目,按照应支付的相关税费及其他费用,贷记"应交税费""库存现金""银行存款"等科目,按照其差额,借记"其他支出"科目或贷记"其他收入"科目。

五、以无形资产对外投资时,按照评估确认或者合同、协议约定的价值和相关税费,借记"长期投资"科目,按照已计提的累计摊销,借记本科目,按照无形资产的成本,贷记"无形资产"科目,按照应支付的相关税费,贷记"应交税费"等科目,按照其差额,借记或贷记"公积公益金"科目。

六、本科目应按照相应无形资产的类别等设置明细科目,进行明细核算。

七、本科目的期末贷方余额,反映农村集体经济组织计提的无形资产累计摊销额。

171 长期待摊费用

一、本科目核算农村集体经济组织已经发生但应由本期和以后各期负担的分摊期限在1年以上的各项费用,包括农村集体经济组织已提足折旧的固定资产的改建支出和其他长期待摊费用等。

二、农村集体经济组织发生长期待摊费用时,借记本科目,贷记"库存现金""银行存款""库存物资"等科目。摊销长期待摊费用时,借记"生产(劳务)成本""管理费用""其他支出"等科目,贷记本科目。

三、本科目应按照支出项目进行明细核算。

四、本科目期末借方余额,反映农村集体经济组织尚未摊销完毕的长期待摊费用。

181 待处理财产损溢

一、本科目核算农村集体经济组织在清查财产过程中查明的各种财产盘盈、盘亏和毁损的价值。

二、盘盈的各种库存物资、消耗性生物资产、现金等,按照同类或类似资产的市场价格或评估价值、实际溢余的金额,借记"库存物资""消耗性生物资产""库存现金"等科目,贷记本科目(待处理流动资产损溢)。盘亏、毁损、短缺的各种库存物资、消耗性生物资产、现金等,按照其账面余额、实际短缺的金额,借记本科目(待处理流动资产损溢),贷记"库存物资""消耗性生物资产""库存现金"等科目。

盘盈的固定资产、生产性生物资产,按照同类或类似资产的市场价格或评估价值扣除按照该项资产新旧程度或状况估计的折旧后的余额,借记"固定资产""生产性生物资产"科目,贷记本科目(待处理非流动资产损溢)。盘亏的固定资产以及盘亏、死亡毁损的生产性生物资产,按照其账面价值,借记本科目(待处理非流动资产损溢),按照已计提的累计折旧,借记"累计折旧""生产性生物资产累计折旧"科目,按照其原价(成本),贷记"固定资产""生产性生物资产"科目。

三、盘亏、毁损、报废的各项资产,按规定程序批准后处理时,按照残料价值,借记"库存物资"等科目,按照赔偿金额,借记"应收款""内部往来"等科目,按照本科目余额,贷记本科目(待处理流动资产损溢、待处理非流动资产损溢),按照其差额,借记"其他支出"科目。

盘盈的各项资产,按规定程序批准后处理时,按照本科目余额,借记本科目(待处理流动资产损溢、待处理非流动资产损溢),贷记"其他收入"科目。

四、本科目应按照待处理流动资产损溢和待处理非流动资产损溢进行明细核算。

五、农村集体经济组织的财产损溢,应当查明原因,在期末结账前处理完毕,处理后本科目应无余额。

负债类科目

201 短期借款

一、本科目核算农村集体经济组织向银行等金融机构或相关单位、个人等借入的偿还期在1年以内（含1年）的各种借款。

二、农村集体经济组织借入短期借款时，借记"银行存款"等科目，贷记本科目；偿还借款时，作相反的会计分录。短期借款利息应按期计提，借记"其他支出"科目，贷记"应付款"等科目。

三、本科目应按照借款单位或个人设置明细科目，进行明细核算。

四、本科目期末贷方余额，反映农村集体经济组织尚未偿还的短期借款的本金。

211 应付款

一、本科目核算农村集体经济组织与非成员之间发生的偿还期在1年以内（含1年）的各种应付及暂收款项，如因购买库存物资和接受服务等应付的款项以及应付的赔款等。

二、农村集体经济组织与非成员之间发生各种应付及暂收款项（含一次收取多期发包或出租款项）时，借记"库存现金""银行存款""库存物资""经营支出""其他支出"等科目，贷记本科目。

三、在应付利息日，按照合同利率计算确定的利息，借记"其他支出"科目，贷记本科目。

四、偿还应付及暂收款项时，按照实际支付的金额，借记本科目，贷记"银行存款"等科目。一次收取多期发包或出租款项的，在每期确认发包或出租收入时，借记本科目，贷记"经营收入"科目。

五、因债权人特殊原因等确实无法偿还的应付及暂收款项或获得债权人的债务豁免时，按规定报经批准后，借记本科目，贷记"其他收入"科目。

六、本科目应按照发生应付及暂收款项的非成员的单位或个人设置明细账，进行明细核算。

七、本科目期末贷方余额，反映农村集体经济组织尚未支付的应付及暂收款项。

212 应付工资

一、本科目核算农村集体经济组织应支付给管理人员、固定员工等职工的工资总额。包括在工资总额内的各种工资、奖金、津贴、补助、社会保险费等，不论是否在当月支付，都应通过本科目核算。

二、农村集体经济组织应当按照劳动工资制度规定，编制"工资表"，计算各种工资，再将"工资表"进行汇总，编制"工资汇总表"。

三、提取工资时，根据人员岗位进行工资分配，借记"在建工程""生产（劳务）成本""经营支出""管理费用"等科目，贷记本科目。

四、实际支付工资时，借记本科目，贷记"库存现金""银行存款"等科目。

五、农村集体经济组织应当设置"应付工资明细账"，按照应付工资的对象、组成内容等进行明细核算。

六、本科目期末一般应无余额，如有贷方余额，反映农村集体经济组织已提取但尚未支付的工资额。

213 应付劳务费

一、本科目核算农村集体经济组织应支付给季节性用工等临时性工作人员的劳务费总额。包括在劳务费总额内的各种劳务费、奖金、津贴、补助等，不论是否在当月支付，都应通过本科目核算。

二、提取劳务费时，根据人员岗位进行劳务费分配，借记"在建工程""生产（劳务）成本""经营支出"等科目，贷记本科目。

三、实际支付劳务费时，借记本科目，贷记"库存现金""银行存款"等科目。

四、农村集体经济组织应当设置"应付劳务费明细账"，按照应付劳务费的对象、组成内容等进行明细核算。

五、本科目期末一般应无余额，如有贷方余额，反映农村集体经济组织已提取但尚未支付的劳务费金额。

214 应交税费

一、本科目核算农村集体经济组织按照税法等规定计算应缴纳的各种税费。农村集体经济组织代扣代缴的个人所得税等，也通过本科目核算。

二、农村集体经济组织涉及增值税会计核算的相关业务，应按照国家统一的会计制度有关增值税会计处理的规定，设置"应交税费——应交增值税"等科目进行账务处理。

三、农村集体经济组织按照规定计算其他应交税费，借记"税金及附加""所得税费用"等科目，贷记本科目。实际缴纳各种税费时，借记本科目，贷记"银行存款"等科目。

四、按照税法等规定应代扣代缴的个人所得税，借记"应付工资""应付劳务费"科目，贷记本科目（应交个人所得税）。缴纳的个人所得税，借记本科目（应交个人所得税），贷记"银行存款"等科目。

五、本科目应按照应缴纳的税费项目等进行明细核算。

六、本科目期末贷方余额，反映农村集体经济组织尚未缴纳的税费；期末如为借方余额，反映农村集体经济组织多缴纳或尚未抵扣的税费。

221 长期借款及应付款

一、本科目核算农村集体经济组织向银行等金融机构或相关单位、个人等借入的期限在1年以上（不含1年）的借款及偿还期在1年以上（不含1年）的应付款项。

二、农村集体经济组织发生长期借款及应付款时，借记"银行存款"等科目，贷记本科目；偿还长期借款及应付款时，作相反的会计分录。长期借款利息应按期计提，借记"其他支出"科目，贷记"应付款"等科目。因债权人特殊原因等发生确实无法偿还的长期借款及应付款或获得债权人的债务豁免时，按规定报经批准后，借记本科目，贷记"其他收入"科目。

三、本科目应按照借款及应付款单位或个人设置明细账，进行明细核算。

四、本科目期末贷方余额，反映农村集体经济组织尚未偿还的长期借款及应付款。

231 一事一议资金

一、本科目核算农村集体经济组织兴办村民直接受益的集体生产生活等公益事业，按一事一议的形式筹集的专项资金。

二、农村集体经济组织应于一事一议筹资方案经成员大会或成员代表大会通过时，按照筹资方案规定的金额，借记"内部往来"科目，贷记本科目；收到成员交来的一事一议专项筹资时，借记"库存现金""银行存款"等科目，贷记"内部往来"科目。

三、农村集体经济组织使用一事一议资金购入不需要安装的固定资产的，借记"固定资产"科目，贷记"库存现金""银行存款"等科目，同时，借记本科目，贷记"公积公益金"科目。

四、农村集体经济组织使用一事一议资金购入需要安装或建造固定资产的，借记"在建工程"科目，贷记"库存现金""银行存款"等科目。固定资产完工后，借记"固定资产"科目，贷记"在建工程"科目，同时，借记本科目，贷记"公积公益金"科目。

五、农村集体经济组织对于使用一事一议资金而未形成固定资产的项目，在项目支出发生时，借记"在建工程"科目，贷记"库存现金""银行存款"等科目；项目完成后按使用一事一议资金金额，借记"公益支出""其他支出"等科目，贷记"在建工程"科目，同时，借记本科目，贷记"公积公益金"科目。

六、本科目应按照所议项目设置明细科目，进行明细核算。同时，必须另设备查账簿对一事一议资金的筹集和使用情况进行登记。

七、本科目的期末贷方余额，反映农村集体经济组织应当用于一事一议专项工程建设的资金；期末借方余额，反映农村集体经济组织一事一议专项工程建设的超支数。

241 专项应付款

一、本科目核算农村集体经济组织获得政府给予的具有专门用途且未来应支付用于专门用途的专项补助资金。

二、农村集体经济组织收到政府补助的资金时，借记"库存现金""银行存款"等科目，贷记本科目。

三、按照政府补助资金的项目用途，取得生物资产、固定资产、无形资产等非货币性资产，或用于兴建农业农村基础设施时，按照实际使用政府补助资金的数额，借记"消耗性生物资产""生产性生物资产""固定资产""无形资产""在建工程"等科目，贷记"库存现金""银行存款"等科目，同时借记本科目，贷记"公积公益金"科目。未形成资产需核销的部分，报经批准后，借记本科目，贷记"在建工程"等科目。

四、取得生物资产、固定资产、无形资产等非货币性资产之后收到对应用途的政府补助资金的，按照收到的金额，借记"库存现金""银行存款"等科目，贷记本科目，同时按照实际使用政府补助资金的数额，借记本科目，贷记"公积公益金"科目。

五、因有结余等情况而退回政府补助资金时，借记本科目，贷记"库存现金""银行存款"等科目。

六、本科目应按照政府补助资金项目设置明细科目，进行明细核算。

七、本科目期末贷方余额，反映农村集体经济组织尚未使用和结转的政府补助资金数额。

所有者权益类科目

301 资本

一、本科目核算农村集体经济组织按照章程等确定的属于本集体经济组织成员集体所有的相关权益。

二、农村集体经济组织按照章程等确定属于本集体经济组织成员集体所有的相关权益，按照确定的金额，借记"库存现金""银行存款""固定资产""无形资产"等科目，贷记本科目。

三、本科目期末贷方余额，反映农村集体经济组织实有的资本数额。

311 公积公益金

一、本科目核算农村集体经济组织从收益中提取的，接受政府补助和他人捐赠等其他来源取得的公积公益金。

二、农村集体经济组织提取公积公益金时，借记"收益分配——各项分配"科目，贷记本科目。

三、农村集体经济组织以实物资产、无形资产等非货币性资产方式投资时，按照评估确认或者合同、协议约定的价值和相关税费，借记"长期投资"科目，按照已计提的累计折旧或摊销，借记"生产性生物资产累计折旧""累计折旧""累计摊销"科目，按照投出资产的原价（成本），贷记"消耗性生物资产""生产性生物资产""固定资产""无形资产"等科目，按照应支付的相关税费，贷记"应交税费"等科目，按照其差额，借记或贷记本科目。

四、农村集体经济组织使用已收到的政府补助资金取得生物资产、固定资产、无形资产等非货币性资产，或用于兴建农业农村基础设施时，按照实际使用政府补助资金的数额，借记"消耗性生物资产""生产性生物资产""固定资产""无形资产""在建工程"等科目，贷记"库存现金""银行存款"等科目，同时借记"专项应付款"科目，贷记本科目。

五、取得生物资产、固定资产、无形资产等非货币性资产之后收到对应用途的政府补助资金的，按照收到的金额，借记"库存现金""银行存款"等科目，贷记"专项应付款"科目，同时按照实际使用政府补助资金的数额，借记"专项应付款"科目，贷记本科目。

六、实际收到他人捐赠的货币资金时，借记"库存现金""银行存款"科目，贷记本科目。

七、收到政府补助的存货、生物资产、固定资产、无形资产等非货币性资产（包括以前年度收到或形成但尚未入账的）或者他人捐赠的非货币性资产时，按照有关凭据注明的金额加上相关税费等，借记"库存物资""消耗性生物资产""生产性生物资产""公益性生物资产""固定资产""无形资产"等科目，贷记本科目等。没有相关凭据的，按照资产评估价值或者比照同类或类似资产的市场价格，加上相关税费等，借记"库存物资""消耗性生物资产""生产性生物资产""公益性生物资产""固定资产""无形资产"等科目，贷记本科目等。如无法采用上述方法计价的，应当按照名义金额，借记"库存物资""消耗性生物资产""生产性生物资产""公益性生物资产""固定资产""无形资产"等科目，贷记本科目，并设置备查簿进行登记和后续管理；按照应支付的相关税费等，借记"其他支出"科目，贷记"库存现金""银行存款""应付款""应交税费"等科目。

八、农村集体经济组织使用一事一议资金购入不需要安装的固定资产的，借记"固定资产"科目，贷记"库存现金""银行存款"等科目，同时，借记"一事一议资金"科目，贷记本科目。使用一事一议资金购入需要安装或建造固定资产的，借记"在建工程"科目，贷记"库存现金""银行存款"等科目。固定资产完工后，借记"固定资产"科目，贷记"在建工程"科目，同时，借记"一事一议资金"科目，贷记本科目。

对于使用一事一议资金而未形成固定资产的项目，在项目支出发生时，借记"在建工程"科目，贷记"库存现金""银行存款"等科目；项目完成后按使用一事一议资金金额，借记"公益支出""其他支出"等科目，贷记"在建工程"科目，同时，借记"一事一议资金"科目，贷记本科目。

九、农村集体经济组织收到应计入公积公益金的征用土地补偿费时，借记"银行存款"科目，贷记本科目。

十、农村集体经济组织按国家有关规定，并按规定程序批准后，用公积公益金弥补亏损等时，借记本科目，贷记"收益分配——未分配收益"科目。

十一、本科目应按照公积公益金的来源设置明细科目，进行明细核算。

十二、本科目的期末贷方余额，反映农村集体经济组织实有的公积公益金数额。

321 本年收益

一、本科目核算农村集体经济组织本年度实现的收益。

二、会计期末结转收益时，应将"经营收入""补助收入""其他收入"等科目的余额转入本科目的贷方，借记"经营收入""补助收入""其他收入"等科目，贷记本科目。同时，将"经营支出""税金及附加""管理费用""公益支出""其他支出""所得税费用"等科目的余额转入本科目的借方，借记本科目，贷记"经营支出""税金及附加""管理费用""公益支出""其他支出""所得税费用"等科目。"投资收益"科目的净收益转入本科目，借记"投资收益"科目，贷记本科目；如为投资净损失，借记本科目，贷记"投资收益"科目。结转后本科目的贷方余额为当期实现的净收益；借方余额为当期发生的净亏损。

三、年度终了，应将本年收入和支出相抵后结出的净收益，借记本科目，贷记"收益分配——未分配收益"科目；如为净亏损，作相反的会计分录。结转后本科目期末无余额。

322 收益分配

一、本科目核算农村集体经济组织当年收益的分配（或亏损的弥补）和历年分配（或弥补）后的结存余额。本科目设置"各项分配"和"未分配收益"两个二级科目。

二、农村集体经济组织按照国家有关规定，并按规定程序批准后，用公积公益金弥补亏损时，借记"公积公益金"科目，贷记本科目（未分配收益）。

三、按照规定提取公积公益金、分配股利等时，借记本科目（各项分配），贷记"公积公益金""内部往来"等科目。

四、年度终了，农村集体经济组织应按照本年实现的净收益数额，借记"本年收益"科目，贷记本科目（未分配收益）；如为净亏损，作相反的会计分录。同时，将本科目下的"各项分配"明细科目的余额转入本科目"未分配收益"明细科目，借记本科目（未分配收益），贷记本科目（各项分配）。年度终了，本科目的"各项分配"明细科目应无余额，"未分配收益"明细科目的贷方余额表示未分配的收益，借方余额表示未弥补的亏损。

五、年终结账后，如发现以前年度收益计算不准确，或有未反映的会计业务，需要调整增加或减少本年收益的，也在本科目（未分配收益）核算。调整增加本年收益时，借记有关科目，贷记本科目（未分配收益）；调整减少本年收益时，借记本科目（未分配收益），贷记有关科目。

六、本科目应按照收益的用途设置明细科目，进行明细核算。

七、本科目期末余额，反映农村集体经济组织的未分配收益（或未弥补亏损）。

成本类科目

401 生产（劳务）成本

一、本科目核算农村集体经济组织直接组织生产或对外提供劳务等活动所发生的各项生产费用和劳务支出。

二、农村集体经济组织发生的各项生产费用和劳务成本，按成本核算对象归集，借记本科目，贷记"库存现金""银行存款""内部往来""库存物资""累计折旧""生产性生物资产累计折旧""累计摊销""长期待摊费用""应付款""应付工资""应付劳务费"

等科目。

三、会计期间终了,农村集体经济组织已经生产完成并已验收入库的产成品,按照实际成本,借记"库存物资"科目,贷记本科目。

四、对外提供劳务实现销售时,借记"经营支出"科目,贷记本科目。

五、本科目应按照生产费用和劳务成本种类设置明细科目,进行明细核算。

六、本科目期末借方余额,反映农村集体经济组织尚未生产完成的各项在产品和尚未完成的劳务成本。

损益类科目

501 经营收入

一、本科目核算农村集体经济组织确认的当年发生的销售产品、提供劳务、让渡集体资产资源使用权等各项经营活动收入。本科目设置"销售收入""劳务收入""出租收入"和"发包收入"等二级科目。

二、农村集体经济组织实现的经营收入,按照实际收到或应收的价款,借记"库存现金""银行存款""应收款""内部往来"等科目,贷记本科目。

三、农村集体经济组织一次收取多期发包或出租款项时,应当将收款金额分摊至各个受益期,分期确认收入,每期确认收入时,借记"内部往来""应付款"等科目,贷记本科目。

四、本科目应按照经营项目设置明细科目,进行明细核算。

五、期末,应将本科目的余额转入"本年收益"科目的贷方,结转后本科目应无余额。

502 投资收益

一、本科目核算农村集体经济组织对外投资取得的收益或发生的损失。

二、持有期间,在被投资单位宣告分派现金股利、利润或利息时,应当按照应分得的金额,借记"应收款"等科目,贷记本科目。获得股票股利时,不作账务处理,但应在备查簿中登记所增加的股份。

三、处置对外投资时,按照实际收到的价款或收回的金额,借记"银行存款"等科目,按照其账面余额,贷记"短期投资""长期投资"科目,按照尚未领取的现金股利、利润或利息,贷记"应收款"科目,按照其差额,贷记或借记本科目。

四、本科目应按照投资种类和项目设置明细科目,进行明细核算。

五、期末,应将本科目的贷方余额转入"本年收益"科目贷方;如为投资净损失,应将本科目的借方余额转入"本年收益"科目借方。结转后本科目应无余额。

503 补助收入

一、本科目核算农村集体经济组织获得的政府给予保障村级组织和村务运转的补助资金以及贷款贴息等经营性补助资金。

二、农村集体经济组织收到的经营性补助资金,按照实际收到的金额,借记"银行存款"等科目,贷记本科目。

三、本科目应按照补助收入种类设置明细科目,进行明细核算。

四、期末,应将本科目的余额转入"本年收益"科目的贷方,结转后本科目应无余额。

504 其他收入

一、本科目核算农村集体经济组织除经营收入、投资收益、补助收入以外的其他收入。

其他收入包括盘盈收益、确实无法支付的应付款项、存款利息收入等。

二、农村集体经济组织发生的其他收入，借记"库存现金""银行存款""内部往来""固定资产清理""待处理财产损溢""应付款""长期借款及应付款"等科目，贷记本科目。

三、本科目应按照其他收入的来源设置明细科目，进行明细核算。

四、期末，应将本科目的余额转入"本年收益"科目的贷方，结转后本科目应无余额。

511 经营支出

一、本科目核算农村集体经济组织因销售商品、提供劳务、让渡集体资产资源使用权等经营活动而发生的实际成本。

二、农村集体经济组织发生的经营支出，借记本科目，贷记"库存现金""银行存款""内部往来""库存物资""消耗性生物资产""在建工程""应付款""应付工资""应付劳务费""生产（劳务）成本""生产性生物资产累计折旧""累计折旧""累计摊销"等科目。

三、本科目应按照经营项目设置明细科目，进行明细核算。

四、期末，应将本科目的余额转入"本年收益"科目的借方，结转后本科目应无余额。

512 税金及附加

一、本科目核算农村集体经济组织从事生产经营活动按照税法的有关规定应负担的消费税、城市维护建设税、资源税、房产税、城镇土地使用税、车船税、印花税、教育费附加及地方教育附加等相关税费。

二、农村集体经济组织按照规定计算确定的相关税费，借记本科目，贷记"应交税费"等科目。

三、本科目应按照税费种类设置明细科目，进行明细核算。

四、期末，应将本科目的余额转入"本年收益"科目的借方，结转后本科目应无余额。

513 管理费用

一、本科目核算农村集体经济组织管理活动发生的各项支出，包括管理人员及固定员工的工资、办公费、差旅费、管理用固定资产修理费、管理用固定资产折旧、管理用无形资产摊销、聘请中介机构费、咨询费、诉讼费等，以及保障村级组织和村务运转的各项支出。

二、农村集体经济组织发生的管理费用，借记本科目，贷记"库存现金""银行存款""库存物资""累计折旧""累计摊销""长期待摊费用""应付工资"等科目。

三、本科目应按照管理费用的项目设置明细科目，进行明细核算。

四、期末，应将本科目的余额转入"本年收益"科目的借方，结转后本科目应无余额。

514 公益支出

一、本科目核算农村集体经济组织发生的用于本集体经济组织内部公益事业、集体福利或成员福利的各项支出，以及公益性固定资产折旧和修理费等。

二、农村集体经济组织发生的公益支出，按照实际发生额，借记本科目，贷记"库存现金""银行存款""库存物资""在建工程""累计折旧"等科目。

三、本科目应按照公益支出项目设置明细科目，进行明细核算。

四、期末，应将本科目的余额转入"本年收益"科目的借方，结转后本科目应无余额。

515 其他支出

一、本科目核算农村集体经济组织发生的除经营支出、税金及附加、管理费用、公益支出、所得税费用以外的其他各项支出，如生物资产的死亡毁损支出、损失，固定资产及存货等的盘亏、损失，防灾抢险支出，罚款支出，捐赠支出，确实无法收回的应收款项损失，借款利息支出等。

二、农村集体经济组织发生的其他支出，借记本科目，贷记"库存现金""银行存款""内部往来""应收款""库存物资""在建工程""固定资产清理""长期待摊费用""待处理财产损溢""应付款""应付工资""应付劳务费""应交税费"等科目。

三、本科目应按照其他支出的项目设置明细科目，进行明细核算。

四、期末，应将本科目的余额转入"本年收益"科目的借方，结转后本科目应无余额。

521 所得税费用

一、本科目核算农村集体经济组织根据税法规定确认的应从当期收益总额中扣除的所得税费用。

二、年度终了，按照税法规定计算确定的当期应纳所得税额，借记本科目，贷记"应交税费——应交所得税"科目。

三、期末，应将本科目的余额转入"本年收益"科目的借方，结转后本科目应无余额。

二、会计报表格式及编制说明

农村集体经济组织应当根据本制度有关会计报表的编制基础、编制依据、编制原则和方法的要求，提供真实、完整的财务会计报告，不得随意改变会计报表的编制基础、编制依据、编制原则和方法，不得随意改变本制度规定的会计报表有关数据的会计口径。

（一）资产负债表格式及编制说明。

资产负债表

村会01表

编制单位：　　　　　　　　　年　月　日　　　　　　　　单位：元

资　产	期末余额	年初余额	负债和所有者权益	期末余额	年初余额
流动资产：			流动负债：		
货币资金			短期借款		
短期投资			应付款项		
应收款项			应付工资		
存货			应付劳务费		
消耗性生物资产			应交税费		
流动资产合计			流动负债合计		
非流动资产：			非流动负债：		
长期投资			长期借款及应付款		
生产性生物资产原值			一事一议资金		
减：生产性生物资产累计折旧			专项应付款		
生产性生物资产净值			非流动负债合计		
固定资产原值			负债合计		
减：累计折旧					

（续表）

资　　产	期末余额	年初余额	负债和所有者权益	期末余额	年初余额
固定资产净值					
在建工程					
固定资产清理					
固定资产小计					
无形资产原值					
减：累计摊销			所有者权益：		
无形资产净值			资本		
公益性生物资产			公积公益金		
长期待摊费用			未分配收益		
非流动资产合计			所有者权益合计		
资产总计			负债和所有者权益总计		

资产负债表编制说明：

1. 本表反映农村集体经济组织在某一特定日期全部资产、负债和所有者权益的情况。

2. 本表"年初余额"栏内各项数字，应根据上年年末资产负债表"期末余额"栏内所列数字填列。

如果本年度资产负债表规定项目的名称和内容同上年度不一致，应当对上年年末资产负债表项目的名称和数字按照本年度的规定进行调整，将调整后数字填入本表"年初余额"栏内，并加以书面说明。

3. 本表"期末余额"各项目的内容和填列方法如下：

（1）"货币资金"项目，反映农村集体经济组织库存现金、银行存款等货币资金的期末合计数。本项目应根据"库存现金""银行存款"科目的期末余额合计填列。

（2）"短期投资"项目，反映农村集体经济组织能够随时变现并且持有时间不准备超过1年（含1年）的投资的账面余额。本项目应根据"短期投资"科目的期末余额填列。

（3）"应收款项"项目，反映农村集体经济组织期末尚未收回的应收及暂付款项。本项目应根据"应收款"科目期末借方余额和"内部往来"各明细科目期末借方余额合计数合计填列。

（4）"存货"项目，反映农村集体经济组织期末在库、在途、在加工和在培育中各项存货的成本，包括各种原材料、农用材料、农产品、工业产成品等物资、在产品等。本项目应根据"库存物资""生产（劳务）成本"等科目的期末余额合计填列。

（5）"消耗性生物资产"项目，反映农村集体经济组织各种消耗性生物资产的账面余额。本项目应根据"消耗性生物资产"科目的期末余额填列。

（6）"流动资产合计"项目，反映农村集体经济组织期末流动资产的合计数。本项目应根据本表中"货币资金""短期投资""应收款项""存货""消耗性生物资产"项目金额的合计数填列。

（7）"长期投资"项目，反映农村集体经济组织持有时间准备超过1年（不含1年）的投资的账面余额。本项目应根据"长期投资"科目的期末余额填列。

（8）"生产性生物资产原值"项目和"生产性生物资产累计折旧"项目，反映农村集体经济组织生产性生物资产的原值及累计折旧。这两个项目应根据"生产性生物资产"科目和"生产性生物资产累计折旧"科目的期末余额填列。

（9）"生产性生物资产净值"项目，反映农村集体经济组织生产性生物资产原值扣除生产性生物资产累计折旧后的余额。本项目应根据本表中"生产性生物资产原值"项目金额减去"生产性生物资产累计折旧"项目金额后的余额填列。

（10）"固定资产原值"项目和"累计折旧"项目，反映农村集体经济组织固定资产的原值及累计折旧。这两个项目应根据"固定资产"科目和"累计折旧"科目的期末余额填列。

（11）"固定资产净值"项目，反映农村集体经济组织固定资产原值扣除累计折旧后的余额。本项目应根据本表中"固定资产原值"项目金额减去"累计折旧"项目金额后的余额填列。

（12）"在建工程"项目，反映农村集体经济组织各项尚未完工或虽已完工但尚未办理竣工决算并交付使用的工程项目实际成本。本项目应根据"在建工程"科目的期末余额填列。

（13）"固定资产清理"项目，反映农村集体经济组织因出售、报废、毁损等原因转入清理但尚未清理完毕的固定资产的账面价值，以及固定资产清理过程中发生的清理费用和清理收入等各项金额的差额。本项目应根据"固定资产清理"科目的期末借方余额填列；如为贷方余额，本项目数字应以"—"号填列。

（14）"固定资产小计"项目，反映农村集体经济组织期末固定资产、在建工程、转入清理但尚未清理完毕的固定资产的小计数。本项目应根据本表中"固定资产净值""在建工程""固定资产清理"项目金额的合计数填列。

（15）"无形资产原值"项目和"累计摊销"项目，反映农村集体经济组织无形资产的原值及累计摊销。这两个项目应根据"无形资产"科目和"累计摊销"科目的期末余额填列。

（16）"无形资产净值"项目，反映农村集体经济组织无形资产原值扣除累计摊销后的余额。本项目应根据本表中"无形资产原值"项目金额减去"累计摊销"项目金额后的余额填列。

（17）"公益性生物资产"项目，反映农村集体经济组织各种公益性生物资产的账面余额。本项目应根据"公益性生物资产"科目的期末余额填列。

（18）"长期待摊费用"项目，反映农村集体经济组织尚未摊销完毕的长期待摊费用。本项目应根据"长期待摊费用"科目的期末余额填列。

（19）"非流动资产合计"项目，反映农村集体经济组织期末非流动资产的合计数。本项目应根据本表中"长期投资""生产性生物资产净值""固定资产小计""无形资产净值""公益性生物资产""长期待摊费用"项目金额的合计数填列。

（20）"资产总计"项目，反映农村集体经济组织期末资产的合计数。本项目应根据本表中"流动资产合计"和"非流动资产合计"项目金额的合计数填列。

（21）"短期借款"项目，反映农村集体经济组织借入偿还期在1年以内（含1年）的、尚未偿还的各种借款。本项目应根据"短期借款"科目的期末余额填列。

（22）"应付款项"项目，反映农村集体经济组织期末应付而未付的、偿还期在1年以内（含1年）的各种应付及暂收款项。本项目应根据"应付款"科目期末贷方余额和"内部往来"各明细科目期末贷方余额合计数合计填列。

（23）"应付工资"项目，反映农村集体经济组织已提取但尚未支付的管理人员、固定员工等职工的工资。本项目应根据"应付工资"科目的期末余额填列。

（24）"应付劳务费"项目，反映农村集体经济组织已提取但尚未支付的季节性用工等临时性工作人员的劳务费。

本项目应根据"应付劳务费"科目的期末余额填列。

（25）"应交税费"项目，反映农村集体经济组织期末未缴纳、多缴纳或未抵扣的各种税费。本项目应根据"应交税费"科目的期末贷方余额填列；如为借方余额，本项目数字以"—"号填列。

（26）"流动负债合计"项目，反映农村集体经济组织期末流动负债的合计数。本项目应根据本表中"短期借款""应付款项""应付工资""应付劳务费""应交税费"项目金额合计数填列。

（27）"长期借款及应付款"项目，反映农村集体经济组织借入尚未偿还的期限在1年以上（不含1年）的借款以及偿还期在1年以上（不含1年）的应付未付款项。本项目应根据"长期借款及应付款"科目的期末余额填列。

（28）"一事一议资金"项目，反映农村集体经济组织筹集的一事一议资金的余额。本项目应根据"一事一议资金"科目的期末贷方余额填列；如为借方余额，本项目数字以"—"号填列。

（29）"专项应付款"项目，反映农村集体经济组织实际收到政府给予的具有专门用途且未来应支付用于专门用途的专项补助资金金额。本项目应根据"专项应付款"科目的期末余额填列。

（30）"非流动负债合计"项目，反映农村集体经济组织期末非流动负债的合计数。本项目应根据本表中"长期借款及应付款""一事一议资金""专项应付款"项目金额的合计数填列。

（31）"负债合计"项目，反映农村集体经济组织期末负债的合计数。本项目应根据本表中"流动负债合计"和"非流动负债合计"项目金额的合计数填列。

（32）"资本"项目，反映农村集体经济组织按照章程等确定的属于本集体经济组织成员集体所有的相关权益金额。本项目应根据"资本"科目的期末余额填列。

（33）"公积公益金"项目，反映农村集体经济组织从收益中提取的和其他来源取得的公积公益金的账面余额。本项目应根据"公积公益金"科目的期末余额填列。

（34）"未分配收益"项目，反映农村集体经济组织尚未分配的历年结存收益。本项目应根据"收益分配"科目的期末余额填列；如为未弥补的亏损，本项目数字以"—"号填列。

（35）"所有者权益合计"项目，反映农村集体经济组织期末所有者权益的合计数。本项目应根据本表中"资本""公积公益金""未分配收益"项目金额的合计数填列。

（36）"负债和所有者权益总计"项目，反映农村集体经济组织期末负债和所有者权益的合计数。本项目应根据本表中"负债合计"和"所有者权益合计"项目金额的合计数填列。

（二）收益及收益分配表格式及编制说明。

收益及收益分配表

村会02表
单位：元

编制单位：　　　　　　　　　　年度

项　目	本年金额	上年金额
一、经营收入		
加：投资收益		

（续表）

项　　目	本年金额	上年金额
补助收入		
减：经营支出		
税金及附加		
管理费用		
其中：运转支出		
二、经营收益		
加：其他收入		
减：公益支出		
其他支出		
三、收益总额		
减：所得税费用		
四、净收益		
加：年初未分配收益		
其他转入		
五、可分配收益		
减：提取公积公益金		
向成员分配		
其他		
六、年末未分配收益		

收益及收益分配表编制说明：

1. 本表反映农村集体经济组织在一定会计期间内收益实现及分配的实际情况。农村集体经济组织投资设立企业的收益等情况不在此列示。

2. 本表"上年金额"栏内各项数字，应根据上年度收益及收益分配表"本年金额"栏内各对应项目数字填列。

3. 本表"本年金额"各项目的内容及其填列方法如下：

（1）"经营收入"项目，反映农村集体经济组织进行各项生产销售、提供劳务、让渡集体资产资源使用权等经营活动取得的收入。本项目应根据"经营收入"科目的本期发生额分析填列。

（2）"投资收益"项目，反映农村集体经济组织对外投资取得的收益扣除发生的投资损失后净额。本项目应根据"投资收益"科目的本期发生额分析填列；如为投资损失，本项目数字以"—"号填列。

（3）"补助收入"项目，反映农村集体经济组织获得的政府给予保障村级组织和村务运转的补助资金以及贷款贴息等经营性补助资金。本项目应根据"补助收入"科目的本期发生额分析填列。

（4）"经营支出"项目，反映农村集体经济组织因销售商品、提供劳务、让渡集体资产资源使用权等经营活动而发生的实际支出。本项目应根据"经营支出"科目的本期发生额分析填列。

（5）"税金及附加"项目，反映农村集体经济组织从事生产经营活动按照税法的有关规定应负担的相关税费。本项目应根据"税金及附加"科目的本期发生额分析填列。

（6）"管理费用"项目，反映农村集体经济组织管理活动发生的支出。本项目应根据"管理费用"的本期发生额分析填列。"其中：运转支出"项目，反映农村集体经济组织发生保障村级组织和村务运转的各项支出，包括村干部补助、村两委办公经费等，本项目应根据"管理费用"科目下相关明细科目的本期发生额分析填列。

（7）"经营收益"项目，反映农村集体经济组织当期通过生产经营活动实现的收益。本项目应根据本表中"经营收入""投资收益""补助收入"项目金额之和减去"经营支出""税金及附加""管理费用"项目金额后的余额填列。如为经营亏损，本项目数字以"—"号填列。

（8）"其他收入"项目，反映农村集体经济组织除经营收入、投资收益、补助收入以外的其他收入。本项目应根据"其他收入"科目的本期发生额分析填列。

（9）"公益支出"项目，反映农村集体经济组织发生的用于本集体经济组织内部公益事业、集体福利或成员福利的支出，以及公益性固定资产折旧和修理费等。本项目应根据"公益支出"科目的本期发生额分析填列。

（10）"其他支出"项目，反映农村集体经济组织发生除经营支出、税金及附加、管理费用、公益支出、所得税费用以外的其他各项支出。本项目应根据"其他支出"科目的本期发生额分析填列。

（11）"收益总额"项目，反映农村集体经济组织当期实现的收益总额。本项目应根据本表中"经营收益""其他收入"项目金额之和减去"公益支出""其他支出"项目金额后的余额填列。如为亏损总额，本项目数字以"—"号填列。

（12）"所得税费用"项目，反映农村集体经济组织根据税法规定确定的应从当期收益总额中扣除的所得税费用。本项目应根据"所得税费用"科目的本期发生额分析填列。

（13）"净收益"项目，反映农村集体经济组织本年实现的收益净额。本项目应根据本表中"收益总额"项目金额减去"所得税费用"项目金额后的余额填列。如为净亏损，本项目数字以"—"号填列。

（14）"年初未分配收益"项目，反映农村集体经济组织上年度未分配的收益。本项目应根据上年度收益及收益分配表中"年末未分配收益"项目的金额填列。如为未弥补亏损，本项目数字以"—"号填列。

（15）"其他转入"项目，反映农村集体经济组织按有关规定用公积公益金弥补亏损等转入的数额。本项目应根据实际转入的公积公益金数额填列。

（16）"可分配收益"项目，反映农村集体经济组织年末可分配的收益总额。本项目应根据本表中"净收益""年初未分配收益""其他转入"项目金额的合计数填列。如可分配收益为负数，本项目数字以"—"号填列。

（17）"提取公积公益金"项目，反映农村集体经济组织按照规定提取的公积公益金数额。本项目应根据实际提取的公积公益金数额填列。

（18）"向成员分配"项目，反映农村集体经济组织按照成员（代表）大会的决议，向成员分配的金额。本项目应根据"收益分配"科目下相关明细科目的借方发生额分析填列。

（19）"年末未分配收益"项目，反映农村集体经济组织年末累计未分配的收益。本项目应根据本表中"可分配收益"项目金额减去"提取公积公益金""向成员分配""其他"项目金额后的余额填列。如为未弥补的亏损，本项目数字以"—"号填列。

（三）会计报表附注及编制说明。

会计报表附注是财务会计报告的重要组成部分。农村集体经济组织应当在会计报表附注中按照下列顺序至少披露以下内容：

1. 遵循农村集体经济组织会计制度的声明。

农村集体经济组织应当声明编制的财务会计报告符合农村集体经济组织会计制度的要求，真实、完整地反映了农村集体经济组织的财务状况、经营成果等有关信息。

2. 农村集体经济组织的基本情况，包括：农村集体经济组织的资本总额、成员总数及构成、主要经营项目、集体经营性财产和非经营性财产的构成、是否由村民委员会代行职能等情况。

3. 成员权益结构，包括：

（1）农村集体经济组织的资本形成情况。

（2）成员享有的经营性财产收益权份额结构。

（3）成员权益变动情况。

4. 会计报表重要项目的进一步说明，包括其主要构成、增减变动情况等。

5. 已发生损失但尚未批准核销的相关资产名称、金额等情况及说明，包括：

（1）确实无法收回的应收款项。

（2）无法收回的对外投资。

（3）毁损和报废的固定资产。

（4）毁损和报废的在建工程。

（5）注销和无效的无形资产。

（6）已发生损失但尚未批准核销的其他资产。

6. 以名义金额计量的资产名称、数量等情况，以及以名义金额计量理由的说明；若涉及处置的，还应披露以名义金额计量的资产的处置价格、处置程序等情况。

7. 对已在资产负债表、收益及收益分配表中列示项目与企业所得税法规定存在差异的纳税调整过程。

8. 其他重要事项，包括：

（1）接受捐赠。

（2）国家财政支持和税收优惠。

（3）提取公积公益金的比例。

（4）收益分配方案、亏损处理方案。

（5）经营收入中销售收入、劳务收入、出租收入、发包收入的构成情况。

（6）根据经营活动和公益活动划分负债的具体情况等。

9. 根据国家有关法律法规和集体经济组织章程等规定，需要在会计报表附注中说明的其他事项。

2. 农村集体经济组织新旧会计制度有关衔接问题的处理规定（2023年发布）

（财会〔2023〕20号印发）

我部对《村集体经济组织会计制度》（财会〔2004〕12号，以下称原制度）进行了修订，于2023年9月5日发布了《农村集体经济组织会计制度》（财会〔2023〕14号，以下称新制度），自2024年1月1日起施行。为确保新旧会计制度顺利过渡，现对农村集体经济组织执行新制度有关衔接问题规定如下：

一、新旧制度衔接总要求

（一）自2024年1月1日起，农村集体经济组织应当严格按照新制度进行会计核算、编报财务会计报告。

（二）农村集体经济组织应当按照本规定做好新旧会计
制度衔接相关工作，主要包括以下几个方面：

1. 根据原账编制2023年12月31日的科目余额表。
2. 按照新制度设立2024年1月1日的新账。
3. 按照本规定要求，登记及调整新账的科目余额，包括将原账科目余额转入新账会计科目（新旧制度会计科目对照表见附表）、将未入账事项登记新账科目、对相关新账科目余额进行调整等。原账科目是指按照原制度规定设置的会计科目。
4. 按照登记及调整后新账的各会计科目余额，编制2024年1月1日的科目余额表，作为新账各会计科目的期初余额。
5. 根据新账各会计科目期初余额，按照新制度编制2024年1月1日资产负债表。

（三）农村集体经济组织应当对资产进行清查盘点，进一步清理核实和归类统计存货、生物资产、固定资产、无形资产等资产数据。

（四）农村集体经济组织应当按照新制度要求对原有会计信息系统进行及时更新和调试，实现数据准确转换，确保新旧账套的有序衔接。

二、将原账会计科目余额转入新账

（一）资产类。

1. "牲畜（禽）资产"科目。

新制度设置了"消耗性生物资产""生产性生物资产"科目。农村集体经济组织应当按照新制度有关规定，根据牲畜（禽）资产的形态、价值以及产生经济利益的方式等，对原制度下的牲畜（禽）资产进行合理分析判断，重新分类为消耗性生物资产、生产性生物资产等生物资产。

转账时，农村集体经济组织应当根据相关资产台账或明细账，对原账的"牲畜（禽）资产"科目余额进行分析：

（1）对于为出售而持有的、或在将来收获为农产品的牲畜（禽）资产，例如幼畜及育肥畜等，应当将相应余额转入新账的"消耗性生物资产"科目。

（2）对于为产出农产品、提供劳务或出租等目的而持有的牲畜（禽）资产，例如产畜和役畜等，应当将相应余额转入新账的"生产性生物资产"科目。

2. "林木资产"科目。

新制度设置了"消耗性生物资产""生产性生物资产""公益性生物资产"科目。农村集体经济组织应当按照新制度有关规定，根据林木资产的形态、价值以及产生经济利益的方式等，对原制度下的林木资产进行合理分析判断，重新分类为消耗性生物资产、生产性生物资产、公益性生物资产等生物资产。

转账时，农村集体经济组织应当根据相关资产台账或明细账，对原账的"林木资产"科目余额进行分析：

（1）对于为出售而持有的、或在将来收获为农产品的林木资产，例如用材林等非经济林木，应当将相应余额转入新账的"消耗性生物资产"科目。

（2）对于为产出农产品、提供劳务或出租等目的而持有的林木资产，例如经济林、薪炭林等经济林木，应当将相应余额转入新账的"生产性生物资产"科目。

（3）对于以防护、环境保护为主要目的的林木资产，例如防风固沙林、水土保持林和水源涵养林等，应当将相应余额转入新账的"公益性生物资产"科目。

3. "现金""银行存款""短期投资""应收款""库存物资""长期投资""固定资

产""累计折旧""在建工程""固定资产清理"科目。

新制度设置了"库存现金""银行存款""短期投资""应收款""库存物资""长期投资""固定资产""累计折旧""在建工程""固定资产清理"科目,其核算内容与原账的上述相应科目的核算内容基本相同。转账时,农村集体经济组织应当将原账的上述科目余额直接转入新账的相应科目。

4."内部往来"科目。

新制度设置了"内部往来"科目,其核算内容与原账的相应科目的核算内容基本相同。转账时,农村集体经济组织应当将原账的"内部往来"科目及下属各明细科目借方和贷方余额分别转入新账的"内部往来"科目及下属各明细科目借方和贷方。

(二)负债类。

1."应付款"科目。

新制度设置了"应付款""应付劳务费""应交税费"科目。转账时,农村集体经济组织应当结合交易或者事项的经济实质,对原账的"应付款"科目余额进行分析:

(1)将符合新制度规定的应付劳务费性质的相应余额转入新账的"应付劳务费"科目。

(2)将符合新制度规定的应交税费性质的相应余额转入新账的"应交税费"科目。

(3)将剩余余额转入新账的"应付款"科目。

2."长期借款及应付款"科目。

新制度设置了"长期借款及应付款""专项应付款"科目。转账时,农村集体经济组织应当结合交易或者事项的经济实质,对原账的"长期借款及应付款"科目余额进行分析:

(1)将符合新制度规定的专项应付款性质的相应余额转入新账的"专项应付款"科目。

(2)将剩余余额转入新账的"长期借款及应付款"科目。

此前根据有关工作需要在原账中已经设置了"专项应付款"科目的农村集体经济组织,转账时应当将原账的上述科目余额直接转入新账的相应科目。

3."短期借款""应付工资""一事一议资金"科目。

新制度设置了"短期借款""应付工资""一事一议资金"科目,其核算内容与原账的上述相应科目的核算内容基本相同。转账时,农村集体经济组织应当将原账的上述科目余额直接转入新账的相应科目。

4."应付福利费"科目。

新制度不再设置"应付福利费"科目,按照《农村集体经济组织财务制度》等有关规定,不再提取应付福利费。转账时,农村集体经济组织应当将原账的"应付福利费"科目余额转入新账的"收益分配——未分配收益"科目。

(三)所有者权益类和成本类。

新制度设置了"资本""公积公益金""本年收益""收益分配"等所有者权益类科目和"生产(劳务)成本"科目,其核算内容与原账的上述相应科目的核算内容基本相同。转账时,农村集体经济组织应当将原账的上述科目余额直接转入新账的相应科目。

(四)损益类。

由于原账中损益类科目年末无余额,无需进行转账处理。自2024年1月1日起,应当按照新制度设置损益类科目并进行账务处理。

(五)其他要求。

农村集体经济组织存在其他本规定未列举的原账科目余额的,应当比照本规定转入新账的相应科目。新账的科目设有明细科目的,应将原账的相应科目余额加以分析,分别转入新账中相应科目的相关明细科目。

农村集体经济组织在进行新旧衔接的转账时,应当编制转账工作底稿,并将转入新账的对应原科目余额及分拆原科目余额的依据作为原始凭证。

三、将原未入账事项登记新账

（一）资产类。

1. 无形资产。

农村集体经济组织在新旧制度转换时，应当将2023年12月31日前未入账的无形资产按照新制度规定记入新账。登记新账时，按照确定的无形资产成本，借记"无形资产"科目，贷记"公积公益金"科目。

2. 其他资产。

农村集体经济组织在新旧制度转换时，应当将2023年12月31日前未入账的其他资产按照新制度规定记入新账。登记新账时，按照确定的其他资产及其成本，分别借记相关资产类科目，贷记相关所有者权益类科目。

（二）负债类。

农村集体经济组织在新旧制度转换时，应当将2023年12月31日前未入账的负债按照新制度规定记入新账。登记新账时，按照确定的负债金额，借记"收益分配——未分配收益"科目，贷记相关负债类科目。

（三）其他事项。

农村集体经济组织存在2023年12月31日前未入账的其他事项的，应当比照本规定登记新账的相应科目。

农村集体经济组织对新账的会计科目补记未入账事项时，应当编制记账凭证，并将补充登记事项的确认依据作为原始凭证。

四、对新账的相关会计科目余额进行调整

1. 生产性生物资产折旧。

新制度设置了"生产性生物资产累计折旧"科目，核算农村集体经济组织对生产性生物资产计提的累计折旧。农村集体经济组织对尚未核销、已经按原制度分期摊销并直接冲减账面价值的产役畜、经济林木等，应当按照截至2023年12月31日累计摊销的金额，借记"生产性生物资产"科目，贷记"生产性生物资产累计折旧"科目。

2. 无形资产摊销。

新制度设置了"累计摊销"科目，核算农村集体经济组织对无形资产计提的累计摊销。农村集体经济组织应当全面核查截至2023年12月31日无形资产的预计使用年限、已使用年限、尚可使用年限等，并于2024年1月1日对前期未确认、现已确认的无形资产补提摊销，按照应计提的摊销金额，借记"公积公益金"科目，贷记"累计摊销"科目。

农村集体经济组织对新账的相关会计科目期初余额进行调整时，应当编制记账凭证，并将调整事项的确认依据作为原始凭证。

五、财务会计报告新旧衔接

（一）编制2024年1月1日资产负债表。

农村集体经济组织应当根据2024年1月1日新账的会计科目余额，按照新制度编制2024年1月1日资产负债表（仅要求填列各项目"年初余额"）。

（二）2024年度财务会计报告的编制。

农村集体经济组织应当按照新制度编制2024年度财务会计报告。在编制2024年度收益及收益分配表时，不要求填列上年比较数。

附表：新旧制度会计科目对照表

附表

新旧制度会计科目对照表

序号	新制度会计科目		原制度会计科目	
	编号	名称	编号	名称
一、资产类科目				
1	101	库存现金	101	现金
2	102	银行存款	102	银行存款
3	111	短期投资	111	短期投资
4	112	应收款	112	应收款
5	113	内部往来	113	内部往来
6	121	库存物资	121	库存物资
7	131	消耗性生物资产	131	牲畜（禽）资产
8	132	生产性生物资产		
9	133	生产性生物资产累计折旧	132	林木资产
10	134	公益性生物资产		
11	141	长期投资	141	长期投资
12	151	固定资产	151	固定资产
13	152	累计折旧	152	累计折旧
14	153	在建工程	154	在建工程
15	154	固定资产清理	153	固定资产清理
16	161	无形资产		
17	162	累计摊销		
18	171	长期待摊费用		
19	181	待处理财产损溢		
二、负债类科目				
20	201	短期借款	201	短期借款
21	211	应付款	202	应付款
22	213	应付劳务费		
23	214	应交税费		
24	212	应付工资	211	应付工资
25	221	长期借款及应付款	221	长期借款及应付款
26	241	专项应付款		
27	231	一事一议资金	231	一事一议资金

（续表）

序号	新制度会计科目		原制度会计科目	
	编号	名称	编号	名称
28			212	应付福利费*
三、所有者权益类科目				
29	301	资本	301	资本
30	311	公积公益金	311	公积公益金
31	321	本年收益	321	本年收益
32	322	收益分配	322	收益分配
四、成本类科目				
33	401	生产（劳务）成本	401	生产（劳务）成本
五、损益类科目				
34	501	经营收入	501	经营收入
35			511	发包及上交收入
36	502	投资收益	561	投资收益
37	503	补助收入	522	补助收入
38	504	其他收入	531	补助收入
39	511	经营支出	502	补助收入
40	512	税金及附加		
41	513	管理费用	541	管理费用
42	514	公益支出		
43	515	其他支出	551	其他支出
44	521	所得税费用		
45			521	农业税附加返还收入

*新制度取消应付福利费科目，原账科目余额转入"收益分配——未分配收益"科目。

第四编

审计相关法规

第二十一章　国家审计综合性法规

1. 中华人民共和国审计法（2021年修正）

（1994年8月31日第八届全国人民代表大会常务委员会第九次会议通过　根据2006年2月28日第十届全国人民代表大会常务委员会第二十次会议《关于修改〈中华人民共和国审计法〉的决定》第一次修正　根据2021年10月23日第十三届全国人民代表大会常务委员会第三十一次会议通过《关于修改〈中华人民共和国审计法〉的决定》第二次修正）

第一章　总　则

第一条　为了加强国家的审计监督，维护国家财政经济秩序，提高财政资金使用效益，促进廉政建设，保障国民经济和社会健康发展，根据宪法，制定本法。

第二条　国家实行审计监督制度。坚持中国共产党对审计工作的领导，构建集中统一、全面覆盖、权威高效的审计监督体系。

国务院和县级以上地方人民政府设立审计机关。

国务院各部门和地方各级人民政府及其各部门的财政收支，国有的金融机构和企业事业组织的财务收支，以及其他依照本法规定应当接受审计的财政收支、财务收支，依照本法规定接受审计监督。

审计机关对前款所列财政收支或者财务收支的真实、合法和效益，依法进行审计监督。

第三条　审计机关依照法律规定的职权和程序，进行审计监督。

审计机关依据有关财政收支、财务收支的法律、法规和国家其他有关规定进行审计评价，在法定职权范围内作出审计决定。

第四条　国务院和县级以上地方人民政府应当每年向本级人民代表大会常务委员会提出审计工作报告。审计工作报告应当报告审计机关对预算执行、决算草案以及其他财政收支的审计情况，重点报告对预算执行及其绩效的审计情况，按照有关法律、行政法规的规定报告对国有资源、国有资产的审计情况。必要时，人民代表大会常务委员会可以对审计工作报告作出决议。

国务院和县级以上地方人民政府应当将审计工作报告中指出的问题的整改情况和处理结果向本级人民代表大会常务委员会报告。

第五条　审计机关依照法律规定独立行使审计监督权，不受其他行政机关、社会团体和个人的干涉。

第六条　审计机关和审计人员办理审计事项，应当客观公正，实事求是，廉洁奉公，保守秘密。

第二章　审计机关和审计人员

第七条　国务院设立审计署，在国务院总理领导下，主管全国的审计工作。审计长是审计署的行政首长。

第八条　省、自治区、直辖市、设区的市、自治州、县、自治县、不设区的市、市辖区的人民政府的审计机关，分别在省长、自治区主席、市长、州长、县长、区长和上一级审计机关的领导下，负责本行政区域内的审计工作。

第九条 地方各级审计机关对本级人民政府和上一级审计机关负责并报告工作，审计业务以上级审计机关领导为主。

第十条 审计机关根据工作需要，经本级人民政府批准，可以在其审计管辖范围内设立派出机构。

派出机构根据审计机关的授权，依法进行审计工作。

第十一条 审计机关履行职责所必需的经费，应当列入预算予以保证。

第十二条 审计机关应当建设信念坚定、为民服务、业务精通、作风务实、敢于担当、清正廉洁的高素质专业化审计队伍。

审计机关应当加强对审计人员遵守法律和执行职务情况的监督，督促审计人员依法履职尽责。

审计机关和审计人员应当依法接受监督。

第十三条 审计人员应当具备与其从事的审计工作相适应的专业知识和业务能力。

审计机关根据工作需要，可以聘请具有与审计事项相关专业知识的人员参加审计工作。

第十四条 审计机关和审计人员不得参加可能影响其依法独立履行审计监督职责的活动，不得干预、插手被审计单位及其相关单位的正常生产经营和管理活动。

第十五条 审计人员办理审计事项，与被审计单位或者审计事项有利害关系的，应当回避。

第十六条 审计机关和审计人员对在执行职务中知悉的国家秘密、工作秘密、商业秘密、个人隐私和个人信息，应当予以保密，不得泄露或者向他人非法提供。

第十七条 审计人员依法执行职务，受法律保护。

任何组织和个人不得拒绝、阻碍审计人员依法执行职务，不得打击报复审计人员。

审计机关负责人依照法定程序任免。审计机关负责人没有违法失职或者其他不符合任职条件的情况的，不得随意撤换。

地方各级审计机关负责人的任免，应当事先征求上一级审计机关的意见。

第三章　审计机关职责

第十八条 审计机关对本级各部门（含直属单位）和下级政府预算的执行情况和决算以及其他财政收支情况，进行审计监督。

第十九条 审计署在国务院总理领导下，对中央预算执行情况、决算草案以及其他财政收支情况进行审计监督，向国务院总理提出审计结果报告。

地方各级审计机关分别在省长、自治区主席、市长、州长、县长、区长和上一级审计机关的领导下，对本级预算执行情况、决算草案以及其他财政收支情况进行审计监督，向本级人民政府和上一级审计机关提出审计结果报告。

第二十条 审计署对中央银行的财务收支，进行审计监督。

第二十一条 审计机关对国家的事业组织和使用财政资金的其他事业组织的财务收支，进行审计监督。

第二十二条 审计机关对国有企业、国有金融机构和国有资本占控股地位或者主导地位的企业、金融机构的资产、负债、损益以及其他财务收支情况，进行审计监督。

遇有涉及国家财政金融重大利益情形，为维护国家经济安全，经国务院批准，审计署可以对前款规定以外的金融机构进行专项审计调查或者审计。

第二十三条 审计机关对政府投资和以政府投资为主的建设项目的预算执行情况和决算，对其他关系国家利益和公共利益的重大公共工程项目的资金管理使用和建设运营情况，进行审计监督。

第二十四条 审计机关对国有资源、国有资产，进行审计监督。

审计机关对政府部门管理的和其他单位受政府委托管理的社会保险基金、全国社会保障基金、社会捐赠资金以及其他公共资金的财务收支，进行审计监督。

第二十五条 审计机关对国际组织和外国政府援助、贷款项目的财务收支，进行审计监督。

第二十六条 根据经批准的审计项目计划安排，审计机关可以对被审计单位贯彻落实国家重大经济社会政策措施情况进行审计监督。

第二十七条 除本法规定的审计事项外，审计机关对其他法律、行政法规规定应当由审计机关进行审计的事项，依照本法和有关法律、行政法规的规定进行审计监督。

第二十八条 审计机关可以对被审计单位依法应当接受审计的事项进行全面审计，也可以对其中的特定事项进行专项审计。

第二十九条 审计机关有权对与国家财政收支有关的特定事项，向有关地方、部门、单位进行专项审计调查，并向本级人民政府和上一级审计机关报告审计调查结果。

第三十条 审计机关履行审计监督职责，发现经济社会运行中存在风险隐患的，应当及时向本级人民政府报告或者向有关主管机关、单位通报。

第三十一条 审计机关根据被审计单位的财政、财务隶属关系或者国有资源、国有资产监督管理关系，确定审计管辖范围。

审计机关之间对审计管辖范围有争议的，由其共同的上级审计机关确定。

上级审计机关对其审计管辖范围内的审计事项，可以授权下级审计机关进行审计，但本法第十八条至第二十条规定的审计事项不得进行授权；上级审计机关对下级审计机关审计管辖范围内的重大审计事项，可以直接进行审计，但是应当防止不必要的重复审计。

第三十二条 被审计单位应当加强对内部审计工作的领导，按照国家有关规定建立健全内部审计制度。

审计机关应当对被审计单位的内部审计工作进行业务指导和监督。

第三十三条 社会审计机构审计的单位依法属于被审计单位的，审计机关按照国务院的规定，有权对该社会审计机构出具的相关审计报告进行核查。

第四章 审计机关权限

第三十四条 审计机关有权要求被审计单位按照审计机关的规定提供财务、会计资料以及与财政收支、财务收支有关的业务、管理等资料，包括电子数据和有关文档。被审计单位不得拒绝、拖延、谎报。

被审计单位负责人应当对本单位提供资料的及时性、真实性和完整性负责。

审计机关对取得的电子数据等资料进行综合分析，需要向被审计单位核实有关情况的，被审计单位应当予以配合。

第三十五条 国家政务信息系统和数据共享平台应当按照规定向审计机关开放。

审计机关通过政务信息系统和数据共享平台取得的电子数据等资料能够满足需要的，不得要求被审计单位重复提供。

第三十六条 审计机关进行审计时，有权检查被审计单位的财务、会计资料以及与财政收支、财务收支有关的业务、管理等资料和资产，有权检查被审计单位信息系统的安全性、可靠性、经济性，被审计单位不得拒绝。

第三十七条 审计机关进行审计时，有权就审计事项的有关问题向有关单位和个人进行调查，并取得有关证明材料。有关单位和个人应当支持、协助审计机关工作，如实向审计机关反映情况，提供有关证明材料。

审计机关经县级以上人民政府审计机关负责人批准，有权查询被审计单位在金融机构的账户。

审计机关有证据证明被审计单位违反国家规定将公款转入其他单位、个人在金融机构账户的，经县级以上人民政府审计机关主要负责人批准，有权查询有关单位、个人在金融机构与审计事项相关的存款。

第三十八条 审计机关进行审计时，被审计单位不得转移、隐匿、篡改、毁弃财务、会计资料以及与财政收支、财务收支有关的业务、管理等资料，不得转移、隐匿、故意毁损所持有的违反国家规定取得的资产。

审计机关对被审计单位违反前款规定的行为，有权予以制止；必要时，经县级以上人民政府审计机关负责人批准，有权封存有关资料和违反国家规定取得的资产；对其中在金融机构的有关存款需要予以冻结的，应当向人民法院提出申请。

审计机关对被审计单位正在进行的违反国家规定的财政收支、财务收支行为，有权予以制止；制止无效的，经县级以上人民政府审计机关负责人批准，通知财政部门和有关主管机关、单位暂停拨付与违反国家规定的财政收支、财务收支行为直接有关的款项，已经拨付的，暂停使用。

审计机关采取前两款规定的措施不得影响被审计单位合法的业务活动和生产经营活动。

第三十九条 审计机关认为被审计单位所执行的上级主管机关、单位有关财政收支、财务收支的规定与法律、行政法规相抵触的，应当建议有关主管机关、单位纠正；有关主管机关、单位不予纠正的，审计机关应当提请有权处理的机关、单位依法处理。

第四十条 审计机关可以向政府有关部门通报或者向社会公布审计结果。

审计机关通报或者公布审计结果，应当保守国家秘密、工作秘密、商业秘密、个人隐私和个人信息，遵守法律、行政法规和国务院的有关规定。

第四十一条 审计机关履行审计监督职责，可以提请公安、财政、自然资源、生态环境、海关、税务、市场监督管理等机关予以协助。有关机关应当依法予以配合。

第五章 审 计 程 序

第四十二条 审计机关根据经批准的审计项目计划确定的审计事项组成审计组，并应当在实施审计三日前，向被审计单位送达审计通知书；遇有特殊情况，经县级以上人民政府审计机关负责人批准，可以直接持审计通知书实施审计。

被审计单位应当配合审计机关的工作，并提供必要的工作条件。

审计机关应当提高审计工作效率。

第四十三条 审计人员通过审查财务、会计资料，查阅与审计事项有关的文件、资料，检查现金、实物、有价证券和信息系统，向有关单位和个人调查等方式进行审计，并取得证明材料。

向有关单位和个人进行调查时，审计人员应当不少于二人，并出示其工作证件和审计通知书副本。

第四十四条 审计组对审计事项实施审计后，应当向审计机关提出审计组的审计报告。审计组的审计报告报送审计机关前，应当征求被审计单位的意见。被审计单位应当自接到审计组的审计报告之日起十日内，将其书面意见送交审计组。审计组应当将被审计单位的书面意见一并报送审计机关。

第四十五条 审计机关按照审计署规定的程序对审计组的审计报告进行审议，并对被审计单位对审计组的审计报告提出的意见一并研究后，出具审计机关的审计报告。对违反国家规定的财政收支、财务收支行为，依法应当给予处理、处罚的，审计机关在法定职权范围内作出审计决定；需要移送有关主管机关、单位处理、处罚的，审计机关应当依法移送。

审计机关应当将审计机关的审计报告和审计决定送达被审计单位和有关主管机关、单位，并报上一级审计机关。审计决定自送达之日起生效。

第四十六条　上级审计机关认为下级审计机关作出的审计决定违反国家有关规定的，可以责成下级审计机关予以变更或者撤销，必要时也可以直接作出变更或者撤销的决定。

第六章　法　律　责　任

第四十七条　被审计单位违反本法规定，拒绝、拖延提供与审计事项有关的资料的，或者提供的资料不真实、不完整的，或者拒绝、阻碍检查、调查、核实有关情况的，由审计机关责令改正，可以通报批评，给予警告；拒不改正的，依法追究法律责任。

第四十八条　被审计单位违反本法规定，转移、隐匿、篡改、毁弃财务、会计资料以及与财政收支、财务收支有关的业务、管理等资料，或者转移、隐匿、故意毁损所持有的违反国家规定取得的资产，审计机关认为对直接负责的主管人员和其他直接责任人员依法应当给予处分的，应当向被审计单位提出处理建议，或者移送监察机关和有关主管机关、单位处理，有关机关、单位应当将处理结果书面告知审计机关；构成犯罪的，依法追究刑事责任。

第四十九条　对本级各部门（含直属单位）和下级政府违反预算的行为或者其他违反国家规定的财政收支行为，审计机关、人民政府或者有关主管机关、单位在法定职权范围内，依照法律、行政法规的规定，区别情况采取下列处理措施：

（一）责令限期缴纳应当上缴的款项；

（二）责令限期退还被侵占的国有资产；

（三）责令限期退还违法所得；

（四）责令按照国家统一的财务、会计制度的有关规定进行处理；

（五）其他处理措施。

第五十条　对被审计单位违反国家规定的财务收支行为，审计机关、人民政府或者有关主管机关、单位在法定职权范围内，依照法律、行政法规的规定，区别情况采取前条规定的处理措施，并可以依法给予处罚。

第五十一条　审计机关在法定职权范围内作出的审计决定，被审计单位应当执行。

审计机关依法责令被审计单位缴纳应当上缴的款项，被审计单位拒不执行的，审计机关应当通报有关主管机关、单位，有关主管机关、单位应当依照有关法律、行政法规的规定予以扣缴或者采取其他处理措施，并将处理结果书面告知审计机关。

第五十二条　被审计单位应当按照规定时间整改审计查出的问题，将整改情况报告审计机关，同时向本级人民政府或者有关主管机关、单位报告，并按照规定向社会公布。

各级人民政府和有关主管机关、单位应当督促被审计单位整改审计查出的问题。审计机关应当对被审计单位整改情况进行跟踪检查。

审计结果以及整改情况应当作为考核、任免、奖惩领导干部和制定政策、完善制度的重要参考；拒不整改或者整改时弄虚作假的，依法追究法律责任。

第五十三条　被审计单位对审计机关作出的有关财务收支的审计决定不服的，可以依法申请行政复议或者提起行政诉讼。

被审计单位对审计机关作出的有关财政收支的审计决定不服的，可以提请审计机关的本级人民政府裁决，本级人民政府的裁决为最终决定。

第五十四条　被审计单位的财政收支、财务收支违反国家规定，审计机关认为对直接负责的主管人员和其他直接责任人员依法应当给予处分的，应当向被审计单位提出处理建议，或者移送监察机关和有关主管机关、单位处理，有关机关、单位应当将处理结果书面告知审计机关。

第五十五条　被审计单位的财政收支、财务收支违反法律、行政法规的规定，构成犯罪的，依法追究刑事责任。

第五十六条 报复陷害审计人员的,依法给予处分;构成犯罪的,依法追究刑事责任。

第五十七条 审计人员滥用职权、徇私舞弊、玩忽职守或者泄露、向他人非法提供所知悉的国家秘密、工作秘密、商业秘密、个人隐私和个人信息的,依法给予处分;构成犯罪的,依法追究刑事责任。

第七章 附 则

第五十八条 领导干部经济责任审计和自然资源资产离任审计,依照本法和国家有关规定执行。

第五十九条 中国人民解放军和中国人民武装警察部队审计工作的规定,由中央军事委员会根据本法制定。

审计机关和军队审计机构应当建立健全协作配合机制,按照国家有关规定对涉及军地经济事项实施联合审计。

第六十条 本法自1995年1月1日起施行。1988年11月30日国务院发布的《中华人民共和国审计条例》同时废止。

2.中华人民共和国审计法实施条例(2010年修订)

(1997年10月21日中华人民共和国国务院令第231号公布 2010年2月2日国务院第100次常务会议修订通过 2010年2月11日中华人民共和国国务院令第571号公布)

第一章 总 则

第一条 根据《中华人民共和国审计法》(以下简称审计法)的规定,制定本条例。

第二条 审计法所称审计,是指审计机关依法独立检查被审计单位的会计凭证、会计账簿、财务会计报告以及其他与财政收支、财务收支有关的资料和资产,监督财政收支、财务收支真实、合法和效益的行为。

第三条 审计法所称财政收支,是指依照《中华人民共和国预算法》和国家其他有关规定,纳入预算管理的收入和支出,以及下列财政资金中未纳入预算管理的收入和支出:

(一)行政事业性收费;

(二)国有资源、国有资产收入;

(三)应当上缴的国有资本经营收益;

(四)政府举借债务筹措的资金;

(五)其他未纳入预算管理的财政资金。

第四条 审计法所称财务收支,是指国有的金融机构、企业事业组织以及依法应当接受审计机关审计监督的其他单位,按照国家财务会计制度的规定,实行会计核算的各项收入和支出。

第五条 审计机关依照审计法和本条例以及其他有关法律、法规规定的职责、权限和程序进行审计监督。

审计机关依照有关财政收支、财务收支的法律、法规,以及国家有关政策、标准、项目目标等方面的规定进行审计评价,对被审计单位违反国家规定的财政收支、财务收支行为,在法定职权范围内作出处理、处罚的决定。

第六条 任何单位和个人对依法应当接受审计机关审计监督的单位违反国家规定的财政收支、财务收支行为,有权向审计机关举报。审计机关接到举报,应当依法及时处理。

第二章　审计机关和审计人员

第七条　审计署在国务院总理领导下,主管全国的审计工作,履行审计法和国务院规定的职责。

地方各级审计机关在本级人民政府行政首长和上一级审计机关的领导下,负责本行政区域的审计工作,履行法律、法规和本级人民政府规定的职责。

第八条　省、自治区人民政府设有派出机关的,派出机关的审计机关对派出机关和省、自治区人民政府审计机关负责并报告工作,审计业务以省、自治区人民政府审计机关领导为主。

第九条　审计机关派出机构依照法律、法规和审计机关的规定,在审计机关的授权范围内开展审计工作,不受其他行政机关、社会团体和个人的干涉。

第十条　审计机关编制年度经费预算草案的依据主要包括:

（一）法律、法规;

（二）本级人民政府的决定和要求;

（三）审计机关的年度审计工作计划;

（四）定员定额标准;

（五）上一年度经费预算执行情况和本年度的变化因素。

第十一条　审计人员实行审计专业技术资格制度,具体按照国家有关规定执行。

审计机关根据工作需要,可以聘请具有与审计事项相关专业知识的人员参加审计工作。

第十二条　审计人员办理审计事项,有下列情形之一的,应当申请回避,被审计单位也有权申请审计人员回避:

（一）与被审计单位负责人或者有关主管人员有夫妻关系、直系血亲关系、三代以内旁系血亲或者近姻亲关系的;

（二）与被审计单位或者审计事项有经济利益关系的;

（三）与被审计单位、审计事项、被审计单位负责人或者有关主管人员有其他利害关系,可能影响公正执行公务的。

审计人员的回避,由审计机关负责人决定;审计机关负责人办理审计事项时的回避,由本级人民政府或者上一级审计机关负责人决定。

第十三条　地方各级审计机关正职和副职负责人的任免,应当事先征求上一级审计机关的意见。

第十四条　审计机关负责人在任职期间没有下列情形之一的,不得随意撤换:

（一）因犯罪被追究刑事责任的;

（二）因严重违法、失职受到处分,不适宜继续担任审计机关负责人的;

（三）因健康原因不能履行职责1年以上的;

（四）不符合国家规定的其他任职条件的。

第三章　审计机关职责

第十五条　审计机关对本级人民政府财政部门具体组织本级预算执行的情况,本级预算收入征收部门征收预算收入的情况,与本级人民政府财政部门直接发生预算缴款、拨款关系的部门、单位的预算执行情况和决算,下级人民政府的预算执行情况和决算,以及其他财政收支情况,依法进行审计监督。经本级人民政府批准,审计机关对其他取得财政资金的单位和项目接受、运用财政资金的真实、合法和效益情况,依法进行审计监督。

第十六条　审计机关对本级预算收入和支出的执行情况进行审计监督的内容包括:

（一）财政部门按照本级人民代表大会批准的本级预算向本级各部门（含直属单位）

批复预算的情况、本级预算执行中调整情况和预算收支变化情况；

（二）预算收入征收部门依照法律、行政法规的规定和国家其他有关规定征收预算收入情况；

（三）财政部门按照批准的年度预算、用款计划，以及规定的预算级次和程序，拨付本级预算支出资金情况；

（四）财政部门依照法律、行政法规的规定和财政管理体制，拨付和管理政府间财政转移支付资金情况以及办理结算、结转情况；

（五）国库按照国家有关规定办理预算收入的收纳、划分、留解情况和预算支出资金的拨付情况；

（六）本级各部门（含直属单位）执行年度预算情况；

（七）依照国家有关规定实行专项管理的预算资金收支情况；

（八）法律、法规规定的其他预算执行情况。

第十七条 审计法第十七条所称审计结果报告，应当包括下列内容：

（一）本级预算执行和其他财政收支的基本情况；

（二）审计机关对本级预算执行和其他财政收支情况作出的审计评价；

（三）本级预算执行和其他财政收支中存在的问题以及审计机关依法采取的措施；

（四）审计机关提出的改进本级预算执行和其他财政收支管理工作的建议；

（五）本级人民政府要求报告的其他情况。

第十八条 审计署对中央银行及其分支机构履行职责所发生的各项财务收支，依法进行审计监督。

审计署向国务院总理提出的中央预算执行和其他财政收支情况审计结果报告，应当包括对中央银行的财务收支的审计情况。

第十九条 审计法第二十一条所称国有资本占控股地位或者主导地位的企业、金融机构，包括：

（一）国有资本占企业、金融机构资本（股本）总额的比例超过50%的；

（二）国有资本占企业、金融机构资本（股本）总额的比例在50%以下，但国有资本投资主体拥有实际控制权的。

审计机关对前款规定的企业、金融机构，除国务院另有规定外，比照审计法第十八条第二款、第二十条规定进行审计监督。

第二十条 审计法第二十二条所称政府投资和以政府投资为主的建设项目，包括：

（一）全部使用预算内投资资金、专项建设基金、政府举借债务筹措的资金等财政资金的；

（二）未全部使用财政资金，财政资金占项目总投资的比例超过50%，或者占项目总投资的比例在50%以下，但政府拥有项目建设、运营实际控制权的。

审计机关对前款规定的建设项目的总预算或者概算的执行情况、年度预算的执行情况和年度决算、单项工程结算、项目竣工决算，依法进行审计监督；对前款规定的建设项目进行审计时，可以对直接有关的设计、施工、供货等单位取得建设项目资金的真实性、合法性进行调查。

第二十一条 审计法第二十三条所称社会保障基金，包括社会保险、社会救助、社会福利基金以及发展社会保障事业的其他专项基金；所称社会捐赠资金，包括来源于境内外的货币、有价证券和实物等各种形式的捐赠。

第二十二条 审计法第二十四条所称国际组织和外国政府援助、贷款项目，包括：

（一）国际组织、外国政府及其机构向中国政府及其机构提供的贷款项目；

（二）国际组织、外国政府及其机构向中国企业事业组织以及其他组织提供的由中国政府及其机构担保的贷款项目；

（三）国际组织、外国政府及其机构向中国政府及其机构提供的援助和赠款项目；

（四）国际组织、外国政府及其机构向受中国政府委托管理有关基金、资金的单位提供的援助和赠款项目；

（五）国际组织、外国政府及其机构提供援助、贷款的其他项目。

第二十三条 审计机关可以依照审计法和本条例规定的审计程序、方法以及国家其他有关规定，对预算管理或者国有资产管理使用等与国家财政收支有关的特定事项，向有关地方、部门、单位进行专项审计调查。

第二十四条 审计机关根据被审计单位的财政、财务隶属关系，确定审计管辖范围；不能根据财政、财务隶属关系确定审计管辖范围的，根据国有资产监督管理关系，确定审计管辖范围。

两个以上国有资本投资主体投资的金融机构、企业事业组织和建设项目，由对主要投资主体有审计管辖权的审计机关进行审计监督。

第二十五条 各级审计机关应当按照确定的审计管辖范围进行审计监督。

第二十六条 依法属于审计机关审计监督对象的单位的内部审计工作，应当接受审计机关的业务指导和监督。

依法属于审计机关审计监督对象的单位，可以根据内部审计工作的需要，参加依法成立的内部审计自律组织。审计机关可以通过内部审计自律组织，加强对内部审计工作的业务指导和监督。

第二十七条 审计机关进行审计或者专项审计调查时，有权对社会审计机构出具的相关审计报告进行核查。

审计机关核查社会审计机构出具的相关审计报告时，发现社会审计机构存在违反法律、法规或者执业准则等情况的，应当移送有关主管机关依法追究责任。

第四章 审计机关权限

第二十八条 审计机关依法进行审计监督时，被审计单位应当依照审计法第三十一条规定，向审计机关提供与财政收支、财务收支有关的资料。被审计单位负责人应当对本单位提供资料的真实性和完整性作出书面承诺。

第二十九条 各级人民政府财政、税务以及其他部门（含直属单位）应当向本级审计机关报送下列资料：

（一）本级人民代表大会批准的本级预算和本级人民政府财政部门向本级各部门（含直属单位）批复的预算，预算收入征收部门的年度收入计划，以及本级各部门（含直属单位）向所属各单位批复的预算；

（二）本级预算收支执行和预算收入征收部门的收入计划完成情况月报、年报，以及决算情况；

（三）综合性财政税务工作统计年报、情况简报，财政、预算、税务、财务和会计等规章制度；

（四）本级各部门（含直属单位）汇总编制的本部门决算草案。

第三十条 审计机关依照审计法第三十三条规定查询被审计单位在金融机构的账户的，应当持县级以上人民政府审计机关负责人签发的协助查询单位账户通知书；查询被审计单位以个人名义在金融机构的存款的，应当持县级以上人民政府审计机关主要负责人签发的协助查询个人存款通知书。有关金融机构应当予以协助，并提供证明材料，审计机关和审计人员负有保密义务。

第三十一条 审计法第三十四条所称违反国家规定取得的资产，包括：

（一）弄虚作假骗取的财政拨款、实物以及金融机构贷款；
（二）违反国家规定享受国家补贴、补助、贴息、免息、减税、免税、退税等优惠政策取得的资产；
（三）违反国家规定向他人收取的款项、有价证券、实物；
（四）违反国家规定处分国有资产取得的收益；
（五）违反国家规定取得的其他资产。

第三十二条 审计机关依照审计法第三十四条规定封存被审计单位有关资料和违反国家规定取得的资产的，应当持县级以上人民政府审计机关负责人签发的封存通知书，并在依法收集与审计事项相关的证明材料或者采取其他措施后解除封存。封存的期限为7日以内；有特殊情况需要延长的，经县级以上人民政府审计机关负责人批准，可以适当延长，但延长的期限不得超过7日。

对封存的资料、资产，审计机关可以指定被审计单位负责保管，被审计单位不得损毁或者擅自转移。

第三十三条 审计机关依照审计法第三十六条规定，可以就有关审计事项向政府有关部门通报或者向社会公布对被审计单位的审计、专项审计调查结果。

审计机关经与有关主管机关协商，可以在向社会公布的审计、专项审计调查结果中，一并公布对社会审计机构相关审计报告核查的结果。

审计机关拟向社会公布对上市公司的审计、专项审计调查结果的，应当在5日前将拟公布的内容告知上市公司。

第五章 审计程序

第三十四条 审计机关应当根据法律、法规和国家其他有关规定，按照本级人民政府和上级审计机关的要求，确定年度审计工作重点，编制年度审计项目计划。

审计机关在年度审计项目计划中确定对国有资本占控股地位或者主导地位的企业、金融机构进行审计的，应当自确定之日起7日内告知列入年度审计项目计划的企业、金融机构。

第三十五条 审计机关应当根据年度审计项目计划，组成审计组，调查了解被审计单位的有关情况，编制审计方案，并在实施审计3日前，向被审计单位送达审计通知书。

第三十六条 审计法第三十八条所称特殊情况，包括：
（一）办理紧急事项的；
（二）被审计单位涉嫌严重违法违规的；
（三）其他特殊情况。

第三十七条 审计人员实施审计时，应当按照下列规定办理：
（一）通过检查、查询、监督盘点、发函询证等方法实施审计；
（二）通过收集原件、原物或者复制、拍照等方法取得证明材料；
（三）对与审计事项有关的会议和谈话内容作出记录，或者要求被审计单位提供会议记录材料；
（四）记录审计实施过程和查证结果。

第三十八条 审计人员向有关单位和个人调查取得的证明材料，应当有提供者的签名或者盖章；不能取得提供者签名或者盖章的，审计人员应当注明原因。

第三十九条 审计组向审计机关提出审计报告前，应当书面征求被审计单位意见。被审计单位应当自接到审计组的审计报告之日起10日内，提出书面意见；10日内未提出书面意见的，视同无异议。

审计组应当针对被审计单位提出的书面意见，进一步核实情况，对审计组的审计报告作必要修改，连同被审计单位的书面意见一并报送审计机关。

第四十条 审计机关有关业务机构和专门机构或者人员对审计组的审计报告以及相关审计事项进行复核、审理后，由审计机关按照下列规定办理：

（一）提出审计机关的审计报告，内容包括：对审计事项的审计评价，对违反国家规定的财政收支、财务收支行为提出的处理、处罚意见，移送有关主管机关、单位的意见，改进财政收支、财务收支管理工作的意见；

（二）对违反国家规定的财政收支、财务收支行为，依法应当给予处理、处罚的，在法定职权范围内作出处理、处罚的审计决定；

（三）对依法应当追究有关人员责任的，向有关主管机关、单位提出给予处分的建议；对依法应当由有关主管机关处理、处罚的，移送有关主管机关；涉嫌犯罪的，移送司法机关。

第四十一条 审计机关在审计中发现损害国家利益和社会公共利益的事项，但处理、处罚依据又不明确的，应当向本级人民政府和上一级审计机关报告。

第四十二条 被审计单位应当按照审计机关规定的期限和要求执行审计决定。对应当上缴的款项，被审计单位应当按照财政管理体制和国家有关规定缴入国库或者财政专户。审计决定需要有关主管机关、单位协助执行的，审计机关应当书面提请协助执行。

第四十三条 上级审计机关应当对下级审计机关的审计业务依法进行监督。

下级审计机关作出的审计决定违反国家有关规定的，上级审计机关可以责成下级审计机关予以变更或者撤销，也可以直接作出变更或者撤销的决定；审计决定被撤销后需要重新作出审计决定的，上级审计机关可以责成下级审计机关在规定的期限内重新作出审计决定，也可以直接作出审计决定。

下级审计机关应当作出而没有作出审计决定的，上级审计机关可以责成下级审计机关在规定的期限内作出审计决定，也可以直接作出审计决定。

第四十四条 审计机关进行专项审计调查时，应当向被调查的地方、部门、单位出示专项审计调查的书面通知，并说明有关情况；有关地方、部门、单位应当接受调查，如实反映情况，提供有关资料。

在专项审计调查中，依法属于审计机关审计监督对象的部门、单位有违反国家规定的财政收支、财务收支行为或者其他违法违规行为的，专项审计调查人员和审计机关可以依照审计法和本条例的规定提出审计报告，作出审计决定，或者移送有关主管机关、单位依法追究责任。

第四十五条 审计机关应当按照国家有关规定建立、健全审计档案制度。

第四十六条 审计机关送达审计文书，可以直接送达，也可以邮寄送达或者以其他方式送达。直接送达的，以被审计单位在送达回证上注明的签收日期或者见证人证明的收件日期为送达日期；邮寄送达的，以邮政回执上注明的收件日期为送达日期；以其他方式送达的，以签收或者收件日期为送达日期。

审计机关的审计文书的种类、内容和格式，由审计署规定。

第六章 法律责任

第四十七条 被审计单位违反审计法和本条例的规定，拒绝、拖延提供与审计事项有关的资料，或者提供的资料不真实、不完整，或者拒绝、阻碍检查的，由审计机关责令改正，可以通报批评，给予警告；拒不改正的，对被审计单位可以处 5 万元以下的罚款，对直接负责的主管人员和其他直接责任人员，可以处 2 万元以下的罚款，审计机关认为应当给予处分的，向有关主管机关、单位提出给予处分的建议；构成犯罪的，依法追究刑事责任。

第四十八条 对本级各部门（含直属单位）和下级人民政府违反预算的行为或者其他违反国家规定的财政收支行为，审计机关在法定职权范围内，依照法律、行政法规的规定，区别情况采取审计法第四十五条规定的处理措施。

第四十九条 对被审计单位违反国家规定的财务收支行为,审计机关在法定职权范围内,区别情况采取审计法第四十五条规定的处理措施,可以通报批评,给予警告;有违法所得的,没收违法所得,并处违法所得1倍以上5倍以下的罚款;没有违法所得的,可以处5万元以下的罚款;对直接负责的主管人员和其他直接责任人员,可以处2万元以下的罚款,审计机关认为应当给予处分的,向有关主管机关、单位提出给予处分的建议;构成犯罪的,依法追究刑事责任。

法律、行政法规对被审计单位违反国家规定的财务收支行为处理、处罚另有规定的,从其规定。

第五十条 审计机关在作出较大数额罚款的处罚决定前,应当告知被审计单位和有关人员有要求举行听证的权利。较大数额罚款的具体标准由审计署规定。

第五十一条 审计机关提出的对被审计单位给予处理、处罚的建议以及对直接负责的主管人员和其他直接责任人员给予处分的建议,有关主管机关、单位应当依法及时作出决定,并将结果书面通知审计机关。

第五十二条 被审计单位对审计机关依照审计法第十六条、第十七条和本条例第十五条规定进行审计监督作出的审计决定不服的,可以自审计决定送达之日起60日内,提请审计机关的本级人民政府裁决,本级人民政府的裁决为最终决定。

审计机关应当在审计决定中告知被审计单位提请裁决的途径和期限。

裁决期间,审计决定不停止执行。但是,有下列情形之一的,可以停止执行:

(一)审计机关认为需要停止执行的;

(二)受理裁决的人民政府认为需要停止执行的;

(三)被审计单位申请停止执行,受理裁决的人民政府认为其要求合理,决定停止执行的。

裁决由本级人民政府法制机构办理。裁决决定应当自接到提请之日起60日内作出;有特殊情况需要延长的,经法制机构负责人批准,可以适当延长,并告知审计机关和提请裁决的被审计单位,但延长的期限不得超过30日。

第五十三条 除本条例第五十二条规定的可以提请裁决的审计决定外,被审计单位对审计机关作出的其他审计决定不服的,可以依法申请行政复议或者提起行政诉讼。

审计机关应当在审计决定中告知被审计单位申请行政复议或者提起行政诉讼的途径和期限。

第五十四条 被审计单位应当将审计决定执行情况书面报告审计机关。审计机关应当检查审计决定的执行情况。

被审计单位不执行审计决定的,审计机关应当责令限期执行;逾期仍不执行的,审计机关可以申请人民法院强制执行,建议有关主管机关、单位对直接负责的主管人员和其他直接责任人员给予处分。

第五十五条 审计人员滥用职权、徇私舞弊、玩忽职守,或者泄露所知悉的国家秘密、商业秘密的,依法给予处分;构成犯罪的,依法追究刑事责任。

审计人员违法违纪取得的财物,依法予以追缴、没收或者责令退赔。

第七章 附 则

第五十六条 本条例所称以上、以下,包括本数。

本条例第五十二条规定的期间的最后一日是法定节假日的,以节假日后的第一个工作日为期间届满日。审计法和本条例规定的其他期间以工作日计算,不含法定节假日。

第五十七条 实施经济责任审计的规定,另行制定。

第五十八条 本条例自2010年5月1日起施行。

3. 审计署工作规则（2013年发布）

（审办发〔2013〕27号）

第一章 总 则

一、为切实履行法律赋予的审计监督职责，确保完成党中央、国务院交给的各项任务，加快推进审计工作法治化、规范化、科学化和信息化，全面提升审计工作的质量和水平，根据《中华人民共和国宪法》《中华人民共和国国务院组织法》《中华人民共和国审计法》和审计署工作实际，制定本规则。

二、审计署工作的指导思想是，高举中国特色社会主义伟大旗帜，以邓小平理论、"三个代表"重要思想、科学发展观为指导，牢固树立科学的审计理念，认真履行审计监督职责，坚持"依法审计、服务大局、围绕中心、突出重点、求真务实"的工作方针，把"推进法治、维护民生、推动改革、促进发展"作为审计工作的出发点和落脚点，全面监督财政财务收支的真实、合法和效益，严肃查处重大违法违规问题和经济犯罪案件线索，加大对中央重大政策措施贯彻落实情况的跟踪审计力度，完善审计公开制度，充分发挥审计保障国家经济社会健康运行的"免疫系统"功能，推动完善国家治理，努力在推进社会主义经济、政治、文化、社会和生态文明建设中发挥更大作用。

三、审计署工作的准则是，实行科学民主决策，坚持依法审计，推进政务公开，健全监督制度，加强廉政建设。

第二章 领导职责

四、审计署领导要依法依规履行职责，确保权力正确行使；开拓创新，求真务实，严守纪律，勤勉廉洁；充分发挥审计署机关各单位、各派出机构和地方审计机关的职能作用，保证政令畅通，不断提高审计机关的公信力、执行力和效率。

五、审计署领导由审计长、副审计长、总审计师、中央经济责任审计工作联席会议办公室主任、中央纪委驻署纪检组长和其他党组成员组成。

六、审计署实行审计长负责制，审计长领导审计署的工作。副审计长、总审计师、中央经济责任审计工作联席会议办公室主任和其他党组成员协助审计长工作。

七、副审计长、总审计师、中央经济责任审计工作联席会议办公室主任、中央纪委驻署纪检组长和其他党组成员按照分工负责处理分管工作或受审计长委托负责某些方面的工作或专项任务，并可代表审计署进行相关审计外事活动。

八、各分管署领导要按照中共审计署党组（以下简称署党组）决定，各负其责，全力协助审计长抓好审计业务工作和内部管理，抓好队伍建设、法治化建设、信息化建设、理论建设和文化建设；对分管的工作要切实加强领导，精心组织，创造性地开展工作。对分管工作中的重大事项和重要审计工作的进展情况必须及时向审计长报告。

九、审计署领导在工作中要密切沟通，团结协作。审计署领导参加党中央、国务院会议后要及时将会议精神向其他署领导通报。会议文件应送相关署领导传阅后交办公厅存查。

十、审计署机关各单位、各派出机构主要负责同志负责本单位的工作。

审计署机关各单位和各派出机构要各司其职，各尽其责，相互协调，密切配合，提高工作质量和水平，切实贯彻落实署党组和审计署的决定，及时反馈执行情况，努力完成各项工作任务。

十一、审计署机关各单位和各派出机构要认真贯彻落实中央关于改进工作作风、密切联系群众"八项规定"的有关精神,严格执行廉洁从政各项规定,切实加强廉政建设和作风建设。

第三章 依法行政

十二、审计署及署机关各单位、各派出机构要严格按照法定权限、有关规定和程序履行职责,行使行政权力。

十三、审计署根据经济社会发展和审计工作实际,不断完善审计法律体系。适时提出制定、修改或者废止有关审计法律和行政法规的建议。适时制定、修改或者废止有关审计规章以及其他相关规范性文件,并就审计规章以及其他相关规范性文件的应用性问题适时作出解释。

十四、审计署制定的规章和其他规范性文件,必须符合宪法、法律和国务院的行政法规、决定、命令,必要时征求相关部门的意见;涉及审计署与其他部门职权范围的事项,应报请国务院制定行政法规、发布决定和命令,或与有关部门联合制定规章及其他规范性文件。与有关部门联合制定的规章及规范性文件发布前须经国务院批准。审计规章应及时向国务院报送备案。

十五、提请审计长会议讨论的审计法律、行政法规草案送审稿和决定的审计规章以及其他相关规范性文件草案由法规司组织起草或审查。审计规章的解释工作由法规司组织办理。

十六、严格审计执法责任制和审计质量责任追究制,做到有法必依、执法必严、违法必究,依法审计、文明审计。

第四章 会议制度

十七、审计署实行党组会议、审计长会议、审计业务会议制度。

审计署工作中的重大事项,必须经党组会议、审计长会议或审计业务会议讨论决定。

十八、党组会议由党组成员组成,由党组书记或其委托党组副书记召集和主持,必要时可请有关领导和相关单位负责同志列席。主要任务是:

(一)学习党中央、国务院的有关文件、决定,传达党中央、国务院领导同志的重要指示和重要会议精神;

(二)研究制定审计工作的方针政策,发展战略、规划和重大措施;

(三)研究国务院委托审计署拟定的审计法律、行政法规草案;

(四)研究向党中央、国务院请示、报告的重大事项;

(五)研究部署审计署重要工作;

(六)研究决定审计署内部机构设置和干部管理中的重要问题;

(七)研究处理重大审计事项、重要涉外问题和年度外事工作计划;

(八)研究加强党的思想建设、组织建设、作风建设、制度建设、反腐倡廉建设、思想政治工作和精神文明建设;

(九)研究议定其他需要党组会议决定的事项。

党组会议不定期召开。必要时可召开党组扩大会议。

十九、审计长会议由审计长、副审计长、总审计师、中央经济责任审计工作联席会议办公室主任、中央纪委驻纪检组长和其他党组成员组成,由审计长或其委托其他署领导召集,根据需要可安排有关单位负责同志列席。主要任务是:

(一)研究贯彻落实党中央、国务院的决定、指示;

(二)分析审计工作形势,研究决定年度审计工作计划、年度工作要点和其他重大事项;

(三)讨论通过向国务院总理报送的中央预算执行和其他财政收支的审计结果报告;

(四)讨论通过其他向国务院的报告、请示;

（五）讨论通过由审计署制定和发布的审计规章；
（六）讨论通过对地方审计工作的指导意见；
（七）研究国务院有关部门与审计署协调的重要事项；
（八）讨论决定地方审计机关请示审计署的重要事项；
（九）研究特派办建设和署机关职工生活中的重大问题；
（十）研究议定其他需要审计长会议决定的事项。

审计长会议一般每周召开一次，根据需要可临时召开。

二十、审计业务会议由审计长、副审计长、总审计师、中央经济责任审计工作联席会议办公室主任、中央纪委驻署纪检组长、其他党组成员、总经济师、办公厅主任、法规司司长、科研所所长和有关审计专业人员组成。由审计长或其委托其他署领导召集，根据需要可安排有关单位负责同志列席。主要任务是：审议各审计业务司提交的需经审计业务会议讨论的审计（调查）工作方案、审计（调查）实施方案、审计（调查）报告、审计决定和审计公告稿。

二十一、审计署党组会议、审计长会议、审计业务会议的议题，由分管署领导审核或召开专题会议研究后提出，报党组书记、审计长或主持会议的署领导确定后提交会议研究，除特殊情况外，不得临时动议。

提交审计业务会议讨论的审计（调查）工作方案，应事先由分管署领导审核；提交审计业务会议讨论的审计（调查）报告，应按相关程序复核、审理，并经总审计师和分管署领导审核。审计业务会议讨论通过的审计（调查）工作方案和审计（调查）报告，由责任单位根据会议意见修改后，按程序办理发文。

二十二、审计署党组会议、审计长会议、审计业务会议的组织工作，由办公厅负责；一般要在会前3天把讨论文件发给参加会议的同志。

党组会议、审计长会议、审计业务会议要编写会议纪要。党组会议纪要由党组秘书负责编写；审计长会议纪要由办公厅负责编写，办公厅主任审核；审计业务会议纪要由法规司负责编写，总审计师审核。会议纪要由会议主持人签发。

党组会议、审计长会议、审计业务会议的开会时间要相对集中和固定，以保证审计署领导同志既能集中时间参加会议，又能有足够的时间深入基层调查研究、指导工作。

署领导不能出席党组会议、审计长会议或审计业务会议，向审计长请假。相关列席人员请假，本人需说明请假的具体事由，由办公厅向审计长报告。

二十三、署机关各单位需要组织由署领导出席的会议和活动，应事前与办公厅协商初步确定时间后，再正式按程序报批。署机关各单位需组织专题会议、培训和研讨等活动，由其他单位负责同志参加的，除紧急情况外，应提前一周报经分管署领导同意，并告知办公厅。如相关安排有冲突，由办公厅负责协调。

二十四、根据党中央、国务院指示和审计工作需要，召开全国性审计工作会议。全国性审计工作会议一般每年召开一次，由审计长或其委托其他署领导主持。召开属于二类会议的全国性审计工作会议，要按照规定报国务院审批。召开属于三类会议的全国性专业会议按每年年初审计长会议批准的会议计划执行。

二十五、召开全国性的审计工作会议和专业会议要按规定选择会议地点，严格控制会议规模和会期，要充分准备，提高效率和质量，尽可能采用视频会议形式召开。不得向地方和企事业单位摊派会议经费，不得组织会议代表游览及与会议无关的参观，不得发放纪念品及与会议无关的物品。

第五章　公文审批制度

二十六、审计署机关公文应当符合中共中央办公厅、国务院办公厅印发的《党政机关公文处理工作条例》，按照署相关规定和要求办理。

二十七、审计署收到的党中央、国务院文电，由办公厅报送党组书记、审计长或主持工作的署领导阅批。

审计署收到的国务院各部门、直属机构、办事机构、直属事业单位和各省、自治区、直辖市人民政府的文件，由办公厅按各司局的职责分工分送有关司局提出意见后，报送分管署领导阅批，重大事项由办公厅主任或副主任负责呈报有关署领导阅批后转有关司局办理。

审计机关各单位的请示、报告，按程序报相关署领导审定；审计署各派出机构和各省、自治区、直辖市审计厅（局）的请示、报告，由办公厅按职责分工确定承办单位，承办单位要认真研究审核，提出办理意见，报分管署领导审定，重大事项报审计长审批。除署领导交办事项和必须直接报送的绝密事项外，一般不直接向署领导个人报送公文。

二十八、在公文办理过程中，遇有承办或牵头单位不明确的事项，由办公厅负责协调或报请署领导确定，有关司局不得推诿扯皮。涉及署内多个司局业务的公文，有关司局要进行协商，并在公文签发前由主办司局送有关司局会签。

二十九、以署党组和审计署名义发的文电，在送党组书记或署领导签发前，有关经办单位要认真做好审核工作，最后由办公厅负责审核把关。

三十、以署党组名义发的文电，由党组书记或其委托党组副书记签发。

三十一、以审计署名义发的文电，其签发权限一般分为：

（一）由审计长签发的文电：向党中央、国务院报送的报告、请示、意见、信息；向国务院报送的审计报告和审计调查报告；审计署令；审计结果公告；发往各地区、各部门的重要政策性文电；审计规章和涉及审计工作重大问题的处理；重要的涉外事项和重要的政策性宣传稿件；推广全国性典型经验和指名批评某一地区或某一部门违纪问题的通报；向审计系统或审计人员颁发各种荣誉证书或奖状；审计署司局级机构变动和司局级干部的任免、处分等。审计长外出时，由主持工作的署领导签发。

（二）由分管署领导签发的文电：回复国务院办公厅、有关部委及地方人民政府征求意见的文件；单项审计工作制度；有关审计规章的实施细则及解释；列入年度审计项目计划的审计业务文书；列入年度计划的各种专业会议文电；年度审计计划中的个别项目调整等。

三十二、以审计署办公厅名义发出的文电，由主办司局领导审核，报分管署领导或审计长签发；办公厅主办的事项，一般由办公厅主任签发，必要时报分管署领导或审计长签发。办公厅主任外出时，由主持工作的副主任签发。

三十三、审计署会同党中央和国务院有关部门的联合发文或会签发文，一般由审计长签发。党中央和国务院有关部门会同我署的联合发文或会签发文，一般应按照对等原则由分管署领导审签。

三十四、审计署署印由办公厅秘书处保管，经审计长、分管署领导、办公厅主任或其委托的人员签字后使用。

三十五、署机关各单位、各派出机构要指定专人，严格按照有关规定和要求，认真做好审计署公文的审核工作，提高公文质量。除重要工作事项和具有普遍指导作用的文件简报外，其他尽可能不发。加大审计管理系统和电子公文运用，提高公文处理效率。

第六章 公务活动及宣传报道制度

三十六、审计署领导到基层考察调研，要轻车简从，减少随行和地方陪同人员，简化接待礼仪。特派办和地方审计机关负责同志不到机场、车站、码头和辖区分界处迎送。

审计署机关各单位、各派出机构负责同志也要按此原则办理。

三十七、除党中央、国务院统一组织安排的活动以外，未经署党组批准，署领导及司局级领导不得出席各部门、各地方、各单位召开的会议或接见、照相、颁奖、剪彩、奠基、庆典、论坛、联欢及首发、首映式等事务性活动。署领导不为署机关各单位、各派出机构和地方审计机关签发贺信、贺电、题词、题名、作序。

三十八、审计署领导因公出访，严格执行党中央和国务院有关规定。出访安排列入审计署年度外事工作计划。出访前，按规定报国务院批准，抄送外交部。回国后，向署党组报送出访报告，重要事项和需要请示的内容，向国务院报告。副审计长、总审计师、中央经济责任审计工作联席会议办公室主任、中央纪委驻署纪检组长每年出国（境）一般不超过1次。

三十九、审计署邀请的外国重要官方人士拟请国家领导人会见的，由审计署向国务院提出请示，抄送外交部，呈有关领导同志批准。

与台湾的交流活动，由审计署向国务院台办报批。

会见港澳人员、华侨知名人士，由署港澳台办公室（国际合作司）报审计长或分管外事的署领导批准。

四十、审计署代表参加国际会议，如在会前有国际性审计组织提议拟在中国举办或由中国承办大型、多边国际会议等事宜，应多方了解情况，请示署领导，做好应对预案；如在会上临时受邀，应将相关信息带回国内，向分管外事的署领导汇报，经审计长同意并报请有关部门批准后，由国际合作司正式发函协商予以确认。

四十一、审计署领导活动的宣传报道要从严掌握。全国性的审计工作会议和其他有较大影响的会议、活动，要按经审计署领导审定的方案进行新闻报道。审计署领导接受新闻单位采访，应由办公厅统一安排。审计署领导到基层考察调研等活动，一般不作报道，重要活动必须报道的，要严格按程序报批，中国审计报不能以头版消息刊载。对审计署重要会议，署内媒体综合报道一般不超过1 200字；审计署领导的讲话需要全文发表的，由办公厅指定署内一家媒体发表。

审计署领导参加外事活动，需要公开报道的，由国际合作司向办公厅提出方案，办公厅通知署管媒体进行报道。

第七章　外出请示报告制度

四十二、审计署领导及署机关各单位、各派出机构主要负责同志要严格执行请销假制度。

审计长离京出差、出访和休假，要确定一位署领导主持工作，审计署办公厅应按规定事前向国务院办公厅报告。副审计长、总审计师、中央经济责任审计工作联席会议办公室主任、中央纪委驻署纪检组长和其他党组成员离京出差的地点、事由、时间及出访和休假，原则上应提前5天向审计长报告，经批准后，由秘书把离京外出的有关事项通知办公厅。署领导出差、出访结束后，应及时向党组或审计长报告情况；专题调研、国际会议等重要事项，应及时向署党组或审计长写出书面报告。副审计长、总审计师、中央经济责任审计工作联席会议办公室主任和其他党组成员离京出差、出访和休假期间，应由审计长确定代理分管工作的署领导。遇有特殊紧急情况，由办公厅主任酌情商请在京署领导处理。

四十三、审计署机关各单位、各派出审计局主要负责同志离京出差、出访和休假，应确定临时负责本单位工作的司局级领导同志，经分管署领导审定，审计长批准，并报办公厅。办公厅要随时掌握各单位主要负责同志离京外出的情况，及时向有关署领导报告。

四十四、审计署驻地方特派员办事处主要负责同志离开驻地，原则上应提前2天报经分管署领导批准，并报告办公厅。办公厅应及时向有关署领导报告。

四十五、署机关各单位、各派出机构外出组织集体活动，以及负责同志到署内外单位授课，应按规定事前报经署领导批准，并报告办公厅。办公厅应及时向有关署领导报告。

第八章　推进政务公开

四十六、要大力推进政务公开，健全审计信息发布制度、审计结果和审计发现问题整改情况的公开制度，定期向署特约审计员通报审计工作情况，完善各类公开办事制度，提高审计工作和内部管理各项工作的透明度。

四十七、审计长会议、审计业务会议决定的事项，审计署制定的规章和规范性文件，除需保密的外，应及时公布。

四十八、凡涉及群众切身利益、需要群众广泛知晓的事项以及其他依照法律、法规和国家有关规定应当主动公开的事项，均应通过审计署门户网站、审计结果公告、新闻发布会以及报刊、广播、电视等方式，依法、及时、准确地向社会公开，主动回应相关方面的关切。

第九章 作风建设

四十九、审计署要坚决贯彻执行党和国家的路线方针政策及工作部署。审计署及署机关各单位、各派出机构领导必须坚决执行审计署的决定，如有不同意见，可在审计署内部提出，在没有重新作出决定之前，不得有任何与审计署决定相违背的言论和行为。署领导发表涉及国家重要政策的讲话和文章，若无统一口径，事先要报国务院同意。署机关各单位、各派出机构领导发表涉及重要政策的讲话和文章，须报分管署领导批准。

五十、审计署要建设学习型机关。署领导要做学习的表率，密切关注国际国内经济、社会、科技等方面发展变化的新趋势，不断充实新知识，丰富新经验，大力推进审计信息化建设。

五十一、审计署领导要深入基层调研，明确调研主题，掌握真实情况，解决实际问题。坚持署领导对地方审计工作调研重点联系地区制度。

五十二、要从严治政，对职权范围内的事项要规范工作程序，按程序和时限认真负责办理。

五十三、审计署全体人员要严格遵守保密纪律和外事纪律，严禁泄露国家秘密、工作秘密或因履行职责掌握的商业秘密等，坚决维护国家的安全、荣誉和利益。

第十章 廉政建设

五十四、结合审计署实际，认真贯彻落实国务院廉政工作的部署和要求。

认真落实党风廉政建设责任制，坚持集体领导与个人分工负责相结合，抓好职责范围内的反腐倡廉各项工作。

五十五、要严格执行财经纪律，艰苦奋斗、勤俭节约，严格执行住房、办公用房、车辆配备等方面的规定，坚决制止奢侈浪费，严格控制差旅、会议等一般性经费支出，严禁公车私用，切实降低行政成本，建设节约型机关。

严格控制因公出国（境）团组数量和规模。改革和规范公务接待，不得违反规定用公款送礼和宴请，不得违反规定接受送礼和宴请。未经署党组同意，署各单位不得举办各类纪念会、庆典、研讨会、表彰会、剪彩、奠基和论坛等活动，不得自行印制、分发纪念品和宣传品。各类会议活动经费要全部纳入预算管理。

五十六、审计署各级领导干部要廉洁从政，严格执行领导干部重大事项报告制度和审计纪律，不得利用职权和职务的影响为本人或关系人谋取不正当利益；不得违反规定干预或插手市场经济活动；加强对亲属和身边工作人员的教育和约束，决不允许搞特权。

第十一章 健全监督制度

五十七、要认真对待全国人大代表议案、建议和全国政协委员提案，及时反馈办理结果。要认真听取署特约审计员的工作建议，及时反馈意见。要按照有关法律的规定接受司法监督，自觉接受纪检、监察和相关部门的监督，对发现的问题要认真查处和整改，重大问题应向国务院报告。

五十八、加强审计系统内部监督，严格执行审计法和行政复议法律法规，实行规章备案制度，及时撤销或修改违反法律、行政法规的审计规章和其他规范性文件，纠正违法或不当的行政行为。

五十九、审计署及机关各单位、各派出机构要自觉接受新闻舆论和群众的监督。对新闻媒体报道和各方面反映的涉及审计机关的重大问题，署机关各单位、各派出机构要在第一时间向审计署报告，并按审计署要求积极主动地查处和整改。

六十、要重视人民群众来信来访工作，进一步完善信访制度，确保信访渠道的畅通。

六十一、要进一步完善署党组派驻纪检组长制度、审计现场管理制度和审计项目质量责任追究制度，建立健全巡视工作制度。明确问责范围，规范问责程序，严格责任追究。

六十二、审计署办公厅要认真履行署内督办职责，对党中央和国务院领导同志的批办件，国务院交办件，人大代表议案、建议和政协委员提案，有关部委的办理件，署党组会议、审计长会议、审计业务会议议定事项，署领导批示和交办重要事项等要及时督办，并适时通报各单位办理情况。

第十二章 附 则

六十三、本规则自署党组通过之日起执行。2009年7月15日印发的《审计署工作规则》（审办发〔2009〕131号）同时废止。

六十四、本规则适用于署机关各单位、各直属单位和各派出机构，由办公厅负责解释。

4. 中华人民共和国国家审计准则（2010年修订）

（2010年9月1日审计署令第8号公布）

第一章 总 则

第一条 为了规范和指导审计机关和审计人员执行审计业务的行为，保证审计质量，防范审计风险，发挥审计保障国家经济和社会健康运行的"免疫系统"功能，根据《中华人民共和国审计法》《中华人民共和国审计法实施条例》和其他有关法律法规，制定本准则。

第二条 本准则是审计机关和审计人员履行法定审计职责的行为规范，是执行审计业务的职业标准，是评价审计质量的基本尺度。

第三条 本准则中使用"应当""不得"词汇的条款为约束性条款，是审计机关和审计人员执行审计业务必须遵守的职业要求。

本准则中使用"可以"词汇的条款为指导性条款，是对良好审计实务的推介。

第四条 审计机关和审计人员执行审计业务，应当适用本准则。其他组织或者人员接受审计机关的委托、聘用，承办或者参加审计业务，也应当适用本准则。

第五条 审计机关和审计人员执行审计业务，应当区分被审计单位的责任和审计机关的责任。

在财政收支、财务收支以及有关经济活动中，履行法定职责、遵守相关法律法规、建立并实施内部控制、按照有关会计准则和会计制度编报财务会计报告、保持财务会计资料的真实性和完整性，是被审计单位的责任。

依据法律法规和本准则的规定，对被审计单位财政收支、财务收支以及有关经济活动独立实施审计并作出审计结论，是审计机关的责任。

第六条 审计机关的主要工作目标是通过监督被审计单位财政收支、财务收支以及有关经济活动的真实性、合法性、效益性，维护国家经济安全，推进民主法治，促进廉政建设，保障国家经济和社会健康发展。

真实性是指反映财政收支、财务收支以及有关经济活动的信息与实际情况相符合的程度。

合法性是指财政收支、财务收支以及有关经济活动遵守法律、法规或者规章的情况。

效益性是指财政收支、财务收支以及有关经济活动实现的经济效益、社会效益和环境效益。

第七条 审计机关对依法属于审计机关审计监督对象的单位、项目、资金进行审计。

审计机关按照国家有关规定，对依法属于审计机关审计监督对象的单位的主要负责人经济责任进行审计。

第八条 审计机关依法对预算管理或者国有资产管理使用等与国家财政收支有关的特定事项向有关地方、部门、单位进行专项审计调查。

审计机关进行专项审计调查时，也应当适用本准则。

第九条 审计机关和审计人员执行审计业务，应当依据年度审计项目计划，编制审计实施方案，获取审计证据，作出审计结论。

审计机关应当委派具备相应资格和能力的审计人员承办审计业务，并建立和执行审计质量控制制度。

第十条 审计机关依据法律法规规定，公开履行职责的情况及其结果，接受社会公众的监督。

第十一条 审计机关和审计人员未遵守本准则约束性条款的，应当说明原因。

第二章 审计机关和审计人员

第十二条 审计机关和审计人员执行审计业务，应当具备本准则规定的资格条件和职业要求。

第十三条 审计机关执行审计业务，应当具备下列资格条件：

（一）符合法定的审计职责和权限；

（二）有职业胜任能力的审计人员；

（三）建立适当的审计质量控制制度；

（四）必需的经费和其他工作条件。

第十四条 审计人员执行审计业务，应当具备下列职业要求：

（一）遵守法律法规和本准则；

（二）恪守审计职业道德；

（三）保持应有的审计独立性；

（四）具备必需的职业胜任能力；

（五）其他职业要求。

第十五条 审计人员应当恪守严格依法、正直坦诚、客观公正、勤勉尽责、保守秘密的基本审计职业道德。

严格依法就是审计人员应当严格依照法定的审计职责、权限和程序进行审计监督，规范审计行为。

正直坦诚就是审计人员应当坚持原则，不屈从于外部压力；不歪曲事实，不隐瞒审计发现的问题；廉洁自律，不利用职权谋取私利；维护国家利益和公共利益。

客观公正就是审计人员应当保持客观公正的立场和态度，以适当、充分的审计证据支持审计结论，实事求是地作出审计评价和处理审计发现的问题。

勤勉尽责就是审计人员应当爱岗敬业，勤勉高效，严谨细致，认真履行审计职责，保证审计工作质量。

保守秘密就是审计人员应当保守其在执行审计业务中知悉的国家秘密、商业秘密；对于执行审计业务取得的资料、形成的审计记录和掌握的相关情况，未经批准不得对外提供和披露，不得用于与审计工作无关的目的。

第十六条 审计人员执行审计业务时，应当保持应有的审计独立性，遇有下列可能损害审计独立性情形的，应当向审计机关报告：

（一）与被审计单位负责人或者有关主管人员有夫妻关系、直系血亲关系、三代以内旁系血亲以及近姻亲关系；

（二）与被审计单位或者审计事项有直接经济利益关系；

（三）对曾经管理或者直接办理过的相关业务进行审计；

（四）可能损害审计独立性的其他情形。

第十七条 审计人员不得参加影响审计独立性的活动，不得参与被审计单位的管理活动。

第十八条 审计机关组成审计组时，应当了解审计组成员可能损害审计独立性的情形，并根据具体情况采取下列措施，避免损害审计独立性：

（一）依法要求相关审计人员回避；

（二）对相关审计人员执行具体审计业务的范围作出限制；

（三）对相关审计人员的工作追加必要的复核程序；

（四）其他措施。

第十九条 审计机关应当建立审计人员交流等制度，避免审计人员因执行审计业务长期与同一被审计单位接触可能对审计独立性造成的损害。

第二十条 审计机关可以聘请外部人员参加审计业务或者提供技术支持、专业咨询、专业鉴定。

审计机关聘请的外部人员应当具备本准则第十四条规定的职业要求。

第二十一条 有下列情形之一的外部人员，审计机关不得聘请：

（一）被刑事处罚的；

（二）被劳动教养的；

（三）被行政拘留的；

（四）审计独立性可能受到损害的；

（五）法律规定不得从事公务的其他情形。

第二十二条 审计人员应当具备与其从事审计业务相适应的专业知识、职业能力和工作经验。

审计机关应当建立和实施审计人员录用、继续教育、培训、业绩评价考核和奖惩激励制度，确保审计人员具有与其从事业务相适应的职业胜任能力。

第二十三条 审计机关应当合理配备审计人员，组成审计组，确保其在整体上具备与审计项目相适应的职业胜任能力。

被审计单位的信息技术对实现审计目标有重大影响的，审计组的整体胜任能力应当包括信息技术方面的胜任能力。

第二十四条 审计人员执行审计业务时，应当合理运用职业判断，保持职业谨慎，对被审计单位可能存在的重要问题保持警觉，并审慎评价所获取审计证据的适当性和充分性，得出恰当的审计结论。

第二十五条 审计人员执行审计业务时，应当从下列方面保持与被审计单位的工作关系：

（一）与被审计单位沟通并听取其意见；

（二）客观公正地作出审计结论，尊重并维护被审计单位的合法权益；

（三）严格执行审计纪律；

（四）坚持文明审计，保持良好的职业形象。

第三章 审计计划

第二十六条 审计机关应当根据法定的审计职责和审计管辖范围，编制年度审计项目计划。

编制年度审计项目计划应当服务大局，围绕政府工作中心，突出审计工作重点，合理安排审计资源，防止不必要的重复审计。

第二十七条 审计机关按照下列步骤编制年度审计项目计划：
（一）调查审计需求，初步选择审计项目；
（二）对初选审计项目进行可行性研究，确定备选审计项目及其优先顺序；
（三）评估审计机关可用审计资源，确定审计项目，编制年度审计项目计划。

第二十八条 审计机关从下列方面调查审计需求，初步选择审计项目：
（一）国家和地区财政收支、财务收支以及有关经济活动情况；
（二）政府工作中心；
（三）本级政府行政首长和相关领导机关对审计工作的要求；
（四）上级审计机关安排或者授权审计的事项；
（五）有关部门委托或者提请审计机关审计的事项；
（六）群众举报、公众关注的事项；
（七）经分析相关数据认为应当列入审计的事项；
（八）其他方面的需求。

第二十九条 审计机关对初选审计项目进行可行性研究，确定初选审计项目的审计目标、审计范围、审计重点和其他重要事项。

进行可行性研究重点调查研究下列内容：
（一）与确定和实施审计项目相关的法律法规和政策；
（二）管理体制、组织结构、主要业务及其开展情况；
（三）财政收支、财务收支状况及结果；
（四）相关的信息系统及其电子数据情况；
（五）管理和监督机构的监督检查情况及结果；
（六）以前年度审计情况；
（七）其他相关内容。

第三十条 审计机关在调查审计需求和可行性研究过程中，从下列方面对初选审计项目进行评估，以确定备选审计项目及其优先顺序：
（一）项目重要程度，评估在国家经济和社会发展中的重要性、政府行政首长和相关领导机关及公众关注程度、资金和资产规模等；
（二）项目风险水平，评估项目规模、管理和控制状况等；
（三）审计预期效果；
（四）审计频率和覆盖面；
（五）项目对审计资源的要求。

第三十一条 年度审计项目计划应当按照审计机关规定的程序审定。

审计机关在审定年度审计项目计划前，根据需要，可以组织专家进行论证。

第三十二条 下列审计项目应当作为必选审计项目：
（一）法律法规规定每年应当审计的项目；
（二）本级政府行政首长和相关领导机关要求审计的项目；
（三）上级审计机关安排或者授权的审计项目。

审计机关对必选审计项目，可以不进行可行性研究。

第三十三条 上级审计机关直接审计下级审计机关审计管辖范围内的重大审计事项，应当列入上级审计机关年度审计项目计划，并及时通知下级审计机关。

第三十四条 上级审计机关可以依法将其审计管辖范围内的审计事项，授权下级审计机关进行审计。对于上级审计机关审计管辖范围内的审计事项，下级审计机关也可以提出授权申请，报有管辖权的上级审计机关审批。

获得授权的审计机关应当将授权的审计事项列入年度审计项目计划。

第三十五条 根据中国政府及其机构与国际组织、外国政府及其机构签订的协议和上级审计机关的要求，审计机关确定对国际组织、外国政府及其机构援助、贷款项目进行审计的，应当纳入年度审计项目计划。

第三十六条 对于预算管理或者国有资产管理使用等与国家财政收支有关的特定事项，符合下列情形的，可以进行专项审计调查：

（一）涉及宏观性、普遍性、政策性或者体制、机制问题的；

（二）事项跨行业、跨地区、跨单位的；

（三）事项涉及大量非财务数据的；

（四）其他适宜进行专项审计调查的。

第三十七条 审计机关年度审计项目计划的内容主要包括：

（一）审计项目名称；

（二）审计目标，即实施审计项目预期要完成的任务和结果；

（三）审计范围，即审计项目涉及的具体单位、事项和所属期间；

（四）审计重点；

（五）审计项目组织和实施单位；

（六）审计资源。

采取跟踪审计方式实施的审计项目，年度审计项目计划应当列明跟踪的具体方式和要求。

专项审计调查项目的年度审计项目计划应当列明专项审计调查的要求。

第三十八条 审计机关编制年度审计项目计划可以采取文字、表格或者两者相结合的形式。

第三十九条 审计机关计划管理部门与业务部门或者派出机构，应当建立经常性的沟通和协调机制。

调查审计需求、进行可行性研究和确定备选审计项目，以业务部门或者派出机构为主实施；备选审计项目排序、配置审计资源和编制年度审计项目计划草案，以计划管理部门为主实施。

第四十条 审计机关根据项目评估结果，确定年度审计项目计划。

第四十一条 审计机关应当将年度审计项目计划报经本级政府行政首长批准并向上一级审计机关报告。

第四十二条 审计机关应当对确定的审计项目配置必要的审计人力资源、审计时间、审计技术装备、审计经费等审计资源。

第四十三条 审计机关同一年度内对同一被审计单位实施不同的审计项目，应当在人员和时间安排上进行协调，尽量避免给被审计单位工作带来不必要的影响。

第四十四条 审计机关应当将年度审计项目计划下达审计项目组织和实施单位执行。

年度审计项目计划一经下达，审计项目组织和实施单位应当确保完成，不得擅自变更。

第四十五条 年度审计项目计划执行过程中，遇有下列情形之一的，应当按照原审批程序调整：

（一）本级政府行政首长和相关领导机关临时交办审计项目的；

（二）上级审计机关临时安排或者授权审计项目的；

（三）突发重大公共事件需要进行审计的；

（四）原定审计项目的被审计单位发生重大变化，导致原计划无法实施的；

（五）需要更换审计项目实施单位的；

（六）审计目标、审计范围等发生重大变化需要调整的；

（七）需要调整的其他情形。

第四十六条 上级审计机关应当指导下级审计机关编制年度审计项目计划，提出下级审计机关重点审计领域或者审计项目安排的指导意见。

第四十七条 年度审计项目计划确定审计机关统一组织多个审计组共同实施一个审计项目或者分别实施同一类审计项目的，审计机关业务部门应当编制审计工作方案。

第四十八条 审计机关业务部门编制审计工作方案，应当根据年度审计项目计划形成过程中调查审计需求、进行可行性研究的情况，开展进一步调查，对审计目标、范围、重点和项目组织实施等进行确定。

第四十九条 审计工作方案的内容主要包括：

（一）审计目标；

（二）审计范围；

（三）审计内容和重点；

（四）审计工作组织安排；

（五）审计工作要求。

第五十条 审计机关业务部门编制的审计工作方案应当按照审计机关规定的程序审批。在年度审计项目计划确定的实施审计起始时间之前，下达到审计项目实施单位。

审计机关批准审计工作方案前，根据需要，可以组织专家进行论证。

第五十一条 审计机关业务部门根据审计实施过程中情况的变化，可以申请对审计工作方案的内容进行调整，并按审计机关规定的程序报批。

第五十二条 审计机关应当定期检查年度审计项目计划执行情况，评估执行效果。

审计项目实施单位应当向下达审计项目计划的审计机关报告计划执行情况。

第五十三条 审计机关应当按照国家有关规定，建立和实施审计项目计划执行情况及其结果的统计制度。

第四章 审计实施

第一节 审计实施方案

第五十四条 审计机关应当在实施项目审计前组成审计组。

审计组由审计组组长和其他成员组成。审计组实行审计组组长负责制。审计组组长由审计机关确定，审计组组长可以根据需要在审计组成员中确定主审，主审应当履行其规定职责和审计组组长委托履行的其他职责。

第五十五条 审计机关应当依照法律法规的规定，向被审计单位送达审计通知书。

第五十六条 审计通知书的内容主要包括被审计单位名称、审计依据、审计范围、审计起始时间、审计组组长及其他成员名单和被审计单位配合审计工作的要求。同时，还应当向被审计单位告知审计组的审计纪律要求。

采取跟踪审计方式实施审计的，审计通知书应当列明跟踪审计的具体方式和要求。

专项审计调查项目的审计通知书应当列明专项审计调查的要求。

第五十七条 审计组应当调查了解被审计单位及其相关情况，评估被审计单位存在重要问题的可能性，确定审计应对措施，编制审计实施方案。

对于审计机关已经下达审计工作方案的，审计组应当按照审计工作方案的要求编制审计实施方案。

第五十八条 审计实施方案的内容主要包括：

（一）审计目标；

（二）审计范围；

（三）审计内容、重点及审计措施，包括审计事项和根据本准则第七十三条确定的审计应对措施；

（四）审计工作要求，包括项目审计进度安排、审计组内部重要管理事项及职责分工等。

采取跟踪审计方式实施审计的，审计实施方案应当对整个跟踪审计工作作出统筹安排。

专项审计调查项目的审计实施方案应当列明专项审计调查的要求。

第五十九条 审计组调查了解被审计单位及其相关情况，为作出下列职业判断提供基础：

（一）确定职业判断适用的标准；

（二）判断可能存在的问题；

（三）判断问题的重要性；

（四）确定审计应对措施。

第六十条 审计人员可以从下列方面调查了解被审计单位及其相关情况：

（一）单位性质、组织结构；

（二）职责范围或者经营范围、业务活动及其目标；

（三）相关法律法规、政策及其执行情况；

（四）财政财务管理体制和业务管理体制；

（五）适用的业绩指标体系以及业绩评价情况；

（六）相关内部控制及其执行情况；

（七）相关信息系统及其电子数据情况；

（八）经济环境、行业状况及其他外部因素；

（九）以往接受审计和监管及其整改情况；

（十）需要了解的其他情况。

第六十一条 审计人员可以从下列方面调查了解被审计单位相关内部控制及其执行情况：

（一）控制环境，即管理模式、组织结构、责权配置、人力资源制度等；

（二）风险评估，即被审计单位确定、分析与实现内部控制目标相关的风险，以及采取的应对措施；

（三）控制活动，即根据风险评估结果采取的控制措施，包括不相容职务分离控制、授权审批控制、资产保护控制、预算控制、业绩分析和绩效考评控制等；

（四）信息与沟通，即收集、处理、传递与内部控制相关的信息，并能有效沟通的情况；

（五）对控制的监督，即对各项内部控制设计、职责及其履行情况的监督检查。

第六十二条 审计人员可以从下列方面调查了解被审计单位信息系统控制情况：

（一）一般控制，即保障信息系统正常运行的稳定性、有效性、安全性等方面的控制；

（二）应用控制，即保障信息系统产生的数据的真实性、完整性、可靠性等方面的控制。

第六十三条 审计人员可以采取下列方法调查了解被审计单位及其相关情况：

（一）书面或者口头询问被审计单位内部和外部相关人员；

（二）检查有关文件、报告、内部管理手册、信息系统的技术文档和操作手册；

（三）观察有关业务活动及其场所、设施和有关内部控制的执行情况；

（四）追踪有关业务的处理过程；

（五）分析相关数据。

第六十四条 审计人员根据审计目标和被审计单位的实际情况，运用职业判断确定调查了解的范围和程度。

对于定期审计项目，审计人员可以利用以往审计中获得的信息，重点调查了解已经发生变化的情况。

第六十五条 审计人员在调查了解被审计单位及其相关情况的过程中，可以选择下列标准作为职业判断的依据：

（一）法律、法规、规章和其他规范性文件；

（二）国家有关方针和政策；

（三）会计准则和会计制度；

（四）国家和行业的技术标准；

（五）预算、计划和合同；

（六）被审计单位的管理制度和绩效目标；

（七）被审计单位的历史数据和历史业绩；

（八）公认的业务惯例或者良好实务；

（九）专业机构或者专家的意见；

（十）其他标准。

审计人员在审计实施过程中需要持续关注标准的适用性。

第六十六条 职业判断所选择的标准应当具有客观性、适用性、相关性、公认性。

标准不一致时，审计人员应当采用权威的和公认程度高的标准。

第六十七条 审计人员应当结合适用的标准，分析调查了解的被审计单位及其相关情况，判断被审计单位可能存在的问题。

第六十八条 审计人员应当运用职业判断，根据可能存在问题的性质、数额及其发生的具体环境，判断其重要性。

第六十九条 审计人员判断重要性时，可以关注下列因素：

（一）是否属于涉嫌犯罪的问题；

（二）是否属于法律法规和政策禁止的问题；

（三）是否属于故意行为所产生的问题；

（四）可能存在问题涉及的数量或者金额；

（五）是否涉及政策、体制或者机制的严重缺陷；

（六）是否属于信息系统设计缺陷；

（七）政府行政首长和相关领导机关及公众的关注程度；

（八）需要关注的其他因素。

第七十条 审计人员实施审计时，应当根据重要性判断的结果，重点关注被审计单位可能存在的重要问题。

第七十一条 需要对财务报表发表审计意见的，审计人员可以参照中国注册会计师执业准则的有关规定确定和运用重要性。

第七十二条 审计组应当评估被审计单位存在重要问题的可能性，以确定审计事项和审计应对措施。

第七十三条 审计组针对审计事项确定的审计应对措施包括：

（一）评估对内部控制的依赖程度，确定是否及如何测试相关内部控制的有效性；

（二）评估对信息系统的依赖程度，确定是否及如何检查相关信息系统的有效性、安全性；

（三）确定主要审计步骤和方法；

（四）确定审计时间；

（五）确定执行的审计人员；

（六）其他必要措施。

第七十四条 审计组在分配审计资源时，应当为重要审计事项分派有经验的审计人员和安排充足的审计时间，并评估特定审计事项是否需要利用外部专家的工作。

第七十五条 审计人员认为存在下列情形之一的，应当测试相关内部控制的有效性：

（一）某项内部控制设计合理且预期运行有效，能够防止重要问题的发生；

（二）仅实施实质性审查不足以为发现重要问题提供适当、充分的审计证据。

审计人员决定不依赖某项内部控制的，可以对审计事项直接进行实质性审查。

被审计单位规模较小、业务比较简单的，审计人员可以对审计事项直接进行实质性审查。

第七十六条 审计人员认为存在下列情形之一的，应当检查相关信息系统的有效性、安全性：

（一）仅审计电子数据不足以为发现重要问题提供适当、充分的审计证据；

（二）电子数据中频繁出现某类差异。

审计人员在检查被审计单位相关信息系统时，可以利用被审计单位信息系统的现有功能或者采用其他计算机技术和工具，检查中应当避免对被审计单位相关信息系统及其电子数据造成不良影响。

第七十七条 审计人员实施审计时，应当持续关注已作出的重要性判断和对存在重要问题可能性的评估是否恰当，及时作出修正，并调整审计应对措施。

第七十八条 遇有下列情形之一的，审计组应当及时调整审计实施方案：

（一）年度审计项目计划、审计工作方案发生变化的；

（二）审计目标发生重大变化的；

（三）重要审计事项发生变化的；

（四）被审计单位及其相关情况发生重大变化的；

（五）审计组人员及其分工发生重大变化的；

（六）需要调整的其他情形。

第七十九条 一般审计项目的审计实施方案应当经审计组组长审定，并及时报审计机关业务部门备案。

重要审计项目的审计实施方案应当报经审计机关负责人审定。

第八十条 审计组调整审计实施方案中的下列事项，应当报经审计机关主要负责人批准：

（一）审计目标；

（二）审计组组长；

（三）审计重点；

（四）现场审计结束时间。

第八十一条 编制和调整审计实施方案可以采取文字、表格或者两者相结合的形式。

第二节 审 计 证 据

第八十二条 审计证据是指审计人员获取的能够为审计结论提供合理基础的全部事实，包括审计人员调查了解被审计单位及其相关情况和对确定的审计事项进行审查所获取的证据。

第八十三条 审计人员应当依照法定权限和程序获取审计证据。

第八十四条 审计人员获取的审计证据，应当具有适当性和充分性。

适当性是对审计证据质量的衡量，即审计证据在支持审计结论方面具有的相关性和可靠性。相关性是指审计证据与审计事项及其具体审计目标之间具有实质性联系。可靠性是指审计证据真实、可信。

充分性是对审计证据数量的衡量。审计人员在评估存在重要问题的可能性和审计证据质量的基础上，决定应当获取审计证据的数量。

第八十五条 审计人员对审计证据的相关性分析时，应当关注下列方面：

（一）一种取证方法获取的审计证据可能只与某些具体审计目标相关，而与其他具体审计目标无关；

（二）针对一项具体审计目标可以从不同来源获取审计证据或者获取不同形式的审计证据。

第八十六条 审计人员可以从下列方面分析审计证据的可靠性：

（一）从被审计单位外部获取的审计证据比从内部获取的审计证据更可靠；

（二）内部控制健全有效情况下形成的审计证据比内部控制缺失或者无效情况下形成的审计证据更可靠；

（三）直接获取的审计证据比间接获取的审计证据更可靠；

（四）从被审计单位财务会计资料中直接采集的审计证据比经被审计单位加工处理后提交的审计证据更可靠；

（五）原件形式的审计证据比复制件形式的审计证据更可靠。

不同来源和不同形式的审计证据存在不一致或者不能相互印证时，审计人员应当追加必要的审计措施，确定审计证据的可靠性。

第八十七条 审计人员获取的电子审计证据包括与信息系统控制相关的配置参数、反映交易记录的电子数据等。

采集被审计单位电子数据作为审计证据的，审计人员应当记录电子数据的采集和处理过程。

第八十八条 审计人员根据实际情况，可以在审计事项中选取全部项目或者部分特定项目进行审查，也可以进行审计抽样，以获取审计证据。

第八十九条 存在下列情形之一的，审计人员可以对审计事项中的全部项目进行审查：

（一）审计事项由少量大额项目构成的；

（二）审计事项可能存在重要问题，而选取其中部分项目进行审查无法提供适当、充分的审计证据的；

（三）对审计事项中的全部项目进行审查符合成本效益原则的。

第九十条 审计人员可以在审计事项中选取下列特定项目进行审查：

（一）大额或者重要项目；

（二）数量或者金额符合设定标准的项目；

（三）其他特定项目。

选取部分特定项目进行审查的结果，不能用于推断整个审计事项。

第九十一条 在审计事项包含的项目数量较多，需要对审计事项某一方面的总体特征作出结论时，审计人员可以进行审计抽样。

审计人员进行审计抽样时，可以参照中国注册会计师执业准则的有关规定。

第九十二条 审计人员可以采取下列方法向有关单位和个人获取审计证据：

（一）检查，是指对纸质、电子或者其他介质形式存在的文件、资料进行审查，或者对有形资产进行审查；

（二）观察，是指查看相关人员正在从事的活动或者执行的程序；

（三）询问，是指以书面或者口头方式向有关人员了解关于审计事项的信息；

（四）外部调查，是指向与审计事项有关的第三方进行调查；

（五）重新计算，是指以手工方式或者使用信息技术对有关数据计算的正确性进行核对；

（六）重新操作，是指对有关业务程序或者控制活动独立进行重新操作验证；

（七）分析，是指研究财务数据之间、财务数据与非财务数据之间可能存在的合理关系，对相关信息作出评价，并关注异常波动和差异。

审计人员进行专项审计调查，可以使用上述方法及其以外的其他方法。

第九十三条 审计人员应当依照法律法规规定，取得被审计单位负责人对本单位提供资料真实性和完整性的书面承诺。

第九十四条 审计人员取得证明被审计单位存在违反国家规定的财政收支、财务收支行为以及其他重要审计事项的审计证据材料,应当由提供证据的有关人员、单位签名或者盖章;不能取得签名或者盖章不影响事实存在的,该审计证据仍然有效,但审计人员应当注明原因。

审计事项比较复杂或者取得的审计证据数量较大的,可以对审计证据进行汇总分析,编制审计取证单,由证据提供者签名或者盖章。

第九十五条 被审计单位的相关资料、资产可能被转移、隐匿、篡改、毁弃并影响获取审计证据的,审计机关应当依照法律法规的规定采取相应的证据保全措施。

第九十六条 审计机关执行审计业务过程中,因行使职权受到限制而无法获取适当、充分的审计证据,或者无法制止违法行为对国家利益的侵害时,根据需要,可以按照有关规定提请有权处理的机关或者相关单位予以协助和配合。

第九十七条 审计人员需要利用所聘请外部人员的专业咨询和专业鉴定作为审计证据的,应当对下列方面作出判断:

(一)依据的样本是否符合审计项目的具体情况;

(二)使用的方法是否适当和合理;

(三)专业咨询、专业鉴定是否与其他审计证据相符。

第九十八条 审计人员需要使用有关监管机构、中介机构、内部审计机构等已经形成的工作结果作为审计证据的,应当对该工作结果的下列方面作出判断:

(一)是否与审计目标相关;

(二)是否可靠;

(三)是否与其他审计证据相符。

第九十九条 审计人员对于重要问题,可以围绕下列方面获取审计证据:

(一)标准,即判断被审计单位是否存在问题的依据;

(二)事实,即客观存在和发生的情况。事实与标准之间的差异构成审计发现的问题;

(三)影响,即问题产生的后果;

(四)原因,即问题产生的条件。

第一百条 审计人员在审计实施过程中,应当持续评价审计证据的适当性和充分性。

已采取的审计措施难以获取适当、充分审计证据的,审计人员应当采取替代审计措施;仍无法获取审计证据的,由审计组报请审计机关采取其他必要的措施或者不作出审计结论。

第三节 审 计 记 录

第一百零一条 审计人员应当真实、完整地记录实施审计的过程、得出的结论和与审计项目有关的重要管理事项,以实现下列目标:

(一)支持审计人员编制审计实施方案和审计报告;

(二)证明审计人员遵循相关法律法规和本准则;

(三)便于对审计人员的工作实施指导、监督和检查。

第一百零二条 审计人员作出的记录,应当使未参与该项业务的有经验的其他审计人员能够理解其执行的审计措施、获取的审计证据、作出的职业判断和得出的审计结论。

第一百零三条 审计记录包括调查了解记录、审计工作底稿和重要管理事项记录。

第一百零四条 审计组在编制审计实施方案前,应当对调查了解被审计单位及其相关情况作出记录。调查了解记录的内容主要包括:

(一)对被审计单位及其相关情况的调查了解情况;

(二)对被审计单位存在重要问题可能性的评估情况;

（三）确定的审计事项及其审计应对措施。

第一百零五条 审计工作底稿主要记录审计人员依据审计实施方案执行审计措施的活动。

审计人员对审计实施方案确定的每一审计事项，均应当编制审计工作底稿。一个审计事项可以根据需要编制多份审计工作底稿。

第一百零六条 审计工作底稿的内容主要包括：

（一）审计项目名称；

（二）审计事项名称；

（三）审计过程和结论；

（四）审计人员姓名及审计工作底稿编制日期并签名；

（五）审核人员姓名、审核意见及审核日期并签名；

（六）索引号及页码；

（七）附件数量。

第一百零七条 审计工作底稿记录的审计过程和结论主要包括：

（一）实施审计的主要步骤和方法；

（二）取得的审计证据的名称和来源；

（三）审计认定的事实摘要；

（四）得出的审计结论及其相关标准。

第一百零八条 审计证据材料应当作为调查了解记录和审计工作底稿的附件。一份审计证据材料对应多个审计记录时，审计人员可以将审计证据材料附在与其关系最密切的审计记录后面，并在其他审计记录中予以注明。

第一百零九条 审计组起草审计报告前，审计组组长应当对审计工作底稿的下列事项进行审核：

（一）具体审计目标是否实现；

（二）审计措施是否有效执行；

（三）事实是否清楚；

（四）审计证据是否适当、充分；

（五）得出的审计结论及其相关标准是否适当；

（六）其他有关重要事项。

第一百一十条 审计组组长审核审计工作底稿，应当根据不同情况分别提出下列意见：

（一）予以认可；

（二）责成采取进一步审计措施，获取适当、充分的审计证据；

（三）纠正或者责成纠正不恰当的审计结论。

第一百一十一条 重要管理事项记录应当记载与审计项目相关并对审计结论有重要影响的下列管理事项：

（一）可能损害审计独立性的情形及采取的措施；

（二）所聘请外部人员的相关情况；

（三）被审计单位承诺情况；

（四）征求被审计对象或者相关单位及人员意见的情况、被审计对象或者相关单位及人员反馈的意见及审计组的采纳情况；

（五）审计组对审计发现的重大问题和审计报告讨论的过程及结论；

（六）审计机关业务部门对审计报告、审计决定书等审计项目材料的复核情况和意见；

（七）审理机构对审计项目的审理情况和意见；

（八）审计机关对审计报告的审定过程和结论；

（九）审计人员未能遵守本准则规定的约束性条款及其原因；

（十）因外部因素使审计任务无法完成的原因及影响；
（十一）其他重要管理事项。

重要管理事项记录可以使用被审计单位承诺书、审计机关内部审批文稿、会议记录、会议纪要、审理意见书或者其他书面形式。

第四节 重大违法行为检查

第一百一十二条 审计人员执行审计业务时，应当保持职业谨慎，充分关注可能存在的重大违法行为。

第一百一十三条 本准则所称重大违法行为是指被审计单位和相关人员违反法律法规、涉及金额比较大、造成国家重大经济损失或者对社会造成重大不良影响的行为。

第一百一十四条 审计人员检查重大违法行为，应当评估被审计单位和相关人员实施重大违法行为的动机、性质、后果和违法构成。

第一百一十五条 审计人员调查了解被审计单位及其相关情况时，可以重点了解可能与重大违法行为有关的下列事项：

（一）被审计单位所在行业发生重大违法行为的状况；
（二）有关的法律法规及其执行情况；
（三）监管部门已经发现和了解的与被审计单位有关的重大违法行为的事实或者线索；
（四）可能形成重大违法行为的动机和原因；
（五）相关的内部控制及其执行情况；
（六）其他情况。

第一百一十六条 审计人员可以通过关注下列情况，判断可能存在的重大违法行为：

（一）具体经济活动中存在的异常事项；
（二）财务和非财务数据中反映出的异常变化；
（三）有关部门提供的线索和群众举报；
（四）公众、媒体的反映和报道；
（五）其他情况。

第一百一十七条 审计人员根据被审计单位实际情况、工作经验和审计发现的异常现象，判断可能存在重大违法行为的性质，并确定检查重点。

审计人员在检查重大违法行为时，应当关注重大违法行为的高发领域和环节。

第一百一十八条 发现重大违法行为的线索，审计组或者审计机关可以采取下列应对措施：

（一）增派具有相关经验和能力的人员；
（二）避免让有关单位和人员事先知晓检查的时间、事项、范围和方式；
（三）扩大检查范围，使其能够覆盖重大违法行为可能涉及的领域；
（四）获取必要的外部证据；
（五）依法采取保全措施；
（六）提请有关机关予以协助和配合；
（七）向政府和有关部门报告；
（八）其他必要的应对措施。

第五章 审计报告

第一节 审计报告的形式和内容

第一百一十九条 审计报告包括审计机关进行审计后出具的审计报告以及专项审计调

查后出具的专项审计调查报告。

第一百二十条 审计组实施审计或者专项审计调查后,应当向派出审计组的审计机关提交审计报告。审计机关审定审计组的审计报告后,应当出具审计机关的审计报告。遇有特殊情况,审计机关可以不向被调查单位出具专项审计调查报告。

第一百二十一条 审计报告应当内容完整、事实清楚、结论正确、用词恰当、格式规范。

第一百二十二条 审计机关的审计报告(审计组的审计报告)包括下列基本要素:

(一)标题;

(二)文号(审计组的审计报告不含此项);

(三)被审计单位名称;

(四)审计项目名称;

(五)内容;

(六)审计机关名称(审计组名称及审计组组长签名);

(七)签发日期(审计组向审计机关提交报告的日期)。

经济责任审计报告还包括被审计人员姓名及所担任职务。

第一百二十三条 审计报告的内容主要包括:

(一)审计依据,即实施审计所依据的法律法规规定;

(二)实施审计的基本情况,一般包括审计范围、内容、方式和实施的起止时间;

(三)被审计单位基本情况;

(四)审计评价意见,即根据不同的审计目标,以适当、充分的审计证据为基础发表的评价意见;

(五)以往审计决定执行情况和审计建议采纳情况;

(六)审计发现的被审计单位违反国家规定的财政收支、财务收支行为和其他重要问题的事实、定性、处理处罚意见以及依据的法律法规和标准;

(七)审计发现的移送处理事项的事实和移送处理意见,但是涉嫌犯罪等不宜让被审计单位知悉的事项除外;

(八)针对审计发现的问题,根据需要提出的改进建议。

审计期间被审计单位对审计发现的问题已经整改的,审计报告还应当包括有关整改情况。

经济责任审计报告还应当包括被审计人员履行经济责任的基本情况,以及被审计人员对审计发现问题承担的责任。

核查社会审计机构相关审计报告发现的问题,应当在审计报告中一并反映。

第一百二十四条 采取跟踪审计方式实施审计的,审计组在跟踪审计过程中发现的问题,应当以审计机关的名义及时向被审计单位通报,并要求其整改。

跟踪审计实施工作全部结束后,应当以审计机关的名义出具审计报告。审计报告应当反映审计发现但尚未整改的问题,以及已经整改的重要问题及其整改情况。

第一百二十五条 专项审计调查报告除符合审计报告的要素和内容要求外,还应当根据专项审计调查目标重点分析宏观性、普遍性、政策性或者体制、机制问题并提出改进建议。

第一百二十六条 对审计或者专项审计调查中发现被审计单位违反国家规定的财政收支、财务收支行为,依法应当由审计机关在法定职权范围内作出处理处罚决定的,审计机关应当出具审计决定书。

第一百二十七条 审计决定书的内容主要包括:

(一)审计的依据、内容和时间;

(二)违反国家规定的财政收支、财务收支行为的事实、定性、处理处罚决定以及法律法规依据;

(三)处理处罚决定执行的期限和被审计单位书面报告审计决定执行结果等要求;

（四）依法提请政府裁决或者申请行政复议、提起行政诉讼的途径和期限。

第一百二十八条 审计或者专项审计调查发现的依法需要移送其他有关主管机关或者单位纠正、处理处罚或者追究有关人员责任的事项，审计机关应当出具审计移送处理书。

第一百二十九条 审计移送处理书的内容主要包括：

（一）审计的时间和内容；

（二）依法需要移送有关主管机关或者单位纠正、处理处罚或者追究有关人员责任事项的事实、定性及其依据和审计机关的意见；

（三）移送的依据和移送处理说明，包括将处理结果书面告知审计机关的说明；

（四）所附的审计证据材料。

第一百三十条 出具对国际组织、外国政府及其机构援助、贷款项目的审计报告，按照审计机关的相关规定执行。

第二节 审计报告的编审

第一百三十一条 审计组在起草审计报告前，应当讨论确定下列事项：

（一）评价审计目标的实现情况；

（二）审计实施方案确定的审计事项完成情况；

（三）评价审计证据的适当性和充分性；

（四）提出审计评价意见；

（五）评估审计发现问题的重要性；

（六）提出对审计发现问题的处理处罚意见；

（七）其他有关事项。

审计组应当对讨论前款事项的情况及其结果作出记录。

第一百三十二条 审计组组长应当确认审计工作底稿和审计证据已经审核，并从总体上评价审计证据的适当性和充分性。

第一百三十三条 审计组根据不同的审计目标，以审计认定的事实为基础，在防范审计风险的情况下，按照重要性原则，从真实性、合法性、效益性方面提出审计评价意见。

审计组应当只对所审计的事项发表审计评价意见。对审计过程中未涉及、审计证据不适当或者不充分、评价依据或者标准不明确以及超越审计职责范围的事项，不得发表审计评价意见。

第一百三十四条 审计组应当根据审计发现问题的性质、数额及其发生的原因和审计报告的使用对象，评估审计发现问题的重要性，如实在审计报告中予以反映。

第一百三十五条 审计组对审计发现的问题提出处理处罚意见时，应当关注下列因素：

（一）法律法规的规定；

（二）审计职权范围：属于审计职权范围的，直接提出处理处罚意见，不属于审计职权范围的，提出移送处理意见；

（三）问题的性质、金额、情节、原因和后果；

（四）对同类问题处理处罚的一致性；

（五）需要关注的其他因素。

审计发现被审计单位信息系统存在重大漏洞或者不符合国家规定的，应当责成被审计单位在规定期限内整改。

第一百三十六条 审计组应当针对经济责任审计发现的问题，根据被审计人员履行职责情况，界定其应当承担的责任。

第一百三十七条 审计组实施审计或者专项审计调查后，应当提出审计报告，按照审计机关规定的程序审批后，以审计机关的名义征求被审计单位、被调查单位和拟处罚的有关责任人员的意见。

经济责任审计报告还应当征求被审计人员的意见；必要时，征求有关干部监督管理部门的意见。

审计报告中涉及的重大经济案件调查等特殊事项，经审计机关主要负责人批准，可以不征求被审计单位或者被审计人员的意见。

第一百三十八条 被审计单位、被调查单位、被审计人员或者有关责任人员对征求意见的审计报告有异议的，审计组应当进一步核实，并根据核实情况对审计报告作出必要的修改。

审计组应当对采纳被审计单位、被调查单位、被审计人员、有关责任人员意见的情况和原因，或者上述单位或人员未在法定时间内提出书面意见的情况作出书面说明。

第一百三十九条 对被审计单位或者被调查单位违反国家规定的财政收支、财务收支行为，依法应当由审计机关进行处理处罚的，审计组应当起草审计决定书。

对依法应当由其他有关部门纠正、处理处罚或者追究有关责任人员责任的事项，审计组应当起草审计移送处理书。

第一百四十条 审计组应当将下列材料报送审计机关业务部门复核：

（一）审计报告；

（二）审计决定书；

（三）被审计单位、被调查单位、被审计人员或者有关责任人员对审计报告的书面意见及审计组采纳情况的书面说明；

（四）审计实施方案；

（五）调查了解记录、审计工作底稿、重要管理事项记录、审计证据材料；

（六）其他有关材料。

第一百四十一条 审计机关业务部门应当对下列事项进行复核，并提出书面复核意见：

（一）审计目标是否实现；

（二）审计实施方案确定的审计事项是否完成；

（三）审计发现的重要问题是否在审计报告中反映；

（四）事实是否清楚、数据是否正确；

（五）审计证据是否适当、充分；

（六）审计评价、定性、处理处罚和移送处理意见是否恰当，适用法律法规和标准是否适当；

（七）被审计单位、被调查单位、被审计人员或者有关责任人员提出的合理意见是否采纳；

（八）需要复核的其他事项。

第一百四十二条 审计机关业务部门应当将复核修改后的审计报告、审计决定书等审计项目材料连同书面复核意见，报送审理机构审理。

第一百四十三条 审理机构以审计实施方案为基础，重点关注审计实施的过程及结果，主要审理下列内容：

（一）审计实施方案确定的审计事项是否完成；

（二）审计发现的重要问题是否在审计报告中反映；

（三）主要事实是否清楚、相关证据是否适当、充分；

（四）适用法律法规和标准是否适当；

（五）评价、定性、处理处罚意见是否恰当；

（六）审计程序是否符合规定。

第一百四十四条 审理机构审理时，应当就有关事项与审计组及相关业务部门进行沟通。

必要时，审理机构可以参加审计组与被审计单位交换意见的会议，或者向被审计单位和有关人员了解相关情况。

第一百四十五条 审理机构审理后，可以根据情况采取下列措施：

（一）要求审计组补充重要审计证据；

（二）对审计报告、审计决定书进行修改。

审理过程中遇有复杂问题的，经审计机关负责人同意后，审理机构可以组织专家进行论证。

审理机构审理后，应当出具审理意见书。

第一百四十六条 审理机构将审理后的审计报告、审计决定书连同审理意见书报送审计机关负责人。

第一百四十七条 审计报告、审计决定书原则上应当由审计机关审计业务会议审定；特殊情况下，经审计机关主要负责人授权，可以由审计机关其他负责人审定。

第一百四十八条 审计决定书经审定，处罚的事实、理由、依据、决定与审计组征求意见的审计报告不一致并且加重处罚的，审计机关应当依照有关法律法规的规定及时告知被审计单位、被调查单位和有关责任人员，并听取其陈述和申辩。

第一百四十九条 对于拟作出罚款的处罚决定，符合法律法规规定的听证条件的，审计机关应当依照有关法律法规的规定履行听证程序。

第一百五十条 审计报告、审计决定书经审计机关负责人签发后，按照下列要求办理：

（一）审计报告送达被审计单位、被调查单位；

（二）经济责任审计报告送达被审计单位和被审计人员；

（三）审计决定书送达被审计单位、被调查单位、被处罚的有关责任人员。

第三节 专题报告与综合报告

第一百五十一条 审计机关在审计中发现的下列事项，可以采用专题报告、审计信息等方式向本级政府、上一级审计机关报告：

（一）涉嫌重大违法犯罪的问题；

（二）与国家财政收支、财务收支有关政策及其执行中存在的重大问题；

（三）关系国家经济安全的重大问题；

（四）关系国家信息安全的重大问题；

（五）影响人民群众经济利益的重大问题；

（六）其他重大事项。

第一百五十二条 专题报告应当主题突出、事实清楚、定性准确、建议适当。

审计信息应当事实清楚、定性准确、内容精炼、格式规范、反映及时。

第一百五十三条 审计机关统一组织审计项目的，可以根据需要汇总审计情况和结果，编制审计综合报告。必要时，审计综合报告应当征求有关主管机关的意见。

审计综合报告按照审计机关规定的程序审定后，向本级政府和上一级审计机关报送，或者向有关部门通报。

第一百五十四条 审计机关实施经济责任审计项目后，应当按照相关规定，向本级政府行政首长和有关干部监督管理部门报告经济责任审计结果。

第一百五十五条 审计机关依照法律法规的规定，每年汇总对本级预算执行情况和其他财政收支情况的审计报告，形成审计结果报告，报送本级政府和上一级审计机关。

第一百五十六条 审计机关依照法律法规的规定，代本级政府起草本级预算执行情况和其他财政收支情况的审计工作报告（稿），经本级政府行政首长审定后，受本级政府委托向本级人民代表大会常务委员会报告。

第四节 审计结果公布

第一百五十七条 审计机关依法实行公告制度。审计机关的审计结果、审计调查结果依法向社会公布。

第一百五十八条 审计机关公布的审计和审计调查结果主要包括下列信息：

（一）被审计（调查）单位基本情况；

（二）审计（调查）评价意见；

（三）审计（调查）发现的主要问题；

（四）处理处罚决定及审计（调查）建议；

（五）被审计（调查）单位的整改情况。

第一百五十九条 在公布审计和审计调查结果时，审计机关不得公布下列信息：

（一）涉及国家秘密、商业秘密的信息；

（二）正在调查、处理过程中的事项；

（三）依照法律法规的规定不予公开的其他信息。

涉及商业秘密的信息，经权利人同意或者审计机关认为不公布可能对公共利益造成重大影响的，可以予以公布。

审计机关公布审计和审计调查结果应当客观公正。

第一百六十条 审计机关公布审计和审计调查结果，应当指定专门机构统一办理，履行规定的保密审查和审核手续，报经审计机关主要负责人批准。

审计机关内设机构、派出机构和个人，未经授权不得向社会公布审计和审计调查结果。

第一百六十一条 审计机关统一组织不同级次审计机关参加的审计项目，其审计和审计调查结果原则上由负责该项目组织工作的审计机关统一对外公布。

第一百六十二条 审计机关公布审计和审计调查结果按照国家有关规定需要报批的，未经批准不得公布。

第五节 审计整改检查

第一百六十三条 审计机关应当建立审计整改检查机制，督促被审计单位和其他有关单位根据审计结果进行整改。

第一百六十四条 审计机关主要检查或者了解下列事项：

（一）执行审计机关作出的处理处罚决定情况；

（二）对审计机关要求自行纠正事项采取措施的情况；

（三）根据审计机关的审计建议采取措施的情况；

（四）对审计机关移送处理事项采取措施的情况。

第一百六十五条 审计组在审计实施过程中，应当及时督促被审计单位整改审计发现的问题。

审计机关在出具审计报告、作出审计决定后，应当在规定的时间内检查或者了解被审计单位和其他有关单位的整改情况。

第一百六十六条 审计机关可以采取下列方式检查或者了解被审计单位和其他有关单位的整改情况：

（一）实地检查或者了解；

（二）取得并审阅相关书面材料；

（三）其他方式。

对于定期审计项目，审计机关可以结合下一次审计，检查或者了解被审计单位的整改情况。

检查或者了解被审计单位和其他有关单位的整改情况应当取得相关证明材料。

第一百六十七条 审计机关指定的部门负责检查或者了解被审计单位和其他有关单位整改情况，并向审计机关提出检查报告。

第一百六十八条 检查报告的内容主要包括：

（一）检查工作开展情况，主要包括检查时间、范围、对象、和方式等；

（二）被审计单位和其他有关单位的整改情况；

（三）没有整改或者没有完全整改事项的原因和建议。

第一百六十九条 审计机关对被审计单位没有整改或者没有完全整改的事项，依法采取必要措施。

第一百七十条 审计机关对审计决定书中存在的重要错误事项，应当予以纠正。

第一百七十一条 审计机关汇总审计整改情况，向本级政府报送关于审计工作报告中指出问题的整改情况的报告。

第六章 审计质量控制和责任

第一百七十二条 审计机关应当建立审计质量控制制度，以保证实现下列目标：

（一）遵守法律法规和本准则；

（二）作出恰当的审计结论；

（三）依法进行处理处罚。

第一百七十三条 审计机关应当针对下列要素建立审计质量控制制度：

（一）审计质量责任；

（二）审计职业道德；

（三）审计人力资源；

（四）审计业务执行；

（五）审计质量监控。

对前款第二、三、四项应当按照本准则第二至五章的有关要求建立审计质量控制制度。

第一百七十四条 审计机关实行审计组成员、审计组主审、审计组组长、审计机关业务部门、审理机构、总审计师和审计机关负责人对审计业务的分级质量控制。

第一百七十五条 审计组成员的工作职责包括：

（一）遵守本准则，保持审计独立性；

（二）按照分工完成审计任务，获取审计证据；

（三）如实记录实施的审计工作并报告工作结果；

（四）完成分配的其他工作。

第一百七十六条 审计组成员应当对下列事项承担责任：

（一）未按审计实施方案实施审计导致重大问题未被发现的；

（二）未按照本准则的要求获取审计证据导致审计证据不适当、不充分的；

（三）审计记录不真实、不完整的；

（四）对发现的重要问题隐瞒不报或者不如实报告的。

第一百七十七条 审计组组长的工作职责包括：

（一）编制或者审定审计实施方案；

（二）组织实施审计工作；

（三）督导审计组成员的工作；

（四）审核审计工作底稿和审计证据；

（五）组织编制并审核审计组起草的审计报告、审计决定书、审计移送处理书、专题报告、审计信息；

（六）配置和管理审计组的资源；
（七）审计机关规定的其他职责。

第一百七十八条 审计组组长应当从下列方面督导审计组成员的工作：
（一）将具体审计事项和审计措施等信息告知审计组成员，并与其讨论；
（二）检查审计组成员的工作进展，评估审计组成员的工作质量，并解决工作中存在的问题；
（三）给予审计组成员必要的培训和指导。

第一百七十九条 审计组组长应当对审计项目的总体质量负责，并对下列事项承担责任：
（一）审计实施方案编制或者组织实施不当，造成审计目标未实现或者重要问题未被发现的；
（二）审核未发现或者未纠正审计证据不适当、不充分问题的；
（三）审核未发现或者未纠正审计工作底稿不真实、不完整问题的；
（四）得出的审计结论不正确的；
（五）审计组起草的审计文书和审计信息反映的问题严重失实的；
（六）提出的审计处理处罚意见或者移送处理意见不正确的；
（七）对审计组发现的重要问题隐瞒不报或者不如实报告的；
（八）违反法定审计程序的。

第一百八十条 根据工作需要，审计组可以设立主审。主审根据审计分工和审计组组长的委托，主要履行下列职责：
（一）起草审计实施方案、审计文书和审计信息；
（二）对主要审计事项进行审计查证；
（三）协助组织实施审计；
（四）督导审计组成员的工作；
（五）审核审计工作底稿和审计证据；
（六）组织审计项目归档工作；
（七）完成审计组组长委托的其他工作。

第一百八十一条 审计组组长将其工作职责委托给主审或者审计组其他成员的，仍应当对委托事项承担责任。受委托的成员在受托范围内承担相应责任。

第一百八十二条 审计机关业务部门的工作职责包括：
（一）提出审计组组长人选；
（二）确定聘请外部人员事宜；
（三）指导、监督审计组的审计工作；
（四）复核审计报告、审计决定书等审计项目材料；
（五）审计机关规定的其他职责。

业务部门统一组织审计项目的，应当承担编制审计工作方案，组织、协调审计实施和汇总审计结果的职责。

第一百八十三条 审计机关业务部门应当及时发现和纠正审计组工作中存在的重要问题，并对下列事项承担责任：
（一）对审计组请示的问题未及时采取适当措施导致严重后果的；
（二）复核未发现审计报告、审计决定书等审计项目材料中存在的重要问题的；
（三）复核意见不正确的；
（四）要求审计组不在审计文书和审计信息中反映重要问题的。

业务部门对统一组织审计项目的汇总审计结果出现重大错误、造成严重不良影响的事项承担责任。

第一百八十四条 审计机关审理机构的工作职责包括：
（一）审查修改审计报告、审计决定书；
（二）提出审理意见；
（三）审计机关规定的其他职责。

第一百八十五条 审计机关审理机构对下列事项承担责任：
（一）审理意见不正确的；
（二）对审计报告、审计决定书作出的修改不正确的；
（三）审理时应当发现而未发现重要问题的。

第一百八十六条 审计机关负责人的工作职责包括：
（一）审定审计项目目标、范围和审计资源的配置；
（二）指导和监督检查审计工作；
（三）审定审计文书和审计信息；
（四）审计管理中的其他重要事项。

审计机关负责人对审计项目实施结果承担最终责任。

第一百八十七条 审计机关对审计人员违反法律法规和本准则的行为，应当按照相关规定追究其责任。

第一百八十八条 审计机关应当按照国家有关规定，建立健全审计项目档案管理制度，明确审计项目归档要求、保存期限、保存措施、档案利用审批程序等。

第一百八十九条 审计项目归档工作实行审计组组长负责制，审计组组长应当确定立卷责任人。

立卷责任人应当收集审计项目的文件材料，并在审计项目终结后及时立卷归档，由审计组组长审查验收。

第一百九十条 审计机关实行审计业务质量检查制度，对其业务部门、派出机构和下级审计机关的审计业务质量进行检查。

第一百九十一条 审计机关可以通过查阅有关文件和审计档案、询问相关人员等方式、方法，检查下列事项：
（一）建立和执行审计质量控制制度的情况；
（二）审计工作中遵守法律法规和本准则的情况；
（三）与审计业务质量有关的其他事项。

审计业务质量检查应当重点关注审计结论的恰当性、审计处理处罚意见的合法性和适当性。

第一百九十二条 审计机关开展审计业务质量检查，应当向被检查单位通报检查结果。

第一百九十三条 审计机关在审计业务质量检查中，发现被检查的派出机构或者下级审计机关应当作出审计决定而未作出的，可以依法直接或者责成其在规定期限内作出审计决定；发现其作出的审计决定违反国家有关规定的，可以依法直接或者责成其在规定期限内变更、撤销审计决定。

第一百九十四条 审计机关应当对其业务部门、派出机构实行审计业务年度考核制度，考核审计质量控制目标的实现情况。

第一百九十五条 审计机关可以定期组织优秀审计项目评选，对被评为优秀审计项目的予以表彰。

第一百九十六条 审计机关应当对审计质量控制制度及其执行情况进行持续评估，及时发现审计质量控制制度及其执行中存在的问题，并采取措施加以纠正或者改进。

审计机关可以结合日常管理工作或者通过开展审计业务质量检查、考核和优秀审计项目评选等方式，对审计质量控制制度及其执行情况进行持续评估。

第七章 附　则

第一百九十七条　审计机关和审计人员开展下列工作，不适用本准则的规定：
（一）配合有关部门查处案件；
（二）与有关部门共同办理检查事项；
（三）接受交办或者接受委托办理不属于法定审计职责范围的事项。

第一百九十八条　地方审计机关可以根据本地实际情况，在遵循本准则规定的基础上制定实施细则。

第一百九十九条　本准则由审计署负责解释。

第二百条　本准则自 2011 年 1 月 1 日起施行。附件所列的审计署以前发布的审计准则和规定同时废止。

5. 党政主要领导干部和国有企事业单位主要领导人员经济责任审计规定（2019 年修订）

（中办发〔2019〕45 号印发）

第一章 总　则

第一条　为了坚持和加强党对审计工作的集中统一领导，强化对党政主要领导干部和国有企事业单位主要领导人员（以下统称领导干部）的管理监督，促进领导干部履职尽责、担当作为，确保党中央令行禁止，根据《中华人民共和国审计法》和有关党内法规，制定本规定。

第二条　经济责任审计工作以马克思列宁主义、毛泽东思想、邓小平理论、"三个代表"重要思想、科学发展观、习近平新时代中国特色社会主义思想为指导，增强"四个意识"、坚定"四个自信"、做到"两个维护"，认真落实党中央、国务院决策部署，紧紧围绕统筹推进"五位一体"总体布局和协调推进"四个全面"战略布局，贯彻新发展理念，聚焦经济责任，客观评价，揭示问题，促进经济高质量发展，促进全面深化改革，促进权力规范运行，促进反腐倡廉，推进国家治理体系和治理能力现代化。

第三条　本规定所称经济责任，是指领导干部在任职期间，对其管辖范围内贯彻执行党和国家经济方针政策、决策部署，推动经济和社会事业发展，管理公共资金、国有资产、国有资源，防控重大经济风险等有关经济活动应当履行的职责。

第四条　领导干部经济责任审计对象包括：
（一）地方各级党委、政府、纪检监察机关、法院、检察院的正职领导干部或者主持工作 1 年以上的副职领导干部；
（二）中央和地方各级党政工作部门、事业单位和人民团体等单位的正职领导干部或者主持工作 1 年以上的副职领导干部；
（三）国有和国有资本占控股地位或者主导地位的企业（含金融机构，以下统称国有企业）的法定代表人或者不担任法定代表人但实际行使相应职权的主要领导人员；
（四）上级领导干部兼任下级单位正职领导职务且不实际履行经济责任时，实际分管日常工作的副职领导干部；
（五）党中央和县级以上地方党委要求进行经济责任审计的其他主要领导干部。

第五条　领导干部履行经济责任的情况，应当依规依法接受审计监督。

经济责任审计可以在领导干部任职期间进行，也可以在领导干部离任后进行，以任职期间审计为主。

第六条 领导干部的经济责任审计按照干部管理权限确定。遇有干部管理权限与财政财务隶属关系等不一致时，由对领导干部具有干部管理权限的部门与同级审计机关共同确定实施审计的审计机关。

审计署审计长的经济责任审计，按照中央审计委员会的决定组织实施。地方审计机关主要领导干部的经济责任审计，由地方党委与上一级审计机关协商后，由上一级审计机关组织实施。

第七条 审计委员会办公室、审计机关依规依法独立实施经济责任审计，任何组织和个人不得拒绝、阻碍、干涉，不得打击报复审计人员。

对有意设置障碍、推诿拖延的，应当进行批评和通报；造成恶劣影响的，应当严肃问责追责。

第八条 审计委员会办公室、审计机关和审计人员对经济责任审计工作中知悉的国家秘密、商业秘密和个人隐私，负有保密义务。

第九条 各级党委和政府应当保证履行经济责任审计职责所必需的机构、人员和经费。

第二章　组　织　协　调

第十条 各级党委和政府应当加强对经济责任审计工作的领导，建立健全经济责任审计工作联席会议（以下简称联席会议）制度。联席会议由纪检监察机关和组织、机构编制、审计、财政、人力资源社会保障、国有资产监督管理、金融监督管理等部门组成，召集人由审计委员会办公室主任担任。联席会议在同级审计委员会的领导下开展工作。

联席会议下设办公室，与同级审计机关内设的经济责任审计机构合署办公。办公室主任由同级审计机关的副职领导或者相当职务层次领导担任。

第十一条 联席会议主要负责研究拟订有关经济责任审计的制度文件，监督检查经济责任审计工作情况，协调解决经济责任审计工作中出现的问题，推进经济责任审计结果运用，指导下级联席会议的工作，指导和监督部门、单位内部管理领导干部经济责任审计工作，完成审计委员会交办的其他工作。

联席会议办公室负责联席会议的日常工作。

第十二条 经济责任审计应当有计划地进行，根据干部管理监督需要和审计资源等实际情况，对审计对象实行分类管理，科学制定经济责任审计中长期规划和年度审计项目计划，推进领导干部履行经济责任情况审计全覆盖。

第十三条 年度经济责任审计项目计划按照下列程序制定：

（一）审计委员会办公室商同级组织部门提出审计计划安排，组织部门提出领导干部年度审计建议名单；

（二）审计委员会办公室征求同级纪检监察机关等有关单位意见后，纳入审计机关年度审计项目计划；

（三）审计委员会办公室提交同级审计委员会审议决定。

对属于有关主管部门管理的领导干部进行审计的，审计委员会办公室商有关主管部门提出年度审计建议名单，纳入审计机关年度审计项目计划，提交审计委员会审议决定。

第十四条 年度经济责任审计项目计划一经确定不得随意变更。确需调减或者追加的，应当按照原制定程序，报审计委员会批准后实施。

第十五条 被审计领导干部遇有被有关部门采取强制措施、纪律审查、监察调查或者死亡等特殊情况，以及存在其他不宜继续进行经济责任审计情形的，审计委员会办公室商同级纪检监察机关、组织部门等有关单位提出意见，报审计委员会批准后终止审计。

第三章 审 计 内 容

第十六条 经济责任审计应当以领导干部任职期间公共资金、国有资产、国有资源的管理、分配和使用为基础,以领导干部权力运行和责任落实情况为重点,充分考虑领导干部管理监督需要、履职特点和审计资源等因素,依规依法确定审计内容。

第十七条 地方各级党委和政府主要领导干部经济责任审计的内容包括:

(一)贯彻执行党和国家经济方针政策、决策部署情况;

(二)本地区经济社会发展规划和政策措施的制定、执行和效果情况;

(三)重大经济事项的决策、执行和效果情况;

(四)财政财务管理和经济风险防范情况,民生保障和改善情况,生态文明建设项目、资金等管理使用和效益情况,以及在预算管理中执行机构编制管理规定情况;

(五)在经济活动中落实有关党风廉政建设责任和遵守廉洁从政规定情况;

(六)以往审计发现问题的整改情况;

(七)其他需要审计的内容。

第十八条 党政工作部门、纪检监察机关、法院、检察院、事业单位和人民团体等单位主要领导干部经济责任审计的内容包括:

(一)贯彻执行党和国家经济方针政策、决策部署情况;

(二)本部门本单位重要发展规划和政策措施的制定、执行和效果情况;

(三)重大经济事项的决策、执行和效果情况;

(四)财政财务管理和经济风险防范情况,生态文明建设项目、资金等管理使用和效益情况,以及在预算管理中执行机构编制管理规定情况;

(五)在经济活动中落实有关党风廉政建设责任和遵守廉洁从政规定情况;

(六)以往审计发现问题的整改情况;

(七)其他需要审计的内容。

第十九条 国有企业主要领导人员经济责任审计的内容包括:

(一)贯彻执行党和国家经济方针政策、决策部署情况;

(二)企业发展战略规划的制定、执行和效果情况;

(三)重大经济事项的决策、执行和效果情况;

(四)企业法人治理结构的建立、健全和运行情况,内部控制制度的制定和执行情况;

(五)企业财务的真实合法效益情况,风险管控情况,境外资产管理情况,生态环境保护情况;

(六)在经济活动中落实有关党风廉政建设责任和遵守廉洁从业规定情况;

(七)以往审计发现问题的整改情况;

(八)其他需要审计的内容。

第二十条 有关部门和单位、地方党委和政府的主要领导干部由上级领导干部兼任,且实际履行经济责任的,对其进行经济责任审计时,审计内容仅限于该领导干部所兼任职务应当履行的经济责任。

第四章 审 计 实 施

第二十一条 审计委员会办公室、审计机关应当根据年度经济责任审计项目计划,组成审计组并实施审计。

第二十二条 对同一地方党委和政府主要领导干部,以及同一部门、单位2名以上主要领导干部的经济责任审计,可以同步组织实施,分别认定责任。

第二十三条 审计委员会办公室、审计机关应当按照规定,向被审计领导干部及其所在单位或者原任职单位（以下统称所在单位）送达审计通知书，抄送同级纪检监察机关、组织部门等有关单位。

地方审计机关主要领导干部的经济责任审计通知书，由上一级审计机关送达。

第二十四条 实施经济责任审计时，应当召开由审计组主要成员、被审计领导干部及其所在单位有关人员参加的会议，安排审计工作有关事项。联席会议有关成员单位根据工作需要可以派人参加。

审计组应当在被审计单位公示审计项目名称、审计纪律要求和举报电话等内容。

第二十五条 经济责任审计过程中，应当听取被审计领导干部所在单位领导班子成员的意见。

对地方党委和政府主要领导干部的审计，还应当听取同级人大常委会、政协主要负责同志的意见。

审计委员会办公室、审计机关应当听取联席会议有关成员单位的意见，及时了解与被审计领导干部履行经济责任有关的考察考核、群众反映、巡视巡察反馈、组织约谈、函询调查、案件查处结果等情况。

第二十六条 被审计领导干部及其所在单位，以及其他有关单位应当及时、准确、完整地提供与被审计领导干部履行经济责任有关的下列资料：

（一）被审计领导干部经济责任履行情况报告；

（二）工作计划、工作总结、工作报告、会议记录、会议纪要、决议决定、请示、批示、目标责任书、经济合同、考核检查结果、业务档案、机构编制、规章制度、以往审计发现问题整改情况等资料；

（三）财政收支、财务收支相关资料；

（四）与履行职责相关的电子数据和必要的技术文档；

（五）审计所需的其他资料。

第二十七条 被审计领导干部及其所在单位应当对所提供资料的真实性、完整性负责，并作出书面承诺。

第二十八条 经济责任审计应当加强与领导干部自然资源资产离任审计等其他审计的统筹协调，科学配置审计资源，创新审计组织管理，推动大数据等新技术应用，建立健全审计工作信息和结果共享机制，提高审计监督整体效能。

第二十九条 经济责任审计过程中，可以依规依法提请有关部门、单位予以协助。有关部门、单位应当予以支持，并及时提供有关资料和信息。

第三十条 审计组实施审计后，应当向派出审计组的审计委员会办公室、审计机关提交审计报告。

审计报告一般包括被审计领导干部任职期间履行经济责任情况的总体评价、主要业绩、审计发现的主要问题和责任认定、审计建议等内容。

第三十一条 审计委员会办公室、审计机关应当书面征求被审计领导干部及其所在单位对审计组审计报告的意见。

第三十二条 被审计领导干部及其所在单位应当自收到审计组审计报告之日起10个工作日内提出书面意见；10个工作日内未提出书面意见的，视同无异议。

审计组应当针对被审计领导干部及其所在单位提出的书面意见，进一步研究和核实，对审计报告作出必要的修改，连同被审计领导干部及其所在单位的书面意见一并报送审计委员会办公室、审计机关。

第三十三条 审计委员会办公室、审计机关按照规定程序对审计组审计报告进行审定，出具经济责任审计报告；同时出具经济责任审计结果报告，在经济责任审计报告的基础上，简要反映审计结果。

经济责任审计报告和经济责任审计结果报告应当事实清楚、评价客观、责任明确、用词恰当、文字精练、通俗易懂。

第三十四条 经济责任审计报告、经济责任审计结果报告等审计结论性文书按照规定程序报同级审计委员会，按照干部管理权限送组织部门。根据工作需要，送纪检监察机关等联席会议其他成员单位、有关主管部门。

地方审计机关主要领导干部的经济责任审计结论性文书，由上一级审计机关送有关组织部门。根据工作需要，送有关纪检监察机关。

经济责任审计报告应当送达被审计领导干部及其所在单位。

第三十五条 经济责任审计中发现的重大问题线索，由审计委员会办公室按照规定向审计委员会报告。

应当由纪检监察机关或者有关主管部门处理的问题线索，由审计机关依规依纪依法移送处理。

被审计领导干部所在单位存在的违反国家规定的财政收支、财务收支行为，依法应当给予处理处罚的，由审计机关在法定职权范围内作出审计决定。

第三十六条 经济责任审计项目结束后，审计委员会办公室、审计机关应当组织召开会议，向被审计领导干部及其所在单位领导班子成员等有关人员反馈审计结果和相关情况。联席会议有关成员单位根据工作需要可以派人参加。

第三十七条 被审计领导干部对审计委员会办公室、审计机关出具的经济责任审计报告有异议的，可以自收到审计报告之日起30日内向同级审计委员会办公室申诉。审计委员会办公室应当组成复查工作小组，并要求原审计组人员等回避，自收到申诉之日起90日内提出复查意见，报审计委员会批准后作出复查决定。复查决定为最终决定。

地方审计机关主要领导干部对上一级审计机关出具的经济责任审计报告有异议的，可以自收到审计报告之日起30日内向上一级审计机关申诉。上一级审计机关应当组成复查工作小组，并要求原审计组人员等回避，自收到申诉之日起90日内作出复查决定。复查决定为最终决定。

本条规定的期间的最后一日是法定节假日的，以节假日后的第一个工作日为期间届满日。

第五章 审计评价

第三十八条 审计委员会办公室、审计机关应当根据不同领导职务的职责要求，在审计查证或者认定事实的基础上，综合运用多种方法，坚持定性评价与定量评价相结合，依照有关党内法规、法律法规、政策规定、责任制考核目标等，在审计范围内，对被审计领导干部履行经济责任情况，包括公共资金、国有资产、国有资源的管理、分配和使用中个人遵守廉洁从政（从业）规定等情况，作出客观公正、实事求是的评价。

审计评价应当有充分的审计证据支持，对审计中未涉及的事项不作评价。

第三十九条 对领导干部履行经济责任过程中存在的问题，审计委员会办公室、审计机关应当按照权责一致原则，根据领导干部职责分工，综合考虑相关问题的历史背景、决策过程、性质、后果和领导干部实际所起的作用等情况，界定其应当承担的直接责任或者领导责任。

第四十条 领导干部对履行经济责任过程中的下列行为应当承担直接责任：

（一）直接违反有关党内法规、法律法规、政策规定的；

（二）授意、指使、强令、纵容、包庇下属人员违反有关党内法规、法律法规、政策规定的；

（三）贯彻党和国家经济方针政策、决策部署不坚决不全面不到位，造成公共资金、国有资产、国有资源损失浪费，生态环境破坏，公共利益损害等后果的；

（四）未完成有关法律法规规章、政策措施、目标责任书等规定的领导干部作为第一责任人（负总责）事项，造成公共资金、国有资产、国有资源损失浪费，生态环境破坏，公共利益损害等后果的；

（五）未经民主决策程序或者民主决策时在多数人不同意的情况下，直接决定、批准、组织实施重大经济事项，造成公共资金、国有资产、国有资源损失浪费，生态环境破坏，公共利益损害等后果的；

（六）不履行或者不正确履行职责，对造成的后果起决定性作用的其他行为。

第四十一条　领导干部对履行经济责任过程中的下列行为应当承担领导责任：

（一）民主决策时，在多数人同意的情况下，决定、批准、组织实施重大经济事项，由于决策不当或者决策失误造成公共资金、国有资产、国有资源损失浪费，生态环境破坏，公共利益损害等后果的；

（二）违反部门、单位内部管理规定造成公共资金、国有资产、国有资源损失浪费，生态环境破坏，公共利益损害等后果的；

（三）参与相关决策和工作时，没有发表明确的反对意见，相关决策和工作违反有关党内法规、法律法规、政策规定，或者造成公共资金、国有资产、国有资源损失浪费，生态环境破坏，公共利益损害等后果的；

（四）疏于监管，未及时发现和处理所管辖范围内本级或者下一级地区（部门、单位）违反有关党内法规、法律法规、政策规定的问题，造成公共资金、国有资产、国有资源损失浪费，生态环境破坏，公共利益损害等后果的；

（五）除直接责任外，不履行或者不正确履行职责，对造成的后果应当承担责任的其他行为。

第四十二条　对被审计领导干部以外的其他责任人员，审计委员会办公室、审计机关可以适当方式向有关部门、单位提供相关情况。

第四十三条　审计评价时，应当把领导干部在推进改革中因缺乏经验、先行先试出现的失误和错误，同明知故犯的违纪违法行为区分开来；把上级尚无明确限制的探索性试验中的失误和错误，同上级明令禁止后依然我行我素的违纪违法行为区分开来；把为推动发展的无意过失，同为谋取私利的违纪违法行为区分开来。对领导干部在改革创新中的失误和错误，正确把握事业为上、实事求是、依纪依法、容纠并举等原则，经综合分析研判，可以免责或者从轻定责，鼓励探索创新，支持担当作为，保护领导干部干事创业的积极性、主动性、创造性。

第六章　审计结果运用

第四十四条　各级党委和政府应当建立健全经济责任审计情况通报、责任追究、整改落实、结果公告等结果运用制度，将经济责任审计结果以及整改情况作为考核、任免、奖惩被审计领导干部的重要参考。

经济责任审计结果报告以及审计整改报告应当归入被审计领导干部本人档案。

第四十五条　审计委员会办公室、审计机关应当按照规定以适当方式通报或者公告经济责任审计结果，对审计发现问题的整改情况进行监督检查。

第四十六条　联席会议其他成员单位应当在各自职责范围内运用审计结果：

（一）根据干部管理权限，将审计结果以及整改情况作为考核、任免、奖惩被审计领导干部的重要参考；

（二）对审计发现的问题作出进一步处理；

（三）加强审计发现问题整改落实情况的监督检查；

（四）对审计发现的典型性、普遍性、倾向性问题和提出的审计建议及时进行研究，将其作为采取有关措施、完善有关制度规定的重要参考。

联席会议其他成员单位应当以适当方式及时将审计结果运用情况反馈审计委员会办公室、审计机关。党中央另有规定的，按照有关规定办理。

第四十七条 有关主管部门应当在各自职责范围内运用审计结果：

（一）根据干部管理权限，将审计结果以及整改情况作为考核、任免、奖惩被审计领导干部的重要参考；

（二）对审计移送事项依规依纪依法作出处理处罚；

（三）督促有关部门、单位落实审计决定和整改要求，在对相关行业、单位管理和监督中有效运用审计结果；

（四）对审计发现的典型性、普遍性、倾向性问题和提出的审计建议及时进行研究，并将其作为采取有关措施、完善有关制度规定的重要参考。

有关主管部门应当以适当方式及时将审计结果运用情况反馈审计委员会办公室、审计机关。

第四十八条 被审计领导干部及其所在单位根据审计结果，应当采取以下整改措施：

（一）对审计发现的问题，在规定期限内进行整改，将整改结果书面报告审计委员会办公室、审计机关，以及组织部门或者主管部门；

（二）对审计决定，在规定期限内执行完毕，将执行情况书面报告审计委员会办公室、审计机关；

（三）根据审计发现的问题，落实有关责任人员的责任，采取相应的处理措施；

（四）根据审计建议，采取措施，健全制度，加强管理；

（五）将审计结果以及整改情况纳入所在单位领导班子党风廉政建设责任制检查考核的内容，作为领导班子民主生活会以及领导班子成员述责述廉的重要内容。

第七章 附　　则

第四十九条 审计委员会办公室、审计机关和审计人员，被审计领导干部及其所在单位，以及其他有关单位和个人在经济责任审计中的职责、权限、法律责任等，本规定未作规定的，依照党中央有关规定、《中华人民共和国审计法》《中华人民共和国审计法实施条例》和其他法律法规执行。

第五十条 有关部门、单位对内部管理领导干部开展经济责任审计参照本规定执行，或者根据本规定制定具体办法。

第五十一条 本规定由中央审计委员会办公室、审计署负责解释。

第五十二条 本规定自2019年7月7日起施行。2010年10月12日中共中央办公厅、国务院办公厅印发的《党政主要领导干部和国有企业领导人员经济责任审计规定》同时废止。

6. 关于完善审计制度若干重大问题的框架意见（2015年发布）

（中办发〔2015〕58号印发）

根据《中共中央关于全面推进依法治国若干重大问题的决定》和《国务院关于加强审计工作的意见》要求，为保障审计机关依法独立行使审计监督权，更好发挥审计在党和国家监督体系中的重要作用，现就完善审计制度有关重大问题提出如下框架意见。

一、总体要求

（一）指导思想。全面贯彻党的十八大和十八届二中、三中、四中、五中全会精神，以邓小平理论、"三个代表"重要思想、科学发展观为指导，深入学习贯彻习近平总书记系列重要讲话精神，紧紧围绕协调推进"四个全面"战略布局，按照党中央、国务院决策部署，认真贯彻落实宪法、审计法等法律法规，紧密结合审计工作的职责任务和履职特点，着眼依法独立行使审计监督权，创新体制机制，加强和改进新形势下的审计工作，强化审计队伍建设，不断提升审计能力和水平，更好地服务于经济社会持续健康发展。

（二）总体目标。加大改革创新力度，完善审计制度，健全有利于依法独立行使审计监督权的审计管理体制，建立具有审计职业特点的审计人员管理制度，对公共资金、国有资产、国有资源和领导干部履行经济责任情况实行审计全覆盖，做到应审尽审、凡审必严、严肃问责。到2020年，基本形成与国家治理体系和治理能力现代化相适应的审计监督机制，更好发挥审计在保障国家重大决策部署贯彻落实、维护国家经济安全、推动深化改革、促进依法治国、推进廉政建设中的重要作用。

（三）基本原则。

——坚持党的领导。加强党对审计工作的领导，围绕党委和政府的中心任务，研究提出审计工作的目标、任务和重点，严格执行重要审计情况报告制度，支持审计机关依法独立开展工作。坚持党管干部原则，加强审计机关领导班子和队伍建设，健全审计干部培养和管理机制，合理配置审计力量。

——坚持依法有序。运用法治思维和法治方式推动审计工作制度创新，充分发挥法治的引领和规范作用，破解改革难题，依法有序推进。重大改革措施需要取得法律授权的，按法律程序实施。

——坚持问题导向。针对制约审计监督作用发挥的体制机制障碍、影响审计事业长远发展的重点难点问题，积极探索创新，推进审计制度完善。

——坚持统筹推进。充分考虑改革的复杂性和艰巨性，做到整体谋划、分类设计、分步实施，及时总结工作经验，确保各项措施相互衔接、协调推进。

二、主要任务

（一）实行审计全覆盖。按照协调推进"四个全面"战略布局的要求，依法全面履行审计监督职责，坚持党政同责、同责同审，对公共资金、国有资产、国有资源和领导干部履行经济责任情况实行审计全覆盖。摸清审计对象底数，充分考虑审计资源状况，明确审计重点，科学规划、统筹安排、分类实施，有重点、有步骤、有深度、有成效地推进。建立健全与审计全覆盖相适应的工作机制，统筹整合审计资源，创新审计组织方式和技术方法，提高审计能力和效率。

（二）强化上级审计机关对下级审计机关的领导。围绕增强审计监督的整体合力和独立性，强化全国审计工作统筹。加强审计机关干部管理，任免省级审计机关正职，须事先征得审计署党组同意；任免省级审计机关副职，须事先征求审计署党组的意见。上级审计机关要加强审计项目计划的统筹和管理，合理配置审计资源，省级审计机关年度审计项目计划要报审计署备案。上级审计机关要根据本地区经济社会发展实际需要，统筹组织本地区审计机关力量，开展好涉及全局的重大项目审计。健全重大事项报告制度，审计机关的重大事项和审计结果必须向上级审计机关报告，同时抄报同级党委和政府。上级审计机关要加强对下级审计机关的考核。

（三）探索省以下地方审计机关人财物管理改革。2015年选择江苏、浙江、山东、广东、重庆、贵州、云南等7省市开展省以下地方审计机关人财物管理改革试点，试点地区省级党委和政府要按照党管干部、统一管理的要求，加强对本地区审计试点工作的领导。市地级审计机关正职由省级党委（党委组织部）管理，其他领导班子成员和县级审计机关领导班子成员可以委托市地级党委管理。完善机构编制和人员管理制度，省级机构编制管理部门统一管理本地区审计机关的机构编制，省级审计机关协助开展相关工作，地方审计人员由省级统一招录。改进经费和资产管理制度，地方审计机关的经费预算、资产由省级有关部门统一管理，也可以根据实际情况委托市地、县有关部门管理。地方审计机关的各项经费标准由各地在现有法律法规框架内结合实际确定，确保不低于现有水平。建立健全审计业务管理制度，试点地区审计机关审计项目计划由省级审计机关统一管理，统筹组织本地区审计机关力量，开展好涉及全局的重大项目审计。

（四）推进审计职业化建设。根据审计职业特点，建立分类科学、权责一致的审计人员管理制度和职业保障机制，确保审计队伍的专业化水平。根据公务员法和审计职业特点，建立适应审计工作需要的审计人员分类管理制度，建立审计专业技术类公务员职务序列。完善审计人员选任机制，审计专业技术类公务员和综合管理类公务员分类招录，对专业性较强的职位可以实行聘任制。健全审计职业岗位责任追究机制。完善审计职业保障机制和职业教育培训体系。

（五）加强审计队伍思想和作风建设。要加强思想政治建设，强化理论武装，坚定理想信念，严守政治纪律和政治规矩，不断提高审计队伍的政治素质。切实践行社会主义核心价值观，加强审计职业道德建设，培育和弘扬审计精神，恪守审计职业操守，做到依法审计、文明审计。加强党风廉政建设，从严管理审计队伍，严格执行廉政纪律和审计工作纪律，坚持原则、无私无畏、敢于碰硬，做到忠诚、干净、担当。

（六）建立健全履行法定审计职责保障机制。各级党委和政府要定期听取审计工作情况汇报，帮助解决实际困难和问题，支持审计机关依法履行职责，保障审计机关依法独立行使审计监督权，不受其他行政机关、社会团体和个人的干涉。审计机关不得超越职责权限、超越自身能力、违反法定程序开展审计，不参与各类与审计法定职责无关的、可能影响依法独立进行审计监督的议事协调机构或工作。健全干预审计工作行为登记报告制度。凡是涉及管理、分配、使用公共资金、国有资产、国有资源的部门、单位和个人，都要自觉接受审计、配合审计，及时、全面提供审计所需的财务会计、业务和管理等资料，不得制定限制向审计机关提供资料和开放计算机信息系统查询权限的规定，已经制定的应予修订或废止。对拒不接受审计监督，阻挠、干扰和不配合审计工作，或威胁恐吓、打击报复审计人员的，要依纪依法查处。审计机关要进一步优化审计工作机制，充分听取有关主管部门和审计对象的意见，客观公正地作出审计结论，维护审计对象的合法权益。

（七）完善审计结果运用机制。建立健全审计与组织人事、纪检监察、公安、检察以及其他有关主管单位的工作协调机制，把审计监督与党管干部、纪律检查、追责问责结合起来，把审计结果及整改情况作为考核、任免、奖惩领导干部的重要依据。对审计发现的违纪违法问题线索或其他事项，审计机关要依法及时移送有关部门和单位，有关部门和单位要认真核实查处，并及时向审计机关反馈查处结果，不得推诿、塞责。对审计发现的典型性、普遍性、倾向性问题和提出的审计建议，有关部门和单位要认真研究，及时清理不合理的制度和规则，建立健全有关制度规定。领导干部经济责任审计结果和审计发现问题的整改情况，要纳入所在单位领导班子民主生活会及党风廉政建设责任制检查考核的内容，作为领导班子成员述职述廉、年度考核、任职考核的重要依据。有关部门和单位要加强督促和检查，推动抓好审计发现问题的整改。对整改不力、屡审屡犯的，要与被审计单位主要负责人进行约谈，严格追责问责。各级人大常委会要把督促审计查出突出问题整改工作与审查监督政府、部门预算决算工作结合起来，建立听取和审议审计查出突出问题整改情况报告机制。审计机关要依法依规公告审计结果，被审计单位要公告整改结果。

（八）加强对审计机关的监督。各级党委、人大、政府要加强对审计机关的监督，定期组织开展审计法律法规执行情况检查，督促审计机关切实加强党风廉政建设、严格依法审计、依法查处问题、依法向社会公告审计结果。探索建立对审计机关的外部审计制度，加强对审计机关主要领导干部的经济责任审计，外部审计由同级党委和政府及上级审计机关负责组织。完善聘请民主党派和无党派人士担任特约审计员制度。审计机关要坚持阳光法则，加大公开透明度，自觉接受人民监督。

三、加强组织领导

（一）加强组织实施。完善审计制度，保障依法独立行使审计监督权，是党中央、国务院作出的重大决策部署。有关部门和地方各级党委、政府要从党和国家事业发展全局出发，充分认识完善审计制度的重大意义，加强工作统筹，形成合力，推动各项改革措施贯彻落实。

（二）有序部署推进。审计署要会同有关部门按照本框架意见和《关于实行审计全覆盖的实施意见》《关于省以下地方审计机关人财物管理改革试点方案》《关于推进国家审计职业化建设的指导意见》确定的目标要求和任务，加强组织协调，密切配合，有重点、有步骤地抓好落实。省级党委和政府要加强对本地区有关工作的领导，抓紧研究制定本地区的落实意见和方案，明确具体措施和时间表。实施过程中遇到的重大问题，要及时报告。

（三）推动完善相关法律制度。根据完善审计制度的需要，在充分总结试点及实施经验的基础上，及时推动修订完善审计法及其实施条例，健全相关配套规章制度，使各项工作于法有据，确保各项任务顺利实施。根据我国国情，进一步研究完善有关制度设计，切实解决重点难点问题。

7. 政府财务报告审计办法（试行）（2020年发布）

（审办财发〔2020〕74号印发）

第一条 为加强对各级政府及其部门财务状况和运行情况的审计监督，根据《中华人民共和国审计法》《中华人民共和国预算法》《国务院关于批转财政部权责发生制政府综合财务报告制度改革方案的通知》（国发〔2014〕63号）和相关法律法规，制定本办法。

第二条 审计机关依照法定的职责、权限和程序对政府财务报告进行审计监督，依据政府会计准则、政府财务报告编制办法等作出审计评价。

政府财务报告审计，包括政府综合财务报告审计和政府部门财务报告审计。

第三条 各级审计机关实施政府财务报告审计，适用本办法。

第四条 政府财务报告审计工作聚焦政府财务状况和运行情况的真实、合法、效益，着力揭示问题和风险，促进提高政府财务报告可信性和透明度，推动完善权责发生制政府综合财务报告制度，助力防范财政风险，促进提升政府运行绩效，为财政与经济决策提供有用信息，推进国家治理体系和治理能力现代化。

第五条 政府财务报告审计管辖范围按照《中华人民共和国审计法》和《中华人民共和国审计法实施条例》的规定确定。

审计署负责对全国政府综合财务报告、中央政府综合财务报告、中央政府部门财务报告进行审计；负责加强对下级政府财务报告的审计监督；负责指导下级审计机关的政府财务报告审计工作。

地方各级审计机关负责对本行政区政府综合财务报告、本级政府综合财务报告和本级政府部门财务报告进行审计。省、市级审计机关负责加强对下级政府财务报告的审计监督；负责指导本行政区内下级审计机关的政府财务报告审计工作。

第六条 政府财务报告审计应当纳入年度审计项目计划管理，既可以单独实施，也可以结合预算执行情况审计、决算草案审计等项目统筹安排实施。

第七条 政府财务报告审计应关注政府及其部门的资产、负债、收入、费用等情况的真实、合法、效益。

政府综合财务报告审计的内容包括：政府财务状况和运行情况，政府综合财务报告编报披露情况，政府财政财务管理情况，相关电子数据及信息系统设计运行情况，以及其他需要审计的内容。

政府部门财务报告审计的内容包括：部门财务状况和运行情况，政府部门财务报告编报披露情况，部门财政财务管理情况，相关电子数据及信息系统设计运行情况，以及其他需要审计的内容。

第八条 审计机关派出审计组实施审计。审计组向派出审计组的审计机关提交审计报告。审计报告的内容一般应包括：

（一）审计依据和实施审计的基本情况，包括审计范围、内容、方式等；

（二）被审计单位基本情况；

（三）审计评价意见，基于充分适当的审计证据，对于审计范围内被审计单位财务状况和运行情况的真实、合法、效益等做出客观评价；

（四）审计发现主要问题的事实、定性以及依据的法律法规标准等；

（五）根据审计发现问题提出的审计处理、处罚意见或审计建议；

（六）其他需要反映和说明的情况。

第九条 审计组的审计报告提交审计机关前，应当按规定征求被审计单位的意见。审计机关按照规定的程序对审计组的审计报告进行审议，并对被审计单位的意见一并研究后，向被审计单位出具审计报告。

第十条 中央政府财务报告审计结果，应当报中央审计委员会和国务院，同时报全国人民代表大会常务委员会备案。

地方政府财务报告审计结果，应当报本级党委审计委员会、本级人民政府和上一级审计机关，同时报本级人民代表大会常务委员会备案。

第十一条 审计机关应当向社会公布政府财务报告审计结果，但法律、行政法规规定不予公布的内容除外。

第十二条 审计机关可以根据工作需要，聘请具有政府财务报告审计相关专业知识的人员参加政府财务报告审计。

参加审计工作人员，应当遵循《中华人民共和国审计法》《中华人民共和国审计法实施条例》《中华人民共和国国家审计准则》以及审计机关的有关规定，做到依法审计、文明审计。

第十三条 审计机关和参加审计工作人员对政府财务报告审计工作中知悉的国家秘密、商业秘密、工作秘密、个人隐私等，负有保密义务。

第十四条 对审计机关职责和权限、审计程序、审计质量控制，以及审计机关和被审计单位的法律责任等，本办法未作规定的，依照《中华人民共和国审计法》《中华人民共和国审计法实施条例》《中华人民共和国国家审计准则》和其他有关法律法规执行。

第十五条 地方各级审计机关可以根据本办法制定具体办法。

第十六条 本办法由审计署负责解释。

第十七条 本办法自发布之日起施行。

8. 审计机关审计听证规定（2021年修订）

（2021年11月19日审计署令第14号公布）

第一条 为规范审计机关的审计处罚程序，保证审计质量，维护公民、法人或者其他组织的合法权益，根据《中华人民共和国行政处罚法》和《中华人民共和国审计法》及其实施条例，制定本规定。

第二条 审计机关进行审计听证应当遵循公正、公平、公开的原则。

第三条 审计机关对被审计单位和有关责任人员（以下统称当事人）拟作出下列审计处罚的，应当向当事人送达审计听证告知书，告知当事人有要求听证的权利，当事人要求听证的，审计机关应当举行审计听证会：

（一）对被审计单位处以十万元以上或者对个人处以一万元以上罚款的；

（二）对被审计单位处以没收十万元以上违法所得的；

（三）法律、法规、规章规定的其他情形。

第四条 审计听证告知书主要包括以下内容：

（一）当事人的名称或者姓名；

（二）当事人违法的事实和证据；

（三）审计处罚的法律依据；

（四）审计处罚建议；

（五）当事人有要求审计听证的权利；

（六）当事人申请审计听证的期限；

（七）审计机关的名称（印章）和日期。

第五条 当事人要求举行审计听证会的，应当自收到审计听证告知书之日起五个工作日内，向审计机关提出书面申请，列明听证要求，并由当事人签名或者盖章。逾期不提出书面申请的，视为放弃审计听证权利。

第六条 审计机关应当在举行审计听证会七个工作日前向当事人及有关人员送达审计听证会通知书，通知当事人举行审计听证会的时间、地点，审计听证主持人、书记员姓名，并告知当事人有申请主持人、书记员回避的权利。

第七条 除涉及国家秘密、商业秘密或者个人隐私依法予以保密外，审计听证会应当公开举行。

第八条 审计听证会的主持人由审计机关负责人指定的非本案审计人员担任，负责审计听证会的组织、主持工作。

书记员可以由一至二人组成，由主持人指定，负责审计听证的记录工作，制作审计听证笔录。

第九条 当事人认为主持人或者书记员与本案有直接利害关系的，有权申请其回避并说明理由。

当事人申请主持人回避应当在审计听证会举行之前提出；申请书记员回避可以在审计听证会举行时提出。

当事人申请回避可以以书面形式提出，也可以以口头形式提出。以口头形式提出的，由书记员记录在案。

第十条 主持人的回避，由审计机关负责人决定；书记员的回避，由主持人决定。

相关回避情况应当记入审计听证笔录。

第十一条 当事人可以亲自参加审计听证，也可以委托一至二人代理参加审计听证。委托他人代理参加审计听证会的，代理人应当出具当事人的授权委托书。

当事人的授权委托书应当载明代理人的代理权限。

第十二条 当事人接到审计听证通知书后，本人或者其代理人不能按时参加审计听证会的，应当及时告知审计机关并说明理由。

当事人及其代理人无正当理由拒不出席听证或者未经许可中途退出听证的，视为放弃听证权利，审计机关终止听证。终止听证的情况应当记入审计听证笔录。

第十三条 书记员应当将审计听证的全部活动记入审计听证笔录。审计机关认为有必要的，可以对审计听证会情况进行录音、录像。

审计听证笔录应当交听证双方确认无误后签字或者盖章。当事人或者其代理人如认为笔录有差错，可以要求补正。当事人或者其代理人拒绝签字或者盖章的，由听证主持人在笔录中注明。

第十四条 审计听证会参加人和旁听人员应当遵守以下听证纪律：

（一）审计听证会参加人应当在主持人的主持下发言、提问、辩论；

（二）未经主持人允许，审计听证会参加人不得提前退席；

（三）未经主持人允许，任何人不得录音、录像或摄影；

（四）旁听人员要保持肃静，不得发言、提问或者议论。

第十五条 主持人在审计听证会主持过程中，有以下权利：

（一）对审计听证会参加人的不当辩论或者其他违反审计听证会纪律的行为予以制止、警告；

（二）对违反审计听证会纪律的旁听人员予以制止、警告、责令退席；

（三）对违反审计听证纪律的人员制止无效的，提请公安机关依法处置。

第十六条 审计听证会应当按照下列程序进行：

（一）主持人宣读审计听证会的纪律和应注意的事项；

（二）主持人宣布审计听证会开始；

（三）主持人宣布案由并宣读参加审计听证会的主持人、书记员、听证参加人的姓名、工作单位和职务；

（四）主持人告知当事人或者其代理人有申请书记员回避的权利，并询问当事人或者其代理人是否申请回避；

（五）本案审计人员提出当事人违法的事实、证据和审计处罚的法律依据以及审计处罚建议；

（六）当事人进行陈述、申辩；

（七）在主持人允许下，双方进行质证、辩论；

（八）双方作最后陈述；

（九）书记员将所作的笔录交听证双方当场确认并签字或者盖章；

（十）主持人宣布审计听证会结束。

第十七条 有下列情形之一的，可以延期举行审计听证会：

（一）当事人或者其代理人有正当理由未到场的；

（二）需要通知新的证人到场，或者有新的事实需要重新调查核实的；

（三）主持人应当回避，需要重新确定主持人的；

（四）其他需要延期的情形。

第十八条 审计听证会结束后，主持人应当将审计听证笔录、案卷材料等一并报送审计机关。

审计机关根据审计听证笔录以及有关审理意见，区别以下情形作出决定：

（一）确有应受审计处罚的违法行为的，根据情节轻重及具体情况，作出审计处罚；

（二）违法事实不能成立的，不予审计处罚；

（三）违法行为轻微，依法依规可以不予审计处罚的，不予审计处罚。

违法行为涉嫌犯罪的，审计机关应当依法依规移送监察机关或者司法机关处理。

第十九条 审计机关不得因当事人要求审计听证、在审计听证中进行申辩和质证而加重处罚。

第二十条 审计听证文书和有关资料应当归入相应的审计项目档案。

第二十一条 审计听证文书送达适用《中华人民共和国民事诉讼法》的有关规定。

第二十二条 本规定由审计署负责解释。

第二十三条 本规定自发布之日起施行。审计署于2000年1月28日发布的《审计机关审计听证的规定》（2000年审计署第1号令）同时废止。

附件：1. 审计听证告知书（参考格式）（略）。

2. 审计听证会通知书（参考格式）（略）。

3. 审计听证笔录（参考格式）（略）。

9. 关于加快推进银行函证规范化、集约化、数字化建设的通知（2022年发布）

（财会〔2022〕39号）

各省、自治区、直辖市财政厅（局），深圳市财政局，新疆生产建设兵团财政局，各银保监局，中国注册会计师协会、各省级注册会计师协会，中国银行业协会，各政策性银行、大型银行、股份制银行、外资银行，各会计师事务所：

为贯彻落实《国务院办公厅关于进一步规范财务审计秩序促进注册会计师行业健康发展的意见》（国办发〔2021〕30号）要求，进一步推进银行函证规范化、集约化、数字化，提升审计质量和效率，现将有关事项通知如下：

一、全面实现银行函证业务规范化

各会计师事务所和各银行业金融机构（以下简称银行）应当严格遵守《财政部 银保监会关于进一步规范银行函证及回函工作的通知》（财会〔2020〕12号）及《银行函证及回函工作操作指引》（财办会〔2020〕21号）有关要求，按照规范的函证内容、格式和程序处理函证业务，加强函证过程控制，提升函证工作质量，实现银行函证业务规范化。

财政部、银保监会加强对银行函证业务规范化工作的要求和管理，指导中国注册会计师协会、中国银行业协会做好持续完善银行函证操作指引、细化函证项目内容和解释口径、及时发布问题解答、开展业务培训等工作。

二、加快推进银行函证业务集约化

银行函证业务集约化要求会计师事务所和银行集中办理银行函证业务，完善流程、加强管控、堵塞漏洞，确保函证信息质量。

（一）自2023年1月1日起，备案从事证券业务的会计师事务所开展上市公司年报审计业务时，应当实现上市公司银行函证业务集约化。即，由会计师事务所指定处理函证的内部专门机构（或岗位）统一、集中处理函证业务，不得由项目组或注册会计师个人自行收发函证。其他会计师事务所和其他审计业务应当于2023年12月31日前实现银行函证集约化。

（二）会计师事务所在一体化管理自评时，应当按照《会计师事务所一体化管理办法》（财会〔2022〕12号）、《会计师事务所一体化管理评估指标评价标准》（财办会〔2022〕20号）有关要求，对函证业务集约化情况进行评价并在注册会计师行业统一监管平台进行报备。

（三）各银保监局以及各政策性银行、大型银行、股份制银行、外资银行于2023年1月31日前将函证集中处理等工作情况报送银保监会法规部。银行应当履行主体责任，对照函证集中处理的有关工作要求，对函证集中处理的落实情况和实施效果进行评估自查。集中处理不符合监管要求的，银行应当进行及时有效的整改，并将评估自查和整改情况报送所属监管部门。

（四）会计师事务所应当在注册会计师行业统一监管平台公示接受函证回函的事务所地址和联系方式；实现函证业务集中处理的银行应当通过官网、客户端、小程序或者微信公众号等渠道公布银行函证工作流程、回函方式（纸质或数字化）、受理部门、联系方式等信息。中国注册会计师协会、中国银行业协会分别通过注册会计师行业统一监管平台、中国银行业协会网站等渠道同步汇总公布相关信息，以便会计师事务所、银行查询对接。各银保监局指导辖内行业自律组织配合中国银行业协会做好辖内法人银行的公示信息收集、更新和报送工作。

三、积极探索银行函证业务数字化

鼓励具备条件的会计师事务所和银行通过银行函证平台（包括第三方函证平台和银行自建函证平台，下同）开展数字化函证，有效提升函证效率和效果。

（一）银行以数字化方式回函的，应当自收到符合规定的询证函之日起10个工作日内完成回函。会计师事务所应当按照审计档案相关规定妥善保存电子回函。银行不得向接入第三方函证平台的会计师事务所提出开立银行账户及网银、单独与银行进行测试等前置条件。

（二）数字化回函与纸质回函具有同等法律效力和证明力。无论采取数字化或纸质方式回函，银行均应当加强内部稽核、校验，对回函内容的真实性、准确性负责，不得以任何理由、任何方式免责。银行数字化回函内容不能覆盖财办会〔2020〕21号文件规范的前13项询证项目的，应当以纸质方式进行辅助回函。

（三）银行函证平台应当坚持安全可控、标准规范、开放兼容的原则，稳步推动银行函证数字化工作。银行函证平台应当对函证数据在平台传输、存储等环节的安全性、完整性、准确性负责。银行函证平台应当按照财会〔2020〕12号、财办会〔2020〕21号文件规定的函证格式和执行标准进行功能设计，设置统一、明确、具体的规范性校验规则。中国注册会计师协会对接入银行函证平台的会计师事务所提供身份认证。中国银行业协会加强对银行接入第三方函证平台的自律管理，组织做好相关风险点梳理及风险评估工作。

本通知自印发之日起施行。

请各银保监局将本通知转发至辖内银保监分局与地方法人银行业金融机构。

附件：备案从事证券服务业务会计师事务所名单（截至2022年12月30日）

财政部
银保监会
2022年12月30日

附件：

备案从事证券服务业务会计师事务所名单
（截至 2022 年 12 月 30 日）

序号	会计师事务所名称	组织形式	注册地
1	安徽华明	普通合伙	安徽
2	安永华明	特殊普通合伙	北京
3	北京澄宇	特殊普通合伙	北京
4	北京大地泰华	特殊普通合伙	北京
5	北京大华国际	普通合伙	北京
6	北京东审	特殊普通合伙	北京
7	北京国府嘉盈	普通合伙	北京
8	北京国富	特殊普通合伙	北京
9	北京精勤	普通合伙	北京
10	北京天玺源	普通合伙	北京
11	北京兴昌华	普通合伙	北京
12	北京兴华	特殊普通合伙	北京
13	北京兴荣华	普通合伙	北京
14	北京炎黄	普通合伙	北京
15	北京中名国成	特殊普通合伙	北京
16	北京中天恒	特殊普通合伙	北京
17	北京中天华茂	普通合伙	北京
18	毕马威华振	特殊普通合伙	北京
19	重庆康华	特殊普通合伙	重庆
20	大华	特殊普通合伙	北京
21	大信	特殊普通合伙	北京
22	德勤华永	特殊普通合伙	上海
23	德赢（福建）	普通合伙	福建
24	赣州联信	普通合伙	江西
25	公证天业	特殊普通合伙	江苏
26	广东诚安信	特殊普通合伙	广东
27	广东亨安	普通合伙	广东
28	广东立信	普通合伙	广东
29	广东岭南智华	特殊普通合伙	广东
30	广东司农	特殊普通合伙	广东
31	广东中天粤	特殊普通合伙	广东

（续表）

序号	会计师事务所名称	组织形式	注册地
32	广东中职信	特殊普通合伙	广东
33	和信	特殊普通合伙	山东
34	河南守正创新	普通合伙	河南
35	湖南楚才	普通合伙	湖南
36	湖南和泉正	普通合伙	湖南
37	湖南建业	特殊普通合伙	湖南
38	湖南容信	普通合伙	湖南
39	华兴	特殊普通合伙	福建
40	嘉兴知联中佳	普通合伙	浙江
41	江苏苏港	特殊普通合伙	江苏
42	利安达	特殊普通合伙	北京
43	立信	特殊普通合伙	上海
44	立信中联	特殊普通合伙	天津
45	辽宁录永	普通合伙	辽宁
46	南通万隆	普通合伙	江苏
47	鹏盛	特殊普通合伙	深圳
48	普华永道中天	特殊普通合伙	上海
49	容诚	特殊普通合伙	北京
50	瑞华	特殊普通合伙	北京
51	山东健诚	特殊普通合伙	山东
52	山东帕拉蒙德	普通合伙	山东
53	山东舜天信诚	特殊普通合伙	山东
54	上海浦江	普通合伙	上海
55	上海友道	普通合伙	上海
56	上海孜荣	普通合伙	上海
57	上会	特殊普通合伙	上海
58	绍兴鉴湖联合	普通合伙	浙江
59	深圳长江	普通合伙	深圳
60	深圳大华国际	普通合伙	深圳
61	深圳广深	普通合伙	深圳
62	深圳皇嘉	普通合伙	深圳
63	深圳久安	特殊普通合伙	深圳
64	深圳联创立信	普通合伙	深圳

（续表）

序号	会计师事务所名称	组织形式	注册地
65	深圳堂堂	普通合伙	深圳
66	深圳旭泰	普通合伙	深圳
67	深圳宣达	普通合伙	深圳
68	深圳永信瑞和	特殊普通合伙	深圳
69	深圳振兴	普通合伙	深圳
70	深圳正一	特殊普通合伙	深圳
71	四川德文	特殊普通合伙	四川
72	四川华信（集团）	特殊普通合伙	四川
73	苏亚金诚	特殊普通合伙	江苏
74	唐山市新正	普通合伙	河北
75	天衡	特殊普通合伙	江苏
76	天健	特殊普通合伙	浙江
77	天津丞明	普通合伙	天津
78	天圆全	特殊普通合伙	北京
79	天职国际	特殊普通合伙	北京
80	希格玛	特殊普通合伙	陕西
81	新联谊	特殊普通合伙	山东
82	信永中和	特殊普通合伙	北京
83	亚太（集团）	特殊普通合伙	北京
84	永拓	特殊普通合伙	北京
85	尤尼泰振青	特殊普通合伙	山东
86	浙江科信	特殊普通合伙	浙江
87	浙江天平	特殊普通合伙	浙江
88	浙江至诚	特殊普通合伙	浙江
89	致同	特殊普通合伙	北京
90	中汇	特殊普通合伙	浙江
91	中京国瑞（武汉）	普通合伙	湖北
92	中勤万信	特殊普通合伙	北京
93	中瑞诚	特殊普通合伙	北京
94	中审华	特殊普通合伙	天津
95	中审亚太	特殊普通合伙	北京
96	中审众环	特殊普通合伙	湖北
97	中天运	特殊普通合伙	北京

（续表）

序号	会计师事务所名称	组织形式	注册地
98	中喜	特殊普通合伙	北京
99	中兴财光华	特殊普通合伙	北京
100	中兴华	特殊普通合伙	北京
101	中证天通	特殊普通合伙	北京
102	中准	特殊普通合伙	北京
103	众华	特殊普通合伙	上海

注：按会计师事务所首字母排序，排名不分先后。

10. 审计署 人民银行 银保监会 证监会关于审计机关查询单位和个人在金融机构账户和存款有关问题的通知（2022年发布）

（审法发〔2022〕7号）

2021年10月23日，国家主席习近平签署第100号主席令，公布《全国人民代表大会常务委员会关于修改〈中华人民共和国审计法〉的决定》，自2022年1月1日起施行。修订后的审计法第三十七条第二款、第三款规定："审计机关经县级以上人民政府审计机关负责人批准，有权查询被审计单位在金融机构的账户。""审计机关有证据证明被审计单位违反国家规定将公款转入其他单位、个人在金融机构账户的，经县级以上人民政府审计机关主要负责人批准，有权查询有关单位、个人在金融机构与审计事项相关的存款。"为进一步落实上述规定，规范审计机关查询被审计单位在金融机构的账户和有关单位、个人在金融机构的存款（以下统称单位、个人账户和存款）工作，现就有关事项通知如下：

一、审计机关在审计（含专项审计调查，下同）过程中，有权依法向金融机构查询单位、个人账户和存款，并取得证明材料，金融机构应当予以协助。审计机关查询的账户和存款，包括单位、个人在政策性银行、商业银行、城市信用合作社、农村信用合作社、保险公司、信托投资公司、财务公司、金融租赁公司、中央国债登记结算公司、中国证券登记结算有限责任公司、证券公司、证券投资基金管理公司、期货公司以及经国务院金融监督管理机构批准设立的其他金融机构（以下统称金融机构）开立的银行、资金、证券、基金、信托、保险等各类账户，以及在金融机构办理的储蓄账户、结算账户以及买卖证券、基金等的资金账户的资金。

二、审计机关查询单位、个人账户和存款应当严格依法履行审批程序。查询被审计单位账户应当经县级以上人民政府审计机关（含省级以上人民政府审计机关派出机构，下同）负责人批准，制发协助查询通知书；查询其他单位、个人存款应当取得相关的证明材料（主要涉及其他单位、个人与被审计单位之间的关系、款项的来源、款项使用情况、相关当事人确认的被审计单位违反国家规定将公款转入其他单位、个人在金融机构账户的调查记录等），以此认定被审计单位违反国家规定将公款转入其他单位、个人在金融机构账户，并经县级以上人民政府审计机关主要负责人批准，制发协助查询通知书。

三、审计机关查询单位、个人账户和存款时，应当向有关金融机构送达协助查询通知书。审计人员具体执行查询任务时，应当由两名以上审计人员参加，并出示审计人员的工作证件和审计通知书。

四、审计机关查询单位、个人账户和存款时，应当向金融机构提供账户名称、账号或者有关身份信息。对因群众举报等原因，审计机关无法提供上述信息的，审计机关应当向金融机构说明原因，由金融机构协助查询。

五、审计机关查询单位、个人账户和存款的内容，主要包括开户销户情况、交易日期、内容、金额和账户余额情况，以及交易资金流向、交易设备和网络信息、第三方支付信息等记录。

六、审计机关查询单位、个人账户和存款时，可以对相关资料进行抄录、复印、照相，或拷贝电子数据，但不得带走原件。金融机构应当在其提供的证明材料上注明来源并盖章。

七、金融机构应当依法协助审计机关办理查询工作，如实提供相关资料，不得隐匿。金融机构协助复制存款资料等支付了成本费用的，可以按照相关规定向审计机关收取工本费。

八、审计机关需要到异地查询单位、个人账户和存款的，可以直接到异地金融机构进行查询，也可以委托当地审计机关查询。

九、对金融机构提供的有关资料以及在查询工作中知悉的国家秘密、工作秘密、商业秘密、个人隐私和个人信息，审计机关和审计人员应当依法予以保密。对审计机关查询单位、个人账户和存款的情况和内容，金融机构及其工作人员应当保密，不得告知有关单位或者个人。

十、审计机关和审计人员违反本通知的规定进行查询，由上级审计机关依法追究有关人员的责任；金融机构和有关工作人员未按本通知的规定协助查询，由有关金融监管机构依法追究有关人员的责任。

十一、以上各项规定请各级审计机关、各金融机构认真贯彻执行。对执行中遇到的问题，请及时报告上级审计机关和相应的金融监管机构。

十二、本通知自印发之日起执行。《审计署 人民银行 银监会 证监会关于审计机关查询被审计单位在金融机构账户和存款有关问题的通知》（审法发〔2006〕67号）同时废止。

附件：
1. 协助查询单位账户通知书（略）。
2. 协助查询单位、个人存款通知书（略）。

审计署 人民银行
银保监会 证监会
2022年1月24日

第二十二章　财会监督与处罚相关法规

1. 中华人民共和国刑法修正案（十二）（2023 年发布）

（2023 年 12 月 29 日第十四届全国人民代表大会常务委员会第七次会议通过）

一、在刑法第一百六十五条中增加一款作为第二款，将该条修改为："国有公司、企业的董事、监事、高级管理人员，利用职务便利，自己经营或者为他人经营与其所任职公司、企业同类的营业，获取非法利益，数额巨大的，处三年以下有期徒刑或者拘役，并处或者单处罚金；数额特别巨大的，处三年以上七年以下有期徒刑，并处罚金。

"其他公司、企业的董事、监事、高级管理人员违反法律、行政法规规定，实施前款行为，致使公司、企业利益遭受重大损失的，依照前款的规定处罚。"

二、在刑法第一百六十六条中增加一款作为第二款，将该条修改为："国有公司、企业、事业单位的工作人员，利用职务便利，有下列情形之一，致使国家利益遭受重大损失的，处三年以下有期徒刑或者拘役，并处或者单处罚金；致使国家利益遭受特别重大损失的，处三年以上七年以下有期徒刑，并处罚金：

"（一）将本单位的盈利业务交由自己的亲友进行经营的；

"（二）以明显高于市场的价格从自己的亲友经营管理的单位采购商品、接受服务或者以明显低于市场的价格向自己的亲友经营管理的单位销售商品、提供服务的；

"（三）从自己的亲友经营管理的单位采购、接受不合格商品、服务的。

"其他公司、企业的工作人员违反法律、行政法规规定，实施前款行为，致使公司、企业利益遭受重大损失的，依照前款的规定处罚。"

三、在刑法第一百六十九条中增加一款作为第二款，将该条修改为："国有公司、企业或者其上级主管部门直接负责的主管人员，徇私舞弊，将国有资产低价折股或者低价出售，致使国家利益遭受重大损失的，处三年以下有期徒刑或者拘役；致使国家利益遭受特别重大损失的，处三年以上七年以下有期徒刑。

"其他公司、企业直接负责的主管人员，徇私舞弊，将公司、企业资产低价折股或者低价出售，致使公司、企业利益遭受重大损失的，依照前款的规定处罚。"

四、将刑法第三百八十七条第一款修改为："国家机关、国有公司、企业、事业单位、人民团体，索取、非法收受他人财物，为他人谋取利益，情节严重的，对单位判处罚金，并对其直接负责的主管人员和其他直接责任人员，处三年以下有期徒刑或者拘役；情节特别严重的，处三年以上十年以下有期徒刑。"

五、将刑法第三百九十条修改为："对犯行贿罪的，处三年以下有期徒刑或者拘役，并处罚金；因行贿谋取不正当利益，情节严重的，或者使国家利益遭受重大损失的，处三年以上十年以下有期徒刑，并处罚金；情节特别严重的，或者使国家利益遭受特别重大损失的，处十年以上有期徒刑或者无期徒刑，并处罚金或者没收财产。

"有下列情形之一的，从重处罚：

"（一）多次行贿或者向多人行贿的；

"（二）国家工作人员行贿的；

"（三）在国家重点工程、重大项目中行贿的；

"（四）为谋取职务、职级晋升、调整行贿的；

"（五）对监察、行政执法、司法工作人员行贿的；

"（六）在生态环境、财政金融、安全生产、食品药品、防灾救灾、社会保障、教育、医疗等领域行贿，实施违法犯罪活动的；

"（七）将违法所得用于行贿的。

"行贿人在被追诉前主动交待行贿行为的，可以从轻或者减轻处罚。其中，犯罪较轻的，对调查突破、侦破重大案件起关键作用的，或者有重大立功表现的，可以减轻或者免除处罚。"

六、将刑法第三百九十一条第一款修改为："为谋取不正当利益，给予国家机关、国有公司、企业、事业单位、人民团体以财物的，或者在经济往来中，违反国家规定，给予各种名义的回扣、手续费的，处三年以下有期徒刑或者拘役，并处罚金；情节严重的，处三年以上七年以下有期徒刑，并处罚金。"

七、将刑法第三百九十三条修改为："单位为谋取不正当利益而行贿，或者违反国家规定，给予国家工作人员以回扣、手续费，情节严重的，对单位判处罚金，并对其直接负责的主管人员和其他直接责任人员，处三年以下有期徒刑或者拘役，并处罚金；情节特别严重的，处三年以上十年以下有期徒刑，并处罚金。因行贿取得的违法所得归个人所有的，依照本法第三百八十九条、第三百九十条的规定定罪处罚。"

八、本修正案自 2024 年 3 月 1 日起施行。

2. 中央企业财务决算审核发现问题整改和责任追究工作规定（2023 年发布）

（2023 年 4 月 19 日国务院国有资产监督管理委员会发布）

第一章 总 则

第一条 为健全中央企业财务决算监督管理制度，规范财务决算审核发现问题的整改和责任追究工作，有效防范化解重大风险，促进中央企业高质量发展，根据《中华人民共和国企业国有资产法》《企业国有资产监督管理暂行条例》《中央企业财务决算报告管理办法》（国资委令第 5 号）和《中央企业违规经营投资责任追究实施办法（试行）》（国资委令第 37 号）等法律法规和有关规定，制定本规定。

第二条 本规定所称财务决算审核发现问题，是指国资委依法履行所出资企业财务监管职能，在中央企业年度财务决算报告审核过程中发现的经营管理问题，以及违反规定造成国有资产损失或其他严重不良后果的问题线索等。

第三条 国资委和中央企业按照国有资本出资关系和干部管理权限，依据财务监管和责任追究有关规定，组织开展财务决算审核发现问题的整改和责任追究工作。

第四条 国资委财务监管部门负责中央企业财务决算报告审核，移送财务决算审核发现违规经营投资问题线索，审核把关整改质量。国资委违规责任追究部门负责财务决算审核发现违规经营投资问题线索办理工作的统筹协调，开展重大违规经营投资问题线索核查，督办指导中央企业责任追究工作。

中央企业负责本企业财务决算审核发现问题整改和责任追究工作的组织实施,健全制度机制,细化工作流程,明确职责分工,强化督促协调,确保整改和责任追究工作落实到位。

第五条 中央企业财务决算审核发现问题整改和责任追究工作,应当坚持问题导向,突出标本兼治;坚持分级分层,压实主体责任;坚持依法合规,严格规范有序;坚持系统思维,加强协同联动。

第二章 问 题 整 改

第六条 国资委财务监管部门对财务决算审核发现问题,应当按照相关工作程序,纳入中央企业年度财务决算批复,并提出整改意见。

第七条 中央企业收到年度财务决算批复后,应当认真组织财务决算审核发现问题整改落实,由企业主要负责人牵头,建立财务、审计、责任追究、法律合规及其他相关职能部门参与的整改工作机制,对照财务决算审核发现问题及整改意见,制定整改工作方案。

第八条 中央企业应当全面梳理财务决算审核发现问题,形成问题整改台账,以清单形式逐项列明整改事项、问题描述、整改措施、责任单位及人员、整改期限等。

第九条 中央企业应当在收到年度财务决算批复后30个工作日内将整改工作方案及问题整改台账报送国资委。

第十条 中央企业应当按照整改工作方案,对照问题整改台账,做好整改工作组织实施,从纠正违规行为、完善制度机制、开展责任追究、挽回资产损失或消除不良影响等方面评估整改质量。已完成整改问题应当从问题整改台账中销号,尚未完成整改问题,应当持续跟踪督促,确保整改工作落实到位。

第十一条 中央企业应当在收到年度财务决算批复当年12月31日前完成整改,并将整改工作报告报送国资委。

第十二条 国资委应当加强对中央企业财务决算审核发现问题整改的指导督促、监督检查,审核把关整改质量,对重大复杂问题国资委财务监管部门征求国资委相关业务厅局意见,保证整改工作效果。

第三章 责 任 追 究

第十三条 国资委和中央企业按照违规经营投资问题线索移送办理有关规定,分级分层做好财务决算审核发现问题的移送、初步核实、分类处置及核查等工作。

第十四条 国资委财务监管部门移送国资委违规责任追究部门的违规经营投资问题线索主要包括:

(一)涉嫌进行虚假会计核算,编制虚假财务报告,操纵会计信息,调节财务指标和监管指标,造成会计信息严重失真,账实严重不符。

(二)涉嫌违反规定开展投资并购,投资项目亏损引发债务危机,危及企业持续经营。

(三)涉嫌违反规定筹集、使用、拆借资金,发生资金挪用、侵占、盗取、欺诈。

(四)涉嫌瞒报、漏报、谎报或迟报企业重大风险及风险事件,情形严重。

(五)涉嫌开展融资性贸易或"空转""走单"等虚假业务。

(六)涉嫌违反规定对外提供巨额赊销信用、担保或预付款项,以及利用业务预付等方式变相融资。

(七)涉嫌违反规定开展货币类及商品类衍生业务。

(八)涉嫌违反规定更换年度财务决算审计会计师事务所,或授意、指使其出具虚假年度财务决算审计报告。

(九)涉嫌违反规定进行国有资产交易流转。

（十）其他造成国有资产损失或严重不良后果的违规经营投资问题线索。

第十五条 国资委违规责任追究部门受理移送违规经营投资问题线索后，经初步核实，采取核查、督办等方式开展责任追究工作，提级查办屡查屡犯和重大违规经营投资问题线索，依法依规对责任人作出处理。

（一）对涉及中央企业集团层面，或涉及所属子企业且情节严重、造成重大资产损失或其他严重不良后果的，由国资委直接核查。

（二）对涉及中央企业所属二级及以下子企业，且情节较重、资产损失较大，由国资委与中央企业组成核查组，开展联合核查。

（三）对移送的其他财务决算审核发现问题线索，由中央企业组织核查，国资委采取挂牌督办、指导督办等方式进行指导、监督和检查。

第十六条 中央企业应当逐条分析财务决算审核发现问题整改台账，依据本规定第十四条移送情形的规定，对其中造成资产损失或其他严重不良后果的违规经营投资问题线索，按照规定开展移送、初步核实并提出分类处置意见，制定责任追究工作安排，组织开展核查等工作。

第十七条 中央企业应当将责任追究工作安排作为整改工作方案附件，一并报送国资委。责任追究工作安排主要包括以下内容：

（一）初步核实工作开展情况。

（二）发现的违规经营投资问题线索情况。

（三）违规经营投资问题线索分类处置意见。

（四）核查实施主体、时间节点等。

（五）其他工作安排。

第十八条 中央企业应当在责任追究工作安排报送后60个工作日内，将相关工作组织、责任追究等情况形成专项工作报告报送国资委。对于报告时尚未完成责任追究的问题线索，应当纳入企业年度违规经营投资责任追究工作报告，直至问题线索责任追究到位。

第十九条 国资委和中央企业在查办违规经营投资问题线索时，发现企业经营管理人员涉嫌违纪或职务违法的问题线索，按有关规定移送纪检监察机构处理。

第四章 结果运用

第二十条 中央企业应当分析研判财务决算审核发现问题，将多发典型问题作为内部监督工作重点关注事项，根据需要开展专项检查。对检查发现问题做好整改和责任追究工作，重要工作情况及时报告国资委。

第二十一条 中央企业应当研究财务决算审核发现问题发生的深层次原因，健全完善经营管理制度，形成长效机制。对于形成原因较为复杂、涉及面较广的问题，通过专项治理、深化改革加以解决，从根源上防范化解问题发生，杜绝同一问题屡查屡犯。

第二十二条 中央企业在财务决算审核发现问题整改和责任追究工作中发生下列情形之一，造成贻误追损时机、资产损失或严重不良后果扩大的，应当按照有关规定追究相关企业和人员责任。

（一）未在规定时限内完成财务决算审核发现问题整改和责任追究，且未能说明原因或原因不充分的。

（二）对财务决算审核发现问题应当移送开展责任追究工作，而隐匿不报未移送的。

（三）因财务决算审核发现问题整改落实不力或责任追究不到位导致同类问题屡禁不止，造成重大国有资产损失或其他严重不良后果的。

（四）财务决算审核发现问题整改和责任追究工作中其他未履行或未正确履行职责，

造成重大国有资产损失或其他严重不良后果的。

第二十三条 国资委应当汇总分析中央企业财务决算审核发现问题整改和责任追究工作情况，对普遍共性问题有针对性地完善国资监管政策制度，根据需要组织开展专项督导和核查，指导中央企业健全财务管理和责任追究体系，提升国资监管效能。

第五章 附 则

第二十四条 中央企业应当根据本规定，结合本企业实际情况，研究制定相关制度规定，细化财务决算审核发现问题的整改和责任追究工作程序，明确职责分工，深化成果运用等。

第二十五条 本规定由国资委负责解释。

第二十六条 本规定自印发之日起施行。

中县非二维码扫描车国专用去物老